2014

中国药品流通年鉴

CHINA PHARMACEUTICAL COMMERCE YEARBOOK

《中国药品流通年鉴》编辑委员会　编

中国商务出版社

2014
总第二期

图书在版编目（CIP）数据

2014 中国药品流通年鉴／《中国药品流通年鉴》编辑委员会编．—北京：中国商务出版社，2014.11

ISBN 978-7-5103-1150-5

Ⅰ.①2… Ⅱ.①中… Ⅲ.①药品—商品流通—中国—2014—年鉴 Ⅳ.①F724.73-54

中国版本图书馆 CIP 数据核字（2014）第 258549 号

2014 中国药品流通年鉴

2014 ZHONGGUO YAOPIN LIUTONG NIANJIAN

《中国药品流通年鉴》编辑委员会　编

出　　版：中国商务出版社

发　　行：北京中商图出版物发行有限责任公司

责任编辑：刘文捷

封面设计：张　垣

社　　址：北京市东城区安定门外大街东后巷 28 号

邮　　编：100710

电　　话：010—64515141　64255862（编辑室）
010—64283818（发行部）

网　　址：www.cctpress.com

邮　　箱：cctpress@163.com

照　　排：北京科事洁技术开发有限责任公司

印　　刷：北京市松源印刷有限公司

开　　本：889 毫米 × 1194 毫米　1/16

印　　张：47.5　　**字　　数**：1586 千字

版　　次：2014 年 11 月第 1 版　　2014 年 11 月第 1 次印刷

书　　号：ISBN 978-7-5103-1150-5

定　　价：380.00 元

如所购图书发现有印、装质量问题，请及时与出版部联系。电话：010—64248236

编辑委员会

特约撰稿人

王洪存　北京市商务委员会
李家金　天津市商务委员会
奚献军　河北省商务厅
赵贵全　山西省商务厅
钱放量　吉林省商务厅
宗望原　上海市商务委员会
郁冰滢　江苏省商务厅
徐高春　浙江省商务厅
李庭信　安徽省商务厅
何旭明　江西省商务厅
陈泽浦　山东省商务厅
张建春　河南省商务厅
胡道银　湖北省商务厅
周　船　湖南省商务厅
谭光明　广东省商务厅
韦朝晖　广西壮族自治区商务厅
符林果　海南省商务厅
蒋寿光　重庆市商业委员会
李维民　四川省商务厅
黄筑筠　贵州省商务厅
邓小丽　云南省商务厅
帕巴群增　西藏自治区商务厅
戴士芳　陕西省商务厅
肖立群　甘肃省商务厅
帕拉提·阿布都卡迪尔　新疆维吾尔自治区商务厅
俞明权　新疆生产建设兵团商务局

编 辑 说 明

一、《中国药品流通年鉴》是由中华人民共和国商务部市场秩序司指导，商务部国际贸易经济合作研究院负责组织编撰的一部具有权威性、指导性和实用性的大型工具书。

二、本年鉴内容全面系统、资料翔实可靠，是各界人士了解与研究中国药品流通行业发展变化的史料性参考书。

三、本年鉴首期刊发于2013年，以后连续出版刊发，每年一期。

四、《2014中国药品流通年鉴》全面系统地记述了2013年中国药品流通行业发展的概况，收集刊登这一时期有关药品流通行业发展与管理的各类资料。全书分为十篇：第一篇　重要文件及法规，第二篇　中期评估，第三篇　国家标准和行业标准，第四篇　行业运行，第五篇　中药材流通，第六篇　医药保健品进出口，第七篇　地方行业管理，第八篇　行业发展，第九篇　企业介绍，第十篇　大事记。

五、本年鉴所涉及的单位名称、撰稿人职务均以截稿日期为准。

六、本年鉴承蒙全国与各地药品流通行业主管部门、各级医药商业（行业）协会、各有关行业内外企业和全体编撰人员的倾力支持，在此表示衷心感谢！希望各界继续给予本年鉴支持，对年鉴中的不足之处敬请广大读者批评指正，以利于今后年鉴编辑工作的改进。

通信地址：北京市安定门外东后巷28号

邮政编码：100710

联系电话：010—64515445

电子邮箱：sunchunyang@ caitec. org. cn

网　　址：http：//www. caitcc. org. cn

《中国药品流通年鉴》编辑部

2014年11月于北京

目　录

行业关键词

行业关键词

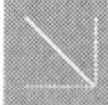

中期评估

2011年5月5日，商务部正式对外发布了《全国药品流通行业发展规划纲要（2011—2015年）》（以下简称《规划纲要》），是商务部承担药品流通行业管理职能后首次发布的、用具体指标来引导行业发展方向的五年规划。如期完成《规划纲要》提出的主要目标和任务，对健全药品流通体制、保障医药卫生体制改革目标顺利实现具有重要意义。

在《规划纲要》实施时间过半之际，为深入了解总体进展情况，客观评价取得的成效，综合分析存在的问题及原因，及时总结经验，采取有力措施进一步推进《规划纲要》的顺利实施，商务部办公厅发布了《商务部办公厅关于开展药品流通行业“十二五”发展规划中期评估工作的通知》，开始对全国各省药品流通现状及目标完成情况进行中期评估。

总体上看，《规划纲要》实施进展顺利，确定的主要目标和指标基本达到预期进度要求，提出的主要任务正在积极稳步推进，但整个药品流通行业仍面临发展基础薄弱、管理体制有待改善、企业经营较为困难、配套政策有待落实等问题。在医药卫生体制改革向纵深推进的同时，医药卫生体制机制中深层次矛盾进一步显现，利益格局深度调整将成为药品流通行业发展的不确定因素，行政垄断、区域垄断也将制约药品流通现代化进程。

新版GSP认证

《药品经营质量管理规范》（简称“新版GSP”）于2013年6月1日正式施行。与前一版相比，新版GSP在流通环节药品质量风险控制、从业人员素质以及信息化等方面提出了更高更严的要求。

贯彻实施新版GSP，是规范药品流通秩序，提高药品经营管理和服务水平，维护公众健康权益的重要措施。各级食品药品监管部门务必充分认识贯彻实施新版GSP的重要性和紧迫性，切实加强组织领导、明确工作责任、落实实施方案，推进工作有序开展。使公众了解到新版GSP对于保障药品安全、规范药品流通秩序的重要意义；使企业认识到新版GSP对于促进行业结构调整、推动产业升级的重要作用，营造实施工作的良好氛围。要加强调查研究，摸清辖区内药品经营企业现状及问题，有针对性地采取措施，促进企业按照新版GSP要求进行改造，在规定时限内完成实施工作。

全国各省市商务厅、食品药品监督管理局在确保新开办药品经营企业、药品批发企业符合新版GSP要求的前提下，积极组织各原有药品经营企业和药品批发企业进行新版GSP认证，提高药品流通行业准入门槛，提升药品流通企业素质。

医药电子商务

2013年，随着电子商务行业的迅猛发展，我国医药电子商务受医药流通行业的发展需求及国家对医药电子商务的鼓励政策影响，在药品零售电子商务、药品流通业电子商务、医药工业电子商务以及第三方医药电子商务方面都有了长足的发展。

B2B电子商务模式是我国医药电子商务的最主要的形式，即企业获得第二方批发交易资格，也是我国目前发展最为迅速的电子商务形式，其发展模式主要有官网模式和第三方平台模式两种。

人才培训工程

人才培训工程的总体目标是根据《国家中长期人才发展规划纲要（2010—2020年）》《国家药品安全“十二五”规划》《全国药品流通行业发展规划纲要（2011—2015年）》精神，在全国范围内培养一批高水平、专业化的药品流通行业人才队伍，提高药品流通行业整体素质和企业经营管理水平，不断开创我国药品流通行业发展的新局面。

人才培训工程面向广大药品流通行业管理人员、技术骨干等从业人员，到“十二五”末，累计培训中高级职业经理人、药学技术人员、药店经理、运营管理经理、零售药店健康咨询管理岗位等约52 000名从业人员，并根据行业发展需要，开展总裁培训、中药材鉴定等有关专业人才培训。

医药物流服务延伸示范项目

为贯彻落实国家医药卫生体制改革和《全国药品流通行业发展规划纲要（2011—2015年）》关于发展现代医药物流的要求，提升药品流通效率和现代化水平，商务部于2011年6月启动了“医药物流服务延伸示范工程”。同时，为进一步总结示范工程实施效果，推广先进经验，2013年8月商务部遴选了第一批47个代表性较强、效果较好的医药物流服务延伸项目，作为第一批医药物流服务延伸示范项目。

连锁经营

在国家鼓励大型药品零售连锁企业跨地区经营的政策引导下，药品零售连锁企业通过合作、兼并、收购等形式在省内的中心城市和农村开办连锁药店，建立配送中心，实行规模化发展，充分发挥其医药流通市场的主渠道作用。连锁经营是整合医药行业现有资源、实现规模经济可持续发展的重要方式，也是整个药品流通行业发展的必然趋势。截至2013年药品零售连锁百强企业市场份额基本达到40%以上，零售药店连锁率指标达到40%以上。

行业管理新标准

自2012年商务部发布五个药品流通行业标准以来，药品流通标准化工作进展顺利，截至2013年年底，商务部第89号公告发布了《药品物流设施与设备要求》《医药商业企业对医疗机构的服务规范》《中药材流通追溯体系专用术语规范》和《中药材追溯通用标识规范》等四项药品流通行业标准，这些标准的出台有助于进一步引领医药行业企业提高经营、服务质量和标准化水平，促进医药行业的发展。

中药材追溯体系

商务部自2012年开始，通过利用信息技术手段，进行索证索票、购销台账制度电子化，建设“来源可知、去向可追、质量可查、责任可究”的中药材流通追溯体系，提高中药材流通的现代化水平，增强中药材质量安全保障能力。中药材追溯体系在提高生产经营主体安全责任意识，强化流通环节质量安全把关能力，促进流通发展方式转变，提升中药材质量安全水平，营造安全放心的消费环境等方面，具有重要意义。2013年中药材流通追溯体系建设工作已分两批在11个省市积极开展，并取得了阶段性进展，药品违法违规行为得到整顿。

统计报表制度

为更好地了解全国药品流通行业经营活动的基本情况，为各级政府部门制定行业发展政策和进行经济管理与宏观调控提供依据，商务部于2012年出台了《药品流通统计报表制度》，2013年商务部又重新修订发布了《药品流通统计报表制度》。在各地商务主管部门、相关行业协会和药品流通统计直报企业的共同努力下，药品流通行业统计工作进展顺利，2013年5月，商务部发布了《2012年药品流通行业运行统计分析报告》，该报告对药品流通行业整体规模、药品批发和零售企业销售与经营等情况进行了统计分析，对行业发展的趋势进行了预测。医药行业的统计制度逐步完善提高，为医药行业健康、持续、稳定的发展提供了有利帮助。

兼并重组

2012年12月，国务院下发《关于促进企业兼并重组的意见》和工信部等12部委出台的《关于加快推进重点行业企业兼并重组的指导意见》，确立了包括医药行业在内的九大推进兼并重组重点行业，政策出台后效果显著，2013年以来医药上市公司的并购节奏明显加快。

2013年药品流通行业兼并重组活跃，集中度快速提升，据不完全统计，《规划纲要》实施以来，共有53家药品流通企业实施兼并重组329起。2013年，国内药企间共发生并购150起以上，涉及交易金额350亿元以上，通过药企间的兼并重组，骨干企业实力显著增强，批发、零售百强企业的市场占有率均有不同程度提高，全国性、跨区域的药品流通骨干企业开始主导行业发展。

第一篇　重要文件及法规

● 国务院相关文件

国务院关于促进健康服务业发展的若干意见

国发〔2013〕40号

各省、自治区、直辖市人民政府，国务院各部委、各直属机构：

新一轮医药卫生体制改革实施以来，取得重大阶段性成效，全民医保基本实现，基本医疗卫生制度初步建立，人民群众得到明显实惠，也为加快发展健康服务业创造了良好条件。为实现人人享有基本医疗卫生服务的目标，满足人民群众不断增长的健康服务需求，要继续贯彻落实《中共中央国务院关于深化医药卫生体制改革的意见》（中发〔2009〕6号），坚定不移地深化医药卫生体制改革，坚持把基本医疗卫生制度作为公共产品向全民提供的核心理念，按照保基本、强基层、建机制的基本原则，加快健全全民医保体系，巩固完善基本药物制度和基层运行新机制，积极推进公立医院改革，统筹推进基本公共卫生服务均等化等相关领域改革。同时，要广泛动员社会力量，多措并举发展健康服务业。

健康服务业以维护和促进人民群众身心健康为目标，主要包括医疗服务、健康管理与促进、健康保险以及相关服务，涉及药品、医疗器械、保健用品、保健食品、健身产品等支撑产业，覆盖面广，产业链长。加快发展健康服务业，是深化医改、改善民生、提升全民健康素质的必然要求，是进一步扩大内需、促进就业、转变经济发展方式的重要举措，对稳增长、调结构、促改革、惠民生，全面建成小康社会具有重要意义。为促进健康服务业发展，现提出以下意见。

一、总体要求

（一）指导思想

以邓小平理论、“三个代表”重要思想、科学发展观为指导，在切实保障人民群众基本医疗卫生服务需求的基础上，转变政府职能，加强政策引导，充分调动社会力量的积极性和创造性，大力引入社会资本，着力扩大供给、创新服务模式、提高消费能力，不断满足人民群众多层次、多样化的健康服务需求，为经济社会转型发展注入新的动力，为促进人的全面发展创造必要条件。

（二）基本原则

坚持以人为本、统筹推进。把提升全民健康素质和水平作为健康服务业发展的根本出发点、落脚点，切实维护人民群众健康权益。区分基本和非基本健康服务，实现两者协调发展。统筹城乡、区域健康服务资源配置，促进均衡发展。

坚持政府引导、市场驱动。强化政府在制度建设、规划和政策制定及监管等方面的职责。发挥市场在资源配置中的基础性作用，激发社会活力，不断增加健康服务供给，提高服务质量和效率。

坚持深化改革、创新发展。强化科技支撑，拓展服务范围，鼓励发展新型业态，提升健康服务规范化、专业化水平，建立符合国情、可持续发展的健康服务业体制机制。

（三）发展目标

到2020年，基本建立覆盖全生命周期、内涵丰富、结构合理的健康服务业体系，打造一批知名品牌和良性循环的健康服务产业集群，并形成一定的国际竞争力，基本满足广大人民群众的健康服务需求。健康服务业总规模达到8万亿元以上，成为推动经济社会持续发展的重要力量。

——医疗服务能力大幅提升。医疗卫生服务体系更加完善，形成以非营利性医疗机构为主体、营利性医疗机构为补充，公立医疗机构为主导、非公立医疗机构共同发展的多元办医格局。康复、护理等服务业快速增长。各类医疗卫生机构服务质量进一步提升。

——健康管理与促进服务水平明显提高。中医医疗保健、健康养老以及健康体检、咨询管理、体质测定、体育健身、医疗保健旅游等多样化健康服务得到较大发展。

——健康保险服务进一步完善。商业健康保险产品更加丰富，参保人数大幅增加，商业健康保险支出占卫生总费用的比重大幅提高，形成较为完善的健康保险机制。

——健康服务相关支撑产业规模显著扩大。药品、医疗器械、康复辅助器具、保健用品、健身产品等研发制造技术水平有较大提升，具有自主知识产权产品的市场占有率大幅提升，相关流通行业有序发展。

——健康服务业发展环境不断优化。健康服务业政策和法规体系建立健全，行业规范、标准更加科学完善，行业管理和监督更加有效，人民群众健康意识和素养明显提高，形成全社会参与、支持健康服务业发展的良好环境。

二、主要任务

（一）大力发展医疗服务

加快形成多元办医格局。切实落实政府办医责任，合理制定区域卫生规划和医疗机构设置规划，明确公立医疗机构的数量、规模和布局，坚持公立医疗机构面向城乡居民提供基本医疗服务的主导地位。同时，鼓励企业、慈善机构、基金会、商业保险机构等以出资新建、参与改制、托管、公办民营等多种形式投资医疗服务业。大力支持社会资本举办非营利性医疗机构、提供基本医疗卫生服务。进一步放宽中外合资、合作办医条件，逐步扩大具备条件的境外资本设立独资医疗机构试点。各地要清理取消不合理的规定，加快落实对非公立医疗机构和公立医疗机构在市场准入、社会保险定点、重点专科建设、职称评定、学术地位、等级评审、技术准入等方面同等对待的政策。对出资举办非营利性医疗机构的非公经济主体的上下游产业链项目，优先按相关产业政策给予扶持。鼓励地方加大改革创新力度，在社会办医方面先行先试，国家选择有条件的地区和重点项目作为推进社会办医联系点。

优化医疗服务资源配置。公立医院资源丰富的城市要加快推进国有企业所办医疗机构改制试点；国家确定部分地区进行公立医院改制试点。引导非公立医疗机构向高水平、规模化方向发展，鼓励发展专业性医院管理集团。二级以上医疗机构检验对所有医疗机构开放，推动医疗机构间检查结果互认。各级政府要继续采取完善体制机制、购买社会服务、加强设施建设、强化人才和信息化建设等措施，促进优质资源向贫困地区和农村延伸。各地要鼓励以城市二级医院转型、新建等多种方式，合理布局、积极发展康复医院、老年病医院、护理院、临终关怀医院等医疗机构。

推动发展专业、规范的护理服务。推进临床护理服务价格调整，更好地体现服务成本和护理人员技术劳动价值。强化临床护理岗位责任管理，完善质量评价机制，加强培训考核，提高护理质量，建立稳定护理人员队伍的长效机制。科学开展护理职称评定，评价标准侧重临床护理服务数量、质量、患者满意度及医德医风等。加大政策支持力度，鼓励发展康复护理、老年护理、家庭护理等适应不同人群需要的护理服务，提高规范化服务水平。

（二）加快发展健康养老服务

推进医疗机构与养老机构等加强合作。在养老服务中充分融入健康理念，加强医疗卫生服务支撑。建立健全医疗机构与养老机构之间的业务协作机制，鼓励开通养老机构与医疗机构的预约就诊绿色通道，协同做好老年人慢性病管理和康复护理。增强医疗机构为老年人提供便捷、优先优惠医疗服务的能力。推动二级以上医院与老年病医院、老年护理院、康复疗养机构等之间的转诊与合作。各地要统筹医疗服务与养老服务资源，合理布局养老机构与老年病医院、老年护理院、康复疗养机构等，形成规模适宜、功能互补、安全便捷的健康养老服务网络。

发展社区健康养老服务。提高社区为老年人提供日常护理、慢性病管理、康复、健康教育和咨询、中医保健等服务的能力，鼓励医疗机构将护理服务延伸至居民家庭。鼓励发展日间照料、全托、半托等多种形式的老年人照料服务，逐步丰富和完善服务内容，做好上门巡诊等健康延伸服务。

（三）积极发展健康保险

丰富商业健康保险产品。在完善基本医疗保障制度、稳步提高基本医疗保障水平的基础上，鼓励商业保险公司提供多样化、多层次、规范化的产品和服务。鼓励发展与基本医疗保险相衔接的商业健康保险，推进商业保险公司承办城乡居民大病保险，扩大人群覆盖面。积极开发长期护理商业险以及与健康管理、养老等服务相关的商业健康保险产品。推行医疗责任保险、医疗意外保险等多种形式医疗执业保险。

发展多样化健康保险服务。建立商业保险公司与医疗、体检、护理等机构合作的机制，加强对医疗行为的监督和对医疗费用的控制，促进医疗服务行为规范化，为参保人提供健康风险评估、健康风险干预等服务，并在此基础上探索健康管理组织等新型组织形式。鼓励以政府购买服务的方式委托具有资质的商业保险机构开展各类医疗保险经办服务。

（四）全面发展中医药医疗保健服务

提升中医健康服务能力。充分发挥中医医疗预防保健特色优势，提升基层中医药服务能力，力争使所有社区卫生服务机构、乡镇卫生院和70%的村卫生室具备中医药服务能力。推动医疗机构开展中医医疗预防保健服务，鼓励零售药店提供中医坐堂诊疗服务。开发中医诊疗、中医药养生保健仪器设备。

推广科学规范的中医保健知识及产品。加强药食同用中药材的种植及产品研发与应用，开发适合当地环境和生活习惯的保健养生产品。宣传普及中医药养生保健知识，推广科

学有效的中医药养生、保健服务，鼓励有资质的中医师在养生保健机构提供保健咨询和调理等服务。鼓励和扶持优秀的中医药机构到境外开办中医医院、连锁诊所等，培育国际知名的中医药品牌和服务机构。

（五）支持发展多样化健康服务

发展健康体检、咨询等健康服务。引导体检机构提高服务水平，开展连锁经营。加快发展心理健康服务，培育专业化、规范化的心理咨询、辅导机构。规范发展母婴照料服务。推进全科医生服务模式和激励机制改革试点，探索面向居民家庭的签约服务。大力开展健康咨询和疾病预防，促进以治疗为主转向预防为主。

发展全民体育健身。进一步开展全民健身运动，宣传、普及科学健身知识，提高人民群众体育健身意识，引导体育健身消费。加强基层多功能群众健身设施建设，到2020年，80%以上的市（地）、县（市、区）建有“全民健身活动中心”，70%以上的街道（乡镇）、社区（行政村）建有便捷、实用的体育健身设施。采取措施推动体育场馆、学校体育设施等向社会开放。支持和引导社会力量参与体育场馆的建设和运营管理。鼓励发展多种形式的体育健身俱乐部和体育健身组织，以及运动健身培训、健身指导咨询等服务。大力支持青少年、儿童体育健身，鼓励发展适合其成长特点的体育健身服务。

发展健康文化和旅游。支持健康知识传播机构发展，培育健康文化产业。鼓励有条件的地区面向国际国内市场，整合当地优势医疗资源、中医药等特色养生保健资源、绿色生态旅游资源，发展养生、体育和医疗健康旅游。

（六）培育健康服务业相关支撑产业

支持自主知识产权药品、医疗器械和其他相关健康产品的研发制造和应用。继续通过相关科技、建设专项资金和产业基金，支持创新药物、医疗器械、新型生物医药材料研发和产业化，支持到期专利药品仿制，支持老年人、残疾人专用保健用品、康复辅助器具研发生产。支持数字化医疗产品和适用于个人及家庭的健康检测、监测与健康物联网等产品的研发。加大政策支持力度，提高具有自主知识产权的医学设备、材料、保健用品的国内市场占有率和国际竞争力。

大力发展第三方服务。引导发展专业的医学检验中心和影像中心。支持发展第三方的医疗服务评价、健康管理服务评价，以及健康市场调查和咨询服务。公平对待社会力量提供食品药品检测服务。鼓励药学研究、临床试验等生物医药研发服务外包。完善科技中介体系，大力发展专业化、市场化的医药科技成果转化服务。

支持发展健康服务产业集群。鼓励各地结合本地实际和特色优势，合理定位、科学规划，在土地规划、市政配套、机构准入、人才引进、执业环境等方面给予政策扶持和倾斜，打造健康服务产业集群，探索体制创新。要通过加大科技支撑、深化行政审批制度改革、产业政策引导等综合措施，培育一批医疗、药品、医疗器械、中医药等重点产业，打造一批具有国际影响力的知名品牌。

（七）健全人力资源保障机制

加大人才培养和职业培训力度。支持高等院校和中等职业学校开设健康服务业相关学科专业，引导有关高校合理确定相关专业人才培养规模。鼓励社会资本举办职业院校，规范并加快培养护士、养老护理员、药剂师、营养师、育婴师、按摩师、康复治疗师、健康管理师、健身教练、社会体育指导员等从业人员。对参加相关职业培训和职业技能鉴定的人员，符合条件的按规定给予补贴。建立健全健康服务业从业人员继续教育制度。各地要把发展健康服务业与落实各项就业创业扶持政策紧密结合起来，充分发挥健康服务业吸纳就业的作用。

促进人才流动。加快推进规范的医师多点执业。鼓励地方探索建立区域性医疗卫生人才充分有序流动的机制。不断深化公立医院人事制度改革，推动医务人员保障社会化管理，逐步变身份管理为岗位管理。探索公立医疗机构与非公立医疗机构在技术和人才等方面的合作机制，对非公立医疗机构的人才培养、培训和进修等给予支持。在养老机构服务的具有执业资格的医护人员，在职称评定、专业技术培训和继续医学教育等方面，享有与医疗机构医护人员同等待遇。深入实施医药卫生领域人才项目，吸引高层次医疗卫生人才回国服务。

（八）夯实健康服务业发展基础

推进健康服务信息化。制定相关信息数据标准，加强医院、医疗保障等信息管理系统建设，充分利用现有信息和网络设施，尽快实现医疗保障、医疗服务、健康管理等信息的共享。积极发展网上预约挂号、在线咨询、交流互动等健康服务。以面向基层、偏远和欠发达地区的远程影像诊断、远程会诊、远程监护指导、远程手术指导、远程教育等为主要内容，发展远程医疗。探索发展公开透明、规范运作、平等竞争的药品和医疗器械电子商务平台。支持研制、推广适应广大乡镇和农村地区需求的低成本数字化健康设备与信息系统。逐步扩大数字化医疗设备配备，探索发展便携式健康数据采集设备，与物联网、移动互联网融合，不断提升自动化、智能化健康信息服务水平。

加强诚信体系建设。引导企业、相关从业人员增强诚信意识，自觉开展诚信服务，加强行业自律和社会监督，加快建设诚信服务制度。充分发挥行业协会、学会在业内协调、行业发展、监测研究，以及标准制定、从业人员执业行为规范、行业信誉维护等方面的作用。建立健全不良执业记录制度、失信惩戒以及强制退出机制，将健康服务机构及其从业人员诚信经营和执业情况纳入统一信用信息平台。加强统计监测工作，加快完善健康服务业统计调查方法和指标体系，健全相关信息发布制度。

三、政策措施

（一）放宽市场准入

建立公开、透明、平等、规范的健康服务业准入制度，凡是法律、法规没有明令禁入的领域，都要向社会资本开放，并不断扩大开放领域；凡是对本地资本开放的领域，都要向外地资本开放。民办非营利性机构享受与同行业公办机构同等待遇。对连锁经营的服务企业实行企业总部统一办理工商注册登记手续。各地要进一步规范、公开医疗机构设立的基本标准、审批程序，严控审批时限，下放审批权限，及时发布机构设置和规划布局调整等信息，鼓励有条件的地方采取招标等方式确定举办或运行主体。简化对康复医院、老年病医院、儿童医院、护理院等紧缺型医疗机构的立项、开办、执业资格、医保定点等审批手续。研究取消不合理的前置审批事项。放宽对营利性医院的数量、规模、布局以及大型医用设备配置的限制。

（二）加强规划布局和用地保障

各级政府要在土地利用总体规划和城乡规划中统筹考虑健康服务业发展需要，扩大健康服务业用地供给，优先保障非营利性机构用地。新建居住区和社区要按相关规定在公共服务设施中保障医疗卫生、文化体育、社区服务等健康服务业相关设施的配套。支持利用以划拨方式取得的存量房产和原有土地兴办健康服务业，土地用途和使用权人可暂不变更。连续经营1年以上、符合划拨用地目录的健康服务项目可按划拨土地办理用地手续；不符合划拨用地目录的，可采取协议出让方式办理用地手续。

（三）优化投融资引导政策

鼓励金融机构按照风险可控、商业可持续原则加大对健康服务业的支持力度，创新适合健康服务业特点的金融产品和服务方式，扩大业务规模。积极支持符合条件的健康服务企业上市融资和发行债券。鼓励各类创业投资机构和融资担保机构对健康服务领域创新型新业态、小微企业开展业务。政府引导、推动设立由金融和产业资本共同筹资的健康产业投资基金。创新健康服务业利用外资方式，有效利用境外直接投资、国际组织和外国政府优惠贷款、国际商业贷款。大力引进境外专业人才、管理技术和经营模式，提高健康服务业国际合作的知识和技术水平。

（四）完善财税价格政策

建立健全政府购买社会服务机制，由政府负责保障的健康服务类公共产品可通过购买服务的方式提供，逐步增加政府采购的类别和数量。创新财政资金使用方式，引导和鼓励融资性担保机构等支持健康服务业发展。将健康服务业纳入服务业发展引导资金支持范围并加大支持力度。符合条件、提供基本医疗卫生服务的非公立医疗机构，其专科建设、设备购置、人才队伍建设纳入财政专项资金支持范围。完善政府投资补助政策，通过公办民营、民办公助等方式，支持社会资本举办非营利性健康服务机构。经认定为高新技术企业的医药企业，依法享受高新技术企业税收优惠政策。企业、个人通过公益性社会团体或者县级以上人民政府及其部门向非营利性医疗机构的捐赠，按照税法及相关税收政策的规定在税前扣除。发挥价格在促进健康服务业发展中的作用。非公立医疗机构用水、用电、用气、用热实行与公立医疗机构同价政策。各地对非营利性医疗机构建设免予征收有关行政事业性收费，对营利性医疗机构建设减半征收有关行政事业性收费。清理和取消对健康服务机构不合法、不合理的行政事业性收费项目。纠正各地自行出台的歧视性价格政策。探索建立医药价格形成新机制。非公立医疗机构医疗服务价格实行市场调节价。

（五）引导和保障健康消费可持续增长

政府进一步加大对健康服务领域的投入，并向低收入群体倾斜。完善引导参保人员利用基层医疗服务、康复医疗服务的措施。着力建立健全工伤预防、补偿、康复相结合的工伤保险制度体系。鼓励地方结合实际探索对经济困难的高龄、独居、失能老年人补贴等直接补助群众健康消费的具体形式。企业根据国家有关政策规定为其员工支付的补充医疗保险费，按税收政策规定在企业所得税税前扣除。借鉴国外经验并结合我国国情，健全完善健康保险有关税收政策。

（六）完善健康服务法规标准和监管

推动制定、修订促进健康服务业发展的相关法律、行政法规。以规范服务行为、提高服务质量和提升服务水平为核心，健全服务标准体系，强化标准的实施，提高健康服务业标准化水平。在新兴的健康服务领域，鼓励龙头企业、地方和行业协会参与制定服务标准。在暂不能实行标准化的健康服务行业，广泛推行服务承诺、服务公约、服务规范等制度。完善监督机制，创新监管方式，推行属地化管理，依法规范健康服务机构从业行为，强化服务质量监管和市场日常

监管，严肃查处违法经营行为。

（七）营造良好社会氛围

充分利用广播电视、平面媒体及互联网等新兴媒体深入宣传健康知识，鼓励开办专门的健康频道或节目栏目，倡导健康的生活方式，在全社会形成重视和促进健康的社会风气。通过广泛宣传和典型报道，不断提升健康服务业从业人员的社会地位。规范药品、保健食品、医疗机构等方面广告和相关信息发布行为，严厉打击虚假宣传和不实报道，积极营造良好的健康消费氛围。

各地区、各部门要高度重视，把发展健康服务业放在重要位置，加强沟通协调，密切协作配合，形成工作合力。各有关部门要根据本意见要求，各负其责，并按职责分工抓紧制定相关配套文件，确保各项任务措施落实到位。省级人民政府要结合实际制定具体方案、规划或专项行动计划，促进本地区健康服务业有序快速发展。发展改革委要会同有关部门对落实本意见的情况进行监督检查和跟踪分析，重大情况和问题及时向国务院报告。国务院将适时组织专项督查。

国务院

2013 年 9 月 28 日

国务院办公厅关于巩固完善基本药物制度和基层运行新机制的意见

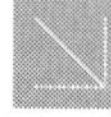

国办发〔2013〕14 号

各省、自治区、直辖市人民政府，国务院各部委、各直属机构：

巩固完善基本药物制度和基层运行新机制是“十二五”期间深化医药卫生体制改革的重点，是实现 2020 年人人享有基本医疗卫生服务目标的重要基础。医改实施三年多来，基层医疗卫生机构综合改革全面推进，初步建立了基本药物制度，构建了维护公益性、调动积极性、保障可持续的基层运行新机制。为进一步深化改革，扩大医改成果，现就巩固完善基本药物制度和基层运行新机制提出如下意见。

一、总体要求

深入贯彻落实《中共中央国务院关于深化医药卫生体制改革的意见》（中发〔2009〕6 号）和《“十二五”期间深化医药卫生体制改革规划暨实施方案》，坚持保基本、强基层、建机制，着力解决基层医改面临的新问题，不断完善政策体系，健全长效机制；巩固基本药物制度，深化基层医疗卫生机构管理体制、补偿机制、药品供应、人事分配等方面的综合改革；完善绩效考核办法，创新监管方式，强化监督管理；加强基层医疗卫生服务体系建设，不断提升服务能力和水平，筑牢基层医疗卫生服务网底。

二、完善基本药物采购和配送

（一）稳固基本药物集中采购机制

全面贯彻《国务院办公厅关于印发建立和规范政府办基层医疗卫生机构基本药物采购机制指导意见的通知》（国办发〔2010〕56 号），坚持以省（区、市）为单位网上集中采购，落实招采合一、量价挂钩、双信封制、集中支付、全程监控等制度。对经多次采购价格基本稳定的基本药物试行国家统一定价；对独家品种试行国家统一定价，也可探索以省（区、市）为单位，根据采购数量、区域配送条件等，直接与生产企业议定采购数量和采购价格；对少数基层必需但用量小、市场供应短缺的基本药物，采取招标定点生产等方式确保供应。

基本药物采购遵循质量优先、价格合理的原则。进一步完善“双信封”评价办法。在经济技术标准评审中，对药品质量、生产企业的服务和信誉等进行全面审查，将企业通过《药品生产质量管理规范（2010 年版）》（GMP）认证作为质量评价的重要指标；在商务标准评审中，对竞标价格明显偏低的药品进行综合评估，避免恶性竞争。优先采购达到国际水平的仿制药，激励企业提高基本药物质量。

（二）保障基本药物供应配送和资金支付

基本药物配送原则上由中标生产企业自行委托药品批发企业配送或直接配送。要做好偏远、交通不便地区的药品配送服务。充分发挥邮政等物流行业服务网络覆盖面广的优势，支持其在符合规定的条件下参与药品配送。基本药物采购机构对基层医疗卫生机构基本药物货款统一支付，鼓励通过设立省级基本药物采购周转资金等方式优化支付流程，确保货款及时足额支付。省级卫生部门负责监督基本药物货款支付情况，严厉查处拖延付款行为，并向社会公布。

（三）定期调整国家基本药物目录

按照防治必需、安全有效、价格合理、使用方便、中西药并重的原则，结合实际使用情况遴选调整国家基本药物目录，保持合理数量，优化品种结构。国家基本药物目录原则上每三年调整一次。省级人民政府统一增补本省（区、市）目录外药品品种，增补品种严格执行国家基本药物各项政策。要从严控制增补数量，不得将权限下放到市（地）、县（市、区）或基层医疗卫生机构。在增补品种时，要充分考虑基层常见病、慢性病用药与当地公立医院用药的衔接问题。

（四）严格执行诚信记录和市场清退制度

对在采购过程中提供虚假证明文件、蓄意抬高价格或恶意竞价、不按合同规定及时配送或供应质量不达标药品，以及向采购机构、医疗机构或个人进行贿赂或变相贿赂的企业，一律记录在案，依照有关法律、法规严肃查处，并定期向社会公布查处结果。对于违反法律、法规、被司法机关及行政机关查处的企业，两年内不得参与药品招标采购。

三、加强基本药物使用和监管

（一）引导基层医务人员规范使用基本药物

加强基层医务人员基本药物知识培训，将其作为基层医务人员竞聘上岗、执业考核的重要内容，保证临床用药合理、安全、有效、价廉。加大宣传力度，引导群众转变用药习惯，促进临床首选、合理使用基本药物。

（二）鼓励非政府办基层医疗卫生机构使用基本药物

在没有政府办基层医疗卫生机构的乡镇和社区，采取政府购买服务方式落实基本药物制度，确保每个乡镇、社区都有实施基本药物制度的基层医疗卫生机构。政府购买服务的范围、内容等，由各地结合实际确定。将符合条件的非政府办基层医疗卫生机构纳入基本医保定点，对其提供的基本公共卫生服务给予足额补偿。农垦、林业等系统和国有企事业单位（含公立医院）所属基层医疗卫生机构实施基本药物制度后，可参照执行政府办基层医疗卫生机构政策，具体办法另行制定。

（三）加强药品质量安全监管

强化政府监管责任，严格基本药物研究、生产、流通、使用、价格、广告监管，依法查处不合格生产企业，规范流通秩序，严厉打击制售假冒伪劣药品行为。对基本药物实行全品种覆盖抽验和从生产出厂到使用全程电子监管，加大对重点品种的监督抽验力度，抽验结果定期向社会发布。严格基本药物上市审批。完善中成药质量标准。

四、深化编制、人事和收入分配改革

（一）深化编制和人事改革

以县（市、区）为单位，根据城镇化进程和城市规模的变化，综合考虑服务人口、地理交通状况等因素，合理核定基层医疗卫生机构编制总量，实行统筹安排、动态调整；合理配置公共卫生、医疗服务人员，适当提高基层医疗卫生机构护理人员比例。明确基层医疗卫生机构的法人主体地位，落实其用人自主权。全面推行聘用制度和岗位管理制度，坚持竞聘上岗、按岗聘用、合同管理，建立能上能下、能进能出的竞争性用人机制，实行定编定岗不固定人员，变固定用人为合同用人，变身份管理为岗位管理。对未聘人员采取多途径妥善安置。基层医疗卫生机构工作人员按规定参加社会保险。

（二）加强对基层医疗卫生机构的考核

创新考核制度，将服务质量数量、患者满意度、任务完成情况和城乡居民健康状况等作为主要考核内容，考核结果向社会公开，与绩效工资总量、财政补助、医保支付等挂钩。依托信息化手段，强化量化考核、效果考核。

（三）实行基层医疗卫生机构负责人任期目标责任制

基层医疗卫生机构负责人一律采取公开选拔、择优聘任方式产生。实行任期目标责任制，由基层医疗卫生机构主管部门对负责人进行考核，考核结果与其收入和任免挂钩。严禁将负责人的收入与基层医疗卫生机构的经济收入挂钩。

（四）提高基层医疗卫生机构人员待遇

基层医疗卫生机构在核定的收支结余中可按规定提取职工福利基金、奖励基金。各地要从实际出发，在平稳实施绩效工资的基础上，结合医务人员工作特点，适当提高奖励性绩效工资比例，合理拉开收入差距，体现多劳多得、优绩优酬。基层医疗卫生机构负责聘用人员的考核与奖惩，根据考核结果及时发放绩效工资。收入分配向工作一线、关键岗位、业务骨干、贡献突出等人员倾斜，严禁将医务人员收入与药品和医学检查收入挂钩。对在基层医疗卫生机构工作的对口支援医务人员，地方政府给予周转房等生活保障，在职称晋升、社会荣誉等方面予以倾斜；对到艰苦边远地区基层医疗卫生机构服务的医务人员，按规定落实津补贴政策；对在农村地区长期从医、贡献突出的医务人员，按国家规定给予奖励。

五、完善稳定长效的多渠道补偿机制

（一）落实财政对基层医疗卫生机构的专项补助经费

政府举办的基层医疗卫生机构，基本建设和设备购置等

发展建设支出由政府根据基层医疗卫生机构发展建设规划足额安排，人员经费（包括离退休人员经费）、人员培训和人员招聘等所需支出由财政部门根据政府卫生投入政策、相关人才培养规划和人员招聘规划合理安排补助。

（二）完善财政对基层医疗卫生机构运行的补助政策

中央财政已建立基本药物制度实施后对地方的经常性补助机制并纳入财政预算，支持地方完善财政对基层医疗卫生机构运行的补助政策。中央财政对各省（区、市）补助标准主要根据基层医疗卫生机构服务人口，并统筹考虑地方财力状况确定，补助标准随着经济社会发展相应提高。各省（区、市）要统筹使用中央财政补助资金，落实对基层医疗卫生机构运行的财政补助政策，将基层医疗卫生机构经常性收支差额补助纳入财政预算并及时足额落实到位，加大对困难地区财政转移支付力度。鼓励各地探索按服务数量或服务人口定额补偿的方式落实补助资金。有条件的地区可以实行收支两条线，基层医疗卫生机构的收入全额上缴，开展基本医疗和公共卫生服务所需经常性支出由政府核定并全额安排。加强财政补助资金的绩效考核和监督管理，提高资金使用效益。

（三）保障基本公共卫生服务经费

各级财政要及时足额下拨基本公共卫生服务经费，确保专款专用，不得截留、挪用、挤占。基本公共卫生服务经费先预拨后考核结算，并随着经济社会发展相应提高保障标准。基层医疗卫生机构承担突发公共卫生事件处置任务由财政按照服务成本核定补助。

（四）全面实施一般诊疗费

各地结合实际合理确定基层医疗卫生机构一般诊疗费标准，原则上10元左右。要严格落实一般诊疗费医保支付政策，将其纳入基本医保门诊统筹支付范围，按规定比例支付。

（五）发挥医保支付的补偿作用

扩大门诊统筹范围，合理确定医保支付范围和支付标准。医保支付比例向基层医疗卫生机构倾斜，鼓励使用中医药服务。推进医保支付方式改革，逐步建立激励与约束并重的支付制度。采取购买服务方式对基层医疗卫生机构提供的基本医疗服务给予补偿。

六、进一步提升基层医疗卫生服务能力

（一）明确基层医疗卫生机构基本功能

以维护辖区居民健康为中心，使用适宜技术、适宜设备和基本药物（包括增补药品），大力推广包括民族医药在内的中医药服务，综合提供公共卫生和基本医疗服务。基层医疗卫生机构诊疗科目、床位数量、科室设置、人员配备、基础设施建设和设备配置要与其功能定位相适应。乡镇卫生院受县级卫生部门委托，承担辖区内卫生管理职能，对村卫生室和乡村医生进行技术指导、药品器械配送管理和绩效考核。考核结果经县级卫生部门审核后公示，作为财政补助经费核算和乡村医生聘用的依据。鼓励有条件的地方探索推进乡村卫生服务一体化管理。

（二）支持基层医疗卫生机构标准化建设

在充分利用现有资源的基础上，做好城镇化和行政区划调整过程中基层医疗卫生机构的规划布局和建设。政府在每个乡镇办好一所卫生院。坚持政府主导，原则上每个街道办事处或3万～10万居民设置1所社区卫生服务中心。“十二五”期间，按照填平补齐的原则，继续加大对基层医疗卫生机构建设投入，重点支持边远山区、地广人稀的农村地区、少数民族地区乡镇卫生院建设，到2015年使基层医疗卫生机构达标率达到95%以上。实施基层中医药服务能力提升工程，加强基层医疗卫生机构中医科、中药房建设。

（三）加强基层医疗卫生机构人才培养

加快推行全科医生制度，加强师资和培养培训基地建设，实施全科医生规范化培养和欠发达农村地区助理全科医生培训。继续做好全科医生转岗培训、农村订单定向医学生免费培养，实施全科医生特岗项目，确保如期实现基层医疗卫生机构全科医生配备目标。采取有效措施，鼓励高校医学毕业生到农村基层服务，志愿到中西部地区乡镇卫生院工作3年及以上的高校医学毕业生，其学费（助学贷款）由国家补助（代偿）。加大对农村医务人员的继续教育，加强中医药知识与技能培训，对乡镇卫生院人员每5年进行一次全员岗位培训，将培训结果作为岗位聘用与绩效考核的重要内容。严格执行城市医院和疾病预防控制机构医师晋升主治医师或副主任医师职称前到农村服务累计一年以上的政策。深化对口协作，加强上级医院与基层医疗卫生机构之间的人才合作交流，建立定期巡诊和轮训机制。

（四）转变基层医疗卫生服务模式

鼓励基层医务人员根据居民健康需求，主动服务，上门服务，开展慢性病管理、健康管理、巡回医疗等。积极推进全科医生执业方式和服务模式改革试点，各地可结合实际合理确定到2015年全科医生签约人数与服务人口比例，逐步推行全科医生（团队）与城乡居民建立稳定的契约服务关系，提供连续的公共卫生和基本医疗服务。卫生等部门要加快制定分级诊疗规范，推进基层首诊负责制，建立健全分级诊疗、双向转诊制度，明显提高基层医疗卫生机构门急诊量占门急诊总量的比例。

（五）推进信息化建设

以省（区、市）为单位，统一组织规划推进基层医疗卫生机构信息系统建设，逐步覆盖乡镇卫生院、社区卫生服务机构和有条件的村卫生室。将基本药物供应使用、居民健康管理、公共卫生服务、基本医疗服务、绩效考核等作为信息系统建设的重要内容，统一技术规范和标准。强化信息系统在绩效考核和服务监管中的运用，提高基层医疗卫生机构服务规范化水平。通过建立区域卫生信息平台，逐步实现基层医疗卫生机构与区域内大医院、公共卫生机构、医保管理经办机构等信息互联互通，实现资源共享。

（六）积极做好化解债务工作

地方政府是化解债务的主体，要多渠道筹措落实化解债务资金，按时完成债务化解工作。省级、市（地）级人民政府要加大对财政困难县（市、区）化解债务工作的资金支持力度。

七、稳定和优化乡村医生队伍

（一）提高村卫生室服务水平

采取公建民营、政府补助等方式，支持村卫生室房屋建设和设备购置，原则上每个行政村要建有村卫生室，每个村卫生室要配备合格的乡村医生。对村卫生室主要通过购买服务的方式进行合理补助。制定乡村医生培养规划，建立在村卫生室执业的乡村医生定期免费培训制度，鼓励采取本地人员定向培养等方式充实、优化乡村医生队伍，新进乡村医生应当具备执业助理医师或以上资格，力争到2020年乡村医生总体具备执业助理医师或以上资格。各地可结合实际建立乡村医生退出机制。

（二）全面落实乡村医生补偿政策

明确村卫生室和乡镇卫生院的基本公共卫生服务任务分工和资金分配比例，原则上将40%左右的基本公共卫生服务任务交由村卫生室承担，考核后将相应的基本公共卫生服务经费拨付给村卫生室，不得挤占、截留和挪用。各地要将符合条件的村卫生室纳入新农合定点，在综合考虑新农合筹资能力和不增加群众负担的前提下，合理制定村卫生室一般诊疗费标准，并确定新农合支付标准和办法，充分发挥新农合对村卫生室的补偿作用。中央财政已建立村卫生室实施基本药物制度补助机制，地方各级财政要采取定额补助的方式给予专项补助，财政补助总体水平与当地村干部的补助标准相衔接；鼓励地方进一步提高对在偏远、艰苦地区执业的乡村医生补助水平。各地要积极探索降低乡村医生执业风险、调解医患纠纷的有效措施。

（三）合理解决乡村医生养老问题

支持乡村医生参加城乡居民社会养老保险，按规定领取养老金。鼓励有条件的地方采取多种方式适当提高乡村医生的养老待遇。地方政府可以采取补助等多种形式，妥善解决好老年乡村医生的保障和生活困难问题，具体办法由地方政府制定。

八、加强基层医疗卫生服务监管

（一）加强卫生行业监管

县级卫生部门要加强对基层医疗卫生机构、村卫生室和乡村医生的行业管理，加大执法检查监督力度。对有过度医疗、不合理使用抗生素、推诿病人、虚报公共卫生服务等违规行为的机构及人员，严格按规定予以通报、罚款乃至给予辞退、吊销执业证书等处罚；严厉查处没有按照规定实行基本药物零差率销售的基层医疗卫生机构。建立问责制，对监管不力的，严格追究相关责任人的责任。各地要设立监督举报电话，加强社会监督。

（二）推行院（中心）务公开

基层医疗卫生机构要定期公开医疗服务信息、财务收支状况、医疗服务价格、基本公共卫生服务项目、政府专项资金使用和绩效考核情况等，主动接受社会监督。

（三）发挥医保和价格的监督制约作用

医保经办机构对医疗服务行为和费用要实行实时监控，加大奖惩力度，严厉查处骗保行为。价格部门应加强对基层医疗卫生机构的收费检查，严厉查处乱收费、违规加价等行为。

（四）加强医德医风建设

建立诚信制度和医务人员医德医风档案。重视对基层医务人员的人文素质培养和职业素质教育，大力弘扬救死扶伤精神，促进基层医务人员与城乡居民建立和谐关系。

九、组织实施

（一）落实目标责任

各省（区、市）政府要尽快制订实施方案，并报国务院医改办公室、卫生部、财政部、人力资源社会保障部备案。各有关部门要抓紧制定出台相关配套文件。各地、各有关部门要严格落实责任制，建立强有力的工作推进机制，提高执行力。

（二）加强督导考核

各地要将基层医改任务完成情况纳入政府目标考核管理。各有关部门要加强协调配合，督促指导地方工作。国务院医改办公室要会同有关部门定期开展督导检查，及时通报

进展情况，对工作滞后的进行约谈，确保各项政策落到实处。

（三）加强宣传培训

大力宣传基层医改政策，开展对从事医改的各级领导干部和基层医务人员的政策培训，进一步统一思想，凝聚共识，形成全社会支持医改、参与医改的良好氛围。

国务院办公厅

2013 年 2 月 10 日

国务院办公厅关于印发深化医药卫生体制改革 2013 年主要工作安排的通知

国办发〔2013〕80 号

各省、自治区、直辖市人民政府，国务院有关部门：

《深化医药卫生体制改革 2013 年主要工作安排》已经国务院同意，现印发给你们，请结合实际，认真组织实施。

国务院办公厅

2013 年 7 月 18 日

深化医药卫生体制改革 2013 年主要工作安排

2013 年是深化医药卫生体制改革向纵深推进的攻坚之年，也是全面实施“十二五”医改规划的关键一年。为明确任务目标，加强组织领导，落实工作责任，持续深入推进改革，现提出 2013 年医改主要工作安排。

一、总体要求

深入贯彻党的十八大精神，以科学发展观为指导，加强改革创新，坚持为人民健康服务的方向，坚持预防为主、以农村为重点、中西医并重，坚持保基本、强基层、建机制的基本原则，全面实施“十二五”医改规划，着力加快健全全民医保体系，巩固完善基本药物制度和基层医疗卫生机构运行新机制，积极推进公立医院改革，统筹做好基本公共卫生服务均等化、医疗卫生资源配置、社会资本办医、医疗卫生信息化、药品生产流通和医药卫生监管体制等方面的配套改革，巩固已有成果，在重点领域和关键环节取得新突破。

二、工作任务

（一）加快健全全民医保体系

1. 巩固扩大基本医保覆盖面，稳步提高保障水平。职工基本医疗保险（以下简称“职工医保”）、城镇居民基本医疗保险（以下简称“城镇居民医保”）和新型农村合作医疗（以下简称“新农合”）三项基本医疗保险参保（合）率稳定在 95% 以上。城镇居民医保和新农合政府补助标准提高到每人每年 280 元，城乡居民个人缴费水平相应提高。鼓励有条件的地方积极探索建立与经济发展水平相适应的筹资机制。城镇居民医保和新农合政策范围内住院费用支付比例分别提高到 70% 以上和 75% 左右，进一步缩小与实际住院费用支付比例之间的差距，适当提高门诊医疗保障待遇。（人力资源社会保障部、卫生计生委分别负责。排在第一位的部门为牵头部门，分别负责为各部门分别牵头，下同）

2. 积极推进重特大疾病保障和救助机制建设。贯彻落实发展改革委等六部门《关于开展城乡居民大病保险工作的指导意见》（发改社会〔2012〕2605 号），推进城乡居民大病保险试点。继续开展儿童白血病等 20 种重大疾病保障试点工作。完善城乡医疗救助制度。加强各类保障制度间的衔接。（人力资源社会保障部、卫生计生委、发展改革委、财政部、民政部、保监会负责）

3. 积极推进疾病应急救助制度建设。贯彻落实《国务院办公厅关于建立疾病应急救助制度的指导意见》（国办发〔2013〕15 号），制定疾病应急救助基金管理有关文件以及需紧急救治的急重危伤病的标准和急救规范。指导各地建立疾病应急救助基金，制订实施方案。鼓励社会各界参与疾病应急救助。（卫生计生委、财政部、发展改革委、民政部、人力资源社会保障部负责）

4. 深化医保支付制度改革。结合门诊统筹推行按人头付费，结合门诊大病和住院推行按病种付费等支付方式改革。积极推动建立医保经办机构与医疗机构、药品供应商的谈判机制和购买服务的付费机制。建立健全考核评估和质量监督体系，防止简单分解额度指标的做法，防止分解医疗服务、推诿病人、降低服务质量。逐步将医保对医疗机构医疗服务的监管延伸到对医务人员医疗服务行为的监管。（人力资源社会保障部、卫生计生委分别负责）

5. 提高基本医疗保险管理能力和服务水平。统一规划，推进基本医疗保险标准化和信息系统建设。提高基金统筹层次，鼓励有条件的地方探索省级统筹。提高医保机构管理服务能力。总结实践经验，大力推进异地就医结算，逐步推开省内异地就医直接结算。选择在部分省份试点，探索建立跨省异地就医即时结算机制。（人力资源社会保障部、卫生计生委分别负责）

6. 继续鼓励以政府购买服务的方式，委托具有资质的商业保险机构经办医疗保障管理服务。鼓励企业、个人购买商业大病补充保险。鼓励商业保险机构发展基本医保之外的健康保险产品。（卫生计生委、人力资源社会保障部、发展改革委、保监会负责）

7. 整合职工医保、城镇居民医保和新农合的管理职责，做好整合期间工作衔接，确保制度平稳运行。（中央编办、人力资源社会保障部、卫生计生委负责）

（二）巩固完善基本药物制度和基层医疗卫生机构运行新机制

各地要按照《国务院办公厅关于巩固完善基本药物制度和基层运行新机制的意见》（国办发〔2013〕14 号）要求，2013 年年底前制定具体的实施办法，全面抓好贯彻落实，推动基层医改不断深化，以促进改革、巩固成果、扩大成效。

1. 实施 2012 年版国家基本药物目录。严格规范地方增补药品。引导基层医务人员规范使用基本药物，加强基层医务人员基本药物知识培训，将其作为基层医务人员竞聘上岗、执业考核的重要内容。加强基本药物临床应用指南和处方集培训，2013 年年底前要覆盖所有政府办基层医疗卫生机构。完善基本药物储备制度。汇总用量不确定、企业不常生产、供应短缺的药品信息，进一步推动建立常态化短缺药品储备机制，重点做好传染病治疗药品和急救类基本药物供应保障工作。（卫生计生委、人力资源社会保障部、工业和信息化部、中医药局负责）

2. 继续推进村卫生室实施基本药物制度。通过政府购买服务等方式鼓励非政府办基层医疗卫生机构实施基本药物制度。（卫生计生委、财政部、工业和信息化部负责）

3. 创新绩效考核机制。鼓励引入第三方考核，强化量化考核、效果考核，将考核结果与绩效工资总量、财政补助、医保支付等挂钩，与医务人员收入挂钩。各地要从实际出发，在平稳实施绩效工资的基础上，适当提高奖励性绩效工资比例，合理拉开收入差距。（人力资源社会保障部、卫生计生委、财政部负责）

4. 健全稳定长效的多渠道补偿机制。落实财政对基层医疗卫生机构运行的补助政策，将基层医疗卫生机构经常性收支差额补助纳入财政预算并及时足额落实到位。保障基本公共卫生服务经费专款专用，不得截留、挪用或挤占。全面实施一般诊疗费。发挥医保支付的补偿作用。（财政部、卫生计生委、人力资源社会保障部、发展改革委负责）

5. 持续提升基层服务能力。继续支持基层医疗卫生机构建设，实施基层中医药服务能力提升工程，85% 以上的社区卫生服务中心、70% 以上的乡镇卫生院、60% 以上的社区卫生服务站和村卫生室能够提供中医药服务。启动乡镇卫生院周转宿舍建设试点。继续实施免费医学生定向培养。继续支持全科医生规范化临床培养基地建设。（发展改革委、财政部、人力资源社会保障部、卫生计生委、教育部、中医药局负责）

6. 加大乡村医生补偿政策落实力度。明确村卫生室和乡镇卫生院的基本公共卫生服务任务分工和资金分配比例，原则上将 40% 左右的基本公共卫生服务任务交由村卫生室承担。充分发挥新农合对村卫生室的补偿作用。中央财政已建立村卫生室实施基本药物制度补助机制，地方各级财政要采取定额补助的方式给予专项补助。推动乡村医生养老待遇政策落实。（卫生计生委、财政部、人力资源社会保障部、发展改革委负责）

7. 基本完成基层医疗卫生机构长期债务化解工作，坚决制止发生新债。（财政部、卫生计生委负责）

（三）积极推进公立医院改革

1. 全面总结评估国家确定的第一批县级公立医院（含中医医院，下同）综合改革试点工作经验，研究解决改革中出现的新问题。启动第二批县级公立医院综合改革试点工作。县级公立医院改革重点要在建立长效补偿机制、建立健全法人治理结构、推进医药价格改革、深化人事分配制度改革、控制医药费用以及提高人员经费支出占业务支出的比例、提高医务人员待遇等方面开展探索。（卫生计生委、中央编办、发展改革委、财政部、人力资源社会保障部、中医药局负责）

2. 提升县级医院服务能力。以提升重大疾病医疗救治能力为重点，完善诊疗规范和临床路径，力争多数重大疾病能够在县级医院诊治。提升县级医院对部分复杂病种初诊能力，做好与三级医院的转诊工作。指导县级医院按照规定设

置特设岗位，引进急需高层次人才。建立健全城市医院对口支援县级医院的长期合作帮扶机制，继续实施县级医院骨干医师培训项目，为县级医院培训不少于6 000名骨干人才（含中医临床技术骨干）。加强临床专业科室能力建设。（卫生计生委、发展改革委、财政部、人力资源社会保障部、中医药局负责）

3. 拓展深化城市公立医院改革试点。以取消“以药补医”机制为关键环节，按照政事分开、管办分开、医药分开、营利性与非营利性分开的要求，以补偿机制改革和建立现代医院管理制度为抓手，深化体制机制综合改革。明确公立医院的功能定位。积极控制医药费用不合理上涨。督促落实医院财务会计制度，强化成本管理，将医院成本和费用控制纳入对公立医院的绩效考核。在收入分配、定价、药品采购等方面给予试点地区一定自主权。（卫生计生委、中央编办、发展改革委、财政部、人力资源社会保障部、教育部、国资委、中医药局负责）

4. 继续推行便民惠民措施。深入开展优质护理服务，推行预约诊疗。进一步优化就医流程，加强医疗服务的精细化管理。研究推进基层首诊负责制试点，建立健全分级诊疗、双向转诊制度和机制，增强医疗服务连续性和协调性。探索便民可行的诊疗付费举措。（卫生计生委、人力资源社会保障部、中医药局负责）

（四）统筹推进相关领域改革

1. 积极稳妥推进社会办医。进一步开放医疗服务市场，减少对社会资本举办医疗机构的相关行政许可事项，有序扩大境外资本独资举办医疗机构的试点范围。公立医院资源丰富的城市可引导社会资本以多种方式参与包括国有企业所办医院在内的部分公立医院改制重组。继续鼓励具有资质的人员（包括港、澳、台地区人员）依法开办私人诊所，支持非公立医疗机构向高水平、规模化的大型医疗集团发展，鼓励发展非营利性的非公立医疗机构。支持和引导地方政府进一步在准入、土地、投融资、人才引进等方面给予社会资本办医优惠政策。健全完善监管机制。非公立医疗机构床位数占比逐步增加。（发展改革委、卫生计生委、财政部、商务部、人力资源社会保障部、国资委负责）

2. 完善药品价格形成机制。完善药品价格管理政策，创新政府定价形式和方法，改革药品集中采购办法，确保药品质量，合理降低药品费用，推动医药生产与流通产业健康发展。选取临床使用量较大的部分药品，参考主导企业成本，以及药品集中采购价格和零售药店销售价格等市场交易价格制定政府指导价格，并根据市场交易价格变化等因素适时调整。坚决查处药品购销中的暗扣行为。（发展改革委、卫生计生委、人力资源社会保障部、财政部、工业和信息化部、食品药品监管总局负责）

3. 继续实施国家基本公共卫生服务项目。人均基本公共卫生服务经费标准提高到30元。完善国家基本公共卫生服务管理机制，充分发挥专业公共卫生机构作用，指导基层医疗卫生机构落实各项任务。城乡居民健康档案规范化电子建档率达到65%以上，高血压、糖尿病患者规范化管理人数分别达到7 000万和2 000万以上，老年人和儿童中医药健康管理目标人群覆盖率均达到30%以上。研究流动人口享受基本公共卫生服务相关政策。（卫生计生委、财政部、中医药局负责）

4. 继续实施重大公共卫生服务项目。做好传染病、慢性病、职业病、重性精神病、重大地方病等严重危害群众健康的疾病防治，强化妇幼健康管理，提高出生人口素质。推进农村改厕工作，进一步加强公共卫生安全的长效机制和卫生应急能力建设。继续完善专业公共卫生服务网络，支持农村急救体系和妇幼保健机构建设，加强重大疾病防治和食品安全风险监测能力建设，组织开展食品安全风险和饮用水监测工作。（卫生计生委、发展改革委、财政部负责）

5. 创新卫生人才培养使用制度。加快制定建立住院医师规范化培养制度的指导意见和全科医生规范化培养期间人员管理、培养标准等政策。继续开展全科医生转岗培训工作。实施全科医生特岗项目。加强急需紧缺专门人才和高层次人才培养，实施中医药传承与创新人才工程。稳步推进全科医生执业方式和服务模式改革试点。研究完善有关政策措施，推进医师多点执业。维护医疗机构正常秩序，建立健全医疗责任保险和医疗纠纷第三方调解机制。（卫生计生委、发展改革委、财政部、人力资源社会保障部、教育部、保监会、中医药局负责）

6. 进一步优化医疗卫生资源配置。推动各地科学制定区域卫生规划和医疗机构设置规划，新增医疗卫生资源优先考虑社会资本。研究制定控制公立医院规模盲目扩张的政策措施，严禁公立医院举债建设。鼓励整合辖区内检查检验资源，促进大型设备资源共建共享。加强医疗服务体系薄弱环节建设，优先改善儿童医疗服务机构基础设施条件，重点支持基层以及老少边穷地区发展卫生事业。鼓励中医药和民族医药发展。加强医疗机构临床重点专科建设。（卫生计生委、发展改革委、财政部、中医药局负责）

7. 推进医疗卫生信息化建设。启动全民健康保障信息化工程，推进检查检验结果共享和远程医疗工作。加强顶层设计，统筹制定医疗卫生信息化相关业务规范和信息共享安全管理制度体系，促进区域卫生信息平台建设。研究建立全国统一的电子健康档案、电子病历、药品器械、公共卫生、医疗服务、医保等信息标准体系，并逐步实现互联互通、信息共享和业务协同。（卫生计生委、发展改革委、财政部、工业和信息化部、人力资源社会保障部、民政部、食品药品监管总局、保监会、中医药局负责）

8. 加强卫生全行业监管。建立健全医疗质量控制体系和医疗机构评价体系。完善病人出入院标准和技术规范。强化医疗卫生服务行为和质量安全监管。开展基层医疗卫生机构集中整顿工作。依法严厉打击非法行医售药和违规骗取医保基金的行为，严肃查处药品招标采购、医保支付等关键环节和医疗服务过程中的违法违规行为。建立信息公开、社会多方参与的监管制度，鼓励行业协会等社会组织对医疗机构进行监督。强化医务人员法制和纪律教育，加强医德医风建设。（卫生计生委、人力资源社会保障部、食品药品监管总局、中医药局负责）

三、保障措施

（一）强化责任制

强化各省（区、市）政府主要领导对本地区医改工作负总责、分管领导具体抓的工作机制，医改领导小组各成员单位要分工负责、密切配合。各有关部门、各省（区、市）要细化分解任务，制订具体工作方案。各地要充实医改工作队伍，发挥医改办统筹协调作用，提高推进改革的协调力和执行力。

（二）落实政府投入

各级政府要积极调整财政支出结构，加大投入力度，切实落实“政府卫生投入增长幅度高于经常性财政支出增长幅度，政府卫生投入占经常性财政支出的比重逐步提高”的要求，将年度医改任务所需资金纳入财政预算，并按时足额拨付到位。加大中央、省级财政对困难地区的转移支付力度。各级财政部门在向政府汇报预决算草案时要就卫生投入情况进行专门说明，确保实现“十二五”期间政府医改投入力度和强度高于2009—2011年医改投入的目标。加强资金监督管理，将项目执行和资金使用绩效作为医改责任制的重要考核内容，提高资金使用效益。

（三）加强绩效考核

国务院医改办公室会同有关部门和地方加强对医改实施进展情况的监测和效果评估，考核结果与财政补助资金分配挂钩。加强定期督导，对发现的问题及时研究解决并督促地方进行整改。鼓励地方加强探索，不断总结经验，并及时将好的经验上升为政策。

（四）强化宣传引导

国务院医改办公室会同有关部门加强医改宣传沟通协调机制建设。加强正面宣传引导，做好医改政策解读。通过电视、广播、报纸、网络等多种媒体，及时向社会通报医改进展成效，深入宣传典型经验和先进人物，调动各方特别是医务人员参与医改的积极性、主动性和创造性，营造良好舆论氛围。做好舆情监测，及时发现和妥善回应社会关切，合理引导社会预期。

● 行业管理文件及规章

国家统计局关于批准执行药品流通统计报表制度的函

商务部：

你部《关于申请修订并继续执行〈药品流通统计报表制度〉的函》（商秩函〔2012〕1123号）收悉。经审核，批准你部执行《药品流通统计报表制度》，有效期2年，超过有效期需继续执行或在有效期内进行重大修订时，须重新办理审批手续。

在实施时，请将正式文件及统计制度报我局统计设计管理司3份，并将调查所取得的有关资料及时提供我局贸易外经统计司。

相关数据发布应遵照国务院有关规定执行。

统计局

2013年1月10日

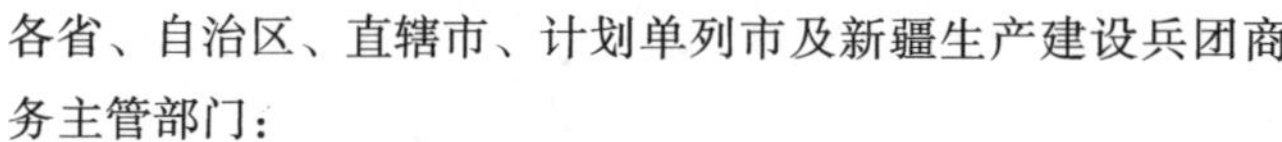

商务部关于印发《药品流通统计报表制度（2013—2014年）》的通知

各省、自治区、直辖市、计划单列市及新疆生产建设兵团商务主管部门：

2011年年初，我部实施了《药品流通统计报表制度》（以下简称《制度》），已于2012年12月到期。两年来，统计工作进展有序，统计数据为指导药品流通行业健康发展提供了科学依据。我部根据行业发展情况和各方面意见，对《制度》进行了修订，并经国家统计局批准，从2013年1月开始实施，有效期2年。现将新实施的《制度》印发给你们，请遵照执行，并就有关事项通知如下：

一、加强行业统计工作的组织领导

药品流通行业统计工作是药品流通行业主管部门履行职能的基础，是制定行业政策、发展规划和相关标准的重要参考依据，也是推动药品流通行业科学发展不可或缺的工作支撑。各地商务主管部门要高度重视，切实加强领导，认真组织《制度》的贯彻落实，配备专职人员，全面做好本地区药品流通行业统计工作。

二、做好政府、协会和企业的分工协作

各地商务主管部门要充分发挥行业协会作用，争取更多的典型企业参与统计直报，并组织好典型企业之外的药品流通企业的数据填报和汇总上报工作。相关行业协会要主动协助商务主管部门，做好统计数据的组织报送、汇总和分析工作。各典型企业要严格按照《制度》要求，指派专人负责统计业务，如实、准确、及时、全面地填报数据。

三、确保新旧统计制度的顺利衔接

新实施的《制度》主要进行了三方面调整：一是删除了原制度中关于国家基本药物制度实施情况的报表；二是不再设半年报表；三是调整了统计内容，删除精简了一些缺乏参考价值的统计指标（调整变化情况详见附件）。请各地商务主管部门认真学习新《制度》的具体内容，熟悉各报表的相关变化，做好宣传贯彻和培训工作，确保企业和协会都能按照最新要求正确填报数据。2012年年报是新《制度》实施后的第一项重要工作，各地商务主管部门和相关协会、企业要提前做好准备，确保2012年年报填报工作的顺利开展。

新《制度》执行过程中出现的问题，请及时与我部联系。随文附件可到商务部药品流通行业统计系统网站（http://yplt.mofcom.gov.cn）政策法规栏目下载。

联系人：朱　浙　裴建华

电　　话：010—85093317/3328

传　　真：010—85093314

电子邮箱：zhuxi@mofcom.gov.cn；yplt@mofcom.gov.cn

附　　件：《药品流通统计报表制度》修订说明

商务部

2013年2月5号

药品流通统计报表制度

（2013—2014 年）

商　务　部

2013 年 1 月

本报表制度根据《中华人民共和国统计法》的有关规定制定

《中华人民共和国统计法》第七条规定：国家机关、企业事业单位和其他组织及个体工商户和个人等统计调查对象，必须依照本法和国家有关规定，真实、准确、完整、及时地提供统计调查所需的资料，不得提供不真实或者不完整的统计资料，不得迟报、拒报统计资料。

《中华人民共和国统计法》第九条规定：统计机构和统计人员对在统计工作中知悉的国家秘密、商业秘密和个人信息，应当予以保密。

目　　录

一、总说明

（一）为了解全国药品流通行业经营活动的基本情况，为各级政府部门制定行业发展政策和进行经济管理与宏观调控提供依据，依照《中华人民共和国统计法》的规定，根据国家统计局有关制度要求，特制定本统计报表制度。

（二）本制度由商务部制定，经国家统计局审核批准。本制度由地方商务主管部门组织落实，并接受同级政府统计机构的业务指导。

（三）本制度数据来源为地方商务主管部门和药品批发和零售业典型企业。基层报表统计对象为典型企业，典型企业的选取由地方商务主管部门和相关行业协会推荐，并经商务部同意，所有被选定的企业纳入商务部定点统计药品流通典型企业之列。综合报表 8 统计对象为非典型药品批发和零售业法人企业，综合报表 9 统计对象为全部药品批发和零售业法人企业。

（四）为提高统计工作效率，降低统计数据的差错率，地方商务主管部门和企业单位报表实行网上直接报送。

（五）本统计报表制度按报告期分别为年度报表和定期报表。年报表报送时间为次年 3 月 10 日至 3 月底；定期报表为季报，季报报送时间为季后第 1 个月 5 日至 20 日。其中，“典型药品批发和零售企业商品购进、销售、库存情况”（YPLT－2 表）、“典型药品批发和零售企业主要经济指标”（YPLT－6 表）、“典型企业以外药品批发和零售企业商品购进、销售、库存情况”（YPLT－8 表）年报和季报采用同一表式。

（六）对外公开发布和提供行业统计资料，应确保国家机密和企业商业秘密，地方商务主管部门和相关单位应严格按照《中华人民共和国统计法》及其实施细则和国家有关规定执行。

（七）本统计报表制度由商务部（市场秩序司）统一布置。

二、报表目录

三、调查表式

（一）基层年报表和基层定期报表

典型药品批发和零售业法人单位基本情况

表　　号：YPLT－1 表
制定机关：商务部
批准机关：国家统计局
批准文号：国统制〔2013〕5 号
有效期至：2014 年 12 月

20　年

指标名称	代码	
单位类别	00	法人单位本部（总部、本店、本所等）□
组织机构代码 曾 用 代 码	01	□□□□□□□□—□ □□□□□□□□—□
单位名称 曾 用 名	02	________________ ________________
法定代表人（单位负责人）	03	
单位所在地及行政区划 行政区划代码	04	____省（自治区、直辖市）____地（区、市、州、盟） ____县（区、市、旗）________________门牌号 □□□□□□
联系方式	05	区　　号□□□□□ 电话号码□□□□□□□□□□□ 分 机 号□□□□□□ 传真号码□□□□□□□□ 邮政编码□□□□□□ 电子信箱________________ 网　　址________________
行业类别	06	515　医药及医疗器材批发业　□ 525　医药及医疗器材专门零售业　□ i. 连锁企业　□　ii. 单体药店　□ 具有互联网药品交易服务资格证书的企业　□ i. B2B　□　年销售总额______千元 ii. B2C　□　年销售总额______千元 具有药监部门颁发的开展第三方药品物流业务确认文件的专业医药物流企业□ 具有第三方医药物流资质的批发企业□ 承担国家基本药物省级集中采购配送任务的典型药品批发企业□ 开展物流延伸服务的企业　□　涉及医院________（家） 承接药房托管的企业　□______（家）医院（二级以上含二级） ______（家）基层医疗机构（二级以下） 承接医院药库外设的企业　□　______（家）医院（二级以上含二级） ______（家）基层医疗机构（二级以下） 药店承担社区医疗机构药房功能试点□______（家）社区医疗机构 设立在保税区的药品批发企业□______（个）仓库、总面积______平方米
登记注册和批准情况	07	机关级别：1 国家，2 省，3 地（市），4 县（市）

	登记注册（或批准）机关名称	机关级别	登记注册号
1	工商行政管理部门		
8	食品药品监督管理部门		

续　表

指标名称	代码	
登记注册类型	08	100 内资 □ 110 国有企业 □　120 集体企业 □　130 股份合作企业 □　140 联营企业 □ 150 有限责任公司 □　151 国有独资公司 □　159 其他有限责任公司 □ 160 股份有限公司 □　170 私营企业 □　190 其他企业 □ 200 港澳台商投资 □ 300 外商投资 □
控股情况	09	1 国有绝对控股 □　2 国有相对控股 □　9 其他 □
隶属关系	10	10 中央　20 省（自治区、直辖市）　40 地（区、市、州、盟）□□ 50 县（区、市、旗）　61 街道　62 镇　90 其他
开业（成立）时间	11	□□□□年□□月
营业状态	12	1 营业　2 停业（歇业）　3 筹建　4 当年关闭　5 当年破产　9 其他□
业务经营范围	13	1. 批发业法人单位　____个 2. 零售业法人单位　____个 3. 工业法人单位　____个 4. 房地产业法人单位　____个 5. 其他法人单位　____个

14 从业人员数

指标名称	代码	总数（人）						
甲	乙	百万	十万	万	千	百	十	个
年末从业人员合计	01							
其中：物流从业人数	02							
电子商务从业人数	03							
一、从业人员按学历分	……							
1. 具有研究生及以上学历人员	04							
2. 具有大学本科学历人员	05							
3. 具有大专学历人员	06							
4. 具有大专以下学历人员	07							
二、从业人员按专业技术职称分	……							
1. 具有高级技术职称人员	08							
其中：高级经济师	09							
高级工程师	10							
主任药师	11							
副主任药师	12							
2. 具有中级技术职称人员	13							
3. 药学技术人员	14							
其中：具有执业药师资格人员	15							
4. 物流师资格人员	16							

企业集团情况	15	本企业是：1 非集团企业 2 集团母公司（核心企业或集团总部）3 成员企业　□ 如选择 2，请填写所有下一级子公司组织机构代码及企业名称 □□□□□□□□－□　________ 如选择 3，请填写上一级母公司组织机构代码及名称 □□□□□□□□－□　________ 请填写所有下一级子公司组织机构代码及企业名称 □□□□□□□□－□　________

单位负责人：　　统计负责人：　　填表人：　　联系电话：

填表日期：20　年　月　日　　审表人：　　审表日期：20　年　月　日

说明： 1. 本表为年报，由典型药品批发和零售业法人企业填报。

2. 表内关系：从业人数行关系：01 = 04 + 05 + 06 + 07，01 ≥ 02 + 03。

3. 报送时间为每年 3 月 10 日至 3 月底，报送方式为网上直报。

典型药品批发和零售企业商品购进、销售、库存情况

表　　号：YPLT－2 表
制定机关：商务部
批准机关：国家统计局
批准文号：国统制〔2013〕5 号
有效期至：2014 年 12 月

单位名称：
组织机构代码：□□□□□□□□－□　　　　20　年 1—　季度（含增值税）

指标名称	计量单位	代码	商品购进总额				商品销售总额												年末/季末库存总额
								对批发的销售				对医疗终端的销售			对零售终端的销售				
			合计	从生产者购进	从批发零售贸易业购进	直接进口	合计	小计	对省内批发的销售	对省外批发的销售	直接出口	小计	对二级及以上医院的销售	对一级及以下医院的销售	小计	售给单体药店	售给连锁药店	对居民的零售	
甲		乙	1	2	3	4	5	6	7	8	9	10	11	12	13	14	15	16	17
各类合计	千元	01																	
药品类	千元	02																	
医疗器材类	千元	03																	
化学试剂类	千元	04																	
玻璃仪器类	千元	05																	
中药材类	千元	06																	
中成药类	千元	07																	
其他类	千元	08																	

补充资料：
药品，医疗器材，化学试剂，玻璃仪器，中药材，中成药六大类销售中：
（1）共售给县级以下批发零售企业______千元；（2）共售给城市社区医疗单位______千元；（3）共售给农村医疗单位______千元；（4）药品直调金额______千元；（5）经营品规数____个。

单位负责人：　　　　统计负责人：　　　　填表人：　　　　联系电话：　　　　报出日期：20　年　月　日

说明： 1. 本表为季报和年报，由典型药品批发和零售业法人企业填报。

2. 主要逻辑审核关系：行关系：1≥2＋3＋4，5≥6＋10＋13＋16，6≥7＋8＋9，10≥11＋12，13≥14＋15；列关系：01＝02＋03＋04＋05＋06＋07＋08；六大类合计 12≥补充资料（2）＋（3）。

3. 年报报送时间为次年 3 月 10 日至 3 月底，季报报送时间为季后第 1 个月 5 日至 20 日，报送方式为网上直报。

典型药品零售企业经营情况

表　　号：YPLT－3 表
制定机关：商务部
批准机关：国家统计局
批准文号：国统制〔2013〕5 号
有效期至：2014 年 12 月

单位名称：

组织机构代码：□□□□□□□□－□　　　　20　年（含增值税）

指标名称	计量单位	代码	合计		直营店	
			本期	上年同期（新增直报企业填写）	本期	上年同期（新增直报企业填写）
甲	乙	丙	1	2	3	4
门店总数	个	01				
其中：医保定点药房门店数	个	02				
营业面积	平方米	03				
销售总额	千元	04				
其中：凭医院处方的销售额	千元	05				
非处方药销售额	千元	06				
非药品销售额	千元	07				
其中：保健食品销售额	千元	08				
医疗器材销售额	千元	09				
化妆品销售额	千元	10				
其他销售额	千元	11				
年收到处方数	张	12				
其中：收到医院处方数	张	13				

单位负责人：　　　　统计负责人：　　　　填表人：　　　　联系电话：　　　　报出日期：20　年　月　日

说明： 1. 本表为年报，由典型药品零售连锁法人企业总公司（总店）或典型药品零售单体药店填报。

2. 本表主要审核关系：行关系：01≥02，04＞06＋07，07＝08＋09＋10＋11，12＞13；列关系：1≥3，2≥4。

3. 连锁总店或核心店作为一个直营店统计。

4. 报送时间为次年 3 月 10 日至 3 月底，报送方式为网上直报。

典型药品批发企业经营情况

表　　号：YPLT－4 表
制定机关：商务部
批准机关：国家统计局
批准文号：国统制〔2013〕5 号
有效期至：2014 年 12 月

单位名称：

组织机构代码：□□□□□□□□－□　　　　20　年（含增值税）

指标名称	计量单位	代码	本期	上年同期（新增直报企业填写）
甲	乙	丙	1	2
一、药品批发企业商品配送总额	千元	01		
其中：自主配送中心配送金额	千元	02		
非自有配送中心配送金额	千元	03		
二、药品批发企业物流费用	千元	04		
其中：自主配送物流费用	千元	05		
委托配送物流费用	千元	06		
三、药品批发企业物流建设情况	—	—		
自有配送中心数量	个	07		
自有配送中心仓储面积	平方米	08		
自有配送车辆数	辆	09		
四、药品批发企业信息化建设情况	—	—		
在用计算机数量	台	10		
信息系统建设投入	千元	11		

单位负责人：　　　　统计负责人：　　　　填表人：　　　　联系电话：　　　　报出日期：20　年　月　日

说明：1. 本表为年报，由典型药品批发业法人企业填报。

2. 表内关系：01＝02＋03，04＝05＋06。

3. 报送时间为次年 3 月 10 日至 3 月底，报送方式为网上直报。

典型药品批发和零售连锁企业门店及配送中心分布情况

表　　号：YPLT－5表
制定机关：商务部
批准机关：国家统计局
批准文号：国统制〔2013〕5号
有效期至：2013年12月

单位名称：
组织机构代码：□□□□□□□□－□　　　　20　年　　　　计量单位：个

地区	代码	门店总数	直营店数	加盟店数	配送中心数	
						自有
甲	乙	1	2	3	4	5
全国合计						
北京						
天津						
河北						
其中：石家庄						
山西						
其中：太原						
内蒙古						
其中：呼和浩特						
辽宁						
其中：沈阳						
大连						
吉林						
其中：长春						
黑龙江						
其中：哈尔滨						
上海						
江苏						
其中：南京						
浙江						
其中：杭州						
宁波						
安徽						
其中：合肥						
福建						
其中：福州						
厦门						
江西						
其中：南昌						
山东						
其中：济南						
青岛						

续 表

地区	代码	门店总数	直营店数	加盟店数	配送中心数	
						自有
甲	乙	1	2	3	4	5
河南						
其中：郑州						
湖北						
其中：武汉						
湖南						
其中：长沙						
广东						
其中：广州						
深圳						
广西						
其中：南宁						
海南						
其中：海口						
四川						
其中：成都						
重庆						
贵州						
其中：贵阳						
云南						
其中：昆明						
西藏						
其中：拉萨						
陕西						
其中：西安						
甘肃						
其中：兰州						
青海						
其中：西宁						
宁夏						
其中：银川						
新疆						
其中：乌鲁木齐						
新疆生产建设兵团						
港澳台及国外						

单位负责人：　　统计负责人：　　填表人：　　联系电话：　　报出日期：20　年　月　日

说明： 1. 本表为年报，由典型药品批发和连锁零售业法人企业总公司或总店填报。

2. 本表主要审核关系：行关系：全国合计 = 各省之和 + 港澳台及国外，各省≥其中各地市之和；列关系：1 = 2 + 3，4≥5。

3. 报送时间为次年 3 月 10 日至 3 月底，报送方式为网上直报。

典型药品批发和零售企业主要经济指标

表　　号：YPLT－6 表
制定机关：商务部
批准机关：国家统计局
批准文号：国统制〔2013〕5 号
有效期至：2014 年 12 月

单位名称：
组织机构代码：□□□□□□□□－□　　20　年 1—　季度（不含增值税）

指标名称	计量单位	代码	1—本季	上年同期（新增直报企业填写）	指标名称	计量单位	代码	1—本季	上年同期（新增直报企业填写）
甲	乙	丙	1	2	甲	乙	丙	1	2
营业收入	千元	01			商誉	千元	16		
其中：主营业务收入	千元	02			流动资产	千元	17		
主营业务成本	千元	03			其中：货币资金	千元	18		
营业税金及附加	千元	04			应收账款	千元	19		
主营业务利润	千元	05			存货	千元	20		
其他业务利润	千元	06			资产总额	千元	21		
投资收益	千元	07			负债合计	千元	22		
营业费用	千元	08			其中：流动负债	千元	23		
管理费用	千元	09			所有者权益合计	千元	24		
财务费用	千元	10			应收账款周转天数	天	25		
营业利润	千元	11			存货周转天数	天	26		
利润总额	千元	12			应付账款周转天数	天	27		
应交所得税	千元	13			营业周期	天	28		
固定资产总额	千元	14			全部从业人员平均人数	人	29		
无形资产	千元	15							

单位负责人：　　统计负责人：　　填表人：　　联系电话：　　报出日期：20　年　月　日

说明： 1. 本表为年报和季报，由典型药品批发和零售业法人企业填报。

2. 表内关系：

11＝05＋06－08－09－10；17≥18＋19＋20；22≥23；24＝21－22；

25＝360 天/应收账款周转率＝平均应收账款×360 天/销售收入；

26＝360 天/存货周转次数＝存货平均余额×360 天/销货成本；

27＝360 天/应付账款周转率＝平均应付账款余额×360 天/主营业务成本净额；

25、26、27 用于 1、2、3 季报时将 360 天分别改为 90 天、180 天、270 天计算；28＝25＋26。

3. 年报报送时间为次年 3 月 10 日至 3 月底，季报报送时间为季后第 1 个月 5 日至 20 日，报送方式为网上直报。

典型药品批发和零售企业国家基本药物经营情况

表　　号：YPLT－7 表
制定机关：商务部
批准机关：国家统计局
批准文号：国统制〔2013〕5 号
有效期至：2014 年 12 月

单位名称：
组织机构代码：□□□□□□□□－□　　　　20　年（含增值税）

指标名称	计量单位	代码	1－本期	上年同期（新增直报企业填写）
甲	乙	丙	1	2
一、药品批发企业				
1. 国家基本药物配送总额	千元	01		
其中：本省配送金额	千元	02		
外省配送金额	千元	03		
2. 国家基本药物配送费用率	%	04		
其中：城市（含县城）社区卫生服务机构配送费用率	%	05		
县以下基层医疗卫生机构配送费用率	%	06		
二、药品零售企业				
3. 国家基本药物销售金额	千元	07		
4. 国家基本药物销售金额占销售总额比例	%	08		
5. 国家基本药物占经营药品种数比例	%	09		

单位负责人：　　　　统计负责人：　　　　填表人：　　　　联系电话：　　　　报出日期：20　年　月　日

说明： 1. 本表为年报，本表第一部分的填报主体仅指承担国家基本药物省级集中采购配送任务的典型药品批发企业，第二部分由典型药品零售业法人企业填报。

2. 表内关系：01＝02＋03。

3. 本表国家基本药物包含本省增补目录。

4. 年报报送时间为次年 3 月 10 日至 3 月底，报送方式为网上直报。

（二）综合年报表和综合定期报表

典型企业以外药品批发和零售企业商品购进、销售、库存情况

表　　号：YPLT－8 表
制定机关：商务部
批准机关：国家统计局
批准文号：国统制〔2013〕5 号
有效期至：2014 年 12 月

综合机关名称：　　　　20　年 1—　季度（含增值税）

指标名称	计量单位	代码	商品购进总额				商品销售总额												年末/季末库存总额
			合计	从生产者购进	从批发零售贸易业购进	直接进口	合计	对批发的销售				对医疗终端的销售			对零售终端的销售			对居民的零售	
								小计	对省内批发的销售	对省外批发的销售	直接出口	小计	对二级及以上医院的销售	对一级及以下医院的销售	小计	售给单体药店	售给连锁药店		
甲		乙	1	2	3	4	5	6	7	8	9	10	11	12	13	14	15	16	17
各类合计	千元	01																	
药品类	千元	02																	
医疗器材类	千元	03																	
化学试剂类	千元	04																	
玻璃仪器类	千元	05																	
中药材类	千元	06																	
中成药类	千元	07																	
其他类	千元	08																	

补充资料：
总计：非直报企业数量______家，其中批发企业数量______家，零售企业数量______家。
药品，医疗器材，化学试剂，玻璃仪器，中药材，中成药六大类销售中：
（1）共售给县级以下批发零售企业______千元；（2）共售给城市社区医疗单位______千元；（3）共售给农村医疗单位______千元；（4）药品直调金额______千元；（5）经营品规数______个。

单位负责人：　　　　统计负责人：　　　　填表人：　　　　联系电话：　　　　报出日期：20　年　月　日

说明： 1. 本表为季报和年报，由各省、自治区、直辖市、新疆生产建设兵团商务主管部门报送。
2. 统计范围是辖区内除直报企业外的药品批发和零售法人企业。
3. 主要逻辑审核关系：行关系：1≥2＋3＋4，5≥6＋10＋13＋16，6≥7＋8＋9，10≥11＋12，13≥14＋15；列关系：01＝02＋03＋04＋05＋06＋07＋08。
补充资料中，六大类合计 5＞(1)＋(2)＋(3)，六大类合计 12＞(2)＋(3)。
4. 年报报送时间为次年 3 月 10 日至 3 月底，季报报送时间为季后第 1 个月 5 日至 20 日，报送方式为网上直报。

药品流通业基本情况

表　　号：YPLT－9 表
制定机关：商务部
批准机关：国家统计局
批准文号：国统制〔2013〕5 号
有效期至：2014 年 12 月

综合机关名称：　　　　　　　　　　20　年

指标名称	计量单位	代码	本期	上年同期（新增直报企业填写）
甲	乙	丙	1	2
一、药品流通企业总数	家	01		
其中：外资企业总数	家	02		
二、药品批发企业数	家	03		
其中：年销售额 5 000 万以上企业数	家	04		
三、药品零售企业数	家	05		
其中：药品零售连锁企业数	家	06		
四、零售门店总数	家	07		
其中：零售单体门店数	家	08		
零售连锁企业下辖门店数	家	09		
医保定点零售门店数	家	10		
五、具有互联网药品交易服务资格证书的企业数	家	11		
其中：B2B	家	12		
B2C	家	13		
具有互联网药品交易服务资格证书的企业销售金额	千元	14		
B2B	千元	15		
B2C	千元	16		
六、从业人员总数	人	17		
其中：药品批发企业从业人员数	人	18		
药品零售企业从业人员数	人	19		

单位负责人：　　　统计负责人：　　　填表人：　　　联系电话：　　　报出日期：20　年　月　日

说明： 1. 本表为年报，由各省、自治区、直辖市、新疆生产建设兵团商务主管部门填报。

2. 统计范围为辖区内全部药品批发、零售业法人企业和个体经营户。

3. 表内关系：01 = 03 + 05，01 > 02，03 ≥ 04，07 > 10，07 = 08 + 09，11 ≥ 12 + 13，14 ≥ 15 + 16，17 = 18 + 19。

4. 药品流通企业数以各省级药品监督管理部门审批的企业数（法人单位数）为准，医保定点药店数以各省级劳动和社会保障部门审批数据为准。

5. 报送时间为次年 3 月 10 日至 3 月底，报送方式为网上直报。

四、附　录

（一）企业登记注册类型

代　码	企业登记注册类型
100	内资企业
110	国有企业
120	集体企业
130	股份合作企业
140	联营企业
150	有限责任公司
151	国有独资公司
159	其他有限责任公司
160	股份有限公司
170	私营企业
190	其他企业
200	港、澳、台商投资企业
300	外商投资企业

（二）国民经济行业分类（GB/T4754—2011）

代码				类别名称	说　明
门类	大类	中类	小类		
H				批发和零售业	本门类包括51和52大类，指商品在流通环节中的批发活动和零售活动
	51			批发业	指向其他批发或零售单位（含个体经营者）及其他企事业单位、机关团体等批量销售生活用品、生产资料的活动，以及从事进出口贸易和贸易经纪与代理的活动，包括拥有货物所有权，并以本单位（公司）的名义进行交易活动，也包括不拥有货物的所有权，收取佣金的商品代理、商品代售活动；本类还包括各类商品批发市场中固定摊位的批发活动，以及以销售为目的的收购活动
		515		医药及医疗器材批发	指各种化学药品、生物药品、中药及医疗器材的批发和进出口活动；包括兽用药的批发和进出口活动
			5151	西药批发	
			5152	中药材及中成药批发	
			5153	医疗用品及器材批发	
	52			零售业	指百货商店、超级市场、专门零售商店、品牌专卖店、售货摊等主要面向最终消费者（如居民等）的销售活动，以互联网、邮政、电话、售货机等方式的销售活动，还包括在同一地点，后面加工生产，前面销售的店铺（如面包房）；谷物、种子、饲料、牲畜、矿产品、生产用原料、化工原料、农用化工产品、机械设备（乘用车、计算机及通信设备除外）等生产资料的销售不作为零售活动；多数零售商对其销售的货物拥有所有权，但有些则是充当委托人的代理人，进行委托销售或以收取佣金的方式进行销售
		525		医药及医疗器材专门零售	指专门经营各种化学药品、生物药品、中药、医疗用品及器材的店铺零售活动
			5251	药品零售	
			5252	医疗用品及器材零售	

（三）主要指标解释和填报说明

1. 典型药品批发和零售业法人单位基本情况（YPLT－1表）

（1）单位组织机构代码：根据中华人民共和国国家标准《全国组织结构代码编制规则》（GB11714－1997），由组织机构代码登记主管部门给每个企业、事业单位、机关、社会团体和民办非企业颁发的在全国范围内唯一的、始终不变的法定代码。

（2）邮政编码为6个字符，不能含有0～9之外的字符。

（3）行业类别中至少选择1项填写。

（4）机关级别：选中的登记注册（或批准）机关名称项后的机关级别栏和登记注册号不能为空。

（5）工商登记注册号：①登记注册类型为内资的，工商登记注册号长度为9位或13位，由0～9之间的数字组成；②登记注册类型为港澳台投资或外商投资的，工商登记注册号长度须为19位（6个汉字＋5位数字＋1个汉字）或者21位（7个汉字＋5位数字＋1个汉字），或者为20位（6个汉字＋6位数字＋1个汉字）或22位（7个汉字＋6位数字＋1位汉字）。

（6）登记注册类型不能含有表中所列110－340取值以外的任何字符。

（7）控股情况只能选“1、2或9”。

（8）隶属关系不能含有10，20，40，50，61，62，90以外的字符。

（9）营业状态只能选1，2，3，4，5或9。

（10）业务经营范围总计数必须≥1。

（11）业务经营范围单个分项可以为0。

（12）年末从业人员除营业状态填4或5的单位外，从业人员数必须大于等于1。

（13）企业集团情况如果是“非集团企业”填写为“1”；如果是“集团母公司”填写为“2”；如果是“成员企业”填写为“3”，公司组织机构代码须满足：代码长度为9个字符，不能含有0－9或A－Z（大写）之外的任何字符。

（14）零售连锁企业是指经营同类药品、使用统一商号的若干个门店，在同一总部的管理下，采取统一采购配送、统一质量标准、采购同销售分离、实行规模化管理经营的组织形式。

（15）企业集团是指以从事药品批零贸易为主要业务的企业法人为主体组成的多法人经济联合体，母公司注册资本在5 000万元人民币以上，并至少拥有5家子公司，母公司和其子公司的注册资本总和在1亿元人民币以上，集团成员单位均具有法人资格。

（16）药学技术人员是指具有药学专业知识，取得药学专业技术职称并从事药学工作的技术人员。

（17）物流师资格人员是指经过相应培训，取得物流师职业资格并从事供应、采购、运输、储存、产成品加工、包装、回收的安排和物流相关信息的处理等工作的人员。

（18）基层医疗卫生机构包括社区卫生服务中心（站）、街道卫生院、乡镇卫生院、村卫生室、门诊部、诊所（医务室）。

（19）保税区是指经主权国家海关批准，在其海港、机场或其他地点设立的允许外国货物不办理进出口手续即可连续长期储存的区域。

（20）第三方药品物流企业是指具有药监部门颁发的开展第三方药品物流业务确认文件，为药品生产企业、药品经营企业提供药品存储、配送或运输服务的企业。

（21）物流延伸服务是指药品流通企业通过信息化手段将物流服务延伸到医院的药库、药房直至病区，使医院的药品管理实现信息流、物流、资金流的整合。

（22）药房托管是指医疗机构通过契约形式，在药房的所有权不发生变化的情况下，将其药房交由具有较强经营管理能力，并能够承担相应风险的医药企业进行有偿的经营和管理。

（23）承接医院药库外设是指药品批发企业通过契约方式，在药库的所有权不发生变化的情况下，承接在医院外设立的药库的管理。

（24）药店承担基层医疗机构药房功能是指药店通过各种形式，承担社区医疗机构药房功能。

（25）具有互联网药品交易服务资格证书的企业是指获得由（食品）药品监督管理部门颁发的“互联网药品交易服务资格证书”的企业。

（26）B2B是Business-to-Business的缩写，是电子商务的一种模式，即商业对商业，或者说是企业间的电子商务，即企业与企业之间通过互联网进行产品、服务及信息的交换。

（27）B2C即Business-to-Customer的缩写，是企业对消费者的电子商务模式，这种形式的电子商务模式以网络零售业为主，主要借助Internet开展在线销售活动。

（28）物流从业人数是指企业中直接或间接从事物流活动的人数，即直接从事运输、配送、装卸搬运、仓储保管等物流活动或间接从事物流管理活动人员数之和。

（29）电子商务从业人数是指从事互联网药品交易服务的人员数。

2. 典型药品批发和零售企业商品购进、销售、库存情况年报和季报（YPLT－2表）

（1）药品类包括化学原料药及其制剂、抗生素、生化药品、放射性药品、血清、疫苗、血液制品和诊断药品等。

（2）医疗器材类包括金属、电气和半导体医疗器材、敷料及各种医疗化验设备，医疗用的搪瓷橡胶、乳胶、塑料制品、玻璃注射器及体温计，医疗保健仪器及器材等金属，不包括兽用的各种医疗器材。

（3）化学试剂是指在农业生产和产品检验、科学实验、医疗化验用的精细化在产品和各种规格的全部试剂及稀有金属和贵重金属元素。

（4）玻璃仪器类是指在农业生产和产品检验、科学实验、医疗化验用的各种玻璃仪器和塑料、金属软木配制附件，不包括玻璃注射及体温计。

（5）中药材类是指人用的各种中药材。

（6）中成药类是指人用的各种中成药（包括中成药类的保健品），不包括兽用的中成药。

（7）其他类是指经营除上述六大类以外的全部商品金额。

（8）库存为时点数。

（9）县级以下批发零售企业是指工商注册地在县（旗）、自治县、不设区的市、市辖区、乡、民族乡、镇的批发零售企业。

（10）药品直调，是指本企业将已采购但未入库的药品，从供货单位直接发送到购货单位的活动。

3. 典型药品零售企业经营情况（YPLT－3表）

（1）凭医院处方的销售额是指顾客持医院医师开列的处方在零售药店购买的金额，处方上的药品既包括处方上开列的处方药也包括处方上开列的非处方药。

（2）医院是指二级以上（含二级）医疗机构。

（3）保健食品是指获得了《保健食品批准证书》，有特定保健功能的，适宜于特定人群食用，具有调节机体功能，不以治疗疾病为目的的食品。

（4）化妆品包括肤用化妆品、发用化妆品、美容化妆品、特殊功能化妆品。

4. 典型药品批发企业经营情况（YPLT－4表）

（1）商品配送总额是指根据客户要求进行商品拣选、包装、分割、组配等作业并按时送达指定地点的配送活动所配送商品的总金额。

（2）物流费用是指产品空间位移过程中所耗费的各种资源的货币表现，是物品在实物运动过程中的各个环节所支出的人力，财力，物力的总和。

5. 典型药品批发和零售企业主要经济指标年报和季报（YPLT－6表）

（1）营业收入是指企业在销售商品、提供劳务以及让渡资产使用权等日常经营业务过程中所形成的经济利益的总流入。

（2）主营业务收入是指企业经常性的、主要业务所产生的基本收入，如制造业的销售产品、非成品和提供工业性劳务作业的收入；商品流通企业的销售商品收入。本制度中主营业务收入对批发企业是指批发业务收入，对零售企业是指零售业务收入。

（3）主营业务成本是指公司生产和销售与主营业务有关的产品或服务所必须投入的直接成本，主要包括原材料、人工成本（工资）和固定资产折旧等。

（4）营业税金及附加是反映企业经营主要业务应负担的营业税、消费税、城市维护建设税、资源税、土地增值税和教育税附加等。

（5）主营业务利润又称基本业务利润，是主营业务收入减去主营业务成本和主营业务税金及附加得来的。

（6）其他业务利润是企业在一定会计期间内基本业务以外的其他业务实现的利润。

（7）投资收益是对外投资所取得的利润、股利和债券利息等收入减去投资损失后的净收益。严格地讲所谓投资收益是指以项目为边界的货币收入等，它既包括项目的销售收入又包括资产回收（即项目寿命期末回收的固定资产和流动资金）的价值。

（8）营业费用是指企业在销售产品和提供劳务等日常经营过程中发生的各项费用以及专设销售机构的各项经费。

（9）管理费用是指企业或项目行政部门为管理和组织经营活动而发生的各项费用，包括公司经费、工会经费、职工教育经费、劳动保险费、待业保险费、董事会费、咨询费、审计费、资产评估费、诉讼费、排污费、绿化费、税金、土地使用费、土地损失补偿费、技术转让费、技术开发费、无形资产摊销费、递延资产摊销费、业务招待费、坏账损失以及其他的管理费用。

（10）财务费用包括企业生产经营期间发生的利息支出（减利息收入）、汇兑净损失（有的企业如商品流通企业、保险企业进行单独核算，不包括财务费用）、金融机构手续费，以及筹资发生的其他财务费用如债券印刷费、国外借款担保费等。

（11）营业利润是企业利润的主要来源，是指企业在销售商品、提供劳务等日常活动中所产生的利润，其内容为主营业务利润和其他业务利润扣除期间费用之后的余额。

（12）利润总额指企业在生产经营过程中各种收入扣除各种耗费后的盈余，反映企业在报告期内实现的盈亏总额。

（13）固定资产总额是指企业固定资产净值、固定资产清理、在建工程、待处理固定资产损失所占用的资金合计。

（14）无形资产是指企业拥有或者控制的没有实物形态的可辨认非货币性资产。

（15）商誉是指能在未来期间为企业经营带来超额利润的潜在经济价值，或一家企业预期的获利能力超过可辨认资产正常获利能力（如社会平均投资回报率）的资本化价值。商誉是企业整体价值的组成部分。在企业合并时，它是购买企业投资成本超过被合并企业净资产公允价值的差额。

（16）流动资产是指企业可以在一年或者越过一年的一个营业周期内变现或者运用的资产，是企业资产中必不可少的组成部分。

（17）货币资金是指企业经营资金在周转过程中停留在货币形态上的那部分资金。

（18）应收账款是企业因销售产品、材料、提供劳务等业务而应向购货方、接受劳务的单位或个人收取的款项。

（19）存货是指企业在日常活动中持有以备出售的产成品或商品、处在生产过程中的在产品、在生产过程或提供劳务过程中耗用的材料、物料等。

（20）资产总额是指企业拥有或控制的全部资产，这些资产包括流动资产、长期投资、固定资产、无形及递延资产、其他长期资产等，即为企业资产负债表的资产总计项。

（21）负债合计是指企业所承担的能以货币计量，将以资产或劳务偿还的债务，偿还形式包括货币、资产或提供劳务。

（22）流动负债也叫短期负债，是指将在1年（含1年）或者超过1年的一个营业周期内偿还的债务，包括短期借款、应付票据、应付账款、预收账款、应付工资、应付福利费、应付股利、应交税金、其他暂收应付款项、预提费用和一年内到期的长期借款等。

（23）所有者权益合计是指企业投资人对企业净资产的所有权。

（24）应收账款周转天数，指公司从产品销售到获得客户付款所需要的时间（天数）。

（25）存货周转天数是指企业从取得存货开始，至消耗、销售为止所经历的天数。

（26）应付账款周转天数又称平均付现期，是衡量公司需要多长时间付清供应商的欠款，属于公司经营能力分析范畴。

（27）营业周期是指从取得存货开始到销售存货并收回现金为止的这段时间。

（28）全部从业人员平均人数 =（年初全部从业人员数 + 年末全部从业人员数）/2

6. 典型药品批发和零售企业国家基本药物经营情况（YPLT－7 表）

（1）国家基本药物配送总额指货值。

（2）国家基本药物配送费用率仅指承担国家基本药物省级集中采购配送任务的典型药品批发企业进行国家基本药物配送活动所产生的费用率，等于国家基本药物配送费用除以国家基本药物销售总额。

7. 典型企业以外药品批发和零售企业商品购进、销售、库存情况（YPLT－8 表）

指标解释参见“报表目录”。

商务部办公厅关于进一步加强药品流通行业统计工作的通知

经国家统计局批准，我部修订的《药品流通统计报表制度》（以下简称《制度》）于2013年开始执行。在各地商务主管部门、相关行业协会和药品流通统计直报企业的共同努力下，药品流通行业统计工作进展顺利，2013年5月，我部发布了《2012年药品流通行业运行统计分析报告》。为完善行业统计体系，做好下一阶段药品流通行业统计工作，现将有关事项通知如下。

一、做好2012年统计工作总结

请各地商务主管部门对照《各地商务主管部门2012年统计报表报送情况》（见附件1）进行认真总结，查找不足，切实改进。同时参照《商务部办公厅关于表扬2012年药品流通行业统计工作开展较好的单位的通报》（商办秩函〔2013〕93号）并结合工作实际，对本地行业统计填报工作

表现突出的直报企业、非直报企业、相关行业协会和个人给予表扬，对未较好完成填报工作的企业进行重点督促，督促后仍无改进的，可向我部申请取消该企业直报资格。

二、发布年度统计报告

各地商务主管部门应全面掌握本地药品流通行业发展情况，发布本地年度药品流通行业运行统计分析报告，增强信息数据对行业发展的引导作用。请从2014年起，在每年4月底前将本地上年度统计报告初稿报我部（市场秩序司）预审，待全国统计报告发布后择机发布。为做好地方统计报告发布的准备工作，请各地商务主管部门编写2012年度本地统计报告并于2013年8月30日前报我部（电子版请发电子邮箱，已通过商贸流通统计系统报送统计报告的，无需重复报送）。

三、加强统计数据审核工作

各地商务主管部门要将药品流通行业统计数据的催报、审核和确认工作落到实处，提高本地直报企业数据填报的及时性和准确性。我部将做好药品流通网上直报系统（http://yplt.mofcom.gov.cn）的升级改造，进一步完善企业催报和数据汇总、分析、对比等功能，保障数据审核工作顺利进行。

四、继续扩大直报企业比重

各地商务主管部门要参照《建议增加的直报企业名单》（见附件2）主动联系有关企业及本地其他具备规模代表性、地区代表性和经济类型代表性并能长期稳定发展的药品流通企业（特别是药品零售企业），促其加入统计直报系统。同时要利用现有渠道，请相关行业协会和统计系统内大型集团企业母公司动员其会员企业和子公司参加直报。

2012年年报中，非直报企业销售额占全省销售总额比重较大的省份（见附件3）的商务主管部门，请于2013年8月30日前，将上述非直报企业名单及其销售额报我部（市场秩序司），并动员这些企业加入直报系统。

五、加大行业统计培训工作力度

各地商务主管部门应充分利用印发的《制度》、培训资料和统计系统网站，通过培训会议、发放材料、网络交流等多种方式，抓紧对本地各级商务主管部门、药品流通企业和行业协会负责药品流通行业统计的人员开展培训。跟踪做好对新加入直报企业的培训，以及相关单位统计人员发生变动时的工作衔接。

工作中的问题和建议，可及时向我部（市场秩序司）反映。

联系人：朱　浙　裴建华

电　话：010—85093317/3328　传真：010—85093314

电子邮箱：zhuxi@mofcom.gov.cn

附件：1. 各地商务主管部门报送2012年统计报表情况

2. 建议增加的直报企业名单

3. 2012年非直报企业销售额在全省销售总额中占比较大的省市名单

略

商务部办公厅

2013年7月26日

商务部市场秩序司关于公布第一批医药物流服务延伸示范项目的通知

商秩司函〔2013〕261号

各省、自治区、直辖市和新疆生产建设兵团商务主管部门：

为贯彻落实国家医药卫生体制改革和《全国药品流通行业发展规划纲要（2011—2015年）》（商秩发〔2011〕123号）关于发展现代医药物流的要求，提升药品流通效率和现代化水平，商务部于2011年6月启动“医药物流服务延伸示范工程”。两年来，在各地商务主管部门引导下，药品流通企业积极探索、开拓创新，与医疗机构开展了形式多样的医药物流服务延伸合作，将现代化、自动化的物流服务和药库药房管理方式引入医疗机构，取得了较好的经济和社会效益。

为总结示范工程实施效果，推广先进经验，2013年8月19日，我司组织有关专家按照开展医药物流延伸的要求，从各地商务主管部门和企业报送的材料中，遴选了47个代表性较强、效果较好的医药物流服务延伸项目，作为第一批医药物流服务延伸示范项目，现予公布（见附件）。请各地商务主管部门认真做好以下工作：

一、通过政府网站发布、新闻媒体报道和组织观摩学习等多种方式，宣传推广示范项目成功经验，充分发挥示范项目带动效应。

二、继续跟踪了解企业开展医药物流服务延伸的新做法、新进展，及时总结经验和不足，引导医药物流服务延伸向更高层次发展。

三、深入了解行业发展中遇到的困难和问题，做好行业发展各项保障工作，促进现代医药物流发展和行业转型升级，服务国家医药卫生体制改革大局。

附件：商务部医药物流服务延伸示范项目（第一批）名单

商务部市场秩序司

2013 年 8 月 20 日

商务部医药物流服务延伸示范项目（第一批）名单

北京市
1. 国药集团药业股份有限公司与中国人民解放军空军总医院合作的医院供应商库存管理系统项目
2. 国药控股北京康辰生物医药有限公司与中国人民解放军总医院第一附属医院合作的医院冷链设施监控管理项目
3. 华润医药商业集团有限公司和北京天坛医院合作的医药物流服务延伸项目
4. 华润医药商业集团有限公司与北京协和医院合作的医院物流智能一体化项目
5. 北京科园信海医药经营有限公司与中国人民解放军总医院合作的药库外置服务项目
6. 北京科园信海医药经营有限公司与北京宣武医院合作的院内物流服务和信息化提升项目
7. 北京科园信海医药经营有限公司与北京儿童医院合作的医院药品供应链延伸服务项目
8. 北京九州通医药有限公司与北京大学人民医院合作的医院低值耗材统一配送项目
9. 北京九州通医药有限公司与北京大兴区旧宫镇中心卫生院合作的中央药库外设项目
10. 嘉事堂药业股份有限公司与北京老年医院合作的药库信息化项目
天津市
11. 国药控股天津有限公司与天津泰达国际心血管病医院合作的医院物联网项目
12. 华润天津医药有限公司与天津市第一中心医院合作的医院物流智能一体化项目
13. 天津九州通达医药有限公司与天津市北辰医院合作的医院低值耗材统一配送项目
14. 天津医药集团太平医药有限公司与天津市虹桥医院合作的医院药品物流管理系统项目
河北省
15. 国药乐仁堂医药有限公司与石家庄市中心医院合作的院内数字化物流系统项目
16. 华润河北医大医药有限公司与河北省人民医院合作的医院物流智能一体化项目
山西省
17. 国药控股山西有限公司与山西医科大学第一医院等合作的智能化药房项目
18. 山西九州通医药有限公司与山西医科大学第二医院合作的住院药房智能化改造项目
内蒙古自治区
19. 华润内蒙古医药有限公司与内蒙古医科大学附属医院合作的医院物流智能一体化项目
辽宁省
20. 国药控股沈阳有限公司与中国药科大学附属盛京医院等合作的东北药品供应保障信息平台项目
21. 华润大连澳德医药有限公司与中国人民解放军第 210 医院合作的医院物流智能一体化项目

续 表

吉林省
22. 国药控股吉林有限公司与吉林大学第一医院等合作的医药供应链项目
23. 华润吉林康乃尔医药有限公司与吉林省人民医院合作的物流延伸和药库社会化管理项目
黑龙江省
24. 华润牡丹江天利医药有限公司与牡丹江医学院红旗医院合作的医院物流智能一体化项目
上海市
25. 国药控股股份有限公司与上海东方医院南院开展的药事服务合作项目
26. 上海医药分销控股有限公司与长海医院等合作的医院院内物流项目
江苏省
27. 华润苏州礼安医药有限公司与苏州市立医院等合作的医院物流智能一体化项目
28. 南京医药股份有限公司与江苏省人民医院合作的综合药事服务项目
浙江省
29. 华东医药股份有限公司与湖州市第一人民医院合作的智能化药品供应链管理项目
安徽省
30. 国药控股安徽有限公司与淮北市人民医院合作的智慧型供应链物流服务项目
31. 国药控股安徽有限公司与合肥市滨湖医院等合作的智能化药房管理提升和供应链增值服务合作项目
江西省
32. 江西汇仁集团医药科研营销有限公司与南昌县人民医院合作的医药物流服务延伸项目
山东省
33. 华润山东医药有限公司与山东省千佛山医院合作的医院物流智能一体化项目
34. 山东海王银河医药有限公司与威海市立医院等合作的院内物流系统和自动化药房改造项目
河南省
35. 国药控股河南股份有限公司与安阳市第一人民医院等合作的医药物流服务延伸项目
36. 华润河南医药有限公司与郑州市中心医院合作的智能医药物流整体合作方案项目
湖北省
37. 襄阳九州通医药有限公司与襄阳市中医院合作的中央库房外设项目
湖南省
38. 国药控股湖南有限公司与郴州市第一人民医院合作的医院药事管理服务项目
39. 华润湖南瑞格医药有限公司与湖南湘雅医学院附属肿瘤医院合作的医院物流智能一体化项目
广东省
40. 华润广东医药有限公司与广东省人民医院合作的医院物流智能一体化项目
41. 广州医药有限公司与荔湾区金花街、白鹤洞街、逢源街等社区卫生服务中心合作的药库药房信息化管理项目
四川省
42. 四川省医药股份有限公司与攀枝花学院附属医院等合作的供应链协同管理服务平台项目

续 表

云南省
43. 云南省医药有限公司与云南省第一人民医院合作的医院院内药品供应监管系统项目
甘肃省
44. 兰州九州通医药有限公司与兰州中国人民解放军第一医院合作的智能化药库改造项目
青海省
45. 国药控股青海有限公司与青海大学附属医院合作的药房智慧供应链服务项目和物流协同项目
46. 青海省新绿洲药业有限公司与海南州人民医院合作的医院物流信息管理平台项目
47. 青海心达药业有限公司与青海省心脑血管病专科医院等合作的静脉用药调配中心（PIVAS）项目

商务部市场秩序司关于贯彻落实药品流通行业标准指导开展药品批发企业物流服务能力和零售药店评级工作的函

商秩司函〔2013〕251 号

各省、自治区、直辖市和新疆生产建设兵团商务主管部门：

商务部2012 年发布《药品批发企业物流服务能力评估指标》和《零售药店经营服务规范》两项行业标准，提出了对药品批发企业物流服务能力和零售药店进行分级管理的思路和分级评定相关具体指标。开展药品批发企业物流服务能力和零售药店评级（以下简称“两项评级”）工作，有利于合理评估我国药品批发企业和零售药店的服务和管理能力、增强药品流通行业服务社会的透明度，是商务部门履行行业管理职责、促进行业结构调整的重要手段，也是配合相关部门加强行业监管、规范药品流通秩序的迫切需要。

按照国务院机构改革和政府职能转变的精神，为充分发挥社会组织的作用，突出行业协会的自律性，树立行业协会的权威性，我司初步确定了两项评级工作由政府部门进行指导，行业协会具体组织实施的基本原则。近日，中国医药商业协会向我司报送了《关于贯彻两项行业标准开展药品批发企业物流服务能力、零售药店评级工作的请示》，提出了两项评级工作方案及管理办法，我司已复函同意（见附件）。

7 月 31 日，中国医药商业协会在京召开了“药品批发企业物流服务能力和零售药店评级工作启动会”，会议决定在商务部指导下，由中国医药商业协会牵头组织相关协会成立全国药品批发企业物流服务能力评级委员会和零售药店评级委员会，正式启动全国两项评级工作，并根据中国医药商业协会建议和与当地商务主管部门沟通，在地方协会建设相对完善、工作基础较好的北京市、辽宁省、吉林省、上海市、湖南省、重庆市等六省市，首先开展两项评级的试点工作。

各试点省市商务主管部门应认真做好两项评级的指导工作，对两项评级工作进行有效监督和管理。应参照全国评级机构的组成、指导省级医药商业（行业）协会牵头设立省级两项评级相关机构，做好省级评级机构与全国评级机构的工作衔接，制定具体实施细则，推动本地两项评级试点工作顺利开展；建立完善评级管理制度，切实保障评级工作的公益性和公平性；及时与我司沟通两项评级试点工作进展情况，争取今年内试出成效。

其他省市商务主管部门应根据当地药品流通行业发展情况，与当地相关行业协会、药品流通企业沟通，做好实施两项评级工作的前期调研和准备工作。条件成熟的，可形成正式的试点方案报我司和全国评级委员会。

对两项评级工作有何意见建议，请及时与我司联系。

附件：中国医药商业协会来函（含两项评级工作方案、管理办法）及我司复函

联系人：朱　浙　裴建华
电话：010—85093317　传真：010—85093314
邮箱：yplt@ mofcom. gov. cn

商务部市场秩序司
2013 年 8 月 6 日

国家食品药品监督管理总局关于贯彻实施新修订《药品经营质量管理规范》的通知

食药监药化监〔2013〕32 号

各省、自治区、直辖市食品药品监督管理局（药品监督管理局），新疆生产建设兵团食品药品监督管理局：

新修订的《药品经营质量管理规范》（以下简称“药品 GSP”）已发布施行。根据《中华人民共和国药品管理法》有关规定和《国家药品安全“十二五”规划》的总体要求，国家食品药品监督管理总局要求，在 2015 年年底前完成新修订药品 GSP 的实施工作。为顺利推进此项工作，现将有关事项通知如下。

一、提高思想认识，做好学习宣传贯彻工作

贯彻实施新修订药品 GSP，是规范药品流通秩序，提高药品经营管理和服务水平，维护公众健康权益的重要措施。各级食品药品监管部门务必充分认识贯彻实施新修订药品 GSP 的重要性和紧迫性，切实加强组织领导、明确工作责任、落实实施方案，推进工作有序开展。要组织相关监管人员认真学习新修订药品 GSP，掌握内容，抓住关键，把握要点。要利用多种形式积极向社会进行宣传，使公众了解到新修订药品 GSP 对于保障药品安全、规范药品流通秩序的重要意义；使企业认识到新修订药品 GSP 对于促进行业结构调整、推动产业升级的重要作用，营造实施工作的良好氛围。要加强调查研究，摸清辖区内药品经营企业现状及问题，有针对性地采取措施，促进企业按照新修订药品 GSP 要求进行改造，在规定时限内完成实施工作。

二、调整工作思路，做好职能转换工作

根据《国务院办公厅关于印发国家食品药品监督管理总局主要职责内设机构和人员编制规定的通知》（国办发〔2013〕24 号）的要求，药品经营行政许可与药品经营质量管理规范认证两项行政许可将逐步整合为一项行政许可。此次新修订药品 GSP 的实施是推动职能转变的良好契机，职能转变的要求也为顺利实施新修订药品 GSP 提供了有力的支持。要充分利用这一机遇，做好两项行政许可行为的整合工作。从现在起，药品经营企业的《药品经营许可证》或《药品经营质量管理规范认证证书》任何一证到期的，均以新修订药品 GSP 为标准，对批发企业、零售企业组织检查，符合要求的，换发《药品经营许可证》，并发放《药品经营质量管理规范认证证书》。2013 年 12 月 31 日前，证书到期但无法完成改造的，可以依申请，对证书有效期给予不超过 2014 年 6 月 30 日的延续。

三、明确时限要求，抓好分步实施工作

为积极、稳妥地推进新修订药品 GSP 的贯彻实施，各地应当结合两项许可的整合工作并按照以下时限要求，制定具体工作方案，分步实施。

（一）自 2013 年 7 月 1 日起，新开办药品经营企业，以及药品经营企业申请新建（改、扩建）营业场所和仓库应当符合新修订药品 GSP 的要求，符合条件的发放《药品经营许可证》和《药品经营质量管理规范认证证书》。

（二）2014 年 12 月 31 日前，经营疫苗、麻醉药品和精神药品以及蛋白同化制剂和肽类激素的批发企业、经批准可以接受药品委托储存配送的批发企业，应当符合新修订药品 GSP 要求，符合条件的换发《药品经营许可证》和《药品经营质量管理规范认证证书》；不符合条件的，核减其相应经营范围或取消其被委托资格。

（三）2015 年 12 月 31 日前，所有药品经营企业无论其《药品经营许可证》和《药品经营质量管理规范认证证书》是否到期，必须达到新修订药品 GSP 的要求。自 2016 年 1 月 1 日起，未达到新修订药品 GSP 要求的，不得继续从事药品经营活动。

四、统筹规划部署，务求贯彻实施工作取得实效

省级食品药品监管部门要把新修订药品 GSP 贯彻实施

工作作为当前和今后一个时期监管工作的一项重点任务来抓，摆上重要位置，列入议事日程。要深入开展调查研究，找准影响工作开展的矛盾和问题，结合辖区实际制定具体工作方案，采取切实措施，统筹规划安排。要切实加强检查员队伍建设，大力开展检查员以及相关监管人员培训，努力提高药品 GSP 检查工作质量。要做好辖区内药品经营企业的宣传、教育和培训工作，对企业进行分类指导，创造良好的工作环境。要严格执行标准，依法开展认证和检查工作，对那些经营条件差，管理不规范，扰乱市场秩序的药品经营企业，要坚决清退出市场。要严肃工作纪律，对不认真履行职责，造成新修订药品 GSP 实施工作开展不力的，要坚决予以纠正，并严肃追究相关部门和人员的责任。

为保证各地贯彻实施新修订药品 GSP 工作的顺利开展，总局将加强政策研究和指导，协调有关部门，在从事基本药物配送、承担国家医药储备、选择医保定点药店等方面出台相应鼓励政策；探索建立药品经营企业分级分类管理制度，完善执业药师制度；加快出台实施新修订药品 GSP 的配套文件；积极做好培训工作。总局将加强对各地实施工作的督促、检查和指导。各地在工作中遇到的问题请及时向总局报告。

国家食品药品监督管理总局

2013 年 6 月 24 日

国家食品药品监督管理总局公告 2013 年第 38 号 关于发布《药品经营质量管理规范》冷藏、冷冻药品的储存与运输管理等 5 个附录的公告

根据《药品经营质量管理规范》第一百八十三条规定，现发布冷藏、冷冻药品的储存与运输管理，药品经营企业计算机系统，温湿度自动监测，药品收货与验收和验证管理等 5 个附录，作为《药品经营质量管理规范》配套文件。

特此公告。

国家食品药品监督管理总局

2013 年 10 月 23 日

附录 1

冷藏、冷冻药品的储存与运输管理

第一条 企业经营冷藏、冷冻药品的，应当按照《药品经营质量管理规范》（以下简称《规范》）的要求，在收货、验收、储存、养护、出库、运输等环节，根据药品包装标示的贮藏要求，采用经过验证确认的设施设备、技术方法和操作规程，对冷藏、冷冻药品储存过程中的温湿度状况、运输过程中的温度状况，进行实时自动监测和控制，保证药品的储运环境温湿度控制在规定范围内。

第二条 企业应当按照《规范》的要求，配备相应的冷藏、冷冻储运设施设备及温湿度自动监测系统，并对设施设备进行维护管理。

（一）冷库设计符合国家相关标准要求；冷库具有自动调控温湿度的功能，有备用发电机组或双回路供电系统。

（二）按照企业经营需要，合理划分冷库收货验收、储存、包装材料预冷、装箱发货、待处理药品存放等区域，并有明显标示。验收、储存、拆零、冷藏包装、发货等作业活动，必须在冷库内完成。

（三）冷藏车具有自动调控温度的功能，其配置符合国家相关标准要求；冷藏车厢具有防水、密闭、耐腐蚀等性能，车厢内部留有保证气流充分循环的空间。

（四）冷藏箱、保温箱具有良好的保温性能；冷藏箱具有自动调控温度的功能，保温箱配备蓄冷剂以及与药品隔离的装置。

（五）冷藏、冷冻药品的储存、运输设施设备配置温湿度自动监测系统，可实时采集、显示、记录、传送储存过程中的温湿度数据和运输过程中的温度数据，并具有远程及就地实时报警功能，可通过计算机读取和存储所记录的监测数据。

（六）定期对冷库、冷藏车以及冷藏箱、保温箱进行检查、维护并记录。

第三条　企业应当按照《规范》和相关附录的要求，对冷库、冷藏车、冷藏箱、保温箱以及温湿度自动监测系统进行验证，并依据验证确定的参数和条件，制定设施设备的操作、使用规程。

第四条　企业应当按照《规范》的要求，对冷藏、冷冻药品进行收货检查。

（一）检查运输药品的冷藏车或冷藏箱、保温箱是否符合规定，对未按规定运输的，应当拒收。

（二）查看冷藏车或冷藏箱、保温箱到货时温度数据，导出、保存并查验运输过程的温度记录，确认运输全过程温度状况是否符合规定。

（三）符合规定的，将药品放置在符合温度要求的待验区域待验；不符合规定的应当拒收，将药品隔离存放于符合温度要求的环境中，并报质量管理部门处理。

（四）收货须做好记录，内容包括：药品名称、数量、生产企业、发货单位、运输单位、发运地点、启运时间、运输工具、到货时间、到货温度、收货人员等。

（五）对销后退回的药品，同时检查退货方提供的温度控制说明文件和售出期间温度控制的相关数据。对于不能提供文件、数据，或温度控制不符合规定的，应当拒收，做好记录并报质量管理部门处理。

第五条　储存、运输过程中，冷藏、冷冻药品的码放应当符合以下要求：

（一）冷库内药品的堆垛间距，药品与地面、墙壁、库顶部的间距符合《规范》的要求；冷库内制冷机组出风口100厘米范围内，以及高于冷风机出风口的位置，不得码放药品。

（二）冷藏车厢内，药品与厢内前板距离不小于10厘米，与后板、侧板、底板间距不小于5厘米，药品码放高度不得超过制冷机组出风口下沿，确保气流正常循环和温度均匀分布。

第六条　企业应当由专人负责对在库储存的冷藏、冷冻药品进行重点养护检查。

药品储存环境温湿度超出规定范围时，应当及时采取有效措施进行调控，防止温湿度超标对药品质量造成影响。

第七条　企业运输冷藏、冷冻药品，应当根据药品数量、运输距离、运输时间、温度要求、外部环境温度等情况，选择适宜的运输工具和温控方式，确保运输过程中温度控制符合要求。

冷藏、冷冻药品运输过程中，应当实时采集、记录、传送冷藏车、冷藏箱或保温箱内的温度数据。运输过程中温度超出规定范围时，温湿度自动监测系统应当实时发出报警指令，由相关人员查明原因，及时采取有效措施进行调控。

第八条　使用冷藏箱、保温箱运送冷藏药品的，应当按照经过验证的标准操作规程，进行药品包装和装箱的操作。

（一）装箱前将冷藏箱、保温箱预热或预冷至符合药品包装标示的温度范围内。

（二）按照验证确定的条件，在保温箱内合理配备与温度控制及运输时限相适应的蓄冷剂。

（三）保温箱内使用隔热装置将药品与低温蓄冷剂进行隔离。

（四）药品装箱后，冷藏箱启动动力电源和温度监测设备，保温箱启动温度监测设备，检查设备运行正常后，将箱体密闭。

第九条　使用冷藏车运送冷藏、冷冻药品的，启运前应当按照经过验证的标准操作规程进行操作。

（一）提前打开温度调控和监测设备，将车厢内预热或预冷至规定的温度。

（二）开始装车时关闭温度调控设备，并尽快完成药品装车。

（三）药品装车完毕，及时关闭车厢厢门，检查厢门密闭情况，并上锁。

（四）启动温度调控设备，检查温度调控和监测设备运行状况，运行正常方可启运。

第十条　企业应当制定冷藏、冷冻药品运输过程中温度控制的应急预案，对运输过程中出现的异常气候、设备故障、交通事故等意外或紧急情况，能够及时采取有效的应对措施，防止因异常情况造成的温度失控。

第十一条　企业制定的应急预案应当包括应急组织机构、人员职责、设施设备、外部协作资源、应急措施等内容，并不断加以完善和优化。

第十二条　从事冷藏、冷冻药品收货、验收、储存、养护、出库、运输等岗位工作的人员，应当接受相关法律、法规、专业知识、相关制度和标准操作规程的培训，经考核合格后，方可上岗。

第十三条　企业委托其他单位运输冷藏、冷冻药品时，应当保证委托运输过程符合《规范》及本附录相关规定。

（一）索取承运单位的运输资质文件、运输设施设备和监测系统证明及验证文件、承运人员资质证明、运输过程温度控制及监测等相关资料。

（二）对承运方的运输设施设备、人员资质、质量保障能力、安全运输能力、风险控制能力等进行委托前和定期审计，审计报告存档备查。

（三）承运单位冷藏、冷冻运输设施设备及自动监测系统不符合规定或未经验证的，不得委托运输。

（四）与承运方签订委托运输协议，内容包括承运方制定并执行符合要求的运输标准操作规程，对运输过程中温度控制和实时监测的要求，明确在途时限以及运输过程中的质量安全责任。

（五）根据承运方的资质和条件，必要时对承运方的相关人员进行培训和考核。

附录 2

药品经营企业计算机系统

第一条 药品经营企业应当建立与经营范围和经营规模相适应的计算机系统（以下简称“系统”），能够实时控制并记录药品经营各环节和质量管理全过程，并符合电子监管的实施条件。

第二条 药品经营企业应当按照《药品经营质量管理规范》（以下简称《规范》）相关规定，在系统中设置各经营流程的质量控制功能，与采购、销售以及收货、验收、储存、养护、出库复核、运输等系统功能形成内嵌式结构，对各项经营活动进行判断，对不符合药品监督管理法律法规以及《规范》的行为进行识别及控制，确保各项质量控制功能的实时和有效。

第三条 药品批发企业系统的硬件设施和网络环境应当符合以下要求：

（一）有支持系统正常运行的服务器；

（二）质量管理、采购、收货、验收、储存、养护、出库复核、销售等岗位配备专用的终端设备；

（三）有稳定、安全的网络环境，有固定接入互联网的方式和可靠的信息安全平台；

（四）有实现相关部门之间、岗位之间信息传输和数据共享的局域网；

（五）有符合《规范》及企业管理实际需要的应用软件和相关数据库。

第四条 药品批发企业负责信息管理的部门应当履行以下职责：

（一）负责系统硬件和软件的安装、测试及网络维护；

（二）负责系统数据库管理和数据备份；

（三）负责培训、指导相关岗位人员使用系统；

（四）负责系统程序的运行及维护管理；

（五）负责系统网络以及数据的安全管理；

（六）保证系统日志的完整性；

（七）负责建立系统硬件和软件管理档案。

第五条 药品批发企业质量管理部门应当履行以下职责：

（一）负责指导设定系统质量控制功能；

（二）负责系统操作权限的审核，并定期跟踪检查；

（三）监督各岗位人员严格按规定流程及要求操作系统；

（四）负责质量管理基础数据的审核、确认生效及锁定；

（五）负责经营业务数据修改申请的审核，符合规定要求的方可按程序修改；

（六）负责处理系统中涉及药品质量的有关问题。

第六条 药品批发企业应当严格按照管理制度和操作规程进行系统数据的录入、修改和保存，以保证各类记录的原始、真实、准确、安全和可追溯。

（一）各操作岗位通过输入用户名、密码等身份确认方式登录系统，并在权限范围内录入或查询数据，未经批准不得修改数据信息。

（二）修改各类业务经营数据时，操作人员在职责范围内提出申请，经质量管理人员审核批准后方可修改，修改的原因和过程在系统中予以记录。

（三）系统对各岗位操作人员姓名的记录，根据专有用户名及密码自动生成，不得采用手工编辑或菜单选择等方式录入。

（四）系统操作、数据记录的日期和时间由系统自动生成，不得采用手工编辑、菜单选择等方式录入。

第七条　药品批发企业应当根据计算机管理制度对系统各类记录和数据进行安全管理。

（一）采用安全、可靠的方式存储、备份。

（二）按日备份数据。

（三）备份记录和数据的介质存放于安全场所，防止与服务器同时遭遇灾害造成损坏或丢失。

（四）记录和数据的保存时限符合《规范》第四十二条的要求。

第八条　药品批发企业应当将审核合格的供货单位、购货单位及经营品种等信息录入系统，建立质量管理基础数据库并有效运用。

（一）质量管理基础数据包括供货单位、购货单位、经营品种、供货单位销售人员资质、购货单位采购人员资质及提货人员资质等相关内容。

（二）质量管理基础数据与对应的供货单位、购货单位以及购销药品的合法性、有效性相关联，与供货单位或购货单位的经营范围相对应，由系统进行自动跟踪、识别与控制。

（三）系统对接近失效的质量管理基础数据进行提示、预警，提醒相关部门及岗位人员及时索取、更新相关资料；任何质量管理基础数据失效时，系统都自动锁定与该数据相关的业务功能，直至数据更新和生效后，相关功能方可恢复。

（四）质量管理基础数据是企业合法经营的基本保障，须由专门的质量管理人员对相关资料审核合格后，据实确认和更新，更新时间由系统自动生成。

（五）其他岗位人员只能按规定的权限，查询、使用质量管理基础数据，不能修改数据的任何内容。

第九条　药品采购订单中的质量管理基础数据应当依据数据库生成。系统对各供货单位的合法资质，能够自动识别、审核，防止超出经营方式或经营范围的采购行为发生。

采购订单确认后，系统自动生成采购记录。

第十条　药品到货时，系统应当支持收货人员查询采购记录，对照随货同行单（票）及实物确认相关信息后，方可收货。

第十一条　验收人员按规定进行药品质量验收，对照药品实物在系统采购记录的基础上录入药品的批号、生产日期、有效期、到货数量、验收合格数量、验收结果等内容，确认后系统自动生成验收记录。

第十二条　药品批发企业系统应当按照药品的管理类别及储存特性，自动提示相应的储存库区。

第十三条　药品批发企业系统应当依据质量管理基础数据和养护制度，对库存药品按期自动生成养护工作计划，提示养护人员对库存药品进行有序、合理的养护。

第十四条　药品批发企业系统应当对库存药品的有效期进行自动跟踪和控制，具备近效期预警提示、超有效期自动锁定及停销等功能。

第十五条　药品批发企业销售药品时，系统应当依据质量管理基础数据及库存记录生成销售订单，系统拒绝无质量管理基础数据或无有效库存数据支持的任何销售订单的生成。系统对各购货单位的法定资质能够自动识别并审核，防止超出经营方式或经营范围的销售行为的发生。

销售订单确认后，系统自动生成销售记录。

第十六条　药品批发企业系统应当将确认后的销售数据传输至仓储部门提示出库及复核。复核人员完成出库复核操作后，系统自动生成出库复核记录。

第十七条　药品批发企业系统对销后退回药品应当具备以下功能：

（一）处理销后退回药品时，能够调出原对应的销售、出库复核记录；

（二）对应的销售、出库复核记录与销后退回药品实物信息一致的方可收货、验收，并依据原销售、出库复核记录数据以及验收情况，生成销后退回验收记录；

（三）退回药品实物与原记录信息不符，或退回药品数量超出原销售数量时，系统拒绝药品退回操作；

（四）系统不支持对原始销售数据的任何更改。

第十八条　药品批发企业系统应当对经营过程中发现的质量有疑问药品进行控制。

（一）各岗位人员发现质量有疑问药品，按照本岗位操作权限实施锁定，并通知质量管理人员。

（二）被锁定药品由质量管理人员确认，不属于质量问题的，解除锁定，属于不合格药品的，由系统生成不合格记录。

（三）系统对质量不合格药品的处理过程、处理结果进行记录，并跟踪处理结果。

第十九条　药品批发企业系统应当对药品运输的在途时间进行跟踪管理，对有运输时限要求的，应当提示或警示相关部门及岗位人员。系统应当按照《规范》要求，生成药品运输记录。

第二十条　药品零售企业系统的硬件、软件、网络环境及管理人员的配备，应当满足企业经营规模和质量管理的实际需要。

第二十一条　药品零售企业系统的销售管理应当符合以下要求：

（一）建立包括供货单位、经营品种等相关内容的质量管理基础数据；

（二）依据质量管理基础数据，自动识别处方药、特殊管理的药品以及其他国家有专门管理要求的药品；

（三）拒绝国家有专门管理要求的药品超数量销售；

（四）与结算系统、开票系统对接，对每笔销售自动打印销售票据，并自动生成销售记录；

（五）依据质量管理基础数据，对拆零药品单独建立销售记录，对拆零药品实施安全、合理的销售控制；

（六）依据质量管理基础数据，定期自动生成陈列药品检查计划；

（七）依据质量管理基础数据，对药品有效期进行跟踪，对近效期的给予预警提示，超有效期的自动锁定及停销；

（八）各类数据的录入与保存符合本附录第六条、第七条的相关要求。

第二十二条 药品经营企业应当根据有关法律、法规、《规范》以及质量管理体系内审的要求，及时对系统进行升级，完善系统功能。

附录3

温湿度自动监测

第一条 企业应当按照《药品经营质量管理规范》（以下简称《规范》）的要求，在储存药品的仓库中和运输冷藏、冷冻药品的设备中配备温湿度自动监测系统（以下简称“系统”）。系统应当对药品储存过程的温湿度状况和冷藏、冷冻药品运输过程的温度状况进行实时自动监测和记录，有效防范储存运输过程中可能发生的影响药品质量安全的风险，确保药品质量安全。

第二条 系统由测点终端、管理主机、不间断电源以及相关软件等组成。各测点终端能够对周边环境温湿度进行数据的实时采集、传送和报警；管理主机能够对各测点终端监测的数据进行收集、处理和记录，并具备发生异常情况时的报警管理功能。

第三条 系统温湿度数据的测定值应当按照《规范》第八十五条的有关规定设定。

系统应当自动生成温湿度监测记录，内容包括温度值、湿度值、日期、时间、测点位置、库区或运输工具类别等。

第四条 系统温湿度测量设备的最大允许误差应当符合以下要求：

（一）测量范围在0℃～40℃之间，温度的最大允许误差为±0.5℃；

（二）测量范围在－25℃～0℃之间，温度的最大允许误差为±1.0℃；

（三）相对湿度的最大允许误差为±5%RH。

第五条 系统应当自动对药品储存运输过程中的温湿度环境进行不间断监测和记录。

系统应当至少每隔1分钟更新一次测点温湿度数据，在药品储存过程中至少每隔30分钟自动记录一次实时温湿度数据，在运输过程中至少每隔5分钟自动记录一次实时温度数据。当监测的温湿度值超出规定范围时，系统应当至少每隔2分钟记录一次实时温湿度数据。

第六条 当监测的温湿度值达到设定的临界值或者超出规定范围，系统应当能够实现就地和在指定地点进行声光报警，同时采用短信通讯的方式，向至少3名指定人员发出报警信息。

当发生供电中断的情况时，系统应当采用短信通讯的方式，向至少3名指定人员发出报警信息。

第七条 系统各测点终端采集的监测数据应当真实、完整、准确、有效。

（一）测点终端采集的数据通过网络自动传送到管理主机，进行处理和记录，并采用可靠的方式进行数据保存，确保不丢失和不被改动。

（二）系统具有对记录数据不可更改、删除的功能，不得有反向导入数据的功能。

（三）系统不得对用户开放温湿度传感器监测值修正、调整功能，防止用户随意调整，造成监测数据失真。

第八条 企业应当对监测数据采用安全、可靠的方式按日备份，备份数据应当存放在安全场所，数据保存时限符合《规范》第四十二条的要求。

第九条 系统应当与企业计算机终端进行数据对接，自动在计算机终端中存储数据，可以通过计算机终端进行实时数据查询和历史数据查询。

第十条 系统应当独立地不间断运行，防止因供电中断、计算机关闭或故障等因素，影响系统正常运行或造成数据丢失。

第十一条　系统保持独立、安全运行，不得与温湿度调控设施设备联动，防止温湿度调控设施设备异常导致系统故障的风险。

第十二条　企业应当对储存及运输设施设备的测点终端布点方案进行测试和确认，保证药品仓库、运输设备中安装的测点终端数量及位置，能够准确反映环境温湿度的实际状况。

第十三条　药品库房或仓间安装的测点终端数量及位置应当符合以下要求：

（一）每一独立的药品库房或仓间至少安装2个测点终端，并均匀分布。

（二）平面仓库面积在300平方米以下的，至少安装2个测点终端；300平方米以上的，每增加300平方米至少增加1个测点终端，不足300平方米的按300平方米计算。

平面仓库测点终端安装的位置，不得低于药品货架或药品堆码垛高度的2/3位置。

（三）高架仓库或全自动立体仓库的货架层高在4.5米至8米之间的，每300平方米面积至少安装4个测点终端，每增加300平方米至少增加2个测点终端，并均匀分布在货架上、下位置；货架层高在8米以上的，每300平方米面积至少安装6个测点终端，每增加300平方米至少增加3个测点终端，并均匀分布在货架的上、中、下位置；不足300平方米的按300平方米计算。

高架仓库或全自动立体仓库上层测点终端安装的位置，不得低于最上层货架存放药品的最高位置。

（四）储存冷藏、冷冻药品仓库测点终端的安装数量，须符合本条上述的各项要求，其安装数量按每100平方米面积计算。

第十四条　每台独立的冷藏、冷冻药品运输车辆或车厢，安装的测点终端数量不得少于2个。车厢容积超过20立方米的，每增加20立方米至少增加1个测点终端，不足20立方米的按20立方米计算。

每台冷藏箱或保温箱应当至少配置一个测点终端。

第十五条　测点终端应当牢固安装在经过确认的合理位置，避免储运作业及人员活动对监测设备造成影响或损坏，其安装位置不得随意变动。

第十六条　企业应当对测点终端每年至少进行一次校准，对系统设备应当进行定期检查、维修、保养，并建立档案。

第十七条　系统应当满足相关部门实施在线远程监管的条件。

附录4

药品收货与验收

第一条　企业应当按照国家有关法律、法规及《药品经营质量管理规范》（以下简称《规范》），制定药品收货与验收标准。对药品收货与验收过程中出现的不符合质量标准或疑似假、劣药的情况，应当交由质量管理部门按照有关规定进行处理，必要时上报药品监督管理部门。

第二条　药品到货时，收货人员应当对运输工具和运输状况进行检查。

（一）检查运输工具是否密闭，如发现运输工具内有雨淋、腐蚀、污染等可能影响药品质量的现象，及时通知采购部门并报质量管理部门处理。

（二）根据运输单据所载明的启运日期，检查是否符合协议约定的在途时限，对不符合约定时限的，报质量管理部门处理。

（三）供货方委托运输药品的，企业采购部门要提前向供货单位索要委托的承运方式、承运单位、启运时间等信息，并将上述情况提前通知收货人员；收货人员在药品到货后，要逐一核对上述内容，内容不一致的，通知采购部门并报质量管理部门处理。

（四）冷藏、冷冻药品到货时，查验冷藏车、车载冷藏箱或保温箱的温度状况，核查并留存运输过程和到货时的温度记录；对未采用规定的冷藏设备运输或温度不符合要求的，应当拒收，同时对药品进行控制管理，做好记录并报质量管理部门处理。

第三条　药品到货时，收货人员应当查验随货同行单（票）以及相关的药品采购记录。无随货同行单（票）或无采购记录的应当拒收；随货同行单（票）记载的供货单位、生产厂商、药品的通用名称、剂型、规格、批号、数量、收货单位、收货地址、发货日期等内容，与采购记录以及本企业实际情况不符的，应当拒收，并通知采购部门处理。

第四条　应当依据随货同行单（票）核对药品实物。

随货同行单（票）中记载的药品的通用名称、剂型、规格、批号、数量、生产厂商等内容，与药品实物不符的，应当拒收，并通知采购部门进行处理。

第五条 收货过程中，对于随货同行单（票）或到货药品与采购记录的有关内容不相符的，由采购部门负责与供货单位核实和处理。

（一）对于随货同行单（票）内容中，除数量以外的其他内容与采购记录、药品实物不符的，经供货单位确认并提供正确的随货同行单（票）后，方可收货。

（二）对于随货同行单（票）与采购记录、药品实物数量不符的，经供货单位确认后，应当由采购部门确定并调整采购数量后，方可收货。

（三）供货单位对随货同行单（票）与采购记录、药品实物不相符的内容，不予确认的，应当拒收，存在异常情况的，报质量管理部门处理。

第六条 收货人员应当拆除药品的运输防护包装，检查药品外包装是否完好，对出现破损、污染、标识不清等情况的药品，应当拒收。

收货人员应当将核对无误的药品放置于相应的待验区域内，并在随货同行单（票）上签字后，移交验收人员。

第七条 药品待验区域及验收药品的设施设备，应当符合以下要求：

（一）待验区域有明显标识，并与其他区域有效隔离；

（二）待验区域符合待验药品的储存温度要求；

（三）设置特殊管理的药品专用待验区域，并符合安全控制要求；

（四）保持验收设施设备清洁，不得污染药品；

（五）按规定配备药品电子监管码的扫码与数据上传设备。

第八条 企业应当根据不同类别和特性的药品，明确待验药品的验收时限，待验药品要在规定时限内验收，验收合格的药品，应当及时入库，验收中发现的问题应当尽快处理，防止对药品质量造成影响。

第九条 验收药品应当按照批号逐批查验药品的合格证明文件，对于相关证明文件不全或内容与到货药品不符的，不得入库，并交质量管理部门处理。

（一）按照药品批号查验同批号的检验报告书，药品检验报告书需加盖供货单位药品检验专用章或质量管理专用章原印章；从批发企业采购药品的，检验报告书的传递和保存，可以采用电子数据的形式，但要保证其合法性和有效性。

（二）验收实施批签发管理的生物制品时，有加盖供货单位药品检验专用章或质量管理专用章原印章的《生物制品批签发合格证》复印件。

（三）验收进口药品时，有加盖供货单位质量管理专用章原印章的相关证明文件：

（1）《进口药品注册证》或《医药产品注册证》；

（2）进口麻醉药品、精神药品以及蛋白同化制剂、肽类激素需有《进口准许证》；

（3）进口药材需有《进口药材批件》；

（4）《进口药品检验报告书》或注明“已抽样”字样的《进口药品通关单》；

（5）进口国家规定的实行批签发管理的生物制品，有批签发证明文件和《进口药品检验报告书》。

（四）验收特殊管理的药品须符合国家相关规定。

第十条 应当对每次到货的药品进行逐批抽样验收，抽取的样品应当具有代表性，对于不符合验收标准的，不得入库，并报质量管理部门处理。

（一）对到货的同一批号的整件药品按照堆码情况随机抽样检查。整件数量在2件及以下的，要全部抽样检查；整件数量在2件以上至50件以下的，至少抽样检查3件；整件数量在50件以上的，每增加50件，至少增加抽样检查1件，不足50件的，按50件计。

（二）对抽取的整件药品需开箱抽样检查，从每整件的上、中、下不同位置随机抽取3个最小包装进行检查，对存在封口不牢、标签污损、有明显重量差异或外观异常等情况的，至少再增加一倍抽样数量，进行再检查。

（三）对整件药品存在破损、污染、渗液、封条损坏等包装异常的，要开箱检查至最小包装。

（四）到货的非整件药品要逐箱检查，对同一批号的药品，至少随机抽取一个最小包装进行检查。

第十一条 验收人员应当对抽样药品的外观、包装、标签、说明书等逐一进行检查、核对，出现问题的，报质量管理部门处理。

（一）检查运输储存包装的封条有无损坏，包装上是否清晰注明药品通用名称、规格、生产厂商、生产批号、生产日期、有效期、批准文号、贮藏、包装规格及储运图示标志，以及特殊管理的药品、外用药品、非处方药的标识等标记。

（二）检查最小包装的封口是否严密、牢固，有无破损、污染或渗液，包装及标签印字是否清晰，标签粘贴是否牢固。

（三）检查每一最小包装的标签、说明书是否符合以下规定：

（1）标签有药品通用名称、成分、性状、适应症或者功能主治、规格、用法用量、不良反应、禁忌、注意事项、贮藏、生产日期、产品批号、有效期、批准文号、生产企业等内容；对注射剂瓶、滴眼剂瓶等因标签尺寸限制无法全部注明上述内容的，至少标明药品通用名称、规格、产品批号、有效期等内容；中药蜜丸蜡壳至少注明药品通用名称。

（2）化学药品与生物制品说明书列有以下内容：药品名称（通用名称、商品名称、英文名称、汉语拼音）、成分［活性成分的化学名称、分子式、分子量、化学结构式（复方制剂可列出其组分名称）］、性状、适应症、规格、用法用量、不良反应、禁忌、注意事项、孕妇及哺乳期妇女用药、儿童用药、老年用药、药物相互作用、药物过量、临床试验、药理毒理、药代动力学、贮藏、包装、有效期、执行标准、批准文号、生产企业（企业名称、生产地址、邮政编码、电话和传真）。

（3）中药说明书列有以下内容：药品名称（通用名称、汉语拼音）、成分、性状、功能主治、规格、用法用量、不良反应、禁忌、注意事项、药物相互作用、贮藏、包装、有效期、执行标准、批准文号、说明书修订日期、生产企业（企业名称、生产地址、邮政编码、电话和传真）。

（4）特殊管理的药品、外用药品的包装、标签及说明书上均有规定的标识和警示说明；处方药和非处方药的标签和说明书上有相应的警示语或忠告语，非处方药的包装有国家规定的专有标识；蛋白同化制剂和肽类激素及含兴奋剂类成分的药品有“运动员慎用”警示标识。

（5）进口药品的包装、标签以中文注明药品通用名称、主要成分以及注册证号，并有中文说明书。

（6）中药饮片的包装或容器与药品性质相适应及符合药品质量要求。中药饮片的标签需注明品名、包装规格、产地、生产企业、产品批号、生产日期；整件包装上有品名、产地、生产日期、生产企业等，并附有质量合格的标志。实施批准文号管理的中药饮片，还需注明批准义号。

（7）中药材有包装，并标明品名、规格、产地、供货单位、收购日期、发货日期等；实施批准文号管理的中药材，还需注明批准文号。

第十二条　在保证质量的前提下，如果生产企业有特殊质量控制要求或打开最小包装可能影响药品质量的，可不打开最小包装；外包装及封签完整的原料药、实施批签发管理的生物制品，可不开箱检查。

第十三条　验收地产中药材时，如果对到货中药材存在质量疑问，应当将实物与企业中药样品室（柜）中收集的相应样品进行比对，确认后方可收货。

验收人员应当负责对中药材样品的更新和养护，防止样品出现质量变异。收集的样品放入中药样品室（柜）前，应当由质量管理人员进行确认。

第十四条　企业应当加强对退货药品的收货、验收管理，保证退货环节药品的质量和安全，防止混入假冒药品。

（一）收货人员要依据销售部门确认的退货凭证或通知对销后退回药品进行核对，确认为本企业销售的药品后，方可收货并放置于符合药品储存条件的专用待验场所。

（二）对销后退回的冷藏、冷冻药品，根据退货方提供的温度控制说明文件和售出期间温度控制的相关数据，确认符合规定条件的，方可收货；对于不能提供文件、数据，或温度控制不符合规定的，给予拒收，做好记录并报质量管理部门处理。

（三）验收人员对销后退回的药品进行逐批检查验收，并开箱抽样检查。整件包装完好的，按照本附录第十条规定的抽样原则加倍抽样检查；无完好外包装的，每件须抽样检查至最小包装，必要时送药品检验机构检验。

（四）销后退回药品经验收合格后，方可入库销售，不合格药品按《规范》有关规定处理。

第十五条　检查验收结束后，应当将检查后的完好样品放回原包装，并在抽样的整件包装上标明抽验标志，对已经检查验收的药品，应当及时调整药品质量状态标识或移入相应区域。

第十六条　对验收合格的药品，应当由验收人员与仓储部门办理入库手续，由仓储部门建立库存记录。

第十七条　验收药品应当做好验收记录。

（一）验收记录包括药品的通用名称、剂型、规格、批准文号、批号、生产日期、有效期、生产厂商、供货单位、到货数量、到货日期、验收合格数量、验收结果、验收人员姓名和验收日期等内容。

（二）中药材验收记录包括品名、产地、供货单位、到货数量、验收合格数量等内容，实施批准文号管理的中药材，还要记录批准文号。中药饮片验收记录包括品名、规格、批号、产地、生产日期、生产厂商、供货单位、到货数量、验收合格数量等内容，实施批准文号管理的中药饮片还要记录批准文号。

（三）建立专门的销后退回药品验收记录，记录包括退货单位、退货日期、通用名称、规格、批准文号、批号、生产厂商（或产地）、有效期、数量、验收日期、退货原因、验收结果和验收人员等内容。

（四）验收不合格的药品，需注明不合格事项及处置措施。

第十八条 对实施电子监管的药品，企业应当按规定进行药品电子监管码扫码，并及时将数据上传至中国药品电子监管网系统平台。

（一）企业对未按规定加印或加贴中国药品电子监管码，或因监管码印刷不符合规定要求，造成扫描设备无法识别的，应当拒收。

（二）监管码信息与药品包装信息不符的，要及时向供货单位进行查询、确认，未得到确认之前不得入库，必要时向当地药品监督管理部门报告。

第十九条 企业按照《规范》的相关规定，进行药品直调的，可委托购货单位进行药品验收。购货单位应当严格按照《规范》的要求验收药品，并进行药品电子监管码的扫码与数据上传，建立专门的直调药品验收记录。验收当日应当将验收记录、电子监管数据相关信息传递给直调企业。

附录5

验 证 管 理

第一条 本附录适用于《药品经营质量管理规范》（以下简称《规范》）中涉及的验证范围与内容，包括对冷库、冷藏车、冷藏箱、保温箱以及温湿度自动监测系统（以下简称“监测系统”）等进行验证，确认相关设施、设备及监测系统能够符合规定的设计标准和要求，并能安全、有效地正常运行和使用，确保冷藏、冷冻药品在储存、运输过程中的质量安全。

第二条 企业质量负责人负责验证工作的监督、指导、协调与审批，质量管理部门负责组织仓储、运输等部门共同实施验证工作。

第三条 企业应当按照质量管理体系文件的规定，按年度制定验证计划，根据计划确定的范围、日程、项目，实施验证工作。

第四条 企业应当在验证实施过程中，建立并形成验证控制文件，文件内容包括验证方案、标准、报告、评价、偏差处理和预防措施等，验证控制文件应当归入药品质量管理档案，并按规定保存。

（一）验证方案根据每一项验证工作的具体内容及要求分别制定，包括验证的实施人员、对象、目标、测试项目、验证设备及监测系统描述、测点布置、时间控制、数据采集要求，以及实施验证的相关基础条件，验证方案需经企业质量负责人审核并批准后，方可实施。

（二）企业需制定实施验证的标准和验证操作规程。

（三）验证完成后，需出具验证报告，包括验证实施人员、验证过程中采集的数据汇总、各测试项目数据分析图表、验证现场实景照片、各测试项目结果分析、验证结果总体评价等，验证报告由质量负责人审核和批准。

（四）在验证过程中，根据验证数据分析，对设施设备运行或使用中可能存在的不符合要求的状况、监测系统参数设定的不合理情况等偏差，进行调整和纠正处理，使相关设施设备及监测系统能够符合规定的要求。

（五）根据验证结果对可能存在的影响药品质量安全的风险，制定有效的预防措施。

第五条 企业应当根据验证方案实施验证。

（一）相关设施设备及监测系统在新投入使用前或改造后需进行使用前验证，对设计或预定的关键参数、条件及性能进行确认，确定实际的关键参数及性能符合设计或规定的使用条件。

（二）当相关设施设备及监测系统超出设定的条件或用途，或是设备出现严重运行异常或故障时，要查找原因、评估风险，采取适当的纠正措施，并跟踪效果。

（三）对相关设施设备及监测系统进行定期验证，以确认其符合要求，定期验证间隔时间不超过1年。

（四）根据相关设施设备和监测系统的设计参数以及通过验证确认的使用条件，分别确定最大的停用时间限度；超过最大停用时限的，在重新启用前，要评估风险并重新进行验证。

第六条 企业应当根据验证的内容及目的，确定相应的验证项目。

（一）冷库验证的项目至少包括：

（1）温度分布特性的测试与分析，确定适宜药品存放的安全位置及区域；

（2）温控设备运行参数及使用状况测试；

（3）监测系统配置的测点终端参数及安装位置确认；

（4）开门作业对库房温度分布及药品储存的影响；

（5）确定设备故障或外部供电中断的状况下，库房保温性能及变化趋势分析；

（6）对本地区的高温或低温等极端外部环境条件，分别进行保温效果评估；

（7）在新建库房初次使用前或改造后重新使用前，进行空载及满载验证；

（8）年度定期验证时，进行满载验证。

（二）冷藏车验证的项目至少包括：

（1）车厢内温度分布特性的测试与分析，确定适宜药品存放的安全位置及区域；

（2）温控设施运行参数及使用状况测试；

（3）监测系统配置的测点终端参数及安装位置确认；

（4）开门作业对车厢温度分布及变化的影响；

（5）确定设备故障或外部供电中断的状况下，车厢保温性能及变化趋势分析；

（6）对本地区高温或低温等极端外部环境条件，分别进行保温效果评估；

（7）在冷藏车初次使用前或改造后重新使用前，进行空载及满载验证；

（8）年度定期验证时，进行满载验证。

（三）冷藏箱或保温箱验证的项目至少包括：

（1）箱内温度分布特性的测试与分析，分析箱体内温度变化及趋势；

（2）蓄冷剂配备使用的条件测试；

（3）温度自动监测设备放置位置确认；

（4）开箱作业对箱内温度分布及变化的影响；

（5）高温或低温等极端外部环境条件下的保温效果评估；

（6）运输最长时限验证。

（四）监测系统验证的项目至少包括：

（1）采集、传送、记录数据以及报警功能的确认；

（2）监测设备的测量范围和准确度确认；

（3）测点终端安装数量及位置确认；

（4）监测系统与温度调控设施无联动状态的独立安全运行性能确认；

（5）系统在断电、计算机关机状态下的应急性能确认；

（6）防止用户修改、删除、反向导入数据等功能确认。

第七条　应当根据验证对象及项目，合理设置验证测点。

（一）在被验证设施设备内一次性同步布点，确保各测点采集数据的同步、有效。

（二）在被验证设施设备内，进行均匀性布点、特殊项目及特殊位置专门布点。

（三）每个库房中均匀性布点数量不得少于 9 个，仓间各角及中心位置均需布置测点，每两个测点的水平间距不得大于 5 米，垂直间距不得超过 2 米。

（四）库房每个作业出入口及风机出风口至少布置 5 个测点，库房中每组货架或建筑结构的风向死角位置至少布置 3 个测点。

（五）每个冷藏车箱体内测点数量不得少于 9 个，每增加 20 立方米增加 9 个测点，不足 20 立方米的按 20 立方米计算。

（六）每个冷藏箱或保温箱的测点数量不得少于 5 个。

第八条　应当确定适宜的持续验证时间，以保证验证数据的充分、有效及连续。

（一）在库房各项参数及使用条件符合规定的要求并达到运行稳定后，数据有效持续采集时间不得少于 48 小时。

（二）在冷藏车达到规定的温度并运行稳定后，数据有效持续采集时间不得少于 5 小时。

（三）冷藏箱或保温箱经过预热或预冷至规定温度并满载装箱后，按照最长的配送时间连续采集数据。

（四）验证数据采集的间隔时间不得大于 5 分钟。

第九条　应当确保所有验证数据的真实、完整、有效、可追溯，并按规定保存。

第十条　验证使用的温度传感器应当经法定计量机构校准，校准证书复印件应当作为验证报告的必要附件。验证使用的温度传感器应当适用被验证设备的测量范围，其温度测量的最大允许误差为 ±0.5℃。

第十一条　企业应当根据验证确定的参数及条件，正确、合理使用相关设施设备及监测系统，未经验证的设施、设备及监测系统，不得用于药品冷藏、冷冻储运管理。

验证的结果，应当作为企业制定或修订质量管理体系文件相关内容的依据。

第十二条　企业可与具备相应能力的第三方机构共同实施验证工作，企业应当确保验证实施的全过程符合《规范》及本附录的相关要求。

国家食品药品监督管理总局等部门关于印发打击网上非法售药行动工作方案的通知

食药监药化监〔2013〕123 号

各省、自治区、直辖市食品药品监督管理局、互联网信息办公室、通信管理局、公安厅（局）、工商行政管理局：

为进一步加强互联网药品销售和发布药品信息的监管，严厉打击网上销售假药和违法售药行为，整顿和规范网上售药秩序，针对当前互联网药品销售存在的突出问题，国家食品药品监督管理总局、国家互联网信息办公室、工业和信息化部、公安部和国家工商行政管理总局联合制订了《开展打击网上非法售药行动工作方案》。现印发给你们，请认真组织实施。

国家食品药品监督管理总局
国家互联网信息办公室
中华人民共和国工业和信息化部
中华人民共和国公安部
中华人民共和国国家工商行政管理总局
2013 年 7 月 29 日

开展打击网上非法售药行动工作方案

为进一步加强互联网药品销售和发布药品信息的监管，严厉打击网上销售假药犯罪与违法售药行为，整顿和规范网上售药秩序，国家食品药品监督管理总局、国家互联网信息办公室、工业和信息化部、公安部、国家工商行政管理总局决定联合开展打击网上非法售药行动，特制订本工作方案。

一、工作目标

通过侦破一批网上销售假药的大案要案，惩治一批网络销售假药的组织、实施和参与者，整顿、关闭、曝光一批违法售药网站，形成打击违法犯罪的高压态势，有效遏制网上销售假药与违法售药活动的高发势头。

通过加大网上安全购药的宣传、引导和警示力度，提高公众自我保护能力，形成自觉抵制非法网站药品的社会氛围，营造互联网药品正当交易的良好环境。

通过健全食品药品监管、互联网信息内容管理、工信、公安和工商等部门协作配合的长效机制与有效措施，全面提升网上售药的监管和执法效能，保证网上售药的良好秩序的长治久安。

二、工作重点和任务分工

（一）监测排查网上非法售药信息

重点开展以下工作：

（1）以治疗肿瘤、糖尿病、冠心病、高血压、性功能障碍等病症的药品为重点品种，以互联网搜索引擎为重点监测对象，以投诉举报信息为重点线索，组织对网上售药行为进行监测和排查，发现涉嫌从事网上非法售药活动的网站、网页，列出清单。

（2）要求主要搜索引擎、电商平台对违法网上售药行为进行主动搜索，发现无资质从事网上售药活动的网站、网页，列出清单，通过国家互联网信息办公室转交食品药品监管部门。

（3）组织食品药品监管总局药品投诉举报中心以及互联网违法和不良信息举报中心梳理受理的网上非法售药举报，列出清单，移交同级食品药品监管部门。

（4）对上述网站清单，经食品药品监管部门初步判断属违法违规售药行为后，通过通信管理部门定位其网站所在地，由食品药品监管部门将网站移交其属地省级食品药品监管部门查处，涉嫌假药犯罪的，可以移送网站服务器所在地、网络接入地、网站建立者或者管理者所在地公安机关查处。由被害人举报的网上销售假药案，也可移送被害人所在地公安机关。

（二）严厉打击网上非法售药行为

重点开展以下工作：

（1）对已取得互联网药品信息服务或药品交易资质，存在发布虚假药品信息和药品违法销售行为的网站，一律责令停业整顿、限期整改；拒不改正或情节严重的，一律由食品药品监管部门吊销其《互联网药品信息服务资格证书》或《互联网药品交易服务资格证书》，并移送通信管理部门对违法网站依法予以关闭。

（2）对未取得互联网药品交易资质，非法从事药品销售的网站，由食品药品监管部门汇总提供名单，互联网信息内容管理部门统一协调处置。如属未备案网站，移送通信管理部门依法予以关闭，并追究接入服务商责任；如属已备案网站，应责令整改，拒不改正的，移送通信管理部门依法予以关闭。

（3）对销售假药涉嫌犯罪的网站，一律移送公安机关依法追究刑事责任。公安机关根据食品药品监管部门提供的涉嫌销售假药网站清单，深入开展线索经营，依法立案侦查，依法对网站的建立者、管理者、使用者采取相应措施，并加大深挖力度，捣毁假药生产窝点，摧毁假药销售网络，依法严惩犯罪嫌疑人。

（三）大力开展宣传、引导和警示活动

重点开展以下工作：

（1）发布新闻稿。在专项行动启动后，五部门统一发布新闻稿，对专项行动的目标和任务进行解读，对网上售药的规范予以重申，表明监管部门坚决打击网上售药违法犯罪行为的态度。同时，对公众网上购药行为进行引导和警示，鼓励社会各界举报不法行为。

（2）曝光典型案件。专项行动期间，五部门联合对查实的大要案件及时进行公开曝光，形成持续宣传高潮。大张旗鼓地揭露不法行为，将已查实案件的违法违规情节、危害及处罚情况在五部门网站予以公开。典型案件邀请中央电视台、新华社等主流媒体跟踪案件查处进展，制作视频资料予以曝光，形成有效震慑。

（3）组织开展网络访谈活动。在重点新闻网站举办网络访谈活动，通过与网民的互动，大力宣传网上售药及其监管的法律、法规，提示网上购药风险，倡导网上安全购药。

（4）发布互联网购药安全警示。在食品药品监管总局网站“互联网购药安全警示”专栏定期发布《互联网购药安全警示公告》，建立和公开已被取缔的非法售药网站名单，提醒广大公众及时了解非法网站信息，网上谨慎购药，自觉抵制非法网站药品，避免上当受骗。

（5）发动各大型网站、搜索引擎、电商平台、接入服务商对所管理网站药品广告页面和链接进行自查，清除虚假违法广告。

（四）净化网上售药环境

重点开展以下工作：

（1）要求搜索引擎对售药网站区别对待。食品药品监管部门将已取得互联网信息服务和交易资质的网站信息定期提交互联网信息内容管理部门，组织各主流搜索引擎对所呈现药品或售药搜索结果时将有资质网站信息予以前置，并显著设置网上安全购药提示语，保证搜索者首先看到有资质网站信息和提示。同时要求搜索引擎对食品药品监管部门提供的非法售药网站黑名单予以屏蔽，并定期通报食品药品监管部门。

（2）加大对违法网上售药行为的日常监督监测力度。五部门将加强部门协同配合，完善监督监测机制和技术手段，充分发挥社会力量作用，共同加大对互联网发布药品信息和销售药品的监督监测力度，发现违法犯罪行为立即查处或者移送有关部门，及时发布监测信息提示，曝光违法网站。

（3）鼓励举报网上违法售药行为。鼓励被假冒药品生产企业、药品经营企业、消费者共同参与维护网上售药的正常秩序，积极向食品药品监管总局投诉举报中心（举报电话：12331）以及互联网违法和不良信息举报中心（举报电话：12377）举报网上违法售药行为。举报一经查实，将按规定给予奖励。

（4）完善网上售药管理制度和规范。食品药品监管部门会同相关部门研究修订《互联网药品销售管理办法》，制定网上售药规范，按照现实与虚拟一致原则，合理设置网上售药的管理标准和适用范围。

三、工作安排

专项行动在 2013 年 8 ~ 12 月期间分三个阶段开展：

（一）动员部署阶段（从文件下发日起至 8 月下旬）

下发专项行动工作方案，并召开视频会议，对专项行动进行动员部署和提出工作要求，做好宣传发动。联合召开主要商业网站、搜索引擎、电商平台负责人会议，提出配合工作、自查自纠要求。

（二）集中打击阶段（9 ~ 11 月）

采取集中行动和专案经营相结合的方式，查处一批大要案件，清理一批窝点，摧毁一批网上销售假药团伙，曝光一批违法网站，大力开展规范网上购销药品的宣传引导工作。

（三）总结提高阶段（12 月）

认真总结专项行动情况，评估工作成效，建立健全各项规章规范。对在专项行动中贡献突出，查办重大案件到位的单位和个人，予以通报嘉奖。

四、工作要求

（一）突出查处一批大案要案

各地、各部门要通过群众举报、全面监测、重点排查等方式，主动发现网上违法售药线索，做好个案查处工作。对各种线索要抓住不放、深挖到底，直至查清造假售假窝点；对发现的违法违规行为一律从严处理，符合吊销许可情形的一律吊销相应许可；对涉嫌犯罪的一律依法追究刑事责任，绝不姑息，形成震慑。

（二）坚决曝光一批典型案件

各地、各部门要坚持案件查办公正、公开的原则，大张旗鼓地揭露违法犯罪行为，将已查实案件的违法违规情节、危害及处罚情况予以公开曝光。其中典型案件应及时向上级部门报告，食品药品监管总局、国家互联网信息办公室、公安部、工业和信息化部将对典型案件通过主流媒体予以曝光。对于严重违反法律、法规的网站和个人，一律列入黑名单予以行业禁入。

（三）明确分工强化联动

各级食品药品监管、互联网信息内容管理、公安、通信管理、工商行政等部门要加强协调配合，及时互通情况，强调统一行动，强化联合治理的威慑作用和打击力度。食品药品监管总局、国家互联网信息办公室负责打击网上违法售药专项行动的组织协调工作。食品药品监管部门负责监测发现违法售药网站，获取线索和信息，查处违规售药网站；公安机关依法打击网络售药犯罪行为；通信管理部门加强接入服务商管理，定位涉嫌非法售药的网站服务器，根据食品药品监管部门、互联网信息内容管理部门对网上违法售药网站的认定和处罚意见，依法对违法网站进行关闭；工商行政管理部门要加强对利用互联网发布药品广告的监督检查，依法查处利用互联网发布的违法药品广告；互联网信息内容管理部门加强对搜索引擎、论坛、博客、微博客、社交网站等的监管，做好对网上违法售药网站、网页内容的查处工作。各部门要及时将涉嫌犯罪的案件线索和相关证据移送公安机关。公安机关要及时进行核查，涉嫌犯罪的要依法立案侦查。

（四）健全机制标本兼治

各地、各部门要按照整顿和规范相结合、专项行动和日常监管相结合的原则，立足建立长效管理机制，实现对网上售药监管工作的制度化、经常化和规范化。通过专项行动的开展，认真总结经验，积极探索强化对网上违法售药，特别是销售假药等违法犯罪行为打击力度的有效模式和方式。

（五）加强督导检查

各省（区、市）有关部门对发现的涉案金额巨大、性质恶劣、危害严重以及跨地区的网上销售假药案件要及时上报，加强督导，组织协调好案件的查办工作。对涉及多个省份的特别重大案件，由食品药品监管总局和公安部指导协调涉案地食品药品监管部门、公安部门联合查办。重大案件和突发情况各地要随时上报。食品药品监管总局、国家互联网信息办公室、公安部、工业和信息化部、国家工商总局在专项行动期间适时对各地专项行动开展情况进行督导检查。对在专项行动中不依法履行职责，造成不良影响并产生严重后果的单位和个人，要予以通报批评，并依法追究责任。

国家食品药品监管总局关于加强互联网药品销售管理的通知

食药监药化监〔2013〕223 号

各省、自治区、直辖市食品药品监督管理局：

为规范互联网售药行为，落实《关于印发打击互联网非法售药行动工作方案的通知》（食药监药化监〔2013〕123 号，以下简称《工作方案》）的工作部署，确保药品“两打两建”行动取得实效，现将有关工作要求通知如下。

一、加强药品交易网站资质的管理

药品生产企业、药品经营企业在自设网站进行药品互联网交易，或第三方企业为药品生产企业、药品经营企业提供药品互联网交易服务，必须按照原国家食品药品监督管理局印发的《互联网药品交易服务审批暂行规定》（国食药监市〔2005〕480 号，以下简称《暂行规定》），申请取得《互联网药品交易服务资格证书》后方可开展业务。按该证书服务范围仅可与其他企业和医疗机构进行药品交易的网站或提供药品互联网交易服务的网站，不得擅自超范围提供面向个人消费者的药品交易服务。零售单体药店不得开展网上售药业务。各省级食品药品监督管理部门应加强药品生产和经营企业网上售药监督监测，发现违反上述规定的药品交易网站（包括自设网站和提供交易服务的网站，下同），应对设立企业按照《暂行规定》和《工作方案》要求依法严肃查处，直至移送通信管理部门关闭其网站。

二、加强药品交易网站销售含麻黄碱类复方制剂的管理

药品零售企业销售含麻黄碱类复方制剂，必须按原国家

食品药品监督管理局、公安部、原卫生部联合印发的《关于加强含麻黄碱类复方制剂管理有关事宜的通知》（国食药监办〔2012〕260 号）要求，查验和登记购买者合法有效的身份证件。鉴于目前互联网药品交易尚不能查验购买者身份证件，药品零售连锁企业一律不得在药品交易网站展示或向个人消费者销售含麻黄碱类复方制剂。发现违反规定的，由所在地食品药品监督管理部门按照《国务院关于加强食品等产品安全监督管理的特别规定》第三条有关规定进行处罚，造成严重后果的吊销许可证照，构成犯罪的依法移送公安机关追究刑事责任；对提供交易服务网站的企业应按照《暂行规定》第二十九条第二种情形和《工作方案》要求依法严肃查处，直至移送通信管理部门关闭其网站。

三、加强药品交易网站销售处方药的管理

《暂行规定》要求药品零售连锁企业通过药品交易网站只能销售非处方药，一律不得在网站交易相关页面展示和销售处方药。发现违反上述规定的，对企业自设网站由所在地食品药品监督管理部门按照《药品流通监督管理办法》第四十二条处罚；对提供交易服务网站由所在地食品药品监督管理部门按照《工作方案》要求依法责令停业整顿，限期整改。上述企业拒不改正或情节严重的，吊销其《互联网药品交易服务资格证书》，并移送通信管理部门关闭其网站。

在药品交易网站的非交易相关页面展示处方药名称、图片、说明书等信息的，必须在该页面上部加框标示“药品监管部门提示：如发现本网站有任何直接或变相销售处方药行为，请保留证据，拨打 12331 举报，举报查实给予奖励。”所在地省级食品药品监督管理部门应予督促和检查，对违规网站的设立企业，应参照《暂行规定》第二十九条第一种情形和《工作方案》要求依法查处，直至移送通信管理部门关闭其网站。

四、加强网售药品配送环节的管理

药品零售连锁企业通过互联网销售药品时，应当使用本企业符合《暂行规定》等文件要求的药品配送系统自行配送，且符合《药品经营质量管理规范》的有关要求，保证在售药品的质量安全。发现药品零售连锁企业违反规定的，由所在地食品药品监督管理部门参照《暂行规定》第二十九条第二种情形和《工作方案》要求依法查处。

五、加大对互联网非法售药的查处力度

各级食品药品监督管理部门要按照《工作方案》的部署，严格落实以上规定，开展监督检查和监测，规范互联网药品交易的主体和行为，严厉打击互联网违法销售药品等行为，切实将各种违法案件查处到位。对违反上述规定被责令整改的企业，11 月 15 日前必须完成整改，否则按照《工作方案》的要求从严处理。对需要予以关闭的网站，应及时移送通信管理部门关闭；对监督检查和监测发现的触犯刑律的案件，应及时移送司法机关依法追究刑事责任。

对打击互联网非法售药行动中涉事企业的整顿处理结果，省级食品药品监督管理部门要按照药品“两打两建”工作要求按期报送总局。对总局投诉举报中心移交的违法违规销售药品的网站，省级食品药品监督管理部门要按时将查处结果及时反馈总局投诉举报中心。任何单位和个人如发现从事互联网药品交易服务的企业违反上述规定，均可向食品药品监督管理部门举报（举报电话 12331）。

国家食品药品监督管理总局

2013 年 10 月 29 日

《国家基本药物目录》（2012 年版）

（卫生部令第 93 号）

《国家基本药物目录》（2012 年版）已经 2012 年 9 月 21 日卫生部部务会议讨论通过，现予以发布，自 2013 年 5 月 1 日起施行。

2009 年 8 月 18 日发布的中华人民共和国卫生部令第 69 号同时废止。

部　长　陈　竺

2013 年 3 月 13 日

第一部分　化学药品和生物制品

一、抗微生物药

序号	品种名称	剂型、规格	备注
		（一）青霉素类	
1	青霉素 Benzylpenicillin	（钾盐）注射用无菌粉末：0.25g（40 万单位）、0.5g（80 万单位） （钠盐）注射用无菌粉末：0.24g（40 万单位）、0.48g（80 万单位）、0.96g（160 万单位）	
2	苄星青霉素 Benzathine Benzylpenicillin	注射用无菌粉末：30 万单位、60 万单位、120 万单位	
3	苯唑西林 Oxacillin	片剂、胶囊：0.25g 注射用无菌粉末：0.5g、1.0g	
4	氨苄西林 Ampicillin	注射用无菌粉末：0.5g、1.0g	
5	哌拉西林 Piperacillin	注射用无菌粉末：0.5g、1.0g、2.0g	
6	阿莫西林 Amoxicillin	片剂、胶囊、颗粒剂、干混悬剂：0.125g、0.25g	
7	阿莫西林克拉维酸钾 Amoxicillin and Clavulanate Potassium	片剂：阿莫西林：克拉维酸 =2∶1、4∶1、7∶1 颗粒剂：125mg∶31.25mg（4∶1）、200mg∶28.5mg（7∶1）（阿莫西林：克拉维酸） 干混悬剂：250mg∶62.5mg（4∶1）、200mg∶28.5mg（7∶1）（阿莫西林：克拉维酸） 注射用无菌粉末：250mg∶50mg（5∶1）、500mg∶100mg（5∶1）、1 000mg∶200mg（5∶1）（阿莫西林 ：克拉维酸）	
		（二）头孢菌素类	
8	头孢唑林 Cefazolin	注射用无菌粉末：0.5g、1.0g	
9	头孢拉定 Cefradine	片剂、胶囊：0.25g、0.5g	
10	头孢氨苄 Cefalexin	片剂、胶囊：0.125g、0.25g 颗粒剂：0.05g、0.125g	
11	头孢呋辛 Cefuroxime	（头孢呋辛酯）片剂、胶囊：0.125g、0.25g （钠盐）注射用无菌粉末：0.25g、0.5g、0.75g、1.5g	
12	头孢曲松 Ceftriaxone	注射用无菌粉末：0.25g、0.5g、1.0g、2.0g	
13	头孢他啶 Ceftazidime	注射用无菌粉末：0.5g、1.0g	△

续　表

序号	品种名称	剂型、规格	备注
（三）氨基糖苷类			
14	阿米卡星 Amikacin	注射液：1ml∶0.1g（10 万单位）、2ml∶0.2g（20 万单位）	
15	庆大霉素 Gentamycin	注射液：1ml∶40mg（4 万单位）、2ml∶80mg（8 万单位）	
（四）四环素类			
16	多西环素 Doxycycline	片剂：50mg、100mg	
（五）大环内酯类			
17	红霉素 Erythromycin	肠溶（片剂、胶囊）、（琥珀酸乙酯） 片剂、胶囊：0.125g（12.5 万单位）、0.25g（25 万单位） 注射用无菌粉末：0.25g（25 万单位）、0.3g（30 万单位）	
18	阿奇霉素 Azithromycin	片剂、胶囊、肠溶（片剂、胶囊）：0.25g（25 万单位） 颗粒剂：0.1g（10 万单位）	
19	地红霉素 Dirithromycin	肠溶（片剂、胶囊）：0.125g、0.25g	
20	克拉霉素 Clarithromycin	片剂、胶囊、颗粒剂：0.125g、0.25g	
（六）其他抗生素			
21	克林霉素 Clindamycin	（盐酸盐）片剂、胶囊：0.15g （盐酸盐）注射液：2ml：0.15g （盐酸盐）注射用无菌粉末：0.15g	
22	磷霉素 Fosfomycin	（钠盐）注射用无菌粉末：1.0g（100 万单位）、2.0g（200 万单位）、4.0g（400 万单位） （氨丁三醇）散剂：3.0g	
（七）磺胺类			
23	复方磺胺甲噁唑 Compound Sulfamethoxazole	片剂：100mg∶20mg、400mg∶80mg（磺胺甲噁唑：甲氧苄啶）	
24	磺胺嘧啶 Sulfadiazine	片剂：0.2g、0.5g 注射液：2ml∶0.4g、5ml∶1g	
（八）喹诺酮类			
25	诺氟沙星 Norfloxacin	片剂、胶囊：0.1g	
26	环丙沙星 Ciprofloxacin	（盐酸盐）片剂、胶囊：0.25g、0.5g （乳酸盐）注射液：2ml∶0.1g （乳酸盐）氯化钠注射液：100ml∶0.2g	
27	左氧氟沙星 Levofloxacin	（盐酸盐、乳酸盐）片剂、胶囊：0.2g、0.5g （盐酸盐、乳酸盐）注射液：2ml∶0.2g、5ml∶0.5g （盐酸盐、乳酸盐）氯化钠注射液：100ml∶0.2g、250ml∶0.5g	

续 表

序号	品种名称	剂型、规格	备注
（九）硝基咪唑类			
28	甲硝唑 Metronidazole	片剂、胶囊：0.2g 氯化钠注射液：100ml∶0.5g	
29	替硝唑 Tinidazole	片剂、胶囊：0.5g	
（十）硝基呋喃类			
30	呋喃妥因 Nitrofurantoin	肠溶片：50mg	
（十一）抗结核病药			
31	异烟肼 Isoniazid	片剂：50mg、100mg、300mg 注射液：2ml∶50mg、2ml∶100mg	
32	利福平 Rifampicin	片剂、胶囊：0.15g、0.3g	
33	吡嗪酰胺 Pyrazinamide	片剂、胶囊：0.25g	
34	乙胺丁醇 Ethambutol	片剂、胶囊：0.25g	
35	链霉素 Streptomycin	注射用无菌粉末：0.75g（75 万单位）、1.0g（100 万单位）	
36	对氨基水杨酸钠 Sodium Aminosalicylate	肠溶片：0.5g 注射用无菌粉末：2.0g	
37	耐多药肺结核用药		注释 1△
（十二）抗麻风病药			
38	氨苯砜 Dapsone	片剂：50mg、100mg	
（十三）抗真菌药			
39	氟康唑 Fluconazole	片剂、胶囊：50mg、100mg 氯化钠注射液：100ml∶0.2g	
40	制霉素 Nysfungin	片剂：10 万单位、25 万单位、50 万单位	
（十四）抗病毒药			
41	阿昔洛韦 Aciclovir	片剂、胶囊：0.2g	
42	利巴韦林 Ribavirin	片剂、胶囊：0.1g	
43	艾滋病用药		注释 2△

二、抗寄生虫病药

序号	品种名称	剂型、规格	备注
		（一）抗疟药	
44	氯喹 Chloroquine	片剂：75mg、250mg 注射液：2ml∶80mg、5ml∶322mg	
45	伯氨喹 Primaquine	片剂：13.2mg	
46	乙胺嘧啶 Pyrimethamine	片剂：6.25mg	
47	青蒿素类药物		注释3
		（二）抗阿米巴病药及抗滴虫病药	
*(28)	甲硝唑 Metronidazole	片剂、胶囊：0.2g 氯化钠注射液：100ml∶0.5g	
		（三）抗利什曼原虫病药	
48	葡萄糖酸锑钠 Sodium Stibogluconate	注射液：6ml（按锑计0.6g，约相当于葡萄糖酸锑钠1.9g）	
		（四）抗血吸虫病药	
49	吡喹酮 Praziquantel	片剂：0.2g	
		（五）驱肠虫药	
50	阿苯达唑 Albendazole	片剂、胶囊：0.1g、0.2g	

三、麻醉药

序号	品种名称	剂型、规格	备注
		（一）局部麻醉药	
51	利多卡因 Lidocaine	（碳酸盐）注射液：5ml∶86.5mg、100ml∶0.173g （盐酸盐）注射液：2ml∶4mg、5ml∶0.1g、10ml∶0.2g 胶浆剂：10g：0.2g	
52	布比卡因 Bupivacaine	注射液：5ml∶25mg、5ml∶37.5mg	△
53	普鲁卡因 Procaine	注射液：2ml∶40mg、10ml∶100mg、20ml∶50mg、20ml∶100mg	
		（二）全身麻醉药	
54	氯胺酮 Ketamine	注射液：2ml∶0.1g、10ml∶0.1g	△
55	异氟烷 Isoflurane	溶液剂（吸入剂）：100ml	△
56	丙泊酚 Propofol	注射液：20ml∶0.2g、50ml∶0.5g	△

续 表

序号	品种名称	剂型、规格	备注
	（三）麻醉辅助药		
57	氯化琥珀胆碱 Suxamethonium Chloride	注射液：1ml∶50mg、2ml∶100mg	
58	维库溴铵 Vecuronium Bromide	注射用无菌粉末：4mg	

四、镇痛、解热、抗炎、抗风湿、抗痛风药

序号	品种名称	剂型、规格	备注
	（一）镇痛药		
59	芬太尼 Fentanyl	注射液：2ml∶0.1mg	△
60	哌替啶 Pethidine	注射液：1ml∶50mg、2ml∶100mg	△
61	吗啡 Morphine	片剂、缓释片、注射液	△
62	布桂嗪 Bucinnazine	片剂：30mg 注射液：2ml∶50mg、2ml∶100mg	△
	（二）解热镇痛、抗炎、抗风湿药		
63	对乙酰氨基酚 Paracetamol	片剂：0.5g 颗粒剂：0.1g 口服溶液剂：100ml∶2.4g 干混悬剂、混悬液	
64	阿司匹林 Aspirin	片剂：0.3g、0.5g 肠溶片：0.3g	
65	布洛芬 Ibuprofen	片剂、胶囊、颗粒剂：0.1g、0.2g 缓释（片剂、胶囊）：0.3g 混悬液：60ml∶1.2g、100ml∶2g	
66	双氯芬酸钠 Sodium Diclofenac	肠溶片：25mg 缓释（片剂、胶囊）：50mg、100mg	
67	吲哚美辛 Indometacin	栓剂：25mg、50mg、100mg	
	（三）抗痛风药		
68	别嘌醇 Allopurinol	片剂：0.1g	
69	秋水仙碱 Colchicine	片剂：0.5mg	

五、神经系统用药

序号	品种名称	剂型、规格	备注
（一）抗震颤麻痹药			
70	金刚烷胺 Amantadine	片剂：0.1g	
71	苯海索 Trihexyphenidyl	片剂：2mg	
72	多巴丝肼 Levodopa and Benserazide Hydrochloride	片剂、胶囊：0.25g（0.2g∶0.05g）、0.125g（0.1g∶0.025g）（左旋多巴：苄丝肼）	
（二）抗重症肌无力药			
73	新斯的明 Neostigmine	注射液：1ml∶0.5mg、2ml∶1mg	
74	溴吡斯的明 Pyridostigmine Bromide	片剂：60mg	
（三）抗癫痫药			
75	卡马西平 Carbamazepine	片剂：0.1g、0.2g	
76	丙戊酸钠 Sodium Valproate	片剂：0.1g、0.2g	
77	苯妥英钠 Phenytoin Sodium	片剂：50mg、100mg 注射用无菌粉末：0.1g、0.25g	
78	苯巴比妥 Phenobarbital	片剂：15mg、30mg、100mg 注射液：1ml∶0.1g、2ml∶0.2g 注射用无菌粉末：0.1g	
（四）脑血管病用药及降颅压药			
79	尼莫地平 Nimodipine	片剂、胶囊：20mg、30mg	
80	麦角胺咖啡因 Ergotamine and Caffeine	片剂：酒石酸麦角胺1mg，无水咖啡因100mg	
81	甘露醇 Mannitol	注射液：20ml∶4g、50ml∶10g、100ml∶20g、250ml∶50g 注射液：3000ml：150g（冲洗用）	
82	倍他司汀 Betahistine	（盐酸盐）片剂：4mg	
83	氟桂利嗪 Flunarizine	片剂、胶囊：5mg	
（五）中枢兴奋药			
84	胞磷胆碱钠 Citicoline Sodium	注射液：2ml∶0.25g 氯化钠注射液、葡萄糖注射液：100ml∶0.25g	

续 表

序号	品种名称	剂型、规格	备注
85	尼可刹米 Nikethamide	注射液：1. 5ml: 0. 375g、2ml: 0. 5g	
86	洛贝林 Lobeline	注射液：1ml: 3mg、1ml: 10mg	
		（六）抗痴呆药	
87	石杉碱甲 Huperzine A	片剂、胶囊：50μg	

六、治疗精神障碍药

序号	品种名称	剂型、规格	备注
		（一）抗精神病药	
88	奋乃静 Perphenazine	片剂：2mg、4mg 注射液：1ml: 5mg	△
89	氯丙嗪 Chlorpromazine	片剂：12. 5mg、25mg、50mg 注射液：1ml: 10mg、1ml: 25mg、2ml: 50mg	
90	氟哌啶醇 Haloperidol	片剂：2mg、4mg 注射液：1ml: 5mg	△
91	舒必利 Sulpiride	片剂：10mg、50mg、100mg	
92	癸氟奋乃静 Fluphenazine Decanoate	注射液：1ml: 25mg	△
93	氯氮平 Clozapine	片剂：25mg、50mg	△
94	利培酮 Risperidone	片剂：1mg、2mg	△
95	喹硫平 Quetiapine	片剂：25mg、100mg	△
96	阿立哌唑 Aripiprazole	片剂、胶囊、口腔崩解片：5mg、10mg	△
97	五氟利多 Penfluridol	片剂：20mg	△
		（二）抗抑郁药	
98	帕罗西汀 Paroxetine	片剂：20mg	△
99	阿米替林 Amitriptyline	片剂：25mg	

续　表

序号	品种名称	剂型、规格	备注
100	多塞平 Doxepin	片剂：25mg	△
101	氯米帕明 Clomipramine	片剂：10mg、25mg 注射液：2ml: 25mg	△
（三）抗焦虑药			
102	地西泮 Diazepam	片剂：2. 5mg、5mg 注射液：2ml: 10mg	注射液△
103	氯硝西泮 Clonazepam	片剂：0. 5mg、2mg	△
104	劳拉西泮 Lorazepam	片剂：0. 5mg、1mg	
105	艾司唑仑 Estazolam	片剂：1mg、2mg	
106	阿普唑仑 Alprazolam	片剂：0. 4mg	
（四）抗躁狂药			
107	碳酸锂 Lithium Carbonate	片剂：0. 25g	
（五）镇静催眠药			
*（102）	地西泮 Diazepam	片剂：2. 5mg、5mg 注射液：2ml: 10mg	注射液△
108	佐匹克隆 Zopiclone	片剂：3. 75mg、7. 5mg	
109	咪达唑仑 Midazolam	注射液：1ml: 5mg、2ml: 10mg	△

七、心血管系统用药

序号	品种名称	剂型、规格	备注
（一）抗心绞痛药			
110	硝酸甘油 Nitroglycerin	片剂：0. 5mg 注射液：1ml: 5mg	
111	硝酸异山梨酯 Isosorbide Dinitrate	片剂：5mg 氯化钠注射液、葡萄糖注射液：100ml: 10mg	
112	硝苯地平 Nifedipine	片剂：5mg、10mg	
113	地尔硫 Diltiazem	片剂：30mg	

续 表

序号	品种名称	剂型、规格	备注
（二）抗心律失常药			
114	美西律 Mexiletine	片剂：50mg、100mg	
115	普罗帕酮 Propafenone	片剂：50mg、100mg 注射液：10ml∶35mg	
116	普鲁卡因胺 Procainamide	注射液：1ml∶0.1g	
117	普萘洛尔 Propranolol	片剂：10mg	
118	阿替洛尔 Atenolol	片剂：12.5mg、25mg、50mg	
119	美托洛尔 Metoprolol	（酒石酸盐）片剂：25mg、50mg （酒石酸盐）注射液：5ml∶5mg	
120	胺碘酮 Amiodarone	片剂：0.2g 注射液：2ml∶0.15g	
121	维拉帕米 Verapamil	片剂：40mg 注射液：2ml∶5mg	
（三）抗心力衰竭药			
122	地高辛 Digoxin	片剂：0.25mg	△
123	去乙酰毛花苷 Deslanoside	注射液：2ml∶0.4mg	
（四）抗高血压药			
124	卡托普利 Captopril	片剂：12.5mg、25mg	
125	依那普利 Enalapril	片剂：5mg、10mg	注释4
126	缬沙坦 Valsartan	胶囊：80mg	
127	硝普钠 Sodium Nitroprusside	注射用无菌粉末：50mg	
128	硫酸镁 Magnesium Sulfate	注射液：10ml∶1.0g，10ml∶2.5g	
129	尼群地平 Nitrendipine	片剂：10mg	
*(112)	硝苯地平 Nifedipine	片剂：5mg、10mg 缓释片：20mg、30mg	
130	氨氯地平 Amlodipine	（苯磺酸盐、马来酸盐）片剂：5mg	

续　表

序号	品种名称	剂型、规格	备注
131	比索洛尔 Bisoprolol	片剂、胶囊：2.5mg、5mg	
132	吲达帕胺 Indapamide	片剂：2.5mg 缓释片：1.5mg	
133	酚妥拉明 Phentolamine	注射液：1ml∶10mg 注射用无菌粉末：10mg	
134	复方利血平 Compound Reserpine	片剂	
135	复方利血平氨苯蝶啶 Compound Hypoensive	片剂	
136	哌唑嗪 Prazosin	片剂：1mg、2mg	
（五）抗休克药			
137	肾上腺素 Adrenaline	注射液：1ml∶1mg	
138	去甲肾上腺素 Noradrenaline	注射液：1ml∶2mg、2ml∶10mg	
139	异丙肾上腺素 Isoprenaline	注射液：2ml∶1mg	
140	间羟胺 Metaraminol	注射液：1ml∶10mg、5ml∶50mg	
141	多巴胺 Dopamine	注射液：2ml∶20mg	
142	多巴酚丁胺 Dobutamine	注射液：2ml∶20mg	
（六）调脂及抗动脉粥样硬化药			
143	辛伐他汀 Simvastatin	片剂：10mg、20mg	

八、呼吸系统用药

序号	品种名称	剂型、规格	备注
（一）祛痰药			
144	溴己新 Bromhexine	片剂：8mg	
145	氨溴索 Ambroxol	片剂、胶囊、分散片：30mg 口服溶液剂：100ml∶0.3g	

续 表

序号	品种名称	剂型、规格	备注
（二）镇咳药			
146	复方甘草 Compound Liquorice	片剂、口服溶液剂	
147	喷托维林 Pentoxyverine	片剂：25mg	
148	可待因 Codeine	片剂：15mg、30mg	△
（三）平喘药			
149	氨茶碱 Aminophylline	片剂：0.1g、0.2g 缓释片：0.1g 注射液：2ml:0.25g、2ml:0.5g	
150	茶碱 Theophylline	缓释片：0.1g	
151	沙丁胺醇 Salbutamol	气雾剂：200 揿：每揿 100μg、200 揿：每揿 140μg 雾化溶液剂	
152	丙酸倍氯米松 Beclometasone Dipropionate	气雾剂：200 揿：每揿 50μg	
153	异丙托溴铵 Ipratropium Bromide	气雾剂：14g:8.4mg（每揿 40μg）	

九、消化系统用药

序号	品种名称	剂型、规格	备注
（一）抗酸药及抗溃疡病药			
154	复方氢氧化铝 Compound Aluminium Hydroxide	片剂	
155	雷尼替丁 Ranitidine	片剂、胶囊：0.15g 注射液：2ml:50mg	
156	法莫替丁 Famotidine	片剂、胶囊：20mg 注射液：2ml:20mg 注射用无菌粉末：20mg	
157	奥美拉唑 Omeprazole	肠溶（片剂、胶囊）：10mg、20mg 注射用无菌粉末：40mg	
158	枸橼酸铋钾 Bismuth Potassium Citrate	片剂、胶囊：0.3g（含 0.11g 铋） 颗粒剂：每袋含 0.11g 铋	
159	胶体果胶铋 Colloidal Bismuth Pectin	胶囊：50mg（以铋计）	

续　表

序号	品种名称	剂型、规格	备注
（二）助消化药			
160	乳酶生 Lactasin	片剂：0. 15g、0. 3g	
（三）胃肠解痉药及胃动力药			
161	颠茄 Belladonna	片剂：每片含颠茄浸膏 10mg	
162	山莨菪碱 Anisodamine	片剂：5mg、10mg 注射液：1ml∶2mg、1ml∶10mg	
163	阿托品 Atropine	片剂：0. 3mg 注射液：1ml∶0. 5mg、1ml∶1mg、1ml∶5mg	
164	多潘立酮 Domperidone	片剂：10mg	
165	甲氧氯普胺 Metoclopramide	片剂：5mg 注射液：1ml∶10mg	
（四）泻药及止泻药			
166	开塞露（含甘油、山梨醇） Glycerine Enema or Sorbitol Enema	灌肠剂	
167	酚酞 Phenolphthalein	片剂：50mg、100mg	
168	蒙脱石 Smectite	散剂：3g	
169	复方地芬诺酯 Compound Piphenoxylate	片剂：盐酸地芬诺酯 2. 5mg，硫酸阿托品 25μg	
170	聚乙二醇 Macrogol	散剂	
（五）肝病辅助治疗药			
171	联苯双酯 Bifendate	滴丸剂：1. 5mg 片剂：25mg	
172	精氨酸 Arginine	注射液：20ml∶5g	
（六）微生态制剂			
173	地衣芽孢杆菌活菌 Live Bacillus Licheniformis	胶囊：0. 25g 颗粒剂：0. 5g	

续 表

序号	品种名称	剂型、规格	备注
174	双歧杆菌三联活菌 Live Combined Bifidobacterrium, Lactobacillus and Enterococcus	胶囊、肠溶胶囊：0.21g	
	（七）利胆药		
175	熊去氧胆酸 Ursodeoxycholic Acid	片剂：50mg	
	（八）治疗炎性肠病药		
176	小檗碱（黄连素） Berberine	片剂：50mg、100mg	
177	柳氮磺吡啶 Sulfasalazine	肠溶片：0.25g 栓剂：0.5g	

十、泌尿系统用药

序号	品种名称	剂型、规格	备注
	（一）利尿药		
178	呋塞米 Furosemide	片剂：20mg 注射液：2ml∶20mg	
179	氢氯噻嗪 Hydrochlorothiazide	片剂：10mg、25mg	
180	螺内酯 Spironolactone	片剂：4mg、12mg、20mg	
181	氨苯蝶啶 Triamterene	片剂：50mg	
	（二）良性前列腺增生用药		
182	坦洛新（坦索罗辛） Tamsulosin	缓释胶囊：0.2mg	
183	特拉唑嗪 Terazosin	片剂：2mg	
	（三）透析用药		
184	腹膜透析液 Peritoneal Dialysis Solution	（乳酸盐）注射液（腹腔用药）	

十一、血液系统用药

序号	品种名称	剂型、规格	备注
	（一）抗贫血药		
185	硫酸亚铁 Ferrous Sulfate	片剂：0.3g 缓释片：0.45g	

续　表

序号	品种名称	剂型、规格	备注
186	右旋糖酐铁 Iron dextran	注射液：2ml∶50mg、2ml∶100mg	
187	琥珀酸亚铁 Ferrous Succinate	片剂：0.1g	
188	维生素 B_{12} Vitamin B_{12}	注射液：1ml∶0.25mg、1ml∶0.5mg	
189	叶酸 Folic Acid	片剂：0.4mg、5mg	
190	腺苷钴胺 Cobamamide	片剂：0.25mg	
		（二）抗血小板药	
*(64)	阿司匹林 Aspirin	肠溶片：25mg、50mg、0.1g、0.3g	
191	双嘧达莫 Dipyridamole	片剂：25mg	
192	氯吡格雷 Clopidogrel	片剂：25mg、75mg	
		（三）促凝血药	
193	凝血酶 Thrombin	冻干粉：500 单位、2 000 单位	
194	维生素 K_1 Vitamin K_1	注射液：1ml∶10mg	
195	甲萘氢醌 Menadiol	片剂：2mg、4mg	
196	氨甲苯酸 Aminomethylbenzoic Acid	注射液：10ml∶0.1g、5ml∶50mg	
197	氨甲环酸 Tranexamic Acid	注射液：5ml∶0.25g、5ml∶0.5g	
198	鱼精蛋白 Protamine	注射液：5ml∶50mg、10ml∶0.1g	
199	血友病用药	注射用无菌粉末	注释 5△
		（四）抗凝血药及溶栓药	
200	肝素 Heparin	（钙）注射液：1ml∶5 000 单位、1ml∶10 000 单位 （钠）注射液：2ml∶5 000 单位、2ml∶12 500 单位	
201	低分子量肝素 Low Molecular Heparin	注射液	

续 表

序号	品种名称	剂型、规格	备注
202	华法林 Warfarin	片剂	△
203	尿激酶 Urokinase	注射用无菌粉末：25 万单位	△
（五）血容量扩充剂			
204	右旋糖酐（40，70） Dextran（40，70）	氯化钠注射液（40）、葡萄糖注射液（40）：500ml: 30g 氯化钠注射液（70）、葡萄糖注射液（70）：500ml: 30g	
205	羟乙基淀粉 130/0. 4 Hydroxyethyl Starch 130/0. 4	氯化钠注射液：250ml: 15g、500ml: 30g	

十二、激素及影响内分泌药

序号	品种名称	剂型、规格	备注
（一）下丘脑垂体激素及其类似物			
206	绒促性素 Chorionic Gonadotrophin	注射用无菌粉末：500 单位、1 000 单位、2 000 单位、5 000 单位	
207	去氨加压素 Desmopressin	片剂：0. 1mg、0. 2mg 注射液：1ml: 4μg、1ml: 15μg	
（二）肾上腺皮质激素类药			
208	氢化可的松 Hydrocortisone	片剂：10mg、20mg 注射液：2ml: 10mg、5ml: 25mg、20ml: 100mg （琥珀酸钠）注射用无菌粉末：50mg、100mg	
209	泼尼松 Prednisone	片剂：5mg	
210	地塞米松 Dexamethasone	片剂：0. 75mg 注射液：1ml: 2mg、1ml: 5mg	
（三）胰岛素及口服降血糖药			
211	胰岛素 Insulin	动物源胰岛素注射液（短效、中效、长效和预混）：400 单位 重组人胰岛素注射液（短效、中效和预混 30R）：300 单位、400 单位	
212	二甲双胍 Metformin	片剂、胶囊、肠溶（片剂、胶囊）：0. 25g、0. 5g	
213	格列本脲 Glibenclamide	片剂：2. 5mg	
214	格列吡嗪 Glipizide	片剂、胶囊：5mg	
215	格列美脲 Glimepiride	片剂：1mg、2mg	

续　表

序号	品种名称	剂型、规格	备注
216	阿卡波糖 Acarbose	片剂、胶囊：50mg	
（四）甲状腺激素及抗甲状腺药			
217	甲状腺片 Thyroid Tablets	片剂：40mg	
218	左甲状腺素钠 Levothyroxine Sodium	片剂：50μg	
219	甲巯咪唑 Thiamazole	片剂：5mg	
220	丙硫氧嘧啶 Propylthiouracil	片剂：50mg、100mg	
（五）雄激素及同化激素			
221	丙酸睾酮 Testosterone Propionate	注射液：1ml∶25mg	
222	甲睾酮 Methyltestosterone	片剂：5mg	
223	苯丙酸诺龙 Nandrolone Phenylpropionate	注射液：1ml∶10mg、1ml∶25mg	
（六）雌激素、孕激素及抗孕激素			
224	黄体酮 Progesterone	注射液：1ml∶10mg、1ml∶20mg	
225	甲羟孕酮 Medroxyprogesterone	片剂：2mg、4mg 片剂、胶囊：0.1g、0.25g	△
226	己烯雌酚 Diethylstilbestrol	片剂：0.5mg、1mg、2mg	
227	尼尔雌醇 Nilestriol	片剂：1mg、2mg、5mg	
（七）钙代谢调节药及抗骨质疏松药			
228	阿法骨化醇 Alfacalcidol	片剂、胶囊、软胶囊：0.25μg、0.5μg	
229	维生素 D_2 Vitamin D_2	软胶囊：5 000 单位、10 000 单位 注射液：1ml∶5mg（20 万单位）、1ml∶10mg（40 万单位）	

十三、抗变态反应药

序号	品种名称	剂型、规格	备注
230	氯苯那敏 Chlorphenamine	片剂：4mg	

续 表

序号	品种名称	剂型、规格	备注
231	苯海拉明 Diphenhydramine	片剂：25mg 注射液：1ml∶20mg	
232	赛庚啶 Cyproheptadine	片剂：2mg	
233	异丙嗪 Promethazine	片剂：12.5mg、25mg 注射液：1ml∶25mg、2ml∶50mg	
234	氯雷他定 Loratadine	片剂、胶囊：5mg、10mg	

十四、免疫系统用药

序号	品种名称	剂型、规格	备注
235	雷公藤多苷 Tripterysium Glycosides	片剂：10mg	
236	硫唑嘌呤 Azathioprine	片剂：50mg、100mg	
237	环孢素 Ciclosporin	胶囊、软胶囊、口服溶液剂	△

十五、抗肿瘤药

序号	品种名称	剂型、规格	备注
（一）烷化剂			
238	司莫司汀 Semustine	胶囊：10mg、50mg	△
239	环磷酰胺 Cyclophosphamide	片剂：50mg 注射用无菌粉末：100mg、200mg、500mg	△
240	白消安 Busulfan	片剂：0.5mg、2mg	△
（二）抗代谢药			
241	甲氨蝶呤 Methotrexate	片剂：2.5mg 注射用无菌粉末：5mg、100mg	△
242	巯嘌呤 Mercaptopurine	片剂：25mg、50mg	△
243	阿糖胞苷 Cytarabine	注射用无菌粉末：50mg、100mg	△
244	羟基脲 Hydroxycarbamide	片剂：0.5g	△

续 表

序号	品种名称	剂型、规格	备注
245	氟尿嘧啶 Fluorouracil	注射液：10ml∶0.25g	△
（三）抗肿瘤抗生素			
246	丝裂霉素 Mitomycin	注射用无菌粉末：2mg、10mg	△
247	依托泊苷 Etoposide	注射液：2ml∶40mg、5ml∶100mg	△
248	多柔比星 Doxorubicin	注射用无菌粉末：10mg	△
249	柔红霉素 Daunorubicin	注射用无菌粉末：20mg	△
（四）抗肿瘤植物成分药			
250	长春新碱 Vincristine	注射用无菌粉末：1mg	△
251	紫杉醇 Paclitaxel	注射液：5ml∶30mg、10ml∶60mg	△
252	高三尖杉酯碱 Homoharringtonine	注射液：1ml∶1mg、2ml∶2mg	△
（五）其他抗肿瘤药			
253	顺铂 Cisplatin	注射液：2ml∶10mg、6ml∶30mg 注射用无菌粉末：10mg、20mg、30mg	△
254	奥沙利铂 Oxaliplatin	注射用无菌粉末：50mg、100mg	△
255	卡铂 Carboplatin	注射用无菌粉末：50mg、100mg	△
256	亚砷酸（三氧化二砷） Arsenious Acid（Arsenic Trioxide）	注射液：5ml∶5mg、10ml∶10mg 注射用无菌粉末：5mg、10mg	△
257	替加氟 Tegafur	片剂、胶囊：50mg、100mg、200mg	△
258	门冬酰胺酶 Asparaginase	注射用无菌粉末：5 000 单位、10 000 单位	△
259	亚叶酸钙 Calcium Folinate	注射液：10ml∶100mg 注射用无菌粉末：25mg、50mg、100mg	△
260	维 A 酸 Tretinoin	片剂：10mg	△

续　表

序号	品种名称	剂型、规格	备注
（六）抗肿瘤激素类			
261	他莫昔芬 Tamoxifen	片剂：10mg	△
（七）抗肿瘤辅助药			
262	美司钠 Mesna	注射液：2ml∶0.2g、4ml∶0.4g	△
263	昂丹司琼 Ondansetron	片剂：4mg、8mg	

十六、维生素、矿物质类药

序号	品种名称	剂型、规格	备注
（一）维生素			
264	维生素 B_1 Vitamin B_1	注射液：2ml∶50mg、2ml∶100mg	
265	维生素 B_2 Vitamin B_2	片剂：5mg、10mg	
266	维生素 B_6 Vitamin B_6	片剂：10mg 注射液：1ml∶50mg、2ml∶0.1g	
267	维生素 C Vitamin C	注射液：2ml∶0.5g、5ml∶1g	
（二）矿物质			
268	葡萄糖酸钙 Calcium Gluconate	片剂：0.5g 注射液：10ml∶1g	
（三）肠外营养药			
269	复方氨基酸 18AA Compound Amino Acid 18AA	注射液：250ml：12.5g（总氨基酸） 小儿复方氨基酸注射液（18AA－Ⅰ）：20ml∶1.348g（总氨基酸）	

十七、调节水、电解质及酸碱平衡药

序号	品种名称	剂型、规格	备注
（一）水、电解质平衡调节药			
270	口服补液盐 Oral Rehydration Salts	散剂（Ⅰ、Ⅱ、Ⅲ）	
271	氯化钠 Sodium Chloride	注射液：0.9%、10%（10ml、50ml、100ml、250ml、500ml、1 000ml）	
272	葡萄糖氯化钠 Glucose and Sodium Chloride	注射液：100ml、250ml、500ml	

续　表

序号	品种名称	剂型、规格	备注
273	复方氯化钠 Compound Sodium Chloride	注射液：250ml、500ml	
274	氯化钾 Potassium Chloride	缓释片：0.5g 注射液：10ml: 1.5g 颗粒剂	
		（二）酸碱平衡调节药	
275	乳酸钠林格 Sodium Lactate Ringer's	注射液：500ml	
276	碳酸氢钠 Sodium Bicarbonate	片剂：0.3g、0.5g 注射液：10ml: 0.5g、250ml: 12.5g	
		（三）其他	
277	葡萄糖 Glucose	注射液：5%、10%、25%、50%（20ml、100ml、250ml、500ml、1 000ml）	

十八、解毒药

序号	品种名称	剂型、规格	备注
		（一）氰化物中毒解毒药	
278	硫代硫酸钠 Sodium Thiosulfate	注射液：10ml: 0.5g、20ml: 1.0g、20ml: 10g 注射用无菌粉末：0.32g、0.64g	
		（二）有机磷酸酯类中毒解毒药	
279	氯解磷定 Pralidoxime Chloride	注射液：2ml: 0.25g、2ml: 0.5g	
280	碘解磷定 Pralidoxime Iodide	注射液：20ml: 0.5g	
		（三）亚硝酸盐中毒解毒药	
281	亚甲蓝 Methylthioninium Chloride	注射液：2ml: 20mg、5ml: 50mg、10ml: 100mg	
		（四）阿片类中毒解毒药	
282	纳洛酮 Naloxone	注射液：1ml: 0.4mg、1ml: 1mg、2ml: 2mg 注射用无菌粉末：0.4mg、1.0mg、2.0mg	
		（五）鼠药解毒药	
283	乙酰胺 Acetamide	注射液：2ml: 1.0g、5ml: 2.5g、10ml: 5.0g	
		（六）其他	
284	氟马西尼 Flumazenil	注射液：2ml: 0.2mg、5ml: 0.5mg、10ml: 1.0mg	

十九、生物制品

序号	品种名称	剂型、规格	备注
285	破伤风抗毒素 Tetanus Antitoxin	注射液、注射用无菌粉末：1 500IU、10 000IU	
286	抗狂犬病血清 Rabies Antiserum	注射液：400IU、700IU、1 000IU	
287	抗蛇毒血清 Snake Antivenin	注射液、注射用无菌粉末	注释6
288	国家免疫规划用疫苗		注释7

二十、诊断用药

序号	品种名称	剂型、规格	备注
		（一）造影剂	
289	泛影葡胺 Maglumine Diatrizoate	注射液：1ml: 0. 3g、20ml: 12g	
290	硫酸钡 Barium Sulfate	干混悬剂（Ⅰ型、Ⅱ型）	
291	碘化油 Iodinated Oil	注射液：10ml	
292	碘海醇 Iohexol	注射液：20ml: 6g（I）、50ml: 15g（I）、100ml: 30g（I）	
		（二）其他	
293	结核菌素纯蛋白衍生物 Purified Protein Derivative of Tuberculin	注射液	

二十一、皮肤科用药

序号	品种名称	剂型、规格	备注
		（一）抗感染药	
*(17)	红霉素 Erythromycin	软膏剂：1%	
*(41)	阿昔洛韦 Aciclovir	乳膏剂：3%	
294	磺胺嘧啶银 Sulfadiazine Silver	乳膏剂：1%	
295	咪康唑 Miconazole	乳膏剂：2%	
		（二）角质溶解药	
296	尿素 Urea	软膏剂、乳膏剂：10%、20%	

续　表

序号	品种名称	剂型、规格	备注
297	鱼石脂 Ichthammol	软膏剂：10%	
298	水杨酸 Salicylic Acid	软膏剂：2%、5%	
		（三）肾上腺皮质激素类药	
*(208)	氢化可的松 Hydrocortisone	（含醋酸酯）乳膏剂：1% （丁酸酯）乳膏剂：0.1%	
299	氟轻松 Fluocinonide	软膏剂、乳膏剂：0.025%	
		（四）其他	
300	炉甘石 Calamine	洗剂	
*(260)	维A酸 Tretinoin	乳膏剂：0.025%、0.05%、0.1%	
301	依沙吖啶 Ethacridine	外用溶液剂：0.1%	

二十二、眼科用药

序号	品种名称	剂型、规格	备注
		（一）抗感染药	
302	氯霉素 Chloramphenicol	滴眼剂：8ml: 20mg	
*(27)	左氧氟沙星 Levofloxacin	滴眼剂：0.3%（5ml、8ml）	
*(17)	红霉素 Erythromycin	眼膏剂：0.5%	
*(41)	阿昔洛韦 Aciclovir	滴眼剂：8ml: 8mg	
*(32)	利福平 Rifampicin	滴眼剂：10ml: 5mg、10ml: 10mg	
		（二）青光眼用药	
303	毛果芸香碱 Pilocarpine	注射液：1ml: 2mg 滴眼剂	
304	噻吗洛尔 Timolol	滴眼剂：5ml: 12.5mg、5ml: 25mg	
305	乙酰唑胺 Acetazolamide	片剂：0.25g	
		（三）其他	
*(163)	阿托品 Atropine	眼膏剂：1%	
306	可的松 Cortisone	眼膏剂：0.25%、0.5%、1% 滴眼剂：3ml: 15mg	

二十三、耳鼻喉科用药

序号	品种名称	剂型、规格	备注
307	麻黄碱 Ephedrine	滴鼻剂：1%	
308	氧氟沙星 Ofloxacin	滴耳剂：5ml∶15mg	
309	地芬尼多 Difenidol	片剂：25mg	
310	鱼肝油酸钠 Sodium Morrhuate	注射液：2ml∶0.1g	

二十四、妇产科用药

序号	品种名称	剂型、规格	备注
		（一）子宫收缩药	
311	缩宫素 Oxytocin	注射液：1ml∶5 单位、1ml∶10 单位	
312	麦角新碱 Ergometrine	注射液：1ml∶0.2mg、1ml∶0.5mg	
313	垂体后叶注射液 Posterior Pituitary Injection	注射液：0.5ml∶3 单位、1ml∶6 单位	
314	米非司酮 Mifepristone	片剂：10mg、25mg、200mg	
315	米索前列醇 Misoprostol	片剂：200μg	
*(301)	依沙吖啶 Ethacridine	注射液：2ml∶50mg	
		（二）其他	
*(295)	咪康唑 Miconazole	栓剂：0.2g、0.4g 阴道软胶囊：0.4g	
*(28)	甲硝唑 Metronidazole	栓剂：0.5g 阴道泡腾片：0.2g	
316	克霉唑 Clotrimazole	栓剂：0.15g 阴道片：0.5g	

二十五、计划生育用药

序号	品种名称	剂型、规格	备注
317	避孕药		注释 8

第二部分　中成药

一、内科用药

序号	功能	药品名称	剂型、规格	备注
（一）解表剂				
1	辛温解表	九味羌活丸（颗粒）	丸剂：每丸重9g，每袋装6g、9g，每10丸重1.8g 颗粒剂：每袋装5g、15g	
2		感冒清热颗粒（胶囊）	颗粒剂：每袋装3g、6g、12g 胶囊：每粒装0.45g	
3		正柴胡饮颗粒	颗粒剂：每袋装3g、10g	
4	辛凉解表	柴胡注射液	注射液：每支装2ml	
5		银翘解毒丸（颗粒、胶囊、软胶囊、片）	丸剂：每丸重3g、9g，每10丸重1.5g 颗粒剂：每袋装2.5g、15g 胶囊：每粒装0.4g 软胶囊：每粒装0.45g 片剂：每片重0.3g，素片每片重0.5g，薄膜衣片每片重0.52g	
6		芎菊上清丸（颗粒、片）	丸剂：每丸重9g，每袋装6g，每100粒重6g 颗粒剂：每袋装10g 片剂：糖衣片片芯重0.25g、0.3g	
7		牛黄清感胶囊	胶囊：每粒装0.3g	
8		小儿宝泰康颗粒	颗粒剂：每袋装2.6g、4g、8g	
9		祖卡木颗粒	颗粒剂：每袋装6g、12g	
10		小儿热速清口服液（颗粒）	合剂：每支装10ml 颗粒剂：每袋装2g、6g	
11	表里双解	防风通圣丸（颗粒）	丸剂：每丸重9g，每8丸相当于原药材6g，每20丸重1g 颗粒剂：每袋装3g	
12	扶正解表	玉屏风颗粒	颗粒剂：每袋装5g	
（二）泻下剂				
13	润肠通便	麻仁润肠丸（软胶囊）	丸剂：每丸重6g，每袋装6g，每10粒重1.6g 软胶囊：每粒装0.5g	
（三）清热剂				
14	清热泻火	黄连上清丸（颗粒、胶囊、片）	丸剂：每丸重6g，每40丸重3g，每袋装6g 颗粒剂：每袋装2g 胶囊：每粒装0.3g 片剂：薄膜衣片每片重0.31g，糖衣片片芯重0.3g	

续 表

序号	功能	药品名称	剂型、规格	备注
15		牛黄解毒丸（胶囊、软胶囊、片）	丸剂：每丸重 3g，每 100 丸重 5g，每袋装 4g 胶囊：每粒装 0.3g 软胶囊：每粒装 0.4g 片剂：每片重 0.25g、0.3g	
16		牛黄上清丸（胶囊、片）	丸剂：每丸重 6g，每 16 粒重 3g，每 100 粒重 10g 胶囊：每粒装 0.3g 片剂：糖衣基片重 0.25g，薄膜衣片每片重 0.265g，每片重 0.3g	
17		一清颗粒（胶囊）	颗粒剂：每袋装 5g、7.5g 胶囊：每粒装 0.5g	
18	清热解毒	板蓝根颗粒	颗粒剂：每袋装 3g（相当于饮片 7g）、5g（相当于饮片 7g）、10g（相当于饮片 14g）	
19		疏风解毒胶囊	胶囊：每粒装 0.52g	
20		清热解毒颗粒	颗粒剂：每袋装 5g、9g、18g	
21		小儿化毒散（胶囊）	散剂：每瓶（袋）装 0.6g，每袋装 3g 胶囊：每粒装 0.3g	
22	清热祛暑	保济丸（口服液）	丸剂：每瓶装 1.85g、3.7g 合剂：每瓶装 10ml	
23		藿香正气水（口服液、软胶囊）	酊剂：每支装 10ml 合剂：每支装 10ml 软胶囊：每粒装 0.45g	
24		十滴水	酊剂：每瓶（支）装 5ml、10ml、100ml、500ml	
25	清脏腑热	双黄连合剂（口服液、颗粒、胶囊、片）	合剂：每瓶装 100ml、200ml，每支装 10ml、20ml 颗粒剂：每袋装 5g（相当于净饮片 15g），每袋装 5g（相当于净饮片 30g） 胶囊：每粒装 0.4g 片剂：每片重 0.53g	
26		银黄口服液（颗粒、胶囊、片）	合剂：每支装 10ml 颗粒剂：每袋装 2g、4g 胶囊：每粒装 0.3g 片剂：每片重 0.25g	
27		茵栀黄口服液（颗粒）	合剂：每支装 10ml（含黄芩苷 0.4g） 颗粒剂：每袋装 3g	
28		复方黄连素片	片剂：每片含盐酸小檗碱 30mg	
29		连花清瘟胶囊（颗粒）	胶囊：每粒装 0.35g 颗粒剂：每袋装 6g	
30		小儿泻速停颗粒	颗粒剂：每袋装 3g、5g、10g	
31		香连丸	丸剂：每 6 丸相当于原生药 3g，每 10 丸重 1.5g，每 12 丸重约 1g，每 20 粒重 1g，每 40 丸重约 3g，每 100 粒重 3g	

续 表

序号	功能	药品名称	剂型、规格	备注
（四）温里剂				
32	温中散寒	附子理中丸（片）	丸剂：每丸重9g，每8丸相当于原生药3g，每袋装6g 片剂：基片重0.25g	
33		香砂养胃丸（颗粒、片）	丸剂：每8丸相当于原药材3g，每袋装9g 颗粒剂：每袋装5g 片剂：每片重0.6g	
34		香砂平胃丸（颗粒）	丸剂：每袋（瓶）装6g 颗粒剂：每袋装5g、10g	
35		理中丸	丸剂：每丸重9g，每8丸相当于原药材3g	
36	益气复脉	参麦注射液	注射液：每支装10ml、20ml，每瓶装50ml、100ml	
37		生脉饮（颗粒、胶囊、注射液）	合剂：每支装10ml 颗粒剂：每袋装2g、10g 胶囊：每粒装0.3g、0.35g 注射液：每支装10ml、20ml	
38		稳心颗粒	颗粒剂：每袋装5g、9g	
（五）化痰、止咳、平喘剂				
39	温化寒痰	通宣理肺丸（颗粒、胶囊、片）	丸剂：每丸重6g，每100丸重10g，每8丸相当于原药材3g 颗粒剂：每袋装3g、9g 胶囊：每粒装0.36g 片剂：每片重0.3g	
40		寒喘祖帕颗粒	颗粒剂：每袋装6g、10g、12g	
41	清热化痰	蛇胆川贝液	糖浆剂、合剂：每支装10ml	
42		橘红丸（颗粒、胶囊、片）	丸剂：每丸重3g、6g，每100丸重10g 颗粒剂：每袋装11g 胶囊：每粒装0.5g 片剂：每片重0.3g、0.6g	
43		急支糖浆（颗粒）	糖浆剂：每瓶装100ml、200ml 颗粒剂：每袋装4g	
44	润肺化痰	养阴清肺丸（膏、颗粒）	丸剂：每丸重9g，每100粒重10g 煎膏剂：每瓶装50g、150g，每瓶装80ml、100ml 颗粒剂：每袋装6g、15g	
45		二母宁嗽丸（颗粒、片）	丸剂：每丸重9g，每100丸重10g 颗粒剂：每袋装3g、10g 片剂：每片重0.55g	
46		润肺膏	煎膏剂：每瓶装250g	
47		强力枇杷露	糖浆剂：每瓶装100ml、150ml、250ml、330ml	
48	消积化痰	小儿消积止咳口服液	合剂：每支装10ml	
49	疏风清热	清宣止咳颗粒	颗粒剂：每袋装10g	

续 表

序号	功能	药品名称	剂型、规格	备注
50	健脾止咳	小儿肺咳颗粒	颗粒剂：每袋装 2g、3g、6g	
51	平喘剂	蛤蚧定喘丸（胶囊）	丸剂：每丸重 9g，每 60 丸重 9g 胶囊：每粒装 0.5g	
52		桂龙咳喘宁胶囊（片）	胶囊：每粒装 0.3g（相当于饮片 1g） 片剂	
（六）开窍剂				
53	清热开窍	安宫牛黄丸	丸剂：每丸重 1.5g、3g	注释 1
54		清开灵颗粒（胶囊、片、注射液）	颗粒剂：每袋装 3g（含黄芩苷 20mg） 胶囊：每粒装 0.25g（含黄芩苷 10mg） 片剂：每片重 0.5g（含黄芩苷 20mg） 注射液：每支装 2ml、10ml	
55		安脑丸（片）	丸剂：每丸重 3g，每 11 丸重 3g 片剂：薄膜衣片每片重 0.5g	
56	化痰开窍	苏合香丸	丸剂：每丸重 2.4g、3g	
57		礞石滚痰丸	丸剂：每袋（瓶）装 6g	
（七）扶正剂				
58	健脾益气	补中益气丸（颗粒）	丸剂：每丸重 9g，每 8 丸相当于原生药 3g，每袋装 6g 颗粒剂：每袋装 3g	
59		参苓白术散（丸、颗粒）	散剂：每袋装 3g、6g、9g 丸剂：每 100 粒重 6g 颗粒剂：每袋装 6g	
60		健儿消食口服液	合剂：每支装 10ml	
61		醒脾养儿颗粒	颗粒剂：每袋装 2g	
62	健脾和胃	香砂六君丸	丸剂：每 8 丸相当于原生药 3g，每袋装 6g、9g，每 100 粒重 6g	
63		安胃疡胶囊	胶囊：每粒含黄酮类化合物 0.2g	
64	健脾养血	归脾丸（合剂）	丸剂：每丸重 9g，每 8 丸相当于原生药 3g，每袋装 6g、9g，每瓶装 60g、120g 合剂：每支装 10ml，每瓶装 100ml	
65		健脾生血颗粒（片）	颗粒剂：每袋装 5g 片剂：每片重 0.6g	
66	滋阴补肾	六味地黄丸（颗粒、胶囊）	丸剂：每丸重 9g，每 8 丸重 1.44g（每 8 丸相当于饮片 3g），每袋装 6g、9g，每瓶装 60g、120g 颗粒剂：每袋装 5g 胶囊：每粒装 0.3g、0.5g	
67	滋阴降火	知柏地黄丸	丸剂：每丸重 9g，每 10 丸重 1.7g，每袋装 6g、9g，每瓶装 60g，每 8 丸相当于原生药 3g	

续　表

序号	功能	药品名称	剂型、规格	备注
68	滋肾养肝	杞菊地黄丸（胶囊、片）	丸剂：每丸重 9g，每 8 丸相当于原药材 3g，每袋装 6g、9g，每瓶装 60g、120g 胶囊：每粒装 0.3g 片剂：片芯重 0.3g	
69		生血宝合剂（颗粒）	合剂：每瓶装 100ml 颗粒剂：每袋装 4g、8g	
70	温补肾阳	金匮肾气丸（片）	丸剂：每丸重 6g，每 100 粒重 20g 片剂：每片重 0.27g	
71		四神丸（片）	丸剂：每袋装 9g 片剂：每片重 0.3g、0.6g	
72		济生肾气丸	丸剂：每丸重 9g，每袋装 6g	
73	气血双补	八珍丸（颗粒、胶囊）	丸剂：每丸重 9g，每 8 丸相当于原生药 3g，每袋装 6g，每瓶装 60g 颗粒剂：每袋装 3.5g、8g 胶囊：每粒装 0.4g	
74	益气养阴	消渴丸	丸剂：每 10 丸重 2.5g（含格列本脲 2.5mg）	
75		贞芪扶正颗粒（胶囊）	颗粒剂：每袋装 5g、15g 胶囊：每粒装 0.35g（相当于原药材 3.125g），每 6 粒相当于原生药 12.5g	
76		参芪降糖颗粒（胶囊、片）	颗粒剂：每袋装 3g 胶囊：每粒装 0.35g 片剂：每片重 0.35g	
（八）安神剂				
77	养心安神	天王补心丸（片）	丸剂：每丸重 9g，每 8 丸相当于原生药 3g，每袋装 6g、9g，每瓶装 60g、120g 片剂：每片重 0.5g	
78		柏子养心丸	丸剂：每丸重 9g，每袋装 6g、9g，每瓶装 60g、120g	
79		枣仁安神颗粒（胶囊）	颗粒剂：每袋装 5g 胶囊：每粒装 0.45g	
（九）止血剂				
80	凉血止血	槐角丸	丸剂：每丸重 9g，每袋装 6g、9g	
（十）祛瘀剂				
81	活血祛瘀	血栓通胶囊（注射液）、注射用血栓通（冻干）	胶囊：每粒装 0.18g（含三七总皂苷 100mg） 注射液：每支装 2ml: 70mg（三七总皂苷），每支装 5ml: 175mg（三七总皂苷） 注射用无菌粉末：每瓶（支）装 100mg、150mg、250mg	

续 表

序号	功能	药品名称	剂型、规格	备注
82		血塞通胶囊（注射液）、注射用血塞通（冻干）	胶囊：50mg、100mg 注射液：每支装2ml∶100mg，每支装5ml∶250mg，每支装10ml∶250mg 注射用无菌粉末：每支装 100mg、200mg、400mg	
83		丹参注射液	注射液：每支装2ml、10ml	
84		银杏叶胶囊（片、滴丸）	胶囊：每粒含总黄酮醇苷9.6mg、萜类内酯2.4mg，每粒含总黄酮醇苷19.2mg、萜类内酯4.8mg 片剂：每片含总黄酮醇苷9.6mg、萜类内酯2.4mg，每片含总黄酮醇苷19.2mg、萜类内酯4.8mg 滴丸剂：每丸重60mg，薄膜衣丸每丸重63mg	
85		银丹心脑通软胶囊	软胶囊：每粒装0.4g	
86	益气活血	麝香保心丸	丸剂：每丸重22.5mg	
87		脑心通丸（胶囊、片）	丸剂：每袋装0.8g 胶囊：每粒装0.4g 片剂：每片重0.45g	
88		诺迪康胶囊	胶囊：每粒装0.28g	
89		血栓心脉宁胶囊	胶囊：每粒装0.5g	
90		参松养心胶囊	胶囊：每粒装0.4g	
91		益心舒颗粒（胶囊、片）	颗粒剂：每袋装4g 胶囊：每粒装0.4g 片剂：每片重0.4g、0.6g	
92	化瘀宽胸	冠心苏合丸（胶囊、软胶囊）	丸剂：每丸重1g 胶囊：每粒装0.35g 软胶囊：每粒装0.31g、0.5g	
93		地奥心血康胶囊	胶囊：每粒含甾体总皂苷100mg（相当于甾体总皂苷元35mg）	
94	化瘀通脉	通心络胶囊	胶囊：每粒装0.26g	
95		灯盏花素片	片剂：每片含灯盏花素20mg	
96		脑安颗粒（胶囊、片、滴丸）	颗粒剂：每袋装1.2g 胶囊：每粒装0.4g 片剂：每片重0.53g 滴丸剂：每丸重50mg	
97		脉血康胶囊	胶囊：每粒装0.25g	
98	理气活血	血府逐瘀丸（口服液、胶囊）	丸剂：每丸重9g，每60粒重6g，每67丸约重1g，每100丸重20g 合剂：每支装10ml 胶囊：每粒装0.4g	

续　表

序号	功能	药品名称	剂型、规格	备注
99		复方丹参片（颗粒、胶囊、滴丸）	片剂：薄膜衣小片每片重 0.32g（相当于饮片 0.6g），薄膜衣大片每片重 0.8g（相当于饮片 1.8g），糖衣片（相当于饮片 0.6g） 颗粒剂：每袋装 1g 胶囊：每粒装 0.3g 滴丸剂：每丸重 25mg，薄膜衣滴丸每丸重 27mg	
100		速效救心丸	滴丸剂：每粒重 40mg	
101		心可舒胶囊（片）	胶囊：每粒装 0.3g 片剂：每片重 0.31g、0.62g	
102	滋阴活血	脉络宁注射液	注射液：每支装 10ml	
103	祛瘀解毒	平消胶囊（片）	胶囊：每粒装 0.23g 片剂：薄膜衣片每片重 0.24g，糖衣片片芯重 0.23g	
（十一）理气剂				
104	疏肝解郁	逍遥丸（颗粒）	丸剂：每丸重 9g，每袋装 6g、9g，每 8 丸相当于原生药 3g 颗粒剂：每袋装 4g、5g、6g、15g	
105		丹栀逍遥丸	丸剂：每袋装 6g	
106		护肝片（颗粒、胶囊）	片剂：糖衣片片芯重 0.35g，薄膜衣片每片重 0.36g、0.38g 颗粒剂：每袋装 1.5g、2g 胶囊：每粒装 0.35g	
107	疏肝和胃	气滞胃痛颗粒（片）	颗粒剂：每袋装 2.5g、5g 片剂：糖衣片片芯重 0.25g，薄膜衣片每片重 0.5g	
108		胃苏颗粒	颗粒剂：每袋装 5g、15g	
109		元胡止痛片（颗粒、胶囊、滴丸）	片剂：糖衣片片芯重 0.25g，薄膜衣片每片重 0.26g 颗粒剂：每袋装 5g 胶囊：每粒装 0.25g、0.45g 滴丸剂：每 10 丸重 0.5g	
110		三九胃泰颗粒（胶囊）	颗粒剂：每袋装 2.5g、10g、20g 胶囊：每粒装 0.5g	
111		加味左金丸	丸剂：每 100 丸重 6g	
（十二）消导剂				
112	消食导滞	保和丸（颗粒、片）	丸剂：每丸重 9g，每袋装 6g、9g，每 8 丸相当于原生药 3g 颗粒剂：每袋装 4.5g 片剂：每片重 0.26g、0.4g	

续 表

序号	功能	药品名称	剂型、规格	备注
113		六味安消散（胶囊）	散剂：每袋装 1.5g、18g 胶囊：每粒装 0.5g	
114		小儿化食丸（口服液）	丸剂：每丸重 1.5g 合剂：每支装 10ml	
（十三）治风剂				
115	疏散外风	川芎茶调丸（散、颗粒、片）	丸剂：每袋装 6g，每 8 丸相当于原药材 3g 散剂：每袋装 3g、6g 颗粒剂：每袋装 4g、7.8g 片剂：每片重 0.48g	
116	平肝息风	松龄血脉康胶囊	胶囊：每粒装 0.5g	
117		丹珍头痛胶囊	胶囊：每粒装 0.5g	
118	祛风化瘀	正天丸（胶囊）	丸剂：每袋装 6g 胶囊：每粒装 0.45g	
119	养血祛风	养血清脑丸（颗粒）	丸剂：每袋装 2.5g 颗粒剂：每袋装 4g	
120		消银颗粒（片）	颗粒剂：3.5g/袋 片剂：糖衣片片芯重 0.3g，薄膜衣片每片重 0.32g	
121		润燥止痒胶囊	胶囊：每粒装 0.5g	
122	祛风通络	华佗再造丸	丸剂	
123		小活络丸	丸剂：每丸重 3g，每 6 丸相当于原生药 2.3g	
124		复方风湿宁胶囊（片）	胶囊：每粒装 0.3g 片剂：基片重 0.2g，薄膜衣片每片重 0.21g、0.48g	
（十四）祛湿剂				
125	散寒除湿	风湿骨痛胶囊（片）	胶囊：每粒装 0.3g 片剂：每片重 0.36g、0.37g	
126		追风透骨丸	丸剂：每 10 丸重 1g	
127	消肿利水	五苓散（胶囊、片）	散剂：每袋装 6g、9g 胶囊：每粒装 0.45g 片剂：每片重 0.35g	
128		肾炎康复片	片剂：糖衣片片芯重 0.3g，薄膜衣片每片重 0.48g	
129		尿毒清颗粒	颗粒剂：每袋装 5g	
130	清热通淋	癃清片（胶囊）	片剂：每片重 0.6g 胶囊：每粒装 0.4g、0.5g	
131		三金片	片剂：每片相当于原药材 2.1g、3.5g	
132	化瘀通淋	癃闭舒胶囊	胶囊：每粒装 0.3g、0.45g	

续　表

序号	功能	药品名称	剂型、规格	备注
133	扶正祛湿	尪痹颗粒（胶囊、片）	颗粒剂：每袋装3g、6g 胶囊：每粒0.55g 片剂：每片重0.25g、0.5g	
134		风湿液	酒剂：每瓶装10ml、100ml、250ml	
135	益肾通淋	普乐安胶囊（片）	胶囊：每粒装0.375g 片剂：每片重0.57g（含油菜花粉0.5g）、0.64g（含油菜花粉0.5g）	
（十五）调脂剂				
136	化浊降脂	血脂康胶囊	胶囊：每粒装0.3g	
（十六）固涩剂				
137	补肾缩尿	缩泉丸（胶囊）	丸剂：每20粒重1g 胶囊：每粒装0.3g	

二、外科用药

序号	功能	药品名称	剂型、规格	备注
（一）清热剂				
138	清热利湿	消炎利胆片（颗粒、胶囊）	片剂：薄膜衣小片（0.26g，相当于饮片2.6g），薄膜衣大片（0.52g，相当于饮片5.2g），糖衣片（片芯重0.25g，相当于饮片2.6g） 颗粒剂：每袋装2.5g 胶囊：每粒装0.45g	
139	清热解毒	季德胜蛇药片	片剂：每片重0.4g	
140		连翘败毒丸（膏、片）	丸剂：每袋装9g，每100粒重6g 煎膏剂：每袋装15g，每瓶装60g、120g、180g 片剂：每片重0.6g	
141		如意金黄散	散剂：每袋（瓶）装3g、6g、9g、12g、30g	
142		地榆槐角丸	丸剂：每丸重9g，每100丸重10g	
143	通淋消石	排石颗粒	颗粒剂：每袋装5g、20g	
144	清热消肿	马应龙麝香痔疮膏	软膏剂	
145	软坚散结	内消瘰疬丸	丸剂：每10丸重1.85g，每100粒重6g，每瓶装9g	
（二）温经理气活血剂				
146	散结消肿	小金丸（胶囊、片）	丸剂：每10丸重6g，每100丸重3g、6g 胶囊：每粒装0.3g、0.35g 片剂：每片重0.36g	
（三）活血化瘀剂				
147	化瘀通脉	脉管复康片（胶囊）	片剂：每片重0.3g、0.6g 胶囊：每粒装0.45g	
148	消肿活血	京万红软膏	软膏剂：每支装10g、20g，每瓶装30g、50g	

三、妇科用药

序号	功能	药品名称	剂型、规格	备注
（一）理血剂				
149	活血化瘀	益母草膏（颗粒、胶囊、片）	煎膏剂：每瓶装125g、250g 颗粒剂：每袋装15g 胶囊：每粒装0.36g（每粒相当于原药材2.5g） 片剂：每片含盐酸水苏碱15mg	
150		少腹逐瘀丸（颗粒、胶囊）	丸剂：每丸重9g 颗粒剂：每袋装1.6g、5g 胶囊：0.45g/粒	
151	化瘀止血	茜芷胶囊	胶囊：每粒装0.4g	
152	收敛止血	葆宫止血颗粒	颗粒剂：每袋装15g	
153	养血舒肝	妇科十味片	片剂：每片重0.3g	
（二）清热剂				
154	清热除湿	妇科千金片（胶囊）	片剂 胶囊：每粒装0.4g	
155		花红片（颗粒、胶囊）	片剂：薄膜衣片每片重0.29g，糖衣片片芯重0.28g 颗粒剂：每袋装2.5g、10g 胶囊：每粒装0.25g	
156		宫炎平片（胶囊）	片剂：薄膜衣片每片重0.26g，糖衣片片芯重0.25g 胶囊：每粒装0.2g、0.25g、0.35g	
157	清热解毒	妇炎消胶囊	胶囊：每粒装0.45g	
158		金刚藤糖浆	糖浆剂：每瓶装150ml	
159	行气破瘀	保妇康栓	栓剂：每粒重1.74g	
（三）扶正剂				
160	养血理气	艾附暖宫丸	丸剂：每丸重9g，每袋装9g，每瓶装45g、72g，每45粒重9g，每100丸重4g、10g	
161	益气养血	乌鸡白凤丸（胶囊、片）	丸剂：每丸重9g，每袋装6g、9g，每10丸重1g 胶囊：每粒装0.3g 片剂：每片重0.5g	
162		八珍益母丸（胶囊）	丸剂：每丸重9g，每袋装6g、9g，每瓶装60g、120g 胶囊：每粒装0.28g	
163	滋阴安神	更年安片（胶囊）	片剂：薄膜衣片每片重0.31g，糖衣片片芯重0.3g 胶囊：每粒装0.3g	
164		坤泰胶囊	胶囊：每粒装0.5g	

续　表

序号	功能	药品名称	剂型、规格	备注
（四）散结剂				
165	消肿散结	乳癖消颗粒（胶囊、片）	颗粒剂：每袋装8g（相当于原药材6g） 胶囊：每粒装0.32g 片剂：薄膜衣片每片重0.34g、0.67g，糖衣片片芯重0.32g	
166	活血化瘀	桂枝茯苓丸（胶囊）	丸剂：每丸重6g，每100丸重10g，素丸每10丸重1.5g、2.2g 胶囊：每粒装0.31g	
167		乳块消颗粒（胶囊、片）	颗粒剂：每袋装5g、10g 胶囊：每粒装0.3g 片剂：薄膜衣片每片重0.36g	
168		宫瘤清胶囊（颗粒）	胶囊：每粒装0.37g 颗粒剂：每袋装4g	

四、眼科用药

序号	功能	药品名称	剂型、规格	备注
（一）清热剂				
169	清热散风	明目上清丸（片）	丸剂：每袋（瓶）装9g 片剂：素片每片重0.6g，薄膜衣片每片重0.63g	
170		明目蒺藜丸	丸剂：每20粒重1g	
171	泻火明目	黄连羊肝丸	丸剂：每丸重9g，每20丸重1g，每100丸重20g	
172		珍珠明目滴眼液	滴眼剂：每支装8ml、10ml、12ml、15ml	
（二）扶正剂				
173	滋阴养肝	明目地黄丸	丸剂：每丸重9g，每袋装6g、9g，每8丸相当于原生药3g	
174		障眼明片（胶囊）	片剂：糖衣片片芯重0.21g，薄膜衣片每片重0.21g、0.42g 胶囊：每粒装0.25g、0.4g	
175	益气养阴	复方血栓通胶囊（片）	胶囊：每粒装0.5g 片剂：每片重0.35g、0.4g	

五、耳鼻喉科用药

序号	功能	药品名称	剂型、规格	备注
（一）耳病				
176	滋肾平肝	耳聋左慈丸	丸剂：每丸重9g，每8丸相当于原生药3g，每100粒重10g	
177		通窍耳聋丸	丸剂：每100粒重6g	

续 表

序号	功能	药品名称	剂型、规格	备注
（二）鼻病				
178	宣肺通窍	鼻炎康片	片剂：每片重 0.37g（含马来酸氯苯那敏 1mg）	
179	清热通窍	藿胆丸（片、滴丸）	丸剂：每瓶装 36g，每 10 丸重 0.24g，每 195 粒约重 3g 片剂 滴丸剂：每丸重 50mg	
180	疏风清热	辛夷鼻炎丸	丸剂：每 10 丸重 0.75g	
181		香菊胶囊（片）	胶囊：每粒装 0.3g 片剂：素片每片重 0.3g，薄膜衣片每片重 0.32g	
182	扶正解表	辛芩颗粒	颗粒剂：每袋装 5g、20g	
（三）咽喉、口腔病				
183	化痰利咽	黄氏响声丸	丸剂：炭衣丸每丸重 0.1g、0.133g，糖衣丸每瓶装 400 丸	
184		清咽滴丸	滴丸剂：每丸重 20mg	
185	滋阴清热	口炎清颗粒	颗粒剂：每袋装 3g、10g	
186		玄麦甘桔颗粒（胶囊）	颗粒剂：每袋装 10g 胶囊：每粒装 0.35g	
187	清热凉血	口腔溃疡散	散剂：每瓶装 3g	
188	清热解毒	冰硼散	散剂：每瓶（支）装 0.6g、1.5g、2g、3g	

六、骨伤科用药

序号	功能	药品名称	剂型、规格	备注
189	接骨续筋	接骨七厘散（丸、片）	散剂：每袋装 1.5g 丸剂：每袋装 1.5g、2g 片剂：每片相当于原生药量 0.3g	
190		伤科接骨片	片剂	
191	活血化瘀	云南白药（胶囊、膏、酊、气雾剂）	散剂、胶囊、贴膏剂、酊剂、气雾剂	
192		活血止痛散（胶囊）	散剂：每袋（瓶）装 1.5g 胶囊：每粒装 0.25g、0.5g	
193		七厘散（胶囊）	散剂：每瓶装 1.5g、3g 胶囊：每粒装 0.5g	
194		消痛贴膏	贴膏剂：每贴装 1.0g、1.2g	

续　表

序号	功能	药品名称	剂型、规格	备注
195	活血通络	颈舒颗粒	颗粒剂：每袋装6g	
196		颈复康颗粒	颗粒剂：每袋装5g	
197		腰痹通胶囊	胶囊：每粒装0.42g	
198	祛风活络	舒筋活血丸（片）	丸剂：每丸重6g 片剂：每片重0.3g	
199		狗皮膏	膏药：每张净重12g、15g、24g、30g	
200		骨痛灵酊	酊剂：每袋装10ml，每瓶装30ml、60ml、100ml、250ml	
201		通络祛痛膏	贴膏剂：7cm×10cm	
202		复方南星止痛膏	贴膏剂：10cm×13cm	
203	补肾壮骨	仙灵骨葆胶囊（片）	胶囊：每粒装0.5g 片剂：每片重0.3g	

第三部分　中药饮片

颁布国家标准的中药饮片为国家基本药物，国家另有规定的除外。

索 引

第一部分 化学药品和生物制品

中文笔画索引

第一部分　化学药品和生物制品

中文拼音索引

第二部分　中成药

中文笔画索引

第二部分　中成药

中文拼音索引

卫生计生委关于加快发展社会办医的若干意见

国卫体改发〔2013〕54 号

各省、自治区、直辖市卫生计生委（卫生厅局）、中医药管理局，新疆生产建设兵团卫生局：

加快发展社会办医是深化医药卫生体制改革、促进健康服务业发展的重要组成部分，是转变卫生发展方式、优化卫生资源配置的重要举措，是增加卫生资源供给、满足人民群众多样化多层次医疗卫生服务需求的重要途径。为深入贯彻党的十八届三中全会精神，落实《国务院关于促进健康服务业发展的若干意见》（国发〔2013〕40 号），切实解决加快发展社会办医面临的突出问题和困难，现提出以下意见。

一、总体要求

各级卫生计生、中医药行政管理部门要转变政府职能，认真履行部门职责，强化行业指导，将社会办医纳入区域卫生规划统筹考虑。优先支持社会资本举办非营利性医疗机构，加快形成以非营利性医疗机构为主体、营利性医疗机构为补充的社会办医体系。持续提高社会办医的管理和质量水平，引导非公立医疗机构向规模化、多层次方向发展，实现公立和非公立医疗机构分工协作、共同发展。

二、加强规划引导

（一）制定实施卫生规划

国家完善卫生资源规划指导性文件，编制好《全国卫生服务体系规划纲要（2015—2020 年）》，进一步明确卫生服务体系的功能定位、分级配置要求和资源配置指导标准，强化区域内各机构之间的功能整合及分工协作，完善规划实施的保障措施和监督评价机制。省级人民政府根据国家规划和本地实际制定卫生资源配置标准。各省和地市级人民政府负责制定区域卫生规划和医疗机构设置规划并负责组织实施，不断改善和提高医疗卫生综合服务能力和资源利用效率。

（二）切实将社会办医纳入规划范围

在区域卫生规划和医疗机构设置规划中为非公立医疗机构留出足够空间，优先满足非营利性医疗机构需求。新增卫生资源无论何种资金渠道，须按照有关规划要求和标准进行审批。

（三）优化卫生资源配置

按照总量控制、结构调整、规模适度的原则，严格控制公立医院发展规模，留出社会办医的发展空间。公立医院资源丰富的地区，在满足群众基本医疗需求的情况下，支持并优先选择社会信誉好、具有较强管理服务能力的社会资本，通过多种形式参与部分公立医院（包括国有企业所办医院）的改制重组。明确和规范改制的方法、程序和条件，充分听取职工意见，确保职工合法权益，同时要防止国有资产流失。

三、加大发展社会办医的支持力度

（一）放宽举办主体要求

建立公开、透明、平等、规范的社会办医准入制度。进一步放宽境外资本在内地设立独资医院的范围，按照逐步放开、风险可控的原则，将香港、澳门和台湾服务提供者在内地设立独资医院的地域范围扩大到全国地级以上城市；其他具备条件的境外资本可在中国（上海）自由贸易试验区等特定区域设立独资医疗机构。合理设定中外合资、合作医疗机构境外资本股权比例要求，并将审批权限下放到省级。

（二）放宽服务领域要求

凡是法律、法规没有明令禁入的领域，都要向社会资本开放。鼓励社会资本直接投向资源稀缺及满足多元需求服务领域，举办康复医院、老年病医院、护理院、临终关怀医院等医疗机构，鼓励社会资本举办高水平、规模化的大型医疗机构或向医院集团化发展。积极发展中医类别医疗机构，鼓励社会资本举办中医专科医院，鼓励药品经营企业举办中医坐堂医诊所，鼓励有资质的中医专业技术人员特别是名老中医开办中医诊所。

（三）放宽大型医用设备配置

各地要科学制订本地区大型医用设备配置规划，严格控制公立医疗机构配置，充分考虑非公立医疗机构的发展需要，并按照非公立医疗机构设备配备不低于 20% 的比例，预留规划空间。按照满足合理需求、保障医疗质量安全的原则，对非公立医疗机构的配置申请，重点考核人员资质、技术能力等相关指标，对床位规模、门急诊人次等业务量评价指标方面的要求，可根据实际情况适当把握。对新建非公立医疗机构可按照建设方案拟定的科室、人员等条件予以配置评审。如符合配置要求，可予先行采购，经组织专家复审并确保相关专业人员落实到位后再正式下达配置规划。积极引导和支持区域内医疗机构按照国家有关规定联合建立区域性大型医用设备

检查中心，形成共建、共用、共享和共管机制，促进资源充分合理利用，推进二级以上医疗机构检验对所有医疗机构开放。

（四）完善配套支持政策

按照国家有关法律法规和政策规定，在当地政府的统一领导下，各级卫生计生、中医药行政管理部门要加强与有关部门的协调和沟通，允许非公立医疗机构纳入医保定点范围，完善规划布局和用地保障，优化投融资引导政策，完善财税价格政策，非公立医疗机构医疗服务价格实行市场调节价。发挥非公立医疗机构在提供基本公共卫生和医疗服务中的作用，建立健全政府购买社会服务机制。

（五）加快办理审批手续

各地要加快落实非公立与公立医疗机构在设置审批、运行发展等方面同等对待的政策，不得设置法律法规规范以外的歧视性限制条件。对具备相应资质的非公立医疗机构，应按照规定予以批准，加快办理审批手续，简化审批流程，提高审批效率。

四、支持非公立医疗机构提升服务能力

（一）支持重点专科建设

各级卫生计生、中医药行政管理部门应当加强对非公立医疗机构临床专科能力建设的指导，将其统一纳入临床重点专科建设规划。非公立医疗机构获得国家和省市级重点专科建设项目的，在资金分配等方面给予同等对待。

（二）支持引进和培养人才

将非公立医疗机构所需专业人才纳入当地人才引进总体规划，享有当地政府规定的引进各类人才的同等优惠政策。在引进高层次人才以及开展继续医学教育、全科医生培养、住院医师规范化培训、新技术技能培训等方面，要对非公立医疗机构一视同仁。鼓励非公立医疗机构在业务收入中提取一定比例的教育培训经费。

（三）允许医师多点执业

制定规范的医师多点执业指导意见，重点明确医师多点执业的条件、注册、执业、责任分担等有关内容。卫生计生、中医药行政管理部门对符合条件的医师要及时办理有关手续。允许医务人员在不同举办主体医疗机构之间有序流动，在工龄计算、参加事业单位保险以及人事聘用等方面探索建立公立和非公立医疗机构间的衔接机制。为名老中医多点执业创造有利条件。

（四）支持提升学术地位

协调支持将具备较高管理能力和专业技术水平的非营利性医院优先纳入医学高等院校教学医院范围。鼓励大型公立医疗机构对口支援非公立医疗机构。各医学类行业协会、学术组织和医疗机构评审委员会要平等吸纳非公立医疗机构人员参与，扩大非公立医疗机构人员所占的比例。进一步保障非公立医疗机构在行业协会学会中享有承担与其学术水平和专业能力相适应的职务的机会。

（五）支持开展信息化建设

支持非公立医疗机构加快实现与医疗保障、公立医疗机构等信息系统的互联互通。卫生计生、中医药行政管理部门要按照信息公开的规定，及时公布各类卫生资源配置规划、行业政策、市场需求等方面信息，畅通非公立医疗机构获取相关政策信息的渠道，保障非公立和公立医疗机构在政策知情和信息占用等公共资源共享方面享有平等权益。

五、加强对非公立医疗机构监管

（一）确保医疗服务质量

将非公立医疗机构纳入统一的医疗质量控制与评价范围。对非公立医疗机构和公立医疗机构在医疗技术临床应用准入管理方面给予同等对待。卫生计生、中医药行政管理部门要切实履行政府监管职责，按照有关法律、法规和标准规范，以规范非公立医疗机构的服务行为、提高服务质量和提升服务水平为核心，创新监管手段，加强对非公立医疗机构的监管。同时，充分发挥有关行业协会、社会组织对非公立医疗机构服务质量、服务费用、经营性质等方面的监管作用，建立统一立体的监管体系，实现对非公立医疗机构监管的制度化、常态化，保证医疗质量和医疗安全。严厉打击各类违法违规行为，建立“黑名单”制度。

（二）切实维护医疗秩序

将非公立医疗机构统一纳入医疗纠纷预防、处置管理体系，非公立医疗机构在发生重大医患纠纷时，当地卫生计生、中医药行政管理部门要协调公安等部门积极指导和支持其依法依规处置，维护医患双方的合法权益，保障良好的诊疗秩序。鼓励非公立医疗机构参加医疗责任保险、医疗意外保险等多种形式的执业保险。

（三）推动行业自律和医德医风建设

支持和鼓励有关协会、学会在职责范围内对非公立医疗机构进行行业指导，加强行业自律，维护非公立医疗机构合法权益。支持非公立医疗机构成立独立的行业协会。引导非公立医疗机构增强社会责任意识，坚持以病人为中心，加强医德医风建设，弘扬救死扶伤精神，努力构建和谐医患关系。

国家卫生计生委

国家中医药管理局

2013 年 12 月 30 日

● 重要讲话

常晓村司长在2013年全国中药材流通追溯体系建设培训班上的讲话

商务部市场秩序司司长　常晓村

同志们：

大家上午好！今天，我们在这里召开2013年全国中药材流通追溯体系建设培训会议。会议的主要任务是，总结第一批中药材流通追溯体系建设试点工作开展情况，部署第二批试点的相关工作。下面，我讲几点意见。

一、高度重视中药材追溯体系建设工作

（一）建设中药材流通追溯体系是保障人民群众生命健康的需要

药品安全是重大的民生和公共安全问题，事关人民群众身体健康和社会和谐稳定。近年来，随着中药材产量与供求矛盾加剧，中药价格连续上涨，生产流通领域制假售假现象日益严重。增重染色、掺假制假问题时有发生，如用萝卜冒充人参，用蛋清、银耳、色素等制作假鹿茸，用猪皮熬制阿胶，用土豆压制天麻，还有用面粉制作冬虫夏草。这些假药还要用硫磺、硫酸镁、明矾等有毒化学物质以及滑石粉等进行“加工”和“美容”。这种乱象如不采取措施及时整治，将威胁人民群众生命健康，影响我国中医药事业的发展。建设中药材流通追溯体系，利用信息技术手段，把索证索票、购销台账制度电子化，让中药材流通过程变得更加透明，使得各流通节点信息互联互通，形成“来源可溯、去向可追，质量可查，责任可究”的机制，便于执法部门查处违法犯罪行为，更加有效地遏制制假售假的势头，提升中药材质量安全水平。

（二）建设中药材流通追溯体系是加强中药材流通行业管理的需要

药品流通行业管理是国务院赋予商务部的一项新的职能，中药材流通是药品流通的重要组成部分。我们商务主管部门抓药品流通行业管理应该怎么抓？近几年我们一直在积极探索，我们既不管市场主体的资质审批，对违法行为也没有查办处罚的职责，药品方面的专业知识也不如监管部门精通，有些地方同志感到难度很大，无从下手。我认为，我们要发挥商务部门作为整个流通行业主管部门的优势，从提高流通效率、降低流通成本的角度来抓行业管理。应当说，中药材流通追溯体系就是我们行业管理的重要抓手，是一个很好的切入点。国务院近期发布了《关于促进健康服务业发展的若干意见》，其中包括中医药养生、保健服务，鼓励零售药店提供中医坐堂诊疗等，都与中药材安全密切相关。抓好中药材流通追溯体系建设，将为我们履行药品流通行业管理职能提供平台，也有利于提升商务部门在医药卫生体制改革中的话语权。

（三）建设中药材追溯体系是推进中药材流通现代化的需要

从总体上看，我国中药材流通组织化、信息化程度低，设施简陋，流通方式粗放；流通链条长、环节多，流通成本高、损耗大、效率低。2009年上半年至2012年中期，我国中药材价格出现多轮暴涨，既有自然灾害的短期影响，也是长期以来因生产基础薄弱、流通方式落后导致的中药材生产供求矛盾的集中爆发。通过建设中药材流通追溯体系，采用物联网等现代信息技术实现各环节交易凭证的电子化，就能够对中药材生产、流通和需求信息进行全面归集，在此基础上运用“大数据”进行分析，建立信息监测预警机制，更加能够有效地抑制中药材价格无序上涨，并且推动中药材流通方式向信息化、现代化方向转变。

二、第一批试点地区工作取得积极进展

在中央财政的支持下，去年在保定、亳州、玉林和成都4个城市启动了第一批试点工作，今年又选取了甘肃、云南、吉林、湖南、河南、江西、广东7个省份继续开展建设工作，计划到2016年底实现覆盖全国的目标。首批4个试点城市在省市有关部门的指导下和当地政府的认真组织下，努力克服各种困难，试点工作取得了积极进展。目前，中央平台已经顺利开通，地方统一软件开发完毕，保定和玉林完成集成商招标工作，其他两个城市正在组织招标。

（一）初步建立了制度标准体系

我部先后印发了《国家中药材流通追溯体系建设规范》、《主体基本要求》、《统一标识规范》、《设备及管理要求》、《技术管理要求》、《主要设备参数要求》和《智能溯源称接口规范》等7个技术规范，初步实现了追溯体系建设有制度、有标准，为全国中药材流通追溯体系的规范性、整体性奠定了基础。

（二）探索开发了适用的追溯技术

商务部开通了中药材中央追溯管理平台，目前已经初步具备了信息存储、过程监控、问题发现、在线查询、统计分析等功能。通过公开招标，选择了优秀软件企业开发了全国统一的追溯软件，今后该追溯软件将免费提供给其他试点地区使用。

（三）试点地区建立了工作机制

各试点城市成立了由政府分管领导牵头、相关部门参加的领导小组，明确了职责分工，建立了专门的目标责任考核机制，形成了统筹推进、协同配合的工作格局。亳州市由市长挂帅，两位副市长任副组长。亳州和保定市市政府还专门下发文件，部署试点工作。

（四）明确了试点目标与任务

各城市按照总体设计、分步实施的原则，制订了推进计划，确定了各个阶段的目标与任务。我们汇总了一下，4个城市计划覆盖8 530个中药材市场内外经营者、35个种植基地、195个中药材经营企业、338个中药饮片生产经营企业、20家大型医院和233个药店。

我们要看到，前一阶段的试点工作取得了一些成绩，但总体上进度还比较慢，特别是亳州和成都还没有完成项目招标工作。虽然有工作领域新、点多面广技术性强等客观原因，但试点工作中存在一些不容忽视的问题，这在很大程度上影响了工作进度。一是部分地区商务主管部门对当地中药材流通体系现状缺乏全面、深入的了解，没有积极想办法去调动企业和经营者的积极性；二是部分地区工作主动性不够，人员投入不足，过分依赖技术公司；三是追溯平台、技术支撑方面还需要进一步完善，对如何加强流通与生产的衔接、保证源头信息的真实有效，目前无论从制度建设，还是技术支撑上都没有形成有效的办法；四是工作体制和机制有待完善，特别是要加强检查和指导。希望首批试点城市要切实克服以上问题。第二批试点的省份要引起足够的重视，引以为戒，避免发生类似的问题。

三、攻坚克难，扎实推进各项工作

根据中药材“买全国卖全国”的特点，我们计划经过3～5年努力，建设覆盖全国的中药材流通追溯体系。目前第一批试点工作将进入攻坚阶段，任务非常艰巨，第二批试点工作今天也正式启动了。下一步，各地区要重点抓好以下几个方面的工作。

（一）保证项目质量，高标准建好用好追溯管理平台

追溯管理平台在整个追溯体系中处于核心和枢纽地位。中央、省和各流通节点是一个有机整体，需要上下贯通、互联互通，才能发挥整体效用。要把握好平台建设运行的四个方面工作。一是要提高智能化水平。充分利用现代信息技术，建立科学的指标体系、统计分析工具和模型库，加强对追溯信息的智能化处理和综合开发利用。二是要服务于流通行业管理。平台汇集了中药材品种、重量、价格、金额、来源、流向等大量信息，要充分挖掘数据资源，为市场运行监测、预警及应急保供服务。三是推动跨部门监管协作。积极开放信息资源，服务药品安全监管，促进行业管理与执法监管顺畅对接，形成管理合力。四是要确保工作进度。这项工作涉及调研论证、方案设计、组织招标、建设实施、项目考核及绩效评价等多个环节，要严格按照商务部、财政部有关文件要求，确保项目如期建成。目前，追溯平台的运行软件已经统一开发完成，各地主要是要完成地方布点和子系统集成，与中央平台实现无缝对接。

（二）加强经费保障，严格资金使用管理

中央财政拿出资金支持中药材流通追溯体系建设，这表明了中央财政对这项工作的高度重视。但追溯体系是公益性的基础设施，需要作为一项长期的公共事业来经营，仅靠中央财政资金是不够的，也不能靠中央财政资金长期投入来维持。希望各地区积极向当地政府和财政部门争取，落实必要的配套建设资金，同时要建立长期稳定的经费投入机制，在运行费用上给予制度性保障，确保追溯体系能够建起来、转起来、可持续。这里要强调的是，一定要遵守各项财经纪律，确保财政资金专款专用，保证用好、用出成效。试点地区要制定完善的资金管理办法，加强监督检查。

（三）建立健全工作制度，形成长效机制

追溯体系是制度设计与技术应用的统一体，需要完善的规章制度和标准作支撑。近日，食品药品监管总局、商务部等8部门下发了《关于进一步加强中药材管理的通知》，明确提出要建设中药材流通追溯体系，鼓励和引导中药饮片、中成药生产企业逐步使用可追溯的中药材为原料。各地区要贯彻落实文件精神，充分发挥主观能动性，逐步形成可追溯的倒逼约束机制，市场管理者和企业的责任制度，平台运行考核的管理制度，为追溯体系的长效运行提供保障。

（四）加强组织领导，形成工作合力

追溯体系建设和运行涉及多个部门的职能，各地区要在政府领导下，建立由商务主管部门牵头，农业、卫生、工商、质监、食品药品监管、中医药局等部门参加的协调机制，明确各部门责任。各级商务主管部门要有担当意识和协作精神，主动多与相关部门商量，争取理解和支持，在政府领导下承担起统筹规划、组织协调、实施推进、宣传推广等各项任务。种植和养殖源头管理、对企业、经营者的监管等工作，要明确按职能由相关部门负责。中药材市场管理者和参与中药材经营的各类企业是追溯体系建设、运行的主体，要承担起主体责任，自觉遵守各项标准制度。总之，要采取多种措施，努力形成中药材流通追溯体系共建共享的良好机制。

同志们，中药材流通追溯体系建设是一件利国利民的大事，领导重视，社会关注，人民期盼。我们一定要牢固树立执政为民理念，大胆探索，开拓进取，把这项工作认真抓好，为改善民生和促进中药材流通现代化作出应有的贡献。

谢谢大家！

温再兴巡视员在2013零售连锁药店品牌发展论坛上的讲话

各位来宾、朋友们：

大家下午好！首先感谢中国医保进出口商会和中国医药商业协会邀请我参加这次论坛。这次论坛的主题是零售连锁药店的品牌发展，我认为是很有意义的。药品流通行业是我国医药卫生事业的重要组成部分，零售药店承担服务百姓安全购药和健康保障的职责，品牌的建设发展非常重要。下面我想就此谈几点看法。

一、品牌建设是新时期零售连锁药店发展的重要任务

随着经济全球化进程加快，品牌已成为推动国家、企业发展的重要战略资源和提升国际影响力的核心要素。党的十八大报告指出，要推进经济结构战略性调整，改善需求结构、优化产业结构。实施品牌战略，关系到我国在世界经济体系中的地位和整体竞争力，对于转变经济发展方式、提升经济运行质量、满足居民消费升级需求都具有重要意义。

2012年9月，国务院正式发布由商务部会同有关部门编制了《国内贸易发展“十二五”规划》，规划提出鼓励实施品牌战略，建立品牌促进、推介和保护等公共服务体系。完善中国品牌产品境内外营销网络，畅通中国品牌产品流通渠道。积极发展品牌产品专卖店、专业店。鼓励流通企业开发自有商品品牌。支持流通企业服务品牌建设，保护中华老字号，鼓励中华老字号创新发展。

全国药品流通行业发展“十二五”规划纲要提出：要支持老字号药店在保持传统优势的基础上创新发展，发挥品牌效应，拓展特色服务，增强核心竞争力。在加快发展药品连锁经营中提出，要鼓励药品连锁企业采用统一采购、统一配送、统一质量管理、统一服务规范、统一联网信息系统管理、统一品牌标识等方式，发展规范化连锁，树立品牌形象，拓展跨区域和全国性连锁网络，发挥规模效益。

综上所述，实施品牌建设战略是国家大政方针，是药品流通行业健康可持续发展的重要方向和任务。品牌是零售连锁药店的无形资产，企业树立了品牌，才会有凝聚力和感召力，才会有持续发展的动力。如国内著名中药老字号企业——同仁堂，历经340余年发展，其民族品牌的形象至今仍然熠熠生辉。在新时期，我们药品流通企业包括零售连锁药店也要树立一大批像同仁堂那样响当当的品牌企业。

二、零售连锁药店要在大健康服务和扩大消费中充分发挥品牌优势

十八大报告提出：要适应国内外经济形势新变化，加快形成新的经济发展方式，把推动发展的立足点转到提高质量和效益上来，核心是要使经济发展更多依靠内需特别是消费需求拉动。我国的人均GDP已经超过5 000美元，从国际一般经验看，人均GDP达到这个水平后，经济结构将出现调整，人们的消费需求将从基本需求向更高层次发展。国家深化收入分配制度改革，健全社会保障体系，建立扩大消费需求的长效机制，有利于提高居民消费能力，改善消费预期。特别是新医改为医药行业较快发展提供了市场机遇。随着全民医保体系的进一步建立以及基本药物制度、基层运行机制建设和公立医院改革的推进，药品市场需求将出现结构性扩大。同时，预防重于治病和“治未病”的观念日益被人们接受，居民健康需求将进一步释放，为健康产业发展提供巨

大的市场潜力，居民健康管理服务已开始成为新兴的业态，带来扩大消费的巨大商机。我国现有42万多家零售药店设在社区乡镇，与百姓健康生活息息相关，在大健康服务和扩大消费中应该大有可为，这也是药店转型升级发展的方向之一。

大健康的概念既包括药品，也包括保健品、药妆产品等非药品。从国际经验来看，无论是药品还是其他健康产品，零售药店都是销售主渠道。商务部接手药品流通行业管理职能3年多来，经过全行业共同努力，药品流通行业的地位有所提升，医改“十二五”规划、药品安全“十二五”规划等新出台的医改政策文件都在逐步体现药品流通行业的作用，将其纳入医药卫生事业大局统筹考虑。医改“十二五”规划提出要鼓励零售药店发展，并允许中医坐堂，为百姓提供更多更好的健康服务。

随着医药分开的逐步推进和大健康产业的发展，零售药店的专业优势百姓比较信得过，特别是零售连锁药店占药店总量的1/3，其先进的管理、专业化的服务、中医药特色等等，本身就是一种品牌优势，其效应必将得到进一步发挥，成为大健康管理服务的主要载体和重要渠道。目前在国外，零售药店承担居民慢性病、老年病患者和戒烟、减肥等各种健康服务是普遍的做法。商务部今年启动零售药店健康管理服务示范工程建设，就是为了借鉴国际经验，探索发挥零售药店贴近百姓的优势，为城乡居民提供便利、快捷和优质的健康服务，同时，促进零售药店转型升级发展。目前相关协会和企业正在积极行动，开展健康管理服务平台建设的试点。此外，鼓励零售药店开展多元化经营，对于便利百姓购买日常生活用品，扩大居民消费也将发挥重要的作用。

三、积极探索零售连锁药店品牌建设的有效途径

第一，确保商品质量和服务品质，是打造零售连锁药店品牌的基本功。当前食品药品安全已成为百姓高度关注的问题，零售药店销售药品、健康产品和其他消费品，必须严格按照规定，建立健全的进货查验、质量承诺、安全管理等质量管理制度，加强商品经营过程质量控制，要严格对供应商的资质认定，加强索证索票管理，建立健全供应商档案，严防假冒伪劣产品。在服务质量上要加强员工培训，提升员工服务意识，规范服务行为，确保优质服务。一些优秀企业的“顾客至上”、“宾至如归”的服务态度和“先行赔付”、“无理由退换货”等增信服务，都是打造品牌形象的有力手段。

第二，坚持诚信经营是树立零售连锁药店品牌形象的必由之路。诚信是企业最有生命力、也最有价值的品牌。诚实守信是品牌企业的核心价值，诚信经营是创建百年企业、百年品牌的基础。企业创建品牌的过程，实际上是企业精神和企业文化创新的过程，凝聚了一个企业独特的文化精神和经营理念。而这种精神和理念，首先就是诚信。零售药店要信守合同和承诺，遵循商业道德操守，坚持明码标价，货真价实，抵制虚假促销，创造和谐零供关系，这样才能树立起“商品一流、服务一流、信誉一流”的品牌企业形象。

第三，强化品牌意识是零售连锁药店创立自有品牌的内在动力。任何品牌的创立，都是来自于企业家为实现奋斗目标而焕发出的强烈的精神追求，在品牌的发展道路上从点点滴滴做起，时时处处注意品牌形象的珍惜和维护。“中华老字号”和国内外其他的品牌企业的管理理念和经验，说到底就是长年累月、始终如一坚守商业道德，如货真价实、童叟无欺、礼貌待客、周到服务等，其打造的“品牌商品”和“品牌服务”，才能永不打折，历久弥新。

第四，引导“品牌消费”有助于树立零售连锁药店品牌。在消费中，消费者更愿意选择品牌产品和服务。随着消费者文化层次、收入水平、消费观念的不断提升，品牌意识不断增强，对品牌越来越偏爱，品牌即具有了无形价值。零售药店要将自己的品牌意识融入市场需求变化之中，并将品牌意识导向品牌定位的市场和消费者。为此，要通过更多销售品牌产品和提升服务技能实现产品差异化，服务优质化。目前，中国医药商业协会正在建立零售药店专业健康产品库，旨在为广大零售药店提供优质优价的专业健康产品信息和服务，我认为这是很有意义的工作，可以较快地形成一批优质的品牌产品，为百姓提供安全可靠的健康服务。

第五，加快内外贸融合是零售连锁药店品牌建设的有效途径。品牌建设既包括产品品牌，也包括服务品牌，两者需要有机结合才能促进企业健康成长。连锁药店拥有服务品牌，而许多出口企业拥有优质健康产品，即产品品牌，两者若能有效结合，将非常有利于这两类企业共同发展，也会促进整个中国健康产业的发展进步，从而惠及民生。国内贸易“十二五”规划提出要促进内外贸协调发展，逐步建立与国际接轨的流通规则体系。引导外贸企业疏通内销渠道，鼓励流通企业开拓国际市场，支持内外贸企业之间的兼并重组与合作，重点培育一批具有产业链整合能力、内外贸结合的大型流通企业集团。所以我认为，探索内外贸融合，既是国民经济转型发展大势所趋，也是零售连锁药店品牌发展便捷可行的途径。这次中国医保进出口商会举办的中国国际健康产品展为加强国内外健康产业交流融合提供了很好的平台，广大零售药店可以在展会中了解更多的信息，丰富大健康服务的产品系列，为居民提供更加优质的健康服务。

同志们，随着医改的不断深化和药品流通领域改革的启动，药品流通行业面临着新的形势和新的要求，特别是不久前国家食药监局发布新修订的《药品经营质量管理规范》，即新版GSP，对药品经营企业在质量管理方面提出了更高的要求，会带来新一轮洗牌，对零售连锁药店的品牌建设是有力的推动。我们相信广大零售连锁药店能够抓住新的机遇，在市场竞争中不断做大做强。

最后，预祝中国国际健康产品展和零售连锁药店品牌发展论坛圆满成功！

谢谢大家！

第二篇　中期评估

《全国药品流通行业发展规划纲要（2011—2015年）》实施中期评估报告

商务部国际贸易经济合作研究院

目　　录

《全国药品流通行业发展规划纲要（2011—2015年）》（以下简称《规划纲要》）是商务部承担药品流通行业管理职能后首次发布的、用具体指标来引导行业发展方向的五年规划。如期完成《规划纲要》提出的主要目标和任务，对健全药品流通体制、保障医药卫生体制改革目标顺利实现具有重要意义。

在《规划纲要》实施时间过半之际，为深入了解总体进展情况，客观评价取得的成效，综合分析存在的问题及原因，及时总结经验，采取有力措施进一步推进《规划纲要》的顺利实施，按照商务部的总体要求，研究院受市场秩序司委托，在全面总结政策措施落实情况，深入基层进行调查研究，组织各省（区、市）对本地区规划实施情况进行评估的基础上，对《规划纲要》实施两年多以来的情况进行了评估。

总体上看，《规划纲要》实施进展顺利，确定的主要目标和指标基本达到预期进度要求，提出的主要任务正在积极稳步推进，但仍面临行业发展基础薄弱、管理体制有待完善、企业经营较为困难、配套政策有待落实等问题。同时，医药卫生体制改革向纵深推进，医药卫生体制机制中深层次矛盾进一步显现，利益格局深度调整将成为药品流通行业发展的不确定因素，行政垄断、区域垄断也将制约药品流通现代化进程。

为进一步推进《规划纲要》实施，完成各项目标和任务，必须深化药品流通领域改革，加快完善行业管理体制，更好发挥政府作用，进一步推进行业兼并重组，优化行业布局，积极协调有关部门改善行业发展环境。

一、总体进展情况

两年多来，商务主管部门认真贯彻落实国家医药卫生体制改革的要求，积极推动药品流通行业优化升级，努力构建网络布局合理、城乡居民用药安全便利、满足人民群众健康需要的药品流通体系，行业组织化程度显著提升，流通效率不断提高，营销模式不断创新，骨干企业竞争力增强，市场秩序有所好转，《规划纲要》确定的目标和任务的完成情况基本达到预期进展要求。

（一）主要指标完成情况

截至2012年，已形成1家年销售额过千亿的全国性大型医药商业集团，年销售额过百亿的药品流通企业从2010年的8家增加到10家；药品批发百强企业年销售额占药品批发市场总额的比例从2010年的60%上升到64%，药品零售百强企业销售额占零售企业销售总额34%，与2010年基本持平；连锁药店占全部药品零售门店的比重从2010年的34%提高到36%。

（二）主要措施落实情况

1. 法规和政策体系逐步完善

商务部积极会同有关部门，明确药品流通行业管理职责，完善药品流通监管、药品价格管理等方面的法规规章，推动修订《药品管理法》。将药品流通行业纳入商贸流通领域改革发展范畴予以统筹谋划，在流通标准化、信息化建设，商贸物流基础设施建设，公共服务平台、信用体系、追溯体系建设，商贸企业转型升级等各项政策中，加大对药品流通行业支持，并根据药品流通行业实际，及时推出促进行业结构调整和优化升级的配套措施。依托中小商贸企业融资担保等政策，引导鼓励药品流通企业利用产业基金、融资担保、信用保险、上市融资、应收账款和仓单质押等金融工具多渠道筹集资金，帮助企业争取专项资金、财政、税收、金融等优惠政策，加快发展步伐。

2. 行业发展环境有所改善

商务主管部门密切跟踪医药卫生体制改革对药品流通行业的影响，在参与基本药物制度建立、公立医院改革、医保制度改革、社会资本办医、药品价格形成机制、基层医疗机构补偿机制等医药卫生体制改革政策制定时，结合药品流通行业现状，积极向有关部门反映行业诉求、意见，明确药品流通行业在医药卫生体制改革中的定位和作用。积极推动药品定价、采购、使用与支付机制改革，探索门诊药房与医院分开的改革试点，改变药品销售由公立医疗机构垄断的市场格局，推动医药分开。开展药品流通行业调查，了解行业适应医药卫生体制改革情况，引导行业优化网点布局，做好适应医药分开的准备。

3. 行业管理机制进一步健全

商务部积极与医药卫生体制改革领导小组成员单位进行工作对接，明确药品流通行业管理的职责分工，建立相互配合的工作机制。全国37个省（区、市）中，已有31个明确商务主管部门为药品流通行业主管部门，其中29个成为本地区医改领导小组成员，一些省份商务主管部门还牵头成立了药品流通行业管理工作领导小组，建立促进行业改革发展的综合协调机制。商务部与中国医药商业协会等全国性行业协会保持密切的工作联系，支持各地依托中国医药商业协会，建立省级医药商业协会，委托医药商业协会等中介组织开展行业统计、人才培训、国际交流合作等工作，发挥协会在行业自律、维护合法权益等方面的作用。

4. 药品流通人才队伍建设稳步推进

商务部制订了《全国药品流通行业“十二五”人才培训方案》，遴选了41家教育培训基地，编写了针对行业中高级职业经理人、重点岗位及专业人员的7本系列培训教材。截至2013年年底，已指导中国医药商业协会举办15期药品流通企业高级经理人培训，共有来自全国29个省（区、市）234家药品流通企业的571位高级经营管理人员参加培训。举办全国药品流通行业岗位技能竞赛，引导药品流通行业职工努力学习新知识、掌握新技能，打造知识型、创新型、技能型药品流通行业职工队伍。各地也有针对性地开展了职业经理人、药学技术服务人员、药店经理等相关人员的培训工作。

5. 地方药品流通行业发展规划制定工作全面展开

全国共有28个省份结合本地区药品流通行业发展实际，在深入调查的基础上制定了省级药品流通行业发展规划，提出了行业发展目标、发展重点和政策取向，明确了工作重点、任务和保障措施，建立了规划实施保障机制。大多数省份认真梳理规划实施进展情况，已完成规划的中期评估工作。

（三）主要任务完成情况

1. 行业结构得到优化，流通网络进一步完善

药品流通行业兼并重组活跃，集中度快速提升，据不完全统计，《规划纲要》实施以来，共有53家药品流通企业实施兼并重组329起，涉及金额101亿元；自2010年下半年以来，华润医药商业集团先后实施20多起并购，在17个省（区、市）设立了80多家子公司；2011—2013年，国大药房实施了13起并购和资产重组，在17个省（区、市）设立了25家区域性连锁公司、2 087家零售药店。骨干企业实力显著增强，批发、零售百强企业的市场占有率均有不同程度提高，全国性、跨区域的药品流通骨干企业开始主导行业发展。药品流通网络进一步完善，药品批发企业向居民社区和村镇延伸销售和配送网络，零售连锁企业到农村特别是“老、少、边、穷”地区开店，居民用药的安全性、便利性、可及性进一步提高。据对浙江杭州、湖南长沙调研，城市居民仅需步行5~10分钟即可便利购药；据清华大学对中部地区47个县700多个村调查结果显示，每个村均设有药店，农村居民平均步行17分钟即可买到常用药品。

2. 现代医药物流加快发展，流通效率明显提高

医药物流向信息化、自动化方向发展，大型医药流通企业普遍采用积层式货架、自动立体仓库、电子订货系统、全自动拣货系统、红外线遥感温控系统等现代化物流设备和先进的集成管理系统，实现了药品信息化管理；应用统一采购集中配送、供应链集成服务、药房自动化等供应链管理技术，为医药生产企业优化库存，为医疗机构药库药房自动补货。医药物流服务向医疗机构延伸，华润医药、国药集团、九州通集团等大型药品流通企业率先开展医药物流服务延伸，为医疗机构搭建信息管理平台，实现药品、耗材、医疗器械等医疗机构日常用品的采购、配送、调配、使用全程智能化。共同配送模式加快应用，大型医药流通企业利用仓储、物流配送资源为中小医药批发企业、医药生产企业提供物流服务，一批专业医药物流企业致力于提供医药第三方物流服务。药品流通效率显著提高，2012年，药品流通行业的平均物流费用率为4%，低于我国批发及零售行业平均物流费用率。

3. 经营业态更趋多样，特色经营模式创新发展

药品批发企业从传统的单一批发模式向提供购销服务、存储服务、物流配送服务、信息服务等综合服务商转型。品牌专卖店、专业药店、健康管理中心等药品零售业态不断涌现，销售处方药、非处方药、保健品、个人护理品、家庭健康用品等多元化经营模式方兴未艾，通过院店合作、药房托管等方式承接医疗机构药事服务的经营模式快速兴起。“老字号+中药+名医”的经营模式、传统经营理念与品牌、人才、创新理念结合的老字号药店发展模式在北京、上海等一些地区焕发生机。医药电子商务快速发展，截至2013年年底，全国具有互联网药品交易服务资格证书和网上药店资格证书的企业分别达到214家和152家，2013年，医药电子交易规模达42.6亿元，是2010年的20多倍。

4. 行业管理得到加强，流通秩序逐步好转

药品流通行业分级评定工作开始展开，商务部指导相关行业协会已成立了全国药品批发企业物流服务能力评级委员会和零售药店评级委员会，根据《药品批发企业物流服务能力评估指标》、《零售药店经营服务规范》等行业标准在6个省份开展相关分级评定工作。药品安全管理得到强化，中药材流通追溯体系建设工作已分两批在11个省市开展。违法违规行为得到整顿，12312商务行政执法投诉举报热线在药品流通领域监管方面发挥作用，投诉举报的受理、处理、移送和反馈机制得到强化，跨部门联系与联合执法机制逐步形成，配合有关部门打击经营假劣药品、商业贿赂、倒买倒卖税票、挂靠经营、非法经营网上药店、发布虚假药品和保健品广告等违法违规行为的效果正逐步显现。

5. 信用建设进展顺利，行业自律得到加强

企业诚信创建和资信评级活动已经启动，中国医药商业协会等药品流通行业协会已评选出130家信用等级B级以上企业，一批诚实守信经营企业成为行业标杆；企业信用档案普遍建立，信息公开、分类监管、社会监督的行业信用管理机制初步形成。行业自律机制进一步完善，中国医药商业协会等药品流通行业协会制定行业道德准则、诚信服务等行规行约，发挥协会监督、引导、帮助作用，规范行业自我管理

行为；协调解决行业内价格争议，避免恶性竞争，维护行业内公平竞争秩序；编制发布《中国医药流通企业社会责任指南（试行）》，指导会员企业根据社会责任内在要求优化发展战略、质量安全、环境保护、企业文化和社会公益等方面的管理措施，发布企业社会责任报告。

6. 利用外资和“走出去”稳步推进，开放融合的市场格局初步形成

药品流通领域利用外资质量和水平逐步提高，美国康德乐公司、英国联合博姿公司等外资药品流通企业纷纷进入国内市场，国际化的运营管理经验逐步带动国内药品流通企业在经营理念、经营方式、管理方式等方面实现跨越式发展。“走出去”扎实起步，国内药品流通企业通过建立海外营销中心、与境外企业建立战略协作关系、组建联盟等方式扩大境外业务，如北京同仁堂已在16个国家和地区开办了70余家零售终端。医药会展经济快速发展，有效促进了市场融合，全国药品交易会等药品专业展会已经发展成为国内外医药品牌的盛会，国药励展公司每年推出20余场国际水准的商贸展览以及300余场专业会议与学术研讨，带动了行业政产学研用和上下游的有效互动，促进了内外贸、中西药、产供销融合发展。

7. 基础建设得到加强，服务能力进一步提升

药品流通标准化工作起步顺利，截至2013年年底，已出台《药品批发企业物流服务能力评估指标》、《零售药店经营服务规范》等7项行业标准，引领企业提高经营、服务质量和标准化水平。行业统计制度逐步完善，制定了《药品流通统计报表制度》，开发了药品流通行业统计系统、中药材重点品种流通分析系统；举办了多期药品流通行业统计培训；自2010年起，连续三年发布《药品流通行业运行统计分析报告》；自2013年起，编撰发布《中国药品流通行业年鉴》，支持了政府科学决策，引导企业调整优化经营策略。企业内部管理进一步加强，药品流通安全第一责任人意识、服务意识、风险意识不断增强，药品购销索证索票、出入库及运输安全管理责任制普遍建立，对药品质量的控制能力、服务能力显著提升；行业服务水平不断提高，批发企业在药品品种保障能力和应急快速配送能力方面进一步提升，零售药店在执业药师和相关药学技术人员配备、质量体系、岗位责任体系及设施设备等方面进一步加强，以消费者为核心的服务理念深入人心。

二、存在的问题

（一）行业管理体制有待完善

省级商务主管部门已承担药品流通行业管理职能，但市、县多未明确相关职能，尚未形成全国、省、市、县统一的行业管理体系。目前我国主要依据《药品管理法》及配套法规进行药品管理，而《药品管理法》突出的是药品质量监管和行业准入等内容，商务主管部门在药品流通行业管理方面缺乏具体、可操作的措施和办法。此外，相关部门配合执行药品流通行业发展规划和政策的力度不足，政策制定的沟通协调机制仍有待加强，卫生、药品监管、医保等有关部门的一些政策，如限制医保定点药店多元化经营等，没有充分考虑药品流通行业的发展方向和实际需求。

（二）行业发展方式仍未发生根本转变

虽然药品流通行业兼并、联合、重组不断加快，但“多、小、散、乱”的药品流通格局仍未根本改变，药品批发环节集中度仍然偏低，零售环节依然以单体药店为主、连锁经营率不高；作为药品销售终端主渠道的医疗机构仍普遍实行行政管制，药品流通行业的行政垄断、区域垄断仍然存在，全国统一的药品流通市场尚未形成；企业仍然以传统的经营模式为主，相互之间不规范竞争和恶性竞争仍屡见不鲜，一些没有资质、个体经营的小微药品流通企业仍然从事倒票、走票等活动；一些地区销售假药、过期药现象仍然存在，药品安全事故时有发生；现代物流、电子商务、现代流通管理方式在行业中的应用水平仍有待提升。

（三）企业经营仍面临诸多困难

一是药品批发企业成本上升，利润遭到挤压。除人工、租金等成本外，医疗机构占压药品批发企业货款现象较为严重。据调查，医疗机构占压货款平均周期达到3～5个月，有的甚至超过半年，企业融资成本居高不下，加上药品集中招标采购实行统一配送，对偏远地区的药品配送则会亏本，挤压了药品流通企业的利润。二是政策性因素在一定程度制约了零售药店发展。目前，大部分药店是非医保定点药店，患者购药不能报销，随着医保政策的逐步落实，非医保定点药店的客流逐年下降；医疗机构普遍限制处方外流，零售药店没有处方来源，销售处方药受限；一些地区规定医保定点药店只允许经营药品，零售药店面临获得医保定点资格和开展多元化经营的两难选择。三是行业人才供需矛盾突出。根据《药品经营质量管理规范》（GSP）要求，每个零售药店均需配备执业药师，但目前国内40多万家零售药店仅有7万多名执业药师，执业药师严重不足。

三、面临的形势

（一）深化医药卫生体制改革为药品流通行业发展提供了良好的外部环境

2013年11月，《中共中央关于全面深化改革若干重大

问题的决定》提出了深化医药卫生体制改革的战略部署。“十二五”下半期，医药卫生体制改革各项政策措施的陆续出台将优化药品流通行业发展环境。逐步健全全民医保体系，将带动药品需求快速增长，为行业提供广阔市场空间；加快发展健康服务业，将推动行业从单一的药品流通向药品、医疗器械、保健用品、保健食品、健身产品等大健康产品流通发展，激发行业发展潜力；深化基层医疗卫生机构综合改革，将推动药品消费结构调整，推动行业布局调整优化；理顺医药价格，有利于缓解企业经营困难，破解行业发展困局；加快公立医疗机构改革、鼓励举办非公立医疗机构、推进医疗服务定价市场化改革、落实医疗机构药品零差率销售，有利于逐步实现医药分开，理顺药品流通行业与医疗机构关系，破除行业面临的行政垄断，提升行业兼并、重组速度。

（二）现代流通体系建设为药品流通行业发展注入了强劲的内生动力

“十二五”下半期，随着城乡居民生活质量不断改善、健康意识增强和人口老龄化进程加快，对药品的刚性需求和多样化需求不断增长，要求药品流通行业提升药品供应保障能力，满足居民用药可及性；新修订的《药品经营质量管理规范》（GSP）对药品流通企业的信息化管理、冷链管理和人员要求等软硬件方面增加了许多新规定，要求药品流通行业增加设施设备投入，提升经营管理的现代化水平，保障居民用药安全性；药品市场竞争加剧，企业盈利水平受到进一步挤压，要求药品流通行业加快突破传统经营模式，广泛应用互联网、移动互联网，创新经营业态与服务模式，探索向全产业链服务模式转变，向药品生产企业、医疗机构、社区家庭延伸服务，构建新的核心竞争力，提高居民用药经济性和便利性，将成为行业发展的趋势。

（三）药品流通行业发展仍面临诸多制约

从外部环境看，在改革向纵深推进的过程中，医药卫生体制机制中深层次矛盾将进一步显现，地方利益、部门利益格局调整存在较大不确定性，重塑药品流通行业与上下游公平合理的合作关系的努力面临较多体制性障碍，仍将继续影响药品流通行业改革发展，行政垄断、区域垄断仍将成为制约全国药品市场统一进程的重要因素。从内部看，药品流通行业基础仍然薄弱，总体发展水平仍然较低，企业经营管理水平、设备设施相对落后，人才队伍总量的结构性矛盾等问题在短期内难以解决，药品流通行业管理队伍专业知识和业务能力还有待提高，将成为药品流通行业转变发展方式的重要挑战。

四、主要指标的趋势性预测

从上半期发展态势和下半期面临的形势看，药品流通行业发展将继续朝着《规划纲要》提出的目标和方向稳步前进。到 2015 年年末，骨干企业规模指标将基本实现，中国医药集团、上海医药集团和华润医药商业集团 3 家企业年销售额将超过千亿元，实现《规划纲要》提出的目标；约 17 家企业年销售额超过百亿元，接近《规划纲要》提出的 20 家超百亿企业的目标；药品市场结构将显著优化，药品批发百强企业市场份额有望达到 70% 以上，与《规划纲要》提出的 85% 的目标有一定差距，但通过努力有可能接近；药品零售连锁百强企业市场份额有望达到 40% 以上，零售药店连锁率指标有望达到 40% 以上，实现《规划纲要》提出的目标有一定难度。

五、进一步推动《规划纲要》落实的主要措施

下半期，要继续落实《规划纲要》已明确的调整行业结构，健全流通体系，发展现代医药物流和连锁经营，健全行业管理制度，统筹国内外两个市场等任务和措施，并进一步加强对各地规划确定的工作任务完成情况的跟踪检查。此外，针对新情况、新形势，还应重点突出以下工作。

（一）夯实行业管理基础

一是推动市、县尽快明确商务主管部门药品流通行业管理职能，形成全国、省、市、县统一的管理体系。二是配合有关部门加快推动《药品管理法》的修订，明确商务部门实行药品流通行业管理的内容、手段和责任。三是推进药品流通行业人才培训工程，加大培训力度，同时指导地方按照统一标准、统一教材、统一考评、统一发证、统一公示的原则稳步推进人才培训。四是指导各地发挥行业协会和社会中介组织的作用，推动尚无协会的地方成立相关协会，逐步树立行业协会在行业自律、自治中的地位。

（二）推动行业兼并重组

一是结合商务部等 12 个部门正在开展的消除地区封锁打破行业垄断工作，解决一些地方要求跨地区经营的药品流通企业必须在当地组建独立企业法人机构、限定医疗机构购买指定药品、限制外地药品流通企业进入本地市场、在基本药物招标采购中限制和排斥外地药品流通企业参与药品配送等问题，清理和废除阻碍药品流通行业公平竞争的各种规定和做法，加快推动药品流通行业兼并、重组，构建全国统一市场。二是以新修订的《药品经营质量管理规范》认证为契机，淘汰不符合要求的批发企业和零售药店，推动零售药店连锁化，进一步提高行业集中度。三是充分发

挥行业协会作用，继续指导相关协会贯彻落实行业标准、开展药品批发企业物流能力和零售药店分级评定工作，促进行业结构调整。

（三）提高行业发展水平

一是推动行业标准化发展。加大行业标准制定和宣传贯彻力度，逐步提升企业经营、服务的标准化水平；支持大型流通企业与中小药品流通企业建立稳定的合作关系，统一开展业务培训，规范中小企业经营。二是推动行业信息化发展。鼓励企业应用现代信息技术，推动药品流通全过程电子化、信息化建设；继续推进中药材流通追溯体系建设，逐步形成覆盖全国中药材种植、流通、加工使用各环节广泛参与的中药材流通追溯体系；积极协调有关部门规范药品网络销售行为，制定互联网售药管理办法，破解医药电子商务发展面临的体制性障碍；支持第三方医药电子商务、移动互联网药品零售等模式创新发展。三是推动行业现代化发展。加快应用现代流通方式，促进批发企业向综合服务商转型，促进零售企业向连锁经营方式转型；加快应用现代物流，鼓励企业应用现代物流设备和物流管理技术，为医疗机构和生产企业提供物流延伸服务，发展第三方医药物流。四是鼓励企业品牌化发展，积极培育企业品牌，扩大品牌消费规模；促进老字号药店在保护商标、特色产品和发展特色服务的基础上创新发展。

（四）改善行业发展外部环境

一是根据医药卫生体制改革，及时会同有关部门出台配套政策措施，做好政策解读，为行业提供可靠、稳定的政策预期。二是破解限制行业发展的政策障碍，积极协调卫生部门完善药品集中招标采购办法，保障药品批发企业平等参与招标采购及配送业务，解决医疗机构占压流通企业资金问题；协调医保部门扩大医保定点的覆盖面，优先选择连锁药店作为医保定点药店，取消医保定点药店多元化经营限制，及时支付医保报销资金；协调药品监管部门在开展《药品经营质量管理规范》认证时，建立执业药师专业药事服务的共享机制。三是积极推动药品监管等部门落实《规划纲要》提出的政策措施，强化行业准入、退出管理，加强与卫生、药品监管、医保等部门的沟通协调，在制定政策时充分考虑药品流通行业的发展方向和实际需求。

两年多来，规划实施情况总体比较顺利，表明《规划纲要》所确定的指导思想、发展目标、重点任务和政策措施等符合实际、切实可行。下半期进一步落实《规划纲要》的任务依然十分艰巨，应在深入贯彻落实党的十八届三中全会精神的基础上，理清政府管理和市场调节的边界，进一步完善和优化行业发展环境，努力完成《规划纲要》确定的目标和任务，促进药品流通行业稳定、健康发展，为制定和实施“十三五”规划奠定良好基础。

● 各地药品流通行业《规划纲要》中期评估报告

北京市药品流通行业“十二五”规划中期评估报告

2011 年以来，北京市在《全国药品流通行业发展规划纲要（2011—2015 年）》的指导下，向《北京市药品流通行业发展规划纲要（2011—2015 年）》制定的目标不断努力，时间过半，任务过半。

一、目标和任务完成情况

截至 2013 年 6 月底，北京市药品流通企业总数 5 825 家，其中：批发企业 294 家，包含法人企业 273 家，非法人企业 21 家，含第三方物流企业 6 家（北京市今日康旭医药有限公司、华润医药商业集团有限公司、北京恒创佳益医药有限公司、北京科园信海医药经营有限公司、北京燃烽医药有限责任公司、中国医药集团总公司），药品零售企业 5 531 家，其中零售连锁企业总部 30 家，连锁门店 1 069 家，零售单体 4 432 家，连锁药店约占零售企业总数的 1/5。

截至 2012 年年底，年销售额过千亿跨地区的大型医药企业 1 家：中国医药集团总公司销售总额实现 18 226 357 万元，提前 3 年完成目标任务。过百亿企业 2 家：华润医药商业集团有限公司销售总额 6 161 248 万元，北京科园信海医药经营有限公司商品销售总额 1 196 567 万元。过 50 亿元企业 3 家：国药集团药业股份有限公司商品销售总额 951 245 万元，中国医药保健品股份有限公司商品销售总额 855 479 万元，国药控股北京有限公司商品销售总额 690 342 万元。这说明，北京已初步实现目标任务。

依据药品流通行业统计分析报告：自 2010 年至 2012 年，北京市药品流通零售总额依次为 689.3 亿元、824 亿元、1 007.6 亿元，同比增幅均超过 20%，在全国排名第二。

依据北京市药品流通行业统计系统，截至 2012 年北京市药品批发、批发兼零售 10 强企业销售总额 1 173.1 亿元（注：集团销售包含外埠）；北京市零售 7 家直报企业商品销售总额 1.0 亿元。（详见表 1、表 2）

表 1　2012 年北京市商业直报企业批发、批发兼零售 10 强企业

排序	报送单位	商品销售总额（万元）
1	华润医药商业集团有限公司	6 161 248
2	北京科园信海医药经营有限公司	1 196 567
3	国药集团药业股份有限公司	951 245
4	中国医药保健品股份有限公司	855 479
5	国药控股北京有限公司	690 342
6	中国北京同仁堂（集团）有限责任公司	461 417
7	北京九州通医药有限公司	407 189
8	国药控股北京天星普信生物医药有限公司	380 143
9	国药控股北京华鸿有限公司	342 886
10	北京同仁堂健康药品经营有限公司	284 918
	合　计	11 731 434

表 2　2012 年北京市零售直报企业商品销售总额排序

排序	报送单位	商品销售总额（万元）
1	北京同仁堂商业投资集团有限公司同仁堂药店	32 485
2	北京同仁堂崇文门药店有限责任公司	20 336
3	北京永安复星医药股份有限公司	19 072
4	北京嘉事堂连锁药店有限责任公司	16 559
5	北京永安堂医药连锁有限责任公司	10 229
6	北京医保全新大药房连锁有限公司	4 244
7	北京京卫元华医药科技有限公司	1 604
	合　计	104 529

（一）现代医药物流快速发展

2010 年全市具有第三方医药物流资质企业 3 家，至 2013 年 6 月获得第三方医药物流资质企业增为 8 家，包括华润医药商业集团有限公司、北京科园信海医药经营有限公司、中国医药集团总公司、中国永裕新兴医药有限公司、北京嘉和嘉事医药物流有限公司、北京京卫利达医药物流有限公司、北京九州通医药有限公司、华润新龙（北京）医药有限公司，均建有信息化、自动化和标准化程度较高的，能够辐射不同区域市场的药品现代物流配送体系，大大提高了北京市医药物流供应服务能力。

药品流通企业通过药房托管、医药物流延伸服务等方式与医疗机构形成合作联盟，减少中间环节，药品流通企业掌握第一手药品销售资料，采购计划性更强，从而降低物流和库存成本，协助医疗机构缓解“看病贵”的民生问题。

随着国家新医改政策的实施，北京地区药品流通企业以多种模式推动医院药房的职能从“经济效益型”向“管理服务型”转变。将药师从繁杂的药品管理事务中解放出来，为病患者提供更多的药学服务，降低成本，提升药品质量保障。

国药集团药业股份公司与中国人民解放军空军总医院合作，建立“空军总医院供应商库存管理系统项目”，共同开发了协同管理平台，借助信息平台反应，通过库存共同管理的形式，及时调控医院药品库存，降低双方的库存成本。

嘉事堂药业股份有限公司分别与北京老年医院、通州老年医院、北京华信医院和北京中医药大学东直门医院合作，开展“北京老年医院药库信息化项目”和“北京华信医院药品质量管理改进项目”。前一个项目分为药房药库信息化、药品质量改进、采购及药库委托三类。它改善了北京老年医院原有药库布局不合理、使用率低，HIS 对药库支持不够、不能按批号管理，采购订单无法做质量追踪，药房与药库交接流程没有控制等状况，有效地促进了医院改善服务环境、提高服务质量。后一个项目对北京华信医院原有药库布局、现有存储条件、冷库控制进行改造。企业依靠自身优势，隔离出阴凉库并增加设备，保证药品存储符合 GSP 规范要求；同时，建设温度报警系统，24 小时实时采集及记录冰箱和冷库的温度情况，遇异常情况，及时报警，为药品质量管理提供了有力保障。

九州通医药集团股份有限公司与北京大学人民医院、大兴区旧宫镇中心卫生院和山西医科大学第二医院合作，开发“北京大学人民医院低值耗材统一配送项目”、“旧宫镇中心卫生院中央药库外延项目”、“山西医科大学第二医院住院药房智能化改造项目”。项目取得以下成效：一是耗材统一配送。医院将目前所有低值耗材交由企业统一配送，相关科室使用医院内部耗材自动补货系统，科室直接在系统中做消耗登记，系统采用安全库存机制及时自动为科室产生订单，由企业专业物流人员直接配送到科室，做到耗材中央零库存。二是药库外延。旧宫镇中心卫生院将中央药库移至北京九州通的自动化立体仓库，严格采用 GSP 规范管理，使用先进的条形码技术、领先的医药仓储软件和现代拣选系统来管理医院的中央药库。企业帮助医院药库，完成药品检验收货、在库养护、管理库存、面向医院药房和站点的领用配送工作。三是住院药房智能化改造。通过给医院住院药房智能化改造，安装一台全自动住院药房摆药机系统，并与医院 HIS 集成接口，实现住院医嘱自动从 HIS 中传递到摆药机中实现摆药全自动化，有效减轻药师和护士的负担，大大提高医院工作效率。

（二）推动海内外共同发展

吸引包括跨国公司在内的境外和外地企业前来建立区域总部及全国总部，加强与本市药品流通企业的交流合作，同时增强北京市药品流通市场的经济活力。鼓励北京市药品流通企业“走出去”参加行业整合和并购，参与国际竞争，增强对外贸易的实力。

截至 2013 年 6 月，外资投资在京取得药品经营资质企业已有 3 家：中国永裕新兴医药有限公司、拜耳医药保健有限公司、葛兰素史克（中国）投资有限公司。其中，中国永裕新兴医药有限公司作为中国在医药流通领域的首家外商投资企业，成立于2003 年。2010 年 11 月，美国第二大医药分销商康德乐公司 Cardinal Health 收购了永裕中国全部业务，永裕新兴成为康德乐所属公司，注册资金 2.09 亿人民币。公司分别在亦庄、天竺拥有三个物流中心（其中一个为保税库），面积共计 25 000 平方米，均使用世界排名第一的 SAP 管理系统。物流中心不仅全面符合国家规定的药品经营质量管理规范 GSP，还引入和执行 ISO9001 等国际质量管理标准。在并入美国康德乐公司后，公司的质量管理体系更加完善，把国际化的管理和运营理念与中国本土医药市场结合，不断推出创新，使医院客户能够更加专注于病人的诊疗和护理。公司目前在北京拥有一家直达病患（DTP）零售药店，通过 DTP 零售平台，将直接面对患者和消费者，并为他们提供送货上门、病友交流教育活动、病人数据管理、客户服务中心（包括客户关爱热线），以及和第三方慈善机构联合开展的病友活动和援助活动。这是一种全新的零售药店模式，将在药厂、药店、患者之间搭建起更加畅通的沟通桥梁。

葛兰素史克（中国）投资有限公司成立于 1998 年，为外商独资投资性公司。其母公司葛兰素史克公司是全球最大的、以研究开发为基础的制药企业之一。于 2004 年 8 月获得北京市药监局的批准取得《药品经营许可证》，经营范围包括化学药制剂、抗生素、生化药品、生物制品。

拜耳医药保健是拜耳集团的子公司，总部位于德国勒沃库森，是一家在世界医药保健领域内居领先地位的创新型医药公司，在全球拥有超过 55 700 名员工。拜耳医药保健致力于研发、生产和销售能够改善人类和动物健康的创新产品。公司的业务部门包括拜耳医药保健处方药、保健消费品和动物保健；保健处方药业务遍及 100 多个城市。

通过收购、兼并、联合、参股、控股等方式做大做强，北京药品流通企业努力实现规模化、集约化和国际化经营。

华润医药商业集团有限公司（简称华润医药商业）是华润医药集团全资的大型医药流通企业，华润集团一级利润中心。其前身为北京医药股份有限公司（简称北医股份）。2006 年，北京医药股份有限公司作为北京医药集团下属企业加入华润集团。2012 年 3 月，正式更名为华润医药商业集团有限公司。2011 年之前，北医股份作为北京市的地区性医药流通企业，下属仅北京医保全新大药房有限责任公司、北京优你特药业有限公司等 6 家子公司，主营业务收入 166 亿元。从 2010 年年底，北医股份按照“搭建省级平台，扩大地市级网络”的方针，开始积极并购国内优质医药流通企业，快速形成全国网络布局。目前，华润医药商业在全国 17 个省、市、自治区拥有华润山东医药有限公司、华润苏州礼安医药有限公司、华润国康（北京）医药有限公司、华润普仁鸿（北京）医药有限公司等 88 家子公司，其中，外埠 78 家，北京 10 家，主营业务收入已经突破 630 亿元，跃居全国医药流通企业第二位。

北京同仁堂始创于 1669 年，至今已有 344 年的历史。近年来，集团坚持“以现代中药为核心，发展生命健康产业，成为国际知名的现代中医药集团”的发展战略，以“做长、做强、做大”为方针，以创新引领、科技兴企为己任，主要经济指标连续 16 年保持两位数增长，再创历史最好水平，确保了国有资产的保值增值。2012 年 7 月，北京同仁堂以“专业化、规模化、集团化”为发展思路，创新机制、体制，全面完成股份集团、科技发展集团、国药（香港）集团、健康药业集团、商业投资集团、药材参茸投资集团的组建工作，形成了以六大二级专业型集团为主力军、以三个院（研究院、教育学院、中医医院）为辅助支撑的企业框架，推动了同仁堂的转型发展。截至 2012 年年末，同仁堂整体实现营业收入 200 亿元，共开办零售终端 1 600 余家，国内市场遍布除西藏以外的各省、自治区、直辖市，海外市场在 16 个国家和地区开办了 70 余家零售终端，居全国同行业第一。

（三）大力发展特色经营

大力弘扬本市悠久的中医药文化传统，支持具备民族医药特色的老字号药店在保持传统优势的基础上创新发展。

（1）京城老字号药店同仁堂秉承“尊古不泥古，创新不失宗”的理念，通过对传承与创新的不断探索，走出了一条差异化经营之路，连续多年保持平稳、快速的增长。2011 年同仁堂销售收入即突破 3 亿元，利润 3 000 多万元，比 2007 年翻了一番，成长为全国知名、业绩领先的大型旗舰店。药店紧扣“品牌、人才、发展”中心，围绕“老”与“新”的结合、转化做文章。在三个方面取得突出成效：第一，品牌文化传承上的新老结合。一是老话儿新说，传承质量文化。将“两个必不敢”、“修合无人见，存心有天知”等古训，结合新的市场形势、维权意识、法律意识和专业水平的要求，通过现代质量管理和实践，用新的方式向消费者予以诠释，体现新一代同仁堂人对药品质量和人民群众用药负责，把好质量关的勇气和形象。二是老事儿新办，发扬仁德文化。药店秉承“仁德”精神，结合大栅栏街区特点，在炎炎的夏日，为顾客提供免费饮用水，在人流如织的大栅栏步行街，向公众开放店内卫生间，组织团员青年和党员干部志愿者服务队，义务扫雪、义务送药、医馆爱心号等，树立了良好的同仁堂形象，受到了顾客、社区居民和当地政府的广泛赞扬。三是老理儿新讲，提升品牌文化。采用自编歌舞《大栅栏同仁堂》，“净（敬）匾仪式”等，将教育寓于文化娱乐和有意义的活动之中，使得80后、90后的年轻人在喜爱的歌舞与教育活动中接受到同仁堂人的自豪、使命和社会责任的沐浴。第二，人才培养模式上的新老结合。一是老形式融入新内容。为传统的拜师会增加了“传承文化、传承技艺、传承人品”的新内涵。在师承教育中，加入了每年为期半年的师徒传承大课堂、阶段性考核标准、动态管理制度、师徒传承奖励标准等新内容，寓新于老，使师承教育活动做到了师父真教，徒弟真学，企业真管。二是老思路结合新制度。确立了“一年站稳柜台，三年独当一面，五年初成人才”的新员工培养计划；建立了“周周有培训，月月有考核，年年有评比”的培训管理机制；制定了以培养复合型人才为目标的职工轮岗制度；开展了药味浓厚、深受职工欢迎的《药性赋》培训与比赛。2013年，药店举办各类员工培训近百次，培训员工3 000余人次；100多人参加了药店举办的传统《药性赋》歌诀背诵的初赛。“十二五”期间，在国家和北京市举办的中药调剂员技能竞赛中，10余名职工取得好名次，并在2012年全国职业技能大赛中药调剂员工种比赛中获得了第一名。近些年来，同仁堂药店为系统其他单位输送了50余名技术、文化、思想过硬的人才。第三，经济发展方式上的新老结合。一是新营销促进老产品。通过“文化搭台，经济唱戏”带动传统产品的销售，开辟“图书文苑”销售中医药书籍；建立了“文化展室”，宣传同仁堂文化；举办健康大讲堂，义务为社区居民和往来顾客普及健康生活及合理用药知识；借助网络和电视媒体的力量宣传自己。2012年药店共接待30余家国内外新闻媒体采访拍摄，接待百姓、学生等集体参观4 000余人次。这些举措不仅营造了浓郁的文化氛围，提升了药店的人气，而且运用文化经营扩大了潜在的客户群，提高了同仁堂品种的销售和长期市场的培养。二是新战略引领老药店。结合集团“十二五”期间“同仁堂既是经济实体，又是文化载体”这一战略定位，确立了同仁堂药店“十二五”期间“文化传承旗舰店”的发展目标，建设上“同仁堂中医药文化长廊”和“中药标本展示廊”相继落成，生动演绎了同仁堂老药店的京味儿、药味儿、人情味儿。“周虽旧邦，其命维新。”如同《大栅栏同仁堂》歌曲中唱的，同仁堂药店曾是“低凹古朴的老门脸儿”，发展至今，它已经成为“耸起在百姓心中的同仁堂”新形象。

（2）白塔寺药店作为一家具有悠久历史的老字号药店，凭借规范的管理、优质的商品和完善的服务，得到了社会各界的好评和广泛认可。在激烈的市场竞争中，药店坚持“以德经商、以德待客”的经营原则；充分利用计算机科技管理手段，加大企业商品管理、经营管理、核算管理、信息化管理力度。以提供高质量的药学服务为目标，大力推进规范化服务的创优质服务活动。并通过“优良药房”服务工作的落实，引导广大员工提高认识，增强做好专业化药学服务工作的自觉性，使员工树立了注重药学服务细节的意识。通过开展规范化的药学服务活动，做到坚持质量第一，认真贯彻《优良药房工作规范》所倡导的规范化的药学服务标准，为顾客提供规范、系统、专业的用药咨询和健康保健服务，成为北京市第一家“优良药房”，并获得了“精神文明建设先进单位”、“货真价实”品牌店、“北京市优质特色店”和“北京市商业名牌企业”等多项殊荣。

（3）永安堂加快连锁布局，优化特色服务。北京的永安堂创于明朝永乐年间（1403—1424年），距今有近600年的历史。经营参茸名贵药材、西药、计生药具、营养保健、医疗器械、中成药、汤剂饮片八大类2 500多个品种。1995年，以永安堂为龙头建立了北京第一家“连锁店”，2002年在整合了的永安堂医药总公司旗下原有永仁堂、保和堂、宏仁堂、永安堂、百草等20余家优秀品牌门店的基础上，保留了“永安堂”的老字号品牌，并以“永安堂”注册商标为名组建了北京永安堂医药连锁有限责任公司，形成了统一名称、统一字号、统一门头装修风格，并由总部进行统一管理、统一配送的连锁经营模式，总部设在东城区东四南大街118号，下设门店27家，分布在东城区王府井、东单、东四、和平里、北新桥、安定门、东直门、北京站等主要街区，其中三家拥有东城区首批医保定点药店资质，成为东城区拥有定点药店最多的企业，2012年年底销售额达1.02亿元。

永安堂秉承“实与名副，财以道生”，“讲究配方、精选药材、苛求质量”的古训和优良传统。一方面，延续了早在民国时期就有的传统经营业务：一是“药品邮寄”。就算是一块钱的药，只要顾客提出服务要求，药店都会免费为之办理。王府井百草药店每月邮寄服务业务，用户遍及海内外。二是提供饮片加工。为广大患者及顾客提供饮片及方剂小加工服务，如切片、打粉、制水丸、制蜜丸、制胶囊等，极大地方便了患者用药。三是现场制作膏方。在部分店内设置专柜为顾客现场制作膏方，但由于原材料市场的价格不断上涨，膏方的成本也水涨船高，部分消费者难以承受，但店内仍坚持不收取任何加工费的免费制作原则，吸引了不少回头客。另一方面，不断拓展服务。一是增设了助听器测听、验配等服务。引进了目前国际最先进的全套听力设备和国际最知名品牌助听器，为患者提供助听、选配、佩戴、维修、专业听力检查于一身的“一站式”服务。二是建立了强大专业的客户服务体系，为用户建立档案，定期跟踪回访，给患者提供快捷方便的售前、售中、售后服务。免费为顾客提供上门送货业务，特别针对家中无子女又体弱多病的老年人。三是配备代煎中药，名医坐诊，同时安装了饮水机免费为顾客吃药提供饮用水等多项便民服务。四是于 2007 年 8 月建立了一支以“永安堂”为名的药师团队深入社区，为广大社区居民提供药学服务，宣传基本用药常识，提高群众用药安全意识。以真诚的笑容、专业的用药指导，为来自五湖四海的宾朋提供全方位的高品质服务。

（四）提高药品流通领域电子商务水平

鼓励连锁经营、物流配送与电子商务相结合，提高药品流通领域的电子商务应用水平。构建电了商务平台，通过 B2B 和 B2C 模式建立药品到医疗机构和消费者的直接途径，减少流通环节，降低流通成本。自 2005 年年底北京京卫元华医药科技有限公司作为第一家经许可开办的“药房网”开始，截至 2012 年，北京市具有互联网药品交易服务资格证书的企业共 8 家，其中：具有 B2B 资质的 1 家，为九州通医药网；具有 B2C 资质的 7 家，为北京养生堂药店有限公司、北京德威治医药连锁有限责任公司、北京京卫元华医药科技有限公司、北京嘉事堂连锁药店有限责任公司、北京医保中洋大药房有限公司、北京九州通大药房连锁有限公司、北京金象大药房医药连锁有限责任公司。2012 年互联网药品交易服务年销售额 537 173 万元。

（五）大力发展北京医药会展经济

国药励展展览有限责任公司（简称“国药励展”）是中国医药医疗健康领域领先的展览和会议组织者，是中国最大的医药健康产业集团——中国医药集团的二级子公司。国药励展旗下拥有 20 个展会品牌，包括中国国际医疗器械博览会、全国药品交易会，以及中国国际医药原料药、中间体、包装、设备交易会，全面覆盖整个人类健康产业链及各细分领域，并延伸至生命健康的其他领域。

国药励展通过全年 20 余场国际水准的商贸展览，结合 300 余场专业会议与学术研讨，为来自全球 100 多个国家和地区的近万名展商提供提高生产力与竞争力的创新解决方案，全年展出面积 56 万平方米，海内外专业观众 46 万人。这些平台的推出与完善，实现了“政产学研用”行业上下游的有效互动，提高了产业链各环节的交易效率，推动了产业持续升级，通过信息交流、政策发布、信息发布、商品展示、企业推介等活动，为北京和全国各地药品流通企业提供了良好的服务，促进内外贸、中西药、产供销综合发展。

（六）全面提升行业服务能力

1. 建立健全行业统计制度

合理确定行业统计指标，通过大型批发、零售企业直接报送信息和药品流通主管部门上报信息相结合的方式，建立网上报送平台，及时掌握行业运行动态和发展的全面状况，引导行业健康发展。

自 2011 年商务部的“药品流通行业统计系统”正式开通以来，根据商务部规定，在“药品流通行业统计系统”网上直接报送的企业为直报企业；不能网上直接报送的企业，使用商务部提供的模块进行外网报送为非直报企业。北京药品流通直报企业由最初的 67 家发展到 74 家；非直报企业原有 38 家，由于 1 家企业并入直报企业，现有 37 家非直报企业参与报送；总数由原来的 105 家发展到现在的 111 家，为原有数量的 105.7% 。

2. 提升经营服务水平

在各级政府部门、协会组织和企业的共同努力下，北京药品经营企业经历了 2003 年非典、2008 年奥运会、2009 年建国 60 周年的锻炼和考验，企业第一责任人意识、首都意识、风险意识不断增强，信息化水平、药品质量保障能力得到提升。《药品经营质量管理规范》（2012）于 2013 年 6 月实施，北京医药行业协会以区县为单位对药品批发和零售经营企业进行了覆盖式的法规宣贯活动，企业对药品质量的控制能力、服务能力进一步提升。药品批发企业在计算机、储运环境温湿度自动监测、风险管理、验证管理、冷链管理等方面有效提高。零售企业在执业药师和相关药学技术人员配备、质量体系、岗位责任能力及设施设备方面进一步加强。按照许可规定，零售药店必须具备提供 24 小时服务能力。

3. 药学技术人员明显增长

据执业药师注册中心统计，2010 年北京市药品流通注册执业药师 2 995 人，其中批发 752 人，零售 2 243 人。2013 年注册执业药师 4 512 人，比“十二五”前增长 1 517 人，其中批发 944 人，零售 3 568 人。据药师协会对驻店药师统计，2010 年北京市零售药店驻店药师为 3 462 人，2012 年为 6 836 人，比“十二五”前增加 3 374 人。尽管药学技术人员有较大增长，但按照北京现有零售药店总数 5 531 家的状况，药学技术人员的需求还有一定缺口，对药店实行分级管理也将加速提上日程。

（七）加强行业信用建设

在国家和药品系列“十二五”规划指引和全党、全社会创新社会管理、践行中国梦的背景下，由监管部门统一部署，北京医药行业协会牵头的“药品安全百千万工程”千家示范企业创建工作，被列为市政府折子工程，历时两年余，取得重大成效：一是建立了八个行业诚信标准，夯实了诚信建设基础；二是选出了981家优质示范企业，其中，药品生产企业56家、药品批发企业63家、药品零售企业370家、医疗器械生产企业138家、经营企业261家、保健食品生产企业38家、经营企业42家、化妆品生产企业13家，起到示范引领作用；三是提高了“用北京药放心”、“京牌保健食品”的知名度；四是构建政府监管—社会监督—企业自律为一体的监督体系，促进诚信体系建设；五是促进了新修订GMP/GSP质量管理规范实施力度，加快实施进度，推动医药产业转型升级。

二、下一步工作打算

截至2013年6月底，大部分当初制定的计划完成情况较好，尤其在企业规模上，已全部提前完成规划制定的目标。但是在行业集中度上，目前北京市零售连锁药店占药店总数量的比重仅为20%，距50%的制定目标仍有较大差距。药品批发企业集中度进一步提升，物流及延伸服务开展得较顺利，走在全国前列。中外资药品流通企业融合较好。

针对目前完成的进度，下一步重点开展以下几方面工作：

一是进一步加强行业指导，鼓励零售连锁企业整合，提高连锁化水平。与监管部门协商，在法律框架内出台措施，鼓励企业向大型零售连锁方向靠拢。

二是进一步优化布局，满足市场需求。针对北京市各郊区人口快速增长的现状，引导连锁企业加强网点建设，不断满足人民群众求医问药的需求。

三是进一步加大培训力度，提升行业服务水平。目前北京市执业药师等专业技术人才缺口依然较大。我们要在现有的基础上进一步加大培训力度，保证在满足法律要求的基础上，进一步满足群众关于药品咨询、健康保健等需求，提高行业服务水平，为医改工作贡献力量。

四是建立健全药品流通企业征信数据库。将会同监管部门进一步加强行业信用建设，对于因出现药品质量问题被处罚的企业，要坚决曝光，引导企业诚信经营，保证市场秩序。

距离“十二五”规划期满还有两年时间，时间紧、任务重，我们将保持勤奋踏实的优良作风，调动一切有利资源，为圆满完成全国“十二五”规划的任务而努力奋斗。

天津市药品流通行业“十二五”规划中期评估报告

按照《商务部办公厅关于开展药品流通行业“十二五”发展规划中期评估工作的通知》要求，天津市商务委组织开展了天津市药品流通行业“十二五”发展规划中期评估工作，具体情况如下：

一、上半期行业发展形势、主要指标任务完成情况

一是行业规模进一步扩大。截至2012年年底，天津市共有药品批发企业130家，销售总额50亿元以上的企业3家，30亿元以上的企业5家，建立了以大型龙头骨干企业为主导，以区域型、专业型中小企业为辅助，覆盖整个城乡的药品物流配送网络；药品零售连锁企业30家，下辖连锁门店800家，零售单体药店2 600家。2012年，天津市药品年销售总额达到455亿元，近五年增幅稳定在20%左右，行业总体保持平稳较快发展，呈现出销售增势平稳、效益水平良好的发展格局。

二是行业集中度进一步提高。2012年，药品批发前10名企业销售额占天津药品流通总量的72.4%，排名前10位的零售连锁企业的年销售额达18亿元，约占零售门店总销售量的50%。华润医药商业集团与天津天士力医药有限公司合作成立华润天津医药有限公司，天津医药集团太平医药有限公司兼并天津药材集团有限公司，天津医药集团连锁有限公司与天津敬一堂集团连锁有限公司重组，推进天津市药品流通行业结构调整和发展方式的转变。

三是现代医药物流发展较快。天津市药品流通企业普遍按照GSP管理体系的要求使用信息系统对药品采购、检验、仓储、销售等环节进行管理和追踪。一些大型龙头骨干企业的产业化升级已达国内先进水平，已使用诸如ERP、WMS、无线射频（RFID）、WIFI、GPS、SPD、自动化立体仓库、自动分析系统、冷链物流等先进的信息系统和设备，提高流通效率，降低流通成本，确保药品质量和安全。2012 年，天津市药品流通行业前 10 家重点企业药品配送总额 248 亿元，比上年增长 56%，企业信息化建设投入 1 亿元。

二、上半期采取的政策、措施和开展的工作

（一）明确职责分工，建立工作体系

2010 年 12 月，市编委下发了《关于明确天津市药品流通管理职责分工的通知》（津编机字〔2010〕43 号），明确了“市商务委员会为全市药品流通行业主管部门，负责研究拟定药品流通行业规划、政策和相关标准，推进药品流通行业结构调整，指导药品流通企业改革，推动现代药品流通方式的发展”等工作职责。另外，经协调全市有关部门，市商务委成为天津市医药改革领导小组成员。

2010 年，市商务委与市食品药品监督管理局联合下发了《关于加强天津市药品流通行业管理工作的通知》，依据商务部门职责，对各区县商务主管部门工作提出了要求；召开全市药品流通行业管理工作会议部署工作，市及区县明确专人负责此项工作。

2011 年，成立了天津市医药商业协会。协会的成立，标志着天津市药品流通行业建设的起步，特别是经市商务委推荐，市医药商业协会成为 2012 年天津市先进社团组织。

（二）制定五年规划，明确发展目标

一是药品流通行业发展“十二五”规划。2012 年 8 月，市商务委市场秩序处与行业协会共同草拟了《天津市药品流通行业“十二五”发展规划》，明确了“十二五”期间天津市药品流通行业发展方向、发展目标和发展重点。规划提出，到 2015 年年末，天津市药品年流通总规模达到 550 亿元以上，平均年递增 12%；物流配送能力达到 550 亿元以上；药品零售总规模达到 50 亿元以上，增长 35%，零售连锁经营企业市场份额超过药品零售总规模的 65%。

二是药品流通人才培训“十二五”规划。2012 年 10 月，市场秩序处与行业协会共同草拟出台了《天津市药品流通行业“十二五”人才培训规划》。具体任务是：由市商务委组织推动，协会和经商务部认定的天津生物工程职业技术学院、老百姓大药房连锁（天津）有限公司、天津天士力医药营销集团有限公司三家“全国药品流通行业人才培训基地”具体承办，“十二五”期间，培训各类人员 1 760 人。

（三）积极开展活动，推动行业建设

一是深入开展调研。通过座谈会、走访企业、举办论坛等形式，与企业共同研究分析天津市药品流通行业当前面临的新形势、经营发展的新问题和国家相关新政策，探讨新医改形势下药品流通企业应对举措，形成了《关于对天津市药品流通行业有关问题的调研报告》和《药品流通行业统计报告》。

二是做好药品流通统计工作。利用商务部药品流通统计分析平台，市医药商业协会承担统计报送任务，及时上报天津市药品流通行业运行信息。现在全市共有 13 家直报企业，商务部授予“药品流通行业统计直报企业”铜牌，报送率达 90%，受到全国通报表扬。

三是贯彻落实全国药品流通“五项标准”。市商务委向各区县商务委和市医药商业协会转发了《商务部办公厅关于做好〈药品批发企业物流服务能力评估指标〉等五个药品流通行业标准宣传贯彻工作的通知》。同时，专门致函市医改办、市卫生局、市人力资源社保局、市食品药品监督管理局及医药采购中心，将五个标准纳入全市药品流通采购评价体系，并推动相关宣传培训工作的开展。

四是商务委积极服务行业建设发展。一方面，组织北京银行天津分行与市医药商业协会召开融资对接会，为老百姓大药房连锁（天津）有限公司提供了贷款支持。另一方面，市商务委积极支持协会举办全市药品流通行业职业技能大赛。

三、行业发展趋势预测

（一）药品流通市场增速加快

“十二五”期间是医药卫生体制改革的关键期，随着医保民生工程的推进，新农合和城镇居民医保的政府补贴标准提高，基本药物制度将在基层实现全覆盖。医改措施将释放相关医疗需求，同时带动药品需求的增加，使药品流通的市场规模继续扩大。

（二）现代医药物流发展较快

加速现代医药物流业发展，完善基本药物目录品种的供应保障体系，有效利用邮政、仓储等社会物流资源，促进第三方医药物流发展，提高药品流通效率是药品流通行业转型的核心。具有现代医药物流能力的企业，已将现代医药物流向医院延伸，建立了医院的物流信息管理系统。这一做法顺应了新医改方向，将提升医院药库和药房的管理水平及效率，降低管理费用，推动医药流通企业经济增长方式转变。

四、完成下半期规划的对策建议

（一）鼓励药品流通企业做大做强

支持天津市药品流通企业通过收购、兼并、联合、参股、控股等方式做大做强，实现规模化、集约化和国际化经营。支持药品物流企业立足全市发展，构建覆盖全市的流通网络。引导缺乏竞争力的中小批发企业逐步并入大型批发企

业。鼓励连锁企业收购单体零售药店，实现规模化经营，进一步优化药品市场结构。

（二）推动现代医药物流模式发展

鼓励药品流通企业的物流功能社会化，大力推广医药物流服务延伸工程，鼓励医药物流企业与医疗机构、生产企业进行合作，实施延伸现代医药物流服务，发展第三方医药物流，为进一步解决医药分家问题打好基础。

（三）促进药品营销水平提升

加快现代化的药品物流园区和配送中心建设，利用现代科技手段和信息技术提升医药物流水平。稳步发展药品零售市场电子商务等新型营销方式，鼓励经营规范的零售连锁企业发展网上药店。提高企业的现代管理技术和物流技术应用能力、信息处理能力、业务流程再造与信息化结合能力，促进行业整体供应链管理现代化水平。

河北省药品流通行业“十二五”规划中期评估报告

《河北省药品流通行业“十二五”发展规划》（以下简称《规划》）实施以来，全省药品流通行业认真贯彻落实《规划》的政策措施，主要目标（指标）基本达到预期，取得了较好成效。省商务厅会同省医药行业协会对落实《规划》情况进行了中期评估，现报告如下：

一、主要目标（指标）落实情况

（一）经济总量增长目标

2011 年，全省药品流通行业销售总额完成 312 亿元，增长 10.85%；2012 年完成 366 亿元，增长 17.35%；今年上半年完成 186 亿元，同比增长 12.65%；两年半平均增幅 15.3%，达到《规划》中年均增长 11% 的目标。按照目前增幅走势，到 2015 年有把握实现 600 亿元的销售目标。

（二）重点企业发展目标

2012 年国药乐仁堂医药公司营业收入首次超过百亿元，达到 105 亿元，初步实现了《规划》中设定的 1～2 家年销售额过百亿元的目标；实现《规划》中设定的培育 2～3 家年销售额过 50 亿元的大型药品流通企业的目标虽然存在一定困难，但只要全省各方面和企业共同努力，到 2015 年将有望实现。

（三）连锁经营发展目标

两年多来，随着新医改推进及政策导向，全省药品零售连锁企业增加了 18 家，达到 92 家；零售连锁企业的门店增加了 251 个，达到 2 272 个。但 2012 年全省进入全国百强药品零售企业的只有 4 家，其中拥有 100 家门店以上的企业有 3 家，距《规划》中设定的“培育 8～10 家国内知名零售连锁企业，每个企业拥有门店达到 120 个以上”的要求仍有较大差距，需对指标进行适当调整。

（四）物流体系建设目标

截至 2013 年 6 月底，全省已建成现代医药物流配送中心 4 家；在建拟建面积超过 2 万平方米的医药物流节点有 5 家。预计到 2015 年，将实现《规划》中设定的“专业化医药物流企业达到全省医药物流服务能力的 30% 左右”目标。

（五）中药材市场建设目标

2012 年年底，河北省政府决定以中药材流通追溯体系建设为契机，改造安国市基础设施，推动中药材流通现代化和中药产业发展，建设安国中药都。目前总体规划已获专家评审会通过，大项目招商和征地工作进展顺利，预计到 2015 年年底建设项目将全面竣工，届时安国中药产业规模也将突破 500 亿元，其中三产实现 330 亿元。据此测算，可如期完成预定目标。

二、主要政策措施落实情况及主要成效

“十二五”上半期，全省药品流通行业紧密围绕《规划》中提出的“六项重点任务”开展各项工作，主要措施有：

（一）加强行业引导，助推龙头企业发展

在《规划》和政策引导下，全省药品流通大公司大集团稳步发展。2012 年，国药乐仁堂、河北中诚、东盛英华三家龙头企业营业收入 168 亿元，同比增长 40.91%。其中，河北中诚、东盛英华分别排在 2012 年全国批发业第 23 名和第 40 名。在零售企业全国百强排序中，石家庄新兴药房排在第 45 位，石家庄乐仁堂医药连锁排在第 47 位，廊坊市一笑堂排在第 55 位，河北神威大药房排在第 65 位。排名结果显示，这些企业基本上都是近年来在相关政策的引导下，通过挖掘自身经营管理潜力，努力开拓进取，从而跻身河北省

药品批发和零售市场第一阵营的。

（二）落实发展规划，鼓励药企兼并重组

围绕“十二五”规划的发展目标和任务，全省努力推进行业结构调整和发展方式转型升级，引导和促进企业兼并重组，加快提高集中度，不断提升流通效率和管理现代化水平。目前，国药乐仁堂医药公司已在全省10个地市兼并了11个药品流通企业，业务覆盖面进一步扩大。石药集团河北中诚医药有限公司坚持以医院配送、药品批发、新药代理和终端推广为核心业务，积极开展兼并重组，现已完成对省内10家市级医药公司和10家优质县级医药公司控股收购，基本建成了覆盖全省的药品营销和配送网络。石家庄新兴药房连锁采取新设和收购的方式，不断扩大经营规模，2014年新增门店20多个，目前拥有5家全资子公司、200家直营门店、2 000多名员工，是河北省最大的连锁药店之一。

（三）创新服务模式，医药物流延伸稳步推进

面对医药分开、公立医院改革带来的挑战与契机，全省药品流通企业积极探索推进供应链管理应用，不断创新服务模式，开展医院院内药品物流及药房托管等延伸服务。目前，全省开展医药物流延伸服务的企业有5家，其中，国药乐仁堂与石家庄市中心医院的医药物流合作取得阶段性成果，实现了企业药品供应信息与医院信息系统无缝连接，药品可直配药房。河北中诚医药公司以“建立工业和医疗终端的快速通道”为目标，积极探索医药物流延伸服务模式。目前，该公司与全国1 500多家上游企业进行了深度合作，下游覆盖省内近3万家医疗终端，服务领域和服务水平得到有效提升。

（四）推广先进信息技术，发展现代医药物流

在药品流通行业逐步形成的统一的大流通、大市场格局下，全省药品流通企业极大地提高了企业信息化水平和流通效率。2012年全省药品流通行业信息系统建设投入10.3亿元，同比增长810.03%，比2011年多投入9.17亿元。目前，全省大多数医药物流企业常用的信息化设施设备主要是WMS仓储管理系统、自动分拣系统、自动堆垛机立体仓库、电子标签拣选系统（DPS）、RF手持终端系统、条码扫描复核设备等。相信随着这些措施的影响到位，医药物流现代信息化建设将成为热点，获得巨大发展。

（五）强化诚信建设，打造企业信誉品牌

从2011年开始，全省就将药品流通行业纳入信用建设范畴，加大诚信宣传教育力度，引导药品流通企业开展“诚信经营”示范创建活动，按照遵纪守法、诚实守信、制度健全、诚恳规范服务、履行社会责任，并自觉接受政府、社会和舆论监督的创建要求，规范药品经营企业经营行为。通过行业自律和社会监督，评选出一批诚实守信经营的示范店，树立了一批行业信用良好的企业。其中，国药乐仁堂还被评为2012年度中国药品流通行业企业信用等级评价AAA级。

三、规划执行过程中存在的困难和问题

从《规划》运行两年多的实践来看，实施情况总体良好。但还存在一些差距和问题，应引起高度重视。

（一）转型升级仍需进一步加快

行业主体多、小、弱的格局仍未彻底改变，主要原因是零售连锁药店发展缓慢，连锁率仍然较低。其次在药品批发领域，虽然河北省兼并重组的步伐有较大进展，但与国内强势同行相比，行业集中度仍然偏低，难以形成跨省份的区域药品销售网络。

（二）创新发展能力亟待提升

尽管部分企业在开展对医院院内药品物流延伸服务、进行医院物流管理系统（SPD）试点、承接药房托管、承接医院药库外设管理以及药店承担社区医疗机构药房功能试点等新型服务模式方面略有触及，但深度和广度不够。

（三）流通秩序有待进一步规范

近年来，全省医药市场经过多次治理整顿，流通秩序总体趋势向好。但仍存在一些问题，主要表现在经营假劣药品、不正当药品促销和商业贿赂等违法违规现象时有发生，成为影响药品流通市场正常秩序的突出问题。

（四）相关配套政策有待完善

新医改以来，全省地方立法工作取得了一定进展，先后出台了《河北省药品经营、使用监督管理办法》、《河北药品安全管理办法》等文件，但仍然有一些实际工作缺乏政策依据。一些药品市场需要的法规规章迟迟没有出台，尤其是企业在实施《规划》的实践过程中亟需相关部门研究制订鼓励性的政策措施。

四、完成下半期规划的措施和建议

今后两年多的时间，是实现《规划》目标的关键时期，需要准确把握当前新医改和行业发展形势，审时度势，抓住各种机遇，以更大的决心、更高的标准和更强的力度推进《规划》各项目标任务的顺利完成。

（一）要进一步高水平推进《规划》的实施

坚持《规划》确定的指导思想和发展定位，充分发挥《规划》对药品流通行业发展的总体指导，并通过对《规划》的中期评估工作，科学总结经验教训，正视存在的差

距和困难，增强危机感和使命感，强化优势，强攻难点，突破薄弱环节，不折不扣地落实好各项政策措施，确保《规划》目标任务圆满完成。

（二）要进一步加快行业结构调整

按照《规划》提出的目标，做强做大是药品流通行业发展的主题。因此，下半期要继续出台相关政策，加快行业结构调整，重点鼓励和支持省内骨干企业通过收购、兼并、联合、参股、控股等方式，促进各业态要素资源的整合，实现规模化、集约化经营，进一步提高行业集中度，着力打造一批主业突出、核心竞争力强、市场化程度高的国内知名龙头企业。

（三）要进一步探索医药物流延伸服务

目前，全省共有560多家医院和1 960多个卫生院，药品流通企业如果能够积极参与医疗机构药库药房的改造，引进先进的物流和信息化技术，推广供应链管理，将是一个巨大的市场。为此，建议出台相关政策，鼓励和支持药品流通企业加强与基层医疗机构的合作，通过市场化的办法，探索医药物流延伸服务。这样既可充分利用药品流通行业的社会资源，又能为患者提供更多更好的药品服务。同时，也是破解“医药分开”难题的有效途径。

（四）要进一步推进医药物流信息化发展

省医药行业协会提供的数据显示，目前全省有近2 000多家医药批发企业，其中应用现代信息技术企业的不足四成。因此，建议出台相关政策，鼓励企业积极推广应用全球卫星定位系统（GPS）、电子数据交换系统（EDI）、自动连续补货系统（CRP）、电子订货系统（EOS）、销售时点实时控制系统（POS）、寻车寻货系统（KIT）、资金快速支付系统（EFI）以及实现信息快速输入的条形码技术，促进全省医药物流业的快速发展。

（五）要进一步加强药品市场监管

首先要进一步完善市场规则。建议有关部门将现有管理法则进行梳理，完善市场规则，着力解决一些长期困扰河北省药品流通秩序的突出问题。其次要加大行业监管力度。相关部门要尽快完善政策规制和加大打击力度，整治药品流通领域中出现的违法违规现象，为《规范》的顺利实施创造有利条件。

（六）要进一步加快推进新版药品GSP的实施

新版药品经营质量管理规范（GSP）已经公布，并于今年6月1日起正式实施。鉴于药品流通企业经营费用攀升、整体盈利能力低下和中小企业基础设施距新GSP要求差距较大的现状，以及多年来国家对药品流通行业扶持力度不足的现实情况，建议国家和省里增设专项资金对药品流通企业特别是基层企业的GSP改造给予扶持，促进新的药品流通质量管理规范顺利实施，保证广大人民群众用药安全、有效、方便、可及。

（七）要进一步做好“五项标准”的宣传和贯彻实施工作

全省将积极引导和监督药品流通企业认真执行《药品批发企业物流服务能力评估指标》、《零售药店经营服务规范》、《药品流通企业诚信经营准则》、《药品流通行业职业经理人标准》、《药品流通企业通用岗位设置规范》等五个药品流通行业标准。同时鼓励有实力的企业积极发挥骨干作用，在执行“五项标准”中强化引领示范作用，提升企业管理和服务能力，促进药品流通行业健康发展。

（八）要进一步加强规划实施预警监测

建立《规划》监测评估制度，使《规划》实施工作更具有针对性和时效性，为今后如何推进《规划》的实施、落实具体工作指明方向。

山西省药品流通行业“十二五”规划中期评估报告

一、上半期药品流通行业发展形势的总体评价

（一）药品流通行业规模不断扩大

截至2012年年底，山西省药品流通企业10 244家，其中批发企业418家，零售企业9 826家，其中连锁经营企业70家，下辖门店2 534个，医保定点门店约1 900家（太原市270—280家）。2012年全省医药商品销售总额220亿元，连续三年保持了20%的增幅，其中批发企业销售总额171亿元，零售企业销售总额49亿元。

（二）行业集中度不断提升

年销售额在10亿元以上的企业有4户，分别是国药集团山西公司、国药控股山西公司、山西新龙药业、山西康美徕药业等，一批大型药品流通企业通过并购重组规模不断壮大，在山西省药品流通行业中发挥了引领作用。在业态创新、技术进步、方便群众用药、服务民生中得到应有体现，规范经营得到推广，零售连锁不断扩大，行业集中度显著提高。

（三）现代医药物流不断完善

山西省现代医药物流建设、药品连锁经营及第三方物流推广等领域逐步得到发展，以电子信息平台、现代物流支撑的药品配送比例逐步增加，物流效率得到提高，对繁荣市场、保证人民身体健康、满足人民用药需求发挥了重要作用。

从总体上看，全省药品流通行业近年来有长足的发展，但与发达省份相比尚存在着一定的差距。主要体现在行业集中度低，流通业态单一，经营结构不合理，行业中高端人才匮乏，现代物流等新型流通技术还没有普遍得到应用，行业管理制度及行业标准等基础性工作薄弱，个别地方药品流通行业管理机构还没有理顺，低、小、散、弱、乱的现象没有得到根本改观。

二、规划中的主要指标和任务完成情况

（一）主要指标完成情况

（1）按照山西省《规划纲要》要求，到2015年年末，培育5家年销售额超30亿元的大型医药商业集团。从2012年的销售情况看，排在前六位的药品流通企业销售情况为：国药集团山西有限公司30亿元，国药控股山西有限公司18亿元，山西新龙医药有限公司11亿元，山西康美徕药业有限公司10.8亿元，华润山西医药有限公司6.3亿元，九州通山西药业有限公司5.8亿元。从目前的情况看，到2015年年末实现5家超30亿元的大型医药集团，尚存在一定困难。

（2）按照山西省《规划纲要》要求，到2015年年末，每个地级市重点培育2—3家具有一定实力和现代医药物流能力的批发企业。从2012年年底执行情况看，国药系、华润系、九州通系以及本省亚宝药业、振东集团、山西康美徕药业、山西顾得药业等企业都在布局各地级市医药物流中心，并且已经陆续投入使用，因此这个目标可以超预期实现。

（3）按照山西省《规划纲要》要求，到2015年年末，连锁药店占全部零售药店的比重提高到2/3以上。截至2012年年末，山西省零售企业9 826家（药品零售连锁总部70家，零售连锁门店2 534家、零售单体门店7 292家），连锁药店占全部零售药店的25.78%（2011年连锁药店占全部零售药店的27.82%）；零售连锁门店数虽然同比增长8.5%，但连锁率下降了2.04%，还没有达到占全部零售药店的1/3。由于缺乏必要的兼并重组政策措施，加之新版GSP落实需加大投入等因素制约，实现连锁药店占全部零售药店比重的2/3以上的目标尚有较大困难。

（二）任务完成情况

1. 加强行业布局规划，健全准入退出制度

一是在加强行业调研的基础上，借助《规划纲要》发布时机，积极会同卫生、食药监、工商等部门，协调批发和零售药店数量和网点的科学分布，促进了行业布局的合理化、科学化。二是积极引导企业走批零一体化的路子并逐步扩大连锁药店数量规模，鼓励大中型医药企业开展连锁药店业务。

2. 调整行业结构，完善药品流通体系

在提高行业集中度方面，鼓励具备条件的大中型药品流通企业做大做强，组织有关企业召开了“推动山西省药品流通企业规模化发展”座谈会，积极推进国药、华润、九州通等国内知名企业和山西省亚宝、振东等优势企业参与山西省药品流通企业的并购重组。中国医药集团总公司重组了山西省医药集团有限公司，华润医药集团公司（并购山西新龙药业有限公司、山西合百药业有限公司、山西康兴源药业有限公司）和九州通医药集团公司（收购山西新予药业有限公司）先后并购了山西省4家药品流通企业，借助这些大集团的力量实施兼并重组，三年内引进资金20多亿元，使得这些大集团销售收入总额达101.5亿元，占全省药品流通企业销售收入的50%，为提升行业集中度做出了贡献。

3. 发展现代医药物流，提高药品流通效率

积极推进以信息化带动现代医药物流发展。广泛使用先进信息技术，优化业务流程，提高管理水平。发展基于信息化的新型电子支付和电子结算方式，降低交易成本。引导产业发展，实现药品从生产、流通到使用全过程的信息共享和反馈追溯机制。两年来结合全省实际，积极推进各市及重点药品流通企业现代医药物流园区的建设。已建成的有：国药控股山西物流中心建设项目、山西双鹤药业现代医药物流中心建设项目、山西长城医药物流配送中心建设项目、阳泉市医药配送物流园区建设项目、运城黄河金三角药品物流配送中心建设项目、山西振东医药物流建设项目等。

4. 促进连锁经营发展，创新药品营销方式

截至2012年年底，全省药品连锁经营企业已经发展到70家，下辖门店2 534家，比初期2 342家增加了192家，销售总额达到49亿元。随着药品流通行业的不断发展，山西省药品流通企业积极探索与医疗机构开展形式多样的医药物流服务延伸合作。以国药集团山西公司、华润山西医药

有限公司、国药控股山西有限公司、九州通山西有限公司等为代表的医药物流企业，通过采取“医药供应链项目”、“药库社会化管理”、“自动化药柜”等项目与医疗机构深度合作，优化了供应链体系，与客户的合作更加紧密。同时，以山西仁和大药房为代表的药品零售连锁企业也在营销创新方面勇于实践；他们依托零售药店创办的连锁诊所也引起业界关注，在参与服务社区居民就近医疗和健康管理方面进行了有益的探索。

5. 健全行业管理制度，规范药品流通秩序

按照商务部的统一部署，省商务厅会同有关部门研究制定药品批发企业营销人员、药品生产企业和药品经营代理企业医药代表的资质管理办法和行为规范，实行持证上岗和公示制度，保证依法依规销售药品和推广新药。逐步实施药品流通企业分类分级管理制度，根据不同类别和等级采取不同的管理措施，激励企业在规范经营的基础上改善服务设施，提升管理和服务水平。配合有关部门严厉打击经营假劣药品、商业贿赂、倒买倒卖税票、挂靠经营、非法经营网上药店、发布虚假药品和保健品广告等违法违规行为；整顿规范中药材流通秩序，积极引导相关企业建立质量追溯体系。充分发挥商务行政执法投诉举报热线的作用，完善投诉举报的受理、处理、移送和反馈机制。发动各方面力量，加强对药品流通行业的社会监督。

6. 加强行业信用建设，推进企业诚信自律

积极推进山西省药品流通企业开展信用建设工作，建立了骨干流通企业信用档案，加强与政府部门间监管信息的对接与共享，鼓励并择优推荐山西省药品流通企业参加国家级行业组织的企业信用评价工作。到2012年年底，省国药控股山西公司和山西仁和医药零售连锁有限公司分别参加了国家级行业协会组织的信用评价活动，并被评为3A级企业。

7. 搭建服务平台，积极引进资金、技术和管理

搭建多功能服务平台，发挥政府主管部门和行业协会作用，建立药品流通投融资合作发展平台，促进中西药、产供销协调发展。积极组织引进资金、技术和管理，吸引国内外药品流通企业按照有关政策扩大在山西省的投资，参与药品流通企业兼并重组。多次组织流通企业参加商务部专题培训和交流考察，学习借鉴国内外先进管理经验和营销方式，提升管理服务水平。

8. 加强行业基础建设，提升行业服务能力

按照商务部的统一要求，省商务厅为建立山西省药品流通业态分类分级管理及现代流通设施与信息化、中药材商品等级、职业经理人与从业人员资质和岗位规范、企业经营服务、信用建设和社会责任等相关标准体系开展调研，建立相关数据库，为全面启动做好准备。根据《全国药品流通统计制度》的要求，认真开展直报企业和各市行业主管部门共同参与的药品流通统计工作。目前全省直报企业已经达到37家，及时掌握全省药品流通行业运行和发展的全面信息，辅助政府决策，引导行业发展。

三、上半期采取的政策、措施和开展的工作

（一）夯实基础，切实履行职能

一是构建了省、市、县三级药品流通管理机制，落实机构和人员。二是向企业发放《山西省药品流通企业基本情况调查表》，抽调专人深入到重点企业登门走访，宣传药品流通管理职能，了解行业发展情况和企业在发展中存在的问题。三是组织相关企业认真学习贯彻商务部发布的行业“五项标准”，在召开宣传贯彻会议的基础上，利用网络、发放宣传资料、组织互动交流等方式，把“五项标准”的内容传达到每个流通企业。四是建立了企业联系制度，从2012年开始在省、市商务主管部门建立了与药品流通企业联系制度。省厅负责联系企业30户，各市负责联系企业15户，通过与企业的联系及时掌握企业的发展情况和问题，有针对性地做好行业管理工作。五是落实了药品流通行业统计上报制度，在全省范围内选取了37户重点药品流通企业作为直报企业。

（二）加强调研，确切解决企业实际问题

一是广泛听取企业意见和建议。为掌握企业发展现状，推动企业做大做强，先后召开了多次主题座谈会，针对企业的意见建议，形成多个专项报告和情况反映报相关单位和领导。二是积极开展药品流通工作调研。深入到企业了解发展情况，结合工作实际，开展了“基本药物采购有关情况”“医药分开改革试点”“医药物流服务延伸”“中药材追溯体系建设”等课题的调研，促进了药品流通企业的发展。三是为企业发展搭桥服务。搭建融资平台，鼓励企业多渠道筹集资金，解决行业融资难的问题。组织召开了由药品流通企业、金融单位、信用担保公司等单位参加的银、信、企对接会，为企业融资创造了条件。四是积极反映企业诉求。为推动药品配送企业参与药品招标采购工作，积极与卫生部门协调，把企业参与招标采购的意见和建议报卫生部门，通过多次协商使问题得到了解决，极大地维护了药品流通企业的利益。

（三）积极推进药品流通行业人才队伍建设

为提高药品流通行业人才队伍整体素质，制订了山西省药品流通行业“十二五”人才培训方案，在积极组织向商

务部推荐参加高级职业经理人培训的同时，着手建立了药品流通行业中级职业经理人培训基地。全省正在建设山西省药品流通行业网上在线教育平台，解决职工培训脱产难问题。

四、规划执行过程中存在的困难和问题

（一）行业管理工作基础薄弱

由于医药行业管理近 10 年多次变换主管部门，职能划转后基础数据资料没有顺畅交接，导致推进工作时顶层设计缺乏支撑数据。加之山西省属能源重化工基地，涉及医药行业和第三产业发展的相关鼓励政策、资金支持和配套措施也欠缺，对商务主管部门在推进药品流通企业兼并重组、做大做强，提高行业集中度和创新商业模式等方面有一定的影响。

（二）规划目标受国家政策、企业战略变化的影响较大

一是重点企业发展目标受行业龙头企业战略调整的影响将难以实现培育 5 户年销售额超 30 亿元企业的目标，目前只有 1 户超 30 亿元的企业；二是中小零售企业因成木不断上升，医保政策向零售开放有限，加之医院处方流出甚少，企业面临的困难与挑战更为严峻，连锁率由规划初期的 1/3 提升到 2/3 的目标也不能如期实现。

（三）规划执行与行业管理关联度不紧密

主管部门对行业规划目标的实现缺乏有效的调控手段。

（四）企业在经营中遇到诸多问题

一是由于基本药物采购中实行了公开招标、单独议价两种采购方式，药品流通企业只能降价竞标，企业的利润下降较大，影响了企业的做大做强。二是由于实行基本药物在基层医疗机构的零差率销售，加之有些医院实行电子处方和药房托管，药店没有处方来源，为了争取消费者，药店的药品销售价格就要降低，从目前看一些零售药店出现了亏损，生存空间越来越小。三是由于实行统一配送，对一些偏远地区的乡镇卫生院配送较难，用药量少，物流成本较高，亏本配送。四是由于制度不够健全，货款支付有时不能按期限及时结算到位，有些医疗机构长期拖欠企业货款，影响了企业的正常经营和发展。

五、下半期药品流通行业面临的形势判断

（一）国家在深化医药卫生体制改革中出台的政策法规，涉及药品流通方面少且没有实质性的措施，对药品流通企业的改革、兼并重组、做大做强、创新商业模式缺乏鼓励政策，药品流通企业的弱势地位很难在近期内有根本改善。

（二）山西省大型药品流通龙头企业较少，实力相对较弱，在企业兼并重组、提高行业集中度上面临一定的挑战，行业集中度低，结构不合理，小、散、弱、乱的现象不会有实质性的改观。

（三）由于行业管理缺乏有效抓手，推动药品流通行业发展的长效机制和具体措施尚未确立，全面实现“十二五”发展规划的目标任务，仍面临很多困难和挑战。

六、规划最终运行结果的趋势性预测

从上半期山西省药品流通行业发展情况看，全面落实全省“十二五”规划确定的目标任务存在较大困难。

从 2012 年企业销售情况的排名看，排在前三位的国药集团山西有限公司实现销售额 30 亿元，国药控股山西有限公司实现销售额 18 亿元，华润山西新龙医药有限公司实现销售额 11 亿元；到 2015 年年末，难以实现 5 家超 30 亿元的大型医药集团的目标。

截至 2012 年年末，山西省零售企业 9 826 家，其中药品零售连锁总部 70 家，零售连锁门店 2 534 家，全省零售药店连锁率仅为 13%，到 2015 年年末难以实现连锁药店占全部零售药店比重 2/3 以上的目标。

七、调整规划指标和任务的建议

从上半期落实规划的进度看，有些指标任务难以完成，结合山西省药品流通行业发展实际，拟对两项指标进行调整。

一是把培育 5 家年销售额超 30 亿元的大型医药商业集团指标修改为培育 1 ~ 2 家年销售额超 30 亿元的较大型医药商业集团。

二是把连锁药店占全部零售药店的比重提高到 2/3 以上的目标修改为提高到 30% 以上的目标。

八、完成下半期规划的政策措施建议

（一）建议国家尽快出台鼓励药品流通行业持续健康发展的相关政策措施

一是要做好提高行业管理水平的顶层设计。借鉴发达国家行业管理经验，突出抓好流通领域关键节点的案例调查分析，通过对典型案例的调查处理，起到对行业发展的引领和震慑作用。行业管理部门要增加法律、生物医药技术和信息化方面专业人才，能在引领、监管、协调和服务方面有所作为。建议国家在修改《药品管理法》时，强调市场在配置资源中的决定性作用，在优化资源配置的前提下提高行业集中度，充分发挥第三方物流的作用，让流通企业集中精力开发商业功能。二是建议国家尽快制定出台相关配套政策和措

施，建立促进行业发展的长效机制，给企业做大做强、提高行业集中度等方面提供政策和资金支持，保证规划目标的实施。三是建议国家在税收方面能予行业以优惠，尤其是对零售连锁企业。四是鼓励药店开展多种经营，夯实生存基础。五是优化社区卫生资源，充分发挥社区零售药店的服务功能，鼓励社区药店参与公共卫生服务。

（二）突出时代特点，争取形成突破

一是继续推动行业兼并重组，提高行业集中度。按规划要求积极引导药品流通企业兼并重组，鼓励有规模、有实力的企业通过兼并、收购扩大企业规模，降低流通成本，提倡品牌企业拓展批零一体化并开展连锁经营，全面提高药品零售连锁企业的市场占有率。二是积极与有关部门协调，扩大基本医疗保险定点药店覆盖范围，增加药店承担社区医疗服务的功能，对具备现代医药物流条件，批发零售连锁一体化的零售连锁药店实现医保定点全覆盖。三是面对消费升级的新形势要鼓励大型药品流通企业在实现批零一体化的同时积极向大健康领域拓展，不断增加商品品类和服务功能。四是全面推进电子商务与传统业态的全面融合，引导企业重新审视和切实关注移动互联网时代新型消费需求和消费特点，对具备条件的大型药品零售连锁企业给予网上售药资质，实现线上线下一体化，降低流通成本，方便百姓购药，扩大药品销售规模，迎接真正以消费者为中心的新商业文明时代的到来。

内蒙古自治区药品流通行业“十二五”规划中期评估报告

一、上半期药品流通行业发展形势的总体评价

药品流通行业“十二五”发展规划执行上半期，内蒙古自治区药品流通行业发展势头良好，伴随着国家新医改的深入推进和各项行业政策、标准的出台，相关主管部门大力支持行业结构调整和发展方式转型升级，进一步提高行业集中度；药品流通企业不断提升流通效率和管理水平，全区药品流通行业整体呈现持续、健康的转型发展趋势。

二、规划中主要指标的完成情况

（一）整体规模

截至2012年年底，全区共有药品批发企业179家，批发所属零售门店514个；药品零售连锁企业22家，下辖门店973个；零售单体药店9 000个；零售药店门店总数达10 487个。截至2012年年底，全区具有互联网药品交易服务资格的企业有1家。

（二）效益情况

2012年全区药品流通直报企业主营业务收入36亿元，同比增长27.6%；实现利润总额6.72亿元，同比增长36.2%。

（三）销售结构

按销售品类分类，药品类销售居主导地位，销售额占七大类医药商品销售总额的82.6%；其次为中成药类，占9.4%；中药材类占1.6%，医疗器械类占3%，化学试剂类占0.1%，玻璃仪器类占0.05%，其他类占3.2%。

按销售对象分类，2012年对批发企业销售额为17.05亿元，占销售总额的31.2%，纯销（包含对医疗终端、零售终端和居民的销售）为37.6亿元，占销售总额的68.8%。

（四）所有制结构

直报企业中，国有及国有控股企业主营业务收入14.1亿元，占药品流通直报企业主营业务总收入的38.7%，实现利润4 109.1万元，占直报企业利润总额的61.2%；股份制企业主营业务收入16.4亿元，占直报企业主营业务总收入的45%，实现利润4 038.5万元，占直报企业利润总额的60.2%。国有及国有控股企业、股份制企业占行业发展的主导地位。

（五）配送结构

2012年，药品批发直报企业商品配送货值9.8亿元，物流费用175.9万元。物流费用占企业三项费用（营业费用、管理费用、财务费用）总额的0.4%，占营业费用的0.6%。药品流通企业在物流建设和信息化建设中的投入继续提升，信息系统建设投入1 735万元。

（六）对GDP、税收和就业的贡献

2012年全区社会消费品零售总额为4 534.5亿元，第三产业增加值为5 508亿元。药品流通行业销售总额占社会消费品零售总额的1.23%；占第三产业增加值的1%。2012年全区药品流通直报企业应交税金 4 323 万元，全行业从业人数约为 10 688 人。

三、围绕上半期采取的政策、措施和开展的工作

（一）明确药品流通行业管理职能

2012 年年初，自治区编制委员会印发了《关于自治区商务厅调整部分内设机构及主要职责的批复》（内机编发〔2012〕7 号），明确了自治区商务厅“承担药品流通相关管理工作，拟订药品流通的规章、标准和政策并组织实施”职能后，及时对各盟市发文，要求盟市尽快明确本地药品流通行业主管部门，以便建立工作关系，共同做好药品流通管理的工作。目前，已经有 3 个盟市（通辽市、阿拉善盟、巴彦淖尔市）明确了药品流通行业管理职能。

（二）做好药品流通行业相关统计工作

督促药品流通统计直报企业完成各类药品流通统计报表报送工作，根据商秩司函〔2013〕3 号文件的附件 2（2012 年药品流通行业统计系统直报企业填报率）的统计，全区 22 家直报企业中，填报率在 80% 以上的企业达到了 16 家。其中，直报率超过 90% 的 5 家企业被商务部通报表扬。在做好药品流通统计工作的同时，商务厅积极督促中药材流通企业按时完成了商务部中药材重点品种流通分析直报系统统计报送和中药材种植情况年报。

（三）做好铬超标胶囊查处工作

根据商务部工作部署，要求各盟市积极配合有关部门做好案件的查处工作，确保药品流通行业经营管理秩序稳定。自治区商务主管部门会同食品药品监管部门在药品经营和使用各个环节对媒体曝光铬超标胶囊剂药品进行彻底排查。共查封扣押通报的涉嫌铬超标胶囊剂药品 626.3 万粒，空心胶囊 508 万粒。对 27 家在产企业的胶囊剂药品进行了全覆盖监督抽验，共检出 4 家企业 4 个品种、6 个批次的不合格胶囊剂药品，责令企业对已销售的胶囊剂药品进行召回，并对生产铬超标胶囊药品的企业进行依法处罚。受理了区外 105 家药企的召回申请，累计在内蒙古召回不合格胶囊剂药品 197.9 万粒，监督销毁铬超标胶囊剂药品 202 万粒，销毁空心胶囊 79.7 万粒。

（四）做好国家药品流通行业人才培训基地推荐、中药材流通追溯体系试点建设项目上报工作

根据商务部《关于请协助遴选药品流通行业人才培训基地的函》（商秩司函〔2012〕234 号）文件精神和乌兰察布市山城职业培训学校的申请，积极指导乌兰察布市山城职业培训学校严格按照商务部有关要求，准备了全套申请材料，并向商务部推荐上报；根据商务部中药材流通追溯体系建设项目相关安排，组织赤峰市商务局积极准备了申请材料，并及时向商务部推荐上报。

（五）积极参加自治区医改领导小组相关工作

主动配合自治区医改领导小组开展工作，积极参加自治区药材领导小组办公室联席会议，密切跟踪各项医改政策进展，协调解决各种不利于行业发展的问题，积极反映药品流通企业诉求，及时向各盟市商务主管部门和药品流通直报企业宣传、解读医改新政策，为基层提供强有力的政策支持。全程参与自治区医用耗材集中采购相关工作，对《内蒙古自治区医疗卫生机构医用耗材网上集中采购产品分组及准入价制定办法》、《内蒙古自治区医疗卫生机构医用耗材网上集中采购评审办法》、《内蒙古自治区医疗卫生机构医用耗材网上集中补充采购实施细则》等相关文件提出修改意见，促进内蒙古医用耗材网上集中采购工作的顺利开展。

（六）抓好药品流通行业标准宣传和贯彻工作

参加了商务部在北京举办的全国药品流通行业标准宣贯工作会议，认真学习会议精神，并于 2012 年 12 月底前召开工作会议，向各盟市商务主管部门传达了会议精神，印发了“药品流通行业标准材料汇编”，制定并印发了《内蒙古自治区宣传贯彻〈药品批发企业物流服务能力评估指标〉等五个药品流通行业标准工作方案》，对“标准”宣贯工作提出了具体要求，为后续工作顺利开展奠定了基础。

（七）配合商务部做好市场调研工作

接待了商务部市场秩序司温再兴巡视员一行三人来自治区进行的基层药品流通调研工作。温再兴巡视员一行先后深入到乌兰察布市集宁区、化德县，锡林郭勒盟正蓝旗、锡林浩特市调研农村牧区药品流通工作情况，分别与地方商务和食品药品监管部门负责人及药品流通企业进行了座谈，并赴药品流通企业进行实地考察，详细了解了农村牧区药品供应现状、存在的问题与不足，认真听取了企业对商务政策支持的意见和建议。

四、规划执行过程中存在的困难和问题

近期，内蒙古商务厅按照中期评估的有关要求，对全区药品流通行业发展情况进行了大量调研、摸底工作，发现规划执行中最大的问题来自企业自身发展。具体问题如下：

（1）医疗机构拖欠货款时间过长，使企业生存和发展空间受到严重挤压。企业最长回款时间可达 9 个月，一般情况下 3—6 个月。而配送协议约定的回款时间是 30 天，最长不超过 60 天。

（2）周边省份药品企业低价格冲击当地市场，给当地企业带来竞争压力。

（3）地方给予个别企业政策性倾斜，给其他企业带来不公平的发展环境。

（4）各种所需上缴税、费、保险等占企业毛利比例较大，约占企业毛利的50%。

（5）个别老国有企业人员数量大，赢利能力弱，企业负担过重，影响企业健康发展。

（6）中药材市场建设过程中缺乏政策和资金支持，发展相对缓慢。

五、下半期药品流通行业面临的形势判断

随着我国开始向中高收入国家迈进以及人口老龄化的加快，人民生活需求和消费结构将发生重大变化，对医疗卫生服务和自我保健的需求将大幅度增加，药品市场增长潜力巨大。中央提出“政事分开、管办分开、医药分开、营利性和非营利性分开”的医改方向，以及“保基本、强基层、建机制”的医药卫生体制改革任务，要求建设覆盖城乡的公共卫生服务体系、医疗服务体系、医疗保障体系和药品供应保障体系，必将在推动医药卫生事业发展的同时，带动药品市场规模的增加，为药品流通行业带来新的机遇。

六、完成下半期规划的政策措施建议

（1）加快推进医疗体制改革，借鉴发达地区医药分离模式，使药品流通企业有更大的生存和发展空间。

（2）根据内蒙古自治区地域广、条件特殊等情况，应制定相应政策，对向偏远地区配送基药的企业进行支持和鼓励。

（3）对达到标准的药品流通企业给予财政支持，改变内蒙古自治区药品流通行业散而小的局面。

（4）为整个行业营造一个公正公平的发展环境和氛围。

（5）对长期以来为内蒙古自治区经济社会做出贡献的本土企业给予政策和资金支持，支持有潜力的本土企业快速发展。

（6）对利用本土原材料生产的独有特色产品给予政策支持，促进地产药品企业发展，如赤峰丹龙医药有限公司的黄芪颗粒、复方羊角胶囊（羊角）、阿胶（驴皮），全部利用本地资源。

（7）借助推动自治区经济和社会发展的“8337”战略构想的实施和自治区支持非公经济发展的大环境，对药品流通企业进行支持。

吉林省药品流通行业“十二五”规划中期评估报告

自2011年8月以来，按照药品流通管理职能，认真落实了国家、吉林省药品流通行业“十二五”发展规划，根据《商务部办公厅关于开展药品流通行业“十二五”发展规划中期评估工作的通知》（商办秩函〔2013〕700号）要求，结合吉林省工作实际，分析评估了规划落实情况。具体如下：

一、上半期药品流通行业发展形势的总体评价

自医药卫生体制改革以来，吉林省药品流通行业有了较快发展，药品流通领域的管理机制和监管体制基本建立，市场供应保障能力明显提高，新型流通方式基本得到运用，社会作用不断增强，多种经营方式互补，覆盖城乡的药品流通网络基本形成，对保民生、促稳定、推动经济社会发展发挥了重要作用。

（一）药品流通行业规模不断扩大

截至2012年年底，全省药品流通企业15 215家，其中批发企业428家，零售企业14 787家（药品零售连锁总部35家，零售连锁门店1 896家，零售单体门店12 856家），医保定点门店3 421家。2012年全省医药商品销售总额239.48亿元，其中批发企业销售总额194.49亿元，零售企业销售总额44.99亿元。

（二）骨干企业功能不断增强

年销售额在亿元以上的国药控股吉林公司、修正药业、华润吉林医药、北方医药、华润吉林康乃尔、吉林大药房药业、友邦药业、东龙医药、天和医药等一批大、中型药品流通企业在全省药品流通行业中发挥了带动作用。在方便群众用药，服务民生中得到应有体现，规范经营得到推广，零售连锁不断扩大，行业集中度得到提高。

（三）现代医药物流不断完善

目前，吉林省现代医药物流建设、药品连锁经营以及第三方物流推广等领域逐步得到发展。以电子信息平台、现代物流支撑的药品配送比例逐步增加，物流效率得到提高，对繁荣市场、保证人民身体健康、满足人民用药需求发挥了重要作用。

从总体上看，吉林省药品流通行业与发达省份相比存在着一定的差距，主要体现在行业集中度低，结构不合理，现代物流等新型经营方式还没有普遍得到应用，行业制度标准化等基础建设薄弱，个别地方存在保护主义，小、散、弱、乱的现象没有彻底改观。政策法规、管理水平、流通效率和物流成本、标准化、信息化建设等方面有待提高。

二、规划中的主要指标和任务完成情况

（一）主要指标完成情况

（1）按照吉林省《规划》要求，到 2015 年年末，全省药品销售总额达到 400 亿元，年均递增 20%。经过两年多来的发展，药品流通销售额有了较快增长，全省医药商品销售总额由 2010 年的 164.97 亿元增长到 2012 年的 239.48 亿元，年均增长 22.6%，实现了年均递增 20% 的目标。

（2）按照吉林省《规划》要求，到 2015 年年末，培育 2 家年销售额超 50 亿元的大型医药商业集团。从 2012 年的销售情况看，排在前 6 位的药品流通企业，国药控股吉林有限公司 15.2 亿元，修正药业集团营销有限公司 14.9 亿元，华润吉林医药有限公司 11.2 亿元，吉林省北方医药有限责任公司 8.4 亿元，华润吉林康乃尔医药有限公司 7.7 亿元，吉林大药房药业股份有限公司 6.5 亿元。从目前的情况看，到 2015 年年末实现 2 家超 50 亿元的大型医药集团，存在很大困难。

（3）按照吉林省《规划》要求，到 2015 年年末，连锁药店占全部零售药店的比重提高到 50% 以上。截至 2012 年年末，吉林省零售企业 14 787 家（药品零售连锁总部 35 家，零售连锁门店 1 896 家，零售单体门店 12 856 家），连锁药店占全部零售药店的 13%（2011 年连锁药店占全部零售药店的 12%）；零售连锁门店数同比增长 13.2%。由于缺乏必要的兼并重组政策措施，新版 GSP 难以落实等因素，很难实现连锁药店占全部零售药店比重的 50% 以上的目标。

（二）任务完成情况

1. 积极推动行业布局，完善药品流通体系

一是在加强行业调研的基础上，借助《规划纲要》发布时机，积极走访卫生、食药监、工商等部门，协调批发和零售药店数量与网点的科学分布，促进了行业布局的合理化、科学化。二是积极引导企业扩大连锁药店数量规模，鼓励大中型医药物流企业开展连锁药店业务。零售连锁总部由 2011 年的 27 家增加到 2012 年的 35 家；零售连锁门店由 2011 年的 1 679 家增加到 2012 年的 1 896 家。

2. 引导企业推进结构调整，提高竞争力

推动具备条件的大中型药品流通企业做大做强。组织有关企业召开了“推动吉林省药品流通企业规模化发展”座谈会，根据企业的意见建议，形成了《推动吉林省药品流通企业规模化发展建议的报告》。国药控股吉林公司先后在吉林省的吉林市、四平市、延边州、白城市收购了 4 家企业，设立了 4 家分公司，并着手在通化市、白山市、松原市和辽源市开展设立分公司的工作。通化同德堂医药药材有限公司为使企业发展壮大，已加入“环球医药控股集团有限公司”，借助集团力量，实施兼并重组，预计三年内将引进资金 3 亿元，创产值或销售收入总额达 13 亿元，交税 5 000 万元以上。

3. 鼓励企业创新经营方式

一是指导吉林大药房推动 B2C 电子商务平台建设，项目建成后将传统营销手段和网络营销进行整合，方便药品网上销售，增长销售额。二是积极推进医药物流服务示范工程。吉林省益和医药集团在全省率先完成并投入使用“采用 WMS 技术管理的高标准现代化医药仓储（30 000 平方米）物流体系”，提升了全省药品流通行业现代化水平。国药控股吉林公司开发的国药供应链服务平台（CNS）系统，已在吉林大学第一医院应用，实现了医院（HIS）系统与药库（SCM）系统对接，医院与药品供应商之间、药库与药房之间的信息联通。永新迪瑞药业有限公司现有医药仓储面积 28 000 平方米，配送车辆 53 台，现已与 32 户医药批发企业、123 户医药生产企业签订了承担医药物流配送合同，为医药企业提供仓储和物流配送服务。以上述企业为代表的全省 8 家物流配送能力（均占地面积 10 000 平方米以上）较强的企业带动了吉林省物流配送的发展。

4. 推动了现代医药物流延伸工作

截至 2012 年年底，全省药品批发企业 428 家，批发企业销售总额 194.49 亿元。随着药品流通行业的不断发展，吉林省药品流通企业积极探索与医疗机构开展形式多样的医药物流服务延伸合作。以华润吉林康乃尔医药有限公司、华润吉林医药有限公司、国药控股吉林有限公司、吉林省泰阳药业有限公司等为代表的医药物流企业，采取“医药供应链项目”、“药库社会化管理”、“医院药品物流智能一体化”等形式，开展医药物流服务延伸项目，实现了与吉林省医院、吉林大学第一医院、吉林大学第二医院、中日联合医院等省级医院，以及 1/3 的县级医院和部分医疗机构的托管，将物流服务延伸到医院的药库、药房直至病区，取得了较好的经济和社会效益。

三、上半期采取的政策、措施和开展的工作

（一）构建了省、市、县三级药品流通管理机制

一是为尽快理顺药品流通行业管理职能，向各市（州）、县（市）商务主管部门下发了《关于尽快理顺药品流通管理职能的通知》，指导各市（州）、县（市）商务部门尽快将药品流通行业管理职能理顺到商务部门，落实机构和人员，尽快开展工作。鉴于有些市、县难以理顺职能，向市（州）、县（市）人民政府发放了《省商务厅关于商请尽快明确药品流通行业管理主管部门的函》，请各级政府给予支持。二是针对市、县商务部门缺少药品流通管理工作相关政策法规，编印下发了《药品流通行业管理工作及医药卫生体制改革工作有关文件选编》，方便学习和工作。

（二）开展了药品流通管理宣传工作

一是向省内重点药品流通企业发放《吉林省药品流通企业基本情况调查表》，宣传了药品流通管理职能，了解全省药品批发企业和零售药店布局、经营状况、行业组织化程度、物流配送能力等方面情况，并结合搜集的企业情况，建立了基础数据库。二是发挥对口事业单位作用，深入到100多户企业登门走访。积极宣传医改和药品流通行业管理的相关政策，宣传商务部门在药品流通行业管理中的工作职能，了解掌握企业在发展中存在的问题。三是认真宣传了“五项标准”。向全省商务主管部门下发了《关于做好〈药品批发企业物流服务能力评估指标〉等五个药品流通行业标准宣传贯彻工作的通知》，各级商务主管部门在召开宣传贯彻会议的基础上，利用网络、发放宣传资料、组织集中学习等方式，把“五项标准”的内容传达到了每个所属企业。

（三）开展了与药品流通企业联系制度

从2012年开始在省、市（州）、县（市）商务主管部门建立了与药品流通企业联系制度。省厅负责联系企业50户，各市（州）负责联系企业15户，县（市）负责联系企业10户，通过与600户企业的联系，及时掌握企业的发展情况和问题，有针对性地做好行业管理工作。

（四）落实了药品流通行业统计上报制度

按照商务部《药品流通统计报表制度》的要求，在全省范围内选取了28户重点流通企业和1家中药材专业市场作为直报企业，确定了348家非直报企业。为保证统计工作质量，举办了统计工作培训班。较好地完成了统计上报工作，并形成了行业年度分析报告。

（五）召开企业座谈会，听取意见建议

为掌握企业发展现状和企业做大做强所面临的问题，先后召开了“信用体系建设、企业融资、推动规模化发展”等主题座谈会，针对企业的意见建议，形成了《关于推动吉林省药品流通企业规模化发展的建议及相关工作情况的报告》，为做好药品流通管理工作提供了依据。

（六）积极开展药品流通管理工作调研

为推动企业发展，积极到省药监、卫生、农业、统计、税务等部门进行工作调研的同时，还深入到企业了解发展情况。并根据商务部要求，结合工作实际，开展了“基本药物采购有关情况”、“医药分开改革试点”、“医药物流服务延伸”、“中药材电子商务平台建设”等课题的调研，并形成了调研报告，促进了药品流通企业的发展。

（七）为企业发展搭桥服务

一是为企业融资搭建服务平台。为扶持企业做大做强，鼓励企业多渠道筹集资金，解决行业融资难的问题，组织召开了由药品流通企业、金融单位、信用担保公司等单位参加的研讨会，介绍了药品流通企业融资担保的有关政策，企业与担保公司、金融单位进行了融资业务对接，为企业融资创造了条件。二是积极推动药品配送企业参与药品招标采购工作。根据企业需求愿望，省商务厅积极与卫生部门协调，把企业参与招标采购的意见和建议以书面形式报卫生部门，通过协商，使问题得到了解决，扩大了招标规模。

（八）探讨“放心药”下乡工程

为推动药品流通方式发展，积极与省药监部门协调，探索利用吉林省“万村千乡市场工程”等现有流通网络资源，建立向农村和偏远地区配送“放心药”供应网络，解决农村边远地区配送难、成本高的问题。现已选择了7家药品零售企业，在给予一定资金支持的基础上，开展“放心药”专柜试点工作。

（九）推动了中药材追溯体系建设

为使吉林省中药材流通追溯体系纳入2013年国家试点，积极与省万良长白山人参市场进行了探讨，在调研论证的基础上，制订了技术方案，向商务部进行了汇报，争取纳入商务部2013年中药材追溯体系建设，为提高吉林省中药材流通现代化水平、增强中药材质量安全打好基础。

（十）推动电子商务平台建设，培育消费增长点

一是指导吉林大药房推动B2C电子商务平台建设，项目建成后将传统营销手段和网络营销进行整合，方便药品网上销售。鼓励有条件的药品流通企业，建立电子商务平台，发展网上药店，扩大药品经营业务，培育企业新的消费增长点。二是推动中药材电子商务平台建设。下发了《关于开展中药材电子商务平台建设情况调研的通知》，通过走访相关部门和对企业的调研，了解了全省中药材流通企业电子商务平台建设情况，形成了《吉林省商务厅关于中药材电子

商务平台建设调研情况的报告》。通过调研，调动了企业发展电子商务的积极性。

（十一）推动生产和流通企业合作发展

在省商务厅的推动下，吉林省药品流通行业协会主导，中康资讯主办，组织举办了“东北区药品采购商大会暨零售连锁企业精英沙龙”，来自7个省市的22家药品生产企业、85家药品流通企业，共400余人参加了此次活动。在举办医药展示洽谈的同时，还举办了推动药品流通行业发展论坛，为推动生产与流通企业合作，促进全省药品流通行业健康发展做出了探索。

（十二）筹备成立了吉林省药品流通行业协会

通过认真筹备，引导骨干企业，发起成立了吉林省药品流通行业协会，发挥协会在行业统计、行业分析、行业培训、行业自律等方面的作用。

（十三）积极推进药品流通行业人才队伍建设

为提高药品流通行业人才队伍整体素质，积极向商务部申请，确定了吉林省商务交流中心作为国家药品流通行业培训基地，制订了吉林省药品流通行业“十二五”人才培训方案。在首届全国药品流通行业岗位技能竞赛中，由吉林大药房18名职工组成的吉林省代表队，参加了店长工作岗位、药师工作岗位、医药商品购销员三个组别的竞赛，取得了优异成绩：1名职工荣获二等奖，5名职工荣获三等奖。吉林省由于在竞赛过程中组织工作成绩突出，被竞赛组委会授予“优秀组织奖”。

四、规划执行过程中存在的困难和问题

（1）面对药品流通管理职能，由于开展工作缺少必要的抓手，对企业的服务管理有一定的难度，企业在发展中出现的问题不能及时解决，有些工作难以落实。

（2）吉林省药品流通行业工作基础薄弱，缺乏相关政策、资金支持和配套措施，对扶持企业做大做强，提高行业集中度和兼并重组等有一定的影响。

（3）存在地方保护主义。企业在兼并联合，打造龙头企业中需要跨地区兼并收购，由于制度不健全，存在着一定的制约因素。

（4）缺乏建设用地。企业在建设现代物流中心和医药仓库中需要建设用地，由于成本较高，企业本身难以承受，影响了企业的规模化发展。

（5）企业在经营中遇到不少问题。一是由于基本药物采购中实行了公开招标、单独议价两种采购方式，药品流通企业只能降价竞标，有些药品甚至低于出厂价销售，企业的利润下降较大，影响了企业的做大做强。二是由于实行基本药物在基层医疗机构的零差率销售，加之有些医院实行电子处方和医药托管，药店没有处方来源，为了争取消费者，药店的药品销售价格就要降低。从目前看，一些零售药店出现了亏损，生存空间越来越小。三是由于实行统一配送，对一些偏远地区的乡镇卫生院配送较难，用药量少，物流成本较高，亏本配送。四是由于制度不够健全，货款支付有时不能按期限及时结算到位，有些医疗机构拖欠企业款太多，影响了企业的正常经营和发展。

五、下半期药品流通行业面临的形势判断

（1）国家在深化医药卫生体制改革中出台的政策法规，涉及药品流通方面没有实质性的措施，对药品流通企业的改革、兼并重组、做大做强很难起到鼓励和推动作用。

（2）吉林省大型龙头企业相对较少，实力相对较弱，在企业兼并重组、提高行业集中度上面临一定的挑战，行业集中度低，结构不合理，小、散、弱、乱的现象难以有实质性的改观。

（3）由于制度不健全，缺乏推动药品流通行业发展的长效机制和具体措施，全面实现“十二五”发展规划的目标任务，面临很多困难和挑战。

六、规划最终运行结果的趋势性预测

吉林省药品流通行业的特点：一是现代物流发展落后。目前仅有少数较大型药品流通企业建立并逐步完善现代化的药品物流中心，大多数药品流通企业还处于传统的物流方式，高科技的应用程度普遍偏低，在管理水平、流通效率和物流成本、标准化、信息化建设等方面有待提高。二是药品流通行业主体小、散、弱。批发企业规模偏小；零售药店连锁率仍然较低，盈利能力不强，医保定点药店数量比例偏低，仅占零售门店数的23%；药品流通企业产业结构调整缓慢。三是个别地区存在地方保护现象，兼并重组工作开展存在一定阻力。四是缺乏推动企业发展的扶持政策和有效手段。

从上半期吉林省药品流通行业发展情况看，全面落实省“十二五”规划确定的目标任务存在一定困难。

（1）按照2012年全省药品流通销售额239.48亿元，年均增长22.6%的趋势看，到2015年年末，全省药品销售总额达到400亿元，年均递增20%的目标基本能够实现。

（2）从2012年企业销售情况的排名看，排在前三位的国药控股吉林有限公司、修正药业集团营销有限公司和华润吉林医药有限公司，分别实现销售额15.2亿元、14.9亿元和11.2亿元，到2015年年末，难以实现两家超50亿元的大型医药集团的目标。

（3）截至2012年年末，吉林省零售企业14 787家，其中药品零售连锁总部35家，零售连锁门店1 896家，全省零售药店连锁率仅为13%，难以实现连锁药店占全部零售药店比重的50%以上目标。

七、调整规划指标和任务的建议

从上半期落实《吉林省药品流通行业发展规划（2011—2015）》的进度看，有些指标任务难以完成，结合吉林省药品流通行业发展实际，拟对两项指标进行调整。

（1）把“培育2家年销售额超50亿元的大型医药商业集团”修改为“培育1—2家年销售额超25亿元的较大型医药商业集团”。

（2）把“连锁药店占全部零售药店的比重提高到50%以上”的目标修改为“提高到20%以上”。

八、完成下半期规划的政策措施建议

（一）增强行业管理手段

在药品流通行业管理工作中，由于工作职能的限制，缺乏行之有效的管理服务手段，建议国家给予在药品流通行业管理中一定的工作抓手，促进工作的有效落实。

（二）出台相关政策

为实现“十二五”发展规划目标，建议国家尽快制定出台相关配套政策和措施，建立促进行业发展的长效机制，给予企业做大做强、行业集中度、电子商务发展等方面的支持，保证规划目标的实施。

（三）搭建扶持平台

为鼓励企业做大做强，建议国家出台扶持政策，给企业在建设用地和融资方面搭建一个平台，给予信用贷款或库存等方面抵押贷款，在建设用地上给予政策倾斜，为企业发展创造条件。

（四）建立行业发展专项资金

国家已明确商务部门是药品流通行业主管部门，建议国家建立药品流通行业发展和统计工作专项资金，促进企业可持续发展和统计工作的落实。

（五）税收优惠支持

为鼓励企业做大做强，建议国家在税收上给予一定减免，积蓄能量，扩大发展规模。

（六）加强电子商务建设

在医药物流服务延伸、中药材电子商务建设、零售药店B2C等方面的电子商务平台建设中，建议国家给予一定的资金扶持，在每个省，选择每个项目中的1—2家有实力、有发展前景的企业，推动项目建设示范工程，促进药品流通行业电子商务的发展。

（七）推进医药物流服务延伸工作

进一步开展医药物流服务延伸实施情况调研，掌握全省医药物流延伸情况，引导有实力的企业和医院药房开展合作，为医院提供商务协同平台和药库现代化物流管理系统，将医药物流服务延伸到医院药房和疗区，降低医药和物流成本，扩大医药销售。

（八）加强部门协调，形成工作合力

一是加强与商务部药品流通管理处工作联系，反映情况，接受工作指导，争取支持。二是建立联席会议制度，提高行政效能。主动与省食药监、工信、卫生、发改、人社、工商等相关部门开展业务联系，不定期召开药品流通行业管理工作联席会议，分析解决问题，形成行业管理的工作合力。

（九）突出工作重点，争取形成突破

一是加强行业指导，提高行业集中度。按照规划要求，充分发挥市场机制的基础性作用，积极引导药品流通企业兼并重组，指导有规模、有实力的药品零售企业发展连锁经营，提高药品零售连锁企业的市场占有率。二是积极与有关部门协调，扩大基本医疗保险定点药店覆盖范围，对具备现代医药物流条件，批发零售连锁一体化的零售连锁药店实现医保定点全覆盖。对具备条件的地区和具备相当规模的药品零售连锁企业，开展慢性病类处方药的“医保定点支付”试点，并逐步推广。三是积极推动重点药品零售企业与基层医疗卫生机构的合作，鼓励具备现代医药物流条件的，批发零售连锁一体化药品流通企业承接基层医疗卫生机构的药房服务功能，逐步实现对大、中型医疗机构的现代医药物流业务的延伸，提高零售连锁药店在药品终端市场上的比重，推动重点药品流通企业规模化发展。

（十）加强工作调研

为实现“十二五”发展规划的目标任务，积极深入到有关单位和企业调研，进一步收集企业发展存在的问题和意见建议，形成推动企业健康发展的调研报告，报上级和有关部门，采取具体有效措施，推动药品流通行业目标任务的完成。

上海市药品流通行业“十二五”规划中期评估报告

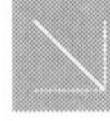

一、“十二五”期间上海市药品流通行业管理工作的内容与特色

近年来上海市商务委以药品流通行业发展“十二五”规划为指针，进一步扎实推进全市的药品流通行业管理，行业管理工作与行业发展呈现以下特色：

（一）协调各方，确保医改平稳化

不断适应医改形势的需要，落实各项改革措施，积极配合医改和基本药物制度的实施，密切跟踪基本药物制度和药品招标采购政策对药品流通行业的影响。认真做好部门协调，完善相关政策，开展政策宣讲，充分利用现有的药品流通网络，保证基本药物和其他药品在基层的安全有效供应，指导零售药店按照有关的规定配备和销售基本药物，健全有关招标采购和配送制度，确保不同地区和不同所有制企业参与公平竞争，制定预案并及时提出相关对策建议。

（二）整合资源，实现经营集约化

积极引导上海市药品企业兼并重组，做大做强，集约经营。利用市场机制和经济手段加快行业结构的调整，提高行业集中度，鼓励和支持上海市的全国性和区域性的优势药品流通企业，通过收购兼并联合参股控股的方式，利用产业基金、融资担保以及信用保险、上市公司和利用外资等经济手段，拓展流通网络覆盖面，实现规模化、集约化和国际化经营。支持专业性或者其他有特色的中小药品批发企业，充分发挥各自的优势，做精做细做强。引导缺乏竞争力的中小批发企业通过自主选择逐步并入大型集团，发挥其现有的基层药品流通网络的作用，形成优势互补，避免重复建设，从而逐步形成以大企业集团为龙头、区域性企业为主体、小企业为基础的连接城乡的全市药品流通网络。2014 年来，上海市商务委一直积极鼓励和引导企业调整经营策略，主动参与兼并、重组，并向商务部积极建议出台相关的政策措施，并把由此可能造成的社会不稳定因素降到最低。全市已基本形成“上药系”、“华润系”、“百联系”、“国控系”等四大阵营，目前，市区两级财政的支配比例是影响兼并、重组进程的重要原因。

（三）发展连锁，鼓励零售规模化

大力推动全市药品连锁经营和多元化的经营方式转变，以安全、有效、方便为原则完善药品零售企业的规范管理，构建能够满足人民群众用药需求的药品零售体系。支持全市有实力和管理规范的药品零售企业发展连锁经营，并且向农村和基层延伸销售网络。支持全市有经营特色和老字号的零售药店发展，从而形成各具特色、优势互补的零售业格局，同时鼓励企业创新药品的经营方式，支持零售药店从事药妆和保健品销售，开拓与健康卫生有关的多元化经营。指导全市有规模、有实力的药品零售企业发展连锁经营，实行标准化统一配送，提高药品零售连锁企业的市场占有率。

（四）再造流程，支持物流现代化

加快发展全市的现代医药物流，逐步建立标准化、信息化、社会化、自动化的高效现代医药物流的配送体系，完善药品的供应链，形成以全国和区域性的大型药品流通企业为轴心，建立起包括第三方医药物流在内的，能够辐射相关区域市场的药品现代物流配送体系，并推广和应用实时监控的信息管理系统，实现全过程的安全验证和可追溯，以降低物流成本，确保药物质量安全。把药品物流的发展和企业的兼并重组结合起来，按照市场化的需要和医药卫生体制改革的要求，加大重组的力度，提高市场的竞争度。2015 年要在全市范围内对药品物流企业组织一次问卷摸排调研，建立动态档案，为下一步在全市范围内实行分类管理和完善全市药品现代物流配送体系打下坚实基础。

（五）统筹管理，坚持保障常态化

对应急和国家战略药品储备实行全国统一规划管理，统筹管理方式，建立互联互通的管理网络平台，确保信息畅通、资源共享，在发生重大突发事件时，实现全国统一指挥和调动。对于基本药物目录中部分可能发生短缺的独家生产品种、依赖进口原料的品种和血液制品等适当增加储备。加强对全市中标药品购销管理，药品生产企业、经营企业与医疗卫生机构根据采购结果签订合同，履行药品购销合同规定的责任和义务，通过各区县商务、卫生行政部门加强对全市药物购销合同执行情况的监督检查，确保药品生产企业按时足量供应、配送企业及时配送，以保证医疗机构基本药物配备和使用需要。

（六）整顿秩序，引导经营规范化

加大执法检查力度，建立药品生产流通全过程的责任追究体系。重点抓好药品购销管理，完善索证索票制度，实现票据来源可追溯，维护正常价格秩序。依托“双打”大力整治药品流通环节中“挂靠经营”、“代开发票”、“倒买倒卖税票”、经营假劣药品、商业贿赂等违法违规行为。建立网上售药的监管模式，严厉打击非法经营网上药店和网上销售假药行为。通过培训加大对企业的法制教育力度，引导企业提高社会责任意识，全面提升企业素质。

（七）创新经营，探索业态多元化

鼓励探索组建企业间的战略联盟，推进医药代理、批发、配送、零售的一体化经营。鼓励零售企业开设“健康管理中心”等新型增值服务机构。支持零售药店从事药妆、保健品销售等与健康卫生有关的多元化经营，并鼓励其发挥公共服务功能，积极参与社区乡镇健康卫生事业。加快推进药品流通领域电子商务应用。充分利用互联网技术，改善和丰富传统的商业模式，适应电商发展的新形势，在严格监管的前提下，鼓励加快发展网上药店，实现库存最小化、环节最少化和成本最低化。鼓励企业建立“健康管理中心”、“网上药店”等新型增值服务机构的经营模式。

（八）加强交流，推动产业国际化

加快实施医药产业“走出去”和市场多元化战略，加快建设生物医药领域的科技兴贸创新基地和出口促进基地。推动药品国际注册认证，强化质量控制和知识产权保护。鼓励行业协会、企业开展多种形式的国际交流与合作，学习借鉴国外药品经营企业的管理经验和先进技术，在确保药品流通质量安全的前提下，创新药品流通方式和经营业态。指导和协调药品经营企业应对贸易壁垒调查，协调对外贸易争端。

（九）完善统计，加快行业信息化

加快推进行业标准和信息化建设，建立能够全面客观反映药品流通行业发展动态的行业统计制度，并将基本药物制度和其他医改措施的实施对药品流通行业影响等内容纳入其中，以便及时掌握行业运行动态和发展的全面状况。鼓励推行药品全国统一编码管理制度，以涵盖药品生产、流通、使用、监管等所有信息的“唯一身份证”编码为基础，研发应用网络监管手段，建立药品流通流程全过程的信息化体系，逐步形成统一高效、资源整合、互联互通、使用便捷、实时追踪的药品信息系统。探索建立药品流通行业的“可追溯系统”，旨在协助推动建立全市基本药物流通全过程的信息系统。

（十）诚信经营，指导行业自律化

加强全行业诚信职业道德教育，广泛开展“诚信经营”示范创建活动，引导药品流通企业参与信用建设，不断提高信用意识和水平，自觉诚信守法经营。加强药品流通从业人员职业行为规范建设，探索建立从业人员信用档案。推动部门间监管信息的公开、共享，实行信用分类监管，完善行业市场准入、监管和退出制度。对有违规和严重失信行为的企业和个人实行行业禁入。指导行业协会通过制定和执行行规行约、开展行业信用评价、加强信用管理培训等手段，逐步提高行业自律水平，规范行业竞争秩序。继续推动全市药品企业广泛参与信用等级评价和“诚信兴商宣传月”活动，把“诚信经营”示范创建活动作为一项长效机制常抓不懈。

二、上海药品流通行业发展形势的总体评价

2011 年以来，在商务部制定的《全国药品流通行业发展规划纲要（2011—2015 年）》的指导下，随着新的行业管理体制的建立完善和新医改的不断深入，上海市商务委作为行业主管部门，认真开展各项工作，积极推动上海药品流通行业实现了较快较好的发展，使得药品流通市场规模不断扩大，药品供应保障体系不断强化，供应链服务水平不断提高，以多种所有制并存、多种业态共同发展、行业集中度较高、现代药品流通方式为特征的现代药品流通体系已全面形成。各项指标完成情况如下：

（一）行业规模指标完成情况

2012 年，上海市药品流通销售总额实现 1 020. 26 亿元，完成规划指标的 85. 02%。其中：医药商品批发总额实现 973. 74 亿元，完成规划指标的 81. 15%；药品零售总额实现 59. 21 亿元，完成规划指标的 90. 35%；医药商品进出口贸易额达 19. 32 亿美元，完成规划指标的 64. 4%。现代物流商品配送货值约 600 亿元，完成规划指标的 54. 55%。

（二）网点布局指标完成情况

“十二五”上半期，上海市药品零售网点总数达 3 567 家，完成规划指标的 102%。药品零售连锁经营率达到 84. 97%，完成规划指标的 94. 33%。

（三）企业发展指标完成情况

“十二五”上半期，已形成 1 家年销售超 1 000 亿元、1 家年销售超 400 亿元的全国性药品流通企业，完成规划指标的 50%；形成 1 家年销售超 70 亿元以上的区域性药品流通企业，完成规划指标的 50%。形成 1 家年销售 20 亿元以上的区域性药品零售企业，完成规划指标的 100%。但未形成年销售 10 亿元以上的地区药品零售企业。

三、近年来上海市药品流通行业取得的管理成效

一是药品流通市场规模不断扩大。根据上海经济发展水平、医疗资源配置状况进一步完善上海药品流通行业的合理布局，做到行业布局与上海城乡发展规划相适应，与人口数量与结构变化相适应，与医疗卫生体制改革相适应，与药品流通行业发展水平相适应。

支持药品零售连锁经营企业吸纳单体零售药店加盟，支持有实力和管理规范的大型药品零售连锁经营企业拓展全国零售经营网络，从而进一步优化了药品零售网点布局，构建满足居民需求的药品零售网络体系。2012 年参与统计的 33 家连锁企业销售额 61.09 亿元，占总销售额比重 6%。33 家连锁企业直营门店约 1 500 家。上半期，上海药品流通市场保持 13.84% 的年均复合增长率。2012 年，全市药品流通行业销售总额 1 020.26 亿元，是 2010 年的 1.45 倍，占全国行业同期销售总额的 9.13%，并成为国内首个千亿省市。其中，批发企业销售总额 973.74 亿元，年均增长 15.12%；零售企业销售总额 59.51 亿元，年均增长 7.17%。上海药品流通行业销售总额占全市批发和零售增加值的比重已近1/3。上海还是全国主要的药品进出口基地之一，2012 年进出口贸易额达 19.32 亿美元。2012 年，全市药品流通行业实现利润总额 22.86 亿元，比 2010 年增长了 9.39%，占全国行业同期利润总额的 13.94%。

二是药品供应保障体系不断完善。至 2012 年年底，上海已建成了以大型药品流通企业为主体、中小型药品流通企业为基础、覆盖城乡的药品供应保障体系。全市有药品批发企业 123 家、药品零售连锁经营企业 43 家。有药品零售经营网点 3 567 个，其中医保定点药店 490 家，占总数的 13.7%；另有网上药店 7 家。零售药店的覆盖密度约为 6 672人/店。

上海已建立了适应医疗机构及社会不同需求的药品流通应急保障机制及 2 小时、4 小时、8 小时等供药快速反应机制；形成了以 490 家医保药店为主体的 24 小时营业的社会零售服务网络；形成了以上药控股与国药控股为主体的涵盖民用、军用、科学研究等多方位的药品储备体系，数千个药品与医疗器械纳入市级重要商品储备，在全国抗洪抢险、抗震救灾等重大突发事件和战备中发挥了十分重要的作用。

三是药品流通行业结构不断优化。鼓励药品流通企业通过兼并、重组、联合、参股、控股等方式实现规模化、集约化、现代化经营。发挥中小药品流通企业的基层渠道供应配送优势，实现了药品供应在基层的有效覆盖，提高社区和郊县药品的供应保障能力。同时鼓励有专业特色的中小药品流通企业加快创新转型，从普通的药品流通企业发展成为在个别领域具有独特优势的专业或专科型的药品流通企业，做精、做细、做强自身优势业务。从而进一步优化了以全国性和区域性药品流通企业为主体、区县药品流通企业为辅助、专业型药品流通企业为配套的上海药品流通行业结构。目前，上海药品批发企业中1/3 分别由上海医药（集团）股份公司和国药控股股份公司等控股。2012 年前 10 位药品批发企业的销售额 632.97 亿元，占全市总销售额比重为 68.79%，上医分销比重为 25.38%，国药控股比重为 24.72%。

四是药品流通经营业态创新不断推进。通过探索大型药品批发企业依托信息技术系统和现代物流基础，构建和完善了全市药品供应链集成系统，实现供应链系统增值服务。通过开设“品牌专卖店”、“专业药店”、“健康管理中心”等新型健康服务网点，支持药品零售企业开展处方药、保健品、个人护理品、家庭健康用品等多元化经营。目前全市药品零售连锁经营网点占零售药店总数的 84.23%，行业集中度进一步提高。2012 年参与统计的 33 家连锁企业销售额 61.09 亿元，占总销售额比重为 6%。33 家连锁企业直营门店数约 1 500 家左右。

五是药品流通行业集中度不断提高。2012 年，上海药品流通企业数量没有变化，但行业平均销售额达 10.2 亿元，比 2010 年提高 2.03 亿元。前 10 家企业的销售总额在全市药品销售总额中占 70.41%，较 2010 年提高 3.31 个百分点。在对医疗机构的销售中，前 10 家企业占 78.53%；在社会零售中，前 10 家药品零售企业占 61.92%。

上半期，上海药品零售连锁企业从 38 家增加到 43 家，连锁经营药店从 2 639 家扩展到 3031 家，零售连锁率达 84.97%，较 2010 年提高了 0.85 个百分点。年销售额超过亿元的药品零售商店从 2010 年的 3 家扩大到 5 家。

六是现代药品流通方式加快发展。鼓励加快发展现代医药物流，对药品生产企业、流通企业和医疗机构等药品流通涉及的各个环节探索实行流程再造。确保药品质量稳定、安全储存和安全配送。支持发展第三方医药物流，提高经济社会效益。如在医药物流建设方面，目前上海医药物流配送已超过 500 亿元商品规模，其中 3 个现代医药物流中心物流配送能力超过 350 亿元；还有 3 个在建和规划中的现代医药物流中心，预计建成后物流配送能力可达 1 000 亿元以上；另有 4 家药品批发企业具有第三方配送业务资质。

上半期，上海药品流通批发企业积极创新转型，以服务为中心，推进供应链再造，加快由传统的中间商向供应链服务商转型，在专业化、信息化、现代化等方面，特别是物流建设、信息系统升级、供应链管理、电子商务等方面取得了成效。

国药控股、九州通先后建成了上海物流二期工程，上药控股加大了现有物流的挖潜力度，全市物流配送货值已达 600 亿元，比 2010 年提高了 71%。药品批发企业在普遍采用 ERP 管理的基础上，开发应用现代物流（WMS）系统及

ERP 与 WMS 对接系统。国药控股和上药控股引进日本等先进管理技术，开发与医院药事管理相对接的应用系统。医药商业软硬件的大量投入，进一步巩固了上海医药商业的优势地位。

互联网药品销售模式快速发展，全市 7 家许可互联网经营的药品连锁企业的网上销售额从 2010 年的数十万元上升到 1.36 亿元。DTP 销售模式越来越受到患者的欢迎，销售规模从 2010 年的 6.2 亿元上升到 13 亿元。此外，还出现了一批药妆店、健康药店、自动化售药系统等新型药品零售业态。

七是公立医院"医药分开"试点逐步推开。2012 年，上海加大了深化公立医院改革力度，在上海市郊区三甲综合医院建设（即"5+3+1"工程）中试行"医药分开"。上药控股与长海医院、国药控股与东方医院分院率先确立了药品供应链管理合作关系，至今全市已有 6 家三甲医院与 2 家公司签订了药品（或耗材）供应链管理服务合作协议。医院药品供应的社会化管理正在逐步推进，"医药分开"的进程正在加快，医药商业与医疗机构已从原有的商品供销关系逐步走向高度集约、高度整合和高度信息化的供应链管理合作服务关系，开创了大型医院药品供应管理的新模式。

八是药品流通市场统计监管不断加强。不断健全完善行业统计网络，行业统计水平不断提高，加强了对全市药品流通的运行监测，为领导决策提供参考。确保上海直报企业数据填报率名列全国前茅。并协同药品监管部门，重点抓好药品购销管理，通过整顿和规范药品流通市场秩序，加大执法检查和行业管理力度。

九是药品流通行业诚信建设持续推进。通过支持行业协会开展企业诚信创建和资信评级活动，引导药品流通企业不断提高社会责任，不断推进药品流通行业诚信体系建设。引导企业加强药品流通过程和企业经营管理的各种风险控制，提升了药品流通行业经济运行安全系数和整体信用。2013 年，全行业有 120 家企业进入诚信创建行列，其中 4 星级 2 家，3 星级 4 家，新增创建单位 60 家。上海外高桥医药分销中心有限公司获全国商务诚信先进单位称号。

十是传统医药文化不断发展。雷允上、童涵春、蔡同德、余天成等一批上海老字号企业的传统经营特色得到充分发扬，中药饮片和参茸滋补品等逐渐成为老字号药店的主打商品之一。2012 年，全市中药饮片和参茸类销售达 42.02 亿元，比 2010 年上升了 33.94%。老字号企业的中药商品特别是中药配方受到更多人的欢迎，并与中医坐堂门诊紧密结合在一起，现已有 5 家老字号药店获批准设立中医坐堂门诊部（医保），形成了"老字号+中药+名医"独特的医药经营文化。比如，由上海童涵春堂药业公司自筹资金、自主创新、自主设计的上海医药商业第一家集史料文物、科普宣传、名贵药材于一体的上海童涵春堂中药博物馆被上海市文物局命名为上海市主要博物馆、纪念馆和陈列馆。中华传统医药文化焕发出新的活力。

浙江省药品流通行业"十二五"规划中期评估报告

"十二五"时期，是我国深化医药卫生体制改革的攻坚期，也是实现卫生强省、全民健康目标的关键期。以保障公众用药安全、有效、经济、便捷为导向，以推动药品流通行业改造、升级、转型、发展为主线，浙江省制定了《浙江省药品流通行业 2012—2015 年发展规划》。现就规划中期实施情况进行评估。

一、规划目标执行情况

规划实施以来，在商务部、省政府领导下，认真对照规划，扎实开展工作，全省药品流通行业稳步发展，行业规模不断扩大，行业兼并重组步伐加快，企业现代化程度逐步提高，对保障居民安全便利用药，深入推进医药卫生制度改革贡献愈加明显。

（一）规模实力目标

全省药品流通行业销售额规划目标 1 000 亿元，截至 2012 年年底，销售总额 798.86 亿元，较上年同期增长 18%；华东医药和英特药业两家企业 2012 年销售总额超过百亿元，销售额列全国第八和第十位，浙江医药、宁波医药、国药浙江、国药温州、震元股份 5 家企业销售额超 20 亿元，离实现目标一步之遥；杭州九洲、震元连锁 2012 年销售额分别达到 6.2 亿元和 3.1 亿元；华东医药、英特药业、省医药工业公司等 10 家药品流通批发企业主营业务收入名列全国百强，杭州九洲、震元连锁、四明大药房等8家药品零售企业销售总额名列全国百强；药品零售连锁率42.3%，较“十一五”末期上涨0.6个百分点，但距离50%的目标还有一定差距。

（二）现代化水平目标

珍诚医药、英特药业分别开设医药在线、英特药谷B2B交易平台，分获2011、2012年度中国电子商务示范企业荣誉称号。英特药业交易额达到83亿元，较2011年同期提高107.5%；全省各大药品流通企业加快物流配送中心建设。英特药业建成现代医药物流中心，拥有国际先进的物流自动搬运系统集成装备和可控物流信息管理技术，并计划打造集杭州、金华、温州、宁波等物流中心为平台，各分子公司只有仓储库为补充的“英特药业公共医药物流平台”。华东医药、英特药业加快冷链物流建设步伐。华东医药2012年年底正式开展医院院内冷链体系的建设，打造从仓库到医院的冷链无缝对接与医院院内冷链无缝对接，形成厂家（供应商）—医药公司—医院—患者全程的封闭冷链。英特药业主要参与起草的国家标准《药品冷链物流运作规范》（GB/T28842－2012）已颁布实施。

（三）网络布局目标

浙江省陆地面积104 141平方公里，地形以丘陵、山地为主，面积占全省总面积的70.4%，平原和盆地占23.2%，河流和湖泊占6.4%，岛屿众多，有面积500平方米以上岛屿3 061个，是全国岛屿最多的省份。山区、海岛交通不便，药店多为单体药店，药品质量监管较难，群众安全用药、便捷用药需求较难得到满足，因此加大对边远山区、海岛药品保障力度，使药品零售连锁门店下沉、扩展，促使药品流通零售企业到乡、镇开设门店是全省药品流通管理工作的重要目标。截至2012年年底，全省共有零售企业（含药店）16 976家，其中药品零售连锁企业218家，药品连锁门店7 185个。全省90个县市区中已有87个拥有连锁门店，占96.7%。全省935个乡镇已有520个拥有连锁门店，占55.61%。

二、规划执行过程中主要采取的措施

（一）加强行业统计工作

行业统计是开展行业管理的基础，省商务厅认真落实商务部“药品流通行业统计系统”典型企业报送工作，督促企业及时填报，规范填报，目前企业能正常填报相应数据，填报率在逐步提升。2012年有18家企业报送率在90%以上，并获得商务部表扬。另外，省商务厅统计了全省批发、零售企业情况，并制作省药品流通连锁门店分布示意图，以地图形式直观体现全省药品连锁企业分布情况，为全省药品流通门店连锁化提供依据。

（二）认真开展调查研究

为尽快了解行业发展情况，省商务厅实地调研了30多家药品流通企业，企业类型涵盖了批发、零售、电子商务、第三方物流，听取各方意见，倾听企业诉求。尤其是在我国进一步深化医改的现实情况下，省商务厅撰写了《药品流通行业情况汇报》和《改革公立医院以药补医政策实施过程中对药品流通行业发展的影响》等调研报告，向省领导专题汇报，分析行业发展现状，反映行业发展存在的困难和问题，提出行业发展建议。

（三）引导企业兼并重组

国家和省规划的发布，为药品流通行业发展指明了方向，行业整合加剧，“做大做强”趋势增强。省内外乃至国际大型药企凭借雄厚的资本实力、先进的营销理念和现代大规模营销网络优势，迅速抢占省内市场份额，对浙江省众多中小药品流通企业形成冲击。全省龙头企业加快并购步伐，行业集中度进一步提高，2012年，华东医药对惠仁医药完成了控股，绍兴、湖州公司相继成立，英特药业近年兼并了福建盛健医药、嘉善医药等公司。龙头企业并购活动不断加速，企业流通网络加快向市县级城市延伸。

（四）积极参与医药卫生体制改革

省商务厅成为浙江省药品集中采购工作领导小组成员单位后，积极参与基本药品采购工作，反映药品流通企业呼声。全省药品流通行业主动配合全省药品集中采购、政府办基层医疗机构实施基本药物制度、县级公立医院改革等医改政策的推行，在降低药价、方便群众购药等方面发挥了积极作用。实施基本药物制度后，全省基药中标价格平均下降了近30%，品种和数量基本保障了医疗机构药品日常供应的需求，部分药品流通骨干企业作为药品储备和应急配送主体，保障了医疗器械临床需要的紧缺药品需求。

（五）组织人员培训

根据商务部统一部署，全省积极申报，成为商务部第一批药品流通人才教育培训基地。规划制定以来，全省积极组织药品流通领域培训，分别以全省药品流通统计工作会和全省药品流通行业统计培训的形式，组织11个地市102家企业132人次的培训，较好地奠定了全省药品流通统计顺利开展的基础。

（六）强化职能部门协调

省商务厅积极协调省经信委、卫生、药监、农业等部门，了解相关行业情况，掌握基础数据，协调管理职能，发挥行业指导作用。通过多种渠道，及时了解医改政策及药品集中招标采购政策，发挥协调作用，积极为行业服务。

三、规划执行过程中存在的困难和问题

（1）药品流通行业集中度仍待提高。药品批发企业数量仍然较多，行业整合仍待进一步加快。药品零售企业量大面广，连锁率仅有40%左右，给行业监管带来困难。

（2）医疗机构拖欠药品款项情况仍较为普遍。货款拖欠已对流通企业及行业整体发展造成影响，尤其是基层医疗机构拖欠款现象比较严重，导致药品流通企业向基层配送药品积极性不高，基层缺药现象时有发生。

（3）药品流通行业手段缺乏。一是缺乏技术支持，没有专业的药品流通行业管理人才；二是缺乏资金支持，在医药卫生体制改革进程中，对药品流通行业没有任何资金投入；三是缺乏抓手支持，药品流通行业政策基本上是原则要求，缺乏刚性。

四、下半期药品流通行业面临的形势判断

随着国家医改的深入推进，在我国经济形势逐渐向好的背景下，预期下半期浙江省医药行业市场规模将进一步扩大，转型步伐将进一步加快，服务能力将进一步加强。

（1）药品流通行业规模将进一步扩大。受到人们消费习惯改变、消费结构提升、医疗保健意识加强、人口老龄化加快等因素影响，全省人民对医疗卫生服务和自我保健的需求将大幅度增加，药品市场增长潜力十分巨大。随着医疗改革的进一步推进，全民医保体系范围的进一步扩大，基本药物制度的不断扩容，药品市场需求将出现结构性增长，药品市场规模将持续加大，为全省药品流通行业带来新的发展机遇。根据医改“十二五”规划的要求，药品流通行业改革发展政策将陆续出台，行业主管部门也正在酝酿出台行业管理相关政策和标准。政策和标准的制定与实施将有利于进一步规范和促进行业发展。

（2）行业转型升级步伐将进一步提速。在国家深化医疗卫生体制改革、新版GSP认证开始实施的政策背景下，全省医药流通行业结构调整步伐不断加快，各要素资源的整合将进一步加速，推进行业的结构调整和集中度提高将成为趋势。以华东医药、英特药业等为代表的大型上市企业都积极借助资本力量进行并购重组，促进了行业结构调整和行业集中度提高。在此背景条件下，中小药品流通企业将主动转型，或主动并入大型企业，共享大型企业的品牌资源，或采用联购分销、共同配送等方式结成合作联盟，以应对激烈的市场竞争。连锁药店的渠道控制力会得到增强，直营门店数量会相应增加，连锁率将进一步提高。

（3）行业服务模式和服务功能将进一步升级。根据国务院“十二五”期间深化医药体制改革文件要求，未来三年我国医药卫生体制改革将继续深入实施。同时，全省也提出，要进一步加强医疗保障制度建设，全面实施国家基本药物制度。但目前，行业内诸多企业所采取的以进销差价作为主要盈利来源的模式，将会受到国家基本药物制度、招标政策以及药品降价的挑战，行业毛利率会进一步压缩。因此药品流通企业必须提高综合服务水平，控制运营费用，巩固已发展的诸如第三方物流、网上交易、供应链服务等增值服务，提高服务品质，扩大服务范围，还要积极借鉴国外、省外成功经验，以上下游供应链需求为抓手，创新服务模式，向服务要效益，以应对行业整合、价格调控所带来的影响。

五、进一步推动规划顺利实施的意见

随着全省药品流通管理工作进一步推进，医药行业规模的持续扩大，浙江省规划中提出的主要目标，预期能够按时完成。

为推动浙江省药品流通行业规划的顺利实施，今后一段时期，将重点抓好以下工作：

（1）做好统计工作，打牢工作基础。继续抓好商务部药品流通统计系统统计工作，督促直报企业按照系统要求及时填报数据信息，并根据各企业填报情况，及时对入库企业进行调整，确保信息填报准确、及时。

（2）倾听企业呼声，积极反映情况。以落实商务部行业发展规划纲要和全省行业发展规划为主线，结合浙江省医药制度改革，加快推进药品流通领域改革步伐，积极开展调研，倾听企业呼声，向商务部及省政府及时反映企业发展状况。

（3）引导兼并重组，鼓励连锁发展。利用新版GSP颁布实施的背景，推动全省批发企业升级改造，提高企业自身竞争力，加大兼并重组力度，进一步提高行业集中度。推动零售药店连锁化，积极淘汰非达标门店，促进药店连锁发展，提高药品连锁率。

（4）推动信用建设，组织行业评比。将药品流通行业纳入全省“诚信经营示范企业”和“优秀服务标兵”创建和评选活动，加大诚信宣传教育力度。筹备开展药品批发企业物流能力和零售药店评级工作，评估企业服务和管理能力，促进行业结构调整，提升行业信用水平。

安徽省药品流通行业“十二五”规划中期评估报告

《全国药品流通行业发展规划纲要（2011—2015 年）》（以下简称《规划纲要》）自 2011 年发布实施以来，对加快推动我国药品流通行业的健康发展发挥了重要的引领和指导作用。依据《规划纲要》，结合安徽省药品流通行业管理工作特点和规律，省商务厅制定出台了《安徽省药品流通行业发展规划（2011—2015 年）》。围绕着各项目标和任务，各级各相关部门在行业基础和标准、行业监管等方面制定出台了一系列保障措施，成效显著，有力地推动药品流通行业的快速发展。两年多来，企业培育、网点布局及市场建设等各项发展目标和主要任务进展顺利，为“十二五”发展目标和任务的完成打下了坚实基础。

一、上半期工作基本情况

到“十二五”规划中期，随着医改不断推进，安徽省药品流通行业整体竞争力显著增强，行业集中度和连锁覆盖率有所提升，骨干企业品牌效应进一步扩大，流通效率不断提高，市场秩序有所好转，供应网络基本覆盖城乡，居民用药基本便捷。

（一）市场规模不断扩大

2012 年，企业销售总额 880 亿元，同比增长 11.76%，占全国销售总额的 7.3%，居全国第 5 位。其中，批发企业销售总额 829.36 亿元，占全省销售总额的 94.24%；零售企业销售总额 32.02 亿元，占比 3.64%；零售连锁企业销售总额 18.67 亿元，占比 2.12%。总体市场规模呈扩大趋势。

（二）各项目标和任务进展顺利

1. 企业培育目标和任务

目前，全省批发企业销售额超过 10 亿元的有 15 家，销售额过亿元的有 140 家（见表 1），比 2010 年年底规模企业数量分别增长 67%、46%，销售排名前 15 位的批发企业占全省药品批发销售总额的 43.07%。安徽省医药（集团）股份有限公司、合肥康丽药业有限责任公司年销售额分别为 206 704 万元、134 312 万元，在全国前 100 名药品批发企业中排序第 44、65 位；安徽丰原大药房连锁有限公司以年销售额 70 274 万元，成为全省唯一跻身全国前 100 名的零售企业，排名第 27 位。企业发展数量规模逐步增大。

表 1　2012 年度安徽省骨干企业销售额数量明细表

年销售额	企业数量
超 10 亿元	15
5 亿—10 亿元	21
2 亿—5 亿无	47
1.5 亿—2 亿元	30
1 亿—1.5 亿元	27

2. 网点布局目标和任务

目前，全省拥有药品流通企业 13 195 家，其中批发企业 606 家（年销售额 5 000 万元以上的 217 家），药品零售连锁企业 67 家，零售单体药店 12 522 家（零售药店门店总数 13 993 家），基本能够满足城乡药品供应需求，县、乡、村三级药品监管、供应网络有效建立，并进一步健全完善。

表 2　2012 年安徽省药品流通业情况表

备注	企业数量
批发企业	606
零售企业	12 589
其中：零售连锁企业	67
零售门店	13 993
其中：零售单体门店	12 522
零售连锁企业下辖门店	1 471
医保定点零售门店	6 000
合计	13 195

3. 市场建设目标和任务

引导和扶持骨干企业建设，发挥专业市场引领示范效应。加快建设太和华源药品集中交易市场，以电子商务为特色的新型交易模式初步建立，药品交易市场辐射能力增强。加大亳州中药材交易市场建设力度，以中药材流通追溯体系建设为主要特征的市场建设有序推进。同时，进一步规范药品经营秩序。以商务部“五项标准”颁布实施为契机，正面引导企业规范管理、诚信经营；充分发挥行业协会的监督作用，建立起违规惩戒和退出机制，规范市场秩序，促进行业自律。通过开展专项整治、加强检验检测等集中活动，一批药品批发企业无证、挂靠经营现象得到纠正，少数药品零售企业出租、出借柜台行为得到纠正，个别违法违规经营行为受到严厉查处。

二、上半期主要工作

围绕“十二五”规划目标任务，以服务企业、服务群众、服务基层为主线，以定职责、抓基础、立规章、建机制为原则，明确行业管理职能，落实基础性工作，建立健全工作机制，采取一些方法手段，促进行业管理健康有序发展。

（一）明确行业管理职能

按照安徽省机构编制委员会办公室《关于明确药品流通管理职责分工的通知》（皖编办〔2010〕189 号）精神，安徽省商务厅为安徽省药品流通行业主管部门，负责研究拟定药品流通行业发展规划、政策和相关标准，负责推进药品流通行业结构调整，指导流通企业改革，提高行业集中度，推动现代药品流通方式的发展，建立统一开放、竞争有序的药品流通市场体系；会同相关部门研究制定药品流通行业管理制度和行为规范，配合省食品药品监督管理局打击药品经营违法违规行为；负责推进药品流通行业信用体系建设，指导行业协会实行行业自律和开展行业培训工作。根据职责定位，建立健全商务部门与其他相关部门联系协调的体制机制，发挥各自职能，加强协调配合，共同做好安徽省药品流通管理工作。同时，指导督促 16 个地级市抓紧明确职责分工。

（二）积极履行药品流通行业管理职责

充分发挥 12312 商务行政执法投诉举报热线在药品流通领域监管方面的作用，完善投诉举报的受理、处理、移送和反馈机制，强化对药品流通行业的执法监督。同时，加强商务部门与卫生、食品药品监督管理、工商和质量技术监督等部门的联系与合作，推动联合执法，发动各方面力量，加大对药品流通行业的社会监督，充分保证药品流通市场的秩序。根据《全国药品流通行业发展规划纲要（2011—2015 年）》精神和要求，经过广泛调研论证，编制了《安徽省药品流通行业发展规划（2011—2015 年）》，于 2012 年 2 月印发全省。积极推荐安徽中医学院为安徽药品流通行业人才培训基地，指导安徽中医学院为 2 家药品流通企业开设专升本学历教育班，指导行业协会及时宣贯行业标准，组织 5 家企业 14 名选手参加首届全国药品流通行业岗位技能竞赛。

（三）认真落实药品流通行业统计制度

认真指导全省 17 家药品流通企业参与全国药品流通行业直报工作；组织 8 个中药材产地、1 家中药材交易市场、2 家中药材信息网站参与全国中药材流通直报工作。各药品流通企业必须指定专人承担网上直报，严格执行国家《统计法》等规定，客观、真实、及时填报药品流通数据。

（四）切实加大信用体系建设

将药品流通行业纳入商务信用建设范围，加大诚信宣传教育力度。开展“诚信经营”示范创建活动，按照遵纪守法、诚实守信、制度健全、诚恳规范服务、履行社会责任、自觉接受监督等六个方面的创建要求，4 家药品流通企业申报“诚实守信企业”，树立一批诚实守信经营示范企业。

（五）有效提升中药材市场流通水平

依托亳州药材交易市场，促进中药材、中药饮片和提取物等的市场流通，大力扶持中药材流通企业发展，完善中药材流通市场布局，提升市场交易能力，配套建设现代化信息和物流体系，打造辐射全省、面向全国、走向世界的中药材市场体系和营销网络，促进了安徽中药材的流通。加强对亳州市开展中药材流通追溯试点工作研究，指导亳州市商务局制订了中药材流通追溯试点工作方案并组织专家进行论证评估，开展具体工作。

（六）积极发展医药展会

连续九届成功举办华交会，并将其发展成为一年一次的品牌盛会，仅次于国药会成为全国第二大展会。依托安徽华源医药有限公司，围绕质量、诚信、价格、服务，构建了一个面向广大中小城镇、农村市场的普药集散中心。以“品种全、价格低、质量优、服务好”的独特优势，形成了“买全国，卖全国”的经营格局，被医药界称为药品价格晴雨表和“太和模式”，2012 年销售额 140 亿元，连续 10 多年在全国医药商业企业中单体销售排名第一。2011 年 4 月 8 日，习近平同志视察了安徽华源医药，他对华源医药的发展及华药会给予了充分肯定和高度评价。通过展会平台，促进全省药品流通企业“走出去”，提升综合集聚效应和市场品牌特色，并将省外、国外具有相当竞争力的药品流通企业“引进来”，提升安徽省药品流通行业总体实力和竞争力。

三、存在的困难和问题

由于受职能新调整、药品原有体制等因素影响，药品流通行业管理还存在一些困难和问题。一是行业管理体制机制仍未建立。目前，虽然参照国家编办文件精神，明确了省级药品行业主管部门职能，但实际工作中相关部门的职能仍未界定，行业管理、市场监管等关系仍未理顺；并且全省仅 6 个地市明文确定行业管理主管部门，工作基础薄弱，大多依赖省医药商会，工作局面仍未打开。二是可操作性的政策和依据缺乏。虽然按照国家药品流通行业管理规划要求，制定了全省行业管理“十二五”规划，但由于配套保障措施无法跟上，以及必要的约束措施和手段缺乏，企业参与积极性不高，以至于规划目标任务很难落到实处，服务企业、服务基层更是无从谈起。三是人员队伍的专业管理知识水平亟待提高。虽然目前省级和部分地级市已经明确了行业管理职能处（科）室，但人员队伍的知识结构、管理水平仍满足不了行业管理和发展需要，对药品流通的上、下游环节相关知识掌握不够，开展工作缺乏全面性、有效性，能力水平亟待提高。

四、行业面临形势

随着医药改革不断推进，以及行业管理新标准、新 GSP 认证等一系列政策实施，安徽省药品市场环境将会产生新动向，短期内可能对药品流通行业发展造成影响。从市场总体规模来看，市场规模继续扩大，但增速明显放缓，特别是零售连锁药店发展缓慢，连锁率仍然较低。从新版 GSP 的实施来看，虽然新修订 GSP 与新修订 GMP 等法规将形成组合拳，有助于改变药品流通“多、小、散、乱、低”的落后格局，提升医药产业整体水平，但由于准入门槛提高，一批企业面临出局，行业洗牌将势在必行，短期内会影响行业整体布局。从市场建设发展来看，由于信息化发展和专业市场壮大，电子商务、期货交易、资本运作等逐步渗透到大型专业市场建设之中，将会呈现药品（中药材）商品交易所等新型业态。

五、行业发展趋势

一是行业集中化将一往直前。政策叠加效应、市场导向驱动的双重作用，一方面，推动了药品流通企业之间的上下游整合，完善产业链，提高资源配置效率。另一方面，同类企业强强联合、优势企业兼并其他企业，促进资源向优势企业集中，实现规模化、集约化经营，提高行业集中度，形成一批具有国际竞争力和对行业发展有较强带动作用的大型企业集团。

二是行业扁平化将不可阻挡。随着医改不断深入，以压缩流通环节、减少中间商、降低药品价格为主要特征的“安徽模式”医改路线图将逐渐明晰。医改的目标就是鼓励有资质的药品流通企业参与有序竞争，使药品流通环节更简单、流通成本更低且可控，让制造商、消费者都能从中受惠。最终，药品流通行业实现集中化和扁平化。

三是行业信息化将日新月异。随着国家信息化迅猛发展，药品流通行业通过有效的信息系统管理，实现药品采购、配送、使用等智能化、信息化，将药品物流服务延伸至客户端。此外，药品交易采取渠道虚拟化和电子商务应用，改变传统的医药贸易模式，节省人、财、物力，节约时间，降低药品流通成本，大大提高资金运转效率。

六、指标调整建议

综上所述，从政策层面上分析，安徽省作为医改先行者，一方面，在实际工作中摸索，减少流通中间环节，降低流通成本，为医改顺利推进提供有效经验；另一方面，新版 GSP 认证的实施，以及食药品市场监管力度不断加大，再加上行业新标准的评级启动，对药品流通行业布局产生重要影响，药品市场和价格可能出现波动。从现有发展状况推算，安徽省地处全国中西部，属于经济欠发达地区，但药品销售额 2012 年年底已攀升到 880 亿元，年增长率 11.76%，去除价格影响等因素，年增长率应在 10% ~11% 之间。按照当前市场总体规模缓慢增长的态势，《规划》中年均增长 12% 以上的目标难以实现。为此，建议将年均增长率调整为 10% ~11% 这一合理区间。

七、下一步工作措施

全国医药卫生体制改革的逐步深入，对药品流通行业的发展提出了更高的要求。我们必须认清形势，努力把握机遇，积极迎接挑战，加快结构调整，转变发展方式，实现科学发展。

（1）进一步完善药品流通政策。结合正在进行的深化医药卫生体制改革，力争出台相关配套政策，以科学发展观为指导，制定适合省情、符合药品行业发展阶段性特点的行业政策。

（2）优化网点布局。突出重点、特色发展。根据各地发展状况，优化药品流通企业在全省的总体规划布局。在行业集聚的基础上，加强冷链配送、第三方物流等配套设施建设，使药品流通行业走上安全优质、健康发展之路。

（3）加强中药材指导。积极落实中药产业现代化战略，指导亳州中药材市场，加强仓储物流、质量检测、流通追溯、信息化等建设，大力开展大宗交易、期货交易、电子交易等新型业态，逐步实现中药材转型发展和国际市场接轨。

（4）大力推动药品流通行业信息化建设。充分利用信息技术与网络技术，改造传统药品流通行业。以推进药品、流通追溯、电子商务交易信息化建设为着力点，整合资源，加强信息标准化和流通行业信息平台建设，大力推进药品流通行业信息化建设，建立实用共享的药品流通行业管理信息系统。

福建省药品流通行业“十二五”规划中期评估报告

福建省药品流通行业“十二五”发展规划（以下简称规划）已实施两年多，根据规划发展的目标和主要任务，福建省经贸委对发展规划展开了中期评估，现报告如下：

一、主要指标进展情况

（1）2012年全省直报企业销售总额达到2 125 729.74万元，比上年同期增长20.25%。2013年1—6月累计销售总额可实现118亿元，预计2013年全年销售总额可实现240亿元，同比增长13%。若保持目前增速势头，能够完成2015年全省销售总额达到290亿元的目标。

（2）2012年药品批发前十名流通企业的年销售额占全省批发销售总额的91.14%，已高于“十二五”时期产业集中度预期目标90%。

（3）2012年连锁药店占全部零售门店的比重仅17.9%，难以完成2015年连锁药店占全部零售门店的比重提高到1/2以上的目标。

二、主要任务进展情况

（一）完善流通网络建设

加强若干重点医药流通企业分销配送营销网络，为大型连锁药店、县市级药品流通企业、县级以上医疗机构提供分销渠道，配送网络进一步延伸至乡镇及村卫生院、诊所等医疗单位。同春药业、国控福建、鹭燕药业、惠好医药通过加快投资和并购整合，致力于打造面向海峡西岸、辐射东南沿海，现代化、集约化、多元化的大型医药骨干企业。

（二）发展现代药品物流

建立标准化、信息化、自动化、社会化的高效现代药品物流体系，积极发展第三方药品物流。鹭燕医药福州仓储中心总投资1.5亿元，是福建省首家按现代物流要求和标准设计的第三方医药物流中心，目前基建工作和现代物流设施安装已经基本完工，相应的信息系统正在实施中，预计在2013年底启用。同春药业进一步突出在冷链、麻精药品配送方面的专业化优势，力争把冷链药品、麻精药品的储运配送打造为全省的样板和标杆。该公司计划建设成为覆盖全省的现代化、专业化，具有第三方配送资质的3A级药品物流配送中心。国控福建一期工程建成的物流配送中心被评为国家4A级的医药物流配送企业，现与礼来、诺和诺德开展委托配送，目前正在规划推进第三方物流。

（三）推进连锁经营发展

加快发展药品连锁经营。惠好医药设立的四海医药连锁有限公司发展成为了福建省规模最大、门店数量最多的连锁标杆企业，2010年至2012年连续被评为中国药品零售企业竞争力百强前50名。同春公司加大力度与大型医药连锁企业合作，逐渐扩大经营规模。鹭燕通过并购和新设零售连锁企业，逐渐扩大连锁规模。但全省没有明显提高零售连锁经营企业平均拥有门店数量。

（四）推动电子商务发展

进一步提高药品流通领域的电子商务应用水平，鼓励经营规范的零售连锁企业发展网上药店。惠好医药成为首批电子商务试点医药企业；鹭燕正在申请《互联网药品交易服务机构资格证书》，拟开展网络药店业务。同春药业等重点骨干医药流通企业已实现客户网络订单，开展网络报单业务。

（五）推动闽台合作交流

加强海峡两岸药品流通企业的交流合作。目前鹭燕已在厦门象屿保税区两岸贸易中心设立药材交易中心办事处和药材及台湾产品展厅。同春药业与漳州片仔癀、厦门中药厂签订建立战略联盟，共同打造海西中药贸易平台。惠好医药正投资建设海峡中药材商贸城。

（六）推动行业规范发展

贯彻落实商务部制定药品流通相关的标准体系，逐步组织实施药品流通企业分类分级管理制度。组织企业讨论修改《国家药品流通行业标准》，学习贯彻《药品批发企业物流服务能力评估指标》等五个行业标准，进一步提高了行业凝聚力，树立起行业威信。

三、下一步工作计划和政策措施建议

（一）建立药品流通行业管理

尽快建立省、市、县药品流通行业管理工作体系，切实担负起相应的行政管理职能，将药品流通行业管理纳入商贸流通工作体系进行统筹规划，与深化医药卫生体制改革领导小组其他成员单位进行工作对接，积极与当地食品药品监管、卫生、物价、社会保障、工业信息化等有关部门建立相互配合的工作机制，明确药品流通行业管理的职责分工，形成行业管理的工作合力。

（二）改善药品流通市场环境

进一步修改完善药品流通的法律制度和部门规章，建立比较完备的药品流通的法律法规和标准体系，清理、废止阻碍药品流通行业改革发展和妨碍公平竞争的政策规定，健全市场机制，促进优胜劣汰，逐步形成竞争有序、开放的药品流通市场体系。完善药品定价、采购和医保支付机制。使用价格政策杠杆，支持临床必需、疗效确切、安全性高、价格合理的创新药物优先进入医保目录。研究制定更加科学合理的集中采购评标标准和方法，合理划分质量层次，切实落实“质量优先、价格合理”的原则。建立公开、透明的社会监督机制，加大监督力度，保证药品配送招投标的公平、公正。促进医疗机构依合同规定按时向流通企业支付货款。支持零售连锁企业和其他具备条件的零售药店申请医保定点资格，扩大基本医疗保险定点药店覆盖范围。

（三）加大财政、融资支持力度

积极支持药品流通行业结构调整和药品供应保障体系建设，充分发挥财政政策的导向作用，鼓励企业利用产业基金、融资担保、信用保险、上市融资、应收账款和仓单质押等金融工具，多渠道筹集资金，加快改革发展步伐。引导金融机构资金加大对药品流通龙头企业的信贷支持力度。地方财政对于重点扶持企业、龙头企业，通过给予资金补贴、优惠贷款、税收倾斜等政策，解决企业发展中的资金瓶颈，帮助企业尽快做大做强。鼓励药品零售连锁企业加快整合并购步伐，支持有实力的骨干企业向农村偏远地区延伸药品流通网络，实施集中配送试点。

（四）支持现代医药流通体系建设

积极推动莆田亚太健康产业城、海峡数字医疗器械总部 MALL 等医药大型项目建设，培育两三个全省性或区域性药品流通企业（集团），构建面向全球、辐射亚太、沟通海峡两岸的大型药品物流园区、中药材交易中心。将列入福建省医药产业规划的医药流通业项目视为省重点项目，享受用地、岸线、用林等优惠政策，并在年度用地计划中予以优先支持。生物医药重点项目用海的海域使用金，除按规定上缴中央财政外，上缴地方财政部分减征 30%。对列入医药产业规划且用地集约的项目，土地出让金可按国家颁布工业用地最低价的 70% 确定出让底价。

（五）加强药品流通人才队伍建设

落实福建省引进高层次人才、建设海西人才高地的有关政策。新引进的总部企业的高层次管理和技术领军人才，经相关部门认定，可根据不同级别按其当年在本地缴纳的个人所得税地方留成部分的 50%，给予住房和生活补助。对引进的海内外高层次医药创业创新人才，符合引进人才条件与范围的，按《福建省引进高层次创业创新人才暂行办法》（闽委办发〔2010〕2 号）、《福建省海纳百川高端人才聚集计划 2013—2017 年的通知》（闽委办发〔2013〕3 号）等相关规定享受优惠政策。对企业自主培养的优秀创业创新人才，符合条件的可享受相关优惠政策。

（六）支持行业协会等中介组织的桥梁和服务作用

积极探索医药行业协会发展模式，发挥行业协会在企业和政府之间的桥梁作用，参与重大政策的制定，反映企业诉求，引导规范企业行为，维护公平有序的竞争环境。支持行业协会加强自身建设，增强服务意识，提高为企业服务的能力，承担起行业统计、运行分析、调查研究、行业培训、国际交流与合作等任务。鼓励各个行业协会之间加强交流与合作，共同推动行业的持续健康发展。

行业协会应发挥自身作用并引导中介组织，加强行业自律、信息咨询、规范医药购销行为等专业服务，构建药品营销平台、产学研沟通交流平台，促进医药产业发展；组建药品信息网络平台，加强省内外企业之间、企业和政府之间、企业和医疗机构之间的交流沟通；积极推动国内外、省内外及闽台港澳医药行业协会互访，促进国内外、省内外及闽台港澳医药产业界广泛合作交流。

完善药品流通行业统计工作制度。福建省已委托医药行业协会做好药品流通统计工作，将在原有 24 家典型药品流通直报企业基础上，继续扩大典型药品流通直报企业数量，同时，要求行业协会做好行业数据审核、分析工作，根据商务部部署，及时公布药品流通企业排序，定期编辑产业动态信息，加大对药品流通行业的指导。

江西省药品流通行业“十二五”规划中期评估报告

根据商务部办公厅《关于开展药品流通行业“十二五”发展规划中期评估工作的通知》（商办秩函〔2013〕700号）文件要求，结合《全国药品流通行业发展规划纲要（2011—2015年）》和《江西省药品流通行业发展规划（2011—2015）》的主要内容，江西省商务厅积极组织开展了有关调查研究。现将有关情况汇报如下：

一、总体评价

（一）行业发展呈持续、健康转型的发展趋势

2011年至2013年上半年，伴随着国家新医改的深入推进和各项行业政策标准的出台，在《全国药品流通行业发展规划纲要（2011—2015年）》和《江西省药品流通行业发展规划（2011—2015）》的引导下，药品流通行业发展势头良好。相关主管部门大力支持行业结构调整和发展方式转型升级，鼓励企业兼并重组，提高行业集中度；药品流通企业不断提升流通效率和管理水平、创新业务和服务模式、拓展基层原料市场，行业规模和效益稳步增长，呈现持续、健康的转型发展趋势。

（二）行业规模呈逐年扩大趋势，基本满足城乡药品供应需求

2012年，药品流通直报企业中批发企业销售总额52.9亿元，零售企业销售总额11.5亿元，总体市场规模呈逐年扩大的趋势。全省共有药品批发企业221家，药品零售连锁企业45家，零售连锁药店1 037家，零售单体药店7 090家，零售药店门店总数达8 127家，百年老字号“黄庆仁栈”大药房现拥有358家连锁门店，萍乡昌盛大药房连锁门店达到200家，基本能够满足城乡药品供应需求。

（三）行业主要指标呈较好的发展态势

（1）主营业务收入逐年上升。随着全国医药行业发展趋势，全省药品流通直报企业的主营业务收入一直保持增长势头，2011年主营业务收入137.5亿元，2012年主营业务收入达到214.9亿元，增长56%。例如：南华医药公司从2010年至2013年6月主营业务收入一直保持两位数的增幅。该公司2011年无税销售收入达到24.67亿元，2012年无税销售收入达到30.08亿元，增长21.92%。

（2）销售结构趋于合理。根据直报企业报表分析，按主营药品分类，药品类销售居主导地位，销售额占七大类医药商品销售额约73%；其次为中成药类，约占20%；中药材类约占2%。医疗器械、化学试剂、玻璃仪器类合并占5%左右。按销售对象分类，批发企业销售额占销售的15%；纯销（包含对医疗终端、零售终端和居民的销售）占销售的85%。

（3）利润逐年提高。药品流通直报企业采取积极灵活的销售策略，并结合国家基本药物政策和新农合政策，调整销售队伍的架构，使药企的盈利逐年提高。2011年药品直报企业的利润总额13.8亿元，2012年药品直报企业的利润总额15.2亿元，增幅为10%。如：南华医药公司2011年实现利润2 682万元，2012年实现利润3 419万元，增长27%，保持了两位数的增幅，还高于主营业务收入的增幅。

（四）采取有效举措推动药品流通企业快速发展

以科学发展观为指导，按照医改“十二五”规划的要求，以建设江西省优质企业为目标，采取循序渐进的办法，逐步解决各种问题，推动药品流通企业的快速发展。一是实施“放心药”下乡工程，保障农村山区用药。省商务厅对发展农村连锁药店情况进行了调研，通过调研，于2012年实施了扶持农村连锁药店发展政策，安排了100万元专项经费用于引导药品流通企业向农村发展，共扶持药品零售连锁企业11家，发展农村连锁药店共128家。二是完善改革，夯实基础。全面落实江西省基本药物目录的招投标工作，指导获得配送权的药品流通企业增设零售网点，调整零售系统运行质量，实现零售系统盈利，适时推进改革等工作。三是指导药品流通企业调整仓储功能定位及运行模式的试运转，加强并拓展地区性分销医药市场的建设，提升市场占有率。完善现有资产的使用功能，提高资产效能，改买断店为直营店，并调整区域零售市场的网络布局。完善管理体制及运行模式，推进企业运行的财务指标体系优化，完善信息网络系统，并实施信息软件的升级。四是推动中药材流通追溯体系建设。省商务厅向商务部上报了《关于推荐樟树市为2013年中药材追溯体系建设试点单位的请示》；指导樟树市制订了《樟树市中药材流通追溯体系建设试点工作方案》；组织樟树市商务局、药监局等人员赴广西玉林学习调研，进一步完善工作思路。

二、存在的困难和问题

由于多种因素导致药品流通环节盈利增幅收缩，企业微

利化运行特征更明显。所面临的困难和问题是：

（1）药品价格恶性竞争。药品是特殊商品，追求以低价占有市场，可能使一些药品生产企业为了降低成本采取低限投料，降低了药品质量，扰乱了药品生产经营和市场秩序，也不利于药品生产、经营企业的发展，人民群众安全有效用药得不到保证。同时，过分强调薄利多销，极易引发过度竞争、价格大战，不利于正常发展。因此，应该规范有序的价格竞争。

（2）企业面临现金流的压力。医疗机构单位未按国家招投标合同上规定的账期支付货款，应收账款账期普遍在150天左右；偏长的达半年以上，例如，截至2013年6月底，南华医药公司应收账款余额为11.65亿元，较上年同期增长17.82%。应收账款平均周转天数为101天，较上年同期增加2天。医疗机构拖欠企业货款时间过长问题进一步加剧，企业生存和发展空间受到严重挤压。

（3）规划执行缺乏政策手段。规划落实过程中，由于缺乏法规和政策手段，工作推动难度大，存在的困难多。

三、意见和建议

（1）提高药品市场的集中度，严管企业规范经营。严格进入市场的考核标准，清理淘汰一批没有经营资质和经营条件的药品流通企业，加快培育和形成几个大型的分销企业集团，通过连锁经营等流通组织形式，建立覆盖城乡市场的药品销售网络。

（2）提高药品市场的现代化程度。构建符合药品特殊性的专业化、标准化、信息化、现代化和封闭运行的药品现代物流体系或平台，形成安全高效的药品物流配送网络，实现药品生产企业、分销企业销售库存的最小化，流通环节的最少化，流通费用的最低化。

（3）提高药品市场的交易速度。构建药品电子商务平台和现代化物流配送体系、电子货币体系，降低交易成本。

（4）提高药品市场的信用程度。完善社会信用体系建设，建立参与药品流通全过程交易者的信用档案，对药品流通企业要建立不良记录制度，对有违法违规记录的企业要加强监督管理。

（5）“联大靠强”，走集约化经营道路。要通过资产重组等方式将企业做强做大，实现规模化、集约化经营，形成江西城乡的药品流通体系。同时整合现有药品流通资源，引导小型药品流通企业通过市场化途径打造江西的医药物流龙头企业。

（6）完善药品流通网络。配合医药卫生体制改革和基本药物制度实施，积极参加药品招标采购，做好药品配送。充分发挥“万村千乡”市场工程等网络资源作用。实施“放心药”下乡工程，实现药品流通对基层的有效覆盖。

（7）保障药品应急供应。建立药品的重点品种储备制度。继续做好流通环节实物和资金的储备。根据各类突发事件的特点，建立相应的应急保障机制。

（8）加强信息化建设。指导企业加强信息平台建设，通过信息平台与上、下游客户紧密配合，与药监、价格监督、医保机构等政府职能部门互动，实现对药品流向、所处地点、有效期等各项信息进行实时跟踪。

（9）尽快完善药品流通行业管理的法规和政策体系。建议尽快推动修改完善药品流通管理相关法律法规和部门规章，研究制定鼓励性政策措施，在推动医药分开、支持零售企业申请医保定点资格、支持发展农村连锁药店、药品流通行业人才培训等方面予以政策支持，推动药品流通行业加快发展。

河南省药品流通行业“十二五”规划中期评估报告

按照商务部和省政府要求，河南省商务厅积极履行药品流通行业管理职能，深入开展调查研究、加强管理体系建设、科学制定药品流通“十二五”发展规划、积极推动行业发展。现将河南省药品流通“十二五”发展规划中期评估情况报告如下：

一、上半期行业发展现状

（一）市场规模持续扩大，集中度提高

截至2012年年底，全省药品批发企业323家，零售连锁企业169家，下辖门店6 891家，零售单体药店10 600家，零售药店门店总数达17 491家。2012年，全省医药商业实现销售收入412亿元，约占全国总销售的3.69%，在全国位列第十位。

（二）发展水平得到提高，企业并购重组加快

目前，全省年销售额过10亿元的有10家，其中，国药控股河南公司达48亿元，河南九州通33.9亿元，华润河南公司27.8亿元，年销售额过1亿元的企业有121家。药品流通企业联合、重组步伐加快，国药、华润等企业加大并购重组力度。张仲景大药房、老百姓大药房等零售连锁经营方式成为发展趋势，国药、华润、河南博济光明等企业开展医药物流服务延伸项目实施成效明显。

（三）社会功能得到提升

目前全省药品流通行业从业人数约35万人，为大约7亿人次提供过销售及相关服务，药品供应保障能力显著提升，群众购药更加方便快捷。

国药、华润等企业建立了药品储备制度和应急配送的体系，不仅保障了全省重大活动的药品需求，还有效保证了“H7N9禽流感”等重大疫情的药品供应，为维护社会稳定和人民群众利益发挥了重要的作用。

（四）中药材市场发展态势良好

全省中药材的产量、人工种植面积稳居全国前三位，中药材总产值已经突破100亿元，禹州市中药材专业市场2012年交易额达到50亿元。

二、规划完成情况

（一）明确药品流通行业管理职能，建立管理体系

2012年1月，河南省机构编制委员会办公室正式下发了《关于明确河南省药品流通管理职责分工的通知》，明确河南省商务厅为河南省药品流通行业主管部门，同意河南省商务厅市场秩序处加挂“河南省药品流通服务办公室”牌子，增加副处级领导职数1名。郑州市于2013年经编办批准设立了药品流通处。

（二）制定《2011—2015年河南省药品流通行业发展规划纲要》

根据《全国药品流通行业发展规划纲要（2011—2015年）》，结合全省实际，制定并印发了《2011—2015年河南省药品流通行业发展规划纲要》，为药品流通行业的发展提供了重要依据。

（三）推动医药物流延伸服务示范工程在河南省实施

鼓励支持华润河南医药公司、国控河南公司、河南省医药公司、河南博济光明公司开展医药物流服务延伸工程。华润河南公司已对郑州中心医院、河南省肿瘤医院、郑州大学五附院的医院药库、药房进行了现代化物流改造和自动化建设，相继建成了医药协同系统、全程冷链系统，填补了医院药品信息化管理的空白，降低了医院的管理成本，提升了药品质量管理水平，为药品流通行业改革发展提供了新的模式和经验，得到了商务部领导的肯定。河南省医药公司对河南省人民医院门诊药房进行了药品自动分拣系统和信息化改造，提高了发药效率，方便了患者。

（四）积极探索医药零售企业承担社区医疗卫生服务

鼓励医药零售企业积极探索，举办社区卫生服务站。开封百事康医药公司投资设立开封鼓楼区行宫社区卫生站，进行医药零售企业承担医疗卫生服务功能的有益尝试，体现了“保基本、保基层、建公益”的基本要求，受到了百姓的欢迎和认可。

（五）加强行业基础建设

按照行业标准体系建设要求，配合商务部推动《药品批发企业物流服务能力评估指标》、《零售药店经营服务规范》、《药品流通企业诚信经营准则》、《药品流通行业职业经理人标准》、《药品流通企业通用岗位设置规范》等行业标准的落实工作，印发了《关于做好〈药品批发企业物流服务能力评估指标〉等五个药品流通行业标准宣传贯彻工作的通知》（豫商秩〔2012〕50号）。

（六）完善行业协会，建立行业自律机制

接手省医药商业协会的管理工作，成立了河南省药品流通发展促进会，充分发挥协会在加强政府和公众沟通、行业自律等方面的积极作用，指导和鼓励行业协会制定和执行行规行约，维护正常价格秩序，防止垄断行为。

（七）开展首批中药材重点品种流通分析工作

2012年，在继续配合商务部开展药品流通行业统计直报企业工作的同时，全省开展了首批21种中药材重点品种流通分析工作，初步掌握中药材流通领域的相关统计数据和市场流通情况。

（八）落实药品流通行业统计制度

为做好全省药品流通行业统计工作，2011年2—3月，省商务厅组织18个省辖市商务局和药品流通直报企业，分两次到北京和江西南昌参加商务部药品流通行业统计培训。各省辖市商务局（南阳市除外）和直报企业先后落实填报人员，都及时报送了2011年、2012年度统计报表。在全国31个省、市、区中，河南省统计报表报送率分别位列第三位和第一位。

（九）加强为企业服务，推动工作落实

省商务厅把“服务”作为工作的重要抓手，组织全省相关药品流通企业参加中国国际健康产品展览会等全国相关会议、论坛，就药品流通行业转型、创新、发展、合作等问题与全国同行进行深入交流，帮助他们开阔了眼界，促使

他们更加积极主动地配合参与医改工作。注重为企业服务，通过了解行业内企业发展中遇到的困难，在不同的层面进行呼吁，帮助解决困难，赢得了药品流通企业的信赖和支持。

（十）积极承办全国药品流通工作会议

在省商务厅积极协调、精心筹备下，全国药品流通行业管理工作会议于 2012 年 7 月在郑州召开，对河南省药品流通行业的持续健康发展起到了积极的促进作用。

（十一）组织参加全国药品流通行业岗位技能竞赛暨第二届全国医药行业特有职业技能竞赛活动

省商务厅积极组织相关协会、企业制定方案、采购教材、学习研究，并向全国组委会推荐了多名裁判。河南省代表队在比赛中取得了优异成绩：获优秀团体第三名，获店长组团体单项第二名，获药师组团体单项奖第三名，河南省药品流通服务办公室获优秀组织奖。

三、存在的困难和问题

（1）高度市场化的医药流通行业与高度垄断化的医疗卫生行业矛盾依然突出；药品流通企业与医疗机构的地位不平等、政策支持不对等的矛盾突出；药品流通行业总体发展程度较低，管理水平、设备设施相对落后，行业结构调整和实现转型发展仍较困难。

（2）流通组织化现代化水平不高，药品流通企业数量多、规模小、行业集中度低的状况依然存在，流通方式相对滞后、流通成本高、跨区域扩展缓慢等问题依然明显。

（3）行业发展布局不够合理，药品流通城乡发展不够平衡，城市药品流通企业过度集中。

（4）药品购销领域各类违规经营现象还比较突出。出售使用假劣、过期药品现象时有发生。部分地方中药材交易混乱，质量缺乏保证。

（5）行业管理人才匮乏、管理水平不高，行业管理缺乏有效手段。

（6）行业管理缺少法律法规依据，落实行业规划缺少政策支持，缺少具体的奖惩措施和资金扶持。

四、下半期面临的形势与趋势性预测

（一）药品市场规模会继续扩大

“十二五”期间，随着医药卫生体制改革的深化，以及城镇化、人口老龄化、全民医保带来的医药消费市场增长，全省医药流通市场将会继续保持快速增长。

（二）行业并购重组将进一步加快，行业集中度继续提升

并购重组将是促进医药流通领域资源有效配置，达到行业集中化、规模化发展，实现“十二五”规划发展目标的趋势。在政策推动和上下游产业发展的带动下，行业并购重组加快也将推动医药流通河南省龙头企业的形成和发展。

（三）流通组织化、现代化水平将进一步提高

全省骨干医药批发（物流）企业，服务面向三级甲等医疗机构、县级以上医疗机构、城镇社区医疗、乡镇卫生院、城乡药店联盟、农村医疗网点等层级，构成较为广泛的业务体系，零售连锁将进一步发展，药品流通现代化水平将不断提高。

（四）中药材市场秩序将进一步规范

随着中药材追溯体系建设的实施和流通发展方式的转变，生产经营主体安全责任意识、流通环节质量安全管理能力、中药材质量安全水平将进一步得到提高。

五、调整规划指标和任务的建议

针对实施规划缺乏刚性抓手和法规指导的具体情况，按照依法行政的要求，建议：

（1）商务部会同国家有关部委，制定药品流通行业准入的法规或办法，明确药品经营企业准入须符合行业规划。

（2）制定出台推动“十二五”规划落实的具体、明确、具可操作性的政策措施，将规划细化为相关项目，设立项目实施鼓励政策和资金，以项目实施推动规划落实。

六、完成下半期规划的政策措施建议

（1）修改完善与药品流通有关的法律法规和规章，赋予商务部门具体的职能和措施，实现对药品流通行业实质性管理。制定鼓励性政策措施，支持药品流通行业结构调整和药品供应保障体系建设，如：给予药品经营企业贷款无息贴息、财政补贴、融资支持等，扶持符合规划项目的建设和产业升级；设立药品流通行业发展专项资金，采取以奖代补、专项支持等方式，促进企业快速健康发展。

（2）从国家层面的顶层设计上充分考虑药品流通企业的利益，制定相关办法、措施，保障药品批发企业平等参与招标采购及配送业务，促进医疗机构依合同规定按期向流通企业支付货款；支持零售连锁企业和其他具备条件的零售药店申请医保定点资格，扩大基本医疗保险定点药店覆盖范围，逐步提高社会零售药店在药品终端市场上的销售比重，协调国家卫生、社保、药监、财政等部门出台鼓励其多元化经营的意见。

（3）建立药品流通领域人才激励与约束机制，制定从业人员资格准入标准，加强药品流通职业培训和继续教育，

提高从业人员的业务能力和水平。

（4）充分发挥行业协会作用，鼓励相关协会承担行业统计、从业人员培训、建立药品交易、投融资合作、信息交流、政策发布等多层次、多功能平台，促进国内外市场交流合作。

湖北省药品流通行业“十二五”规划中期评估报告

按照商务部办公厅《关于开展药品流通行业“十二五”发展规划中期评估工作的通知》要求，湖北省积极组织人员，结合工作实际，对全省药品流通行业“十二五”发展专项规划的实施情况以及重点任务完成情况进行了认真调研。现将有关“十二五”中期完成情况报告如下：

一、“十二五”中期主要任务进展情况以及主要特点

湖北省药品流通行业“十二五”发展规划实施以来，在省委、省政府的正确领导下，树立和落实科学发展观，通过深化医药卫生体制改革，为药品流通行业结构调整和发展方式转型升级，加快提高行业集中度提供了良好平台，全省医药流通行业取得了长足发展。2011 年以来全省药品流通行业稳步发展，行业规模不断扩大，行业兼并重组步伐加快，企业组织化程度逐步提高，零售药店数量逐年增加，布点初具规模，居民购药更加方便，行业作用更加明显。

（一）主要目标进展情况

截至 2012 年年底，全省药品批发、零售企业有 15 097 家，其中取得《药品经营质量管理规范》（GSP）证书和批发经营许可证的企业 642 家，药品零售企业 14 455 家。在全省 14 455 家药品零售企业中，零售连锁企业 86 家，零售连锁门店 3 803 家，零售企业单店 10 566 家（批发所属零售，全归入零售企业单店中）。药品流通行业统计直报企业中按业态分类，全省直报企业 36 家，其中批发企业 25 家，零售企业 6 家，批零兼营企业 5 家。

全省药品流通直报企业销售总额达 412 亿元，按销售品类分，药品类销售 235.5 亿元，其次为中成药类 134.8 亿元，中药材类 6.56 亿元，医疗器械及其他为 35.14 亿元。

按销售对象分类，2012 年批发企业销售额为 137 亿元，占销售总额的 33%，纯销（包含对医疗终端、零售终端和对居民的销售）为 275 亿元，占销售总额的 67%。

按配送结构分，2012 年药品批发直报企业商品配送货值 239 亿元，其中自有配送中心配送额占 87.8%，非自有配送中心配送额占 12.2%，非自有中心配送额同比增加 1.1 个百分点；物流费用 2 亿元，其中自主配送物流费用占 84.1%，委托配送物流费用占 15.9%，委托配送物流费用同比上升 1.4 个百分点。

药品流通企业在物流建设和信息化建设中的投入继续提升，自有配送中心数量增长幅度为 7%，自有配送中心仓储面积增长幅度为 25%，自有配送车辆增长幅度为 6%，计算机使用数量和信息化投入分别增长 13% 和 21%，企业对信息化建设重视提高表现为信息化建设投入增加。

（二）主要特点

1. 规模效应日渐显现

2011 年湖北省九州通医药集团主营业务收入进入全国十强，名列第四位。全省共有 3 家药品流通批发企业主营业务收入名列全国百强；湖北同济堂药房有限公司、武汉普安医院有限公司、武汉马应龙大药房、武汉东明药房连锁有限公司等 4 家药品零售企业销售总额名列全国百强。2012 年九州通医药集团销售额超过 290 亿元，为实现省规划纲要提出的到 2015 年年底培育 1 家年销售额超 500 亿元的目标迈出了实质性步伐。

2. 覆盖城乡的药品流通网络持续完善

为方便居民购药，药品连锁企业努力延伸经营触角。截至 2012 年年底，全省共有 14 455 家药品零售企业，其中零售连锁企业 86 家，零售连锁门店 3 803 家，零售企业单店 10 566 家（批发所属零售，全归在零售企业单店中），药品零售连锁率 26.5%。网络覆盖城乡，为方便群众购药、确保用药安全起到了重要作用。

3. 企业兼并重组步伐加快

国家规划纲要及省规划纲要明确提出，做强做大是药品流通行业发展的主题。目前，全省以省内外龙头企业为主导的药品流通企业并购明显加快，行业集中度进一步提高。九州通近年来投资模式由集团直接投资到合资的趋势日益明

显，集团风险战略投资侧重战略业务收并购，比如零售连锁、饮片厂、器械公司等，加强优质企业的收、并购。国药控股湖北有限公司近年来积极在地市州推进兼并重组的工作，荆州、十堰、宜昌、襄樊、恩施、荆门、黄冈、黄石、随州、潜江等10个公司相继成立。省内龙头企业并购活动不断加速，企业流通网络加快向市县级城市延伸。并购活动为提高全省药品流通行业组织化程度奠定了良好的基础。

4. 医药物流服务进一步向专业化发展

据统计，2012年全省药品流通直报企业中，具有第三方医药物流资质的企业有4家，开展物流延伸服务的企业有2家。如国药控股湖北公司自2009年开始探索新的医药纯销模式，先后与全省34家医疗机构签订了集中配送协议，其中三级医院9家，二级医院22家；2012年实现销售额50亿元，同比增长50%。九州通集团在全国拥有二级以上医院客户近2 000家，2012年实现销售额13.42亿元，同比增长47.42%。

5. 基层用药规模增长

2012年，基本药物制度已覆盖全国所有政府办基层医疗机构。在“强基层”的医改政策推动下，基层用药水平持续提升，用药规模快速增长。据统计，2012年湖北省基本药物销售增速较高，参与国家基本药物配送的药品批发直报企业的国家基本药物配送总额为32亿元，扣除不可比因素，比上年增长25%。

二、存在的主要问题以及主要原因

（一）流通现代化有待进一步提高，主要反映在连锁率偏低

2012年零售连锁企业和零售连锁门店占全省零售企业的26.5%，药品零售连锁企业的领头羊——同济堂连锁、马应龙的业务增幅明显低于行业增幅水平。

其主要原因：一是来源于医疗机构的处方少和医保定点药店少的局面仍未改善；二是医保覆盖面扩大、报销比例提高，更多的人到医院就诊开药，零售药店客流减少；三是一些地方相继下达“限售令”、“禁售令”，限制医保定点药店开展多元化经营。此外，零售药店还面临房租、人力、物流等经营成本快速上涨的压力。

（二）行业利润下滑

其原因：一是药品降价因素。2012年，国家调控药品降价，平均降幅在17%左右。二是财务成本因素。2012年全省药品流通直报企业未收账款48亿元，同比增长41%。国控湖北、同济堂医药由于销售增长较快、销售周期相对以前缩短，回款方面受到影响，所以应收和应付款都增长比较快。据调查，2012年药品批发企业资金周转率普遍高于上年，医疗机构拖欠药品批发企业货款现象严重。

（三）企业管理水平亟待加强

2012年以来，国家相继出台了新版《药品经营质量管理规范》（GSP）以及《药品批发企业物流服务能力评估指标》《零售药店经营服务规范》《药品流通企业诚信经营准则》《药品流通行业职业经理人标准》《药品流通企业通用岗位设置规范》等行业标准，对药品流通领域市场准入和企业标准化管理提出了更高的要求。全省药品流通企业由于兼并重组、升级转型较快，管理人员培训相对滞后，直接导致企业管理水平跟不上国家和消费者的要求。

三、后半期药品流通行业调整意见以及主要工作措施

“十二五”时期是我国药品流通体制改革、结构调整、行业升级和转变流通方式的攻坚时期。在宏观经济平稳增长的环境下，随着国家医改推进和行业管理各项政策及标准的出台，药品流通行业将加快转型发展。

（一）调整意见

因新版GSP的发布对零售药企造成洗牌，按照测算，仅有30%的批发药企和20%的零售药企能够顺利通过新版GSP要求。根据新的形势变化对药品流通行业产生的重大影响，为了进一步推动规划顺利实施，建议将省规划纲要中连锁药店占全部零售药店的比重由现有的35%提高到60%以上，调整为争取达到45%。

（二）主要工作措施

一是协调相关部门，支持和促进药品零售连锁发展。为保证新版GSP的顺利开展，省商务厅将积极协调食品药品管理部门，进一步改善政策环境，坚持不懈引导规模较大、有一定实力的药品批发和零售企业发展现代物流和连锁经营，实行标准化配送，创新营销模式；引导和鼓励药品流通企业加强内部管理，不断提高竞争力，逐步做大做强。

二是实施品牌发展战略，努力打造品牌药品流通企业。继续支持老字号药店发挥品牌效应，拓展特色经营，增强核心竞争力，支持专业化、有特色的中小药品流通企业做精做专，培育5家被消费者认可的专业药品零售企业和一批专业健康的品牌产品，满足多层次市场需求。

三是推动医药电子商务发展，争取中药材流通追溯体系全覆盖。目前，湖北省九州通、国药控股、同济堂、卫尔康等一批企业具有先进电子商务理念和基础，省商务厅将进一步做好推广和培育工作。并努力向商务部争取在全省开展中药材流通追溯体系建设试点，积极争取财政支持，力争在“十二五”期间努力实现覆盖全省范围。

四是推进药品流通行业人才培训工作。2012年湖北省商务厅制定了“十二五”药品流通人才培训方案，明确提出“十二五”期间每年的培训计划。全省将按照规划纲要，结合商务部出台的《药品批发企业物流服务能力评估指标》《零售药店经营服务规范》《药品流通企业诚信经营准则》《药品流通行业职业经理人标准》《药品流通企业通用岗位设置规范》五项标准，对批发企业、零售药店、从业人员等稳步开展分批次培训工作，促进药品流通企业标准化、规范化管理水平的提升。

湖南省药品流通行业“十二五”规划中期评估报告

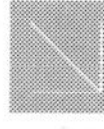

湖南省商务厅2012年3月发布本地药品流通行业“十二五”规划。在《全国药品流通行业发展规划纲要(2011—2015年)》(以下简称《规划纲要》)的引导下，在本地规划的指导与促进下，湖南省药品流通行业取得了长足发展，行业发展规模与行业竞争力进一步提升。现将上半期有关工作进行总结评估。

一、上半期药品流通行业发展形势的总体评价

上半期湖南省药品流通行业发展形势良好，相关主管部门加大了对行业的支持与监管力度，行业结构调整与转型升级发展步伐加快，行业集中度进一步提高。药品流通企业不断提升流通效率和服务水平，创新业务和服务模式，行业呈现持续、健康的转型发展趋势。

药品流通市场规模仍保持较快增长，但增速趋缓。2013年，湖南省医药商业销售总额720.2亿元，同比增长10.8%，比上年降低0.4个百分点，其中，规模以上医药商业企业销售总额584.9亿元。长沙医药商业销售总额468.61亿元，其中批发438.26亿元，同比增长13.7%；零售连锁40.35亿元，同比增长14.9%。

二、规划中主要指标和任务的完成情况

湖南规划中提出，到2015年，基本建立适应药品流通行业发展的管理体系与运行机制，形成商业模式创新、网络布局合理、信息化水平较高、服务水平较高、产业效益显著提升的产业发展格局。上半期湖南省商务厅等相关主管部门通过完善机构设置与管理机制，加强与企业信息交互，鼓励药品流通企业大胆创新转型发展，在创新医疗机构服务模式、提高信息化水平、加强物流配送网络建设、保障应急药品供应等方面取得了可喜的成绩。

行业集中度进一步提高。企业兼并重组出现新局面，华润集团完成对双鹤、瑞格、双舟的并购，行业优势资源进一步向大型企业聚集。2012年，全省排名前30位的药品批发企业年销售额占全省药品批发销售总额的55.3%，全省排名前10位的药品零售连锁企业年销售额占全省药品零售总额的67.2%，比“十一五”末期略有提高。

创新模式，助推新医改。近两年来，药品流通企业顺应医改政策，通过创新的供应链信息化管理，如统一采购集中配送、供应链集成服务、药房自动化等，为医药工业企业优化库存，为医疗机构药房自动补货，大大提高了医药产业运行效率，降低药品交易成本和供应成本，最终为老百姓得到实惠发挥了积极作用。

完善配送网络覆盖。全省药品流通企业药品配送网络已覆盖到全省近6万家医院、基层医疗卫生机构、村卫生室和1万多家零售药店，有力地确保了医药机构临床用药需求和及时供应，方便了百姓到药店购买到实惠的药品。

积极强化硬件建设。近两年来，药品流通企业不断扩大企业规模，严格按照GSP要求，加快硬件设施建设，积极引进积层式货架、自动立体仓库、电子订货系统、全自动拣货系统、红外线遥感温控系统等现代化物流设备和先进的集成管理系统，国药控股、华润双鹤等一批高水平的现代化医药物流基地相继落成和投入使用，极大地提升了湖南省医药物流能力和配送服务水平。

努力提升服务能力。药品流通企业不断加大投入和进行技改，积极引进和广泛应用条形码技术、RFID无线射频识别技术、RF手持终端、物联网技术等现代信息技术，极大地促进了药品流通行业迈向自动化、信息化、现代化，极大地提高了医药流通效率，有力地降低了流通成本，确保药品质量稳定、安全储存和安全配送。同时，通过完善的配送网络体系，在最短的时间内及时将医疗机构急需药品配送到位，确保临床急需。

三、上半期围绕规划采取的政策、措施和开展的工作

《规划纲要》与本地规划的颁布为商务部门明确了工作目标与方向，湖南省商务厅高度重视，与相关部门、药品流通企业等形成合力，扎实推进相关工作。

（一）加强监管，落实政策引导

从2011年开始，由湖南省纪委牵头，会同省食品药品监督管理局、省国税局、省地税局、省卫生厅、省工商局联合开展了整顿规范全省药品、医疗器械市场流通秩序专项治理行动。整治联合行动效果明显，全省多数药品批发企业在购销药品、医疗器械活动中，均按要求开具税票。多数药品零售连锁企业在对所属门店调拨药品、医疗器械过程中，按要求开具税票。

大力推进药品批发企业分类分级管理工作。2012年9月，商务部颁发药品流通行业五项标准，湖南成为药品批发企业物流服务能力和零售药店两项评级工作全国首批试点省份，湖南省商务厅负责评级工作的指导、监督与管理，委托湖南省药品流通行业协会牵头设立相关工作机构，组织开展具体业务工作。目前湖南省商务厅商请湖南省发改委等9个相关职能部门拟组成湖南省两项评级工作委员会，组建湖南省两项评级工作专家库、制定湖南省两项评级工作的方案及实施细则等前期工作已完成，待湖南省两项评级工作委员会审定通过后即可组织实施湖南省两项评级工作。

2013年2月19日，长沙市人民政府发布《长沙市药品零售企业设置实施细则》（长政办发〔2013〕7号），细则首次将执业药师远程审方的问题纳入官方文件对外公布，对单体药店和连锁药店的准入条件进行了重大的调整，有利于加快推进长沙市零售药店连锁经营，进一步保障药品质量和公众用药安全。

长沙市等地市采取“以奖代补”措施，对医药商业企业市县一级仓储物流中心的新建和改造项目、零售连锁药店进乡镇（社区）布点项目给予一定的资金支持，鼓励药品流通企业开展“放心药”服务体系创建工作，进一步完善药品流通网络。如长沙，零售药店已实现对594个社区的全网覆盖。

（二）深入调研，做好服务工作

湖南省商务厅市场秩序处、湖南省药品流通行业协会有关人员赴广西玉林参加了2013中国—东盟传统医药高峰论坛暨第五届中国（玉林）中医药博览会，并对当地中药材市场进行考察，学习玉林中药材流通追溯体系建设的经验，写出了专题调研报告，为湖南省下一步开展中药材流通追溯体系建设积累经验。

2013年6月，为了更好地贯彻服务企业的宗旨，掌握药品流通企业情况，做好全省药品流通管理工作，湖南省商务厅市场秩序处走访、调研省内重点药品流通企业，湖南省商务厅下发湘商秩序〔2013〕41号文件，在全省开展药品流通企业基本情况调查，获取第一手信息，了解企业发展现状与存在的问题，切实为企业排忧解难。

（三）明确目标，打造千亿产业集群

大力促进湖南省现代流通发展，力争到2020年，基本建立统一开放、竞争有序、安全高效、城乡统筹的现代流通体系，将药品流通作为重点打造的6个千亿产业集群之一。湖南省商务厅市场秩序处对全省药品流通重点企业、重点项目进行调查摸底，开始着手建立全省药品流通项目库，按照项目实施方式拟定各项工作方案，每项工作都设定了目标任务、具体措施、支持政策和实施进度安排。目前，邵东现代医药商贸流通基地和湖南药品供应链物流中心及药品商贸流通服务平台项目成为2013年度第一批“商务和开放型经济重大产业项目”，湖南省商务厅将对项目给予重点支持。同时加强对全省药品流通重点企业和重点项目的联络和服务工作，为打造药品流通千亿工程打好基础。

四、规划执行过程中存在的困难与问题

在整个规划的推进执行过程中，商务系统的手段和方式有待丰富和完善，政策力度有待进一步加强，行业引导力度有待进一步加大，这样才能更有效地调动地方商务主管部门和药品流通企业的积极性和参与度。

另外，截至2012年年底，全省药品零售连锁率仅为18.5%，完成《规划纲要》提出的“连锁药店占全部零售门店的比重提高到2/3以上”的目标，压力较大。

五、下半期药品流通行业面临的形势判断

未来的医药行业仍是支撑国民经济的支柱行业，医药流通行业机遇与挑战并存，将在增长中加速转型。

（一）经济增长及老龄化使医药需求增加，推动医药流通行业总体规模扩大

过去几年，我国医药流通行业获得长足发展，在总量和结构两个方面都取得令人瞩目的成就，但人均数据仍在低位徘徊。随着国民经济的发展、国民收入水平的提高、人们对医疗保健的逐步重视，我国医药流通行业的市场规模将进一步扩大，预计在今后几年，我国药品需求量将以15%—20%的速度发展。此外，人口数量的增长、人口老龄化的到来，均将促进医药流通行业的发展。

（二）行业集中度进一步提升，规模经济效应进一步

显现

由于医药流通行业业务模式同质性极高，因此行业的壁垒主要表现为规模。从美国等发达国家医药流通行业的发展历史看，我国医药流通市场目前仍处于比较初级的发展阶段，众多医药流通企业并存。根据《规划纲要》要求，行业整合将呈现崭新局面。

（三）药品流通企业的发展进一步依赖于资本市场

医药流通行业以高经营成本和高管理技术为基础。随着经济的发展，大中型城市商业高速发展，商业中心铺位竞争激烈，物业租金不断上涨，人员成本日趋增加。另一方面，由于零售行业特殊的营销模式和管理模式，营业网点多、覆盖面广、数据繁杂、劳动力密集，需要先进的管理理念和管理体系提高信息的搜集整理能力和决策的自动化、科学化水平，医药流通企业有需求进入资本市场，以获得资金和管理水平的双重提升。

（四）先进物流技术和信息技术的运用将成为医药流通企业领先的关键

医药流通行业发展的关键在于先进物流技术和信息技术的运用。随着市场竞争加剧、行业监管趋紧，企业服务趋于同质化，人力成本优势逐渐消失，医药流通行业利润空间缩小。为了争取更多的利润空间，医药流通企业需要更好地控制成本，更敏锐地发掘市场信息。同时，消费者需求趋于多元化和专业化。为了应对上述变化，医药流通企业除采取大规模采购以压低成本以外，在物流、供应链管理、营销网络管理、商品销售管理及其他相关服务方面需要大量应用信息技术，最大限度降低监管成本和错误成本，提高工作效率。

六、规划最终运行结果的趋势性预测

从目前行业运行总体情况来看，《规划纲要》与本地规划基本能实现既定发展目标，但受到国家政策与行业发展不确定因素影响，行业发展依然面临严峻挑战。

一是行业集中度继续不断提高。行业集中度目标国家层面有望基本达成，区域目标有压力。《规划纲要》提出，形成1—3家年销售额过千亿的全国性大型医药商业集团，20家年销售额过百亿的区域性药品流通企业，行业集中度达到一定水平。从目前发展来看，国药控股、华润、上药等大型医药商业集团销售额已超过或接近千亿，但区域性药品流通企业受到政策、行业影响，外延式扩张放缓，内涵式增长动力不足，“十二五”末期，要达到20家年销售额过百亿的目标有一定挑战。从全省情况来看，要培育1—2家年销售额达100亿元的医药流通大型企业，5家年销售额达50亿元的医药流通零售企业，虽然国药控股、华润在湘子公司发展势头良好，但如果不在政策支持与引导方面加大力度，也存在一定压力。

二是现代医药物流和延伸服务加速发展。药品流通企业转变发展方式，向供应链一体化服务发展，增加增值服务内容：①向上游工业企业提供数据：监测产品流向、销量、产品编号等；②向下游医院客户提供增值服务：院内物流系统、院内信息系统、合作药房等；③为上游工业企业提供营销推广服务：招标、物价等政府事务功能。同时，药品流通企业加大了现代物流设备和信息技术上的投资，以及进行外延式的并购行为等，所以虽然收入提升（提高了配送费率、外延式增长），但是上述的大量投入短期没有得到回报，大部分企业的净利率依然徘徊在1%左右，远低于国外水平。

三是医药电子商务平台有望取得突破。《规划纲要》里提出：支持连锁经营、物流配送与电子商务相结合，提高药品流通领域的电子商务应用水平。在市场行情与政策环境日渐紧缩而行业利润趋微的医药产业形势下，一批医药公司（如海虹、九州通等）借助电子商务的东风，正通过经营模式的变革，开发医药行业的下一个“金矿”。

四是大健康产业面临爆发式增长。药品流通企业凭借先进物流技术与信息化增值服务，在大健康产业的爆发时代，医疗器械、保健品、PBM、移动医疗等都将成为行业发展的推动力。

七、调整规划指标和任务的建议

（1）在提高行业集中度方面拿出具体支持方案，如支持药品流通企业对医疗机构开展药品集中配送，在药品集中招标配送等政策方面保障大型药品流通企业公平竞争。

（2）制定行业布局规划，并在行业准入退出机制方面提出具体实施措施，加快建立行业标准与诚信体系，推动相关工作尽快开展实施。

（3）对药品流通企业在提高信息化水平，提高经营与服务水平等方面进行的技术改造、产业升级等，由国家财政予以专项资金支持与补助。

（4）借鉴发达国家经验，突出行业组织监督、协调、自我提升作用，可由行业组织尽快承担起行业信用体系建设与评估的工作，推动取得切实成果。

八、完成下半期规划的政策措施建议

（1）药品流通作为我国商贸流通行业的重要组成部分，建议享受国家和省政府对商贸流通行业发展的相关政策。建议进一步加大支持力度，在农村药品配送的可及性、现代医药物流、连锁经营、电子商务和信息化建设改造项目等方面给予专项支持。支持方式可多样化：以奖代补、贷款贴息、政策优惠等。

（2）强化市场机制，通过准入制度与宏观调控及市场机制相结合，大力推进医药物流企业分类分级管理和政策落地，采用行业标准分类进行市场调节，优胜劣汰。加强医药物流行业的监管，优化行业标准与准则。

（3）切实保障药品应急物流体系建设，确保重大疫情、救灾、抢险等紧急情况下的药品物资及时、准确、安全地送达，对于医药储备企业出台政策支持整个体系建设。

（4）加大对专业医药冷链物流的支持力度，对于国家有特殊运输要求的产品配送，无法由第三方物流承担，需保留企业自有物流，如专业疫苗、冷链药品配送等；鼓励企业自有物流发展，同时拓展第三方物流业务。

（5）积极发展医药流通领域电子商务和中药材电子商务。相对于传统的药店和医院售卖，物联网平台覆盖面更广，成本更低廉。

（6）加强行业监管，建立公平竞争的市场秩序，打击“过票”、偷税漏税等不正当经营行为。建议会同药监、税务联合完善政策规制和加大打击力度，整治顽症，为新医改的实施、保障药品流通行业持续健康发展创造良好的发展环境。

广西壮族自治区药品流通行业“十二五”规划中期评估报告

2011 年 5 月，商务部出台《全国药品流通行业发展规划纲要（2011—2015 年）》（商秩发〔2011〕123 号，以下简称《规划纲要》）。根据《规划纲要》，广西商务厅于 2012 年制定了《广西药品流通行业“十二五”发展规划》（以下简称《规划》）。两年多来，在商务部的正确指导下，广西认真贯彻落实《规划纲要》，积极组织实施《规划》，并取得了一定成效。根据《商务部办公厅关于开展药品流通行业“十二五”发展规划中期评估工作的通知》（商办秩函〔2013〕700 号）要求，现将广西药品流通行业“十二五”发展规划的中期评估情况报告如下：

一、“十二五”上半期广西药品流通行业发展总体评价

截至 2013 年 6 月，广西共有药品批发企业 423 家；药品零售连锁企业 167 家，下辖门店 8 078 家，零售单体药店 7 062 家，零售药店门店总数 15 140 家。2012 年，全区药品流通行业销售总额 260 亿元，其中批发企业销售总额 172 亿元，零售企业销售总额 88 亿元；药品流通企业从业人员 9 万人。全区药品流通行业市场规模正在不断扩大，连锁经营网络不断扩展，现代医药物流发展逐步加快，社会作用不断增强，城乡居民用药比较安全便利，行业发展基本适应全区经济社会发展的总体目标和人民群众不断增长的健康需求，呈现出持续健康有序的良好发展态势。

二、规划中主要指标和任务完成情况

（一）销售额指标完成情况

截至 2013 年 6 月，全区药品批发企业 423 家，比 2010 年增加了 39 家；零售药店门店总数 15 140 家，比 2010 年增加了 1 995 家。2012 年，全区药品流通行业销售总额约 260 亿元，比 2010 年增长 63 亿元，年均增长率为 15%，与规划原定目标计划一致。

（二）连锁经营指标完成情况

截至 2012 年，全区共有药品零售连锁企业 167 家，连锁门店 8 078 家，比 2010 年（6 266 家）增加了 1 812 家，连锁门店占零售门店总数的比例由 47.7% 增长到 53.4%，提高了 5.7 个百分点。

（三）现代医药物流发展情况

2011 年以来，广西九州通医药有限公司、国药控股广西有限公司现代医药物流中心相继投入使用，广西柳州医药股份有限公司现代医药物流配送中心项目于 2012 年 9 月开工建设，并列为自治区统筹推进重大项目。这些专业化的医药物流项目建设，进一步提高了全区医药物流网络覆盖率和终端配送能力，初步构建起了以南宁为中心，覆盖全区、辐射周边省份、面向东盟的规范、高效的现代医药物流网络。

（四）中药材专业市场发展情况

玉林银丰国际中药港是全国 17 家中药材专业市场之一，从 2009 年起连续举办了五届中药材博览会，特别是 2013 年

中国—东盟传统医药高峰论坛的成功举办，吸引了越来越多的海内外客商，贸易成交额逐年上升。2012 年市场成交总额达 70.2 亿元，目前已是全国第三大、南方地区第一大中药材专业市场，成为名副其实的“南方药都”。

三、落实规划采取的政策、措施和开展的工作

（一）建立行业管理工作体系

商务部、国家食药监局《关于加强药品流通行业管理的通知》（商秩发〔2009〕571 号）和中编办《关于明确药品流通管理职责分工的通知》（中央编办发〔2010〕54 号）等文件下发后，广西壮族自治区人民政府办公厅于 2010 月印发《广西壮族自治区商务厅主要职责内设机构和人员编制规定》（桂政办发〔2010〕141 号），明确了药品流通行业的管理职责在商务厅市场秩序处，自治区编办给商务厅增加了 2 个编制职数。同时，各市人民政府参照自治区的机构改革方案，明确了各市商务主管部门负责药品流通行业管理的职能，各市商务主管部门内部也进一步明确具体的分管领导和责任科室。全区初步建立了药品流通行业管理工作体系。

（二）编制行业发展规划

根据商务部《规划纲要》并结合广西实际，商务厅认真做好《规划》的编制工作，明确“十二五”时期广西药品流通行业发展目标、发展方向和政策措施。经前期调研、形成初稿、征求意见等工作环节后，于 2012 年 11 月通过专家评审会的评审，2012 年 12 月上报商务部备案并下发各市商务主管部门组织实施。

（三）强化行业统计工作

根据商务部有关药品流通行业统计工作的要求，商务厅认真组织广西 11 家药品流通行业统计直报企业和 14 个地级市商务主管部门按规定的统计口径和时间要求，做好药品流通行业有关数据的统计和上报工作；组织玉林中药材专业市场和百色、贵港等中药材重点品种产地商务主管部门做好统计直报工作。同时加强与典型直报企业以外的药品流通企业的联系，及时掌握全区药品流通行业运行和发展的有关情况，为辅助政府决策，引导行业发展做好充分准备。

（四）加快建设中药材流通追溯体系

2012 年，广西玉林市获商务部支持实施中药材流通追溯体系建设试点，获资金支持 2 000 万元。根据商务部办公厅、财政部办公厅《关于开展 2012 年中药材流通追溯体系建设试点的通知》（商办秩函〔2012〕881 号）要求，商务厅指导和督促玉林市认真抓好项目建设各项工作，规范项目招投标，加快项目建设进度，确保项目建成后追溯体系正常运转并发挥应有作用，有效解决中药材流通中掺假售假的突出问题，切实保障中药材质量安全。

（五）支持药品流通企业信息化建设

2013 年，商务厅选择广西区内具有一定代表性、能起到示范作用的 10 家药品流通企业（其中 5 家批发企业，5 家零售连锁企业）作为试点，利用自治区本级服务业发展专项资金 350 万元，支持企业现代医药物流配送和信息化建设。通过试点，进一步带动自治区药品流通企业加快技术改造升级，提高信息化管理水平，提高药品流通效率。同时通过对企业的支持，进一步突出商务部门在药品流通行业管理的地位和作用，有效促进药品流通企业对商务部门行业管理工作的支持与配合。

（六）推动行业组织建设

2009 年以来，商务厅大力支持药品流通行业组织的发展。2010 年 12 月成立了广西医药商会；2011 年 7 月成立广西药店联盟；2013 年 4 月成立了广西零售药店协会。这些行业组织的成立，将会在今后自治区药品流通行业统计、行业培训、行业自律、市场监督、反映企业诉求、维护企业合法权益以及联系政府和企业、增强服务能力等方面发挥越来越大的作用。

（七）做好“五项标准”宣传贯彻工作

《药品批发企业物流服务能力评估指标》《零售药店经营服务规范》《药品流通企业诚信经营准则》《药品流通行业职业经理人标准》《药品流通企业通用岗位设置规范》等五项药品流通行业标准出台后，商务厅及时通过召开会议、印发资料、讲座解读等多种形式认真组织全区各地商务主管部门、有关行业协会、药品流通企业进行学习宣传。同时积极引导和监督药品流通企业严格对照标准贯彻执行。

（八）建立药品流通人才培训机制

为做好“十二五”期间全区药品流通行业人才培训工作，商务厅与广西医药商会、广西中医药大学药学院合作，研究制定了培训计划。并将按照商务部的要求，结合广西药品流通企业的人才需求，有针对性地开展职业经理人、药学技术服务人员、药店经理等相关人员的培训工作，逐步提高全广西药品流通行业整体素质和企业经营管理水平。

四、存在的主要困难和问题

（一）企业规模普遍偏小

广西药品流通企业规模普遍偏小，全区没有一家年销售额过 50 亿元的企业。药品流通企业呈现出数量多、规模小、分布散、创新能力弱、经济效益低的状况，竞争能力明显不足。

（二）流通组织化、现代化水平较低

广西药品流通行业集中度低，发展水平不高，目前仅有少数大型药品流通企业建立现代化的药品物流中心，其他药品流通企业仍主要采用传统的物流方式，现代流通方式和流通技术的普及应用相对滞后。

（三）执业药师严重不足

截至 2012 年年底，全区共有执业药师约 5 600 人，其中大部分是在药品生产企业、医院或机关部门，仅有不到 1/3（约 1 500 人）在药品流通企业，而全区零售药店共有 1.5 万家，远远无法满足《国家药品安全规划（2011—2015 年）》提出的每店配备 1 名执业药师的要求。

（四）行业监管缺乏抓手

目前我国对药品管理的法律法规主要是《药品管理法》，而《药品管理法》主要是监管药品质量和行业准入等，具体由食品药品监管部门进行监管。商务部门在药品流通行业管理方面缺乏具体、可操作性的措施和办法，如行业准入没有话语权，规划实施缺少约束性手段，因此，在实际管理工作中缺少有力抓手，工作推进难度较大。

（五）行业数据统计口径不一

多年来广西一直没有专门负责药品流通行业统计的部门或机构，由于各部门统计口径不一，统计出来的行业数据也各不相同。如 2011 年、2012 年商务部发布的《药品流通行业运行统计分析报告》与广西统计部门的《广西统计年鉴》及广西食药监、商务系统统计出来的行业数据存在着较大差异，以谁为准难以把握。药品流通行业数据的统计还需一个统一的口径。

五、“十二五”下半期药品流通行业面临的形势

（一）销售规模增速趋缓

受国际金融危机后遗症的影响，全球经济复苏缓慢，国内经济结构调整尚未到位，经济增速趋缓，广西的药品流通行业销售规模也将受到一定的影响，增速可能出现减缓。

（二）零售连锁药店发展困难

广西共有药品零售连锁企业 167 家，连锁门店 8 078 家，其中加盟店较多，连锁直营店发展速度较慢，对加盟店的管理、质量和服务等要求较难落实到位。同时，由于受网上药店等电子商务的冲击及相关部门对药店多元化经营的制约性规定，加上租金、税收、劳动力成本等相关费用不断攀升，许多零售连锁药店基本处于盈亏平衡甚至亏损状态，发展较为困难。

（三）执业药师严重不足将直接影响药品流通行业发展

2013 年 2 月，国家食品药品监管局发布《药品经营质量管理规范》（简称新版 GSP），对药品经营活动场所、配备执业药师等方面提出了更高的要求，并于 2013 年 6 月 1 日正式实施，过渡期三年，到 2016 年仍不达要求的将停止药品经营活动。目前广西执业药师数量严重不足，根本无法满足药品流通企业的实际需要，预计广西将有半数以上药品批发企业、60% 以上药品零售企业面临淘汰危机。

六、规划最终运行结果的趋势性预测

（一）行业集中度有所提升

国家“十二五”时期已有相应政策鼓励行业整合，商务部的《规划纲要》也明确了 2015 年的奋斗目标，规模化、集约化经营已是大势所趋。随着市场竞争加剧、行业监管进一步严格，规模小、经营难以为继的药品流通企业数量将会不断增加，这就给有实力的药品流通企业提供了机会，通过兼并、收购等方式进行扩张，做大做强，药品流通行业集中度将会有所提升。

（二）采用资本运作企业逐步增多

随着经济的快速发展，药品流通企业发展的各种费用成本也在不断增加，单靠自有资金已无法满足企业快速发展的资金需求。这将会促使一些企业融入资本市场，通过市场运作方式来获得资金和管理水平的双重提升，不断增强自身的市场竞争力。

（三）先进技术成为竞争关键

随着市场竞争加剧、行业监管更加严格，企业服务趋于同质化，人力成本优势逐渐消失，药品流通行业利润空间也逐渐缩小。为了争取更多的利润空间，医药流通企业将广泛采用先进物流技术和信息技术，更好地控制成本、更敏锐地发掘市场信息，除采取大规模采购以压低成本以外，将在物流、供应链管理、营销网络管理、商品销售管理及其他相关服务方面大量应用信息技术，最大限度降低监管成本，提高工作效率。

七、完成“十二五”下半期规划的政策措施

（一）大力推进药品流通企业并购、重组

以规模企业为重点，继续鼓励如国药控股广西有限公司、广西柳州医药股份有限公司等大型药品流通企业通过收购、合并、控股等多种方式做强做大，加快企业资产重组步伐，实现规模化、集约化、现代化经营，逐步形成以区域性

骨干企业为主体的遍及广西城乡的药品流通体系。同时鼓励其他有实力、有发展前途的民营企业收购、兼并一些解困无望的企业，组建大型集团公司，促进资源向优势企业集中，不断提高广西药品流通行业集中度。

（二）大力推进现代流通方式发展

大力发展现代医药物流，加快推进现代医药物流中心项目建设，鼓励药品流通企业使用先进信息技术，运用新型科学管理方法，优化业务流程，提高管理水平，提高药品流通效率。大力发展药品连锁经营，鼓励药品流通企业采用统一采购、统一配送、统一质量管理、统一服务规范、统一联网信息系统管理、统一品牌标识等方式，发展规范化连锁。继续支持有实力的药品零售连锁企业跨区域拓展，增加经营门店数量，提高药品零售连锁企业的市场占有率。

（三）加强政策引导和支持力度

密切跟踪各项医改政策进展，掌握医改动态，积极为药品流通企业争取在医改过程中获得更大的市场份额。加大财政、税收、土地、金融、专项资金等优惠政策支持。加强行业调研，倾听行业呼声，对企业反映的问题，商务部门可以解决的尽量给予解决，解决不了的，积极协调相关部门研究，切切实实为企业的发展解决一些实际困难和问题，为行业发展创造良好的政策环境。

八、工作建议

（一）调整规划指标

建议将《规划纲要》中难以在“十二五”末实现的指标进行调整。如连锁药店占全部零售门店的比重提高到2/3以上，根据目前连锁零售药店发展极为困难和缓慢的形势，到2015年要达到此比例存在相当的难度，建议进行调整。

（二）出台支持性政策

建议出台一些具体、可操作性的支持政策，如在资金、项目等方面大力支持，以调动药品流通企业的积极性，促进行业的快速发展。

（三）出台约束性措施

建议出台一些约束性规定，对药品流通企业具有一定的约束作用，促使企业严格执行《规划纲要》及商务部门制定的相关规定（如药品流通行业“五项标准”等），促进药品流通行业管理工作的顺利开展。

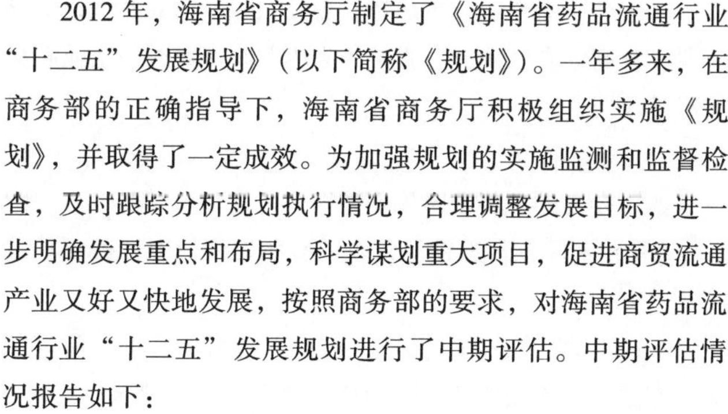

海南省药品流通行业“十二五”规划中期评估报告

2012年，海南省商务厅制定了《海南省药品流通行业“十二五”发展规划》（以下简称《规划》）。一年多来，在商务部的正确指导下，海南省商务厅积极组织实施《规划》，并取得了一定成效。为加强规划的实施监测和监督检查，及时跟踪分析规划执行情况，合理调整发展目标，进一步明确发展重点和布局，科学谋划重大项目，促进商贸流通产业又好又快地发展，按照商务部的要求，对海南省药品流通行业“十二五”发展规划进行了中期评估。中期评估情况报告如下：

一、“十二五”上半期海南省药品流通行业发展总体评价

截至2013年12月，海南省共有药品批发企业376家；药品零售连锁企业13家，下辖门店639家，零售单体药店2 528家，零售药店门店总数3 167家。2013年，全省药品流通行业销售总额达138亿元，其中药品零售市场销售规模只有5亿元左右；药品流通企业从业人员2.1万人。全省药品流通行业市场规模正在不断扩大，连锁经营网络不断扩展，现代医药物流发展逐步加快，社会作用不断增强，城乡居民用药安全便利，行业发展基本适应全区经济社会发展的总体目标和人民群众不断增长的健康需求，呈现出持续健康有序的良好发展态势。

二、规划中主要指标和任务完成情况

（一）销售额指标完成情况

截至2013年年底，全省药品批发企业376家，比2010年减少了12家；零售药店门店总数3 167家，比2010年增加了557家，已超过“十二五”规划原定目标3 000家的计划。2013年，全省药品流通行业销售总额达到138亿元，比2010年增长48.9亿元，年均增长率为15.7%，超过规划原定目标计划。

（二）连锁经营指标完成情况

截至2013年，全省共有药品零售连锁企业13家，连锁门店639家，比2010年（305家）增加了334家，连锁门店占零售门店总数的比例由11.7%增长到20.2%，提高了8.5个百分点。

（三）现代医药物流和延伸服务加速发展

在现代医药物流建设方面，全省中型现代物流企业华健药业已完成建设并投入使用，在加快市县物流中心布局的同时，将重要节点放在了具有战略地位的三亚、文昌、琼海、儋州，快捷、可及、安全供给的现代医药物流服务保障体系正在形成。

在现代物流信息化建设方面，一是全力推进数据编码的统一，实现商品编码和客户编码的唯一性；二是全力推进物流专业化管理模式，以及干线运输和专业冷链管理网络化建设；三是全力推进多仓协同运营和物流按动计费考核等专业升级，在供应链服务的标准化、规范化、模块化方面呈现出良好的发展势头。

在现代物流服务方面，国药、华健等物流企业主动提供供应链一体化解决方案，搭建与各供应链环节的互动平台，推进分销商内容管理系统（CMS）与医院信息系统（HIS）的前置对接。提高医院药品流转效率，降低了药品损耗和物流成本。

三、“十二五”上半期开展的工作

（一）强化行业统计工作

根据商务部有关药品流通行业统计工作的要求，定期召开统计工作会议，对网上直报软件系统操作流程进行现场培训和答疑，形成了科学规范的填报流程和简明高效的上报体系，做好药品流通行业有关数据的统计和上报工作；并在每季度编制一期商业动态，总结情况，分析原因，科学预测，每年编制《医药工业、商业白皮书》，系统分析海南省医药行业的发展特点，作为政府规划医药产业发展科学决策的第一手数据分析资料。截至2013年年底，海南省已有药品批发和零售直报企业146家，2013年海南省参加药品流通直报企业营业收入为119亿元，其中主营业务收入117.6亿元，同比增长56.6%，实现利润总额8.9亿元，平均毛利率7.5%，同比下降7%。

（二）切实加大信用体系建设

将药品流通行业纳入商务信用建设范围，加大诚信宣传教育力度。举办“海南省2013年商贸流通服务行业诚信兴商新闻发布会暨第三批百家商贸服务企业诚信经营承诺签字仪式”，共有26家省内医药企业参与签约，树立一批诚实守信经营示范企业。

（三）切实维护医药企业的合法权益

针对海南省药品流通企业强烈反映医院严重拖欠货款的问题，造成财务运营成本增加，省商务厅已联合医药行业协会着手调研，并在招标之后协调省政务中心、省卫生厅、纪检部门三部门对各医院清查；规范医药行业流通秩序，维护了医药企业的合法权益，对海南省医药流通行业的发展起到积极的作用。

（四）探索药品经营模式

针对药品连锁企业现阶段婴幼儿奶粉入驻药店门店销售和新版GSP认证驻店执业药师配备不足的问题，召开专题座谈会，与11家连锁经营企业进行深入探讨，并就药品连锁企业发展方向进行了分析，研究探索药品连锁企业的特色经营模式。

（五）促进医药服务业发展

根据财政部等5部委印发《关于修订〈中央财政促进服务业发展专项资金管理办法〉》，省商务厅按照办法要求，对药品直营连锁店建设采取以奖代补的方式进行资金补助支持，促进了药品连锁经营企业的发展，使海南省零售药店不断向规模化发展。

（六）建立药品流通人才培训机制

为做好“十二五”期间海南省药品流通行业人才培训工作，按照商务部的要求，结合海南药品流通企业的人才需求，有针对性地开展企业管理人员、质管人员、基层技术人员，内容涉及GSP认证、药品外包装、中药鉴定等多个方面内容，逐步提高全海南药品流通行业整体素质和企业经营管理水平。帮助企业分析形势，提高认识，树立意识，引导企业科学高效有序发展，直接为省内500多家医药企业解决实际难题。

四、存在的主要困难和问题

（一）药品零售连锁经营企业有所发展，但仍面临较大困难

2013年药品连锁药店门店比重不断增加，单体门店数量逐渐减少，连锁企业下辖门店数比上年同期增长了32%，占零售门店总数的20%。海南省已培养了一批具有较强竞争力的药品连锁企业，业务遍布全省各市县及其主要乡镇。但零售连锁企业总体发展仍较为缓慢，阻碍发展的主要原因：一是来源于医疗机构的处方少和医保点药店少的局面未改善；二是医保覆盖面扩大，报销比例提高，更多的人到医院开药，零售药店客流减少；三是一些地方相继下达“限

售令”、“禁售令”，限制医保定点药店开展多元化经营；四是政府扶持力度仍需加强。此外零售药店还面临房租、人力、物流等经营成本快速上涨的压力等多种因素的影响。

（二）新版 GSP 换证，医药流通行业增速将有所放缓

随着医药改革不断推进，以及行业管理新标准、新 GSP 认证等一系列政策实施，海南省药品市场环境将会产生新动向，短期内可能对药品流通行业发展造成影响。从市场总体规模来看，市场规模继续扩大，但增速明显放缓，特别是零售连锁药店发展缓慢，连锁率仍然较低。从新版 GSP 的实施来看，虽然新修订 GSP 与新修订 GMP 等法规将形成组合拳，有助于改变药品流通“多、小、散、乱、低”的落后格局，提升医药产业整体水平，但由于准入门槛提高，一批企业面临出局，行业洗牌将势在必行，短期内会影响行业整体布局。

五、指标调整建议

建议将《规划》中难以在“十二五”末实现的指标进行调整。如“连锁药店占全部零售门店的比重提高到1/2以上”，根据目前连锁零售药店发展缓慢的形势，到2015年要达到此比例存在相当的难度，建议进行调整。

六、下一步工作措施

（一）推进药品流通企业兼并重组

以规模企业为重点，继续鼓励大型药品流通企业通过收购、合并、控股等多种方式做强做大，加快企业资产重组步伐，实现规模化、集约化、现代化经营，逐步形成以区域性骨干企业为主体的遍及海南城乡的药品流通体系。同时鼓励其他有实力、有发展前途的民营企业收购、兼并一些解困无望的企业，组建大型集团公司，促进资源向优势企业集中，不断提高海南省药品流通行业集中度。

（二）不断壮大统计队伍，增强直报企业的代表性

海南省现有直报企业146家，“十二五”后期将继续加大工作力度，将省内具有代表性的药品流通企业，特别是比重较小的药品零售企业，尽快纳入统计直报系统，至少将直报企业统计数增加至200家，增强直报企业的统计比重。

（三）参加医药展会，推进招商引资工作

省商务厅从2014年开始每年组织一次药品展览，统一宣传海南药业形象。2014年11月份将组织海南省医药展团参加第72届全国药品交易会，打造“行业自律树品牌，海南宝岛出好药”的海南药业品牌。通过展会平台，促进海南省药品流通企业“走出去”，提升综合集聚效应和市场品牌特色，并将省外、国外具有相当竞争力的药品流通企业“引进来”，提升海南省药品流通行业总体实力和竞争力。

重庆市药品流通行业“十二五”规划中期评估报告

重庆市商业委员会

近年来，重庆市委、市政府高度重视医药产业发展，出台了药品流通行业“十二五”规划发展意见。自规划实施以来，重庆市药品流通行业呈现出快速发展的势头。医疗改革的实施等，既对重庆市药品流通行业的发展带来了机遇，也使药品流通行业的发展面临严峻的挑战。

一、重庆市药品流通行业基本情况

（一）基本情况

据2014年上半年数据统计，重庆药品流通行业销售总额221.6亿元，较上年同期增长136.19%。其中批发销售额140.98亿元，较上年同期增长36.24%，是近三年来批发销售额与同期比较增幅较大的一年。销售总额中零售销售额80.64亿元，较上年同期增长-10.17%。

医药商业购进总额的增长，主要体现在西药和医疗器械及其他类（保健品）上，而中药材、中成药均有不同程度的下降，这说明医药商业的采购量受到流通环节政策和价格变化的影响，其结构发生了变化。

表 1　2014 年二季度医药批发零售商业企业综合指标统计表

单位：万元

序号	指标名称		本年累计	上年同期	同比 ±（%）
1	商品购进总额		1 737 009	1 838 406	-5.52
2	商品销售总额		2 216 219	1 938 282	136.19
	其中	批发	1 409 788	1 034 728	36.24
		零售	806 431	903 554	-10.75
3	应收账款		740 260	539 092	37.31
4	利润总额		27 474	16 909	62.48
5	应交增值税		17 465	15 156	15.23
6	期末库存总额		287 198	237 786	20.78
7	职工人数（人）		12 872	16 423	-21.63

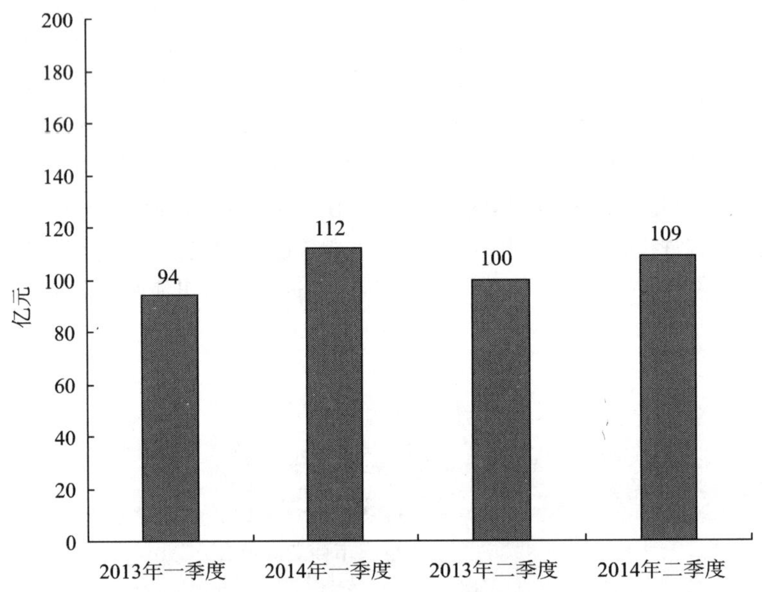

图 1　2013 年、2014 年前两季度医药销售额比较

截至 2014 年 6 月，重庆市药品流通经营单位总数 14 200 家，其中批发企业约 500 家，批发企业从业人数约 1.8 万人，零售（连锁）门店总数 11 300 家，从业人员约 5 万人。另有零售单店 820 家，从业人数约 2 100 人。

（二）主要特点

（1）药品流通保障体系逐步完善。城市药品流通网络密布，药品零售店深入到社区和居民集中区。社区卫生服务中心比较健全，城市居民买药总体上方便可及。同时，由于新农合的实施，乡镇卫生院和村卫生室作用发挥明显，药品流通企业逐步向农村下伸网点，农村卫生服务诊所逐渐健全，对农村居民用药起到一定的保证作用。

（2）药品流通市场规模较大，发展较快。重庆药品流通集中度较高，大型企业的市场占有率比较高，药品零售的连锁度也较高。在国家关于药品价格改革和医疗体制改革一系列政策出台之际，重庆医药商业紧紧抓住时机，及时调整销售结构，加大药品批发促销手段，使批发销售出现增长 36.24% 的好势头。在纳入行业统计的 26 家重点医药商业企业中，有 7 家大中型批发企业销售额出现大幅增长，占在纳入行业统计企业的 65.38%，零售销售保持了上年的水平。重庆医药股份 2013 年销售额已达到 200 亿元，成为全市药品流通行业的航母。桐君阁股份有限公司发展速度快，态势好。销售规模在 10 亿元左右的中型企业近 10 家。

（3）规范发展直营连锁，增强零售药企竞争力。近年来，重庆市药品流通企业逐渐由批发向配送和批零兼营转型，药品连锁、药品电子商务快速发展，服务专业化、信息化和便民化水平进一步提高。以集中采购、统一配送、统一质量管理和统一信息系统为核心的药品零售连锁经营方式迅猛发展。目前全市药品零售店约为1.3万多个，其中连锁店约1.2万个，占93.6%，连锁率在全国居领先地位。重庆医药股份所属和平药房在市域内零售门店共840余家，市内外连锁网点达2 400余个，销售额超过20亿元，连续9年位居全国医药零售连锁药店十强。民营万和药房，全部采取直营连锁模式，药店覆盖全市36个区县，达到250多个，年销售额2.5亿元，在全国药品零售企业中排名第157位。

（4）加大扶持和引导，药品零售连锁企业深入社区。引导和支持药品零售企业、连锁企业通过收购加盟店、控股加盟店或个体单店，发展直营连锁门店，提高管理水平，规范物流配送渠道。在2013年进行的重庆市药品流通行业诚信经营示范创建活动中，严格评定标准，减少加盟店或个体单店参与，支持连锁企业直营店参与。对连锁企业发展社区直营店给予资金支持，从2013年开始，在社区便民商圈建设工作中，重庆市财政局和重庆市商委对新建社区经营的便民药店（连锁和单体店均可）进行了扶持，资金达100万元以上。

（5）统一规划，建设药品物流配送中心。根据药品流通企业在主城区相对集中的实际，经市政府同意，规划在主城区建设四个大型药品物流配送中心，依托大型药品流通企业或大型商业企业进行建设和营运，引导中小药品流通企业逐步依靠大型药品物流配送中心配送药品，逐步将其纳入大型药品流通企业发展轨道，逐步实现兼并重组。截至目前，重庆医药股份建成了2万平方米的物流中心，规模和设施的现代化水平属西部一流，为全国2.5万余家医院、药店、诊所、批发商提供产品和服务，2013年配送额达到200亿元。迎龙医药城占地481亩，总建筑面积116万平方米，总投资50亿元。

（6）药品流通行业推进整合取得了一定成果。通过宣传引导等系列措施，重庆市药品流通行业呈现的“小、散、多、乱”状况得到了一定程度的改善。一是加强行业规划，发展目标明确。在《重庆市药品流通行业十二五规划》中，把发展药品流通大企业作为主要目标之一，经过反复测算，最终明确了培育1家300亿元、1家100亿元、3家50亿元、5家10亿元的大型药品流通企业的发展目标，明确了培育措施和手段。二是药品批发企业数量减少。为了顺应公立医院药品采购制度的变化、提高竞争能力，2010年，37家企业整合联合成立了恩康药品公司，2011年，48家企业联合成立了重庆重药股份有限公司。目前，两家企业运行良好，实力大为增强，也减少了批发企业数量。2011年，国药收购了重庆昌野药房公司，成立了国药控股重庆分公司，增强了国药在重庆的发展能力。三是药交所的运行提升了大型药品批发企业的发展空间。重庆药交所延续了重庆药品采购的配送模式，大型药品批发企业能充分发挥其配送能力优势，具有极强的谈判能力，从而在竞争中处于有利地位。中小药品批发企业感到压力增大。四是逐步优化零售药店网络布局。根据“十二五”发展规划要求，大型知名企业逐步调整发展策略，放慢扩张步伐，采取收购、控股等方式控制变加盟店为直营店，或者采取靠近竞争策略，压缩一些不规范的加盟店、个体单店的生存空间，零售药店网络布局逐步得到优化。近三年来，和平药房连锁公司发展直营连锁店57家；桐君阁大药房调整了原来以发展加盟连锁为核心的竞争思路，转而发展直营连锁药店；鑫斛药房采取措施，通过物流控制方式推动加盟店变直营店。

二、存在的主要问题

（一）药品批发企业“小、散、多、乱”现象依然存在

一是批发企业数量过多，但大、中型骨干企业少。重庆市500余家药品批发企业，销售规模在10亿元以上的大、中型企业仅10余家，绝大部分企业经营规模太小，阻碍了市内药品统一大市场的形成。二是分布不均衡。批发企业绝大部分集中在主城区。三是现代医药物流水平不高。

（二）药品零售企业数量较大，市场经营秩序不规范

如西部10省（市）药店平均服务人员为2 942人，已经低于全国水平，而重庆药品零售连锁企业和单体店平均服务人员为2 500人，又远低于西部水平。药品零售企业过多、过滥，无序竞争导致行业竞争异常激烈。同时，零售企业普遍人员资质较低。国家药监局规定零售药店必须配备执业药师或相关人员，全市目前规定零售药店只须配备药师即可，即使按照这个标准，全市也有几千家药店不合标准。

（三）药品流通企业内部管理亟待加强

药品流通企业加强了内部管理，减少了费用开支。以2014年一季度为例，在销售费用较同期增长31.54%的情况下，管理费用却下降了2.62个百分点，为利润增长66.43%创造了条件。但同时，负债的增速仍高于资产增速4.97个百分点，占负债总额79.07%的流动负债，其增速达到35.61%，财务费用较同期增长76.37%，其中利息支出增

速达到59.95%。企业经营性资金占用不断加大，由于重庆药品流通行业下一步还将面临实施新版GSP，其资金投入将会给企业带来不可忽视的压力。

（四）行业发展缺乏整体规划和政策引导

由于机构改革中的疏漏，近20年来，药品流通行业的管理部门不明确，政府对药品流通行业的发展重视不够，缺乏规划、政策引导，相关政策很少惠及医药流通行业，总体上处于自由发展状态，发展受到影响。

三、下阶段工作安排

（一）加强药品流通企业的准入把关

严格控制药品流通企业数量。特别是严格执行新版GSP标准，淘汰不能达到要求的零售药店和批发企业。制定零售药店布局规划，研究零售药店布局标准，严格控制新增零售药店，引导连锁药企优化调整布局，严格控制个体单店发展。给予政策支持，鼓励城区零售药店向农村地区转移，促进零售药店在城乡的合理布点和均衡发展。

（二）支持大型药品流通企业发展

推动有条件的企业上市，增强资金支撑能力，积极扩张，进一步做大做强。支持连锁药品零售企业全面获得医保刷卡资格，扩大市场占有率。支持有条件的企业发展网络交易，推动医保卡可直接在网上刷卡交易，激活交易存量。在推优评选中重点关注大型企业。

（三）推动发展药品第三方物流配送

协调市药监部门，允许企业发展第三方物流配送，从而为大型药品物流配送中心提供畅通渠道。要求中小药品批发企业不再兴办物流配送中心或小仓储，逐步将中小药品批发企业纳入第三方物流配送渠道，由配送企业对其进行兼并重组。

（四）建立退出机制

加强零售药店经营监管。增加零售药店日常监督频次，加大零售药店认证跟踪检查力度，对经营不规范、制售假劣药品的零售药店从严惩处，对情节严重的予以吊销药品经营许可证件，逐出药品零售市场。建立药品安全信用黑名单，在规定的时限内防止药品经营违法当事人再次开办零售药店。落实执业药师配备规定。根据《国家药品安全“十二五”规划》，新开办零售药店必须配备执业药师，已开办的零售药店在“十二五”末必须配备执业药师。达不到要求的，强制退出市场。

（五）提供人才保障

着眼于提高药品经营企业发展水平和提高竞争力，加强药品经营和管理人员培训。一方面，督促商务部认定的培训机构，加强师资力量的调配和专业知识储备；另一方面，引导和支持药品流通企业按照需要积极送培员工，逐步满足企业对经营人员的需求。

四川省药品流通行业“十二五”规划中期评估报告

按照商务部办公厅《关于开展药品流通行业“十二五”发展规划中期评估工作的通知》（商办秩函〔2013〕700号），四川省商务厅结合《四川省药品流通行业发展规划纲要（2011—2015）》（以下简称《规划纲要》），现将“十二五”上半期（2011年5月—2013年6月）四川省药品流通行业发展情况报告如下：

一、上半期药品流通行业发展总体评价

（一）集约化水平提高，多元化经营逐步发展

“十二五”上半期，药品流通企业通过兼并收购、参股控股整合资源，做大做强；科伦医药、省医药集团等大企业通过上市实现企业规模化、现代化。成都市开展中药材溯源试点建设，在超市设立非处方药专柜，方便居民24小时购药。连锁药品企业进一步探索转型发展，开展多元化经营，通过增加品种、突出药品专业化、取得食品流通许可证、建立顾客健康档案、开设中医馆等方式，推动零售药店商品结构和服务升级，引导消费观念转变。

（二）大力发展连锁经营和电子商务

连锁药店量减质升。随着基层医疗机构售卖的基药价格整体低于药店价格，近年来店铺租金、劳动力价格等成本上升，全省药品门店数量呈下降趋势，如成都市两年来药房数量从7 900家减少到6 900家。电子商务蓬勃发展。药品流通企业积极运用现代电子信息技术提升管理水平，成都中药材天地网信息科技有限公司先后建立了以信息服务为主的

“中药材天地网”和以电子交易为主的“买卖通”交易平台，排名位居全国中药材电子商务网站第一位，2013年上半年网上交易量1.3亿元，撮合交易47.9亿元。荷花池中药材专业市场开发的荷花池中药材网，市场商家与网上商铺实现一一对应，近万种中药材产品图文信息全部上网，通过条形码技术实现对市场内所有药材流通追溯全覆盖。

（三）医药物流方兴未艾

面对医药分开、公立医院改革带来的挑战与契机，药品流通企业积极探索推进供应链管理应用，不断创新服务模式，开展医院院内药品物流及药房托管等延伸服务。据调查，四川省开展医药物流延伸服务的企业有9家，其中，省医药公司与四川省人民医院、攀枝花学院附属医院的医药物流合作取得阶段性成果，分别实现了条码化验收入库、药品直配药房。

二、《规划纲要》主要指标和任务完成情况

（一）市场整合度、销售业绩稳步提高

截至2012年12月31日，四川共有药品批发和零售企业1 422家，同比下降1.9%；其中，批发企业1 121家，零售连锁企业302家。零售企业下辖门店35 718家，同比下降0.9%；受省食药监局审批政策放宽影响，2012年零售单体门店数达到6 030家，同比增长5.9%；零售连锁率为85.6%，同比下降2.0%。具有互联网药品交易服务证书的企业与上年同期持平，仍为6家。全省药品流通行业从业人员总数达15.16万人。2012年四川药品流通行业购进商品总额316.37亿元，同比增长46.1%；销售额331.37亿元，同比增长61.6%。

（二）直报企业销售业绩大幅提升

商务部推行药品流通企业直报制度以来，四川省规模以上企业基本纳入商务部直报系统，共计38户。2012年四川药品直报企业购进各类药品合计274.15亿元，占全省药品购进总额的86.7%，同比增长26.6%；销售额280.88亿元，占全省销售总额的84.8%，同比增长37.0%，增幅高于上年同期20.1%。直报企业资产总计115.51亿元，同比增长37.4%。零售连锁企业营业面积15.83万平方米，同比下降6.6%；销售总额12.06亿元，同比增长63.0%，增幅显著。批发企业商品配送总额263.74亿元，同比增长68.5%；物流费用4.93亿元，同比增长4.8倍。直报企业的快速发展，兼并收购小企业为2012年四川药品流通企业销售业绩的快速增长发挥了关键作用。

（三）中药材统计监测发挥指导作用

四川省对黄连、半夏、白芷、党参、川芎、大黄、党参、麦冬、厚朴、天麻、附子、当归12种道地药材种植面积、产量和价格进行统计，据此作出科学的判断和预测，通过商务部中药材监测系统对外发布，避免药商盲目囤货或市场供给不足情况发生。根据11个市州统计，2012年四川省道地药材种植面积稳定，产量受气候等影响，价格有一定波动。

（四）药品流通社会作用显著增强

2012年，批发直报企业参与国家基本药物配送总额达56.61亿元，比上年同期增加3.1倍；零售直报企业销售国家基本药物总额达5 999万元，比上年同期增加长57.6%；基本药物销售金额占总销售额比例为5.76%，比上年同期高出0.79%；国家基本药物占药品种数比例为8.63%，比上年同期高出0.73%。药品流通企业尤其是直报企业在配合国家深化医药卫生体制改革、落实基药制度、方便群众尤其是“老少偏穷”地区群众购药、平抑药品价格方面发挥了重要作用。

三、围绕规划上半期采取的政策、措施和开展的工作

从2011年6月省委编办明确省商务厅为全省药品流通主管部门以来，省商务厅积极探索，主动作为，明确思路，强化基础工作，行业管理在实践中稳步前进。

（一）制定行业规划

在大量调研的基础上，制定并发布实施《四川省药品流通行业发展规划纲要（2011—2015）》。并以制定规划为契机，采取问卷、走访、召开座谈会等形式，深入调研，初步掌握了全省药品流通行业发展总体情况，以及药品物流、药品电子商务、专业市场及展会等情况。

（二）大力推进统计工作

组织推荐四川省38家具有规模性、代表性的流通企业成为商务部直报企业，推动市（州）商务部门加强与食药监、统计等部门衔接，落实《药品流通统计制度》，同时不定期筛选优质企业增加为直报企业。2011年，分两批组织药品流通行业直报企业参加全国统一培训，承办了商务部药品统计工作西南、西北片区培训会；2012年3月，组织全省各中药材产地商务主管部门参加商务部在蓉举办的重点中药材品种监测培训会，加强中药材统计工作；2013年3月，组织12家直报企业参加商务部2013年第二期药品流通统计培训班。

（三）召开管理工作会议，确立重点联系企业制度

2012年9月，召开了21个市（州）商务主管部门、17个四川道地药材产地商务主管部门、省市级药品流通行业协会、25户药品流通重点联系企业负责人参加的全省药品流

通行业管理工作会议。会议理清了行业管理工作思路，不同业态的典型企业交流了经验，建立了药品流通行业重点联系企业制度。经市州初审，省商务厅复核，首批共确立了25户重点联系企业，其中省级1家，市州24家。2012年12月，就商务部颁布的药品流通行业“五项标准”，在相关工作会议上，进行宣传部署。

（四）积极推动成都中药材溯源建设

2011年，四川省被商务部、国家食药监局、国家中医药局确定为中药溯源试点省，省商务厅会同省级相关部门积极指导成都市先行开展试点。2012年，财政部、商务部将成都中药材流通溯源体系建设试点项目纳入中央财政资金支持范围。省商务厅认真指导成都市建立工作推进机制、完善试点工作方案，切实推进试点工作。成都市已初步在中药材种植、流通、生产和销售各环节进行了试运行。

（五）协助遴选药品流通行业人才培训基地

经商务部批准，四川商务职业学院、成都中医药大学成为全国药品流通行业人才培训基地，承担四川和西藏的培训任务。

四、《规划纲要》执行过程中存在的困难和问题

自省编办明确省商务厅的药品流通行业管理职能后，尽管省商务厅就如何实施行业管理进行了积极探索，但目前工作中仍处于难以有效实施行业管理的尴尬地位。药品流通市场主体多元化，作为商务主管部门，既无法律法规赋予的监管权，也无国家发布的由商务主管部门推动的标准为推荐性标准，政策资金能惠及的非常有限；药品企业在发展中遇到的问题，难以协调。加之部分地方政府如成都市，仍明确由食药监局管理，推动行业发展的手段有限，导致规划实施困难。

五、完成下半期规划的政策措施建议

建议商财政部出台支持政策，助力药品流通企业发展。就做强做大企业、药品物流、电子商务、培训、统计等方面给予支持，推动规划落地。

云南省药品流通行业“十二五”规划中期评估报告

按照商务部办公厅《关于开展药品流通行业“十二五”发展规划中期评估工作的通知》要求，根据《国家药品安全规划（2011—2015年）》《全国药品流通行业发展规划纲要（2011—2015年）》《云南省国民经济和社会发展第十二个五年规划纲要》《云南省生物医药产业发展“十二五”规划》和《云南省药品流通行业“十二五”发展规划》精神，现将“十二五”上半期药品流通行业发展情况、面临问题做一个总结评估，并提出完成任务额的政策建议。“十二五”上半期分析数据取2011年1月至2013年6月，在此期间，根据商务部统计数据，2011年和2012年云南省医药商品销售总额累计达到699.3亿元，年平均增长率为23.9%；根据云南省统计局数据，2011年医药商品销售总额为330亿元，达到目标额（293.7亿元）的112%；2012年医药商品销售总额为369.3亿元，达到目标额（352.44亿元）的105%；2013年上半年医药商品销售总额为170.3亿元，达到目标额（211.5亿元）的80.5%（目标额为年均增长20%）。

一、“十二五”上半期药品流通行业发展形势的总体评价

“十二五”上半期，云南省药品流通行业市场规模扩大，行业集中度提高，体制机制优化，人才队伍扩大，产业贡献趋稳。总体上看，行业发展呈现规范化、特色化和多样化的特点。但是在发展过程中，企业小而散，缺乏现代化大型流通企业，行业布局不合理，缺乏专业性人才以及行业自律性有待规范等问题仍然存在。

（一）主要指标和任务的进展情况

1. 市场规模

根据商务部统计数据，2012年云南省医药商品销售总额达到369.3亿元，较2011年（330.0亿元）增长12%，较“十一五”末（2010年）增长51%。根据云南省统计局统计数据，2013年上半年，该省限额以上药品批发和零售企业以及个体户销售额达到170.3亿元，比上年同期增长20.35%，其中西药类销售145.4亿元，同比增18.7%，中药类销售额20.8亿元，增长33%。根据云南省医药行业协会数据，截至2013年6月，全省药品批发企业565家，零售药店门店总数达14 395家，其中，药品零售连锁企业30家，连锁药店门店3 955家。

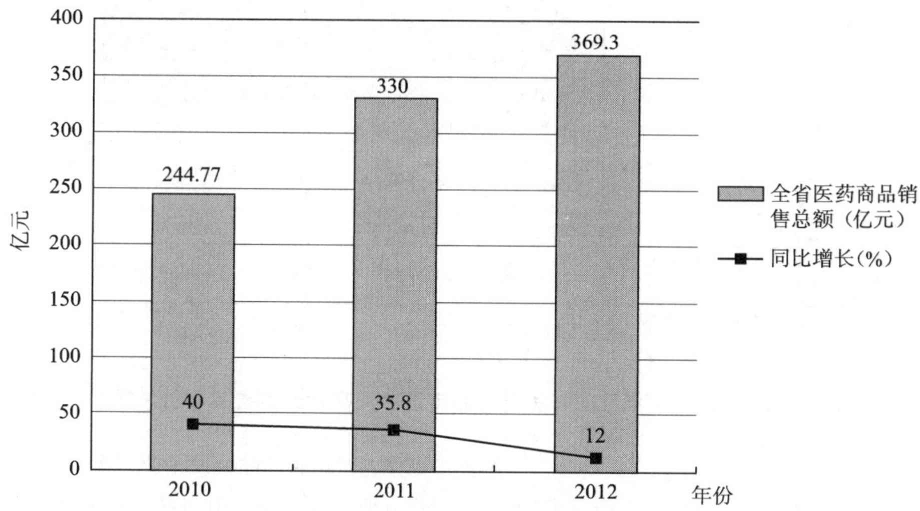

图1　2010—2012年云南省医药商品销售总额增长情况

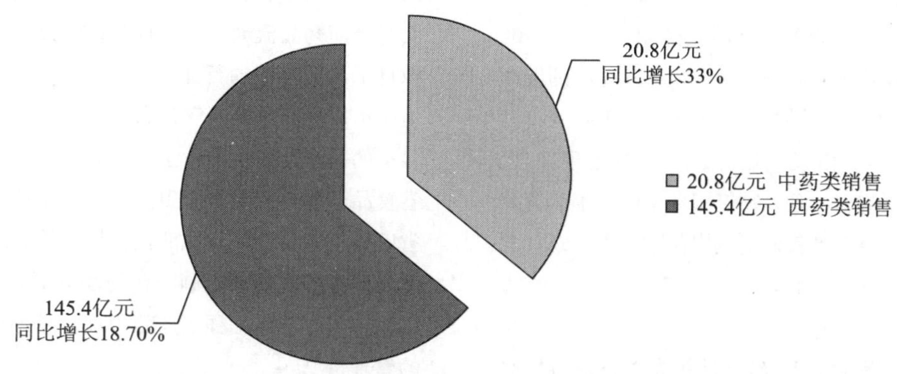

图2　2013年上半年该省限额以上药品销售额总体情况

2. 行业集中度

截至目前，全省共有药品批发企业474家，药品零售连锁企业27家，连锁药店门店3 955家，零售药店门店总数达14 395家。在纳入2012年行业协会统计的315户批发企业中，主营业务收入5 000万元以上的企业有74户，其销售收入占全省医药商业销售收入的84.89%；主营业务收入超亿元的企业35户，排名前30位的企业销售合计占全省医药商业总销售的71.77%，排名前10位的企业销售总额占全省销售的55.44%；销售10亿元以上的企业8户，其销售额占全省医药商业销售总额的31.3%。利润亿元以上的3户（云南省医药有限公司、云南鸿翔药业有限公司、云南东骏药业有限公司），企业实现利润占全省医药商业实现利润总额的63.89%。2011年和2012年，在全国医药批发企业主营业务收入前100名中，该省均有云南省医药有限公司等6家企业进入排名；全国医药零售企业销售总额前100名中均有云南鸿翔一心堂药业（集团）股份有限公司等5家进入排名。

3. 产业和就业贡献

2012年云南省社会消费品零售总额为3 541.60亿元，第三产业增加值为4 236.14亿元。药品流通行业销售总额占社会消费品零售总额的10%，同比增长0.4个百分点；占第三产业增加值的8%，与2011年持平。2012年，云南省药品流通行业平均从业人员36 657人，较2010年（27 357人）增长34%。

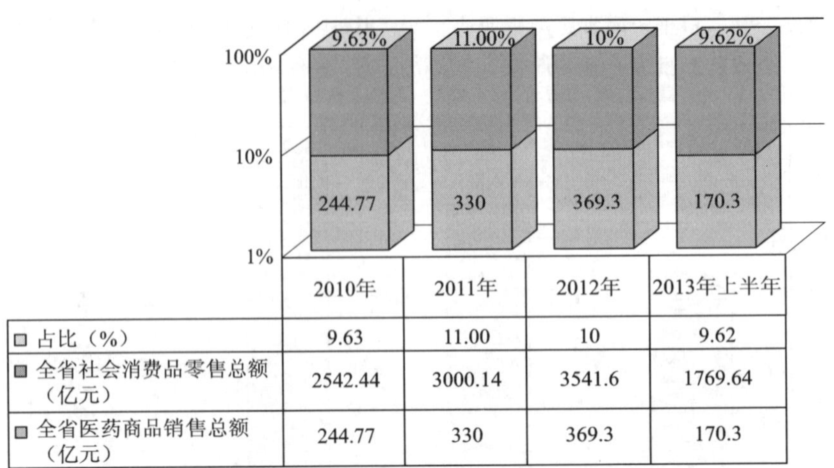

	2010年	2011年	2012年	2013年上半年
□ 占比（%）	9.63	11.00	10	9.62
■ 全省社会消费品零售总额（亿元）	2542.44	3000.14	3541.6	1769.64
■ 全省医药商品销售总额（亿元）	244.77	330	369.3	170.3

图 3　2010 年至 2013 年上半年云南省医药商品销售总额在社会消费品零售总额的占比情况

4. 人才队伍

目前该省共有执业药师 3 099 名，备案从业药师 1 128 名，药师协理 16 908 名。2013 年 4 月商务部已下文同意将云南作为“商务部药品流通行业人才教育培训基地”。培训的具体机构为省执业药师协会下属兴晨医药职业培训学校，2013 年该省计划培训中级职业经理人 40 人，执业药师继续教育 50 人，药学技术人员（含中药技术人员）100 人，营养健康消费指导师 60 人，以及药店经理、运营管理经理、采购经理、统计与物价管理主管、物流服务中心经理、客户服务经理、供应链管理经理等其他重点岗位 310 人，总计培训 560 人。

5. 体制机制

除东昌医药等三家药品经营企业合并成立股份有限公司外，多家企业也为进一步提升竞争力进行了并购、重组的前期工作。国药集团控股云南药品经营公司使沿海第三方物流进入云南，鸿翔、健之佳、东骏等具有一定规模的商业企业通过股改引入战略合作伙伴开展上市前各项准备，同丰、九泰等一批医药民营企业开始研究组建大型医药商业企业集团。同时，药品流通企业准入条件更加规范，新型药品流通方式逐步发展：物流畅通、运转便捷的专业化现代医药物流体系正在建立；全省共核准 98 家药品信息服务网站、2 家药品交易服务网站，监管措施进一步完善。（数据来源：省食品药品监管局）

（二）“十二五”规划实施中的主要做法

1. 完善管理体系

2011 年 9 月，云南省政府（省编办）明确云南省商务厅为药品流通行业主管部门，2011 年 12 月，又发文同意省商务厅增设药品流通管理处。为充分了解当前药品流通行业现状及情况，药流处开展了全省药品流通行业调查摸底工作，对该省药品批发企业、物流企业和连锁经营企业和中药材种（养）殖、中药材饮片生产企业等进行了座谈摸底调研，初步掌握了药品流通行业的基本情况，对省级相关部门、重点州市、重点企业和市场进行调研，在广泛听取各方面对当前药品流通行业管理工作的意见及建议后，认真研究拟订了《药品流通行业“十二五”发展规划》，积极指导各地州市成立药品流通管理科（业务科），并为成立业务工作科室的每个地州市下拨工作业务经费 5 万元。同时，加强与省食品药品监管局、省卫生厅、省统计局、省招标采购局和省医药行业协会、省执业药师协会等省级相关部门的横向联系，初步形成联动机制，在药品流通行业管理、物流配送、零售药店等方面加强了监管力度，基本构建了药品流通行业的管理机制。

2. 紧抓政策落实

积极宣传贯彻商务部出台的药品流通行业“五项标准”：一是将标准编制成 2 000 册下发地州和行业协会、专家委员会及各大型药品物流流通企业；二是邀请云南 10 家主流媒体组织媒体对商务部下发的药品流通行业“五项标准”进行信息发布，在报刊、网络、电视台、电台、企业等大力宣传“五项标准”的内容，在社会上产生了较好的影响；三是采取以会代训的方式，邀请有关物流专家、行业协会专家对地州商务分管药品流通的领导和负责人、流通企业领导及业务人员进行“五项标准”培训，加强标准宣贯。通过宣传落实政策，努力推进药品流通行业结构调整，指导药品流通企业改革，切实推动现代药品流通方式的发展。

3. 重视人才培养

为加快推进云南省药品流通行业人才队伍建设，提高药品流通行业整体素质和企业经营管理水平，根据《全国药品流通行业“十二五”人才培训方案》关于人才培训的目标，结合云南省的实际，制定了《云南省药品流通行业“十二五”人才培训方案》，计划2012—2015年每年培训中级职业经理人40人，其他岗位370人，合计410余人。截至目前，已培训药店经理375名。

4. 培育特色领域

云南是生物资源大省，有6 000多种中药材，位居全国首列。2012年，云南省商务厅通过多方调研论证、充足的前期准备和积极向国家争取，及时开展“中药材追溯体系建设”试点省份申报工作，并取得了积极进展。2013年，商务部确定将云南省作为第二批“中药材追溯体系建设”试点省份。云南省商务厅高度重视，迅即行动，随即向各州、市下发了《云南省商务厅关于开展中药材流通追溯体系建设项目工作的通知》（云商市〔2013〕87号）。今后，云南省商务厅将认真梳理各州市汇总意见，分析重点追溯品种，拟订工作方案，为“中药材追溯体系建设”打牢基础，打造“人无我有、人有我优、人优我特”的云南特色中药材品牌。通过追溯体系，提高生产经营主体安全责任意识，强化流通环节质量安全把关能力，推动该省质优、价廉、高品质的云南特色中药材走向全国，服务全国。促进中药材流通行业结构调整和流通发展方式转变。此外，帮助本土有代表性的、有特色药材产业培育流通市场，在流通环节保持一定占有率。

5. 加强统计监测

为保障药品流通统计工作顺利开展，云南省商务厅通过开展药品流通行业统计培训工作，指导各州（市）商务主管部门、相关行业协会以及直报企业全面贯彻落实药品流通统计制度，及时、规范地完成网上填报。加强与云南省统计局合作，成立统计调研课题组，研究讨论做好药品流通统计工作的主要工作措施。同时，积极和云南省医药行业协会沟通，加强行业统计和信息数据平台网络建设，增强了对生物医药产业发展的监测分析、发展研究，行业管理的基础工作明显加强。

（三）规划实施中的困难和问题

1. 行业主管部门缺乏工作抓手

2012年5月，云南省商务厅成立了药品流通管理处，药品流通行业一直以来缺失主管部门这一问题得到解决。可由于部门刚成立，行业管理体系还不够健全，严重缺乏工作抓手，如“药品流通行业的准入机制在食药监部门，基本药物的配送在卫生、招标采购等部门”，省商务厅作为药品流通行业主管部门却无法参与到这些工作中，行业管理工作受到很大的制约。

2. 政策性支持缺位

连锁经营药店没有国家相关的政策性支持，连锁发展缓慢，成本较高。由于云南省特殊的地理位置和交通、通信等因素的制约，特别是受边境8个地州边、远、偏问题的影响，药品流通企业对基药的配送成本增加，企业为追求经济效益，对边、远、偏地区的发展不够重视，基药覆盖率低，群众用药难、用药贵，对药品流通行业没有相应的政策支持和资金扶持，对疫苗、生物制品、血液制品等需冷链运输的药品的配送，尤其是对于边远地区的配送面临较大的困难和问题；药品生产、销售企业“走出去”面临一定的困难，走出云南，走向全国面临交通、物流、成本等困难，在面向东南亚、南亚市场没有鼓励支持政策和相关配套措施；在整合行业发展、做大做强行业工作中，没有相关的政策支持和鼓励。

3. 流通秩序有待规范

在药品流通行业中，竞争无序，小散乱的现象突出，针对药品购销领域出现的违法违规现象，诸如销售不合格、假冒伪劣药品，经营范围超出规定，市场交易秩序混乱的现象，部分管理措施存在滞后、政策缺位的问题。

4. 专业人才缺口大

云南省执业药师起步较晚，执业药师的人数还远远不能满足社会的需求。按照“零售药店必须按规定配备执业药师为患者提供购药咨询和指导”的规定，全省零售药店总量14 395家，注册登记的仅有3 099名执业药师及部分药师协理（其中绝大多数执业药师在医院和医药工业企业工作），缺口较大。

5. 行业统计制度不完善

云南省统计局目前对药品流通的统计仅限于限额以上的法人企业，其统计的数据无法反映出全省药品流通行业的数据。而从另一个药品流通统计数据主要来源——云南医药行业协会来看，目前该省参加药品流通统计的直报企业有75家，占药品流通企业的15.8%，医疗器械、中药材、保健品等均较少纳入统计，多数企业没有参与统计意识。而行业协会目前对药品流通企业的统计仅限于部分登记批发企业和医药工业企业，统计范围小，统计数据信息的规范度、准确度有待提高。

6. 中药材发展滞后，交易平台不健全

云南得天独厚的自然优势，为中药材的生长提供了天然的场所，但云南的中药材种植和养殖均比较落后，种植、养殖面积少，形不成规模和支柱产业。中药材交易在全国17个中药材交易中，仅列第10位。中药材交易市场目前仅有昆明菊花中药材交易市场和文山中药材交易市场，主产天麻、灯盏花、石斛、玛卡等中药材的昭通、红河、保山、丽江等，都没有规范的中药材交易市场，严重制约中药材的发展。

二、云南省药品流通行业面临的形势判断

（一）下半期药品流通行业面临的形势判断

“十二五”以来，云南各项经济指标、人口数量不断增长，同时，云南省第六次全国人口普查数据显示，该省60岁及以上人口已占到总人口的11.07%，其中65岁及以上的老年人占总人口的比例为7.63%。云南已正式进入老龄化社会，对药品的需求量将呈上升趋势。

实施医改4年多以来，云南医改取得了阶段性成果。全民基本医疗保障制度建设得到全面推进，城乡基本医疗保障制度覆盖面大幅扩大，基本药物制度实现基层全覆盖，基层医疗卫生服务体系不断完善，公立医院改革稳妥推进。随着该省医改不断深化，药品市场需求将继续扩大。

国家从2011年至2013年分批调低临床药品价格，但同时增加对低价药品的价格扶持，以鼓励低价药生产供应，下一步国家发改委将考虑调整中成药价格，方法与化学药品价格调整方法大致保持一致，对于药品流通企业来说也将迎来新的增长点。但受到通胀压力影响，药品流通企业经营成本也将快速上涨，从大趋势上来说，药品行业增长态势仍将保持不变，但行业的增长速度将趋于缓和。

随着《全国药品流通行业发展规划纲要（2011—2015年）》、《云南省生物医药产业发展“十二五”规划》和《云南省药品流通行业“十二五”发展规划》的深入实施，以及2013年6月新修订的《药品经营质量管理规范》开始实施，对药品流通企业的软硬件标准和要求将全面提升，促使药品流通行业不断加快结构调整步伐，行业集中度会继续提高。

（二）规划最终运行结果的趋势性预测

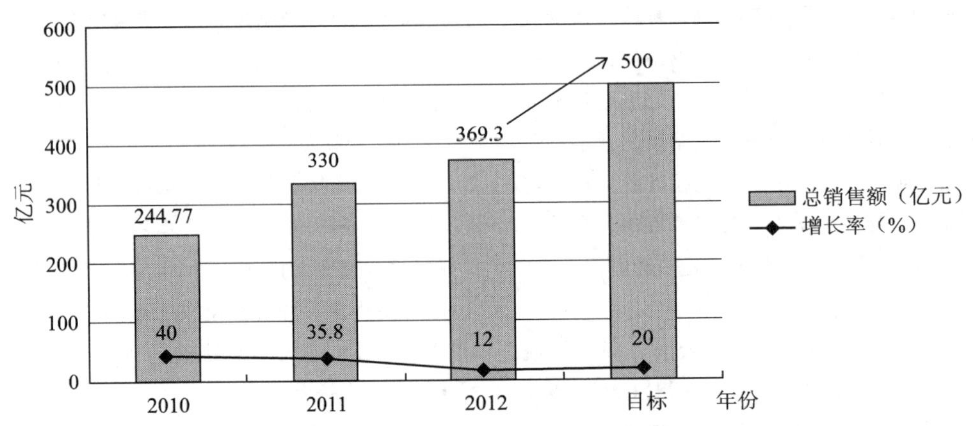

图4　规划最终运行结果的趋势性预测

1. 总体趋势

在2012年全国药品批发企业主营业务收入前100名企业中，排名第13位的云南省医药有限公司主营业务收入达到83.6亿元，有望在“十二五”末超过百亿元。此外，云南东骏药业有限公司（主营业务收入30.0亿元）、云南医药工业股份有限公司（主营业务收入12.7亿元）、昆明制药集团医药商业有限公司（主营业务收入11.3亿元）、云南同丰医药有限公司（主营业务收入11.0亿元）四家批发企业主营业务收入超过10亿元。云南久泰药业有限公司（主营业务收入8.3亿元）有望在“十二五”末达到主营业务收入超10亿元目标。

在2012年药品零售企业销售总额前100位排序中，排名第7位的云南鸿翔一心堂药业（集团）股份有限公司年销售总额达到32.5亿元，排名第14位的云南东骏药业有限公司年销售额达到16.8亿元，排名第17位的云南健之佳健康连锁店股份有限公司年销售额达到13.6亿元，上述三家零售企业年销售总额已超过10亿元。此外，昆明福林堂药业有限公司（年销售总额8.6亿元）、云南白药大药房有限公司（年销售总额3.8亿元）有望在“十二五”末达到年销售额超10亿元目标。2011年进入全国药品零售百强企业的5家企业销售总额（60.4亿元）占2011年云南省药品销售总额（330.0亿元）的18.3%。在2012年进入全国药品零售百强企业的5家企业销售总额（75.3亿元）占2012年云南省药品销售总额（369.3亿元）的20.4%，此指标与《全国药品流通行业发展规划纲要》目标相差近40个百分点，与《云南省药品流通行业“十二五”发展规划》目标相差近30个百分点。（该部分所有数据均来自商务部2010年、2011年及2012年药品流通行业运行统计分析报告）

到2015年，全省医药商品销售总额突破500亿元，年均增长20%；销售超亿元的药品零售企业/药品零售连锁百强企业年销售额占药品零售企业销售总额的35%以上。培育1家主营业务收入过百亿元的批发企业；培育5家主

营业务收入过 10 亿元的批发企业，培育 5 家年销售过 10 亿元的零售企业。

2. 分类对比发展趋势

（1）医药商品销售总额

2010 年云南省的医药商品销售总额在全国 31 个省（市、区）中排名第 19 位，在规划实施后，到 2012 年年底排名上升了 7 位，暂列全国第 12 名。云南省医药商品销售总额在全国比重也从 2010 年年底的 1.6% 增长到 2012 年年底的 3.3%，规划实施两年时间里，占比增长一倍多。同时与三年都排名第一的上海差距在逐步缩小，在规划实施前，2010 年云南省医药商品销售总额与上海的比值仅为 0.163，到 2012 年年底云南省医药商品销售总额与上海的比值增加到 0.358（如表 1 所示）。

表 1　云南省与相关各省市区医药商品销售总额及排名

地区	全国排名			商品销售总额（万元）		
	2010 年	2011 年	2012 年	2010 年	2011 年	2012 年
全国	—	—	—	70 844 299	94 265 552	111 744 317
上海	1	1	1	7 027 893	8 720 000	10 316 175
湖南	11	14	15	2 315 784	2 779 999	3 178 321
重庆	12	8	8	2 251 208	4 516 765	5 330 108
四川	15	15	14	1 837 054	2 618 048	3 455 764
云南	19	11	12	1 146 958	3 299 400	3 692 620
海南	21	25	25	930 817	810 396	880 833
广西	23	21	22	705 693	1 330 000	1 544 994
贵州	25	27	27	520 690	635 258	732 186

（2）药品类销售总额

2010 年云南省的药品销售总额排名全国第 18 位，销售额比重占全国的 1.88%，规划实施后，2011 年、2012 年云南省药品销售总额排名连续两年居第 10 位，占比同时也上升了 1.75 个百分点，占比增长到 3.36%。在周边省市区中仅次于重庆市，居第 2 位，并且以 2010 年为基底，增长率在几个省市区中列第 1 位（如图 5 所示）。

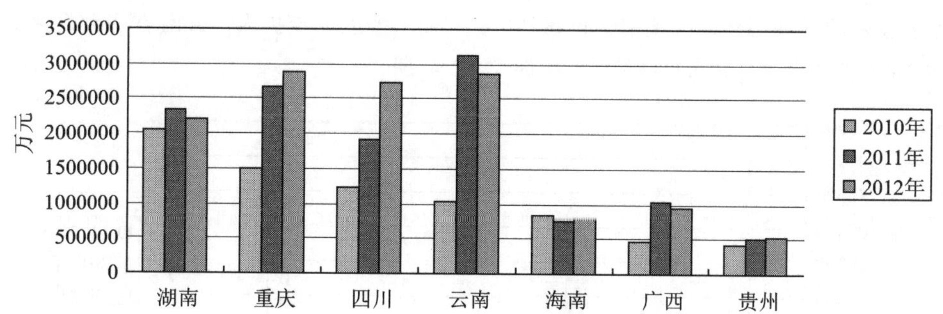

图 5　2010—2012 年云南省与周边省市药品类销售总额

（3）中成药销售额比重增长率

虽然云南省中成药的比重在 2010 年年初仅为全国的 0.44%，与周边省份中排名第 1 位的湖南差距为 1.57 个百分点，但是规划实施两年后，差距缩小到 0.46 个百分点。最值得一提的是，在几个省份中仅有云南持续两年的增长，且保持着较高的增长率，2011 年与 2010 年同比增长 70.5%，2012 年与 2011 年同比增长 180%（2012 年年底位列全国第 16 名）。随着国家发改委下一步调整中成药价格，在“十二五”后半期，云南中成药销售额将迎来增长加速期（如图 6 所示）。

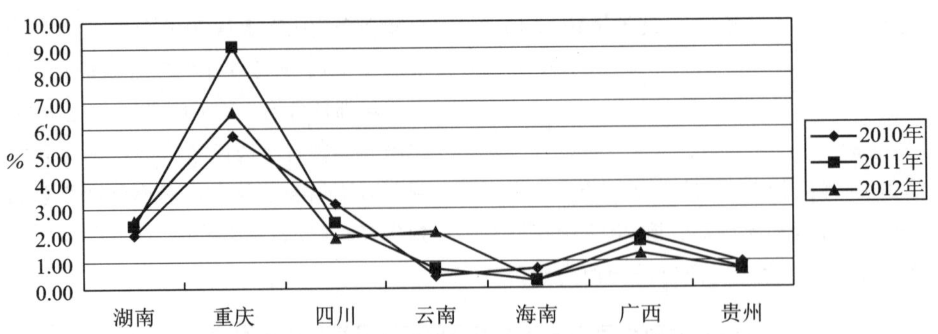

图6　2010—2012 年云南省与周边省市区中成药销售额占比

（4）中药材类市场

2010 年云南省的中药材类销售额为 14 595 万元，占全国比重为0.63%。通过两年的快速发展，截至2012 年年底，云南省销售额 97 034 万元，与 2010 年相比，中药材类市场销售额翻了 5.6 倍，排名也从原来的全国第 20 名跃到第 13 名。在周边省份中 2012 年的增长率列第 1 位，依此趋势发展，云南省中药材销售额将会跃居全国前列。（如图 7 所示）

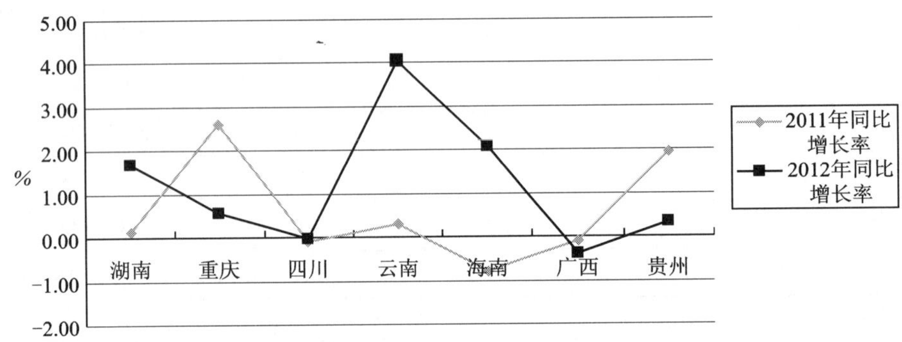

图7　2011—2012 年云南省与各周边省市区中药材类增长率

（5）医疗器械类市场

2010—2012 年期间，云南省医疗器材在 2011 年小幅回落后 2012 年又恢复了较好的发展态势，区域销售比重达 1.92%。虽然与周边省份的广西相比，销售总额和增长率都有较大的差距（如图 8 所示），但是基于云南省自身情况，以及云南省经济快速发展和人口进入老龄化阶段等原因，需求将进一步扩大，云南省将会迎来医疗器材销售的高峰期。

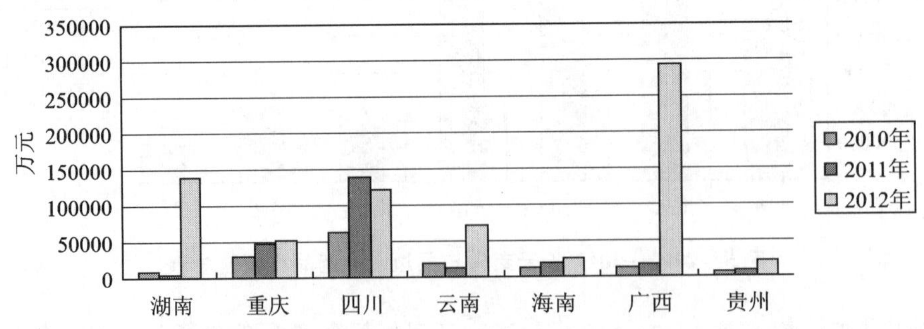

图8　2010—2012 年云南省与周边省市区医疗器械类销售额

从云南与周边各省的对比分析不难看出，云南省药品流通行业在规划上半期得到了快速的发展，无论在商品销售、药品类销售、中成药销售额、中药材类，还是医疗器械类等都有了跨越式的发展。结合各方面的因素可以预测，“十二五”末，云南省药品流通行业发展速度有望跃居西南前列，中药材销售将成为全国药品流通业后起之秀。（该部分所有数据均来自商务部 2010 年、2011 年及 2012 年药品流通行业运行统计分析报告）

（三）调整规划指标和任务额的建议

根据规划最终完成的趋势性预测，除将销售超亿元的药品零售企业/药品零售连锁百强企业年销售额占药品零售企业销售总额50%以上该目标额调整为35%外，其他均无变化。

三、完成下半期规划的政策建议

（一）国家层面

1. 实施药品流通行业管理体制改革

商务部门作为药品流通行业的主管部门，配套管理体系不健全会导致好的药品流通政策难以落实。要解决目前行业存在多头管理、缺乏协调统筹的情况，首要问题就是将涉及药品流通行业的准入机制、药品配送、流通行业区域布局等工作划拨至商务部门统筹管理。建议由商务部门负责拟订药品流通监督管理体制改革工作方案和配套措施，统筹、协调、指导、监督全国各省市的改革工作。

2. 研究制定药品流通行业扶持政策

加快研究制定相关政策，鼓励发展现代物流和连锁经营等先进经营方式，鼓励有实力的企业兼并重组，做大做强，提高行业集中度。重点完善县级以下药品流通网络，确保农村地区和边远地区的药品供应。通过支持药品流通企业技术改造、科技创新，完善相关基础设施建设，进一步推动行业结构调整和药品供应保障体系不断完善。鼓励有行业竞争力、有地方特色的药品流通企业开拓国际市场。

3. 支持云南“中药材追溯体系建设”工作

云南省申请商务部作为今年重点试点中药材体系建设的省份之一。云南省商务厅对此工作高度重视，结合云南实际，在全省范围内选择有特色、大宗云南中药材产地以及有代表性市场进行追溯，进而实现中药材“来源可知、去向可追、质量可查、责任可究”的目标。请商务部给予该项目资金支持和技术保障。

4. 加强对五项标准贯彻实施的技术指导

请商务部加强对云南省“五项标准”宣传的帮助。云南省商务厅将举行“五项标准”宣传培训班，邀请商务部有关专家，针对该省重点直报企业，以及有关行业协会等人员进行培训，力求把标准的内容、实施方法、预期效果等宣传到相关部门及企业中。

5. 指导建立行业统计制度和评估体系

商务部现在已经形成了药品流通行业统计分析制度，但云南省商务厅对药品流通行业的基本统计还是依靠云南省统计局和云南省医药行业协会，且每年统计数据都与商务部分析报告有出入。建议商务部对云南省药品流通行业统计进行指导培训，形成统一的统计口径并建立直报制度，一方面帮助云南更好的对药品流通行业进行监控，另一方面提高商务部统计评估工作效率。

6. 促进云南中药材进出口通关便利化

云南中药材市场发展潜力巨大，同时，东南亚、南亚相关生物医药资源丰富、市场广阔。但是，由于目前云南中药材对外贸易不顺畅因素，如云南仅有磨憨口岸允许中药材进口，导致中药材进出口行业发展潜力难以挖掘。因此，建议商务部尽快协调口岸、“一关两检”相关部门，制定相关政策，以促进云南中药材进出口，鼓励中药材“走出去”。

（二）云南省层面

1. 出台《云南省关于加快药品流通行业发展的意见》

研究出台《云南省关于加快药品流通行业发展的意见》，对“十二五”后半期甚至更长一段时间云南省药品流通行业发展的目标、任务、工作机制、发展环境、政策支持、实施办法及相关事项等做出规定，进一步统一思想，提高认识，强化药品流通行业发展的民生地位，使药品流通行业真正成为全省的战略性行业，药品流通行业发展从商务部门工作重点变成全省工作重点之一。

2. 设立药品流通行业发展专项资金

强化全省药品流通行业发展的财力保障，设立全省药品流通行业发展专项资金。通过充分发挥药品流通行业发展专项资金的导向和调节作用，推动建立覆盖全省城乡的安全便利的药品供应网络，提高该省药品流通行业的总体发展水平。

3. 加大对中药材流通专项政策支持

建议省政府制定专项扶持政策，“十二五”下半期重点扶持中药材交易市场平台建设，16个地州市建立规范的中药材交易市场平台。2013年建立2个，2014年建立5个，2015年力争达到每个地州市都有1个具有一定规模和本地特色的中药材交易市场。此外，加大对重点企业和人才队伍发展的支持。改革中医药教育培养制度，鼓励支持中医药、民族医药发展；扶持重点区域、重点品种做出品牌。加大对云南中药材宣传。

4. 建立行业统计监控平台

统计评估工作关系行业监控管理。建议成立药品流通行业协会，建立行业统计监控平台，以月报、季报、年报的形式定期形成统计分析报告，以供决策。研究制定药品流通行业发展的规定、制度和措施政策，支持行业发展。

陕西省药品流通行业“十二五”规划中期评估报告

《全国药品流通行业发展规划纲要（2011—2015年）》（以下简称《规划纲要》）自2011年发布实施以来，对加快推动我国药品流通行业的健康发展发挥了重要的引领和指导作用。依据《规划纲要》，结合全省药品流通行业管理工作特点和规律，陕西省商务厅制定出台了《陕西省药品流通行业发展“十二五”规划（2011—2015年）》。围绕着各项目标和任务，各级各相关部门在行业布局、结构调整、行业监管等方面开展了一系列工作，有力地推动了药品流通行业的快速发展。两年多来，围绕企业培育、网点布局及市场建设等规划内容积极推进全省药品流通行业的发展。现将陕西省药品流通行业发展“十二五”规划实施以来中期评估情况报告如下：

一、上半期药品流通行业发展形势总体评价

“十二五”以来，陕西省药品流通经历了体制转型、兼并重组、结构调整、建立现代流通模式等阶段，行业获得了长足发展，药品供应保障能力明显提升，多种所有制并存、多种经营方式互补、覆盖城乡的药品流通体系初步形成。

（一）市场规模持续扩大

截至2012年年底，全省共有药品流通企业7 198个，比上年增加734个，其中批发企业996个、零售企业6 202个，分别比上年增加40个和694个。药品零售连锁企业56个，下辖门店2 640个，相比2011年分别增加14个和960个；零售单体门店数6 146个，相比2011年增加680个。

（二）发展水平逐步提升

药品流通企业兼并重组步伐加快，行业集中度逐渐提高。2012年全省药品流通企业销售总额达到188.37亿元，连锁经营发展较快，连锁企业门店数已占零售门店总数的33.62%，比2011年提高约2%；售给连锁药店的销售额14.56亿元，售给连锁药店的销售额占对零售终端的销售额的63.83%；年销售额5 000万元以上的药品批发企业数为67家，比上年增加3家。现代医药物流、网上药店以及第三方医药物流等新型药品流通方式逐步发展，扁平化、少环节、可追踪、高效率的现代流通模式比重开始提高。

（三）社会作用不断增强

药品批发企业配送国家基本药物总额6.21亿元，药品零售企业销售国家基本药物金额3 127.8万元，在方便群众购药、平抑药品价格等方面发挥了重要作用。药品流通骨干企业成为药品应急配送主体，为维护人民群众利益做出了积极贡献。

二、规划中的主要指标和任务完成情况

（一）主要指标完成情况

1. 经济总量增长目标

按照《陕西省药品流通行业发展“十二五”规划（2011—2015年）》要求，到2015年年末，全省药品批发企业销售额达到350亿元，零售企业销售额达到100亿元。经过两年多来的发展，陕西省药品流通行业销售额增长较快，全省药品销售额由2010年的63.2亿元增长到2012年的188.4亿元。到2012年末，全省药品批发的销售额为83.4亿元，药品零售的销售额为105亿元。从目前情况看，到2015年年末，实现全省药品批发销售额350亿元有很大困难。

2. 重点企业发展目标

按照《陕西省药品流通行业发展“十二五”规划》要求，到2015年年末，在全省形成1—2家年销售额超过50亿元的在全国有较大影响的大型医药批发企业集团，全省要形成2—3家年销售额过30亿元的大型药品批发企业，10家年销售过亿元的区域性药品批发企业，销售额占全部药品批发企业的80%以上。到2012年年底，陕西省药品批发企业中，已经有10家批发企业的销售额超过了亿元。其中：陕西华远医药集团有限公司和陕西医药控股集团派昂医药有限责任公司的销售额超过了30亿元，分别达到32.3亿元和30.5亿元；国药控股陕西有限公司、陕西华信医药有限公司、西安藻露堂药业集团有限责任公司的销售额达到了10亿元以上，分别达到17.7亿元、14.3亿元和14.0亿元；西安新西北双鹤医药有限公司、西安双鹤医药股份有限公司均达到了8亿元。上述10家企业的销售额已经占到全部药品批发企业的85%左右。从目前情况看，到2015年年末，形成1—2家年销售额超过50亿元的在全国有较大影响的大型医药批发企业集团有较大困难。

3. 连锁经营发展目标

按照《陕西省药品流通行业发展“十二五”规划》要求，到2015年年末，形成1—2家年销售额超过15亿元的药品零售企业，5家年销售额超过5亿元的药品零售连锁企

业。到2012年年末，全省药品零售企业中，只有西安怡康医药连锁有限责任公司、陕西众信医药超市有限公司的销售额在2.5亿元左右，预计到2015年年底，完成规划目标存在很大困难。

4. 物流体系建设目标

按照《陕西省药品流通行业发展“十二五”规划》要求，到2015年年末，建设2—3个辐射全国和区域性的药品药材物流专业园区和配送中心，形成4—5个具有较强辐射带动作用的药品流通枢纽。截至2012年年底，全省已建成现代医药物流配送中心4家，分别是陕西华远医药物流配送中心、陕西盘龙医药物流有限公司、陕西医药控股集团有限责任公司陕北医药物流中心、天士力陕西医药物流中心；在建1家，即陕西医药控股集团有限责任公司西北现代医药物流中心。预计到2015年，能够实现建设2—3个区域性的药品药材物流配送中心。

（二）任务完成情况

1. 积极推动了行业布局，完善药品流通体系

一是在加强行业调研的基础上，积极走访卫生、食药监等部门，协调批发和零售药店的数量和网点的科学分布，促进了行业布局的合理化、科学化。二是积极引导企业扩大连锁药店的数量和规模，鼓励大中型医药物流企业开展连锁药店服务。截至2012年年底，全省共有药品流通企业7 198个，比上年增加734个，其中批发企业996个，零售企业6 202个，分别比上年增加40个和694个。药品零售连锁企业56个，下辖门店2 640个，相比2011年增加14个和960个；零售单体门店数6 146个，相比2011年增加680个。

2. 加强行业引导，助推龙头企业发展

在《陕西省药品流通行业发展“十二五”规划》和政策引导下，随着药品市场需求进一步扩大，市场集中度提高，陕西省药品流通大企业稳步发展。陕西医药控股集团派昂医药有限责任公司、陕西华远医药集团有限公司、陕西华信医药有限公司在2012年全国药品批发业排名分别为第32、34和74位。西安藻露堂药业集团有限责任公司、西安怡康医药连锁有限责任公司、陕西众信医药超市有限公司在全国零售企业销售总额排名分别为第16、51和62位。排名结果显示，这些企业基本上都是近年来在相关政策的引导下，通过挖掘自身经营管理潜力，努力开拓进取，从而跻身陕西省药品流通行业第一阵营的。

3. 引导企业推进结构调整，提高竞争力，推动陕西省具备条件的大中型药品流通企业做大做强

组织有关企业召开了“陕西省药品流通行业发展现状”座谈会，根据企业意见和建议，形成了《陕西省药品流通行业发展现状及建议》，为省政府制定全省药品流通行业的发展政策献计献策。2011年以来，陕西华远医药集团有限公司在省内实施了一系列兼并重组行动，先后兼并了铜川、渭南、汉中、西安市、宝鸡等9家药品流通企业，分别成立陕西华远医药集团有限公司的地方分公司。西安怡康医药连锁有限责任公司2012年以股权收购的方式控股西安双鹤医药股份有限公司，将西安双鹤下属的批发与零售两大板块业务纳入怡康的体系，提高了西安怡康的整体规模，进一步巩固了怡康在陕西区域市场的龙头地位。渭南市医药总公司2011年以参股的方式对渭南市的4家医药公司实施了兼并重组。延安恒生医药有限责任公司正在与国药控股股份有限公司筹备合资成立国药控股延安有限公司的事宜。

4. 强化诚信建设，打造企业信誉品牌

从2011年开始，全省就将药品流通行业纳入信用建设范畴，加大诚信宣传教育力度，深入开展“诚信兴商宣传月”活动，引导药品经营企业增强诚信意识。推动药品流通行业广泛开展“诚信经营”示范创建活动，按照遵纪守法、诚实守信、制度健全、诚恳规范服务、履行社会责任，自觉接受政府、社会和舆论监督的创建要求，规范药品经营企业经营行为。建立企业信用档案，实行信息公开和分类监管。

三、规划执行过程中存在的困难

由于受部门职能调整、药品管理原有体制等因素影响，药品流通行业管理还存在一些困难和问题。一是行业管理体制有待完善。目前，虽然参照国家编办文件精神，明确了省级药品行业主管部门职能，但实际工作中与相关部门职能界定不清，行业管理、市场监管等关系仍未理顺。二是可操作性的政策和依据缺乏。虽然按照国家药品流通行业管理规划要求，制定了全省行业管理“十二五”规划，但由于配套保障措施无法跟上，以及必要的约束措施和手段缺乏，企业参与积极性不高，甚至有抵触情绪，以致规划目标任务很难落到实处。三是根据国家医改政策，实行药品零差率和“三统一”后，整合中小药品流通企业的任务十分艰巨，也缺乏相关配套政策。

四、行业面临形势

随着医药改革不断推进，以及行业管理新标准、新GSP认证等一系列政策实施，陕西省药品市场环境将会产生新动向，短期内可能对药品流通行业发展造成影响。从市场总体规模来看，市场规模继续扩大，但增速明显放缓，特别是零

售连锁药店发展缓慢，连锁率仍然较低。从新版 GSP 的实施来看，虽然新修订 GSP 与新修订 GMP 等法规将形成组合拳，有助于改变药品流通“多、小、散、乱、低”的落后格局，提升医药产业整体水平，但由于准入门槛提高，一批企业面临出局，行业洗牌势在必行，短期内会影响行业整体布局。从市场建设发展来看，由于信息化发展和专业市场壮大，电子商务、期货交易、资本运作等，逐步渗透到大型专业市场建设之中，将会呈现药品（中药材）商品交易所等新型业态。

五、指标调整建议

从上半期落实规划的进度看，有些指标任务难以完成，结合陕西省药品流通行业发展实际，拟对以下指标进行调整：

（1）把“全省药品批发企业销售额达到 350 亿元”调整为“250 亿元”。

（2）把“在全省形成 1 ~ 2 家年销售额超过 50 亿元的在全国有较大影响的大型医药批发企业集团”调整为“形成 1 ~ 2 家年销售额超过 40 亿元的在全国有较大影响的大型医药批发企业集团”。

（3）把“2 ~ 3 家年销售额过 30 亿元的大型药品批发企业”调整为“1 家年销售额过 30 亿元的大型药品批发企业”。

（4）把“1 ~ 2 家年销售额超过 15 亿元的药品零售企业，5 家年销售额超过 5 亿元的药品零售连锁企业”调整为“1 ~ 2 家年销售额超过 3.5 亿元的药品零售企业”。

（5）把“形成 4 ~ 5 个具有较强辐射带动作用的药品流通枢纽”调整为“形成 2 ~ 3 个具有较强辐射带动作用的药品流通枢纽”。

六、完成下半期规划的工作措施和建议

全国医药卫生体制改革的逐步深入，对药品流通行业的发展提出了更高的要求。我们必须认清形势，努力把握机遇，积极迎接挑战，加快结构调整，转变发展方式，实现科学发展。

（一）进一步完善药品流通政策。结合正在进行的深化医药卫生体制改革，力争出台相关配套政策，以科学发展观为指导，制定适合省情、符合药品行业发展阶段性特点的行业政策。

（二）优化网点布局。突出重点、特色发展。根据各地发展状况，优化药品流通企业在全省的总体规划布局。在行业集聚的基础上，加强冷链配送、第三方物流等配套设施建设，使药品流通行业走上安全优质、健康发展之路。

（三）加强中药材指导。加强仓储物流、质量检测、流通追溯、信息化等建设，大力开展大宗交易、期货交易、电子交易等新型业态，逐步实现中药材转型发展和国际市场接轨。

（四）大力推动药品流通行业信息化建设。充分利用信息技术与网络技术，改造传统药品流通行业。以推进药品、流通追溯、电子商务交易信息化建设为着力点，整合资源，加强信息标准化和流通行业信息平台建设，大力推进药品流通行业信息化建设，建立实用共享的药品流通行业管理信息系统。

甘肃省药品流通行业“十二五”规划中期评估报告

根据《商务部办公厅关于开展药品流通行业“十二五”发展规划中期评估工作的通知》（商办秩函〔2013〕700 号）精神，甘肃省商务厅组织各市州商务局对本地区药品流通行业运行情况进行了调查、梳理，对全省药品流通行业“十二五”发展规划落实情况开展了中期评估工作。根据调查摸底，各地区在落实药品流通行业“十二五”规划的过程中，通过制订本地区实施意见、推进结构调整和转变经营方式，药品销售规模大幅增加，流通效率和市场集中度进一步提高。根据国家和全省药品流通行业“十二五”规划要求，药品流通企业积极响应，结合本企业实际，制订计划，落实各项任务。配送企业积极开拓配送网点，加快兼并重组步伐，配送布局和行业集中度显著改善；零售企业积极应对困难和挑战，加快网点布局，连锁经营规模进一步扩大，有效增强了市场竞争力；中药材市场积极应对市场变化，开拓电子商务等新型交易方式，交易额大幅提升，信息化水平逐渐提高，药品流通行业运行态势良好。现将中期评估结果报告如下：

一、基本情况

进入“十二五”以来，全省药品流通企业积极适应市场经济发展和深化医药卫生体制改革新形势，通过调整企业结构、延伸销售网络、发展现代物流手段，集约化经营程度明显提高，行业发展势头迅猛。截至2012年年底，全省有药品批发企业368家，较上年增加10家；药品零售连锁企业37家，较上年增加5家，连锁零售门店1 455家，较上年增加525家；零售单体药店（不含连锁门店）5 995家，较上年减少1 702家；年销售额5 000万元以上的药品流通企业51家，比上年增加41家。药品流通企业中，股份制企业占主导地位，国有控股企业只有中国医药集团甘肃分公司一家。国家基本药物销售增幅较快，2012年年底参与国家基本药物批发直报企业国家基本药物配送总额为0.46亿元，比上年的0.13亿元增长了253.85%。

2013年上半年，全省药品流通业实现销售收入42.93亿元，较上年同期的27.57亿元增长55.71%。其中：直报企业销售额19.60亿元，较上年的14.07亿元增长37.62%；非直报企业销售额23.32亿元，较上年的13.50亿元增长72.74%（增速较大的原因是各地商务部门加大了工作力度，纳入统计范围的非直报企业数增加）。直报企业主营业务收入19.58亿元，较上年的14.26亿元增长37.31%，主营业务利润率1.78%，较上年增长0.86个百分点，实现利润总额0.42亿元，较上年同期的0.13亿元增长223.77%，毛利率9.49%，较上年同期上升了3.46个百分点。

在七大类医药商品中，药品销售占主导地位。在销售总额中，药品类占74.30%；中药材类占9.41%；中成药类占11.18%；医疗器材类占2.29%；化学试剂类占0.62%；玻璃仪器类占0.35%；其他类占1.84%。

按销售对象分类，批发企业销售额16.49亿元，占销售总额的38.40%，较上年同期的11.85亿元增长39.16%；纯销售（包括对医疗终端、零售终端和居民的销售）26.45亿元，占销售总额的61.60%，较上年同期的15.71亿元增长68.36%。

二、落实药品流通行业“十二五”规划进展情况

（一）结合省情，制定规划

为明确甘肃省药品流通行业在“十二五”期间的发展方向、发展目标和发展重点，引导药品流通行业持续健康发展，甘肃省商务厅根据《全国药品流通行业发展规划纲要（2011—2015年）》、《甘肃省国民经济和社会发展第十二个五年规划纲要》的精神和要求，结合甘肃药品流通行业发展的实际情况，在深入调查的基础上于2012年3月制定并印发了《甘肃省药品流通行业发展规划（2011—2015年）》（以下简称《规划》）。《规划》分为发展现状、面临的形势、指导思想和总体目标、主要任务、保障措施五个部分，主要阐明了药品流通行业未来五年发展的目标任务、发展重点和政策取向，明确了政府工作重点、行业发展方向和企业经营行为。

《规划》主要体现了以下四个特点：一是将科学发展、以人为本的主题和加快转变经济方式的主线贯穿其中；二是立足于药品流通行业发展大局，紧紧围绕国家赋予商务部门药品流通行业管理的“四项职责”，准确定位管理范围，明确了目标和任务；三是突出地域特点，提出了符合甘肃实际的药品流通行业发展措施；四是《规划》注重与全国药品流通行业规划、甘肃“十二五”经济社会发展规划和商务发展规划等相关规划之间的衔接。

（二）市州响应，明确任务

《甘肃省药品流通行业发展规划（2011—2015年）》印发后，市州商务主管部门积极组织贯彻落实，结合本地区实际出台了当地发展规划和实施意见。武威市提出，到2015年，全市药品销售总额达到4亿元以上，年均增长10%，前10位批发企业销售比重提高到70%，年均增长10%以上，连锁药店占全部零售门店的比重提高到65%以上，零售连锁企业销售比重提高到60%；形成两家年销售额超过亿元的大型药品流通企业；药品流通零售网店实现县区城市相对合理布局，行政村全面覆盖的目标。酒泉市提出要加强行业布局，健全准入退出机制；发展现代物流配送，提高药品流通效率；推进中药材市场建设，加快中药材产业发展；加强人才队伍建设；建立服务平台，加强行业自律等。定西市立足本地实际，推进中药材流通市场建设；加快中医药产业化发展，重点建设全国中药材西部交易中心市场；积极发展中医药现代物流业；鼓励建立中医药电子交易平台，加强中药生产质量及安全标准体系的创新研究。其他地区也提出了落实国家和本省药品流通行业“十二五”规划的具体措施。

（三）企业明确目标，加快发展步伐

按照《甘肃省药品流通行业发展规划（2011—2015年）》的精神，各企业结合实际制定规划，明确发展目标，为本企业做大做强规划蓝图。兰州西城药业有限责任公司、兰州强生医药有限责任公司、国药控股甘肃公司等分别制订了企业“十二五”发展规划。西城药业按规划打算在“十二五”期间建设七个分公司，完成在全省的网点配置。国药控股甘肃公司在原有业务的基础上，积极拓展新的经营范

围，准备在中草药种植、养殖及深加工方面加大投入，扩大企业规模。强生药业紧盯市场需求，准备在配送能力较弱的地区布局配送网点，提高服务能力。莱美药业为扩大企业规模，积极征地，准备在“十二五”期间建设一流的药品物流配送中心。

（四）行业集中度进一步提高，兼并重组势头强劲

省内大型药品流通企业以《规划》中“提高行业集中度，支持企业做大做强”为导向，以“统购分销”的经营策略为手段，普遍加快了兼并收购步伐，扩大了市场占有率。国药控股甘肃公司兼并收购了平凉、武威、庆阳、兰州等地的中型企业，2012 年销售 5.92 亿元，较上年的 1.13 亿元增长了 5.2 倍，不仅延伸了配送网点，同时提高了市场占有率；在岷县、民勤分别投入 10 亿元，建立中草药种植、养殖基地。西城药业提前布局，兼并收购会宁、酒泉等地药品企业，在酒泉市新建了拥有 3 300 平方米的自动化、标准化库房，配送区域拓展了 200 多公里。同时，对敦煌、平凉、康县、武山、张掖、武都等地的分支机构进行升级改造，提高了组织化、集约化程度。销售额由 2011 年的 10.2 亿元增加至 14.63 亿元。强生药业在甘谷、敦煌等地加快兼并步伐，扩大营销规模，在张掖、陇南、平凉、庆阳等地建设物流配送体系，扩展营销范围，销售额提高了 15.51%，呈现出强劲发展势头。天元药业为适应市场需求，投入近 1 亿元，新建现代化配送中心，极大地改善了物流配送能力。其他企业积极行动，在扩大经营、合理布点、兼并重组等方面也有不同程度的进展。

兰州西城药业有限责任公司、兰州强生医药有限责任公司均为药品流通行业全国百强企业，两公司通过整合兼并，市场竞争力有了显著提高。根据 2012 年年底数据，西城药业在直报企业中省内销售额占比 40.71%，全国占比 0.18%，强生医药在直报企业中省内占比 32.25%，全国占比 0.14%，均较 2011 年有所提高。在全国药品流通百强企业排名中，西城药业由 2011 年的第 82 名上升到 2012 年的第 73 名，上升 9 位，强生药业由 2011 年的第 99 名上升到 2012 年的第 92 名，上升 7 位。

（五）连锁规模扩大，零售布局趋于合理

《规划》发布以来，药品连锁零售企业通过收购、控股等方式扩张连锁零售药店规模。德生堂医药连锁公司零售药店由 96 家扩展至 2012 年年底的 182 家，销售额由 1.48 亿元增加至 4.36 亿元，增长 2.94 倍。同济药业通过新设、兼并，分店数由 29 家增加至 42 家，销售额由 8 000 万元增加至 1.2 亿元。三州武威连锁公司的连锁规模扩大后，销售额增长了 24.5%。惠仁堂药业连锁公司在扩大连锁销售网点的同时，积极开拓市场，邀请医疗专家坐堂诊疗，加大了医疗服务范围。众友药业积极探索，以薄利多销的形式，将连锁药店布局乡镇，扩大了经营范围。其他连锁企业的门店数和销售额也有不同程度的增长，连锁零售业呈现出强劲发展势头。

（六）中药材市场规模进一步扩大，现代经营模式初步形成

中药材产业被省委省政府确定为甘肃省的战略性新兴产业。省委、省政府在《关于加快陇药产业发展的意见》（甘发〔2010〕8 号）中提出“陇药产业是国家鼓励和支持的重要战略性新兴产业，也是省委、省政府确定的优先发展的特色优势产业”。在制定药品流通行业“十二五”规划中，着重就中草药市场的发展提出了“通过 5 年的努力，逐步建立起较为完善的陇药产业研发、生产和流通体系。陇药药源规范化种植基地基本建立，新药研发能力进一步提高，产业规模迅速扩大，区域布局更加优化，物流配送网络更加健全，实现陇药产业的跨越式发展。到 2015 年，力争使陇药产业增加值达到 100 亿元，年均增长 20% 以上。其中，陇药种植业增加值达到 15 亿元；陇药加工业（工业）增加值达到 60 亿元；陇药流通业增加值达到 25 亿元”的奋斗目标。

目前，全省已形成了以定西市为中心，辐射周边、体系完整的中药材交易市场和物流中心，有大型综合市场、产地专业市场、季节性产地市场和合作社大宗交易为框架的市场交易体系，是西北最大的中药材集散地。全省大宗道地中药材党参、当归等道地品种交易价格对全国的市场价格有绝对影响力，中药材交易量占全国市场份额已超过 10%，中药材产销在全国占有重要地位。全省地产中药材半夏、党参、大黄、当归、甘草、黄芪、连翘，陇西文峰中药材市场，药财盈网（文峰）和由宕昌县、武都县、礼县、文县、西和县、陇西县、岷县、渭源县、酒泉市和定西市组成的中药材重点品种直报网络已成为商务部监测全国中药材市场变化的重要支点。

陇西文峰中药材市场依托周边的多家大中型仓储企业，年集散各类中药材 600 多个品种，成为省内中药材最大的仓储物流集散市场。新建的文峰药材交易城建筑总面积 9 万多平方米，其中主体建筑近 6 万平方米，仓储能力 60 多万吨，从业人员已达 1.08 万人。2012 年实现销售收入 85 亿元，上缴税金 6 439 万元。首阳中药材市场是省内最大的道地中药材集散市场，建有西北中药饮片、白条党参、原料药材、药材鲜货、种子秧苗等五大类交易中心。计划投资 6 亿元，总占地 320 亩的首阳地产中药材市场，已完成了 2.5 万平方米

的商铺、展厅、办公楼建设，引入固定商户418家，零散商户3 000多个，实现销售10亿多元。

岷县当归城、渭源渭水源党参市场、临夏志麟虫草市场、武都安化纹党市场等产地中药材专业市场年交易额均在35亿元左右，其中60%的产品由各类流通企业分销至国内各大市场。宕昌哈达铺、文县中寨、岷县梅川镇、和政天和、渭源永安等季节性中药材产地市场以季节性交易为主，单品交易量大，是道地中药材交易的重要场所。陇西等县相继开通的“西部药都·网上陇西”政府网站和“惠森药财盈”、“江能陇药网”、“中药材天地网”、“西北中药物流”、“陇西堂药业”等中药材专业网站积极搭建交易平台，开展电子商务。

2012年，全省中药材种植面积达260万亩以上，产量85万吨以上。大宗道地药材当归、黄（红）芪、党参、大黄、甘草、板蓝根六大类药材占全国同类品种产量的90%、65%、60%、50%、50%、25%，除板蓝根以外，其他五个品种的出口量占全国80%以上。中草药市场依托种植业的发展，还有进一步拓展空间。

（七）现代中药材市场管理体系初步形成、行业管理进一步规范

为提高中药材流通的现代化水平，增强中药材质量安全保障能力，全省主要中药材市场加大资金投入，加强企业管理，准备实施追溯体系项目。首阳中药材市场投入100多万元，建立了中药材公共信息平台。陇西文峰中药材市场在电子商务平台及流通体系跟踪追溯系统软件应用系统研发方面，累计投入近820万元，已研发完成了原产地陇药产品信息库、质量追溯数据库、“药财盈”中药材行情信息分析查询系统数据库、“药财盈”中药材外观标准编码数据库、“药财盈”中药材种植溯源数据库、“药财盈”B2B电子商城系统、“药财盈”中药材供求信息互动发布系统以及惠森中药材信息网等，并对软件系统进行了云数据架构、整理，完成了整个“药财盈”电子商务平台的系统运行测试。岷县的当归城、渭源的渭水源党参市场分别筹资120万元和160万元建立电子商务平台，为开展追溯体系建设做好了准备。中药材流通追溯体系项目的建成，将对陇药产业良性发展产生至关重要的影响。

中药材流通追溯体系项目在甘肃实施，将为优化全国中药材流通发展体系和区域空间布局，促进全国中药材流通业均衡发展提供重要基础；将有力促进全省中药材产销市场在源头上控制中药材质量，实现中药材交易质量的安全、稳定和可控，进一步提升“陇药”品牌在全国的影响力。为配合陇药产业做大做强，规范行业发展，为陇药产业健康有序发展保驾护航，省商务厅上报了《甘肃省中药材流通追溯体系建设试点工作方案》，向商务部争取中药材流通追溯体系建设项目，并组织文峰、首阳、当归城、渭水源四个大企业相关人员赴商务部推荐的四川、广西、安徽、河北四省考察学习中药材流通追溯体系建设方面的知识，增强了项目建设的信心。

在省委、省政府政策引导和中药材产业规模不断扩大的有利条件下，为提高原药附加值和企业经营收入，加强中药材质量管理，便于追溯体系的建设，中药材流通企业纷纷开展饮片加工，新的饮片加工厂不断涌现。三洲药业按照现代切片企业标准建立的饮片加工厂年加工能力可达5 000吨；庆阳正宁县医药公司也建立了年加工能力5 000吨的饮片企业，可以达到消化该县当年种植的8万多亩丹参的加工能力。这些都为建立追溯体系打下了良好的基础。

二、困难和问题

（一）配送企业布局不合理，偏远乡镇覆盖能力不足

改革开放以来，省内外的药品流通企业竞相开展跨地区经营，相继在医疗机构密集、交通便利、配送成本低、人口集中的大中城市涌现出众多药品流通企业。仅兰州市就集中了全省80%的大型药品流通企业，年销售额占全省的60%以上。虽然全省各市州、县（区）的药品流通企业也迅速增多，但多为中小型企业或零售店铺，在销量、品种、规模、设施和配送能力上远不能满足市场需要。药品流通企业区域布局的不合理，一方面加剧了大中城市的药品流通企业的市场竞争，另一方面凸显出县以下城镇药品流通企业发展不足的困境。据调查，平凉的崇信县、庆阳的合水县等至今尚没有药品配送企业，造成偏远乡镇药品配送覆盖率低，零售网点不健全，群众用药极不便利。加之“新农合”全覆盖后实施基本药物“零差率”的政策，农民在乡镇医疗机构的就诊率大幅增加，出现了人口较少的偏远乡镇零售药店利润大幅下降，药店关门歇业的现象。基层药品配送广覆盖的目标没有实现，直接影响到这些地区的药品齐配和供应，影响了医改的效果，严重影响了《规划》的实现。

（二）基本药物种类仍需扩展

基本药物制度实施以来，部分药品没有进入基本药物目录，基层医疗机构不能经销非基药，部分基药由于中标价格低、厂家生产意愿不强、配送企业因无利润不愿配送、零售网点药品得不到及时补充等原因，导致农民就医、买药不得不到较大城镇，农民就医买药难的问题在许多偏远乡镇还没有完全解决。

（三）国家实施基本医疗制度和药品零差率销售制度后，企业销量增幅加快但利润率有所下滑

从 2011 年开始，全省药品销量的快速增长主要得益于市场药品需求快速增长，也有以往统计制度不健全造成的因素。实际上零售企业的销售量和配送企业的利润率正在下滑，统计数据与实际销量存在差距。企业毛利虽然有所提高，但净利润上升不大，企业发展速度较慢，影响《规划》目标的实现。

（四）基本药物招投标制度仍需完善

国家实施基本药物制度以来，药价过高、“以药养医”的问题有了明显的改善。但在招标过程中加大了企业间的竞争，各类企业竞相参与招投标，造成部分基本药品价格过低，加之配送成本高，出现了厂家不愿生产、销售商不愿经销的“降价死”现象。

（五）企业兼并重组困难较多

药品流通企业在中心城市布局较多，竞争激烈，企业考虑生存较多，无力考虑发展壮大问题。流通企业兼并重组受资金问题制约，步伐还不够快。部分企业能够解决资金问题，但无法解决土地问题，难以扩大规模。《规划》中“提高行业集中度，支持企业做大做强”为导向的目标难以实现。

（六）商务部门管理手段有待加强

自国务院明确商务部门承担药品流通行业管理职能以来，市县级商务部门从事药品流通行业管理的力量单薄，部门间协调手段弱，掌握的基础性信息少，激励手段缺乏。

（七）流通市场秩序仍需规范

县级以上住院支出中占有相当比例的非基本药物和医疗耗材，还没有进入统一招标采购范围，其中一些新特药经销商竞争激烈，还有的采用垄断经销模式，造成了非基药品价格虚高，增加了医保成本和患者的医疗负担。

三、出台政策，加大企业扶持力度

为进一步推进兼并重组，扩大规模，优化药品流通行业布局，提升流通服务覆盖面，需要在配送网络体系建设、连锁店建设、中药材市场的建设等方面给予企业政策支持，加大扶持力度，推动现有药品流通企业资源整合，引导缺乏竞争力的中小企业通过市场化途径并入大型药品流通企业购销链，或采用联购分销、共同配送等方式，降低经营成本，提高组织化集约化程度，有序推进药品流通企业改革，保障药品供应和质量。特别建议在国家层面能出台针对西北省区的政策和资金扶持措施。

第三篇　国家标准和行业标准

● 国家标准

ICS 11
C 08

GB

中华人民共和国国家标准

GB/T 30335－2013

药品物流服务规范

Service specification of drog logistic

2013 年 12 月 31 日发布 　　　　2014 年 7 月 1 日实施

前　言

本标准按照 GB/T 1.1－2009 给出的规则起草。

本标准由全国物流标准化技术委员会（SAC/TC 269）提出并归口。

本标准起草单位：中国物流与采购联合会冷链物流专业委员会、中国医药商业协会、国药控股股份有限公司、福建新大陆集团。

本标准主要起草人：赵桂芝、秦玉鸣、沈世英、侯立业、汤开律。

药品物流服务规范

1. 范围

本标准规定了药品物流服务的基本要求，仓储、运输、配送、装卸搬运、货物交接、信息服务等作业要求，以及风险控制、投诉处理、物流服务质量的主要评价指标。

本标准适用于药品流通过程中的药品物流服务。药品生产过程中涉及的药品物流服务可参照执行。

2. 规范性引用文件

下列文件对于本文件的应用是必不可少的。凡是注日期的引用文件，仅注日期的版本适用于本文件。凡是不注日期的引用文件，其最新版本（包括所有的修改单）适用于本文件。

GB 2894　安全标志及其使用导则

GB 13495　消防安全标志

GB 16179　安全标志使用导则

GB/T 18354　物流术语

GB/T 28842　药品冷链物流运作规范

药品经营质量管理规范（卫生部令第 90 号）

中华人民共和国药典

3. 术语和定义

GB/T 18354、GB/T 28842 中界定的以及下列术语和定义适用于本文件。

3.1　药品物流 drug logistics

依托相应的物流设施设备、技术和物流管理信息系统，完成对药品运输、收货、验收、储存、分拣、装卸、搬运、包装、配送和信息管理等基本功能的组织与管理。

4. 基本要求

4.1　应具有与所从事的药品物流服务相适应的组织机构和岗位人员。

4.2　应具有与物流服务相适应的运输、仓储、设施设备，需要温控的药品物流应具备相应的温控设施设备；应具有相应的物流管理信息系统。

4.3　特殊管理的药品和国家有专门管理要求的药品，物流服务应符合国家相关规定。

5. 仓储作业

5.1　信息、单据审核及作业准备

5.1.1　应对委托方提供的出、入库信息或单据，审核其合法合规性、有效性及内容的准确、完整性，确认无误后执行。

5.1.2　根据委托方的出、入库预报或单据，应提前做好药品出库或入库的准备，包括库区、货位、作业时间、人员及设备安排。

5.2　药品收货验收

5.2.1　在符合药品储存要求的场所和规定时限内，应依据订货信息和随货清单，对药品进行逐批验收，做好记录。

5.2.2　冷藏、冷冻药品到货时，应当对其运输方式及运输过程的温度记录、运输时间等质量控制状况进行重点检查并记录；不符合温度要求的应当拒收。

5.2.3　药品收货验收项目应符合《药品经营质量管理规范》的要求。

5.3　药品在库储存、养护

5.3.1　搬运、装卸药品应轻拿轻放，严格按照药品外包装图示标志的要求码放和采取防护措施。

5.3.2　药品堆码应实行分区、分类、按批号和货位管理。不同批号的药品不得混垛，药品与非药品、外用药与其他药品应分开存放，中药材和中药饮片与其他药品应分库存放。特殊管理的药品应按国家有关规定存放。

5.3.3　药品应按规定的温湿度条件存储。应按药品外包装标示的温度要求储存药品，外包装上没有标示具体温度的，应按照《中华人民共和国药典》或药品说明书规定的贮藏要求进行储存。储存药品相对湿度为 35%～75%。

5.3.4　在人工作业的库房储存药品，按质量状态实行色标管理：合格药品为绿色，不合格药品为红色，待确定药品为黄色。

5.3.5　储存药品应当按照要求采取避光、遮光、通风、防潮、防虫、防鼠等措施。

5.3.6　应根据库房条件、外部环境、药品质量特性等对药品进行养护并记录；建立重点品种的养护制度；对药品采取近效期预警及超过有效期自动锁定等措施，防止过期药品出库。

5.3.7　对库存药品应进行定期或不定期盘点，做到账、物相符。

5.3.8　药品丢失或损坏时，应及时查找原因、分清责任，制定预防措施并及时处理赔偿等事项。

5.4　药品出库与包装

5.4.1　药品出库时应对实物进行复核，发现异常情况不得出库，做好记录、查明原因，并及时调整满足委托方及相关客户需求。

5.4.2　药品出库时，应当附加盖企业药品出库专用章原印章的随货同行单（票），以及加盖质量管理专用章原印章的药品质量检验报告或复印件。

5.4.3　药品拆零拼箱发货时，物流包装箱应有醒目的拼箱标志。

5.4.4　需温控的药品出库应按照 GB/T 28842 执行。

5.5　销后退回药品处理

5.5.1　销后退回药品应凭退货凭证核对实物，货单相符方可收货并放置于退货区。

5.5.2　验收人员应对销后退回药品进行逐批逐项验收，并建立销后退回药品收货验收记录。

5.5.3　需温控的药品退货处理应按照 GB/T 28842 执行。

5.6　不合格药品处理

5.6.1　对有问题药品应立即采取物理隔离措施，同时报告委托方确认。

5.6.2　对确认的不合格药品，应移至不合格品库，建立不合格品记录。

5.7　单据信息传输与管理

5.7.1　根据委托方要求，应准确、完整地向委托方提供药品入库、出库及在库数据，并及时通报各种意外事件的相关信息。

5.7.2　单据应填写规范、完整、准确、清晰，按时汇总、装订，在保管期内妥善保管，保证相关客户单据、信息、资料的保密与安全。

5.7.3　药品单据应保存至超过药品有效期一年，但不得少于五年。

5.8　药品仓库环境温湿度的控制

5.8.1　药品应按规定的温湿度条件储存。储存药品的仓库应配备有效调控温湿度及进行室内外空气交换的设备；通过采用温湿度自动监测方式和温湿度调控设备的操作，对仓储温湿度条件进行有效调控。

5.8.2　对计量器具、温湿度监测设备等定期进行校准或者检定，并有记录。

5.8.3　温湿度监测记录、调控使用记录及设备校准记录保存应不少于五年。

5.9　作业场所、标识

5.9.1　仓库内外环境整洁，无污染源，仓储作业区与办公生活区应分开或隔离，室外装卸、搬运、发运药品时应有预防天气影响的措施。

5.9.2　仓库及货位标识应规范、清晰、准确、易辨，符合 GB 2894、GB 13495、GB 16179 的规定。

6. 运输与配送

6.1　运输药品的车辆应使用封闭的厢式货车，并针对运输药品的包装条件及道路、天气状况采取相应措施，防止对药品质量造成影响。

6.2　有温控要求的药品运输与配送，应符合 GB/T 28842 的相关规定。药品运输与配送有其他特殊要求的，应符合相关规定。

6.3　药品启运前应认真核对药品的品名、规格、数量与运单是否相符，包装是否良好；发现不符合规定或存在危及安全运输隐患的，不应启运。

6.4　药品应安全、准确、及时送达，货损、货差应控制在合同约定的允许范围之内。

6.5　制定因突发情况导致车辆无法正常运行的应急预案，应及时、准确地向委托方及相关客户提供运输与配送的相关信息。

7. 装卸与搬运

7.1　装卸与搬运应采用适宜的设备及工具，并保证使用安全。

7.2　应按药品包装标志要求进行装卸与搬运作业，不得倒置药品、损坏药品外包装。

7.3　应选择合理的装载、卸载的流程及加固措施，防止药品破碎与污染。

7.4　药品丢失或损坏时应及时报告，并处理有关赔偿事项。

8. 货物交接

8.1　药品物流服务的各环节，均应按交接手续进行交接。

8.2　药品运输到达收货方时，应在收货方指定地点卸货，双方当场清点确认，由收货方签证回单。如发生药品破损、货差等纠纷，应当场与收货方分清责任，并在回单上批注清楚。

8.3　有温控要求的药品交接，应符合 GB/T 28842 的相关规定。

8.4　对收货方签字的凭证应逐项检查，核对完毕后分类归档，以便备查。

9. 信息服务

9.1　应采用信息管理技术完成物流服务过程中信息采集、处理、存储、传输、交换和药品质量可追溯，药品质量追溯应能满足药品电子监管要求。

9.2　对有温控要求的物流信息服务应符合 GB/T 28842 的相关规定。

10. 风险控制

10.1　应具有消防、防盗、交通和预防灾害性天气等安全管理制度，并应对相关人员进行培训。

10.2　应具有药品储存、运输各环节温控保障的应急预案。

10.3　应采取存货保险、财产保险、运输保险等措施，有效控制风险。

10.4　物流服务的委托方与被委托方应签订协议或合同，主要包括：责任、义务、权利、服务内容、服务要求、服务质量、服务价格、赔偿等内容。

10.5　信息管理系统运行中，所涉及物流服务的管理数据，应采用安全可靠方式储存并按日进行备份，备份数据应存放在安全场所。

11. 投诉处理

11.1　应给委托方及相关客户提供物流服务的投诉渠道和方式。

11.2　投诉应在合理或承诺的期限内进行处理。处理的结果应及时反馈给投诉者，并采取预防措施防止此类事件再次发生。

11.3　对投诉内容、处理措施、反馈和事后跟踪等应进行记录，并归档保存。

12. 服务质量的主要评价指标

12.1　验收准确率

考核期内准确验收批次数占验收总批次的比率。按式（1）计算：

$$\text{验收准确率} = \frac{\text{准确验收批次数}}{\text{验收总批次数}} \times 100\% \quad \cdots\cdots\cdots\cdots\cdots (1)$$

12.2　出库差错率

考核期内发货累计差错笔数占发货总笔数的比率。按式（2）计算：

$$\text{出库差错率} = \frac{\text{发货累计差错笔数}}{\text{发货总笔数}} \times 100\% \quad \cdots\cdots\cdots\cdots (2)$$

式中：

笔数指订单的行数。

12.3　账货相符率

考核期内经盘点，库存物品账货相符的品规批次数与储存物品总品规批次数的比率。按式（3）计算：

$$\text{账货相符率} = \frac{\text{账货相符品规批次数}}{\text{储存物品总品规批次数}} \times 100\% \quad \cdots\cdots (3)$$

12.4　货物准时送达率

考核期内将货物准时送达目的地的订单数量占订单总数量的比率。按式（4）计算：

$$\text{货物准时送达率} = \frac{\text{准时送达订单数}}{\text{订单总数}} \times 100\% \quad \cdots\cdots\cdots (4)$$

12.5　货物质损率

考核期内货物残损的金额（或件数）占期内货物总金额（或件数）的比率。按式（5）计算：

$$\text{货物质损率} = \frac{\text{期内货物残损金额(或件数)}}{\text{期内货物总金额(或件数)}} \times 100\% \quad \cdots (5)$$

式中：

货物残损指由于物流作业不善造成物品霉变、破损、丢失、短少、过效期等。

12.6　运输订单完成率

考核期内完成运输订单数占订单总数的比率。按式（6）计算：

$$\text{运输订单完成率} = \frac{\text{完成订单数}}{\text{订单总数}} \times 100\% \quad \cdots\cdots\cdots\cdots\cdots (6)$$

● 行业标准

商务部关于公布《药品物流设施与设备技术要求》等6项国内贸易行业标准的公告

中华人民共和国商务部
公　告

2013年第89号

《药品物流设施与设备技术要求》等6项国内贸易行业标准已经商务部审核，现予公布。

附件：6项国内贸易行业标准编号、名称及实施日期

商务部

2013年12月4日

附件

6项国内贸易行业标准编号、名称及实施日期

序号	标准编号	标准名称	实施日期
1	SB/T 11036－2013	药品物流设施与设备技术要求	2014年6月1日
2	SB/T 11037－2013	医药商业企业对医疗机构的服务规范	2014年6月1日
3	SB/T 11038－2013	中药材流通追溯体系专用术语规范	2014年6月1日
4	SB/T 11039－2013	中药材追溯通用标识规范	2014年6月1日
5	SB/T 11040－2013	热循环多功能烘干设备技术要求	2014年6月1日
6	SB/T 11041－2013	家用和类似用途电气的安全　商用制冰机的特殊要求	2014年6月1日

ICS 53.040
C 01

SB

中华人民共和国国内贸易行业标准

SB/T 11036—2013

药品物流设施与设备技术要求

The requirements of pharmaceutical logistics facilities and equipment technologies

中华人民共和国商务部　发布

2013 年 12 月 4 日发布　　2014 年 6 月 1 日实施

目　　录

前 言

本标准依据 GB/T 1.1－2009 给出的规则起草。

本标准由中华人民共和国商务部提出并归口。

本标准起草单位：中国医药商业协会、国药控股股份有限公司、上海医药分销控股有限公司、广州医药有限公司、华东医药股份有限公司、浙江英特药业有限责任公司。

药品物流设施与设备技术要求

1. 范围

本标准规定了药品物流设施与设备的术语和定义、技术要求、检验规则等。

本标准适用于药品批发企业和药品零售连锁企业的现代医药物流中心，规范现代医药物流中心的设施、设备的术语和定义，为物流设施及设备的配置、技术要求、检验规则提供了参照标准。

2. 规范性引用文件

下列文件对于本文件的应用是必不可少的。凡是注日期的引用文件，仅所注日期的版本适用于本文件。凡是不注日期的引用文件，其最新版本（包括所有的修改单）适用于本文件。

GB 2894－1996 安全标志

GB/T 2934－2007 联运通用平托盘 主要尺寸及公差

GB/T 4995 联运通用平托盘 性能要求

GB/T 4996 联运通用平托盘 试验方法（GB/T 4996-1996，eqv ISO 8611：1911）

GB 12265.3－1997 机械安全 避免人体各部位挤压的最小间距

GB/T 13306－1991 标牌

GB/T 15234－1994 塑料平托盘

GB/T 18354－2006 物流术语

GB 50011－2001 建筑抗震设计规范

GB 50072－2010 冷库设计规范

GB 500188－2002 冷弯薄壁型钢结构技术规范

GB/T 17981－2007 空气调节系统经济运行

SB/T 10767－2012 药品批发企业物流服务能力评估指标

JB/T 2960－1999 巷道堆垛起重机型式与基本参数

JB 5319.2－1991 有轨巷道堆垛起重机安全规范

JB/T 5323－1991 立体仓库焊接式钢结构货架技术条件

JB/T 7016－1993 有轨巷道堆垛起重机技术条件

JB/T 9018－2011 自动化立体仓库设计规范

QC/T 449－2010 保温车、冷藏车技术条件及试验方法

CECS 23：90 钢货架结构设计规范

EN 528 堆垛机安全规范

FEM9.831 欧洲物料搬运协会钢结构货架设计规范—自动化仓库

FEM9.851 堆垛机运行计算原则

JIS S1040－1994 钢制货架设计规范

3. 术语和定义

3.1

药品物流设施（logistics facilities）

提供药品装卸、入库质检、存储、拣选及分包装、包装复核、出库集货等活动的场所。

3.2

高架库仓库（high-rise warehouse）

以自动化或机械作业来进行货物入库、储存、出库等物流作业的单层场所或建筑。仓库货架高度在 7 米或以上。

3.3

平库仓库（single storey warehouse）

以自动化或机械作业来进行货物入库、储存、出库等物流作业的单层场所或建筑。仓库建筑高度在 7 米以下。

3.4

楼库仓库（multistory warehouse）

以自动化或机械作业来进行货物入库、储存、出库等物流作业的多层建筑。

3.5

冷库（cold storage）

利用降温设备创造适宜的湿度和低温条件的物流设施，该物流设施的温湿度范围应满足《药品经营质量管理规范》中关于冷库温湿度设定的相关要求，由库房、制冷系统等组成。

3.6

集装单元器具（palletized unit implements）

承载物品的一种载体，可把各种物品组成一个便于储运的基础单元，通常包含托盘、周转箱、零件盒、笼车、集装箱等单元器具。

［GB/T 18354－2006，定义 5.2］

3.7

托盘（pallet）

用于集装、堆放、搬运和运输的放置作为单元负荷货物和置物的水平平台装置。

[GB/T 18354－2006，定义 5.11]

3.8

周转箱（carton）

用于存放非整箱的物品，可重复、周转使用的集装单元器具。

[GB/T 18354－2006，定义 5.9]

3.9

笼车（table trolley）

它又叫载货台车，是一种安装有四只脚轮的运送与储存物料的单元移动集装设备。

3.10

横梁式货架（rack）

用立柱、横梁等组成的立体储存物品的设施，以托盘货物单元为存储对象。

[GB/T 18354－2006，定义 5.42]

3.11

重力式货架（live pallet rack）

一种密集存储单元物品，并能按照存取顺序要求、定向自动调节货位的货架系统；在货架每层的通道上安装有一定坡度的、带有轨道的导轨，入库的单元物品在重力的作用下由入库端流向出库端。

[GB/T 18354－2006，定义 5.43]

3.12

驶入式货架（drive-in rack）

可供叉车（或带货叉的无人搬运车）驶入并存取单元托盘物品，并能实现先进先出的货架系统。

[GB/T 18354－2006，定义 5.45]

3.13

条码（bar code）

由一组按一定的编码规则排列的条、空及其对应字符组成的标识，用于表示一定的信息的符号。

[GB/T 18354－2006，定义 6.3]

3.14

条码标签（bar code tag）

按一定码制印刷的条形符号作为信息载体。

[GB/T 18354－2006，定义 6.21]

3.15

药品电子监管码（drug electronic supervision code）

药品监督管理部门对药品实施电子监管、而为最小销售包装单位的药品赋予的电子标签标识。

3.16

条码识读器（bar code reader）

识读条码符号的设备。

[GB/T 18354－2006，定义 6.22]

3.17

射频识别（radio frequency identification（RFID））

通过射频信号识别目标对象并获取相关数据信息的一种非接触式的自动识别技术。

[GB/T 18354－2006，定义 6.24]

3.18

射频标签（radio frequency tag）

安装在被识别对象上，存储被识别对象的相关信息的电子装置。

[GB/T 18354－2006，定义 6.26]

3.19

电子数据交换（electronic data interchange（EDI））

采用标准化的格式，利用计算机网络进行业务数据的传输和处理。

[GB/T 18354－2006，定义 6.28]

3.20

仓库管理系统（warehouse management system（WMS））

为提高仓储作业和仓储管理活动的效率，对仓库实施全面管理的计算机信息系统。

[GB/T 18354－2006，定义 6.38]

3.21

箱货架（case rack）

用立柱、横梁、隔板等组成的立体储存物品的设施，以箱或箱以下包装的货物为存储对象。

3.22

自动化立体仓库（automatic storage and retrieval system（AS/RS））

由高层货架（托盘货架）、巷道堆垛起重机（有轨堆垛机）、入出库输送机系统、自动化控制系统、计算机仓库管理系统及其周边设备组成，可对集装单元物品实现自动化存取的仓库。

[GB/T 18354－2006，定义 5.32]

3.23

分拣输送系统（sorting & picking system）

采用机械设备、自动控制系统和识别技术，实现物品分类、输送和存取的系统，能够实现对承载物品的自动识别、自动分类、空间转移。

[GB/T 18354－2006，定义 5.18]

3.24

电子标签拣选系统（LED Guided Carton Picking system）

一组或多组安装在货架储位上的电子设备，通过计算机与软件的控制，借由灯号与数字显示作为辅助工具，引导拣货工人正确、快速地完成拣货工作的成套设备。

3.25

手持终端（hand-operated multi-media terminal）

具有以下几种特性的便于携带的数据处理终端：

——具有人机界面、批处理功能；

——具有人机界面、实时通讯功能。

3.26

RF手持终端拣货系统（RF terminal guided carton picking system）

由具有条码扫描功能、人机界面和实时通讯功能的手持终端和后台信息系统组成的物流拣选系统。

3.27

语音拣选系统（voice picking）

声音辅助拣选，简称“语音拣选”，是一种把操作人员的语音转换成计算机能识读的指令，反之把计算机指令转换成人能听懂的声音的人机对话系统，从而实现根据语音进行拣选作业。

3.28

叉车（fork lift truck）

具有各种叉具，能够对物品进行垂直和水平移动作业的电动搬运车辆。

[GB/T 18354－2006，定义5.39]

3.29

手动液压搬运车（hydraulic manual handling car）

采用液压升降、人工水平移动的搬运车辆。

3.30

空气调节系统（air conditioning system）

对库区空气的温度、湿度、流速进行调节，并使其达到《药品经营质量管理规范》要求的系统。

3.31

温湿度自动监测系统（temperature and humidity automatic monitoring system）

对环境多点温度、湿度进行实时监测，并将数据传输到PC机上进行数据存储与分析、输出打印，在温湿度超出设定值或设备异常情况下能自动报警的系统。该系统通常由温湿度传感器、数字变送器、通讯总线和嵌入版触摸屏及上位机管理软件四部分组成。

4. 技术要求

4.1 总则

4.1.1 药品批发企业和药品零售连锁企业应根据自身业务发展需要，采用自建、租用现代医药物流中心或者委托第三方医药物流企业的形式，为药品提供良好的储存、养护环境。

4.1.2 现代医药物流中心应根据业务需求，配置托盘、托盘货架、箱货架、搬运提升设备（叉车、手动液压搬运车等）、立体仓库、输送分拣系统、装卸货系统、空气调节系统、温湿度自动监测系统、信息管理系统等设备和系统。

4.2 物流中心仓库

4.2.1 类型

物流中心仓库可以是高架库仓库、平库仓库、楼库仓库三种建筑类型的一种或者几种的组合，宜根据企业规模、作业特点等选择适合的仓库样式。

4.2.2 要求

4.2.2.1 物流中心仓库应符合《药品经营质量管理规范》中有关设施规模、库房要求、隔离防护、库房条件、特殊管理药品库房的规定。

4.2.2.2 物流中心仓库应配置空气调节系统、温湿度自动监测系统、物流作业设备等必要的系统与设备。

4.2.2.3 物流中心仓库内应按照《药品经营质量管理规范》中有关药品储存养护条件的规定，对厂房内的区域进行功能区域划分。

4.2.2.4 物流中心仓库的地面耐磨和承载、柱距、层高、电气配置等应与所选用的作业设备相匹配。

4.2.2.5 物流中心仓库有冷库的应配置双路供电系统或备用发电机组；冷库的制冷设备的数量配置应考虑一定的冗余。

4.2.2.6 储存疫苗的冷库，应当配置两个以上的独立冷库。

4.2.2.7 物流中心仓库应配备相应的消防设施设备，并通过消防部门的验收。

4.2.3 其他

4.2.3.1 物流中心仓库的设计建造应符合国家关于建筑、构筑物的相关规范、规定要求。

4.2.3.2 物流中心仓库投入使用前应取得消防部门的许可。

4.3 自动化立体仓库

4.3.1 系统组成

由托盘输送出入库系统、托盘货架、堆垛机、测距及定位设备、计算机等组成，实现托盘货物单元的自动存取。

4.3.2 系统主要性能指标

4.3.2.1 库存准确率：100%

4.3.2.2 货物破损率：≤0.001%

4.3.2.3 设备运行平均噪声：≤84dB（A）

4.3.2.4 设备连续工作时间：≥16h

4.3.2.5 按照JB/T9018－2011中关于出入库能力计算的方法进行能力计算，单台堆垛机复合作业能力应不低于45盘/小时。

4.3.2.6 系统应提供与其他系统（仓库信息管理系统、消防系统等）进行数据交换的EDI接口。

4.3.2.7 系统应能对实时记录作业过程，并能对作业过程进行追溯。

4.3.3 主要设备的技术要求

4.3.3.1 堆垛机应具备JB/T9018－2011、JB 5319.2－1991中所要求的安全保护装置。

4.3.3.2 堆垛机噪音：≤84dB（A）

4.3.3.3 堆垛机认址方式采用绝对认址，采用激光测距的方式，水平定位精度≤±5mm。

4.3.3.4 货架采用横梁式托盘货架；货架材料采用SS400或者同等规格产品；货架需进行表面处理；货架主要承载部件原材料要求采用冷轧钢板。

4.3.3.5 货物单元托盘采用1 000mm×1 200mm。

4.3.3.6 托盘输送线输送效率与自动立体库出入库效率相匹配，输送机应具有缓启停装置。

4.3.3.7 托盘输送线控制方式：手动、单机自动及联机自动控制方式。

4.3.3.8 托盘输送线安全措施：具有完整的连锁、导向保护装置，以避免任何破坏设备或货物的动作发生。

4.3.3.9 托盘输送线设备噪音：≤72dB（A）

4.3.4 其他

4.3.4.1 立体仓库系统应进行有限元受力分析。

4.3.4.2 堆垛机、托盘输送线等设备应配置手动、单机自动及联机自动控制三种控制方式。

4.3.4.3 堆垛机、输送线应配置故障声光报警装置。

4.3.4.4 立体仓库每个巷道两端宜配置安全护栏、安全门锁；当有人要进入时，联锁装置启动，设备安全停止。

4.4 冷库

4.4.1 类型

冷库建造形式分为土建式冷库和拼装式冷库，企业应根据实际情况进行确定。

4.4.2 主要性能及要求

4.4.2.1 冷库内温湿度应满足《药品经营质量管理规范》中相关规定。

4.4.2.2 冷库制冷控制系统宜采用电脑化、全自动、集中控制；制冷系统应考虑冗余设计，配置合理的备用制冷设备。当主制冷设备发生故障时，能自动切换到备用制冷设备运行，确保冷库温度。

4.4.2.3 冷库制冷系统宜采用绿色环保型制冷剂；冷库温度应能根据设置自动调节，库温调节精度为±0.5℃。

4.4.2.4 冷库系统宜具备故障监测、自诊断功能，参数可设置；应具备声光报警功能。

4.4.2.5 冷库应密封严实，避免有冷量泄露情况发生；冷库内应无冷凝水滴落，以避免损坏货品。

4.4.3 其他

4.4.3.1 冷库的设计建造应满足GB50072－2010中相关规定要求。

4.4.3.2 冷库投入使用前应进行温湿度分布验证。

4.4.3.3 冷库内部安装紧急报警按钮，同时在冷库外部设置声光报警器，方便在特殊情况下被关闭在冷库内的工作人员向外部求救；所有冷库门均有内部开启装置，协助工作人员自救。

4.4.3.4 冷库应具备双路供电系统或备用发电机组。

4.4.3.5 在冷库门处应配置缓冲隔离措施，以减少或避免冷库内外冷热温度交换。

4.5 托盘货架

4.5.1 结构型式

结构采用装配式货架，适合使用平面尺寸为1 200mm×1 000mm的托盘存放。托盘货架的种类有横梁式托盘货架、驶入式货架、重力式货架，宜根据存储规模、投资规模、货品特性、厂房工艺布局选取合适的货架类型。

4.5.2 材质

采用SS400钢板或者Q235冷轧钢板或同等强度钢板。

4.5.3 性能

4.5.3.1 货架承载能力宜根据托盘货物单元的重量进行确定。

4.5.3.2 货格、货架高度尺寸宜根据物流中心仓库、搬运工具技术条件、实际存储需要进行确定。

4.5.3.3 货架结构设计时应考虑地震对货架结构的影响，符合中华人民共和国GB50011－2001建筑抗震设计规范。

4.5.3.4 货架应进行性能试验，获得的各项物理机械性能指标应符合CECS 23:90中关于整体式货架结构的各项性能要求。

4.5.3.5 货架表面采用喷塑处理。

4.5.4 其他

4.5.4.1 货架应配置必要的防撞装置。

4.5.4.2 货架应配置标识标牌。

4.5.4.3 货架布局设计应考虑消防相关要求。

4.6 箱货架

4.6.1 结构型式

结构采用组合式货架，适合纸箱货物、零件盒货物的存储。箱货架的种类有流力条货架、隔板货架、阁楼货架，宜根据货品特点选取合适的货架类型。

4.6.2 材质

采用 SS400 钢板或者 Q235 冷轧钢板或同等强度钢板。

4.6.3 性能

4.6.3.1 货架承载能力宜根据纸箱货物单元、零件盒货物单元的重量进行确定。

4.6.3.2 货架结构设计时应考虑地震对货架结构的影响，符合中华人民共和国 GB50011 – 2001 建筑抗震设计规范。

4.6.3.3 货架应进行性能试验，获得的各项物理机械性能指标应符合 CECS 23：90 中关于整体式货架结构的各项性能要求。

4.6.3.4 货架的结构尺寸设计宜适合纸箱货物、零件盒货物单元的存放。

4.6.3.5 采用阁楼式货架时，阁楼楼板应采取防震、降噪措施。

4.6.3.6 货架表面采用喷塑处理。

4.6.4 其他

4.6.4.1 货架应配置标识标牌。

4.6.4.2 对于存放小于 1 箱药品的区域，宜配置防护网或防护板，使其成为一个独立的区域。

4.7 托盘

4.7.1 结构型式

4.7.1.1 托盘的样式为四面进叉单面使用，顶铺板为格式或密板条式，底部结构为川字型，能够适合叉车、手动液压搬运车搬运和自动化立体仓库及其附属设备使用，适合货架及平地摆放结构型式。

4.7.1.2 托盘平面尺寸长(L)×宽(W)为 1 200mm × 1 000 mm；托盘的自由叉孔高度应不小于 100mm，其余叉孔高度应不小于 90mm；托盘平面两对角线长度之差应不超过 3mm。

4.7.1.3 托盘其他尺寸及公差按 GB/T2934 – 2007 规定执行。

4.7.2 材质

托盘可采用木制、塑料或其他能满足医药行业使用要求的材质。木制一般使用铁杉木、松木等，木制托盘需经过高温熏蒸处理，熏蒸原料对药品不产生污染；塑料托盘可采用低压高密度聚乙烯（HDPE）或聚丙烯（PP）等，应无异味。

4.7.3 性能

4.7.3.1 托盘额定承载能力应不小于 1 000kg，塑料托盘自重不宜大于 25kg，木制托盘自重不宜大于 35Kg。

4.7.3.2 托盘应在 – 30 ~ 50℃ 温度范围内具有足够的强度和刚度，并应有防滑性能，保证在运输、装卸、堆码、贮存过程中安全作业。空托盘应能稳定地多层堆码。

4.7.3.3 托盘应进行性能试验，所得各项物理机械性能指标应符合 GB/T4995 中 N 级（普通级）要求。

4.7.3.4 木托盘应无虫蚀，应进行高温熏蒸处理，保证木制托盘的含水率为 14% ±2%，相关工艺应符合装载包装药品的卫生要求。

4.7.3.5 加入金属材质嵌入件的托盘应具有抗腐蚀和防锈性能，嵌入件应牢固，在贮运过程中不应滑脱。

4.7.3.6 托盘外观应平整、无毛刺和飞边，无影响使用的裂纹和变形。塑料托盘单个托盘上不应有明显色差，同批产品色泽应基本一致。

4.7.3.7 其他材质托盘也应满足上述相应要求。

4.7.4 其他

4.7.4.1 托盘中心位置可预留有用于无线射频识别（RFID）的电子标签插槽。

4.7.4.2 托盘进叉四面应预留有条码粘贴位置。

4.8 周转箱

4.8.1 类型

采用可插式、可堆式周转箱。

4.8.2 材质

抗冲击改性 PP 材质。

4.8.3 性能

4.8.3.1 物流周转箱尺寸应根据运营需求进行配置，宜为 600mm ×400mm ×350mm，或其他与运营需求相适应的尺寸。

4.8.3.2 物流周转箱单项承载能力应根据产品作业特性进行配置，周转箱单箱承载力应不小于 30kg。

4.8.3.3 周转箱应防潮、耐用、易清洗。

4.8.4 其他

4.8.4.1 周转箱盖子可拆卸。

4.8.4.2 宜预留条码粘贴位置和 RFID 标签位置。

4.8.4.3 周转箱外表面平整光滑，无毛刺，周转箱的外廓无锐角，边缘应圆滑，下表面适合在输送线上输送。

4.9 输送分拣系统

4.9.1 系统组成

由辊筒输送机、皮带输送机、合流机构、分流机构、条码识别设备、垂直输送设备（螺旋输送机、提升机等）等组成的，按照一定的规则实现货品的输送、识别、分拣等功能的系统。

4.9.2 配置要求

输送分拣系统机械设备尺寸的设计，应根据所输送分拣物品的规格尺寸、重量、包装等来确定。

4.9.3 系统主要性能指标

4.9.3.1 输送分拣系统应能满足如下尺寸及重量的物品的输送分拣：

最大输送货物规格尺寸：700mm×500mm×500mm，重量：30kg；

最小输送货物规格尺寸：300mm×200mm×150mm，重量：2kg。

4.9.3.2 输送分拣系统的实际分拣能力：≥2000 件/小时

4.9.3.3 分拣差错率：≤0.002%

4.9.3.4 货物破损率：≤0.001%

4.9.3.5 设备运行平均噪声：≤72dB（A）

4.9.3.6 设备连续工作时间：≥16h

4.9.3.7 设备平均连续无故障工作时间：

机械部分平均连续无故障工作时间≥500h；

电器部分平均连续无故障工作时间≥4 000h。

4.9.3.8 设备的主要技术要求：

系统输送效率≥1 200 件/小时；

输送设备辊子间距≤1/2 最小输送货物长度尺寸；

机架直线度允许偏差为全长的1‰；

对角线长度之差不大于对角线长度平均值的3‰；

机架标高允许偏差为≤2‰。

4.9.3.9 自动分拣系统分拣道口数量的设置，宜根据自动分拣系统的实际分拣能力、作业人员配置、实际作业需求等进行配置。自动分拣系统宜设置容错口。

4.9.4 其他

设备结构便于维护；设备故障能够自动报警并记录，并提示相应的故障处理方法；支持远程诊断；具备通过货物信息的统计查询功能；自动分类机应能够自动或者人工屏蔽故障分拣道口；根据作业需要分拣机能够人工设置分拣道口；系统应设计有可靠的安全防护措施和紧急停机装置，以确保操作人员和货品的安全；设备对人身安全会造成危害的部位应配置警示标识牌。

4.10 装卸货系统（周边设备）

4.10.1 系统组成

由装卸过桥、升降平台、滑升门、门封、风幕机、站台等组成。

4.10.2 系统主要性能指标

4.10.2.1 应能有效地防止库内温度能量的散失。

4.10.2.2 能够适应不同种类车辆的装卸货作业。

4.10.2.3 站台若设置装卸过桥，高度为：1.2 米；不设置装卸过桥的站台，高度为：小车 0.9 米，大车 1.2 米。

4.10.2.4 配置滑升门时应考虑其保温性能，且宜配置门下障碍物检测及保护装置。

4.10.2.5 应满足防风、防尘、保温要求。

4.10.2.6 采用内站台形式时，滑升门、装卸过桥应能在操作上互锁。

4.10.3 主要设备的技术要求

4.10.3.1 采用内置站台的滑升门尺寸宜为宽 2 400mm×高 2 800mm；采用外置站台的滑升门尺寸宜为宽 3 000mm×高 3 000mm。

4.10.3.2 滑升门门板要求宜采用双层钢制压花门板内填充聚氨脂发泡材料，门板厚度 40mm 以上、钢板厚度 0.4mm 以上，表面经静电聚/酯喷涂处理；每樘滑升门宜配置视窗 1 个。

4.10.3.3 滑升门控制方式：采用按钮控制。

4.10.3.4 装卸过桥台面尺寸：1 500 ~ 2 100mm（W）×1 800 ~ 3 000mm（L）；承载力≥3 吨。

4.10.3.5 装卸过桥工作升角：±7°

4.10.4 其他

滑升门、装卸过桥、门封的站台外侧应配置防碰撞装置。

4.11 拣选辅助系统

4.11.1 系统组成及类型

拣选辅助系统的类型有 RF 手持终端拣选系统、电子标签拣选系统、语音拣选系统、A 型架（A-frame）等，宜根据库区作业特点选取合适的拣选辅助系统。

4.11.2 系统主要性能

4.11.2.1 拣选辅助系统应能提供与其他系统（设备控制系统、信息管理系统等）进行数据交换的 EDI 接口；并能实时传输作业数据。

4.11.2.2 拣选辅助系统应具备作业人员、作业数据、作业过程追溯的功能。

4.11.3 其他

拣选辅助系统的使用应不对货物造成损害。

4.12 叉车

4.12.1 类型

电动叉车类型有平衡重叉车、前移式叉车、三向堆垛窄巷道叉车、拣选叉车、托盘搬运车等，宜根据库区布局、作业特点和要求、性价比选取合适叉车类型。

4.12.2 主要性能及要求

4.12.2.1 叉车蓄电池配置应能保证叉车连续工作时间5h以上。

4.12.2.2 叉车轮胎宜采用无痕轮胎。

4.12.2.3 叉车额定载荷、提升作业高度等宜根据货物单元重量、仓储高度、通道宽度、空间利用率等需求进行确定。

4.12.3 其他

4.12.3.1 多班作业时，宜配置备用电池或配置一定冗余数量的叉车。叉车设备需要进行定期维护保养，存档相应的维护记录。

4.12.3.2 在充电过程中蓄电池会产生气体，应该保持充电场所通风。

4.13 空气调节系统

4.13.1 系统组成

空气调节系统由制冷子系统、空调末端、风管、新风系统等组成的中央空调系统，实现对厂房内环境的温湿度进行调节。

4.13.2 系统主要性能指标

4.13.2.1 应保证使库区温湿度控制在《药品经营质量管理规范》要求的范围内。

4.13.2.2 空气调节系统应符合 GB/T 17981－2007《空气调节系统经济运行》规定的相关要求。

4.13.2.3 空气调节系统噪音：≤72dB（A）。

4.13.3 其他

空气调节系统应能提供与温湿度自动监测系统的接口，实现和温湿度自动监测系统的联动。

4.14 温湿度自动监测系统

4.14.1 系统组成

指能对环境多点温度、湿度进行实时监测，并将数据传输到PC机上进行数据存储与分析、输出打印，在温湿度超出设定值或设备异常情况下能自动报警的系统。该系统通常由温湿度传感器、数字变送器、通讯总线和嵌入板触摸屏及上位机管理软件四部分组成。

4.14.2 系统的主要性能指标

4.14.2.1 温湿度自动监测系统温度误差应控制在±0.5℃；相对湿度误差应控制在±5%范围内。

4.14.2.2 温湿度自动监测系统应能对－40～120℃温度范围内、0%～100%相对湿度范围的温湿度情况进行实时监测。

4.14.2.3 温湿度自动监测系统应能反映库区温湿度分布情况。

4.14.2.4 温湿度自动监测系统应具备实时的监测温湿度的变化，并有能显示和自动记录、远程传输、报表打印等功能。

4.14.2.5 温湿度异常时，温湿度自动监测系统应能自动声光报警、短信报警或其他有效报警，并能自动通知管理人员。

4.14.2.6 温湿度自动监测系统应提供与其他系统（如空气调节系统、企业信息管理系统、监管部门的管理系统等）对接的接口。

4.14.3 其他

4.14.3.1 温湿度自动监测系统应定期进行校验，并形成校验报告。温湿度监测、调控及设备校准记录保存应不少于5年。

4.14.3.2 温湿度自动监测系统应有设备台账和运维记录，台账应包含各监测设备的安装位置。

4.14.3.3 温湿度监测点的分布应根据建筑结构、货物堆放、空气调节系统布置等综合因素布置，应满足《药品经营质量管理规范》对于物流中心温湿度监控要求。

4.14.3.4 温湿度自动监测系统应配置不间断电源（UPS）。

4.15 冷链运输设备及其附属

4.15.1 组成

为确保运输过程中冷链产品的质量安全可控而配置的设备系统及其附属，包括冷藏/保温车辆、冷链运输包装（保温箱、冷藏箱/包、蓄冷剂、纸箱、敷料等）、温湿度监控系统/仪器等；企业应根据经营规模配置相适应的冷链运输设备及其附属。

4.15.2 系统性能及要求

4.15.2.1 冷藏车/保温车应符合 QC/T449－2010《保温车、冷藏车技术条件及试验方法》的相关要求，冷藏车应具有独立制冷、制热的功能。

4.15.2.2 冷藏车/保温车应具有自动调控温度的功能，冷藏车厢应具有防雨、不透气、不易燃、耐腐蚀等性能，并具有良好气密性能的排水孔。

4.15.2.3 冷藏车/保温车应安装车载自动温度记录仪，自动连续记录冷藏车厢内温度，温度超标时应能及时发出警报。

4.15.2.4　冷藏箱、保温箱/包的箱体应采用吸水性低、透气性小、导热系数小，并具有良好的温度稳定性的保温材料；蓄冷剂和敷料应采用无毒、无污染的材质。

4.15.2.5　冷链运输设备及其附属投入使用前，应对其温湿度分布进行验证，以保证在运输途中所配置的冷链运输设备及其附属能确保冷链产品的质量安全。

4.15.2.6　冷链运输设备及其附属应配置相应的设备或装置，以满足企业对于冷链产品运输过程中关于冷藏车/保温车行驶路线、车辆位置、温湿度情况的实时监控要求，确保冷链产品运输过程处于可控状态。

4.15.2.7　冷链运输设备及其附属应具备数据报表打印、导出等功能。

4.15.3　其他

4.15.3.1　冷链运输设备及其附属中所使用的温湿度监控设备应定期进行校验，并形成校验报告；校验报告的保存应不少于5年。

4.15.3.2　冷链运输设备及其附属应建立台账和运维记录；台账和运维记录的保存应不少于5年。

4.15.3.3　冷链运输设备及其附属在使用过程中所产生的数据报表等资料的保存应不少于5年。

4.16　信息管理系统

4.16.1　系统组成

由人、计算机及其他外围设备等组成的能进行信息的收集、传递、存储、加工、维护和使用的系统，满足企业对于物流活动各作业环节的管理和作业支持；包括仓库管理系统（WMS）、运输管理系统（TMS）等。

4.16.2　主要性能及要求

4.16.2.1　信息管理系统应满足《药品经营质量管理规范》中关于计算机管理系统的计算机管理、配置要求、操作管理、数据安全等方面的要求。

4.16.2.2　信息管理系统的功能应能够满足对药品采购、收货、验收、储存、养护、出库、销售、销后退回、运输与配送、售后管理等每一个环节进行管理的要求，应满足《药品经营质量管理规范》对药品管理的相关要求。

4.16.2.3　信息管理系统应能进行多物流网点、多货主协同运作；信息管理系统应能提供决策分析报表。

4.16.2.4　信息管理系统应具备与其他系统（自动化立体仓库系统、输送分拣系统、拣选辅助系统、上下游客户的计算机系统、温湿度自动监测、政府监管系统等）进行数据交换的EDI接口。

4.16.2.5　信息管理系统的功能配置应满足政府监管部门对于药品电子监管码的相关管理要求。

4.16.2.6　信息管理系统的功能配置应能满足企业对于物流各作业环节、作业过程的作业支持和管理需求。

4.16.3　其他

4.16.3.1　信息管理系统应支持高流量及复杂流程和业务可配置。

4.16.3.2　信息管理系统应根据企业实际情况进行功能规划和配置。

5. 检验规则

5.1　总则

药品物流设施及设备的检验方式分为三种：出厂检验，现场检验，型式检验；宜根据不同的设施及设备选取合适的检验方式。

5.2　出厂检验

5.2.1　整机设备须经制造厂质量检验部门检验合格，并出具出厂检验报告和产品合格证方能出厂。

5.2.2　出厂检验地点：整体运抵安装现场的主要部件和重要零件应在设备制造厂进行检验，现场安装部分的整机主要性能指标在现场安装完毕后进行检验。

5.2.3　托盘、叉车宜采用出厂检验的方式；托盘货架、箱货架、输送分拣系统、立体仓库、装卸系统、拣选辅助系统、空气调节系统、温湿度自动监测系统等的主要部件和重要零件应在设备制造厂进行检验，其整机主要性能指标宜在现场安装完毕后进行检验。

5.3　现场检验

5.3.1　安装工程的施工质量检验，在设备安装调试完毕后进行。现场检验一般应包括设备安装检验、性能测试、试运行和终验等环节。设备经现场检验合格后，方能投入生产使用。

5.3.2　现场检验过程中使用的测量仪器、仪表应经过校验验证。

5.3.3　托盘货架、箱货架、输送分拣系统、立体仓库、装卸系统、拣选辅助系统、空气调节系统、温湿度自动监测系统、冷库、冷链运输设备及其附属的整机性能指标应在设备安装调试完毕后进行现场检验。

5.4　型式检验

5.4.1　型式检验是为了验证产品能否满足技术规范全部要求所进行的检验，又称之例行检验。

5.4.2　有下列情况之一时，产品应进行型式检验：

5.4.2.1　新产品试用或老产品转厂试用的定型鉴定。

5.4.2.2　正常运行后，如设计或工艺有较大变更、可能影响产品某些特征和参数发生变化时进行检验。

5.4.2.3　停止运行一年以上后恢复运行时进行检验。

5.4.2.4　出厂检验结果与上次型式检验结果有较大差异时进行检验。

5.4.2.5　国家技术监督机构提出型式检验的要求时进行检验。

5.4.3　型式检验为本标准中所有技术要求。

参考文献

[1]《药品经营质量管理规范》（中华人民共和国卫生部令第90号）

ICS 03.080.20
C 00

SB

中华人民共和国国内贸易行业标准

SB/T 11037-2013

医药商业企业对医疗机构的服务规范

Service Specification Pharmaceutical Commerce Enterprises of Medical Institutions

中华人民共和国商务部　发布

2013年12月4日发布　　　　2014年6月1日实施

目　录

前　言

本规范为推荐性行业标准，依据《中华人民共和国合同法》《中华人民共和国药品管理法》《药品经营质量管理规范》，立足国内药品流通行业的发展现状，参考发达国家药品流通行业的发展水平，综合以上因素进行制定；其目的是促进医药商业企业对医疗机构服务的规范化、标准化，全面提高医药商品销售、配送及供应服务工作质量。

本标准依据 GB/T 1.1－2009 给出的规则起草。

本标准由中华人民共和国商务部提出并归口。

本标准起草单位：中国医药商业协会、国药控股股份有限公司、华润医药商业集团有限公司、广州医药有限公司、重庆医药（集团）股份有限公司、浙江英特药业有限责任公司、华东医药股份有限公司、云南省医药有限公司。

医药商业企业对医疗机构的服务规范

1. 范围

本规范规定了医药商业企业对医疗机构的服务项目及其包含的内容，以及服务应达到的标准和对服务质量的监督与评价，提出医药商业企业为搞好服务应具备的组织、设施与人员的要求。

本规范适用于中华人民共和国境内的医药商业企业以及直接向医院销售医药商品的生产企业。

2. 规范性引用文件

下列文件对于本文件的应用是必不可少的。凡是注日期的引用文件，仅所注日期的版本适用于本文件。凡是不注日期的引用文件，其最新版本（包括所有的修改单）适用于本文件。

GB/T 1.1－2009　标准化工作导则第 1 部分：标准的结构和编写

GB/T 18354－2006　物流术语

GB/T 22263.1　物流公共信息平台应用开发指南　第一部分　基础术语

GB/T 22263.2　物流公共信息平台应用开发指南　第一部分　体系架构

GB/T 22263.7　物流公共信息平台应用开发指南　第一部分　平台服务管理

GB/T 28842－2012　药品冷链物流运作规范

SB/T 10767－2012　药品批发企业物流服务能力评估指标

QC/T 449－2010　保温车、冷藏车技术条件和验证方法

3. 术语和定义

3.1　医药商品（the medicine commodity）

防治各种疾病、保障身体健康和进行科学实验的特殊商品，是救死扶伤、治病救命以及分析检验的必需品，包括药品（指化学药品）、医疗器械、化学试剂、玻璃仪器、中成药、中药材六大类。

3.2　药品（drug）

用于预防、治疗、诊断人的疾病，有目的地调节人体生理功能并规定有适应症或功能主治、用法和用量的物质，包括中药材、中药饮片、中成药、化学原料药及其制剂、抗生素、生化药品、放射性药品、血清、疫苗、血液制品和诊断药品等。[《药品管理法》，第 102 条]

3.3　特殊管理的药品（drug under special management）

包括麻醉药品、精神药品、医疗用毒性药品、放射性药品。

3.4　冷藏药品（cold storage drug）

对贮存、运输有冷处、冷冻等温度要求的药品。

[GB/T 28842－2012，定义 3.1]

3.5　医药商业企业（pharmaceutical commerce enterprises）

从事医药商品经营的企业；其中从事药品和医疗器械经营企业，系指具有《药品经营许可证》《药品经营质量管理规范认证证书》《医疗器械经营企业许可证》（限经营第二类、第三类医疗器械企业）《企业法人营业执照》，将购进的药品、医疗器械等医药商品销售给医药商品生产企业、经营企业和医疗机构的经营企业。

3.6　医疗机构（medical institutions）

依照《医疗机构管理条例》的规定，取得《医疗机构执业许可证》，从事疾病诊断、治疗活动的卫生机构的总称。

3.7　药品物流（drug logistics）

依托一定的物流设施设备、技术和物流管理信息系统，完成对药品运输、验收、储存、分拣、装卸、搬运、包装、流通加工、配送和信息管理等基本功能的组织与管理，满足药品物流服务的需求。

3.8　药品冷链物流（cold chain logistics of drugs）

采用专用设施设备，使冷藏药品在生产与流通过程中温度始终控制在规定范围内的物流过程。

[GB/T 28842－2012，定义 3.4]

3.9 第三方药品物流（the third party drug logistics）

药品生产企业、药品经营企业将药品的存储、配送或运输活动委托给第三方物流机构运行的物流管理模式。第三方物流机构包括药品经营企业和专业的社会物流机构。

3.10 物流信息管理（logistics information management）

应用现代信息技术和手段完成物流过程中信息的采集、处理、存储、传输和交换，实现物流信息电子化、数字化、网络化。

[SB/T 10767－2012，定义3.3]

3.11 物流网络平台（logistics network platform）

基于提供物流服务的物流中心、物流节点和运输线路组成的，依据设定的服务规范和流程，以共同使用的信息系统为支撑，向客户提供标准化服务的综合服务信息网络体系。

3.12 移动数据终端（mobile data terminal）

具有一维或二维条码扫描、数据存储及计算能力，可进行二次开发、能与其他设备进行数据通讯、有人机界面的便携式数据采集终端。

3.13 医药物流延伸服务（medicine logistics extended services）

医药商业企业向医院提供物流信息系统、自动化技术的综合解决方案和专业化物流服务，以有效提升医院药品管理效率和质量。

4. 对医药商业企业的基本要求

4.1 遵纪守法

医药商业企业应遵守国家相关法律、法规，按照药监、工商部门核准的经营范围合法经营；经营药品的必须取得《药品经营质量管理规范认证证书》。

4.2 诚信经营

企业诚信经营、照章纳税，无偷税漏税，当地主管部门检查未发现有违规行为，无不良记录。

4.3 制度健全

应建立涵盖医药商品经营全过程的基本管理制度和流程，包括采购、贮存、销售、运输各环节，以及质量管理、安全管理等制度，并定期修订和完善。

5. 医药商业企业应具备的组织、设施设备与人员要求

医药商业企业应当具备与其经营范围和规模相适应的条件，包括组织机构、设施设备、人员、质量管理体系文件及相应的计算机系统；经营药品的必须符合《药品经营质量管理规范》（GSP）规定要求。

6. 医药商业企业对医疗机构提供的基本服务内容

6.1 供应商品服务

6.1.1 医药商业企业应设有销售业务人员，与医疗机构经常进行沟通和交流，了解用药需求，互通市场信息，与客户建立良好关系。

6.1.2 医药商业企业向医疗机构供应药品，应根据医疗机构核准的诊疗范围提供相应的药品，不得向医疗机构销售其诊疗范围以外的药品。

6.1.3 在医药商业企业所经营的商品范围内，根据医疗机构有关人员提供的要货计划，在资信限额范围内医药商业企业应及时操作开票、发货。

6.1.4 医药商业企业按照医疗机构的要货计划供应商品，不得搭配销售。

6.1.5 对于医疗机构的要货，医药商业企业应在双方签订购销协议规定的时限内或约定的时间内送到。

6.1.6 医疗机构所需的急救药品、医疗器械，医药商业企业应在最短的时间内送到；节假日及下班时间期间应安排值班人员或留值班电话，确保急救药品、医疗器械的及时供应。

6.1.7 医药商业企业如因自然、社会等不可抗力或其他不可克服的原因不能在规定时间内将货物送达医疗机构，应及时通知医疗机构（包括电话、传真等方式）；医疗机构有权决定是否继续等待该商品的送达和购买。

6.1.8 医药商业企业如向医疗机构提供有效期半年以内药品时须征得医疗机构的同意，否则医疗机构可以无条件拒收货。

6.1.9 医药商业企业的收款人原则上不得向医疗机构收取现金货款；遇有特殊情况医疗机构需向医药商业企业支付现金的，医药商业企业的收款人须携带本企业出具的授权委托书及个人身份证方可办理。

6.1.10 医药商业企业应与医疗机构定期进行账务核对，并签订对账函。

6.2 物流配送服务

医药商业企业应具有独立的物流系统，达到与销售规模、经营范围相应的物流硬件、软件、组织、人员要求，或委托拥有第三方药品物流资质的企业进行药品配送。

6.2.1 物流管理系统

应保证在网络上构建系统的应用环境，保证物流系统业务的集成。各业务子系统根据需要可具有单独的网络和设备，具体功能应能实现对整个系统的集成。

6.2.2 物流运输服务

6.2.2.1 配送时效要求

配送时效对中东部、西部地区应加以区分，一般规定省

内市县（450公里内）不超过48小时，省内乡镇社区需要二次中转及省外的48～72小时；急救药品在200公里范围的确保4小时内送达。

6.2.2.2　配送服务及运输要求

6.2.2.2.1　配送人员统一着装，使用规范化服务用语。

6.2.2.2.2　配送人员在装车时需认真核对客户名称、送货地址、品名、件数，避免漏装、错装。

6.2.2.2.3　配送人员在配送过程中搬运、装卸药品时应轻拿轻放，严格按照外包装图示标志要求及限高要求堆放和采取防护措施。

6.2.2.2.4　用于发往医疗机构的药品车辆，应使用封闭的厢式货车，并针对药品的包装条件及道路、天气状况采取相应措施，防止对药品质量造成影响。

6.2.2.2.5　对有温度要求的医药商品运输，必须根据季节变化和运程采用具有保温或冷藏功能的设施设备。

6.2.2.2.6　配送人员应认真履行与医疗机构收货人员的交接手续，满足收货人员的服务要求，如当场清点、验收等。

6.2.2.2.7　正常交接手续完成后，配送人员需提示收货人员按随货清单签收，遇货品短少、包装破损等特殊情况经双方确认，收货方在回单上注明原因、短少或包装破损商品名称及数量；配送人员应全力配合。

6.2.2.2.8　药品运输到医疗机构库房后，可依据收货人员的服务要求进行堆垛、上架或将整件货品拆零并按照一定的数量（根据医疗机构提供的大小药房申领数量以及库位的大小、合理制定的拆零数量）分装到统一的周转箱内，然后上架。

6.2.2.2.9　麻醉药品与第一类精神药品需双人验发、双人复核、专人押运，中途不得中转或停靠，配送人员送达到指定医疗机构后必须交由指定的收货人员清点验收，禁止交由他人代收。

6.2.2.2.10　医药商业企业应制定突发情况导致车辆无法正常运行的应急预案，在发生突发情况时应及时、准确向医疗机构提供运输与配送的相关信息。

6.2.2.2.11　委托配送应对配送商进行严格的资质审查；配送商应具备满足委托方需求的服务能力，经过协商签订委托配送协议并对配送商的服务质量进行监督考核。

6.2.2.2.12　对委托配送商的配送服务及运输要求与6.2.2.2.1～6.2.2.2.10条款相同。

6.2.2.3　随货单证要求

6.2.2.3.1　随货同行联上必须有唯一的运单号，包含送货方、收货方、送货地址、品名、规格、批号、有效期、产地、数量、包装、金额等相关内容；药品随货单证应符合《药品经营质量管理规范》（GSP）要求，特殊管理药品、冷藏药品、易碎品等需在随货单上明示。

6.2.2.3.2　客户需要纸质药检单时，药品随货药检单应配有封面，明示收货单位、药检单份数、药品批号、类别（国产、进口、合资）等，便于收货人员清点；医药商业企业也可在对外电子商务平台上设置药检报告书库，保证其合法性和有效性，医疗机构可在平台自行查阅、下载。

6.2.2.3.3　随货同行联、药检单等单证需根据运单号及收货单位统一装订整理，避免漏订、错订。

6.2.3　药品冷链物流

6.2.3.1　冷链设施设备由专人负责，需建立档案和设施设备检查维修记录。

6.2.3.2　车载冷藏或冷冻设备应根据保温材质、配送时间以及环境温度等因素进行保温性能验证，并在验证结果支持的范围内进行配送和运输。

6.2.3.3　冷链配送人员应经过专业培训，熟悉冷链基础知识、所经营冷链药品的温（湿）度敏感性特点等冷链管理内容。

6.2.3.4　冷藏药品的发货、装载区应设置在阴凉处，严禁置于阳光直射和其他可能影响药品储存温度的位置。

6.2.3.5　冷藏药品由库区转移到符合配送要求的运输设备内，应在规定的时间内完成并进行温度监控，使冷处、冷冻药品处于药品说明书规定的贮存温度之下。

6.2.3.6　冷藏运输车辆应安装带有全球定位功能的温度自动监控系统，具有车载自动温度记录仪，实时监测并记录；采样记录时间间隔设置不超过10分钟。

6.2.3.7　采用保温箱运输冷藏药品时，保温箱上应注明贮藏条件、启运时限、特殊注意事项或运输警告。

6.2.3.8　交接时配送人员需将温度记录随药品交予收货人员，便于医疗机构收货方对冷藏药品的全程运输温度有直观的了解。

6.2.3.9　冷藏药品交接应查验冷藏或保温箱外部显示仪所显示的箱内温度；若使用无温度外部显示功能的冷藏或保温箱，需配合医疗机构收货人员开箱测量到货温度，并提示医疗机构收货人员在随货联上注明到货温度。

6.3　退货处理服务

6.3.1　医疗机构验收商品时发现质量和数量等问题（包括破损、原箱短少或运输损失等），在运单上注明的，医药商业企业应进行退货处理。

6.3.2　对于医疗机构在各个环节产生的破损以及近效期产品，应当合理划分医药商品生产企业、经营企业、医疗机构相关责任，各自承担相应损失。

6.3.3 由于灾情、疫情发生重大变化等特殊原因造成医疗机构商品库存积压致使产品近效期的，自医药商业企业开票之日起在三个月内，医疗机构可向医药商业企业提出退货，医药商业企业一般情况下应予以退货；开票之日起在三个月以上、半年以内的，由双方协商解决；开票之日起超过半年的，医药商业企业不予办理退货。

6.3.4 配送人员必须凭医药商品退货通知单提取退货、当场清点，严格按照退货通知单上的品名、规格、数量、批号提回，与医疗机构相关人员做好交接，避免多提、错提。

6.3.5 销后退回医药商品放置于退货专用场所；验收人员应对销后退回医药商品进行逐批逐项验收，并建立专门的验收记录。

6.3.6 冷藏药品退货需有医疗机构存储期间的温度证明，并确认无质量问题后方可退货。

6.4 客户咨询服务及投诉处理

6.4.1 医药商业企业应设立客户服务中心（部门），建立医疗机构客户信息档案，信息内容包括医院名称、地址、医院等级、医院负责人、联系人、联系电话、医院专科特色等，并进行维护更新；对外公布客户服务电话，负责客户咨询服务、信息反馈及投诉处理工作。

6.4.2 企业物流配送部门应设立客服专员，处理客户对物流配送工作相关信息咨询、反馈和投诉；质量管理部门应有专人处理、回复医疗机构各类质量信息查询和质量问题投诉。

6.4.3 医药商业企业应建立客户投诉处理制度，如发生违反有关服务规范规定的情形，医疗机构可向政府主管部门或企业投诉处理部门进行投诉，企业应认真对待、及时解决，以得到医疗机构的认可，并采取相应的纠正和预防措施防止类似事件重复发生。

6.4.4 对于医疗机构信息咨询、反馈及投诉，一般情况的，企业有关部门当日要及时给予回复和处理；重大信息反馈及投诉的，有关部门应当日给予回应，并及时上报公司相关主管部门，跟进处理并定期向医疗机构反馈。

6.4.5 医药商业企业应制订定期回访计划，通过对医疗机构的访问进行客户满意度调查，据此改进对客户的供应服务工作。

6.4.6 医药商业企业与医疗机构之间在服务方面发生争议时，争议各方应本着互谅互让原则争取以协商的方式予以解决，或请求政府主管部门出面进行协调、调解；在协商或调解未成的情况下也可以提起诉讼，由人民法院处理解决。

7. 医药商业企业对医疗机构提供的增值服务内容

7.1 信息对接服务

医药商业企业建立药品信息交换的电子商务平台，为医疗机构及政府监管部门提供相关的查询、跟踪等信息及进行网上订单的处理，并满足开放、安全和先进的要求。

7.1.1 提供与政府药品集中招标平台的接口，及时响应医疗机构的订单并提供订单的处理状态，出库后对政府集中招标平台实时完成配送反馈；对缺货可实时进行电子商务平台在线反馈以及其他提醒方式。

7.1.2 通过电子商务平台为医疗机构提供所有订单执行及配送进度的查询，提供所有历史交易情况与批号、效期的查询；同时，通过移动数据终端采集装车数据、到货确认数据，实时为医疗机构提供订单的物流配送过程在线查询与提醒，方便医疗机构掌握到货情况。

7.1.3 通过电子商务平台为医疗机构提供所有在售品种的产品详细介绍与说明书、药检报告的查看与下载。

7.1.4 通过采用条码技术、在货品外包装上粘贴条码标签，医疗机构在收货时使用具有收货功能软件的手持移动数据终端扫描条码标签，然后将扫描后的信息上传至医院的HIS信息系统、自动生成验收入库单的过程，或采用电子数据交换等信息技术手段将企业发货信息传输至医院的HIS信息系统，为医疗机构提供安全、准确、操作便捷且效期自动校验的验收入库操作服务，提高医药商品入库信息的准确率，促进医院医药商品的规范管理。

7.2 药学交流和沟通服务

7.2.1 医药商业企业应建立为医疗机构提供药学服务的渠道，定期或不定期开展药学服务交流和沟通活动，利用企业及上下游客户资源为医疗机构有关人员提供新产品知识、新产品应用和市场信息的传递或培训。

7.2.2 医药商业企业应参与或协助医疗机构进行药物使用情况的分析，配合医疗机构开展评估药物临床疗效、发现或预防潜在的或实际存在的用药安全的药学服务活动。

7.3 医药物流延伸服务

倡导有实力的医药商业企业向医疗机构延伸现代医药物流服务。医药商业企业与医疗机构在签订物流延伸服务合同时，应本着平等合作、互惠互利的原则，经友好协商明确双方的权利与义务。

7.3.1 向医疗机构提供的医药物流延伸服务内容，可分为对医疗机构提供的药库管理服务和对医疗机构提供的药房管理服务。

7.3.2 对医疗机构提供的药库管理服务，指建立协助医疗机构药库药师、保管人员管理发放药品的信息系统，为药库运转提供良好服务；包括药库根据采购订单的收货管理、库房日常的维护和作业管理、库房药品盘点，根据药房的请领单据进行拣选、配送等服务。

7.3.3 对医疗机构提供的药房管理服务，指建立协助医疗机构药房药师、病区护士管理发放药品的信息系统，为药房运转提供良好服务；包括病区药品的请领、收货，按照医生处方进行药品的调配、发放给病人，药房药品盘点等服务。

7.3.4 向医疗机构物流延伸服务范围，可由药品扩大到医疗耗材、医疗器械、诊断试剂等商品；物流延伸服务模式，还可包括协助建立基于物联网技术的医院院内物流管理系统、医院药品物流智能一体化实施方案，以及承接医院药库外设、代为管理服务等。

7.4 其他增值与特色服务

为密切医药商业企业与医疗机构的合作关系，根据市场情况和医院实际需要，鼓励医药商业企业通过多种方式和途径开展其他增值与特色服务的项目合作。

7.4.1 社区（或农村）医疗机构配送到点服务

社区（或农村）卫生医疗机构由社区卫生服务中心（或乡镇卫生院）和社区内的卫生服务站（或村卫生室）组成，一些地区医药公司对社区卫生服务中心（或乡镇卫生院）进行配送，其下属站点由卫生服务中心（或乡镇卫生院）自己协调配送。为方便医疗机构的配送，减轻其负担，医药商业企业可根据医疗机构要求全面覆盖社区卫生服务中心（或乡镇卫生院）以及社区卫生服务站（或村卫生室）进行配送。

7.4.2 安装、调试及配件供应服务

对于大型医疗器械、医用电器设备、精密仪器等，医药商业企业应配合厂家售后服务人员提供安装、调试服务，介绍使用和保养方法；同时按照医疗机构的需求，组织相关零配件的供应。

7.4.3 其他方面的服务

提供在医疗机构之间协助进行医药商品余缺调剂或急救、紧缺药品的相互支援；承担特殊药品的定点供应任务等。

8. 对医疗机构服务质量的监督与评价

8.1 服务工作评价指标

8.1.1 订单响应时间

在法定工作日，医药商业企业接到客户有效订单后，在3个工作小时内予以响应；响应方式由企业与客户协商确定。

8.1.2 配送时效要求

一般规定省内市县（450公里内）为不超过48小时，省内乡镇社区需要二次中转及省外的为48~72小时；急救药品在200公里范围的确保4小时内送达。

8.1.3 客户投诉响应时间

在接到客户投诉的当日，企业有关部门应给予当日回复和处理。

8.1.4 配送服务质量指标

包括及时送货率、配送准确率、货品完好率、回单返回率、签收准确率、信息反馈率、客户有效投诉率、投诉处理满意度等。

8.1.5 基本服务评价

基本服务评估指标及计算表

内容	指标	考核点	指标计算方式	权数	得分	单项分
订单响应	有效订单响应时间	3小时内响应	超过3小时响应，该项分值为0	8		
配送质量	及时送货率	延误送货	(月发货总票数-月延误总票数)×100%/月发货总票数；单票最长延误时间超过3个工作日，该项分值为0	8		
	配送准确率	个别品种或单据漏送、窜送	(月发货总票数-月差异票数)×100%/月发货总票数注：也可用件数或最小包装单位计算	8		
	货品完好率	药品损坏、丢失	(月发货总票数-月药品损坏及丢失票数)×100%/月发货总票数，单笔损失金额超过5万或件数超过2件，该项分值为0	8		

续 表

内容	指标	考核点	指标计算方式	权数	得分	单项分
提退货质量	及时提回率	提退货延误，含现退延误	(月提退货总票数 - 月延误总票数) × 100%/月提退货总票数，单票最长延误时间超过 5 个工作日，该项分值为 0	8		
	准确提回率	客户环节与销退环节交接存在差异	(月提退货总票数 - 月差异票数) × 100%/月提退货总票数	8		
回单质量	按时返回率	回单返回延误	(月派车总票数 - 月延误返回票数) × 100%/月派车总票数，最长延误时间超过 5 个工作日的迟一天扣 1 分，如有回单遗失一份扣 5 分	8		
	签收准确率	回单存在漏签	(月发货总票数 - 月漏签票数) × 100%/月发货总票数	6		
信息流转质量	信息反馈时效	去电查询、交接人员变动发生任何原因无法正常送到时等的反馈	(月查询总次数 - 月反馈延误总次数) × 100%/月查询总次数，发生人员变动或其他重要信息变动，未办理报备手续的，每人次（每项）扣 2 分	5		
	信息反馈准确率	查询反馈信息与实际情况不符	(月查询总次数 - 月差异总次数) × 100%/月查询总次数	5		
	物流信息采集准确率	巴枪未正常扫描、信息未上传	(月总票数 - 月差异票数) × 100%/月总票数（要求使用巴枪地区）	5		
服务质量	客户有效投诉率	货主或货主客户有效投诉	当月无投诉（100 分）；1 次投诉（60 分）；1 次货主专项书面投诉或 2 次以上日常投诉（0 分）	8		
	投诉处理满意度	投诉处理是否达到客户预期	客户回访满意（100 分）；已处理但未得到客户谅解（60 分）；未及时处理，再次投诉（0 分）	5		
	服务形象	是否统一着装、车容车貌是否整洁	(当月去电回访客户总数 - 客户反馈未统一着装，车辆形象不满意数) × 100%/总数；回访数或抽查次数不少于 10 家（次）	5		
	整改情况	对上月考核弱项的整改情况	单项分值提升≥5 分（100 分）；≥1 分（80 分）；未提升（0 分）	5		

注：

1. 单项得分的评级：

单项得分率≥95%，评为 A 级；单项得分率≥90%，评为 B 级；单项得分率≥85%，评为 C 级；单项得分率 < 85%，评为 D 级。

2. 根据总分进行总体等级评价，分为 A 级（≥95 分）、B（≥90 分）、C（≥85 分）、D（低于 85 分）四个等级。

A 级：无过失行为，且完成任务的总体质量高，同时各单项评级都在 B 级以上。

B 级：无任何重大过失行为，且完成任务的总体质量较高，同时单项评级都在 C 级以上。

C 级：没有造成显著的负面影响，且完成任务的总体质量可以接受，同时单项评级都在 D 级以上。

D 级：因自身过失带来负面影响，总体服务质量待提高。

8.1.6 增值服务评价

包括信息对接服务、药库管理服务、药房管理服务、配送到点服务评价、安装调试及配件供应服务等。增值服务评估指标及评价方法见下表。

增值服务评估指标及要求表

增值服务评价		
评估指标	服务内容	实施标准
信息对接服务	建立信息对接平台	与招标平台对接并实现电子订单自动响应
	产品资料查询率	产品资料查询率 >90%
	订单和配送进度查询	订单和配送进度查询 >90%
医药物流延伸服务	药库管理服务	向 3 家（含）以上医疗机构提供
	药房管理服务	向 1 家以上医疗机构提供
其他增值与特色服务	配送到点服务	配送到点率 >90%
	安装调试及配件供应服务	酌情加分
	其他服务	酌情加分

增值服务评价方法表

评级	信息对接服务	医药物流延伸服务	其他增值与特色服务
A	服务内容≥2 项	服务内容≥1 项	服务内容 =2 项
A –	服务内容 <2 项	服务内容 =1 项	服务内容 =2 项
B	服务内容≥2 项	无实施	服务内容 =2 项
B –	服务内容 <2 项	无实施	服务内容 =2 项
C	无实施	无实施	服务内容 =2 项
C –	无实施	无实施	服务内容 =1 项

8.2 综合评定方法

8.2.1 计算方式

综合评定分数由比率换算得出，分数最高位为 10 分值，由分数值乘以权数分值得出最后每项得分数。

单项业务考评得分等级分为 A、B、C、D 四类，根据等级栏中等级为 A 的分数值，以 5 分为递减值，以此分等级类别。

由综合得分算出平均值，平均值等级为 A、B、C、D 四类。

8.2.2 综合评定汇总

平均分值等级	综合评定结论	整改建议
A（平均得分≥90）	无过失行为，总体服务质量很高（优）	
B（平均得分 85 – 90）	无重大过失，总体服务质量较高（良）	
C（平均得分 80 – 85）	有轻微过失行为，但未造成严重影响，总体服务质量可以接受（合格）	
D（平均得分≤80）	存在较多不足之处，总体服务质量不佳（不合格）	

第四篇　行业运行

● 整体运行

2013 年药品流通行业运行统计分析报告

一、药品流通行业发展概况

（一）发展概述

2013 年国家医药卫生体制改革继续向纵深推进，在《全国药品流通行业发展规划纲要（2011—2015 年）》的指导下，行业结构调整效果逐步显现，发展方式不断优化，行业集中度和流通效率均有所提升，企业基于现代医药物流和互联网技术的创新业务取得新突破，药品流通行业销售规模与经济效益稳步增长，总体呈现持续向好的发展态势。

（二）运行分析

1. 整体规模

2013 年，药品流通市场规模稳步提高。全年药品流通行业销售总额 13 036 亿元①，同比增长 16.7%，增速较上年同期下降 1.8 个百分点，其中药品零售市场 2 607 亿元，扣除不可比因素同比增长 12%，增幅回落 4 个百分点（见图 1）。

截至 2012 年年底，全国共有药品批发企业 1.63 万家；药品零售连锁企业 3 107 家，下辖门店 15.26 万个；零售单体药店 27.11 万个；零售药店门店总数达 42.37 万个②。

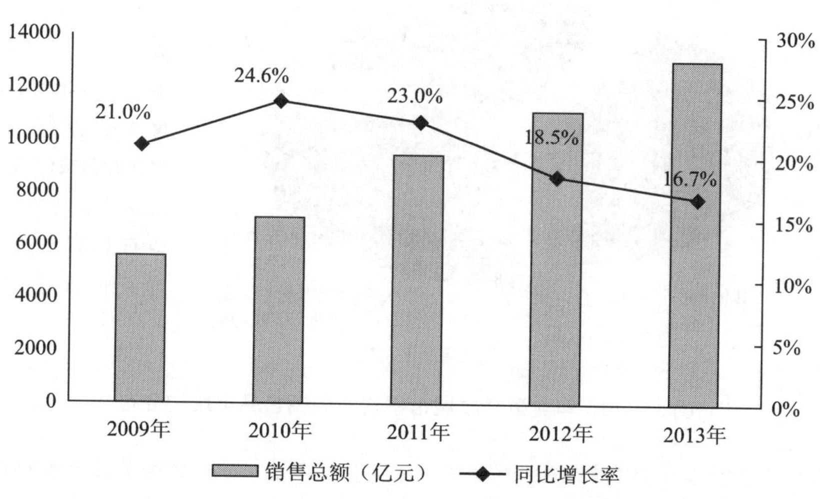

图 1 2009—2013 年药品流通行业销售趋势

2. 效益情况

2013 年，全国药品流通直报企业主营业务收入 9 873 亿元，同比增长 17%，增幅回落 3 个百分点；实现利润总额 202 亿元，同比增长 16%，增幅回落 0.5 个百分点；平均毛利率 6.7%，同比下降 0.2 个百分点；平均费用率 5.1%，同比下降 0.1 个百分点；平均利润率 1.7%，同比下降 0.2 个百分点。

3. 销售品类与对象结构

按销售品类分类，药品类③销售居主导地位，销售额占七大类医药商品销售总额的 73.8%；其次为中成药类，占 15.2%；中药材类占 3.6%，医疗器械类占 3.3%，化学试剂类占 1.2%，玻璃仪器类占 0.1%，其他类占 2.8%（见图 2）。

---

① 销售总额为含税值，包括了七大类医药商品。

② 数据来源：国家食品药品监督管理总局，由于药品流通企业数量尚未公布 2013 年数据，故引用 2012 年数据。

③ 药品类包括化学原料及其制剂、抗生素、生化药品、放射性药品、血清、疫苗、血液制品和诊断药品等。

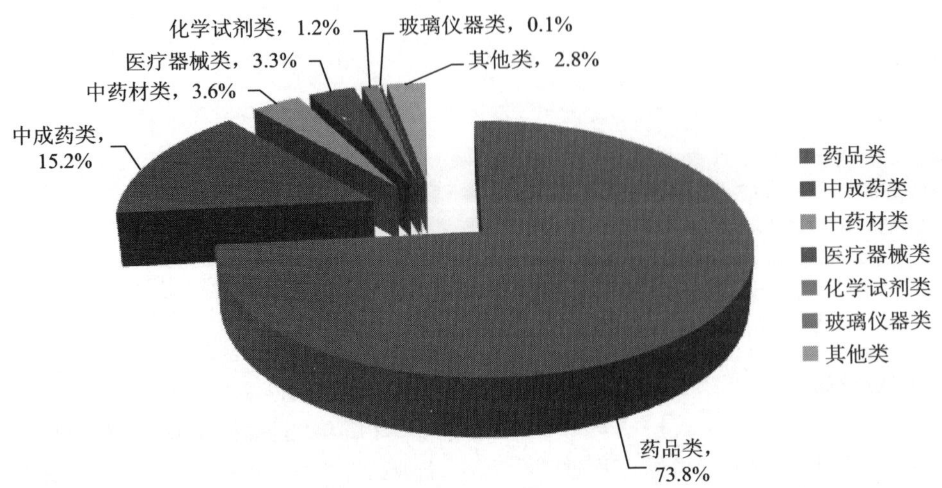

图2 2013 年全行业销售品类结构分布

据中国医药商业协会典型样本城市零售药店 2013 年品类销售统计，零售药店销售额中的药品（包括化学药品、中成药和中药饮片）销售占主导地位，占零售总额的 77.6%；非药品销售占 22.4%（见图3）。

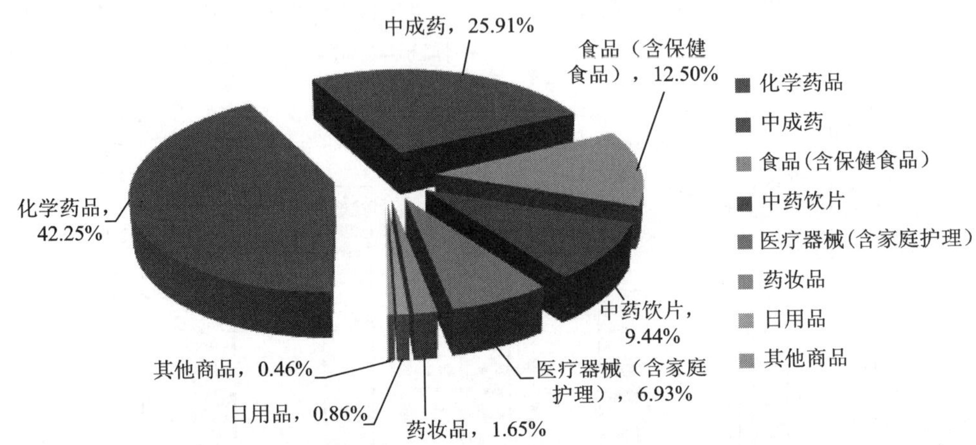

图3 2013 年典型样本城市零售药店销售品类结构分布

按销售对象分类，2013 年对批发企业销售额为 5 620 亿元，占销售总额的 43.1%，比上年降低 2 个百分点；纯销（包含对医疗终端、零售终端和居民的销售）为 7 415 亿元，占销售总额的 56.9%，比上年增加 2 个百分点。

4. 销售区域结构

2013 年，全国六大区域销售总额比重分别为：华东 39.2%、华北 18.7%、中南 20.7%、西南 12.4%、东北 5.3%、西北 3.7%；其中华东、华北、中南三大区域销售额占到行业销售总额的 78.6%，同比下降 0.8 个百分点。

2013 年，销售额居前 10 位的省市依次为：北京、上海、广东、江苏、浙江、安徽、山东、重庆、天津和四川，10 省市销售额占全国销售总额的 64.6%，同比下降 1.6 个百分点。

5. 所有制结构

规模以上药品流通企业①中，国有及国有控股企业主营业务收入 6 246 亿元，占药品流通直报企业主营业务总收入的 63.3%，实现利润 115 亿元，占直报企业利润总额的 57.1%；股份制企业主营业务收入 2 546 亿元，占直报企业主营业务总收入的 25.8%，实现利润 59 亿元，占直报企业利润总额的 29.3%。此两项数字说明，国有及国有控股企业、股份制企业占居行业发展的主导地位（见图4、图5）。

① 指药品流通行业统计直报系统中，销售额超过 5 000 万元的批发企业和销售额超过 2 000 万元的零售企业。

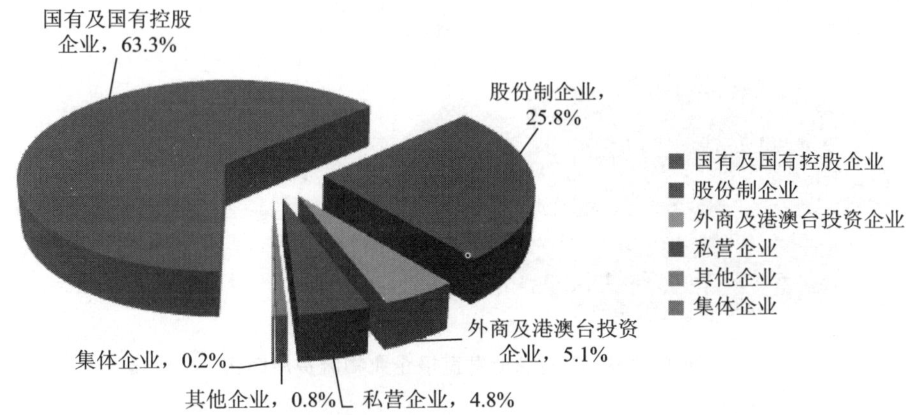

图 4　2013 年规模以上药品流通企业主营业务收入所有制结构分布

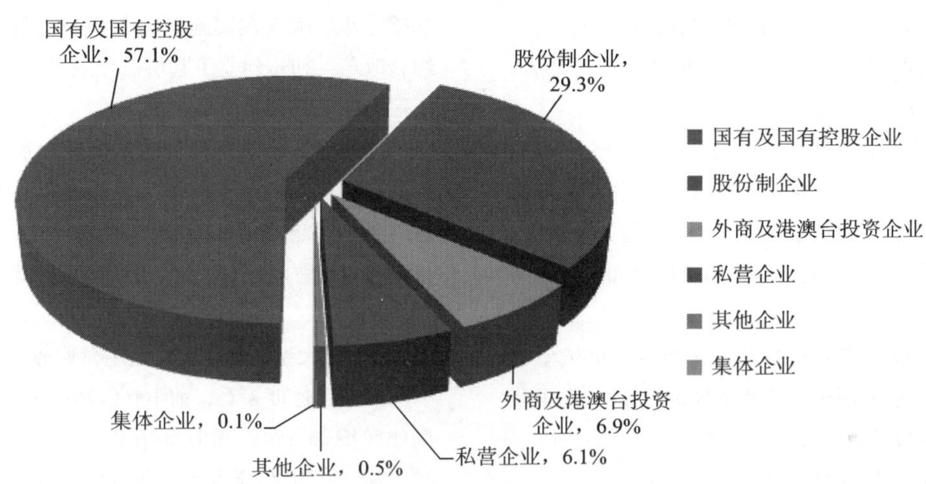

图 5　2013 年规模以上药品流通企业利润总额所有制结构分布

6. 配送结构

2013 年，药品批发直报企业商品配送货值 8 087 亿元，其中自有配送中心配送额占 80.2%，非自有配送中心配送额占 19.8%，非自有配送中心配送额同比增加 1.6 个百分点；物流费用 96 亿元，其中，自主配送物流费用占 81.9%，委托配送物流费用占 18.1%，委托配送物流费用占比与上年基本持平。物流费用占企业三项费用（营业费用、管理费用、财务费用）总额的 16.4%，与上年相比降低了 1.5 个百分点，占营业费用的比例为 30.5%，与上年相比增加了 0.7 个百分点（见图 6、图 7）。

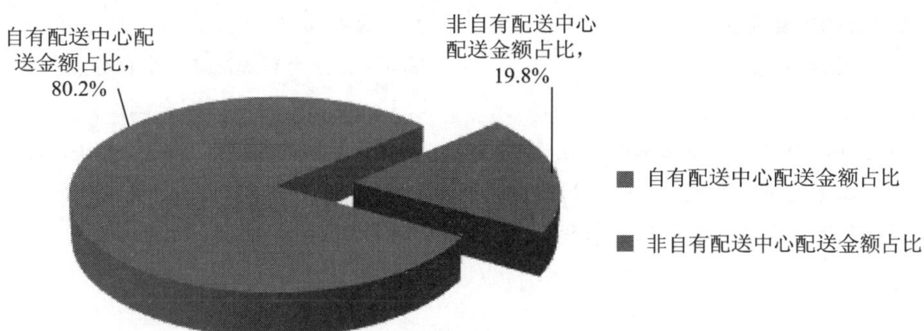

图 6　2013 年药品批发直报企业商品配送结构

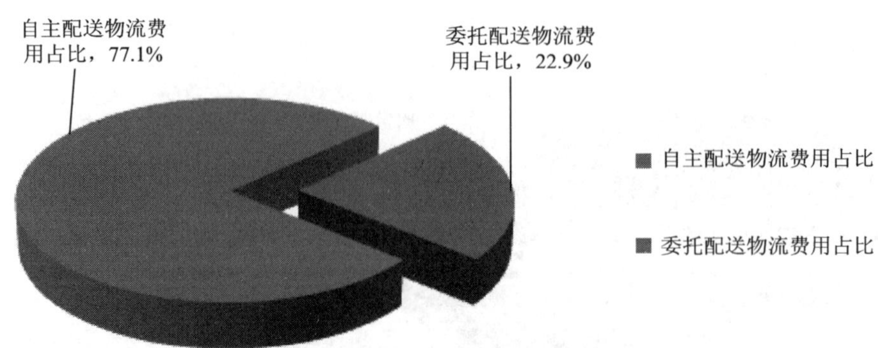

图 7　2013 年药品批发直报企业物流费用结构

7. 行业资本运作情况

药品流通企业虽属于传统行业，但由于未来存在巨大的整合空间，所以资本市场也给予了较高的估值水平，剔除海王星辰、桐君阁和南京医药三只市盈率较高的公司之后，其余 12 家公司的市盈率平均在 35 倍左右。

按照 2013 年最后一个交易日的收盘价计算，15 家药品流通上市公司的市值总和为 1 885.04 亿元，其中百亿市值以上的企业有 6 家，分别是国药控股、上海医药、九州通、国药一致、华东医药和中国医药，其中国药控股和上海医药的市值超过 400 亿元。

2013 年，药品流通上市公司的投资并购活动仍然十分活跃，并购企业数量达到 66 个，涉及金额 54 亿元，在医药类上市公司兼并重组数量上连续 4 年居首位。

8. 对 GDP、税收和就业的贡献

2013 年全国社会消费品零售总额为 23.44 万亿元，第三产业增加值为 26.22 万亿元①。全年，药品流通行业销售总额占社会消费品零售总额的 5.6%，占第三产业增加值的 5.0%，均同比增长 0.2 个百分点。

2013 年全国药品流通直报企业纳税额 48.96 亿元②，全行业从业人数约为 500 万人。

二、药品流通行业发展的主要特点

（一）药品流通市场规模增速趋稳

2013 年全国总人口持续增长，自然增长率为 4.92‰，60 周岁及以上人口占比达 14.9%③，人口结构的变化为药品流通市场的增长提供了稳定的市场环境。同时，2013 年各级政府对城镇居民医保和新农合参保者的每人每年补助标准由 2012 年的 240 元提高到 280 元，扩大了对这部分经济支付弱势人群的医疗保障程度，为药品使用提供了增长基础。基层医改在实施基本药物制度的同时进行了配套的综合改革，初步建立了基层医疗卫生机构运行新机制，有利于医药行业的健康发展。

同时，医保对医药卫生支出的控制政策更加严格，基层医疗机构用药规模的增幅也逐步趋于稳定，药品终端销售将处于平稳增长的阶段。2010—2013 年药品销售市场规模总体虽呈增长态势，但增速已从 24.6% 逐步递减到 16.7%。

（二）大型药品批发企业主营业务收入增长较快

从增长速度来看，前 100 位药品批发企业主营业务收入同比增长 20.1%，其中前 10 位企业主营业务收入同比增长 22.9%，前 50 位企业主营业务收入同比增长 20.9%，均超过行业增长的平均水平。

年度主营业务收入 100 亿元以上的药品批发企业有 12 家，比上年增加 2 家；50 亿～100 亿元的有 11 家，比上年增加 4 家；10 亿～50 亿元的有 75 家，比上年增加 1 家。

从行业市场占有率来看，2013 年前 100 位药品批发企业主营业务收入占同期全国医药市场总规模为 64.3%，比上年提高 0.3 个百分点，其中前三位药品批发企业占 29.7%，比上年提高 0.9 个百分点；主营业务收入 100 亿元以上的批发企业占同期全国医药市场总规模的 44.5%，比上年提高 3 个百分点，50 亿～100 亿元之间的批发企业占 6.4%，与上年基本持平，10 亿～50 亿元之间的批发企业占 13.1%，比上年下降 3 个百分点（见图 8）。

---

① 数据来源：国家统计局

② 指所得税。

③ 数据来源：国家统计局

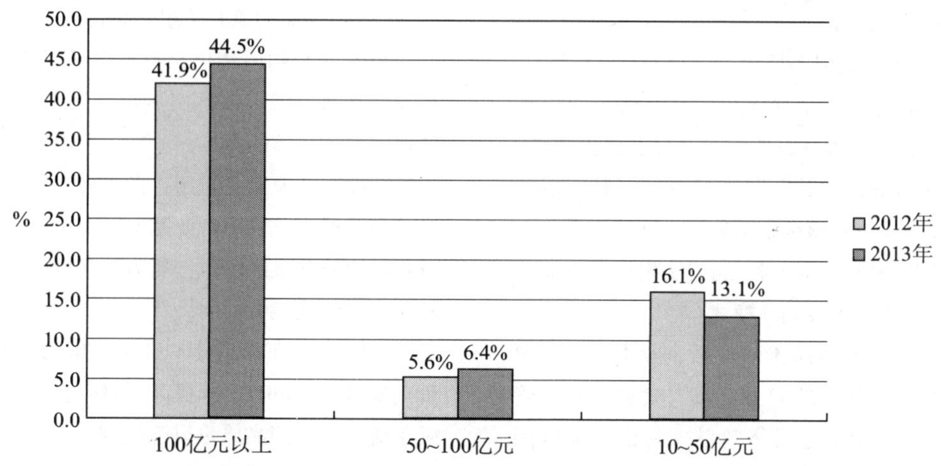

图 8 不同规模药品批发企业主营业务收入占同期全国市场总规模情况

（三）药品零售市场结构调整缓慢

2013 年药品零售市场规模总体呈现增长态势，但由于更多医疗机构实施药品零加成政策削弱药店价格优势、医院药房社会化低于预期、医药电商快速增长挤压市场空间等原因，使得药店传统业务增长空间收窄，零售市场规模扩张放缓。

据统计，2013 年前 100 位药品零售企业销售额占零售市场总额的 28.3%。其中前 5 位企业占 9.0%，前 10 位企业占 14.4%，前 20 位企业占 18.5%，前 5 位企业、前 10 位企业、前 20 位企业以至前 100 位企业占零售市场总额比重较上年均有不同程度下降。前 100 位药品零售企业的销售额底线为 1.32 亿元，销售额超过 10 亿元的企业有 16 家，其中销售额超过 50 亿元的有 3 家，30 亿 ~ 40 亿元的有 4 家，20 亿 ~ 30 亿元的有 3 家，10 亿 ~ 20 亿元的有 6 家。零售药店连锁率为 36.01%，比上年提高 1.4 个百分点（见图 9）。

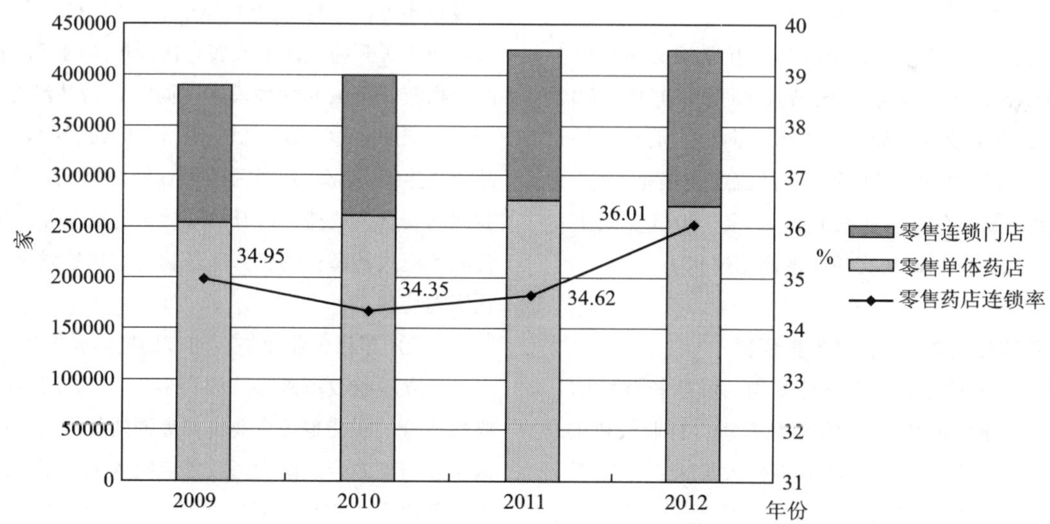

图 9 2009—2012 年零售药店数量

（四）现代医药物流建设投入持续扩大

随着相关政府主管部门先后颁布医药物流的行业标准和新版 GSP，2013 年各药品流通企业继续加大在物流建设上的投入，加快发展现代物流和第三方物流业务。据统计，直报企业自有配送中心数量同比增长 8.4%，自有配送中心仓储面积同比增长 9.9%。一些最新物联网技术和高位货架、PTL（Picking to light - 电子标签拣货系统）、自动分拣系统等高科技产品得到广泛应用。以中国医药集团总公司、华润医药商业集团公司、上海医药集团股份有限公司、九州通医药集团有限公司为代表的一批大型企业，逐步建立起全国医药物流分销配送网络；一批区域性龙头企业也同样拥有了区域物流中心枢纽及区域配送中心网络，最后一公里药品供应保障体系进一步得以完善。

（五）创新型业务模式呈现多样化

面对市场高度同质化的竞争局面，药品流通企业勇于创新，积极探索发展多种营销及服务模式。对上游供应商，提供个性化和差异化服务，与其共同开发市场；对下游客户，开展医院药品供应链创新服务，采取提供增值服务、二维条码建设、药房合作等模式。同时，自身也发展了专业分销、高端药品直送、深度分销等商业模式。

据统计，2013 年在全国药品流通直报企业中，具有第三方医药物流资质的批发企业有 80 家；具有食品药品监管部门颁发的开展第三方药品物流业务确认文件的专业医药物流企业有 62 家；开展物流延伸服务的企业有 51 家；承接药房托管的企业有 48 家；承接医院药库外设的企业有 14 家。2013 年 8 月，商务部组织专家遴选了 47 个代表性较强、效果较好的医药物流服务延伸项目，作为第一批医药物流服务延伸示范项目向全行业推广，引导医药物流服务延伸向更高层次发展。

（六）电子商务平台发展迅速

2013 年是药品电子商务平台加速发展的一年。具有条件的一些公司借助电子商务平台整合业务渠道，向供应链客户提供更多的增值服务，降低运营成本、提高交易效率，实现了线上与线下业务经营的共同发展。

据统计，截至 2013 年年底，全国具有互联网交易资质的企业共有 202 家，与上年末相比增加 85 家，其中 B2B（与其他企业进行药品交易）53 家、B2C（向个人消费者提供药品）138 家，第三方平台 11 家。药品流通直报企业中，拥有互联网药品交易服务资格证书的有 53 家，2013 年网上交易额超过千亿元，其中 B2B 交易额占比超过 90%。

三、2014 年药品流通行业发展趋势预测

进入 2014 年，国内外宏观经济环境均面临增长放缓的压力，预测药品流通行业销售增幅将继续趋缓，行业微利化的特征将成为常态；但政府对医药卫生投入加大、全民医保、人口老龄化、单独二胎放开、慢病需求增大、人均用药水平提高以及大健康领域消费升级等利好因素，都会对药品流通行业发展起到支撑作用。2014 年，药品流通行业销售总额保持持续增长的基本面没有发生变化，大中企业将继续加快兼并重组的步伐，批零一体化药品流通业态结构逐渐主导医药市场。同时，伴随着医药物流和互联网技术的不断发展，药品电子商务模式与传统商业模式融合的速度将会加快。医药市场高度同质化的竞争局面，将倒逼药品流通行业发展进入全面提升软实力的时代。

（一）企业的兼并重组仍将持续

2014 年结构调整仍是行业改革发展的主线。药品流通行业主管部门以贯彻落实《国务院关于进一步优化企业兼并重组市场环境的意见》（国发〔2014〕14 号文）为契机，将继续鼓励企业兼并重组、做大做强，提高行业集中度，鼓励药品流通企业利用产业基金、上市融资、引进外资等多种方式加快兼并重组步伐，努力提高行业组织化水平，实现规模化、集约化经营。

同时，2013 年 6 月 1 日起实施的新版《药品经营质量管理规范》（GSP），既提高了对企业经营质量管理要求，增强了流通环节药品质量风险控制能力，又推动了大型医药批发和零售连锁企业对小散企业的兼并重组。一些小散企业将被兼并，或被削减经营范围，或转型为生活性、生产性服务企业，或被淘汰出局，使得药品流通领域中散、小、乱等现象得到一定的遏制。

（二）现代医药物流网络将进一步健全

在商务部《全国药品流通行业发展规划纲要（2011—2015 年）》的引导下，随着行业集中度的进一步提高和新版 GSP 的全面实施，现代医药物流进入建立体系、形成网络的发展阶段。具有实力的企业将继续加大在物流建设方面的投入，广泛采用先进物流设备与技术，提高流通效率，提升物流服务能力；一些全国性集团公司或区域性龙头企业将逐渐形成现代医药物流体系及多仓协同配送网络，全力打造现代医药物流升级版的管理模式。同时，药品流通行业与信息、金融、交通运输、设备制造等行业的跨界融合将铸就新的药品流通生态系统，开展医药产业链之间的服务延伸与合作，共同向安全、快捷、可及的现代医药物流保障体系和创新经营服务模式转型；第三方医药物流将快速发展，体现出专业化管理特色。

（三）零售企业面临新的市场机遇和挑战

公立医院改革破除“以药养医”，取消药品加成，降低终端药价，将使零售企业价格方面的优势进一步弱化。而社区医疗与新农合这两大医改重点投入的医疗保障项目，也挤占了零售企业相当一部分市场。为在激烈的医药市场竞争中求得生存和发展，医药零售连锁企业不断挖掘市场潜力，顺应消费升级时代消费者对品牌产品价值认同的理性回归潮流，各类零售企业加大品牌产品营销力度，不断创新服务内涵，着力加强个性化药学服务和高值药品直送服务，提高顾客满意度。同时，围绕大健康产业开展多元化经营与服务也为今后零售企业的发展提供了空间。

（四）电子商务将对行业格局产生较大影响

目前，互联网药品电子商务呈现快速发展态势。各大药

品流通企业普遍构建或整合集分销、物流、电子商务集成服务模式以及数据处理的现代化智能化服务平台，成为推动药品流通增值服务的新载体。在零售药店领域中，除网上药店销售逐年扩大外，移动互联网技术的普及和应用，正在促进电子商务与传统零售药店服务模式的相互融合。

为支持互联网药品销售，国家食品药品监督管理总局正在研究出台《互联网食品药品经营监督管理办法》，将为互联网药品电子商务和传统药品零售业态的发展和格局调整带来较大的影响。

（五）人才队伍配备结构将出现相应变化

药品流通行业兼并重组和转型升级步伐的不断加快，行业人才需求的结构将出现相应调整与变化。从整体上看，行业人才队伍将向高素质、高技能、复合型的人才配备模式转变。药品批发企业在传统的岗位构成基础上，将大大增加对现代物流管理人才，特别是药品冷链物流管理人才的需求，并更加青睐具有供应链管理意识的职业经理人、采购经理人和提供智能化解决方案的网络信息处理技术人才。药品零售业态在继续吸引和培养大批执业药师从事药店专业工作的同时，开始注重营养师、护理师等专业技术人员的配备，为开展多元化经营和为大健康消费群体提供有价值的人才储备。

附录：

表1　2013年区域总销售统计表

序号	地　区	销售总额（万元）	药品类销售占比（%）	中成药类销售占比（%）	中药材类销售占比（%）
	全国总计	130 357 831	73. 82	15. 23	3. 61
1	北京市	11 928 112	72. 69	13. 32	2. 60
2	上海市	11 012 246	75. 86	10. 79	4. 97
3	广东省	10 376 783	70. 21	19. 60	4. 45
4	江苏省	10 022 113	81. 55	12. 73	1. 83
5	浙江省	9 266 777	76. 04	15. 13	4. 02
6	安徽省	9 181 328	68. 14	17. 82	6. 66
7	山东省	7 250 771	78. 55	16. 26	1. 58
8	重庆市	5 713 150	69. 77	17. 79	8. 49
9	天津市	4 795 571	49. 51	29. 45	0. 55
10	四川省	4 714 374	72. 29	10. 52	7. 80
11	湖北省	4 672 031	67. 69	22. 06	1. 19
12	河北省	4 590 799	75. 01	15. 89	3. 76
13	河南省	4 344 582	81. 01	10. 83	3. 56
14	云南省	4 295 784	80. 21	9. 95	1. 43
15	湖南省	4 257 587	69. 93	13. 64	4. 79
16	辽宁省	2 827 289	77. 99	18. 03	1. 30
17	山西省	2 532 807	76. 38	17. 62	2. 01
18	陕西省	2 530 998	60. 68	16. 94	6. 73
19	福建省	2 472 873	84. 04	8. 53	3. 02
20	黑龙江省	2 132 261	84. 06	4. 75	1. 24

续 表

序号	地　区	销售总额（万元）	药品类销售占比（%）	中成药类销售占比（%）	中药材类销售占比（%）
21	江西省	1 955 333	69.60	21.81	1.89
22	吉林省	1 905 219	85.75	9.56	0.53
23	广西壮族自治区	1 902 500	72.01	18.27	1.58
24	海南省	1 379 460	88.77	6.44	0.38
25	贵州省	1 177 416	73.16	17.88	1.60
26	新疆维吾尔自治区	1 049 177	76.35	20.00	0.15
27	甘肃省	884 584	71.55	11.55	11.36
28	内蒙古自治区	598 937	84.48	8.76	1.61
29	宁夏回族自治区	256 262	73.83	19.00	0.88
30	西藏自治区	242 938	100.00	0.00	0.00
31	青海省	87 770	74.05	17.80	3.01

表 2　2013 年药品类区域销售统计表

序号	地　区	药品类销售总额（万元）	区域销售比重（%）
	全国总计	96 230 321	100.00
1	北京市	8 670 096	9.01
2	上海市	8 353 934	8.68
3	江苏省	8 172 821	8.49
4	广东省	7 285 043	7.57
5	浙江省	7 046 193	7.32
6	安徽省	6 256 298	6.50
7	山东省	5 695 738	5.92
8	重庆市	3 985 831	4.14
9	河南省	3 519 629	3.66
10	云南省	3 445 479	3.58
11	河北省	3 443 524	3.58
12	四川省	3 407 968	3.54
13	湖北省	3 162 323	3.29
14	湖南省	2 977 533	3.09
15	天津市	2 374 338	2.47
16	辽宁省	2 204 867	2.29
17	福建省	2 078 085	2.16
18	山西省	1 934 654	2.01
19	黑龙江省	1 792 435	1.86

续　表

序号	地　区	药品类销售总额（万元）	区域销售比重（%）
20	吉林省	1 633 811	1. 70
21	陕西省	1 535 820	1. 60
22	广西壮族自治区	1 369 983	1. 42
23	江西省	1 360 932	1. 41
24	海南省	1 224 501	1. 27
25	贵州省	861 413	0. 90
26	新疆维吾尔自治区	801 047	0. 83
27	甘肃省	632 876	0. 66
28	内蒙古自治区	506 010	0. 53
29	西藏自治区	242 938	0. 25
30	宁夏回族自治区	189 208	0. 20
31	青海省	64 997	0. 07

表 3　2013 年中成药类区域销售统计表

序号	地　区	中成药类销售总额（万元）	区域销售比重（%）
	全国总计	19 849 220	100. 00
1	广东省	2 033 947	10. 25
2	安徽省	1 636 436	8. 24
3	北京市	1 589 005	8. 01
4	天津市	1 412 384	7. 12
5	浙江省	1 401 957	7. 06
6	江苏省	1 276 034	6. 43
7	上海市	1 187 904	5. 98
8	山东省	1 178 781	5. 94
9	湖北省	1 030 831	5. 19
10	重庆市	1 016 517	5. 12
11	河北省	729 668	3. 68
12	湖南省	580 580	2. 92
13	辽宁省	509 753	2. 57
14	四川省	495 955	2. 50
15	河南省	470 437	2. 37
16	山西省	446 359	2. 25
17	陕西省	428 645	2. 16
18	云南省	427 371	2. 15

续 表

序号	地 区	中成药类销售总额（万元）	区域销售比重（%）
19	江西省	426 525	2.15
20	广西壮族自治区	347 635	1.75
21	福建省	210 996	1.06
22	贵州省	210 507	1.06
23	新疆维吾尔自治区	209 835	1.06
24	吉林省	182 147	0.92
25	甘肃省	102 188	0.51
26	黑龙江省	101 257	0.51
27	海南省	88 769	0.45
28	内蒙古自治区	52 479	0.26
29	宁夏回族自治区	48 691	0.25
30	青海省	15 626	0.08
31	西藏自治区	—	—

表 4　2013 年中药材类区域销售统计表

序号	地 区	中药材类销售总额（万元）	区域销售比重（%）
	全国总计	4 706 160	100.00
1	安徽省	611 861	13.00
2	上海市	547 692	11.64
3	重庆市	484 987	10.31
4	广东省	461 710	9.81
5	浙江省	372 808	7.92
6	四川省	367 574	7.81
7	北京市	309 910	6.59
8	湖南省	203 923	4.33
9	江苏省	183 453	3.90
10	河北省	172 553	3.67
11	陕西省	170 442	3.62
12	河南省	154 838	3.29
13	山东省	114 574	2.43
14	甘肃省	100 445	2.13
15	福建省	74 628	1.59
16	云南省	61 474	1.31
17	湖北省	55 605	1.18

续　表

序号	地　区	中药材类销售总额（万元）	区域销售比重（%）
18	山西省	50 926	1. 08
19	江西省	36 871	0. 78
20	辽宁省	36 630	0. 78
21	广西壮族自治区	29 995	0. 64
22	天津市	26 558	0. 56
23	黑龙江省	26 379	0. 56
24	贵州省	18 796	0. 40
25	吉林省	10 183	0. 22
26	内蒙古自治区	9 625	0. 20
27	海南省	5 246	0. 11
28	青海省	2 639	0. 06
29	宁夏回族自治区	2 262	0. 05
30	新疆维吾尔自治区	1 574	0. 03
31	西藏自治区	—	—

表 5　2013 年医疗器械类区域销售统计表

序号	地　区	医疗器械类销售总额（万元）	区域销售比重（%）
	全国总计	4 267 604	100. 00
1	北京市	680 629	15. 95
2	安徽省	467 252	10. 95
3	广东省	313 726	7. 35
4	四川省	285 242	6. 68
5	陕西省	256 193	6. 00
6	湖南省	245 333	5. 75
7	上海市	186 488	4. 37
8	浙江省	183 660	4. 30
9	黑龙江省	179 774	4. 21
10	湖北省	178 839	4. 19
11	山东省	160 198	3. 75
12	河北省	150 864	3. 54
13	江苏省	147 195	3. 45
14	河南省	142 906	3. 35
15	广西壮族自治区	108 968	2. 55
16	重庆市	88 047	2. 06

续 表

序号	地　区	医疗器械类销售总额（万元）	区域销售比重（%）
17	云南省	80 027	1.88
18	山西省	67 504	1.58
19	天津市	58 652	1.37
20	海南省	44 027	1.03
21	福建省	43 774	1.03
22	辽宁省	36 726	0.86
23	新疆维吾尔自治区	36 721	0.86
24	吉林省	28 372	0.66
25	江西省	25 493	0.60
26	甘肃省	19 581	0.46
27	贵州省	18 746	0.44
28	内蒙古自治区	14 937	0.35
29	宁夏回族自治区	14 221	0.33
30	青海省	3 509	0.08
31	西藏自治区	—	—

表 6　2013 年批发企业主营业务收入前 100 位排序

序号	企业名称	主营业务收入（万元）
1	中国医药集团总公司	18 660 406
2	华润医药商业集团有限公司	7 354 395
3	上海医药集团股份有限公司	7 100 239
4	九州通医药集团有限公司	3 334 667
5	广州医药有限公司	2 464 551
6	重庆医药（集团）股份有限公司	2 095 114
7	南京医药股份有限公司	1 868 931
8	华东医药股份有限公司	1 668 175
9	四川科伦医药贸易有限公司	1 476 244
10	中国医药健康产业股份有限公司	1 253 710
11	浙江英特药业有限责任公司	1 233 491
12	天津天士力医药营销集团有限公司	1 121 538
13	云南省医药有限公司	957 200
14	康德乐（上海）医药有限公司	827 819
15	中国北京同仁堂（集团）有限责任公司	760 304
16	哈药集团医药有限公司	701 501

续　表

序号	企业名称	主营业务收入（万元）
17	山东海王银河医药有限公司	684 439
18	山东瑞康医药股份有限公司	592 366
19	鹭燕（福建）药业股份有限公司	554 101
20	同济堂医药有限公司	532 691
21	天津医药集团太平医药有限公司	529 507
22	天津中新药业集团股份有限公司医药公司	517 913
23	石药集团河北中诚医药有限公司	511 090
24	重庆桐君阁股份有限公司	460 925
25	广西柳州医药股份有限公司	454 391
26	四川省医药集团有限责任公司	413 316
27	东北制药集团供销有限公司	391 092
28	陕西医药控股集团派昂医药有限责任公司	371 076
29	江苏省医药公司	345 142
30	江西汇仁集团医药科研营销有限公司	333 679
31	浙江省医药工业有限公司	333 075
32	江西南华医药有限公司	321 493
33	重庆长圣医药有限公司	319 274
34	常州药业股份有限公司	315 000
35	武汉人福医药有限公司	304 857
36	云南东骏药业有限公司	300 402
37	广州中山医医药有限公司	292 649
38	陕西华远医药集团有限公司	288 608
39	嘉事堂药业股份有限公司	255 107
40	汕头市创美药业有限公司	250 074
41	修正药业集团营销有限公司	249 363
42	湖南博瑞新特药有限公司	234 001
43	山东瑞中医药有限公司	228 719
44	安徽省医药（集团）股份有限公司	225 233
45	河北东盛英华医药有限公司	221 874
46	罗欣医药集团有限公司	215 318
47	山东省医药集团有限公司	213 384
48	辽宁省医药对外贸易公司	212 517
49	北京美康永正医药有限公司	206 646
50	浙江震元股份有限公司	200 048

续 表

序号	企业名称	主营业务收入（万元）
51	回音必集团有限公司	194 988
52	礼来贸易有限公司	194 023
53	江苏先声药业有限公司	183 704
54	浙江珍诚医药在线股份有限公司	181 756
55	连云港康缘医药商业有限公司	179 915
56	浙江来益医药有限公司	175 812
57	河南省康信医药有限公司	172 659
58	重庆科渝药品经营有限责任公司	172 137
59	浙江嘉信医药股份有限公司	168 410
60	上海康健进出口有限公司	162 666
61	南京华东医药有限责任公司	160 293
62	青岛百洋医药科技有限公司	159 866
63	康德乐（中国）医药有限公司	157 609
64	福建省福州市惠好药业有限公司	155 049
65	昆明制药集团医药商业有限公司	154 538
66	广东广弘医药有限公司	153 943
67	西安藻露堂药业集团有限责任公司	151 338
68	陕西华信医药有限公司	150 826
69	江苏省润天生化医药有限公司	149 935
70	山东康诺盛世医药有限公司	146 159
71	上海外高桥医药分销中心有限公司	144 212
72	兰州西城药业有限责任公司	144 067
73	杭州凯仑医药股份有限公司	143 250
74	西藏神威药业有限公司	141 320
75	江苏恩华和润医药有限公司	137 717
76	合肥康丽药业有限责任公司	135 141
77	吉林省天和医药科技有限公司	132 448
78	海南天祥药业有限公司	131 558
79	海尔施生物医药股份有限公司	128 227
80	浙江华通医药股份有限公司	124 038
81	上海市医药保健品进出口公司	121 581
82	山东康惠医药有限公司	120 895
83	宁波市鄞州医药药材有限公司	116 050
84	苏州恒祥进出口有限公司	114 682

续　表

序号	企业名称	主营业务收入（万元）
85	贵州康心医药有限公司	114 381
86	常熟建发医药有限公司	114 272
87	江苏澳洋医药物流有限公司	113 217
88	成都市蓉锦医药贸易有限公司	110 738
89	山西亚宝医药经销有限公司	109 894
90	上海虹桥药业有限公司	108 263
91	海南鲁海医药有限公司	108 257
92	山东新华医药贸易有限公司	107 425
93	山西康美徕医药有限公司	106 545
94	福建中鹭医药有限公司	106 187
95	四川本草堂药业有限公司	104 209
96	贵州科开医药有限公司	103 812
97	深圳中联广深医药（集团）股份有限公司	101 372
98	合肥市迪迈医药有限公司	100 519
99	兰州强生医药有限责任公司	96 788
100	上海复星药业有限公司	96 749

表 7　2013 年零售企业销售总额前 100 位排序

序号	企业名称	销售总额（万元）
1	国药控股国大药房有限公司	570 305
2	中国北京同仁堂（集团）有限责任公司	553 017
3	重庆桐君阁大药房连锁有限责任公司	504 613
4	云南鸿翔一心堂药业（集团）股份有限公司	383 452
5	大参林医药集团股份有限公司	342 488
6	辽宁成大方圆医药连锁有限公司	312 062
7	深圳市海王星辰医药有限公司	311 628
8	湖北同济堂药房有限公司	294 226
9	上海华氏大药房有限公司	274 320
10	益丰大药房连锁股份有限公司	211 095
11	云南健之佳健康连锁店股份有限公司	167 005
12	成都百信药业连锁有限责任公司	158 952
13	哈尔滨人民同泰医药连锁店	113 368
14	南京国药医药有限公司	106 656
15	济南漱玉平民大药房有限公司	106 111

续 表

序号	企业名称	销售总额（万元）
16	江苏大众医药连锁有限公司	103 371
17	深圳中联大药房控股有限公司	82 706
18	四川太极大药房连锁有限公司	80 778
19	吉林大药房药业股份有限公司	79 508
20	甘肃德生堂大药房连锁经营有限公司	77 425
21	北京金象大药房医药连锁有限责任公司	76 836
22	上海第一医药股份有限公司	74 562
23	沈阳东北大药房连锁有限公司	73 219
24	河南张仲景大药房股份有限公司	65 692
25	杭州九洲大药房连锁有限公司	65 423
26	北京医保全新大药房有限责任公司	62 127
27	江西黄庆仁栈华氏大药房有限公司	61 500
28	先声再康江苏药业有限公司	59 544
29	云南东骏药业有限公司	59 234
30	上海复美益星大药房连锁有限公司	57 496
31	山东燕喜堂医药连锁有限公司	54 850
32	江西萍乡市昌盛大药房连锁有限公司	53 195
33	河北华佗药房医药连锁有限公司	53 000
34	贵州一树连锁药业有限公司	51 228
35	湖南千金大药房连锁有限公司	47 000
36	云南白药大药房有限公司	43 752
37	襄阳天济大药房连锁有限责任公司	42 647
38	山东立健医药城连锁有限公司	41 226
39	苏州礼安医药连锁总店有限公司	39 431
40	江西昌盛大药房有限公司	39 000
41	常州市恒泰医药连锁有限公司	38 334
42	西安怡康医药连锁有限责任公司	38 252
43	石家庄新兴药房连锁有限公司	38 214
44	浙江震元医药连锁有限公司	37 627
45	深圳市友和医药大药房连锁有限公司	37 030
46	广州采芝林药业连锁店	36 226
47	吉林省益和大药房有限公司	35 928
48	重庆鑫斛药房连锁有限公司	35 011
49	广西柳州桂中大药房连锁有限责任公司	34 548

续　表

序号	企业名称	销售总额（万元）
50	重庆市万和药房连锁有限公司	34 427
51	廊坊市一笑堂医药零售连锁有限公司	33 349
52	中山市中智大药房连锁有限公司	31 896
53	广州健民医药连锁有限公司	30 960
54	广东国药医药连锁企业有限公司	30 299
55	山东利民大药店连锁有限公司	29 720
56	上海余天成药业连锁有限公司	28 727
57	赤峰人川大药房连锁有限公司	28 079
58	浙江天天好大药房连锁有限公司	26 582
59	海南广安堂药品超市连锁经营有限公司	26 282
60	河北神威大药房连锁有限公司	25 818
61	上海养和堂药业连锁经营有限公司	25 742
62	宁波四明大药房有限责任公司	25 507
63	安徽丰原大药房连锁有限公司	25 463
64	宜兴市天健医药连锁有限公司	24 806
65	上海童涵春堂药业连锁经营有限公司	24 672
66	新疆康泰东方医药连锁有限公司	24 307
67	陕西众信医药超市有限公司	24 141
68	四川杏林医药连锁有限责任公司	23 960
69	武汉东明药房连锁有限公司	22 102
70	北京京卫元华医药科技有限公司	21 869
71	上海药房连锁有限公司	21 625
72	山西荣华大药房连锁有限公司	21 513
73	怀化怀仁大药房连锁有限公司	21 505
74	贵州芝林大药房零售连锁有限公司	21 117
75	浙江瑞人堂医药连锁有限公司	20 338
76	无锡山禾集团健康参药连锁有限公司	20 300
77	哈尔滨宝丰医药连锁有限公司	20 245
78	福建惠好四海医药连锁有限责任公司	19 991
79	泸州圣杰药业有限公司	19 259
80	呼伦贝尔市同致药业有限责任公司	19 222
81	上海医药嘉定大药房连锁有限公司	19 182
82	四川德仁堂药业连锁有限公司	18 865
83	江西开心人大药房连锁有限公司	18 777

续 表

序号	企业名称	销售总额（万元）
84	湖北中联大药房连锁有限公司	18 480
85	浙江华通医药连锁有限公司	18 391
86	赤峰雷蒙大药房连锁有限公司	16 949
87	常州人寿天医药连锁有限公司	16 684
88	济宁新华鲁抗大药房有限公司	16 666
89	南京金陵大药房有限责任公司	16 600
90	昆山双鹤同德堂连锁大药房有限责任公司	16 407
91	黑龙江泰华医药连锁销售有限公司	16 197
92	葫芦岛市医药有限责任公司	15 732
93	广西一致药店连锁有限公司	15 431
94	浙江华联医药连锁有限公司	15 080
95	广西一心医药集团有限责任公司	15 001
96	北京嘉事堂连锁药店有限责任公司	14 921
97	北京永安复星医药股份有限公司	14 823
98	上海一德大药房连锁经营有限公司	13 765
99	武汉普安医药有限公司	13 343
100	上海南汇华泰药店连锁总店	13 173

备注说明：

1. 为了解全国药品流通行业经营活动的基本情况，为各级政府部门制定行业发展政策和进行经济管理与宏观调控提供依据，商务部依据《中华人民共和国统计法》规定，结合药品流通行业的实际情况制定了药品流通行业统计制度，建立了网上直报统计系统。

2. 药品流通行业统计制度由地方商务主管部门、相关行业协会组织落实，并接受同级政府统计机构的业务指导。

3. 药品流通行业统计制度数据来源为地方商务主管部门、相关行业协会、药品批发和零售直报企业。2013 年，药品流通直报企业共 986 家，其中药品批发直报企业 779 家；广东省、云南省、西藏自治区、青海省、宁夏回族自治区、山西省、重庆市、新疆生产建设兵团商务主管部门数据未填报完整。

4. 本报告中数据除特别说明外，均取自药品流通行业网上直报统计系统，报告中涉及的对比数据均已剔除不可比因素。

5. 2013 年零售企业前百位排序中，国药控股国大药房的数据包含了 2013 年并购的山西益源大药房连锁有限责任公司。老百姓大药房连锁股份有限公司和重庆和平药房连锁有限责任公司因处在上市静默期内，故未参加本年度数据报送和排序。

6. 行政区划

华北地区：北京、天津、河北、山西、内蒙古；

东北地区：辽宁、吉林、黑龙江；

华东地区：上海、江苏、浙江、安徽、福建、江西、山东；

中南地区：河南、湖北、湖南、广东、广西、海南；

西南地区：重庆、四川、贵州、云南、西藏；

西北地区：陕西、甘肃、青海、宁夏、新疆。

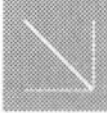

2013 年度中国药品零售市场分析报告

一、药品零售市场发展概述

2013 年是国家医药卫生体制改革向纵深推进的攻坚之年，在《全国药品流通行业发展规划纲要（2011—2015 年）》的指导下，行业结构调整和发展方式不断优化升级，市场集中度和流通效率均有所提升，企业创新业务及服务模式取得新突破，药品流通行业销售规模与经济效益稳步增长，药品零售市场总体呈现持续向好的发展态势。

（一）药品零售市场整体情况

1. 药品零售市场整体规模

2013 年药品零售市场销售规模总体呈增长趋势，但增速放缓。据统计，2013 年药品零售市场销售总额（含八大类商品①）为 2 607 亿元，扣除不可比因素同比增长 12%，增幅回落 4 个百分点。

截至 2012 年年底，全国共有药品零售连锁企业 3 107 家，同比增长 19.2%；下辖门店 152 580 家，同比增长 4.0%；零售单体药店 271 143 家，同比减少 2.1%；零售药店门店总数达 423 723 家，与上年基本持平②。

2013 年药品零售企业前 100 位销售总额为 738.35 亿元，占同期药品零售市场销售总额近 30%（见图 1、表 1）。

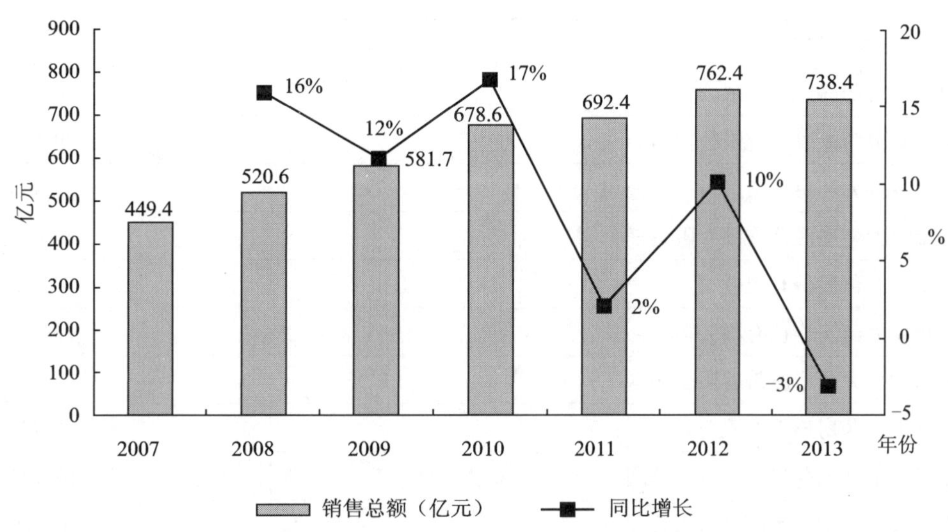

图 1　2007—2013 年药品零售前 100 位企业销售总额统计图

表 1　2013 年药品零售企业销售总额前 100 位排序

序号	企业名称	销售总额（万元）
1	国药控股国大药房有限公司	570 305
2	中国北京同仁堂（集团）有限责任公司	553 017
3	重庆桐君阁大药房连锁有限责任公司	504 613
4	云南鸿翔一心堂药业（集团）股份有限公司	383 452

① 八大类商品：指化学药、中成药、食品（含保健品）、中药材（含中药饮片）、医疗器械（含家庭护理）、药妆品、日用品、其他商品。

② 数据来源：国家食品药品监督管理总局；由于药品流通企业数量尚未公布 2013 年数据，故引用 2012 年数据。

续 表

序号	企业名称	销售总额（万元）
5	大参林医药集团股份有限公司	342 488
6	辽宁成大方圆医药连锁有限公司	312 062
7	深圳市海王星辰医药有限公司	311 628
8	湖北同济堂药房有限公司	294 226
9	上海华氏大药房有限公司	274 320
10	益丰大药房连锁股份有限公司	211 095
11	云南健之佳健康连锁店股份有限公司	167 005
12	成都百信药业连锁有限责任公司	158 952
13	哈尔滨人民同泰医药连锁店	113 368
14	南京国药医药有限公司	106 656
15	济南漱玉平民大药房有限公司	106 111
16	江苏大众医药连锁有限公司	103 371
17	深圳中联大药房控股有限公司	82 706
18	四川太极大药房连锁有限公司	80 778
19	吉林大药房药业股份有限公司	79 508
20	甘肃德生堂大药房连锁经营有限公司	77 425
21	北京金象大药房医药连锁有限责任公司	76 836
22	上海第一医药股份有限公司	74 562
23	沈阳东北大药房连锁有限公司	73 219
24	河南张仲景大药房股份有限公司	65 692
25	杭州九洲大药房连锁有限公司	65 423
26	北京医保全新大药房有限责任公司	62 127
27	江西黄庆仁栈华氏大药房有限公司	61 500
28	先声再康江苏药业有限公司	59 544
29	云南东骏药业有限公司	59 234
30	上海复美益星大药房连锁有限公司	57 496
31	山东燕喜堂医药连锁有限公司	54 850
32	江西萍乡市昌盛大药房连锁有限公司	53 195
33	河北华佗药房医药连锁有限公司	53 000
34	贵州一树连锁药业有限公司	51 228
35	湖南千金大药房连锁有限公司	47 000
36	云南白药大药房有限公司	43 752
37	襄阳天济大药房连锁有限责任公司	42 647
38	山东立健医药城连锁有限公司	41 226

续　表

序号	企业名称	销售总额（万元）
39	苏州礼安医药连锁总店有限公司	39 431
40	江西昌盛大药房有限公司	39 000
41	常州市恒泰医药连锁有限公司	38 334
42	西安怡康医药连锁有限责任公司	38 252
43	石家庄新兴药房连锁有限公司	38 214
44	浙江震元医药连锁有限公司	37 627
45	深圳市友和医药大药房连锁有限公司	37 030
46	广州采芝林药业连锁店	36 226
47	吉林省益和大药房有限公司	35 928
48	重庆鑫斛药房连锁有限公司	35 011
49	广西柳州桂中大药房连锁有限责任公司	34 548
50	重庆市万和药房连锁有限公司	34 427
51	廊坊市一笑堂医药零售连锁有限公司	33 349
52	中山市中智大药房连锁有限公司	31 896
53	广州健民医药连锁有限公司	30 960
54	广东国药医药连锁企业有限公司	30 299
55	山东利民大药店连锁有限公司	29 720
56	上海余天成药业连锁有限公司	28 727
57	赤峰人川大药房连锁有限公司	28 079
58	浙江天天好大药房连锁有限公司	26 582
59	海南广安堂药品超市连锁经营有限公司	26 282
60	河北神威大药房连锁有限公司	25 818
61	上海养和堂药业连锁经营有限公司	25 742
62	宁波四明大药房有限责任公司	25 507
63	安徽丰原大药房连锁有限公司	25 463
64	宜兴市天健医药连锁有限公司	24 806
65	上海童涵春堂药业连锁经营有限公司	24 672
66	新疆康泰东方医药连锁有限公司	24 307
67	陕西众信医药超市有限公司	24 141
68	四川杏林医药连锁有限责任公司	23 960
69	武汉东明药房连锁有限公司	22 102
70	北京京卫元华医药科技有限公司	21 869
71	上海药房连锁有限公司	21 625
72	山西荣华大药房连锁有限公司	21 513

续 表

序号	企业名称	销售总额（万元）
73	怀化怀仁大药房连锁有限公司	21 505
74	贵州芝林大药房零售连锁有限公司	21 117
75	浙江瑞人堂医药连锁有限公司	20 338
76	无锡山禾集团健康参药连锁有限公司	20 300
77	哈尔滨宝丰医药连锁有限公司	20 245
78	福建惠好四海医药连锁有限责任公司	19 991
79	泸州圣杰药业有限公司	19 259
80	呼伦贝尔市同致药业有限责任公司	19 222
81	上海医药嘉定大药房连锁有限公司	19 182
82	四川德仁堂药业连锁有限公司	18 865
83	江西开心人大药房连锁有限公司	18 777
84	湖北中联大药房连锁有限公司	18 480
85	浙江华通医药连锁有限公司	18 391
86	赤峰雷蒙大药房连锁有限公司	16 949
87	常州人寿天医药连锁有限公司	16 684
88	济宁新华鲁抗大药房有限公司	16 666
89	南京金陵大药房有限责任公司	16 600
90	昆山双鹤同德堂连锁大药房有限责任公司	16 407
91	黑龙江泰华医药连锁销售有限公司	16 197
92	葫芦岛市医药有限责任公司	15 732
93	广西一致药店连锁有限公司	15 431
94	浙江华联医药连锁有限公司	15 080
95	广西一心医药集团有限责任公司	15 001
96	北京嘉事堂连锁药店有限责任公司	14 921
97	北京永安复星医药股份有限公司	14 823
98	上海一德大药房连锁经营有限公司	13 765
99	武汉普安医药有限公司	13 343
100	上海南汇华泰药店连锁总店	13 173

数据来源：商务部药品流通行业统计系统，部分取自中国医药商业协会

2. 前百位药品零售企业经济效益情况

2013 年，前百位药品零售企业平均利润率为 4. 1%，相比于 2012 年的 4. 4% 下降 0. 3 个百分点（见图 2）；平均毛利率为 26. 5%，上升 5. 4 个百分点；平均费用率为 21. 0%，上升 2. 0 个百分点。

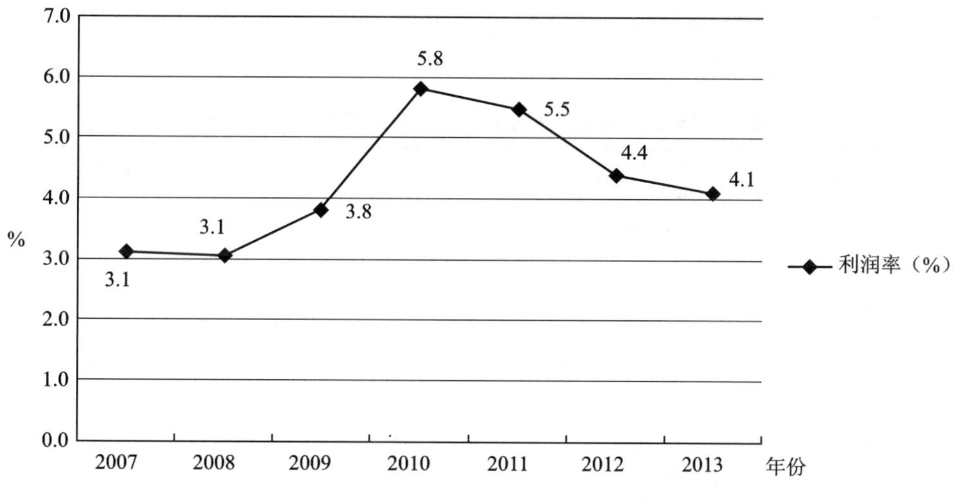

图 2　2007—2013 年药品零售前 100 位企业利润率统计图

注：本篇分析数据依据商务部药品流通统计直报系统，部分数据来源于中国医药商业协会。

3. 前百位药品零售企业区域分布结构

2013 年，前 100 位药品零售企业家数分布在前 10 位的省市依次为：上海、江苏、广东、浙江、北京、四川、山东、湖北、云南、江西。10 省市家数占前 100 位企业家数的 65%（见表 2）。

表 2　2013 年药品零售前 100 位企业区域数量分布表

序号	地　区	企业数量（家）
1	上海市	11
2	江苏省	10
3	广东省	8
4	浙江省	7
5	北京市	6
6	四川省	5
7	山东省	5
8	湖北省	5
9	云南省	4
10	江西省	4
11	河北省	4
12	重庆市	3
13	内蒙古自治区	3
14	辽宁省	3
15	湖南省	3
16	黑龙江省	3
17	广西壮族自治区	3
18	陕西省	2
19	吉林省	2
20	贵州省	2

数据来源：中国医药商业协会

2013 年，前 100 位药品零售企业销售额居前 10 位的省市依次为：上海、广东、北京、云南、重庆、江苏、辽宁、湖北、四川、湖南。10 省市销售额占前 100 位企业销售总额的 78.7%（见表 3）。

表 3　2013 年药品零售前 100 位企业区域销售额分布表

序号	地　区	销售额占比（%）
1	上海市	15
2	广东省	12
3	北京市	10
4	云南省	9
5	重庆市	8
6	江苏省	6
7	辽宁省	5
8	湖北省	5
9	四川省	4
10	湖南省	4
11	山东省	3
12	浙江省	3
13	江西省	2
14	河北省	2
15	黑龙江省	2
16	吉林省	2
17	甘肃省	1
18	贵州省	1
19	河南省	1
20	广西壮族自治区	1

数据来源：中国医药商业协会

4. 药品零售企业在资本市场上现状

药品流通企业虽属于传统行业，但由于存在巨大的整合空间，所以资本市场也给予较高的估值水平。2013 年药品流通共有 15 家上市公司，剔除海王星辰、桐君阁和南京医药三只市盈率较高的公司之后，其余 12 家公司的市盈率平均在 35 倍。

按照 2013 年最后一个交易日的收盘价计算，15 家药品流通上市公司的市值总和为 1 885.04 亿元，其中百亿市值以上的企业有 6 家，分别是国药控股、上海医药、九州通、国药一致、华东医药和中国医药，其中国药控股和上海医药的市值超过 400 亿元（见表 4）。

2013 年，药品流通上市公司的投资并购活动仍然十分活跃，并购企业数量达到 66 个、涉及金额 54 亿元，在医药类上市公司兼并重组数量上连续 4 年居首位。

表4　2013年医药流通类上市公司基本指标

序号	公司名称	股票代码	上市地点	2013年主营业务收入（万元）	同比增长（%）	2012年主营业务收入（万元）	同比增长（%）
1	国药控股	HK1099	香港	16 686 614	22.89	13 578 684	32.83
2	上海医药	600849	上海	7 822 281	14.90	6 807 812	24.00
3	九州通	600998	上海	3 343 805	13.32	2 950 766	18.80
4	国药一致	000028	深圳	2 119 947	17.70	1 801 176	19.05
5	南京医药	600713	上海	1 873 779	3.96	1 802 422	4.96
6	华东医药	000963	深圳	1 671 799	14.67	1 457 923	30.98
7	中国医药	600056	上海	1 482 951	49.77	990 136	36.21
8	英特集团	000411	深圳	1 236 930	16.80	1 058 995	24.21
9	国药股份	600511	上海	1 008 147	17.34	859 163	22.01
10	瑞康医药	002589	深圳	592 584	28.24	462 078	44.63
11	桐君阁	000591	深圳	463 530	-1.55	470 828	-1.56
12	嘉事堂	002462	深圳	354 427	38.77	255 407	41.81
13	海王星辰	NPD	纽约	269 910	5.85	254 986	2.35
14	浙江震元	000705	深圳	201 815	12.34	179 649	4.51
15	第一医药	600833	上海	134 839	-0.68	135 767	7.07
合计				39 263 358	18.74	33 065 792	25.49

数据来源：上市公司年报

以上上市公司，既有批零一体化的公司，也有以药品零售为主业的公司，如桐君阁、嘉事堂、海王星辰、第一医药等。

（二）药品零售市场品类销售结构

1. 品类销售结构

据典型样本城市零售药店2013年品类销售统计，在零售药店多元化经营中，各类商品近两年来基本格局保持不变（见图3）。在所统计的零售药店经营的八大类商品销售额中，化学药、中成药、食品（含保健品）销售额一直居于前三甲；药品（包括化学药品、中成药和中药材）在连锁药店的销售比重总体持稳，基本保持在药店销售总额的70%以上（见表5）。

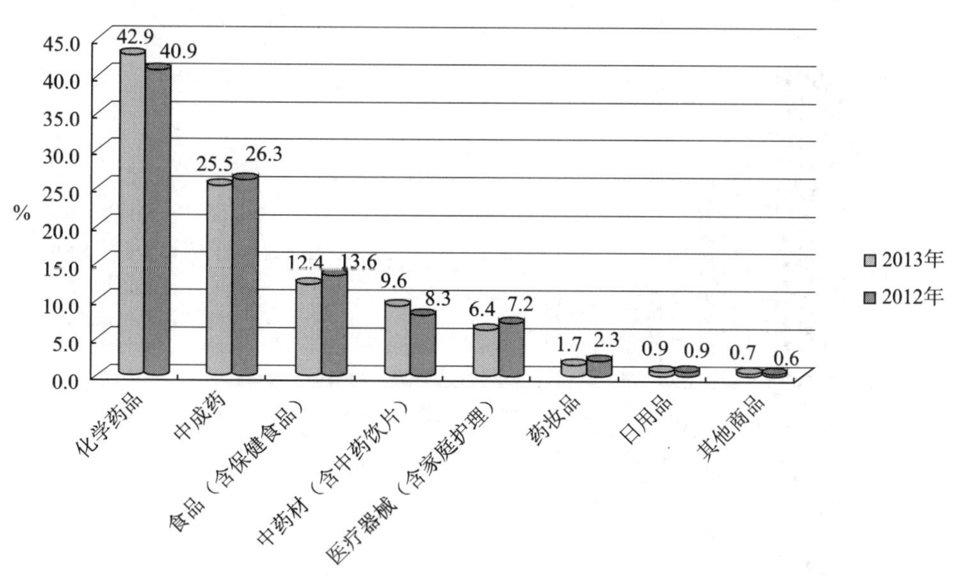

图3　2013年与2012年典型样本城市零售药店销售品类结构分布图

数据来源：中国医药商业协会

表 5　2013 年与 2012 年典型样本城市零售药店大类产品销售占比对比表

大类名称	2013 年		2012 年		占比变化（百分点）
	份额（%）	排名	份额（%）	排名	
化学药品	42.9	1	40.9	1	2.0
中成药	25.5	2	26.3	2	-0.8
食品（含保健食品）	12.3	3	13.5	3	-1.2
中药材（含中药饮片）	9.6	4	8.3	4	1.3
医疗器械（含家庭护理）	6.4	5	7.2	5	-0.8
药妆品	1.7	6	2.3	6	-0.6
日用品	0.9	7	0.9	7	0.0
其他商品	0.7	8	0.6	8	0.1

数据来源：中国医药商业协会（样本范围为 18 个城市 34 家药品零售连锁企业共 1 705 家门店，下同）

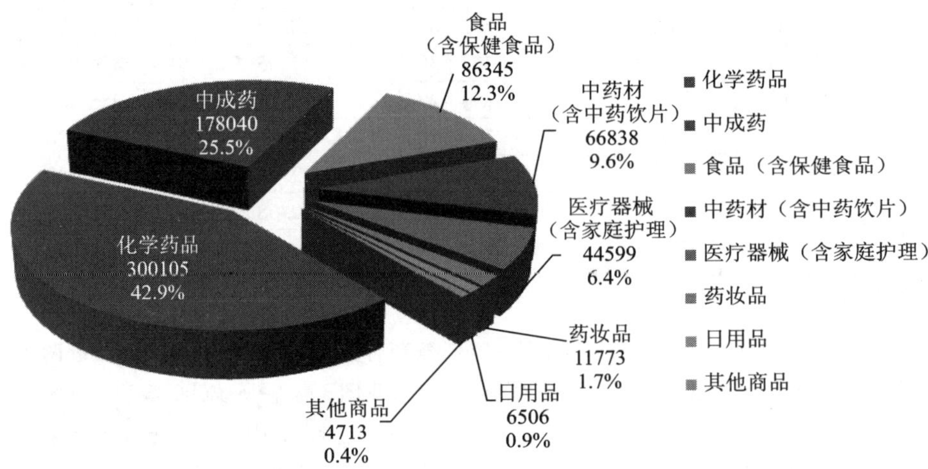

图 4　2013 年典型样本城市零售药店销售品类结构分布图

数据来源：中国医药商业协会

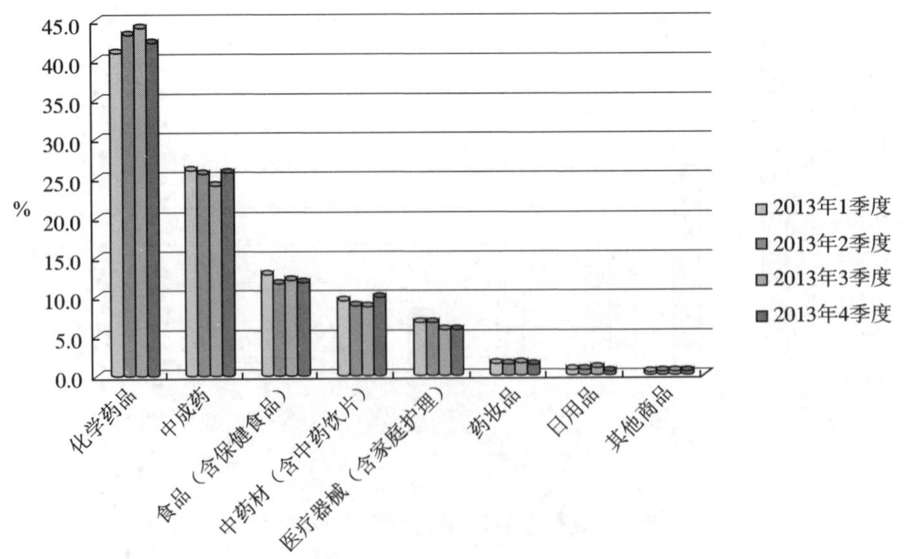

图 5　2013 年典型样本城市零售药店销售品类全年 4 个季度份额柱状图

数据来源：中国医药商业协会

如表 5 所示，化学药品类和中药材（含中药饮片）类销售占比略有上升，中成药、食品（含保健食品）、医疗器械类（含家庭护理）和药妆品销售占比略有下降，日用品销售占比保持不变。

如图 5 所示，化学药品销售在前三季度连续上升，第四季度又有所回落；食品（保健品）销售额连续四个季度稳居第三位，且所占比例基本稳定，反映了食品（保健品）市场需求持续旺盛，且受季节影响不大；中药材类包含了部分贵重药材，如参茸类产品，受节气变化、进补习惯等因素影响在二、三季度销售额有所下降；药妆类产品的销售额在全年各季度中一直保持稳定。

2. 品种销售结构

2013 年，典型样本城市零售药店国产药品与合资药品销售占比均略有下降，而进口药品销售占比略有上升。如图 6 所示，在化学药品类、中成药类销售中，国产药品占主导地位，其中国产药品占 69.05%，占比下降 0.55 个百分点；合资药品占 20.46%，占比下降 0.64 个百分点；进口药品占 10.49%，占比增加 1.19 个百分点。药品流通企业应关注进口药品转国产药品的机遇，积极关注医药市场变化趋势，努力做好国产新品种上市及与厂家的战略合作。针对药品厂家由产品营销向品牌营销转变、品牌营销实行工商联手的变化，把握机遇，加强与品牌厂家的战略合作，以供应链服务升级措施对接医改深入的挑战。

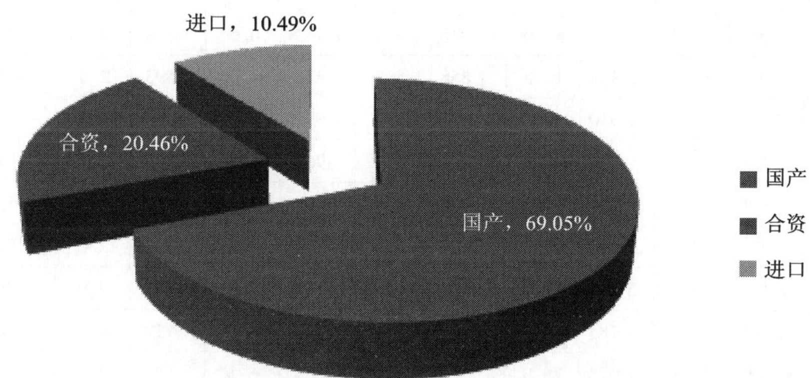

图 6　2013 典型样本城市零售药店生产厂家产品（包含化学药品、中成药）市场份额比重图

数据来源：中国医药商业协会

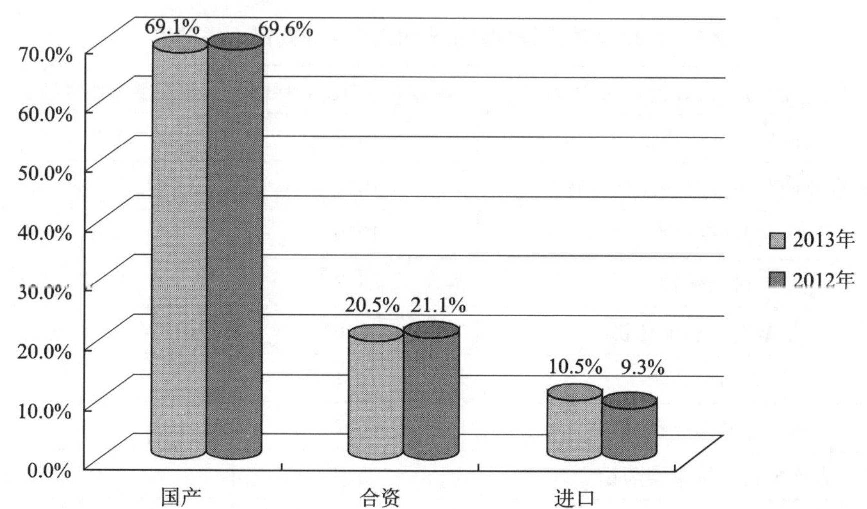

图 7　典型样本城市零售药店 2013 年与 2012 年生产厂家产品（化学药品、中成药）市场份额占比变化图

数据来源：中国医药商业协会

典型样本城市零售药店 2013 年品类销售统计如下表 6、表 7、表 8：

表 6　2013 年典型样本城市零售药店区域大类产品销售结构

区域	化学药品		中成药		食品		中药材		医疗器械		药妆品		日用品		其他商品	
	销售总额（万元）	占比（%）	销售总额（万元）	占比（%）	销售总额（万元）	占比（%）	销售总额（万元）	占比（%）	销售总额（万元）	占比（%）	销售总额（万元）	占比（%）	销售总额（万元）	占比（%）	销售总额（万元）	占比（%）
江苏	64 770	43.1	37 429	24.9	16 930	11.3	17 934	11.9	8 337	5.5	2 706	1.8	1 476	1.0	845	0.6
辽宁	44 257	43.8	26 395	26.1	12 562	12.4	9 679	9.6	6 016	6.0	1 435	1.4	299	0.3	395	0.4
广东	41 360	47.3	18 643	21.3	10 008	11.5	8 186	9.4	7 349	8.4	597	0.7	816	0.9	448	0.5
河北	24 527	52.4	6 411	13.7	4 196	9.0	8 705	18.6	2 448	5.2	285	0.6	112	0.2	147	0.3
黑龙江	24 307	55.3	9 554	21.7	4 112	9.3	1 786	4.1	1 779	4.0	944	2.1	1 117	2.5	392	0.9
上海	15 450	36.3	14 467	34.0	4 660	10.9	3 068	7.2	3 281	7.7	739	1.7	517	1.2	408	1.0
山西	14 781	45.1	7 943	24.3	4 429	13.5	3 152	9.6	2 294	7.0	40	0.1	41	0.1	68	0.2
北京	12 791	31.1	11 801	28.7	4 397	10.7	4 067	9.9	5 201	12.6	2 149	5.2	440	1.1	296	0.7
福建	8 905	37.3	5 682	23.8	3 578	15.0	3 046	12.8	1 542	6.5	735	3.1	115	0.5	273	1.1
河南	8 367	36.2	7 412	32.1	2 828	12.2	1 858	8.0	934	4.0	593	2.6	464	2.0	652	2.8
内蒙古	8 342	50.9	4 671	28.5	1 530	9.3	575	3.5	1 092	6.7	94	0.6	36	0.2	41	0.2
山东	6 975	34.2	5 616	27.6	4 453	21.9	841	4.1	963	4.7	745	3.7	702	3.4	81	0.4
宁夏	6 591	37.7	6 490	37.1	2 159	12.3	886	5.1	1 298	7.4	17	0.1	15	0.1	46	0.3
广西	5 991	35.4	5 181	30.6	3 207	19.0	927	5.5	807	4.8	344	2.0	101	0.6	349	2.1
湖南	5 361	26.9	5 903	29.6	5 515	27.7	1 906	9.6	708	3.6	177	0.9	139	0.7	234	1.2
天津	4 892	64.0	2 399	31.4	185	2.4	13	0.2	118	1.5	19	0.2	10	0.1	5	0.1
浙江	1 267	31.7	1 154	28.9	1 033	25.9	126	3.1	251	6.3	86	2.2	57	1.4	18	0.5
安徽	1 172	38.8	889	29.4	563	18.7	83	2.8	180	6.0	67	2.2	51	1.7	13	0.4
平均	16 673	42.9	9 891	25.5	4 797	12.4	3 713	9.6	2 478	6.4	654	1.7	361	0.9	262	0.7

数据来源：中国医药商业协会

表 7　2013 年典型样本城市零售药店化学药品大类排序

排序	西药大类分类	2013 年占比（%）	2012 年占比（%）	变化（百分点）
1	循环系统用药物	16.2	14.8	1.4
2	激素及调节内分泌功能类药物	10.2	9.5	0.7
3	抗肿瘤药物	10.0	8.6	1.4
4	专科用药物	8.2	9.1	-0.9
5	抗生素类抗感染药物	7.6	7.8	-0.2
6	解热镇痛药物	7.1	8.7	-1.6
7	调节免疫功能药物	6.2	8.2	-2.0
8	非抗生素类抗感染药物	5.7	5.9	-0.2
9	消化系统用药物	5.5	5.7	-0.2
10	神经系统用药物	4.0	3.6	0.4
11	维生素类与矿物质类药物	3.4	3.4	0.0
12	水、电解质及酸碱平衡调节药物	3.2	3.2	0.0

续　表

排序	西药大类分类	2013 年占比（%）	2012 年占比（%）	变化（百分点）
13	特殊管理药物	2.8	2.9	-0.1
14	呼吸系统用药物	2.6	2.7	-0.1
15	血液系统用药物	2.5	2.4	0.1
16	其他	2.1	0	2.1
17	抗变态反应药物	1.1	1.3	-0.2
18	抗寄生虫病药物	0.7	0.7	0.0
19	泌尿系统用药物	0.6	0.7	-0.1
20	酶类及其他生化药物	0.5	0.6	-0.1
21	麻醉用药物	0.0	0.1	-0.1

数据来源：中国医药商业协会

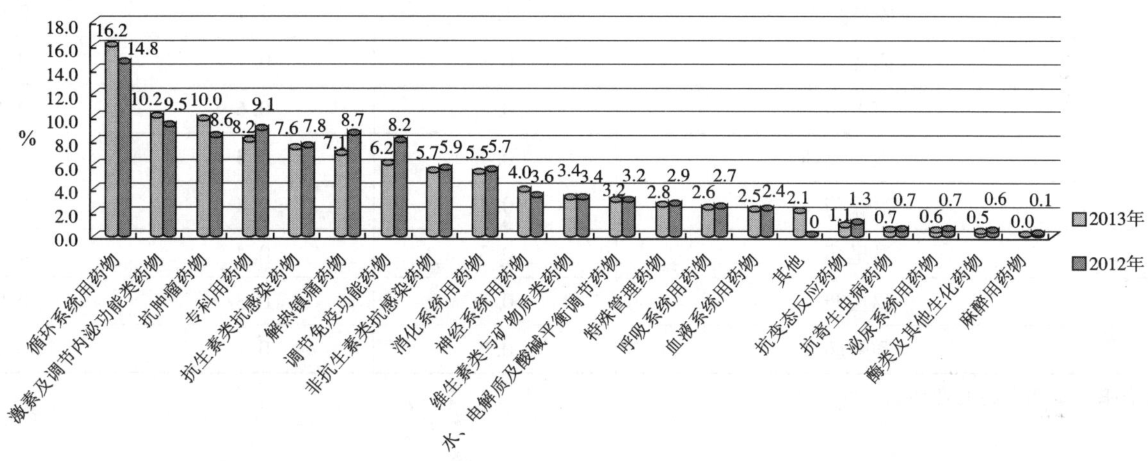

图 8　2013 年与 2012 年典型样本城市零售药店化学药品大类结构图

数据来源：中国医药商业协会

如图 8 所示，在化学药品销售占比增长的大类中，循环系统用药物和抗肿瘤药物销售占比有一定的提升，其次有提升的为激素及调节内分泌功能类药物和神经系统用药物，而调节免疫功能药物、解热镇痛药物、专科用药、抗生素类抗感染药物、非抗生素类抗感染药物等均有下降，其中调节免疫功能药物和解热镇痛药物下降幅度较大。

抗肿瘤药物从 2012 年的第五位上升到 2013 年的第三位，与我国肿瘤病患者不断增多有着密切关系。我国每年新发肿瘤病例约为 312 万例，平均每天 8 550 人，每分钟有 6 人被诊断为癌症，有 5 人死于癌症，人们一生中患癌概率为 22%，其中肺癌成为发病与死亡率最高的癌症，这与严重污染的空气和主动与被动吸烟以致肺癌高发有着重要的关系。

表 8　2013 年典型样本城市零售药店中成药大类排序

排序	中成药大类分类	2013 年占比（%）	2012 年占比（%）	变化（百分点）
1	补益药	16.3	14.6	1.7
2	理血药	11.4	11.0	0.4
3	清热药	11.2	12.0	-0.8
4	化痰止咳平喘药	9.0	9.8	-0.8

续 表

排序	中成药大类分类	2013 年占比（%）	2012 年占比（%）	变化（百分点）
5	外科用药	8.9	9.4	-0.5
6	祛湿药	7.9	7.7	0.2
7	解表药	7.0	6.9	0.1
8	五官用药	6.8	7.8	-1.0
9	妇科用药	4.9	5.5	-0.6
10	消导药	3.1	3.5	-0.4
11	理气药	2.4	2.2	0.2
12	散风熄风药	2.3	2.5	-0.2
13	其他	2.2	0	2.2
14	开窍药	2.1	2.6	-0.5
15	安神药	1.7	1.7	0.0
16	固涩药	0.8	0.7	0.1
17	泻下药	0.5	0.6	-0.1
18	其他中成药	0.4	0.3	0.1
19	治燥药	0.4	0.4	0.0
20	温里药	0.3	0.4	-0.1
21	驱虫药	0.3	0.3	0.0
22	和解药	0.2	0	0.2

数据来源：中国医药商业协会

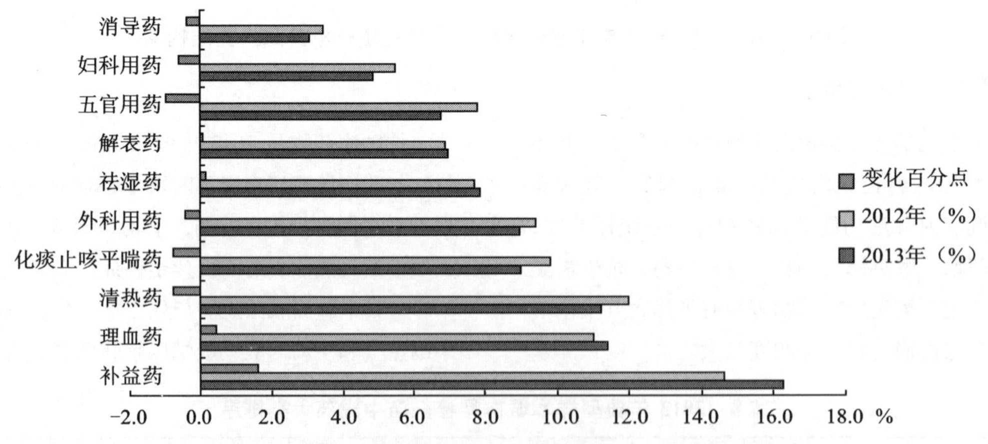

图 9　2013 年典型样本城市零售药店中成药前 10 大类占比变化

数据来源：中国医药商业协会

如图 9 所示，在中成药大类销售占比中，补益药一反上年下降趋势在 2013 年增长幅度较大；除理血药、祛湿药和解表药均有略微增长外，其他几类占比较上年均有所下降。

典型样本城市零售药店 2013 年药品销售前 10 位（按品规统计）如下表 9 所示；在销售排名前 10 位的品规中，片剂、胶囊占 9 席，且有 8 种为合资、进口品种。

表9 2013年典型样本城市零售药店药品销售前10位品规排序（化学药品、中成药）

序号	品名（商品名、通用名）	规 格	厂 家	销售额(万元)	占比（%）
1	甲磺酸伊马替尼片（格列卫）	0.1g＊60T	Novartis Pharma Stein AG	8 313.89	1.8
2	吗替麦考酚酯胶囊（骁悉）	0.25g＊40S	上海罗氏制药有限公司	5 475.17	1.2
3	注射用曲妥珠单抗（赫赛汀）	20ml:0.44g（含稀释液）	上海罗氏制药有限公司	5 407.8	1.2
4	他克莫司胶囊（普乐可复）	1mg＊50S	安斯泰来制药（中国）有限公司	4 583.95	1.0
5	枸橼酸西地那非片（万艾可）	0.1g＊5T	辉瑞制药有限公司	3 131.11	0.7
6	盐酸厄洛替尼片（特罗凯）	0.15g＊7T	上海罗氏制药有限公司	2 867.21	0.6
7	盐酸埃克替尼片（凯美纳）	0.125g＊21T	浙江贝达药业有限公司	2 817.56	0.6
8	硫酸氢氯吡格雷片（波立维）	75mg＊7T	赛诺菲安万特（杭州）制药有限公司	2 779.66	0.6
9	阿托伐他汀钙片（立普妥）	20mg＊7T	辉瑞制药有限公司	2 440.42	0.5
10	阿卡波糖片（拜唐苹）	50mg＊30T	拜耳医药保健有限公司	2 382.67	0.5

数据来源：中国医药商业协会

表10 2013年典型样本城市零售药店国内药品供应商产品销售前20位排序（化学药品、中成药）

序号	厂 家	样本市场占比（%）
1	山东东阿阿胶股份有限公司	2.8
2	浙江贝达药业有限公司	1.2
3	北京同仁堂科技发展股份有限公司制药厂	1.1
4	天津天士力制药股份有限公司	1.1
5	云南白药集团股份有限公司	1.1
6	北京同仁堂股份有限公司同仁堂制药厂	1.0
7	哈药集团三精制药股份有限公司	0.9
8	李时珍医药集团有限公司	0.8
9	江苏正大天晴药业股份有限公司	0.8
10	石药集团中诺药业（石家庄）有限公司	0.8
11	江苏济川制药有限公司	0.7
12	河南省宛西制药股份有限公司	0.7
13	哈药集团制药六厂	0.6
14	石药集团欧意药业有限公司	0.6
15	华润三九医药股份有限公司	0.6
16	漳州片仔癀药业股份有限公司	0.6
17	杭州中美华东制药有限公司	0.6
18	修正药业集团股份有限公司	0.6
19	内蒙古鸿茅药业有限责任公司	0.5
20	哈药集团世一堂制药厂	0.5

数据来源：中国医药商业协会

表 11　2013 年典型样本城市零售药店合资企业产品销售前 20 位排序（化学药品、中成药）

序号	厂　　家	样本市场占比（%）
1	上海罗氏制药有限公司	13.1
2	辉瑞制药有限公司	10.4
3	阿斯利康制药有限公司	8.0
4	拜耳医药保健有限公司	7.1
5	安斯泰来制药（中国）有限公司	6.7
6	诺和诺德（中国）制药有限公司	5.2
7	西安杨森制药有限公司	4.9
8	中美上海施贵宝制药有限公司	4.4
9	北京诺华制药有限公司	4.3
10	惠氏制药有限公司	3.7
11	赛诺菲安万特（杭州）制药有限公司	3.5
12	杭州默沙东制药有限公司	3.2
13	中美天津史克制药有限公司	3.0
14	施维雅（天津）制药有限公司	2.0
15	葛兰素史克制药（苏州）有限公司	1.8
16	上海强生制药有限公司	1.5
17	安士制药（中山）有限公司	1.4
18	上海勃林格殷格翰药业有限公司	1.4
19	珠海联邦制药股份有限公司中山分公司	1.2
20	礼来苏州制药有限公司	1.1

数据来源：中国医药商业协会

表 12　2013 年典型样本城市零售药店进口供应商产品销售前 20 位排序

序号	厂　　家	样本市场占比（%）
1	诺华制药	22.1
2	拜耳医疗保健公司	6.1
3	礼来德尔加勒比公司	4.6
4	京都念慈庵总厂有限公司	4.1
5	拜耳先灵葆雅制药公司	3.8
6	勃林格殷格翰制药公司	3.5
7	英国葛兰素史克公司	3.3
8	德国默克制药公司	3.1
9	辉瑞制药意大利公司	2.1
10	诺华德国制药有限公司	2.0
11	葛兰素威康	1.8

续　表

序号	厂　家	样本市场占比（%）
12	德国威玛舒培博士药业	1.8
13	丹麦灵北制药	1.7
14	澳美制药厂	1.4
15	瑞典阿斯利康	1.3
16	德国霍克制药	1.3
17	比利时联合化学制药公司	1.3
18	默克制药意大利 S. P.	1.2
19	法国 PATHEON	1.2
20	芬兰 Orion 药业	1.2

数据来源：中国医药商业协会

表 13　2013 年典型样本城市零售药店化学药品销售前 3 大类前 10 位生产厂家排序

西药大类位序	类别	厂家排序	生产厂家	占比（%）
1	循环系统用药物	1	辉瑞制药有限公司	10.3
		2	阿斯利康制药有限公司	9.0
		3	北京诺华制药有限公司	5.8
		4	拜耳医药保健有限公司	4.8
		5	施慧达药业集团（吉林）有限公司	3.6
		6	北京赛科药业有限责任公司	3.1
		7	杭州默沙东制药有限公司	2.8
		8	北京双鹤药业股份有限公司	2.5
		9	施维雅（天津）制药有限公司	2.0
		10	德国威玛舒培博士药业	1.8
2	抗肿瘤药物	1	诺华制药有限公司	31.6
		2	上海罗氏制药有限公司	29.5
		3	浙江贝达药业有限公司	10.7
		4	阿斯利康制药有限公司	5.6
		5	拜耳先灵药业	5.3
		6	辉瑞意大利公司	2.9
		7	西安杨森制药有限公司	1.5
		8	美国 BenVenue 实验室公司	1.4
		9	芬兰 Orion 药业	1.4
		10	江苏天士力帝益药业有限公司	0.8

续 表

西药大类位序	类别	厂家排序	生产厂家	占比（%）
3	激素及调节内分泌功能类药物	1	诺和诺德（中国）制药有限公司	20.8
		2	拜耳医药保健有限公司	8.8
		3	勃林格殷格翰制药公司	4.3
		4	施维雅（天津）制药有限公司	4.0
		5	中美上海施贵宝制药有限公司	4.0
		6	拜耳医药保健有限公司广州分公司	3.7
		7	德国默克制药公司	3.6
		8	礼来苏州制药有限公司	3.6
		9	北京紫竹药业有限公司	3.4
		10	浙江仙琚制药股份有限公司	3.3

3. 药品零售企业直营门店结构情况

2013 年，销售额前 100 位药品零售企业门店总数达到 44 322 家，其中直营门店数 25 175 家、占门店总数的 57%（见表 14）。

表 14　2013 年药品销售总额前 100 位零售企业门店统计表

序号	企业名称	门店总数（家）	直营门店数量（家）	直营门店占比（%）	加盟店数量（家）	加盟店占比（%）
1	国药控股国大药房有限公司	2 087	1 693	81	394	19
2	中国北京同仁堂（集团）有限责任公司	470	470	100	0	0
3	重庆桐君阁大药房连锁有限责任公司	8 306	1 306	16	7 000	84
4	云南鸿翔一心堂药业（集团）股份有限公司	2 389	2 389	100	0	0
5	大参林医药集团股份有限公司	1 278	1 278	100	0	0
6	辽宁成大方圆医药连锁有限公司	885	716	81	169	19
7	深圳市海王星辰医药有限公司	2 066	2 066	100	0	0
8	湖北同济堂药房有限公司	4 833	229	5	4 604	95
9	上海华氏大药房有限公司	207	206	100	1	0
10	益丰大药房连锁股份有限公司	660	660	100	0	0
11	云南健之佳健康连锁店股份有限公司	1 024	1 024	100	0	0
12	成都百信药业连锁有限责任公司	1640	10	1	1630	99
13	哈尔滨人民同泰医药连锁店	326	326	100	0	0
14	南京国药医药有限公司	404	251	62	153	38
15	济南漱玉平民大药房有限公司	431	431	100	0	0
16	江苏大众医药连锁有限公司	121	121	100	0	0

续　表

序号	企业名称	门店总数（家）	直营门店数量（家）	直营门店占比（%）	加盟店数量（家）	加盟店占比（%）
17	深圳中联大药房控股有限公司	425	425	100	0	0
18	四川太极大药房连锁有限公司	2 110	113	5	1 997	95
19	吉林大药房药业股份有限公司	368	368	100	0	0
20	甘肃德生堂大药房连锁经营有限公司	184	184	100	0	0
21	北京金象大药房医药连锁有限责任公司	318	126	40	192	60
22	上海第一医药股份有限公司	36	36	100	0	0
23	沈阳东北大药房连锁有限公司	200	147	74	53	27
24	河南张仲景大药房股份有限公司	261	261	100	0	0
25	杭州九洲大药房连锁有限公司	48	48	100	0	0
26	北京医保全新大药房有限责任公司	32	24	75	8	25
27	江西黄庆仁栈华氏大药房有限公司	605	605	100	0	0
28	先声再康江苏药业有限公司	176	173	98	3	2
29	云南东骏药业有限公司	1 851	397	21	1 454	79
30	上海复美益星大药房连锁有限公司	491	76	15	415	85
31	山东燕喜堂医药连锁有限公司	313	313	100	0	0
32	江西萍乡市昌盛大药房连锁有限公司	212	170	80	42	20
33	河北华佗药房医药连锁有限公司	142	142	100	0	0
34	贵州一树连锁药业有限公司	90	90	100	0	0
35	湖南千金大药房连锁有限公司	377	185	49	192	51
36	云南白药大药房有限公司	146	146	100	0	0
37	襄阳天济大药房连锁有限责任公司	190	190	100	0	0
38	山东立健医药城连锁有限公司	405	405	100	0	0
39	苏州礼安医药连锁总店有限公司	65	65	100	0	0
40	江西昌盛大药房有限公司	428	300	70	128	30
41	常州市恒泰医药连锁有限公司	97	97	100	0	0
42	西安怡康医药连锁有限责任公司	297	297	100	0	0
43	石家庄新兴药房连锁有限公司	143	143	100	0	0
44	浙江震元医药连锁有限公司	70	66	94	4	6
45	深圳市友和医药大药房连锁有限公司	49	49	100	0	0
46	广州采芝林药业连锁店	50	35	70	15	30

续 表

序号	企业名称	门店总数（家）	直营门店数量（家）	直营门店占比（%）	加盟店数量（家）	加盟店占比（%）
47	吉林省益和大药房有限公司	304	304	100	0	0
48	重庆鑫斛药房连锁有限公司	145	88	61	57	39
49	广西柳州桂中大药房连锁有限责任公司	117	117	100	0	0
50	重庆市万和药房连锁有限公司	182	182	100	0	0
51	廊坊市一笑堂医药零售连锁有限公司	108	108	100	0	0
52	中山市中智大药房连锁有限公司	196	196	100	0	0
53	广州健民医药连锁有限公司	29	29	100	0	0
54	广东国药医药连锁企业有限公司	726	726	100	0	0
55	山东利民大药店连锁有限公司	67	67	100	0	0
56	上海余天成药业连锁有限公司	61	61	100	0	0
57	赤峰人川大药房连锁有限公司	129	129	100	0	0
58	浙江天天好大药房连锁有限公司	99	99	100	0	0
59	海南广安堂药品超市连锁经营有限公司	50	50	100	0	0
60	河北神威大药房连锁有限公司	99	99	100	0	0
61	上海养和堂药业连锁经营有限公司	78	78	100	0	0
62	宁波四明大药房有限责任公司	61	60	98	1	2
63	安徽丰原大药房连锁有限公司	45	45	100	0	0
64	宜兴市天健医药连锁有限公司	89	85	96	4	4
65	上海童涵春堂药业连锁经营有限公司	37	31	84	6	16
66	新疆康泰东方医药连锁有限公司	26	26	100	0	0
67	陕西众信医药超市有限公司	68	68	100	0	0
68	四川杏林医药连锁有限责任公司	54	46	85	8	15
69	武汉东明药房连锁有限公司	99	15	15	84	85
70	北京京卫元华医药科技有限公司	26	26	100	0	0
71	上海药房连锁有限公司	33	33	100	0	0
72	山西荣华大药房连锁有限公司	106	106	100	0	0
73	怀化怀仁大药房连锁有限公司	56	56	100	0	0
74	贵州芝林大药房零售连锁有限公司	47	41	87	6	13
75	浙江瑞人堂医药连锁有限公司	91	91	100	0	0
76	无锡山禾集团健康参药连锁有限公司	60	60	100	0	0

续 表

序号	企业名称	门店总数（家）	直营门店数量（家）	直营门店占比（%）	加盟店数量（家）	加盟店占比（%）
77	哈尔滨宝丰医药连锁有限公司	56	56	100	0	0
78	福建惠好四海医药连锁有限责任公司	105	105	100	0	0
79	泸州圣杰药业有限公司	113	113	100	0	0
80	呼伦贝尔市同致药业有限责任公司	28	28	100	0	0
81	上海医药嘉定大药房连锁有限公司	59	59	100	0	0
82	四川德仁堂药业连锁有限公司	152	152	100	0	0
83	江西开心人大药房连锁有限公司	28	28	100	0	0
84	湖北中联大药房连锁有限公司	119	119	100	0	0
85	浙江华通医药连锁有限公司	100	90	90	10	10
86	赤峰雷蒙大药房连锁有限公司	230	61	27	169	73
87	常州人寿天医药连锁有限公司	19	19	100	0	0
88	济宁新华鲁抗大药房有限公司	96	79	82	17	18
89	南京金陵大药房有限责任公司	38	38	100	0	0
90	昆山双鹤同德堂连锁大药房有限责任公司	49	49	100	0	0
91	黑龙江泰华医药连锁销售有限公司	67	67	100	0	0
92	葫芦岛市医药有限责任公司	17	17	100	0	0
93	广西一致药店连锁有限公司	78	70	90	8	10
94	浙江华联医药连锁有限公司	59	59	100	0	0
95	广西一心医药集团有限责任公司	338	21	6	317	94
96	北京嘉事堂连锁药店有限责任公司	124	124	100	0	0
97	北京永安复星医药股份有限公司	28	28	100	0	0
98	上海一德大药房连锁经营有限公司	44	38	86	6	14
99	武汉普安医药有限公司	48	48	100	0	0
100	上海南汇华泰药店连锁总店	44	44	100	0	0
合　计		44 322	25 175	57	19 147	43

注：数据依据商务部药品流通统计直报系统，部分数据来源于中国医药商业协会。

4. 医保定点药店区域分布情况

截至 2013 年年底，医保定点零售药店 16.8 万家，占零售药店门店总数的 39.7%。销售额前 100 位药品零售企业医保定点药店总数为 24 231 家，占全国医保定点零售药店门店总数的 14.4%（见表 15）。

近年来医保定点零售药店受各地政策影响较大，主要表现：一是申报流程区域管控差异较大；在药品零售连锁企业收购单体药店后，原药店的医保定点资格将被注销，收购方需重新申报，有的地方规定了需重新开业两年以上才可申请医保定点药店，有的地方受医保定点药店总数的控制，并购后的连锁药店无法继续获得医保定点的资格。二是医保应收款的结算周期存在区域差异；有的地方月结一次，有的省市甚至要一年结算一次，资金结算周期长极大地加重了医保定点药店的资金周转压力。三是医保部门对医保定点药店经营非药品下达“限售令”和“禁售令”；一旦在定点药店摆放非药品即按违规论处，严重影响医保定点药店的多元化经营，使医保定点药店无法在药品屡次降价的情况下从多元化经营中获取利润，限制了药品零售行业的正常发展。

表 15　2013 年销售额前 100 位药品零售企业医保定点药店区域分布表

序号	地区	门店总数（家）	医保定点门店数（家）	医保门店占比（%）	企业家数（家）
1	湖北省	5 289	5 207	98	5
2	云南省	5 410	3 331	62	4
3	重庆市	8 633	2 779	32	3
4	四川省	4 069	2 728	67	5
5	广东省	4 819	2 181	45	8
6	上海市	3 177	1 349	42	11
7	辽宁省	1 102	927	84	3
8	山东省	1 312	799	61	5
9	湖南省	1 093	616	56	3
10	江苏省	1 118	590	53	10
11	吉林省	672	505	75	2
12	黑龙江省	449	410	91	3
13	内蒙古自治区	387	380	98	3
14	陕西省	365	355	97	2
15	河北省	492	347	71	4
16	浙江省	528	334	63	7
17	北京市	2 687	283	11	6
18	江西省	1 273	272	21	4
19	河南省	261	216	83	1
20	甘肃省	184	153	83	1
21	广西壮族自治区	533	131	25	3
22	贵州省	137	126	92	2
23	福建省	105	66	63	1
24	山西省	106	51	48	1
25	海南省	50	50	100	1
26	新疆维吾尔自治区	26	26	100	1
27	安徽省	45	19	42	1
汇　总		44 322	24 231	55	100

注：本篇报告数据依据商务部药品流通统计直报系统，部分数据来源于中国医药商业协会。

5. 拥有配送中心情况

据药品流通统计直报系统数据显示，截至 2013 年年底含有药品物流配送中心的药品零售直报企业有 104 家，含药品物流配送中心数量 158 个，其中自有物流配送中心数量 115 个，占配送中心总数的 73%；平均每家企业拥有配送中心数量 1.5 个，其中拥有自有配送中心 1.1 个（见图 10）。

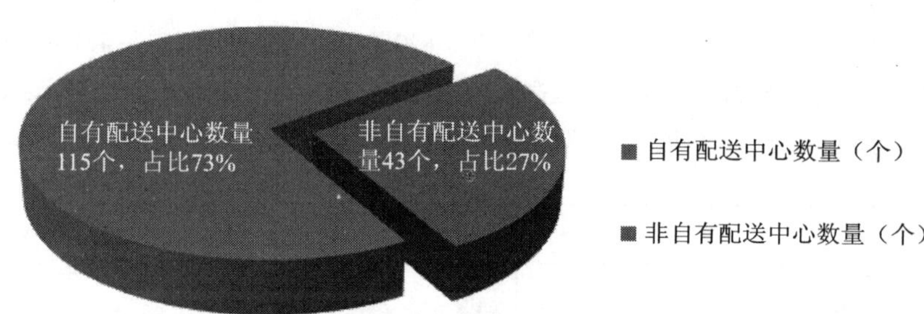

图 10　药品零售企业自有配送中心数量统计

数据来源： 商务部药品流通直报系统

二、药品零售市场发展的主要特点

（一）药品零售企业销售规模有所提升

从销售情况看，前 100 位药品零售企业的销售额底线为 1.32 亿元，销售额超过 10 亿元的企业有 16 家，其中销售额超过 50 亿元的有 3 家、30 亿 ~40 亿元的有 4 家、20 亿 ~30 亿元的有 3 家、10 亿 ~20 亿元的有 6 家。

表 16　2012—2013 年不同销售规模药品零售企业家数变化统计表

单位：家

销售额分布	2013 年	2012 年	变化
超过 50 亿元	3	0	3
40 亿 ~50 亿元	0	3	-3
30 亿 ~40 亿元	4	5	-1
20 亿 ~30 亿元	3	3	0
10 亿 ~20 亿元	6	8	-2
超过 10 亿元（汇总）	16	19	-3

注： 本篇分析数据依据商务部药品流通统计直报系统，部分数据来源于中国医药商业协会。

如表 16 所示，与上年比较，年销售额超过 50 亿元的企业有 3 家，而上年为零，说明优势企业的销售规模有所提升；但从年销售额超过 10 亿元企业数来看，2013 年比上年减少 3 家。前 100 位药品零售企业销售额占零售市场销售总额比例为 28.3%；其中前 5 位企业占销售总额的 9.0%、前 10 位企业占销售总额的 14.4%、前 20 位企业占销售总额的 18.5%，均比上年有不同程度下降，反映药品零售企业重组购并速度较慢，市场集中度有待于进一步提升。

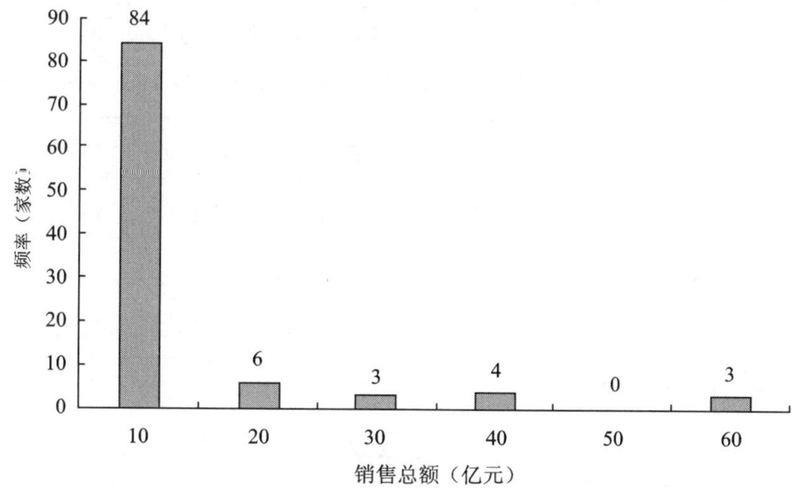

图 11　2013 年度销售总额前 100 位药品零售企业分布图

注： 本篇分析数据依据商务部药品流通统计直报系统，部分数据来源于中国医药商业协会。

（二）零售药店连锁率较低

2012 年，全国零售药店连锁率为 36.01%，比上年提高 1.4 个百分点。而《全国药品流通行业发展规划纲要（2011—2015 年）》规定，至 2015 年连锁药店占全部零售门店的比重提高到 2/3 以上。按照这一目标要求，现有药店连锁率明显较低，存在很大差异（见图 12）。

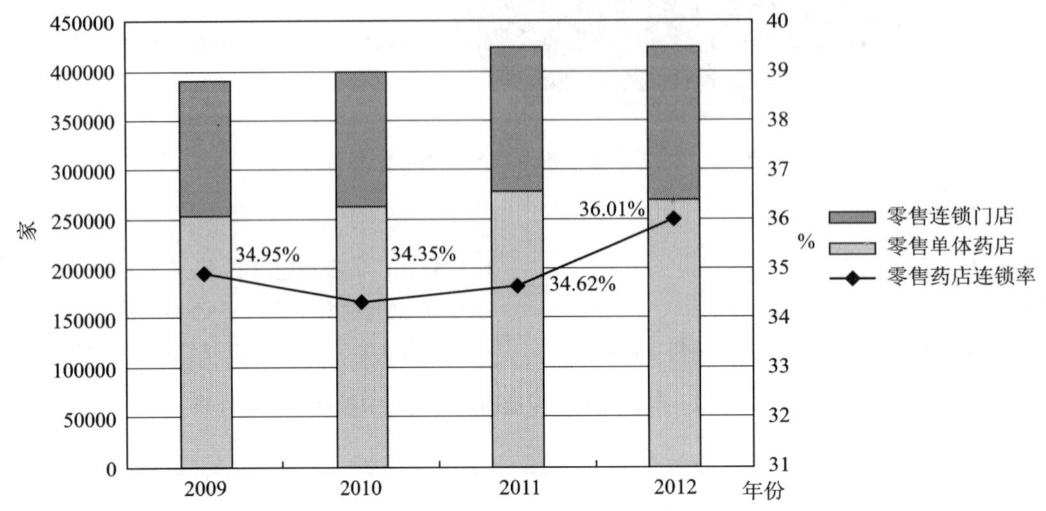

图 12　2009—2012 年全国零售药店连锁率统计图

数据来源：国家食品药品监督管理总局

（三）零售药店区域发展不均衡

药品零售百强企业中，共有 22 家企业为跨省经营企业，其中前 10 强全部为跨省企业。跨 10 个省以上的企业有 4 家，跨 5 个省至 10 个省以上的企业有 8 家，跨 5 个省以下的企业有 9 家（见表 17）。

表 17　2013 年销售额前 100 位药品零售企业跨省经营统计表

序号	企业名称	涉及省份数	涉及的具体省份						
1	中国北京同仁堂（集团）有限责任公司	28	黑龙江	广东	河北	浙江	安徽	云南	湖南
			新疆	贵州	天津	福建	四川	吉林	上海
			湖北	陕西	河南	山西	海南	山东	广西
			内蒙	甘肃	辽宁	北京	江西	重庆	江苏
2	国药控股国大药房有限公司	18	福建	河南	江苏	新疆	广西	天津	安徽
			上海	湖南	山西	河北	山东	广东	宁夏
			北京	内蒙	浙江	辽宁			
3	老百姓大药房连锁股份有限公司	15	湖南	陕西	浙江	江西	广西	山东	河北
			广东	天津	上海	湖北	河南	北京	江苏
			安徽						
4	深圳市海王星辰医药有限公司	14	广东	浙江	辽宁	江苏	山东	四川	天津
			北京	吉林	安徽	湖北	福建	上海	湖南

续　表

序号	企业名称	涉及省份数	涉及的具体省份						
5	深圳中联大药房控股有限公司	10	广东	贵州	北京	四川	广西	山西	福建
			湖北	云南	海南				
6	湖北同济堂药房有限公司	7	湖北	江苏	安徽	重庆	广东	北京	浙江
7	云南鸿翔一心堂药业（集团）股份有限公司	6	山西	广西	贵州	云南	重庆	四川	
8	大参林医药集团股份有限公司	6	广西	福建	广东	江西	浙江	河南	
9	益丰大药房连锁股份有限公司	6	江苏	湖北	湖南	上海	浙江	江西	
10	武汉普安医药有限公司	6	江苏	北京	湖北	四川	天津	上海	
11	上海华氏大药房有限公司	5	贵州	安徽	浙江	江苏	上海		
12	辽宁成大方圆医药连锁有限公司	5	吉林	山东	河北	内蒙	辽宁		
13	北京金象大药房医药连锁有限责任公司	5	河北	天津	北京	山西	山东		
14	云南健之佳健康连锁店股份有限公司	4	广西	四川	重庆	云南			
15	南京国药医药有限公司	4	安徽	福建	新疆	江苏			
16	成都百信药业连锁有限责任公司	3	四川	河北	湖北				
17	甘肃德生堂大药房连锁经营有限公司	3	陕西	北京	甘肃				
18	河南张仲景大药房股份有限公司	3	黑龙江	海南	河南				
19	重庆桐君阁大药房连锁有限责任公司	2	四川	重庆					
20	江苏大众医药连锁有限公司	2	安徽	江苏					
21	河北华佗药房医药连锁有限公司	2	北京	河北					
22	四川德仁堂药业连锁有限公司	2	北京	四川					

注：老百姓大药房连锁股份有限公司由于上市静默期，未参与零售企业销售额的百强排名，仅在本表中反映其跨省经营情况。

本篇分析数据依据商务部药品流通统计直报系统，部分数据来源于中国医药商业协会。

（四）互联网药品交易服务模式发展迅速

2013年是药品电子商务平台加速发展的一年。具有条件的一些公司借助电子商务平台整合业务渠道，向供应链客户提供更多的增值服务，以降低运营成本、提高交易效率，实现了线上与线下业务经营的共同发展。

据国家食品药品监督管理总局统计显示，截至2013年年底，获得批准开展互联网药品交易服务的企业有199家；服务范围包括：向个人消费者提供药品（B2C）、与其他企业进行药品交易（B2B）和第三方交易服务平台（B2A）。

据药品流通行业统计直报系统数据显示，截至2014年6月在直报系统中具有互联网药品交易服务资格的企业为62家，其中B2B企业20家、B2C企业42家；B2B交易额占比超过90%。网上药品零售有着巨大的发展空间，将成为药品零售企业新的竞争领域。

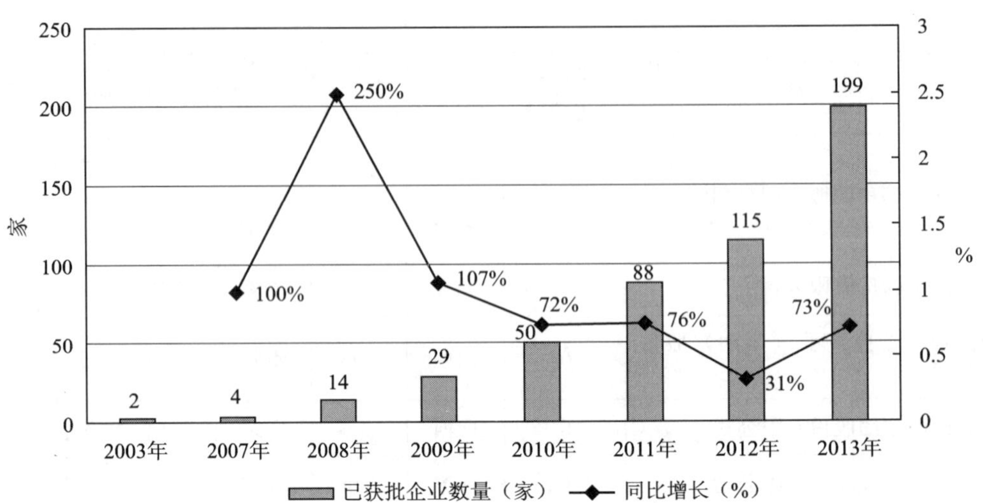

图 13　2006—2013 年互联网药品交易服务企业数量统计表

表 18　2013 年已取得互联网药品交易服务资格企业数量统计表

互联网药品交易服务类型	企业家数（家）	占比（%）
B2A	11	5. 6
B2B	51	25. 6
B2C	137	68. 8
合计	199	100. 0

数据来源：国家食品药品监督管理总局，数据截至 2013 年 12 月 31 日。

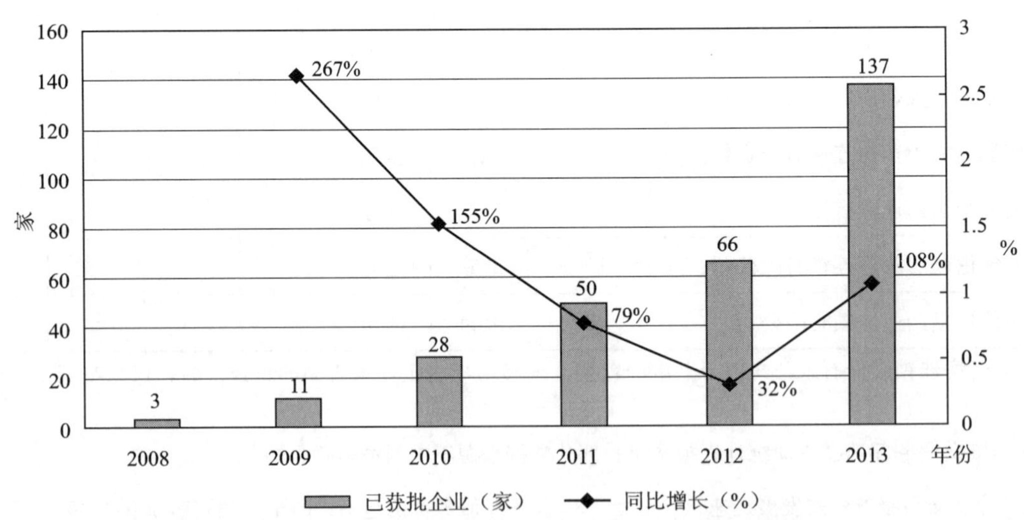

图 14　2008 年至 2013 年互联网药品交易服务 B2C 企业数量统计表

（五）寻求经营服务创新模式

近年来，由于药品零售行业竞争日趋激烈，许多药店都在寻求创新转型之路。

1. 建立综合型与专业化服务型药店

国药控股国大药房作为我国药品零售行业排名前 10 位企业之一，旗下的医保定点药房占比高于其他企业。在医改进程中，公司借助母公司国药控股强大的资本、品牌、分销和物流网络的优势，依托国大药房信息化的管理能力、高效快捷的采购体系、严格的质量管控、细致的门店管理、高效的物流体系、全国 ERP 平台等优势，全面打造具有“成本领先，品种齐全，服务优良，价值提升”核心特质的全国医药零售终端网络。目前，国大药房已拥有由专业现代药房、医院合作店、医院周边店、药诊店、中医馆店等组成的全面店型体系，同时开设有糖尿病生活馆、特药慢病服务中心（DTC）等特色门店，每天为超过30万名全国消费者提供优质、专业的药事服务。

2. 少区域高密度网点策略

云南鸿翔一心堂药业（集团）股份有限公司始终坚持“少区域高密度网点”的发展策略，使公司在一个区域内形成较高竞争力及品牌影响力。多年来，鸿翔一心堂着眼于云南市场，坚持高密度发展的理念，零售药店已覆盖了云南省大部分市县，门店数量超过1800家，使公司在云南省具有较高的消费者认知度和品牌认可度。连锁药店的价值链主要体现在经营模式上。鸿翔一心堂通过SAP系统的上线，在财务业务一体化、人财物的集成管理、数据仓库的建设、高效的物流管理、精确的商品管理、客户关系管理、商业智能等方面体现出较强的优势。

3. 注重精细化管理和运营

益丰大药房是全国领先的大型药品零售连锁企业，目前公司已在湖南、湖北、上海、江苏、浙江、江西等六省市开设680多家直营连锁门店。公司不仅注重快速地扩张，更注重精细化管理和运营。通过实施包括顾客满意度评价系统在内的七大核心系统，对顾客服务、门店运营、商品采购、经营分析、质量控制、门店选址、绩效考评等环节进行精细化管理，实现公司经营效率和竞争力的不断提升。一切以顾客价值为导向是益丰文化的核心，公司将顾客满意度作为衡量一切工作的标准，将顾客满意度与员工的绩效考评相结合，确保顾客价值与公司持续盈利能力的一致性。近年来，公司成功实施了国际领先的ERP信息系统和WMS物流管理系统，并投资建设大型的集团物流中心，进一步提升人财物的统一化管理水平，全面实现由传统物流模式向供应链管理模式的转变，有效提升物流效率、降低物流成本。

4. 开设名医馆实现“医药互动”

吉林大药房积极打造大健康概念新模式，开办“益生堂”名医馆32家、“益生堂”健康调理中心8家。吉林大药房调整原本“以医促药”的经营策略，转变为“医药互动”的经营模式，将医疗板块提升到与药店板块一个平衡的高度进行发展。吉林大药房深耕市场多年，长期投身公益事业以及诚信经营，建立起企业良好的美誉度，名医们都热衷于到吉林大药房执业。目前，益生堂名医馆已拥有超过100人的医生团队。为了进一步完善大健康链条，吉林大药房还出资130万元购置了大型体检车，把体检车开进社区与居民零距离互动，在开展公益事业的同时提升吉林大药房以及益生堂名医馆的企业形象。深圳市和顺堂医药有限公司坚持以“中医诊疗+精品中药”的服务模式，专注发展国医药馆，在深圳、广州、东莞、惠州及香港地区开设50家国医馆，其中中医坐堂医有250名。同时，在2009年投资近1亿元建立了自己的精品中药饮片厂，将发展重心落在中药饮片的制作上，并参考学习日本、香港等其他国际中药企业的先进经验，大幅提高中药品质。如今和顺堂的精品中药饮片有700多个品规，不仅能够满足和顺堂50家国医药馆的处方要求，同时还能满足很多外来处方配药的需求。

5. DTC经营模式受到普遍重视

北京医保全新大药房有限责任公司近年以DTC模式闻名业内。在医保全新内部，建立起一支专业的DTC队伍，人员全部统一要求具有药师或执业药师资质。这支队伍为DTC的患者顾客提供一对一式的系列服务，其中包括建立顾客的用药档案，及时提醒顾客的用药周期，并提供全程自动化冷链送药上门服务，也为患者的家人提供相关健康、养生指导。目前，医保全新已建立17 000个会员档案。由于这类会员顾客多为高危病种的患者，对于一对一式的贴身服务和隐私性的需求比普通患者顾客更高，所以以医保全新为代表的品牌医药连锁企业对DTC队伍的专业服务有着很高的要求，定期对DTC专员进行强化的专业知识与服务技巧培训，以提升服务的专业品质。

6. 积极参与安全用药宣传及社会公益活动

漱玉平民大药房是山东省药品零售连锁行业的龙头企业，现拥有连锁门店460余家，开设齐鲁名医馆及中西医诊所30余家，职工3 000余名，90%以上为医药方面专业技术人才。为了指导民众安全用药，2011年11月漱玉平民大药房配合济南市委宣传部、济南市食品药品监督管理局在西门店四楼建立了全国第一家饮食用药安全宣传教育基地。公司在取得经济效益的同时积极参与社会公益事业，先后为全省老年人、残疾人、困难学生和特困家庭捐款、捐物、捐药等折合人民币1 000余万元。公司根据企业特点，还成立了药师俱乐部、会员健康俱乐部等，较好地配合和促进销售工作的开展。

7. 启动健康生活药店转型升级项目

上海复美益星大药房连锁有限公司是致力于药品、健康美丽商品的零售连锁经营，以先进的现代零售连锁经营模式以及质量第一、规范经营、个性化服务树立起企业鲜明的品牌形象。复美大药房为消费者提供专业的药学服务，健康热线由主任医师提供咨询服务；建立了上海第2家获得互联网药品交易服务合法资质的网站。2012年，复美启动了健康生活药店转型项目。转型升级后的复美大药房为社区居民的常见病、多发病、慢性病提供更为快捷、及时、个性化的服务和多元化的商品。同时，成立 SCC 糖尿病关爱中心，执业药师为社区居民建立专属的电子药历，开展药历分析和跟踪服务，为居民提供合理化用药建议。此外，复美大药房正在推进药店“E 化管理”，通过 O2O 运营管理平台打通线上与线下业务的结合。

（六）药店联盟发展迅速

零售药店在面临来自宏观政策及市场竞争的双重压力下，加快了抱团结盟的速度。截至 2013 年年底，全国共成立 17 家省级药店联盟，覆盖 21 个省（自治区、直辖市），年度销售总额达 422.34 亿元，比上年增长 19.6%，约占全国药品零售市场销售总额的 1/6。

表 19　2010—2013 年省级药店联盟发展数据

序号	联盟名称	成立时间	成员数量（个）				门店数（个）				销售额（亿元）			
			2010	2011	2012	2013	2010	2011	2012	2013	2010	2011	2012	2013
1	江苏药店联盟	2009. 10. 16	52	58	26	32	1 520	1 710	1 887	1 951	20. 3	24. 5	51. 5	56. 9
2	山东药店联盟	2009. 12. 20	31	46	54	54	1 210	2 156	3 027	3 481	18. 4	33. 6	46. 2	59
3	陕西药店联盟	2010. 5. 7	78	120	40	19	1 860	1 508	1 600	480	18. 7	11. 5	12. 3	12. 6
4	辽宁药店联盟	2010. 5. 20	18	20	22	22	540	650	730	750	10. 3	12. 5	15. 3	16. 5
5	河北药店联盟	2010. 6. 21	14	14	13	17	350	350	525	685	11. 3	13. 5	25. 1	32. 2
6	浙江药店联盟	2010. 9. 25	18	21	14	15	550	710	800	897	10. 6	15. 2	12. 3	15. 3
7	北京药店联盟	2010. 10. 21	21	21	13	13	733	733	815	815	13. 4	25. 6	30. 5	30
8	大西北药店联盟	2010. 11. 21	14	14	20	20	415	415	538	538	8. 6	9. 34	13. 3	16. 3
9	黑龙江药店联盟	2011. 2. 24		70	30	30		2 008	1 038	1 300		25. 1	10. 6	20. 2
10	四川药店联盟	2011. 4. 25		40	40	40		730	1 608	1 200		30. 4	20. 8	24. 7
11	河南药店联盟	2011. 5. 21		43	36	36		750	925	915		17. 3	15. 3	16. 4
12	广西药店联盟	2011. 7. 9		41	37	41		2 520	1 915	2 609		20. 5	21. 2	25. 8
13	广东药店联盟	2011. 8. 18		28	28	20		1 300	1 368	1 600		23. 4	24. 4	25. 7
14	湖北药店联盟	2011. 10. 28		33	35	35		2 165	2 185	2 197		20	22. 4	19. 2
15	山西药店联盟	2012. 4. 14			48	12			827	232			18. 5	7. 62
16	江西药店联盟	2013. 6. 17				58				860				13. 8
17	内蒙古药店联盟	2013. 10. 18				30				370				30. 2
合计			246	569	456	494	7178	####	####	####	111	282	340	422

数据来源：中国医药物资协会

三、药品零售业未来走势

（一）国际经济环境及药品零售业发展趋势

世界经济的发展、人口总量的增长和社会老龄化程度的提高，导致药品需求呈上升趋势，全球医药市场近年来持续快速增长，并将继续向新兴医药市场转移。据国际权威医药咨询机构 IMS 统计，2010—2012 年全球药品销售持续增长，但增速逐渐放缓。

表 20　2012 年全球医药市场前 10 名销售额统计

排名	国家	销售额（十亿美元）	市场份额（%）	2011—2012 变化（%）
1	美国	327. 80	49. 1	-1. 1
2	日本	100. 50	15. 1	0. 7
3	中国	49. 80	7. 5	20. 9
4	德国	41. 70	6. 2	1. 9
5	法国	36. 70	5. 5	-0. 7

续　表

排名	国家	销售额（十亿美元）	市场份额（%）	2011—2012 变化（%）
6	意大利	26.00	3.9	-0.9
7	加拿大	22.00	3.3	-0.7
8	巴西	21.60	3.2	15.7
9	英国	21.50	3.2	2.5
10	西班牙	19.70	3.0	-5.1
	前十位合计	667.30	100.0	1.3

数据来源：医疗保健品分销管理协会（HDMA）

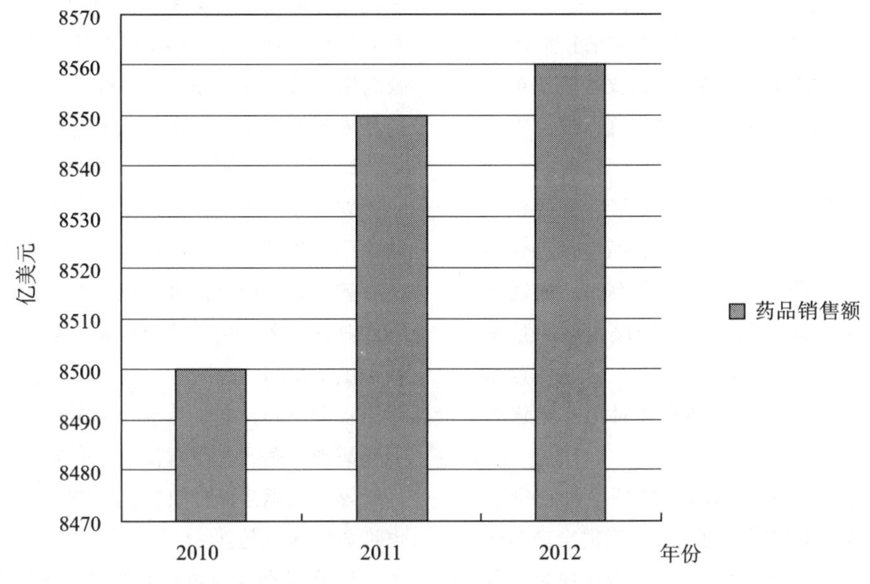

图 15　2010—2012 年全球药品市场规模统计

数据来源：医疗保健品分销管理协会（HDMA）

2012 年我国药品销售额占全球药品市场的份额由 6.1% 升至 7.5%，世界排名由 2011 年的第五位跃居为第三位，仅次于美国及日本。美国占全球药品市场的份额由 48.5% 升至 49.1%，日本市场份额保持不变；由于经济增长放缓带来的更加严厉的财政紧缩政策，欧洲 5 国（法德意西英）的市场份额预计由 23.7% 降至 21.8%。2012—2017 年新兴医药市场预计将以 14%～17% 的速度增长，而主要发达医药市场增长率将仅为 3% 以下，甚至为负增长。预计 2017 年，中国可能超过日本，跃升为仅次于美国的全球第二大药品市场；新兴市场占全球药品市场的份额已经超过欧洲 5 国，随着基本医疗保障的发展 2017 年预计将达到 30%。日本、加拿大、欧洲其他国家的份额将保持稳定。

表 21　2017 年全球药品市场按市场份额排序预测

排　名	2012 年	2017 年
1	美国	美国
2	日本	中国
3	中国	日本
4	德国	巴西

续 表

排 名	2012 年	2017 年
5	法国	德国
6	巴西	法国
7	意大利	意大利
8	加拿大	俄罗斯联邦
9	英国	印度
10	西班牙	加拿大

数据来源：医疗保健品分销管理协会（HDMA）

（二）国内药品市场环境及药品零售业发展趋势

进入 2014 年，国内外宏观经济环境均面临增长放缓的压力，药品流通行业销售增幅将继续趋缓，公立医院改革破除“以药养医”、取消药品加成、降低终端药价，将使零售企业价格方面的优势进一步弱化；而社区医疗与新农合这两大医改重点投入的医疗保障项目也挤占了零售企业相当一部分市场，企业盈利水平受到进一步挤压，行业微利化的特征将成为常态。但深化医药卫生体制改革为药品流通行业发展提供了良好的外部环境，随着城乡居民生活质量不断改善、健康意识增强、人口老龄化进程加快、人均用药水平提高以及大健康领域消费升级等，都将会对药品零售行业发展起到支撑作用。

药品零售市场竞争加剧。未来药品零售行业加快突破传统经营模式、创新经营业态与服务模式，探索向全产业链服务模式转变，向药品生产企业、医疗机构、社区家庭延伸服务，构建新的核心竞争力，提高居民用药经济性和便利性，这将成为行业发展的趋势。同时，伴随着互联网技术的不断发展，网上售药范围逐步放开及监管形式变化，药品电子商务模式与传统商业模式融合的速度将会加快。医药市场高度同质化的竞争局面，将倒逼药品零售行业发展进入一个全面提升软实力的时代。

分析未来药品零售业态，将呈现以下发展趋势。

1. 零售连锁药店企业兼并重组仍将持续

2014 年结构调整仍是行业改革发展的主线。药品流通行业主管部门以贯彻落实《国务院关于进一步优化企业兼并重组市场环境的意见》（国发〔2014〕14 号文）为契机，将继续鼓励企业兼并重组、做大做强，提高行业集中度，鼓励药品流通企业利用产业基金、上市融资、引进外资等多种方式加快兼并重组步伐，努力提高行业组织化水平，实现规模化、集约化经营。

同时，2013 年 6 月 1 日起实施的新版《药品经营质量管理规范》（GSP），既提高了对企业经营质量管理要求，增强流通环节药品质量风险控制能力，又推动了药品零售连锁企业对小散企业或众多单体药店的兼并重组，一些小散企业及药店将被兼并，或被削减经营范围，或被淘汰出局，使得药品流通领域中散、小、乱等现象得到一定的遏制。

2. 经营业态趋多样化，特色经营服务模式创新发展

创新经营模式，加快发展健康服务业，将推动零售行业从单一的药品销售向医疗器械、保健用品、保健食品、健身产品等大健康产品销售发展，激发行业发展潜力。围绕大健康产业开展多元化经营与服务，也为今后药品零售企业的发展提供了空间。品牌专卖店、专业药店、DTC 或 DTP 药房、健康管理中心、连锁诊室、中医馆、药妆店等药品零售业态不断涌现，多元化经营模式方兴未艾。通过院店合作、药房托管等方式承接医疗机构药事服务及健康管理的经营模式，也将会快速兴起。

3. 电子商务与传统商业模式融合速度加快

医药电子商务作为一种新型的经营模式在便利性、减少流通成本方面有着不可比拟的优势，互联网药品电子商务的快速发展已是大势所趋。在药品零售领域中，根据药监部门对网上售药监管办法调整及监管形式变化，除网上药店销售金额将逐年扩大外，移动互联网技术的普及和应用正在促进电子商务与传统零售药店服务模式的加快融合。

4. 进入资本市场的企业不断增加

2014 年 7 月，首家登录国内资本市场的大型连锁药店云南鸿翔一心堂药业（集团）股份有限公司成功上市，填补了 A 股的行业空白。现阶段，已经有一批药品零售企业启动上市计划，如老百姓大药房、湖南益丰大药房等。今后，资本市场上的专业药品零售连锁企业将不断增多；而股市资金的注入，又将深刻地影响药品零售行业的走势和格局。

5. 外资企业进入将加快零售业态的快速发展

2014 年以来，成大方圆医药连锁投资有限公司与世界 500 强日本伊藤忠商事株式会社、日本第一大药品批发公司

爱芙乐赛控集团株式会社以及日本第二大药妆店 cocokara fine 株式会社四方合资成立日氏药妆店辽宁康心美商业连锁有限公司；广州健民医药连锁有限公司与联合博姿—沃尔格林合作开设"现代社区药店"示范店，随着跨国公司进入国内市场，不仅为中国药品零售行业提供了更多借鉴经验，同时也加快了药品零售业态结构调整的步伐，推动了药品零售行业发展的转型升级。

6. 零售药店现代化管理水平不断提升

2012 年四季度，商务部推出的《零售药店经营服务规范》规定了零售药店药学技术人员数量与素质要求、服务设施与服务环境、职业道德与仪容仪表、售后服务等经营服务能力项目和零售药店分级评估体系，为推动药品零售企业分级管理提供了依据，并促使零售药店管理服务的升级。

随着 2012 年版 GSP 的全面实施，药品零售企业加强信息化管理、冷链管理和人员素质要求，促进了企业运用先进科学技术保障药品的质量安全。同时，也进一步规范经营行为，提高了药店的药学服务水平，使药品零售行业得到长足的发展。

7. 人才队伍配备结构出现相应变化

药品零售行业兼并重组和转型升级步伐不断加快，行业人才需求的结构已经或将继续出现相应调整与变化。从整体上看，行业人才队伍向高素质、高技能、复合型的人才配备模式转变。药品零售业态在继续吸引和培养大批执业药师从事药店专业工作的同时，开始注重营养师、护理师等多方面专业技术人员的配备，为开展多元化经营和为大健康消费群体服务提供有价值的人才储备。

2013 中国单体药店发展情况报告

药店是社区医疗的补充和延伸，主要从疾病预防和亚健康等方面为老百姓服务，并获得自身的发展。在医药企业快速发展的阶段，单体药店更应该定位在城镇乡村角度进行品类结构调整，深化健康服务，从中实现快速发展。

目前，中国单体药店数量达到 271 143 家，占全国 423 723 家药店门店总量的 63.99%。虽然单体药店长期以来缺乏政府和社会的支持，缺乏行业组织的引导，缺乏相关的技能培训，但凭借地利、人和、低价、口碑等方面的努力，单体药店形成了较为旺盛的生命力，在药品零售市场格局中独具一帜。在满足城镇乡村群众用药方面起到了积极的作用；同时，单体药店也解决了上百万人口的就业，为医药经济及社会的发展做出了积极的贡献。

为促进单体药店行业的良性持续发展，中国医药物资协会特别对单体药店生存与发展现状进行了有效的调查与了解，在此基础上发起成立了单体药店分会，通过行业组织的力量，主导成立区域单体药店联盟组织；从商品输出、管理培训、学习交流等方面入手，力促单体药店的健康发展。经过一年多时间的努力，单体药店分会取得了一定的成效，受到了相关政府部门的认可。为了让社会更多方面了解单体药店的存在意义及价值，同时引起社会各界的支持与关注，以及全面展现中国医药物资协会在单体药店领域中的行业指导和取得的成效，特发布《2013 中国单体药店行业发展报告蓝皮书》。

一、中国单体药店发展现状

单体药店是指单个独立经营管理的药店门店，或者由多个药店门店组成的、但没有获得连锁经营资质的药店。截至 2012 年年底，全国药店门店总数有 423 723 家，比上一年度少了 65 家，其中单体药店就有 271 143 家，比上一年度减少了 5 942 家，单体药店占药店总数的 63.99%，比上一年度下降了 1.61%。2013 年，单体药店总量约为 26.55 万家，较 2012 年度仍然有所下降。

据中国医药物资协会单体药店分会对安徽、广西、河南、湖北、湖南、江苏、江西、辽宁、云南、浙江、山东、四川 12 省区的 6 678 家单体药店统计，这些药店共属于 2 385 位自然人持有，平均每位自然人拥有 2.8 个门店，2013 年这些单体药店共实现销售 33.69 亿元，店均年销售 50.45 万元。这些药店从工业直购产品与从批发市场采购产品的比例为 0.3∶1，也就是说 33.3% 是从工业直接采购，66.7% 是从药品批发商处采购。

2013 年，全国单体药店共实现销售总额约为 1 340 亿元，约占当年全国药品零售市场总额的 52.38%。单体药店大多分布在城镇及社区，城市、城镇、农村分布占比约为

2∶6∶2；但也有极少数的单体药店分布在一级、二级城市，规模很大，年销售规模超过 1 个亿。

二、单体药店的竞争优势

（一）天时优势

2013 年 8 月 28 日国务院召开常务会议大力推动健康服务产业的发展，并颁布《关于大力发展健康服务产业的若干意见》。据专家预测，到 2020 年健康产业规模将突破 8 亿元以上。这将是一个医药健康领域千载难逢的发展机遇。

国家加快推进城镇化进程，增加城镇及乡村群体的收入，这将拉动城镇及乡村群体的消费能力，这对地处城镇及乡村的单体药店来说，有着重大的发展机会。

（二）地利优势

1. 单体药店所处市场大多是工业必争之地

知名工业在一级、二级城市市场已经站稳脚跟，但在城乡市场仍处在开发阶段。而单体药店大多分布在连锁目前难以覆盖的城乡市场，并且城乡市场也是今后国家推进城镇化发展的主要市场，这里消费能力的提升、大健康市场的扩容，将为大健康产品提供巨大的发展空间，更是新品上市和知名工业扩大市场的必争之地。

2. 有一定的顾客群体

单体药店通过多年经营与当地老百姓形成了一定的信赖关系，在推广新品及未来大健康产品方面奠定了坚实的基础。

3. 药品配备更贴近当地用药需求且药品价格更为合理

中国区域辽阔、人员众多，各地又形成了不同的品牌药品和用药习惯，所以很难统一采购。而单体药店立足当地经营，对区域内的常见病、多发病有足够了解，能够根据当地老百姓用药习惯，合理配备相应药品；更能够考虑到当地老百姓的消费能力，选择和配备适当价位的药品；特别是一些常用药品，单体药店以低廉的价格进行供应，让百姓真正感受到实惠。

4. 人员稳定性强

大部分单体药店老板就是店员，不会离职，能够长期稳定地服务于当地老百姓。特别是一些医学人员、药学人员开办起来的单体药店更是结合了技术和人员稳定的双重优势，能够更加长期和有效服务百姓。

5. 可持续性强

单体药店灵活性强，能够自行调节利润结构，确保合理的利润；极少因管理不善、或资金链断裂而导致关门停业的现象。因此，单体药店可持续经营性强，从而可以长期地为当地百姓提供健康指导及服务。

（三）人和优势

1. 单体药店立足当地多年

一些几代人、几十年传承下来的单体药店，在当地具有一定的影响力，可以切实解决一些老百姓病痛问题，与当地老百姓生活融为一体，得到当地老百姓的有效认可。

2. 营销有度，更注重疗效

单体药店与当地老百姓有着十分信赖的关系，对口碑尤为重视。所以，单体药店通常会把产品疗效放在首要位置。一部分单体药店的优势明显，从特色的健康服务、口口相传的医德、专业到位的用药指导、灵活的价格策略、本着对乡里乡亲负责的态度；与当地百姓生活溶为一体。

三、单体药店社会地位与作用

单体药店的社会地位及作用是十分明显的，不管在城乡百姓用药及健康服务上面，还是在就业方面，单体药店对社会有着不可替代的作用。

一是在就业上，单体药店能够解决 140 多万人的就业问题：据中国医药物资协会单体药店分会对安徽、广西、河南、湖北、湖南、江苏、江西、辽宁、云南、浙江、山东、四川等 12 个省区的 6 678 个单体药店进行的大面积抽样调查，这些药店 2013 年共有员工总数为 37 106 人，平均每店 5.56 人，据此估算全国单体药店总员工为 147 万多人。

二是在健康服务上，单体药店能够根据当地风土人情、生活饮食习惯，提供当地百姓贴心的服务，特别是一些几代人、几十年传承下来的单体药店，在生命健康方面更值得老百姓的信赖。

三是非常便利，在偏远的山区及城乡，医疗机构及连锁药店很难覆盖与深入，需要依靠这些单体药店提供药品、药事服务、健康服务，为百姓用药及健康提供便利条件。

四是在数量上，单体药店还是占药店的多数。据过去 5 年数据统计，单体药店占总药店量的比例在 63.99%，最高为 65.38%，平均为 64.81%，可见单体药店阶段内仍然是药品零售市场的重要组成部分。

四、单体药店面临的成长压力

单体药店虽然有它独特的优势和作用，但面对医药行业发展新形势，单体药店仍然存在巨大的成长压力。

（一）经营压力

实施新版 GSP 后，单体药店首先面临的是执业药师不足问题，虽然有一些单体药店负责人自身就是执业药师，但是现在单体药店均拥有2.8个门店，仍需招聘执业药师；一部分单体药店本身经营利润很低，如果再加上支付聘用执业药师费用，利润基本无法保障；近期各省推出的远程审方的试点，单体药店与连锁药店在执业药师的配备上有巨大区别，将构成单体药店的竞争劣势。其次，单体药店面临质量管理难度加大问题，按照新版GSP管理要求，单体药店质量管理水平要上一个较大的台阶，这需要投入大量人力和财力，一些处在盈亏边缘的药店将不堪重负。

（二）成本压力

单体药店虽然数量众多、销售能力较强，但分布较散，很难实行集中采购；药品生产企业在销售时，需要派业务员一家一家上门走访，营销成本很高，造成单体药店在采购价格上处于劣势地位。

五、中国单体药店未来展望

国务院出台大力发展健康服务产业的规划，健康产业的前景看好，专家预测到2020年健康产业规模将突破8万亿。如果未来药店能够通过品类拓展，服务深化，以药店为百姓体验平台，通过互联网、名医互动、药事服务、健康服务、上门服务等将药店转型升级为社区健康服务中心，成为老百姓身边的健康服务机构，药师成为老百姓的健康管理师，培育老百姓的健康需求，扩大健康产业的市场容量，单体药店有望在健康产业领域争取更大市场份额。未来，单体药店将产生三种形式：

一是特许加盟，即连锁加盟模式。目前，一部分经营利润不多的单体药店在新版GSP的压力下，只能选择加入连锁，通过远程审方、远程服务，解决药店执业药师不足的现状和降低质量管理成本。这类单体药店占单体药店总数的1/3，接近9万家。但是，这需要政府协调好药监、卫生、医保、工商、税务的职能，为方便药店加盟连锁提供政策上的支持及关联部门的服务保障。

二是联盟。目前，经营利润不错的单体药店还是选择自由经营的方式，这些单体药店大多自己就是执业药师，有自身的一套经营思路，也有一定的顾客群体。那么，这些单体药店只需要通过联合采购商品和联合服务会员就可以获得很好的发展。

三是逐渐形成超级单体药店。一些单体药店在自由经营的同时进一步加固自身品牌，得到越来越多老百姓的信任，规模越来越大。目前，已有不少规模上亿的单体药店。未来会出现更多类似这种规模的超级单体药店。

单体药店在我国有着悠久的历史，对我国医疗卫生事业的贡献非常大，影响非常深。如果能够通过各种协会组织、联盟引导的方式，对这些单体药店进行紧密联合，使医药工业将每年400多亿的广告费用和1 000多亿过度的营销成本，转用于深化老百姓各种各样的健康服务项目上，通过健康服务项目来提升工业产品市场占有率，就能创造出百姓受益、政府满意、工业得利的多赢局面。

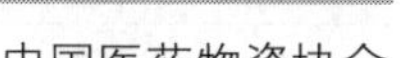

2013中国省级药店联盟发展报告

中国医药物资协会

药店联盟是中国药品零售行业发展进程中一种重要的经济合作形式，是从分散走向集中化的重要标志。药店联盟深刻影响着药品零售行业的变革与发展，也促进了整个医药产业经济的发展进步。过去4年多以来，随着省级药店联盟的不断建立，中国药品零售行业的供零关系、竞争态势、运营水平、赢利方式等已经开始并将继续发生深刻变化。

一、2013年省级药店联盟发展状况

自从2009年10月江苏药店联盟成立以来，中国省级药店联盟一直处于平稳发展之中。期间，2009年共成立了两家省级药店联盟，2010年共成立了6家，2011年共成立了6家，2012年共成立了1家，2013年成立了2家。至今，全国共有省级药店联盟17家（见表1、图1）。其中，大西北药店联盟是由陕西、甘肃、新疆、宁夏、青海五省区部分药店共同发起成立，其他联盟都是按省为单位设立。

表 1　2009—2013 年省级药店联盟发展数据

序号	联盟名称	成立时间	成员数量（个）				门店数（个）				销售额（亿元）			
			2010	2011	2012	2013	2010	2011	2012	2013	2010	2011	2012	2013
1	江苏药店联盟	2009. 10. 16	52	58	26	32	1 520	1 710	1 887	1 951	20. 25	24. 53	51. 50	56. 87
2	山东药店联盟	2009. 12. 20	31	46	54	54	1 210	2 156	3 027	3 481	18. 36	33. 62	46. 18	58. 97
3	陕西药店联盟	2010. 5. 7	78	120	40	19	1 860	1 508	1 600	480	18. 65	11. 50	12. 31	12. 58
4	辽宁药店联盟	2010. 5. 20	18	20	22	22	540	650	730	750	10. 25	12. 52	15. 25	16. 50
5	河北药店联盟	2010. 6. 21	14	14	13	17	350	350	525	685	11. 26	13. 53	25. 12	32. 18
6	浙江药店联盟	2010. 9. 25	18	21	14	15	550	710	800	897	10. 63	15. 17	12. 33	15. 3
7	北京药店联盟	2010. 10. 21	21	21	13	13	733	733	815	815	13. 38	25. 62	30. 48	30. 02
8	大西北药店联盟	2010. 11. 21	14	14	20	20	415	415	538	538	8. 6	9. 34	13. 29	16. 32
9	黑龙江药店联盟	2011. 2. 24		70	30	30		2 008	1 038	1 300		25. 06	10. 56	20. 16
10	四川药店联盟	2011. 4. 25		40	40	40		730	1 608	1 200		30. 38	20. 76	24. 65
11	河南药店联盟	2011. 5. 21		43	36	36		750	925	915		17. 25	15. 33	16. 37
12	广西药店联盟	2011. 7. 9		41	37	41		2 520	1 915	2 609		20. 48	21. 16	25. 84
13	广东药店联盟	2011. 8. 18		28	28	20		1 300	1 368	1 600		23. 35	24. 40	25. 73
14	湖北药店联盟	2011. 10. 28		33	35	35		2 165	2 185	2 197		20. 00	22. 43	19. 20
15	山西药店联盟	2012. 4. 14			48	12			827	232			18. 47	7. 62
16	江西药店联盟	2013. 6. 17				58				860				13. 80
17	内蒙古药店联盟	2013. 10. 18				30				370				30. 23
合计			246	569	456	494	7 178	17 705	19 788	20 880	111. 38	282. 35	339. 57	422. 34

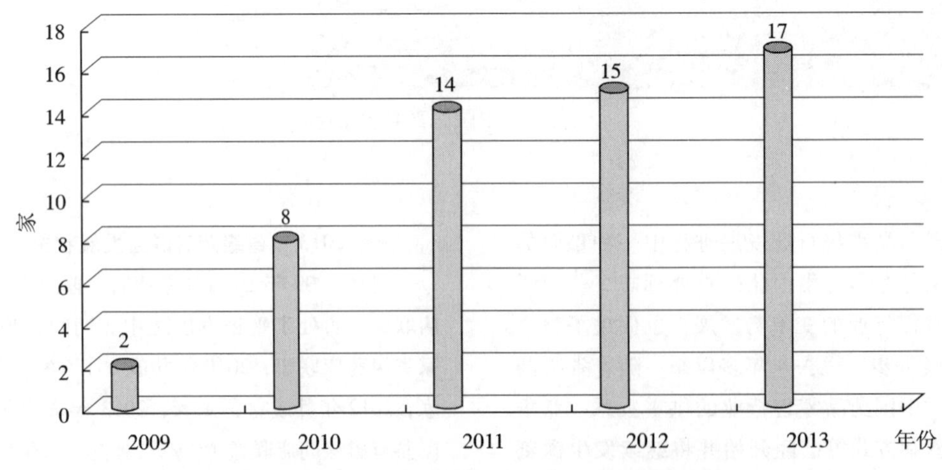

图 1　2009—2013 年中国省级药店联盟发展变化表

至 2013 年年底，中国医药物资协会已挂牌成立的 17 家省级药店联盟，覆盖全国 21 个省（直辖市、自治区），共有成员单位 494 家，占全国连锁药店总数 3 107 家的 16. 64%，连锁成员数比上一年度增长了 61 家（见图 2）。

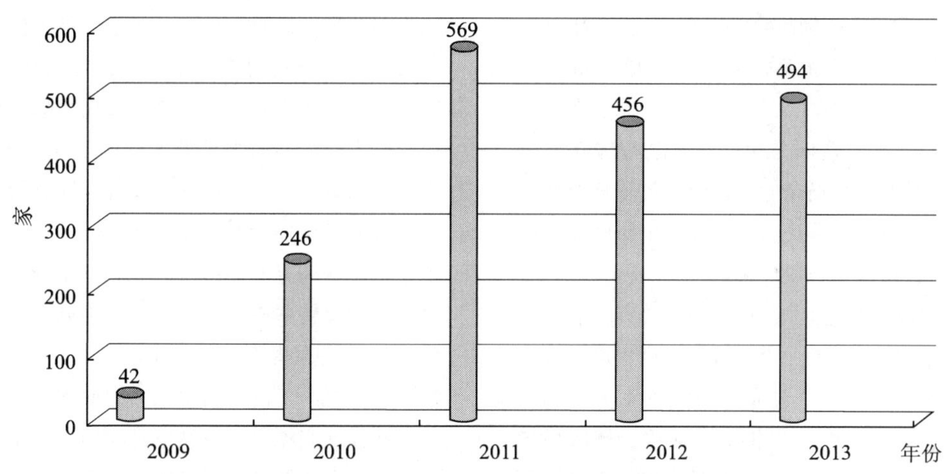

图 2 2009—2013 年中国省级药店联盟成员数量变化表

2013 年，17 家联盟共门店总量 20 880 家，约占全国的总门店量 423 723 家的 4. 93% ，占全国连锁药店总门店量 152 580 家的比例为 13. 68% ，联盟总门店量比上一年度增加了 38 家（见图 3）。

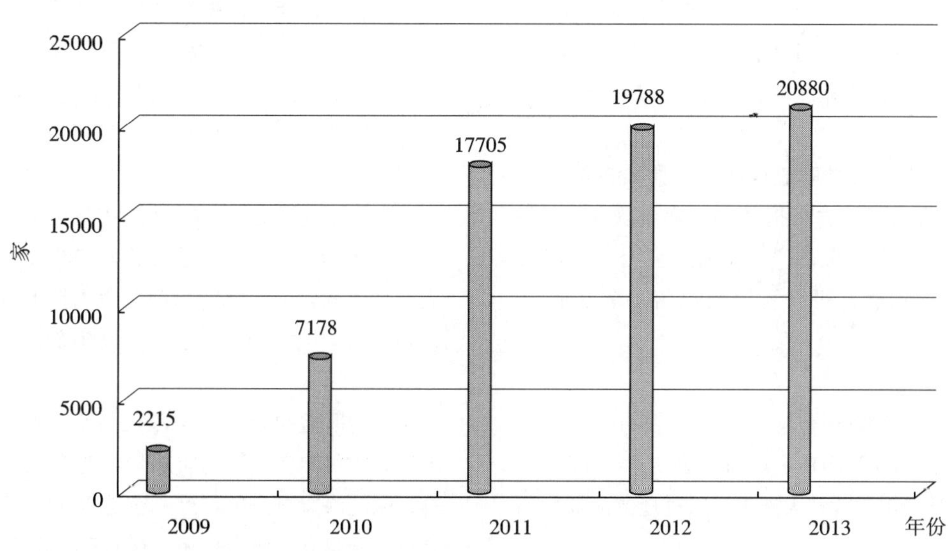

图 3 2009—2013 年中国省级药店联盟门店量变化表

2013 年，17 家联盟共解决了 154 961 名员工就业问题，全年支付的人员工资成本约为 65 亿元。2013 年，17 家联盟当年销售总额 422. 34 亿元人民币，比上一年度增加了 82. 77 亿元，增长了 19. 6% ，是中国药品零售业规模最大的经济联盟体。2013 年，17 家省级药店联盟进行了 65 次联合采购，联合采购的商品零售额 20. 65 亿元，通过联合采购降低商品价格最高的达到 20% ，最低的为 1. 5% ，总体平均降低商品价格为 5. 76% 。2013 年，17 家联盟的 517 家成员中，已有 31 家获得网上药店运营资格证书，占全国 132 家获证药店的比例为 23. 48% 。全年共实现网络零售 9. 26 亿元。2013 年，17 家省级药店联盟采购中，直接从工业采购与从批发商采购的比例为 0. 64∶1，即在药店支付的所有商品采购金额中，有 39. 02% 是直接面向工业采购，这在很大程度上减少了中间的流通环节。

二、内强素质，培训不拘一格

2013 年，各省级药店联盟都在不同程度上强化了培训工作。

北京联盟培训体系更为完善，大西北联盟注重内部文化建设，定期进行培训和交流工作；广西联盟进行了处方药销售远程审方业务、GSP 管理及认证业务培训；河北联盟细分会员，提供了精细化管理培训；内蒙古联盟 10 月 18 日正式成立后，顺利开展了内蒙古药店联盟“精英店长”特训会；四川联盟通过与清华大学合作举办了清华连锁专业培训班，举办了执业药师培训班。江苏联盟针对会员单位提供专业化的帮助，交流活动帮助会员单位解决实际困难。

河南联盟成立了专业的培训公司——豫盟药房管理公司，聘请专职工作人员服务会员企业，每两个月轮流召开一次主题研讨会，帮助会员企业解决实际问题，全年联盟开展精英店长培训班 3 期，培训店长 300 人。

黑龙江联盟同时积极引进全国讲师到哈尔滨，集中联盟成员，对产品结构、联合促销、店面管理、流程培训等多方面进行培训，大幅度提高了联盟成员的整体竞争力和销售能力。在 2013 年，联盟为会员提供免费体检、健康指导中心，爱心健身活动，会员优惠政策，会员数据管理等创新的会员服务。

山东通过联合培训的方式为连锁的中高低层人员提供了管理输出，与多家知名培训机构、工业企业建立了长期战略合作关系，组织会员单位参加行业内的各种培训、讲座、参观、学习等。该联盟内的中型连锁企业对培训需求较高，联盟初步建立起全年度的系统性培训，进一步满足联盟会员的培训需求。

陕西联盟各成员单位通过联盟培训平台参加各类培训和学习提高整体运营水平，成员销售和利润都大幅提升。联盟成员每季度拜访一家理事单位，既增进了相互学习又加深了友谊，同时利用联盟平台资源组织店员和店长培训班。

三、内外协作，借鉴提升

2013 年，大部分的省级药店联盟都不断完善了内部的管理制度，在中国社会组织改革大潮中，通过规范内部达到优良成长。

大西北联盟全年召开了数次内部研讨会，探讨联盟的成长话题，内蒙古联盟共同引进了 500 余个药品品种；广西联盟不断完善了内部各项规章制度，召开了理事会、年终总结会等，进一步加强了内部团结，凝聚了更强的力量，加强了成员间的交流与合作。

江苏联盟增强了会员单位吸收的包容性，突破了区域连锁竞争排他性，积极吸纳新成员，在省内实现了优势连锁资源的整合，从而增加联盟的整体实力。同时，联盟多次举办活动，为内部交流与工商合作提供良好平台。

河南联盟致力于利用自身的资源和优势，为会员单位建立起公开、透明的平台，促进会员单位之间的交流，并使会员单位充分利用这一平台，让他们所关注的内容实现共享。如企业负责人经常就企业发展、战略决策等方面交换心得、深入交流；采购总监、运营总监在产品资源、进货渠道、活动策划、日常运营管理等方面进行紧密对接、资源共享；切合了连锁店员、店经理以及上述职务人员的培训需求，进行培训有效输出等。联盟对会员单位形成统一配送，对库存和周转率进行严格控制、协调。通过以上方面加速了成员与联盟的共同发展。2013 年，河南联盟加强自身品牌推广，在医药工商圈内得到一致好评。

在横向交流上，各联盟都积极参与中国医药物资协会主办的各种会议及各省级联盟成立大会，增进了和协会与各省联盟间的交流合作，开阔了视野，加深了友谊，促进了联盟自身的发展与进步。

四、销售增长，齐头并进

2013 年，共有 13 家省级药店联盟的年度总销售额实现了增长，有两家有所下滑，主要一是进行内部优化调整，联盟成员数量、门店量下降所致，另有 2 家联盟是今年成立。

山东联盟年度销售额由 2012 年的 46.18 亿元增加到 2013 年的 58.97 亿元，增长了 27.70%，是所有联盟中销售额最高的联盟。江苏药店联盟也由 2012 年的 51.50 亿元增长到 2013 年的 56.87 亿元，销售额排在 17 家联盟的第二名。

湖北联盟在全国经济增长放缓、医药市场下滑的背景下，联盟仍然实现了门店总量的上升和 19.2 亿元的销售总额，湖北联盟自身也获得了稳定的发展，在全国范围内知名度也不断提高，成为较为活跃的省级联盟之一。

江西经过近 2 年的艰难筹备，2013 年 6 月 17 日终于成立了，利用联盟这个平台，各成员单位高层更新了思想，中层明确方向，基层提升了信心，商品结构调整合理，销售业绩都有不同程度的增长，极大的提升了参与市场的竞争能力。

河北联盟大力开发非医保门店，顺应国家政策引进奶粉、橄榄油等产品。山东联盟全年举办了三届全体大会及一届年度峰会，进一步明确了联盟的未来发展方向。大西北联盟经过 3 年的发展，也实现了年销售额的稳步健康增长（见表 2）。

表 2　2013 中国省级药店联盟销售排行榜

单位：亿元

山东药店联盟	58.97
江苏药店联盟	56.87
河北药店联盟	32.18
内蒙古药店联盟	30.23
北京药店联盟	30.02
广西药店联盟	25.84
广东药店联盟	25.73
四川药店联盟	24.65
黑龙江药店联盟	20.16
湖北药店联盟	19.2
辽宁药店联盟	16.5
河南药店联盟	16.37
大西北药店联盟	16.32
浙江药店联盟	15.3
江西药店联盟	13.8
陕西药店联盟	12.58
山西药店联盟	7.62

五、实体探索，联合成长

联盟作为一种相对松散的组织形式长期存在于各种经济领域，中国医药物资协会省级药店联盟力求各联盟在凝聚力上有所突破，形成相对紧密的合作组织。经过四年多的发展，目前在这一方面取得了一定的成绩。

自省级药店联盟 2009 年成立以来，已有包括江苏、山东、辽宁、北京、河南、湖北、山西、陕西等多家联盟在实体联合上进行了不断地探索，并取得了很大的进展。

在实体联合上，有些联盟主要以成立药店管理公司为主，目的是统一为联盟的成员提供药店管理服务，不断提升联盟成员的经营管理水平。如山西联盟的山西晋德通药店管理有限公司、河南联盟的豫盟药房管理有限公司等。

有些联盟首先从联合采购开始，不断磨合，最终要走向股权联合的目标。如北京联盟、辽宁联盟、山东联盟等，都在尝试和推进区域资本与股权的融合，向打造统一企业迈进。

六、工商合作，优化渠道

2013 年，各省级药店联盟大都与上海工业企业展开了丰富的合作，包括华润三九、东阿阿胶、仁和药业、云南白药、昆明中药厂、齐鲁制药、汤臣倍健、劲复康药业集团等品牌工业，都曾先后与各省级药店联盟展开合作，联盟总体从工业直采的比例也提升至了 39.02%，给医药工业、连锁药店和消费者都带来了好处。

全年，各联盟共进行了 65 次联合采购，联采商品零售额 20.65 亿元，通过联合采购降低商品价格最高的达到 20%，最低的为 1.5%，总体平均降低商品价格为 5.76%。其中湖北药店联盟联采 10 次，联采商品零售总额超过 5 亿元；江苏联盟遵循名品、名店、名牌的方针，加强与品牌企业的点对点深度对接，全年联采了 8 次，联采商品零售总额 2.5 亿元，为品牌企业提供更好的推广平台，真正做到厂商联合。

山东通过联采峰会实现了连锁和工业的深度战略合作，在日常工作中与全国工业企业广泛的洽谈合作，储备优秀品种，为会员单位争取到最好的价格、政策和多元化的盈利品种，引荐工商双方进而促成合作。

河北联盟携手品牌工业企业，建立新兴的顾客服务体系；河南联盟每季度坚持召开一次商品联采会，与很多品牌企业达成战略合作，为会员单位争取到更好的资源共享；陕西、北京、黑龙江等联盟也通过联采，加强了与品牌工业的互动与合作。

七、建言献策，推动发展

省级药店联盟作为一省药店的重要组织和力量，为行业发展建言献策十分重要。中国医药物资协会17家省级药店联盟，在过去的2013年中，为促进当地的药品零售业发展提出了合理化的建议。

如河北联盟建议取消医保门店禁止销售定型包装的中药饮片、医疗器械、部分保健品（包括蓝帽的带有减肥、美容、养颜字样）的政策。河南联盟建议鼓励药店多元化经营，呼吁政府部门停止医保门店不能经营非药品；呼吁在新版GSP执行方面，能更切合药店的实际操作，呼吁医保刷卡应加上预防健康类别，如保健品、医疗器械等，建议执业药师可远程审方，呼吁取消新开药店距离、面积限制。

黑龙江针对新版GSP认证的部分具体细节和无法解决问题，希望管理机关能结合企业实际困难，有效解决执业药师问题、整体冷链管理问题、证照到期的检查细则等。同时国家提出婴幼儿奶粉在药店销售，但具体销售方式和管理办法没有，各地政府不予办理，也希望相关部门给予明确答复。

山东联盟向有关部门反馈零售连锁行业的生存现状及面临的困境、十八大以来医药卫生体制改革对医药行业带来的影响、当下药店的需求等，如国家对药店执业药师配备的政策要求，而执业药师缺口大的现状应如何应对；电子商务的日趋发展给传统医药零售业带来的冲击、对传统医药零售业陆续加入电商模式的政策支持；在日益严峻的医药形势下，医药零售行业带动了地方经济，为大量人员提供了就业岗位，带动了当地经济发展，因此国家和当地政府应鼓励连锁发展，并对连锁的发展需求给与政策支持。

八、影响与变革

通过建设发展省级药店联盟，中国药品零售业工商关系、竞争态势、运营水平、赢利方式等已经开始并将继续发生深刻的变化。

第一是联盟成员本身通过联盟平台，不断提升企业发展实力。各联盟经过联合采购降低采购成本，同时通过培训不断提升管理、业务和服务水平，从而不断提升了药店的赢利水平。

第二是大大缩短了药品流通环节。药品流通环节过多一直被认为是药价虚高的重要根源，减少药品流通环节、深化药品流通体制改革是国家近年来一直在推动的重要工作。按通常的药品零售流通方式，一般是历经“厂家→总代理→区域分销→连锁药店→消费者”五个环节，而通过省级药店联盟联合采购平台，流通环节压缩到“厂家→连锁药店→消费者”三个环节，通过压缩两个中间环节，至少可以压缩15%以上的流通成本，这完全符合国家“十二五”药品流通行业规划的目标要求。目前，越来越多的厂家已经开始同各联盟直接进行采购对接，多个联盟联合采购的品种数量也在呈10倍速的增长态势，联合采购金额也在不断增加。

第三是促进药品零售价格下降，在一定程度上缓解了百姓“吃药贵”的现象。各联盟统计数据显示，2012年大部分联合采购的商品其零售终端价格普遍下降了3%~6%，部分商品零售降价幅度达到15%。

第四是通过联盟建设，有效抑制了区域药店之间的恶性价格竞争，维护市场的良性发展，减少内耗，加强自律，共同为消费者和供应商做好服务，建立起了有序的市场竞争环境。同时，各联盟成员单位将品种资源、工业资源进行共享，并在药店经营、管理和服务上进行交流分享，让联盟成员药店在与非成员药店竞争中更具领先优势。

第五是进一步改善了供零关系，各省级联盟在当地基本都占据着当地药品零售市场最大的份额，这让联盟在供零博弈关系中占据更为主动的地位，以往很多品牌企业都不愿意直接对接单一的连锁药店，但组成省级联盟后，以省为单位的联盟形式与工商企业的市场销售分区完全匹配，很多品牌企业都积极与联盟沟通、合作，上游供应商的增多，让联盟成员药店的商品品类更加丰富。

各药店联盟认为，通过联盟平台，不断增加了新的商品品类，降低了商品的采购成本，降低了药品终端零售价，同时也提升了药店的利润，增强了成员单位的竞争力，推动了各会员单位的整合趋势。

九、管理与服务

自2009年以来，中国医药物资协会积极进行全盘统筹，有计划、有方法、有步骤、有目标地主导成立了17家省级药店联盟，并将联盟纳入协会体系之内，联盟受协会的领导和管理监督。2013年，中国医药物资协会多次组织各省级药店联盟理事长、秘书长，就联盟发展问题进行研讨，继续强化《中国医药物资协会省级联盟登记管理办法》、《药店联盟工作规范责任书》等内部规章，不断提高会员的法制意识、政策水平、执行能力，严格遵守国家有关社会团体的法律、法规，推动协会的工作，树立协会的形象。在协会支持下，共有5个省级药店联盟实现了换届选举，一批富有责任心的连锁药店企业家走上联盟领导岗位，推动了联盟更为

稳健的发展。协会组织各省级药店联盟核心成员，联合有关高校共同举办了三期药品零售工商管理 EMBA 班，举办了一期药店总裁管理学高端教育，共有 150 多名药品零售企业家参加了上述课程学习。在协会牵线搭桥下，部分省级药店联盟与华润三九药业、东阿阿胶、云南白药、昆明中药厂、齐鲁制药、汤臣倍健等品牌工作展开了业务的合作，联采金额较上一年度有所提高，为药店成员和工业企业带来了实在的收益。协会与人民网合作开展的“人民健康大讲堂”在全国 5 个联盟的 8 个药店落地，国内一流的健康养生专家为 5 000 多名老百姓进行了健康教育活动。为开拓联盟各成员的国际视野，协会先后组织了以各联盟成员为主的 6 次国际考察活动，包括英国、新西兰、澳大利亚、美国、巴西、台湾等。

十、省级药店联盟的品牌影响

在行业内，中国医药物资协会在过去四年多时间持续成立了 17 家省级药店联盟，这得到了媒体的广泛关注，国家级媒体、知名产经媒体、行业媒体、地方主流媒体及知名互联网媒体对省级药店联盟发展都进行了报道，不断扩大联盟的品牌影响力。“省级药店联盟”的整体品牌形象已经深入人心。至今，省级药店联盟以其年销售 422.34 亿元的渠道终端能量，成了药品零售终端一个不可忽视的力量，很多强大的上游供应商因此而调整了业务策略，大量的医药工商企业也纷纷通过协会途径与各联盟沟通合作。同时，不少中小型连锁药店长期以来一直默默无闻，但因参与省级药店联盟事务，迅速发展成为行业明星企业和知名企业家，企业品牌和个人品牌都得到了巨大的提升，进一步助力企业发展。各省药店联盟通过出版内部刊物、建立联盟网站、参与“人民健康大讲堂”活动、统一进行门店促销推广、在各门店悬挂联盟标识等，在当地消费者中逐渐形成一定的影响力，当地政府主管部门无一例外地都支持了省级药店联盟的建设与发展。在品牌知名度不断得到提升的同时，在协会强力规范要求下，各省药店联盟品牌美誉度也在不断得到升华，品牌忠诚度也逐渐培育形成，不少联盟与供应商达成了长期、稳固的合作机制。

十一、省级药店联盟未来展望

作为非法人机构的经济合作体，目前极个别省级药店联盟在发展过程中还存在凝聚力不够强、服务水平有限的问题，对此，中国医药物资协会 2013 年坚持“调整优化、稳健成长”的方针，加强对联盟的改造力度，督导联盟走上规范化的发展道路。同时，协会积极与商务部等进行沟通，寻求相关政策的支持。

未来几年，中国医药物资协会还将继续推动省级药店联盟的建设，完成全国总体布局，覆盖全国各个省市区。省级药店联盟将引领中国药品零售行业的未来：在模式上，省级联盟多以资本为纽带，通过联合出资方式成立运营实体加快发展；在渠道上，联盟主要由各个地级市主力药店联合发起，渠道网络基本覆盖全省；在资源上，各发起单位将品种资源、工业资源进行共享，并在药店经营、管理和服务上进行交流分享，推动成员药店在竞争中更具领先地位；在竞争上，通过联盟作用抑制成员之间的恶性价格竞争，维护市场的良性发展，减少内耗，加强自律，共同为消费者和供应商做好服务，提升药店利润；在份额上，各省级联盟都占据了当地药品零售市场最大的份额，让联盟在工商博弈关系中占据更主动的地位。未来五到十年之内，拥有全省网络、拥有大量门店、拥有最大市场份额的省级药店联盟，将成为药品零售市场的主要经济联合体。

2013 中国医药互联网发展报告

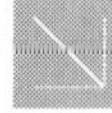

一、医药电子商务发展现状

截至 2013 年 11 月 30 日，食品药品监管总局（CFDA）共发放 194 张《互联网药品交易服务资格证》，其中批发交易类 B2B 证书（即 B 证）52 家，实际开展 B2B 业务的不超过 20 家（含自产自销类）；第三方平台交易资格的企业（即国 A 证）10 家；网上零售类 B2C 证书（即 C 证）132 家，实际开展业务的不超过 80 家。从获得药品互联网交易许可证的省市分布看，广东、江苏、浙江、云南、北京、山东、海南、四川、上海等是医药电商获证较多的省份。

（一）中国药品零售电子商务发展现状

中国药品零售电子商务发展是目前所有医药电子商务类型中市场化程度最高、发展最为迅速的领域，截至 2013

年11月30日已有132家企业获得药品互联网交易C证资格。

在政策层面上，目前仍然沿用2005年发布的《互联网药品信息服务管理办法》和2005年发布的《互联网药品交易服务审批暂行规定》两部管理办法。政策规定，网上药店只能销售非处方药、需要自行建立配送网络，这在很大程度上制约了B2C医药电子商务特别是处方药电子商务的发展。目前虽然已有132家合法网上药店，但以药品为主打商品、并且取得良好发展业绩的非常少，最近几年发展较好的医药B2C企业，多以销售保健品、计生用品、隐形眼镜、家用医疗器械等为主。

多种因素将影响网上药店的发展。据统计目前网上药店获客成本一般为100元左右，而更精准的定位、品类专业化程度高的网上药店也有降低到50元左右的。

在网上药店官网流量中，多数都来自搜索引擎。目前国内搜索市场中，百度约占79%的比例。截至2013年11月底，在百度上进行广告投放的网上药店主要包括康爱多、健一网、1号药网、金象网、开心人网上药店、可得网等。广告投放最多的企业每年在百度上的投放量已超过1 000万人民币。

网上药店移动端流量也日益被看好，如金象网上线了移动端之后，目前移动端的流量已经贡献了整体流量的10%，并且移动端的流量增速更快，靠着自然流量的积累，投入产出比相对较好。

网上药店新门类隐形眼镜异军突起：如可得网，其旗下已形成了可得眼镜网、艾视网、百秀大药房等电商平台，2013年预计销售2.6亿元。

网上药店目前的发展模式主要有官网模式和第三方平台模式两种，官网派多集中在早期获得证书的企业，第三方平台、特别是天猫医药平台，超过60%的网上药店都已经入驻，部分新生的网上药店仅以少数的商品品类即获得了较大的市场销售，网上药店黑马不断涌现。但多数入驻第三平台的网上药店竞争方式都以降价为主，因此虽然产生了预期的市场规模，但绝大部分都没有赢利，这值得进一步的思考和调整。天猫医药馆是目前网上药店最为重要的第三方平台，为网上药店实现销售总额的提升效果十分明显。

而在天猫医药馆中，单店单品累积销售数量排名前30强的，最高销售件数为七乐康大药房旗舰店的杜蕾斯活力装安全套送28只装，共实现了50万件的销售，最低销售件数也达到7.5万件。而在这30强中，华源大药房旗舰店占10席、昂生大药房旗舰店占5席、七乐康和康爱多各占4席，4家网上药店共占23席，集中度非常高。

在天猫医药馆中，按单店单品销售金额进行分析，前30强中，华源大药房旗舰店欧姆龙电子血压计仪HEM-7051以2 519万元的累积销售额排名第一，华源大药房的爱泊丽晴光美瞳以338.3万累积销售排在30强最后一名。

据淘宝数据魔方的数据显示，天猫医药馆2013年双11医药品牌销售排行榜中，杜蕾斯以802万的销售额夺得医药类目的冠军，博士伦437万和欧姆龙429万分列2位、3位。今年医药品类排行榜中，计生用品、保健品和医疗器材三个品类呈现三足鼎立的态势。

双11当天医药品类，以销售额排名，品牌企业中前十位依次是：杜蕾斯、博士伦、欧姆龙、强生、鱼跃、东阿阿胶、冈本、海昌、KEY和视康。

从成交商品数量来看，排在前三位的依次是：杜蕾斯171 793件、博士伦80 922件、海昌美瞳57 390件。

在保健品方面，2013年双11中，康比特以单日1 410万的成交额排在首位，康恩贝则以不到10万元的销售差距紧随其后。保健品品牌在整个淘宝销售超过1 000万的企业共有5家，依次是康比特、康恩贝、自然之宝、健安喜和汤成倍健。而从商品销售数量上看，则是康比特257 584件遥遥领先。

（二）药品流通业电子商务进展

我国第一代医药电子商务B2B平台始建于2000年年初，基于医药在线招标采购网络为上下游的供需双方提供交易信息，由于交易双方对于网上支付安全性的质疑以及缺少相关法律的保护而造成了目前我国的B2B医药电子商务大多处于网上交易，网下支付的局面。同时由于近年来政策的转变，加上基药招标开始由政府主导，医院自主采购权被限制。

而第二代医药电子商务企业，则进入提供网络采购交易的阶段，力求打通信息链、供应链融资，解决物流配送等采购需求。但在我国医药流通领域，流通企业数量多、规模小、市场分散、效益低下的局面还没有根本的改观。由于以上两方面因素造成了我国B2B医药电子商务中信息流、资金流、物流之间的不连贯，以及不能有效地集成。因此，降低了电子商务的应用价值，不能实现医药商品的高效流通。

中国最早一批试点医药企业是1998年，当时国家选择了8家企业为试点单位，但多年来没有取得明显的成功。2005年以后，国家执行互联网药品交易资格证制度，部分企业通过申请获得B2B交易的资格。截至2013年11月底，中国持有药品互联网交易资格B2B企业有52家。

在获得互联网药品交易许可的B2B医药互联网企业目前的发展中，湖北九州通和安徽华源在第一梯队，建站时间较早，分别是2000年和2003年，有国企背景或已是上市公司。第三梯队，是起步早但网站还在建设阶段的医药互联网企业，真正在线交易的几乎没有。2013年的国内医药行业尚未有一家医药B2B交易网站能独霸市场。

2011年，九州通电子商务从1.0平台跨越到了2.0平台。到2012年年底，整个集团12家二级公司、2家三级公司已经成功上线了B2B2.0系统，公司和客户关系的稳定性和粘性进一步提高。2012年，公司B2B业务实现了将近11亿元的销售，其中终端客户销售占了7.5亿元，电子商务终端客户扩展到了7 891家。2013年，九州通继续推动平台转向B2B3.0，将分布式区域架构进行有效整合。这样对用户体验、集团统一度、管理维护难度、安全性等各方面都将有着很好的帮助。

珍诚医药是国内第一家B2B型的医药电子商务企业，2006年后介入电子商务，把药品批发的工作搬到了网上，面向单体零售药店等市场群体。2011年珍诚医药实现收入17亿元，2012年达到20亿元，2013年7月，国药集团9 000万元入股珍诚医药。成都拜欧药业也是区域内较具规模、较具专业化程度的医药终端推广企业，借助医药电子商务的力量拥有全国覆盖面的经销终端网络。

此外，目前还有商康医药、悦康源通、101医药等企业在投入B2B业务。

目前国内医药B2B领域总体成长缓慢，主要原因一是企业普遍缺乏技术战略，对营销的理解不如医药工业有深度，对商业模式探索太少。而未来的成长的关键还在于技术战略的实施、商品品类的丰富与优化、广泛的上下游客户资源。

目前没有一家医药B2B电子商务平台有能力把控全国的在销药品，上规模的平台都推出了联盟计划，期望整合上游生产商、下游配送商以及终端（单体药店、私立医院、诊所等）和大量的个体医药代表来打通医药产业链。但联盟基本条件就是资源互享、利益共享，还有风险共担，要有强大的技术作为支撑，可以实现信息实时互联，产品信息、库存信息、线上线下销售信息、客户资源系统等均能支撑联盟成员各地随时办公的需求。有些联盟产品基本是不支持区域限制和价格保护的，只适用于没有价格保护的流通产品。

（三）医药工业电子商务进展

在中国医药工业企业已上线的B2C平台上，多以OTC、保健品、家用医疗器械、药妆、计生等类产品为主，其电商模式主要有以下几种：

一是自建B2C官网，可充分利用产品资源、人力资源专家资源和售后资源形成线下线上全方位的服务和宣传阵地。如山东东阿阿胶通过设立合资的“健康管理连锁有限公司”从事医药类、保健类产品销售，其官网名为“东阿阿胶滋补健康商城”，商城持有药品互联网交易C证，该商城全部用于销售东阿阿胶的产品，共计10余款，依托强大的持续健康、美容商品优势和专家资源，目标是为消费者提供养生、保健、美容等个性化的健康解决方案。

二是依托天猫、京东、当当等建立官方旗舰店，有利于扩大销售。如康恩贝开发了涉及亚健康类、女人美容养颜类和男人、宝贝、老人类的多款保健品，通过天猫旗舰店进行销售，仅维生素C咀嚼片100片累计已实现了超过800万元的销售，在2013年双11，康恩贝在天猫当天实现了1 400万元的销售额。如东阿阿胶天猫旗舰店的阿阿胶块500g累计已经实现了超过2 000万元的销售，东阿阿胶块62.5g和东阿阿胶桃花姬阿胶糕300g都累计销售超过600万元。

三是借助第三方网上药店的渠道进行销售。多数工业除了官方旗舰店自营以外，还通过与网上药店合作进行销售。

四是直接投资第三方电商交易平台，除了进行自身商品销售以外，还可以销售其他企业的产品。如太极集团投资的太极养生医馆已获得药品互联网交易资质，该集团所有产品都可以通过养生医馆来实现销售，集团旗下13家制药企业有1 500个批文能正式运作，涉及品种3 000多个品种。太极养生医馆初期上线1 000个品种，2014年目标是做到3 000个，2015年目标是做到10 000个，其中国际知名品牌有500个。太极养生医馆被认为是国内独具规模的保健品网上商城。

目前中国医药工业企业4 700多家，工信部发布的医药工业发展规划估算，到2015年中国医药工业总产值将超过3万亿元人民币。相对于通过传统的医院、药店和代理渠道，网上销售的金额可谓微乎其微，完全可以忽略不计。

主要原因一是占主流销售途径的医院销售需要通过招标方式入围，企业无法自主进行网上销售，国家政策尚不允许处方药在网上进行销售，老百姓无法从网上购买处方药。

二是缺乏电商战略思考：即便是OTC产品通过网上销售的也仅点极小的比例，企业普遍担心网络渠道对传统渠道的冲击，无法有效进行价格管控。企业高层普遍对电子商务发展现状和趋势缺乏判断，连B2C这样的概念都还没有深入人心，更不用说时兴的O2O模式，以及C2B的消驱动模式。

三是缺乏专业电商人才团队和合适网上销售的商品这两个核心的元素，国内部分知名的医药工业企业事实上已在搭建电商平台，但由于人才的缺乏导致进展缓慢。

医药工业作为产业链条上实力较强的一环，国家一直在主导通过降低药品价格缓解看病贵的问题，加上 O2O 模式的兴起，以及医疗电子商务、移动电子商务和物联网应用的发展、我们预计在未来中国医药电子商务发展中，医药工业将扮演着越来越重要的角色。

（四）中国第三方医药电子商务的进展

中国第三方医药电子商务是最早开展医药电子商务的，在 10 家获 A 证的企业中，其中 6 家是 2009 年以前拿证的。

第三方医药电子商务面临最大的困境是已拿证的企业所搭建的电子商务平台，都不是中国流量很高的各大知名电子商务平台，对吸引商家的入驻缺乏足够的吸引力。而拥有巨大流量的电子商务平台，诸如天猫、京东等，却没有获得药品在线服务资格，大量的网上药店入驻，也只能是展示药品信息为主。

值得关注的是，目前河北慧眼医药科技有限公司已获准在网上药上销售处方药的试点资格，未来处方药通过线上销售成为可能。

二、中国移动医药互联网的应用

2012 年中国智能手机迅速普及，用户规模达到 3.8 亿元，用户可随时随地将医疗服务融入自己的日常生活：更多医学资料可存储于手机中。基于地理位置的服务（LBS），可推荐附近的医疗点。手机传感器技术，可搜集生理参数，为医疗健康服务提供新的解决方式。同时，现阶段我国医患关系较为紧张，社区医疗又不发达，专业医院的接待能力有所欠缺，移动医疗在一定程度上有助于平衡各地的医疗资源，在不同的地方能够享受到同层次的医疗服务。

随着智能手机的普及，中国移动电子商务正在形成，并且发展前景广阔。我国现阶段移动医疗 APP 已达 2 000 多款。所谓移动医疗 APP，指基于安卓、苹果等移动终端操作系统的医疗类应用，主要分为 5 种：医药产品电商应用，如提供药品介绍和购药服务的“掌上药店”，以及用药助手、1 号药店、药品指南、药品通、U 医 U 药等；满足专业人士了解专业信息和查询医学参考资料需求的应用，如“杏树林”“药房培训”；满足寻医问诊需求的应用，如“春雨医生”；预约挂号及导医、咨询和点评服务平台，如“就医 160”；细分功能产品，如记录女性生理周期的“大姨妈”、测量心率的“春雨心镜”等。

同时，2012 年中国移动医疗市场规模已经达到 18.6 亿元，较上一年增长 17.7%。预计 2013 年全年将达到 23.4 亿元，到 2017 年将达到 125.3 亿元。移动医疗 APP 数量的爆发式增长，与移动互联网技术发展以及我国医疗环境密不可分。从移动医疗 APP 数量规模来看，我国居民手机看病已经不远。

从目前移动医疗的形式来看，一方面药企、医疗机构等针对产品会专门设计移动医疗、电子营销产品；另一方面，也涌现出一批华康移动医疗等第三方机构。根据研究机构 Chilmark Research 发布的数据，移动医疗领域的投资在未来 5 年会增加 25%，到 2017 年突破 11 亿美元。

医疗作为刚性需求，资源的严重不足以及分配不均已经产生了很多社会问题，而移动医疗能够通过移动互联网的方式将现有资源最大化，让更多人能享受医疗服务。我们预计，移动医疗将是移动互联网应用的重要组成部分。

三、中国医疗互联网的发展现状

医疗互联网、特别是信息化作为中国新医改方案“四梁八柱”目标的“八柱”之一，一直是其他改革的重要技术基础。不仅医院自身业务的系统复杂性对管理信息系统升级提出了要求，随着医改的深入和医疗保障体制的健全，构建以电子病历、居民健康档案为基础的区域医疗信息系统，实现医院、医疗机构、行政管理部门之间的信息互联共享亦成为未来发展趋势。

数据显示，中国目前每年的医疗 IT 年花费约为 150 亿元左右，预计今年将增长到 187 亿元，2015 年将达到 290 亿元。近几年中国医疗 IT 市场的增长速度都在 25% 以上，其中，IT 解决方案（软件和 IT 服务）市场大约 30 亿元左右。中国医疗 IT 占全部 IT 行业的比重约为 2.2%，远低于美国、英国、澳大利亚等国，具备极强的发展潜力。业内人士预测，2011—2015 年中国医疗 IT 行业的年复合增长率有望达到 19%，增长速度在所有 IT 子行业中仅次于消费用 IT 产品。

按发展阶段的先后以及普及程度由高到低，中国的医疗信息化主要分为三类：医院管理信息系统（HMIS）、医院临床信息系统（HCIS）和区域医疗卫生服务系统（GMIS）。HMIS 在国内的建设已有十多年的历史，较为普及。目前，医疗信息化正在向 HCIS 支持为主的第二阶段过渡，下一步的重点是推广电子病历 EMR（Electronic Medical Record），实现区域内的联网使用，而未来 5 年，GMIS 将成为医疗信息化产业新的增长点。

与此同时，医疗服务开始向家庭延伸。老年人作为突发病的高发人群，需要借助信息技术手段对病情进行跟踪监测。物联网、云计算等技术的发展，使得带有感应、检测装置、报警和求助系统的便携性医疗设备进入家庭，医院可以通过信息系统实现对患者病情的实时监控。

从实力上看，中国的医疗信息业已形成本土企业与欧美、日本企业三足鼎立的格局。

东软是本土企业中最典型的代表，其业务中软件外包占35%，行业解决方案占47%~50%。现在备受欢迎的熙康行表和熙康益体机，整合了物联网、互联网、云计算技术以及医疗领域的专业资源，可以动态收集和管理个人健康信息，实现家庭实时跟踪与监测，是东软医疗电子商务由B2B向B2C转型的开始。借助本土化优势，东软还为唐山、郑州、无锡、沈阳、都江堰、海南省澄迈县等20多个城市提供健康城市解决方案，构建起了区域医疗卫生平台和区域的以物联网、互联网为核心的健康服务平台。此外，东软还积极与大型医院和医疗机构合作，向家庭和个人推广健康管理解决方案。

卫宁软件主要从事医疗及技术服务业务，也逐步进入整体医疗信息解决方案、电子病历等领域。欧美企业中英特尔、IBM、甲骨文、思科等都在中国成立了专门的医疗行业部门。此外，日本富士胶片、NEC，韩国SK集团等在中国也已医疗信息化。

2013年11月，百度公司开始将联合上万家专业医疗机构、投入2亿元医疗资源成立“百度健康公益联盟”，利用互联网为用户提供一站式医疗服务平台，将为构建健康的医疗生态起到积极的推动作用。这为促进互联网、移动互联网自身和投身产业健康发展的“大战略”是相辅相成的，这也会为我国医疗产业发展带来源源不断的驱动力。

四、可穿戴设备——医疗器械互联网应用的下个热点

据瑞士信贷预计，未来两到三年，全球智能可穿戴设备全球市场规模将从2013年的30亿~50亿美元猛增到300亿~500亿美元。美国消费电子协会数据表明，可穿戴设备市值的大幅增长预期，主要受益于医疗保健类可穿戴产品的推动，美国市场上的个人医疗保健类可穿戴产品的销售、相关软件及服务的总体营收，在未来5年内将激增142%。

智能可穿戴产品种类很多，如智能手表、智能充电手腕、智能水杯、智能耳塞、智能婴儿监控衣等。典型产品有以Nike fuelband为代表的智能手环，Pebble、Galaxy Gear为代表的智能手表和Google Glass为代表的智能眼镜。可穿戴设备最吸引人的地方，是在于其紧贴身体的佩戴方式可用来测量人们的各项体征。它们可以测量人们的运动量，睡眠质量，每天走了多少步，会提供各类消费者需要的功能，包括健身爱好者、减肥者、老人。

分析师称，可穿戴产品的市场存在的主要障碍是，对于普通消费者或技术爱好者来说，谷歌眼镜等高科技产品可能会显得有些华而不实，而中医疗保健类可穿戴产品则被认为更具实际意义。他们预测，到2018年，个人医疗保健类可穿戴产品的数量将从2013年的4 000多万台跃升至7 000万台。

目前已经问世和即将问世的可穿戴设备，基本包括四大类：运动和健康辅助的Jawbone Up、Nike + Fuelband、Fitbit Flex以及国内的咕咚手环、大麦计步器等；可以不依附于智能手机的独立智能设备iWatch、三星Gear、果壳智能手表；作为互联网辅助产品的Google Glass、百度Eye类产品；与物联网密切相关的体感设备MYO等。国内除百度外，还有奇虎360、TCL、盛大、九安医疗等都推出了相应的可穿戴设备。另外映趣、中兴、华为、联想等企业，也纷纷宣布其可穿戴硬件研发、上市计划。

2013年，国内智能穿戴在A股走出了一波火红的行情。其中，可穿戴概念股奋达科技，全年涨幅度更是高达380%。九安医疗自2013年5月初宣布涉足可穿戴设备以来，股价从一路上场，大股东便趁势在短短四个月的时间里连续减持共套现1.79亿元。但目前可穿戴相关个股企业仅有概念暂无业绩，可穿戴设备的象征意义远大于实际价值。因为投入非常大，投入产出比不成正比，目前国内做可穿戴的公司，真正盈利的没有几家。

2013中国医药电商数据报告

一、医药电子商务现状

截至2013年12月30日，国家食品药品监督管理总局共发放194张《互联网药品交易服务资格证》，其中批发交易类B2B证书（即B证）52家，真正开展B2B业务的不超过20家（含自产自销类）；第三方平台交易资格的企业（即国A证）10家；网上零售类B2C证书（即C证）134

家，真正开展业务的不超过 80 家。从获得药品互联网交易许可证的省市分布图来看，江苏、山东、广东、浙江、北京、云南、海南、四川、上海等是医药电商竞争必争之地。

目前，中国医药电子商务市场的规模相对较低，2013 年交易规模为209. 67 亿元人民币，环比增长25. 12%，但占整个医药市场的比例仅在 1. 2% 左右。2010 年占比仅为 0. 11%，2011 年占比为0. 23%，2012 年占比为0. 45%。

在整个医药电商领域，B2C 市场主要品类焦距在计生用品、保健品和医疗器械品类；B2B 市场主要聚焦在药品投标、医药电商服务领域。其中，医药电商 B2C 占整体医药电商市场 18. 6%，医药电商 B2B 占整体医药电商市场 81. 39%，可以看出，医药电商 B2B 市场仍然为医药电商主战场。B2C 端大型平台商的介入，以及网购信任度的增加使得医药电商市场参与者增加，预计 2014 年医药电商市场交易规模将达 284. 48 亿元人民币，环比增长 36. 68%，到 2015 年占整个医药市场的比例有望突破4%。

纵观整个医药电子商务行业，不论是 B2B、B2C、第三方平台，从交易规模占比角度分析，仍处于发展期，从技术及运营角度分析，仍处于形成期。

二、医药电子商务 B2B 模式发展现状

B2B 电子商务是我国医药电子商务最主要的形式，即企业获得第二方批发交易资格（即 B 证）。截至 2013 年 12 月底，中国持有药品互联网交易资格的 B2B 企业有 52 家。目前还没有一家医药 B2B 电子商务平台有能力把控全国的在销药品，上规模的平台都推出了联盟计划，期望整合上游生产商、下游配送商以及终端（单体药店、私立医院、诊所等）以及大量的个体医药代表来打通医药产业链。但联盟基本条件就是资源互享、利益共享，还有风险共担，要有强大的技术作为支撑，可以实现信息实时互联，产品信息、库存信息、线上线下销售信息、客户资源系统等均能支撑联盟成员各地随时办公的需求。

三、医药电子商务 B2C 模式发展现状

B2C 电子商务模式是我国目前发展最为迅速的电子商务形式。医药 B2C 市场规模 2013 年增幅将达 267%，医药 B2C 市场规模潜力巨大，4 年来每年都维持在 200% 以上的增长规模。2010 年，整个医药电子商务 B2C 市场规模大约在 2 亿元；2011 年规模翻了一倍，到了 4 亿元；2012 年则增长到 15 亿元，2013 年更是达到 39 亿元的水平。截至 2013 年 12 月 30 日，已有 134 家企业获得药品互联网交易 C 证资格。最近几年发展较好的医药 B2C 企业，多以销售保健品、计生用品、隐形眼镜、家用医疗器械等主。网上药店目前的发展模式主要有官网模式和第三方平台模式两种。

（一）国内主流医药 B2C 网站评估排名

依据 Alexa 网站排名，我们对以下网站三个月平均排名进行了排序。

表 1　Alsxa 网站上各医药 B2C 网站三个月平均排名

名　次	网站名称	Alexa 三个月平均排名
1	康爱多	9 010
2	健客网	17 525
3	健一网	70 641
4	药房网	77 685
5	1 号药店	9 6906
6	好药师	110 272
7	金象网	136 288
8	开心人	154 394

通过以上数据，并根据我们对多家网站跟踪分析，将 B2C 发展分为以下几种模式：以技术为主的模式，通过网站优化、SEO、精准推广等相关的技术手段，获得流量，以康爱多为主要代表；以会员营销为主的模式，通过老会员重复营销、发展线下会员获得流量，以金象网、药房网为代表；以营销推广为主的模式，通过网站联盟、关键词推广、广告获得流量，以健一网、开心人、健客网为代表；以背靠背品牌影响力为主的模式，通过依附或者借助大公司品牌和流量优势，直接获得流量或者引起巨大的话题来吸引流量，以一号药网、好药师为代表。

（二）天猫医药馆旗舰店发展现状

目前在天猫医药馆中，单品累积销售数量过万件的网上药店共有29家；单店单品累积销售数量排名前30强中，华源大药房旗舰店、昂生大药房旗舰店、七乐康和康爱多这4家网上药店共占23席，集中度非常高。天猫医药馆中有单品累积销售过万件的商家有：昂生大药房旗舰店、百秀大药房旗舰店、百洋健康大药房旗舰店、存仁堂大药房旗舰店、德生堂大药房旗舰店、东阿阿胶大药房旗舰店、海王星辰大药房旗舰店、好药师大药房旗舰店、和平大药房旗舰店、华氏大药房旗舰店、华佗大药房旗舰店、华源大药房旗舰店、嘉定大药房旗舰店、健民大药房旗舰店、金盛大药房旗舰店、金象大药房旗舰店、康爱多大药房旗舰店、康之家大药房旗舰店、七乐康大药房旗舰店、仁博大药房旗舰店、上海大药房旗舰店、万泽大药房旗舰店、先声再康大药房旗舰店、新兴大药房旗舰店、壹号大药房旗舰店、云南白药旗舰店。

四、O2O 电子商务模式发展现状

O2O 模式体现了大连锁的天然优势，让具有大量会员资源、在区域内具有绝对品牌优势的大连锁获得了“控制”电商的能力。从“被”电商的状态，慢慢转变为“主动”电商化。近段时间以来，天猫、京东、腾讯微信等纷纷出台支持和接入 O2O 的相关项目，连锁药店一下子变成了市场的宠儿。海王星辰、国大药房等龙头医药连锁企业，纷纷采用不同的方式接入 O2O 平台。另外，医药电商的发展绕不过政策的壁垒，而 O2O 可以有效克服现在的一些政策壁垒。未来 O2O 将是医药电商新的“角力点”，是新的战场，而且可能从根本上改变传统零售药店的经营模式和格局。

五、OTC 品牌产品电商销售现状

（一）天猫医药馆具补钙功能的 OTC 品牌销售排行

2014 年 2 月，天猫医药馆内具有补钙功能的 OTC 品牌前十的为：迪巧、钙尔奇、伊可新、锌钙特、金钙、朗迪、星鲨、龙牡、三精。排名第一的迪巧，月度销售额为 109 万元，占补钙功能的 OTC 品牌的 36.99%，所占比例高出排名第二的钙尔奇 18 个百分点，而三精则排名第十。

（二）天猫医药馆具补钙功能的 OTC 产品销售额店铺排名

2014 年 2 月份，天猫医药馆内具有补钙功能的 OTC 产品销售额前十的店铺为：华源大药房旗舰店、康爱多大药房旗舰店、开心人大药房旗舰店、康之家大药房旗舰店、九州大药房旗舰店、先生在康大药房旗舰店、七乐康大药房旗舰店、健之佳大药房旗舰店、壹号大药房旗舰店、乡亲大药房旗舰店。排名第一的华源大药房旗舰店，2014 年 2 月份具有补钙功能的 OTC 产品总销售额为 71 万元，占所有店铺总销售额的 24.04%，所占比例高出排名第二的康爱多大药房旗舰店 14 个百分点，遥遥领先其他店铺。

（三）十四家医药 B2C 网站具补钙功能的 OTC 品牌销售排名

2014 年 2 月，协会从十四家医药 B2C 网站中推算出具有补钙功能的 OTC 品牌前六名排序结果为：迪巧、钙尔奇、伊可新、锌钙特、盖笛欣、龙牡。在自营网站的品牌销售排名中，排名前四的品牌完全相同，迪巧仍旧第一，销售额为 62.5 万元。

（四）十四家医药 B2C 网站具补钙功能的 OTC 产品销售排名

2014 年 2 月协会从十四家医药 B2C 网站中推算出的具有补钙功能的 OTC 产品销售额排名前六的网站为：健一网、康爱多、开心人大药房、好药师、在康网、七乐康。其中第一名健一网 2 月销售额为 50.7 万元、第二名康爱多销售额为 21 万元，第三名开心人大药房销售额为 20 万元，其他几名销售额均不到 10 万元。

（五）天猫医药馆与自营 B2C 医药网站具补钙功能的 OTC 品牌销售综合排名

根据 2014 年 2 月天猫店铺数据以及从十四个 B2C 医药网站中推算出的数据，并将二者合并，得出 TOP6 补钙品牌为：迪巧、钙尔奇、伊可新、锌钙特、盖笛欣、龙牡。

（六）天猫医药馆与自营 B2C 医药网站具有补钙功能的 OTC 产品销售综合排名

根据 2014 年 2 月天猫店铺数据以及从十四个 B2C 医药网站中推算出的数据，并将二者合并，得出 TOP6 医药网站：华源大药房旗舰店和健一网、康爱多大药房旗舰店和康爱多、开心人大药房旗舰店和开心人大药房、九州通大药房旗舰店和好药师、先声在康大药房旗舰店和在康网、七乐康大药房旗舰店和七乐康。

在互联网时代，中国医药行业能够选择适合本企业发展的电子商务经营模式，改变传统的思维定式，并在同行业竞争中显示出足够的优势，成为现代电子商务战略实施的关键。通过对中国医药行业电子商务的数据分析，可以对中国医药电子商务的发展有个清晰的认识，为行业电子商务的发展、企业电子商务战略的制定提供数据支持。医药电子商务是大势所趋，我们必须充分认识发展我国医药电子商务的紧迫性，转变观念，积极、主动地迎接电子商务时代的挑战，创造条件发展我国的医药电子商务，同时，我们也不能忽视医药行业的特殊性，应该以分步、务实的原则积极稳妥地发展中国的医药电子商务。

2013 中国医疗器械行业发展报告

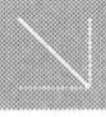

一、2013 中国医疗器械行业发展现状

（一）2013 中国医疗器械市场销售情况

2001 年以来，中国医疗器械市场销售规模由 2001 年的 179 亿元增长到 2012 年的 1 700 亿元，剔除物价因素影响，12 年间增长了近 9.4 倍。据中国医药物资协会医疗器械分会抽样调查统计，2013 年前 10 个月中国医疗器械市场总销售规模达到 1 410 亿元，预计全年销售规模达到 2 120 亿元，首次突破 2 000 亿元大关，预计比上一年度增长 21.19%（如图 1）。

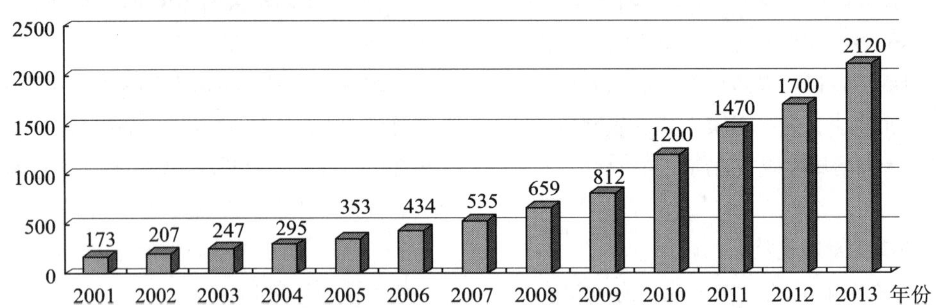

图 1　2001—2013 年中国医疗器械市场销售规模统计

（二）医疗器械市场集中度情况

2013 年，中国本土医疗器械企业中，迈瑞医疗、康辉医疗、鱼跃医疗、万东医疗、威尔科技、九安医疗、东软股份、乐普医疗、威高股份、微创医疗、阳普医疗、长峰股份、威达医用、新华医疗、万杰高科、中国医疗、上海医疗等是相对领先的企业品牌。

全球医药和医疗器械的消费比例约为 1∶0.7，而欧美日等发达国家已达到 1∶1.02，全球医疗器械市场规模已占据国际医药市场总规模的 42%，并有扩大之势。我国医疗器械市场总规模 2013 年预计达到 2 120 亿元，医药市场总规模预计为 10 372 亿元，医药和医疗消费比为 1∶0.2。可以判断，医疗器械仍然还有较广阔的成长空间。

中国医械产业呈现“多、小、高、弱”的特点。一是生产企业多，截至 2012 年年底，全国共有医疗器械生产企业 14 928 家；二是企业规模小，2012 年医疗器械产业市场总产值为 1 800 亿元，平均每个企业产值约 1 200 万元；三是产品集中度高，医疗器械产品种类 3 500 多种，平均每种产品拥有 10 多个注册证。

国内的医疗器械市场不管在生产还是在销售领域，集中度都比较低。2013 年上半年 22 家医疗器械上市企业的收入仅为 100 亿元，仅占到行业总规模的 5% 左右。而在医疗器械零售市场上，目前还没有一家上市企业，在国内销售医疗器械的主要渠道是药店及专业的医疗器械店。

从地域分布来看，我国医疗器械行业集中在东、南部沿海地区。市场占有率居前六位的省份占全国市场 80% 的份额。以上海、江苏为代表的长江三角地区和以北京为代表的渤海湾地区主要是招商引资，以外资企业为主体而形成的优势产业集群。长江三角地区以一次性注射和输液器等产品在全国占绝对优势；北京地区以 GE 公司为代表的 CT 机占绝对优势；深圳的医疗器械产业从无到有，在短短的 10 余年内，已发展成为我国高端医疗器械产业重要的制造加工基地，如医用影像、血液分析仪、病人监护仪等产品在国际市场上也占有一席之地，发展势头强劲。

（三）2013 中国医疗器械终端销售渠道情况

据统计，2013 年，医疗器械通过医院销售的比例为 78.75%，通过药店销售的比例为 16.56%，通过其他渠道销售的比例为 4.69%。截至 2013 年 10 月底，国内取得互联网药品及医疗器械销售许可的企业共 177 家。2013 年医疗器械通过电商渠道销售预计为 25 亿元，增长前景看好。医疗器械生产企业利润率约为 22%，传统的医疗器械零售企业的利润率约 26%，电商企业利润率约为 2%~4%。

（四）医疗器械注册情况

食品药品监管总局统计数据显示，2007—2012 年，我国医疗器械Ⅰ类产品注册总量上升趋势较为明显，由 2007

年的3 452件上升到了2012年的7 070件，增幅超过1倍。Ⅱ类从2009年起注册总量变化不大，每年7 000件左右；Ⅲ类产品注册波动较大，但2012年较上一年有较大增幅。值得关注的是，进口医疗器械的首次注册和再注册，2012年均有大幅增长，进口方面总的注册是上一年度的2.5倍，表明外资、进口医疗器械正在大举进入本土市场，未来几年竞争将更为激烈（如表1）。

表1　2007—2012年中国医药器械注册统计

年份	Ⅰ类		Ⅱ类		Ⅲ类		港澳台		进口	
	首次	再注册	首次	再注册	首次	再注册	首次	再注册	首次	再注册
2007	3 452		3 883		1 366		52		2 221	
2008	2 117	1 583	2 172	2 234	1 485		116		3 683	
2009	3 156	2 294	2 646	4 473	345	711	39	21	1 441	1 701
2010	3 526	2 493	3 251	4 181	374	890	46	39	1 626	1 746
2011	3 583	2 095	3 350	3 441	388	701	44	110	1 654	1 336
2012	4 331	2 739	3 637	3 300	913	1 628	215	72	3 517	4 181

数据来源：CFDA

（五）中国医疗器械生产经营企业情况

食品药品监管总局统计数据显示，自2007年以来，我国医疗器械生产企业数量由12.6万家增长到2012年的近15万家，持有医疗器械经营许可证的经营企业从2007年的16.10万家增长到2012年的17.78万家（如表2）。

表2　2007—2012年我国医疗器械生产企业与经营企业数量变化　　单位：家

年份	生产企业				经营企业
	Ⅰ类	Ⅱ类	Ⅲ类	总数	
2007	3 245	7 233	2 123	12 601	160 952
2008	3 368	7 533	2 240	13 141	157 364
2009	3 696	7 869	2 311	13 876	155 765
2010	4 015	7 906	2 416	14 337	165 203
2011	4 051	8 174	2 405	14 603	168 596
2012	4 095	8 247	2 586	14 928	177 788

（六）医疗器械进出口市场分析

据海关数据，2013年上半年，我国医疗器械进口总额68.1亿美元，同比增长19.43%；出口额90.11亿美元，同比增长10.87%。贸易顺差22.01亿美元，同比下降9.24%。预计全年进出口总额达到330亿美元。2013年上半年，我国共从89个国家和地区进口医疗器械。从进口区域看，欧洲是我国最大的医疗器械进口来源地区，北美洲为第二大进口来源地区，亚洲排在第三位，三大洲进口额所占比重合计达97.57%。从具体进口国家和地区看，排在前十位的分别是美国、德国、日本、瑞士、韩国、爱尔兰、英国、法国、荷兰和新加坡，进口额合计达57.1亿美元，合计占比达83.86%。从产品结构看，上半年，我国诊疗设备、医用耗材、康复用品、口腔科设备材料和医用敷料的进口额最高，进口额超过1亿美元的医疗器械主要有医用导管、彩超仪、CT机、MRI仪、内窥镜、血管支架、医用直线加速器、X线管、人工关节、矫形或骨折用器具。上半年，我国共有8 476家企业从事医疗器械进口贸易，其中，三资企业、民营企业和国有企业的数量分别为3 351家、4 268家和857家，相关进口额分别为27.74亿美元、24.19亿美元和16.17亿美元。有134家企业的医疗器械进口额超过千万美元。从具体进口地区来看，上半年，医疗器械进口额排在前十位的省（市）是上海、北京、广东、江苏、浙江、山东、辽宁、天津、福建和湖北，相关进口额合计达61.97亿美元，占比合计达91.01%。值得注意的是，约

35% 的进口产品的主要构成部分是在中国生产，先出口到国外，然后再进口到中国的销售。

上半年，我国共向 216 个国家和地区出口医疗器械。从出口区域看，亚洲是上半年我国医疗器械最大出口市场，欧洲为第二大市场，北美洲排第三位，三大洲所占比重达到 85.72% 。从具体国家及地区看，出口前十市场分别是美国、日本、德国、中国香港、英国、俄罗斯、荷兰、法国、印度和韩国，出口额合计 54.05 亿美元，所占比重 55.99% 。向美国出口的主要产品有 X 光检查造影剂、医用无纺布、助听器、药棉、纱布、绷带和监护仪等；向日本出口的主要产品有彩超、药棉、纱布、绷带、轮椅和彩超等；向德国出口的主要产品主要有药棉、纱布、绷带、医用无纺布、呼吸机和体重计等。从产品结构看，上半年我国出口诊疗设备、康复用品、医用耗材、医用敷料和口腔设材的出口额排在前列。出口医疗器械金额过亿美元的主要产品有医用导管、药棉、纱布、绷带、化纤制一次性或医用无纺织物服装、X 光检查造影剂、助听器、彩超、注射器、体重计、监护仪和 CT。从企业结构看，上半年我国共 14 805 家企业经营医疗器械出口，其中三资企业、民营企业和国有企业数量分别为 2 856 家、10 951 家和 998 家，出口额分别为 45.4 亿美元、37.13 亿美元和 7.39 亿美元。共有 134 家企业出口额超过千万美元。上半年，我国医疗器械出口前十省市是广东、江苏、上海、浙江、福建、北京、湖北、辽宁、山东和江西，出口额合计 82.21 亿美元，比重达到 91.24% 。

二、医疗器械市场发展分析趋势

（一）行业发展较为迅速，市场规模全球第二

改革开放以来，中国医疗器械产业的发展令世界瞩目。尤其是进入 21 世纪以来，产业整体步入高速增长阶段，销售总规模从 2001 年的 179 亿元增长到 2013 年预计的 2 120 亿元，翻了近 10 倍，成为全球仅次于美国的第二大医疗器械市场。经过多年的持续高速发展，中国医疗器械产业已初步建成了专业门类齐全、产业链条完善、产业基础雄厚的产业体系，成为我国国民经济的基础产业、先导产业和支柱产业。

（二）市场需求巨大，前景乐观

作为构筑医疗体系的重要支撑点，医疗器械行业越来越受到关注。值得注意的是，与全球医疗器械占医药市场总规模的 42% 相比，我国医疗器械的占比仅 14% 。从趋势来看，医疗器械行业将有巨大的发展潜力。第一，国务院"十二五"医改规划提出到 2015 年非公立医疗机构的床位数和服务量均要达到医疗机构总数的 20% ，在医疗保障范围不断扩大的背景下，民营医疗对医疗器械的需求，将很好地拉动行业的发展；第二，目前，高端医疗器械多以进口产品为主，随着国内医疗器械行业技术水平的逐步升级，将逐步替代进口高端医疗器械；第三，老龄化趋势也为一些特定医疗器械如供氧机、血糖仪等生产企业提供了广阔市场空间。

（三）医疗器械基层市场被看好

我国目前有县及县以上医院 1.3 万家，乡（镇）卫生院 5.2 万家，医院病床数达 300 多万张。如果全国 1.3 万家县级以上的医院，都能基本达到日本 1980 年医院医疗仪器设备标准（每 100 张床位为人民币 80 万元），我国医疗器械设备市场的增量空间超过 240 亿元。根据新医改的相关方案，卫生部会同国家发改委将投资 1 000 亿元，支持建设全国约 2 000 所县医院、5 000 所中心卫生院和 2 400 所社区卫生服务中心，并对基层医疗卫生机构中的装备配置开展医疗器械集中采购工作。目前，全国有 5 万多家政府办乡镇卫生院和社区卫生服务机构，基层医改推动了各级政府把更多的财力、物力投向基层，基层医疗卫生服务体系在健康管理、常见病、多发病诊疗中应发挥主体作用。基层医改的方向是回归公益性、立足保基本，随着医保覆盖面的扩大和基层看病报销比例的提高，基层医疗机构的市场空间将迎来爆发式增长。

（四）家用医疗器械处于发展初期，增量较快

我国家用医疗器械市场还处在发展初期，具有进入壁垒低、发展速度快、投资回报率比较高、风险相对较小的特点，正吸引着越来越多的资本进入。家用医疗器械的货源地集中在珠三角和长三角地区，特别是珠三角的浙江和深圳已发展成为我国各种医疗器械的重要制造基地，而深圳的高档医疗器械在世界上也有一席之地。我国家用医疗器械企业数量多、规模小，各自为战，产品单一，难以形成系统的产业价值链条。在我国家用医疗器械领域，先行企业已经获得了极大的成功。周林频谱仪、哈慈五行针、氧立得、利德治疗仪、安必信减肥按摩仪等，其销售规模和利润率也让人艳羡。本土企业威高集团、迈瑞医疗，以及韩国喜来健等在家用医疗器械领域也取得了不俗的业绩。国内的家用医疗器械市场的广阔前景以及先行企业的成功，吸引了不少生产和经营企业介入，各式各样的家用医疗器械产品层出不穷。预计今后家庭医疗与保健工程会成为家庭的主要消费方向，随着大型的医院用治疗仪，也正在向便携式、经济型家用康复治疗器的方向发展，民用医疗器械有望普及到每一个家庭。

（五）智能便携式及电子商务成为创新潮流

2013 年以来，国外以健康为主题的可穿戴设备并购和融资案例近来已经逐渐增多。2013 年 4 月，Jawbone 以一亿美元收购另一家可穿戴保健电子产品厂商 Body Media；7 月，电子健康设备制造商 Withings 完成 3 000 万美元的融

资；8 月，帮助追踪个人身体健康的 Fitbit 完成新一轮 4 300 万美元融资；10 月 8 日，健康类可穿戴公司 Basis Science 获得 1 175 万美元 B 轮投资。国内也已经出现一批优秀的智能便携式健康设备，如康诺云，其由前端的硬件终端、后端云平台和前端的 APP 组成。前端硬件终端（传感器）负责监测用户的身体数据（比如血压、血糖、血氧、呼吸、心率等），并上传到云端。康诺云的硬件终端更侧重连续监测，并可以智能的双向调节。分析情况会通过 APP 传给用户本人以及用户指定的家人，方便家庭了解用户的身体状况，并帮助用户进行健康管理。此外，国内手环、计步器等可穿戴设备发展迅速，但已经出现产品功能趋同、同质化严重等问题。

医疗器械电子商务近年来发展迅速。这其中既包括 B2B 这样主要针对海外出口的电子商务，也包括通过网上药店面向消费者进行销售的 B2C 电子商务。随着移动互联网时代的来临，越来越多的医疗设备企业从 PC 平台到移动平台的发展，从互联网搜索引擎到移动互联网手机客户端的发展。

三、我国医疗器械行业面临三大发展问题

（一）中低端占据主体地位，产品附加值低

我国医疗器械制造业医疗器械行业集中度总体偏低，呈现小而散的状态，还没有形成规模发展，绝大多数停留在零散分布、低水平恶性竞争的粗放增长阶段，呈现零散分布粗放增长态势。低端医疗器械准入门槛较低，与国外企业竞争力弱，国内竞争较激烈，这与美欧日发达国家医疗器械产业结构相比仍有较大差距。近年来，随着经济的快速发展及市场需求的规模释放，医疗器械制造企业的兼并重组加速，与此同时，国内企业的核心竞争力不断提升，中低端产品基本实现自主生产，但这种放任自流的产业发展方式并不利于全行业的健康发展。截至 2012 年年底，我国医疗器械生产企业规模已经达到了 177 788 家，90% 左右的医疗器械生产企业是年收入在一两千万以内的生产技术含量较低的中小企业。而生产电子监护设备、超声诊断设备、心电生理设备、X 射线断层扫描设备、CT 等拥有自主品牌的高技术含量产品且收入规模过 5 亿元的企业并不多。国内企业为争夺低端市场的微薄利润打的头破血流，而占据高端市场的国外医疗器械巨头则风景这边独好，这种强烈反差的根源就在于国内医疗器械市场缺乏战略规划与整合，不能很好地形成“高精尖”科研分工和集约化发展。

（二）高科技产品初露头角，却因制度观念受歧视

中国医疗器械的总体水平与国际先进水平的差距约为 15 年。国内中高端医疗器械主要依靠进口，进口金额约占全部市场的 40%，进口公司主要是国际知名公司。约 80% 的 CT 市场、90% 的超声波仪器市场、85% 的检验仪器市场、90% 的磁共振设备、90% 的心电图机市场、80% 的中高档监视仪市场、90% 的高档生理记录仪市场以及 60% 的睡眠图仪市场均被外国品牌所占据。跨国企业竞争的焦点是设计理念、产品质量和售后服务，而高质量的产品正是国内大型医院所青睐的，因此国外产品多销往国内的大型医院，尤其是三甲医院。我国医疗器械产业链是由国外跨国公司主导高端价值链，不少关键技术仍被发达国家大公司垄断。国内企业仅占据低端价值链的一部分。国内有为数不多的几家企业进入高端产品市场，但同层次技术水平的产品重复性高，缺少产业分工，企业层次不明显，往往不能很好地组建具有自主创新能力的研发团队。随着我国软件开发能力和精密电子设备制造能力的提升，产生了一批诸如深圳迈瑞、深圳理邦仪器、东软医疗等从事高端医疗器械产业具国际声誉的品牌企业。在国内市场上，部分国产高端产品逐步实现进口替代，前十大企业生产总值快速增长，所占行业市场规模的比例呈现逐年上升的趋势。但是，由于医疗机构长期偏重于使用进口设备，再加上招标监管不严等原因，部分国产高端医疗器械遭受歧视，难以拓展国内市场。可以肯定的是，“中国潜力”会有相当一部分“花落”海外企业，国内企业的制约不光来自于制造技术实力，还受制于长期的“市场换技术”模式在国内市场留下的诸多后遗症。

（三）进口产品价格高昂潜藏风险

目前来看，我国医疗器械中低端市场以国内产品为主，高端市场基本为国外企业占据，且其正在渗透竞争国内中低端市场。进口医疗设备价格普遍高于欧美日等原产国 50%～100%，如 TOMO 放射治疗系统等设备，在欧美日等国家多为 250 万美元，我国进口多在 500 万美元以上。部分设备采购以政府投入为主，增加了财政负担。更严重的是，进口设备的售后与维修均由原公司专门人员实施，一旦由于某些原因导致维修延时，耗材供应中断，设备的使用将面临瘫痪。此外，高端医用设备核心技术掌握在外国企业内部，医疗诊断、治疗数据和患者医疗档案等信息安全同样面临巨大风险。

四、建议

我国医疗器械及医药进出口一直保持两位数增长，出口增幅保持在 25%～30% 之间。就具体产品而言，医用诊疗设备和西成药等高技术附加值产品的出口会保持一定增长，尤其是我国企业在保持现有中小型医疗器械比较优势的同时，正迅速凭借更多质优价廉的高附加值医疗设备产品和技术加大对国际高端市场的开拓力度，缩小与国际先进水平的差距。中国最新研发的医疗器械产品也走在了国际医疗器械行业的尖端。

面对不断广阔的市场发展前景，本土医药器械企业应通过创新或培养相关人才等手段促进自身的跨越式发展，完善技术创新支撑体系建设，逐渐提升创新能力，向研发高科技含量更高，智能化水平更高的医疗器械方向发展；顺应全球医疗器械市场的发展趋势，尽快合理转变生产格局，大力生产使用国内高端医疗器械；同时，还应防范风险，不盲目跟风。

政府部门应加强市场引导，支持中小企业通过市场化途径并入大型医疗器械企业，实现规模化、集约化经营，提升行业集中度，形成各具特色的医疗器械生产体系。同时，进一步完善监管体系，加强医疗器械行业的统计分析，优化公共服务。

2013 中国中药饮片产业发展报告

中国医药物资协会中药饮片及生产设备协同创新联盟

医疗卫生事业是关乎国计民生和社会和谐的重要事业，是提高国家长期竞争力的重要保障。随着经济的发展和健康意识的增强，与人们生活质量密切相关的医药行业得到了迅速发展。

中药饮片业是我国中药产业乃至医药产业的重要组成部分，也是我国医药行业拥有自主知识产权的产业之一。近年来，随着我国不断重视中药产业的保护和中药传统文化的发扬，中药饮片及其炮制技术作为中医药文化的精髓得到了国家政策的大力支持。

一、中药饮片行业简介

（一）中药饮片相关概念

中药饮片是指在中医药理论的指导下，根据辨证施治和调剂、制剂的需要，对“中药材”进行特殊加工炮制的制成品。中药饮片可直接作为药剂配方服用或直接服用，或进一步加工为中成药产品。

（二）中药饮片的地位及产业链构成

传统意义上的中药产业包括了中药材、中药饮片和中成药三大部分，这三个部分构成了中药产业的三大支柱。中药饮片处于中药产业的中间环节。根据我国 2010 年版《药典》规定，中成药的生产须以中药饮片作为原料，由此看来，中药饮片相当于“中药材炮制品”和“中成药原材料”，在中药产业中起了承上启下的作用。

中药饮片行业已经形成了较为完善的产业链，如图 1 所示：

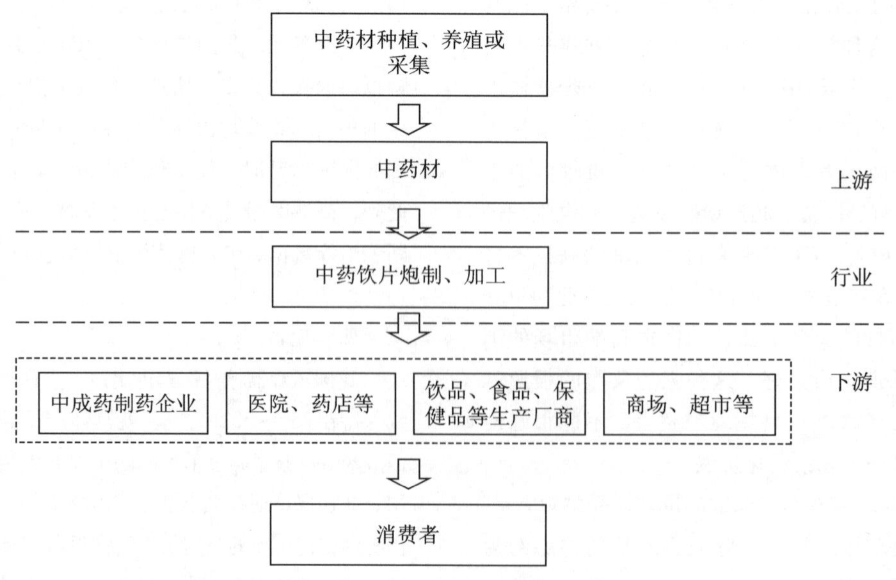

图 1　中药饮片行业产业链构成情况

基本可以概括为：从中药材种植、养殖或采集业中取得中药材，进而对中药材进行炮制加工，形成中药饮片，用于进一步加工和终端消费。即中药饮片的产业链上游为种植、养殖和采集后的中药材；产业链下游包括中成药制造业、医院（门诊）、药店，以及饮品、食品、保健品等制造业。通过这些渠道，中药饮片以饮片处方、中成药品、保健品、食品等形式被消费者服用，此外，还有一部分中药饮片可直接作为保健品、食品进入商场或超市，以及作为药膳进入普通家庭或餐饮业。

二、中药饮片行业的发展现状

（一）我国医药行业高速发展

我国人口总量持续增长，老龄化进程加快，城市化、工业化引发环境污染、职业卫生和意外伤害等一系列社会问题，加之国家经济向小康社会前进、国民健康意识增强，使得我国国民对卫生服务需求不断提高，同时也为医药行业带来了新的机遇。

近年来，我国医药制造业行业收入不断攀升，2013 年达 17 083.26 亿元，较上年增长 19.79%，虽然增长率有所下降，但从整体上来看，医药制造业行业收入在近 10 年中保持了相当高的增长率，2003—2013 年的复合增长率为 22.5%，远高于 GDP 的增长。

（二）中药饮片行业发展迅速，且市场地位不断提高

医药制造业的各个子行业均取得了不同程度的发展，其中，中药饮片行业无疑是一枝独秀。从 2004 年以来，中药饮片行业就一致保持了强劲的增长势头，同比增长最快的年份 2011 年增长率高达 56.11%，虽然在 2009 年和 2012 年有所回落，但整体增长率保持在 30% 以上，大大的超过了医药加工行业的平均增长速度。

另外，从中药饮片行业主营业务收入占医药制造业主营业务收入的比重来看，最近几年基本上保持了逐年上升的趋势，表明中药饮片行业在医药制造业中的市场地位在不断的加强。

2013 年，中药饮片行业有规模以上企业 777 家，同比增长 17.37%，根据对全国 777 家企业的统计数据显示：盈利企业 744 家，同比增长 16.43%，占企业总数的 95.75%，亏损企业个数 33 家，同比增长 43.48%，占全部企业总数的 4.25%（见表 1）。

表 1　2007--2013 年规模中药饮片企业数量分析

年　份	行业销售收入（亿元）	行业销售收入同比增长（%）
2007	241.69	27.06
2008	329.17	36.19
2009	430.72	30.85
2010	614.58	42.69
2011	853.72	38.91
2012	990.29	16.00
2013	1 259.30	27.16

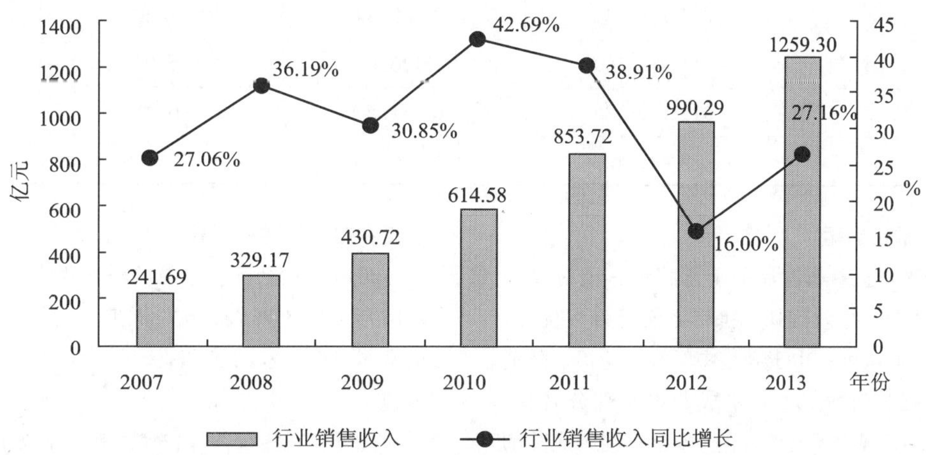

图 2　2007—2013 年规模中药饮片企业销售收入增长分析

2013 年，规模以上中药饮片企业实现销售收入 1 259 亿元，比 2012 年同比增长 27.16%，高于医药行业平均增速。表明中药饮片行业近年来销售收入实现了稳步增长，同比增长在 2012 年有较大幅度下滑的形势下，逆势实现了快速增长，保持了近 5 年平均增长态势 30% 左右的速度（见图 2）。

（三）中药饮片出口快速增长

2013 年，全球经济仍旧行进在缓慢复苏的道路上。中药材及饮片是我国中药出口中增长幅度最大的一个子行业。2013 年，我国中药材及饮片出口额为 12.11 亿美元，同比增长 41.24%；出口量基本与上年持平，出口均价平均同比上涨 40.37%。

中国香港、日本、韩国、中国台湾和东盟依然是传统中药材及饮片的主要出口市场，对这 5 个市场的出口额占整个中药材及饮片出口额的 85.3%。

中国香港：2013 年内地对香港出口量为 94 009 232 公斤，同比增长 0.94%，出口额为 5.3 亿美元，同比增长 122.19%，香港转口贸易的优势有所扩大。目前内地对香港出口的中药材产品主要有田七、党参、杜仲、白术、菊花、川芎、白芍、人参和地黄，出口额同比都呈大幅增长。

日本：2013 年，我国中药材及饮片对日本出口数量为 19 759 226 公斤，同比下降 3.09%，出口额为 2.18 亿美元，同比下降 2.72%，这主要是一些不可抗拒的因素造成双边贸易不畅而致。值得关注的是，一些日本企业为了保证货源的充足和稳定，开始在越南和南美等地区试种部分药材品种。目前我国对日本出口的药材及饮片主要是半夏、人参、茯苓、甘草、白芍和田七。

民营企业是推动中药材及饮片出口的主要力量，2013 年，有出口业务的企业为 642 家，出口金额为 8.45 亿美元，占比高达 69.8%；三资出口企业为 120，出口额为 1.9 亿美元，出口金额占比 15.81%；国营企业出口金额占比为 14.38%。值得关注的是，在民营企业中，私人企业的出口量占了 66.86%。

过去，我国中药饮片主要的出口省份大都有明确的市场定位。2011 年以前，我国药材出口的两大省份——广东和广西主要是借助区位优势。广东省毗邻香港、台湾及东南亚等中药材及饮片的主要出口目的地，产品主要是人参、黄芪、地黄和党参等品种，今年广东的药材出口量同比下降较大，幅度高达 84.8%，主要是原先通过广东地区代理出口的外省企业改为直接出口所致，如重庆市，2013 年对香港的药材出口量达到了 18 663 913 公斤，同比增长了 4 869.79%。广西则是因为靠近越南的地理位置优势，大部分中药材饮片通过边境贸易出口到越南（见表 2）。

表 2　2013 年部分省市中药饮片出口情况分析表

序号	地区	出口数量（公斤）	出口额（万美元）	出口数量占比（%）	企业数量（家）
1	安徽	31 823 048	15 957.94	15.66	40
2	重庆	18 942 176	10 373.19	9.32	23
3	广东	12 604 272	10 229.23	6.2	72
4	广西	26 587 567	9 485.47	13.08	41
5	吉林	4 718 032	8 860.44	2.32	49
6	四川	11 986 569	7 126.95	5.9	37
7	江苏	13 112 385	6 431.57	6.45	48
8	北京	5 487 427	5 359.76	2.7	19

（四）新型饮片增长迅猛

中药配方颗粒保留了中药饮片的全部特征，同时又具有不需煎煮、直接冲服、疗效确切、携带方便等许多优点，迅速获得饮片消费者的认可；由于满足中医辩证论治、随证加减的需要，药性强、药效高，对中成药也有部分替代。2013 年配方颗粒的市场规模不到饮片的 5%，不到中成药的 1%，但增速远超饮片和中成药，一部分饮片和中成药消费者正在向配方颗粒转移。

2013 年中药配方颗粒的市场规模达到 50 亿元，2006—2013 年 CAGR 高达 55%，同期中药行业 CAGR 约 30%。目前全国共有 6 家试点企业，预计未来仍可保持 40% 以上的增速。

此外，在传统饮片快速发展的带动下，精致饮片、小包装饮片、贵细饮片等新型中药饮片形式也得到快速发展，市场前景广阔。

（五）中药饮片企业排行榜

2013 年，根据企业销售额、总资产、品牌知名度等情况分析，目前国内主要代表性中药饮片企业有康美药业股份有限公司、佛山宝资林药业集团有限公司、四川新绿色药业科技发展股份有限公司、四川新荷花中药饮片股份有限公司、江西樟树天齐堂中药饮片有限公司、广州采芝林药业有限公司、江苏江阴天江药业有限公司、上海康桥中药饮片有限公司、南京海源中药饮片有限公司、安徽沪谯中药饮片有限公司等。

三、中药饮片行业发展的形势分析

（一）中药饮片行业发展的有利因素

1. 悠久的中医药文化基础

中药饮片作为我国传统中药产业的重要组成部分，历经数千年的发展，形成了悠久的中医药传统文化，在我国广大群众中拥有着极其深厚的文化基础。中药饮片作为我国国粹，无不体现着古老中医的精髓，是中医药传统文化的智慧结晶和载体，悠久的中医药理论与文化优势为我国中药产业的发展奠定了良好的基础，也为中药走向世界提供了坚实的保障。

2. 国家产业政策大力支持

从 2003 年出台的《关于加强中药饮片包装监督管理的通知》开始，国家出台了以《关于在深化医药卫生体制改革工作中进一步发挥中医药作用的意见》为代表的系列产业政策，提出了中西医并重的方针，使得此前一直受到挤压的中医药行业发展速度呈加快趋势（见表 3）。

表 3　中药饮片行业相关的产业政策

时　间	产业政策	关键内容
2006. 5	《外商投资产业指导目录》	“传统中药饮片炮制及中成药秘方产品生产”为禁止外商投资产业
2007. 3	《中医药创新发展规划纲要》	推动中医药创新发展，不断提高中医药对经济社会的贡献率
2007. 11	《中医坐堂试点》	在部分地区药店开展中医坐堂医诊所试点
2009. 5	《扶持和促进中医药事业发展》	推动中医药繁荣发展并走向世界
2009. 1	《中国药典 2010》	中药材、中药饮片、中药提取物标准大幅提升，保障安全用药
2009. 4	《小包装饮片推广使用通知》	小包装饮片第二批试点医院工作，试点医院增加至 465 家
2009. 12	《国家医保目录 2009 版》	中成药 987 种，增加 20%；中药饮片首次被列入医保目录
2011. 1	《三部门要求加强中药饮片监督管理》	加强中药饮片生产、经营、使用等各个环节的监督
2011. 3	《新版 GMP 正式施行》	2015 年年底饮片生产企业必须通过新版 GMP
2011. 7	《关于在深化医药卫生体制改革工作中进一步发挥中医药作用的意见》	力争用 3 年时间使大多数乡镇卫生院和 90% 以上的社区卫生服务中心建立标准化的中医科和中药房
2012. 1	《关于开展中药材流通追溯体系建设试点的通知》	在保定、亳州、成都、玉林市开展中药材流通溯源体系建设

3. 健康意识的提升加大了对中药产品的需求

医疗保健作为人类一种基本需求，具有一定的刚性特征，医疗保健支出往往随着收入的增长较先得到满足。随着收入的增加，人民生活水平相应提高，会直接引致居民保健意识提升，医疗保健需求上升，从而拉动药品支出。

（二）中药饮片行业发展的不利因素

1. 行业总体规范化程度有待提高

现阶段，行业内还存在数量较多的小规模、生产不规范的小企业，我国中药饮片市场的规范化程度有待进一步提高，中药饮片行业炮制的规范、统一仍然是一个较长的过程。

2. 企业规模偏小，综合竞争力有待进一步提高

目前我国大多数中药饮片生产企业规模偏小，行业市场集

中度低。行业龙头企业虽然发展迅速，但由于市场规模巨大、参与者众多，单一生产企业市场份额仍然较低。总体来看，我国中药饮片企业生产规模偏小，综合竞争能力有待进一步提高。

四、中药饮片行业的竞争格局

（一）行业市场化程度较高

中药饮片行业市场空间巨大，市场需求旺盛。一方面，我国医疗卫生事业长期没有跟上经济发展步伐的历史遗留问题逐步得到了改善，国家加大了对医疗卫生事业的持续投入，并出台了一系列有利于中药饮片行业发展的产业政策；另一方面，随着人们财富的日益增长，城市化进程的不断发展及人口老龄化趋势，强化了人们对医疗卫生的需求。政府投入的加大，政策环境的宽松和市场需求的扩大为中药饮片行业打造了一个巨大的蛋糕。

中药饮片产品价格的相对透明，进一步加深了行业的市场化程度。在中药饮片市场，竞争参与者均可以通过不同渠道，从公开市场获取不同时间、不同地区、不同种类的中药饮片价格信息。目前已有两个较为权威的国家级中药材价格指数，分别是商务部授权发布的中国·成都中药材价格指数和国家发改委授权发布的康美·中国中药材价格指数；再加上部分专业信息平台形成了专业化的中药价格指数，都为本行业产品的综合价格变化情况提供了参考，使得中药饮片市场的价格更加透明。

总的来说，从市场规模，政策环境以及市场运行的情况来看，目前中药饮片行业的市场化程度相对较高。

（二）行业集中度较低

中药饮片行业虽历经数千年发展，但是，其真正开始规范化和产业化的时间并不长，以致没形成一家独大或几家独大的局面，行业中有大量企业存在。中药饮片行业自身存在的特点，诸如行业发展不规范，产业化时间较短，注重药材的产地，产品种类多样化，禁止外资进入等决定了中药饮片行业集中度较低。

根据国家食品药品监督管理总局的统计数据，截至2013年12月，我国取得中药饮片GMP资格认证的企业有1 580家。国家统计局统计数据显示，截至2013年12月，纳入统计范围的中药饮片加工企业有662家，大多是规模不大的中小企业。此外，根据公开披露的资料，康美药业作为本行业规模最大的企业，其2013年整个中药产品的营业收入占中药饮片行业营业总收入的比重仅为8%，如果刨除康美药业中药材及中成药部分的收入，比重将会更低。

总体来看，目前我国中药饮片行业集中度较低，但随着行业的不断发展，资源将会不断向优势企业集中。

（三）产业政策和市场环境更有利于优势企业发展

近年来，我国积极采取各种措施，出台多项政策，鼓励中药企业优势资源整合，建设现代中药产业制造基地、物流基地，打造一批知名中药生产、流通企业，尤其是通过鼓励和引导行业内优质企业的壮大，进而带动整个中药饮片行业的规范化健康发展，实现中药产业现代化。除此之外，随着行业的不断规范，部分小规模企业将逐渐被淘汰，行业的集中度将逐渐提升，也为中药饮片优势企业的不断壮大创造了空间。我国的产业政策导向有利于大型优势企业建立竞争优势，实现可持续发展。

中药饮片行业的市场空间大、发展迅速，加之大型企业往往具有相对独立、稳定的销售渠道，且饮片产品具有一定的地理区域性特征，因此，行业内优势企业之间的直接竞争程度较低。目前阶段，中药饮片行业的大型企业之间多致力于维系技术交流、建立良好的沟通关系，一方面是为了自身的迅速壮大，另一方面也是为了引导行业向规范化、标准化的道路上发展。

总的来看，无论是产业政策还是市场环境都有利于优势中药饮片企业的发展，有利于整个行业生产效率和生产质量的提高。

五、中药饮片行业的市场空间和未来发展趋势

（一）行业发展空间广阔

随着产业政策环境的不断改善和市场需求空间的不断扩大，中药饮片行业未来发展空间将非常广阔。

从整个医药行业发展看。正如前文所分析，近年来我国医药行业发展十分迅猛，而且这个发展势头还将持续。主要受益于人口老龄化、城镇化等。

1. 老龄化助推医药需求的增加

2011年全国65岁及以上老年人口达1.23亿人，同比净增长394万人，占总人口比重的9.12%。据预测，到2020年，中国的老年人口将达到2.48亿人，老龄化水平将达到17.17%。到2050年，中国的老年人口总量将超过4亿人，老龄化水平将超过30%以上。老年人口生理功能衰退，罹患各类疾病的概率更高，医药的消费需求也更大。目前，老年人口的药品消费已占药品总消费的50%以上，随着社会高龄化速度逐渐加快，对老年人疾病用药及医疗保健需求将进一步提高。

2. 城镇化进程加快也将助推医药消费需求的快速释放

十六大以来，我国城镇化发展迅速，2002—2011年，我国城镇化率以平均每年1.35个百分点的速度发展，城镇人口平均每年增长2 096万人。2011年，城镇人口比重达到51.27%，比2002年上升了12.18个百分点，城镇人口为

69 079 万人，比 2002 年增加了 18 867 万人。《十二五规划纲要》预计 2015 年城市化率达到 51.5%。根据历史经验来看，城镇居民卫生费用支出是农村居民的 3～4 倍，城镇化进程有助于扩大城镇人口卫生需求的规模，未来将会是一个可观的市场。

从中药饮片行业自身来看。GMP 认证的强制化、饮片包装管理的逐步推行、国家炮制标准的逐步完善等措施的实施，加上行业整体的发展不断规范，逐步改善的市场环境、国家产业政策的支持，为中药饮片业创造了良好的发展环境。2009 年公布的国家基本药物目录中，中药饮片首次位列其中，2010 年版的《药典》也重点大幅提高了中药饮片的收录数量及标准；并且，随着我国医疗制度改革的不断推进，中药饮片的报销比例也在持续提高，这些因素都对中药饮片行业的发展产生积极作用。此外，伴随着人们健康理念的深化、中药文化的传播以及中医理论的全球化推广，中药饮片行业的市场地位将持续提升，未来前景广阔。

2008—2013 年，我国中药饮片企业销售总收入从 349.97 亿元增加到 1 259 亿元，复合增长率为 30%。保守一点估计，如果每年以 25% 的速度增长，到 2017 年中药饮片的市场容量将达到 3 049.90 亿元（见图 3）。

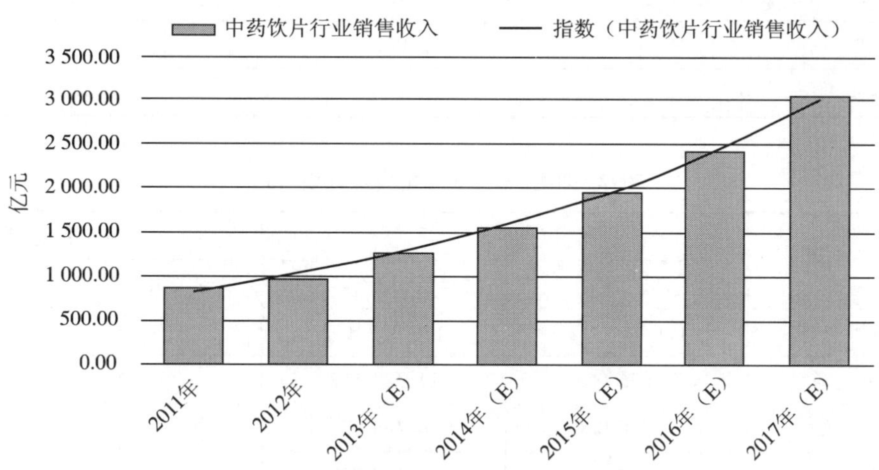

图 3　我国中药饮片市场容量预测

（二）行业发展趋势

根据目前中药饮片行业发展的状况，行业监管体系和市场环境的不断变化，中药饮片行业未来发展将会朝行业管理全面规划，质量控制日趋严格、市场集中度进一步提高、优势企业向中药材种植上游拓展、小包装、全球化等方向发展（见图 4）。

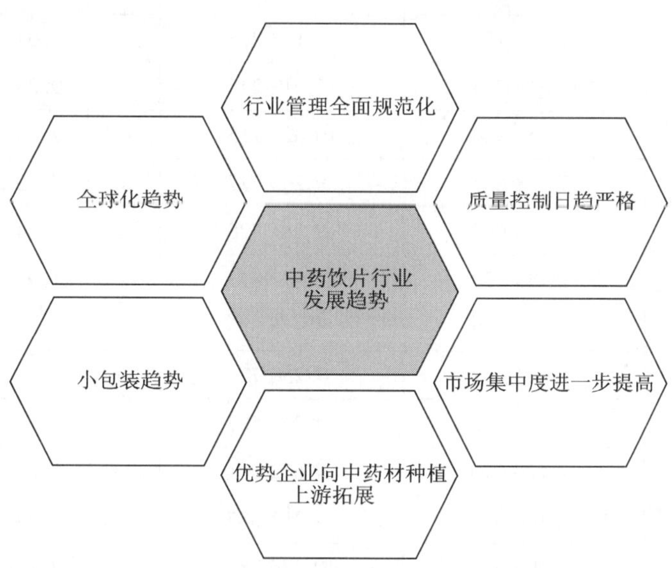

图 4　中药饮片行业未来发展的趋势

数据统计

第一部分　药品流通行业规模情况

2010—2013 年药品流通行业销售统计表

年　份	销售额（亿元）	复合增长率（%）
2010	7 084	18.75
2011	9 426	19.45
2012	11 174	19.31
2013	13 036	18.98

2012—2013 年行业总销售统计表（1）

序　号	地　区	销售总额（万元）		区域销售总额占比（%）	
		2012 年	2013 年	2012 年	2013 年
	全国总计	111 744 317	130 357 831	100.00	100.00
1	北　京	10 076 064	11 928 112	9.02	9.15
2	天　津	4 550 000	4 795 571	4.07	3.68
3	河　北	3 665 928	4 590 799	3.28	3.52
4	山　西	2 201 800	2 532 807	1.97	1.94
5	内蒙古	558 866	598 937	0.50	0.46
6	辽　宁	2 523 327	2 827 289	2.26	2.17
7	吉　林	1 266 271	1 905 219	1.13	1.46
8	黑龙江	1 838 156	2 132 261	1.64	1.64
9	上　海	10 316 175	11 012 246	9.23	8.45
10	江　苏	8 357 920	10 022 113	7.48	7.69
11	浙　江	7 988 601	9 266 777	7.15	7.11
12	安　徽	8 200 000	9 181 328	7.34	7.04
13	福　建	2 125 730	2 472 873	1.90	1.90
14	江　西	1 806 239	1 955 333	1.62	1.50
15	山　东	6 481 892	7 250 771	5.80	5.56
16	河　南	4 124 802	4 344 582	3.69	3.33
17	湖　北	4 120 000	4 672 031	3.69	3.58
18	湖　南	3 178 321	4 257 587	2.84	3.27
19	广　东	8 505 600	10 376 783	7.61	7.96
20	广　西	1 544 994	1 902 500	1.38	1.46

续　表

序　号	地　区	销售总额（万元）		区域销售总额占比（%）	
		2012 年	2013 年	2012 年	2013 年
	全国总计	111 744 317	130 357 831	100.00	100.00
21	海　南	880 833	1 379 460	0.79	1.06
22	重　庆	5 330 108	5 713 150	4.77	4.38
23	四　川	3 455 764	4 714 374	3.09	3.62
24	贵　州	732 186	1 177 416	0.66	0.90
25	云　南	3 692 620	4 295 784	3.30	3.30
26	西　藏	209 429	242 938	0.19	0.19
27	陕　西	1 883 678	2 530 998	1.69	1.94
28	甘　肃	861 639	884 584	0.77	0.68
29	青　海	69 786	87 770	0.06	0.07
30	宁　夏	194 088	256 262	0.17	0.20
31	新　疆	1 003 500	1 049 177	0.90	0.80

2012—2013 年行业总销售统计表（2）

序　号	地　区	药品类销售占比（%）		中成药类销售占比（%）		中药材类销售占比（%）	
		2012 年	2013 年	2012 年	2013 年	2012 年	2013 年
	全国总计	70.50	73.82	16.80	15.23	4.50	3.61
1	北　京	67.70	72.69	13.40	13.32	9.30	2.60
2	天　津	49.90	49.51	28.90	29.45	0.70	0.55
3	河　北	71.80	75.01	17.30	15.89	4.40	3.76
4	山　西	77.60	76.38	16.10	17.62	2.10	2.01
5	内蒙古	82.60	84.48	9.40	8.76	1.60	1.61
6	辽　宁	79.60	77.99	16.50	18.03	1.10	1.30
7	吉　林	88.00	85.75	8.40	9.56	0.60	0.53
8	黑龙江	84.90	84.06	4.20	4.75	0.80	1.24
9	上　海	75.10	75.86	11.70	10.79	4.70	4.97
10	江　苏	76.00	81.55	14.40	12.73	2.30	1.83
11	浙　江	77.90	76.04	14.30	15.13	3.50	4.02
12	安　徽	56.90	68.14	22.60	17.82	9.70	6.66
13	福　建	85.00	84.04	7.60	8.53	3.40	3.02
14	江　西	68.50	69.60	22.70	21.81	1.50	1.89
15	山　东	80.20	78.55	15.10	16.26	1.60	1.58

续 表

序 号	地 区	药品类销售占比（%）		中成药类销售占比（%）		中药材类销售占比（%）	
		2012 年	2013 年	2012 年	2013 年	2012 年	2013 年
	全国总计	70.50	73.82	16.80	15.23	4.50	3.61
16	河 南	78.70	81.01	12.40	10.83	4.10	3.56
17	湖 北	57.20	67.69	32.70	22.06	1.60	1.19
18	湖 南	69.30	69.93	15.10	13.64	5.50	4.79
19	广 东	61.90	70.21	25.10	19.60	6.20	4.45
20	广 西	61.10	72.01	15.50	18.27	1.00	1.58
21	海 南	90.10	88.77	5.50	6.44	0.40	0.38
22	重 庆	54.30	69.77	23.30	17.79	9.50	8.49
23	四 川	79.10	72.29	10.40	10.52	4.60	7.80
24	贵 州	72.10	73.16	17.60	17.88	0.80	1.60
25	云 南	77.50	80.21	10.70	9.95	2.60	1.43
26	西 藏	100.00	100.00	—	0.00	—	0.00
27	陕 西	69.60	60.68	17.70	16.94	3.10	6.73
28	甘 肃	71.20	71.55	11.60	11.55	11.20	11.36
29	青 海	55.40	74.05	35.30	17.80	3.00	3.01
30	宁 夏	72.90	73.83	20.60	19.00	1.10	0.88
31	新 疆	80.60	76.35	15.80	20.00	0.20	0.15

2013 年东部地区行业总销售统计表

序 号	地 区	销售总额（万元）	区域销售总额占比（%）
	地区合计	75 922 794	100.00
1	北 京	11 928 112	15.71
2	天 津	4 795 571	6.32
3	河 北	4 590 799	6.05
4	辽 宁	2 827 289	3.72
5	上 海	11 012 246	14.50
6	江 苏	10 022 113	13.20
7	浙 江	9 266 777	12.21
8	福 建	2 472 873	3.26
9	山 东	7 250 771	9.55
10	广 东	10 376 783	13.67
11	海 南	1 379 460	1.82

2013 年中部地区行业总销售统计表

序　号	地　区	销售总额（万元）	区域销售总额占比（%）
	地区合计	30 981 148	100.00
1	山　西	2 532 807	8.18
2	吉　林	1 905 219	6.15
3	黑龙江	2 132 261	6.88
4	安　徽	9 181 328	29.64
5	江　西	1 955 333	6.31
6	河　南	4 344 582	14.02
7	湖　北	4 672 031	15.08
8	湖　南	4 257 587	13.74

2013 年西部地区行业总销售统计表

序　号	地　区	销售总额（万元）	区域销售总额占比（%）
	地区合计	23 453 890	100.00
1	内蒙古	598 937	2.55
2	广　西	1 902 500	8.11
3	重　庆	5 713 150	24.36
4	四　川	4 714 374	20.10
5	贵　州	1 177 416	5.02
6	云　南	4 295 784	18.32
7	西　藏	242 938	1.04
8	陕　西	2 530 998	10.79
9	甘　肃	884 584	3.77
10	青　海	87 770	0.37
11	宁　夏	256 262	1.09
12	新　疆	1 049 177	4.47

2012—2013 年药品类销售统计表

序　号	地　区	药品类销售总额（万元）		区域销售总额占比（%）	
		2012 年	2013 年	2012 年	2013 年
	全国总计	78 739 202	96 230 321	100.00	100.00
1	北　京	6 816 881	8 670 096	8.66	9.01
2	天　津	2 268 707	2 374 338	2.88	2.47
3	河　北	2 630 931	3 443 524	3.34	3.58
4	山　西	1 707 588	1 934 654	2.17	2.01

续 表

序 号	地 区	药品类销售总额（万元）		区域销售总额占比（%）	
		2012 年	2013 年	2012 年	2013 年
	全国总计	78 739 202	96 230 321	100. 00	100. 00
5	内蒙古	461 795	506 010	0. 59	0. 53
6	辽 宁	2 008 707	2 204 867	2. 55	2. 29
7	吉 林	1 113 782	1 633 811	1. 41	1. 70
8	黑龙江	1 561 210	1 792 435	1. 98	1. 86
9	上 海	7 744 300	8 353 934	9. 84	8. 68
10	江 苏	6 349 683	8 172 821	8. 06	8. 49
11	浙 江	6 226 390	7 046 193	7. 91	7. 32
12	安 徽	4 663 265	6 256 298	5. 92	6. 50
13	福 建	1 806 216	2 078 085	2. 29	2. 16
14	江 西	1 237 665	1 360 932	1. 57	1. 41
15	山 东	5 196 784	5 695 738	6. 60	5. 92
16	河 南	3 244 502	3 519 629	4. 12	3. 66
17	湖 北	2 354 994	3 162 323	2. 99	3. 29
18	湖 南	2 204 147	2 977 533	2. 80	3. 09
19	广 东	5 264 379	7 285 043	6. 69	7. 57
20	广 西	944 392	1 369 983	1. 20	1. 42
21	海 南	793 306	1 224 501	1. 01	1. 27
22	重 庆	2 894 183	3 985 831	3. 68	4. 14
23	四 川	2 732 633	3 407 968	3. 47	3. 54
24	贵 州	527 636	861 413	0. 67	0. 90
25	云 南	2 862 000	3 445 479	3. 63	3. 58
26	西 藏	209 429	242 938	0. 27	0. 25
27	陕 西	1 310 917	1 535 820	1. 66	1. 60
28	甘 肃	613 850	632 876	0. 78	0. 66
29	青 海	38 663	64 997	0. 05	0. 07
30	宁 夏	141 496	189 208	0. 18	0. 20
31	新 疆	808 770	801 047	1. 03	0. 83

2013 年东部地区药品类销售统计表

序　号	地　区	销售总额（万元）	区域销售总额占比（%）
	地区合计	56 549 140	100.00
1	北　京	8 670 096	15.33
2	天　津	2 374 338	4.20
3	河　北	3 443 524	6.09
4	辽　宁	2 204 867	3.90
5	上　海	8 353 934	14.77
6	江　苏	8 172 821	14.45
7	浙　江	7 046 193	12.46
8	福　建	2 078 085	3.67
9	山　东	5 695 738	10.07
10	广　东	7 285 043	12.88
11	海　南	1 224 501	2.17

2013 年中部地区药品类销售统计表

序　号	地　区	销售总额（万元）	区域销售总额占比（%）
	地区合计	22 637 615	100.00
1	山　西	1 934 654	8.55
2	吉　林	1 633 811	7.22
3	黑龙江	1 792 435	7.92
4	安　徽	6 256 298	27.64
5	江　西	1 360 932	6.01
6	河　南	3 519 629	15.55
7	湖　北	3 162 323	13.97
8	湖　南	2 977 533	13.15

2013 年西部地区药品类销售统计表

序　号	地　区	销售总额（万元）	区域销售总额占比（%）
	地区合计	17 043 570	100.00
1	内蒙古	506 010	2.97
2	广　西	1 369 983	8.04
3	重　庆	3 985 831	23.39
4	四　川	3 407 968	20.00
5	贵　州	861 413	5.05
6	云　南	3 445 479	20.22

续 表

序 号	地 区	销售总额（万元）	区域销售总额占比（%）
	地区合计	17 043 570	100.00
7	西 藏	242 938	1.43
8	陕 西	1 535 820	9.01
9	甘 肃	632 876	3.71
10	青 海	64 997	0.38
11	宁 夏	189 208	1.11
12	新 疆	801 047	4.70

2012—2013 年中成药类销售统计表

序 号	地 区	中成药类销售总额（万元）		区域销售比重（%）	
		2012 年	2013 年	2012 年	2013 年
	全国总计	18 806 136	19 849 220	100.00	100.00
1	北 京	1 348 874	1 589 005	7.17	8.01
2	天 津	1 313 295	1 412 384	6.98	7.12
3	河 北	635 052	729 668	3.38	3.68
4	山 西	355 225	446 359	1.89	2.25
5	内蒙古	52 391	52 479	0.28	0.26
6	辽 宁	417 502	509 753	2.22	2.57
7	吉 林	105 835	182 147	0.56	0.92
8	黑龙江	77 399	101 257	0.41	0.51
9	上 海	1 208 741	1 187 904	6.43	5.98
10	江 苏	1 199 856	1 276 034	6.38	6.43
11	浙 江	1 146 014	1 401 957	6.09	7.06
12	安 徽	1 850 794	1 636 436	9.84	8.24
13	福 建	161 891	210 996	0.86	1.06
14	江 西	410 145	426 525	2.18	2.15
15	山 东	981 920	1 178 781	5.22	5.94
16	河 南	510 125	470 437	2.71	2.37
17	湖 北	1 347 086	1 030 831	7.16	5.19
18	湖 南	480 893	580 580	2.56	2.92
19	广 东	2 135 784	2 033 947	11.36	10.25
20	广 西	239 762	347 635	1.27	1.75
21	海 南	48 202	88 769	0.26	0.45
22	重 庆	1 240 348	1 016 517	6.60	5.12

续 表

序 号	地 区	中成药类销售总额（万元）		区域销售比重（%）	
		2012 年	2013 年	2012 年	2013 年
	全国总计	18 806 136	19 849 220	100.00	100.00
23	四 川	357 762	495 955	1.90	2.50
24	贵 州	128 852	210 507	0.69	1.06
25	云 南	395 267	427 371	2.10	2.15
26	西 藏	0	—	0	—
27	陕 西	334 046	428 645	1.78	2.16
28	甘 肃	99 757	102 188	0.53	0.51
29	青 海	24 620	15 626	0.13	0.08
30	宁 夏	40 041	48 691	0.21	0.25
31	新 疆	158 659	209 835	0.84	1.06

2013 年东部地区中成药类销售统计表

序 号	地 区	销售总额（万元）	区域销售总额占比（%）
	地区合计	11 619 198	100.00
1	北 京	1 589 005	13.68
2	天 津	1 412 384	12.16
3	河 北	729 668	6.28
4	辽 宁	509 753	4.39
5	上 海	1 187 904	10.22
6	江 苏	1 276 034	10.98
7	浙 江	1 401 957	12.07
8	福 建	210 996	1.82
9	山 东	1 178 781	10.15
10	广 东	2 033 947	17.51
11	海 南	88 769	0.76

2013 年中部地区中成药类销售统计表

序 号	地 区	销售总额（万元）	区域销售总额占比（%）
	地区合计	4 874 572	100.00
1	山 西	446 359	9.16
2	吉 林	182 147	3.74
3	黑龙江	101 257	2.08
4	安 徽	1 636 436	33.57
5	江 西	426 525	8.75
6	河 南	470 437	9.65
7	湖 北	1 030 831	21.15
8	湖 南	580 580	11.91

2013 年西部地区中成药类销售统计表

序　号	地　区	销售总额（万元）	区域销售总额占比（%）
	地区合计	3 355 449	100.00
1	内蒙古	52 479	1.56
2	广　西	347 635	10.36
3	重　庆	1 016 517	30.29
4	四　川	495 955	14.78
5	贵　州	210 507	6.27
6	云　南	427 371	12.74
7	西　藏	—	—
8	陕　西	428 645	12.77
9	甘　肃	102 188	3.05
10	青　海	15 626	0.47
11	宁　夏	48 691	1.45
12	新　疆	209 835	6.25

2012—2013 年中药材类销售统计表

序　号	地　区	中药材类销售总额（万元）		区域销售比重（%）	
		2012 年	2013 年	2012 年	2013 年
	全国总计	5 080 965	4 706 160	100.00	100.00
1	北　京	934 912	309 910	18.40	6.59
2	天　津	29 934	26 558	0.59	0.56
3	河　北	161 417	172 553	3.18	3.67
4	山　西	46 810	50 926	0.92	1.08
5	内蒙古	8 927	9 625	0.18	0.20
6	辽　宁	27 549	36 630	0.54	0.78
7	吉　林	7 884	10 183	0.16	0.22
8	黑龙江	15 571	26 379	0.31	0.56
9	上　海	481 401	547 692	9.47	11.64
10	江　苏	196 350	183 453	3.86	3.90
11	浙　江	281 455	372 808	5.54	7.92
12	安　徽	796 612	611 861	15.68	13.00
13	福　建	72 774	74 628	1.43	1.59
14	江　西	27 658	36 871	0.54	0.78
15	山　东	102 997	114 574	2.03	2.43
16	河　南	169 123	154 838	3.33	3.29

续　表

序　号	地　区	中药材类销售总额（万元）		区域销售比重（%）	
		2012 年	2013 年	2012 年	2013 年
	全国总计	5 080 965	4 706 160	100.00	100.00
17	湖　北	65 578	55 605	1.29	1.18
18	湖　南	173 632	203 923	3.42	4.33
19	广　东	531 282	461 710	10.46	9.81
20	广　西	15 434	29 995	0.30	0.64
21	海　南	3 583	5 246	0.07	0.11
22	重　庆	505 449	484 987	9.95	10.31
23	四　川	160 439	367 574	3.16	7.81
24	贵　州	6 220	18 796	0.12	0.40
25	云　南	97 034	61 474	1.91	1.31
26	西　藏	0	—	0	—
27	陕　西	57 708	170 442	1.14	3.62
28	甘　肃	96 888	100 445	1.91	2.13
29	青　海	2 069	2 639	0.04	0.06
30	宁　夏	2 128	2 262	0.04	0.05
31	新　疆	2 147	1 574	0.04	0.03

2013 年东部地区中药材类销售统计表

序　号	地　区	销售总额（万元）	区域销售总额占比（%）
	地区合计	2 305 762	100.00
1	北　京	309 910	13.44
2	天　津	26 558	1.15
3	河　北	172 553	7.48
4	辽　宁	36 630	1.59
5	上　海	547 692	23.75
6	江　苏	183 453	7.96
7	浙　江	372 808	16.17
8	福　建	74 628	3.24
9	山　东	114 574	4.97
10	广　东	461 710	20.02
11	海　南	5 246	0.23

2013 年中部地区中药材类销售统计表

序　号	地　区	销售总额（万元）	区域销售总额占比（%）
	地区合计	1 150 586	100. 00
1	山　西	50 926	4. 43
2	吉　林	10 183	0. 89
3	黑龙江	26 379	2. 29
4	安　徽	611 861	53. 18
5	江　西	36 871	3. 20
6	河　南	154 838	13. 46
7	湖　北	55 605	4. 83
8	湖　南	203 923	17. 72

2013 年西部地区中药材类销售统计表

序　号	地　区	销售总额（万元）	区域销售总额占比（%）
	地区合计	1 249 813	100. 00
1	内蒙古	9 625	0. 77
2	广　西	29 995	2. 40
3	重　庆	484 987	38. 80
4	四　川	367 574	29. 41
5	贵　州	18 796	1. 50
6	云　南	61 474	4. 92
7	西　藏	—	—
8	陕　西	170 442	13. 64
9	甘　肃	100 445	8. 04
10	青　海	2 639	0. 21
11	宁　夏	2 262	0. 18
12	新　疆	1 574	0. 13

2012—2013 年医疗器械类销售统计表

序　号	地　区	医疗器械类类销售总额（万元）		区域销售比重（%）	
		2012 年	2013 年	2012 年	2013 年
	全国总计	3 745 618	4 267 604	100. 00	100. 00
1	北　京	418 560	680 629	11. 17	15. 95
2	天　津	48 291	58 652	1. 29	1. 37
3	河　北	164 811	150 864	4. 40	3. 54
4	山　西	50 459	67 504	1. 35	1. 58

续　表

序　号	地　区	医疗器械类类销售总额（万元）		区域销售比重（%）	
		2012 年	2013 年	2012 年	2013 年
	全国总计	3 745 618	4 267 604	100.00	100.00
5	内蒙古	17 089	14 937	0.46	0.35
6	辽　宁	28 388	36 726	0.76	0.86
7	吉　林	24 172	28 372	0.65	0.66
8	黑龙江	159 731	179 774	4.26	4.21
9	上　海	170 750	186 488	4.56	4.37
10	江　苏	173 695	147 195	4.64	3.45
11	浙　江	191 511	183 660	5.11	4.30
12	安　徽	741 154	467 252	19.79	10.95
13	福　建	28 849	43 774	0.77	1.03
14	江　西	22 513	25 493	0.60	0.60
15	山　东	124 463	160 198	3.32	3.75
16	河　南	149 119	142 906	3.98	3.35
17	湖　北	100 438	178 839	2.68	4.19
18	湖　南	138 712	245 333	3.70	5.75
19	广　东	244 653	313 726	6.53	7.35
20	广　西	293 741	108 968	7.84	2.55
21	海　南	26 190	44 027	0.70	1.03
22	重　庆	52 091	88 047	1.39	2.06
23	四　川	121 718	285 242	3.25	6.68
24	贵　州	20 714	18 746	0.55	0.44
25	云　南	71 847	80 027	1.92	1.88
26	西　藏	0	—	0	—
27	陕　西	101 067	256 193	2.70	6.00
28	甘　肃	21 099	19 581	0.56	0.46
29	青　海	3 176	3 509	0.08	0.08
30	宁　夏	8 645	14 221	0.23	0.33
31	新　疆	27 974	36 721	0.75	0.86

2013 年东部地区医疗器械类销售统计表

序　号	地　区	销售总额（万元）	区域销售总额占比（%）
	地区合计	2 005 939	100.00
1	北　京	680 629	33.93
2	天　津	58 652	2.92
3	河　北	150 864	7.52
4	辽　宁	36 726	1.83
5	上　海	186 488	9.30
6	江　苏	147 195	7.34
7	浙　江	183 660	9.16
8	福　建	43 774	2.18
9	山　东	160 198	7.99
10	广　东	313 726	15.64
11	海　南	44 027	2.19

2013 年中部地区医疗器械类销售统计表

序　号	地　区	销售总额（万元）	区域销售总额占比（%）
	地区合计	1 335 473	100.00
1	山　西	67 504	5.05
2	吉　林	28 372	2.12
3	黑龙江	179 774	13.46
4	安　徽	467 252	34.99
5	江　西	25 493	1.91
6	河　南	142 906	10.70
7	湖　北	178 839	13.39
8	湖　南	245 333	18.37

2013 年西部地区医疗器械类销售统计表

序　号	地　区	销售总额（万元）	区域销售总额占比（%）
	地区合计	926 192	100.00
1	内蒙古	14 937	1.61
2	广　西	108 968	11.77
3	重　庆	88 047	9.51
4	四　川	285 242	30.80
5	贵　州	18 746	2.02
6	云　南	80 027	8.64

续　表

序　号	地　区	销售总额（万元）	区域销售总额占比（%）
	地区合计	926 192	100.00
7	西　藏	—	—
8	陕　西	256 193	27.66
9	甘　肃	19 581	2.11
10	青　海	3 509	0.38
11	宁　夏	14 221	1.54
12	新　疆	36 721	3.96

2013 年批发企业主营业务收入前 100 位排序

序　号	企　业　名　称	主营业务收入（万元）
1	中国医药集团总公司	18 660 406
2	华润医药商业集团有限公司	7 354 395
3	上海医药集团股份有限公司	7 100 239
4	九州通医药集团有限公司	3 334 667
5	广州医药有限公司	2 464 551
6	重庆医药（集团）股份有限公司	2 095 114
7	南京医药股份有限公司	1 868 931
8	华东医药股份有限公司	1 668 175
9	四川科伦医药贸易有限公司	1 476 244
10	中国医药健康产业股份有限公司	1 253 710
11	浙江英特药业有限责任公司	1 233 491
12	天津天士力医药营销集团有限公司	1 121 538
13	云南省医药有限公司	957 200
14	康德乐（上海）医药有限公司	827 819
15	中国北京同仁堂（集团）有限责任公司	760 304
16	哈药集团医药有限公司	701 501
17	山东海王银河医药有限公司	684 439
18	山东瑞康医药股份有限公司	592 366
19	鹭燕（福建）药业股份有限公司	554 101
20	同济堂医药有限公司	532 691
21	天津医药集团太平医药有限公司	529 507
22	天津中新药业集团股份有限公司医药公司	517 913
23	石药集团河北中诚医药有限公司	511 090
24	重庆桐君阁股份有限公司	460 925

续　表

序　号	企　业　名　称	主营业务收入（万元）
25	柳州医药股份有限公司	454 391
26	四川省医药集团有限责任公司	413 316
27	东北制药集团供销有限公司	391 092
28	陕西医药控股集团派昂医药有限责任公司	371 076
29	江苏省医药公司	345 142
30	江西汇仁集团医药科研营销有限公司	333 679
31	浙江省医药工业有限公司	333 075
32	江西南华医药有限公司	321 493
33	重庆长圣医药有限公司	319 274
34	常州药业股份有限公司	315 000
35	武汉人福医药有限公司	304 857
36	云南东骏药业有限公司	300 402
37	广州中山医医药有限公司	292 649
38	陕西华远医药集团有限公司	288 608
39	嘉事堂药业股份有限公司	255 107
40	汕头市创美药业有限公司	250 074
41	修正药业集团营销有限公司	249 363
42	湖南博瑞新特药有限公司	234 001
43	山东瑞中医药有限公司	228 719
44	安徽省医药（集团）股份有限公司	225 233
45	河北东盛英华医药有限公司	221 874
46	罗欣医药集团有限公司	215 318
47	山东省医药集团有限公司	213 384
48	辽宁省医药对外贸易公司	212 517
49	北京美康永正医药有限公司	206 646
50	浙江震元股份有限公司	200 048
51	回音必集团有限公司	194 988
52	礼来贸易有限公司	194 023
53	江苏先声药业有限公司	183 704
54	浙江珍诚医药在线股份有限公司	181 756
55	连云港康缘医药商业有限公司	179 915
56	浙江来益医药有限公司	175 812
57	河南省康信医药有限公司	172 659
58	重庆科渝药品经营有限责任公司	172 137

续　表

序　号	企　业　名　称	主营业务收入（万元）
59	浙江嘉信医药股份有限公司	168 410
60	上海康健进出口有限公司	162 666
61	南京华东医药有限责任公司	160 293
62	青岛百洋医药科技有限公司	159 866
63	康德乐（中国）医药有限公司	157 609
64	福建省福州市惠好药业有限公司	155 049
65	昆明制药集团医药商业有限公司	154 538
66	广东广弘医药有限公司	153 943
67	西安藻露堂药业集团有限责任公司	151 338
68	陕西华信医药有限公司	150 826
69	江苏省润天生化医药有限公司	149 935
70	山东康诺盛世医药有限公司	146 159
71	上海外高桥医药分销中心有限公司	144 212
72	兰州西城药业有限责任公司	144 067
73	杭州凯仑医药股份有限公司	143 250
74	西藏神威药业有限公司	141 320
75	江苏恩华和润医药有限公司	137 717
76	合肥康丽药业有限责任公司	135 141
77	吉林省天和医药科技有限公司	132 448
78	海南天祥药业有限公司	131 558
79	海尔施生物医药股份有限公司	128 227
80	浙江华通医药股份有限公司	124 038
81	上海市医药保健品进出口公司	121 581
82	山东康惠医药有限公司	120 895
83	宁波市鄞州医药药材有限公司	116 050
84	苏州恒祥进出口有限公司	114 682
85	贵州康心医药有限公司	114 381
86	常熟建发医药有限公司	114 272
87	江苏澳洋医药物流有限公司	113 217
88	成都市蓉锦医药贸易有限公司	110 738
89	山西亚宝医药经销有限公司	109 894
90	上海虹桥药业有限公司	108 263
91	海南鲁海医药有限公司	108 257
92	山东新华医药贸易有限公司	107 425

续 表

序 号	企 业 名 称	主营业务收入（万元）
93	山西康美徕医药有限公司	106 545
94	福建中鹭医药有限公司	106 187
95	四川本草堂药业有限公司	104 209
96	贵州科开医药有限公司	103 812
97	深圳中联广深医药（集团）股份有限公司	101 372
98	合肥市迪迈医药有限公司	100 519
99	兰州强生医药有限责任公司	96 788
100	上海复星药业有限公司	96 749
合 计		71 621 095

2012—2013 年批发企业按主营业务收入排位变化情况

企 业 名 称	批发企业排位情况	
	2012 年	2013 年
中国医药集团总公司	1	1
华润医药商业集团有限公司	2	2
上海医药集团股份有限公司	3	3
九州通医药集团有限公司	4	4
广州医药有限公司	5	5
重庆医药（集团）股份有限公司	6	6
南京医药股份有限公司	7	7
华东医药股份有限公司	8	8
四川科伦医药贸易有限公司	9	9
中国医药健康产业股份有限公司	11	10
浙江英特药业有限责任公司	10	11
天津天士力医药营销集团有限公司	12	12
云南省医药有限公司	13	13
康德乐（上海）医药有限公司	16	14
中国北京同仁堂（集团）有限责任公司	14	15
哈药集团医药有限公司	17	16
山东海王银河医药有限公司	15	17
山东瑞康医药股份有限公司	21	18
鹭燕（福建）药业股份有限公司	20	19
同济堂医药有限公司	22	20
天津医药集团太平医药有限公司	18	21

续　表

企　业　名　称	批发企业排位情况	
	2012 年	2013 年
天津中新药业集团股份有限公司医药公司	24	22
石药集团河北中诚医药有限公司	23	23
重庆桐君阁股份有限公司	19	24
柳州医药股份有限公司	29	25
四川省医药集团有限责任公司	26	26
东北制药集团供销有限公司	27	27
陕西医药控股集团派昂医药有限责任公司	32	28
江苏省医药公司	30	29
江西汇仁集团医药科研营销有限公司	33	30
浙江省医药工业有限公司	25	31
江西南华医药有限公司	35	32
重庆长圣医药有限公司	50	33
常州药业股份有限公司	36	34
武汉人福医药有限公司	—	35
云南东骏药业有限公司	31	36
广州中山医医药有限公司	37	37
陕西华远医药集团有限公司	34	38
嘉事堂药业股份有限公司	49	39
汕头市创美药业有限公司	42	40
修正药业集团营销有限公司	61	41
湖南博瑞新特药有限公司	41	42
山东瑞中医药有限公司	39	43
安徽省医药（集团）股份有限公司	44	44
河北东盛英华医药有限公司	40	45
罗欣医药集团有限公司	45	46
山东省医药集团有限公司	48	47
辽宁省医药对外贸易公司	51	48
北京美康永正医药有限公司	53	49
浙江震元股份有限公司	52	50
回音必集团有限公司	64	51
礼来贸易有限公司	—	52
江苏先声药业有限公司	47	53
浙江珍诚医药在线股份有限公司	62	54

续 表

企 业 名 称	批发企业排位情况	
	2012 年	2013 年
连云港康缘医药商业有限公司	60	55
浙江来益医药有限公司	—	56
河南省康信医药有限公司	55	57
重庆科渝药品经营有限责任公司	56	58
浙江嘉信医药股份有限公司	57	59
上海康健进出口有限公司	59	60
南京华东医药有限责任公司	58	61
青岛百洋医药科技有限公司	66	62
康德乐（中国）医药有限公司	—	63
福建省福州市惠好药业有限公司	—	64
昆明制药集团医药商业有限公司	83	65
广东广弘医药有限公司	69	66
西安藻露堂药业集团有限责任公司	—	67
陕西华信医药有限公司	74	68
江苏省润天生化医药有限公司	77	69
山东康诺盛世医药有限公司	75	70
上海外高桥医药分销中心有限公司	43	71
兰州西城药业有限责任公司	73	72
杭州凯仑医药股份有限公司	67	73
西藏神威药业有限公司	—	74
江苏恩华和润医药有限公司	89	75
合肥康丽药业有限责任公司	65	76
吉林省天和医药科技有限公司	—	77
海南天祥药业有限公司	96	78
海尔施生物医药股份有限公司	68	79
浙江华通医药股份有限公司	84	80
上海市医药保健品进出口公司	70	81
山东康惠医药有限公司	78	82
宁波市鄞州医药药材有限公司	87	83
苏州恒祥进出口有限公司	71	84
贵州康心医药有限公司	—	85
常熟建发医药有限公司	81	86
江苏澳洋医药物流有限公司	—	87

续　表

企　业　名　称	批发企业排位情况	
	2012 年	2013 年
成都市蓉锦医药贸易有限公司	91	88
山西亚宝医药经销有限公司	88	89
上海虹桥药业有限公司	79	90
海南鲁海医药有限公司	—	91
山东新华医药贸易有限公司	85	92
山西康美徕医药有限公司	97	93
福建中鹭医药有限公司	93	94
四川本草堂药业有限公司	94	95
贵州科开医药有限公司	—	96
深圳中联广深医药（集团）股份有限公司	90	97
合肥市迪迈医药有限公司	—	98
兰州强生医药有限责任公司	92	99
上海复星药业有限公司	95	100

2013 年零售企业销售总额前 100 位排序

序　号	企　业　名　称	销售总额（万元）
1	国药控股国大药房有限公司	570 305
2	中国北京同仁堂（集团）有限责任公司	553 017
3	重庆桐君阁大药房连锁有限责任公司	504 613
4	云南鸿翔一心堂药业（集团）股份有限公司	383 452
5	大参林医药集团股份有限公司	342 488
6	辽宁成大方圆医药连锁有限公司	312 062
7	深圳市海王星辰医药有限公司	311 628
8	湖北同济堂药房有限公司	294 226
9	上海华氏大药房有限公司	274 320
10	益丰大药房连锁股份有限公司	211 095
11	云南健之佳健康连锁店股份有限公司	167 005
12	成都百信药业连锁有限责任公司	158 952
13	哈尔滨人民同泰医药连锁店	113 368
14	南京国药医药有限公司	106 656
15	济南漱玉平民大药房有限公司	106 111
16	江苏大众医药连锁有限公司	103 371
17	深圳中联大药房控股有限公司	82 706

续 表

序 号	企 业 名 称	销售总额（万元）
18	四川太极大药房连锁有限公司	80 778
19	吉林大药房药业股份有限公司	79 508
20	甘肃德生堂大药房连锁经营有限公司	77 425
21	北京金象大药房医药连锁有限责任公司	76 836
22	上海第一医药股份有限公司	74 562
23	沈阳东北大药房连锁有限公司	73 219
24	河南张仲景大药房股份有限公司	65 692
25	杭州九洲大药房连锁有限公司	65 423
26	北京医保全新大药房有限责任公司	62 127
27	江西黄庆仁栈华氏大药房有限公司	61 500
28	先声再康江苏药业有限公司	59 544
29	云南东骏药业有限公司	59 234
30	上海复美益星大药房连锁有限公司	57 496
31	山东燕喜堂医药连锁有限公司	54 850
32	江西萍乡市昌盛大药房连锁有限公司	53 195
33	河北华佗药房医药连锁有限公司	53 000
34	贵州一树连锁药业有限公司	51 228
35	湖南千金大药房连锁有限公司	47 000
36	云南白药大药房有限公司	43 752
37	襄阳天济大药房连锁有限责任公司	42 647
38	山东立健医药城连锁有限公司	41 226
39	苏州礼安医药连锁总店有限公司	39 431
40	江西昌盛大药房有限公司	39 000
41	常州市恒泰医药连锁有限公司	38 334
42	西安怡康医药连锁有限责任公司	38 252
43	石家庄新兴药房连锁有限公司	38 214
44	浙江震元医药连锁有限公司	37 627
45	深圳市友和医药大药房连锁有限公司	37 030
46	广州采芝林药业连锁店	36 226
47	吉林省益和大药房有限公司	35 928
48	重庆鑫斛药房连锁有限公司	35 011
49	柳州桂中大药房连锁有限责任公司	34 548
50	重庆市万和药房连锁有限公司	34 427
51	廊坊市一笑堂医药零售连锁有限公司	33 349

续　表

序　号	企　业　名　称	销售总额（万元）
52	中山市中智大药房连锁有限公司	31 896
53	广州健民医药连锁有限公司	30 960
54	广东国药医药连锁企业有限公司	30 299
55	山东利民大药店连锁有限公司	29 720
56	上海余天成药业连锁有限公司	28 727
57	赤峰人川大药房连锁有限公司	28 079
58	浙江天天好大药房连锁有限公司	26 582
59	海南广安堂药品超市连锁经营有限公司	26 282
60	河北神威大药房连锁有限公司	25 818
61	上海养和堂药业连锁经营有限公司	25 742
62	宁波四明大药房有限责任公司	25 507
63	安徽丰原大药房连锁有限公司	25 463
64	宜兴市天健医药连锁有限公司	24 806
65	上海童涵春堂药业连锁经营有限公司	24 672
66	新疆康泰东方医药连锁有限公司	24 307
67	陕西众信医药超市有限公司	24 141
68	四川杏林医药连锁有限责任公司	23 960
69	武汉东明药房连锁有限公司	22 102
70	北京京卫元华医药科技有限公司	21 869
71	上海药房连锁有限公司	21 625
72	山西荣华大药房连锁有限公司	21 513
73	怀化怀仁大药房连锁有限公司	21 505
74	贵州芝林大药房零售连锁有限公司	21 117
75	浙江瑞人堂医药连锁有限公司	20 338
76	无锡山禾集团健康参药连锁有限公司	20 300
77	哈尔滨宝丰医药连锁有限公司	20 245
78	福建惠好四海医药连锁有限责任公司	19 991
79	泸州圣杰药业有限公司	19 259
80	呼伦贝尔市同致药业有限责任公司	19 222
81	上海医药嘉定大药房连锁有限公司	19 182
82	四川德仁堂药业连锁有限公司	18 865
83	江西开心人大药房连锁有限公司	18 777
84	湖北中联大药房连锁有限公司	18 480
85	浙江华通医药连锁有限公司	18 391

续 表

序 号	企 业 名 称	销售总额（万元）
86	赤峰雷蒙大药房连锁有限公司	16 949
87	常州人寿天医药连锁有限公司	16 684
88	济宁新华鲁抗大药房有限公司	16 666
89	南京金陵大药房有限责任公司	16 600
90	昆山双鹤同德堂连锁大药房有限责任公司	16 407
91	黑龙江泰华医药连锁销售有限公司	16 197
92	葫芦岛市医药有限责任公司	15 732
93	广西一致药店连锁有限公司	15 431
94	浙江华联医药连锁有限公司	15 080
95	广西一心医药集团有限责任公司	15 001
96	北京嘉事堂连锁药店有限责任公司	14 921
97	北京永安复星医药股份有限公司	14 823
98	上海一德大药房连锁经营有限公司	13 765
99	武汉普安医药有限公司	13 343
100	上海南汇华泰药店连锁总店	13 173
合 计		7 383 508

2012—2013 年零售企业按销售总额排位变化情况

企 业 名 称	批发企业排位情况	
	2012 年	2013 年
国药控股国大药房有限公司	1	1
中国北京同仁堂（集团）有限责任公司	2	2
重庆桐君阁大药房连锁有限责任公司	3	3
云南鸿翔一心堂药业（集团）股份有限公司	7	4
大参林医药集团股份有限公司	5	5
辽宁成大方圆医药连锁有限公司	9	6
深圳市海王星辰医药有限公司	4	7
湖北同济堂药房有限公司	8	8
上海华氏大药房有限公司	11	9
益丰大药房连锁股份有限公司	12	10
云南健之佳健康连锁店股份有限公司	17	11
成都百信药业连锁有限责任公司	15	12
哈尔滨人民同泰医药连锁店	20	13
南京国药医药有限公司	19	14

续　表

企　业　名　称	批发企业排位情况	
	2012 年	2013 年
济南漱玉平民大药房有限公司	26	15
江苏大众医药连锁有限公司	21	16
深圳中联大药房控股有限公司	22	17
四川太极大药房连锁有限公司	—	18
吉林大药房药业股份有限公司	28	19
甘肃德生堂大药房连锁经营有限公司	80	20
北京金象大药房医药连锁有限责任公司	25	21
上海第一医药股份有限公司	23	22
沈阳东北大药房连锁有限公司	—	23
河南张仲景大药房股份有限公司	32	24
杭州九洲大药房连锁有限公司	29	25
北京医保全新大药房有限责任公司	30	26
江西黄庆仁栈华氏大药房有限公司	36	27
先声再康江苏药业有限公司	33	28
云南东骏药业有限公司	14	29
上海复美益星大药房连锁有限公司	38	30
山东燕喜堂医药连锁有限公司	37	31
江西萍乡市昌盛大药房连锁有限公司	46	32
河北华佗药房医药连锁有限公司	—	33
贵州一树连锁药业有限公司	34	34
湖南千金大药房连锁有限公司	—	35
云南白药大药房有限公司	39	36
襄阳天济大药房连锁有限责任公司	41	37
山东立健医药城连锁有限公司	50	38
苏州礼安医药连锁总店有限公司	—	39
江西昌盛大药房有限公司	54	40
常州市恒泰医药连锁有限公司	42	41
西安怡康医药连锁有限责任公司	51	42
石家庄新兴药房连锁有限公司	45	43
浙江震元医药连锁有限公司	10	44
深圳市友和医药大药房连锁有限公司	—	45
广州采芝林药业连锁店	40	46
吉林省益和大药房有限公司	49	47

续 表

企 业 名 称	批发企业排位情况	
	2012 年	2013 年
重庆鑫斛药房连锁有限公司	—	48
柳州桂中大药房连锁有限责任公司	—	49
重庆市万和药房连锁有限公司	60	50
廊坊市一笑堂医药零售连锁有限公司	55	51
中山市中智大药房连锁有限公司	52	52
广州健民医药连锁有限公司	31	53
广东国药医药连锁企业有限公司	57	54
山东利民大药店连锁有限公司	68	55
上海余天成药业连锁有限公司	53	56
赤峰人川大药房连锁有限公司	67	57
浙江天天好大药房连锁有限公司	—	58
海南广安堂药品超市连锁经营有限公司	48	59
河北神威大药房连锁有限公司	65	60
上海养和堂药业连锁经营有限公司	59	61
宁波四明大药房有限责任公司	72	62
安徽丰原大药房连锁有限公司	27	63
宜兴市天健医药连锁有限公司	66	64
上海童涵春堂药业连锁经营有限公司	64	65
新疆康泰东方医药连锁有限公司	75	66
陕西众信医药超市有限公司	62	67
四川杏林医药连锁有限责任公司	70	68
武汉东明药房连锁有限公司	95	69
北京京卫元华医药科技有限公司	93	70
上海药房连锁有限公司	89	71
山西荣华大药房连锁有限公司	71	72
怀化怀仁大药房连锁有限公司	79	73
贵州芝林大药房零售连锁有限公司	85	74
浙江瑞人堂医药连锁有限公司	86	75
无锡山禾集团健康参药连锁有限公司	78	76
哈尔滨宝丰医药连锁有限公司	82	77
福建惠好四海医药连锁有限责任公司	77	78
泸州圣杰药业有限公司	—	79
呼伦贝尔市同致药业有限责任公司	—	80

续　表

企　业　名　称	批发企业排位情况	
	2012 年	2013 年
上海医药嘉定大药房连锁有限公司	92	81
四川德仁堂药业连锁有限公司	—	82
江西开心人大药房连锁有限公司	91	83
湖北中联大药房连锁有限公司	—	84
浙江华通医药连锁有限公司	84	85
赤峰雷蒙大药房连锁有限公司	88	86
常州人寿天医药连锁有限公司	—	87
济宁新华鲁抗大药房有限公司	97	88
南京金陵大药房有限责任公司	—	89
昆山双鹤同德堂连锁大药房有限责任公司	87	90
黑龙江泰华医药连锁销售有限公司	81	91
葫芦岛市医药有限责任公司	98	92
广西一致药店连锁有限公司	—	93
浙江华联医药连锁有限公司	—	94
广西一心医药集团有限责任公司	—	95
北京嘉事堂连锁药店有限责任公司	83	96
北京永安复星医药股份有限公司	76	97
上海一德大药房连锁经营有限公司	100	98
武汉普安医药有限公司	69	99
上海南汇华泰药店连锁总店	—	100

2009—2012 年药品流通行业企业数量统计表

年　份	批发企业数量（家）	零售连锁企业数量（家）	零售单体药店（家）
2009	13 000	2 149	253 000
2010	13 500	2 310	262 000
2011	13 900	2 607	277 100
2012	16 300	3 107	271 100

2012—2013 年区域药品流通企业数量统计表

区 域	企 业 数 量					
	企业总数（家）		其中：批发企业数（家）		其中：零售企业数（家）	
	2012 年	2013 年	2012 年	2013 年	2012 年	2013 年
北 京	5 676	5 797	297	293	5 379	5 504
天 津	2 789	3 048	130	198	2 659	2 850
河 北	13 802	15 227	708	821	13 094	14 406
山 西	—	9 782	—	436	—	9 346
内蒙古	10 688	11 327	179	189	10 509	11 138
辽 宁	16 170	17 042	350	351	15 820	16 691
吉 林	15 215	13 771	428	410	14 787	13 361
黑龙江	7 879	11 255	497	498	7 382	10 757
上 海	3 526	3 503	128	128	3 398	3 375
浙 江	17 284	—	308	—	16 976	—
安 徽	13 195	12 102	606	579	12 589	11 523
福 建	9 199	9 271	474	478	8 725	8 793
江 西	421	461	221	261	200	200
山 东	31 652	22 240	741	726	30 911	21 514
河 南	17 814	17 862	323	323	17 491	17 539
湖 北	15 097	—	642	—	14 455	—
湖 南	3 722	4 077	398	395	3 671	3 682
广 西	7 652	7 263	423	400	7 229	6 863
海 南	—	2 917	—	376	—	2 541
重 庆	12 959	—	489	—	12 470	—
四 川	43 171	7 630	1 121	1 104	42 050	6 526
贵 州	248	233	190	177	58	56
陕 西	12 409	8 080	797	989	11 612	7 091
甘 肃	6 702	6 974	368	451	6 334	6 523
新 疆	7 809	8 048	257	259	7 552	7 789
合 计	275 079	197 910	10 075	9 842	265 351	188 068

2013 年东部地区药品流通企业数量统计表

序 号	地 区	企 业 数 量		
		企业总数（家）	其中：批发企业数（家）	其中：零售企业数（家）
	地区合计	79 045	3 371	75 674
1	北 京	5 797	293	5 504
2	天 津	3 048	198	2 850
3	河 北	15 227	821	14 406
4	辽 宁	17 042	351	16 691
5	上 海	3 503	128	3 375
6	江 苏	—	—	—
7	浙 江	—	—	—
8	福 建	9 271	478	8 793
9	山 东	22 240	726	21 514
10	广 东	—	—	
11	海 南	2 917	376	2 541

2013 年中部地区药品流通企业数量统计表

序 号	地 区	企 业 数 量		
		企业总数（家）	其中：批发企业数（家）	其中：零售企业数（家）
	地区合计	69 310	2 902	66 408
1	山 西	9 782	436	9 346
2	吉 林	13 771	410	13 361
3	黑龙江	11 255	498	10 757
4	安 徽	12 102	579	11 523
5	江 西	461	261	200
6	河 南	17 862	323	17 539
7	湖 北	—	—	—
8	湖 南	4 077	395	3 682

2013 年西部地区药品流通企业数量统计表

序 号	地 区	企 业 数 量		
		企业总数（家）	其中：批发企业数（家）	其中：零售企业数（家）
	地区合计	49 555	3 569	45 986
1	内蒙古	11 327	189	11 138
2	广 西	7 263	400	6 863
3	重 庆	—	—	—

续 表

序 号	地 区	企业数量		
		企业总数（家）	其中：批发企业数（家）	其中：零售企业数（家）
	地区合计	49 555	3 569	45 986
4	四 川	7 630	1 104	6 526
5	贵 州	233	177	56
6	云 南	—	—	—
7	西 藏	—	—	—
8	陕 西	8 080	989	7 091
9	甘 肃	6 974	451	6 523
10	青 海	—	—	—
11	宁 夏	—	—	—
12	新 疆	8 048	259	7 789

2013 年区域药品流通企业从业人员统计表

区 域	从业人员		
	从业人员总数（人）	其中：批发从业人员数（人）	其中：零售从业人员数（人）
	2013 年	2013 年	2013 年
北 京	33 007	12 854	20 153
天 津	25 230	8 320	16 910
河 北	82 493	15 236	67 257
山 西	45 320	11 330	33 990
内蒙古	—	—	—
辽 宁	237 650	53 020	184 630
吉 林	61 271	14 760	46 511
黑龙江	69 364	13 000	56 364
上 海	24 156	14 845	9 311
浙 江	—	—	—
安 徽	100 000	40 000	60 000
福 建	—	—	—
江 西	78 536	2 600	75 936
山 东	257 000	94 000	163 000
河 南	95 847	31 326	64 521
湖 北	—	—	—
湖 南	—	—	—
广 西	71 000	25 000	46 000

续　表

区　域	从　业　人　员		
	从业人员总数（人）	其中：批发从业人员数（人）	其中：零售从业人员数（人）
	2013 年	2013 年	2013 年
海　南	21 100	8 600	12 500
重　庆	—	—	—
四　川	151 558	7 820	143 738
贵　州	73 000	23 200	49 800
陕　西	248 467	86 957	161 510
甘　肃	41 336	6 893	34 443
新　疆	72 575	37 500	35 075
合　计	1 788 910	507 261	1 281 649

2013 年东部地区药品流通企业从业人员统计表

序　号	地　区	从　业　人　员		
		从业人员总数（人）	其中:批发从业人员数(人)	其中：零售从业人员数（人）
	地区合计	680 636	206 875	473 761
1	北　京	33 007	12 854	20 153
2	天　津	25 230	8 320	16 910
3	河　北	82 493	15 236	67 257
4	辽　宁	237 650	53 020	184 630
5	上　海	24 156	14 845	9 311
6	江　苏	—	—	—
7	浙　江	—	—	—
8	福　建	—	—	—
9	山　东	257 000	94 000	163 000
10	广　东	—	—	—
11	海　南	21 100	8 600	12 500

2013 年中部地区药品流通企业从业人员统计表

序　号	地　区	从　业　人　员		
		从业人员总数（人）	其中:批发从业人员数(人)	其中：零售从业人员数（人）
	地区合计	450 338	113 016	337 322
1	山　西	45 320	11 330	33 990
2	吉　林	61 271	14 760	46 511
3	黑龙江	69 364	13 000	56 364

续 表

序 号	地 区	从业人员		
		从业人员总数（人）	其中:批发从业人员数(人)	其中：零售从业人员数（人）
	地区合计	450 338	113 016	337 322
4	安 徽	100 000	40 000	60 000
5	江 西	78 536	2 600	75 936
6	河 南	95 847	31 326	64 521
7	湖 北	—	—	—
8	湖 南	—	—	—

2013 年西部地区药品流通企业从业人员统计表

序 号	地 区	从业人员		
		从业人员总数（人）	其中:批发从业人员数(人)	其中：零售从业人员数（人）
	地区合计	657 936	187 370	470 566
1	内蒙古	—	—	—
2	广 西	71 000	25 000	46 000
3	重 庆	—	—	—
4	四 川	151 558	7 820	143 738
5	贵 州	73 000	23 200	49 800
6	云 南	—	—	—
7	西 藏	—	—	—
8	陕 西	248 467	86 957	161 510
9	甘 肃	41 336	6 893	34 443
10	青 海	—	—	—
11	宁 夏	—	—	—
12	新 疆	72 575	37 500	35 075

2012—2013 年区域零售企业门店及医保定点门店统计表（1）

区 域	企业数				医保定点门店数（家）		医保门店占比（%）	
	零售企业总数（家）		其中：连锁企业数（家）					
	2012 年	2013 年	2012 年	2013 年	2012 年	2013 年	2012 年	2013 年
北 京	5 379	5 504	28	41	98	97	1. 83	1. 78
天 津	2 659	2 850	30	35	259	278	7. 71	7. 79
河 北	13 094	14 406	644	672	4 452	7 801	37. 30	58. 97
山 西	—	9 346	—	48	—	—	—	—
内蒙古	10 509	11 138	22	56	2 851	2 851	27. 19	26. 98

续　表

区　域	企　业　数				医保定点门店数（家）		医保门店占比（%）	
	零售企业总数（家）		其中：连锁企业数（家）					
	2012 年	2013 年	2012 年	2013 年	2012 年	2013 年	2012 年	2013 年
辽　宁	15 820	16 691	164	183	1 320	2 130	8. 34	12. 76
吉　林	14 787	13 361	35	72	3 421	4 307	23. 19	32. 41
黑龙江	7 382	10 757	140	162	5 118	5 230	43. 88	28. 08
上　海	3 398	3 375	41	43	490	490	14. 42	14. 52
浙　江	16 976	—	218	—	—	—	—	—
安　徽	12 589	11 523	67	94	6 000	6 500	42. 88	49. 89
福　建	8 725	8 793	69	72	2 485	3 222	28. 71	36. 95
江　西	200	200	200	80	2 805	1 092	34. 51	11. 50
山　东	30 911	21 514	396	520	—	8 859	—	27. 21
河　南	17 491	17 539	169	171	4 923	5 026	28. 15	28. 66
湖　北	14 455	—	86	—	8 076	—	76. 43	—
湖　南	3 671	3 682	51	57	5 166	5 228	28. 82	27. 94
广　西	7 229	6 863	167	181	2 045	2 140	13. 51	13. 76
海　南	—	2 541	—	13	—	60	—	1. 89
重　庆	12 470	—	42	—	656	—	5. 57	—
四　川	42 050	6 526	302	322	—	—	—	—
贵　州	58	56	58	56	3 066	6 702	28. 77	66. 17
陕　西	11 612	7 091	116	56	5 866	5 683	70. 23	61. 36
甘　肃	6 334	6 523	37	41	1 928	2 307	32. 16	37. 43
新　疆	7 552	7 789	1 748	2 083	—	—	—	—
合　计	265 351	188 068	4 830	5 058	61 025	70 003	20. 19	24. 26

2012—2013 年区域零售企业门店及医保定点门店统计表（2）

区　域	门　店　数							
	门店总数（家）		门店同比增长（%）		其中：单体门店数（家）		其中：连锁门店数（家）	
	2012 年	2013 年	2012 年	2013 年	2012 年	2013 年	2012 年	2013 年
北　京	5 351	5 463	0. 47	2. 09	4 392	4 364	959	1 099
天　津	3 360	3 569	1. 54	6. 22	2 629	2 819	731	750
河　北	11 936	13 228	99. 67	10. 82	10 165	11 263	1 771	1 965
山　西	—	9 345	—	1. 01	—	6 895	—	2 450
内蒙古	10 487	10 568	11. 47	0. 77	9 000	9 287	1 487	1 281
辽　宁	15 200	16 691	1. 69	9. 81	10 410	10 606	5 410	6 085

续 表

区 域	门店数							
	门店总数（家）		门店同比增长（%）		其中：单体门店数（家）		其中：连锁门店数（家）	
	2012 年	2013 年	2012 年	2013 年	2012 年	2013 年	2012 年	2013 年
吉 林	14 752	13 289	5.40	-9.92	12 856	11 279	1 896	2 010
黑龙江	11 664	18 626	-23.58	15.76	7 242	10 595	4 422	8 031
上 海	3 398	3 375	2.29	-0.68	530	511	2 868	2 864
浙 江	16 976	—	4.58	—	9 791	—	7 185	—
安 徽	13 993	13 029	5.77	-6.89	12 522	11 429	1 471	1 600
福 建	8 656	8 721	1.55	0.75	7 106	7 163	1 550	1 558
江 西	8 127	9 492	0.25	16.80	7 090	7 400	1 037	2 092
山 东	30 515	32 553	4.43	6.68	21 328	20 994	9 187	11 559
河 南	17 491	17 539	8.28	0.27	10 600	10 122	6 891	7 417
湖 北	10 566	—	0.00	—	6 763	—	3 803	—
湖 南	17 924	18 710	92.69	4.39	14 603	14 950	3 321	3 760
广 西	15 140	15 548	17.93	2.69	7 062	6 852	8 078	8 696
海 南	—	3 167	—	12.34	—	2 528	—	639
重 庆	11 767	—	2.00	—	1 018	—	10 749	—
四 川	41 748	42 261	0.07	1.48	6 030	6 204	35 718	36 057
贵 州	10 658	10 128	0.01	-4.97	6 218	7 403	4 440	2 725
陕 西	8 352	9 262	11.87	10.90	5 635	7 035	2 717	2 227
甘 肃	5 995	6 164	-22.11	2.82	4 540	4 728	1 455	1 436
新 疆	7 552	7 789	—	—	5 804	5 706	1 748	2 083
合 计	302 228	288 517	9.74	6.41	183 334	180 133	118 894	108 384

2013 年典型药品零售企业门店及医保定点门店统计表

序 号	企 业 名 称	门 店			营业面积（平方米）
		总数(家)	其中:直营店数量(家)	医保定点门店数(家)	
1	重庆桐君阁大药房连锁有限责任公司	8 306	1 306	2 518	621 000
2	湖北同济堂药房有限公司	4 833	229	4 833	362 475
3	云南鸿翔一心堂药业（集团）股份有限公司	2 389	2 389	1 616	325 119
4	中国北京同仁堂（集团）有限责任公司	2 159	2 159	266	232 483
5	四川太极大药房连锁有限公司	2 110	113	1 258	150 707
6	国药控股国大药房有限公司	2 087	1 693	1 126	294 684
7	云南东骏药业有限公司	1 851	397	936	472 005

续　表

序　号	企　业　名　称	门　店			营业面积（平方米）
		总数（家）	其中：直营店数量（家）	医保定点门店数（家）	
8	北京同仁堂健康药品经营有限公司	1 737	1 737	26	30 311
9	成都百信药业连锁有限责任公司	1 640	10	1 200	94 600
10	重庆桐君阁股份有限公司	1 306	1 306	1 289	126 000
11	大参林医药集团股份有限公司	1 278	1 278	709	128 847
12	云南健之佳健康连锁店股份有限公司	1 024	1 024	648	190 000
13	辽宁成大方圆医药连锁有限公司	885	716	763	190 000
14	绵阳太极大药房连锁有限责任公司	788	58	47	39 477
15	益丰大药房连锁股份有限公司	660	660	375	104 249
16	江西黄庆仁栈华氏大药房有限公司	605	605	—	36 580
17	四川南充鹤鸣堂药品经营有限公司	523	—	387	25 000
18	上海复美益星大药房连锁有限公司	491	76	50	41 273
19	深圳市南北药行连锁有限公司	489	2	37	31 624
20	绵阳天源堂医药连锁有限公司	437	5	75	18 703
21	济南漱玉平民大药房有限公司	431	431	95	41 376
22	深圳中联大药房控股有限公司	425	—	209	32 267
23	南京医药股份有限公司	413	260	192	36 114
24	北京同仁堂商业投资集团有限公司	409	409	236	191 782
25	山东立健医药城连锁有限公司	405	405	280	50 000
26	南京国药医药有限公司	404	251	192	36 114
27	吉林大药房药业股份有限公司	368	368	265	55 267
28	四川太星药业有限公司	360	10	20	18 000
29	广西一心医药集团有限责任公司	338	21	50	31 221
30	哈尔滨人民同泰医药连锁店	326	326	322	69 994
31	天津天士力医药营销集团有限公司	324	249	241	30 964
32	北京金象大药房医药连锁有限责任公司	318	126	4	9 760
33	山东燕喜堂医药连锁有限公司	313	313	275	32 000
34	吉林省益和大药房有限公司	304	304	240	47 520
35	上海雷允上药品连锁经营有限公司	301	12	34	20 710
36	西安怡康医药连锁有限责任公司	297	297	297	38 430
37	四川南充科伦医药贸易有限公司	291	1	—	—
38	广西福中堂药业有限公司	268	4	80	4 200
39	河南张仲景大药房股份有限公司	261	261	216	35 600

续 表

序 号	企 业 名 称	门 店			营业面积（平方米）
		总数(家)	其中:直营店数量(家)	医保定点门店数(家)	
40	山东省医药集团有限公司	256	196	149	20 490
41	赤峰雷蒙大药房连锁有限公司	230	61	230	15 153
42	重庆医药工业有限责任公司	215	2	215	1 500
43	江西萍乡市昌盛大药房连锁有限公司	212	170	66	27 044
44	上海华氏大药房有限公司	207	206	66	26 255
45	东北制药集团供销有限公司	200	147	190	31 000
46	云南恩红（集团）有限公司	200	200	168	11 150
47	中山市中智大药房连锁有限公司	196	196	72	21 439
48	上海国大药房连锁有限公司	193	94	38	23 526
49	襄阳天济大药房连锁有限责任公司	190	190	168	24 000
50	甘肃德生堂大药房连锁经营有限公司	184	184	153	42 633
51	重庆市万和药房连锁有限公司	182	182	137	20 760
52	日照真诚大药房有限公司	163	128	87	9 780
53	金华市太和堂医药连锁有限公司	158	26	—	—
54	好药师大药房连锁有限公司	152	33	102	14 500
55	四川德仁堂药业连锁有限公司	152	152	135	19 760
56	云南白药大药房有限公司	146	146	131	23 880
57	重庆鑫斛药房连锁有限公司	145	88	116	12 951
58	石家庄新兴药房连锁有限公司	143	143	74	18 133
59	河北华佗药房医药连锁有限公司	142	142	142	20 000
60	赤峰人川大药房连锁有限公司	129	129	122	14 627
61	北京嘉事堂连锁药店有限责任公司	124	124	6	19 855
62	贵州福安康医药连锁有限公司	123	42	64	—
63	江苏大众医药连锁有限公司	121	121	81	13 000
64	湖北中联大药房连锁有限公司	119	119	84	12 625
65	山西亨通医药批发有限公司	117	10	97	7 450
66	柳州桂中大药房连锁有限责任公司	117	117	40	16 223
67	泸州圣杰药业有限公司	113	113	89	17 963
68	章丘健民医药有限公司	112	98	23	6 225
69	廊坊市一笑堂医药零售连锁有限公司	108	108	59	13 256
70	山西荣华大药房连锁有限公司	106	106	51	15 885
71	福建惠好四海医药连锁有限责任公司	105	105	66	12 644

续 表

序号	企业名称	门店			营业面积（平方米）
		总数（家）	其中：直营店数量（家）	医保定点门店数（家）	
72	金华市九德堂医药连锁有限公司	102	11	12	8 173
73	上海益丰大药房有限公司	101	101	6	14 000
74	浙江华通医药连锁有限公司	100	90	58	9 389
75	河北神威大药房连锁有限公司	99	99	72	16 271
76	浙江天天好大药房连锁有限公司	99	99	0	19 302
77	武汉东明药房连锁有限公司	99	15	85	11 385
78	昆明福林堂药业有限公司	98	98	90	12 150
79	山东潍坊海王星辰民康连锁药店有限公司	97	97	87	6 000
80	济宁新华鲁抗大药房有限公司	96	79	82	8 201
81	宁夏国大药房连锁有限公司	95	95	95	11 920
82	德州颐寿医药连锁有限公司	94	3	84	6 140
83	浙江瑞人堂医药连锁有限公司	91	91	15	11 012
84	贵州一树连锁药业有限公司	90	90	79	23 062
85	山西长城药品零售连锁有限公司	86	86	42	5 630
86	云南龙马药业有限公司	85	85	84	12 087
87	青岛国风大药房连锁有限公司	83	83	83	8 300
88	菏泽牡丹大药房连锁有限公司	79	79	65	5 470
89	上海养和堂药业连锁经营有限公司	78	78	18	11 096
90	广西一致药店连锁有限公司	78	70	41	8 262
91	内蒙古成大方圆医药连锁有限公司	77	77	72	9 171
92	金华市老百姓医药连锁有限公司	75	8	30	—
93	宁波市正源大药房有限公司	72	33	22	5 400
94	常德市九芝堂医药有限公司	71	47	67	9 884
95	山西仁和大药房连锁有限公司	70	70	44	15 253
96	浙江震元医药连锁有限公司	70	66	58	12 685
97	郑州仟禧堂医药有限责任公司	69	26	47	7 021
98	北京同仁堂连锁药店有限责任公司	68	68	11	20 327
99	陕西众信医药超市有限公司	68	68	58	11 670
100	黑龙江泰华医药连锁销售有限公司	67	67	33	5 000
101	山东利民大药店连锁有限公司	67	67	67	10 677
102	海南养天和大药房连锁经营有限公司	67	67	—	5 360
103	苏州礼安医药连锁总店有限公司	65	—	43	5 998

续 表

序 号	企 业 名 称	门 店			营业面积（平方米）
		总数（家）	其中：直营店数量（家）	医保定点门店数（家）	
104	武汉马应龙大药房连锁有限公司	65	65	54	9 750
105	国药控股浙江有限公司	64	24	37	3 253
106	福建国大药房连锁有限公司	63	63	42	6 041
107	长治市昂生大药房零售连锁有限公司	62	15	14	6 300
108	上海余天成药业连锁有限公司	61	61	19	7 807
109	宁波四明大药房有限责任公司	61	60	30	4 270
110	山东益寿堂药业有限公司	61	61	46	5 300
111	贵州一品医药连锁公司	61	61	57	6 800
112	老百姓大药房连锁（天津）有限公司	60	60	8	27 003
113	淄博众生医药有限公司	60	60	8	6 000
114	上海医药嘉定大药房连锁有限公司	59	59	10	1 988
115	浙江华联医药连锁有限公司	59	59	54	5 680
116	哈尔滨宝丰医药连锁有限公司	56	56	55	4 940
117	怀化怀仁大药房连锁有限公司	56	56	56	8 750
118	贵州吉大夫医药连锁公司	55	55	—	2 750
119	四川杏林医药连锁有限责任公司	54	46	46	10 596
120	华润昆山医药有限公司	50	49	45	9 370
121	浙江大德药业集团浙江医药公司	50	21	17	3 100
122	青岛祥泰药庄连锁有限公司	50	50	42	3 256
123	甘肃同济药业有限责任公司	50	50	50	10 000
124	昆山双鹤同德堂连锁大药房有限责任公司	49	49	45	9 370
125	国药河北乐仁堂医药连锁有限公司	48	—	37	10 169
126	杭州萧山医药有限公司	48	40	7	3 994
127	杭州九洲大药房连锁有限公司	48	48	46	21 800
128	武汉普安医药有限公司	48	48	37	6 052
129	娄底市康一馨街大药房零售连锁有限公司	48	48	48	3 840
130	贵州芝林大药房零售连锁有限公司	47	41	47	2 585
131	黄石新医药有限公司	47	15	47	4 800
132	上海雷允上北区药业股份有限公司	46	36	10	3 680
133	苏州雷允上国药连锁总店有限公司	46	44	38	5 422
134	国药控股镇江有限公司	46	46	13	8 516
135	安徽丰原大药房连锁有限公司	45	45	19	7 345

续　表

序　号	企　业　名　称	门　店			营业面积（平方米）
		总数(家)	其中:直营店数量(家)	医保定点门店数(家)	
136	上海南汇华泰药店连锁总店	44	44	17	3 926
137	上海一德大药房连锁经营有限公司	44	38	11	7 086
138	攀枝花市敬仁堂医药连锁有限责任公司	44	44	32	7 500
139	四川雅安康盛中药材有限责任公司	44	3	8	3 500
140	开封市百氏康医药连锁有限公司	43	43	36	6 734
141	上海汇丰大药房有限公司	42	42	11	5 145
142	云南省玉溪医药有限责任公司	42	42	25	4 338
143	甘肃河西三州武威医药连锁有限责任公司	40	40	10	2 000
144	德阳市德园堂零售连锁药业有限公司	39	37	39	2 340
145	恩施市元昌医药有限责任公司	38	5	6	3 040
146	四川海棠医药有限公司	38	38	38	5 800
147	西安双鹤大药房连锁有限责任公司	38	9	31	6 000
148	上海童涵春堂药业连锁经营有限公司	37	31	11	8 760
149	上海得一大药房有限公司	37	37	10	3 400
150	上海第一医药股份有限公司	36	36	16	5 475
151	上虞市医药有限责任公司	35	35	25	6 456
152	上海联华复星药房连锁经营有限公司	34	34	3	2 424
153	金华市尖峰大药房连锁有限公司	34	34	6	5 856
154	阳泉市吉祥大药房医药连锁有限责任公司	33	—	5	4 950
155	吉林省合兴健康药房连锁有限责任公司	33	30	25	2 651
156	上海药房连锁有限公司	33	33	5	3 000
157	上海云湖医药连锁经营有限公司	33	33	14	2 568
158	遂川县医药公司	33	—	17	2 280
159	东营益生堂药业连锁有限公司	33	33	31	950
160	贵州华氏大药房延安连锁有限公司	33	33	33	2 972
161	陕西医药控股集团派昂医药有限责任公司	33	33	24	3 505
162	北京医保全新大药房连锁有限责任公司	32	24	1	4 823
163	广西南宁朝阳大药房连锁有限责任公司	31	18	15	6 290
164	北京医保中洋大药房有限公司	30	30	—	5 078
165	湖北天和堂医药有限公司（仙桃）	30	30	30	—
166	福州回春医药连锁有限公司	29	29	27	3 532
167	广州健民医药连锁有限公司	29	29	21	5 376

续 表

序 号	企 业 名 称	门 店			营业面积（平方米）
		总数（家）	其中：直营店数量（家）	医保定点门店数（家）	
168	北京永安复星医药股份有限公司	28	28	4	6 900
169	山西临汾竹林大药房连锁有限公司	28	28	24	3 241
170	呼伦贝尔市同致药业有限责任公司	28	28	28	2 644
171	江苏仁济医药连锁有限公司	28	28	25	2 005
172	嵊州市易心堂大药房有限公司	28	28	19	4 570
173	江西开心人大药房连锁有限公司	28	28	26	5 467
174	吉林省中东医药有限公司	27	27	26	6 298
175	北京永安堂医药连锁有限责任公司	26	26	3	5 760
176	北京京卫元华医药科技有限公司	26	26	2	3 120
177	广西玉林市至真药业连锁有限责任公司	26	26	24	989
178	上海雷允上西区药品零售有限公司	25	25	6	2 867
179	国药控股国大药房内蒙古有限公司	24	24	24	6 238
180	河北圣诺新特药连锁有限公司	23	23	14	3 000
181	江西青春康源大药房连锁有限公司	23	23	18	4 200
182	临安市医药药材有限公司	22	21	7	1 560
183	陕西康健医药连锁有限公司	21	21	12	2 300
184	成都九鼎药房连锁有限责任公司	20	20	20	3 371
185	东辽县医药药材有限责任公司	19	19	19	3 000
186	常州人寿天医药连锁有限公司	19	19	14	6 800
187	浙江英特药业有限责任公司	19	17	8	1 732
188	江西汇仁集团医药科研营销有限公司	19	19	17	4 291
189	贵州赤水黔北医药有限公司	19	19	18	1 140
190	北京市京隆堂医药有限公司	17	17	—	3 996
191	葫芦岛市医药有限责任公司	17	17	17	3 681
192	金湖县医药有限公司	17	17	14	840
193	四川遂宁市全泰堂药业有限公司	16	16	16	3 210
194	阿拉善盟医药有限责任公司	15	15	15	1 100
195	晋中市天诚药房有限责任公司	13	13	12	2 225
196	贵州省医药（集团）和平药房连锁有限公司	13	13	12	878
197	上海金石大药房有限公司	12	12	2	2 704
198	东营市医药公司	12	10	6	3 600
199	石药集团河北中诚医药有限公司	10	10	8	1 002
200	广州市金长风药业有限公司	10	—	10	520

注：仅提取门店总数 10 家以上企业。

第二部分　药品流通行业销售结构情况

2010—2013 年药品流通行业品类结构统计表

年份 ＼ %	药品类销售占比	中成药类销售占比	中药材类销售占比
2010	78.00	13.80	3.30
2011	76.20	15.20	2.90
2012	70.50	16.80	4.50
2013	73.80	15.20	3.60

2012—2013 年全国 31 个省市区类值合计购销存统计表（1）

地　区	总购进（千元）		总购进占比（%）		期末库存（千元）		期末库存占比（%）	
	2012 年	2013 年	2012 年	2013 年	2012 年	2013 年	2012 年	2013 年
全国总计	1 287 166 790	1 182 921 953	100.00	100.00	126 549 542	120 950 746	100.00	100.00
北　京	102 222 675	121 011 886	7.94	10.23	21 896 124	13 149 427	17.30	10.87
天　津	44 039 970	41 347 763	3.42	3.50	3 864 630	3 447 202	3.05	2.85
河　北	33 376 240	42 463 786	2.59	3.59	3 280 485	4 476 856	2.59	3.70
山　西	20 262 877	11 243 649	1.57	0.95	2 523 978	1 067 593	1.99	0.88
内蒙古	5 107 668	5 313 154	0.40	0.45	694 865	443 467	0.55	0.37
辽　宁	24 192 770	24 863 657	1.88	2.10	2 289 403	2 088 018	1.81	1.73
吉　林	11 794 011	19 004 501	0.92	1.61	1 525 181	1 433 479	1.21	1.19
黑龙江	15 406 709	16 887 496	1.20	1.43	2 431 060	2 250 441	1.92	1.86
上　海	94 238 043	101 986 795	7.32	8.62	14 692 804	12 554 888	11.61	10.38
江　苏	74 968 519	80 385 264	5.82	6.80	5 814 571	6 958 393	4.59	5.75
浙　江	76 136 809	81 301 238	5.92	6.87	5 943 362	8 188 132	4.70	6.77
安　徽	87 294 873	94 886 920	6.78	8.02	6 355 841	1 978 917	5.02	1.64
福　建	20 241 703	23 418 053	1.57	1.98	1 635 768	1 571 086	1.29	1.30
江　西	17 852 110	19 564 663	1.39	1.65	1 524 009	2 558 996	1.20	2.12
山　东	83 606 975	60 589 346	6.50	5.12	8 700 894	8 732 579	6.88	7.22
河　南	42 015 861	44 873 613	3.26	3.79	5 654 987	7 797 676	4.47	6.45
湖　北	45 946 079	81 061 799	3.57	6.85	5 534 182	8 519 020	4.37	7.04
湖　南	226 479 350	42 811 513	17.60	3.62	6 401 762	6 232 656	5.06	5.15
广　东	72 182 264	43 950 354	5.61	3.72	10 344 881	5 237 222	8.17	4.33
广　西	14 553 001	18 900 771	1.13	1.60	1 115 954	2 165 763	0.88	1.79
海　南	8 393 421	11 108 644	0.65	0.94	1 117 421	1 530 831	0.88	1.27

续 表

地 区	总购进（千元）		总购进占比（%）		期末库存（千元）		期末库存占比（%）	
	2012 年	2013 年	2012 年	2013 年	2012 年	2013 年	2012 年	2013 年
重 庆	52 405 861	41 529 090	4.07	3.51	1 851 994	4 000 355	1.46	3.31
四 川	32 976 148	46 223 733	2.56	3.91	3 880 345	4 213 198	3.07	3.48
贵 州	7 063 475	11 577 214	0.55	0.98	763 499	1 095 759	0.60	0.91
云 南	34 058 549	34 993 767	2.65	2.96	3 204 966	3 327 793	2.53	2.75
西 藏	1 460 081	1 209 316	0.11	0.10	8 155	9	0.01	0.00
陕 西	18 456 419	40 349 200	1.43	3.41	1 193 743	2 904 082	0.94	2.40
甘 肃	8 544 936	9 370 265	0.66	0.79	483 492	1 540 156	0.38	1.27
青 海	706 939	1 012 940	0.05	0.09	56 534	87 889	0.04	0.07
宁 夏	1 828 211	2 396 954	0.14	0.20	166 912	200 124	0.13	0.17
新 疆	9 354 244	7 284 610	0.73	0.62	1 597 741	1 198 740	1.26	0.99

2012—2013 年全国 31 个省市区类值合计购销存统计表（2）

地 区	总销售（千元）		总销售占比（%）		其中：纯销售（千元）		其中：纯销售占比（%）	
	2012 年	2013 年	2012 年	2013 年	2012 年	2013 年	2012 年	2013 年
全国总计	1 117 443 167	1 303 578 313	100.00	100.00	613 949 173	741 540 385	100.00	100.00
北 京	100 760 640	119 281 119	9.02	9.15	60 724 921	72 573 870	9.89	9.79
天 津	45 500 000	47 955 706	4.07	3.68	19 292 951	19 383 629	3.14	2.61
河 北	36 659 283	45 907 986	3.28	3.52	20 855 190	24 199 079	3.40	3.26
山 西	22 018 000	25 328 073	1.97	1.94	12 521 504	15 486 513	2.04	2.09
内蒙古	5 588 660	5 989 374	0.50	0.46	3 865 376	4 242 096	0.63	0.57
辽 宁	25 233 266	28 272 890	2.26	2.17	15 699 944	18 492 273	2.56	2.49
吉 林	12 662 713	19 052 191	1.13	1.46	6 002 333	8 730 510	0.98	1.18
黑龙江	18 381 557	21 322 606	1.64	1.64	10 415 190	13 858 405	1.70	1.87
上 海	103 161 746	110 122 459	9.23	8.45	47 180 660	53 886 021	7.68	7.27
江 苏	83 579 201	100 221 128	7.48	7.69	50 758 616	64 868 087	8.27	8.75
浙 江	79 886 012	92 667 774	7.15	7.11	52 064 298	60 619 094	8.48	8.17
安 徽	82 000 000	91 813 283	7.34	7.04	29 276 128	39 619 994	4.77	5.34
福 建	21 257 297	24 728 732	1.90	1.90	14 998 047	16 152 599	2.44	2.18
江 西	18 062 388	19 553 332	1.62	1.50	9 913 180	11 449 673	1.61	1.54
山 东	64 818 924	72 507 711	5.80	5.56	37 817 868	44 112 667	6.16	5.95
河 南	41 248 025	43 445 818	3.69	3.33	24 303 870	28 220 756	3.96	3.81
湖 北	41 200 000	46 720 306	3.69	3.58	27 399 490	25 127 699	4.46	3.39
湖 南	31 783 210	42 575 868	2.84	3.27	18 159 355	25 011 273	2.96	3.37

续　表

地　区	总销售（千元）		总销售占比（%）		其中：纯销售（千元）		其中：纯销售占比（%）	
	2012 年	2013 年	2012 年	2013 年	2012 年	2013 年	2012 年	2013 年
广　东	85 056 000	103 767 827	7. 61	7. 96	44 721 814	53 565 976	7. 28	7. 22
广　西	15 449 935	19 024 996	1. 38	1. 46	13 228 164	12 814 478	2. 15	1. 73
海　南	8 808 328	13 794 595	0. 79	1. 06	2 750 028	3 685 391	0. 45	0. 50
重　庆	53 301 083	57 131 504	4. 77	4. 38	22 557 279	33 321 046	3. 67	4. 49
四　川	34 557 639	47 143 741	3. 09	3. 62	16 910 429	25 590 699	2. 75	3. 45
贵　州	7 321 858	11 774 162	0. 66	0. 90	4 937 158	7 340 464	0. 80	0. 99
云　南	36 926 201	42 957 839	3. 30	3. 30	22 135 905	26 817 647	3. 61	3. 62
西　藏	2 094 292	2 429 379	0. 19	0. 19	0	0	0. 00	0. 00
陕　西	18 836 784	25 309 980	1. 69	1. 94	10 403 842	15 924 719	1. 69	2. 15
甘　肃	8 616 393	8 845 836	0. 77	0. 68	4 477 680	4 773 998	0. 73	0. 64
青　海	697 857	877 702	0. 06	0. 07	378 949	522 660	0. 06	0. 07
宁　夏	1 940 875	2 562 624	0. 17	0. 20	1 837 280	2 429 491	0. 30	0. 33
新　疆	10 035 000	10 491 774	0. 90	0. 80	8 361 725	8 719 579	1. 36	1. 18

2013 年东部地区类值合计购销存统计表（1）

地　区	总购进（千元）	总购进占比（%）	期末库存（千元）	期末库存占比（%）
地区总计	632 426 786	100. 00	67 934 634	100. 00
北　京	121 011 886	19. 13	13 149 427	19. 36
天　津	41 347 763	6. 54	3 447 202	5. 07
河　北	42 463 786	6. 71	4 476 856	6. 59
辽　宁	24 863 657	3. 93	2 088 018	3. 07
上　海	101 986 795	16. 13	12 554 888	18. 48
江　苏	80 385 264	12. 71	6 958 393	10. 24
浙　江	81 301 238	12. 86	8 188 132	12. 05
福　建	23 418 053	3. 70	1 571 086	2. 31
山　东	60 589 346	9. 58	8 732 579	12. 85
广　东	43 950 354	6. 95	5 237 222	7. 71
海　南	11 108 644	1. 76	1 530 831	2. 25

2013 年东部地区类值合计购销存统计表（2）

地　区	总销售（千元）	总销售占比（%）	其中：纯销售（千元）	其中：纯销售占比（%）
地区总计	759 227 927	100. 00	431 538 686	100. 00
北　京	119 281 119	15. 71	72 573 870	16. 82
天　津	47 955 706	6. 32	19 383 629	4. 49

续 表

地　区	总销售（千元）	总销售占比（%）	其中：纯销售（千元）	其中：纯销售占比（%）
河　北	45 907 986	6. 05	24 199 079	5. 61
辽　宁	28 272 890	3. 72	18 492 273	4. 29
上　海	110 122 459	14. 50	53 886 021	12. 49
江　苏	100 221 128	13. 20	64 868 087	15. 03
浙　江	92 667 774	12. 21	60 619 094	14. 05
福　建	24 728 732	3. 26	16 152 599	3. 74
山　东	72 507 711	9. 55	44 112 667	10. 22
广　东	103 767 827	13. 67	53 565 976	12. 41
海　南	13 794 595	1. 82	3 685 391	0. 85

2013 年中部地区类值合计购销存统计表（1）

地　区	总购进（千元）	总购进占比（%）	期末库存（千元）	期末库存占比（%）
地区总计	330 334 154	100. 00	31 838 778	100. 00
山　西	11 243 649	3. 40	1 067 593	3. 35
吉　林	19 004 501	5. 75	1 433 479	4. 50
黑龙江	16 887 496	5. 11	2 250 441	7. 07
安　徽	94 886 920	28. 72	1 978 917	6. 22
江　西	19 564 663	5. 92	2 558 996	8. 04
河　南	44 873 613	13. 58	7 797 676	24. 49
湖　北	81 061 799	24. 54	8 519 020	26. 76
湖　南	42 811 513	12. 96	6 232 656	19. 58

2013 年中部地区类值合计购销存统计表（2）

地　区	总销售（千元）	总销售占比（%）	其中：纯销售（千元）	其中：纯销售占比（%）
地区总计	309 811 477	100. 00	167 504 823	100. 00
山　西	25 328 073	8. 18	15 486 513	9. 25
吉　林	19 052 191	6. 15	8 730 510	5. 21
黑龙江	21 322 606	6. 88	13 858 405	8. 27
安　徽	91 813 283	29. 64	39 619 994	23. 65
江　西	19 553 332	6. 31	11 449 673	6. 84
河　南	43 445 818	14. 02	28 220 756	16. 85
湖　北	46 720 306	15. 08	25 127 699	15. 00
湖　南	42 575 868	13. 74	25 011 273	14. 93

2013 年西部地区类值合计购销存统计表（1）

地 区	总购进（千元）	总购进占比（%）	期末库存（千元）	期末库存占比（%）
地区总计	220 161 014	100.00	21 177 335	100.00
内蒙古	5 313 154	2.41	443 467	2.09
广 西	18 900 771	8.58	2 165 763	10.23
重 庆	41 529 090	18.86	4 000 355	18.89
四 川	46 223 733	21.00	4 213 198	19.89
贵 州	11 577 214	5.26	1 095 759	5.17
云 南	34 993 767	15.89	3 327 793	15.71
西 藏	1 209 316	0.55	9	0.00
陕 西	40 349 200	18.33	2 904 082	13.71
甘 肃	9 370 265	4.26	1 540 156	7.27
青 海	1 012 940	0.46	87 889	0.42
宁 夏	2 396 954	1.09	200 124	0.94
新 疆	7 284 610	3.31	1 198 740	5.66

2013 年西部地区类值合计购销存统计表（2）

地 区	总销售（千元）	总销售占比（%）	其中：纯销售（千元）	其中：纯销售占比（%）
地区总计	234 538 911	100.00	142 496 877	100.00
内蒙古	5 989 374	2.55	4 242 096	2.98
广 西	19 024 996	8.11	12 814 478	8.99
重 庆	57 131 504	24.36	33 321 046	23.38
四 川	47 143 741	20.10	25 590 699	17.96
贵 州	11 774 162	5.02	7 340 464	5.15
云 南	42 957 839	18.32	26 817 647	18.82
西 藏	2 429 379	1.04	0	0.00
陕 西	25 309 980	10.79	15 924 719	11.18
甘 肃	8 845 836	3.77	4 773 998	3.35
青 海	877 702	0.37	522 660	0.37
宁 夏	2 562 624	1.09	2 429 491	1.70
新 疆	10 491 774	4.47	8 719 579	6.12

2012—2013 年全国 31 个省市区药品类购销存统计表（1）

地 区	总购进（千元）		总购进占比（%）		期末库存（千元）		期末库存占比（%）	
	2012 年	2013 年	2012 年	2013 年	2012 年	2013 年	2012 年	2013 年
全国总计	916 051 905	867 524 830	100.00	100.00	79 755 200	82 050 555	100.00	100.00
北 京	67 327 180	87 958 987	7.35	10.14	13 047 983	8 241 803	16.36	10.04
天 津	22 062 997	21 102 181	2.41	2.43	1 872 085	1 768 099	2.35	2.15

续 表

地 区	总购进（千元）		总购进占比（%）		期末库存（千元）		期末库存占比（%）	
	2012 年	2013 年	2012 年	2013 年	2012 年	2013 年	2012 年	2013 年
河 北	24 197 396	31 882 598	2. 64	3. 68	2 184 846	3 105 907	2. 74	3. 79
山 西	15 516 845	8 595 304	1. 69	0. 99	1 820 904	704 423	2. 28	0. 86
内蒙古	4 112 258	4 428 232	0. 45	0. 51	517 660	353 473	0. 65	0. 43
辽 宁	19 353 657	19 030 967	2. 11	2. 19	1 451 153	1 573 920	1. 82	1. 92
吉 林	10 122 973	15 092 816	1. 11	1. 74	1 369 700	1 238 442	1. 72	1. 51
黑龙江	13 270 749	14 505 404	1. 45	1. 67	2 067 213	1 811 768	2. 59	2. 21
上 海	72 293 888	76 939 684	7. 89	8. 87	8 587 685	9 044 205	10. 77	11. 02
江 苏	55 508 114	64 920 901	6. 06	7. 48	3 998 188	5 515 488	5. 01	6. 72
浙 江	59 412 478	61 712 414	6. 49	7. 11	4 108 903	5 439 027	5. 15	6. 63
安 徽	48 229 662	64 144 444	5. 26	7. 39	2 333 566	1 435 384	2. 93	1. 75
福 建	17 256 013	19 886 794	1. 88	2. 29	1 230 757	1 177 202	1. 54	1. 43
江 西	12 249 834	13 620 272	1. 34	1. 57	949 000	1 347 982	1. 19	1. 64
山 东	72 181 982	48 284 400	7. 88	5. 57	7 552 148	6 445 298	9. 47	7. 86
河 南	34 508 482	37 508 829	3. 77	4. 32	4 093 232	6 229 439	5. 13	7. 59
湖 北	25 734 663	55 633 652	2. 81	6. 41	2 605 104	5 160 088	3. 27	6. 29
湖 南	167 384 642	30 210 909	18. 27	3. 48	3 304 711	3 252 192	4. 14	3. 96
广 东	44 274 440	30 343 172	4. 83	3. 50	5 680 065	3 632 573	7. 12	4. 43
广 西	8 970 299	13 603 467	0. 98	1. 57	765 220	1 051 401	0. 96	1. 28
海 南	7 762 769	9 684 922	0. 85	1. 12	1 030 544	1 377 983	1. 29	1. 68
重 庆	26 704 947	27 969 350	2. 92	3. 22	1 063 405	2 250 776	1. 33	2. 74
四 川	27 347 797	35 323 196	2. 99	4. 07	2 541 033	2 684 921	3. 19	3. 27
贵 州	5 075 663	8 483 588	0. 55	0. 98	584 240	874 053	0. 73	1. 07
云 南	25 830 999	28 208 771	2. 82	3. 25	2 484 040	2 741 580	3. 11	3. 34
西 藏	1 460 081	1 209 316	0. 16	0. 14	8 155	9	0. 01	0. 00
陕 西	12 353 197	22 646 241	1. 35	2. 61	731 445	1 762 209	0. 92	2. 15
甘 肃	6 225 606	6 496 587	0. 68	0. 75	367 204	715 521	0. 46	0. 87
青 海	383 309	749 298	0. 04	0. 09	35 225	57 790	0. 04	0. 07
宁 夏	1 351 302	1 764 795	0. 15	0. 20	118 313	142 360	0. 15	0. 17
新 疆	7 587 684	5 583 340	0. 83	0. 64	1 251 472	915 238	1. 57	1. 12

2012—2013 年全国 31 个省市区药品类购销存统计表（2）

地　区	总销售（千元）		总销售占比（%）		其中：纯销售（千元）		其中：纯销售占比（%）	
	2012 年	2013 年	2012 年	2013 年	2012 年	2013 年	2012 年	2013 年
全国总计	787 392 025	962 303 213	100.00	100.00	440 675 846	539 963 564	100.00	100.00
北　京	68 168 814	86 700 958	8.66	9.01	39 872 057	52 561 476	9.05	9.73
天　津	22 687 071	23 743 376	2.88	2.47	13 675 158	11 371 128	3.10	2.11
河　北	26 309 315	34 435 236	3.34	3.58	14 990 852	17 635 247	3.40	3.27
山　西	17 075 882	19 346 543	2.17	2.01	9 216 111	11 313 130	2.09	2.10
内蒙古	4 617 954	5 060 105	0.59	0.53	3 242 226	3 502 504	0.74	0.65
辽　宁	20 087 072	22 048 671	2.55	2.29	12 481 950	14 522 252	2.83	2.69
吉　林	11 137 819	16 338 106	1.41	1.70	5 332 238	7 421 286	1.21	1.37
黑龙江	15 612 102	17 924 351	1.98	1.86	7 867 138	10 958 893	1.79	2.03
上　海	77 442 996	83 539 336	9.84	8.68	33 030 282	37 294 769	7.50	6.91
江　苏	63 496 826	81 728 210	8.06	8.49	39 440 387	52 423 652	8.95	9.71
浙　江	62 263 898	70 461 926	7.91	7.32	40 522 351	45 674 340	9.20	8.46
安　徽	46 632 655	62 562 980	5.92	6.50	17 478 780	25 325 124	3.97	4.69
福　建	18 062 159	20 780 846	2.29	2.16	12 712 653	13 567 808	2.88	2.51
江　西	12 376 653	13 609 319	1.57	1.41	7 225 330	8 098 270	1.64	1.50
山　东	51 967 845	56 957 375	6.60	5.92	30 321 041	34 342 559	6.88	6.36
河　南	32 445 018	35 196 286	4.12	3.66	18 317 827	22 792 739	4.16	4.22
湖　北	23 549 940	31 623 228	2.99	3.29	20 891 060	17 607 972	4.74	3.26
湖　南	22 041 473	29 775 327	2.80	3.09	12 160 277	16 793 217	2.76	3.11
广　东	52 643 790	72 850 426	6.69	7.57	28 083 103	37 167 602	6.37	6.88
广　西	9 443 922	13 699 831	1.20	1.42	8 095 402	9 327 059	1.84	1.73
海　南	7 933 063	12 245 010	1.01	1.27	2 355 286	2 970 835	0.53	0.55
重　庆	28 941 825	39 858 308	3.68	4.14	10 788 482	22 361 108	2.45	4.14
四　川	27 326 325	34 079 676	3.47	3.54	12 389 357	16 104 361	2.81	2.98
贵　州	5 276 363	8 614 135	0.67	0.90	3 821 532	5 523 206	0.87	1.02
云　南	28 620 005	34 454 789	3.63	3.58	17 499 262	21 482 008	3.97	3.98
西　藏	2 094 292	2 429 379	0.27	0.25	0	0	0.00	0.00
陕　西	13 109 168	15 358 201	1.66	1.60	7 400 166	9 357 049	1.68	1.73
甘　肃	6 138 502	6 328 756	0.78	0.66	3 223 008	3 586 494	0.73	0.66
青　海	386 625	649 970	0.05	0.07	205 609	403 706	0.05	0.07
宁　夏	1 414 960	1 892 084	0.18	0.20	1 350 157	1 816 370	0.31	0.34
新　疆	8 087 695	8 010 469	1.03	0.83	6 686 766	6 657 400	1.52	1.23

2013 年东部地区药品类购销存统计表（1）

地　区	总购进（千元）	总购进占比（%）	期末库存（千元）	期末库存占比（%）
地区总计	471 747 020	100.00	47 321 505	100.00
北　京	87 958 987	18.65	8 241 803	17.42
天　津	21 102 181	4.47	1 768 099	3.74
河　北	31 882 598	6.76	3 105 907	6.56
辽　宁	19 030 967	4.03	1 573 920	3.33
上　海	76 939 684	16.31	9 044 205	19.11
江　苏	64 920 901	13.76	5 515 488	11.66
浙　江	61 712 414	13.08	5 439 027	11.49
福　建	19 886 794	4.22	1 177 202	2.49
山　东	48 284 400	10.24	6 445 298	13.62
广　东	30 343 172	6.43	3 632 573	7.68
海　南	9 684 922	2.05	1 377 983	2.91

2013 年东部地区药品类购销存统计表（2）

地　区	总销售（千元）	总销售占比（%）	其中：纯销售（千元）	其中：纯销售占比（%）
地区总计	565 491 370	100.00	319 531 668	100.00
北　京	86 700 958	15.33	52 561 476	16.45
天　津	23 743 376	4.20	11 371 128	3.56
河　北	34 435 236	6.09	17 635 247	5.52
辽　宁	22 048 671	3.90	14 522 252	4.54
上　海	83 539 336	14.77	37 294 769	11.67
江　苏	81 728 210	14.45	52 423 652	16.41
浙　江	70 461 926	12.46	45 674 340	14.29
福　建	20 780 846	3.67	13 567 808	4.25
山　东	56 957 375	10.07	34 342 559	10.75
广　东	72 850 426	12.88	37 167 602	11.63
海　南	12 245 010	2.17	2 970 835	0.93

2013 年中部地区药品类购销存统计表（1）

地　区	总购进（千元）	总购进占比（%）	期末库存（千元）	期末库存占比（%）
地区总计	239 311 630	100.00	21 179 718	100.00
山　西	8 595 304	3.59	704 423	3.33
吉　林	15 092 816	6.31	1 238 442	5.85
黑龙江	14 505 404	6.06	1 811 768	8.55
安　徽	64 144 444	26.80	1 435 384	6.78

续　表

地　区	总购进（千元）	总购进占比（%）	期末库存（千元）	期末库存占比（%）
江　西	13 620 272	5. 69	1 347 982	6. 36
河　南	37 508 829	15. 67	6 229 439	29. 41
湖　北	55 633 652	23. 25	5 160 088	24. 36
湖　南	30 210 909	12. 62	3 252 192	15. 36

2013 年中部地区药品类购销存统计表（2）

地　区	总销售（千元）	总销售占比（%）	其中：纯销售（千元）	其中：纯销售占比（%）
地区总计	226 376 140	100. 00	120 310 631	100. 00
山　西	19 346 543	8. 55	11 313 130	9. 40
吉　林	16 338 106	7. 22	7 421 286	6. 17
黑龙江	17 924 351	7. 92	10 958 893	9. 11
安　徽	62 562 980	27. 64	25 325 124	21. 05
江　西	13 609 319	6. 01	8 098 270	6. 73
河　南	35 196 286	15. 55	22 792 739	18. 94
湖　北	31 623 228	13. 97	17 607 972	14. 64
湖　南	29 775 327	13. 15	16 793 217	13. 96

2013 年西部地区药品类购销存统计表（1）

地　区	总购进（千元）	总购进占比（%）	期末库存（千元）	期末库存占比（%）
地区总计	156 466 181	100. 00	13 549 331	100. 00
内蒙古	4 428 232	2. 83	353 473	2. 61
广　西	13 603 467	8. 69	1 051 401	7. 76
重　庆	27 969 350	17. 88	2 250 776	16. 61
四　川	35 323 196	22. 58	2 684 921	19. 82
贵　州	8 483 588	5. 42	874 053	6. 45
云　南	28 208 771	18. 03	2 741 580	20. 23
西　藏	1 209 316	0. 77	9	0. 00
陕　西	22 646 241	14. 47	1 762 209	13. 01
甘　肃	6 496 587	4. 15	715 521	5. 28
青　海	749 298	0. 48	57 790	0. 43
宁　夏	1 764 795	1. 13	142 360	1. 05
新　疆	5 583 340	3. 57	915 238	6. 75

2013 年西部地区药品类购销存统计表（2）

地 区	总销售（千元）	总销售占比（%）	其中：纯销售（千元）	其中：纯销售占比（%）
地区总计	170 435 703	100.00	100 121 265	100.00
内蒙古	5 060 105	2.97	3 502 504	3.50
广 西	13 699 831	8.04	9 327 059	9.32
重 庆	39 858 308	23.39	22 361 108	22.33
四 川	34 079 676	20.00	16 104 361	16.08
贵 州	8 614 135	5.05	5 523 206	5.52
云 南	34 454 789	20.22	21 482 008	21.46
西 藏	2 429 379	1.43	0	0.00
陕 西	15 358 201	9.01	9 357 049	9.35
甘 肃	6 328 756	3.71	3 586 494	3.58
青 海	649 970	0.38	403 706	0.40
宁 夏	1 892 084	1.11	1 816 370	1.81
新 疆	8 010 469	4.70	6 657 400	6.65

2012—2013 年全国 31 个省市区医疗器械类购销存统计表（1）

地 区	总购进（千元）		总购进占比（%）		期末库存（千元）		期末库存占比（%）	
	2012 年	2013 年	2012 年	2013 年	2012 年	2013 年	2012 年	2013 年
全国总计	35 595 990	42 206 616	100.00	100.00	4 927 274	5 555 468	100.00	100.00
北 京	3 222 886	6 905 051	9.05	16.36	1 430 473	1 073 308	29.03	19.32
天 津	443 542	475 853	1.25	1.13	51 120	50 021	1.04	0.90
河 北	1 295 462	1 189 714	3.64	2.82	143 801	159 781	2.92	2.88
山 西	504 225	313 714	1.42	0.74	88 880	56 180	1.80	1.01
内蒙古	172 971	131 277	0.49	0.31	29 123	13 067	0.59	0.24
辽 宁	249 386	288 832	0.70	0.68	42 628	34 950	0.87	0.63
吉 林	173 130	318 364	0.49	0.75	23 219	42 584	0.47	0.77
黑龙江	1 198 810	1 266 578	3.37	3.00	118 488	162 779	2.40	2.93
上 海	1 827 833	1 907 458	5.13	4.52	337 284	247 245	6.85	4.45
江 苏	1 369 655	1 059 599	3.85	2.51	146 990	175 835	2.98	3.17
浙 江	1 604 220	1 556 319	4.51	3.69	108 210	183 465	2.20	3.30
安 徽	7 943 889	5 310 647	22.32	12.58	577 867	44 445	11.73	0.80
福 建	258 514	399 372	0.73	0.95	34 615	74 307	0.70	1.34
江 西	198 133	233 256	0.56	0.55	44 598	90 289	0.91	1.63
山 东	979 869	947 661	2.75	2.25	136 702	192 929	2.77	3.47
河 南	1 741 639	1 423 293	4.89	3.37	148 941	462 288	3.02	8.32

续　表

地　区	总购进（千元）		总购进占比（%）		期末库存（千元）		期末库存占比（%）	
	2012 年	2013 年	2012 年	2013 年	2012 年	2013 年	2012 年	2013 年
湖　北	1 819 185	3 402 142	5.11	8.06	207 250	362 198	4.21	6.52
湖　南	1 636 760	2 315 474	4.60	5.49	588 539	474 590	11.94	8.54
广　东	2 023 431	1 359 174	5.68	3.22	288 654	147 843	5.86	2.66
广　西	2 700 211	713 673	7.59	1.69	25 253	743 438	0.51	13.38
海　南	150 599	413 171	0.42	0.98	50 967	69 328	1.03	1.25
重　庆	491 336	688 752	1.38	1.63	34 788	75 265	0.71	1.35
四　川	1 063 461	3 010 642	2.99	7.13	85 509	115 239	1.74	2.07
贵　州	186 592	184 938	0.52	0.44	26 249	19 909	0.53	0.36
云　南	582 767	648 595	1.64	1.54	62 358	52 215	1.27	0.94
西　藏	—	—	—	—	—	—	—	—
陕　西	1 186 846	5 097 588	3.33	12.08	32 139	293 957	0.65	5.29
甘　肃	186 196	264 629	0.52	0.63	16 221	81 379	0.33	1.46
青　海	37 256	42 400	0.10	0.10	2 769	4 299	0.05	0.08
宁　夏	71 215	115 613	0.20	0.27	9 159	10 377	0.19	0.19
新　疆	275 971	222 837	0.78	0.53	34 538	41 956	0.70	0.76

2012—2013 年全国 31 个省市区医疗器械类购销存统计表（2）

地　区	总销售（千元）		总销售占比（%）		其中：纯销售（千元）		其中：纯销售占比（%）	
	2012 年	2013 年	2012 年	2013 年	2012 年	2013 年	2012 年	2013 年
全国总计	37 456 176	42 676 042	100.00	100.00	22 207 785	34 906 334	100.00	100.00
北　京	4 185 602	6 806 292	11.17	15.95	1 434 250	3 583 714	6.46	10.27
天　津	482 905	586 517	1.29	1.37	386 651	477 126	1.74	1.37
河　北	1 648 112	1 508 635	4.40	3.54	1 132 617	1 380 578	5.10	3.96
山　西	504 595	675 035	1.35	1.58	417 835	629 872	1.88	1.80
内蒙古	170 885	149 369	0.46	0.35	111 158	141 422	0.50	0.41
辽　宁	283 876	367 263	0.76	0.86	206 623	332 355	0.93	0.95
吉　林	241 718	283 720	0.65	0.66	204 563	233 695	0.92	0.67
黑龙江	1 597 315	1 797 744	4.26	4.21	1 427 901	1 708 313	6.43	4.89
上　海	1 707 495	1 864 884	4.56	4.37	759 091	1 487 566	3.42	4.26
江　苏	1 736 948	1 471 949	4.64	3.45	923 519	1 361 233	4.16	3.90
浙　江	1 915 106	1 836 597	5.11	4.30	874 128	1 592 032	3.94	4.56
安　徽	7 411 537	4 672 523	19.79	10.95	2 696 794	4 085 172	12.14	11.70
福　建	288 494	437 743	0.77	1.03	252 202	410 941	1.14	1.18

续 表

地 区	总销售（千元）		总销售占比（%）		其中：纯销售（千元）		其中：纯销售占比（%）	
	2012 年	2013 年	2012 年	2013 年	2012 年	2013 年	2012 年	2013 年
江 西	225 129	254 935	0. 60	0. 60	146 430	208 410	0. 66	0. 60
山 东	1 244 626	1 601 978	3. 32	3. 75	797 241	1 442 850	3. 59	4. 13
河 南	1 491 188	1 429 064	3. 98	3. 35	1 048 375	1 325 263	4. 72	3. 80
湖 北	1 004 382	1 788 388	2. 68	4. 19	959 876	1 593 818	4. 32	4. 57
湖 南	1 387 119	2 453 331	3. 70	5. 75	887 028	1 842 083	3. 99	5. 28
广 东	2 446 535	3 137 261	6. 53	7. 35	1 788 613	2 828 888	8. 05	8. 10
广 西	2 937 406	1 089 681	7. 84	2. 55	2 911 283	9 910 76	13. 11	2. 84
海 南	261 901	440 274	0. 70	1. 03	75 955	366 324	0. 34	1. 05
重 庆	520 914	880 467	1. 39	2. 06	383 283	837 997	1. 73	2. 40
四 川	1 217 184	2 852 416	3. 25	6. 68	462 853	2 353 383	2. 08	6. 74
贵 州	207 137	187 459	0. 55	0. 44	133 220	162 581	0. 60	0. 47
云 南	718 467	800 269	1. 92	1. 88	405 486	610 012	1. 83	1. 75
西 藏	—	—	—	—	—	—	—	—
陕 西	1 010 665	2 561 931	2. 70	6. 00	868 121	2 301 374	3. 91	6. 59
甘 肃	210 989	195 809	0. 56	0. 46	154 024	141 768	0. 69	0. 41
青 海	31 764	35 088	0. 08	0. 08	20 731	30 015	0. 09	0. 09
宁 夏	86 447	142 210	0. 23	0. 33	85 870	141 288	0. 39	0. 40
新 疆	279 735	367 212	0. 75	0. 86	252 066	305 185	1. 14	0. 87

2013 年东部地区医疗器械类购销存统计表（1）

地 区	总购进（千元）	总购进占比（%）	期末库存（千元）	期末库存占比（%）
地区总计	16 502 204	100. 00	2 409 012	100. 00
北 京	6 905 051	41. 84	1 073 308	44. 55
天 津	475 853	2. 88	50 021	2. 08
河 北	1 189 714	7. 21	159 781	6. 63
辽 宁	288 832	1. 75	34 950	1. 45
上 海	1 907 458	11. 56	247 245	10. 26
江 苏	1 059 599	6. 42	175 835	7. 30
浙 江	1 556 319	9. 43	183 465	7. 62
福 建	399 372	2. 42	74 307	3. 08
山 东	947 661	5. 74	192 929	8. 01
广 东	1 359 174	8. 24	147 843	6. 14
海 南	413 171	2. 50	69 328	2. 88

2013 年东部地区医疗器械类购销存统计表（2）

地　区	总销售（千元）	总销售占比（%）	其中：纯销售（千元）	其中：纯销售占比（%）
地区总计	20 059 393	100.00	15 263 607	100.00
北　京	6 806 292	33.93	3 583 714	23.48
天　津	586 517	2.92	477 126	3.13
河　北	1 508 635	7.52	1 380 578	9.04
辽　宁	367 263	1.83	332 355	2.18
上　海	1 864 884	9.30	1 487 566	9.75
江　苏	1 471 949	7.34	1 361 233	8.92
浙　江	1 836 597	9.16	1 592 032	10.43
福　建	437 743	2.18	410 941	2.69
山　东	1 601 978	7.99	1 442 850	9.45
广　东	3 137 261	15.64	2 828 888	18.53
海　南	440 274	2.19	366 324	2.40

2013 年中部地区医疗器械类购销存统计表（1）

地　区	总购进（千元）	总购进占比（%）	期末库存（千元）	期末库存占比（%）
地区总计	14 583 468	100.00	1 695 353	100.00
山　西	313 714	2.15	56 180	3.31
吉　林	318 364	2.18	42 584	2.51
黑龙江	1 266 578	8.69	162 779	9.60
安　徽	5 310 647	36.42	44 445	2.62
江　西	233 256	1.60	90 289	5.33
河　南	1 423 293	9.76	462 288	27.27
湖　北	3 402 142	23.33	362 198	21.36
湖　南	2 315 474	15.88	474 590	27.99

2013 年中部地区医疗器械类购销存统计表（2）

地　区	总销售（千元）	总销售占比（%）	其中：纯销售（千元）	其中：纯销售占比（%）
地区总计	13 354 740	100.00	11 626 626	100.00
山　西	675 035	5.05	629 872	5.42
吉　林	283 720	2.12	233 695	2.01
黑龙江	1 797 744	13.46	1 708 313	14.69
安　徽	4 672 523	34.99	4 085 172	35.14
江　西	254 935	1.91	208 410	1.79
河　南	1 429 064	10.70	1 325 263	11.40
湖　北	1 788 388	13.39	1 593 818	13.71
湖　南	2 453 331	18.37	1 842 083	15.84

2013 年西部地区医疗器械类购销存统计表（1）

地　区	总购进（千元）	总购进占比（%）	期末库存（千元）	期末库存占比（%）
地区总计	11 120 944	100.00	1 451 101	100.00
内蒙古	131 277	1.18	13 067	0.90
广　西	713 673	6.42	743 438	51.23
重　庆	688 752	6.19	75 265	5.19
四　川	3 010 642	27.07	115 239	7.94
贵　州	184 938	1.66	19 909	1.37
云　南	648 595	5.83	52 215	3.60
西　藏	0	0.00	0	0.00
陕　西	5 097 588	45.84	293 957	20.26
甘　肃	264 629	2.38	81 379	5.61
青　海	42 400	0.38	4 299	0.30
宁　夏	115 613	1.04	10 377	0.72
新　疆	222 837	2.00	41 956	2.89

2013 年西部地区医疗器械类购销存统计表（2）

地　区	总销售（千元）	总销售占比（%）	其中：纯销售（千元）	其中：纯销售占比（%）
地区总计	9 261 911	100.00	8 016 101	100.00
内蒙古	149 369	1.61	141 422	1.76
广　西	1 089 681	11.77	991 076	12.36
重　庆	880 467	9.51	837 997	10.45
四　川	2 852 416	30.80	2 353 383	29.36
贵　州	187 459	2.02	162 581	2.03
云　南	800 269	8.64	610 012	7.61
西　藏	0	0.00	0	0.00
陕　西	2 561 931	27.66	2 301 374	28.71
甘　肃	195 809	2.11	141 768	1.77
青　海	35 088	0.38	30 015	0.37
宁　夏	142 210	1.54	141 288	1.76
新　疆	367 212	3.96	305 185	3.81

2012—2013 年全国 31 个省市区化学试剂类购销存统计表（1）

地　区	总购进（千元）		总购进占比（%）		期末库存（千元）		期末库存占比（%）	
	2012 年	2013 年	2012 年	2013 年	2012 年	2013 年	2012 年	2013 年
全国总计	13 483 488	14 755 476	100.00	100.00	1 866 118	1 280 653	100.00	100.00
北　京	146 193	402 654	1.08	2.73	431 650	43 229	23.13	3.38
天　津	7 927 304	7 273 673	58.79	49.29	725 781	548 427	38.89	42.82

续 表

地 区	总购进（千元）		总购进占比（%）		期末库存（千元）		期末库存占比（%）	
	2012 年	2013 年	2012 年	2013 年	2012 年	2013 年	2012 年	2013 年
河 北	113 608	127 743	0.84	0.87	36 647	20 836	1.96	1.63
山 西	11 763	6 318	0.09	0.04	8 211	2 403	0.44	0.19
内蒙古	10 394	960	0.08	0.01	4 846	85	0.26	0.01
辽 宁	322	222	0.00	0.00	112	112	0.01	0.01
吉 林	183 449	705 298	1.36	4.78	2 750	9 169	0.15	0.72
黑龙江	66 489	43 707	0.49	0.30	1 917	2 508	0.10	0.20
上 海	917 049	960 372	6.80	6.51	95 023	71 739	5.09	5.60
江 苏	721 711	774 725	5.35	5.25	25 844	10 021	1.38	0.78
浙 江	700 504	1 224 698	5.20	8.30	215 352	200 222	11.54	15.63
安 徽	0	3 114	0.00	0.02	0	243	0.00	0.02
福 建	79 238	12 145	0.59	0.08	602	3 094	0.03	0.24
江 西	459 044	397 256	3.40	2.69	55 409	39 468	2.97	3.08
山 东	15 166	29 950	0.11	0.20	1 989	4 164	0.11	0.33
河 南	202 357	141 337	1.50	0.96	14 025	25 548	0.75	1.99
湖 北	65 466	31 434	0.49	0.21	4 874	2 254	0.26	0.18
湖 南	517 810	726 972	3.84	4.93	156 441	199 770	8.38	15.60
广 东	41 783	45 157	0.31	0.31	6 681	4 778	0.36	0.37
广 西	53 459	8 405	0.40	0.06	5 179	1 811	0.28	0.14
海 南	36	4 545	0.00	0.03	11	376	0.00	0.03
重 庆	15 851	15 019	0.12	0.10	698	897	0.04	0.07
四 川	24 301	48 799	0.18	0.33	2 219	8 685	0.12	0.68
贵 州	417 715	510 021	3.10	3.46	7 620	14 504	0.41	1.13
云 南	445 324	34 612	3.30	0.23	40 300	3 303	2.16	0.26
西 藏	0	0	0.00	0.00	0	0	0.00	0.00
陕 西	287 605	1 149 501	2.13	7.79	18 777	58 243	1.01	4.55
甘 肃	44 507	76 108	0.33	0.52	2 186	4 766	0.12	0.37
青 海	693	701	0.01	0.00	0	0	0.00	0.00
宁 夏	285	29	0.00	0.00	0	0	0.00	0.00
新 疆	14 064	0	0.10	0.00	976	0	0.05	0.00

2012—2013 年全国 31 个省市区化学试剂类购销存统计表（2）

地　区	总销售（千元）		总销售占比（%）		其中：纯销售（千元）		其中：纯销售占比（%）	
	2012 年	2013 年	2012 年	2013 年	2012 年	2013 年	2012 年	2013 年
全国总计	13 908 148	15 348 880	100.00	100.00	4 053 009	9 486 424	100.00	100.00
北　京	146 444	396 895	1.05	2.59	139 567	305 715	3.44	3.22
天　津	8 313 896	8 708 522	59.78	56.74	627 341	3 570 778	15.48	37.64
河　北	109 401	131 304	0.79	0.86	77 494	127 977	1.91	1.35
山　西	13 458	16 983	0.10	0.11	8 531	16 816	0.21	0.18
内蒙古	5 497	1 108	0.04	0.01	5 474	1 100	0.14	0.01
辽　宁	422	338	0.00	0.00	-4	0	0.00	0.00
吉　林	109 151	416 609	0.78	2.71	6 054	348 813	0.15	3.68
黑龙江	70 689	43 006	0.51	0.28	70 455	42 561	1.74	0.45
上　海	992 492	1 050 904	7.14	6.85	651 748	970 918	16.08	10.23
江　苏	671 176	39 627	4.83	0.26	501 604	38 274	12.38	0.40
浙　江	847 873	1 815 324	6.10	11.83	803 961	1 605 542	19.84	16.92
安　徽	0	2 873	0.00	0.02	0	2 823	0.00	0.03
福　建	83 109	53 242	0.60	0.35	77 885	52 989	1.92	0.56
江　西	445 816	395 713	3.21	2.58	144 972	361 919	3.58	3.82
山　东	11 973	35 318	0.09	0.23	9 551	34 982	0.24	0.37
河　南	135 632	109 963	0.98	0.72	52 883	107 734	1.30	1.14
湖　北	66 269	19 657	0.48	0.13	22 269	19 259	0.55	0.20
湖　南	439 752	747 150	3.16	4.87	255 971	673 591	6.32	7.10
广　东	62 036	141 124	0.45	0.92	61 045	139 095	1.51	1.47
广　西	68 521	9 793	0.49	0.06	68 218	9 751	1.68	0.10
海　南	25	10 416	0.00	0.07	25	9 765	0.00	0.10
重　庆	12 575	14 983	0.09	0.10	7 040	14 831	0.17	0.16
四　川	22 887	48 020	0.16	0.31	7 057	45 290	0.17	0.48
贵　州	407 458	523 523	2.93	3.41	145 507	446 178	3.59	4.70
云　南	464 313	39 985	3.34	0.26	13 840	38 203	0.34	0.40
西　藏	0	0	0.00	0.00	0	0	0.00	0.00
陕　西	287 148	507 603	2.06	3.31	189 241	433 347	4.67	4.57
甘　肃	60 103	68 231	0.43	0.44	45 308	67 527	1.12	0.71
青　海	214	632	0.00	0.00	152	615	0.00	0.01
宁　夏	306	32	0.00	0.00	306	32	0.01	0.00
新　疆	59 514	0	0.43	0.00	59 514	0	1.47	0.00

2013 年东部地区化学试剂类购销存统计表（1）

地 区	总购进（千元）	总购进占比（%）	期末库存（千元）	期末库存占比（%）
地区总计	10 855 884	100.00	906 998	100.00
北 京	402 654	3.71	43 229	4.77
天 津	7 273 673	67.00	548 427	60.47
河 北	127 743	1.18	20 836	2.30
辽 宁	222	0.00	112	0.01
上 海	960 372	8.85	71 739	7.91
江 苏	774 725	7.14	10 021	1.10
浙 江	1 224 698	11.28	200 222	22.08
福 建	12 145	0.11	3 094	0.34
山 东	29 950	0.28	4 164	0.46
广 东	45 157	0.42	4 778	0.53
海 南	4 545	0.04	376	0.04

2013 年东部地区化学试剂类购销存统计表（2）

地 区	总销售（千元）	总销售占比（%）	其中：纯销售（千元）	其中：纯销售占比（%）
地区总计	12 383 014	100.00	6 856 035	100.00
北 京	396 895	3.21	305 715	4.46
天 津	8 708 522	70.33	3 570 778	52.08
河 北	131 304	1.06	127 977	1.87
辽 宁	338	0.00	0	0.00
上 海	1 050 904	8.49	970 918	14.16
江 苏	39 627	0.32	38 274	0.56
浙 江	1 815 324	14.66	1 605 542	23.42
福 建	53 242	0.43	52 989	0.77
山 东	35 318	0.29	34 982	0.51
广 东	141 124	1.14	139 095	2.03
海 南	10 416	0.08	9 765	0.14

2013 年中部地区化学试剂类购销存统计表（1）

地 区	总购进（千元）	总购进占比（%）	期末库存（千元）	期末库存占比（%）
地区总计	2 055 436	100.00	281 363	100.00
山 西	6 318	0.31	2 403	0.85
吉 林	705 298	34.31	9 169	3.26
黑龙江	43 707	2.13	2 508	0.89
安 徽	3 114	0.15	243	0.09

续 表

地 区	总购进（千元）	总购进占比（%）	期末库存（千元）	期末库存占比（%）
江 西	397 256	19.33	39 468	14.03
河 南	141 337	6.88	25 548	9.08
湖 北	31 434	1.53	2 254	0.80
湖 南	726 972	35.37	199 770	71.00

2013 年中部地区化学试剂类购销存统计表（2）

地 区	总销售（千元）	总销售占比（%）	其中：纯销售（千元）	其中：纯销售占比（%）
地区总计	1 751 954	100.00	1 573 516	100.00
山 西	16 983	0.97	16 816	1.07
吉 林	416 609	23.78	348 813	22.17
黑龙江	43 006	2.45	42 561	2.70
安 徽	2 873	0.16	2 823	0.18
江 西	395 713	22.59	361 919	23.00
河 南	109 963	6.28	107 734	6.85
湖 北	19 657	1.12	19 259	1.22
湖 南	747 150	42.65	673 591	42.81

2013 年西部地区化学试剂类购销存统计表（1）

地 区	总购进（千元）	总购进占比（%）	期末库存（千元）	期末库存占比（%）
地区总计	1 844 155	100.00	92 294	100.00
内蒙古	960	0.05	85	0.09
广 西	8 405	0.46	1 811	1.96
重 庆	15 019	0.81	897	0.97
四 川	48 799	2.65	8 685	9.41
贵 州	510 021	27.66	14 504	15.71
云 南	34 612	1.88	3 303	3.58
西 藏	0	0.00	0	0.00
陕 西	1 149 501	62.33	58 243	63.11
甘 肃	76 108	4.13	4 766	5.16
青 海	701	0.04	0	0.00
宁 夏	29	0.00	0	0.00
新 疆	0	0.00	0	0.00

2013 年西部地区化学试剂类购销存统计表（2）

地　区	总销售（千元）	总销售占比（%）	其中：纯销售（千元）	其中：纯销售占比（%）
地区总计	1 213 910	100.00	1 056 874	100.00
内蒙古	1 108	0.09	1 100	0.10
广　西	9 793	0.81	9 751	0.92
重　庆	14 983	1.23	14 831	1.40
四　川	48 020	3.96	45 290	4.29
贵　州	523 523	43.13	446 178	42.22
云　南	39 985	3.29	38 203	3.61
西　藏	0	0.00	0	0.00
陕　西	507 603	41.82	433 347	41.00
甘　肃	68 231	5.62	67 527	6.39
青　海	632	0.05	615	0.06
宁　夏	32	0.00	32	0.00
新　疆	0	0.00	0	0.00

2012—2013 年全国 31 个省市区玻璃仪器类购销存统计表（1）

地　区	总购进（千元）		总购进占比（%）		期末库存（千元）		期末库存占比（%）	
	2012 年	2013 年	2012 年	2013 年	2012 年	2013 年	2012 年	2013 年
全国总计	1 136 353	1 814 708	100.00	100.00	456 630	251 374	100.00	100.00
北　京	9 481	21 897	0.83	1.21	270 264	3 355	59.19	1.33
天　津	16 692	14 965	1.47	0.82	1 630	1 461	0.36	0.58
河　北	54 282	46 441	4.78	2.56	14 075	12 867	3.08	5.12
山　西	7 641	2 561	0.67	0.14	2 145	456	0.47	0.18
内蒙古	7 162	403	0.63	0.02	4 427	142	0.97	0.06
辽　宁	0	0	0.00	0.00	171	1 059	0.04	0.42
吉　林	10 606	33 913	0.93	1.87	1 179	2 461	0.26	0.98
黑龙江	17 248	41 314	1.52	2.28	1 646	4 078	0.36	1.62
上　海	89 615	107 335	7.89	5.91	14 095	5 393	3.09	2.15
江　苏	37 814	4 764	3.33	0.26	2 037	577	0.45	0.23
浙　江	17 503	14 434	1.54	0.80	2 326	2 615	0.51	1.04
安　徽	0	37 890	0.00	2.09	0	0	0.00	0.00
福　建	34	30	0.00	0.00	8	5	0.00	0.00
江　西	739	2 703	0.07	0.15	236	3 245	0.05	1.29
山　东	6 126	23 630	0.54	1.30	1 855	6 658	0.41	2.65
河　南	120 785	100 992	10.63	5.57	2 652	3 230	0.58	1.28

续 表

地 区	总购进（千元）		总购进占比（%）		期末库存（千元）		期末库存占比（%）	
	2012 年	2013 年	2012 年	2013 年	2012 年	2013 年	2012 年	2013 年
湖 北	10 934	11 195	0.96	0.62	1 176	883	0.26	0.35
湖 南	496 881	697 943	43.73	38.46	127 526	167 499	27.93	66.63
广 东	1 642	2 303	0.14	0.13	354	600	0.08	0.24
广 西	7 830	1 609	0.69	0.09	2 262	164	0.50	0.07
海 南	58	201	0.01	0.01	20	64	0.00	0.03
重 庆	738	1 007	0.06	0.06	157	126	0.03	0.05
四 川	2 840	58 800	0.25	3.24	1 581	6 912	0.35	2.75
贵 州	5 821	8 500	0.51	0.47	693	0	0.15	0.00
云 南	4 822	4 374	0.42	0.24	562	2 186	0.12	0.87
西 藏	0	0	0.00	0.00	0	0	0.00	0.00
陕 西	180 293	540 803	15.87	29.80	2 726	24 180	0.60	9.62
甘 肃	28 286	34 580	2.49	1.91	827	1 158	0.18	0.46
青 海	483	121	0.04	0.01	0	0	0.00	0.00
宁 夏	0	0	0.00	0.00	0	0	0.00	0.00
新 疆	0	0	0.00	0.00	0	0	0.00	0.00

2012—2013 年全国 31 个省市区玻璃仪器类购销存统计表（2）

地 区	总销售（千元）		总销售占比（%）		其中：纯销售（千元）		其中：纯销售占比（%）	
	2012 年	2013 年	2012 年	2013 年	2012 年	2013 年	2012 年	2013 年
全国总计	1 061 017	1 527 683	100.00	100.00	684 412	956 439	100.00	100.00
北 京	10 211	21 584	0.96	1.41	4 244	4 002	0.62	0.42
天 津	17 448	17 857	1.64	1.17	17 448	15 104	2.55	1.58
河 北	63 987	67 884	6.03	4.44	39 239	45 291	5.73	4.74
山 西	9 193	5 766	0.87	0.38	6 657	2 125	0.97	0.22
内蒙古	2 496	391	0.24	0.03	2 496	388	0.36	0.04
辽 宁	0	0	0.00	0.00	0	0	0.00	0.00
吉 林	6 859	21 996	0.65	1.44	1 867	2 646	0.27	0.28
黑龙江	17 000	32 384	1.60	2.12	16 769	31 821	2.45	3.33
上 海	96 680	132 638	9.11	8.68	81 691	111 441	11.94	11.65
江 苏	38 606	5 453	3.64	0.36	24 218	2 446	3.54	0.26
浙 江	20 080	17 834	1.89	1.17	8 160	6 803	1.19	0.71
安 徽	0	29 788	0.00	1.95	0	19 549	0.00	2.04
福 建	4 140	45	0.39	0.00	4 140	45	0.60	0.00

续 表

地 区	总销售（千元）		总销售占比（%）		其中：纯销售（千元）		其中：纯销售占比（%）	
	2012 年	2013 年	2012 年	2013 年	2012 年	2013 年	2012 年	2013 年
江 西	935	3 325	0. 09	0. 22	935	3 247	0. 14	0. 34
山 东	10 468	22 259	0. 99	1. 46	6 805	17 646	0. 99	1. 84
河 南	121 127	104 248	11. 42	6. 82	42 968	44 376	6. 28	4. 64
湖 北	8 025	5 275	0. 76	0. 35	5 781	4 256	0. 84	0. 44
湖 南	426 044	727 174	40. 15	47. 60	245 857	410 071	35. 92	42. 87
广 东	6 124	4 625	0. 58	0. 30	5 635	4 106	0. 82	0. 43
广 西	8 209	178	0. 77	0. 01	8 209	177	1. 20	0. 02
海 南	38	137	0. 00	0. 01	38	128	0. 01	0. 01
重 庆	603	853	0. 06	0. 06	311	501	0. 05	0. 05
四 川	3 548	55 372	0. 33	3. 62	2 314	33 369	0. 34	3. 49
贵 州	7 631	4 085	0. 72	0. 27	5 610	0	0. 82	0. 00
云 南	6 474	4 603	0. 61	0. 30	2 672	2 479	0. 39	0. 26
西 藏	0	0	0. 00	0. 00	0	0	0. 00	0. 00
陕 西	118 082	210 733	11. 13	13. 79	113 878	177 795	16. 64	18. 59
甘 肃	56 710	31 082	5. 34	2. 03	36 286	16 601	5. 30	1. 74
青 海	300	116	0. 03	0. 01	181	25	0. 03	0. 00
宁 夏	0	0	0. 00	0. 00	0	0	0. 00	0. 00
新 疆	0	0	0. 00	0. 00	0	0	0. 00	0. 00

2013 年东部地区玻璃仪器类购销存统计表（1）

地 区	总购进（千元）	总购进占比（%）	期末库存（千元）	期末库存占比（%）
地区总计	236 000	100. 00	34 654	100. 00
北 京	21 897	9. 28	3 355	9. 68
天 津	14 965	6. 34	1 461	4. 22
河 北	46 441	19. 68	12 867	37. 13
辽 宁	0	0. 00	1 059	3. 06
上 海	107 335	45. 48	5 393	15. 56
江 苏	4 764	2. 02	577	1. 67
浙 江	14 434	6. 12	2 615	7. 55
福 建	30	0. 01	5	0. 01
山 东	23 630	10. 01	6 658	19. 21
广 东	2 303	0. 98	600	1. 73
海 南	201	0. 09	64	0. 18

2013 年东部地区玻璃仪器类购销存统计表（2）

地 区	总销售（千元）	总销售占比（%）	其中：纯销售（千元）	其中：纯销售占比（%）
地区总计	290 316	100.00	207 012	100.00
北 京	21 584	7.43	4 002	1.93
天 津	17 857	6.15	15 104	7.30
河 北	67 884	23.38	45 291	21.88
辽 宁	0	0.00	0	0.00
上 海	132 638	45.69	111 441	53.83
江 苏	5 453	1.88	2 446	1.18
浙 江	17 834	6.14	6 803	3.29
福 建	45	0.02	45	0.02
山 东	22 259	7.67	17 646	8.52
广 东	4 625	1.59	4 106	1.98
海 南	137	0.05	128	0.06

2013 年中部地区玻璃仪器类购销存统计表（1）

地 区	总购进（千元）	总购进占比（%）	期末库存（千元）	期末库存占比（%）
地区总计	928 511	100.00	181 852	100.00
山 西	2 561	0.28	456	0.25
吉 林	33 913	3.65	2 461	1.35
黑龙江	41 314	4.45	4 078	2.24
安 徽	37 890	4.08	0	0.00
江 西	2 703	0.29	3 245	1.78
河 南	100 992	10.88	3 230	1.78
湖 北	11 195	1.21	883	0.49
湖 南	697 943	75.17	167 499	92.11

2013 年中部地区玻璃仪器类购销存统计表（2）

地 区	总销售（千元）	总销售占比（%）	其中：纯销售（千元）	其中：纯销售占比（%）
地区总计	929 956	100.00	518 091	100.00
山 西	5 766	0.62	2 125	0.41
吉 林	21 996	2.37	2 646	0.51
黑龙江	32 384	3.48	31 821	6.14
安 徽	29 788	3.20	19 549	3.77
江 西	3 325	0.36	3 247	0.63
河 南	104 248	11.21	44 376	8.57
湖 北	5 275	0.57	4 256	0.82
湖 南	727 174	78.19	410 071	79.15

2013 年西部地区玻璃仪器类购销存统计表（1）

地　区	总购进（千元）	总购进占比（%）	期末库存（千元）	期末库存占比（%）
地区总计	650 197	100.00	34 868	100.00
内蒙古	403	0.06	142	0.41
广　西	1 609	0.25	164	0.47
重　庆	1 007	0.15	126	0.36
四　川	58 800	9.04	6 912	19.82
贵　州	8 500	1.31	0	0.00
云　南	4 374	0.67	2 186	6.27
西　藏	0	0.00	0	0.00
陕　西	540 803	83.18	24 180	69.35
甘　肃	34 580	5.32	1 158	3.32
青　海	121	0.02	0	0.00
宁　夏	0	0.00	0	0.00
新　疆	0	0.00	0	0.00

2013 年西部地区玻璃仪器类购销存统计表（2）

地　区	总销售（千元）	总销售占比（%）	其中：纯销售（千元）	其中：纯销售占比（%）
地区总计	307 413	100.00	231 335	100.00
内蒙古	391	0.13	388	0.17
广　西	178	0.06	177	0.08
重　庆	853	0.28	501	0.22
四　川	55 372	18.01	33 369	14.42
贵　州	4 085	1.33	0	0.00
云　南	4 603	1.50	2 479	1.07
西　藏	0	0.00	0	0.00
陕　西	210 733	68.55	177 795	76.86
甘　肃	31 082	10.11	16 601	7.18
青　海	116	0.04	25	0.01
宁　夏	0	0.00	0	0.00
新　疆	0	0.00	0	0.00

2012—2013 年全国 31 个省市区中药材类购销存统计表（1）

地　区	总购进（千元）		总购进占比（%）		期末库存（千元）		期末库存占比（%）	
	2012 年	2013 年	2012 年	2013 年	2012 年	2013 年	2012 年	2013 年
全国总计	70 580 534	42 006 553	100.00	100.00	9 271 643	6 296 749	100.00	100.00
北　京	9 378 684	3 144 066	13.29	7.48	3 131 237	875 885	33.77	13.91
天　津	252 286	192 884	0.36	0.46	210 814	177 569	2.27	2.82

续 表

地 区	总购进（千元）		总购进占比（%）		期末库存（千元）		期末库存占比（%）	
	2012 年	2013 年	2012 年	2013 年	2012 年	2013 年	2012 年	2013 年
河 北	1 444 287	1 699 692	2. 05	4. 05	181 423	212 566	1. 96	3. 38
山 西	441 053	225 605	0. 62	0. 54	70 753	46 555	0. 76	0. 74
内蒙古	176 234	102 727	0. 25	0. 24	61 290	12 670	0. 66	0. 20
辽 宁	249 942	323 708	0. 35	0. 77	34 379	27 686	0. 37	0. 44
吉 林	62 224	71 719	0. 09	0. 17	15 739	16 497	0. 17	0. 26
黑龙江	117 502	210 279	0. 17	0. 50	30 185	38 982	0. 33	0. 62
上 海	4 246 828	5 491 471	6. 02	13. 07	1 610 336	1 075 502	17. 37	17. 08
江 苏	1 748 691	1 475 147	2. 48	3. 51	242 387	213 115	2. 61	3. 38
浙 江	2 503 015	2 966 613	3. 55	7. 06	344 165	707 736	3. 71	11. 24
安 徽	8 837 936	6 407 519	12. 52	15. 25	883 943	14 539	9. 53	0. 23
福 建	626 086	695 760	0. 89	1. 66	86 260	78 693	0. 93	1. 25
江 西	218 699	277 892	0. 31	0. 66	35 156	124 341	0. 38	1. 97
山 东	855 396	837 652	1. 21	1. 99	114 726	166 365	1. 24	2. 64
河 南	1 057 715	1 101 470	1. 50	2. 62	244 250	142 676	2. 63	2. 27
湖 北	619 009	890 220	0. 88	2. 12	29 286	108 706	0. 32	1. 73
湖 南	24 532 275	2 256 729	34. 76	5. 37	431 107	468 808	4. 65	7. 45
广 东	4 223 105	1 880 849	5. 98	4. 48	536 873	214 726	5. 79	3. 41
广 西	375 021	228 598	0. 53	0. 54	29 439	38 802	0. 32	0. 62
海 南	37 366	54 228	0. 05	0. 13	8 053	15 135	0. 09	0. 24
重 庆	4 352 529	3 771 257	6. 17	8. 98	187 840	407 130	2. 03	6. 47
四 川	1 014 986	3 083 323	1. 44	7. 34	567 007	584 378	6. 12	9. 28
贵 州	54 224	179 564	0. 08	0. 43	9 940	8 336	0. 11	0. 13
云 南	859 324	549 137	1. 22	1. 31	84 219	32 268	0. 91	0. 51
西 藏	0	0	0. 00	0. 00	0	0	0. 00	0. 00
陕 西	471 858	2 778 992	0. 67	6. 62	54 911	195 567	0. 59	3. 11
甘 肃	917 047	1 042 883	1. 30	2. 48	28 925	282 834	0. 31	4. 49
青 海	17 831	32 281	0. 03	0. 08	2 168	3 441	0. 02	0. 05
宁 夏	13 456	22 415	0. 02	0. 05	2 808	3 442	0. 03	0. 05
新 疆	875 926	11 874	1. 24	0. 03	2 024	1 798	0. 02	0. 03

2012—2013 年全国 31 个省市区中药材类购销存统计表（2）

地 区	总销售（千元）		总销售占比（%）		其中：纯销售（千元）		其中：纯销售占比（%）	
	2012 年	2013 年	2012 年	2013 年	2012 年	2013 年	2012 年	2013 年
全国总计	50 809 651	47 061 598	100.00	100.00	23 876 258	25 779 485	100.00	100.00
北 京	9 349 119	3 099 099	18.40	6.59	3 164 852	1 961 847	13.26	7.61
天 津	299 338	265 581	0.59	0.56	261 962	147 267	1.10	0.57
河 北	1 614 167	1 725 530	3.18	3.67	647 582	874 035	2.71	3.39
山 西	468 103	509 260	0.92	1.08	299 045	362 221	1.25	1.41
内蒙古	89 271	96 248	0.18	0.20	73 524	83 889	0.31	0.33
辽 宁	275 490	366 296	0.54	0.78	226 770	319 911	0.95	1.24
吉 林	78 838	101 827	0.16	0.22	70 712	89 268	0.30	0.35
黑龙江	155 709	263 789	0.31	0.56	142 223	210 694	0.60	0.82
上 海	4 814 011	5 476 918	9.47	11.64	2 769 127	3 436 153	11.60	13.33
江 苏	1 963 502	1 834 530	3.86	3.90	1 114 048	1 230 697	4.67	4.77
浙 江	2 814 550	3 728 078	5.54	7.92	2 041 478	2 418 095	8.55	9.38
安 徽	7 966 123	6 118 611	15.68	13.00	2 024 562	1 077 570	8.48	4.18
福 建	727 740	746 276	1.43	1.59	506 411	457 859	2.12	1.78
江 西	276 579	368 713	0.54	0.78	226 973	313 874	0.95	1.22
山 东	1 029 973	1 145 741	2.03	2.43	590 858	611 455	2.47	2.37
河 南	1 691 234	1 548 376	3.33	3.29	1 225 371	924 494	5.13	3.59
湖 北	655 779	556 052	1.29	1.18	242 572	299 015	1.02	1.16
湖 南	1 736 323	2 039 234	3.42	4.33	1 076 779	1 244 159	4.51	4.83
广 东	5 312 818	4 617 104	10.46	9.81	1 980 315	1 748 198	8.29	6.78
广 西	154 343	299 951	0.30	0.64	120 490	214 178	0.50	0.83
海 南	35 825	52 458	0.07	0.11	26 745	34 979	0.11	0.14
重 庆	5 054 493	4 849 868	9.95	10.31	2 660 485	3 237 787	11.14	12.56
四 川	1 604 389	3 675 737	3.16	7.81	1 362 849	2 868 317	5.71	11.13
贵 州	62 203	187 957	0.12	0.40	55 718	51 709	0.23	0.20
云 南	970 338	614 742	1.91	1.31	363 128	376 784	1.52	1.46
西 藏	0	0	0.00	0.00	0	0	0.00	0.00
陕 西	577 080	1 704 423	1.14	3.62	267 940	874 827	1.12	3.39
甘 肃	968 877	1 004 450	1.91	2.13	283 965	261 829	1.19	1.02
青 海	20 693	26 392	0.04	0.06	14 096	12 674	0.06	0.05
宁 夏	21 277	22 620	0.04	0.05	21 276	22 620	0.09	0.09
新 疆	21 466	15 738	0.04	0.03	14 403	13 079	0.06	0.05

2013 年东部地区中药材类购销存统计表（1）

地　区	总购进（千元）	总购进占比（%）	期末库存（千元）	期末库存占比（%）
地区总计	18 762 070	100.00	3 764 978	100.00
北　京	3 144 066	16.76	875 885	23.26
天　津	192 884	1.03	177 569	4.72
河　北	1 699 692	9.06	212 566	5.65
辽　宁	323 708	1.73	27 686	0.74
上　海	5 491 471	29.27	1 075 502	28.57
江　苏	1 475 147	7.86	213 115	5.66
浙　江	2 966 613	15.81	707 736	18.80
福　建	695 760	3.71	78 693	2.09
山　东	837 652	4.46	166 365	4.42
广　东	1 880 849	10.02	214 726	5.70
海　南	54 228	0.29	15 135	0.40

2013 年东部地区中药材类购销存统计表（2）

地　区	总销售（千元）	总销售占比（%）	其中：纯销售（千元）	其中：纯销售占比（%）
地区总计	23 057 611	100.00	13 240 496	100.00
北　京	3 099 099	13.44	1 961 847	14.82
天　津	265 581	1.15	147 267	1.11
河　北	1 725 530	7.48	874 035	6.60
辽　宁	366 296	1.59	319 911	2.42
上　海	5 476 918	23.75	3 436 153	25.95
江　苏	1 834 530	7.96	1 230 697	9.29
浙　江	3 728 078	16.17	2 418 095	18.26
福　建	746 276	3.24	457 859	3.46
山　东	1 145 741	4.97	611 455	4.62
广　东	4 617 104	20.02	1 748 198	13.20
海　南	52 458	0.23	34 979	0.26

2013 年中部地区中药材类购销存统计表（1）

地　区	总购进（千元）	总购进占比（%）	期末库存（千元）	期末库存占比（%）
地区总计	11 441 433	100.00	961 104	100.00
山　西	225 605	1.97	46 555	4.84
吉　林	71 719	0.63	16 497	1.72
黑龙江	210 279	1.84	38 982	4.06
安　徽	6 407 519	56.00	14 539	1.51

续　表

地　区	总购进（千元）	总购进占比（%）	期末库存（千元）	期末库存占比（%）
江　西	277 892	2.43	124 341	12.94
河　南	1 101 470	9.63	142 676	14.85
湖　北	890 220	7.78	108 706	11.31
湖　南	2 256 729	19.72	468 808	48.78

2013 年中部地区中药材类购销存统计表（2）

地　区	总销售（千元）	总销售占比（%）	其中：纯销售（千元）	其中：纯销售占比（%）
地区总计	11 505 862	100.00	4 521 295	100.00
山　西	509 260	4.43	362 221	8.01
吉　林	101 827	0.89	89 268	1.97
黑龙江	263 789	2.29	210 694	4.66
安　徽	6 118 611	53.18	1 077 570	23.83
江　西	368 713	3.20	313 874	6.94
河　南	1 548 376	13.46	924 494	20.45
湖　北	556 052	4.83	299 015	6.61
湖　南	2 039 234	17.72	1 244 159	27.52

2013 年西部地区中药材类购销存统计表（1）

地　区	总购进（千元）	总购进占比（%）	期末库存（千元）	期末库存占比（%）
地区总计	11 803 051	100.00	1 570 666	100.00
内蒙古	102 727	0.87	12 670	0.81
广　西	228 598	1.94	38 802	2.47
重　庆	3 771 257	31.95	407 130	25.92
四　川	3 083 323	26.12	584 378	37.21
贵　州	179 564	1.52	8 336	0.53
云　南	549 137	4.65	32 268	2.05
西　藏	0	0.00	0	0.00
陕　西	2 778 992	23.54	195 567	12.45
甘　肃	1 042 883	8.84	282 834	18.01
青　海	32 281	0.27	3 441	0.22
宁　夏	22 415	0.19	3 442	0.22
新　疆	11 874	0.10	1 798	0.11

2013 年西部地区中药材类购销存统计表（2）

地　区	总销售（千元）	总销售占比（%）	其中：纯销售（千元）	其中：纯销售占比（%）
地区总计	12 498 126	100. 00	8 017 693	100. 00
内蒙古	96 248	0. 77	83 889	1. 05
广　西	299 951	2. 40	214 178	2. 67
重　庆	4 849 868	38. 80	3 237 787	40. 38
四　川	3 675 737	29. 41	2 868 317	35. 77
贵　州	187 957	1. 50	51 709	0. 64
云　南	614 742	4. 92	376 784	4. 70
西　藏	0	0. 00	0	0. 00
陕　西	1 704 423	13. 64	874 827	10. 91
甘　肃	1 004 450	8. 04	261 829	3. 27
青　海	26 392	0. 21	12 674	0. 16
宁　夏	22 620	0. 18	22 620	0. 28
新　疆	15 738	0. 13	13 079	0. 16

2012—2013 年全国 31 个省市区中成药类购销存统计表（1）

地　区	总购进（千元）		总购进占比（%）		期末库存（千元）		期末库存占比（%）	
	2012 年	2013 年	2012 年	2013 年	2012 年	2013 年	2012 年	2013 年
全国总计	195 771 384	181 166 916	100. 00	100. 00	24 365 378	20 366 903	100. 00	100. 00
北　京	13 079 541	16 120 613	6. 88	8. 90	1 725 713	1 352 813	7. 56	6. 64
天　津	12 783 277	11 846 477	6. 73	6. 54	940 636	843 871	4. 12	4. 14
河　北	5 759 728	6 900 379	3. 03	3. 81	640 904	847 469	2. 81	4. 16
山　西	3 355 664	1 977 456	1. 77	1. 09	451 557	208 391	1. 98	1. 02
内蒙古	473 041	527 337	0. 25	0. 29	52 462	58 631	0. 23	0. 29
辽　宁	3 917 604	4 842 654	2. 06	2. 67	504 055	430 238	2. 21	2. 11
吉　林	1 202 977	2 631 026	0. 63	1. 45	108 801	121 145	0. 48	0. 59
黑龙江	636 593	663 762	0. 34	0. 37	170 000	179 353	0. 74	0. 88
上　海	10 279 052	11 663 145	5. 41	6. 44	3 183 222	1 381 545	13. 94	6. 78
江　苏	11 854 969	10 178 889	6. 24	5. 62	896 714	865 503	3. 93	4. 25
浙　江	11 572 069	13 152 376	6. 09	7. 26	1 109 944	1 544 021	4. 86	7. 58
安　徽	20 792 985	16 899 904	10. 94	9. 33	2 467 071	368 635	10. 81	1. 81
福　建	1 575 903	1 962 433	0. 83	1. 08	198 092	178 634	0. 87	0. 88
江　西	4 088 423	4 383 974	2. 15	2. 42	350 135	662 813	1. 53	3. 25
山　东	9 001 880	9 748 309	4. 74	5. 38	809 564	1 843 186	3. 55	9. 05
河　南	4 170 428	4 236 011	2. 20	2. 34	841 309	804 263	3. 69	3. 95

续　表

地　区	总购进（千元）		总购进占比（%）		期末库存（千元）		期末库存占比（%）	
	2012 年	2013 年	2012 年	2013 年	2012 年	2013 年	2012 年	2013 年
湖　北	14 447 471	17 302 640	7.60	9.55	2 155 525	2 447 397	9.44	12.02
湖　南	6 156 184	5 367 728	3.24	2.96	1 558 775	1 472 066	6.83	7.23
广　东	19 773 925	9 237 327	10.41	5.10	2 371 346	1 068 654	10.39	5.25
广　西	1 994 561	3 896 164	1.05	2.15	213 908	301 537	0.94	1.48
海　南	6 156 184	796 716	3.24	0.44	1 558 775	54 817	6.83	0.27
重　庆	18 207 780	8 035 241	9.58	4.44	449 742	1 031 200	1.97	5.06
四　川	2 946 039	3 457 178	1.55	1.91	409 413	580 918	1.79	2.85
贵　州	1 215 585	2 058 277	0.64	1.14	121 501	151 251	0.53	0.74
云　南	4 536 074	3 502 950	2.39	1.93	343 067	354 565	1.50	1.74
西　藏	0	0	0.00	0.00	0	0	0.00	0.00
陕　西	3 589 069	6 413 021	1.89	3.54	325 851	491 830	1.43	2.41
甘　肃	967 261	1 248 857	0.51	0.69	51 034	423 855	0.22	2.08
青　海	256 560	173 832	0.14	0.10	13 180	17 199	0.06	0.08
宁　夏	379 958	475 680	0.20	0.26	34 352	41 354	0.15	0.20
新　疆	600 599	1 466 559	0.32	0.81	308 730	239 748	1.35	1.18

2012—2013 年全国 31 个省市区中成药类购销存统计表（2）

地　区	总销售（千元）		总销售占比（%）		其中：纯销售（千元）		其中：纯销售占比（%）	
	2012 年	2013 年	2012 年	2013 年	2012 年	2013 年	2012 年	2013 年
全国总计	188 061 360	198 492 203	100.00	100.00	101 555 967	109 457 257	100.00	100.00
北　京	13 488 739	15 890 049	7.17	8.01	11 874 423	10 988 482	11.69	10.04
天　津	13 132 945	14 123 841	6.98	7.12	4 017 614	3 538 919	3.96	3.23
河　北	6 350 520	7 296 681	3.38	3.68	3 536 283	3 544 771	3.48	3.24
山　西	3 552 247	4 463 592	1.89	2.25	2 300 943	2 920 643	2.27	2.67
内蒙古	523 910	524 792	0.28	0.26	330 982	373 981	0.33	0.34
辽　宁	4 175 017	5 097 533	2.22	2.57	2 441 577	2 929 543	2.40	2.68
吉　林	1 058 350	1 821 475	0.56	0.92	375 351	626 338	0.37	0.57
黑龙江	773 991	1 012 566	0.41	0.51	746 484	753 684	0.74	0.69
上　海	12 087 407	11 879 045	6.43	5.98	7 346 719	7 658 774	7.23	7.00
江　苏	11 998 555	12 760 335	6.38	6.43	8 052 142	8 980 682	7.93	8.20
浙　江	11 460 137	14 019 567	6.09	7.06	7 381 618	8 922 692	7.27	8.15
安　徽	18 507 936	16 364 355	9.84	8.24	6 712 031	8 370 734	6.61	7.65
福　建	1 618 910	2 109 963	0.86	1.06	1 135 979	1 256 233	1.12	1.15

续　表

地　区	总销售（千元）		总销售占比（%）		其中：纯销售（千元）		其中：纯销售占比（%）	
	2012 年	2013 年	2012 年	2013 年	2012 年	2013 年	2012 年	2013 年
江　西	4 101 454	4 265 248	2. 18	2. 15	1 891 178	2 163 028	1. 86	1. 98
山　东	9 819 196	11 787 814	5. 22	5. 94	5 695 269	7 117 674	5. 61	6. 50
河　南	5 101 249	4 704 373	2. 71	2. 37	3 415 972	2 799 060	3. 36	2. 56
湖　北	13 470 863	10 308 315	7. 16	5. 19	4 113 321	3 773 215	4. 05	3. 45
湖　南	4 808 930	5 805 799	2. 56	2. 92	2 943 703	3 483 493	2. 90	3. 18
广　东	21 357 838	20 339 469	11. 36	10. 25	10 082 934	9 890 150	9. 93	9. 04
广　西	2 397 619	3 476 351	1. 27	1. 75	1 777 818	2 018 788	1. 75	1. 84
海　南	482 021	887 692	0. 26	0. 45	243 522	256 452	0. 24	0. 23
重　庆	12 403 483	10 165 171	6. 60	5. 12	6 712 391	6 042 593	6. 61	5. 52
四　川	3 577 622	4 959 555	1. 90	2. 50	2 023 861	3 015 587	1. 99	2. 76
贵　州	1 288 522	2 105 071	0. 69	1. 06	737 668	1 097 097	0. 73	1. 00
云　南	3 952 669	4 273 707	2. 10	2. 15	1 919 284	1 788 162	1. 89	1. 63
西　藏	0	0	0. 00	0. 00	0	0	0. 00	0. 00
陕　西	3 340 464	4 286 452	1. 78	2. 16	1 324 763	2 359 218	1. 30	2. 16
甘　肃	997 568	1 021 876	0. 53	0. 51	578 447	541 340	0. 57	0. 49
青　海	246 201	156 255	0. 13	0. 08	131 996	71 119	0. 13	0. 06
宁　夏	400 407	486 906	0. 21	0. 25	362 718	430 893	0. 36	0. 39
新　疆	1 586 589	2 098 355	0. 84	1. 06	1 348 976	1 743 915	1. 33	1. 59

2013 年东部地区中成药类购销存统计表（1）

地　区	总购进（千元）	总购进占比（%）	期末库存（千元）	期末库存占比（%）
地区总计	96 449 318	100. 00	10 410 751	100. 00
北　京	16 120 613	16. 71	1 352 813	12. 99
天　津	11 846 477	12. 28	843 871	8. 11
河　北	6 900 379	7. 15	847 469	8. 14
辽　宁	4 842 654	5. 02	430 238	4. 13
上　海	11 663 145	12. 09	1 381 545	13. 27
江　苏	10 178 889	10. 55	865 503	8. 31
浙　江	13 152 376	13. 64	1 544 021	14. 83
福　建	1 962 433	2. 03	178 634	1. 72
山　东	9 748 309	10. 11	1 843 186	17. 70
广　东	9 237 327	9. 58	1 068 654	10. 26
海　南	796 716	0. 83	54 817	0. 53

2013 年东部地区中成药类购销存统计表（2）

地　区	总销售（千元）	总销售占比（%）	其中：纯销售（千元）	其中：纯销售占比（%）
地区总计	116 191 989	100.00	65 084 372	100.00
北　京	15 890 049	13.68	10 988 482	16.88
天　津	14 123 841	12.16	3 538 919	5.44
河　北	7 296 681	6.28	3 544 771	5.45
辽　宁	5 097 533	4.39	2 929 543	4.50
上　海	11 879 045	10.22	7 658 774	11.77
江　苏	12 760 335	10.98	8 980 682	13.80
浙　江	14 019 567	12.07	8 922 692	13.71
福　建	2 109 963	1.82	1 256 233	1.93
山　东	11 787 814	10.15	7 117 674	10.94
广　东	20 339 469	17.51	9 890 150	15.20
海　南	887 692	0.76	256 452	0.39

2013 年中部地区中成药类购销存统计表（1）

地　区	总购进（千元）	总购进占比（%）	期末库存（千元）	期末库存占比（%）
地区总计	53 462 501	100.00	6 264 063	100.00
山　西	1 977 456	3.70	208 391	3.33
吉　林	2631 026	4.92	121 145	1.93
黑龙江	663 762	1.24	179 353	2.86
安　徽	16 899 904	31.61	368 635	5.88
江　西	4 383 974	8.20	662 813	10.58
河　南	4 236 011	7.92	804 263	12.84
湖　北	17 302 640	32.36	2 447 397	39.07
湖　南	5 367 728	10.04	1 472 066	23.50

2013 年中部地区中成药类购销存统计表（2）

地　区	总销售（千元）	总销售占比（%）	其中：纯销售（千元）	其中：纯销售占比（%）
地区总计	48 745 723	100.00	24 890 195	100.00
山　西	4 463 592	9.16	2 920 643	11.73
吉　林	1 821 475	3.74	626 338	2.52
黑龙江	1 012 566	2.08	753 684	3.03
安　徽	16 364 355	33.57	8 370 734	33.63
江　西	4 265 248	8.75	2 163 028	8.69
河　南	4 704 373	9.65	2 799 060	11.25
湖　北	10 308 315	21.15	3 773 215	15.16
湖　南	5 805 799	11.91	3 483 493	14.00

2013 年西部地区中成药类购销存统计表（1）

地　区	总购进（千元）	总购进占比（%）	期末库存（千元）	期末库存占比（%）
地区总计	31 255 096	100.00	3 692 088	100.00
内蒙古	527 337	1.69	58 631	1.59
广　西	3 896 164	12.47	301 537	8.17
重　庆	8 035 241	25.71	1 031 200	27.93
四　川	3 457 178	11.06	580 918	15.73
贵　州	2 058 277	6.59	151 251	4.10
云　南	3 502 950	11.21	354 565	9.60
西　藏	0	0.00	0	0.00
陕　西	6 413 021	20.52	491 830	13.32
甘　肃	1 248 857	4.00	423 855	11.48
青　海	173 832	0.56	17 199	0.47
宁　夏	475 680	1.52	41 354	1.12
新　疆	1 466 559	4.69	239 748	6.49

2013 年西部地区中成药类购销存统计表（2）

地　区	总销售（千元）	总销售（%）	其中：纯销售（千元）	其中：纯销售占比（%）
地区总计	33 554 491	100.00	19 482 693	100.00
内蒙古	524 792	1.56	373 981	1.92
广　西	3 476 351	10.36	2 018 788	10.36
重　庆	10 165 171	30.29	6 042 593	31.02
四　川	4 959 555	14.78	3 015 587	15.48
贵　州	2 105 071	6.27	1 097 097	5.63
云　南	4 273 707	12.74	1 788 162	9.18
西　藏	0	0.00	0	0.00
陕　西	4 286 452	12.77	2 359 218	12.11
甘　肃	1 021 876	3.05	541 340	2.78
青　海	156 255	0.47	71 119	0.37
宁　夏	486 906	1.45	430 893	2.21
新　疆	2 098 355	6.25	1 743 915	8.95

2012—2013 年全国 31 个省市区其他类购销存统计表（1）

地　区	总购进（千元）		总购进占比（%）		期末库存（千元）		期末库存占比（%）	
	2012 年	2013 年	2012 年	2013 年	2012 年	2013 年	2012 年	2013 年
全国总计	60 339 496	33 446 854	100.00	100.00	7 443 517	5 149 045	100.00	100.00
北　京	9 058 711	6 458 617	15.01	19.31	1 858 804	1 559 033	24.97	30.28
天　津	553 873	441 731	0.92	1.32	62 564	57 753	0.84	1.12

续 表

地 区	总购进（千元）		总购进占比（%）		期末库存（千元）		期末库存占比（%）	
	2012 年	2013 年	2012 年	2013 年	2012 年	2013 年	2012 年	2013 年
河 北	511 477	617 220	0. 85	1. 85	78 789	117 430	1. 06	2. 28
山 西	425 686	122 691	0. 71	0. 37	81 527	49 185	1. 10	0. 96
内蒙古	155 609	122 217	0. 26	0. 37	25 055	5 400	0. 34	0. 10
辽 宁	421 859	377 274	0. 70	1. 13	256 905	20 053	3. 45	0. 39
吉 林	38 653	151 365	0. 06	0. 45	3 792	3 181	0. 05	0. 06
黑龙江	99 320	156 451	0. 16	0. 47	41 613	50 974	0. 56	0. 99
上 海	4 583 778	4 917 330	7. 60	14. 70	865 159	729 259	11. 62	14. 16
江 苏	3 727 565	1 971 238	6. 18	5. 89	502 409	177 853	6. 75	3. 45
浙 江	327 022	674 384	0. 54	2. 02	54 461	111 046	0. 73	2. 16
安 徽	1 490 402	2 083 402	2. 47	6. 23	93 394	115 671	1. 25	2. 25
福 建	445 915	461 520	0. 74	1. 38	85 433	59 150	1. 15	1. 15
江 西	637 238	649 310	1. 06	1. 94	89 475	290 858	1. 20	5. 65
山 东	566 555	717 745	0. 94	2. 15	83 909	73 978	1. 13	1. 44
河 南	214 453	361 681	0. 36	1. 08	310 579	130 231	4. 17	2. 53
湖 北	3 249 349	3 790 516	5. 39	11. 33	530 966	437 493	7. 13	8. 50
湖 南	25 754 798	1 235 757	42. 68	3. 69	234 664	197 731	3. 15	3. 84
广 东	1 843 939	1 082 372	3. 06	3. 24	1 460 909	168 048	19. 63	3. 26
广 西	451 621	448 856	0. 75	1. 34	74 693	28 609	1. 00	0. 56
海 南	78 770	154 861	0. 13	0. 46	5 271	13 128	0. 07	0. 25
重 庆	2 632 680	1 048 464	4. 36	3. 13	115 365	234 961	1. 55	4. 56
四 川	576 723	1 241 795	0. 96	3. 71	273 584	232 145	3. 68	4. 51
贵 州	107 875	152 326	0. 18	0. 46	13 256	27 706	0. 18	0. 54
云 南	1 799 240	2 045 328	2. 98	6. 12	190 420	141 676	2. 56	2. 75
西 藏	0	0	0. 00	0. 00	0	0	0. 00	0. 00
陕 西	387 551	1 723 054	0. 64	5. 15	27 894	78 097	0. 37	1. 52
甘 肃	176 032	206 621	0. 29	0. 62	17 095	30 643	0. 23	0. 60
青 海	10 807	14 307	0. 02	0. 04	3 252	5 160	0. 04	0. 10
宁 夏	11 995	18 422	0. 02	0. 06	2 280	2 591	0. 03	0. 05
新 疆	0	0	0. 00	0. 00	0	0	0. 00	0. 00

2012—2013 年全国 31 个省市区其他类购销存统计表（2）

地　区	总销售（千元）		总销售占比（%）		其中：纯销售（千元）		其中：纯销售占比（%）	
	2012 年	2013 年	2012 年	2013 年	2012 年	2013 年	2012 年	2013 年
全国总计	38 754 790	36 168 694	100.00	100.00	20 895 896	20 990 880	100.00	100.00
北　京	5 411 711	6 366 243	13.96	17.60	4 235 528	3 168 634	20.27	15.10
天　津	566 398	510 012	1.46	1.41	306 777	263 307	1.47	1.25
河　北	563 781	742 716	1.45	2.05	431 124	591 181	2.06	2.82
山　西	394 521	310 893	1.02	0.86	272 382	241 706	1.30	1.15
内蒙古	178 648	157 361	0.46	0.44	99 517	138 812	0.48	0.66
辽　宁	411 389	392 788	1.06	1.09	343 028	388 212	1.64	1.85
吉　林	29 978	68 457	0.08	0.19	11 547	8 465	0.06	0.04
黑龙江	154 752	248 767	0.40	0.69	144 220	152 439	0.69	0.73
上　海	6 020 665	6 178 734	15.54	17.08	2 542 002	2 926 401	12.17	13.94
江　苏	3 673 589	2 381 023	9.48	6.58	702 698	831 104	3.36	3.96
浙　江	564 367	788 447	1.46	2.18	432 603	399 589	2.07	1.90
安　徽	1 481 749	2 062 152	3.82	5.70	363 962	739 022	1.74	3.52
福　建	472 745	600 618	1.22	1.66	308 777	406 723	1.48	1.94
江　西	635 822	656 079	1.64	1.81	277 362	300 925	1.33	1.43
山　东	734 844	957 227	1.90	2.65	397 102	545 501	1.90	2.60
河　南	262 577	353 509	0.68	0.98	200 474	227 089	0.96	1.08
湖　北	2 444 742	2 419 392	6.31	6.69	1 164 610	1 830 163	5.57	8.72
湖　南	943 570	1 027 853	2.43	2.84	589 740	564 660	2.82	2.69
广　东	3 226 859	2 677 817	8.33	7.40	2 720 169	1 787 938	13.02	8.52
广　西	439 916	449 212	1.14	1.24	246 745	253 449	1.18	1.21
海　南	95 455	158 608	0.25	0.44	48 457	46 908	0.23	0.22
重　庆	6 367 190	1 361 853	16.43	3.77	2 005 286	826 229	9.60	3.94
四　川	805 683	1 472 966	2.08	4.07	662 139	1 170 392	3.17	5.58
贵　州	72 544	151 933	0.19	0.42	37 903	59 692	0.18	0.28
云　南	2 193 935	2 769 743	5.66	7.66	1 932 233	2 519 999	9.25	12.01
西　藏	0	0	0.00	0.00	0	0	0.00	0.00
陕　西	394 177	680 638	1.02	1.88	239 733	421 109	1.15	2.01
甘　肃	183 644	195 631	0.47	0.54	156 642	158 441	0.75	0.75
青　海	12 060	9 249	0.03	0.03	6 184	4 506	0.03	0.02
宁　夏	17 478	18 772	0.05	0.05	16 953	18 287	0.08	0.09
新　疆	0	0	0.00	0.00	0	0	0.00	0.00

2013 年东部地区其他类购销存统计表（1）

地 区	总购进（千元）	总购进占比（%）	期末库存（千元）	期末库存占比（%）
地区总计	17 874 292	100.00	3 086 731	100.00
北 京	6 458 617	36.13	1 559 033	50.51
天 津	441 731	2.47	57 753	1.87
河 北	617 220	3.45	117 430	3.80
辽 宁	377 274	2.11	20 053	0.65
上 海	4 917 330	27.51	729 259	23.63
江 苏	1 971 238	11.03	177 853	5.76
浙 江	674 384	3.77	111 046	3.60
福 建	461 520	2.58	59 150	1.92
山 东	717 745	4.02	73 978	2.40
广 东	1 082 372	6.06	168 048	5.44
海 南	154 861	0.87	13 128	0.43

2013 年东部地区其他类购销存统计表（2）

地 区	总销售（千元）	总销售占比（%）	其中：纯销售（千元）	其中：纯销售占比（%）
地区总计	21 754 233	100.00	11 355 498	100.00
北 京	6 366 243	29.26	3 168 634	27.90
天 津	510 012	2.34	263 307	2.32
河 北	742 716	3.41	591 181	5.21
辽 宁	392 788	1.81	388 212	3.42
上 海	6 178 734	28.40	2 926 401	25.77
江 苏	2 381 023	10.95	831 104	7.32
浙 江	788 447	3.62	399 589	3.52
福 建	600 618	2.76	406 723	3.58
山 东	957 227	4.40	545 501	4.80
广 东	2 677 817	12.31	1 787 938	15.75
海 南	158 608	0.73	46 908	0.41

2013 年中部地区其他类购销存统计表（1）

地 区	总购进（千元）	总购进占比（%）	期末库存（千元）	期末库存占比（%）
地区总计	8 551 173	100.00	1 275 324	100.00
山 西	122 691	1.43	49 185	3.86
吉 林	151 365	1.77	3 181	0.25
黑龙江	156 451	1.83	50 974	4.00
安 徽	2 083 402	24.36	115 671	9.07

续 表

地　区	总购进（千元）	总购进占比（%）	期末库存（千元）	期末库存占比（%）
江　西	649 310	7. 59	290 858	22. 81
河　南	361 681	4. 23	130 231	10. 21
湖　北	3 790 516	44. 33	437 493	34. 30
湖　南	1 235 757	14. 45	197 731	15. 50

2013 年中部地区其他类购销存统计表（2）

地　区	总销售（千元）	总销售占比（%）	其中：纯销售（千元）	其中：纯销售占比（%）
地区总计	7 147 102	100. 00	4 064 469	100. 00
山　西	310 893	4. 35	241 706	5. 95
吉　林	68 457	0. 96	8 465	0. 21
黑龙江	248 767	3. 48	152 439	3. 75
安　徽	2 062 152	28. 85	739 022	18. 18
江　西	656 079	9. 18	300 925	7. 40
河　南	353 509	4. 95	227 089	5. 59
湖　北	2 419 392	33. 85	1 830 163	45. 03
湖　南	1 027 853	14. 38	564 660	13. 89

2013 年西部地区其他类购销存统计表（1）

地　区	总购进（千元）	总购进占比（%）	期末库存（千元）	期末库存占比（%）
地区总计	7 021 390	100. 00	786 988	100. 00
内蒙古	122 217	1. 74	5 400	0. 69
广　西	448 856	6. 39	28 609	3. 64
重　庆	1 048 464	14. 93	234 961	29. 86
四　川	1 241 795	17. 69	232 145	29. 50
贵　州	152 326	2. 17	27 706	3. 52
云　南	2 045 328	29. 13	141 676	18. 00
西　藏	0	0. 00	0	0. 00
陕　西	1 723 054	24. 54	78 097	9. 92
甘　肃	206 621	2. 94	30 643	3. 89
青　海	14 307	0. 20	5 160	0. 66
宁　夏	18 422	0. 26	2 591	0. 33
新　疆	0	0. 00	0	0. 00

2013 年西部地区其他类购销存统计表（2）

地　区	总销售（千元）	总销售占比（%）	其中：纯销售（千元）	其中：纯销售占比（%）
地区总计	7 267 358	100.00	5 570 916	100.00
内蒙古	157 361	2.17	138 812	2.49
广　西	449 212	6.18	253 449	4.55
重　庆	1 361 853	18.74	826 229	14.83
四　川	1 472 966	20.27	1 170 392	21.01
贵　州	151 933	2.09	59 692	1.07
云　南	2 769 743	38.11	2 519 999	45.23
西　藏	0	0.00	0	0.00
陕　西	680 638	9.37	421 109	7.56
甘　肃	195 631	2.69	158 441	2.84
青　海	9 249	0.13	4 506	0.08
宁　夏	18 772	0.26	18 287	0.33
新　疆	0	0.00	0	0.00

2012—2013 年全国 31 个省市区七大类分类批发合计金额统计表（1）　　单位：千元

地　区	类值合计		药品类		医疗器械类		化学试剂类	
	2012 年	2013 年	2012 年	2013 年	2012 年	2013 年	2012 年	2013 年
全国总计	503 493 994	562 037 929	346 716 179	422 339 649	15 248 391	7 769 708	9 855 140	5 862 455
北　京	40 035 719	46 707 249	28 296 757	34 139 482	2 751 351	3 222 578	6 877	91 180
天　津	26 207 049	28 572 077	9 011 913	12 372 248	96 254	109391	7 686 555	5 137 744
河　北	15 804 093	21 708 907	11 318 463	16 799 990	515 495	128 057	31 907	3 327
山　西	9 496 496	9 841 560	7 859 771	8 033 413	86 760	45163	4 927	168
内蒙古	1 723 284	1 747 278	1 375 728	1 557 601	59 727	7 947	23	8
辽　宁	9 533 322	9 780 617	7 605 121	7 526 419	77 253	34 908	426	338
吉　林	6 660 380	10 321 681	5 805 581	8 916 821	37 155	50 025	103 097	67 796
黑龙江	7 966 367	7 464 201	7 744 964	6 965 458	169 414	89 431	233	445
上　海	55 981 086	56 236 438	44 412 714	46 244 567	948 404	377 318	340 744	79 987
江　苏	32 820 585	35 353 041	24 056 438	29 304 558	813 428	110 716	169 572	1 354
浙　江	27 821 714	32 048 680	21 741 547	24 787 586	1 040 978	244 565	43 912	209 781
安　徽	52 723 872	52 193 289	29 153 875	37 237 856	4 714 744	587 351	0	49
福　建	6 259 251	8 576 133	5 349 506	7 213 037	36 292	26 801	5 225	253
江　西	8 149 208	8 103 659	5 151 323	5 511 049	78 699	46 525	300 844	33 794
山　东	27 001 056	28 395 044	21 646 803	22 614 816	447 385	159 128	2 422	336
河　南	16 944 155	15 225 062	14 127 191	12 403 546	442 813	103 801	82 749	2 229

续 表

地 区	类值合计		药品类		医疗器械类		化学试剂类	
	2012 年	2013 年	2012 年	2013 年	2012 年	2013 年	2012 年	2013 年
湖 北	13 800 510	21 592 607	2 658 880	14 015 256	44 506	194 570	44 000	397
湖 南	13 623 855	17 564 595	9 881 196	12 982 110	500 091	611 248	183 781	73 560
广 东	40 334 186	50 201 851	24 560 687	35 682 824	657 922	308 373	991	2 029
广 西	2 221 772	6 210 518	1 348 520	4 372 772	26 123	98 605	303	42
海 南	6 058 300	10 109 204	5 577 777	9 274 175	185 946	73 950	0	651
重 庆	30 743 804	23 810 458	18 153 343	17 497 200	137 631	42 470	5 535	151
四 川	17 647 210	21 553 042	14 936 969	17 975 315	754 331	499 033	15 830	2 730
贵 州	2 384 700	4 433 698	1 454 831	3 090 929	73 917	24 877	261 951	77 345
云 南	14 790 296	16 140 192	11 120 743	12 972 782	312 981	190 257	450 473	1 782
西 藏	8 432 942	2 429 379	5 709 002	2 429 379	142 544	0	97 907	0
陕 西	4 138 713	9 385 261	2 915 494	6 001 151	56 965	260 556	14 794	74 257
甘 肃	318 908	4 071 837	181 016	2 742 263	11 033	54 040	62	705
青 海	103 595	355 042	64 803	246 264	577	5 073	0	17
宁 夏	1 673 275	133 134	1 400 930	75 714	27 669	922	0	0
新 疆	2 094 292	1 772 195	2 094 292	1 353 069	0	62 027	0	0

2012—2013 年全国 31 个省市区七大类分类批发合计金额统计表（2） 单位：千元

地 区	玻璃仪器类		中药材类		中成药类		其他类	
	2012 年	2013 年	2012 年	2013 年	2012 年	2013 年	2012 年	2013 年
全国总计	376 605	571 244	26 933 393	21 282 113	86 505 392	89 034 946	17 858 894	15 177 814
北 京	5 967	17 582	6 184 267	1 137 251	1 614 316	4 901 567	1 176 183	3 197 609
天 津	0	2 753	37 375	118 314	9 115 331	10 584 923	259 621	246 705
河 北	24 748	22 593	966 585	851 495	2 814 238	3 751 910	132 657	151 536
山 西	2 536	3 641	169 059	147 039	1 251 304	1 542 950	122 139	69 188
内蒙古	0	3	15 746	12 359	192 928	150 811	79 130	18 549
辽 宁	0	0	48 720	46 386	1 733 440	2 167 990	68 361	4 576
吉 林	4 992	19 350	8 126	12 559	682 999	1 195 137	18 431	59 993
黑龙江	230	563	13 486	53 095	27 507	258 882	10 532	96 328
上 海	14 989	21 197	2 044 884	2 040 765	4 740 688	4 220 271	3 478 663	3 252 333
江 苏	14 388	3 007	849 454	603 833	3 946 413	3 779 654	2 970 891	1 549 919
浙 江	11 920	11 031	773 073	1 309 983	4 078 518	5 096 875	131 765	388 859
安 徽	0	10 239	5 941 561	5 041 041	11 795 905	7 993 622	1 117 787	1 323 130
福 建	0	0	221 329	288 417	482 931	853 730	163 968	193 895

续 表

地 区	玻璃仪器类		中药材类		中成药类		其他类	
	2012 年	2013 年	2012 年	2013 年	2012 年	2013 年	2012 年	2013 年
江 西	0	77	49 606	54 838	2 210 276	2 102 221	358 460	355 155
山 东	3 663	4 612	439 114	534 286	4 123 927	4 670 140	337 742	411 726
河 南	78 158	59 872	465 864	623 882	1 685 277	1 905 313	62 103	126 419
湖 北	2 243	1 019	413 207	257 037	9 357 542	6 535 100	1 280 132	589 228
湖 南	180 187	317 103	659 544	795 075	1 865 227	2 322 305	353 830	463 193
广 东	489	520	3 332 503	2 868 906	11 274 904	10 449 320	506 690	889 880
广 西	0	1	33 853	85 773	619 801	1 457 563	193 172	195 763
海 南	0	9	9 080	17 479	238 499	631 240	46 998	111 700
重 庆	292	352	2 394 007	1 612 081	5 691 092	4 122 578	4 361 904	535 625
四 川	1 234	22 003	241 541	807 420	1 553 762	1 943 968	143 544	302 574
贵 州	2 021	4 085	6 485	136 248	550 854	1 007 974	34 641	92 241
云 南	3 802	2 124	607 210	237 958	2 033 385	2 485 545	261 702	249 744
西 藏	0	0	0	0	0	0	0	0
陕 西	4 204	32 938	309 140	829 596	2 015 701	1 927 234	154 444	259 529
甘 肃	20 423	14 482	684 912	742 620	419 121	480 537	27 003	37 191
青 海	119	91	6 597	13 718	114 205	85 136	5 876	4 743
宁 夏	0	0	1	0	37 689	56 013	525	485
新 疆	0	0	7 063	2 659	237 613	354 439	0	0

2013 年东部地区七大类分类批发合计金额统计表

单位：千元

序号	地区	类值合计	药品类	医疗器械类	化学试剂类	玻璃仪器类	中药材类	中成药类	其他类
	地区合计	327 689 241	245 959 702	4 795 785	5 526 980	83 304	9 817 115	51 107 620	10 398 738
1	北 京	46 707 249	34 139 482	3 222 578	91 180	17 582	1 137 251	4 901 567	3 197 609
2	天 津	28 572 077	12 372 248	109 391	5 137 744	2 753	118 314	10 584 923	246 705
3	河 北	21 708 907	16 799 990	128 057	3 327	22 593	851 495	3 751 910	151 536
4	辽 宁	9 780 617	7 526 419	34 908	338	0	46 386	2 167 990	4 576
5	上 海	56 236 438	46 244 567	377 318	79 987	21 197	2 040 765	4 220 271	3 252 333
6	江 苏	35 353 041	29 304 558	110 716	1 354	3 007	603 833	3 779 654	1 549 919
7	浙 江	32 048 680	24 787 586	244 565	209 781	11 031	1 309 983	5 096 875	388 859
8	福 建	8 576 133	7 213 037	26 801	253	0	288 417	853 730	193 895
9	山 东	28 395 044	22 614 816	159 128	336	4 612	534 286	4 670 140	411 726
10	广 东	50 201 851	35 682 824	308 373	2 029	520	2 868 906	10 449 320	889 880
11	海 南	10 109 204	9 274 175	73 950	651	9	17 479	631 240	111 700

2013 年中部地区七大类分类批发合计金额统计表

单位：千元

序号	地区	类值合计	药品类	医疗器械类	化学试剂类	玻璃仪器类	中药材类	中成药类	其他类
	地区合计	142 306 654	106 065 509	1 728 114	178 438	411 864	6 984 566	23 855 530	3 082 634
1	山　西	9 841 560	8 033 413	45 163	168	3 641	147 039	1 542 950	69 188
2	吉　林	10 321 681	8 916 821	50 025	67 796	19 350	12 559	1 195 137	59 993
3	黑龙江	7 464 201	6 965 458	89 431	445	563	53 095	258 882	96 328
4	安　徽	52 193 289	37 237 856	587 351	49	10 239	5 041 041	7 993 622	1 323 130
5	江　西	8 103 659	5 511 049	46 525	33 794	77	54 838	2 102 221	355 155
6	河　南	15 225 062	12 403 546	103 801	2 229	59 872	623 882	1 905 313	126 419
7	湖　北	21 592 607	14 015 256	194 570	397	1 019	257 037	6 535 100	589 228
8	湖　南	17 564 595	12 982 110	611 248	73 560	317 103	795 075	2 322 305	463 193

2013 年西部地区七大类分类批发合计金额统计表

单位：千元

序号	地区	类值合计	药品类	医疗器械类	化学试剂类	玻璃仪器类	中药材类	中成药类	其他类
	地区合计	92 042 034	70 314 439	1 245 807	157 037	76 079	4 480 432	14 071 798	1 696 444
1	内蒙古	1 747 278	1 557 601	7 947	8	3	12 359	150 811	18 549
2	广　西	6 210 518	4 372 772	98 605	42	1	85 773	1 457 563	195 763
3	重　庆	23 810 458	17 497 200	42 470	151	352	1 612 081	4 122 578	535 625
4	四　川	21 553 042	17 975 315	499 033	2 730	22 003	807 420	1 943 968	302 574
5	贵　州	4 433 698	3 090 929	24 877	77 345	4 085	136 248	1 007 974	92 241
6	云　南	16 140 192	12 972 782	190 257	1 782	2 124	237 958	2 485 545	249 744
7	西　藏	2 429 379	2 429 379	0	0	0	0	0	0
8	陕　西	9 385 261	6 001 151	260 556	74 257	32 938	829 596	1 927 234	259 529
9	甘　肃	4 071 837	2 742 263	54 040	705	14 482	742 620	480 537	37 191
10	青　海	355 042	246 264	5 073	17	91	13 718	85 136	4 743
11	宁　夏	133 134	75 714	922	0	0	0	56 013	485
12	新　疆	1 772 195	1 353 069	62 027	0	0	2 659	354 439	0

2012—2013 年全国 31 个省市区七大类分类对居民和社会集团商品零售额统计表（1）

单位：千元

地　区	类值合计		药品类		医疗器械类		化学试剂类	
	2012 年	2013 年	2012 年	2013 年	2012 年	2013 年	2012 年	2013 年
全国总计	613 949 177	741 540 384	440 675 846	539 963 564	22 207 785	34 906 334	4 053 013	9 486 424
北　京	60 724 921	72 573 870	39 872 057	52 561 476	1 434 250	3 583 714	139 567	305 715
天　津	19 292 951	19 383 629	13 675 158	11 371 128	386 651	477 126	627 341	3 570 778
河　北	20 855 190	24 199 079	14 990 852	17 635 247	1 132 617	1 380 578	77 494	127 977

续　表

地　区	类值合计		药品类		医疗器械类		化学试剂类	
	2012 年	2013 年	2012 年	2013 年	2012 年	2013 年	2012 年	2013 年
山　西	12 521 504	15 486 513	9 216 111	11 313 130	417 835	629 872	8 531	16 816
内蒙古	3 865 376	4 242 096	3 242 226	3 502 504	111 158	141 422	5 474	1 100
辽　宁	15 699 948	18 492 273	12 481 950	14 522 252	206 623	332 355	0	0
吉　林	6 002 333	8 730 510	5 332 238	7 421 286	204 563	233 695	6 054	348 813
黑龙江	10 415 190	13 858 405	7 867 138	10 958 893	1 427 901	1 708 313	70 455	42 561
上　海	47 180 660	53 886 021	33 030 282	37 294 769	759 091	1 487 566	651 748	970 918
江　苏	50 758 616	64 868 087	39 440 387	52 423 652	923 519	1 361 233	501 604	38 274
浙　江	52 064 298	60 619 094	40 522 351	45 674 340	874 128	1 592 032	803 961	1 605 542
安　徽	29 276 128	39 619 994	17 478 780	25 325 124	2 696 794	4 085 172	0	2 823
福　建	14 998 047	16 152 599	12 712 653	13 567 808	252 202	410 941	77 885	52 989
江　西	9 913 180	11 449 673	7 225 330	8 098 270	146 430	208 410	144 972	361 919
山　东	37 817 868	44 112 667	30 321 041	34 342 559	797 241	1 442 850	9 551	34 982
河　南	24 303 870	28 220 756	18 317 827	22 792 739	1 048 375	1 325 263	52 883	107 734
湖　北	27 399 490	25 127 699	20 891 060	17 607 972	959 876	1 593 818	22 269	19 259
湖　南	18 159 355	25 011 273	12 160 277	16 793 217	887 028	1 842 083	255 971	673 591
广　东	44 721 814	53 565 976	28 083 103	37 167 602	1 788 613	2 828 888	61 045	139 095
广　西	13 228 164	12 814 478	8 095 402	9 327 059	2 911 283	991 076	68 218	9 751
海　南	2 750 028	3 685 391	2 355 286	2 970 835	75 955	366 324	25	9 765
重　庆	22 557 279	33 321 046	10 788 482	22 361 108	383 283	837 997	7 040	14 831
四　川	16 910 429	25 590 699	12 389 357	16 104 361	462 853	2 353 383	7 057	45 290
贵　州	4 937 158	7 340 464	3 821 532	5 523 206	133 220	162 581	145 507	446 178
云　南	22 135 905	26 817 647	17 499 262	21 482 008	405 486	610 012	13 840	38 203
西　藏	10 403 842	0	7 400 166	0	868 121	0	189 241	0
陕　西	4 477 680	15 924 719	3 223 008	9 357 049	154 024	2 301 374	45 308	433 347
甘　肃	378 949	4 773 998	205 609	3 586 494	20 731	141 768	152	67 527
青　海	1 837 280	522 660	1 350 157	403 706	85 870	30 015	306	615
宁　夏	8 361 725	2 429 490	6 686 766	1 816 370	252 066	141 288	59 514	32
新疆	0	8 719 579	0	6 657 400	0	305 185	0	0

2012—2013 年全国 31 个省市区七大类分类对居民和社会集团商品零售额统计表（2）

单位：千元

地 区	玻璃仪器类		中药材类		中成药类		其他类	
	2012 年	2013 年	2012 年	2013 年	2012 年	2013 年	2012 年	2013 年
全国总计	684 412	956 439	23 876 258	25 779 485	101 555 967	109 457 257	20 895 896	20 990 880
北 京	4 244	4 002	3 164 852	1 961 847	11 874 423	10 988 482	4 235 528	3 168 634
天 津	17 448	15 104	261 962	147 267	4 017 614	3 538 919	306 777	263 307
河 北	39 239	45 291	647 582	874 035	3 536 283	3 544 771	431 124	591 181
山 西	6 657	2 125	299 045	362 221	2 300 943	2 920 643	272 382	241 706
内蒙古	2 496	388	73 524	83 889	330 982	373 981	99 517	138 812
辽 宁	0	0	226 770	319 911	2 441 577	2 929 543	343 028	388 212
吉 林	1 867	2 646	70 712	89 268	375 351	626 338	11 547	8 465
黑龙江	16 769	31 821	142 223	210 694	746 484	753 684	144 220	152 439
上 海	81 691	111 441	2 769 127	3 436 153	7 346 719	7 658 774	2 542 002	2 926 401
江 苏	24 218	2 446	1 114 048	1 230 697	8 052 142	8 980 682	702 698	831 104
浙 江	8 160	6 803	2 041 478	2 418 095	7 381 618	8 922 692	432 603	399 589
安 徽	0	19 549	2 024 562	1 077 570	6 712 031	8 370 734	363 962	739 022
福 建	4 140	45	506 411	457 859	1 135 979	1 256 233	308 777	406 723
江 西	935	3 247	226 973	313 874	1 891 178	2 163 028	277 362	300 925
山 东	6 805	17 646	590 858	611 455	5 695 269	7 117 674	397 102	545 501
河 南	42 968	44 376	1 225 371	924 494	3 415 972	2 799 060	200 474	227 089
湖 北	5 781	4 256	242 572	299 015	4 113 321	3 773 215	1 164 610	1 830 163
湖 南	245 857	410 071	1 076 779	1 244 159	2 943 703	3 483 493	589 740	564 660
广 东	5 635	4 106	1 980 315	1 748 198	10 082 934	9 890 150	2 720 169	1 787 938
广 西	8 209	177	120 490	214 178	1 777 818	2 018 788	246 745	253 449
海 南	38	128	26 745	34 979	243 522	256 452	48 457	46 908
重 庆	311	501	2 660 485	3 237 787	6 712 391	6 042 593	2 005 286	826 229
四 川	2 314	33 369	1 362 849	2 868 317	2 023 861	3 015 587	662 139	1 170 392
贵 州	5 610	0	55 718	51 709	737 668	1 097 097	37 903	59 692
云 南	2 672	2 479	363 128	376 784	1 919 284	1 788 162	1 932 233	2 519 999
西 藏	0	0	0	0	0	0	0	0
陕 西	113 878	177 795	267 940	874 827	1 324 763	2 359 218	239 733	421 109
甘 肃	36 286	16 601	283 965	261 829	578 447	541 340	156 642	158 441
青 海	181	25	14 096	12 674	131 996	71 119	6 184	4 506
宁 夏	0	0	21 276	22 620	362 718	430 893	16 953	18 287
新 疆	0	0	14 403	13 079	1 348 976	1 743 915	0	0

2013 年东部地区七大类分类对居民和社会集团商品零售额统计表

单位：千元

序号	地区	类值合计	药品类	医疗器械类	化学试剂类	玻璃仪器类	中药材类	中成药类	其他类
	地区合计	431 538 686	319 531 668	15 263 607	6 856 035	207 012	13 240 496	65 084 372	11 355 498
1	北　京	72 573 870	52 561 476	3 583 714	305 715	4 002	1 961 847	10 988 482	3 168 634
2	天　津	19 383 629	11 371 128	477 126	3 570 778	15 104	147 267	3 538 919	263 307
3	河　北	24 199 079	17 635 247	1 380 578	127 977	45 291	874 035	3 544 771	591 181
4	辽　宁	18 492 273	14 522 252	332 355	0	0	319 911	2 929 543	388 212
5	上　海	53 886 021	37 294 769	1 487 566	970 918	111 441	3 436 153	7 658 774	2 926 401
6	江　苏	6 486 8087	52 423 652	1 361 233	38 274	2 446	1 230 697	8 980 682	831 104
7	浙　江	60 619 094	45 674 340	1 592 032	1 605 542	6 803	2 418 095	8 922 692	399 589
8	福　建	16 152 599	13 567 808	410 941	52 989	45	457 859	1 256 233	406 723
9	山　东	44 112 667	34 342 559	1 442 850	34 982	17 646	611 455	7 117 674	545 501
10	广　东	53 565 976	37 167 602	2 828 888	139 095	4 106	1 748 198	9 890 150	1 787 938
11	海　南	3 685 391	2 970 835	366 324	9 765	128	34 979	256 452	46 908

2013 年中部地区七大类分类对居民和社会集团商品零售额统计表

单位：千元

序号	地区	类值合计	药品类	医疗器械类	化学试剂类	玻璃仪器类	中药材类	中成药类	其他类
	地区合计	167 504 823	120 310 631	11 626 626	1 573 516	518 091	4 521 295	24 890 195	4 064 469
1	山　西	15 486 513	11 313 130	629 872	16 816	2 125	362 221	2 920 643	241 706
2	吉　林	8 730 510	7 421 286	233 695	348 813	2 646	89 268	626 338	8 465
3	黑龙江	13 858 405	10 958 893	1 708 313	42 561	31 821	210 694	753 684	152 439
4	安　徽	39 619 994	25 325 124	4 085 172	2 823	19 549	1 077 570	8 370 734	739 022
5	江　西	11 449 673	8 098 270	208 410	361 919	3 247	313 874	2 163 028	300 925
6	河　南	28 220 756	22 792 739	1 325 263	107 734	44 376	924 494	2 799 060	227 089
7	湖　北	25 127 699	17 607 972	1 593 818	19 259	4 256	299 015	3 773 215	1 830 163
8	湖　南	25 011 273	16 793 217	1 842 083	673 591	410 071	1 244 159	3 483 493	564 660

2013 年西部地区七大类分类对居民和社会集团商品零售额统计表

单位：千元

序号	地区	类值合计	药品类	医疗器械类	化学试剂类	玻璃仪器类	中药材类	中成药类	其他类
	地区合计	142 496 876	100 121 265	8 016 101	1 056 874	231 335	8 017 693	19 482 693	5 570 916
1	内蒙古	4 242 096	3 502 504	141 422	1 100	388	83 889	373 981	138 812
2	广　西	12 814 478	9 327 059	991 076	9 751	177	214 178	2 018 788	253 449
3	重　庆	33 321 046	22 361 108	837 997	14 831	501	3 237 787	6 042 593	826 229
4	四　川	25 590 699	16 104 361	2 353 383	45 290	33 369	2 868 317	3 015 587	1 170 392

续 表

序号	地区	类值合计	药品类	医疗器械类	化学试剂类	玻璃仪器类	中药材类	中成药类	其他类
	地区合计	142 496 876	100 121 265	8 016 101	1 056 874	231 335	8 017 693	19 482 693	5 570 916
5	贵　州	7 340 464	5 523 206	162 581	446 178	0	51 709	1 097 097	59 692
6	云　南	26 817 647	21 482 008	610 012	38 203	2 479	376 784	1 788 162	2 519 999
7	西　藏	0	0	0	0	0	0	0	0
8	陕　西	15 924 719	9 357 049	2 301 374	433 347	177 795	874 827	2 359 218	421 109
9	甘　肃	4 773 998	3 586 494	141 768	67 527	16 601	261 829	541 340	158 441
10	青　海	522 660	403 706	30 015	615	25	12 674	71 119	4 506
11	宁　夏	2 429 490	1 816 370	141 288	32	0	22 620	430 893	18 287
12	新　疆	8 719 579	6 657 400	305 185	0	0	13 079	1 743 915	0

2013 年典型药品零售企业销售结构

单位：千元

序号	企业名称	销售总额	医院处方销售额	非处方药销售额	非药品销售额
1	国药控股国大药房有限公司	5 703 052	2 224 190	1 824 980	1 653 890
2	中国北京同仁堂（集团）有限责任公司	5 530 173	2 600 898	1 001 307	1 428 845
3	重庆桐君阁大药房连锁有限责任公司	5 046 125	1 352 362	2 977 214	1 513 837
4	北京同仁堂商业投资集团有限公司	3 893 292	2 552 053	603 460	737 779
5	云南鸿翔一心堂药业（集团）股份有限公司	3 834 518	0	2 039 261	676 237
6	云南健之佳健康连锁店股份有限公司	3 739 940	0	120 451	1 783 951
7	大参林医药集团股份有限公司	3 424 880	0	0	0
8	辽宁成大方圆医药连锁有限公司	3 120 620	653 000	904 980	530 505
9	湖北同济堂药房有限公司	2 942 264	0	2 856 380	85 883
10	益丰大药房连锁股份有限公司	1 957 828	0	0	0
11	东北制药集团供销有限公司	1 589 908	1 208 986	1 186 789	381 656
12	成都百信药业连锁有限责任公司	1 589 520	465 056	648 464	476 000
13	哈药集团医药有限公司	1 133 677	226 735	829 959	76 983
14	哈尔滨人民同泰医药连锁店	1 133 677	226 735	829 959	76 983
15	重庆桐君阁股份有限公司	1 079 445	30 564	890 884	153 367
16	济南漱玉平民大药房有限公司	1 061 113	113 292	438 469	177 206
17	北京同仁堂健康药品经营有限公司	955 452	46 516.38	295 234.03	613 701.59
18	南京医药股份有限公司	873 183	308 265	564 918	273 466
19	深圳中联大药房控股有限公司	827 059	0	0	0
20	四川太极大药房连锁有限公司	807 779	212 841	594 938	193 213
21	吉林大药房药业股份有限公司	795 081	401 307	272 068	121 706

续　表

序号	企业名称	销售总额	医院处方销售额	非处方药销售额	非药品销售额
22	甘肃德生堂大药房连锁经营有限公司	774 252	23 228	209 048	222 210
23	北京金象大药房医药连锁有限责任公司	768 359	104 491	236 771	286 453
24	上海国大药房连锁有限公司	746 308	169 740	345 928	245 231
25	河南张仲景大药房股份有限公司	656 915	78 830	568 671	9 414
26	杭州九洲大药房连锁有限公司	653 949	130 000	458 949	65 000
27	江西黄庆仁栈华氏大药房	615 000	0	0	0
28	云南东骏药业有限公司	592 336	46 659	452 070	93 607
29	北京同仁堂连锁药店有限责任公司	582 587	172 912	43 636	366 039
30	上海复美益星大药房连锁公司	574 956	9 047	122 761	406 313
31	山东燕喜堂医药连锁有限公司	548 499	2 109	461 802	84 588
32	上海华氏大药房有限公司	546 540	125 541	264 252	156 747
33	江西萍乡市昌盛大药房连锁有限公司	531 952	238 420	127 120	67 144
34	张家口市华佗药房连锁有限公司	530 000	53 000	217 300	121 900
35	贵州一树连锁药业有限公司	512 275	97 332	302 242	112 701
36	天津天士力医药营销集团有限公司	496 095	3 229	17 067	27 799
37	云南白药大药房有限公司	437 524	0	0	132 644
38	山东立健医药城连锁有限公司	412 261	26 514	301 521	84 226
39	苏州礼安医药连锁总店有限公司	394 313	267 486	85 526	41 301
40	西安怡康医药连锁有限责任公司	382 518	0	373 775	8 643
41	石家庄新兴药房连锁有限公司	382 144	38 214	267 502	76 428
42	浙江震元医药连锁有限公司	376 273	0	0	0
43	吉林省天和医药科技有限公司	359 281	269 281	90 000	0
44	吉林省益和大药房有限公司	359 281	269 281	90 000	0
45	重庆鑫斛药房连锁有限公司	350 107	0	0	0
46	重庆医药工业有限责任公司	348 137	278 510	167 106	111 404
47	广西柳州医药股份有限公司	345 484	155 434	67 043	80 999
48	柳州桂中大药房连锁有限责任公司	345 484	155 434	67 043	80 999
49	重庆市万和药房连锁有限责任公司	344 268	0	0	0
50	北京同仁堂商业投资集团有限公司同仁堂药店	344 051	7	23 227	26 894
51	国药河北乐仁堂医药连锁有限公司	340 291	57 849	251 815	57 850
52	廊坊市一笑堂医药零售连锁有限公司	333 494	15 341	73 084	122 188
53	上海益丰大药房有限公司	325 676	16 283	250 418	58 975
54	中山市中智大药房连锁有限公司	318 961	4 805	0	48 897

续 表

序号	企业名称	销售总额	医院处方销售额	非处方药销售额	非药品销售额
55	广州健民医药连锁有限公司	309 602	30	53 623	157 957
56	襄阳天济大药房连锁有限责任公司	302 657	39 306	123 181	78 691
57	老百姓大药房连锁（天津）有限公司	289 152	0	0	0
58	上海雷允上药品连锁经营有限公司	288 870	0	0	8 016
59	上海余天成药业连锁有限公司	287 268	27 273	155 299	104 696
60	赤峰人川大药房连锁有限公司	280 787	122 779	76 093	81 915
61	浙江天天好大药房连锁有限公司	265 823	67 499	138 063	28 356
62	河北神威大药房连锁有限公司	258 178	168 703	114 858	73 840
63	上海养和堂药业连锁经营有限公司	257 417	6 341	210 365	40 710
64	宁波四明大药房有限责任公司	255 068	89 273	142 838	0
65	安徽丰原大药房连锁有限公司	254 632	122 223	76 390	56 019
66	上海童涵春堂药业连锁经营有限公司	246 719	54 525	0	19 639
67	陕西众信医药超市有限公司	241 409	76 259	135 423	75 268
68	四川杏林医药连锁有限责任公司	239 601	35 210	167 810	36 581
69	武汉东明药房连锁有限公司	221 024	2 211	152 505	66 307
70	上海汇丰大药房有限公司	219 009	0	172 938	44 671
71	北京京卫元华医药科技有限公司	218 686	145 201	37 788	35 697
72	上海药房连锁有限公司	216 246	18 500	32 000	107 000
73	山西荣华大药房连锁有限公司	215 126	13 429	152 662	49 035
74	怀化怀仁大药房连锁有限公司	215 045	16 505	175 075	23 465
75	贵州芝林大药房零售连锁有限公司	211 166	100 052	25 894	85 220
76	浙江瑞人堂医药连锁有限公司	203 376	142 477	30 495	18 647
77	哈尔滨宝丰医药连锁有限公司	202 445	0	0	23 489
78	福建惠好四海医药连锁有限责任公司	199 905	83 345	82 260	34 300
79	泸州圣杰药业有限公司	192 591	3 574	5 374	183 643
80	呼伦贝尔市同致药业有限责任公司	192 218	0	0	0
81	北京同仁堂崇文门药店有限责任公司	192 214	2 255	43 633	22 207
82	上海医药嘉定大药房连锁有限公司	191 819	2 737	122 519	66 563
83	宁夏国大药房连锁有限公司	188 950	58 764	47 049	83 137
84	四川德仁堂药业连锁有限公司	188 650	16 978	45 276	44 860
85	江西开心人大药房连锁有限公司	187 766	18 776	112 659	56 331
86	北京医保全新大药房连锁有限公司	185 374	82 687	72 685	30 002
87	湖北中联大药房连锁有限公司	184 796	34 868	59 403	90 525
88	山东省医药集团有限公司	184 592	39 062	113 040	32 297

续　表

序号	企业名称	销售总额	医院处方销售额	非处方药销售额	非药品销售额
89	浙江华通医药股份有限公司	183 908	60 289	80 256	43 363
90	浙江华通医药连锁有限公司	183 908	60 289	80 256	43 363
91	国药控股国大药房内蒙古有限公司	171 970	0	0	0
92	华润昆山医药有限公司	170 694	15 840	130 323	8 977
93	赤峰雷蒙大药房连锁有限公司	169 493	0	0	0
94	常州人寿天医药连锁有限公司	166 835	51 943	25 346	17 245
95	济宁新华鲁抗大药房有限公司	166 658	11 300	128 792	37 865
96	昆山双鹤同德堂连锁大药房有限责任公司	164 067	15 840	123 696	8 977
97	黑龙江泰华医药连锁销售有限公司	161 969	48 590	97 181	16 198
98	葫芦岛市医药有限责任公司	157 320	0	0	66
99	福建国大药房连锁有限公司	156 348	0	0	0
100	广西一致药店连锁有限公司	154 310	54 863	48 501	42 275
101	苏州雷允上国药连锁总店有限公司	152 787	30 557	45 836	15 279
102	浙江华联医药连锁有限公司	150 802	17 395	40 588	34 835
103	广西一心医药有限责任公司	150 005	0	0	0
104	绵阳太极大药房连锁有限责任公司	149 777	0	0	0
105	北京嘉事堂连锁药店有限责任公司	149 212	11 479	62 412	37 107
106	北京永安复星医药股份有限公司	148 226	15 049	17 877	23 887
107	上海一德大药房连锁经营有限公司	137 646	2 165	118 318	17 165
108	上海第一医药股份有限公司	135 836	0	37 470	15 285
109	武汉普安医药有限公司	133 433	32 825	33 518	67 088
110	上海南汇华泰药店连锁总店	131 733	240	100 385	20 029
111	国药集团山西有限公司	129 817	116 772	4 700	8 345
112	贵州一品医药连锁公司	129 355	9 764	83 838	35 753
113	黑龙江泰华医药集团有限公司	127 712	38 313	76 627	12 772
114	北京同仁堂福建药业连锁有限公司	126 284	0	0	0
115	常德市九芝堂医药有限公司	122 564	29 751	63 731	29 082
116	武汉马应龙大药房连锁有限公司	120 342	32 418	32 405	55 519
117	山东利民大药店连锁有限公司	118 980	16 619	50 136	15 571
118	甘肃同济药业有限责任公司	115 755	13 891	55 462	46 302
119	金华市太和堂医药连锁有限公司	113 535	0	0	0
120	上海得一大药房有限公司	112 769	5 638	90 215	16 916
121	青岛祥泰药庄连锁有限公司	112 205	84 154	34 724	31 705
122	浙江康宁医药有限公司	112 099	0	0	6 253

续 表

序号	企业名称	销售总额	医院处方销售额	非处方药销售额	非药品销售额
123	山西长城药品零售连锁有限公司	107 315	9 200	67 835	30 280
124	南京国药医药有限公司	106 655	37 653	51 286	17 713
125	上海雷允上北区药业股份有限公司	103 876	779	2 308	100 789
126	上海云湖医药连锁经营有限公司	102 464	602	79 596	22 266
127	上海雷允上西区药品零售有限公司	101 341	2 470	31 057	9 408
128	北京永安堂医药连锁有限责任公司	100 930	8 620	1 472	1 665
129	嵊州市易心堂大药房有限公司	99 239	25	70 146	19 297
130	内蒙古万民药房连锁有限公司	99 077	0	0	0
131	福州回春医药连锁有限公司	98 138	41 218	40 236	16 684
132	北京同仁堂南三环中路药店有限公司	96 567	210	8 500	12 275
133	国药控股广西有限公司	95 968	0	0	0
134	青岛国风大药房连锁有限公司	87 550	0	0	0
135	浙江大德药业集团浙江医药公司	87 286	26 186	51 499	9 601
136	日照真诚大药房有限公司	86 621	34 673	30 979	20 969
137	内蒙古成大方圆医药连锁有限公司	85 000	0	0	15 300
138	东营益生堂药业连锁有限公司	82 184	0	0	22 312
139	国药控股镇江有限公司	81 522	0	0	0
140	陕西医药控股集团派昂医药有限责任公司	79 145	17 659	39 721	12 808
141	山西临汾竹林大药房连锁有限公司	78 914	6 480	16 923	15 948
142	广州市金长风药业有限公司	78 768	0	0	0
143	宁波彩虹大药房有限公司	76 181	33 433	33 498	9 250
144	金华市九德堂医药连锁有限公司	75 610	18	53 206	22 386
145	北京怡然堂药店	70 419	48 991	1 350	9 698
146	山西亨通医药批发有限公司	70 200	24 409	35 009	12 619
147	广西南宁朝阳大药房连锁有限责任公司	69 516	5 116	40 038	24 362
148	上海联华复星药房连锁经营有限公司	69 404	118	25 826	34 040
149	攀枝花市敬仁堂医药连锁有限责任公司	68 667	0	0	0
150	德州颐寿医药连锁有限公司	68 304	1 440	57 013	9 851
151	开封市百氏康医药连锁有限公司	67 105	34 337	17 951	14 817
152	阳泉市吉祥大药房医药连锁有限责任公司	63 670	16 016	44 174	3 480
153	好药师大药房连锁有限公司	63 475	0	0	0
154	云南省玉溪医药有限责任公司	6 2001	0	0	0
155	郑州仟禧堂医药有限责任公司	61 151	25 326	49 125	6 053
156	吉林省中东医药有限公司	60 498	8 954	0	10 441

续　表

序号	企业名称	销售总额	医院处方销售额	非处方药销售额	非药品销售额
157	海南奥尔康医药有限公司	59 529	25 386	34 103	40
158	菏泽牡丹大药房连锁有限公司	58 516	6 436	9 362	5 200
159	云南龙马药业有限公司	57 154	371	48 005	8 778
160	湖北天和堂医药有限公司（仙桃）	57 000	0	0	0
161	四川遂宁市全泰堂药业有限公司	56 006	0	36 403	16 241
162	山东益寿堂药业有限公司	55 807	1 674	49 668	4 465
163	河南省康信医药有限公司	55 473	55 448	20	5
164	金华市尖峰大药房连锁有限公司	54 415	0	0	0
165	四川海棠医药有限公司	53 291	13 215	34 158	5 918
166	河南大药房连锁经营有限公司	52 962	0	0	0
167	河南省医药有限公司	52 962	0	0	0
168	上虞市医药有限责任公司	50 830	14 232	0	0
169	山东潍坊海王星辰民康连锁药店有限公司	50 267	9 235	39 872	1 160
170	贵州吉大夫医药连锁公司	48 882	0	0	0
171	北京同仁堂参茸有限责任公司	48 597	0	4 053	15 363
172	国药控股浙江有限公司	48 261	14 720	14 475	2 161
173	松原市神光医药有限公司	48 015	0	38 925	9 087
174	东辽县医药药材有限责任公司	47 300	13 690	25 440	6 722
175	北京市京隆堂医药有限公司	45 781	40	29 757	15 000
176	河北圣诺新特药连锁有限公司	45 415	9 596	30 617	5 202
177	北京王府井医药商店有限责任公司	44 761	6 213	16 368	22 180
178	云南恩红（集团）有限公司	42 902	10 737	27 008	1 647
179	深圳市南北药行连锁有限公司	42 405	3 050	37 642	1 713
180	贵州华氏大药房延安连锁有限公司	42 240	5 048	20 454	16 738
181	贵州省医药（集团）有限责任公司	42 205	0	0	0
182	贵州省医药（集团）和平药房连锁有限公司	42 205	0	0	0
183	上海金石大药房有限公司	42 143	50	5 111	16 994
184	娄底市康一馨街大药房零售连锁有限公司	41 486	0	0	0
185	温州华东惠仁医药有限公司	38 045	26 100	0	11 945
186	海南养天和大药房连锁经营有限公司	36 878	0	0	0
187	长治市昂生大药房零售连锁有限公司	36 601	5 490	26 450	4 661
188	浙江英特药业有限责任公司	36 591	11 260	21 725	3 605
189	北京市兴盛源医药药材有限责任公司	36 409	0	25 138	5 426
190	吉林省合兴健康药房连锁有限责任公司	36 385	5 240	12 225	18 920

续 表

序号	企业名称	销售总额	医院处方销售额	非处方药销售额	非药品销售额
191	成都九鼎药房连锁有限责任公司	36 124	11 770	12 329	12 025
192	包头市神农医药保健品有限责任公司	34 355	18 541	13 954	1 860
193	北京安康百利医药有限公司	32 806	32 639	167	0
194	江苏大众医药连锁有限公司	32 298	0	0	4 354
195	章丘健民医药有限公司	32 207	17	20 066	8 124
196	江西汇仁集团医药科研营销有限公司	31 074	4 972	20 684	5 418
197	上海上生生物制品经营有限公司	28 871	28 871	0	0
198	广西福中堂药业有限公司	28 000	0	19 000	5 000
199	贵州福安康医药连锁有限公司	26 609	0	789	19 786
200	江苏仁济医药连锁有限公司	26 501	11	6 530	13 203

注：按销售总额取前200名。

第三部分　药品流通行业区域销售排序

2012—2013 年全国区域类值合计总销（对终端）金额统计表

单位：千元

序号	地　区	总销售		区域占比（%）	
		2012 年	2013 年	2012 年	2013 年
	全国总计	1 117 443 167	1 303 578 313	100.00	100.00
1	北　京	100 760 640	119 281 119	9.02	9.15
2	天　津	45 500 000	47 955 706	4.07	3.68
3	河　北	36 659 283	45 907 986	3.28	3.52
4	山　西	22 018 000	25 328 073	1.97	1.94
5	内蒙古	5 588 660	5 989 374	0.50	0.46
6	辽　宁	25 233 266	28 272 890	2.26	2.17
7	吉　林	12 662 713	19 052 191	1.13	1.46
8	黑龙江	18 381 557	21 322 606	1.64	1.64
9	上　海	103 161 746	110 122 459	9.23	8.45
10	江　苏	83 579 201	100 221 128	7.48	7.69
11	浙　江	79 886 012	92 667 774	7.15	7.11
12	安　徽	82 000 000	91 813 283	7.34	7.04
13	福　建	21 257 297	24 728 732	1.90	1.90
14	江　西	18 062 388	19 553 332	1.62	1.50
15	山　东	64 818 924	72 507 711	5.80	5.56
16	河　南	41 248 025	43 445 818	3.69	3.33

续 表

序号	地 区	总销售		区域占比（%）	
		2012 年	2013 年	2012 年	2013 年
	全国总计	1 117 443 167	1 303 578 313	100.00	100.00
17	湖 北	41 200 000	46 720 306	3.69	3.58
18	湖 南	31 783 210	42 575 868	2.84	3.27
19	广 东	85 056 000	103 767 827	7.61	7.96
20	广 西	15 449 935	19 024 996	1.38	1.46
21	海 南	8 808 328	13 794 595	0.79	1.06
22	重 庆	53 301 083	57 131 504	4.77	4.38
23	四 川	34 557 639	47 143 741	3.09	3.62
24	贵 州	7 321 858	11 774 162	0.66	0.90
25	云 南	36 926 201	42 957 839	3.30	3.30
26	西 藏	2 094 292	2 429 379	0.19	0.19
27	陕 西	18 836 784	25 309 980	1.69	1.94
28	甘 肃	8 616 393	8 845 836	0.77	0.68
29	青 海	697 857	877 702	0.06	0.07
30	宁 夏	1 940 875	2 562 624	0.17	0.20
31	新 疆	10 035 000	10 491 774	0.90	0.80

2013 年东部地区类值合计总销（对终端）金额统计表

单位：千元

序 号	地 区	总销售	区域占比（%）
	地区合计	759 227 927	100.00
1	北 京	119 281 119	15.71
2	天 津	47 955 706	6.32
3	河 北	45 907 986	6.05
4	辽 宁	28 272 890	3.72
5	上 海	110 122 459	14.50
6	江 苏	100 221 128	13.20
7	浙 江	92 667 774	12.21
8	福 建	24 728 732	3.26
9	山 东	72 507 711	9.55
10	广 东	103 767 827	13.67
11	海 南	13 794 595	1.82

2013 年中部地区类值合计总销（对终端）金额统计表

单位：千元

序 号	地 区	总销售	区域占比（%）
	地区合计	309 811 477	100.00
1	山 西	25 328 073	8.18
2	吉 林	19 052 191	6.15
3	黑龙江	21 322 606	6.88
4	安 徽	91 813 283	29.64
5	江 西	19 553 332	6.31
6	河 南	43 445 818	14.02
7	湖 北	46 720 306	15.08
8	湖 南	42 575 868	13.74

2013 年西部地区类值合计总销（对终端）金额统计表

单位：千元

序 号	地 区	总销售	区域占比（%）
	地区合计	234 538 911	100.00
1	内蒙古	5 989 374	2.55
2	广 西	19 024 996	8.11
3	重 庆	57 131 504	24.36
4	四 川	47 143 741	20.10
5	贵 州	11 774 162	5.02
6	云 南	42 957 839	18.32
7	西 藏	2 429 379	1.04
8	陕 西	25 309 980	10.79
9	甘 肃	8 845 836	3.77
10	青 海	877 702	0.37
11	宁 夏	2 562 624	1.09
12	新 疆	10 491 774	4.47

2012—2013 全国区域类值合计纯销（对终端）金额统计表

单位：千元

序号	地 区	纯 销		区域占比（%）	
		2012 年	2013 年	2012 年	2013 年
	全国总计	613 949 173	741 540 385	100.00	100.00
1	北 京	60 724 921	72 573 870	9.89	9.79
2	天 津	19 292 951	19 383 629	3.14	2.61
3	河 北	20 855 190	24 199 079	3.40	3.26

续　表

序号	地　区	纯　销		区域占比（%）	
		2012 年	2013 年	2012 年	2013 年
	全国总计	613 949 173	741 540 385	100.00	100.00
4	山　西	12 521 504	15 486 513	2.04	2.09
5	内蒙古	3 865 376	4 242 096	0.63	0.57
6	辽　宁	15 699 944	18 492 273	2.56	2.49
7	吉　林	6 002 333	8 730 510	0.98	1.18
8	黑龙江	10 415 190	13 858 405	1.70	1.87
9	上　海	47 180 660	53 886 021	7.68	7.27
10	江　苏	50 758 616	64 868 087	8.27	8.75
11	浙　江	52 064 298	60 619 094	8.48	8.17
12	安　徽	29 276 128	39 619 994	4.77	5.34
13	福　建	14 998 047	16 152 599	2.44	2.18
14	江　西	9 913 180	11 449 673	1.61	1.54
15	山　东	37 817 868	44 112 667	6.16	5.95
16	河　南	24 303 870	28 220 756	3.96	3.81
17	湖　北	27 399 490	25 127 699	4.46	3.39
18	湖　南	18 159 355	25 011 273	2.96	3.37
19	广　东	44 721 814	53 565 976	7.28	7.22
20	广　西	13 228 164	12 814 478	2.15	1.73
21	海　南	2 750 028	3 685 391	0.45	0.50
22	重　庆	22 557 279	33 321 046	3.67	4.49
23	四　川	16 910 429	25 590 699	2.75	3.45
24	贵　州	4 937 158	7 340 464	0.80	0.99
25	云　南	22 135 905	26 817 647	3.61	3.62
26	西　藏	0	0	0.00	0.00
27	陕　西	10 403 842	15 924 719	1.69	2.15
28	甘　肃	4 477 680	4 773 998	0.73	0.64
29	青　海	378 949	522 660	0.06	0.07
30	宁　夏	1 837 280	2 429 491	0.30	0.33
31	新　疆	8 361 725	8 719 579	1.36	1.18

2013 年东部地区类值合计纯销（对终端）金额统计表

单位：千元

序　号	地　区	纯　销	区域占比（%）
	地区合计	431 538 686	100.00
1	北　京	72 573 870	16.82
2	天　津	19 383 629	4.49
3	河　北	24 199 079	5.61
4	辽　宁	18 492 273	4.29
5	上　海	53 886 021	12.49
6	江　苏	64 868 087	15.03
7	浙　江	60 619 094	14.05
8	福　建	16 152 599	3.74
9	山　东	44 112 667	10.22
10	广　东	53 565 976	12.41
11	海　南	3 685 391	0.85

2013 年中部地区类值合计纯销（对终端）金额统计表

单位：千元

序　号	地　区	纯　销	区域占比（%）
	地区合计	167 504 823	100.00
1	山　西	15 486 513	9.25
2	吉　林	8 730 510	5.21
3	黑龙江	13 858 405	8.27
4	安　徽	39 619 994	23.65
5	江　西	11 449 673	6.84
6	河　南	28 220 756	16.85
7	湖　北	25 127 699	15.00
8	湖　南	25 011 273	14.93

2013 年西部地区类值合计纯销（对终端）金额统计表

单位：千元

序　号	地　区	纯　销	区域占比（%）
	地区合计	142 496 877	100.00
1	内蒙古	4 242 096	2.98
2	广　西	12 814 478	8.99
3	重　庆	33 321 046	23.38
4	四　川	25 590 699	17.96

续 表

序 号	地 区	纯 销	区域占比（%）
	地区合计	142 496 877	100.00
5	贵 州	7 340 464	5.15
6	云 南	26 817 647	18.82
7	西 藏	0	0.00
8	陕 西	15 924 719	11.18
9	甘 肃	4 773 998	3.35
10	青 海	522 660	0.37
11	宁 夏	2 429 491	1.70
12	新 疆	8 719 579	6.12

2012—2013 全国区域药品类总销（对终端）金额统计表

单位：千元

序号	地 区	总销售		区域占比（%）	
		2012 年	2013 年	2012 年	2013 年
	全国总计	787 392 025	962 303 213	100.00	100.00
1	北 京	68 168 814	86 700 958	8.66	9.01
2	天 津	22 687 071	23 743 376	2.88	2.47
3	河 北	26 309 315	34 435 236	3.34	3.58
4	山 西	17 075 882	19 346 543	2.17	2.01
5	内蒙古	4 617 954	5 060 105	0.59	0.53
6	辽 宁	20 087 072	22 048 671	2.55	2.29
7	吉 林	11 137 819	16 338 106	1.41	1.70
8	黑龙江	15 612 102	17 924 351	1.98	1.86
9	上 海	77 442 996	83 539 336	9.84	8.68
10	江 苏	63 496 826	81 728 210	8.06	8.49
11	浙 江	62 263 898	70 461 926	7.91	7.32
12	安 徽	46 632 655	62 562 980	5.92	6.50
13	福 建	18 062 159	20 780 846	2.29	2.16
14	江 西	12 376 653	13 609 319	1.57	1.41
15	山 东	51 967 845	56 957 375	6.60	5.92
16	河 南	32 445 018	35 196 286	4.12	3.66
17	湖 北	23 549 940	31 623 228	2.99	3.29
18	湖 南	22 041 473	29 775 327	2.80	3.09
19	广 东	52 643 790	72 850 426	6.69	7.57

续 表

序号	地 区	总销售		区域占比（%）	
		2012 年	2013 年	2012 年	2013 年
	全国总计	787 392 025	962 303 213	100. 00	100. 00
20	广 西	9 443 922	13 699 831	1. 20	1. 42
21	海 南	7 933 063	12 245 010	1. 01	1. 27
22	重 庆	28 941 825	39 858 308	3. 68	4. 14
23	四 川	27 326 325	34 079 676	3. 47	3. 54
24	贵 州	5 276 363	8 614 135	0. 67	0. 90
25	云 南	28 620 005	34 454 789	3. 63	3. 58
26	西 藏	2 094 292	2 429 379	0. 27	0. 25
27	陕 西	13 109 168	15 358 201	1. 66	1. 60
28	甘 肃	6 138 502	6 328 756	0. 78	0. 66
29	青 海	386 625	649 970	0. 05	0. 07
30	宁 夏	1 414 960	1 892 084	0. 18	0. 20
31	新 疆	8 087 695	8 010 469	1. 03	0. 83

2013 年东部地区药品类总销（对终端）金额统计表

单位：千元

序 号	地 区	总销售	区域占比（%）
	地区合计	565 491 370	100. 00
1	北 京	86 700 958	15. 33
2	天 津	23 743 376	4. 20
3	河 北	34 435 236	6. 09
4	辽 宁	22 048 671	3. 90
5	上 海	83 539 336	14. 77
6	江 苏	81 728 210	14. 45
7	浙 江	70 461 926	12. 46
8	福 建	20 780 846	3. 67
9	山 东	56 957 375	10. 07
10	广 东	72 850 426	12. 88
11	海 南	12 245 010	2. 17

2013 年中部地区药品类总销（对终端）金额统计表

单位：千元

序　号	地　区	总销售	区域占比（%）
	地区合计	226 376 140	100.00
1	山　西	19 346 543	8.55
2	吉　林	16 338 106	7.22
3	黑龙江	17 924 351	7.92
4	安　徽	62 562 980	27.64
5	江　西	13 609 319	6.01
6	河　南	35 196 286	15.55
7	湖　北	31 623 228	13.97
8	湖　南	29 775 327	13.15

2013 年西部地区药品类总销（对终端）金额统计表

单位：千元

序　号	地　区	总销售	区域占比（%）
	地区合计	170 435 703	100.00
1	内蒙古	5 060 105	2.97
2	广　西	13 699 831	8.04
3	重　庆	39 858 308	23.39
4	四　川	34 079 676	20.00
5	贵　州	8 614 135	5.05
6	云　南	34 454 789	20.22
7	西　藏	2 429 379	1.43
8	陕　西	15 358 201	9.01
9	甘　肃	6 328 756	3.71
10	青　海	649 970	0.38
11	宁　夏	1 892 084	1.11
12	新　疆	8 010 469	4.70

2012—2013 全国区域药品类纯销（对终端）金额统计表

单位：千元

序号	地　区	纯　销		区域占比（%）	
		2012 年	2013 年	2012 年	2013 年
	全国总计	440 675 846	539 963 564	100.00	100.00
1	北　京	39 872 057	52 561 476	9.05	9.73
2	天　津	13 675 158	11 371 128	3.10	2.11
3	河　北	14 990 852	17 635 247	3.40	3.27

续 表

序号	地 区	纯 销		区域占比（%）	
		2012 年	2013 年	2012 年	2013 年
	全国总计	440 675 846	539 963 564	100.00	100.00
4	山 西	9 216 111	11 313 130	2.09	2.10
5	内蒙古	3 242 226	3 502 504	0.74	0.65
6	辽 宁	12 481 950	14 522 252	2.83	2.69
7	吉 林	5 332 238	7 421 286	1.21	1.37
8	黑龙江	7 867 138	10 958 893	1.79	2.03
9	上 海	33 030 282	37 294 769	7.50	6.91
10	江 苏	39 440 387	52 423 652	8.95	9.71
11	浙 江	40 522 351	45 674 340	9.20	8.46
12	安 徽	17 478 780	25 325 124	3.97	4.69
13	福 建	12 712 653	13 567 808	2.88	2.51
14	江 西	7 225 330	8 098 270	1.64	1.50
15	山 东	30 321 041	34 342 559	6.88	6.36
16	河 南	18 317 827	22 792 739	4.16	4.22
17	湖 北	20 891 060	17 607 972	4.74	3.26
18	湖 南	12 160 277	16 793 217	2.76	3.11
19	广 东	28 083 103	37 167 602	6.37	6.88
20	广 西	8 095 402	9 327 059	1.84	1.73
21	海 南	2 355 286	2 970 835	0.53	0.55
22	重 庆	10 788 482	22 361 108	2.45	4.14
23	四 川	12 389 357	16 104 361	2.81	2.98
24	贵 州	3 821 532	5 523 206	0.87	1.02
25	云 南	17 499 262	21 482 008	3.97	3.98
26	西 藏	0	0	0.00	0.00
27	陕 西	7 400 166	9 357 049	1.68	1.73
28	甘 肃	3 223 008	3 586 494	0.73	0.66
29	青 海	205 609	403 706	0.05	0.07
30	宁 夏	1 350 157	1 816 370	0.31	0.34
31	新 疆	6 686 766	6 657 400	1.52	1.23

2013 年东部地区药品类纯销（对终端）金额统计表

单位：千元

序　号	地　区	纯　销	区域占比（%）
	地区合计	319 531 668	100.00
1	北　京	52 561 476	16.45
2	天　津	11 371 128	3.56
3	河　北	17 635 247	5.52
4	辽　宁	14 522 252	4.54
5	上　海	37 294 769	11.67
6	江　苏	52 423 652	16.41
7	浙　江	45 674 340	14.29
8	福　建	13 567 808	4.25
9	山　东	34 342 559	10.75
10	广　东	37 167 602	11.63
11	海　南	2 970 835	0.93

2013 年中部地区药品类纯销（对终端）金额统计表

单位：千元

序　号	地　区	纯　销	区域占比（%）
	地区合计	120 310 631	100.00
1	山　西	11 313 130	9.40
2	吉　林	7 421 286	6.17
3	黑龙江	10 958 893	9.11
4	安　徽	25 325 124	21.05
5	江　西	8 098 270	6.73
6	河　南	22 792 739	18.94
7	湖　北	17 607 972	14.64
8	湖　南	16 793 217	13.96

2013 年西部地区药品类纯销（对终端）金额统计表

单位：千元

序　号	地　区	纯　销	区域占比（%）
	地区合计	100 121 265	100.00
1	内蒙古	3 502 504	3.50
2	广　西	9 327 059	9.32
3	重　庆	22 361 108	22.33
4	四　川	16 104 361	16.08

续 表

序 号	地 区	纯 销	区域占比（%）
	地区合计	100 121 265	100.00
5	贵 州	5 523 206	5.52
6	云 南	21 482 008	21.46
7	西 藏	0	0.00
8	陕 西	9 357 049	9.35
9	甘 肃	3 586 494	3.58
10	青 海	403 706	0.40
11	宁 夏	1 816 370	1.81
12	新 疆	6 657 400	6.65

2012—2013 全国区域医疗器械类总销（对终端）金额统计表

单位：千元

序号	地 区	总销售		区域占比（%）	
		2012 年	2013 年	2012 年	2013 年
	全国总计	37 456 176	42 676 042	100.00	100.00
1	北 京	4 185 602	6 806 292	11.17	15.95
2	天 津	482 905	586 517	1.29	1.37
3	河 北	1 648 112	1 508 635	4.40	3.54
4	山 西	504 595	675 035	1.35	1.58
5	内蒙古	170 885	149 369	0.46	0.35
6	辽 宁	283 876	367 263	0.76	0.86
7	吉 林	241 718	283 720	0.65	0.66
8	黑龙江	1 597 315	1 797 744	4.26	4.21
9	上 海	1 707 495	1 864 884	4.56	4.37
10	江 苏	1 736 948	1 471 949	4.64	3.45
11	浙 江	1 915 106	1 836 597	5.11	4.30
12	安 徽	7 411 537	4 672 523	19.79	10.95
13	福 建	288 494	437 743	0.77	1.03
14	江 西	225 129	254 935	0.60	0.60
15	山 东	1 244 626	1 601 978	3.32	3.75
16	河 南	1 491 188	1 429 064	3.98	3.35
17	湖 北	1 004 382	1 788 388	2.68	4.19
18	湖 南	1 387 119	2 453 331	3.70	5.75
19	广 东	2 446 535	3 137 261	6.53	7.35

续 表

序号	地区	总销售		区域占比（%）	
		2012 年	2013 年	2012 年	2013 年
	全国总计	37 456 176	42 676 042	100.00	100.00
20	广 西	2 937 406	1 089 681	7.84	2.55
21	海 南	261 901	440 274	0.70	1.03
22	重 庆	520 914	880 467	1.39	2.06
23	四 川	1 217 184	2 852 416	3.25	6.68
24	贵 州	207 137	187 459	0.55	0.44
25	云 南	718 467	800 269	1.92	1.88
26	西 藏	0	0	0.00	0.00
27	陕 西	1 010 665	2 561 931	2.70	6.00
28	甘 肃	210 989	195 809	0.56	0.46
29	青 海	31 764	35 088	0.08	0.08
30	宁 夏	86 447	142 210	0.23	0.33
31	新 疆	279 735	367 212	0.75	0.86

2013 年东部地区医疗器械类总销（对终端）金额统计表

单位：千元

序 号	地 区	总销售	区域占比（%）
	地区合计	20 059 393	100.00
1	北 京	6 806 292	33.93
2	天 津	586 517	2.92
3	河 北	1 508 635	7.52
4	辽 宁	367 263	1.83
5	上 海	1 864 884	9.30
6	江 苏	1 471 949	7.34
7	浙 江	1 836 597	9.16
8	福 建	437 743	2.18
9	山 东	1 601 978	7.99
10	广 东	3 137 261	15.64
11	海 南	440 274	2.19

2013 年中部地区医疗器械类总销（对终端）金额统计表

单位：千元

序　号	地　区	总销售	区域占比（%）
	地区合计	13 354 740	100.00
1	山　西	675 035	5.05
2	吉　林	283 720	2.12
3	黑龙江	1 797 744	13.46
4	安　徽	4 672 523	34.99
5	江　西	254 935	1.91
6	河　南	1 429 064	10.70
7	湖　北	1 788 388	13.39
8	湖　南	2 453 331	18.37

2013 年西部地区医疗器械类总销（对终端）金额统计表

单位：千元

序　号	地　区	总销售	区域占比（%）
	地区合计	9 261 911	100.00
1	内蒙古	149 369	1.61
2	广　西	1 089 681	11.77
3	重　庆	880 467	9.51
4	四　川	2 852 416	30.80
5	贵　州	187 459	2.02
6	云　南	800 269	8.64
7	西　藏	0	0.00
8	陕　西	2 561 931	27.66
9	甘　肃	195 809	2.11
10	青　海	35 088	0.38
11	宁　夏	142 210	1.54
12	新　疆	367 212	3.96

2012—2013 全国区域医疗器械类纯销（对终端）金额统计表

单位：千元

序号	地　区	纯　销		区域占比（%）	
		2012 年	2013 年	2012 年	2013 年
	全国总计	22 207 785	34 906 334	100.00	100.00
1	北　京	1 434 250	3 583 714	6.46	10.27
2	天　津	386 651	477 126	1.74	1.37
3	河　北	1 132 617	1 380 578	5.10	3.96

续　表

序号	地　区	纯　销		区域占比（%）	
		2012 年	2013 年	2012 年	2013 年
	全国总计	22 207 785	34 906 334	100.00	100.00
4	山　西	417 835	629 872	1.88	1.80
5	内蒙古	111 158	141 422	0.50	0.41
6	辽　宁	206 623	332 355	0.93	0.95
7	吉　林	204 563	233 695	0.92	0.67
8	黑龙江	1 427 901	1 708 313	6.43	4.89
9	上　海	759 091	1 487 566	3.42	4.26
10	江　苏	923 519	1 361 233	4.16	3.90
11	浙　江	874 128	1 592 032	3.94	4.56
12	安　徽	2 696 794	4 085 172	12.14	11.70
13	福　建	252 202	410 941	1.14	1.18
14	江　西	146 430	208 410	0.66	0.60
15	山　东	797 241	1 442 850	3.59	4.13
16	河　南	1 048 375	1 325 263	4.72	3.80
17	湖　北	959 876	1 593 818	4.32	4.57
18	湖　南	887 028	1 842 083	3.99	5.28
19	广　东	1 788 613	2 828 888	8.05	8.10
20	广　西	2 911 283	991 076	13.11	2.84
21	海　南	75 955	366 324	0.34	1.05
22	重　庆	383 283	837 997	1.73	2.40
23	四　川	462 853	2 353 383	2.08	6.74
24	贵　州	133 220	162 581	0.60	0.47
25	云　南	405 486	610 012	1.83	1.75
26	西　藏	0	0	0.00	0.00
27	陕　西	868 121	2 301 374	3.91	6.59
28	甘　肃	154 024	141 768	0.69	0.41
29	青　海	20 731	30 015	0.09	0.09
30	宁　夏	85 870	141 288	0.39	0.40
31	新　疆	252 066	305 185	1.14	0.87

2013 年东部地区医疗器械类纯销（对终端）金额统计表

单位：千元

序　号	地　区	纯　销	区域占比（%）
	地区合计	15 263 607	100.00
1	北　京	3 583 714	23.48
2	天　津	477 126	3.13
3	河　北	1 380 578	9.04
4	辽　宁	332 355	2.18
5	上　海	1 487 566	9.75
6	江　苏	1 361 233	8.92
7	浙　江	1 592 032	10.43
8	福　建	410 941	2.69
9	山　东	1 442 850	9.45
10	广　东	2 828 888	18.53
11	海　南	366 324	2.40

2013 年中部地区医疗器械类纯销（对终端）金额统计表

单位：千元

序　号	地　区	纯　销	区域占比（%）
	地区合计	11 626 626	100.00
1	山　西	629 872	5.42
2	吉　林	233 695	2.01
3	黑龙江	1 708 313	14.69
4	安　徽	4 085 172	35.14
5	江　西	208 410	1.79
6	河　南	1 325 263	11.40
7	湖　北	1 593 818	13.71
8	湖　南	1 842 083	15.84

2013 年西部地区医疗器械类纯销（对终端）金额统计表

单位：千元

序　号	地　区	纯　销	区域占比（%）
	地区合计	8 016 101	100.00
1	内蒙古	141 422	1.76
2	广　西	991 076	12.36
3	重　庆	837 997	10.45
4	四　川	2 353 383	29.36

续　表

序　号	地　区	纯　销	区域占比（%）
	地区合计	8 016 101	100.00
5	贵　州	162 581	2.03
6	云　南	610 012	7.61
7	西　藏	0	0.00
8	陕　西	2 301 374	28.71
9	甘　肃	141 768	1.77
10	青　海	30 015	0.37
11	宁　夏	141 288	1.76
12	新　疆	305 185	3.81

2012—2013 全国区域化学试剂类总销（对终端）金额统计表

单位：千元

序号	地　区	总销售		区域占比（%）	
		2012 年	2013 年	2012 年	2013 年
	全国总计	13 908 148	15 348 880	100.00	100.00
1	北　京	146 444	396 895	1.05	2.59
2	天　津	8 313 896	8 708 522	59.78	56.74
3	河　北	109 401	131 304	0.79	0.86
4	山　西	13 458	16 983	0.10	0.11
5	内蒙古	5 497	1 108	0.04	0.01
6	辽　宁	422	338	0.00	0.00
7	吉　林	109 151	416 609	0.78	2.71
8	黑龙江	70 689	43 006	0.51	0.28
9	上　海	992 492	1 050 904	7.14	6.85
10	江　苏	671 176	39 627	4.83	0.26
11	浙　江	847 873	1 815 324	6.10	11.83
12	安　徽	0	2 873	0.00	0.02
13	福　建	83 109	53 242	0.60	0.35
14	江　西	445 816	395 713	3.21	2.58
15	山　东	11 973	35 318	0.09	0.23
16	河　南	135 632	109 963	0.98	0.72
17	湖　北	66 269	19 657	0.48	0.13
18	湖　南	439 752	747 150	3.16	4.87
19	广　东	62 036	141 124	0.45	0.92

续 表

序号	地 区	总销售		区域占比（%）	
		2012 年	2013 年	2012 年	2013 年
	全国总计	13 908 148	15 348 880	100.00	100.00
20	广 西	68 521	9 793	0.49	0.06
21	海 南	25	10 416	0.00	0.07
22	重 庆	12 575	14 983	0.09	0.10
23	四 川	22 887	48 020	0.16	0.31
24	贵 州	407 458	523 523	2.93	3.41
25	云 南	464 313	39 985	3.34	0.26
26	西 藏	0	0	0.00	0.00
27	陕 西	287 148	507 603	2.06	3.31
28	甘 肃	60 103	68 231	0.43	0.44
29	青 海	214	632	0.00	0.00
30	宁 夏	306	32	0.00	0.00
31	新 疆	59 514	0	0.43	0.00

2013 年东部地区化学试剂类总销（对终端）金额统计表

单位：千元

序 号	地 区	总销售	区域占比（%）
	地区合计	12 383 014	100.00
1	北 京	396 895	3.21
2	天 津	8 708 522	70.33
3	河 北	131 304	1.06
4	辽 宁	338	0.00
5	上 海	1 050 904	8.49
6	江 苏	39 627	0.32
7	浙 江	1 815 324	14.66
8	福 建	53 242	0.43
9	山 东	35 318	0.29
10	广 东	141 124	1.14
11	海 南	10 416	0.08

2013 年中部地区化学试剂类总销（对终端）金额统计表

单位：千元

序 号	地 区	总销售	区域占比（%）
	地区合计	1 751 954	100.00
1	山 西	16 983	0.97
2	吉 林	416 609	23.78
3	黑龙江	43 006	2.45
4	安 徽	2 873	0.16
5	江 西	395 713	22.59
6	河 南	109 963	6.28
7	湖 北	19 657	1.12
8	湖 南	747 150	42.65

2013 年西部地区化学试剂类总销（对终端）金额统计表

单位：千元

序 号	地 区	总销售	区域占比（%）
	地区合计	1 213 910	100.00
1	内蒙古	1 108	0.09
2	广 西	9 793	0.81
3	重 庆	14 983	1.23
4	四 川	48 020	3.96
5	贵 州	523 523	43.13
6	云 南	39 985	3.29
7	西 藏	0	0.00
8	陕 西	507 603	41.82
9	甘 肃	68 231	5.62
10	青 海	632	0.05
11	宁 夏	32	0.00
12	新 疆	0	0.00

2012—2013 全国区域化学试剂类纯销（对终端）金额统计表

单位：千元

序号	地 区	纯 销		区域占比（%）	
		2012 年	2013 年	2012 年	2013 年
	全国总计	4 053 013	9 486 424	100.00	100.00
1	北 京	139 567	305 715	3.44	3.22
2	天 津	627 341	3 570 778	15.48	37.64

续 表

序号	地 区	纯 销		区域占比（%）	
		2012 年	2013 年	2012 年	2013 年
	全国总计	4 053 013	9 486 424	100.00	100.00
3	河 北	77 494	127 977	1.91	1.35
4	山 西	8 531	16 816	0.21	0.18
5	内蒙古	5 474	1 100	0.14	0.01
6	辽 宁	0	0	0.00	0.00
7	吉 林	6 054	348 813	0.15	3.68
8	黑龙江	70 455	42 561	1.74	0.45
9	上 海	651 748	970 918	16.08	10.23
10	江 苏	501 604	38 274	12.38	0.40
11	浙 江	803 961	1 605 542	19.84	16.92
12	安 徽	0	2 823	0.00	0.03
13	福 建	77 885	52 989	1.92	0.56
14	江 西	144 972	361 919	3.58	3.82
15	山 东	9 551	34 982	0.24	0.37
16	河 南	52 883	107 734	1.30	1.14
17	湖 北	22 269	19 259	0.55	0.20
18	湖 南	255 971	673 591	6.32	7.10
19	广 东	61 045	139 095	1.51	1.47
20	广 西	68 218	9 751	1.68	0.10
21	海 南	25	9 765	0.00	0.10
22	重 庆	7 040	14 831	0.17	0.16
23	四 川	7 057	45 290	0.17	0.48
24	贵 州	145 507	446 178	3.59	4.70
25	云 南	13 840	38 203	0.34	0.40
26	西 藏	0	0	0.00	0.00
27	陕 西	189 241	433 347	4.67	4.57
28	甘 肃	45 308	67 527	1.12	0.71
29	青 海	152	615	0.00	0.01
30	宁 夏	306	32	0.01	0.00
31	新 疆	59 514	0	1.47	0.00

2013 年东部地区化学试剂类纯销（对终端）金额统计表

单位：千元

序 号	地 区	纯 销	区域占比（%）
	地区合计	6 856 035	100.00
1	北 京	305 715	4.46
2	天 津	3 570 778	52.08
3	河 北	127 977	1.87
4	辽 宁	0	0.00
5	上 海	970 918	14.16
6	江 苏	38 274	0.56
7	浙 江	1 605 542	23.42
8	福 建	52 989	0.77
9	山 东	34 982	0.51
10	广 东	139 095	2.03
11	海 南	9 765	0.14

2013 年中部地区化学试剂类纯销（对终端）金额统计表

单位：千元

序 号	地 区	纯 销	区域占比（%）
	地区合计	1 573 516	100.00
1	山 西	16 816	1.07
2	吉 林	348 813	22.17
3	黑龙江	42 561	2.70
4	安 徽	2 823	0.18
5	江 西	361 919	23.00
6	河 南	107 734	6.85
7	湖 北	19 259	1.22
8	湖 南	673 591	42.81

2013 年西部地区化学试剂类纯销（对终端）金额统计表

单位：千元

序 号	地 区	纯 销	区域占比（%）
	地区合计	1 056 874	100.00
1	内蒙古	1 100	0.10
2	广 西	9 751	0.92
3	重 庆	14 831	1.40
4	四 川	45 290	4.29

续 表

序 号	地 区	纯 销	区域占比（%）
	地区合计	1 056 874	100.00
5	贵 州	446 178	42.22
6	云 南	38 203	3.61
7	西 藏	0	0.00
8	陕 西	433 347	41.00
9	甘 肃	67 527	6.39
10	青 海	615	0.06
11	宁 夏	32	0.00
12	新 疆	0	0.00

2012—2013 全国区域玻璃仪器类总销（对终端）金额统计表

单位：千元

序号	地 区	总销售		区域占比（%）	
		2012 年	2013 年	2012 年	2013 年
	全国总计	1 061 017	1 527 683	100.00	100.00
1	北 京	10 211	21 584	0.96	1.41
2	天 津	17 448	17 857	1.64	1.17
3	河 北	63 987	67 884	6.03	4.44
4	山 西	9 193	5 766	0.87	0.38
5	内蒙古	2 496	391	0.24	0.03
6	辽 宁	0	0	0.00	0.00
7	吉 林	6 859	21 996	0.65	1.44
8	黑龙江	17 000	32 384	1.60	2.12
9	上 海	96 680	132 638	9.11	8.68
10	江 苏	38 606	5 453	3.64	0.36
11	浙 江	20 080	17 834	1.89	1.17
12	安 徽	0	29 788	0.00	1.95
13	福 建	4 140	45	0.39	0.00
14	江 西	935	3 325	0.09	0.22
15	山 东	10 468	22 259	0.99	1.46
16	河 南	121 127	104 248	11.42	6.82
17	湖 北	8 025	5 275	0.76	0.35
18	湖 南	426 044	727 174	40.15	47.60
19	广 东	6 124	4 625	0.58	0.30

续 表

序号	地 区	总销售		区域占比（%）	
		2012 年	2013 年	2012 年	2013 年
	全国总计	1 061 017	1 527 683	100.00	100.00
20	广 西	8 209	178	0.77	0.01
21	海 南	38	137	0.00	0.01
22	重 庆	603	853	0.06	0.06
23	四 川	3 548	55 372	0.33	3.62
24	贵 州	7 631	4 085	0.72	0.27
25	云 南	6 474	4 603	0.61	0.30
26	西 藏	0	0	0.00	0.00
27	陕 西	118 082	210 733	11.13	13.79
28	甘 肃	56 710	31 082	5.34	2.03
29	青 海	300	116	0.03	0.01
30	宁 夏	0	0	0.00	0.00
31	新 疆	0	0	0.00	0.00

2013 年东部地区玻璃仪器类总销（对终端）金额统计表

单位：千元

序 号	地 区	总销售	区域占比（%）
	地区合计	290 316	100.00
1	北 京	21 584	7.43
2	天 津	17 857	6.15
3	河 北	67 884	23.38
4	辽 宁	0	0.00
5	上 海	132 638	45.69
6	江 苏	5 453	1.88
7	浙 江	17 834	6.14
8	福 建	45	0.02
9	山 东	22 259	7.67
10	广 东	4 625	1.59
11	海 南	137	0.05

2013 年中部地区玻璃仪器类总销（对终端）金额统计表

单位：千元

序 号	地 区	总销售	区域占比（%）
	地区合计	929 956	100.00
1	山 西	5 766	0.62
2	吉 林	21 996	2.37
3	黑龙江	32 384	3.48
4	安 徽	29 788	3.20
5	江 西	3 325	0.36
6	河 南	104 248	11.21
7	湖 北	5 275	0.57
8	湖 南	727 174	78.19

2013 年西部地区玻璃仪器类总销（对终端）金额统计表

单位：千元

序 号	地 区	总销售	区域占比（%）
	地区合计	307 413	100.00
1	内蒙古	391	0.13
2	广 西	178	0.06
3	重 庆	853	0.28
4	四 川	55 372	18.01
5	贵 州	4 085	1.33
6	云 南	4 603	1.50
7	西 藏	0	0.00
8	陕 西	210 733	68.55
9	甘 肃	31 082	10.11
10	青 海	116	0.04
11	宁 夏	0	0.00
12	新 疆	0	0.00

2012—2013 全国区域玻璃仪器类纯销（对终端）金额统计表

单位：千元

序号	地 区	纯 销		区域占比（%）	
		2012 年	2013 年	2012 年	2013 年
	全国总计	684 412	956 439	100.00	100.00
1	北 京	4 244	4 002	0.62	0.42
2	天 津	17 448	15 104	2.55	1.58
3	河 北	39 239	45 291	5.73	4.74

续　表

序号	地　区	纯　销		区域占比（%）	
		2012 年	2013 年	2012 年	2013 年
	全国总计	684 412	956 439	100.00	100.00
4	山　西	6 657	2 125	0.97	0.22
5	内蒙古	2 496	388	0.36	0.04
6	辽　宁	0	0	0.00	0.00
7	吉　林	1 867	2 646	0.27	0.28
8	黑龙江	16 769	31 821	2.45	3.33
9	上　海	81 691	111 441	11.94	11.65
10	江　苏	24 218	2 446	3.54	0.26
11	浙　江	8 160	6 803	1.19	0.71
12	安　徽	0	19 549	0.00	2.04
13	福　建	4 140	45	0.60	0.00
14	江　西	935	3 247	0.14	0.34
15	山　东	6 805	17 646	0.99	1.85
16	河　南	42 968	44 376	6.28	4.64
17	湖　北	5 781	4 256	0.84	0.45
18	湖　南	245 857	410 071	35.92	42.87
19	广　东	5 635	4 106	0.82	0.43
20	广　西	8 209	177	1.20	0.02
21	海　南	38	128	0.01	0.01
22	重　庆	311	501	0.05	0.05
23	四　川	2 314	33 369	0.34	3.49
24	贵　州	5 610	0	0.82	0.00
25	云　南	2 672	2 479	0.39	0.26
26	西　藏	0	0	0.00	0.00
27	陕　西	113 878	177 795	16.64	18.59
28	甘　肃	36 286	16 601	5.30	1.74
29	青　海	181	25	0.03	0.00
30	宁　夏	0	0	0.00	0.00
31	新　疆	0	0	0.00	0.00

2013 年东部地区玻璃仪器类纯销（对终端）金额统计表

单位：千元

序　号	地　区	纯　销	区域占比（%）
	地区合计	207 012	100.00
1	北　京	4 002	1.93
2	天　津	15 104	7.30
3	河　北	45 291	21.88
4	辽　宁	0	0.00
5	上　海	111 441	53.83
6	江　苏	2 446	1.18
7	浙　江	6 803	3.29
8	福　建	45	0.02
9	山　东	17 646	8.52
10	广　东	4 106	1.98
11	海　南	128	0.06

2013 年中部地区玻璃仪器类纯销（对终端）金额统计表

单位：千元

序　号	地　区	纯　销	区域占比（%）
	地区合计	518 091	100.00
1	山　西	2 125	0.41
2	吉　林	2 646	0.51
3	黑龙江	31 821	6.14
4	安　徽	19 549	3.77
5	江　西	3 247	0.63
6	河　南	44 376	8.57
7	湖　北	4 256	0.82
8	湖　南	410 071	79.15

2013 年西部地区玻璃仪器类纯销（对终端）金额统计表

单位：千元

序　号	地　区	纯　销	区域占比（%）
	地区合计	231 335	100.00
1	内蒙古	388	0.17
2	广　西	177	0.08
3	重　庆	501	0.22
4	四　川	33 369	14.42

续　表

序　号	地　区	纯　销	区域占比（%）
	地区合计	231 335	100.00
5	贵　州	0	0.00
6	云　南	2 479	1.07
7	西　藏	0	0.00
8	陕　西	177 795	76.86
9	甘　肃	16 601	7.18
10	青　海	25	0.01
11	宁　夏	0	0.00
12	新　疆	0	0.00

2012—2013 全国区域中药材类总销（对终端）金额统计表

单位：千元

序号	地　区	总销售		区域占比（%）	
		2012 年	2013 年	2012 年	2013 年
	全国总计	50 809 651	47 061 598	100.00	100.00
1	北　京	9 349 119	3 099 099	18.40	6.59
2	天　津	299 338	265 581	0.59	0.56
3	河　北	1 614 167	1 725 530	3.18	3.67
4	山　西	468 103	509 260	0.92	1.08
5	内蒙古	89 271	96 248	0.18	0.20
6	辽　宁	275 490	366 296	0.54	0.78
7	吉　林	78 838	101 827	0.16	0.22
8	黑龙江	155 709	263 789	0.31	0.56
9	上　海	4 814 011	5 476 918	9.47	11.64
10	江　苏	1 963 502	1 834 530	3.86	3.90
11	浙　江	2 814 550	3 728 078	5.54	7.92
12	安　徽	7 966 123	6 118 611	15.68	13.00
13	福　建	727 740	746 276	1.43	1.59
14	江　西	276 579	368 713	0.54	0.78
15	山　东	1 029 973	1 145 741	2.03	2.43
16	河　南	1 691 234	1 548 376	3.33	3.29
17	湖　北	655 779	556 052	1.29	1.18
18	湖　南	1 736 323	2 039 234	3.42	4.33
19	广　东	5 312 818	4 617 104	10.46	9.81

续 表

序号	地 区	总销售		区域占比（%）	
		2012 年	2013 年	2012 年	2013 年
	全国总计	50 809 651	47 061 598	100.00	100.00
20	广 西	154 343	299 951	0.30	0.64
21	海 南	35 825	52 458	0.07	0.11
22	重 庆	5 054 493	4 849 868	9.95	10.31
23	四 川	1 604 389	3 675 737	3.16	7.81
24	贵 州	62 203	187 957	0.12	0.40
25	云 南	970 338	614 742	1.91	1.31
26	西 藏	0	0	0.00	0.00
27	陕 西	577 080	1 704 423	1.14	3.62
28	甘 肃	968 877	1 004 450	1.91	2.13
29	青 海	20 693	26 392	0.04	0.06
30	宁 夏	21 277	22 620	0.04	0.05
31	新 疆	21 466	15 738	0.04	0.03

2013 年东部地区中药材类总销（对终端）金额统计表

单位：千元

序 号	地 区	总销售	区域占比（%）
	地区合计	23 057 611	100.00
1	北 京	3 099 099	13.44
2	天 津	265 581	1.15
3	河 北	1 725 530	7.48
4	辽 宁	366 296	1.59
5	上 海	5 476 918	23.75
6	江 苏	1 834 530	7.96
7	浙 江	3 728 078	16.17
8	福 建	746 276	3.24
9	山 东	1 145 741	4.97
10	广 东	4 617 104	20.02
11	海 南	52 458	0.23

2013 年中部地区中药材类总销（对终端）金额统计表

单位：千元

序　号	地　区	总销售	区域占比（%）
	地区合计	11 505 862	100.00
1	山　西	509 260	4.43
2	吉　林	101 827	0.89
3	黑龙江	263 789	2.29
4	安　徽	6 118 611	53.18
5	江　西	368 713	3.20
6	河　南	1 548 376	13.46
7	湖　北	556 052	4.83
8	湖　南	2 039 234	17.72

2013 年西部地区中药材类总销（对终端）金额统计表

单位：千元

序　号	地　区	总销售	区域占比（%）
	地区合计	12 498 126	100.00
1	内蒙古	96 248	0.77
2	广　西	299 951	2.40
3	重　庆	4 849 868	38.80
4	四　川	3 675 737	29.41
5	贵　州	187 957	1.50
6	云　南	614 742	4.92
7	西　藏	0	0.00
8	陕　西	1 704 423	13.64
9	甘　肃	1 004 450	8.04
10	青　海	26 392	0.21
11	宁　夏	22 620	0.18
12	新　疆	15 738	0.13

2012—2013 全国区域中药材类纯销（对终端）金额统计表

单位：千元

序号	地　区	纯　销		区域占比（%）	
		2012 年	2013 年	2012 年	2013 年
	全国总计	23 876 258	25 779 485	100.00	100.00
1	北　京	3 164 852	1 961 847	13.26	7.61
2	天　津	261 962	147 267	1.10	0.57
3	河　北	647 582	874 035	2.71	3.39

续 表

序号	地 区	纯 销		区域占比（%）	
		2012 年	2013 年	2012 年	2013 年
	全国总计	23 876 258	25 779 485	100.00	100.00
4	山 西	299 045	362 221	1.25	1.41
5	内蒙古	73 524	83 889	0.31	0.33
6	辽 宁	226 770	319 911	0.95	1.24
7	吉 林	70 712	89 268	0.30	0.35
8	黑龙江	142 223	210 694	0.60	0.82
9	上 海	2 769 127	3 436 153	11.60	13.33
10	江 苏	1 114 048	1 230 697	4.67	4.77
11	浙 江	2 041 478	2 418 095	8.55	9.38
12	安 徽	2 024 562	1 077 570	8.48	4.18
13	福 建	506 411	457 859	2.12	1.78
14	江 西	226 973	313 874	0.95	1.22
15	山 东	590 858	611 455	2.47	2.37
16	河 南	1 225 371	924 494	5.13	3.59
17	湖 北	242 572	299 015	1.02	1.16
18	湖 南	1 076 779	1 244 159	4.51	4.83
19	广 东	1 980 315	1 748 198	8.29	6.78
20	广 西	120 490	214 178	0.50	0.83
21	海 南	26 745	34 979	0.11	0.14
22	重 庆	2 660 485	3 237 787	11.14	12.56
23	四 川	1 362 849	2 868 317	5.71	11.13
24	贵 州	55 718	51 709	0.23	0.20
25	云 南	363 128	376 784	1.52	1.46
26	西 藏	0	0	0.00	0.00
27	陕 西	267 940	874 827	1.12	3.39
28	甘 肃	283 965	261 829	1.19	1.02
29	青 海	14 096	12 674	0.06	0.05
30	宁 夏	21 276	22 620	0.09	0.09
31	新 疆	14 403	13 079	0.06	0.05

2013 年东部地区中药材类纯销（对终端）金额统计表

单位：千元

序　号	地　区	纯　销	区域占比（%）
	地区合计	13 240 496	100. 00
1	北　京	196 1847	14. 82
2	天　津	147 267	1. 11
3	河　北	874 035	6. 60
4	辽　宁	319 911	2. 42
5	上　海	3 436 153	25. 95
6	江　苏	1 230 697	9. 29
7	浙　江	2 418 095	18. 26
8	福　建	457 859	3. 46
9	山　东	611 455	4. 62
10	广　东	1 748 198	13. 20
11	海　南	34 979	0. 26

2013 年中部地区中药材类纯销（对终端）金额统计表

单位：千元

序　号	地　区	纯　销	区域占比（%）
	地区合计	4 521 295	100. 00
1	山　西	362 221	8. 01
2	吉　林	89 268	1. 97
3	黑龙江	210 694	4. 66
4	安　徽	1 077 570	23. 83
5	江　西	313 874	6. 94
6	河　南	924 494	20. 45
7	湖　北	299 015	6. 61
8	湖　南	1 244 159	27. 52

2013 年西部地区中药材类纯销（对终端）金额统计表

单位：千元

序　号	地　区	纯　销	区域占比（%）
	地区合计	8 017 693	100. 00
1	内蒙古	83 889	1. 05
2	广　西	214 178	2. 67
3	重　庆	3 237 787	40. 38
4	四　川	2 868 317	35. 77

续 表

序 号	地 区	纯 销	区域占比（%）
	地区合计	8 017 693	100.00
5	贵 州	51 709	0.64
6	云 南	376 784	4.70
7	西 藏	0	0.00
8	陕 西	874 827	10.91
9	甘 肃	261 829	3.27
10	青 海	12 674	0.16
11	宁 夏	22 620	0.28
12	新 疆	13 079	0.16

2012—2013 全国区域中成药类总销（对终端）金额统计表

单位：千元

序号	地 区	总销售		区域占比（%）	
		2012 年	2013 年	2012 年	2013 年
	全国总计	188 061 360	198 492 203	100.00	100.00
1	北 京	13 488 739	15 890 049	7.17	8.01
2	天 津	13 132 945	14 123 841	6.98	7.12
3	河 北	6 350 520	7 296 681	3.38	3.68
4	山 西	3 552 247	4 463 592	1.89	2.25
5	内蒙古	523 910	524 792	0.28	0.26
6	辽 宁	4 175 017	5 097 533	2.22	2.57
7	吉 林	1 058 350	1 821 475	0.56	0.92
8	黑龙江	773 991	1 012 566	0.41	0.51
9	上 海	12 087 407	11 879 045	6.43	5.98
10	江 苏	11 998 555	12 760 335	6.38	6.43
11	浙 江	11 460 137	14 019 567	6.09	7.06
12	安 徽	18 507 936	16 364 355	9.84	8.24
13	福 建	1 618 910	2 109 963	0.86	1.06
14	江 西	4 101 454	4 265 248	2.18	2.15
15	山 东	9 819 196	11 787 814	5.22	5.94
16	河 南	5 101 249	4 704 373	2.71	2.37
17	湖 北	13 470 863	10 308 315	7.16	5.19
18	湖 南	4 808 930	5 805 799	2.56	2.92
19	广 东	21 357 838	20 339 469	11.36	10.25

续　表

序号	地　区	总销售		区域占比（%）	
		2012 年	2013 年	2012 年	2013 年
	全国总计	188 061 360	198 492 203	100.00	100.00
20	广　西	2 397 619	3 476 351	1.27	1.75
21	海　南	482 021	887 692	0.26	0.45
22	重　庆	12 403 483	10 165 171	6.60	5.12
23	四　川	3 577 622	4 959 555	1.90	2.50
24	贵　州	1 288 522	2 105 071	0.69	1.06
25	云　南	3 952 669	4 273 707	2.10	2.15
26	西　藏	0	0	0.00	0.00
27	陕　西	3 340 464	4 286 452	1.78	2.16
28	甘　肃	997 568	1 021 876	0.53	0.51
29	青　海	246 201	156 255	0.13	0.08
30	宁　夏	400 407	486 906	0.21	0.25
31	新　疆	1 586 589	2 098 355	0.84	1.06

2013 年东部地区中成药类总销（对终端）金额统计表

单位：千元

序　号	地　区	总销售	区域占比（%）
	地区合计	116 191 989	100.00
1	北　京	15 890 049	13.68
2	天　津	14 123 841	12.16
3	河　北	7 296 681	6.28
4	辽　宁	5 097 533	4.39
5	上　海	11 879 045	10.22
6	江　苏	12 760 335	10.98
7	浙　江	14 019 567	12.07
8	福　建	2 109 963	1.82
9	山　东	11 787 814	10.15
10	广　东	20 339 469	17.51
11	海　南	887 692	0.76

2013 年中部地区中成药类总销（对终端）金额统计表

单位：千元

序 号	地 区	总销售	区域占比（%）
	地区合计	48 745 723	100.00
1	山 西	4 463 592	9.16
2	吉 林	1 821 475	3.74
3	黑龙江	1 012 566	2.08
4	安 徽	16 364 355	33.57
5	江 西	4 265 248	8.75
6	河 南	4 704 373	9.65
7	湖 北	10 308 315	21.15
8	湖 南	5 805 799	11.91

2013 年西部地区中成药类总销（对终端）金额统计表

单位：千元

序 号	地 区	总销售	区域占比（%）
	地区合计	33 554 491	100.00
1	内蒙古	524 792	1.56
2	广 西	3 476 351	10.36
3	重 庆	10 165 171	30.29
4	四 川	4 959 555	14.78
5	贵 州	2 105 071	6.27
6	云 南	4 273 707	12.74
7	西 藏	0	0.00
8	陕 西	4 286 452	12.77
9	甘 肃	1 021 876	3.05
10	青 海	156 255	0.47
11	宁 夏	486 906	1.45
12	新 疆	2 098 355	6.25

2012—2013 全国区域中成药类纯销（对终端）金额统计表

单位：千元

序号	地 区	纯 销		区域占比（%）	
		2012 年	2013 年	2012 年	2013 年
	全国总计	101 555 967	109 457 257	100.00	100.00
1	北 京	11 874 423	10 988 482	11.69	10.04
2	天 津	4 017 614	3 538 919	3.96	3.23
3	河 北	3 536 283	3 544 771	3.48	3.24

续 表

序号	地 区	纯 销		区域占比（%）	
		2012 年	2013 年	2012 年	2013 年
	全国总计	101 555 967	109 457 257	100. 00	100. 00
4	山 西	2 300 943	2 920 643	2. 27	2. 67
5	内蒙古	330 982	373 981	0. 33	0. 34
6	辽 宁	2 441 577	2 929 543	2. 40	2. 68
7	吉 林	375 351	626 338	0. 37	0. 57
8	黑龙江	746 484	753 684	0. 74	0. 69
9	上 海	7 346 719	7 658 774	7. 23	7. 00
10	江 苏	8 052 142	8 980 682	7. 93	8. 20
11	浙 江	7 381 618	8 922 692	7. 27	8. 15
12	安 徽	6 712 031	8 370 734	6. 61	7. 65
13	福 建	1 135 979	1 256 233	1. 12	1. 15
14	江 西	1 891 178	2 163 028	1. 86	1. 98
15	山 东	5 695 269	7 117 674	5. 61	6. 50
16	河 南	3 415 972	2 799 060	3. 36	2. 56
17	湖 北	4 113 321	3 773 215	4. 05	3. 45
18	湖 南	2 943 703	3 483 493	2. 90	3. 18
19	广 东	10 082 934	9 890 150	9. 93	9. 04
20	广 西	1 777 818	2 018 788	1. 75	1. 84
21	海 南	243 522	256 452	0. 24	0. 23
22	重 庆	6 712 391	6 042 593	6. 61	5. 52
23	四 川	2 023 861	3 015 587	1. 99	2. 76
24	贵 州	737 668	1 097 097	0. 73	1. 00
25	云 南	1 919 284	1 788 162	1. 89	1. 63
26	西 藏	0	0	0. 00	0. 00
27	陕 西	1 324 763	2 359 218	1. 30	2. 16
28	甘 肃	578 447	541 340	0. 57	0. 49
29	青 海	131 996	71 119	0. 13	0. 06
30	宁 夏	362 718	430 893	0. 36	0. 39
31	新 疆	1 348 976	1 743 915	1. 33	1. 59

2013 年东部地区中成药类纯销（对终端）金额统计表

单位：千元

序 号	地 区	纯 销	区域占比（%）
	地区合计	65 084 372	100.00
1	北 京	10 988 482	16.88
2	天 津	3 538 919	5.44
3	河 北	3 544 771	5.45
4	辽 宁	2 929 543	4.50
5	上 海	7 658 774	11.77
6	江 苏	8 980 682	13.80
7	浙 江	8 922 692	13.71
8	福 建	1 256 233	1.93
9	山 东	7 117 674	10.94
10	广 东	9 890 150	15.20
11	海 南	256 452	0.39

2013 年中部地区中成药类纯销（对终端）金额统计表

单位：千元

序 号	地 区	纯 销	区域占比（%）
	地区合计	24 890 195	100.00
1	山 西	2 920 643	11.73
2	吉 林	626 338	2.52
3	黑龙江	753 684	3.03
4	安 徽	8 370 734	33.63
5	江 西	2 163 028	8.69
6	河 南	2 799 060	11.25
7	湖 北	3 773 215	15.16
8	湖 南	3 483 493	14.00

2013 年西部地区中成药类纯销（对终端）金额统计表

单位：千元

序 号	地 区	纯 销	区域占比（%）
	地区合计	19 482 693	100.00
1	内蒙古	373 981	1.92
2	广 西	2 018 788	10.36
3	重 庆	6 042 593	31.02
4	四 川	3 015 587	15.48

续 表

序 号	地 区	纯 销	区域占比（%）
	地区合计	19 482 693	100.00
5	贵 州	1 097 097	5.63
6	云 南	1 788 162	9.18
7	西 藏	0	0.00
8	陕 西	2 359 218	12.11
9	甘 肃	541 340	2.78
10	青 海	71 119	0.37
11	宁 夏	430 893	2.21
12	新 疆	1 743 915	8.95

2012—2013 全国区域其他类总销（对终端）金额统计表

单位：千元

序号	地 区	总销售		区域占比（%）	
		2012 年	2013 年	2012 年	2013 年
	全国总计	38 754 790	36 168 694	100.00	100.00
1	北 京	5 411 711	6 366 243	13.96	17.60
2	天 津	566 398	510 012	1.46	1.41
3	河 北	563 781	742 716	1.45	2.05
4	山 西	394 521	310 893	1.02	0.86
5	内蒙古	178 648	157 361	0.46	0.44
6	辽 宁	411 389	392 788	1.06	1.09
7	吉 林	29 978	68 457	0.08	0.19
8	黑龙江	154 752	248 767	0.40	0.69
9	上 海	6 020 665	6 178 734	15.54	17.08
10	江 苏	3 673 589	2 381 023	9.48	6.58
11	浙 江	564 367	788 447	1.46	2.18
12	安 徽	1 481 749	2 062 152	3.82	5.70
13	福 建	472 745	600 618	1.22	1.66
14	江 西	635 822	656 079	1.64	1.81
15	山 东	734 844	957 227	1.90	2.65
16	河 南	262 577	353 509	0.68	0.98
17	湖 北	2 444 742	2 419 392	6.31	6.69
18	湖 南	943 570	1 027 853	2.43	2.84
19	广 东	3 226 859	2 677 817	8.33	7.40

续 表

序号	地 区	总销售		区域占比（%）	
		2012 年	2013 年	2012 年	2013 年
	全国总计	38 754 790	36 168 694	100. 00	100. 00
20	广 西	439 916	449 212	1. 14	1. 24
21	海 南	95 455	158 608	0. 25	0. 44
22	重 庆	6 367 190	1 361 853	16. 43	3. 77
23	四 川	805 683	1 472 966	2. 08	4. 07
24	贵 州	72 544	151 933	0. 19	0. 42
25	云 南	2 193 935	2 769 743	5. 66	7. 66
26	西 藏	0	0	0. 00	0. 00
27	陕 西	394 177	680 638	1. 02	1. 88
28	甘 肃	183 644	195 631	0. 47	0. 54
29	青 海	12 060	9 249	0. 03	0. 03
30	宁 夏	17 478	18 772	0. 05	0. 05
31	新 疆	0	0	0. 00	0. 00

2013 年东部地区其他类总销（对终端）金额统计表

单位：千元

序 号	地 区	总销售	区域占比（%）
	地区合计	21 754 233	100. 00
1	北 京	6 366 243	29. 26
2	天 津	510 012	2. 34
3	河 北	742 716	3. 41
4	辽 宁	392 788	1. 81
5	上 海	6 178 734	28. 40
6	江 苏	2 381 023	10. 95
7	浙 江	788 447	3. 62
8	福 建	600 618	2. 76
9	山 东	957 227	4. 40
10	广 东	2 677 817	12. 31
11	海 南	158 608	0. 73

2013年中部地区其他类总销（对终端）金额统计表

单位：千元

序　号	地　区	总销售	区域占比（%）
	地区合计	7 147 102	100.00
1	山　西	310 893	4.35
2	吉　林	68 457	0.96
3	黑龙江	248 767	3.48
4	安　徽	2 062 152	28.85
5	江　西	656 079	9.18
6	河　南	353 509	4.95
7	湖　北	2 419 392	33.85
8	湖　南	1 027 853	14.38

2013年西部地区其他类总销（对终端）金额统计表

单位：千元

序　号	地　区	总销售	区域占比（%）
	地区合计	7 267 358	100.00
1	内蒙古	157 361	2.17
2	广　西	449 212	6.18
3	重　庆	1 361 853	18.74
4	四　川	1 472 966	20.27
5	贵　州	151 933	2.09
6	云　南	2 769 743	38.11
7	西　藏	0	0.00
8	陕　西	680 638	9.37
9	甘　肃	195 631	2.69
10	青　海	9 249	0.13
11	宁　夏	18 772	0.26
12	新　疆	0	0.00

2012—2013 全国区域其他类纯销（对终端）金额统计表

单位：千元

序号	地区	纯销		区域占比（%）	
		2012 年	2013 年	2012 年	2013 年
	全国总计	20 895 896	20 990 880	100.00	100.00
1	北　京	4 235 528	3 168 634	20.27	15.10
2	天　津	306 777	263 307	1.47	1.25
3	河　北	431 124	591 181	2.06	2.82
4	山　西	272 382	241 706	1.30	1.15
5	内蒙古	99 517	138 812	0.48	0.66
6	辽　宁	343 028	388 212	1.64	1.85
7	吉　林	11 547	8 465	0.06	0.04
8	黑龙江	144 220	152 439	0.69	0.73
9	上　海	2 542 002	2 926 401	12.17	13.94
10	江　苏	702 698	831 104	3.36	3.96
11	浙　江	432 603	399 589	2.07	1.90
12	安　徽	363 962	739 022	1.74	3.52
13	福　建	308 777	406 723	1.48	1.94
14	江　西	277 362	300 925	1.33	1.43
15	山　东	397 102	545 501	1.90	2.60
16	河　南	200 474	227 089	0.96	1.08
17	湖　北	1 164 610	1 830 163	5.57	8.72
18	湖　南	589 740	564 660	2.82	2.69
19	广　东	2 720 169	1 787 938	13.02	8.52
20	广　西	246 745	253 449	1.18	1.21
21	海　南	48 457	46 908	0.23	0.22
22	重　庆	2 005 286	826 229	9.60	3.94
23	四　川	662 139	1 170 392	3.17	5.58
24	贵　州	37 903	59 692	0.18	0.28
25	云　南	1 932 233	2 519 999	9.25	12.01
26	西　藏	0	0	0.00	0.00
27	陕　西	239 733	421 109	1.15	2.01
28	甘　肃	156 642	158 441	0.75	0.75
29	青　海	6 184	4 506	0.03	0.02
30	宁　夏	16 953	18 287	0.08	0.09
31	新　疆	0	0	0.00	0.00

2013 年东部地区其他类纯销（对终端）金额统计表

单位：千元

序 号	地 区	纯 销	区域占比（%）
	地区合计	11 355 498	100.00
1	北 京	3 168 634	27.90
2	天 津	263 307	2.32
3	河 北	591 181	5.21
4	辽 宁	388 212	3.42
5	上 海	2 926 401	25.77
6	江 苏	831 104	7.32
7	浙 江	399 589	3.52
8	福 建	406 723	3.58
9	山 东	545 501	4.80
10	广 东	1 787 938	15.75
11	海 南	46 908	0.41

2013 年中部地区其他类纯销（对终端）金额统计表

单位：千元

序 号	地 区	纯 销	区域占比（%）
	地区合计	4 064 469	100.00
1	山 西	241 706	5.95
2	吉 林	8 465	0.21
3	黑龙江	152 439	3.75
4	安 徽	739 022	18.18
5	江 西	300 925	7.40
6	河 南	227 089	5.59
7	湖 北	1 830 163	45.03
8	湖 南	564 660	13.89

2013 年西部地区其他类纯销（对终端）金额统计表

单位：千元

序 号	地 区	纯 销	区域占比（%）
	地区合计	5 570 916	100.00
1	内蒙古	138 812	2.49
2	广 西	253 449	4.55
3	重 庆	826 229	14.83
4	四 川	1 170 392	21.01

续表

序号	地区	纯销	区域占比（%）
	地区合计	5 570 916	100.00
5	贵州	59 692	1.07
6	云南	2 519 999	45.23
7	西藏	0	0.00
8	陕西	421 109	7.56
9	甘肃	158 441	2.84
10	青海	4 506	0.08
11	宁夏	18 287	0.33
12	新疆	0	0.00

2013 年药品批发及批零兼营直报企业跨省经营汇总表

序号	企业名称	批零关系	跨省个数	所跨省份						
1	修正药业集团营销有限公司	批发	31	新疆	浙江	甘肃	海南	云南	重庆	吉林
				湖北	河南	西藏	广西	天津	北京	四川
				江苏	上海	湖南	陕西	黑龙江	山西	河北
				山东	贵州	青海	广东	宁夏	福建	内蒙古
				安徽	辽宁	江西				
2	北京同仁堂健康药品经营有限公司	批零兼营	28	湖南	广东	河北	浙江	安徽	云南	黑龙江
				新疆	贵州	天津	福建	四川	吉林	上海
				湖北	陕西	河南	山西	海南	山东	广西
				内蒙古	甘肃	辽宁	北京	江西	重庆	江苏
3	中国北京同仁堂（集团）有限责任公司	批零兼营	28	湖南	广东	河北	浙江	安徽	云南	黑龙江
				新疆	贵州	天津	福建	四川	吉林	上海
				湖北	陕西	河南	山西	海南	山东	广西
				内蒙古	甘肃	辽宁	北京	江西	重庆	江苏
4	北京同仁堂商业投资集团有限公司	批零兼营	25	湖南	北京	河北	浙江	江苏	云南	黑龙江
				新疆	贵州	天津	重庆	四川	吉林	上海
				湖北	陕西	河南	山西	海南	山东	广东
				内蒙古	安徽	辽宁	江西			
5	中国医药集团总公司	批零兼营	19	广东	黑龙江	浙江	新疆	河北	天津	北京
				上海	湖南	山西	河南	山东	广西	宁夏
				福建	内蒙古	安徽	辽宁	江苏		

续　表

序号	企业名称	批零关系	跨省个数	所跨省份						
6	九州通医药集团有限公司	批发	9	福建	湖北	浙江	新疆	河南	上海	北京
				山东	江苏					
7	华润医药商业集团有限公司	批零兼营	7	浙江	广东	湖南	天津	北京	山东	江苏
8	大参林医药集团股份有限公司	批零兼营	6	广西	福建	广东	江西	浙江	河南	
9	云南鸿翔一心堂药业（集团）股份有限公司	批零兼营	6	山西	广西	贵州	云南	重庆	四川	
10	北京金象大药房医药连锁有限责任公司	批零兼营	5	河北	天津	北京	山西	山东		
11	重庆桐君阁股份有限公司	批零兼营	5	上海	重庆	广西	天津	四川		
12	南京国药医药有限公司	批零兼营	4	安徽	福建	新疆	江苏			
13	鹭燕（福建）药业股份有限公司	批发	4	安徽	福建	四川	江西			
14	南京医药股份有限公司	批零兼营	4	安徽	福建	新疆	江苏			
15	山西福源药业有限责任公司	批发	3	山西	河北	内蒙古				
16	安徽华源医药股份有限公司	批发	3	宁夏	安徽	北京				
17	天津天士力医药营销集团有限公司	批零兼营	3	天津	辽宁	山东				
18	成都百信药业连锁有限责任公司	批零兼营	3	四川	河北	湖北				
19	江苏大众医药连锁有限公司	批零兼营	2	安徽	江苏					
20	上海雷允上药品连锁经营有限公司	批零兼营	2	江苏	上海					
21	中国药材公司	批发	2	河北	黑龙江					
22	四川德仁堂药业连锁有限公司	批零兼营	2	北京	四川					
23	张家口华佗医药经营有限公司	批发	2	北京	河北					

统计范围：仅列跨 2 个省以上的药品批发和批零兼营直报企业。

2013 年药品零售直报企业跨省经营汇总表

序号	企业名称	批零关系	跨省个数	所跨省份						
1	国药控股国大药房有限公司	零售	18	福建	河南	江苏	新疆	广西	天津	安徽
				上海	湖南	山西	河北	山东	广东	宁夏
				北京	内蒙古	浙江	辽宁			
2	老百姓大药房连锁（天津）有限公司	零售	15	浙江	广西	河南	天津	北京	上海	湖北
				陕西	河北	山东	广东	江西	安徽	江苏
				湖南						
3	深圳市海王星辰医药有限公司	零售	14	广东	浙江	辽宁	江苏	山东	四川	天津
				北京	吉林	安徽	湖北	福建	上海	湖南
4	深圳中联大药房控股有限公司	零售	10	广东	贵州	北京	四川	广西	山西	福建
				湖北	云南	海南				
5	湖北同济堂药房有限公司	零售	7	湖北	江苏	安徽	重庆	广东	北京	浙江
6	益丰大药房连锁股份有限公司	零售	6	江苏	湖北	湖南	上海	浙江	江西	
7	武汉普安医药有限公司	零售	6	江苏	北京	湖北	四川	天津	上海	
8	上海华氏大药房有限公司	零售	5	贵州	安徽	浙江	江苏	上海		
9	辽宁成大方圆医药连锁有限公司	零售	5	吉林	山东	河北	内蒙古	辽宁		
10	云南健之佳健康连锁店股份有限公司	零售	4	广西	四川	重庆	云南			
11	河南张仲景大药房股份有限公司	零售	3	黑龙江	海南	河南				
12	北京百信仁康大药房有限公司	零售	3	天津	北京	河北				
13	上海益丰大药房有限公司	零售	3	浙江	江苏	上海				
14	甘肃德生堂大药房连锁经营有限公司	零售	3	陕西	北京	甘肃				
15	重庆桐君阁大药房连锁有限公司	零售	2	四川	重庆					
16	张家口市华佗药房连锁有限公司	零售	2	北京	河北					

统计范围：仅列跨 2 个省以上的药品零售直报企业。

第四部分　直报企业主要经济指标排序

2013 年区域药品流通批发企业主营业务收入前 50 位排序

序号	企业名称
	北京市
1	中国医药集团总公司
2	华润医药商业集团有限公司
3	北京科园信海医药经营有限公司
4	中国医药健康产业股份有限公司
5	国药集团药业股份有限公司
6	中国北京同仁堂（集团）有限责任公司
7	国药控股北京有限公司
8	北京同仁堂商业投资集团有限公司
9	北京九州通医药有限公司
10	国药控股北京天星普信生物医药有限公司
11	北京同仁堂健康药品经营有限公司
12	国药控股北京华鸿有限公司
13	华润普仁鸿（北京）医药有限公司
14	嘉事堂药业股份有限公司
15	中国药材公司
16	北京美康永正医药有限公司
17	华润新龙（北京）医药有限公司
18	北京双鹤药业经营有限责任公司
19	康德乐（中国）医药有限公司
20	北京上药爱心伟业医药有限公司
21	华润国康（北京）医药有限公司
22	北京恒生海康医药有限公司
23	北京金象复星医药股份有限公司
24	红惠医药有限公司
25	北京安和康医药有限公司
26	北京悦康源通医药有限公司
27	北京燃烽医药有限责任公司
28	北京恒和康建医药有限公司
29	国药健坤（北京）医药有限责任公司
30	北京凯宏鑫医药有限责任公司

续 表

序号	企业名称
31	北京丰瑞龙翔医药有限公司
32	北京万维医药有限公司
33	海南四环医药有限公司
34	北京宝泽康医药有限责任公司
35	北京市海森医药进出口有限公司
36	北京金鑫然医药有限责任公司
37	康阳先锋（北京）生物医药有限公司
38	北京市亚华医药有限公司
39	北京同仁堂药材有限责任公司
40	北京康明济生医药有限公司
41	北京华源仁济医药有限公司
42	北京西单医药有限责任公司
43	北京世仁堂医药有限公司
44	北京国力康医药有限公司
45	北京广安医药联合中心
46	北京鹤鸣堂医药有限责任公司
47	北京安捷利尔医药销售中心
48	国药药材股份有限公司
49	北京恒创佳益医药有限公司
50	北京国康兄弟医药有限公司
天津市	
1	天津天士力医药营销集团有限公司
2	国药控股天津有限公司
3	天津医药集团太平医药有限公司
4	天津中新药业集团股份有限公司医药公司
5	国药控股（天津）东方博康医药有限公司
6	国药控股天津北方医药有限公司
7	天津联合医药有限公司
8	天津北药大通医药有限公司
9	天津世纪滨海生物医药有限公司
10	天津市康瑞达医药有限公司
河北省	
1	国药乐仁堂医药有限公司
2	石药集团河北中诚医药有限公司

续　表

序号	企业名称
3	河北东盛英华医药有限公司
4	张家口华佗医药经营有限公司
5	河北智同医药有限公司
山西省	
1	国药集团山西有限公司
2	国药控股山西有限公司
3	山西亚宝医药经销有限公司
4	山西康美徕医药有限公司
5	山西临汾医药药材有限公司
6	运城城区药材公司
7	山西亨通医药批发有限公司
8	山西振东医药有限公司
9	国药控股山西长治有限公司
10	山西通盛集团医药物流有限公司
11	山西正坤药业有限责任公司
12	山西安盛源药业有限公司
13	晋中市新都药业有限公司
14	山西福康源药业有限公司
15	山西省长治医药有限公司
16	阳泉市咱家医药物流有限责任公司
17	长治市昂生医药物流有限公司
18	山西省阳泉市医药药材公司
19	长治市潞城市民康药业有限公司
20	山西信成药业有限公司朔州分公司
内蒙古自治区	
1	国药控股内蒙古有限公司
2	内蒙古九州通医药有限公司
3	赤峰雷蒙药品经销有限公司
4	赤峰颈复康药业有限公司
5	包头市医药有限责任公司
6	内蒙古天和医药有限责任公司
7	内蒙古凯蒙药品经销有限责任公司
8	赤峰丹龙医药有限公司
9	内蒙古大金九药业有限责任公司

续 表

序号	企业名称
10	呼和浩特京丰药业有限责任公司
11	内蒙古医药有限责任公司
辽宁省	
1	国药控股沈阳有限公司
2	东北制药集团供销有限公司
3	华润辽宁医药有限公司
4	辽宁省医药对外贸易公司
5	辽宁九州通医药有限公司
6	辽宁万隆医药有限公司
7	国药控股大连有限公司
8	沈阳金贸医药集团有限公司
9	大连中大药业有限公司
10	沈阳医药贸易大厦有限责任公司
11	辽宁北药百草医药有限公司
12	辽宁天一药业有限责任公司
13	沈阳会通医药有限公司
14	本溪市医药总公司
15	海城市福缘堂药业有限责任公司
16	大连金虎药业有限公司
17	辽宁生物制品有限公司
18	大连辽东医药有限公司
19	沈阳奥昌医药有限公司
吉林省	
1	修正药业集团营销有限公司
2	国药控股吉林有限公司
3	吉林省天和医药科技有限公司
4	华润吉林医药有限公司
5	吉林省友邦药业有限公司
6	吉林省北方医药有限责任公司
7	华润吉林康乃尔医药有限公司
8	吉林省东龙医药物流配送有限公司
9	长春市长恒药业有限公司
10	通化同德堂医药药材有限公司
11	吉林省北药医药股份有限公司

续　表

序号	企业名称
12	吉林省三精医药有限责任公司
13	吉林亚泰万联医药有限公司
14	吉林省博宁医药有限公司
15	康美新开河（吉林）药业有限公司
16	吉林省吉林市医药有限责任公司
17	长春永新迪瑞药业有限公司
18	东辽县医药药材有限责任公司
19	延边高丽医药有限公司
20	吉林省辉南长龙药品经销有限责任公司
21	敦化市药品经销有限责任公司
22	松原市神光医药有限公司
23	吉林亚泰华氏医药有限公司
黑龙江省	
1	哈药集团医药有限公司
2	华润牡丹江天利医药有限公司
3	绥化市医药有限公司
上海市	
1	上海医药分销控股有限公司
2	上海永裕医药有限公司
3	上海雷允上药业有限公司
4	上海九州通医药有限公司
5	上海康健进出口有限公司
6	上海外高桥医药分销中心有限公司
7	上海市医药保健品进出口公司
8	上海虹桥药业有限公司
9	国药集团化学试剂有限公司
10	上海复星药业有限公司
11	上海申威医药有限公司
12	上海华宇药业有限公司
13	上海信谊医药有限公司
14	上海罗达医药公司
15	上海新先锋华康医药有限公司
16	上海童涵春堂药业股份有限公司
17	上海东虹医药有限公司

续 表

序号	企业名称
18	华润国康（上海）医药有限公司
19	上海海吉雅医药有限公司
20	上海信谊联合医药药材有限公司
21	上海雷允上药业西区有限公司
22	上海信谊天一药业有限公司
23	上海第一医药股份有限公司
24	上海雷允上北区药业股份有限公司
25	上海中西三维医药有限公司
26	上海新时代药业有限公司
27	上海美罗医药有限公司
28	上海汇丰医药药材有限公司
29	上海沪甬医药有限公司
30	上海龙威医药有限公司
31	上海南汇药材医药总公司
32	上海浦东新区医药药材有限公司
33	上海市药材有限公司
34	上海余天成医药有限公司
35	上海海欣医药股份有限公司
36	上海金山医药药材公司
37	上海医药嘉定药业有限公司
38	上海药房股份有限公司
39	上海新世纪药业有限公司
40	上海金石医药药材有限公司
41	上海古华药业（集团）有限公司
42	上海医工院医药有限公司
43	上海雷允上药品连锁经营有限公司
44	上海汇仁医药有限公司
45	上海得一医药有限公司
46	上海云湖医药药材股份有限公司
47	上海市农工商长征医药有限公司
48	上海康恩贝医药有限公司
49	上海闵行区药材医药公司
50	上海常富药业有限公司

续　表

序号	企业名称
江苏省	
1	南京医药股份有限公司
2	华润苏州礼安医药有限公司
3	江苏省医药公司
4	常州药业股份有限公司
5	国药控股常州有限公司
6	礼来贸易有限公司
7	江苏先声药业有限公司
8	连云港康缘医药商业有限公司
9	上药山禾无锡医药股份有限公司
10	南京华东医药有限责任公司
11	江苏省润天生化医药有限公司
12	南通市医药经销有限公司
13	华润昆山医药有限公司
14	国药控股无锡有限公司
15	江苏恩华和润医药有限公司
16	徐州医药股份有限公司
17	苏州恒祥进出口有限公司
18	常熟建发医药有限公司
19	江苏澳洋医药物流有限公司
20	江苏柯菲平医药股份有限公司
21	国药控股镇江有限公司
22	南通苏中医药物流有限公司
23	江苏大众医药连锁有限公司
24	南通礼安医药有限公司
25	南通华氏佳源医药有限公司
26	南京同济堂医药有限公司
27	南京市银达医药有限公司
28	张家港市百禾医药有限公司
29	扬州医药集团广宁医药有限公司
30	苏州天顺医药有限公司
31	江苏淮阴医药有限公司
32	江苏科诚医药有限公司
33	无锡东方药业有限公司
34	江苏华美医药有限责任公司

续 表

序号	企业名称
35	南京三精医药有限公司
36	常熟市医药工业供销有限公司
37	宿迁市医药有限公司
38	江苏同济医药有限公司
39	江苏百瑞医药有限公司
40	洪泽县医药有限责任公司
41	南京市江宁医药总公司
42	南京新澳康医药有限公司
43	丰县医药总公司
44	金湖县医药有限公司
浙江省	
1	华东医药股份有限公司
2	浙江英特药业有限责任公司
3	宁波医药股份有限公司
4	浙江省医药工业有限公司
5	国药控股浙江有限公司
6	国药控股温州有限公司
7	浙江震元股份有限公司
8	回音必集团有限公司
9	浙江珍诚医药在线股份有限公司
10	浙江来益医药有限公司
11	浙江嘉信医药股份有限公司
12	温州华东惠仁医药有限公司
13	杭州凯仑医药股份有限公司
14	台州上药医药有限公司
15	海尔施生物医药股份有限公司
16	浙江华通医药股份有限公司
17	华润衢州医药有限公司
18	宁波市鄞州医药药材有限公司
19	温州市英特药业有限公司
20	杭州萧山医药有限公司
21	宁波英特药业有限公司（慈溪市医药药材有限公司）
22	浙江英诺珐医药有限公司
23	浙江大德药业集团浙江医药公司

续　表

序号	企业名称
24	浙江华圣医药有限公司
25	浙江宝瑞医药有限公司
26	金华市医药有限公司
27	建德市医药药材有限公司
28	浙江省新昌县医药药材有限公司
29	温州新特医药有限公司
30	温州时代医药有限公司
31	东阳市医药药材有限公司
32	浙江大宇医药有限公司
33	浙江温州医药商业集团有限公司
34	浙江省诸暨市医药药材有限公司
35	国药控股湖州有限公司
36	国药控股金华有限公司
37	宁波市镇海医药药材有限责任公司
38	浙江海派医药有限公司
39	舟山存德医药有限公司
40	临安市医药药材有限公司
41	浙江省东阳市方圆医药有限公司
42	嘉兴英特医药有限公司
43	海盐县医药有限公司
44	宁波新城医药有限公司
45	浙江普洛康裕医药药材有限公司
46	绍兴震元医药经营有限责任公司
47	浦江县医药药材有限公司
48	浙江省余姚市医药药材有限公司
49	浙江省嵊州市医药药材总公司
50	金华市太和堂医药连锁有限公司
安徽省	
1	安徽华源医药股份有限公司
2	南京医药合肥天星有限公司
3	安徽省医药（集团）股份有限公司
4	合肥曼迪新药业有限责任公司
5	安徽阜阳医药采供站有限责任公司
6	安徽省亳州市药材总公司

续 表

序号	企业名称
7	安徽阜阳新特药业有限责任公司
8	合肥康丽药业有限责任公司
9	国药控股安徽有限公司
10	安徽华宁医药物流有限公司
11	安徽国安医药有限责任公司
12	合肥亿帆生物有限公司
13	合肥市迪迈医药有限公司
14	安徽省阜阳市康泰药业有限责任公司
15	安徽省阜阳市医药有限公司
16	安徽立方药业有限公司
17	安徽阜阳医药集团有限公司
18	安徽广印堂中药股份有限公司
19	安徽东方民生药业有限公司
20	安徽省国泰医药有限公司
21	安徽省红业医药有限公司
22	上海市医药股份有限公司安庆公司
23	芜湖双鹤医药有限责任公司
24	安徽圣诺医药有限公司
25	淮南新欣医药有限公司
26	安徽省医药工业有限公司
27	安徽省阜阳众诚药业有限责任公司
28	安徽慈广福药业有限公司
29	安徽省宣城市医药有限公司
30	界首市医药有限责任公司
31	安徽省圣安医药有限公司
32	安徽延生药业有限公司
33	安徽利生药品有限公司
34	安徽丰原医药营销有限公司
35	安徽鑫特宝医药科技发展有限公司
36	安徽九州通医药有限公司
37	安徽天禾药业有限责任公司
38	安徽瑞泰药业有限公司
39	安徽东升医药物流有限公司
40	南京医药合肥天润有限公司

续　表

序号	企业名称
41	安徽省安天医药有限公司
42	安徽省本诚医药有限公司
43	安徽同润堂医药有限公司
44	安徽宁远医药有限公司
45	国药控股六安有限公司
46	蚌埠明日欣医药有限公司
47	安徽信力康医药科技有限公司
48	合肥新安医药营销有限公司
49	安徽国立医药集团有限公司
50	安徽省安通医药进出口有限公司
福建省	
1	鹭燕（福建）药业股份有限公司
2	国药控股福建有限公司
3	福建同春药业股份有限公司
4	福建省福州市惠好药业有限公司
5	福建九州通医药有限公司
6	福建中鹭医药有限公司
7	厦门宏仁医药有限公司
8	片仔癀（漳州）医药有限公司
9	福建新力量医药有限公司
10	福建省惠明医药有限公司
11	福建东南医药有限公司
12	福建广药洁达医药有限公司
13	厦门中鹭医药有限公司
14	厦门钜翔医药有限公司
15	厦门绿金谷国际健康产业股份有限公司
16	北京同仁堂福建药业连锁有限公司
17	福建惠好药业有限公司
18	福建鸿越医药有限公司
19	厦门卫健医药有限公司
20	国药控股怀德居医药（厦门）有限公司
江西省	
1	江西汇仁集团医药科研营销有限公司
2	江西南华医药有限公司

续　表

序号	企业名称
3	江西仁翔药业有限公司
4	江西康成药业有限公司
5	江西上饶医药股份有限公司
6	江西华晨医药科技有限公司
7	江西天顺医药有限公司
8	江西饶信医药有限公司
9	遂川县医药公司
山东省	
1	山东海王银河医药有限公司
2	山东瑞康医药股份有限公司
3	华润山东医药有限公司
4	国药控股山东有限公司
5	山东瑞中医药有限公司
6	山东九州通医药有限公司
7	罗欣医药集团有限公司
8	山东省医药集团有限公司
9	青岛百洋医药科技有限公司
10	山东康诺盛世医药有限公司
11	山东康惠医药有限公司
12	山东新华医药贸易有限公司
13	青岛上药国风医药有限公司
14	青岛天合医药集团股份有限公司
15	淄博众生医药有限公司
16	山东聊城利民药业集团有限公司
17	菏泽牡丹医药有限责任公司
18	山东正大医药有限公司
19	山东省德州泰康药业有限公司
20	威海市天福医药有限公司
21	东营市医药公司
22	日照医药集团
23	山东省莱芜市医药公司
24	国药控股聊城有限公司
25	山东滨州圣慷药业有限公司
26	山东容大医药有限公司

续　表

序号	企业名称
河南省	
1	国药控股河南股份有限公司
2	河南九州通医药有限公司
3	华润河南医药有限公司
4	河南省医药有限公司
5	河南省康信医药有限公司
6	世一堂百川医药商贸有限公司
7	民生药业集团河南德尔康药业有限公司
8	商丘新先锋药业有限公司
9	河南省博济光明医药有限公司
10	河南省新华药业有限公司
11	三门峡华为药品有限责任公司
湖北省	
1	九州通医药集团有限公司
2	国药控股湖北有限公司
3	新龙药业集团
4	同济堂医药有限公司
5	武汉人福医药有限公司
6	南京医药湖北有限公司
7	湖北格林药业有限公司
8	湖北康欣医药有限公司
9	湖北百惠医药有限公司
10	华润湖北金马医药有限公司
11	武汉医药集团股份有限公司
12	湖北华立正源医药有限公司
13	湖北独活药业股份有限公司
14	黄冈市卫尔康医药有限公司
15	宜昌市康鑫医药经销有限公司
16	武汉东明药房连锁有限公司
17	宜昌市瑞康医药有限责任公司
18	湖北孝感中药材有限公司
19	湖北中融达医药有限公司（仙桃）
20	宜昌市康正药业贸易有限责任公司
21	恩施自治州恒信药业有限责任公司

续 表

序号	企业名称
22	鄂州吴都医药有限公司
23	新龙药业集团恩施有限公司
24	湖北迪奥医药有限公司
25	湖北宁康医药有限公司（咸宁）
26	宜昌万和医药有限责任公司
27	湖北聚隆药业有限公司（荆门）
28	孝感市孝南中药材公司
湖南省	
1	国药控股湖南有限公司
2	华润湖南医药有限公司
3	湖南博瑞新特药有限公司
4	湖南天士力民生药业有限公司
5	湖南千金医药股份有限公司
6	怀化龙源药业有限责任公司
7	邵阳药业有限公司
8	湖南德海医药有限公司
9	邵阳九福药业有限公司
10	衡阳市同德祥医药有限公司
11	衡阳瑞源药业有限公司
12	湖南长锋医药有限公司
13	湖南新汇医药有限公司
14	安化县医药总公司
广东省	
1	广州医药有限公司
2	广东九州通医药有限公司
3	广州中山医医药有限公司
4	汕头市创美药业有限公司
5	广东广弘医药有限公司
6	深圳中联广深医药（集团）股份有限公司
7	惠州市卫康中西药业有限公司
8	广东振东泰捷医药物流有限公司
9	珠海安生医药有限公司
10	广东省医药集团有限公司
11	广东龙康医药有限公司

续　表

序号	企业名称
12	广东济源堂药业有限公司
13	深圳市健华医药有限公司
14	广州市金长风药业有限公司
广西壮族自治区	
1	广西柳州医药股份有限公司
2	国药控股广西有限公司
3	广西柳州百草堂药业有限公司
4	广西桂玉医药有限责任公司
5	广西梧州市杰迅医药有限公司
6	广西福中堂药业有限公司
海南省	
1	海南天祥药业有限公司
2	海南鲁海医药有限公司
3	海南纳德信药业有限公司
4	海南广药晨菲医药有限公司
5	神威药业（海南）有限公司
6	国药控股海南有限公司
7	海南力强医药有限公司
8	海南德义堂药业有限公司
9	洋浦京泰药业有限公司
10	海南华健药业有限公司
11	上海延安医药洋浦有限公司
12	国药控股海南鸿益有限公司
13	海南裕康药业有限公司
14	海南凯健医药有限公司
15	上药科园信海医药有限公司
16	海南臣邦药业有限公司
17	海南平康药业有限公司
18	海南康众药业有限公司
19	海南丁一药业有限公司
20	海南中大药业有限公司
21	海南全星药业有限公司
22	海南东鑫药业有限公司
23	海南海神药业集团股份有限公司

续 表

序号	企业名称
24	海南华拓诺康药业有限公司
25	海南振誉药业有限公司
26	海南世诚医药有限公司
27	海南裕鑫昌药业有限公司
28	海南福尔医药有限公司
29	海南博生元医药有限公司
30	海南飞利药业有限公司
31	海南国丹药业有限公司
32	海南新通用药业有限公司
33	海南中玉医药有限公司
34	海南康涞医药有限公司
35	海南京卫药业有限公司
36	海南全康医药有限公司
37	海南创成药业有限公司
38	海南天瑞药业有限公司
39	海南盛南药业有限公司
40	海南创优医药有限公司
41	海南同心浩药业有限公司
42	海南健林医药有限公司
43	海南聚仁药业有限公司
44	海南国康医药开发有限公司
45	海南天虹医药有限公司
46	海南奥尔康医药有限公司
47	海南新龙南医药科技开发有限公司
48	海南优莱特医药有限公司
49	海南神力宝药业有限公司
50	海南健友药业有限公司
重庆市	
1	重庆医药（集团）股份有限公司
2	重庆桐君阁股份有限公司
3	重庆长圣医药有限公司
4	重庆科渝药品经营有限责任公司
5	重庆九州通医药有限公司
6	国药控股重庆有限公司

续 表

序号	企业名称
7	重庆医药工业有限责任公司
8	重庆恩康医药有限公司
四川省	
1	四川科伦医药贸易有限公司
2	四川省医药集团有限责任公司
3	国药集团西南医药有限公司
4	成都市蓉锦医药贸易有限公司
5	四川九州通科创医药有限公司
6	四川本草堂药业有限公司
7	四川绵阳科伦医药贸易有限公司
8	成都禾创药业有限公司
9	四川南充科伦医药贸易有限公司
10	四川省南充药业（集团）有限公司
11	达州市天泰药业集团有限公司
12	四川海棠医药有限公司
13	四川天寿药业有限公司
14	泸州宝光医药有限公司
15	四川遂宁市全泰堂药业有限公司
16	成都蓉风药械有限公司
17	自贡市医药有限公司
18	四川太星药业有限公司
19	泸州本草堂医药有限公司
20	四川知仁医药有限责任公司
21	和平泰康资阳药业有限责任公司
22	四川雅安康盛中药材有限责任公司
23	重庆医药自贡有限责任公司
24	成都中新药业自贡有限公司
25	凉山洲西部医药有限责任公司
26	四川南充鹤鸣堂药品经营有限公司
贵州省	
1	贵州省医药（集团）有限责任公司
2	贵州康心医药有限公司
3	贵州科开医药有限公司
4	国药控股贵州公司

续 表

序号	企业名称
5	贵州互强药业有限公司
6	贵州腾济医药有限公司
7	贵阳市医药有限公司
8	贵州意通医药有限责任公司
9	贵州科渝奇鼎药品有限公司
10	黔西南州天地药业贸易有限公司
11	贵州强生医药有限公司
12	贵州中鑫医药有限公司
13	贵州光正医药销售有限公司
14	贵州省黔中医药有限公司
15	贵州鼎圣药业有限公司
16	贵州民生药业有限公司
17	贵州斯瑞医药有限责任公司
18	贵州东南药业有限公司
19	贵州和谐医药有限责任公司
20	贵州慈惠医药有限公司
21	贵州省药材公司
22	贵州大明医药实业有限责任公司（毕节）
23	贵州弘一医药有限责任公司
24	贵州紫凡药品有限公司
25	贵州省毕节市医药有限公司
26	贵州容大康医药有限公司
27	扬子江药业集团贵州医药有限公司
28	黔南州华康医药有限责任公司
29	遵义医药有限公司
30	六盘水济生药业有限公司
31	贵州泰忆药品有限公司
32	贵州希尔康医药有限公司
33	贵州铜仁梵天药业有限公司
34	贵州吉康药业有限公司
35	毕节大众医药有限公司（原贵州圣康堂医药经营有限公司）
36	贵州家诚医药销售有限公司
37	贵州华圣医药工业有限公司

续　表

序号	企业名称
	云南省
1	云南省医药有限公司
2	云南东骏药业有限公司
3	昆明制药集团医药商业有限公司
4	国药控股云南有限公司
5	云南同丰医药有限公司
6	云南省久泰药业有限公司
7	云南东昌医药股份有限公司
8	昆明滇虹药业销售有限公司
9	云南佳能达医药有限公司
10	云南昊邦医药销售有限公司
11	云南嘉德瑞克药业有限公司
12	云南省玉溪医药有限责任公司
13	云南新世纪药业有限公司
14	云南恩红（集团）有限公司
15	昆明云中药业有限责任公司
16	昆明积大药品销售有限公司
17	昆明贝克诺顿药品销售有限公司
18	昆明东南亚药业有限公司
19	云南济生药业有限公司
20	云南腾药药品经营有限公司
21	云南名扬药品销售有限公司
22	云南怡江医药有限公司
23	云南龙马药业有限公司
24	云南通盛医药有限公司
25	昭通市雄风药业有限公司
26	昆明圣火医药有限公司
27	云南省药品科技开发经营有限公司
28	云南双鹤医药有限公司
29	云南省开远三发医药经贸公司
30	云南绿野生物医药有限公司
31	云南吉鸿麟医药器械有限公司
32	云南省保山市医药有限责任公司
33	云南新生命药业有限公司
34	云南康禾医药有限公司

续 表

序号	企业名称
35	云南通用药业有限公司
36	云南省疾病预防控制中心技术开发服务中心
37	云南省建水县兴达医药有限公司
38	红河州佳宇药业有限公司
39	云南旭灵医药有限公司
40	云南大唐汉方药业有限公司
41	云南博泰药业有限公司
42	云南金辉药业有限公司
43	云南杰康药业有限公司
44	云南药品第三方物流有限公司
45	昆明三汇通医药有限公司
46	云南腾瑞医药有限公司
47	昆明天福堂药业有限公司
48	昆明红伙药业有限公司
49	云南泰康医药经济发展有限公司
50	云南康美佳药业有限公司
西藏自治区	
1	西藏康健医药销售有限公司
2	西藏神威药业有限公司
3	西藏天圣医药贸易有限公司
陕西省	
1	陕西医药控股集团派昂医药有限责任公司
2	陕西华远医药集团有限公司
3	国药控股陕西有限公司
4	西安藻露堂药业集团有限责任公司
5	陕西华信医药有限公司
6	陕西广药康健医药有限公司
7	陕西怡康医药有限责任公司
8	西安双鹤医药股份有限公司
9	华润西安医药有限公司
10	西安京西双鹤医药贸易有限公司
11	渭南医药集团有限责任公司
12	陕西省汉中市药材总公司
13	咸阳市医药总公司

续　表

序号	企业名称
	甘肃省
1	兰州西城药业有限责任公司
2	兰州强生医药有限责任公司
3	国药控股甘肃有限公司
4	甘肃同济药业有限责任公司
5	甘肃莱美医药投资有限责任公司
6	甘肃平凉国泰药业有限责任公司
7	天水西城药业有限责任公司
8	甘肃普禾医药有限责任公司
9	礼县春天药业有限责任公司
	青海省
1	青海省富康医药集团有限责任公司
2	青海省新绿洲医药集团有限公司
3	青海力升药业有限公司
4	青海心达药业有限公司
	宁夏回族自治区
1	国药控股宁夏有限公司
2	宁夏华源耀康医药有限公司
3	闽宁医药有限公司
4	宁夏众欣联合方泽医药有限公司
	新疆维吾尔自治区
1	国药集团新疆新特药业有限公司

注：排序依据商务部药品流通统计直报系统数据，部分取自中国医药商业协会。区域排序不足50位的地区按已上报直报企业位列。

2013年区域药品流通零售企业主营业务收入前50位排序

序号	企业名称
	北京市
1	北京同仁堂连锁药店有限责任公司
2	北京金象大药房医药连锁有限责任公司
3	北京永安堂医药连锁有限责任公司
4	北京京卫元华医药科技有限公司
5	北京同仁堂崇文门药店有限责任公司
6	北京医保全新大药房连锁有限责任公司
7	北京永安复星医药股份有限公司

续 表

序号	企业名称
8	北京嘉事堂连锁药店有限责任公司
9	北京同仁堂参茸有限责任公司
10	北京同仁堂南三环中路药店有限公司
11	北京市顺义医药药材公司
12	北京怡然堂药店
13	北京市京隆堂医药有限公司
14	北京王府井医药商店有限责任公司
15	北京安康百利医药有限公司
16	北京医保中洋大药房有限公司
17	北京昌药医药连锁经营有限公司
18	北京市济安堂药店
19	健康新概念大药房
20	北京市东方清辰医药商厦
21	北京牡丹苑金象大药房
22	北京宝树堂药品经营有限公司
23	北京百信仁康大药房有限公司
天津市	
1	老百姓大药房连锁（天津）有限公司
河北省	
1	河北华佗药房医药连锁有限公司
2	廊坊市一笑堂医药零售连锁有限公司
3	石家庄新兴药房连锁有限公司
4	国药河北乐仁堂医药连锁有限公司
5	河北神威大药房连锁有限公司
6	河北圣诺新特药连锁有限公司
山西省	
1	山西益源大药房连锁有限责任公司
2	山西荣华大药房连锁有限公司
3	山西长城药品零售连锁有限公司
4	山西临汾竹林大药房连锁有限公司
5	阳泉市吉祥大药房医药连锁有限责任公司
6	山西仁和大药房连锁有限公司
7	晋中市天诚药房有限责任公司
8	灵石县药业有限责任公司

续　表

序号	企业名称
9	长治市昂生大药房零售连锁有限公司
10	祁县阳光医药有限公司
	内蒙古自治区
1	赤峰人川大药房连锁有限公司
2	呼伦贝尔市同致药业有限责任公司
3	国药控股国大药房内蒙古有限公司
4	赤峰雷蒙大药房连锁有限公司
5	内蒙古成大方圆医药连锁有限公司
6	内蒙古万民药房连锁有限公司
7	包头市神农医药保健品有限责任公司
8	阿拉善盟医药有限责任公司
	辽宁省
1	辽宁成大方圆医药连锁有限公司
2	葫芦岛市医药有限责任公司
	吉林省
1	吉林大药房药业股份有限公司
2	吉林省益和大药房有限公司
3	吉林省中东医药有限公司
4	吉林省合兴健康药房连锁有限责任公司
5	吉林省吉深医药实业有限公司
	黑龙江省
1	哈尔滨人民同泰医药连锁店
2	黑龙江泰华医药连锁销售有限公司
3	黑龙江泰华医药集团有限公司
4	哈尔滨宝丰医药连锁有限公司
5	大庆医药有限责任公司
	上海市
1	国药控股国大药房有限公司
2	上海华氏大药房有限公司
3	上海复美益星大药房连锁有限公司
4	上海国大药房连锁有限公司
5	上海益丰大药房有限公司
6	上海余天成药业连锁有限公司
7	上海养和堂药业连锁经营有限公司

续 表

序号	企业名称
8	上海童涵春堂药业连锁经营有限公司
9	上海汇丰大药房有限公司
10	上海药房连锁有限公司
11	上海医药嘉定大药房连锁有限公司
12	上海一德大药房连锁经营有限公司
13	上海南汇华泰药店连锁总店
14	上海得一大药房有限公司
15	上海云湖医药连锁经营有限公司
16	上海雷允上西区药品零售有限公司
17	上海联华复星药房连锁经营有限公司
18	上海金石大药房有限公司
江苏省	
1	南京国药医药有限公司
2	苏州礼安医药连锁总店有限公司
3	常州人寿天医药连锁有限公司
4	昆山双鹤同德堂连锁大药房有限责任公司
5	苏州雷允上国药连锁总店有限公司
6	江苏仁济医药连锁有限公司
浙江省	
1	浙江大生医药有限公司
2	杭州九洲大药房连锁有限公司
3	上虞市医药有限责任公司
4	浙江震元医药连锁有限公司
5	浙江天天好大药房连锁有限公司
6	宁波四明大药房有限责任公司
7	浙江瑞人堂医药连锁有限公司
8	浙江华通医药连锁有限公司
9	浙江华联医药连锁有限公司
10	嵊州市易心堂大药房有限公司
11	宁波彩虹大药房有限公司
12	金华市九德堂医药连锁有限公司
13	金华市尖峰大药房连锁有限公司
14	浙江省诸暨市人民药店医药连锁公司
15	义乌市三溪堂国药馆有限公司

续　表

序号	企业名称
16	金华市老百姓医药连锁有限公司
安徽省	
1	安徽丰原大药房连锁有限公司
2	安徽百姓缘大药房连锁有限公司
3	合肥大药房连锁有限公司
4	南京医药合肥天星药品零售连锁有限公司
5	滁州市百姓缘药品零售连锁有限公司
6	安徽元初药房连锁有限公司
7	黄山市徽州医药有限责任公司
8	黄山众和医药有限公司
9	安徽省蚌埠绿十字医药连锁有限公司
10	安徽老百姓大药房连锁有限公司
11	安徽国胜大药房连锁有限公司
12	淮南大众医药连锁有限公司
13	芜湖中山大药房连锁有限公司
14	合肥立方药房连锁有限公司
15	黄山花园药业有限公司
16	安庆华氏大药房有限公司
17	淮南新诚大药房零售连锁有限公司
18	宁国市康宁医药零售连锁有限公司
19	合肥为民大药房连锁有限公司
20	马鞍山市川洋大药房连锁有限公司
21	安徽九天医药有限公司
22	安徽省天长市千秋医药有限责任公司千秋大药房连锁店
23	安徽市民大药房连锁有限公司
24	安徽省春源大药房有限公司
25	舒城博利大药房连锁总店
26	安徽广济大药房连锁有限公司
27	巢湖市三九百姓连锁有限公司
28	淮北市养生堂药业有限责任公司
29	祁门县医药有限责任公司
30	安徽丰原大药房有限公司合肥分公司
31	安徽国大药房连锁有限公司
32	丰原大药房马鞍山连锁店

续 表

序号	企业名称
33	淮北医药有限公司医药大厦
34	安徽省阜阳中心大药房（零售）连锁有限公司
35	合肥格宁大药房连锁有限公司
36	安庆大药房医药贸易有限责任公司
37	六安市申华大药房（连锁）有限公司
38	安徽丰原大药房有限公司铜陵分公司
39	亳州市盖福祥大药房连锁有限公司
40	安徽四方百信大药房连锁有限公司
41	蚌埠大众连锁有限责任公司
42	安徽省绿十字医药连锁有限公司
43	池州市百草堂大药房有限责任公司
44	芜湖回音必医药零售连锁有限公司
45	安徽省国泰第一医药有限责任公司
46	安徽远帆大药房连锁有限公司
47	泾县江南药店连锁有限公司
48	阜阳市聚缘堂药品零售连锁有限公司
49	潜山县百信大药房连锁有限公司
福建省	
1	福建惠好四海医药连锁有限责任公司
2	福建国大药房连锁有限公司
3	福州回春医药连锁有限公司
江西省	
1	江西黄庆仁栈华氏大药房有限公司
2	江西萍乡市昌盛大药房连锁有限公司
3	江西开心人大药房连锁有限公司
4	江西青春康源大药房连锁有限公司
山东省	
1	济南漱玉平民大药房有限公司
2	山东燕喜堂医药连锁有限公司
3	山东立健医药城连锁有限公司
4	济宁新华鲁抗大药房有限公司
5	山东利民大药店连锁有限公司
6	青岛祥泰药庄连锁有限公司
7	青岛国风大药房连锁有限公司

续 表

序号	企业名称
8	日照真诚大药房有限公司
9	东营益生堂药业连锁有限公司
10	德州颐寿医药连锁有限公司
11	菏泽牡丹大药房连锁有限公司
12	山东益寿堂药业有限公司
13	山东潍坊海王星辰民康连锁药店有限公司
14	章丘健民医药有限公司
河南省	
1	河南张仲景大药房股份有限公司
2	开封市百氏康医药连锁有限公司
3	郑州仟禧堂医药有限责任公司
4	河南大药房连锁经营有限公司
湖北省	
1	湖北同济堂药房有限公司
2	襄阳天济大药房连锁有限责任公司
3	湖北中联大药房连锁有限公司
4	武汉普安医药有限公司
5	武汉马应龙大药房连锁有限公司
6	黄石新医药有限公司
7	湖北天和堂医药有限公司（仙桃）
8	好药师大药房连锁有限公司
9	恩施市元昌医药有限责任公司
湖南省	
1	益丰大药房连锁股份有限公司
2	怀化怀仁大药房连锁有限公司
3	湖南国大民生堂药房连锁有限公司
4	常德市九芝堂医药有限公司
5	娄底市康一馨街大药房零售连锁有限公司
广东省	
1	大参林医药集团股份有限公司
2	深圳中联大药房控股有限公司
3	广州健民医药连锁有限公司
4	广东国药医药连锁企业有限公司
5	中山市中智大药房连锁有限公司

续 表

序号	企业名称
6	深圳市南北药行连锁有限公司
广西壮族自治区	
1	柳州桂中大药房连锁有限责任公司
2	广西一心医药集团有限责任公司
3	广西一致药店连锁有限公司
4	广西南宁朝阳大药房连锁有限责任公司
5	广西玉林市至真药业连锁有限责任公司
海南省	
1	海南广安堂药品超市连锁经营有限公司
2	海南养天和大药房连锁经营有限公司
3	海南广安大药堂连锁经营有限公司
4	海南寿南山医药有限公司
重庆市	
1	重庆桐君阁大药房连锁有限责任公司
2	重庆市万和药房连锁有限公司
3	重庆鑫斛药房连锁有限公司
四川省	
1	成都百信药业连锁有限责任公司
2	四川杏林医药连锁有限责任公司
3	四川德仁堂药业连锁有限公司
4	泸州圣杰药业有限公司
5	四川太极大药房连锁有限公司
6	绵阳太极大药房连锁有限责任公司
7	攀枝花市敬仁堂医药连锁有限责任公司
8	成都九鼎药房连锁有限责任公司
9	绵阳天源堂医药连锁有限公司
10	德阳市德园堂零售连锁药业有限公司
11	四川康贝大药房连锁有限公司
12	阿坝州壤塘县民族贸易医药有限责任公司
贵州省	
1	贵州一树连锁药业有限公司
2	贵州芝林大药房零售连锁有限公司
3	贵州一品医药连锁公司
4	贵州吉大夫医药连锁公司

续 表

序号	企业名称
5	贵州华氏大药房延安连锁有限公司
6	贵州省医药（集团）和平药房连锁有限公司
7	贵州赤水黔北医药有限公司
8	贵州福安康医药连锁有限公司
云南省	
1	云南鸿翔一心堂药业（集团）股份有限公司
2	云南健之佳健康连锁店股份有限公司
3	云南白药大药房有限公司
4	昆明福林堂药业有限公司
5	云南文山七丹药业股份有限公司
陕西省	
1	西安怡康医药连锁有限责任公司
2	陕西众信医药超市有限公司
3	西安双鹤大药房连锁有限责任公司
4	陕西康健医药连锁有限公司
甘肃省	
1	甘肃德生堂大药房连锁经营有限公司
2	甘肃河西三州武威医药连锁有限责任公司
宁夏回族自治区	
1	宁夏国大药房连锁有限公司

注：排序依据商务部药品流通行业统计系统数据，部分取自中国医药商业协会。区域排序不足50位的地区按已上报直报企业位列。

第五部分 药品流通企业所有制情况

2012—2013年药品零售直报企业所有制结构统计表（1）

企业登记注册类型	主营业务收入（万元）		主营业务收入占比（%）		利润总额（万元）		利润总额占比（%）	
	2012年	2013年	2012年	2013年	2012年	2013年	2012年	2013年
国有企业	17 511 293	610 807	46.50	9.90	4 326 325	13 213	49.70	5.40
集体企业	69 201	70 327	0.20	1.10	1 946	172	0.00	0.10
股份合作企业	155 923	1 190	0.40	0.00	38 836	11	0.40	0.00
有限责任公司	13 849 562	779 633	36.80	12.70	2 914 113	27 371	33.50	11.20

续 表

企业登记注册类型	主营业务收入（万元）		主营业务收入占比（%）		利润总额（万元）		利润总额占比（%）	
	2012 年	2013 年	2012 年	2013 年	2012 年	2013 年	2012 年	2013 年
其他有限责任公司	—	2 250 818	—	36. 50	—	93 195	—	38. 10
股份有限公司	4 649 291	756 731	12. 40	12. 30	864 997	47 136	9. 90	19. 30
私营企业	905 577	859 413	2. 40	14. 00	369 378	38 440	4. 20	15. 70
其他企业	221 345	440 074	0. 60	7. 10	40 730	4 939	0. 50	2. 00
港、澳、台商投资企业	165 359	305 270	0. 40	5. 00	114 125	17 643	1. 30	7. 20
外商投资	105 957	86 377	0. 30	1. 40	40 981	2 400	0. 50	1. 00
汇总	37 633 507	6 160 638	100. 00	100. 00	8 711 431	244 520	100. 00	100. 00

2012—2013 年药品零售直报企业所有制结构统计表（2）

单位:%

企业登记注册类型	利润率		费用率		毛利率	
	2012 年	2013 年	2012 年	2013 年	2012 年	2013 年
国有企业	2. 50	2. 20	5. 30	20. 20	7. 40	21. 10
集体企业	0. 30	0. 20	8. 90	8. 00	9. 10	8. 10
股份合作企业	2. 50	0. 90	2. 90	21. 40	5. 50	22. 30
有限责任公司	2. 10	3. 50	8. 70	21. 90	10. 90	24. 90
其他有限责任公司	—	4. 10	—	19. 50	—	31. 20
股份有限公司	1. 90	6. 20	10. 00	28. 50	10. 90	33. 00
私营企业	4. 10	4. 50	11. 50	17. 50	16. 80	21. 20
其他企业	1. 80	1. 10	22. 00	18. 40	24. 50	20. 10
港、澳、台商投资企业	6. 90	5. 80	31. 30	21. 20	35. 50	25. 20
外商投资	3. 90	2. 80	16. 90	12. 60	19. 70	20. 60
汇总	2. 30	4. 00	7. 50	20. 40	9. 60	26. 70

第六部分　药品批发企业物流情况

2013年药品流通企业物流仓储面积前100位排序

序号	企业名称	仓储面积（平方米）	自有配送中心数量（个）	自有配送车辆数（辆）
1	九州通医药集团有限公司	1 060 000	50	1 088
2	中国医药集团总公司	761 106	145	1 362
3	四川科伦医药贸易有限公司	142 400	65	620
4	重庆桐君阁股份有限公司	128 337	13	144
5	重庆医药（集团）股份有限公司	124 542	31	186
6	吉林省天和医药科技有限公司	80 000	1	19
7	天津天士力医药营销集团有限公司	80 000	5	55
8	大参林医药集团股份有限公司	73 700	3	51
9	河南省康信医药有限公司	60 000	1	18
10	武汉人福医药有限公司	58 012	15	107
11	石药集团河北中诚医药有限公司	55 340	6	129
12	江西汇仁集团医药科研营销有限公司	54 500	7	50
13	四川南充鹤鸣堂药品经营有限公司	53 333	3	12
14	华润新龙（北京）医药有限公司	53 287	1	31
15	鹭燕（福建）药业股份有限公司	52 166	12	82
16	华润湖南医药有限公司	51 000	14	24
17	华东医药股份有限公司	50 500	2	43
18	山东瑞康医药股份有限公司	50 431	13	83
19	浙江英特药业有限责任公司	50 000	1	50
20	华润医药商业集团有限公司	47 236	4	54
21	贵州康心医药有限公司	46 889	1	38
22	云南昊邦医药销售有限公司	45 000	1	12
23	嘉事堂药业股份有限公司	42 921	1	16
24	合肥康丽药业有限责任公司	42 346	12	82
25	天津中新药业集团股份有限公司医药公司	42 200	20	78
26	云南东骏药业有限公司	42 000	10	130
27	上海医药分销控股有限公司	41 800	4	120
28	陕西医药控股集团派昂医药有限责任公司	38 049	1	62
29	上海华宇药业有限公司	37 930	2	14
30	山东海王银河医药有限公司	36 000	16	54
31	广州医药有限公司	35 000	2	74

续　表

序号	企业名称	仓储面积（平方米）	自有配送中心数量（个）	自有配送车辆数（辆）
32	徐州医药股份有限公司	32 000	1	12
33	江苏省医药公司	30 000	1	27
34	浙江珍诚医药在线股份有限公司	30 000	1	26
35	北京科园信海医药经营有限公司	29 917	1	60
36	哈药集团医药有限公司	29 800	1	76
37	中国北京同仁堂（集团）有限责任公司	29 312	9	37
38	浙江华通医药股份有限公司	27 295	1	11
39	华润辽宁医药有限公司	27 000	1	58
40	上海雷允上药业有限公司	25 000	1	33
41	安徽华源医药股份有限公司	25 000	1	59
42	广西柳州医药股份有限公司	25 000	1	58
43	同济堂医药有限公司	25 000	1	65
44	安徽省医药（集团）股份有限公司	24 000	1	33
45	华润吉林康乃尔医药有限公司	23 478	2	25
46	浙江震元股份有限公司	23 400	1	2
47	四川省医药集团有限责任公司	22 000	1	33
48	天津医药集团太平医药有限公司	20 000	1	15
49	青岛天合医药集团股份有限公司	20 000	9	84
50	江苏大众医药连锁有限公司	20 000	1	19
51	浙江嘉信医药股份有限公司	20 000	1	14
52	兰州强生医药有限责任公司	20 000	1	45
53	上海浦东新区医药药材有限公司	20 000	1	11
54	云南省医药有限公司	20 000	1	40
55	长春永新迪瑞药业有限公司	20 000	1	21
56	厦门宏仁医药有限公司	19 500	2	19
57	山东瑞中医药有限公司	19 327	2	40
58	福建同春药业股份有限公司	19 150	7	25
59	成都百信药业连锁有限责任公司	19 000	3	49
60	西安京西双鹤医药贸易有限公司	19 000	1	6
61	盐城百科药业有限公司	17 400	1	19
62	东北制药集团供销有限公司	17 286	1	36
63	达州市天泰药业集团有限公司	17 000	1	32
64	云南佳能达医药有限公司	16 800	1	58
65	合肥市迪迈医药有限公司	16 000	1	25
66	广东振东泰捷医药物流有限公司	16 000	1	35
67	华润牡丹江天利医药有限公司	16 000	1	10

续　表

序号	企业名称	仓储面积（平方米）	自有配送中心数量（个）	自有配送车辆数（辆）
68	华润河南医药有限公司	15 778	1	18
69	江苏澳洋医药物流有限公司	15 640	2	28
70	山东康诺盛世医药有限公司	15 181	1	23
71	云南同丰医药有限公司	15 000	1	38
72	汕头市创美药业有限公司	15 000	1	70
73	兰州西城药业有限责任公司	15 000	7	50
74	上海复星药业有限公司	15 000	1	28
75	四川天寿药业有限公司	15 000	2	30
76	南京国药医药有限公司	15 000	6	0
77	山东康惠医药有限公司	14 120	1	40
78	山东省医药集团有限公司	14 081	6	18
79	淄博众生医药有限公司	14 000	2	17
80	华润苏州礼安医药有限公司	14 000	1	26
81	赤峰雷蒙药品经销有限公司	14 000	1	0
82	吉林省北药医药股份有限公司	13 799	1	13
83	宁波市镇海医药药材有限责任公司	13 400	1	4
84	张家口华佗医药经营有限公司	13 333	1	30
85	上海永裕医药有限公司	13 301	2	0
86	连云港康缘医药商业有限公司	13 300	1	15
87	上虞市医药有限责任公司	13 200	1	7
88	湖北百惠医药有限公司	13 000	1	16
89	陕西华远医药集团有限公司	13 000	1	53
90	广州中山医医药有限公司	12 578	1	10
91	日照医药集团	12 446	3	14
92	湖南博瑞新特药有限公司	12 100	1	48
93	云南双鹤医药有限公司	12 000	3	16
94	四川太星药业有限公司	12 000	1	18
95	河北东盛英华医药有限公司	12 000	0	0
96	世一堂百川医药商贸有限公司	12 000	1	55
97	湖北华立正源医药有限公司	12 000	1	5
98	四川本草堂药业有限公司	12 000	1	28
99	江西上饶医药股份有限公司	12 000	1	10
100	常熟建发医药有限公司	11 286	1	8
合计		4 782 233	581	6 842

注：由于华润医药商业集团有限公司未提供集团汇总口径数据，故其子公司体现在排序中。

2013 年典型药品批发企业物流费用统计表

序号	企业名称	物流费用（千元）			物流费用率（%）
		总额	自主	委托	
1	四川科伦医药贸易有限公司	453 640	453 640	0	3. 07
2	河南九州通医药有限公司	269 195	269 195	0	6. 74
3	云南东骏药业有限公司	180 240	180 240	0	6. 00
4	天津中新药业集团股份有限公司医药公司	173 729	173 729	0	3. 35
5	江西汇仁集团医药科研营销有限公司	167 914	142 727	25 187	5. 03
6	常州药业股份有限公司	108 790	108 790	0	3. 45
7	湖南博瑞新特药有限公司	94 174	75 340	18 834	4. 02
8	北京九州通医药有限公司	80 940	68 795	12 145	2. 17
9	江苏省医药公司	69 160	69 160	0	2. 00
10	西藏康健医药销售有限公司	56 963	4 758	52 205	3. 92
11	合肥市迪迈医药有限公司	52 923	48 689	4 234	5. 26
12	山东康诺盛世医药有限公司	51 233	51 233	0	3. 51
13	上海虹桥药业有限公司	48 121	48 121	0	4. 44
14	福建九州通医药有限公司	37 702	37 702	0	2. 74
15	江苏恩华和润医药有限公司	34 294	34 294	0	2. 49
16	上海雷允上药业西区有限公司	31 566	31 566	0	4. 97
17	福建东南医药有限公司	24 719	24 719	0	4. 88
18	青岛天合医药集团股份有限公司	20 267	20 267	0	2. 60
19	淄博众生医药有限公司	19 671	19 671	0	2. 77
20	山西临汾医药药材有限公司	18 686	18 686	0	6. 50
21	广东振东泰捷医药物流有限公司	18 484	18 484	0	2. 92
22	西安双鹤医药股份有限公司	18 346	18 346	0	2. 14
23	上海浦东新区医药药材有限公司	17 065	17 065	0	4. 03
24	云南省玉溪医药有限责任公司	16 523	16 523	0	6. 13
25	日照医药集团	16 095	16 095	0	5. 64
26	甘肃同济药业有限责任公司	15 890	15 890	0	6. 62
27	宁夏华源耀康医药有限公司	15 114	15 114	0	3. 60
28	浙江大德药业集团浙江医药公司	13 877	13 877	0	2. 18
29	西安京西双鹤医药贸易有限公司	13 817	13 817	0	4. 52
30	宜昌市康鑫医药经销有限公司	12 690	12 690	0	5. 85
31	上海药房股份有限公司	12 683	12 683	0	4. 15
32	上海汇丰医药药材有限公司	11 603	11 603	0	2. 33
33	闽宁医药有限公司	11 491	11 491	0	3. 51

续　表

序号	企业名称	物流费用（千元）			物流费用率（%）
		总额	自主	委托	
34	云南恩红（集团）有限公司	11 433	11 433	0	4.58
35	河南省博济光明医药有限公司	11 213	11 213	0	2.69
36	四川天寿药业有限公司	10 982	9 880	1 102	5.86
37	滁州市天成药业有限公司	10 469	7 328	3 141	4.40
38	浙江省新昌县医药药材有限公司	10 112	1 112	9 000	2.10
39	昆明东南亚药业有限公司	9 830	6 128	3 701	5.14
40	上海云湖医药药材股份有限公司	9 362	9 362	0	3.51
41	上海医药股份有限公司黄山华氏有限公司	9 277	7 421	1 856	4.36
42	山西振东医药有限公司	8 808	7 486	1 322	3.51
43	厦门钜翔医药有限公司	7 987	5 895	2 092	3.57
44	北京同仁堂药材有限责任公司	7 919	7 919	0	5.01
45	云南龙马药业有限公司	7 591	7 482	109	4.91
46	上海新世纪药业有限公司	7 319	7 319	0	2.58
47	湖北独活药业股份有限公司	7 032	7 032	0	2.60
48	贵州意通医药有限责任公司	6 625	5 962	663	2.34
49	泸州本草堂医药有限公司	6 515	6 515	0	6.96
50	绥化市医药有限公司	6 274	6 274	0	5.05
51	康阳先锋（北京）生物医药有限公司	6 150	6 150	0	3.15
52	沈阳会通医药有限公司	5 932	4 739	1 193	3.73
53	四川知仁医药有限责任公司	5 729	4 584	1 145	6.39
54	辽宁北药百草医药有限公司	5 526	5 526	0	2.46
55	本溪市医药总公司	5 240	5 240	0	3.72
56	山西通盛集团医药物流有限公司	5 039	5 039	0	3.77
57	云南省保山市医药有限责任公司	5 016	5 016	0	4.51
58	云南双鹤医药有限公司	5 013	4 012	1 001	4.02
59	云南省药品科技开发经营有限公司	5 010	4 754	256	3.97
60	赤峰颈复康药业有限公司	4 983	4 983	0	2.43
61	怀化龙源药业有限责任公司	4 898	1 470	3 428	2.73
62	晋中市新都药业有限公司	4 751	4 751	0	4.90
63	山西福康源药业有限公司	4 293	4 293	0	4.83
64	宜昌市瑞康医药有限责任公司	3 865	3 865	0	2.61
65	浙江安泰医药有限公司	3 779	3 779	0	2.84
66	四川雅安康盛中药材有限责任公司	3 717	3 717	0	5.92

续 表

序号	企业名称	物流费用（千元）			物流费用率（%）
		总额	自主	委托	
67	四川太星药业有限公司	3 714	2 560	1 154	3.84
68	贵州斯瑞医药有限责任公司	3 655	2 924	731	2.20
69	呼伦贝尔市同致药业有限责任公司	3 608	3 608	0	2.18
70	云南省开远三发医药经贸公司	3 552	3 552	0	2.91
71	云南杰康药业有限公司	3 140	3 140	0	3.79
72	邵阳九福药业有限公司	3 126	3 126	0	3.14
73	宜昌万和医药有限责任公司	3 108	3 108	0	6.30
74	云南腾瑞医药有限公司	3 100	3 100	0	3.90
75	昭通市雄风药业有限公司	3 001	3 001	0	2.28
76	江苏华美医药有限责任公司	2 800	2 800	0	2.79
77	天津世纪滨海生物医药有限公司	2 739	2 739	0	2.10
78	恩施自治州恒信药业有限责任公司	2 705	2 705	0	2.71
79	山东滨州圣慷药业有限公司	2 498	2 498	0	3.03
80	天水西城药业有限责任公司	2 317	2 317	0	2.89
81	青海心达药业有限公司	2 280	2 280	0	2.42
82	福建惠好药业有限公司	2 251	2 178	73	4.10
83	贵州紫凡药品有限公司	2 166	1 300	866	2.55
84	云南湘鹤药业有限公司	2 076	2 076	0	4.61
85	海南思达药业有限公司	1 988	1 988	0	6.40
86	吉林亚泰华氏医药有限公司	1 900	1 600	300	5.06
87	新龙药业集团恩施有限公司	1 856	1 856	0	2.23
88	浙江嘉兴百仁医药有限公司	1 840	1 840	0	2.05
89	北京市兴盛源医药药材有限责任公司	1 800	92	1 708	5.63
90	沈阳奥昌医药有限公司	1 800	0	1 800	3.24
91	南京新澳康医药有限公司	1 697	1 332	365	3.34
92	海南泽田医药有限公司	1 678	677	1 001	4.14
93	山东容大医药有限公司	1 645	1 645	0	2.52
94	昆明红伙药业有限公司	1 570	1 570	0	2.02
95	黔南州华康医药有限责任公司	1 481	1 481	0	2.26
96	孝感市孝南中药材公司	1 362	1 362	0	3.97
97	北京鹤年堂医药有限责任公司	1 289	1 289	0	2.14
98	湖南长锋医药有限公司	1 285	1 285	0	3.21
99	乐清市医药公司	1 021	1 021	0	3.64

续　表

序号	企业名称	物流费用（千元）			物流费用率（%）
		总额	自主	委托	
100	敦化市药品经销有限责任公司	962	962	0	2.30
101	凉山洲西部医药有限责任公司	917	917	0	4.27
102	贵州赤水黔北医药有限公司	910	910	0	3.86
103	海南新星参茸药业有限公司	872	872	0	2.88
104	湖南新汇医药有限公司	723	723	0	2.51
105	贵州吉康药业有限公司	652	652	0	2.70
106	海南大岛广药业有限公司	578	0	578	2.39
107	丰县医药总公司	560	560	0	2.87
108	海南健昆医药有限公司	546	0	546	4.15
109	海南华卫医药有限公司	520	0	520	2.99
110	浙普泽医药有限公司	381	381	0	2.59
111	海南东联医药开发有限公司	270	270	0	3.76
112	永嘉县医药总公司	210	210	0	2.35
113	贵州家诚医药销售有限公司	209	0	209	2.65
114	山西信成药业有限公司朔州分公司	169	169	0	5.59
115	澄迈县医药发展公司	68	45	23	3.00
最大值		453 640	453 640	52 205	6.96
最小值		68	0	0	2.00
平均值		21738	20412	1326	3.70

注：仅提取费用率在2% ~7% 范围内的企业。

2013 年药品批发及批零兼营直报企业配送中心统计表

单位：个

序号	企业名称	行业类别	配送中心数量		
			总数	自有配送中心数	非自有配送中心数
1	＊九州通医药集团有限公司	批发	50	50	0
2	＊华润医药商业集团有限公司	批零兼营	42	18	24
3	重庆桐君阁股份有限公司	批零兼营	28	13	15
4	青海省富康医药集团有限责任公司	批发	25	1	24
5	天津中新药业集团股份有限公司医药公司	批发	20	20	0
6	灵石县药业有限责任公司	批发	19	19	0
7	澄迈县医药发展公司	批发	18	18	0
8	山东海王银河医药有限公司	批发	16	16	0
9	石药集团河北中诚医药有限公司	批零兼营	16	6	10

续 表

序号	企业名称	行业类别	配送中心数量		
			总数	自有配送中心数	非自有配送中心数
10	四川科伦医药贸易有限公司	批发	16	16	0
11	武汉人福医药有限公司	批发	15	15	0
12	＊中国北京同仁堂（集团）有限责任公司	批零兼营	15	14	1
13	＊天津天士力医药营销集团有限公司	批零兼营	14	10	4
14	华润湖南医药有限公司	批发	14	14	0
15	国药控股河南股份有限公司	批发	14	0	14
16	山东瑞康医药股份有限公司	批零兼营	13	13	0
17	北京同仁堂商业投资集团有限公司	批零兼营	12	12	0
18	鹭燕（福建）药业股份有限公司	批发	12	12	0
19	合肥康丽药业有限责任公司	批发	12	12	0
20	国药控股山东有限公司	批发	11	11	0
21	海南新星参茸药业有限公司	批发	10	10	0
22	云南东骏药业有限公司	批零兼营	10	10	0
23	＊中国医药集团总公司	批零兼营	9	7	2
24	国药控股福建有限公司	批零兼营	8	0	8
25	中国药材公司	批发	8	6	2
26	国药集团新疆新特药业有限公司	批零兼营	8	6	2
27	国药控股湖南有限公司	批发	7	7	0
28	海南美乐康药业有限公司	批发	7	0	7
29	国药控股山西有限公司	批发	7	7	0
30	山东省医药集团有限公司	批零兼营	7	7	0
31	兰州西城药业有限责任公司	批发	7	7	0
32	国药控股云南有限公司	批发	6	6	0
33	湖南天士力民生药业有限公司	批发	6	2	4
34	国药控股贵州公司	批发	6	0	6
35	南京国药医药有限公司	批零兼营	6	6	0
36	南京医药股份有限公司	批零兼营	6	6	0
37	上海医药分销控股有限公司	批发	5	3	2
38	国药控股沈阳有限公司	批发	5	1	4
39	河南省医药有限公司	批零兼营	5	5	0
40	云南佳能达医药有限公司	批发	5	5	0
41	＊修正药业集团营销有限公司	批发	5	0	5
42	国药控股宁夏有限公司	批发	5	5	0

续 表

序号	企业名称	行业类别	配送中心数量		
			总数	自有配送中心数	非自有配送中心数
43	南京医药合肥天星有限公司	批发	5	5	0
44	国药控股浙江有限公司	批零兼营	5	5	0
45	河南九州通医药有限公司	批发	4	4	0
46	成都市蓉锦医药贸易有限公司	批发	4	4	0
47	武汉医药集团股份有限公司	批发	4	4	0
48	广东九州通医药有限公司	批发	4	4	0
49	安徽华源医药股份有限公司	批发	3	3	0
50	安徽海通医药股份有限公司	批发	3	1	2
51	江西南华医药有限公司	批发	3	3	0
52	贵州腾济医药有限公司	批发	3	3	0
53	云南恩红（集团）有限公司	批零兼营	3	3	0
54	日照医药集团	批发	3	3	0
55	贵州斯瑞医药有限责任公司	批发	3	3	0
56	北京永安复星医药股份有限公司	批零兼营	3	2	1
57	回音必集团有限公司	批零兼营	3	3	0
58	四川天寿药业有限公司	批零兼营	2	2	0
59	淄博众生医药有限公司	批零兼营	2	2	0
60	华东医药股份有限公司	批发	2	2	0
61	厦门宏仁医药有限公司	批发	2	2	0
62	吉林省天和医药科技有限公司	批零兼营	2	2	0
63	江苏澳洋医药物流有限公司	批发	2	2	0
64	台州上药医药有限公司	批零兼营	2	2	0
65	福建九州通医药有限公司	批发	2	2	0
66	华润吉林康乃尔医药有限公司	批发	2	2	0
67	山东瑞中医药有限公司	批发	2	2	0
68	浙江省嵊州市医药药材总公司	批发	2	2	0
69	河南省康信医药有限公司	批零兼营	2	1	1
70	四川绵阳科伦医药贸易有限公司	批发	2	2	0
71	山西亨通医药批发有限公司	批零兼营	2	2	0
72	四川雅安康盛中药材有限责任公司	批零兼营	2	2	0
73	汕头市创美药业有限公司	批发	2	2	0
74	海南赛科药业有限公司	批发	2	1	1
75	上海华宇药业有限公司	批发	2	2	0

续　表

序号	企业名称	行业类别	配送中心数量		
			总数	自有配送中心数	非自有配送中心数
76	安徽省安天医药有限公司	批零兼营	2	2	0
77	康美新开河（吉林）药业有限公司	批发	2	2	0
78	广州医药有限公司	批零兼营	2	2	0
79	上药山禾无锡医药股份有限公司	批发	2	2	0
80	云南名扬药品销售有限公司	批发	2	0	2
81	昆明制药集团医药商业有限公司	批发	2	1	1
82	吉林省东龙医药物流配送有限公司	批发	2	2	0
83	四川海棠医药有限公司	批零兼营	2	1	1
84	国药控股聊城有限公司	批发	2	2	0
85	江苏省润天生化医药有限公司	批发	2	2	0
合计			639	496	143

统计范围：含有 2 家以上配送中心的全部批发及批零兼营直报企业，集团企业在表中用＊表示。

2013 年药品零售直报企业配送中心统计表

单位：个

序号	企业名称	行业类别	配送中心数量		
			总数	自有配送中心数	非自有配送中心数
1	老百姓大药房连锁（天津）有限公司	零售	15	0	15
2	四川太极大药房连锁有限公司	零售	14	9	5
3	辽宁成大方圆医药连锁有限公司	零售	5	5	0
4	深圳中联大药房控股有限公司	零售	4	0	4
5	益丰大药房连锁股份有限公司	零售	4	4	0
6	云南健之佳健康连锁店股份有限公司	零售	4	4	0
7	成都百信药业连锁有限责任公司	零售	3	0	3
8	大参林医药集团股份有限公司	零售	3	3	0
9	山东利民大药店连锁有限公司	零售	2	1	1
10	宁波市正源大药房有限公司	零售	2	1	1
11	武汉普安医药有限公司	零售	2	2	0
12	济南漱玉平民大药房有限公司	零售	2	2	0
13	日照真诚大药房有限公司	零售	2	2	0
14	重庆鑫斛药房连锁有限公司	零售	2	2	0
15	甘肃河西三州武威医药连锁有限责任公司	零售	2	2	0
16	重庆桐君阁大药房连锁有限公司	零售	2	2	0
17	绵阳天源堂医药连锁有限公司	零售	2	1	1

续　表

序号	企业名称	行业类别	配送中心数量		
			总数	自有配送中心数	非自有配送中心数
18	江西萍乡市昌盛大药房连锁有限公司	零售	2	2	0
19	上海药房连锁有限公司	零售	1	1	0
20	宁波四明大药房有限责任公司	零售	1	1	0
21	浙江华联医药连锁有限公司	零售	1	0	1
22	东营益生堂药业连锁有限公司	零售	1	1	0
23	山西临汾竹林大药房连锁有限公司	零售	1	0	1
24	福建惠好四海医药连锁有限责任公司	零售	1	1	0
25	苏州雷允上国药连锁总店有限公司	零售	1	1	0
26	福州回春医药连锁有限公司	零售	1	1	0
27	内蒙古成大方圆医药连锁有限公司	零售	1	1	0
28	安徽丰原大药房连锁有限公司	零售	1	1	0
29	北京永安堂医药连锁有限责任公司	零售	1	1	0
30	北京嘉事堂连锁药店有限责任公司	零售	1	0	1
31	上海汇丰大药房有限公司	零售	1	1	0
32	广西南宁朝阳大药房连锁有限责任公司	零售	1	1	0
33	四川德仁堂药业连锁有限公司	零售	1	1	0
34	广西玉林市至真药业连锁有限责任公司	零售	1	1	0
35	西安双鹤大药房连锁有限责任公司	零售	1	0	1
36	贵州华氏大药房延安连锁有限公司	零售	1	1	0
37	浙江震元医药连锁有限公司	零售	1	1	0
38	贵州吉大夫医药连锁公司	零售	1	0	1
39	宁波彩虹大药房有限公司	零售	1	1	0
40	贵州一品医药连锁公司	零售	1	1	0
41	祁县阳光医药有限公司	零售	1	1	0
42	贵州一树连锁药业有限公司	零售	1	1	0
43	常州人寿天医药连锁有限公司	零售	1	1	0
44	国药河北乐仁堂医药连锁有限公司	零售	1	1	0
45	山西长城药品零售连锁有限公司	零售	1	1	0
46	国药控股国大药房内蒙古有限公司	零售	1	1	0
47	上海雷允上药品连锁经营有限公司	零售	1	1	0
48	哈尔滨宝丰医药连锁有限公司	零售	1	0	1
49	深圳市南北药行连锁有限公司	零售	1	1	0
50	哈尔滨人民同泰医药连锁店	零售	1	1	0

续 表

序号	企业名称	行业类别	配送中心数量		
			总数	自有配送中心数	非自有配送中心数
51	张家口市华佗药房连锁有限公司	零售	1	1	0
52	海南广安堂药品超市连锁经营有限公司	零售	1	1	0
53	武汉马应龙大药房连锁有限公司	零售	1	1	0
54	海南养天和大药房连锁经营有限公司	零售	1	0	1
55	襄阳天济大药房连锁有限责任公司	零售	1	1	0
56	杭州九洲大药房连锁有限公司	零售	1	1	0
57	浙江省诸暨市人民药店医药连锁公司	零售	1	1	0
58	河北神威大药房连锁有限公司	零售	1	1	0
59	北京医保全新大药房连锁有限公司	零售	1	0	1
60	河南大药房连锁经营有限公司	零售	1	1	0
61	内蒙古万民药房连锁有限公司	零售	1	1	0
62	菏泽牡丹大药房连锁有限公司	零售	1	1	0
63	北京医保中洋大药房有限公司	零售	1	1	0
64	湖北天和堂医药有限公司（仙桃）	零售	1	1	0
65	攀枝花市敬仁堂医药连锁有限责任公司	零售	1	1	0
66	湖南国大民生堂药房连锁有限公司	零售	1	1	0
67	青岛祥泰药庄连锁有限公司	零售	1	1	0
68	吉林大药房药业股份有限公司	零售	1	1	0
69	山东立健医药城连锁有限公司	零售	1	1	0
70	吉林省合兴健康药房连锁有限责任公司	零售	1	1	0
71	山东益寿堂药业有限公司	零售	1	0	1
72	吉林省吉深医药实业有限公司	零售	1	1	0
73	山西仁和大药房连锁有限公司	零售	1	1	0
74	吉林省益和大药房有限公司	零售	1	1	0
75	上海华氏大药房有限公司	零售	1	1	0
76	北京金象大药房医药连锁有限责任公司	零售	1	1	0
77	上海雷允上西区药品零售有限公司	零售	1	1	0
78	江苏大众医药连锁有限公司	零售	1	1	0
79	上海童涵春堂药业连锁经营有限公司	零售	1	1	0
80	江西黄庆仁栈华氏大药房	零售	1	1	0
81	上海余天成药业连锁有限公司	零售	1	1	0
82	江西开心人大药房连锁有限公司	零售	1	0	1
83	嵊州市易心堂大药房有限公司	零售	1	1	0

续　表

序号	企业名称	行业类别	配送中心数量		
			总数	自有配送中心数	非自有配送中心数
84	中山市中智大药房连锁有限公司	零售	1	1	0
85	四川康贝大药房连锁有限公司	零售	1	1	0
86	北京市京隆堂医药有限公司	零售	1	1	0
87	四川杏林医药连锁有限责任公司	零售	1	1	0
88	金华市九德堂医药连锁有限公司	零售	1	1	0
89	武汉东明药房连锁有限公司	零售	1	1	0
90	金华市老百姓医药连锁有限公司	零售	1	1	0
91	赤峰人川大药房连锁有限公司	零售	1	1	0
92	金华市太和堂医药连锁有限公司	零售	1	1	0
93	西安怡康医药连锁有限责任公司	零售	1	1	0
94	晋中市天诚药房有限责任公司	零售	1	1	0
95	长治市昂生大药房零售连锁有限公司	零售	1	0	1
96	开封市百氏康医药连锁有限公司	零售	1	1	0
97	浙江瑞人堂医药连锁有限公司	零售	1	1	0
98	北京王府井医药商店有限责任公司	零售	1	0	1
99	浙江天天好大药房连锁有限公司	零售	1	0	1
100	娄底市康一馨街大药房零售连锁有限公司	零售	1	1	0
101	德州颐寿医药连锁有限公司	零售	1	1	0
102	泸州圣杰药业有限公司	零售	1	1	0
103	上海益丰大药房有限公司	零售	1	1	0
104	金华市尖峰大药房连锁有限公司	零售	1	1	0
合计			158	115	43

统计范围：含有配送中心的全部药品零售直报企业。

第七部分　药品流通企业配送情况

2013年药品批发企业国家基本药物配送情况统计表

序号	企业名称	配送费用总额（千元）	城市（含县城）社区卫生服务机构		县以下基层医疗卫生机构	
			配送费用（千元）	占比（%）	配送费用（千元）	占比（%）
1	修正药业集团营销有限公司	1 246 813	748 088	60.00	498 725	40.00
2	华东医药股份有限公司	1 140 360	1 073 280	94.12	67 080	5.88
3	重庆长圣医药有限公司	460 413	129 860	28.21	330 553	71.79

续 表

序号	企业名称	配送费用总额（千元）	城市（含县城）社区卫生服务机构		县以下基层医疗卫生机构	
			配送费用（千元）	占比（%）	配送费用（千元）	占比（%）
4	华润河南医药有限公司	365 105	44 525	12.20	320 580	87.80
5	国药控股河南股份有限公司	336 063	134 398	39.99	201 665	60.01
6	重庆九州通医药有限公司	330 777	185 570	56.10	145 207	43.90
7	上海罗达医药公司	300 383	300 383	100.00	0	0.00
8	国药乐仁堂医药有限公司	192 699	48 175	25.00	144 524	75.00
9	温州市英特药业有限公司	163 835	84 258	51.43	79 577	48.57
10	华润医药商业集团有限公司	154 665	49 535	32.03	105 130	67.97
11	国药控股沈阳有限公司	152 070	50 690	33.33	101 380	66.67
12	贵州康心医药有限公司	131 302	91 911	70.00	39 391	30.00
13	重庆科渝药品经营有限责任公司	125 685	53 865	42.86	71 820	57.14
14	北京市金安健医药经销中心	125 393	125 393	100.00	0	0.00
15	西安双鹤医药股份有限公司	114 160	22 832	20.00	91 328	80.00
16	安徽天禾药业有限公司	112 233	24 050	21.43	88 183	78.57
17	河南省康信医药有限公司	94 785	63 190	66.67	31 595	33.33
18	罗欣医药集团有限公司	70 695	43 831	62.00	26 864	38.00
19	上海医药嘉定药业有限公司	65 282	30 130	46.15	35 152	53.85
20	天津天士力医药营销集团有限公司	65 214	21 738	33.33	43 476	66.67
21	山东康惠医药有限公司	65 111	28 938	44.44	36 173	55.56
22	华润新龙（北京）医药有限公司	55 885	25 001	44.74	30 884	55.26
23	温州时代医药有限公司	51 926	10 385	20.00	41 541	80.00
24	兰州西城药业有限责任公司	49 659	42 210	85.00	7 449	15.00
25	华润湖南医药有限公司	45 083	8 566	19.00	36 517	81.00
26	天津中新药业集团股份有限公司医药公司	39 323	37 133	94.43	2 190	5.57
27	广西桂玉医药有限责任公司	38 441	31 137	81.00	7 304	19.00
28	浙江华圣医药有限公司	38 137	12712	33.33	25 425	66.67
29	上海雷允上南翔医药有限公司	35 650	18 939	53.12	16 711	46.88
30	江西汇仁集团医药科研营销有限公司	35 584	1 779	5.00	33 805	95.00
31	邵阳九福药业有限公司	34 655	10 061	29.03	24 594	70.97
32	浙江大德药业集团浙江医药公司	33 497	20 098	60.00	13 399	40.00
33	安徽华源医药股份有限公司	31 907	14 279	44.75	17 628	55.25
34	温州新特医药有限公司	31 881	10 627	33.33	21 254	66.67

续　表

序号	企业名称	配送费用总额（千元）	城市（含县城）社区卫生服务机构		县以下基层医疗卫生机构	
			配送费用（千元）	占比（%）	配送费用（千元）	占比（%）
35	常熟建发医药有限公司	30 813	21 569	70.00	9 244	30.00
36	山东海王银河医药有限公司	30 607	12 467	40.73	18 140	59.27
37	常州药业股份有限公司	29 270	29 270	100.00	0	0.00
38	江苏省医药公司	26 937	20 890	77.55	6 047	22.45
39	上海第一医药崇明医药药材有限公司	24 022	0	0.00	24 022	100.00
40	上海虹桥药业有限公司	22 823	7 988	35.00	14 835	65.00
41	国药控股聊城有限公司	20 675	4 135	20.00	16 540	80.00
42	福建同春药业股份有限公司	19 834	17 379	87.62	2 455	12.38
43	北京九州通医药有限公司	19 392	11 635	60.00	7 757	40.00
44	湖南天士力民生药业有限公司	19 360	8 800	45.45	10 560	54.55
45	上海市药材有限公司	19 151	19 151	100.00	0	0.00
46	国药控股温州有限公司	18 110	7 248	40.02	10 862	59.98
47	山东瑞中医药有限公司	18 046	6 445	35.71	11 601	64.29
48	湖南千金医药股份有限公司	16 415	3 621	22.06	12 794	77.94
49	温州华东惠仁医药有限公司	16 213	0	0.00	16 213	100.00
50	山西临汾医药药材有限公司	15 875	7 140	44.98	8 735	55.02
51	国药控股山东有限公司	13 863	2 648	19.10	11 215	80.90
52	贵州省毕节市医药有限公司	12 824	1 125	8.77	11 699	91.23
53	浙江省医药工业有限公司	12 782	3 451	27.00	9 331	73.00
54	华润辽宁医药有限公司	12 729	0	0.00	12 729	100.00
55	海南天瑞药业有限公司	11 719	879	7.50	10 840	92.50
56	山东康诺盛世医药有限公司	11 455	3 436	30.00	8 019	70.00
57	国药控股镇江有限公司	11 250	5 000	44.44	6 250	55.56
58	北京恒生海康医药有限公司	11 028	2 626	23.81	8 402	76.19
59	国药控股宁夏有限公司	11 025	7 964	72.24	3 061	27.76
60	海南飞利药业有限公司	10 823	2 886	26.67	7 937	73.33
61	浙江省金华市武义县医药有限公司	10 469	3 450	32.95	7 019	67.05
62	浙普泽医药有限公司	10 315	2 813	27.27	7 502	72.73
63	六盘水济生药业有限公司	10 000	8 000	80.00	2 000	20.00
64	广东龙康医药有限公司	9 505	5 703	60.00	3 802	40.00
65	青海省富康医药集团有限责任公司	9 357	1 404	15.00	7 953	85.00

续 表

序号	企业名称	配送费用总额（千元）	城市（含县城）社区卫生服务机构		县以下基层医疗卫生机构	
			配送费用（千元）	占比（%）	配送费用（千元）	占比（%）
66	青海力升药业有限公司	9 280	1 450	15.63	7 830	84.38
67	山东省德州泰康药业有限公司	9 078	6 052	66.67	3 026	33.33
68	宁夏华源耀康医药有限公司	8 435	8 435	100.00	0	0.00
69	奉化市医药药材有限公司	8 087	1 589	19.65	6 498	80.35
70	浙江华通医药股份有限公司	7 291	853	11.70	6 438	88.30
71	中国药材公司	7 261	5 446	75.00	1 815	25.00
72	昆明东南亚药业有限公司	7 253	1 798	24.79	5 455	75.21
73	浦江县医药药材有限公司	6 991	2 142	30.64	4 849	69.36
74	江苏恩华和润医药有限公司	6 990	699	10.00	6 291	90.00
75	和平泰康资阳药业有限责任公司	6 783	4 296	63.33	2 487	36.67
76	上海申依医药有限公司	6 726	0	0.00	6 726	100.00
77	民生药业集团河南德尔康药业有限公司	6 650	2 000	30.08	4 650	69.92
78	开化县医药有限责任公司	6 638	1 990	29.98	4 648	70.02
79	上海汇丰医药药材有限公司	6 556	4 507	68.75	2 049	31.25
80	广东振东泰捷医药物流有限公司	6 469	6 469	100.00	0	0.00
81	贵州腾济医药有限公司	6 333	1 319	20.83	5 014	79.17
82	山西康美徕医药有限公司	6 295	420	6.67	5 875	93.33
83	贵州吉康药业有限公司	6 225	6 225	100.00	0	0.00
84	衡阳市同德祥医药有限公司	6 215	2 486	40.00	3 729	60.00
85	贵州紫凡药品有限公司	6 180	883	14.29	5 297	85.71
86	平阳县瓯南医药有限公司	6 028	2 009	33.33	4 019	66.67
87	甘肃莱美医药投资有限责任公司	6 020	6 020	100.00	0	0.00
88	广州中山医医药有限公司	5 251	2 470	47.04	2 781	52.96
89	南通市医药经销有限公司	5 205	2 017	38.75	3 188	61.25
90	山东容大医药有限公司	5 185	552	10.65	4 633	89.35
91	宜昌万和医药有限责任公司	4 932	0	0.00	4 932	100.00
92	宜昌市康鑫医药经销有限公司	4 835	1 934	40.00	2 901	60.00
93	回音必集团有限公司	4 835	725	14.99	4 110	85.01
94	上海医药股份有限公司黄山华氏有限公司	4 782	1 594	33.33	3 188	66.67
95	本溪市医药总公司	4 570	4 452	97.42	118	2.58
96	菏泽牡丹医药有限责任公司	4 278	1 797	42.01	2 481	57.99

续 表

序号	企业名称	配送费用总额（千元）	城市（含县城）社区卫生服务机构		县以下基层医疗卫生机构	
			配送费用（千元）	占比（%）	配送费用（千元）	占比（%）
97	云南大唐汉方药业有限公司	4 246	4 246	100.00	0	0.00
98	海南悦健药业有限公司	4 173	1 605	38.46	2 568	61.54
99	上海市农工商长征医药有限公司	4 096	2 276	55.57	1 820	44.43
100	日照医药集团	4 050	1 264	31.21	2 786	68.79
101	四川绵阳科伦医药贸易有限公司	3 840	1 320	34.38	2 520	65.63
102	云南龙马药业有限公司	3 795	264	6.96	3 531	93.04
103	赤峰丹龙医药有限公司	3 703	1 111	30.00	2 592	70.00
104	衡阳瑞源药业有限公司	3 562	1 239	34.78	2 323	65.22
105	云南佳能达医药有限公司	3 556	0	0.00	3 556	100.00
106	南京医药合肥天星有限公司	3 325	128	3.85	3 197	96.15
107	云南省玉溪医药有限责任公司	3 296	0	0.00	3 296	100.00
108	吉林省友邦药业有限公司	3 220	3 220	100.00	0	0.00
109	浙江宝瑞医药有限公司	3 158	1 360	43.07	1 798	56.93
110	国药控股湖南有限公司	2 960	2 072	70.00	888	30.00
111	浙江三通医药有限公司	2 931	1 099	37.50	1 832	62.50
112	浙江省诸暨市医药药材有限公司	2 831	1 343	47.44	1 488	52.56
113	上海金石医药药材有限公司	2 640	2 112	80.00	528	20.00
114	江西上饶医药股份有限公司	2 553	464	18.17	2 089	81.83
115	连云港康缘医药商业有限公司	2 515	508	20.20	2 007	79.80
116	合肥市迪迈医药有限公司	2 428	240	9.88	2 188	90.12
117	张家口华佗医药经营有限公司	2 370	320	13.50	2 050	86.50
118	甘肃同济药业有限责任公司	2 293	760	33.14	1 533	66.86
119	孝感市孝南中药材公司	2 288	957	41.83	1 331	58.17
120	湖北康欣医药有限公司	2 275	0	0.00	2 275	100.00
121	浙江五洲泓泰医药有限公司	2 208	1 019	46.15	1 189	53.85
122	云南省保山市医药有限责任公司	2 195	479	21.82	1 716	78.18
123	江苏科诚医药有限公司	2 178	1 261	57.90	917	42.10
124	贵州意通医药有限责任公司	2 160	864	40.00	1 296	60.00
125	贵阳市医药有限公司	2 130	402	18.87	1 728	81.13
126	上海得一医药有限公司	2 056	2 056	100.00	0	0.00
127	云南省建水县兴达医药有限公司	2 050	0	0.00	2 050	100.00

续 表

序号	企业名称	配送费用总额（千元）	城市（含县城）社区卫生服务机构		县以下基层医疗卫生机构	
			配送费用（千元）	占比（%）	配送费用（千元）	占比（%）
128	厦门宏仁医药有限公司	2 005	1 253	62.49	752	37.51
129	江西华晨医药科技有限公司	1 978	1 233	62.34	745	37.66
130	上海新世纪药业有限公司	1 949	1 949	100.00	0	0.00
131	晋中市新都药业有限公司	1 904	762	40.02	1 142	59.98
132	山西亨通医药批发有限公司	1 893	502	26.52	1 391	73.48
133	四川雅安康盛中药材有限责任公司	1 859	87	4.68	1 772	95.32
134	河南省博济光明医药有限公司	1 851	529	28.58	1 322	71.42
135	北京市兴盛源医药药材有限责任公司	1 800	1 700	94.44	100	5.56
136	云南东昌医药股份有限公司	1 784	1 338	75.00	446	25.00
137	四川遂宁市全泰堂药业有限公司	1 653	551	33.33	1 102	66.67
138	四川知仁医药有限责任公司	1 618	216	13.35	1 402	86.65
139	陕西怡康医药有限责任公司	1 608	1 608	100.00	0	0.00
140	吉林亚泰华氏医药有限公司	1 600	400	25.00	1 200	75.00
141	宜昌市康正药业贸易有限责任公司	1 553	464	29.88	1 089	70.12
142	澄迈县医药发展公司	1 541	521	33.81	1 020	66.19
143	遵义医药有限公司	1 520	278	18.29	1 242	81.71
144	国药控股海南有限公司	1 520	1 216	80.00	304	20.00
145	山西通盛集团医药物流有限公司	1 459	438	30.02	1 021	69.98
146	湖南德海医药有限公司	1 360	510	37.50	850	62.50
147	陕西华远医药集团有限公司	1 316	1 316	100.00	0	0.00
148	山西安盛源药业有限公司	1 254	302	24.08	952	75.92
149	绥化市医药有限公司	1 212	0	0.00	1 212	100.00
150	重庆医药工业有限责任公司	1 143	635	55.56	508	44.44
151	贵州斯瑞医药有限责任公司	1 096	548	50.00	548	50.00
152	上药山禾无锡医药股份有限公司	1 048	414	39.50	634	60.50
153	金湖县医药有限公司	990	0	0.00	990	100.00
154	达州市天泰药业集团有限公司	989	193	19.51	796	80.49
155	浙江嘉兴百仁医药有限公司	943	403	42.74	540	57.26
156	上海余天成医药有限公司	931	931	100.00	0	0.00
157	吉林省天和医药科技有限公司	924	83	8.98	841	91.02
158	上海闵行区药材医药公司	903	735	81.40	168	18.60

续　表

序号	企业名称	配送费用总额（千元）	城市（含县城）社区卫生服务机构		县以下基层医疗卫生机构	
			配送费用（千元）	占比（%）	配送费用（千元）	占比（%）
159	河南省新华药业有限公司	799	217	27.16	582	72.84
160	西安藻露堂药业集团有限责任公司	748	748	100.00	0	0.00
161	新龙药业集团恩施有限公司	742	59	7.95	683	92.05
162	湖南长锋医药有限公司	708	497	70.20	211	29.80
163	北京华康瑞通医药有限责任公司	696	522	75.00	174	25.00
164	甘肃平凉国泰药业有限责任公司	682	372	54.55	310	45.45
165	上海雷允上北区药业股份有限公司	680	368	54.12	312	45.88
166	华润吉林康乃尔医药有限公司	660	60	9.09	600	90.91
167	国药控股吉林有限公司	641	589	91.89	52	8.11
168	上海新时代药业有限公司	633	443	69.98	190	30.02
169	杭州华氏医药有限公司	610	610	100.00	0	0.00
170	常熟市医药工业供销有限公司	599	358	59.77	241	40.23
171	贵州弘一医药有限责任公司	590	115	19.49	475	80.51
172	国药控股山西有限公司	559	68	12.16	491	87.84
173	丰县医药总公司	528	0	0.00	528	100.00
174	长春市长恒药业有限公司	520	364	70.00	156	30.00
175	云南金辉药业有限公司	514	0	0.00	514	100.00
176	泸州本草堂医药有限公司	511	482	94.32	29	5.68
177	贵州民生药业有限公司	490	330	67.35	160	32.65
178	山西振东医药有限公司	473	158	33.40	315	66.60
179	华润西安医药有限公司	467	0	0.00	467	100.00
180	上海古华药业（集团）有限公司	450	225	50.00	225	50.00
181	宜昌市瑞康医药有限责任公司	430	52	12.09	378	87.91
182	湖北独活药业股份有限公司	384	97	25.26	287	74.74
183	长春永新迪瑞药业有限公司	353	150	42.49	203	57.51
184	湖南新汇医药有限公司	351	351	100.00	0	0.00
185	恩施自治州恒信药业有限责任公司	326	125	38.34	201	61.66
186	吉林亚泰万联医药有限公司	324	0	0.00	324	100.00
187	厦门绿金谷国际健康产业股份有限公司	316	107	33.86	209	66.14
188	海南振康药业有限公司	307	0	0.00	307	100.00
189	贵州省黔中医药有限公司	306	116	37.91	190	62.09

续 表

序号	企业名称	配送费用总额（千元）	城市（含县城）社区卫生服务机构		县以下基层医疗卫生机构	
			配送费用（千元）	占比（%）	配送费用（千元）	占比（%）
190	淮北医药有限公司	270	90	33.33	180	66.67
191	邵阳药业有限公司	262	0	0.00	262	100.00
192	海南光伟药业有限公司	250	250	100.00	0	0.00
193	华润吉林医药有限公司	250	100	40.00	150	60.00
194	安徽海通医药股份有限公司	246	56	22.76	190	77.24
195	海南裕鑫昌药业有限公司	225	160	71.11	65	28.89
196	华润牡丹江天利医药有限公司	220	120	54.55	100	45.45
197	赤峰雷蒙药品经销有限公司	211	100	47.39	111	52.61
198	湖北中融达医药有限公司（仙桃）	210	50	23.81	160	76.19
199	辽宁省医药对外贸易公司	206	142	68.93	64	31.07
200	湖北聚隆药业有限公司（荆门）	206	0	0.00	206	100.00
合计		7 204 253	3 973 074	55.15	3 231 179	44.85

注：仅提取费用总额前200名。

第八部分 药品流通企业电子商务经营情况

具有互联网药品交易服务资格证书的药品流通企业名单（截至2013年年底）

B2A

序号	企业名称	证书编号
1	北京汉宁恒丰医药科技股份有限公司	国A20130004
2	北京鹤麒医药电子商务有限公司	国A20080001
3	北京先锋环宇电子商务有限责任公司	国A20070001
4	海南卫虹医药电子商务有限公司	国A20060002
5	合肥快易捷医药电子商务有限公司	国A20070002
6	河北慧眼医药科技有限公司	国A20130003
7	江西金利达电子商务有限公司	国A20130001
8	民生医药配送中心有限公司	国A20090001
9	上海伊邦医药信息科技有限公司	国A20110001
10	中国通用医药电子商务有限公司	国A20060001
11	重庆药品交易所股份有限公司	国A20130002

B2B

序号	企业名称	证书编号
1	安徽华源医药股份有限公司	皖 B20090001
2	安徽立方药业有限公司	皖 B20080001
3	北京九州通医药有限公司	京 B20130002
4	成都拜欧药业有限公司	川 B20110002
5	成都一零一医药有限公司	川 B20130001
6	澄江县正飞中药材有限责任公司	滇 B20110003
7	东莞市新文医药有限公司	粤 B20110001
8	甘肃惠森药业发展有限公司	甘 B20110001
9	广东百氏福药业有限公司	粤 B20090001
10	广东二天堂药业有限公司	粤 B20120001
11	广东康泽药业有限公司	粤 B20130002
12	广东康之家药业有限公司	粤 B20130001
13	广州医药有限公司	粤 B20110002
14	国药控股广州有限公司	粤 B20120002
15	国药控股河南股份有限公司	豫 B20120001
16	河南九州通医药有限公司	豫 B20090001
17	湖南商康医药电子商务有限公司	湘 B20110001
18	湖南时代阳光医药健康产业有限公司	湘 B20130001
19	华东医药股份有限公司	浙 B20110002
20	华润河南医药有限公司	豫 B20110001
21	江苏澳洋医药物流有限公司	苏 B20130002
22	江苏康之捷医药有限公司	苏 B20120002
23	江苏柯菲平医药股份有限公司	苏 B20130003
24	江苏可一医药有限公司	苏 B20090001
25	江苏阳生生物工程有限公司	苏 B20120003
26	江西开心人医药物流有限公司	赣 B20110001
27	九州通医药集团股份有限公司	鄂 B20110001
28	康美药业股份有限公司	粤 B20110003
29	昆明鑫源堂医药有限公司	滇 B20110002
30	南京聚力医药科技有限公司	苏 B20120004
31	青岛百洋医药科技有限公司	鲁 B20130001
32	山东大舜医药物流有限公司	鲁 B20100002
33	山东瑞康医药股份有限公司	鲁 B20100001
34	上海复迅医疗器械有限公司	沪 B20130001

续 表

序号	企业名称	证书编号
35	四川合纵医药有限责任公司	川 B20130002
36	四川科伦医药贸易有限公司	川 B20100001
37	四川省医药股份有限公司	川 B20110001
38	无锡市凯顺医疗器械制造有限公司	苏 B20120001
39	徐州淮海药业有限公司	苏 B20100001
40	徐州医药股份有限公司	苏 B20130001
41	云南东骏药业有限公司	滇 B20120001
42	云南东融滇西中药材物流经营有限公司	滇 B20120002
43	云南佳能达医药有限公司	滇 B20120003
44	云南省医药有限公司	滇 B20110001
45	长治市昂生医药物流有限公司	晋 C20100002
46	浙江海派医药有限公司	浙 B20130003
47	浙江鸿汇医药物流有限公司	浙 B20110001
48	浙江康恩贝医药销售有限公司	浙 B20130001
49	浙江为诚医药股份有限公司	浙 B20130002
50	浙江英特药业有限责任公司	浙 B20100001
51	郑州中原医疗器械城股份有限公司	豫 B20090002

B2C

序号	企业名称	证书编号
1	益丰大药房连锁股份有限公司	湘 C20110001
2	辽宁成大方圆医药连锁有限公司	辽 C20130001
3	云南健之佳健康连锁店股份有限公司	滇 C20110001
4	安徽百秀大药房连锁有限公司	皖 C20130001
5	安徽立方连锁药房有限公司	皖 C20110001
6	安徽省天健国药堂健康服务有限公司	皖 C20100001
7	北京德开医药科技有限公司	京 C20130001
8	北京德威治医药连锁有限责任公司	京 C20100002
9	北京福瑞宏达大药房有限公司	京 C20130002
10	北京好药师大药房连锁有限公司	京 C20090001
11	北京嘉事堂连锁药店有限责任公司	京 C20100001
12	北京金象大药房医药连锁有限责任公司	京 C20110003
13	北京同仁堂广州药业连锁有限公司	粤 C20130008
14	北京养生堂药店有限公司	京 C20110002

续 表

序号	企业名称	证书编号
15	北京医保中洋大药房有限公司	京 C20090002
16	常州市恒泰医药连锁有限公司	苏 C20130001
17	大连市阳光大药房医药连锁有限公司	辽 C20130002
18	东莞市汇店通医药有限公司	粤 C20110008
19	福州逸仙医药连锁有限公司	闽 C20130004
20	阜阳市聚缘堂药品零售连锁有限公司	皖 C20130002
21	甘肃德生堂大药房连锁经营有限公司	甘 C20120001
22	广东爱心大药房连锁有限公司	粤 C20130013
23	广东宝家康药业有限公司	粤 C20130003
24	广东本草药业连锁有限公司	粤 C20130001
25	广东大参林连锁药店有限公司	粤 C20130002
26	广东健客医药有限公司	粤 C20090001
27	广东金康药房连锁有限公司	粤 C20130004
28	广东康爱多连锁药店有限公司	粤 C20110001
29	广东康泽药业连锁有限公司	粤 C20130007
30	广东康之家医药连锁有限公司	粤 C20110004
31	广东壹号大药房连锁有限公司	粤 C20100001
32	广州百济新特药业连锁有限公司	粤 C20110003
33	广州二天堂大药房连锁有限公司	粤 C20110006
34	广州华安医药连锁有限公司	粤 C20130009
35	广州集和堂大药房连锁有限公司	粤 C20130010
36	广州健民医药连锁有限公司	粤 C20100002
37	广州林芝参药业连锁有限公司	粤 C20130018
38	广州平民大药房连锁有限公司	粤 C20130014
39	广州七乐康药业连锁有限公司	粤 C20100005
40	广州市宝芝林大药房连锁有限公司	粤 C20130012
41	广州中医药大学大药房养和医药连锁有限公司	粤 C20100003
42	贵州吉大夫药房连锁有限公司	黔 C20110001
43	贵州省医药（集团）意通兴业大药房连锁有限公司	黔 C20130001
44	国药河北乐仁堂医药连锁有限公司	冀 C20130001
45	哈尔滨人民同泰医药连锁店	黑 C20110001
46	海南广安堂药品超市连锁经营有限公司	琼 C20130001
47	海南永敬堂药业连锁经营有限公司	琼 C20130002
48	海南源安隆药品超市连锁有限公司	琼 C20130003

续 表

序号	企业名称	证书编号
49	杭州东仁堂医药零售连锁有限公司	浙 C20130010
50	杭州华东武林大药房有限公司	浙 C20130009
51	杭州九洲大药房连锁有限公司	浙 C20100001
52	杭州益万家药房连锁有限公司	浙 C20130004
53	河北华佗药房医药连锁有限公司	冀 C20110001
54	河北神威大药房连锁有限公司	冀 C20130002
55	黑龙江省金天集团金天慈济医药连锁有限公司	黑 C20130002
56	湖北中联大药房连锁有限公司	鄂 C20130001
57	湖南千金大药房连锁有限公司	湘 C20130003
58	怀化怀仁大药房连锁有限公司	湘 C20130001
59	济南漱玉平民大药房有限公司	鲁 C20120002
60	济宁新华鲁抗大药房有限公司	鲁 C20110001
61	江苏百佳惠瑞丰大药房连锁有限公司	苏 C20130008
62	江苏普泽大药房连锁有限公司	苏 C20130003
63	江苏一可医药连锁有限公司	苏 C20130005
64	江西赣药大药房连锁有限公司	赣 C20130001
65	江西金盛大药房连锁有限公司	赣 C20110001
66	江西开心人大药房连锁有限公司	赣 C20090001
67	金华市老百姓医药连锁有限公司	浙 C20130002
68	老百姓大药房连锁股份有限公司	湘 C20130002
69	连云港康济大药房连锁有限公司	苏 C20130004
70	辽宁博康天天好大药房连锁有限公司	辽 C20130003
71	辽宁盛生堂药房连锁有限公司	辽 C20100001
72	柳州桂中大药房连锁有限责任公司	桂 C20130001
73	南京金陵大药房有限责任公司	苏 C20130006
74	宁波彩虹大药房有限公司	浙 C20120001
75	宁波四明大药房有限责任公司	浙 C20110001
76	青岛百洋健康药房连锁有限公司	鲁 C20120003
77	青岛利群药品经营有限公司	鲁 C20100001
78	清远市海马王药业有限公司	粤 C20130011
79	厦门鹭燕大药房有限公司	闽 C20130002
80	山东东阿阿胶健康管理连锁有限公司	鲁 C20120001
81	山东立健医药城连锁有限公司	鲁 C20130005
82	山东燕喜堂医药连锁有限公司	鲁 C20130001

续　表

序号	企业名称	证书编号
83	山西荣华大药房连锁有限公司	晋 C20120001
84	上海得一大药房连锁有限公司	沪 C20130004
85	上海复美益星大药房连锁有限公司	沪 C20130001
86	上海华氏大药房有限公司	沪 C20130003
87	上海雷允上北区药品零售有限公司	沪 C20130005
88	上海市第一医药商店连锁经营有限公司	沪 C20130002
89	上海药房连锁有限公司	沪 C20110001
90	上海医药嘉定大药房连锁有限公司	沪 C20090001
91	韶关市乡亲药房连锁有限公司	粤 C20110007
92	深圳市都市大药房连锁有限公司	粤 C20130017
93	深圳市海王星辰健康药房连锁有限公司	粤 C20100004
94	深圳市万泽医药连锁有限公司	粤 C20120001
95	深圳市文华医药有限公司	粤 C20130015
96	深圳市亚洲大药房连锁有限公司	粤 C20110002
97	深圳市一德堂医药连锁有限公司	粤 C20110005
98	深圳市中联大药房有限公司	粤 C20120002
99	深圳市众生堂药房有限公司	粤 C20130016
100	石家庄新兴药房连锁有限公司	冀 C20090001
101	四川拜欧大药房连锁有限公司	川 C20130001
102	四川德仁堂药业连锁有限公司	川 C20130002
103	四川好医生连锁药房有限公司	川 C20130005
104	四川回春堂药业连锁有限公司	川 C20130003
105	四川仁博药房连锁有限公司	川 C20100001
106	四川昇和医药连锁有限公司	川 C20120001
107	四川省巴中怡和药业连锁有限责任公司	川 C20130004
108	四川省华安堂药业零售连锁有限公司	川 C20130006
109	泰州市隆泰源医药连锁有限公司	苏 C20130009
110	天津瑞澄大药房连锁有限公司	津 C20130001
111	天津天士力大药房连锁有限公司	津 C20090001
112	桐庐好邻居大药房连锁有限公司	浙 C20130006
113	温州叶同仁医药连锁有限公司	浙 C20130001
114	温州张和堂医药连锁有限公司	浙 C20130008
115	无锡汇华强盛医药连锁有限公司	苏 C20130002
116	无锡星洲百姓人家药店连锁有限公司	苏 C20130007

续 表

序号	企业名称	证书编号
117	武汉马应龙大药房连锁有限公司	鄂 C20100001
118	先声再康江苏药业有限公司	苏 C20110001
119	徐州恩华统一医药连锁销售有限公司	苏 C20120004
120	烟台中医世家医药连锁有限公司	鲁 C20130002
121	伊春市平安百姓医药连锁有限责任公司	黑 C20130001
122	云南白药大药房有限公司	滇 C20120002
123	云南白药集团股份有限公司	滇 C20130001
124	云南鸿翔一心堂药业（集团）股份有限公司	滇 C20120001
125	章丘市健民医药有限公司	鲁 C20130003
126	长治市昂生大药房零售连锁有限公司	晋 C20100001
127	浙江瑞人堂医药连锁有限公司	浙 C20130011
128	浙江同一大药房有限公司	浙 C20130012
129	浙江云开亚美大药房连锁有限公司	浙 C20130003
130	浙江长红大药房连锁有限公司	浙 C20130005
131	镇江存仁堂医药连锁有限责任公司	苏 C20120003
132	中山市中智大药房连锁有限公司	粤 C20130005
133	重庆加加林医疗器械连锁有限公司	渝 C20130002
134	重庆江岸大药房连锁有限公司	渝 C20090001
135	重庆市万和药房连锁有限公司	渝 C20130003
136	重庆桐君阁大药房连锁有限责任公司	渝 C20130001
137	淄博众康医药连锁有限公司	鲁 C20130004

第九部分 药品流通企业从业人员情况

2013 年药品批发及批零兼营直报企业从业人员学历情况统计表

序号	企业名称	行业类别	从业人员							
			合计（人）	具有研究生及以上学历人员（人）	具有大学本科学历人员（人）	占比（%）	具有大专学历人员（人）	占比（%）	具有大专以下学历人员（人）	占比（%）
1	中国医药集团总公司	批零兼营	45 965	1 377	10 753	23. 39	15 334	33. 36	18 501	40. 25
2	中国北京同仁堂（集团）有限责任公司	批零兼营	16 396	52	1 765	10. 76	5 844	35. 64	8 735	53. 28
3	九州通医药集团有限公司	批发业	15 292	88	1 991	13. 02	4 839	31. 64	8 374	54. 76

续　表

序号	企业名称	行业类别	从业人员							
			合计（人）	具有研究生及以上学历人员（人）	具有大学本科学历人员（人）	占比（%）	具有大专学历人员（人）	占比（%）	具有大专以下学历人员（人）	占比（%）
4	云南鸿翔一心堂药业（集团）股份有限公司	批零兼营	13 861	28	958	6.91	2 247	16.21	10 628	76.68
5	华润医药商业集团有限公司	批零兼营	13 416	154	2 549	19.00	4 559	33.98	6 154	45.87
6	大参林医药集团股份有限公司	批零兼营	12 889	0	752	5.83	6 663	51.70	5 474	42.47
7	重庆医药（集团）股份有限公司	批发业	10 387	255	1 943	18.71	3 436	33.08	4 753	4.76
8	张家口华佗医药经营有限公司	批发业	9 000	0	1 000	11.11	1 000	11.11	7 000	77.78
9	天津天士力医药营销集团有限公司	批零兼营	8 738	96	2 457	28.12	3 712	42.48	2 473	28.30
10	北京同仁堂商业投资集团有限公司	批零兼营	8 147	33	887	10.89	3 035	37.25	4 192	51.45
11	北京同仁堂健康药品经营有限公司	批零兼营	7 344	13	706	9.61	2 523	34.35	4 102	55.86
12	南京医药股份有限公司	批零兼营	5 745	115	921	16.03	2 074	36.10	2 635	45.87
13	重庆桐君阁股份有限公司	批零兼营	5 289	50	629	11.89	2 026	38.31	2 584	48.86
14	四川科伦医药贸易有限公司	批发业	4 850	12	920	18.97	1 820	37.53	2 098	43.26
15	云南东骏药业有限公司	批零兼营	4 216	0	1 125	26.68	1 906	45.21	1 185	28.11
16	济南漱玉平民大药房有限公司	批零兼营	3 153	2	238	7.55	1 493	47.35	1 420	45.04
17	广州医药有限公司	批零兼营	3 063	23	878	28.66	755	24.65	1 407	45.94
18	哈药集团医药有限公司	批零兼营	2 923	24	643	22.00	1 064	36.40	1 192	40.78
19	海南天祥药业有限公司	批发业	2 820	11	445	15.78	1 308	46.38	1 056	37.45
20	新龙药业集团	批发业	2 500	10	300	12.00	1 000	40.00	1 190	47.60

续 表

序号	企业名称	行业类别	从业人员							
			合计（人）	具有研究生及以上学历人员（人）	具有大学本科学历人员（人）	占比（%）	具有大专学历人员（人）	占比（%）	具有大专以下学历人员（人）	占比（%）
21	国药乐仁堂医药有限公司	批发业	2 063	21	366	17.74	876	42.46	800	38.78
22	东北制药集团供销有限公司	批零兼营	2 000	29	300	15.00	560	28.00	1 111	55.55
23	鹭燕（福建）药业股份有限公司	批发业	1 978	12	315	15.93	674	34.07	977	49.39
24	上海雷允上药业有限公司	批发业	1 953	13	242	12.39	454	23.25	1 244	63.70
25	江苏先声药业有限公司	批发业	1 937	223	946	48.84	671	34.64	97	5.01
26	安徽华源医药股份有限公司	批发业	1 926	2	264	13.71	483	25.08	1 177	61.11
27	山东省医药集团有限公司	批零兼营	1 890	11	291	15.40	644	34.07	944	49.95
28	浙江英特药业有限责任公司	批零兼营	1 883	60	487	25.86	596	31.65	740	39.30
29	南京国药医药有限公司	批零兼营	1 805	9	129	7.15	600	33.24	1 067	59.11
30	罗欣医药集团有限公司	批发业	1 774	16	346	19.50	794	44.76	618	34.84
31	山东瑞康医药股份有限公司	批零兼营	1 708	4	175	10.25	622	36.42	907	53.10
32	上海华氏大药房有限公司	批零兼营	1 686	10	150	8.90	483	28.65	1 043	61.86
33	浙江震元股份有限公司	批发业	1 646	17	339	20.60	480	29.16	810	49.21
34	中国药材公司	批发业	1 605	341	745	46.42	313	19.50	206	12.83
35	云南省医药有限公司	批零兼营	1 600	16	290	18.13	169	10.56	1 125	70.31
36	浙江英诺珐医药有限公司	批发业	1 589	9	203	12.78	688	43.30	689	43.36
37	吉林省天和医药科技有限公司	批零兼营	1 523	4	60	3.94	1 029	67.56	430	28.23

续 表

序号	企业名称	行业类别	从业人员							
			合计（人）	具有研究生及以上学历人员（人）	具有大学本科学历人员（人）	占比（%）	具有大专学历人员（人）	占比（%）	具有大专以下学历人员（人）	占比（%）
38	国药控股河南股份有限公司	批发业	1 514	7	224	14. 80	653	43. 13	630	41. 61
39	昆明滇虹药业销售有限公司	批发业	1 425	3	294	20. 63	547	38. 39	581	40. 77
40	石药集团河北中诚医药有限公司	批零兼营	1 402	17	142	10. 13	568	40. 51	675	48. 15
41	山东立健医药城连锁有限公司	批零兼营	1 300	20	500	38. 46	600	46. 15	180	13. 85
42	广西柳州医药股份有限公司	批零兼营	1 256	3	165	13. 14	396	31. 53	692	55. 10
43	云南白药大药房有限公司	批零兼营	1 214	3	125	10. 30	331	27. 27	755	62. 19
44	国药控股山东有限公司	批发业	1 214	8	204	16. 80	403	33. 20	599	49. 34
45	北京双鹤药业经营有限责任公司	批发业	1 203	45	403	33. 50	490	40. 73	265	22. 03
46	广东九州通医药有限公司	批发业	1 145	0	92	8. 03	222	19. 39	831	72. 58
47	上海医药分销控股有限公司	批发业	1 135	82	427	37. 62	283	24. 93	343	30. 22
48	山西亚宝医药经销有限公司	批发业	1 133	7	269	23. 74	696	61. 43	161	14. 21
49	江西汇仁集团医药科研营销有限公司	批零兼营	1 132	4	179	15. 81	280	24. 73	669	59. 10
50	天津中新药业集团股份有限公司医药公司	批发业	1 102	10	199	18. 06	294	26. 68	599	54. 36
51	国药控股湖北有限公司	批发业	1 064	17	195	18. 33	340	31. 95	512	48. 12
52	国药控股福建有限公司	批零兼营	1 057	4	135	12. 77	337	31. 88	581	54. 97
53	山东海王银河医药有限公司	批发业	1 042	3	165	15. 83	485	46. 55	389	37. 33
54	陕西医药控股集团派昂医药有限责任公司	批零兼营	1 033	11	220	21. 30	288	27. 88	514	49. 76

续 表

序号	企业名称	行业类别	从业人员							
			合计（人）	具有研究生及以上学历人员	具有大学本科学历人员（人）	占比（%）	具有大专学历人员（人）	占比（%）	具有大专以下学历人员（人）	占比（%）
55	北京九州通医药有限公司	批发业	1 031	3	100	9.70	450	43.65	478	46.36
56	华润湖南医药有限公司	批发业	1 031	11	266	25.80	329	31.91	425	41.22
57	华东医药股份有限公司	批发业	987	42	398	40.32	189	19.15	358	36.27
58	国药集团化学试剂有限公司	批发业	979	49	317	32.38	450	45.97	163	16.65
59	河北东盛英华医药有限公司	批发业	964	0	89	9.23	291	30.19	584	60.58
60	青岛百洋医药科技有限公司	批发业	957	22	259	27.06	468	48.90	208	21.73
61	北京同仁堂连锁药店有限责任公司	批零兼营	948	4	139	14.66	365	38.50	440	46.41
62	四川德仁堂药业连锁有限公司	批零兼营	912	4	48	5.26	200	21.93	660	72.37
63	赤峰人川大药房连锁有限公司	批零兼营	875	10	130	14.86	519	59.31	216	24.69
64	湖北独活药业股份有限公司	批发业	856	1	90	10.51	447	52.22	318	37.15
65	国药集团新疆新特药业有限公司	批零兼营	831	4	148	17.81	405	48.74	274	32.97
66	天津医药集团太平医药有限公司	批零兼营	827	15	209	25.27	220	26.60	383	46.31
67	云南省久泰药业有限公司	批发业	823	1	159	19.32	234	28.43	429	52.13
68	湖北中联大药房连锁有限公司	批零兼营	800	3	70	8.75	217	27.13	510	63.75
69	国药集团山西有限公司	批零兼营	794	12	186	23.43	313	39.42	283	35.64
70	南京医药合肥天星有限公司	批发业	787	39	182	23.13	389	49.43	177	22.49
71	武汉人福医药有限公司	批发业	780	98	222	28.46	390	50.00	70	8.97

续　表

序号	企业名称	行业类别	从业人员							
			合计（人）	具有研究生及以上学历人员（人）	具有大学本科学历人员（人）	占比（%）	具有大专学历人员（人）	占比（%）	具有大专以下学历人员（人）	占比（%）
72	陕西华远医药集团有限公司	批发业	775	7	106	13.68	253	32.65	409	52.77
73	河南九州通医药有限公司	批发业	770	0	91	11.82	274	35.58	405	52.60
74	杭州九洲大药房连锁有限公司	批零兼营	770	15	22	2.86	150	19.48	583	75.71
75	北京科园信海医药经营有限公司	批发业	768	29	256	33.33	198	25.78	285	37.11
76	国药控股湖南有限公司	批发业	768	11	219	28.52	482	62.76	56	7.29
77	浙江华通医药股份有限公司	批零兼营	764	0	72	9.42	182	23.82	510	66.75
78	江西南华医药有限公司	批发业	751	21	176	23.44	385	51.26	169	22.50
79	云南同丰医药有限公司	批发业	739	0	116	15.70	326	44.11	297	40.19
80	华润山东医药有限公司	批发业	728	18	175	24.04	282	38.74	253	34.75
81	国药控股天津有限公司	批发业	728	30	510	70.05	146	20.05	42	5.77
82	国药控股浙江有限公司	批零兼营	713	7	152	21.32	232	32.54	322	45.16
83	上海信谊医药有限公司	批发业	702	4	164	23.36	369	52.56	165	23.50
84	海南平康药业有限公司	批零兼营	693	4	210	30.30	391	56.42	88	12.70
85	国药控股沈阳有限公司	批发业	689	6	211	30.62	281	40.78	191	27.72
86	上海第一医药股份有限公司	批零兼营	660	11	69	10.45	170	25.76	410	62.12
87	赤峰雷蒙大药房连锁有限公司	批零兼营	652	425	193	29.60	9	1.38	25	3.83
88	宜昌万和医药有限责任公司	批发业	650	0	10	1.54	50	7.69	590	90.77

续 表

序号	企业名称	行业类别	从业人员							
			合计（人）	具有研究生及以上学历人员（人）	具有大学本科学历人员（人）	占比（%）	具有大专学历人员（人）	占比（%）	具有大专以下学历人员（人）	占比（%）
89	福建同春药业股份有限公司	批发业	633	4	122	19.27	226	35.70	281	44.39
90	上海童涵春堂药业股份有限公司	批发业	627	2	38	6.06	129	20.57	458	73.05
91	四川省医药集团有限责任公司	批发业	624	8	138	22.12	199	31.89	279	44.71
92	北京金象大药房医药连锁有限责任公司	批零兼营	620	3	66	10.65	169	27.26	382	61.61
93	西藏神威药业有限公司	批发业	614	3	195	31.76	312	50.81	104	16.94
94	昆明积大药品销售有限公司	批发业	612	12	211	34.48	328	53.59	61	9.97
95	西藏天圣医药贸易有限公司	批零兼营	595	22	111	18.66	123	20.67	339	56.97
96	连云港康缘医药商业有限公司	批发业	594	1	39	6.57	169	28.45	385	64.81
97	汕头市创美药业有限公司	批发业	582	3	79	13.57	140	24.05	360	61.86
98	西安藻露堂药业集团有限责任公司	批发业	581	5	44	7.57	161	27.71	371	63.86
99	合肥康丽药业有限责任公司	批发业	578	8	237	41.00	278	48.10	55	9.52
100	江苏柯菲平医药股份有限公司	批发业	571	45	272	47.64	196	34.33	58	10.16
101	上海九州通医药有限公司	批发业	571	1	72	12.61	119	20.84	379	66.37
102	淄博众生医药有限公司	批零兼营	568	0	30	5.28	150	26.41	388	68.31
103	山东九州通医药有限公司	批发业	562	6	150	26.69	123	21.89	283	50.36
104	江苏大众医药连锁有限公司	批零兼营	561	3	76	13.55	119	21.21	363	64.71
105	云南盘龙云海药品经营有限公司	批发业	556	8	210	37.77	290	52.16	48	8.63

续　表

序号	企业名称	行业类别	从业人员							
			合计（人）	具有研究生及以上学历人员（人）	具有大学本科学历人员（人）	占比（%）	具有大专学历人员（人）	占比（%）	具有大专以下学历人员（人）	占比（%）
106	山东省莱芜市医药公司	批发业	520	2	129	24.81	187	35.96	202	38.85
107	甘肃同济药业有限责任公司	批零兼营	520	1	10	1.92	122	23.46	387	74.42
108	常德市九芝堂医药有限公司	批零兼营	519	0	14	2.70	84	16.18	421	81.12
109	菏泽牡丹医药有限责任公司	批发业	502	1	12	2.39	80	15.94	409	81.47
合计			286 543	4 428	49 465	17.26	97 747	34.11	134 903	47.08

统计范围：从业人员总数为500人以上的药品批发及批零兼营直报企业。

2013年药品零售直报企业从业人员学历情况统计表

序号	企业名称	行业类别	从业人员							
			合计（人）	具有研究生及以上学历人员（人）	具有大学本科学历人员（人）	占比（%）	具有大专学历人员（人）	占比（%）	具有大专以下学历人员（人）	占比（%）
1	国药控股国大药房有限公司	零售业	12 015	41	1 219	10.15	4 859	40.44	5 896	49.07
2	重庆桐君阁大药房连锁有限公司	零售业	7 915	22	997	12.60	3 145	39.73	3 751	47.39
3	辽宁成大方圆医药连锁有限公司	零售业	6 085	14	589	9.68	1 970	32.37	3 512	57.72
4	云南健之佳健康连锁店股份有限公司	零售业	5 855	10	360	6.15	1 507	25.74	3 978	67.94
5	益丰大药房连锁股份有限公司	零售业	5 178	0	658	12.71	2 577	49.77	1 943	37.52
6	西安怡康医药连锁有限责任公司	零售业	3 931	7	155	3.94	1 051	26.74	2 718	69.14
7	江西黄庆仁栈华氏大药房	零售业	2 325	0	84	3.61	306	13.16	1 935	83.23
8	深圳中联大药房控股有限公司	零售业	1 999	1	1 023	51.18	975	48.77	0	0.00
9	山东燕喜堂医药连锁有限公司	零售业	1 986	10	216	10.88	1 547	77.90	213	10.73
10	河南张仲景大药房股份有限公司	零售业	1 953	0	535	27.39	655	33.54	763	39.07

续 表

序号	企业名称	行业类别	从业人员							
			合计（人）	具有研究生及以上学历人员（人）	具有大学本科学历人员（人）	占比（%）	具有大专学历人员（人）	占比（%）	具有大专以下学历人员（人）	占比（%）
11	吉林大药房药业股份有限公司	零售业	1 896	3	576	30. 38	962	50. 74	355	18. 72
12	江西萍乡市昌盛大药房连锁有限公司	零售业	1 736	2	295	16. 99	857	49. 37	582	33. 53
13	哈尔滨人民同泰医药连锁店	零售业	1 586	0	260	16. 39	577	36. 38	749	47. 23
14	吉林省益和大药房有限公司	零售业	1 300	1	19	1. 46	880	67. 69	400	30. 77
15	石家庄新兴药房连锁有限公司	零售业	1 282	12	480	37. 44	770	60. 06	20	1. 56
16	中山市中智大药房连锁有限公司	零售业	1 227	0	58	4. 73	225	18. 34	944	76. 94
17	重庆市万和药房连锁有限责任公司	零售业	1 219	0	75	6. 15	249	20. 43	895	73. 42
18	张家口市华佗药房连锁有限公司	零售业	1 100	1	20	1. 82	220	20. 00	859	78. 09
19	襄阳天济大药房连锁有限责任公司	零售业	1 050	2	210	20. 00	294	28. 00	544	51. 81
20	山西益源大药房连锁有限责任公司	零售业	996	4	55	5. 52	461	46. 29	476	47. 79
21	贵州一树连锁药业有限公司	零售业	926	0	50	5. 40	240	25. 92	636	68. 68
22	廊坊市一笑堂医药零售连锁有限公司	零售业	926	0	62	6. 70	340	36. 72	524	56. 59
23	上海益丰大药房有限公司	零售业	925	1	55	5. 95	485	52. 43	384	41. 51
24	山西荣华大药房连锁有限公司	零售业	916	10	50	5. 46	399	43. 56	457	49. 89
25	海南广安堂药品超市连锁经营有限公司	零售业	880	5	115	13. 07	244	27. 73	516	58. 64
26	黑龙江泰华医药集团有限公司	零售业	873	0	40	4. 58	240	27. 49	593	67. 93
27	黑龙江泰华医药连锁销售有限公司	零售业	873	0	20	2. 29	120	13. 75	733	83. 96

续 表

序号	企业名称	行业类别	从业人员							
			合计（人）	具有研究生及以上学历人员（人）	具有大学本科学历人员（人）	占比（%）	具有大专学历人员（人）	占比（%）	具有大专以下学历人员（人）	占比（%）
28	湖北同济堂药房有限公司	零售业	842	13	234	27.79	513	60.93	82	9.74
29	老百姓大药房连锁（天津）有限公司	零售业	829	1	85	10.25	260	31.36	483	58.26
30	陕西众信医药超市有限公司	零售业	782	2	204	26.09	341	43.61	235	30.05
31	福建惠好四海医药连锁有限责任公司	零售业	761	0	2	0.26	35	4.60	724	95.14
32	上海国大药房连锁有限公司	零售业	720	4	45	6.25	157	21.81	514	71.39
33	贵州芝林大药房零售连锁有限公司	零售业	680	2	21	3.09	56	8.24	601	88.38
34	柳州桂中大药房连锁有限责任公司	零售业	678	1	23	3.39	203	29.94	451	66.52
35	甘肃德生堂大药房连锁经营有限公司	零售业	645	0	10	1.55	62	9.61	573	88.84
36	浙江天天好大药房连锁有限公司	零售业	645	0	35	5.43	235	36.43	375	58.14
37	上海养和堂药业连锁经营有限公司	零售业	640	0	17	2.66	151	23.59	472	73.75
38	上海复美益星大药房连锁公司	零售业	611	1	37	6.06	170	27.82	403	65.96
39	河北神威大药房连锁有限公司	零售业	606	0	40	6.60	384	63.37	182	30.03
40	湖南国大民生堂药房连锁有限公司	零售业	587	0	0	0.00	15	2.56	572	97.44
41	怀化怀仁大药房连锁有限公司	零售业	559	0	58	10.38	167	29.87	334	59.75
42	四川太极大药房连锁有限公司	零售业	537	1	56	10.43	231	43.02	249	46.37
43	宁夏国大药房连锁有限公司	零售业	526	1	53	10.08	229	43.54	243	46.20
44	重庆鑫斛药房连锁有限公司	零售业	523	0	45	8.60	103	19.69	375	71.70

续 表

序号	企业名称	行业类别	从业人员							
			合计（人）	具有研究生及以上学历人员（人）	具有大学本科学历人员（人）	占比（%）	具有大专学历人员（人）	占比（%）	具有大专以下学历人员（人）	占比（%）
45	北京嘉事堂连锁药店有限责任公司	零售业	520	0	18	3.46	72	13.85	430	82.69
46	武汉马应龙大药房连锁有限公司	零售业	506	2	153	30.24	224	44.27	127	25.10
47	山西长城药品零售连锁有限公司	零售业	498	1	38	7.63	212	42.57	247	49.60
48	山东潍坊海王星辰民康连锁药店有限公司	零售业	497	0	26	5.23	177	35.61	294	59.15
49	四川杏林医药连锁有限责任公司	零售业	492	0	32	6.50	120	24.39	340	69.11
50	广州健民医药连锁有限公司	零售业	489	1	56	11.45	111	22.70	321	65.64
51	国药河北乐仁堂医药连锁有限公司	零售业	488	0	58	11.89	282	57.79	148	30.33
52	济宁新华鲁抗大药房有限公司	零售业	486	0	27	5.56	216	44.44	243	50.00
53	安徽丰原大药房连锁有限公司	零售业	484	0	57	11.78	193	39.88	234	48.35
54	日照真诚大药房有限公司	零售业	466	0	37	7.94	134	28.76	295	63.30
55	浙江震元医药连锁有限公司	零售业	456	1	99	21.71	202	44.30	154	33.77
56	上海汇丰大药房有限公司	零售业	451	0	22	4.88	142	31.49	287	63.64
57	章丘健民医药有限公司	零售业	445	0	15	3.37	56	12.58	374	84.04
58	上海余天成药业连锁有限公司	零售业	419	2	44	10.50	119	28.40	254	60.62
59	内蒙古成大方圆医药连锁有限公司	零售业	410	0	15	3.66	125	30.49	270	65.85
60	山东利民大药店连锁有限公司	零售业	410	0	24	5.85	137	33.41	249	60.73
61	开封市百氏康医药连锁有限公司	零售业	407	0	14	3.44	157	38.57	236	57.99

续　表

序号	企业名称	行业类别	从业人员							
			合计（人）	具有研究生及以上学历人员（人）	具有大学本科学历人员（人）	占比（%）	具有大专学历人员（人）	占比（%）	具有大专以下学历人员（人）	占比（%）
62	上海童涵春堂药业连锁经营有限公司	零售业	401	0	24	5.99	76	18.95	301	75.06
63	北京同仁堂商业投资集团有限公司同仁堂药店	零售业	390	1	79	20.26	121	31.03	189	48.46
64	苏州礼安医药连锁总店有限公司	零售业	380	0	17	4.47	76	20.00	287	75.53
65	福建国大药房连锁有限公司	零售业	378	0	28	7.41	135	35.71	215	56.88
66	青岛国风大药房连锁有限公司	零售业	376	0	24	6.38	113	30.05	239	63.56
67	宁波四明大药房有限责任公司	零售业	373	0	22	5.90	143	38.34	208	55.76
68	哈尔滨宝丰医药连锁有限公司	零售业	373	0	21	5.63	93	24.93	259	69.44
69	浙江华通医药连锁有限公司	零售业	365	0	32	8.77	185	50.68	148	40.55
70	北京京卫元华医药科技有限公司	零售业	365	2	64	17.53	170	46.58	129	35.34
71	国药控股国大药房内蒙古有限公司	零售业	361	3	27	7.48	144	39.89	187	51.80
72	江西开心人大药房连锁有限公司	零售业	360	3	25	6.94	111	30.83	221	61.39
73	菏泽牡丹大药房连锁有限公司	零售业	360	0	3	0.83	65	18.06	292	81.11
74	武汉普安医药有限公司	零售业	350	5	75	21.43	140	40.00	130	37.14
75	上海一德大药房连锁经营有限公司	零售业	339	0	39	11.50	79	23.30	221	65.19
76	山东益寿堂药业有限公司	零售业	332	2	83	25.00	102	30.72	145	43.67
77	浙江华联医药连锁有限公司	零售业	331	3	24	7.25	63	19.03	241	72.81
78	上海南汇华泰药店连锁总店	零售业	324	0	22	6.79	74	22.84	228	70.37

续 表

序号	企业名称	行业类别	从业人员							
			合计（人）	具有研究生及以上学历人员（人）	具有大学本科学历人员（人）	占比（%）	具有大专学历人员（人）	占比（%）	具有大专以下学历人员（人）	占比（%）
79	北京永安堂医药连锁有限责任公司	零售业	323	1	33	10.22	28	8.67	261	80.80
80	泸州圣杰药业有限公司	零售业	320	10	90	28.13	220	68.75	0	0.00
81	昆山双鹤同德堂连锁大药房有限责任公司	零售业	311	0	29	9.32	110	35.37	172	55.31
82	浙江瑞人堂医药连锁有限公司	零售业	302	0	20	6.62	98	32.45	184	60.93
83	嵊州市易心堂大药房有限公司	零售业	300	0	10	3.33	82	27.33	208	69.33
84	广西一心医药有限责任公司	零售业	300	4	95	31.67	165	55.00	36	12.00
85	阳泉市吉祥大药房医药连锁有限责任公司	零售业	293	0	0	0.00	252	86.01	41	13.99
86	攀枝花市敬仁堂医药连锁有限责任公司	零售业	292	1	18	6.16	74	25.34	199	68.15
87	西安双鹤大药房连锁有限责任公司	零售业	272	0	28	10.29	186	68.38	58	21.32
88	吉林省中东医药有限公司	零售业	264	1	37	14.02	121	45.83	105	39.77
89	山西亨通医药批发有限公司	零售业	260	0	5	1.92	43	16.54	212	81.54
90	贵州吉大夫医药连锁公司	零售业	250	0	20	8.00	160	64.00	70	28.00
91	绵阳太极大药房连锁有限责任公司	零售业	241	0	9	3.73	72	29.88	160	66.39
92	山西临汾竹林大药房连锁有限公司	零售业	238	2	16	6.72	83	34.87	137	57.56
93	上海药房连锁有限公司	零售业	230	0	4	1.74	38	16.52	188	81.74
94	上海联华复星药房连锁经营有限公司	零售业	226	2	11	4.87	59	26.11	154	68.14
95	福州回春医药连锁有限公司	零售业	222	2	6	2.70	25	11.26	189	85.14

续 表

序号	企业名称	行业类别	从业人员							
			合计（人）	具有研究生及以上学历人员（人）	具有大学本科学历人员（人）	占比（%）	具有大专学历人员（人）	占比（%）	具有大专以下学历人员（人）	占比（%）
96	内蒙古万民药房连锁有限公司	零售业	222	1	20	9.01	106	47.75	95	42.79
97	葫芦岛市医药有限责任公司	零售业	220	0	13	5.91	99	45.00	108	49.09
98	长治市昂生大药房零售连锁有限公司	零售业	209	0	11	5.26	68	32.54	130	62.20
99	四川海棠医药有限公司	零售业	201	1	56	27.86	101	50.25	43	21.39
100	湖北天和堂医药有限公司（仙桃）	零售业	200	0	10	5.00	160	80.00	30	15.00
101	昆明福林堂药业有限公司	零售业	200	10	25	12.50	30	15.00	135	67.50
102	上海云湖医药连锁经营有限公司	零售业	192	0	13	6.77	43	22.40	136	70.83
103	吉林省合兴健康药房连锁有限责任公司	零售业	190	0	10	5.26	47	24.74	133	70.00
104	北京医保全新大药房连锁有限公司	零售业	186	1	34	18.28	77	41.40	74	39.78
105	上海雷允上西区药品零售有限公司	零售业	183	0	12	6.56	46	25.14	125	68.31
106	常州人寿天医药连锁有限公司	零售业	181	1	13	7.18	129	71.27	38	20.99
107	北京同仁堂崇文门药店有限责任公司	零售业	179	1	24	13.41	69	38.55	85	47.49
108	东营益生堂药业连锁有限公司	零售业	177	0	32	18.08	105	59.32	40	22.60
109	山西仁和大药房连锁有限公司	零售业	171	0	25	14.62	110	64.33	36	21.05
110	北京市京隆堂医药有限公司	零售业	170	0	6	3.53	44	25.88	120	70.59
111	上海医药嘉定大药房连锁有限公司	零售业	165	0	13	7.88	71	43.03	81	49.09
112	海南养天和大药房连锁经营有限公司	零售业	162	0	10	6.17	93	57.41	59	36.42

续 表

序号	企业名称	行业类别	从业人员							
			合计（人）	具有研究生及以上学历人员（人）	具有大学本科学历人员（人）	占比（%）	具有大专学历人员（人）	占比（%）	具有大专以下学历人员（人）	占比（%）
113	广东康泽药业连锁有限公司	零售业	150	2	10	6.67	68	45.33	70	46.67
114	甘肃河西三州武威医药连锁有限责任公司	零售业	150	0	20	13.33	80	53.33	50	33.33
115	广西南宁朝阳大药房连锁有限责任公司	零售业	142	2	56	39.44	66	46.48	18	12.68
116	北京医保中洋大药房有限公司	零售业	142	23	51	35.92	60	42.25	8	5.63
117	重庆医药自贡有限责任公司	零售业	142	0	0	0.00	7	4.93	135	95.07
118	娄底市康一馨街大药房零售连锁有限公司	零售业	140	0	20	14.29	60	42.86	60	42.86
119	江苏仁济医药连锁有限公司	零售业	132	1	13	9.85	27	20.45	91	68.94
120	广西玉林市至真药业连锁有限责任公司	零售业	129	0	4	3.10	12	9.30	113	87.60
121	金华市尖峰大药房连锁有限公司	零售业	128	0	24	18.75	27	21.09	77	60.16
122	金华市九德堂医药连锁有限公司	零售业	116	0	4	3.45	29	25.00	83	71.55
123	成都九鼎药房连锁有限责任公司	零售业	111	0	8	7.21	19	17.12	84	75.68
合计			103 540	264	11 553	11.16	37 705	36.42	54 018	52.17

统计范围：从业人员总数为 100 人以上的药品零售直报企业。

2013 年药品批发及批零兼营直报企业从业人员技术职称情况统计表

序号	企业名称	行业类别	从业人员				
			总数（人）	具有高级技术职称人员（人）	占比（%）	具有中级技术职称人员（人）	占比（%）
1	中国医药集团总公司	批零兼营	45 965	669	1.46	2 629	5.72
2	中国北京同仁堂（集团）有限责任公司	批零兼营	16 396	250	1.52	862	5.26
3	九州通医药集团有限公司	批发业	15 292	26	0.17	22	0.14
4	华润医药商业集团有限公司	批零兼营	13 416	70	0.52	481	3.59

续　表

序号	企业名称	行业类别	从业人员				
			总数（人）	具有高级技术职称人员（人）	占比（%）	具有中级技术职称人员（人）	占比（%）
5	重庆医药（集团）股份有限公司	批发业	10 387	182	1.75	847	8.15
6	天津天士力医药营销集团有限公司	批零兼营	8 738	13	0.15	111	1.27
7	北京同仁堂商业投资集团有限公司	批零兼营	8 147	239	2.93	657	8.06
8	北京同仁堂健康药品经营有限公司	批零兼营	7 344	5	0.07	124	1.69
9	南京医药股份有限公司	批零兼营	5 745	60	1.04	388	6.75
10	重庆桐君阁股份有限公司	批零兼营	5 289	24	0.45	173	3.27
11	广州医药有限公司	批零兼营	3 063	5	0.16	78	2.55
12	哈药集团医药有限公司	批零兼营	2 923	117	4.00	497	17
13	新龙药业集团	批发业	2 500	70	2.80	0	0.00
14	国药乐仁堂医药有限公司	批发业	2 063	18	0.87	60	2.91
15	东北制药集团供销有限公司	批零兼营	2 000	15	0.75	66	3.30
16	鹭燕（福建）药业股份有限公司	批发业	1 978	42	2.12	202	10.21
17	上海雷允上药业有限公司	批发业	1 953	16	0.82	113	5.79
18	山东省医药集团有限公司	批零兼营	1 890	48	2.54	233	12.33
19	南京国药医药有限公司	批零兼营	1 805	35	1.94	52	2.88
20	上海华氏大药房有限公司	批零兼营	1 686	13	0.77	343	20.34
21	浙江震元股份有限公司	批发业	1 646	9	0.55	97	5.89
22	中国药材公司	批发业	1 605	228	14.21	678	42.24
23	国药控股河南股份有限公司	批发业	1 514	20	1.32	100	6.61
24	石药集团河北中诚医药有限公司	批零兼营	1 402	11	0.78	35	2.50
25	山东立健医药城连锁有限公司	批零兼营	1 300	500	38.46	400	30.77
26	云南白药大药房有限公司	批零兼营	1 214	35	2.88	40	3.29
27	国药控股山东有限公司	批发业	1 214	6	0.49	36	2.97
28	上海医药分销控股有限公司	批发业	1 135	31	2.73	255	22.47
29	天津中新药业集团股份有限公司医药公司	批发业	1 102	14	1.27	60	5.44
30	国药控股湖北有限公司	批发业	1 064	7	0.66	78	7.33
31	国药控股福建有限公司	批零兼营	1 057	11	1.04	49	4.64
32	国药集团化学试剂有限公司	批发业	979	11	1.12	56	5.72
33	青岛百洋医药科技有限公司	批发业	957	6	0.63	15	1.57
34	湖北独活药业股份有限公司	批发业	856	15	1.75	100	11.68
35	国药集团新疆新特药业有限公司	批零兼营	831	8	0.96	2	0.24

续 表

序号	企业名称	行业类别	从业人员				
			总数（人）	具有高级技术职称人员（人）	占比（%）	具有中级技术职称人员（人）	占比（%）
36	天津医药集团太平医药有限公司	批零兼营	827	57	6.89	81	9.79
37	南京医药合肥天星有限公司	批发业	787	19	2.41	70	8.89
38	国药控股湖南有限公司	批发业	768	23	2.99	63	8.20
39	浙江华通医药股份有限公司	批零兼营	764	8	1.05	19	2.49
40	华润山东医药有限公司	批发业	728	5	0.69	41	5.63
41	国药控股沈阳有限公司	批发业	689	5	0.73	34	4.93
42	上海第一医药股份有限公司	批零兼营	660	5	0.76	44	6.67
43	福建同春药业股份有限公司	批发业	633	13	2.05	50	7.90
44	上海童涵春堂药业股份有限公司	批发业	627	69	11.00	19	3.03
45	四川省医药集团有限责任公司	批发业	624	8	1.28	60	9.62
46	汕头市创美药业有限公司	批发业	582	10	1.72	8	1.37
47	西安藻露堂药业集团有限责任公司	批发业	581	5	0.86	23	3.96
48	合肥康丽药业有限责任公司	批发业	578	18	3.11	56	9.69
49	山东省莱芜市医药公司	批发业	520	30	5.77	108	20.77
50	山东新华医药贸易有限公司	批发业	489	25	5.11	189	38.65
51	江苏澳洋医药物流有限公司	批发业	480	5	1.04	0	0.00
52	北京永安复星医药股份有限公司	批零兼营	465	15	3.23	99	21.29
53	江西康成药业有限公司	批发业	450	12	2.67	61	13.56
54	本溪市医药总公司	批发业	437	10	2.29	54	12.36
55	山西康美徕医药有限公司	批发业	420	7	1.67	10	2.38
56	国药集团药业股份有限公司	批发业	417	21	5.04	37	8.87
57	福建九州通医药有限公司	批发业	400	10	2.50	40	10.00
58	常州药业股份有限公司	批零兼营	396	12	3.03	52	13.13
59	湖北格林药业有限公司	批发业	389	30	7.71	21	5.40
60	武汉医药集团股份有限公司	批发业	376	91	24.20	75	19.95
61	江苏省医药公司	批发业	353	10	2.83	79	22.38
62	云南恩红（集团）有限公司	批零兼营	339	13	3.83	26	7.67
63	同济堂医药有限公司	批发业	330	5	1.52	14	4.24
64	四川省南充药业（集团）有限公司	批零兼营	327	5	1.53	19	5.81
65	山东康诺盛世医药有限公司	批发业	326	5	1.53	3	0.92
66	山东省德州泰康药业有限公司	批发业	295	10	3.39	125	42.37

续 表

序号	企业名称	行业类别	从业人员				
			总数（人）	具有高级技术职称人员（人）	占比（%）	具有中级技术职称人员（人）	占比（%）
67	上海复星药业有限公司	批发业	293	9	3.07	46	15.70
68	重庆长圣医药有限公司	批发业	282	5	1.77	11	3.90
69	广西柳州百草堂药业有限公司	批发业	278	19	6.83	22	7.91
70	修正药业集团营销有限公司	批发业	272	5	1.84	46	16.91
71	合肥市迪迈医药有限公司	批发业	272	7	2.57	56	20.59
72	国药控股北京有限公司	批发业	242	13	5.37	24	9.92
73	回音必集团有限公司	批零兼营	212	6	2.83	7	3.30
74	上药山禾无锡医药股份有限公司	批发业	193	8	4.15	33	17.10
75	江西上饶医药股份有限公司	批发业	181	5	2.76	10	5.52
76	贵州鼎圣药业有限公司	批发业	180	5	2.78	20	11.11
77	上海延安医药洋浦有限公司	批发业	180	10	5.56	15	8.33
78	湖北孝感中药材有限公司	批发业	164	62	37.80	41	25.00
79	贵州科开医药有限公司	批发业	164	5	3.05	0	0.00
80	盐城百科药业有限公司	批零兼营	160	5	3.13	3	1.88
81	上海市药材有限公司	批发业	158	15	9.49	30	18.99
82	中国医药健康产业股份有限公司	批发业	153	20	13.07	25	16.34
83	河北智同医药有限公司	批发业	150	8	5.33	0	0.00
84	西双版纳医药有限责任公司	批零兼营	149	12	8.05	0	0.00
85	黄石新医药有限公司	批零兼营	148	81	54.73	57	38.51
86	中国医药集团总公司	批零兼营	120	41	34.17	35	29.17
87	渭南医药集团有限责任公司	批发业	116	5	4.31	30	25.86
88	广东省医药集团有限公司	批发业	104	5	4.81	27	25.96
89	国药控股金华有限公司	批发业	94	5	5.32	3	3.19
90	成都百信药业连锁有限责任公司	批零兼营	93	5	5.38	27	29.03
91	云南双鹤医药有限公司	批零兼营	92	16	17.39	11	11.96
92	苏州恒祥进出口有限公司	批发业	92	5	5.43	7	7.61
93	恩施自治州恒信药业有限责任公司	批发业	56	5	8.93	0	0.00
94	国药控股聊城有限公司	批发业	55	22	40.00	8	14.55
95	上海金石医药药材有限公司	批发业	47	6	12.77	10	21.28
96	赤峰丹龙医药有限公司	批发业	41	5	12.20	1	2.44
97	上药科园信海医药有限公司	批发业	38	6	15.79	11	28.95

续 表

序号	企业名称	行业类别	从业人员				
			总数（人）	具有高级技术职称人员（人）	占比（%）	具有中级技术职称人员（人）	占比（%）
98	贵州吉康药业有限公司	批发业	38	6	15.79	1	2.63
99	海南华旗药业有限公司	批发业	13	5	38.46	0	0.00
合计			197 343	3 827	1.94	12 136	6.15

统计范围：高级技术职称人员为5人以上的药品批发及批零兼营直报企业。

2013年药品批发及批零兼营直报企业物流从业人数统计表

序号	企业名称	行业类别	从业人员		
			总数（人）	物流从业人数（人）	占比（%）
1	四川科伦医药贸易有限公司	批发业	4 850	2 250	46.39
2	东北制药集团供销有限公司	批零兼营	2 000	2 000	100.00
3	石药集团河北中诚医药有限公司	批零兼营	1 402	1 396	99.57
4	重庆桐君阁股份有限公司	批零兼营	5 289	1 178	22.27
5	南京医药股份有限公司	批零兼营	5 745	1 006	17.51
6	云南东骏药业有限公司	批零兼营	4 216	983	23.32
7	九州通医药集团有限公司	批发业	15 292	877	5.74
8	重庆医药（集团）股份有限公司	批发业	10 387	825	7.94
9	广州医药有限公司	批零兼营	3 063	697	22.76
10	海南平康药业有限公司	批零兼营	693	682	98.41
11	大参林医药集团股份有限公司	批零兼营	12 889	605	4.69
12	哈药集团医药有限公司	批零兼营	2 923	602	20.60
13	国药乐仁堂医药有限公司	批发业	2 063	526	25.50
14	云南鸿翔一心堂药业（集团）股份有限公司	批零兼营	13 861	509	3.67
15	西安藻露堂药业集团有限责任公司	批发业	581	459	79.00
16	云南盘龙云海药品经营有限公司	批发业	556	430	77.34
17	北京科园信海医药经营有限公司	批发业	768	426	55.47
18	北京九州通医药有限公司	批发业	1 031	420	40.74
19	上海雷允上北区药业股份有限公司	批零兼营	408	399	97.79
20	鹭燕（福建）药业股份有限公司	批发业	1 978	377	19.06
21	山东瑞康医药股份有限公司	批零兼营	1 708	365	21.37
22	河南九州通医药有限公司	批发业	770	358	46.49
23	华润医药商业集团有限公司	批零兼营	13 416	344	2.56
24	国药控股湖北有限公司	批发业	1 064	338	31.77

续 表

序号	企业名称	行业类别	从业人员		
			总数（人）	物流从业人数（人）	占比（%）
25	陕西医药控股集团派昂医药有限责任公司	批零兼营	1 033	316	30.59
26	上海雷允上药业有限公司	批发业	1 953	312	15.98
27	山东九州通医药有限公司	批发业	562	310	55.16
28	云南龙马药业有限公司	批零兼营	308	308	100.00
29	云南恩红（集团）有限公司	批零兼营	339	299	88.20
30	江苏恩华和润医药有限公司	批发业	341	296	86.80
31	国药控股湖南有限公司	批发业	768	286	37.24
32	浙江英特药业有限责任公司	批零兼营	1 883	280	14.87
33	徐州医药股份有限公司	批发业	264	264	100.00
34	华润湖南医药有限公司	批发业	1 031	262	25.41
35	上海医药分销控股有限公司	批发业	1 135	261	23.00
36	江苏澳洋医药物流有限公司	批发业	480	260	54.17
37	汕头市创美药业有限公司	批发业	582	256	43.99
38	青海省富康医药集团有限责任公司	批发业	324	252	77.78
39	国药控股沈阳有限公司	批发业	689	252	36.57
40	罗欣医药集团有限公司	批发业	1 774	248	13.98
41	上海华宇药业有限公司	批发业	361	246	68.14
42	国药控股福建有限公司	批零兼营	1 057	245	23.18
43	上海浦东新区医药药材有限公司	批发业	244	244	100.00
44	河南省博济光明医药有限公司	批发业	242	242	100.00
45	常州药业股份有限公司	批零兼营	396	238	60.10
46	合肥康丽药业有限责任公司	批发业	578	236	40.83
47	威海市天福医药有限公司	批发业	235	231	98.30
48	广东九州通医药有限公司	批发业	1 145	230	20.09
49	福建同春药业股份有限公司	批发业	633	227	35.86
50	国药控股山东有限公司	批发业	1 214	221	18.20
51	陕西怡康医药有限责任公司	批发业	405	218	53.83
52	华润吉林康乃尔医药有限公司	批发业	315	217	68.89
53	国药集团新疆新特药业有限公司	批零兼营	831	210	25.27
54	兰州强生医药有限责任公司	批发业	460	210	45.65
55	国药集团山西有限公司	批零兼营	794	207	26.07
56	湖南天士力民生药业有限公司	批发业	202	202	100.00
57	宜昌万和医药有限责任公司	批发业	650	200	30.77

续 表

序号	企业名称	行业类别	从业人员		
			总数（人）	物流从业人数（人）	占比（%）
58	国药集团化学试剂有限公司	批发业	979	199	20.33
59	国药控股天津有限公司	批发业	728	191	26.24
60	湖北康欣医药有限公司	批发业	183	183	100.00
61	四川省医药集团有限责任公司	批发业	624	180	28.85
62	江西汇仁集团医药科研营销有限公司	批零兼营	1 132	180	15.90
63	南京医药合肥天星有限公司	批发业	787	179	22.74
64	国药控股浙江有限公司	批零兼营	713	178	24.96
65	山东康诺盛世医药有限公司	批发业	326	175	53.68
66	兰州西城药业有限责任公司	批发业	483	173	35.82
67	华润辽宁医药有限公司	批发业	458	172	37.55
68	华润苏州礼安医药有限公司	批发业	325	170	52.31
69	江苏省医药公司	批发业	353	170	48.16
70	浙江珍诚医药在线股份有限公司	批发业	424	168	39.62
71	天津天士力医药营销集团有限公司	批零兼营	8 738	168	1.92
72	云南同丰医药有限公司	批发业	739	167	22.60
73	云南济生药业有限公司	批发业	162	162	100.00
74	中国药材公司	批发业	1 605	159	9.91
75	山东省医药集团有限公司	批零兼营	1 890	159	8.41
76	华润新龙（北京）医药有限公司	批发业	392	157	40.05
77	南京国药医药有限公司	批零兼营	1 805	152	8.42
78	云南东昌医药股份有限公司	批发业	490	152	31.02
79	上海医药股份有限公司黄山华氏有限公司	批发业	150	150	100.00
80	山东瑞中医药有限公司	批发业	334	150	44.91
81	华润山东医药有限公司	批发业	728	150	20.60
82	福建九州通医药有限公司	批发业	400	150	37.50
83	四川九州通科创医药有限公司	批发业	345	148	42.90
84	辽宁九州通医药有限公司	批发业	350	148	42.29
85	上海华氏大药房有限公司	批零兼营	1 686	147	8.72
86	华润河南医药有限公司	批发业	391	141	36.06
87	陕西广药康健医药有限公司	批发业	361	138	38.23
88	上海复星药业有限公司	批发业	293	129	44.03
89	山西振东医药有限公司	批零兼营	125	125	100.00
90	邵阳药业有限公司	批发业	123	123	100.00

续　表

序号	企业名称	行业类别	从业人员		
			总数（人）	物流从业人数（人）	占比（%）
91	国药控股重庆有限公司	批发业	360	123	34.17
92	上海延安医药洋浦有限公司	批发业	180	120	66.67
93	广州中山医医药有限公司	批发业	268	120	44.78
94	青岛百洋医药科技有限公司	批发业	957	114	11.91
95	济南漱玉平民大药房有限公司	批零兼营	3 153	111	3.52
96	西安双鹤医药股份有限公司	批发业	393	110	27.99
97	天津医药集团太平医药有限公司	批零兼营	827	109	13.18
98	福建省福州市惠好药业有限公司	批发业	304	109	35.86
99	山西临汾医药药材有限公司	批发业	175	109	62.29
100	广西梧州市杰迅医药有限公司	批发业	300	108	36.00
101	山西省长治医药有限公司	批发业	108	108	100.00
102	泸州本草堂医药有限公司	批零兼营	106	106	100.00
103	金华市太和堂医药连锁有限公司	批零兼营	173	97	56.07
104	鄂州吴都医药有限公司	批发业	92	92	100.00
105	安徽天禾药业有限公司	批发业	281	92	32.74
106	深圳市健华医药有限公司	批发业	175	92	52.57
107	本溪市医药总公司	批发业	437	89	20.37
108	上海南汇药材医药总公司	批发业	87	87	100.00
109	闽宁医药有限公司	批发业	85	85	100.00
110	厦门宏仁医药有限公司	批发业	271	85	31.37
111	国药控股甘肃有限公司	批发业	266	84	31.58
112	贵州大明医药实业有限责任公司（毕节）	批发业	83	81	97.59
113	四川德仁堂药业连锁有限公司	批零兼营	912	81	8.88
114	浙江华通医药股份有限公司	批零兼营	764	79	10.34
115	吉林省东龙医药物流配送有限公司	批发业	78	78	100.00
116	国药控股北京天星普信生物医药有限公司	批发业	170	78	45.88
117	宁波医药股份有限公司	批发业	266	76	28.57
118	国药控股宁夏有限公司	批发业	275	75	27.27
119	贵州省医药（集团）有限责任公司	批零兼营	405	73	18.02
120	北京金象复星医药股份有限公司	批发业	442	73	16.52
121	浙江省医药工业有限公司	批发业	208	71	34.13
122	贵州科渝奇鼎药品有限公司	批发业	70	70	100.00
123	连云港康缘医药商业有限公司	批发业	594	70	11.78

续 表

序号	企业名称	行业类别	从业人员		
			总数（人）	物流从业人数（人）	占比（%）
124	国药控股北京华鸿有限公司	批零兼营	270	70	25.93
125	菏泽牡丹医药有限责任公司	批发业	502	69	13.75
126	北京安捷利尔医药销售中心	批发业	86	65	75.58
127	国药控股山西有限公司	批发业	397	65	16.37
128	浙江海派医药有限公司	批发业	116	64	55.17
129	国药集团西南医药有限公司	批发业	240	64	26.67
130	甘肃同济药业有限责任公司	批零兼营	520	64	12.31
131	和平泰康资阳药业有限责任公司	批发业	63	63	100.00
132	华润西安医药有限公司	批发业	236	63	26.69
133	上海信谊天一药业有限公司	批发业	295	63	21.36
134	日照医药集团	批发业	224	62	27.68
135	江西华晨医药科技有限公司	批发业	61	61	100.00
136	福建东南医药有限公司	批发业	90	61	67.78
137	山东省德州泰康药业有限公司	批发业	295	61	20.68
138	四川本草堂药业有限公司	批发业	255	59	23.14
139	北京双鹤药业经营有限责任公司	批发业	1 203	59	4.90
140	北京美康永正医药有限公司	批发业	161	57	35.40
141	国药控股大连有限公司	批发业	144	56	38.89
142	重庆长圣医药有限公司	批发业	282	56	19.86
143	渭南医药集团有限责任公司	批发业	116	56	48.28
144	新龙药业集团恩施有限公司	批发业	56	56	100.00
145	云南佳能达医药有限公司	批发业	150	55	36.67
146	安徽省医药（集团）股份有限公司	批发业	279	55	19.71
147	国药控股吉林有限公司	批零兼营	228	54	23.68
148	赤峰雷蒙药品经销有限公司	批发业	224	54	24.11
149	上海第一医药股份有限公司	批零兼营	660	53	8.03
150	成都市蓉锦医药贸易有限公司	批发业	219	53	24.20
151	山东新华医药贸易有限公司	批发业	489	52	10.63
152	贵州腾济医药有限公司	批发业	208	52	25.00
153	四川南充鹤鸣堂药品经营有限公司	批零兼营	73	52	71.23
154	华润普仁鸿（北京）医药有限公司	批发业	137	51	37.23
155	南京华东医药有限责任公司	批发业	257	51	19.84
156	青海力升药业有限公司	批零兼营	102	51	50.00

续　表

序号	企业名称	行业类别	从业人员		
			总数（人）	物流从业人数（人）	占比（%）
157	上海新世纪药业有限公司	批发业	87	50	57.47
158	黔西南州天地药业贸易有限公司	批发业	200	50	25.00
159	北京凯宏鑫医药有限责任公司	批发业	110	50	45.45
160	河南省康信医药有限公司	批零兼营	203	50	24.63
161	吉林省天和医药科技有限公司	批零兼营	1 523	50	3.28
162	黄冈市卫尔康医药有限公司	批发业	168	50	29.76
163	浙江安泰医药有限公司	批发业	50	50	100.00
164	常熟建发医药有限公司	批发业	155	50	32.26
165	天津联合医药有限公司	批发业	50	50	100.00
166	晋中市新都药业有限公司	批零兼营	141	50	35.46
合计			183 393	37 113	20.24

统计范围：物流从业人数为50人以上的药品批零兼营直报企业。

2013年药品零售直报企业执业药师资格人数统计表

序号	企业名称	行业类别	从业人员				
			总数（人）	具有执业药师资格人员（人）	占比（%）	药学技术人员（人）	占比（%）
1	国药控股国大药房有限公司	零售业	12 015	713	5.93	8 819	73.40
2	重庆桐君阁大药房连锁有限公司	零售业	7 915	258	3.26	3 379	42.69
3	辽宁成大方圆医药连锁有限公司	零售业	6 085	227	3.73	1 265	20.79
4	云南健之佳健康连锁店股份有限公司	零售业	5 855	146	2.49	429	7.33
5	益丰大药房连锁股份有限公司	零售业	5 178	417	8.05	4 131	79.78
6	西安怡康医药连锁有限责任公司	零售业	3 931	393	10.00	2 162	55.00
7	江西黄庆仁栈华氏大药房	零售业	2 325	0	0.00	0	0.00
8	深圳中联大药房控股有限公司	零售业	1 999	0	0.00	0	0.00
9	山东燕喜堂医药连锁有限公司	零售业	1 986	81	4.08	298	15.01
10	河南张仲景大药房股份有限公司	零售业	1 953	292	14.95	351	17.97
11	吉林大药房药业股份有限公司	零售业	1 896	86	4.54	368	19.41
12	江西萍乡市昌盛大药房连锁有限公司	零售业	1 736	205	11.81	953	5.90
13	哈尔滨人民同泰医药连锁店	零售业	1 586	32	2.02	32	2.02
14	吉林省益和大药房有限公司	零售业	1 300	0	0.00	0	0.00
15	石家庄新兴药房连锁有限公司	零售业	1 282	75	5.85	890	69.42
16	中山市中智大药房连锁有限公司	零售业	1 227	97	7.91	599	48.82

续 表

序号	企业名称	行业类别	从业人员				
			总数（人）	具有执业药师资格人员（人）	占比（%）	药学技术人员（人）	占比（%）
17	重庆市万和药房连锁有限责任公司	零售业	1 219	82	6.73	1 144	93.85
18	张家口市华佗药房连锁有限公司	零售业	1 100	30	2.73	0	0.00
19	襄阳天济大药房连锁有限责任公司	零售业	1 050	94	8.95	892	84.95
20	山西益源大药房连锁有限责任公司	零售业	996	120	12.05	0	0.00
21	贵州一树连锁药业有限公司	零售业	926	15	1.62	144	15.55
22	廊坊市一笑堂医药零售连锁有限公司	零售业	926	45	4.86	520	56.16
23	上海益丰大药房有限公司	零售业	925	71	7.68	230	2 486
24	山西荣华大药房连锁有限公司	零售业	916	90	9.83	0	0.00
25	海南广安堂药品超市连锁经营有限公司	零售业	880	70	7.95	70	7.95
26	黑龙江泰华医药集团有限公司	零售业	873	6	0.69	0	0.00
27	黑龙江泰华医药连锁销售有限公司	零售业	873	6	0.69	0	0.00
28	湖北同济堂药房有限公司	零售业	842	0	0.00	0	0.00
29	老百姓大药房连锁（天津）有限公司	零售业	829	0	0.00	0	0.00
30	陕西众信医药超市有限公司	零售业	782	68	8.70	149	19.05
31	福建惠好四海医药连锁有限责任公司	零售业	761	15	1.97	190	24.97
32	上海国大药房连锁有限公司	零售业	720	111	15.42	121	16.81
33	贵州芝林大药房零售连锁有限公司	零售业	680	0	0.00	0	0.00
34	柳州桂中大药房连锁有限责任公司	零售业	678	15	2.21	151	22.27
35	甘肃德生堂大药房连锁经营有限公司	零售业	645	40	6.20	82	1 271
36	浙江天天好大药房连锁有限公司	零售业	645	0	0.00	0	0.00
37	上海养和堂药业连锁经营有限公司	零售业	640	75	11.72	585	91.41
38	上海复美益星大药房连锁公司	零售业	611	92	15.06	330	54.01
39	河北神威大药房连锁有限公司	零售业	606	46	7.59	550	90.76
40	湖南国大民生堂药房连锁有限公司	零售业	587	10	1.70	0	0.00
41	怀化怀仁大药房连锁有限公司	零售业	559	30	5.37	0	0.00
42	四川太极大药房连锁有限公司	零售业	537	27	5.03	31	5.77
43	宁夏国大药房连锁有限公司	零售业	526	11	2.09	201	38.21
44	重庆鑫斛药房连锁有限公司	零售业	523	0	0.00	0	0.00
45	北京嘉事堂连锁药店有限责任公司	零售业	520	31	5.96	269	51.73
46	武汉马应龙大药房连锁有限公司	零售业	506	59	11.66	360	71.15
47	山西长城药品零售连锁有限公司	零售业	498	106	21.29	108	21.69

续　表

序号	企业名称	行业类别	从业人员				
			总数（人）	具有执业药师资格人员（人）	占比（%）	药学技术人员（人）	占比（%）
48	山东潍坊海王星辰民康连锁药店有限公司	零售业	497	23	4.63	284	57.14
49	四川杏林医药连锁有限责任公司	零售业	492	11	2.24	27	5.49
50	广州健民医药连锁有限公司	零售业	489	22	4.50	189	38.65
51	国药河北乐仁堂医药连锁有限公司	零售业	488	24	4.92	248	50.82
52	济宁新华鲁抗大药房有限公司	零售业	486	59	12.14	370	76.13
53	安徽丰原大药房连锁有限公司	零售业	484	0	0.00	14	2.89
54	日照真诚大药房有限公司	零售业	466	49	10.52	330	70.82
55	浙江震元医药连锁有限公司	零售业	456	19	4.17	212	46.49
56	上海汇丰大药房有限公司	零售业	451	51	11.31	164	36.36
57	章丘健民医药有限公司	零售业	445	10	2.25	281	63.15
58	上海余天成药业连锁有限公司	零售业	419	46	10.98	234	55.85
59	内蒙古成大方圆医药连锁有限公司	零售业	410	12	2.93	230	56.10
60	山东利民大药店连锁有限公司	零售业	410	122	29.76	227	55.37
61	开封市百氏康医药连锁有限公司	零售业	407	40	9.83	40	9.83
62	上海童涵春堂药业连锁经营有限公司	零售业	401	33	8.23	190	47.38
63	北京同仁堂商业投资集团有限公司同仁堂药店	零售业	390	34	8.72	70	17.95
64	苏州礼安医药连锁总店有限公司	零售业	380	16	4.21	202	53.16
65	福建国大药房连锁有限公司	零售业	378	26	6.88	104	27.51
66	青岛国风大药房连锁有限公司	零售业	376	7	1.86	0	0.00
67	宁波四明大药房有限责任公司	零售业	373	47	12.60	161	43.16
68	哈尔滨宝丰医药连锁有限公司	零售业	373	4	1.07	0	0.00
69	浙江华通医药连锁有限公司	零售业	365	17	4.66	238	65.21
70	北京京卫元华医药科技有限公司	零售业	365	30	8.22	130	35.62
71	国药控股国大药房内蒙古有限公司	零售业	361	22	6.09	267	73.96
72	江西开心人大药房连锁有限公司	零售业	360	39	10.83	27	7.50
73	菏泽牡丹大药房连锁有限公司	零售业	360	17	4.72	290	80.56
74	武汉普安医药有限公司	零售业	350	50	14.29	280	80.00
75	上海一德大药房连锁经营有限公司	零售业	339	58	17.11	130	38.35
76	山东益寿堂药业有限公司	零售业	332	0	0.00	0	0.00
77	浙江华联医药连锁有限公司	零售业	331	31	9.37	182	54.98
78	上海南汇华泰药店连锁总店	零售业	324	53	16.36	146	45.06

续 表

序号	企业名称	行业类别	从业人员				
			总数（人）	具有执业药师资格人员（人）	占比（%）	药学技术人员（人）	占比（%）
79	北京永安堂医药连锁有限责任公司	零售业	323	17	5.26	223	69.04
80	泸州圣杰药业有限公司	零售业	320	0	0.00	0	0.00
81	昆山双鹤同德堂连锁大药房有限责任公司	零售业	311	15	4.82	180	57.88
82	浙江瑞人堂医药连锁有限公司	零售业	302	12	3.97	0	0.00
83	嵊州市易心堂大药房有限公司	零售业	300	5	1.67	64	21.33
84	广西一心医药有限责任公司	零售业	300	42	14.00	252	84.00
85	阳泉市吉祥大药房医药连锁有限责任公司	零售业	293	0	0.00	0	0.00
86	攀枝花市敬仁堂医药连锁有限责任公司	零售业	292	33	11.30	33	11.30
87	西安双鹤大药房连锁有限责任公司	零售业	272	20	7.35	50	18.38
88	吉林省中东医药有限公司	零售业	264	54	20.45	112	42.42
89	山西亨通医药批发有限公司	零售业	260	10	3.85	19	7.31
90	贵州吉大夫医药连锁公司	零售业	250	5	2.00	190	76.00
91	绵阳太极大药房连锁有限责任公司	零售业	241	4	1.66	180	74.69
92	山西临汾竹林大药房连锁有限公司	零售业	238	31	13.03	31	13.03
93	上海药房连锁有限公司	零售业	230	30	13.04	32	13.91
94	上海联华复星药房连锁经营有限公司	零售业	226	41	18.14	98	43.36
95	福州回春医药连锁有限公司	零售业	222	5	2.25	124	55.86
96	内蒙古万民药房连锁有限公司	零售业	222	23	10.36	45	20.27
97	葫芦岛市医药有限责任公司	零售业	220	27	12.27	118	53.64
98	长治市昂生大药房零售连锁有限公司	零售业	209	20	9.57	24	11.48
99	四川海棠医药有限公司	零售业	201	3	1.49	16	7.96
100	湖北天和堂医药有限公司（仙桃）	零售业	200	3	1.50	35	17.50
101	昆明福林堂药业有限公司	零售业	200	0	0.00	0	0.00
102	上海云湖医药连锁经营有限公司	零售业	192	29	15.10	29	15.10
103	吉林省合兴健康药房连锁有限责任公司	零售业	190	1	0.53	45	23.68
104	北京医保全新大药房连锁有限公司	零售业	186	29	15.59	0	0.00
105	上海雷允上西区药品零售有限公司	零售业	183	32	17.49	103	56.28
106	常州人寿天医药连锁有限公司	零售业	181	8	4.42	99	54.70
107	北京同仁堂崇文门药店有限责任公司	零售业	179	13	7.26	115	64.25
108	东营益生堂药业连锁有限公司	零售业	177	0	0.00	0	0.00
109	山西仁和大药房连锁有限公司	零售业	171	0	0.00	0	0.00

续　表

序号	企业名称	行业类别	从业人员				
			总数（人）	具有执业药师资格人员（人）	占比（%）	药学技术人员（人）	占比（%）
110	北京市京隆堂医药有限公司	零售业	170	13	7.65	27	15.88
111	上海医药嘉定大药房连锁有限公司	零售业	165	22	13.33	54	32.73
112	海南养天和大药房连锁经营有限公司	零售业	162	5	3.09	70	43.21
113	广东康泽药业连锁有限公司	零售业	150	0	0.00	0	0.00
114	甘肃河西三州武威医药连锁有限责任公司	零售业	150	10	6.67	10	6.67
115	广西南宁朝阳大药房连锁有限责任公司	零售业	142	12	8.45	122	85.92
116	北京医保中洋大药房有限公司	零售业	142	53	37.32	68	47.89
117	重庆医药自贡有限责任公司	零售业	142	4	2.82	28	19.72
118	娄底市康一馨街大药房零售连锁有限公司	零售业	140	30	21.43	50	35.71
119	江苏仁济医药连锁有限公司	零售业	132	5	3.79	36	27.27
120	广西玉林市至真药业连锁有限责任公司	零售业	129	31	24.03	75	58.14
121	金华市尖峰大药房连锁有限公司	零售业	128	50	39.06	64	50.00
122	金华市九德堂医药连锁有限公司	零售业	116	8	6.90	36	31.03
123	成都九鼎药房连锁有限责任公司	零售业	111	19	17.12	19	17.12
合计			103 540	6 133	5.92	37 946	36.65

统计范围：人员总数超过100人的药品零售企业。

2013年药品流通直报企业电子商务从业人数统计表

序号	企业名称	行业类别	从业人员		
			总数（人）	电子商务从业人数（人）	占比（%）
1	汕头市创美药业有限公司	批发业	582	260	44.67
2	山东瑞康医药股份有限公司	批零兼营	1 708	172	10.07
3	合肥康丽药业有限责任公司	批发业	578	162	28.03
4	山东康诺盛世医药有限公司	批发业	326	151	46.32
5	云南康美佳药业有限公司	批发业	162	134	82.72
6	安徽天禾药业有限公司	批发业	281	126	44.84
7	西安藻露堂药业集团有限责任公司	批发业	581	122	21.00
8	吉林省友邦药业有限公司	批零兼营	127	107	84.25
9	安徽华源医药股份有限公司	批发业	1 926	99	5.14
10	华润吉林康乃尔医药有限公司	批发业	315	95	30.16
11	深圳市健华医药有限公司	批发业	175	83	47.43
12	浙江珍诚医药在线股份有限公司	批发业	424	80	18.87

续 表

序号	企业名称	行业类别	从业人员		
			总数（人）	电子商务从业人数（人）	占比（%）
13	国药控股金华有限公司	批发业	94	76	80.85
14	云南东昌医药股份有限公司	批发业	490	69	14.08
15	江苏同济医药有限公司	批发业	74	64	86.49
16	广州医药有限公司	批零兼营	3 063	62	2.02
17	北京凯宏鑫医药有限责任公司	批发业	110	60	54.55
18	上海延安医药洋浦有限公司	批发业	180	60	33.33
19	哈药集团医药有限公司	批零兼营	2 923	57	1.95
20	杭州九洲大药房连锁有限公司	批零兼营	770	55	7.14
21	海南国丹药业有限公司	批发业	67	52	77.61
22	平阳县瓯南医药有限公司	批发业	65	50	76.92
23	北京同仁堂健康药品经营有限公司	批零兼营	7 344	50	0.68
24	中国北京同仁堂（集团）有限责任公司	批零兼营	16 396	50	0.30
25	云南名扬药品销售有限公司	批发业	69	47	68.12
26	吉林省三精医药有限责任公司	批发业	76	46	60.53
27	江苏恩华和润医药有限公司	批发业	341	45	13.20
28	国药集团化学试剂有限公司	批发业	979	43	4.39
29	东辽县医药药材有限责任公司	批零兼营	217	42	19.35
30	邵阳九福药业有限公司	批发业	154	40	25.97
31	上海医药分销控股有限公司	批发业	1 135	39	3.44
32	海南广药晨菲医药有限公司	批发业	59	38	64.41
33	天津天士力医药营销集团有限公司	批零兼营	8 738	31	0.35
34	盐城百科药业有限公司	批零兼营	160	30	18.75
35	辽宁九州通医药有限公司	批发业	350	30	8.57
36	杭州华氏医药有限公司	批发业	43	28	65.12
37	浙江英特药业有限责任公司	批零兼营	1 883	27	1.43
38	北京德易生物医学技术有限公司	批发业	32	27	84.38
39	重庆医药（集团）股份有限公司	批发业	10 387	26	0.25
40	渭南医药集团有限责任公司	批发业	116	26	22.41
41	贵州光正医药销售有限公司	批发业	45	25	55.56
42	广西梧州市杰迅医药有限公司	批发业	300	25	8.33
43	云南鸿翔一心堂药业（集团）股份有限公司	批零兼营	13 861	25	0.18
44	上海复星药业有限公司	批发业	293	23	7.85
45	红河州佳宇药业有限公司	批发业	57	22	38.60

续　表

序号	企业名称	行业类别	从业人员		
			总数（人）	电子商务从业人数（人）	占比（%）
46	华东医药股份有限公司	批发业	987	22	2.23
47	赤峰雷蒙药品经销有限公司	批发业	224	21	9.38
48	四川南充鹤鸣堂药品经营有限公司	批零兼营	73	21	28.77
49	鹭燕（福建）药业股份有限公司	批发业	1 978	21	1.06
50	九州通医药集团有限公司	批发业	15 292	20	0.13
51	北京益普四环医药公司	批发业	31	20	64.52
52	广西柳州医药股份有限公司	批零兼营	1 256	20	1.59
53	山东九州通医药有限公司	批发业	562	20	3.56
54	山西安盛源药业有限公司	批发业	29	20	68.97
55	山东瑞中医药有限公司	批发业	334	20	5.99
56	海南思达药业有限公司	批发业	23	19	82.61
57	国药集团山西有限公司	批零兼营	794	19	2.39
58	河南省康信医药有限公司	批零兼营	203	17	8.37
59	济南漱玉平民大药房有限公司	批零兼营	3 153	17	0.54
60	沈阳会通医药有限公司	批发业	42	16	38.10
61	上海第一医药股份有限公司	批零兼营	660	16	2.42
62	浙江海派医药有限公司	批发业	116	16	13.79
63	云南省药品科技开发经营有限公司	批发业	55	16	29.09
64	昆明东南亚药业有限公司	批发业	46	16	34.78
65	青海力升药业有限公司	批零兼营	102	15	14.71
66	菏泽牡丹医药有限责任公司	批发业	502	15	2.99
67	厦门中鹭医药有限公司	批零兼营	55	15	27.27
68	陕西华信医药有限公司	批零兼营	159	14	8.81
69	江苏柯菲平医药股份有限公司	批发业	571	13	2.28
70	上海华氏大药房有限公司	批零兼营	1 686	13	0.77
71	海南平康药业有限公司	批零兼营	693	11	1.59
72	江西天顺医药有限公司	批发业	102	10	9.80
73	海南盛南药业有限公司	批零兼营	50	10	20.00
74	国药控股天津北方医药有限公司	批发业	60	10	16.67
75	甘肃莱美医药投资有限责任公司	批发业	85	9	10.59
76	上海雷允上北区药业股份有限公司	批零兼营	408	9	2.21
77	国药集团药业股份有限公司	批发业	417	8	1.92
78	天水西城药业有限责任公司	批发业	73	8	10.96

续 表

序号	企业名称	行业类别	从业人员		
			总数（人）	电子商务从业人数（人）	占比（%）
79	修正药业集团营销有限公司	批发业	272	8	2.94
80	海南国康医药开发有限公司	批发业	34	8	23.53
81	晋中市新都药业有限公司	批零兼营	141	8	5.67
82	上海申威医药有限公司	批发业	82	8	9.76
83	山东省德州泰康药业有限公司	批发业	295	8	2.71
84	天津中新药业集团股份有限公司医药公司	批发业	1 102	7	0.64
85	大参林医药集团股份有限公司	批零兼营	12 889	7	0.05
86	石药集团河北中诚医药有限公司	批零兼营	1 402	6	0.43
87	四川科伦医药贸易有限公司	批发业	4 850	6	0.12
88	天津世纪滨海生物医药有限公司	批发业	39	6	15.38
89	陕西医药控股集团派昂医药有限责任公司	批零兼营	1 033	6	0.58
90	南通市医药经销有限公司	批发业	99	6	6.06
91	南京医药股份有限公司	批零兼营	5 745	6	0.10
92	云南双鹤医药有限公司	批零兼营	92	5	5.43
93	兰州旭康药业有限公司	批发业	60	5	8.33
94	昆明天福堂药业有限公司	批发业	28	5	17.86
95	广东九州通医药有限公司	批发业	1 145	5	0.44
96	赤峰人川大药房连锁有限公司	批零兼营	875	5	0.57
97	国药控股重庆有限公司	批发业	360	5	1.39
98	云南文山七丹药业股份有限公司	批零兼营	167	5	2.99
99	海南东联医药开发有限公司	批发业	10	5	50.00
100	湖北中联大药房连锁有限公司	批零兼营	800	5	0.63
101	北京上药爱心伟业医药有限公司	批发业	99	4	4.04
102	南京国药医药有限公司	批零兼营	1 805	4	0.22
103	四川九州通科创医药有限公司	批发业	345	4	1.16
104	常德市九芝堂医药有限公司	批零兼营	519	4	0.77
105	国药控股云南有限公司	批发业	227	4	1.76
106	国药乐仁堂医药有限公司	批发业	2 063	4	0.19
107	威海市天福医药有限公司	批发业	235	4	1.70
108	华润西安医药有限公司	批发业	236	4	1.69
109	上海得一医药有限公司	批发业	88	3	3.41
110	华润河南医药有限公司	批发业	391	3	0.77
111	上海九州通医药有限公司	批发业	571	3	0.53

续 表

序号	企业名称	行业类别	从业人员		
			总数（人）	电子商务从业人数（人）	占比（%）
112	澄迈县医药发展公司	批发业	8	3	37.50
113	贵州省医药（集团）有限责任公司	批零兼营	405	3	0.74
114	贵州家诚医药销售有限公司	批发业	15	3	20.00
115	海南康众药业有限公司	批发业	286	3	1.05
116	天津北药大通医药有限公司	批发业	73	3	4.11
117	永嘉县医药总公司	批发业	30	3	10.00
118	上海华仁医药有限公司	批发业	33	3	9.09
119	昆明红伙药业有限公司	批发业	13	2	15.38
120	海南健林医药有限公司	批发业	13	2	15.38
121	四川雅安康盛中药材有限责任公司	批零兼营	133	2	1.50
122	嘉兴英特医药有限公司	批发业	66	2	3.03
123	北京恒创佳益医药有限公司	批零兼营	146	2	1.37
124	上海雷允上药品连锁经营有限公司	批零兼营	239	2	0.84
125	内蒙古九州通医药有限公司	批发业	198	2	1.01
126	北京中天康达医药技术有限公司	批发业	3	2	66.67
127	贵州东南药业有限公司	批发业	119	2	1.68
128	江苏澳洋医药物流有限公司	批发业	480	2	0.42
129	北京大华医药有限公司	批发业	41	2	4.88
130	海南佰仁药业有限公司	批发业	15	2	13.33
131	国药控股北京天星普信生物医药有限公司	批发业	170	2	1.18
132	海南丁一药业有限公司	批发业	138	2	1.45
133	北京信海康医药有限责任公司	批发业	23	2	8.70
134	包头市医药有限责任公司	批零兼营	15	2	13.33
135	片仔癀（漳州）医药有限公司	批零兼营	185	2	1.08
136	海南新龙南医药科技开发有限公司	批发业	30	2	6.67
137	贵州大明医药实业有限责任公司（毕节）	批发业	83	2	2.41
138	海南双鸽药品医械有限公司	批发业	24	2	8.33
139	海南回音必药业公司	批发业	15	2	13.33
140	黄冈市卫尔康医药有限公司	批发业	168	2	1.19
141	海南爱欣药业有限公司	批发业	29	1	3.45
142	山东容大医药有限公司	批发业	180	1	0.56
143	国药控股怀德居医药（厦门）有限公司	批发业	41	1	2.44
144	北京康明济生医药有限公司	批发业	29	1	3.45

续 表

序号	企业名称	行业类别	从业人员		
			总数（人）	电子商务从业人数（人）	占比（%）
145	国药控股甘肃有限公司	批发业	266	1	0.38
146	贵州互强药业有限公司	批发业	98	1	1.02
147	正宁县步天医药股份有限公司	批零兼营	62	1	1.61
148	北京恒生海康医药有限公司	批发业	124	1	0.81
149	贵州中鑫医药有限公司	批发业	26	1	3.85
150	安徽海通医药股份有限公司	批发业	22	1	4.55
合计			151 020	3 749	2.48

统计范围：含有电子商务从业人员的全部药品流通直报企业。

第十部分　药品流通行业创新经营模式情况

2013 年承担国家基本药物省级配送任务的药品批发企业

序　号	企业名称	行业类别
北京市		
1	北京科园信海医药经营有限公司	批发业
2	国药控股北京有限公司	批发业
3	华润医药商业集团有限公司	批零兼营
天津市		
1	国药控股（天津）东方博康医药有限公司	批发业
2	国药控股天津北方医药有限公司	批发业
3	国药控股天津有限公司	批发业
4	天津市康瑞达医药有限公司	批发业
5	天津天士力医药营销集团有限公司	批零兼营
6	天津中新药业集团股份有限公司医药公司	批发业
河北省		
1	国药乐仁堂医药有限公司	批发业
2	石药集团河北中诚医药有限公司	批零兼营
山西省		
1	国药集团山西有限公司	批零兼营
2	国药控股山西有限公司	批发业
3	山西亨通医药批发有限公司	零售业
4	山西康美徕医药有限公司	批发业
5	山西临汾医药药材有限公司	批发业
6	山西省长治医药有限公司	批发业

续　表

序　号	企业名称	行业类别
7	运城城区药材公司	批发业
内蒙古自治区		
1	赤峰颈复康药业有限公司	批发业
2	赤峰雷蒙药品经销有限公司	批发业
3	国药控股内蒙古有限公司	批发业
辽宁省		
1	本溪市医药总公司	批发业
2	大连中大药业有限公司	批发业
3	东北制药集团供销有限公司	批零兼营
4	国药控股大连有限公司	批发业
5	国药控股沈阳有限公司	批发业
6	海城市福缘堂药业有限责任公司	批零兼营
7	辽宁北药百草医药有限公司	批零兼营
8	辽宁省医药对外贸易公司	批发业
吉林省		
1	修正药业集团营销有限公司	批发业
2	国药控股吉林有限公司	批零兼营
3	华润吉林康乃尔医药有限公司	批发业
4	华润吉林医药有限公司	批发业
5	吉林省北药医药股份有限公司	批发业
6	吉林省吉林市医药有限责任公司	批发业
7	吉林省天和医药科技有限公司	批零兼营
8	吉林省友邦药业有限公司	批零兼营
9	吉林亚泰华氏医药有限公司	批发业
10	吉林亚泰万联医药有限公司	批零兼营
11	松原市神光医药有限公司	批零兼营
12	通化同德堂医药药材有限公司	批发业
13	长春市长恒药业有限公司	批发业
14	长春永新迪瑞药业有限公司	批发业
上海市		
1	上海常富药业有限公司	批发业
2	上海第一医药股份有限公司	批零兼营
3	上海海吉雅医药有限公司	批发业
4	上海汇丰医药药材有限公司	批发业

续 表

序 号	企业名称	行业类别
5	上海金石医药药材有限公司	批发业
6	上海九州通医药有限公司	批发业
7	上海雷允上北区药业股份有限公司	批零兼营
8	上海雷允上药业西区有限公司	批发业
9	上海闵行区药材医药公司	批发业
10	上海申依医药有限公司	批发业
11	上海市农工商长征医药有限公司	批发业
12	上海市药材有限公司	批发业
13	上海太安堂医药药材有限公司	批发业
14	上海新时代药业有限公司	批发业
15	上海新世纪药业有限公司	批发业
16	上海新先锋华康医药有限公司	批发业
17	上海信谊天一药业有限公司	批发业
18	上海药房股份有限公司	批发业
19	上海云湖医药药材股份有限公司	批发业
江苏省		
1	常熟市医药工业供销有限公司	批发业
2	华润苏州礼安医药有限公司	批发业
3	江苏澳洋医药物流有限公司	批发业
4	江苏恩华和润医药有限公司	批发业
5	江苏华美医药有限责任公司	批发业
6	江苏省润天生化医药有限公司	批发业
7	江苏省医药公司	批发业
8	南京市江宁医药总公司	批零兼营
9	南通市医药经销有限公司	批发业
10	上药山禾无锡医药股份有限公司	批发业
11	徐州医药股份有限公司	批发业
浙江省		
1	国药控股温州有限公司	批发业
2	杭州华氏医药有限公司	批发业
3	杭州凯仑医药股份有限公司	批发业
4	华东医药股份有限公司	批发业
5	乐清市医药公司	批零兼营
6	宁波市鄞州医药药材有限公司	批发业

续　表

序　号	企业名称	行业类别
7	浦江县医药药材有限公司	批发业
8	温州华东惠仁医药有限公司	批零兼营
9	温州市英特药业有限公司	批发业
10	义乌市众生医药有限公司	批发业
11	浙江宝瑞医药有限公司	批发业
12	浙江大德药业集团浙江医药公司	批零兼营
13	浙江华通医药股份有限公司	批零兼营
14	浙江嘉兴百仁医药有限公司	批发业
15	浙江省岱山县诚泰医药有限公司	批零兼营
16	浙江省国投医药有限公司	批发业
17	浙江省医药工业有限公司	批发业
18	浙江省诸暨市医药药材有限公司	批发业
19	浙江英特药业有限责任公司	批零兼营
20	浙江中元医药有限公司	批发业
安徽省		
1	安徽国立医药集团有限公司	批发业
2	安徽海通医药股份有限公司	批发业
3	安徽省医药（集团）股份有限公司	批发业
4	安徽天禾药业有限公司	批发业
5	滁州市天成药业有限公司	批发业
6	合肥康丽药业有限责任公司	批发业
7	合肥市迪迈医药有限公司	批发业
8	淮北医药有限公司	批发业
9	南京医药合肥天星有限公司	批发业
福建省		
1	福建省福州市惠好药业有限公司	批发业
2	国药控股福建有限公司	批零兼营
3	片仔癀（漳州）医药有限公司	批零兼营
4	厦门宏仁医药有限公司	批发业
5	厦门中鹭医药有限公司	批零兼营
江西省		
1	江西华晨医药科技有限公司	批发业
2	江西汇仁集团医药科研营销有限公司	批零兼营
3	江西南华医药有限公司	批发业

续 表

序 号	企业名称	行业类别
4	江西饶信医药有限公司	批发业
5	江西天顺医药有限公司	批发业
山东省		
1	国药控股聊城有限公司	批发业
2	国药控股山东有限公司	批发业
3	青岛上药国风医药有限公司	批零兼营
4	日照医药集团	批发业
5	山东海王银河医药有限公司	批发业
6	山东九州通医药有限公司	批发业
7	山东康惠医药有限公司	批发业
8	山东容大医药有限公司	批发业
9	山东瑞中医药有限公司	批发业
10	山东省德州泰康药业有限公司	批发业
11	山东新华医药贸易有限公司	批发业
12	山东正大医药有限公司	批发业
河南省		
1	河南省康信医药有限公司	批零兼营
2	华润河南医药有限公司	批发业
湖北省		
1	九州通医药集团有限公司	批发业
2	国药控股湖北有限公司	批发业
3	湖北独活药业股份有限公司	批发业
4	湖北格林药业有限公司	批发业
5	湖北聚隆药业有限公司（荆门）	批发业
6	湖北孝感中药材有限公司	批发业
7	黄冈市卫尔康医药有限公司	批发业
8	南京医药湖北有限公司	批发业
9	新龙药业集团恩施有限公司	批发业
10	宜昌市瑞康医药有限责任公司	批发业
11	宜昌万和医药有限责任公司	批发业
湖南省		
1	衡阳瑞源药业有限公司	批发业
2	衡阳市同德祥医药有限公司	批发业
3	湖南博瑞新特药有限公司	批发业

续　表

序　号	企业名称	行业类别
4	湖南天士力民生药业有限公司	批发业
5	湖南新汇医药有限公司	批发业
6	邵阳九福药业有限公司	批发业
7	邵阳药业有限公司	批发业
广东省		
1	广东振东泰捷医药物流有限公司	批发业
2	广州医药有限公司	批零兼营
3	广州中山医医药有限公司	批发业
4	惠州市卫康中西药业有限公司	批发业
5	汕头市创美药业有限公司	批发业
广西壮族自治区		
1	广西桂玉医药有限责任公司	批发业
2	广西柳州医药股份有限公司	批零兼营
海南省		
1	海南佰仁药业有限公司	批发业
2	海南大岛广药业有限公司	批发业
3	海南东鑫药业有限公司	批发业
4	海南光伟药业有限公司	批发业
5	海南华山康健医疗有限公司	批发业
6	海南康众药业有限公司	批发业
7	海南美乐康药业有限公司	批发业
8	海南省文昌市医药公司	批发业
9	海南世邦药业有限公司	批发业
10	海南鑫瑞药业有限公司	批发业
11	海南尤纳特药业有限公司	批发业
12	海南裕鑫昌药业有限公司	批发业
13	海南泽世药业有限公司	批发业
重庆市		
1	重庆长圣医药有限公司	批发业
四川省		
1	成都市蓉锦医药贸易有限公司	批发业
2	四川本草堂药业有限公司	批发业
3	四川科伦医药贸易有限公司	批发业
4	四川省南充药业（集团）有限公司	批零兼营

续 表

序 号	企业名称	行业类别
5	四川遂宁市全泰堂药业有限公司	批零兼营
6	四川太星药业有限公司	批零兼营
贵州省		
1	贵州慈惠医药有限公司	批发业
2	贵州鼎圣药业有限公司	批发业
3	贵州和谐医药有限责任公司	批发业
4	贵州弘一医药有限责任公司	批发业
5	贵州互强药业有限公司	批发业
6	贵州省毕节市医药有限公司	批零兼营
7	贵州省药材公司	批发业
8	贵州省医药（集团）和平药房连锁有限公司	批零兼营
9	贵州省医药（集团）有限责任公司	批零兼营
10	贵州斯瑞医药有限责任公司	批发业
11	贵州泰忆药品有限公司	批发业
12	贵州中鑫医药有限公司	批发业
云南省		
1	国药控股云南有限公司	批发业
2	红河州佳宇药业有限公司	批发业
3	昆明东南亚药业有限公司	批发业
4	云南恩红（集团）有限公司	批零兼营
5	云南佳能达医药有限公司	批发业
6	云南省保山市医药有限责任公司	批零兼营
7	云南省开远三发医药经贸公司	批发业
8	云南省医药有限公司	批零兼营
9	云南同丰医药有限公司	批发业
陕西省		
1	华润西安医药有限公司	批发业
2	陕西怡康医药有限责任公司	批发业
3	渭南医药集团有限责任公司	批发业
4	西安双鹤医药股份有限公司	批发业
甘肃省		
1	甘肃平凉国泰药业有限责任公司	批发业
2	甘肃同济药业有限责任公司	批零兼营
3	礼县春天药业有限责任公司	批发业

续　表

序　号	企业名称	行业类别
4	天水西城药业有限责任公司	批发业
5	正宁县步天医药股份有限公司	批零兼营
	青海省	
1	青海力升药业有限公司	批零兼营
2	青海省富康医药集团有限责任公司	批发业
3	青海省新绿洲医药集团有限公司	批发业
	宁夏回族自治区	
1	闽宁医药有限公司	批发业
2	宁夏华源耀康医药有限公司	批零兼营

统计范围：商务部药品流通统计系统中已填报企业。

2013年开展第三方药品物流业务的专业医药物流企业

序　号	企业名称	行业类别
	北京市	
1	中国医药集团总公司	批零兼营
2	北京恒创佳益医药有限公司	批零兼营
3	北京科园信海医药经营有限公司	批发业
4	华润医药商业集团有限公司	批零兼营
	天津市	
1	国药控股天津有限公司	批发业
2	天津世纪滨海生物医药有限公司	批发业
3	天津天士力医药营销集团有限公司	批零兼营
	河北省	
1	石药集团河北中诚医药有限公司	批零兼营
	内蒙古自治区	
1	赤峰颈复康药业有限公司	批发业
2	国药控股内蒙古有限公司	批发业
	辽宁省	
1	大连中大药业有限公司	批发业
2	东北制药集团供销有限公司	批零兼营
3	国药控股沈阳有限公司	批发业
4	辽宁九州通医药有限公司	批发业
5	沈阳会通医药有限公司	批发业
	吉林省	
1	国药控股吉林有限公司	批零兼营

续 表

序 号	企业名称	行业类别
2	华润吉林康乃尔医药有限公司	批发业
3	吉林亚泰华氏医药有限公司	批发业
上海市		
1	国药控股国大药房有限公司	零售业
2	上海汇仁医药有限公司	批发业
3	上海外高桥医药分销中心有限公司	批发业
江苏省		
1	南京医药股份有限公司	批零兼营
2	徐州医药股份有限公司	批发业
浙江省		
1	苍南县宏泰医药有限公司	批发业
2	温州市英特药业有限公司	批发业
3	浙江华通医药股份有限公司	批零兼营
4	浙江温州医药商业集团有限公司	批零兼营
5	浙江英特药业有限责任公司	批零兼营
6	浙江珍诚医药在线股份有限公司	批发业
江西省		
1	江西汇仁集团医药科研营销有限公司	批零兼营
山东省		
1	青岛百洋医药科技有限公司	批发业
2	山东九州通医药有限公司	批发业
3	山东康惠医药有限公司	批发业
4	山东康诺盛世医药有限公司	批发业
5	山东省德州泰康药业有限公司	批发业
湖北省		
1	九州通医药集团有限公司	批发业
2	国药控股湖北有限公司	批发业
3	南京医药湖北有限公司	批发业
4	新龙药业集团恩施有限公司	批发业
5	宜昌市康正药业贸易有限责任公司	批发业
湖南省		
1	湖南天士力民生药业有限公司	批发业
广东省		
1	广东振东泰捷医药物流有限公司	批发业

续　表

序　号	企业名称	行业类别
2	广州医药有限公司	批零兼营
3	广州中山医医药有限公司	批发业
4	汕头市创美药业有限公司	批发业
广西壮族自治区		
1	广西柳州医药股份有限公司	批零兼营
海南省		
1	海南东鑫药业有限公司	批发业
2	海南天虹医药有限公司	批发业
3	海南同济堂药业有限公司	批发业
4	上海万隆药业洋浦有限公司	批发业
重庆市		
1	重庆医药（集团）股份有限公司	批发业
四川省		
1	四川海棠医药有限公司	零售业
2	四川科伦医药贸易有限公司	批发业
贵州省		
1	贵州民生药业有限公司	批发业
2	黔南州华康医药有限责任公司	批发业
云南省		
1	云南昊邦医药销售有限公司	批发业
2	云南佳能达医药有限公司	批发业
3	云南龙马药业有限公司	批零兼营
4	云南新生命药业有限公司	批发业
甘肃省		
1	甘肃河西三州武威医药连锁有限责任公司	零售业
2	甘肃平凉国泰药业有限责任公司	批发业
3	甘肃同济药业有限责任公司	批零兼营

统计范围：商务部药品流通统计系统中已填报企业。具有药监部门颁发的开展第三方药品物流业务确认文件的专业医药物流企业。

2013 年开展物流延伸服务的企业

序　号	企业名称	行业类别	涉及医院（家）
1	云南东昌医药股份有限公司	批发业	812
2	山东九州通医药有限公司	批发业	150
3	湖南天士力民生药业有限公司	批发业	147

续 表

序　号	企业名称	行业类别	涉及医院（家）
4	四川省南充药业（集团）有限公司	批零兼营	44
5	广西梧州市杰迅医药有限公司	批发业	32
6	湖南德海医药有限公司	批发业	31
7	安徽海通医药股份有限公司	批发业	30
8	海南光伟药业有限公司	批发业	30
9	南京医药合肥天星有限公司	批发业	30
10	浙江英特药业有限责任公司	批零兼营	27
11	江安县药业有限责任公司	批发业	26
12	广州医药有限公司	批零兼营	15
13	山东海王银河医药有限公司	批发业	8
14	青海力升药业有限公司	批零兼营	6
15	南京医药湖北有限公司	批发业	5
16	江苏省医药公司	批发业	5
17	国药集团山西有限公司	批零兼营	4
18	徐州医药股份有限公司	批发业	3
19	国药控股大连有限公司	批发业	2
20	南京医药股份有限公司	批零兼营	2
21	北京科园信海医药经营有限公司	批发业	2
22	华润河南医药有限公司	批发业	2
23	江西汇仁集团医药科研营销有限公司	批零兼营	1
24	天津中新药业集团股份有限公司医药公司	批发业	1
25	上药山禾无锡医药股份有限公司	批发业	1
26	华润吉林康乃尔医药有限公司	批发业	1
27	山西亨通医药批发有限公司	批零兼营	0
28	九州通医药集团有限公司	批发业	——
29	云南省医药有限公司	批零兼营	——
30	华润医药商业集团有限公司	批零兼营	——
合计			1 417

统计范围：商务部药品流通统计系统中已填报企业。

2013 年药店承担社区医疗机构药房功能试点的企业

序　号	企业名称	行业类别	社区医疗机构（家）
1	武汉马应龙大药房连锁有限公司	零售业	4
2	常州人寿天医药连锁有限公司	零售业	2
3	南京医药合肥天星有限公司	批发业	2
4	哈药集团医药有限公司	批零兼营	0
5	淮北医药有限公司	批发业	——

统计范围：商务部药品流通统计系统中已填报企业。

2013 年承接药房托管的企业

序　号	企业名称	行业类别	医院（二级以上含二级）（家）	基层医疗机构（二级以下）（家）
1	南京医药股份有限公司	批零兼营	270	0
2	国药控股湖北有限公司	批发业	49	1
3	华润河南医药有限公司	批发业	25	0
4	淮北医药有限公司	批发业	20	0
5	华润吉林康乃尔医药有限公司	批发业	15	0
6	安徽省医药（集团）股份有限公司	批发业	15	0
7	合肥康丽药业有限责任公司	批发业	12	0
8	国药集团山西有限公司	批零兼营	11	0
9	合肥市迪迈医药有限公司	批发业	10	0
10	南京医药合肥天星有限公司	批发业	9	5
11	山东海王银河医药有限公司	批发业	8	8
12	山东九州通医药有限公司	批发业	5	10
13	青海力升药业有限公司	批零兼营	5	0
14	重庆长圣医药有限公司	批发业	5	0
15	邵阳药业有限公司	批发业	4	4
16	国药乐仁堂医药有限公司	批发业	3	2
17	徐州医药股份有限公司	批发业	3	0
18	青海省富康医药集团有限责任公司	批发业	3	0
19	天津天士力医药营销集团有限公司	批零兼营	2	0
20	国药控股天津有限公司	批发业	2	0
21	延边高丽医药有限公司	批发业	2	1
22	云南同丰医药有限公司	批发业	2	0
23	北京科园信海医药经营有限公司	批发业	2	0
24	浙江宝瑞医药有限公司	批发业	2	0
25	黄冈市卫尔康医药有限公司	批发业	2	0
26	江西南华医药有限公司	批发业	2	0
27	南京医药湖北有限公司	批发业	1	0
28	红河州佳宇药业有限公司	批发业	1	0
29	广州医药有限公司	批零兼营	1	0
30	宁夏众欣联合方泽医药有限公司	批发业	1	0
31	国药控股（天津）东方博康医药有限公司	批发业	1	1
32	青岛百洋医药科技有限公司	批发业	1	0
33	青岛上药国风医药有限公司	批零兼营	1	0

续 表

序 号	企业名称	行业类别	医院（二级以上含二级）（家）	基层医疗机构（二级以下）（家）
34	江西汇仁集团医药科研营销有限公司	批零兼营	1	0
35	云南鸿翔一心堂药业（集团）股份有限公司	批零兼营	1	27
36	广西桂玉医药有限责任公司	批发业	1	0
37	江苏恩华和润医药有限公司	批发业	0	1
38	九州通医药集团有限公司	批发业	——	——

统计范围：商务部药品流通统计系统中已填报企业。

2013 年承接医院药库外设的企业

序 号	企业名称	行业类别	医院（二级以上含二级）（家）	基层医疗机构（二级以下）（家）
1	南京医药股份有限公司	批零兼营	20	0
2	南京医药合肥天星有限公司	批发业	3	3
3	北京科园信海医药经营有限公司	批发业	2	0
4	四川绵阳科伦医药贸易有限公司	批发业	1	0
5	江西汇仁集团医药科研营销有限公司	批零兼营	1	0
6	绥化市医药有限公司	批发业	1	0
7	浙江大德药业集团浙江医药公司	批零兼营	1	0
8	青海力升药业有限公司	批零兼营	1	0
9	安徽天禾药业有限公司	批发业	1	0
10	九州通医药集团有限公司	批发业	——	——

统计范围：商务部药品流通统计系统中已填报企业。

2013 年设立在保税区的药品批发企业

序 号	企业名称	行业类别	仓库（个）	总面积（平方米）
1	海南海神药业集团股份有限公司	批发业	1	7 765
2	河南省康信医药有限公司	批零兼营	1	5 300
3	康美新开河（吉林）药业有限公司	批发业	1	1 530
4	贵州华圣医药工业有限公司	批发业	1	1 500
5	广州医药有限公司	批零兼营	1	1 250
6	礼县春天药业有限责任公司	批发业	1	1 228
7	康德乐（中国）医药有限公司	批发业	1	1 025
8	洋浦慧谷医药有限公司	批发业	1	764

统计范围：商务部药品流通统计系统中已填报企业。

第五篇　中药材流通

中药材流通分析

2013年中药材重点品种流通分析报告

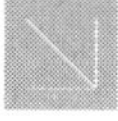

为逐步掌握中药材流通数据信息，引导中药材种植与销售，促进中药材产业的健康有序发展，商务部于2012年建立了中药材重点品种流通分析系统，并连续发布年度中药材重点品种流通分析报告。2013年，在以往统计的基础上，商务部进一步扩大了数据采集范围，优化了统计方式。现将2013年全年中药材重点品种流通情况分析如下。

一、中药材重点品种市场流通情况

纳入中药材重点品种流通分析系统的29种中药材的相关流通信息，来源于85个中药材产地的商务部门、17家中药材市场和6家中药材专业网站（名单附后）。为方便分析，现将29种中药材分为根茎类、花类、果实类、菌类和动物类五大类。

（一）根茎类药材

纳入统计的22种根茎类药材分别为：人参、三七、川芎、大黄、山药、太子参、元胡、丹参、天麻、半夏、白芷、甘草、地黄、当归、麦冬、牡丹皮、附子、厚朴、党参、黄连、黄芪、黄芩。

人参和三七依然是根茎类药材的代表，其价格涨跌一定程度上反映了中药材价格波动情况。2013年，全国中药材市场共销售人参约1.6万吨，市场存量约1 456.1吨，市场平均价格671.1元/公斤，同比上涨87.5%，继续保持上涨态势；全国中药材市场共销售三七约1.2万吨，市场存量约1 787.5吨，其中剪口三七市场平均价格为624.5元/公斤，同比下降20.5%。

（二）花类药材

金银花是唯一纳入统计的花类中药材，价格呈现稳定态势。据统计，2013年金银花全国种植面积约36万亩，产量约2.6万吨。通过全国中药材市场销售约3 105.1吨，市场存量约952.7吨，平均价格115.0元/公斤，同比上涨24.3%。除金银花外，市场还大量流通着山银花。国家药典规定：金银花是忍冬科忍冬的干燥花蕾或初开的花，山银花为忍冬科植物灰毡毛忍冬、红腺忍冬、华南忍冬或黄褐毛忍冬的干燥花蕾或初开的花。金银花与山银花外形酷似，但化学成分有显著不同。山银花的花期更长，产量更高，价格明显低于金银花，因此市面上存在大量金银花、山银花混淆或者恶意添加现象。

（三）果实类药材

纳入统计的共有4种果实类药材，分别为枸杞、水飞蓟、连翘和山茱萸。其中枸杞主要种植于宁夏和新疆，产量相对稳定，价格变化不大。2013年宁夏枸杞中药材市场的销售量约9 030.5吨，价格为45.1元/公斤，较上年下跌5.1%。水飞蓟通过药材市场的销售量为3 230.8吨，平均价格为12.5元/公斤，较上年下跌34%。水飞蓟近年来国内外需求增长都比较快，尤其是国外市场对水飞蓟提取物的需求增长较快，未来预计水飞蓟价格会呈现较大幅度的上涨。连翘和山茱萸都属于半野生药材，2013年中药材市场的销量分别为2 560.7吨和4 237.2吨。连翘2013年平均价格为46.55元/公斤，同比上涨40.6%，山茱萸价格约35元/公斤，同比上涨约17.5%。

（四）菌类药材

纳入统计的菌类药材只有茯苓。茯苓是药食两用类药材，全国产量约为5.1万吨。全国中药材市场共销售茯苓约5 426.4吨，其中白丁4 374吨，价格为20.3元/公斤，同比下跌4.7%；统片1 052.4吨，价格为18.7元/公斤，同比下降5.6%。茯苓最近几年供求平稳，价格基本稳定。今年安徽等地由于干旱产量略有下降，但是云南等地有增产迹象，总体来看，产销基本平稳。

（五）动物类药材

纳入统计的动物类药材是鹿茸，包括梅花鹿、新西兰鹿和马鹿3种，其中以梅花鹿鹿茸价格最贵。2013年，梅花鹿鹿茸平均价格为5 464.7元/公斤，同比下跌11.1%；马鹿鹿茸平均价格为1 600元/公斤，同比下跌19.6%；新西兰鹿平均价格为 1 275 元/公斤，价格呈现下跌态势。近几年，鹿养殖户扩产较多，尤其是新西兰鹿和马鹿的存栏量不断增加，鹿茸产量逐年提高，但品质又不及梅花鹿鹿茸。在供需失衡的情况下，新西兰鹿和马鹿鹿茸的后市价格有可能出现较大幅度的下滑。

二、中药材重点品种价格波动情况

（一）价格持续上涨品种

纳入统计的 29 种药材中，2013 年中药材市场中中药材价格同比上涨的有 9 种，涨幅较大的品种有：人参、当归、附子等根茎类药材。这些品种产地集中，易受自然灾害的影响。如人参价格涨幅较大是因为其被列为新资源食品，市场需求有较大增加，而人参种植周期为 6 年，短期内难以实现增种扩产，且政府在种参林地审批上趋于严格，一定程度上限制了人参的产量。

（二）价格持续下跌品种

价格同比跌幅的有 11 种，跌幅较大的分别为：三七、太子参、丹参、黄芩、水飞蓟。

与人参产业发展不同，三七的种植基地不需要经过政府严格审批，药农扩种相对容易，且三七的种植周期为三年，扩种相对容易。三七价格连续三年上涨，刺激了药农的种植积极性，主产地文山州纷纷扩大种植面积，快速扩张的种植面积致使产量明显超过需求，市场下行周期已经来临。2013 年，三七价格同比下降，其中剪口三七降幅为 20.5%，120 头三七降幅为 33.8%。随着产新期到来，预计三七供应量还将持续增多，后市价格将持续下降。太子参的情况与三七类似，目前价格已经跌为 2011 年的 20%，但是依然没有跌到谷底，预计后市价格会继续下跌。

黄芩也属于同样的情况，黄芩属于多年生草本，主产于河北承德和内蒙古赤峰，由于适应性强，北方地区都可以种植。受 2012 年价格上涨的影响，2013 年主产地都增加了种植面积，其中山西新增种植面积 3 万亩，承德新增种植面积超过 2000 亩。扩种自然带来产量的大幅提升，随之而来的是价格的大幅下降。2013 年产地价格已由 2012 年的 33 元/公斤下降到 15.7 元/公斤。预计 2014 年黄芩的种植面积会相应减少，价格有可能回归合理。

（三）价格基本持平品种

山药、枸杞、厚朴、茯苓、地黄等药材价格涨跌幅都在 5% 左右，维持相对平稳状态。这些药材基本上以种植为主，比如山药和枸杞，食品应用量要超过药用量，价格波动幅度相对较小。厚朴属于林地经济作物，可以参照市场行情进行收获采伐，价格市场波动相对较小。

三、2013 年中药材流通特点

（一）中药材专业市场交易量开始出现下降

20 世纪 90 年后期，经原卫生部、国家中医药局、国家工商行政管理局批准保留的 17 家中药材专业市场中，已有西安万寿路中药材市场、兰州黄河中药材市场、云南昆明菊花园中药材市场等呈现萎缩态势。纳入统计的 29 个大宗中药材品种中，有 18 个品种在中药材专业市场的交易量呈现大幅下滑现象。

（二）产地与医药企业对接成新趋势

近几年，中药材价格异常波动，对下游医药企业影响很大。不少医药企业为了应对药材原料价格的波动，纷纷在道地产区自建基地或者选择合适的供应商和种植大户开展订单生产，绕开中间环节，直接延伸到上游产业链。产地与药企对接模式既保证产品供应，又弥补价格波动带来的损失，已成为中医药产业发展的新趋势。

（三）中药材传统落后的流通方式仍未改变

目前我国中药材流通整体上仍为落后的农贸集市交易形式，组织化、规模化程度低，是我国流通领域现代化程度最低的行业之一。中药材产地初加工、包装、仓储与养护、物流等流通环节的落后状况尤为突出，已影响到中药产业和中医药事业的发展。发展中药材现代物流，开展中药材流通追溯体系建设，提升中药材质量，是推动中医药产业健康持续发展的必然要求和未来趋势。

附表：

1. 2013 年中药材重点品种销售情况
2. 2013 年中药材市场统计价格变化及走势预测
3. 2013 年中药材网站统计价格变化及走势预测
4. 参与统计的各地商务部门
5. 参与统计的 17 家中药材市场
6. 参与统计的 6 家中药材专业网站

附表 1

2013 年中药材重点品种销售情况

序号	商品名称	品规	市场均价（元/公斤）	市场进货量（吨）	销售数量（吨）	销售额（万元）	市场存量（吨）
1	人参	统	671.1	16 989.9	15 533.8	1 154 083.7	1 456.1
2	三七	剪口	624.5	3 301.4	2 711.6	280 718.2	590.8
		60 头	593.6	2 580.6	2 296.6	158 386.5	285
		80 头	525	2 368.7	2 151.9	142 394.4	217.8
		120 头	439.2	3 739.2	3 258.1	169 276.4	480.1
		无数头	416.3	1 843.3	1 633.5	95 844	213.8
3	川芎	统	21.1	5 420.4	4 741.8	8 765.2	688.6
4	大黄	水根	7.25	5 930	5 260	1 382	1 850
		甘肃统	15.9	33 784.6	29 874.6	51 823	5 750
5	山药	统	18.05	4 637.2	4 020.2	5 451	717
6	山茱萸	河南 5% 核	36.5	4 588.1	4 005.5	13 227.4	632.6
		陕西 5% 核	33.5	302.4	231.7	719.1	70.7
7	水飞蓟	统	12.5	3 665.9	3 230.8	5 147.4	571.1
8	太子参	宣州统	44	780	585	11 580	195
		贵州统	73.4	2 044.2	1 842	9 245.6	202.2
9	元胡	统	71.25	8 431.4	8 256.0	57 165.8	750.5
10	丹参	北统	11.5	8 980	11 065	11 084.5	5 470
		安徽统	17.3	5 215.8	4 756.4	6 314.7	459.4
		山东统	17	658	406.9	573.8	251.1
11	天麻	家种一等	150	1 997.7	1 907.9	26 745.5	94.8
		家统	141	439.8	278.2	4 012.6	161.6
12	半夏	统	76.1	7 278	7 296.2	63 882.9	2 380.8
13	白芷	亳统	14.6	3 944.5	3 595.1	4 544.3	349.4
		河北统	10.25	800	680	686.5	170
14	甘草	新疆毛草	12.6	6 300	6 030	7 258	270
		甘肃家统	15.2	46 603.4	38 878.8	39 195	7 724.6
15	地黄	统	14.3	7 591.3	6 772.9	8 755.5	868.4
16	当归	箱归	59.3	41 990.7	45 154.1	242 334.6	9 696.6
17	麦冬	川统	39.8	3 509.2	3 214.5	14 813.5	279.7
18	连翘	统	46.55	2 925.3	2 560.7	12 049.3	374.6
19	牡丹皮	刮丹	26.9	4 409.5	3 990	11 522.9	424.5

续 表

序号	商品名称	品规	市场均价（元/公斤）	市场进货量（吨）	销售数量（吨）	销售额（万元）	市场存量（吨）
20	附子	统	44.7	2 344.3	2 152.1	12 660.3	193.2
21	金银花	统	115	4 057.8	3 105.1	33 489.2	952.7
22	茯苓	白丁	20.3	4 729.8	4 374	8 081.8	385.8
		统片	18.7	1 303.6	1 052.4	1 944.6	271.2
23	厚朴	统	16.1	2 875.6	2 656.3	3 970.7	320.3
24	枸杞	宁夏统	45.1	7 244	9 030.5	38 278.5	2 288.5
25	党参	白条统	60.2	30 692.9	34 112.1	156 727.7	5 885.3
26	黄连	鸡爪统	95.7	1 555.8	1 399.4	13 020.8	181.4
27	黄芩	家统	20.3	15 408.0	23 427.9	37 615.4	8 001.3
28	黄芪	内蒙统	45	5 755	5 503.5	11 310.5	261.5
		甘肃统	25.8	34 651.8	36 729.9	69 808.3	9 201.9
29	鹿茸	新西兰鹿	1 275	1 161.2	820.7	164 038.5	340.5
		梅花鹿	5 464.7	399.6	383.2	321 025.9	16.8
		马鹿	1 600	449	358.1	89 294	90.9

注：数据来自于全国17个中药材市场的统计加和，部分品种各市场的商品分类标准有一定差异，统计数据与之相比会稍有出入。

附表2

2013年中药材市场统计价格变化及走势预测

序号	商品名称	品规	2011年市场均价（元/公斤）	2012年市场均价（元/公斤）	2013年市场均价（元/公斤）	价格同比（%）	17家市场价格走势预测
1	人参	统	315	358	671.1	87.5%	看高
2	三七	剪口	551	785.3	624.5	-20.5%	看低
		60头	382	720.5	593.6	-17.6%	看低
		80头	370	695.2	525	-24.5%	看低
		120头	345	663.1	439.2	-33.8%	看低
		无数头	320	603.2	416.3	-31%	看低
3	川芎	统	22	16.2	21.1	30.2%	看高
4	大黄	水根	8	6.1	7.25	18.9%	看高
		甘肃统	15	16.7	15.9	-4.7%	看高
5	山药	统	30	18	18.05	0.3%	看稳
6	山茱萸	河南5%核	37	31	36.5	17.7%	看低
		陕西5%核	36	28.6	33.5	17.1%	看低
7	水飞蓟	统	14	18.9	12.5	-34%	看高

续　表

序号	商品名称	品规	2011 年市场均价（元/公斤）	2012 年市场均价（元/公斤）	2013 年市场均价（元/公斤）	价格同比（%）	17 家市场价格走势预测
8	太子参	宣州统	278	219.7	44	-80%	看低
		贵州统	260	208.3	73.4	-65%	看低
9	元胡	统	54	52.8	71.25	35%	看高
10	丹参	北统	17	19	11.5	-39.5%	看高
		安徽统	17	18	17.3	-3.9%	看稳
		山东统	20	20.4	17	-16.7%	看低
		野统	16	25.4	3.7	-85.4%	看高
11	天麻	家种特等	150	188.6	190	0.74%	看稳
		家种一等	130	162.7	150	-7.8%	看稳
		家种二等	110	152.6	122.5	-19.7%	看稳
		家统	90	152.2	141	-7.4%	看稳
12	半夏	统	93	100.3	76.1	-24.1%	看稳
13	白芷	亳统	17	14.7	14.6	-0.68%	看稳
		川统	20	15.3	15.7	2.6%	看稳
		河北统	17	13.4	10.25	-23.5%	看稳
14	甘草	内蒙毛草	16	17.8	14	-21.4%	看高
		新疆毛草	18	16.9	12.6	-25.4%	看高
		甘肃家统	18	17.3	15.2	-12.1%	看高
15	地黄	统	10	14.5	14.3	-1.4%	看稳
16	当归	箱归	27	40.7	59.3	45.7%	看高
17	麦冬	川统	78	55.8	39.8	-28.7%	看低
18	连翘	统	24	33.1	46.55	40.6%	看稳
19	牡丹皮	刮丹	33	36.5	26.9	-26.3%	看稳
20	附子	统	26	25.3	44.7	76.7%	看稳
21	金银花	统	135	92.5	115	24.3%	看稳
22	茯苓	白丁	16	21.3	20.3	-4.7%	看稳
		统片	15	19.8	18.7	-5.6%	看稳
23	厚朴	统	14	15.6	16.1	3.2%	看稳
24	枸杞	宁夏统	48	47.5	45.1	-5.1%	看稳
		新疆统	45	43.5	40	-8.1%	看稳
25	党参	白条统	82	85.3	60.2	-29.4%	看低

续 表

序号	商品名称	品规	2011 年市场均价（元/公斤）	2012 年市场均价（元/公斤）	2013 年市场均价（元/公斤）	价格同比（%）	17 家市场价格走势预测
26	黄连	单支统	80	85.6	108.3	26.5%	看高
		鸡爪统	75	81.1	95.7	18%	看高
27	黄芩	家统	23	24.7	20.3	-17.8%	看高
		未撞皮统	29	33	15.7	-52.4%	看高
28	黄芪	内蒙统	24	30.3	45	48.5%	看稳
		甘肃统	22	29.9	25.8	-13.7%	看稳
29	鹿茸	新西兰鹿	1 883	2 440	1 275	-47.8%	看低
		梅花鹿	4 272	6 148	5 464.7	-11.1%	看高
		马鹿	1 700	1 991.1	1 600	-19.6%	看低

注：价格走势预测是根据 17 家中药材市场半数以上的预测统计。

附表 3

2013 年中药材网站统计价格变化及走势预测

序号	商品名称	品规	2013 市场均价（元/公斤）	走势预测
1	人参	统	594	看高
2	三七	剪口	780	看低
		60 头	475	看低
		80 头	447.5	看低
		120 头	420	看低
		无数头	395	看低
3	川芎	统	18.42	看稳
4	大黄	水根	4.08	看高
		甘肃统	16.83	看高
5	山药	统	9.8	看稳
6	山茱萸	河南 5% 核	31.6	看低
		陕西 5% 核	30.8	看低
7	水飞蓟	统	17.3	看高
8	太子参	宣州统	41.4	看低
		贵州统	43.2	看低
9	元胡	统	77.33	看高

续 表

序号	商品名称	品规	2013 市场均价（元/公斤）	走势预测
10	丹参	北统	13.25	看低
		安徽统	11.4	看低
		山东统	13.4	看低
		野统	14.75	看低
11	天麻	家种一等	143.75	看稳
		家种三等	108.75	看稳
		家种特等	167.5	看稳
		家统	117	看稳
12	半夏	统	84.67	看稳
13	白芷	亳统	13.2	看稳
		川统	17.4	看稳
		河北统	11.3	看稳
14	甘草	内蒙毛草	11.9	看稳
		新疆毛草	11.7	看稳
		甘肃家统	11.58	看稳
15	地黄	统	12.4	看低
16	当归	箱归	57.33	看稳
17	麦冬	川统	45.8	看稳
		野统	36	看稳
18	连翘	统	44.2	看稳
19	牡丹皮	刮丹	24	看稳
20	附子	统	59.6	看稳
21	金银花	统	112	看稳
22	茯苓	白丁	19.1	看稳
		统片	56.9	看稳
23	厚朴	统	12.1	看稳
24	枸杞	宁夏统	41.83	看稳
		新疆统	39.6	看稳
25	党参	白条统	48.5	看低
26	黄连	单支统	95.8	看高
		鸡爪统	92.2	看高
27	黄芩	家统	17	看稳
		未撞皮统	25.8	看稳

续　表

序号	商品名称	品规	2013 市场均价（元/公斤）	走势预测
28	黄芪	内蒙统	21.8	看稳
		甘肃统	19.5	看稳
29	鹿茸	新西兰鹿	1 175	看稳
		梅花鹿	6 580	看高
		马鹿	1 900	看稳

注：走势预测是根据参与直报的网站数据半数以上的预测结果。

附表 4

参与统计的各地商务部门

序号	药材名称	商务部门
1	人参	林口县商务局、吉林省商务厅、伊春市商务局、方正县粮食商务局
2	三七	砚山县商务局、广南县商务局、百色市靖西县商务局
3	川芎	汉中市商务局、彭州市商务局、平武县商务局、都江堰市商务局、什邡市商务局
4	大黄	宕昌县商务局、岷县商务局、平武县商务局、阿坝州商务局
5	山药	贵港市商务局、恩施州商务局、蠡县商务局、焦作市商务局
6	山茱萸	汉中市商务局、金寨县商务局、浙江省商务厅、三门峡市商务局、石台县商务局、禹州市商务局
7	水飞蓟	吉林省商务厅、伊春市商务局
8	太子参	柘荣县经贸委、宣城市商务局
9	元胡	汉中市商务局、禹州市商务局、浙江省商务厅
10	丹参	禹州市商务局、商洛市商务局、三门峡市商务局、灵寿县商务局、陕县商务局、行唐县商务局、长葛市商务局、中江县商务局
11	天麻	汉中市商务局、罗田县商务局、恩施州商务局、达州市商务局、宜昌市夷陵区商务局、平武县商务局、昭通市商务局
12	半夏	阆中市商务局、潜江市商务局、恩施州商务局、禹州市商务局
13	白芷	安国市商务局、禹州市商务局、遂宁市商务局、长葛市商务局
14	甘草	乌兰察布市商务局、鄂尔多斯市商务局、盐池县商务局、酒泉市商务局、陇南市西和县、望奎县商务局
15	地黄	汉中市商务局、安国市商务局、禹州市商务局、长治市商务局、焦作市商务局、晋城市商务局、长葛市商务局
16	当归	宕昌县商务局、平武县商务局、恩施州商务局、甘肃省定西市商务局、丽江市商务局、阿坝州商务局、迪庆州外事和商务局、岷县商务局
17	麦冬	浙江省商务局、襄阳市商务局、三台县商务局
18	连翘	三门峡市商务局、陕县商务局、晋城市商务局、长治市商务局、商洛市商务机、围场县商务局
19	牡丹皮	亳州市商务局、铜陵市商务局

续 表

序号	药材名称	商务部门
20	附子	汉中市商务局、江油市商务局、大理市商务局、楚雄州商务局、迪庆州外事和商务、丽江市商务局、平武县商务局、安县商务局
21	金银花	巨鹿县商务局、长葛市商务局、封丘县商务局、禹州市商务局、陕县商务局、罗田县商务局、平邑县流通业发展局、三门峡市商务局
22	茯苓	罗田县商务局、岳西县商务局
23	厚朴	恩施州商务局、平武县商务局、都江堰市商务局
24	枸杞	中宁县商务局、巨鹿县商务局、陕县商务局
25	党参	汉中市商务局、宕昌县商务局、恩施州商务局、长治市商务局、阿坝州商务局、甘肃省定西市商务局、陇南市文县商务局、渭源县商务局、陇县商务局、岷县商务局
26	黄连	彭州市商务局、恩施州商务局、峨眉县商务局
27	黄芩	运城市商务局、乌兰察布市商务局、内蒙古兴安盟商务局、宽城县商务局、望奎县商务局、商洛市商务局
28	黄芪	锡林郭勒盟商务局、浑源县经济商务和信息化局、宕昌县商务局、兴安盟扎赉特旗商务局、赤峰喀喇沁旗商务局、赤峰市商务局、甘肃省定西市商务局、包头市商务局、呼和浩特市商务局、兴安盟突泉县商务局、长治市商务局、望奎县商务局、渭源县商务局、岷县商务局、围场县商务局
29	鹿茸	吉林省商务厅、赤峰市商务局、巴林左旗商务局、赤峰市商务局、乌兰察布市商务局、林口县商务局

附表 5

参与统计的 17 家中药材市场（排名不分先后）

序号	中药材市场名称
1	安徽亳州中药材市场
2	河北安国中药材市场
3	成都荷花池中药材专业市场
4	东北参茸中药材市场
5	广东省普宁中药材专业市场
6	广西玉林中药材专业市场
7	哈尔滨三棵树中药材专业市场
8	湖北李时珍中药材专业市场
9	湖南省长沙市高桥中药材专业市场
10	湖南省邵东县廉桥药材专业市场
11	吉林抚松长白山人参市场投资发展有限公司
12	江西樟树中药材市场
13	山东省鄄城县舜王城药材市场

续　表

序号	中药材市场名称
14	云南昆明菊花园中药专业市场
15	云南省文山州三七国际交易中心
16	中国·文峰药材交易城
17	重庆市解放路药材专业市场

附表 6

参与统计的 6 家中药材网站（排名不分先后）

序号	中药材网站名称
1	康美中药网（亳州）
2	药财盈中药材物联电子交易市场
3	药通网
4	中药材鼎信网
5	中药材天地网
6	中药贸易网

中药材现代物流体系建设研究报告

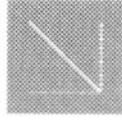

前　　言

中医药是我国传统文化瑰宝，曾为中华民族的繁衍昌盛做出过巨大贡献，在实现中国梦的过程中仍具有巨大的发展潜力。但是，中药材多年来沿用的传统养护方法存在一些弊端，尤其是用硫磺、磷化铝熏蒸的方法，不仅影响中药的质量与疗效，更损害人们的身体健康，也影响中药走向世界。

中药材既是农产品，也是中药的原材料。虽然国家对药品的生产、经营与物流的质量实施了比较严格的监管，对中药材种植与流通的管理也逐步加强，但是，对药品生产与经营普遍实施的 GMP、GSP 认证，不可能解决中药的原料即中药材的品质保障问题；对中药材的种植实施 GAP 认证，也不可能解决中药材流通中的质量问题；对中药材流通实施追溯系统，在一定程度上解决了质量责任的事后追究问题，但还是没有解决中药材流通的质量保障问题。

在此背景下，商务部市场秩序司委托中国中药协会（以下简称“中药协”）与中国仓储协会（以下简称“中仓协”）共同组建研究组，对中药材现代物流体系建设进行专题研究。本课题的任务是：深入调查全国中药材物流现状，分析存在的突出问题，研究提出全国中药材仓储网点布局方案，提出中药材从采收、初加工到包装、运输、仓储、养护等物流一体化运作方案，以及中药材仓库技术条件与相关作业规范。

为完成本课题，两协会组织开展了以下研究工作：

（1）制订详细的《研究方案》，成立由中药协房书亭会长、中仓协沈绍基会长为组长、包括各方面专家在内的课题研究组，于 2013 年 4 月 12 日召开课题研究启动会，市场秩序司巡视员温再兴出席会议并作动员讲话，王胜利处长提出具体要求。

（2）课题研究组分成2个调研小组，于2013年6月分赴全国17个地区，先后调研了近20家中药材交易市场、几十家中药材经营、中药饮片与中药材仓储物流企业，基本摸清了全国中药材物流的现状与突出问题；并在国家烟草专卖局的支持下，组织参观考察了福建烟草物流基地。

（3）在实地调查的基础上，于7～9月组成五个专题研究小组，深入研究“调查问卷与实地调查资料”“仓库网点布局”“仓库技术条件”“初加工包装仓储养护规范”及“相关政策与监管制度”，并同时启动4个重点地区的中药材气调储存养护的试点工作。

（4）根据五个专题小组的研究材料，于10月形成了《中药材现代物流体系建设研究的初步成果》，在第六届中国（陇西）中药材论坛上征求了部分专家、企业家的意见。在试点的基础上，于11月24日在亳州召开了“中药材气调养护技术成果鉴定会”，两协会聘请国内最具权威的中药专家与气调养护专家组成鉴定组，对中药材气调养护技术成果进行鉴定。

本课题的研究思路与技术路线如下：

（1）对全国占中药材交易规模80%以上的各类中药材交易市场、及其关联的经销企业与中药生产企业、配套的仓储管理企业进行实地调查与问卷调查，总结分析全国中药材物流现状与问题。

（2）以中药材种植基地布局、交易市场布局、饮片与中成药生产企业布局为基础，以全国中药材流量、流向为依据，以调节市场供求、减少迂回运输、保障中药材安全为原则，研究提出全国中药材仓库网点布局。

（3）根据各大类中药材的生理特性，研究各类中药材对应的仓库类型，分别研究提出各类仓库的结构、建筑材料以及防潮、隔热、通风等技术要求。

（4）根据各类中药材的特点，研究中药材初加工的技术、流程、方式；研究中药材在储存过程中防霉变、防虫蛀的科学、经济、方便的技术与方法；研究各类中药材的包装材料与包装规格及其标识信息、标识方式；研究各类中药材包装件的堆码方式。

（5）立足中药材产业的实际情况，针对中药材仓储的主要模式（公共仓储与集中仓储），研究提出中药材仓储土地供应与资金扶持政策，研究实施中药材仓储专项认证（GWP）的可行性及其内容，研究中药材追溯系统与中药材物流体系有机结合的机制及技术方案。

本课题研究组成员：

组　长：沈绍基　中国仓储协会会长
房书亭　中国中药协会会长

副组长：周　雷　中药协市场专业委员会主任
王春录　中仓协仓储设备与技术应用专业委员会副主任

成　员：周　洵　中药协市场专业委员会常务副秘书长
关　丰　中国仓储协会行业发展部专员
张承忠　甘肃省商业储运公司原总经理
刘红卫　中药材“天地网”仓储专家
郝巨祥　佳木斯大学教授
王　杰、梁乔智、方玉强、范甜甜　君合百安仓储科技（北京）有限公司工程技术人员
杨达辉、白建保、姚衡洲、俞春煌　烟草仓储技术专家

第一部分　中药材种植、流通与物流现状分析

为了摸清中药材种植、流通与物流的现状，课题组先后组织了问卷调查与实地调研。共收到中药材交易市场调查问卷9份（5家专业市场、4家产地市场，即广西玉林、河北巨鹿、河南禹州、湖南廉桥、湖北利川、成都荷花池、山东鲁南、安徽亳州、甘肃文峰）、市场商户调查问卷106份、专业仓储企业调查问卷8份、种植基地（合作社）调查问卷6份、药材经营与饮片企业调查问卷7份。赴全国17个地区、先后调查拜访了近20家中药材交易市场、几十家中药材经营、中药饮片与中药材仓储物流企业。根据问卷与实地调研的情况，结合可检索到的相关资料，我们对我国中药材种植与流通方式、物流运作现状形成以下初步认识。

一、中药材种植现状分析

中药材种植基地布局与种植组织方式，是本课题研究的基础与前提。主要中药材品种的主产地是研究中药材仓库布局需要考虑的重要因素，物流体系建设应当与中药材种植组织方式对接。

（一）中药材主要种植基地分布

据相关专家估计，目前中药材大约有1 000～1 200种，中药材种植总面积约2 100万亩，每年种植药材的产量约200多万吨，全国每年中药材市场交易量（流通量）约1 700万吨，其中，年产量在1 000吨以上大宗药材及贵细药材、毒麻限剧药材有236种，其产量与流通量约占中药材总产量与流通量的80%以上，这是我们课题组关注的重点。

据中药材“天地网”与本课题组的初步调查，以上236

种大宗中药材中的106种道地药材的主产地及产量见表1。

表1 106种大宗道地中药材的主产地及产量

全国主要药材集散地品种及集散量									
省份	区域	区域主要药材产量或集散量							
		药材	数量（吨）	药材	数量（吨）	药材	数量（吨）	药材	数量（吨）
黑龙江	大庆市	板蓝根	17 000	大青叶	20 000				
	齐齐哈尔	防风	300	平贝母	200				
吉林	通化	人参	1 000	平贝母	300				
	抚松	人参	3 000	五味子	3 200				
辽宁	抚顺	人参	500	五味子	1 000	辽细辛	500	龙胆草	500
	本溪	人参	500	辽细辛	500				
内蒙古	喀喇沁旗	北沙参	1 500	桔梗	7 000	苍术	2 000	赤芍	2 000
	土默特右旗	黄芪	500	甘草	5 000				
宁夏	中宁	枸杞子	45 000	菟丝子	2 200	小茴香	5 000		
	隆德	甘草	3 000	秦艽	500				
甘肃	陇西	黄芪	12 000	党参	6 000	当归	8 000	甘草	40 000
	渭源	黄芪	5 000	党参	8 000	当归	2 000	黄芩	2 000
	岷县	当归	20 000	党参	6 000	黄芪	4 000		
	宕昌	大黄	3 000	黄芪	6 000	当归	8 000	羌活	1 000
	漳县	当归	3 000	党参	3 000	黄芪	2 000	秦艽	300
	礼县	大黄	6 000	淫羊藿	300	羌活	300		
河北	安国	山药	5 000	白芷	2 000	牛膝	4 000	荆芥	2 000
	巨鹿	枸杞子	3 300	金银花	3 500				
山西	新绛	连翘	1 500	半夏	3 500	黄芩	1 000	瓜蒌	300
	襄汾	生地	18 000	丹参	800	柴胡	500		
	浑源	黄芪	800	苦参	300				
山东	平邑	金银花	4 000	山楂片	5 000	徐长卿	500	酸枣仁	200
	日照	丹参	10 000	太子参	200	僵蚕	100		
河南	禹州	夏枯球	3 000	杜仲	300	蝉脱	100	全蝎	100
	西峡	山茱萸	3 500	连翘	2 500	天麻	100		
	武陟	怀山药	4 000	怀牛膝	5 000	地黄	11 000		
安徽	岳西	茯苓	11 400	天麻	1 200				
	亳州	白芍	6 500	白术	5 000	牡丹皮	3 000		
江苏	盐城	菊花	5 000	丹参	200				
浙江	盘安	浙贝	1 000	白术	2 000	荆三棱	1 500	延胡索	500

续　表

全国主要药材集散地品种及集散量									
省份	区域	区域主要药材产量或集散量							
		药材	数量（吨）	药材	数量（吨）	药材	数量（吨）	药材	数量（吨）
湖北	利川	黄连	2 000	黄柏	1 000	厚朴	1 000		
	罗田	茯苓	2 000	天麻	1 000				
湖南	廉桥	玄参	1 100	玉竹	3 000	半枝莲	500	虎杖	300
	靖州	茯苓	6 400	天冬	300				
	隆回	山银花	10 500	玉竹	1 900				
江西	樟树	栀子	3 500	车前子	2 000	枳壳	1 000	枳实	500
	泰和	车前子	2 000	金樱子	300	防己	300	百合	200
福建	柘荣	太子参	4 000	乌梅	500				
广东	肇庆	巴戟天	500	淡竹叶	2 000	陈皮	2 000	广藿香	3 000
	湛江	香附	3 000	高良姜	4 000	砂仁	200	穿心莲	500
海南	文昌	胡椒	26 000	益智仁	800	壳砂	200		
广西	玉林	天冬	5 000	山奈	2 000	八角	50 000	山豆根	500
	贵港	穿心莲	6 700	广山药	6 000	粉葛根	3 000	地龙	200
云南	昆明	重楼	500	白及	500	鸡血藤	5 000		
	文山	三七	4 000	土茯苓	300				
	彝良	天麻	1 000	云木香	200				
贵州	施秉	太子参	2 100						
	大方	天麻	500	半夏	500				
四川	三台	麦冬	6 000	金钱草	500				
	彭州	川芎	12 000	泽泻	5 000				
重庆	石柱	黄连	4 000						
	秀山	山银花	5 000	白术	1 000				
陕西	商洛	丹参	2 000	桔梗	1 000	板蓝根	500	葛根	500
	城固	延胡索	4 200	厚朴	1 000	山茱萸	700	猪苓	200
青海	玉树	冬虫夏草	60						
	德令哈	枸杞子	16 000						
新疆	精河	枸杞子	15 000						
	焉耆	甘草	7 000						
	塔城	草红花	5 000						
西藏	那曲	冬虫夏草	40						
	拉萨市	冬虫夏草	60						

（二）中药材的种植组织方式

长期以来，我国的中药材种植一直以农户为主，分散种植、分别采收、分别处理（初加工）、分散储存；个别产区有专业合作社组织农户种植与销售，但采收、处理与储存仍是由农户分别进行；另有一些大型中药制药企业深入产区，以“公司 + 基地”及“公司 + 农户”等方式组织种植、采收、处理与储存。根据问卷调查与实地考察的情况估计，农户、专业合作社与大型中药制药企业三类主体种植中药材的面积分别约占 60% 以上、30% 左右、10% 以下。

自 2004 年以来，我国开始对中药材种植实施 GAP 认证，到目前为止，先后有 97 个药材生产基地通过认证，目前仍在有效期内的有 65 个；150 余种中药材规范化生产技术相继得到推广和应用，据估计，全国规范化中药材种植面积约占全国中药材种植面积的 10% 。

以上情况可以看出，我国中药材种植基地相对集中，但种植方式粗放，种植主体分散、规模很小，采收与初加工分散。

二、中药材流通现状分析

中药材的交易方式与经营主体、流通渠道是本课题研究的重要基础与基本前提，中药材物流体系的建设必须与我国中药材目前的流通状况相适应。

（一）各类交易市场是中药材交易的主平台

我国 60% 以上（约1 000万吨）的中药材交易，是通过中药材产地市场与中药材专业市场完成的（还有约 40% 由大型饮片与制药企业直接种植，或者直接从合作社、药农手里收购、没有中间环节；或者在产地市场之外从当地经销商户采购等）。1996 年，经卫生部、国家中医药管理局、国家工商行政管理局审核批准，全国保留 17 家大型中药材专业市场。多年来，这 17 家专业市场的发展状况发生许多重大变化，有些市场正处于改制、搬迁过程中，如重庆桐君阁市场、鄄城舜王城中药材市场刚刚完成搬迁工作；有的市场交易规模严重萎缩，市场份额非常小。根据本次调研的情况分析，原核准的 9 家专业市场交易规模就占到了 17 家市场交易规模的 80% 以上，其中亳州市场的交易规模达 300 亿元左右、全国最大。与此同时，在中药材的产地也形成了不同规模的产地市场，这些市场的交易品种较为单一，主要是当地种植的一个或几个大品种，如山东平邑的金银花市场、甘肃渭源的党参市场等。在这些产地市场中，甘肃陇西文峰交易城规模最大。

从本次调研的情况看，全国排名前 9 + 1 位的大型中药材交易市场（其中国家核准的 9 家以及 1 家产地市场），其交易额约 1 000 亿元左右，交易量约 500 万吨，占全国中药材市场交易额的 50% 左右，占 200 多种大宗及贵细药材市场交易额的 80% 左右（其中，有 3 家市场只在电话中提供相关数据，没有参加问卷调查）。

这 10 家市场的规模、交易量、交易额见表 2。

表 2　全国排名前 9 + 1 位市场的规模、交易量、交易额

市场名称	占地面积（万平方米）	商户数量（个）	主要交易品种	年均交易量（万吨）	年均交易额（亿元）
安徽亳州中药材市场	25.6	4 000	白芍、牡丹皮、丹参、白术、白芷、菊花、桔梗、知母、紫菀、玄参、连翘等	150 300 亿/20/1 000	300
甘肃陇西文峰交易城	15.6	2 600	当归、党参、黄芩、黄芪、甘草、柴胡、独活、秦艽、防风、地榆、牛蒡、小茴香、板蓝根、大黄、款冬花等	80 200 亿/25/1 000	200
河北安国中药材专业市场	13.3	2 000	菊花、白芷、沙参、荆芥、天花粉、山药、紫菀、荆芥穗、白术、瓜蒌、牛膝、防风、金银花、苍术、赤芍、白鲜皮、白头翁、板蓝根等	62 130 亿/21/1 000	130
成都荷花池中药材专业市场	9.5	1 900	川芎、麦冬、泽泻、白芷、黄连、黄柏、厚朴、杜仲、川贝母、冬虫夏草、桔梗、川明参、川牛膝、乌梅、天麻、木香、续断等	30 120 亿/40/1 000	120
广西玉林中药材专业市场	11.3	3 000	八角茴香、胡椒、桂圆、天冬、穿心莲、益智仁、郁金、佛手、百部、胖大海、葛根、香附、广藿香、黄精等	26 65 亿/25/1 000	65

续 表

市场名称	占地面积（万平方米）	商户数量（个）	主要交易品种	年均交易量（万吨）	年均交易额（亿元）
湖南廉桥药材专业市场	10.6	1 200	玉竹、金银花、百合、杜仲、厚朴、茯苓、玄参、白术等	28.5 60 亿/21/1 000	60
河南禹州中药材专业市场	13.6	1 000	玄参、生地、菊花、丹参、白芷、板蓝根等	25 50 亿/20/1 000	50
昆明菊花园中药材专业市场	3.3	400	三七、红花、干姜、茯苓、重楼、白及、木香、黄精、龙胆、草果、砂仁、白术、当归等	16 40 亿/25/1 000	40
江西樟树中药材市场	9.2	1 000	枳壳、黄栀子、吴茱萸、车前子、粉防已、天麻等	15 30 亿/20/1 000	30
广州清平中药材专业市场	1.3	1 780	当归、党参、茯苓、花旗参、西洋参、凉粉草、布渣叶等	6.25 25 亿/40/1 000	25

从中药材的流向分析来看，一般是产地市场的大部分中药材流向全国各大型专业市场，小部分直接流向饮片企业和中药制药企业；各大专业市场主要流向饮片企业、中药制药企业；同时，各大专业市场之间也存在相互流转的情况，市场之间交叉、重复、往返现象比较普遍。

从市场的管理方式看，基本上属于“自由市场”，市场投资者与管理者对市场的管理处于粗放状态，对中药材缺乏统一的检验、仓储等功能，多数市场的交易额是估算出来的。在调研中，只有湖南廉桥市场是实行统一检验、统一仓储、统一结算服务。目前，该市场也遇到了诸多困难，难以为继。

（二）各类经销商户是中药材经营的主体

无论是在中药材的产地市场，还是在大型专业市场，个体商户都是中药材的经营主体（一些市场也存在大量的无证商户，或者是多个商户使用一个证照），也有一小部分是中小型经营企业；同时，一些饮片企业也在市场内（或者不经市场）经销中药材。根据调研估计，经各类商户经销的中药材约占 70% 左右，公司化经营的约占 20% 左右，饮片企业经销的约占 10% 左右。

（三）中药材流通渠道分析

根据问卷调查与实地调研，目前主要有 6 种渠道，按市场占有率的大小依次如下：

（1）药农→产地经销商→销地经销商→饮片/制药企业；

（2）专业合作社→产地经销商→销地经销商→饮片/药企；

（3）药农/合作社→销地经销商→饮片/药企；

（4）药农/合作社→产地经销商→饮片/药企；

（5）药农/合作社→饮片/药企；

（6）种植、流通、加工制造一体化。

以上 6 种渠道市场占有率的具体比例很难估计，但总体看，我国中药材流通的基本现状是多主体分散经营、多渠道多环节流通，市场化程度很高、但组织化规模化水平很低。

三、中药材物流现状分析

中药材物流现状是本课题研究的主要内容。现代物流体系建设应当以目前物流运营的现状为基础。通过问卷调查与实地调研，基本摸清了中药材采收后初加工、包装、仓储、养护、运输等方面的现状与存在的突出问题。

（一）中药材初加工现状分析

中药材采收后的初加工是物流的起点。初加工的质量直接关系到中药材物流全程的质量与效率。

（1）目前中药材初加工的集约化、规模化程度很低。经调查，目前我国中药材采收后初加工，基本上是由药农分散进行的。当然，一些大型饮片与制药企业在产区也有规模化的初加工车间，我们调研期间也在个别产区（湖北利川）发现个别专业合作社组织药农进行集中加工，也发现个别地区的个别中药材经营企业投资建设了专业化的加工与仓储基地（云南文山）。

（2）中药材初加工的方式，以人工清洗、自然晾晒为主。参加问卷调查的106家商户，有71家采用自然晾干的方法，其次选择暴晒，仅有20%的商户选择加热烘干，也有近3%的商户在药材入库前就用硫磺熏蒸。在药材经营企业、饮片生产企业采取的入库前处理方法中，使用频率最高的是自然晾晒，其次是加热烘干，然后是暴晒。

云南文山华信三七产业公司，是我们调研中发现的一家中药材集中加工的典型企业，其药材加工与仓储基地占地160亩，现有待加工中药材的简易仓库、多种烘干设施，并在规划建设标准化的中药材成品仓库（已有规划图纸）。这个基地是响应当地政府号召，主要解决三七分散在马路上自然晾晒、影响交通与环境的问题而建设的公共基地，得到了当地政府的土地供应支持。他们采用的有两种干燥方法，一种是太阳能干燥大棚。公司现有100个大棚，一个大棚每次能够干燥鲜三七5吨；另一种干燥方法为烘烤房干燥，烘烤房一次能够干燥鲜三七120吨。

由于中药材的分散加工，乂缺乏相应的管理措施，造成诸多问题：一是挑选分级不到位，一些中药材的非药用部位残存较多；二是中药材上混杂泥沙、杂草以及其他杂质等异物普遍存在；三是中药材水分超标、以次充好；四是在马路上自然暴晒，造成药材污染，同时也影响交通；五是鲜药硫磺熏蒸，直接影响药材的品质。

（二）中药材包装现状分析

包装是中药材物流的基本条件。包装材料与方式直接关系到中药材物流的质量与效率，与中药材的品质保持密切相关。

20世纪80年代，国标局颁布过3项中药材包装国家标准，即GB6264-86《中药材袋运输包装件》、GB6265-86《中药压缩打包运输装件》和GB6266-86《中药材瓦楞纸箱运输包装件》。这3项标准，已于2004年3月在国家标准委对国家标准全面清理时废止，此后就没有新的标准出台。近十年来，行业一般延续习惯、仍按原国标执行，如中药材打包，一般还延续每包50千克的标准。被废止的国标有一部分内容仍有实际参考价值，有的不尽合理，有的已经过时、缺乏先进性。

目前中药材的包装形式，主要采用麻袋、编织袋、纸箱、压缩打包件4种基本形式。其中，麻袋、编织袋约占80%。目前中药材的包装方式存在的主要问题是：

（1）包装方式及规格缺乏规范。通过调研发现，当前中药材的包装方式缺乏统一。国内市场对同一种中药材没有规定统一包装，同一药材品种不同产区的包装方式比较随意，在同一产区因销售渠道不同，包装方式也存在不同。此外，中药材的包装规格也不规范。包装量的多少，一般由产地自行决定，流通领域里尚无统一规定，导致同一品种、同一批药材的包装规格有大有小，不利于药材堆码、清点计数以及货物交接等后续操作的顺畅进行。

（2）包装材料来源混乱。一直以来，中药材多由产区药农作为一般农副产品进行生产，而包装材料也多由产区药农“就地取材”选择使用，导致包装材料串用现象十分严重；在实地调研中，发现了很多地方在使用饲料编织袋以及各农产品专用的编织袋来对中药材进行包装，甚至存在不少使用装过化肥、农药的编织袋进行包装。这不仅仅不利于中药材库房堆垛，影响美观，而且对中药材安全存在极大的隐患，造成药材污染、药效降低、改变甚至变成了毒药。

（3）包装标识信息缺乏。中药材包装标识是对中药包装外部的特定记号或说明。其主要作用是识别药物，便于对药物的收发管理；明示应采取的防护措施；识别危险品，明示应采用的防护措施，以保证安全。实地调研中发现，中药材市场上仍然存在大量包装标识不合规范的现象，比如包装袋上没有或者没有完整的药材背景信息（包括药材名称、原产地、重量、等级、商标、生产单位、保质期、生产日期以及野生或者人工栽培等），加上药材可能会经过若干次倒手交易，极易导致出现药材产地信息混乱等现象。

（4）无包装现象依然存在。众所周知，中药材的包装是保证其质量以及使用安全的一个重要环节。而实地调研中，我们仍然能够发现有些药材没有外包装，只是由铁丝捆扎的现象，尤其是那些价格便宜的全草类药材。这种无包装药材加大了用药的安全的隐患。

（三）中药材仓储现状分析

仓储是中药材物流的核心环节。仓库设施水平、仓储组织方式与企业主体、仓储管理与养护技术直接关系到中药材流通中的品质保障。

1. 仓储组织方式

目前，中药材仓储处于完全的分散状态，绝大部分中药材分别储存在药农与市场商户的民房里，少量的中药材集中储存在一些大型生产与经营企业的仓库、一些专业仓储企业、个别专业合作社，也有个别正在规划、新建的交易市场或建造规模化仓库。

参加问卷调查的9家中药材交易市场中，有5家市场的药材仓储100%由商户自管；1家市场仓储的药材70%由商户自管，30%由市场统一管理；2家市场的药材仓储，主要由商户自管，由第三方物流企业管理的分别占15%、40%；仅有一家产地新建市场，计划集中统一仓储管理，仓库正在建设中，尚

未投入使用。我们在调研中还发现典型案例：广西玉林中药材市场，据市场管委会反映：市场投资人建好了市场，就是不愿意在预留的仓储用地上建造配套仓库，认为建仓库不赚钱，也不愿意将仓储用地拿出来由市场组织建设仓库。

参加问卷调查的7家药材经营与饮片生产企业，100%中药材全部实行仓储统一管理。

参加问卷调查的6家大型企业中药材种植基地（含1家合作社）中，有5家都在不同程度地统一了仓储管理，集中管理仓储的比例分别为100%、100%、90%、30%和10%。除了大型企业的种植基地之外，中药材产地仓储基本分散在药农与商户家里、无法统计。调研组在陇西调研期间，在与政府、企业座谈会上做了一次现场统计，陇西个体经营户8 000余户，仓库面积有8万平方米；农户5万户，仓库面积约1.5万平方米。

中药材分散的仓储组织方式，不仅影响仓储效率，更主要的是不便监管，不利于现代仓储设施与技术的推广与应用，不能保证中药材在储存期间的质量安全。

2. 专业化的中药材仓储企业

中药材的仓储虽然整体上处于分散状态，从全国调研的情况看，目前中药材仓储相对集中的地区主要是甘肃陇西县，有中天物流、惠森药业等从事中药材仓储的企业33家，年静态储存量50余万吨，其他地区有个别企业也形成了规模化的中药材仓储，但总体看，1万平方米以上规模化的中药材仓储设施，基本由大型中药材经营企业或制药企业投资建设的。其中，大部分仓储设施属于企业内部资产，既为本企业经营服务、也为社会服务，没有独立核算，全国只发现少量几家中药材仓储法人企业。例如：

亳州市药都物流仓储有限公司，由安徽省亳州市芍花堂药业有限公司投资设立，总投资2.2亿，占地70亩，已建成药材仓库6万平方米（计划达到10万平方米），年储存药材能力15万吨。

甘肃陇原中天物流有限责任公司，由陇西中天药业有限责任公司投资设立，成立于2008年，注册资本6 000万元，总资产近2亿元，仓库5万平方米，于2010年7月通过国家药品GSP认证。

河南万家中药材物流有限公司，2010年由河南省万家中药材集团公司投资设立。为了解决中药材家庭仓储模式的弊端，保障中药材在仓储养护过程中的质量安全，已建成4万平方米的仓库，其中1.5万平方米常温库、2.5万平方米恒温库，建成了5 000平方米的中药材晾晒场，晾晒场外形与仓库一样，只是顶部为透明材质，便于阳光射入，晾晒场内温度较高。万家集团建设的现货交易中心2014年完工。万家物流公司为社会各界需要仓库的企业提供服务，目前的仓库使用面积能占到总面积的一半，但是空间使用率不高。

甘肃惠森药业科技集团，有2万平方米的仓库（是原省商业储运公司的中药材仓库、经重组改制而来），后响应省政府号召，2010年投资近2.6亿多元建成文峰药材交易城，占地面积188亩，一期总建筑面积达9万多平方米，仓库设施主要为市场商户提供服务。

以上规模化的中药材仓储企业在全国是凤毛麟角。同时，这些企业的经营方式也存在重大缺陷，多数企业仅仅是出租仓库、收取不高的租金，服务功能单一，基本上没有一体化的增值服务。企业普遍反映建仓库不赚钱、难以生存。

在调查中还发现中药材“天地网”，从多年前创办之初就确立了在全国中药材主产地建设仓储基地的计划，目前正在推进中药材电子商务发展的同时，规划建设规模化仓储基地。

3. 仓库现状分析

目前的中药材仓库，绝大多数是常温的平房库或民宅，也有少量的阴凉库、冷库，专业化仓库主要集中在甘肃陇西，大部分属于20世纪六七十年代建造，陈旧落后。

参加问卷调查的106家商户中，有48家使用平房库，仓库总面积3 026平方米（10家商户填报仓储面积）；39家使用楼房库，楼房库总面积980平方米（4家商户填报仓储面积）。在饮片企业中，使用楼房库的居多，7家企业中有4家使用楼房库，仅1家使用立体库，2家使用平房库。

从目前情况看，大部分中药材仓库不能满足中药材储存的需要，陈旧落后的仓库、没有配套设施的民宅，根本不能保障中药材储存中的安全，容易导致中药材的霉变与虫蛀，严重影响着药材的质量。

4. 中药材仓储管理水平分析

在信息化管理方面，专业市场均没有使用信息系统，近几年新建产地市场使用信息系统的较多。随着药材经营企业、饮片生产企业规模的提升，使用信息系统的比例也随之提高。在9家市场中，仅有2家产地市场使用仓储管理、运输管理、财务管理以及办公系统，也有其他网络信息查询系统。在106家商户中，有30家使用信息管理系统，其中26家使用仓储管理系统，有14家使用办公系统，使用运输系统和财务系统的商户，分别为11家和12家。在6家药材经营企业、饮片生产企业中，4家年销售额在5 000万元以上的企业都配有信息管理系统。

在仓库温湿度控制方面，商户采取的温湿度控制措施比较传统，设施上均采用空调，在方式上采用通风、翻垛。在106家商户调查问卷中，有25家选择在存储中药材过程中采用温湿度控制措施，50%以上的商户使用空调进行温湿度控制，少数几家商户采用通风、翻垛。

在仓储管理制度方面，专业市场制度不健全，新兴产地市场配有各项管理制度；具有仓储管理制度的商户与不具有仓储管理制度的商户各占一半；种植基地（合作社）以及药材经营企业、饮片生产企业均具有较完善的管理制度。在调查的9家市场中，仅有甘肃陇西文峰中药材交易城和山东鲁南中药材物流城2家产地市场有仓储管理的各项制度，它们都是2010年以后新成立的市场。在106家商户中，有53家商户有仓储管理制度，其中：47家商户有药材养护制度、44家商户有出入库管理制度、43家商户有安全管理制度、39家商户有病虫害管理制度。调查的6家种植基地（合作社）以及7家药材经营企业、饮片生产企业均拥有完善的制度体系。

（四）中药材仓储养护现状

鉴于目前市场商户是中药材仓储与养护的主体，因此我们主要就商户对中药材养护的情形进行分析，并与实行100%集中仓储管理的药材经营企业、饮片生产企业就养护方法上进行对比。

1. 在药材养护方法上

大多数商户选择传统的自然存放，储藏技术应用较少，为了保证药材不发霉、不生虫，多数采用磷化铝或硫磺进行熏蒸处理进行养护（见图1）。

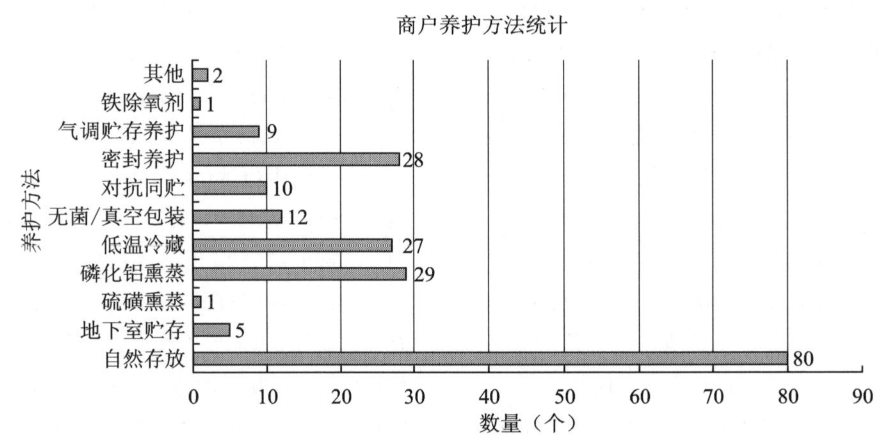

图1 商户处理霉变方法统计（商户自报）

2. 在防治虫害的方法上

近一半的商户及企业采用磷化铝熏蒸的方法。

在虫害防治上，商户和企业采用最多的方法是密封养护，其次是磷化铝熏蒸，106家商户中有49家采用磷化铝熏蒸进行防治虫害、2家商户采用硫磺熏蒸来防治虫害；7家药材经营企业、饮片生产企业中有2家采用磷化铝熏蒸进行防治虫害、1家采用硫磺熏蒸来防治虫害。利用对抗同贮、无菌/真空包装、气调储存养护防治虫害的方法分别有6家、14家、13家商户使用；在企业中，各有2家使用对抗同贮和气调储存养护防治虫害。

3. 在处理霉变的方法上

商户和企业一样，最常采用的方法是翻晒/摊晾，仍有少量的商户通过硫磺熏蒸来处理霉变（见图2、图3）。

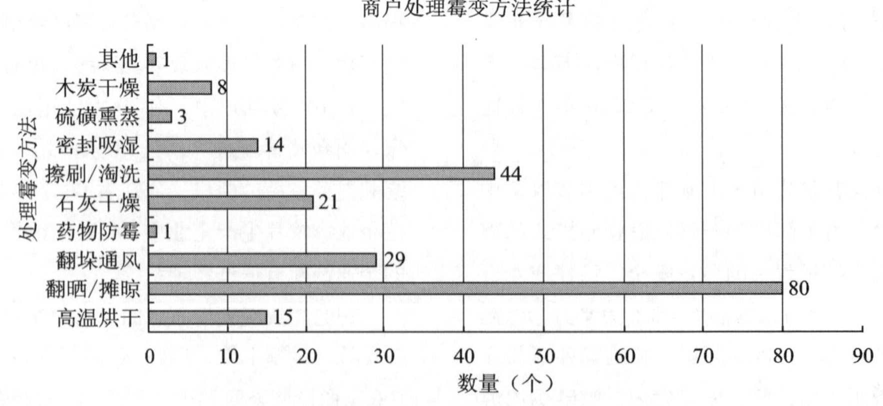

图2 商户处理霉变方法统计（商户自报）

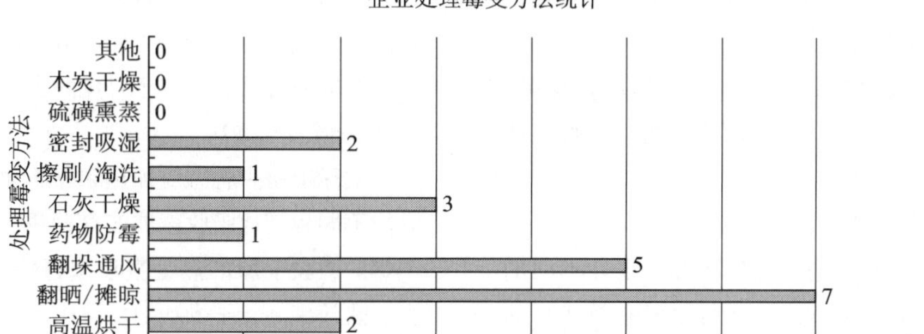

图3 企业处理霉变方法统计（企业自报）

（五）中药材运输现状分析

由于中药材主要分散储存在药农和商户手里，买卖交易达成后，主要由若干个运输公司（对外也称“物流公司”，但基本没有仓储服务功能）将中药材送到买家手中；在各产地与销地交易市场周边，都有大量的运输公司，形成了每个市场到全国各地的运输专线，如陇西至亳州专线、陇西至清平专线、陇西至安国专线等。经调查，甘肃文峰县有中药材货运信息中介组织44个，中药材快运专线36条，通往全国各地交易市场与79个大中城市。

经过以上五个方面的分析，课题组认为：我国中药材物流现状不仅与我国工业消费品物流现状比较要落后20年，就是与粮食、棉花、烟草、水果、疏菜等其他农产品物流现状比较也要落后10年。从中药材物流的环节分析，目前中药材运输状况基本良好，其社会化与规模化程度比较高，与其他领域的运输水平基本相当，目前突出的问题主要体现在初加工、包装、仓储、养护4个环节，核心的问题是中药材在流通与物流中的品质得不到保障，焦点问题有3个：其一是集约化、规模化程度很低；其二是设施与技术非常落后；其三是缺乏统一标准与全程监管。

经过对中药材种植、流通与物流现状的分析，课题组认为：

我国中药材分散种植的格局，是由我国目前农村生产力水平决定的。分散种植的格局直接影响到中药材的流通方式与物流方式。要改变分散种植的格局，一方面需要大力发展中药材专业合作社，引导中药饮片企业与制药企业建立种植基地，另一方面也需要通过流通方式与物流方式的变革带动种植方式的变革。

我国中药材流通以市场为交易平台、以个体商户为主体、多渠道流通的格局，是改革开放的成果，但是，无论是从流通的组织化程度考虑，还是从建立现代物流体系角度考虑，国家有关主管部门都应该加强对中药材交易市场的管理，引导与促进中药材的企业化与规模化经营，促进中药材电子商务的发展，从而实现与现代物流体系的对接。

我国中药材物流现状，特别是初加工、包装、仓储与养护等环节的落后状况与突出问题，已经严重影响到中药材的品质保障与人民生命健康，严重影响到我国中药产业的持续健康发展，必须从组织体系、设施建设、养护技术、管理法规与相关标准等方面实行基本性的变革。

第二部分 中药材现代物流体系专题研究

基于上述现状分析，为了建立健全专业化、规模化、组织化、标准化、信息化的中药材现代物流体系，从根本上保障流通过程中中药材的品质安全、提高物流效率、降低物流成本。为了建立健全现代中药材物流体系，必须从中药材的初加工、包装技术要求、仓库技术条件、仓库网点布局、储存养护技术、物流运营主体、政策法规和行业管理八个方面进行研究，并提出相应的对策与解决方法。

一、中药材初加工方式研究

中药材初加工即产地加工，是根据药材性质与销售运输保管的要求，在产地进行的初步加工处理过程。中药材初加工，既是中药材种植生产的最后一个环节，也是物流的第一个环节，是中药质量控制的重要一环。

中药材初加工，主要包括①清洗、挑选、去皮及清除非药用部分，以保证药材的纯净；②修整、切割、加工修制成合格的原药材；③蒸、煮、烫、浸漂、发汗等，减除药材毒性与不良性味，以确保用药安全；④干燥、精制、分级、包装等，以便运输与储存。

目前我国中药材初加工存在许多问题，课题组认为：核心问题是烘干方法问题，自然晾晒既影响交通也造成药材污染，鲜药硫磺熏蒸直接影响药材的品质，水分超标直接影响中药材的储存效果；其根本的原因是药农分散加工，不便于推广应用先进技术，不便于管理。

中药材现代物流体系的建立和物流过程的质量保障，必须从源头做起，首先解决中药材初加工的问题。因此，课题组建议采取以下措施。

（一）建立健全中药材初加工的标准

对药材产地各种加工方法进行比较研究，设计不同的干燥条件进行试验，评价各种方法对药材主要有效成分的含量影响，确定最佳的干燥工艺参数，找出干燥后外观美观、有效成分流失最少的最佳干燥方法，并形成干燥规范，用于指导中药材产地干燥加工，逐步规范产地加工的操作程序。这项工作非常复杂，需要组织专家进行专门研究。鉴于中药材初加工在中药材供应链中的地位，这项标准既可以由国家食药主管部门（或农业部门）主持制定，也可由商务主管部门主持制定。

（二）改变中药材初加工的组织方式

目前由药农分散加工的方式应当逐步改变。我们考虑，在制订与实施统一的加工标准前提下，中药材的清洗、挑选等可以继续分散进行，但中药材的烘干必须集中处理，这样才能推广应用先进烘干技术，达到控制药材水分，避免鲜药硫磺熏蒸，才能使药农的加工方式得到逐步改变。

课题组建议：借鉴烟草行业烟叶“专业化烘烤”的经验，实行集中统一烘烤，总结推广云南文山“三七集中加工公共基地”的经验，引导和要求专业合作社、大型中药材经营与生产企业、专业物流企业，建立中药材公共加工基地，为广大药农提供烘干服务。

专业合作社在组织中药材种植、销售的同时，统一组织中药材烘干，以保障优质中药材的供应。

大型经营与生产企业可以学习云南文山的经验，建立加工与仓储基地，从源头上保障经营中药材的质量。

中药材主产区的专业物流企业应当配套建设中药材初加工设施，提供加工、仓储、运输一条龙服务，完善服务功能、提高服务水平。

（三）推广应用现代烘干技术

1. 远红外干燥法

利用硅管或远红外灯作干燥热源，由于远红外线穿透力强，使中药材表面和内部的物质分子同时吸收远红外辐射，因此加热均匀，产品外观好。远红外加热干燥适合于含水量大、有效成分对热不稳定、易腐烂变质或贵重药材及饮片的快速干燥。如鹿茸加工时，因新鲜鹿茸含水量较大，又富含大量的蛋白质，如不及时加工就会很快腐败变质，而利用远红外干燥技术能使茸体内部和茸表快速脱掉水分，能显著的提高鹿茸的加工效率和质量。针对丹皮含有对热不稳定的有效成分丹皮酚，干燥环节对丹皮质量影响很大。应用远红外干燥方法，解决了丹皮的大规模饮片加工干燥问题。

2. 微波干燥法

实际上是一种感应加热和介质加热，药材中的水和脂肪等能不同程度地吸收微波能量，并将其转变为热能，使药材干燥。微波干燥的热量直接来自物料内部，因此热量损耗少、热效率高，干燥均匀。该法已经成功用于一些药材及中成药的干燥和灭菌。如采用微波干燥法蜜炙甘草，其甘草酸含量高于传统炙品，外观性状评价优于传统炙品，质量稳定性好，利于储存。

3. 真空冷冻干燥法

此技术能很好地保持中药材的色、香、味，但设备的投资和运转费用较高。人参经过真空冷冻干燥后，不仅形、色、气、味均优于生晒参和红参，而且可使生物性状和组织中内含物保持完整。采用真空冷冻干燥法，在 -25℃ 干燥鲜三七，成品外形饱满美观，香气浓，质地疏松，便于服用和粉碎。荆芥、紫河车、黄芩、丹参、连翘、丹皮、细辛、枸杞子、薄荷、蒲公英等药材采用真空冷冻技术，能有效的保证药材的品质。

上述方法由于投资大，适用范围有一定的局限性。对于规模化的中药材烘干，可采用以下方法。

4. 烘房干燥法

该法适合于规模化的药材种植基地使用，且效率高、省劳力、省费用，不受天气的限制，还可起到杀虫驱霉的效果，温度可控，适用于各类药材，不影响药材质量，是一种较先进的干燥方法。但要注意按照规范的技术要求和标准建造烘房并购进专用干燥机械，由熟悉干燥技术的专业人员操作，还要注意根据药材的不同性质，控制干燥温度和时间。

5. 机械干燥法

主要是指热风干燥机干燥。常用设备有：火管式烘干机、厢式烘干机、隧道式干燥机、翻板式干燥机和振动流化床干燥机等。大型烘干机吞吐量大，并采用电能加热，成本较高。小型烘干机大都采用煤、柴作为能源，可就地取材，经济实用；而且烟尘与热空气各行其道，对干燥物无污染。采用这些设备干燥，不受天气的限制，温度可控，效率高，被广泛应用。

二、中药材包装方式研究

中药材的包装是根据中药材的自然属性，选取适当的包装材料或包装容器，采取一定的技术，将中药材包裹封闭，

并粘贴标识的过程或操作。

（一）包装对中药材物流的重要性

包装是建设中药材现代物流体系的基础，是保证中药材在流通中的品质与安全，建立健全中药材流通追溯系统的基本条件。

1. 保证中药材的质量安全

中药材在流通过程中会受到光照、空气、温度、湿度等自然环境因素的影响，以及禽畜、虫鼠、霉菌等动物和微生物的侵害，产品会因回潮、发热、霉烂、虫蛀等而引起变质，包装后的药材可以避免药材变质、污染或混杂现象，最大限度地减少外界因素对药材质量的影响。

2. 有利于储存、运输，减少运输损耗

中药材在流通过程中，要经过产地的储存以及批发、销售、运输、装卸等环节，在这些环节中，难免会发生跌落、碰撞、摩擦等现象，完好的包装形式便于堆垛、运输、装卸，减少了运输过程中的损耗。

3. 保证数量的完整，便于计数、计量

在药材流通的各种环节中，要进行产地的仓储堆码、运输装卸，以及供求双方必然要对药材进行必要的计数、计量，限定装量的各种包装形式可以使中药材顺利地通过这些交易和中转环节，方便计数、计量，加速点验与交接。

4. 促进中药材的销售

规范的包装，为药材供应方建立了良好的销售形象，增加了采购方对该产地药材质量的信任。中药材的销售在国内与国际市场竞争日趋激烈，良好的包装是无声的广告，可以提高产地中药材供应的信誉度。

5. 有利于信息化技术的应用，增加商品附加值，发挥品牌效应

规格不一、粗糙不洁的原药材，经过产地必要的整理加工后再行包装，大大改观了原药材的外在形态与形象。在规范的外包装基础上，增加必要的可追溯的信息内容，形成具有产地标志性的外包装。对提高商品的销售价格和产地信誉具有十分重要意义，也是中药材实施品牌效应的必须措施。

6. 提高中药材使用质量

适当的包装，可以延缓中药材有效成分的消耗，有利于药材的品质保持。同时，在药材的生产加工时，能够按需拆包，方便取用。

（二）改进中药材包装的建议

针对目前中药材包装中存在的问题，课题组建议：

1. 强化产地包装

强化产地包装，要与建立中药材公共加工基地相适应，在完成统一初加工后，再实施集中包装。鼓励与引导专业合作社、大型经营与生产企业、第三方物流企业完善包装功能，在加工后统一包装，为实现中药材追溯体系的建立创造条件。

2. 完善并严格执行包装标准

中药材种类繁多，所含成分千差万别，储藏条件多种多样。因此，必须根据药材本身的物理和生物特性，制定相应的包装标准（包括各类常用药材的包装材料标准、包装规格标准等）并严格给予执行。20 世纪 80 年代的三项中药材包装标准废止后，至今也没有主管部门组织制定新的标准。鉴于包装对中药材现代物流体系建设的重要性，建议商务部尽早组织有关单位制定新的中药材包装标准。

经课题组初步研究，我们对 110 种大宗常用药材的具体包装选用提出以下建议：

（1）建议使用麻袋或编织袋包装的药材有：

板蓝根、防风、升麻、龙胆、玉竹、辽细辛、威灵仙、桔梗、赤芍、黄芩、当归、大黄、羌活、柴胡、白芷、紫菀、知母、丹参、苦参、牛膝、地黄、白芍、白术、天花粉、玄参、黄连、葛根、续断、天冬、山奈、麦冬、巴戟天、香附、山七、何首乌、川芎、平贝母、半夏、泽泻、延胡索、远志、百合、大青叶、淫羊藿、淡竹叶、酸枣仁、罗汉果、连翘、山楂、枳壳、栀子、莲子、佛手、八角、草果、陈皮、鸡血藤、钩藤、白鲜皮、黄柏、杜仲、牡丹皮、厚朴、茯苓、猪苓；其中玉竹、辽细辛、当归、天冬、麦冬、酸枣仁、连翘、栀子、八角、草果、茯苓包装中建议再加一层内衬塑料薄膜袋。

（2）建议使用编织袋包装的药材有：

山银花、五味子、牛蒡子、小茴香、车前子、沙苑子、菟丝子、夏枯球、胡椒、灵芝；其中山银花、五味子、小茴香、灵芝在包装中建议再加一层内衬塑料薄膜袋。

（3）建议使用纸箱包装的药材有：

人参、北沙参、党参、山药、天麻、太子参、肉苁蓉、款冬花、金银花、槐花、菊花、红花、枸杞子、吴茱萸、柏子仁、山茱萸、益智仁、瓜蒌、砂仁、鹿茸、僵蚕、蝉蜕、全蝎、水蛭、乌梢蛇、冬虫夏草；其中人参、北沙参、天麻、太子参、款冬花、金银花、槐花、菊花、红花、枸杞子、吴茱萸、山茱萸、益智仁、瓜蒌、砂仁、冬虫夏草包装建议再加一层内衬塑料薄膜袋。

（4）建议使用压缩打包包装的药材有：

黄芪、甘草、荆芥、白花蛇舌草、薄荷、半枝莲、广藿香、金钱草、穿心莲。

3. 规范包装标识

药材包装标识建议，包括两部分，其一是药材本身的背

景信息，包括名称、原产地、重量、等级、商标、生产单位、保质期、生产日期、野生或者人工栽培等，其二是药材生产主体信息，包括主体名称、商标信息等。规范中药材包装标识，一方面有利于药材本身的市场流通，另一方面有利于生产主体树立自己的品牌形象。

4. 尝试绿色气调箱包装技术

这项技术目前已经有相关技术开发公司进行试验，从技术角度看不存在问题。如果能够使用气调箱包装技术，则可以实现中药材自产地包装后到终端消费时的品质保持，进而可以保证中药材可追溯系统的顺利进行，有利于药材质量纠纷的解决和责任主体的判定，便于运输和库房堆码，有助于对中药材库房长期存在如简、大、黑、脏、乱、差的面貌进行彻底改善。

三、中药材仓库技术条件研究

中药材与工业消费品不同，具有天然的生物特性，易受内外多种因素影响，可能引发中药材质量变异。存放中药材的仓库，必须适应各类中药材的生物特性。

（一）中药材仓储期间造成质量变异的主要因素

内在因素：药材自身的化学成分、结构和性质。

环境因素：温度、湿度、空气、光照。

生物因素：害虫、微生物。

人为因素：生产、管理活动。

防止中药材的质量变化可以通过减少外在因素影响，使内在因素的主导作用不能充分发挥出来，从而达到稳定中药质量的目的。

1. 温度

温度过高过低都会使药材质量发生变化。当温度在25℃以上并逐渐升高时，药材中各种酶的活性升高，药材中的脂肪氧化分解加快从而出现泛油；含挥发油多的药物也会因受热而使芳香气味散失；动植物胶类和部分树脂类药物，受热后又易于发软、粘连成块或融化，冰片、薄荷脑等药材随着温度的升高，升华散失的速度加快。

由于温度在20℃～35℃时，有利于虫害、霉菌等滋生繁殖，从而导致很多药材出现虫蛀、发霉以至变质。当温度在15℃以下时，蛀虫大多难以繁殖。

2. 湿度

一般药材的正常含水量约10%～15%。如空气中水蒸气多，药材大量地吸收水分而使含水量增加（受潮），就容易发生霉变、走油等变质现象。相对湿度较高时，容易使一些药材出现潮解（如芒硝），也会使那些用糖或盐加工的药材（如盐附子）软化；相当湿度过低时，会造成一些药材风化（如芒硝、明矾）或变脆碎裂。

3. 空气

空气中含有多种成分，其中以氧气最容易与药材中的某些成分发生化学变化，而影响其质量。通常所见到的丹皮、黄精等的颜色变深，就是因为它们所含的鞣质、油质及糖分等与空气中的氧气接触发生变化而形成的。

4. 光照

光照对某些药材的色素和叶绿素有破坏作用，能使药材变色。所以红色和绿色的药材，不宜在阳光下久晒。

光照也能促进某些化学成分的分解失效。

（二）中药材常见的质量变异现象

受内外因素影响，中药材在流通与存储中容易出现8大质量变异现象：生虫、霉变、泛油、变色、气味散失、风化与潮解、后热与自燃或其他变质现象。

1. 虫蛀

多见含糖、淀粉、蛋白质、脂肪等成分的中药材和中药饮片，如党参、白芷、乌梢蛇等。最适宜害虫繁殖的温度，一般在16℃～35℃，相对湿度在70%以上，药材饮片的含水量在13%以上。最适宜温度范围为25℃～32℃，最适湿度范围为相对湿度75%～90%，在适宜的温湿度范围内，仓虫的繁殖能力最强，产生新一代的时间最短，也是仓虫蛀蚀活动最为严重的时期，对中药材商品的危害最为严重。

2. 霉变

多发生在潮湿闷热的季节。药材含水量过高，最易发生霉变。霉菌的适宜生长温度在25℃左右，相对湿度在85%以上。中药材和中药饮片含水量超过15%时，适宜霉菌生长，易导致饮片腐烂、变质。

3. 泛油

它也叫“走油”，泛油的含义比较广泛，通常有下列情况：

（1）指含动物脂肪和植物油脂的药材，在一定条件下，药材表面出现油样物质，手摸发粘，内部颜色变深，并产生强烈油哈喇气味的变质现象。

（2）指含挥发油的药材，表面出现发粘，内部颜色变深，应有气味减失的变质现象。

（3）指含粘液质、糖性物质的药材，表面发粘，质地变软，内部颜色变深的变异现象。这类药材泛油，不产生不愉快气味，一般称为油粒、抽条、油果等。如麦冬、怀牛膝、枸杞子，含糖性的称为返糖，如糖参。

4. 变色

指中药材的原有颜色发生变化，失去应有的颜色和光泽。变色的中药材和中药饮片常见的有花类、叶类药材，多受温度、湿度、光线的影响，导致药物内部化学成分发生氧化、分解、聚合反应，原来的颜色由浅变深，由鲜艳变暗淡，从而影响药材的质量。

5. 气味散失

一些芳香、气味浓烈的饮片如砂仁、豆蔻、肉桂等，如储存方法不当，可使气味散失。

6. 风化与潮解

含结晶水的矿物质药材与干燥空气接触后，渐渐失去结晶水，成为粉末状态，药物形状和功能发生改变，称为风化，易风化的药材有芒硝、硼砂、胆矾等。潮解是指固体药物吸收潮湿空气中水分后，表面慢慢溶化成液体状态的现象，易潮解的药材有青盐、秋石、芒硝。

7. 后热现象与自燃

后热是指药材的呼吸作用常使药材垛发热，同时引发不经霉腐过程的腐烂。如酸枣仁、枣等。

自燃是指富含油脂的药材、饮片，层层堆叠，如通风不良，则堆积产生的热量可使局部温度增高，先焦化后烧灼，这类药材有柏子仁、海金沙等。或有的饮片因湿回潮，水分含量过高，垛中产生的热量扩散不出，使局部高热炭化而自燃，这类药材有菊花、红花等。

8. 其他变质现象

一些胶类、树脂类饮片，如阿胶、鹿角胶、乳香、没药易受热变软粘连。冰片、薄荷脑、樟脑合成类中药易升华变性。

（三）各种中药材仓库建设条件

1. 常温库

它指温度控制范围在0℃～30℃之间、相对湿度45%～75%之间的仓库，以此为参数，寒冬需要保温，盛夏则需降温。

常温库主要用于储存成分性质稳定、不易受温湿度影响的中药材，包括矿物药材、纤维化程度高的药材和不易虫蛀霉变的药材。为防止虫蛀、霉变及其他质量变异，常温库储存的中药材也要做好防潮、通风等工作。

2. 阴凉库

它指温度控制在20℃以下、相对湿度45%～75%之间，且阳光不能照射在库内的仓库，包括洞库、地下室库以及其他采取相应保障措施的仓库。

在此温湿度条件下，对一些药物成分不稳定的商品，可延缓品质陈化和质量变异的速度。在一定程度上，霉菌和中药害虫的生理活动可以控制，但保管不善仍可造成危害。

阴凉库主要用于储存易挥发、升华、融化、泛油的中药材。如：山药、天花粉、白芷、防己、白蔹、南星、附子、贝母、慈菇、灵芝、薏米、黄芪、人参、党参、北沙参、当归、川芎、百合、甘草、红芪、玉竹、黄精、牛膝、麦冬、百部、白术、前胡、羌活、独活、泽泻、板蓝根、苍术、沙参、川楝子、牛蒡子、桃仁、杏仁、郁李仁、砂仁、肉苁蓉、锁阳、太子参、三七、山慈姑等。

3. 冷库

中药材冷库的温度应当为0℃～8℃，相对湿度在45%～75%范围内。在此温湿度条件下，中、高温性霉菌和害虫的生理活动受到抑制，降低了与成分共存的各种酶的活性，药材成分性质稳定，从而有效地保证了药材质量。

冷库一般储存贵细（稀）药材、饮片及其他适宜冷库储存的各种制剂。遇冷失去活性，成分易变性或析出结晶，产生沉淀、浑浊，分层后无法恢复原状的制剂，不可储存在冷库内。

需要冷库储存的中药包括：

动物类：斑蝥、红娘虫、青娘子、刺猬皮、水蛭、蛤蚧、蜈蚣、土元、狗肾、乌蛇、蕲蛇、全蝎、阿胶、白花蛇等；

贵细药材：牛黄、冬虫夏草、海龙、海马、西红花、熊胆、麝香、沉香、川贝等；

子仁类药材：柏子仁、酸枣仁、枸杞子、火麻仁、桑葚、莲子、芡实、天门冬、酸枣仁白果、胡桃仁、龙眼肉、使君子、五味子、罗汉果等。

（四）根据各地区气候条件选择中药材仓库类型

我国各地自然条件综合差异较大，东部湿润、西北干旱、青藏东北严寒，区域条件对仓储的影响非常大。依据我国各地自然环境与自然条件的差异，可将我国划分为四个大的区域，依据四个大的区域的不同的自然环境与条件选择不同类型的仓库。

北方和西部地区（包括东北三省、内蒙，甘、宁、新、青、藏，川西）：这些地区海拔偏高、纬度偏北，冬季严寒、常年干燥少雨或气温冷凉。建议多建常温库、少建阴凉库，一般不需要建冷库。常温库与阴凉库比例4∶1比较合理。

中部地区（包括河北、山西、陕西南部、河南、山东、安徽）：这些地区冬季寒冷、夏季偏热且雨水偏少。建议多建常温库、少建阴凉库与冷库。常温库、阴凉库、冷库比例6∶3∶1为宜。

长江流域（包括湖南、湖北、重庆、四川、江西、江苏、浙江、上海）：这些地区夏热冬冷且多雨。建议多建阴凉库、少建常温库与冷库。常温库、阴凉库、冷库比例2∶2∶1为宜。

东南沿海地区（包括海南、云南、两广、港澳、福建、台湾地区）：这些地区夏热冬暖、多台风降雨，且高温高湿。建议少建常温库，适宜建阴凉库与冷库，其比例7∶3为宜。

（五）中药材仓库的配套设施

仓库建筑只是中药材存储的基本条件，为了保障中药材存储期间的安全，还应当依据各类中药材的生理特性与仓库所处地区的气候条件，以及不同仓库的结构特点，配套建设与配备相应的降温、除湿、通风及装卸、搬运设施等。

基于上述研究，课题组提出了《中药材仓库技术条件》行业标准的征求意见稿，作为《研究报告》的附件。

四、中药材仓库网点布局研究

中药材仓库网点布局，是中药材现代物流体系建设的核心内容。网点布局的合理与否，直接关系到中药材的市场供应，关系到中药材流通中的品质保障，关系到物流运作的效率。基于第一部分物流现状的分析，课题组提出了规划布局的原则，未来一个时期需要新建仓库的总量、结构与地区布局。

（一）仓库网点规划布局的原则

根据中药材种植与流通的三个明显特征（品种繁多、但大宗品种并不多；主要产地种植、全国销售与使用；季节性种植与采收、常年销售），为了调剂市场、保证供应、减少迂回运输，规划中药材仓库网点布局应当遵循以下原则：

1. 以大宗及贵细中药材的市场需求为重点

根据第一部分的现状分析，我们在规划中药材仓库网点时，应当重点考虑年用量占80%以上的236个大宗及贵细、毒麻限剧药材的仓储需求。其中：

根及根茎类91种：巴戟天、白及、白芍、白术、白芷、白前、白头翁、白茅根、百合、百部、人参、丹参、党参、苦参、玄参、西洋参、北沙参、太子参、南沙参、甘草、三七、板蓝根、半夏、苍术、柴胡、赤芍、草乌、川乌、川芎、川贝母、川牛膝、大黄、当归、地黄、熟地黄、独活、莪术、防风、防己、附子、葛根、粉葛、狗脊、高良姜、骨碎补、何首乌、虎杖、黄精、黄连、黄芪、黄芩、姜黄、桔梗、龙胆草、麦冬、木香、牛膝、前胡、茜草、羌活、秦艽、肉苁蓉、荆三棱、北豆根、山豆根、山药、升麻、石菖蒲、锁阳、天冬、天花粉、乌药、细辛、香附、徐长卿、续断、玉竹、郁金、元胡、远志、泽泻、射干、浙贝母、知母、重楼、土茯苓、威灵仙、紫菀、紫草、明党参、胡黄连。

果实种仁类53种：八角茴香、白扁豆、白豆蔻、白蒺藜、白胡椒、黑胡椒、草豆蔻、草决明、草果、枸杞子、五味子、菟丝子、车前子、女贞子、葶苈子、蔓荆子、地肤子、白芥子、金樱子、覆盆子、使君子、酸枣仁、益智仁、薏苡仁、火麻仁、苦杏仁、柏子仁、桃仁、砂仁、壳砂、陈皮、枳壳、枳实、槐米、槐角、连翘、瓜蒌、乌梅、佛手、槟榔、小茴香、山楂片、山茱萸、吴茱萸、罗汉果、公丁香、王不留行、皱木瓜、桂圆肉、补骨脂、胖大海、芡实米、八月札。

其他类64种：白花蛇舌草、伸筋草、益母草、鱼腥草、金钱草、鸡骨草、蒲公英、半枝莲、穿心莲、广藿香、荆芥、茵陈、薄荷、石斛、紫花地丁、红花、菊花、金银花、山银花、款冬花、西红花、野菊花、密蒙花、旋覆花、辛夷、蒲黄、槐米、夏枯球、淫羊藿、杜仲、厚朴、黄柏、肉桂、秦皮、地骨皮、牡丹皮、五加皮、桑白皮、白鲜皮、鸡血藤、钩藤、木通、皂角刺、冬虫夏草、茯苓、灵芝、天麻、猪苓、五倍子、蜈蚣、鳖甲、蝉蜕、地龙、蛤蚧、水蛭、僵蚕、全蝎、白花蛇、桑螵蛸、土鳖虫、乌梢蛇、紫河车、鸡内金。

另外：还要重点关注毒麻限剧中药材品种：砒石（红砒、白砒）、砒霜、水银、生马钱子、生川乌、生草乌、生白附子、生附子、生半夏、生南星、生巴豆、斑蝥、红娘虫、青娘虫、生甘遂、生狼毒、生藤黄、生千金子、闹羊花（闹阳花）、生天仙子、雪上一支蒿（铁棒锤）、红升丹、白降丹、蟾酥、洋金花、红粉、轻粉、雄黄，共28个品种。

2. 以产地为主、交易市场为辅，合理布局

根据中药材种植、交易市场流量和流向的特点，为了减少迂回运输，按物流与商流适当分离的原则，全国药材仓库布局应当以28个省市地区的109个道地药材主产地为重点，在产地建道地药材大品种专用库或多功能仓库，以方便中药材流向各个交易市场或者直接流向用户；同时，在全国10个大中型药材市场，建设多品种的中转与配送库，主要满足市场周边区域的仓储需求；跨区域的长途运输，主要从产地仓库直接运到用户。从产地考虑，一个产地的仓库群需要储存当地中药材产量的60%左右；从交易市场考虑，一个大型交易市场的仓库规模只要满足市场交易量的40%左右即可（视某个市场的辐射区域而定，如果是区域性市场可高于40%，如果属于全国性市场可低于40%）。

28个省市地区的109个道地药材主产地为：

黑龙江：大庆市、齐齐哈尔、佳木斯市

青海省：玉树州、德令哈市、西宁市

吉林省：抚松县、通化市、延吉市、白城市

辽宁省：抚顺市、本溪市、丹东市、西丰县

内蒙古：赤峰市、包头市、集宁市、呼伦贝尔市

宁　夏：中宁县、隆德县、银川市

甘肃省：陇西县、岷县、宕昌县、渭源县、漳县、礼县、民勤县

河北省：安国市、平山县、巨鹿县、承德市

山西省：浑源县、新绛县、襄汾县、陵川县、五寨县

山东省：平邑县、日照市、泰安市、荷泽市

河南省：焦作市、西峡县、确山县、洛宁县、桐柏县

安徽省：亳州市、岳西县、铜陵市、金寨县

江苏省：盐城市、淮安市、常州市

浙江省：盘安县、宁波市、东阳县

湖北省：黄冈市、利川县、襄樊市、十堰市

湖南省：邵阳市、怀化市、靖州县、湘潭县

江西省：樟树市、泰和县、九江市、赣州市

福建省：柘荣县、福州市、龙岩市

广东省：肇庆市、湛江市、绍关市

海南省：文昌市、三沙市、琼中县

广西省：贵港市、靖西县、百色市、河池市

云南省：文山市、彝良县、保山市、思茅市

贵州省：黔南州、黔东南州、毕节市、兴仁县、遵义市

四川省：三台县、都江堰市、彭州市、遂宁市、彭山县、江油市

重庆市：秀山县、石柱县、奉节县

陕西省：城固县、商洛市、宝鸡市、延安市

新　疆：精河县、塔城市、喀什市

西　藏：那曲县、拉萨市、日喀则市

9+1大中型药材市场：

安徽亳州、河北安国、成都荷花池、广西玉林、湖南廉桥、河南禹州、云南菊花园、江西樟树、广州清平、甘肃陇西。

3. 立足市场需求，建设规模化的仓库设施

根据第一部分的现状分析，我国中药材仓库设施的总体状况为：民房多且由药农与商户分散管理；个别地区有一定规模的专业库但已经陈旧落后；个别产地、个别市场新建有少量的平房与楼房仓库，也有部分不符合要求。这种状况必须逐步得到改变。

基于建立现代物流体系的需要，必须保障大宗与贵细中药材的集中储存，应当加快建设一批规模化的仓库，尽快淘汰不符合要求的民房库，逐步改造陈旧落后的平房库。

专业化、社会化的中药材物流企业，应当规划建设1万平方米以上仓库群；大中型中药材经营企业规划建设仓库，不应小于1 000平方米。同时，鼓励与引导药农与个体商户将中药材从不符合要求的平房库与民房转移到规模化的现代仓库中。

（二）中药材仓库布局规划

根据上述三个方面的原则，并考虑到各类中药材的特性和不同地区的气候条件，课题组建议：未来五年全国应当新建中药材公共仓库200万平方米，其中：常温仓库160万平方米、阴凉库30万平方米，冷库10万平方米。

其依据是：全国中药材交易量1 700万吨，按40%（约700万吨）由大型企业内部存储、60%（约1 000万吨）需要公共存储。其中占交易量80%的236种大宗及贵细、毒麻限剧药材为800万吨，目前市场上现有200万吨储存量的合适仓库仍可继续使用，还需要为600万吨中药材建造仓库，按年周转3次、每平方米存储1吨药材计算，需要新建200万平方米仓库。

根据236个大宗及贵细、毒麻限剧中药材的主产地与9+1大型交易市场的实际仓储需求，课题组经反复测算，建议在全国建立25个中药材仓储基地，其中，大型仓储基地6个（每个基地新建仓库10万~20万平方米），中型仓储基地5个（每个基地新建仓库6万~9万平方米），小型仓储基地14个（每个基地新建仓库2万~5万平方米）。具体建议如表3所示。

表3　中药材仓库布局规划表

	地区	仓库总面积（万平方米）	仓库类型	面积（万平方米）
大型仓储基地	安徽省 亳州市	20	常温库	16
			阴凉库	3
			冷库	1
	甘肃省 定西市	20	常温库	16
			阴凉库	4
	河北省 安国市	15	常温库	12
			阴凉库	2
			冷库	1

续 表

	地区	仓库总面积（万平方米）	仓库类型	面积（万平方米）
大型仓储基地	四川省 成都市 （含西藏、新疆）	12	常温库	9
			阴凉库	2.5
			冷库	0.5
	河南省 禹州市	10	常温库	7.5
			阴凉库	2
			冷库	0.5
	江西省 樟树市	10	常温库	7.5
			阴凉库	2
			冷库	0.5
中型仓储基地	湖南省 邵东县	9	常温库	6
			阴凉库	2
			冷库	1
	广西省 玉林市	9	常温库	6
			阴凉库	2
			冷库	1
	云南省 昆明市	6.5	常温库	3
			阴凉库	3
			冷库	0.5
	湖北省 黄冈市 （含大别山区）	6	常温库	4.5
			阴凉库	1
			冷库	0.5
	广东省 广州市	6	常温库	3
			阴凉库	2
			冷库	1
小型仓储基地	内蒙古自治区 赤峰市	5	常温库	4
			阴凉库	1
	宁夏回族自治区 中宁县	5	常温库	4
			阴凉库	1
	黑龙江省 哈尔滨市	5	常温库	4
			阴凉库	1
	吉林省抚松县	5	常温库	5
	辽宁省抚顺市	5	常温库	5
	山东省 菏泽市	5	常温库	4
			阴凉库	1

续　表

<table>
<tr><th></th><th>地区</th><th>仓库总面积（万平方米）</th><th>仓库类型</th><th>面积（万平方米）</th></tr>
<tr><td rowspan="17">小型仓储基地</td><td rowspan="3">重庆</td><td rowspan="3">5</td><td>常温库</td><td>3.5</td></tr>
<tr><td>阴凉库</td><td>1</td></tr>
<tr><td>冷库</td><td>0.5</td></tr>
<tr><td rowspan="2">贵州省
黔南州</td><td rowspan="2">5</td><td>常温库</td><td>3</td></tr>
<tr><td>阴凉库</td><td>2</td></tr>
<tr><td>山西省运城市</td><td>4</td><td>常温库</td><td>4</td></tr>
<tr><td>青海省西宁市</td><td>3</td><td>常温库</td><td>3</td></tr>
<tr><td rowspan="2">江苏省
盐城市</td><td rowspan="2">2.5</td><td>常温库</td><td>2</td></tr>
<tr><td>阴凉库</td><td>0.5</td></tr>
<tr><td rowspan="2">浙江省</td><td rowspan="2">2.5</td><td>常温库</td><td>2</td></tr>
<tr><td>阴凉库</td><td>0.5</td></tr>
<tr><td rowspan="2">福建省
福州市</td><td rowspan="2">2.5</td><td>常温库</td><td>2</td></tr>
<tr><td>阴凉库</td><td>0.5</td></tr>
<tr><td rowspan="2">陕西省
西安市</td><td rowspan="2">2</td><td>常温库</td><td>1.5</td></tr>
<tr><td>阴凉库</td><td>0.5</td></tr>
<tr><td colspan="2" rowspan="3">总面积</td><td rowspan="3">180</td><td>常温库</td><td>137.5</td></tr>
<tr><td>阴凉库</td><td>34.5</td></tr>
<tr><td>冷库</td><td>8</td></tr>
<tr><td colspan="4">全国机动仓库</td><td>20</td></tr>
</table>

五、中药材仓储养护技术研究

（一）中药材仓储堆码

中药材的堆码，是中药材仓库保管工作中的重要环节。在中药材入库时，根据药材的性质、特点、包装类型以及仓库条件，配置正确的货位，然后进行合理的垫底、堆码和苫盖，实现通风、防潮、散热、提高库容的目的，便于养护，以保持中药材品质。

中药材堆码，应遵循“安全、方便、提高库容率”的原则。安全原则包括两个方面。一是药材堆垛时，要防止货物掉落砸伤人员，二是避免药材本身由于受压发生泛油变质现象。方便原则主要是指便于养护、便于搬运、便于清点计数等。提高库容率原则，指在满足安全、方便原则的基础上，最大限度地提高库容。

针对目前中药材仓储堆垛存在的问题，研究组提出以下改进建议：

1. 制定中药材堆码的技术规范

参考一般库房堆码的通用技术规范，制定中药材库房堆码的技术规范。比如药材堆垛前，必须选择干燥、通风、地面洁净、室温适宜的库房，并要摆放与地面有一定高度的货垫，以隔绝地面潮气；堆垛时，单位面积承重不能超过所在仓库结构所允许的负荷重量；尤其是楼房库各层的单位面积承重会逐层变小。此外，按照仓库建筑结构以及消防安全的要求，堆码要留出适当五距，以方便日常检查。达到防潮、防热和防火的需要等。其中五距的具体参数为：垛与垛间距不小于1m，垛与墙间距不小于0.5m，垛与梁、柱间距不小于0.3m，主要通道的宽度不小于2m、照明灯具垂直下方与储存物品距离不得小于0.5m，此外，每垛占地面积不应大于100m^2。

2. 针对各类药材特点，选择合适的堆码形式

不同类别的中药材在堆垛要求上有不同的特点，如注意防潮、注意通风等。所以，不同类别的中药材需要选用与之适合的堆码形式。建议堆码形式分以下3类：

（1）编码垛。根据商品包装的长度、宽度和高度，纵横排列，逐层反复堆码，通常采用的有“二顶一”、“五顶

二”及“四顶四”等。

（2）正码垛。上层货包的大小、方向与下层一致。故又称为“正码”。在货垛较高时，必须在中间加有拉板，货垛才能牢固。这种堆垛法，对同样尺寸标准的箱装最为适宜。采用正码堆垛，每垛高度则取决于包装物料的好坏，如果箱子形状整齐，质料坚固，其高度可堆至10层以上。

（3）井式垛。这种形式堆垛，对于水分较大的中药材合适，它可以使垛内空气得到流通。堆垛时，最好将垫木垫高，有了垫木的空隙，货包中的湿气可从垫木下散出。

3. 根据中药材自身的耐压能力，选择合适的堆码高度

中药材因自身含有的成分不同，而表现出不同的耐压能力。如含糖分、粘液质以及油脂类等成分较多的药材，受压之后容易发生泛糖、粘连以及泛油等变质现象。所以应根据不同的中药材，选择与之适合的堆码高度。

课题组整理出来的怕挤压的药材有41种。人参、辽细辛、北沙参、桔梗、党参、山药、地黄、白术、天冬、麦冬、太子参、肉苁蓉、平贝母、远志、款冬花、金银花、槐花、菊花、山银花、红花、五味子、牛蒡子、枸杞子、吴茱萸、柏子仁、山茱萸、益智仁、罗汉果、夏枯球、瓜蒌、栀子、砂仁、薄荷、僵蚕、蝉蜕、全蝎、水蛭、乌梢蛇、灵芝、冬虫夏草。

（二）中药材仓储养护技术研究

上述第一部分的分析表明，目前我国中药材的杀虫、防霉采用的方法主要有化学防治法、物理防治法和生物防治法。化学防治法有硫磺熏蒸、磷化铝熏蒸、双氧水浸泡等；物理防治法有晾晒、砂子埋藏、烘烤、低温冷藏、同贮对抗等；生物防治法有喷洒生物激素等。目前应用最广泛的硫磺熏蒸法、磷化铝熏蒸法、冷藏养护技术三种方法。

1. 硫磺熏蒸法

硫磺熏蒸法的原理就是通过硫磺燃烧产生二氧化硫气体，二氧化硫与药材中的水、碱性成分等化学成分反应生成含硫化合物，进而改变药材外表及内部的组成结构，并在药材表明形成一个保护层，从而在短时间内达到增白、防虫、防霉的效果。

硫磺熏蒸有几个致命的危害和缺陷：一是对药材品质和主要化学成分破坏非常严重，滥用、重复熏蒸会导致药材发生质变改变或失去药效。二是硫磺熏蒸使用的多为工业硫磺，含有较多的铅、汞等重金属，常导致中药材砷、汞等重金属超标。三是硫磺熏蒸对周围环境的污染比较严重，容易引起呼吸道系统疾病，严重危害人体健康。

因此国家从2005版药典开始禁止中药材使用硫磺进行药材的熏蒸、漂白、浸泡等行为。

2. 磷化铝熏蒸法

磷化铝是中药材杀虫最常用的化学药剂，其原理是磷化铝水解产生无色、无味、易燃的磷化氢剧毒气体，毒杀药材里的成虫。

磷化铝杀虫具有几个明显的缺陷：一是经磷化氢熏蒸后的中药材，其内在成分发生很大变化，大部分中药材有效成分下降明显，同时残留的磷化氢对人体存在潜在安全隐患。二是不能彻底杀灭害虫，尤其是虫卵，长期使用会造成害虫耐药性，导致杀虫失败，目前在粮食上已经出现杀虫失败的案例。三是使用磷化铝杀虫，常发生人员中毒、火灾等安全事故，每年都有因磷化铝熏蒸引发人员中毒身亡、仓库火灾等事故，给国家和个人造成严重损失。四是磷化铝水解产生的磷化氢剧毒气体对金属有很强的腐蚀作用，仓库内的金属设备基本2年就要更换一次，经济损失严重。五是严重污染周边环境。

3. 冷藏养护技术

冷藏养护技术是利用机械制冷设备降温，抑制微生物和害虫的滋生和繁殖，从而达到防虫、防霉的一种方法。采用低温（0℃~8℃）贮藏中药材，可以有效地防止中药材虫蛀、霉变、变色、泛油等变质现象产生。但是冷藏库的建造、运行和维护成本相对较高，而且冷库储藏还存在一个缺点，即出库的药材很容易因接触外界湿暖的空气造成表面结露现象，使中药材受潮，易霉变、虫蛀，药材变质现象更严重。

传统的干燥除湿、埋藏、密封、热蒸、对抗同贮等养护方法或解决虫蛀或解决霉变，不能同时解决虫蛀霉变问题，即使能够同时解决虫蛀霉变，也解决不了因长时间储存而出现的药材内外品质下降问题。而且，绝大部分传统养护方法适用的品种和使用的范围非常有限，养护量小，不能满足大量的药材养护需求。

总之，目前国内普遍采用的储藏养护方法，存在许多局限性，不能满足常温储存条件下中药材不虫蛀、不霉变、不变色、品质保持的要求，或者养护成本较高、不宜大规模推广使用。

鉴于中药材养护技术上存在的问题，课题组研究认为，现代仓储养护技术必须满足三个基本条件。一是保障中药材的储藏效果，保证中药材储存期间不虫蛀、不霉变、不变色；二是技术的应用没有负作用，对中药材、对储存环境不产生新的危害；三是储藏养护成本相对较低，容易规模化推广。

经课题组调查，中药材的生理特性与烟草相仿。近十年来，烟草行业一直在推广使用一种“烟叶气调储存养护技术”，该技术对烟叶的储存养护起到了很好的养护作用，不仅可以防止烟叶虫害、防止烟叶霉变，而且对烟叶的品质有很好的保持

作用。该技术在烟草行业也制定了专门的技术标准。目前，“烟叶气调储存养护技术”在全国的普及率达到30%以上。与此同时，相关研发单位自2004年以来围绕中药材如何实施气调储存养护做了大量的试验，取得良好效果。

为此，课题组在调研期间，专门组织考察学习了烟草行业推广应用气调储存养护技术的情况。在调研基础上，课题组决定委托君合百安仓储科技（北京）有限公司（气调剂养护技术专利权人），在总结过去小试经验的基础上，在安徽亳州、甘肃陇西、湖南邵东、广西玉林4个地区分别选取试点单位及不同品种药材进行中药材气调储存养护技术规模化应用试点。在总结多年试验与今年规模化试点成果的基础上，中国中药协会与中国仓储协会在取得商务部市场秩序司同意后，邀请国内中药与仓储界的一流专家组成鉴定委员会，对中药材气调储存养护技术进行了鉴定。

根据鉴定意见，中药材气调仓储养护技术是解决中药材养护难题的科学方法，可以取代目前普遍使用的硫磺、磷化铝熏蒸方法，具有广泛的推广价值。

中药材气调储存养护技术的基本原理。是通过集成的物理、化学方法，调控中药材储存密闭空间中的空气成份，营造一个杀灭害虫及虫卵、抑制霉菌生长繁殖的密闭环境，同时抑制中药材氧化变色，保持中药材水分不散失，实现了中药材储存过程中内在品质和外观质量不变的目的。本技术需要调控的参数，主要包括氧气浓度、二氧化碳浓度、湿度等。

“中药材气调储存养护技术”的试验及试点效果：

（1）通过降低储存密闭空间的氧气浓度，提高二氧化碳浓度，彻底杀灭害虫及虫卵，抑制霉菌生长和繁殖，密封完好状态下2~3年保持无虫蛀、无霉变现象。

（2）通过降低储存密闭空间的氧气浓度，有效抑制中药材在储存过程中的氧化变色现象，使中药材的外观色泽长期保持良好状态。

（3）通过调节储存密闭空间的相对湿度在一定范围内不变，保持所储中药材水分不散失，有利于所储药材品质稳定，并减少库存损失。

（4）通过营造相对稳定、惰性的储存环境，有效减缓所储药材的活性成分的变化，实现药材内在品质的保持。

（5）能将中药材储存过程中的综合仓储损耗从目前的约1.5%降至几乎为零，降低综合贮存养护成本。

（6）本技术安全、环保、低碳、健康，无毒无害，无任何残留。

“中药材气调储存养护技术”的创造性、先进性体现在以下几个方面：

（1）该技术通过系列气氛调控产品与高阻隔性密封膜构建的气调系统，替代了果蔬保鲜的传统气调库系统，从而将繁杂的气调库系统简单化、实用化、可移动化，摒弃气调库系统中需建库、高能耗、空间和应用领域有局限等不足，继承了气调库绿色、安全、环保的特点，实现了中药材常温条件下低碳、安全储存的目的。

（2）常温下的中药材气调储存技术，既可长期安全储存，储存期间无需翻垛、倒垛等操作，又可节约日常储存养护成本和人工费用，减少储存损耗，满足中药材日常的储存养护需求，同时使综合仓储养护成本更低。

（3）该技术操作灵活、方便，维护简单，对储存环境要求低，现有的仓储设施无需改造即可利用，具有普遍适用性和实用性，符合当前中药材的储存养护现状和特性，应用前景广阔。

基于上述研究，课题组提出了《中药材仓储养护技术规范》行业标准征求意见稿（详见附件）。

六、中药材物流运作主体研究

第一部分物流现状的分析表明，目前中药材物流的突出问题就是设施布局与业务运作分散、经营主体与经营规模较小、设施状况与仓储效果较差，其根本的原因就是缺乏专业化、社会化的大型物流企业。

我们认为，中药材初加工、包装、仓库建设与仓储、堆码、养护以及运输等活动的改进方案，都需要落实到企业。但是，如果没有规模化的企业经营，继续靠药农和个体商户来分散进行仓储等活动，上述各项改进措施或发展对策是不可能落实的。可以说，从中药材供应链中寻找与培植规模化的物流经营企业是构建中药材现代物流体系的关键。

因此，为了提高中药材物流的组织化、规模化、专业化与社会化程度，必须立足现有中药材各类经营主体的状况，抓住重点、大力培植不同类型的物流经营主体。

（一）在中药材主产地培植规模化的物流企业

总结推广云南文山集中加工仓储的经验，鼓励有条件的专业合作社、大型中药材经营企业投资建设规模化的中药材初加工与仓库设施，或者将现有加工与仓库设施分离、建立社会化的物流企业。这些企业应当按照陆续出台的相关标准，提供中药材初加工、仓储、运输一条龙服务，应当推广应用先进的设备与技术，确保中药材加工与仓储养护质量。

（二）在中药材交易市场培植规模化的物流企业

总结推广甘肃文峰、亳州与禹州新建市场的经验，无论是产地市场、还是销区市场，都应当配套相应的仓库设施，要么预留仓储用地、供第三方企业投资，要么由市场投资人在建设市场的同时建设配套的仓库；不论是谁投资建设的仓库，都应当改变目前普遍存在的分散出租仓库的方式、实行仓库统一经营管理，对中药材的入库验收、存储、堆码、养护等实行集中统一管理。鼓励市场投资人组建专业化的仓储企业为市场提供配套服务；鼓励第三方物流企业围绕交易市场提供社会化的仓库与运输服务。

（三）培植全国性、网络化、专业化的中药材物流企业

总结推广甘肃中天物流、亳州药都物流、河南万家中药材物流、天地网等公司的经验，引导与鼓励大型中药材经营企业、大型饮片企业，根据自身条件与经营规模、根据中药材产地与市场的布局，在全国规划建设若干仓储网点，提供从各个产地源头、到全国销区市场、到最终用户的网络化、一体化的综合服务。

总结推广九州通物流公司的经验，引导与鼓励现有全国性物流企业投资中药材仓储设施，依托现有全国性仓储网络、适应中药材的特点与要求改造配套相关设施，提供全国性网络化的中药材物流服务。

（四）完善仓储服务

中药材经营、饮片企业与中药制药企业，应当配套相应的仓储设施，并在为企业内部服务的同时，对社会开放仓储设施，提供社会化的仓储服务。

七、中药材物流行业管理与扶持政策研究

中药材是关系人民生命健康的特殊产品，中药材现代物流体系建设是一项系统工程，涉及到中药材供应链的方方面面；目前中药材物流的落后状况，要逐步转向现代加工、仓储、养护，是一项非常艰巨的工作，会遇到许多困难，完全听任市场自由发展是不够的，必须要有政府主管部门的强有力的行业管理与相应的政策扶持。

（一）完善中药材物流的标准体系

除了目前已经列入行业标准计划的《中药材仓库技术条件》《中药材仓储养护通用技术规范》外，应当尽快组织制定《中药材气调养护技术规范》《中药材物流质量管理规范》（含初加工、包装、仓储、养护、运输）等国家标准。由于中药材的种植、经营与监管涉及到多个主管部门，为了树立标准的权威性，课题组建议所有中药材的物流标准一律申报国家标准。

（二）贯彻实施相关标准，实行专项认证

目前，国家有关主管部门对药品的经营、生产实行GSP、GMP认证，有效地保障了药品的质量安全，但没有解决中药材的质量保障问题；对中药材的种植实行GAP认证，可以逐步解决中药材种植质量问题，但不可能解决中药材流通中的质量问题；对中药材流通实施追溯系统，在一定程度上解决了质量责任的事后追究问题，但没有解决中药材流通的质量保障问题。

行业组织可以制定中药材物流的标准，国家应当贯彻实施相关标准，但我国的标准基本上是推荐性标准，中药材关系到人民生命健康，中药材的物流标准是否可以都列为强制性标准，也需要国家标准委审批。中药材物流标准不论是否具有强制性，都需要政府主管部门组织对标准的实施情况进行专业认证。我国标准化工作的实践证明，如果没有政府部门的推动，许多标准就形同虚设。

为了保障中药材的物流质量，保障中药材流通中的品质，课题组建议：国家有关主管部门对中药材仓储企业的服务质量、对中药材经营企业的仓储质量实行专项质量认证，即GWP认证。只有通过专项认证的企业才能开展中药材仓储业务与社会化仓储服务。

鉴于中药材只是中药的原材料、还不是药品，目前商务部是药品与中药材流通的主管部门，因此，课题组建议由商务部直接组织GWP认证，或者授权相关行业协会根据相关标准与认证办法组织GWP认证。

（三）为中药材专业仓库建设提供相应的仓储用地

仓库是中药材流通与物流的基础设施。根据第二部分的研究，未来建设规模化、专业化的中药材仓库需要大量的仓储用地。为了促进中药材现代物流体系的建设，课题组建议：商务部应当与国土资源部协商，对符合中药材仓库网点布局规划、在中药材主产地、中药材大型交易市场建设规模化中药材仓库的，当地政府应当优先供应仓储用地。

鉴于中药材仓库设施的公共性与公益性，建议对中药材仓储用地的价格给予优惠，至少按现行的“工业（仓储）用地”类别，以当地土地基准地价、定向供应给专业化的中药材物流企业、大型中药材经营企业、中药材交易市场。

（四）为中药材仓库与信息系统建设提供资金支持。

市场是资源配置的决定因素，中药材仓库建设的主体当然是企业。但是，考虑到仓储业是一个投资大、回报期长的行业，特别是中药材仓储关系到人民生命健康、现代物流体系的建设任务艰巨，为了加速扭转中药材物流目前的落后局面，引导与促进社会各方面的投资人加大对中药材仓库设施的建设，课题组建议：对于专业化、社会化、规模化的中药材仓储设施建设、并通过GWP专项认证的企业，给予专项财政资金补助。

经测算，新建200万平方米的中药材公共仓库、并配套相应的设备与技术（含信息系统），需要40亿元资金投入。建议商务部与财政部协商，在2014—2019年内每年补贴5亿~8亿元。具体补贴的金额、条件与程序，另行研究。

（五）加强行业管理与行政监管

1. 引导药农与产地个体商户委托专业公司进行集中加工与仓储

应当在发展建设中药材产地集中加工与仓储基地的同时（中药材主产区应当按药材产量的60%规划建设公共仓库设施），逐步限制、禁止药农分散烘干、分散存储中药材。以五年为期，五年之后，在中药材主产地，只能允许三类企业进行中药材的加工与仓储，一是专业合作社集中组织的加工与仓储；二是饮片与制药企业的集中加工与仓储基地；三是专业化的第三方仓储物流企业（含产地市场配套的加工仓储基地、其他投资人建立的公共加工仓储基地）。

2. 加强对中药材交易市场的行政监管

鉴于中药材各类交易市场的现状（国家原核准的17家市场已经发生重大变化，近年来又新建了许多中药材市场，多数市场没有配套的规模化仓储设施），课题组建议：国家有关主管部门组织制定《中药材交易市场建设与运营规范》标准，并根据标准重新组织对现有中药材各类交易市场的核准。现有市场必须按市场交易量的40%配套建设规模化仓库设施，目前没有的应当限期整改、限期建设，已经有市场配套的仓储用地、一年内不建造仓库的，应当强行收回；新建市场应当坚持市场与仓库配套规划、同步建设；并建议借鉴当年整顿成药（西药）市场的经验、总结推广湖南廉桥中药材市场的经验，在全国中药材交易市场普遍推行对入市交易的中药材实行“仓储、验收、检验、运输、结算”等统一管理制度。

3. 引导进入中药材专业市场的个体商户委托专业公司进行集中仓储养护管理

在配套建设交易市场公共仓库设施的同时，政府主管部门应当要求地方政府、各个市场管理机构、市场投资人加强宣传、引导工作，组织市场商户将分散储存在民房与其他建筑物中的药材逐步转移到市场公共仓库设施，由仓库经营企业对中药材入库验收、仓储养护实行统一管理。五年之后，市场交易的中药材必须交由经GWP认证的专业化物流企业对中药材仓储养护实行集中管理。

4. 加强对中药材第三方物流公司的行政监管

凡是从事中药材仓储经营的企业，必须按国家与行业标准建设中药材专业仓库，必须取得GWP认证。各级商务部门应当加强对中药材仓储企业的日常管理，组织相关培训，指导仓储企业建立健全相关制度、流程、规范，指导企业推广应用相关设备与技术，推广现代中药材养护技术，应用仓储管理信息系统。

通过上述八个方面的专题研究，课题组认为：建立健全中药材现代物流体系，应当立足我国中药材种植、流通与物流的实际情况，在政府主管部门的统一领导下，充分发挥行业组织与各类企业主体的积极性，从中药材产业发展的全局与中药材供应链的全过程统一规划，逐步建立健全中药材初加工、包装、仓储、运输等各环节的标准体系，大力培植专业化社会化中药材仓储物流企业，重点推动中药材初加工、包装与仓储养护的集约化、规模化、组织化改造，推广应用先进适用的加工、包装与仓储设施设备和先进的养护技术、信息技术，并实行政府主管部门对中药材物流全过程与全方位的监管。我国中药材现代物流体系的框架如图4所示。

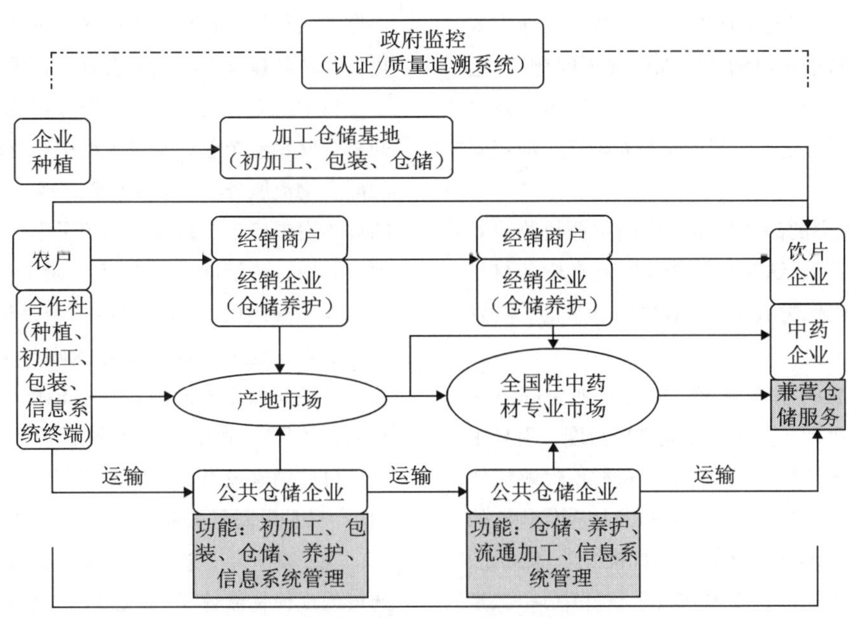

图4　中药材现代化物流体系架构

第三部分 中药材现代物流体系建设对策建议

为了有计划、有组织地推动我国中药材现代物流体系建设，课题组建议商务部，以上述研究成果为基础，编制印发《关于中药材现代物流体系建设的五年规划》或《关于促进中药材现代物流体系建设的指导意见》，就中药材现代物流体系建设的指导思想、发展目标、基本原则、重点任务与保障措施提出意见与要求。

一、指导思想

深入贯彻科学发展观与五位一体协调发展的总布局，立足中药材的种植方式与地区布局、中药材流通方式与交易市场的布局，针对中药材物流存在的突出问题，以保障中药材物流中的品质安全、提高中药材物流效率、降低物流成本为宗旨，按照现代物流发展的总体要求，加强规划与政策引导，完善法规制度与行业标准，加大行业管理力度，引导中药材物流技术与组织方式的变革，逐步建立健全我国中药材现代物流体系，促进我国中药材及中药产业的健康发展。

“深入贯彻科学发展观与五位一体协调发展的总布局”，这是我国新时期改革发展的总体指导思想，中药材现代物流体系建设，也应当突出以人为本、绿色环保、可持续发展等思想。

“立足中药材的种植方式与地区布局、中药材流通方式与交易市场的布局，针对中药材物流存在的突出问题”，这是中药材现代物流建设的出发点与立足点，物流体系建设不能脱离实际情况，应当与生产、流通体系相衔接，应当解决实际存在的突出问题。

“以保障中药材物流中的品质安全、提高中药材物流效率、降低物流成本为宗旨”，这是现代物流宗旨在中药材物流中的体现，是中药材现代物流体系建设的根本目的，特别强调了中药材的品质保障。

“按照现代物流发展的总体要求，加强规划与政策引导，完善法规制度与行业标准，加大行业管理力度，引导中药材物流技术与组织方式的变革”，这是中药材现代物流体系建设的基本思路，主要表明三层意思：一是按现代物流的总体要求，即专业化、规模化、社会化、标准化、信息化、供应链服务一体化（这里省略，反映在发展目标中）；二是从两个方面开展工作，政府层面（规划、制度、标准、监管），企业层面；三是从两个方向改革，物流技术与物流组织方式。

“逐步建立健全我国中药材现代物流体系，促进我国中药材及中药产业的健康发展”，是中药材现代物流体系建设的总体要求，通过现代物流体系建设促进中药材及中药产业的健康发展。

二、发展目标

以建立健全中药材现代物流体系为总体目标，组织推动中药材初加工与包装方式、仓库设施与仓储养护技术、物流经营方式与管理体制等各方面的创新，逐步实现中药材物流的专业化、规模化、社会化、标准化、信息化、供应链服务一体化，用五年左右的时间，消除中药材违规使用硫磺与磷化铝熏蒸的行为，在重点主产区实现产地初加工与包装的规范化，改造与建设一批布局合理、技术先进的仓库设施，培植一批技术配套、功能完善、服务规范、作业高效的大中型中药材仓储物流企业，全国大型中药材交易市场实现比较完善的配套物流服务，到 2018 年，基本建成 236 种大宗及贵细、毒麻限剧中药材的现代物流体系。

“以建立健全中药材现代物流体系为总体目标，组织推动中药材初加工与包装方式、仓库设施与仓储养护技术、物流经营方式与管理体制等各方面的创新，逐步实现中药材物流的专业化、规模化、社会化、标准化、信息化、供应链服务一体化”，这是中药材现代建设的总要求、总任务与长远发展目标。

“用五年左右的时间，消除中药材违规使用硫磺与磷化铝熏蒸的行为，在重点主产区实现产地初加工与包装的规范化，改造与建设一批布局合理、技术先进的仓库设施，培植一批技术配套、功能完善、服务规范、作业高效的大中型中药材仓储物流企业，全国大型中药材交易市场实现比较完善的配套物流服务”，这是未来五年（2014—2018）五个方面的具体发展任务与目标，涵盖了中药材物流体系建设的全过程，其中，“消除中药材违规使用硫磺与磷化铝熏蒸的行为”是最突出的目标，其他 4 个目标既是现代物流体系的基本框架，也是实现“消除硫磺与磷化铝熏蒸的行为”的技术与组织保证，同时，在“消除”与“硫磺与磷化铝熏蒸的行为”之间用了一个限制词“违规使用”，这是考虑到，目前国家没有完全禁止使用“硫磺与磷化铝熏蒸的行为”，只是限制了品种、并提出了“含硫量”指标。

“到 2018 年，基本建成 236 种大宗及贵细、毒麻限剧中药材的现代物流体系”，这是一个可验收、可检查的目标。中药材品种繁多，我们只能先突出重点。如果健全了占中药材交易量 80% 的 236 个主要品种现代物流体系，即可带动其它品种的物流体系建设。

三、基本原则

（一）市场配置资源与政府引导扶持相结合

充分发挥市场在资源配置中的决定性作用，引导和鼓励专业合作社、大型饮片与制药企业、第三方物流企业投资建设规模化的中药材加工、包装、仓储基地，与此同时，对符合国家中药材发展规划、符合相关标准的大中型中药材物流建设项目，国家给予适当扶持。

（二）产地集中储存与市场中转储存相结合

要以中药材种植与交易市场的流量流向为依据，以既要保证市场供应又要减少迂回运输为原则，重点发展建设中药材主产区的加工与储存储备设施，适当发展建设为中药材交易市场配套服务的规模化的中转配送型仓储设施。

（三）企业自主发展与政府行业监管相结合

要引导广大药农与中药材经营商户逐步改变传统加工与仓储方式，鼓励有条件的企业加大对中药材物流设施的投资，不断完善服务功能，创新经营方式，发展专业化规模化的中药材物流体系，以先进设施与优质服务吸引广大药农与经营商户外包中药材加工仓储业务。与此同时，要强化政府主管部门对中药材物流的行业管理，加快健全标准化体系，逐步建立健全对中药材加工、包装、仓储、养护、运输的质量认证体系与监管制度。

（四）重点发展公共物流与企业自营物流相结合

继续鼓励有条件的大型饮片与制药企业建立中药材种植基地，或者直接从产地采购中药材，建立健全为企业经营与生产服务的内部物流体系。同时，大力发展专业化社会化的中药材物流服务，鼓励与引导饮片与制药企业将企业内部的中药材加工与仓储设施对社会开放，并鼓励实行主辅分离、组建社会化的中药材物流公司；引导大型物流企业投资中药材加工仓储设施，拓展中药材物流服务。

四、重点任务

（一）在中药材主产区建设集约化、规模化的中药材初加工与包装基地

236 种大宗及贵细、毒麻限剧中药材要逐步实现集中统一加工（烘干）与包装。国家鼓励与支持有条件的专业合作社、大型饮片与制药企业、第三方物流企业在中药材主产区建设规模化加工与包装基地，推广应用先进的设施设备与技术，向广大药农与经营商户提供专业化社会化的加工包装服务。

（二）改善中药材包装方式，统一包装材料，规范包装标示信息

从事中药材种植、加工、经营的实体，必须承担中药材包装的责任。提倡与引导药农在中药材规模化的加工基地实行统一包装。要执行国家现有包装标示方法与内容等标准的规定，制定中药材包装标准，规范包装标示信息，并运用信息技术管理中药材标示信息，并在源头上保障中药材流通质量追溯的真实性，逐步实施以包装件为载体、以产区集中加工为源头、以交易市场集中仓储为终点的中药材全程质量监控与追溯系统。

（三）在中药材主产区与中药材大型交易市场规划建设一批适应中药材特性的规模化仓库设施

要按照国家相关标准，到 2018 年之前在全国建设 6 个大型仓储基地、5 个中型仓储基地、14 个小型仓储基地，重点为 236 种大宗及贵细、毒麻限剧中药材新建 200 万平方米的公共仓库。中药材产地仓库建设要与中药材规模化的加工包装基地相结合、集中建设。现有中药材交易市场目前没有配套仓储设施的，必须在 2015 年之前建设到位；新建中药材交易市场必须坚持市场与配套仓储设施同步建设。存储中药材的仓库单体面积不少于1 000平方米，为中药材主产地服务的物流企业仓储总面积不少于 2 万平方米，为交易市场配套服务的物流企业仓储总面积不少于 5 万平方米。

（四）围绕中药材主产区与大型交易市场培植一批专业化的大中型仓储物流企业

产区的仓储企业应当具备中药材初加工、质量验收与包装、仓储养护、质量追溯功能，为市场配套服务的仓储企业应当具备质量验收、仓储养护、仓储配送与质量追溯功能。从事中药材公共仓储服务的企业，必须运用信息系统管理中药材物流的全过程，实行中药材入库验收、仓储养护的集中统一管理。鼓励有条件的中药材物流企业自主投资或者整合社会资源，发展全国范围内从产地到销地的网络化、一体化物流服务。到 2018 年在全国范围内重点培植与支持 30 家专业化规模化的中药材仓储企业，培植 3 家以上全国性网络化经营的中药材综合物流企业。

（五）在中药材经营、饮片加工、制药与物流行业推广应用先进的气调养护技术与冷藏养护技术

从事中药材仓储服务的第三方物流企业、自己管理仓储业务的中药材经营与饮片、制药企业，一律不得对中药材违规使用硫磺与磷化铝熏蒸，应当根据各类中药材的生理特性、根据安全环保与节约的原则，选择适当的储存养护方法。国家鼓励与支持在中药材各个仓储环节推广应用气调储藏养护技术。

（六）强化中药材交易市场的物流服务功能。国家鼓励

与支持市场投资人建设规模化的中药材仓库设施、并提供公共仓储服务

要引导与组织市场经营商户在市场配套仓库集中存储中药材。市场配套仓库必须由市场投资人或者委托第三方物流企业实行集中经营管理，并运用仓储管理信息系统对中药材入库验收、仓储养护实行统一管理，确保中药材质量可追溯。

五、保障措施

（一）研究制定与组织落实中药材现代物流体系发展建设五年规划

各省级商务主管部门应当根据国家总体规划、并结合本地区中药材种植与交易市场的规模、品种以及流量流向等情况，编制本地区中药材现代物流体系建设规划。中药材主产区按产量的60%集中建设专业仓库，大中型交易市场按交易量的40%集中建设仓库。各个中药材主产地与交易市场应当依据中药材仓储的市场需求规模，按照适当集中、避免分散的原则，重点培植与支持3家左右、仓库面积在5万平方米上下的中药材公共仓储企业。

（二）健全中药材物流的标准体系

尽快制定与发布《中药材仓库技术条件》《中药材仓储养护通用技术规范》《中药材气调养护技术规范》《中药材物流质量管理规范》等国家与行业标准。各级商务主管部门、相关行业组织应当组织中药材经营、交易、仓储与中药材饮片、制药等企业进行标准方面的培训，并检查督促相关企业切实贯彻实施，达不到标准要求的，要限期整改。

（三）大力加强对中药材公共仓储企业的监督管理

对从事中药材初加工与仓储服务的企业、兼营仓储服务的中药材经营企业，由国家主管部门或授权相关行业组织实行“中药材仓储质量认证”，即GWP认证。自2018年起，未取得GWP认证证书的企业不得从事中药材仓储服务，凡是通过产销两地专业市场交易的236种大宗中药材，必须由中药材公共仓储企业集中储存，或由大型饮片与制药企业进行规模化储存。

（四）加大对中药材规模化加工仓储设施建设的政策扶持力度

地方商务主管部门应当积极争取当地政府的支持，为中药材主产地与交易市场规划配套所需要的仓储用地，并按工业（仓储）类别土地的基准地价定向供应给专业化规模化的中药材公共仓储企业。各级商务主管部门应当争取财政部门的支持，对中药材规模化的仓库设施建设、对取得中药材仓储质量认证（GWP）的重点仓储企业给予财政资金补贴。

（五）完善中药材交易市场的准入核批与监督管理制度

各类中药材交易市场必须配套建设与交易量规模相适应的公共仓库设施、对市场交易的中药材实行集中仓储管理，或引入第三方物流企业提供社会化的专业服务。商务主管部门应当会同国家食药监管部门，对现有中药材各类交易市场进行检查复核，凡是原国家部局核定的17家中药材专业市场、近年来新建的中药材交易市场，目前还没有配备规模化仓库设施、对市场交易的中药材没有实行集中仓储管理的，必须在2015年之前按国家的总体要求进行整改。

（六）建议国家食药监管部门强化GSP、GMP认证与监管

采用倒逼机制，通过中药饮片与制药企业采购无硫、有规范包装与信息码的中药材，促使中药材经营商户与企业采用科学养护方法与高效物流方式。

（七）充分发挥相关行业组织在中药材标准制定与宣贯培训、质量认证、人才培训、专业咨询等方面的积极作用

支持建立中药材仓储专业性行业组织，重点推广应用中药材现代仓储养护技术，推动中药材初加工、包装、仓储、运输等各方面的经营、管理、设施、技术创新，促进中药材现代物流体系的逐步建立健全。

（八）加强商务主管部门与食品药品监管等部门的工作联系与合作

● 中药材流通追溯体系建设

商务部办公厅关于开展2013年中药材流通追溯体系建设工作的通知

商办秩函〔2013〕848号

为贯彻落实《国家药品安全“十二五”规划》和《全国药品流通行业发展规划纲要（2011—2015年）》，提高中药材流通的现代化水平，增强中药材质量安全保障能力，根据《财政部关于下达2013年中药材流通追溯体系建设中央补助资金的通知》（财建［2013］584号），2013年中央财政支持吉林、江西、河南、湖南、广东、云南、甘肃省开展中药材流通追溯体系建设工作。现就有关事项通知如下。

一、工作目标和原则

（一）工作目标

在实施省份建设覆盖主要中药材品种，中药材种植和养殖企业、中药材经营户与经营企业、中药饮片和中成药生产经营企业、医疗机构以及零售药店等交易主体充分参与，来源可追溯、去向可查证、责任可追究的中药材流通追溯体系。

（二）工作原则

1. “反弹琵琶”，建立“倒逼”机制

加强政策引导，推动以中药材或中药饮片为原料的单位使用可追溯中药材，调动各类市场主体建设追溯体系的积极性；强化中药材经营者和市场开办者的质量安全第一责任人意识，促使其自觉落实追溯管理制度；通过建立中药材流通追溯体系，促进、引导按规范标准培育中药材。

2. 总体设计，分步实施

顺应物联网发展趋势，立足当前，着眼长远，设计制订总体方案，确定总体目标和任务。针对不同阶段的具体情况，明确目标和任务，分步实施。

3. 标准一致，平台统一

建立全国统一的中药材流通追溯标准体系，建设中央集中数据平台，使用统一应用软件，实现信息资源的互联共享和全国范围的追溯查询。

4. 政府推动，市场化运作

综合运用经济、法律、行政、技术等手段，充分发挥项目承办企业的主体作用，形成追溯体系市场化运作的长效机制。

二、建设任务

（一）建立省级追溯子系统

按照与中央数据平台对接的统一标准（具体见附件1—5），应用统一软件，实行买卖交易主体及中药材品种、产地等相关信息的电子化登记与电子结算，对各品种中药材进行规范化包装和粘贴可追溯标识，建设中药材从种植（养殖）、流通到饮片及中成药加工和使用的全过程追溯子系统。

（二）加强政策引导和制度建设

围绕中药材流通追溯体系建设实际需要和中药材流通现代化方向，实施省份要出台相关政策，对中药材种植养殖主体、中药材专业市场、中药材各类经营主体、中药饮片和中成药生产企业、医疗机构和零售药店参与中药材流通追溯体系建设和强制使用可追溯的中药材（含中药饮片）提出明确要求。制定规章制度，强化药品流通环节准入管理和经营主体责任，保障中药材流通追溯体系顺利建成并有效运行。

（三）大力发展现代流通方式

配合中药材流通追溯体系建设，大力发展中药材现代仓储物流和连锁经营，推广规范化包装和品牌化经营，实行电子化结算，提高中药材流通的现代化、标准化水平。

三、中央资金支持重点

（一）地方追溯管理平台建设

主要包括地方追溯子系统的数据库环境建设和软件的购买与安装，服务器等硬件设备的购置，机房建设和网络租用，以及追溯管理平台与中央数据库的技术对接与协同费用等。

（二）各流通节点追溯子系统建设

主要包括对各品种中药材进行规范化包装和粘贴可追溯标识，各市场主体内部信息化系统与地方追溯子系统的改造对接，配备必要的电子秤和信息采集与读取设备，实现交易电子化登记和电子结算等。

四、组织实施程序

（一）制订工作方案并抓紧组织实施

有关地方商务主管部门要会同财政部门抓紧制订中药材追溯体系建设工作方案，并报商务部和财政部备案。工作方案内容应明确工作的总体思路及具体目标；追溯体系具体内容及拟采用的技术模式；方案可行性分析；组织实施办法及步骤，长效机制建设措施；地方资金和政策配套情况；资金用途和管理办法等。

方案制订后，各地要抓紧按照政府采购相关法律和商务部关于开展中药材流通追溯体系建设项目招投标的要求组织招投标工作，尽快确定符合中药材流通追溯体系建设项目承办企业资质条件（具体见附件8）的项目承办企业。项目安排情况按程序公示无异议并报财政部、商务部备案后，督促承办企业抓紧组织实施，确保项目建设质量和进度。

（二）工作考核验收和抽查评估

项目完成后，有关地方商务主管部门要会同财政部门按照现行有关规定，及时组织验收，并结合项目特点，认真组织实施绩效评价工作。商务部将会同财政部对试点工作进行抽查评估。

五、进度安排

（1）2013年12月底前，完成中药材追溯体系建设工作方案并报商务部和财政部备案。

（2）2014年3月底前，完成追溯项目承办企业招标工作。

（3）2014年7月底前，完成地方追溯管理平台建设和各经营节点追溯子系统建设，实现地方平台与中央平台及各节点子系统之间数据连接调试与测试；完成商户备案及流通服务卡发放，开展试点企业管理人员与商户培训，并按要求通过商务部组织的中期评估。

（4）2014年10月底前，根据商务部有关文件、标准及考核评估办法，进行自测验收。

（5）2014年12月底前，商务部将组织开展实地验收，综合确定验收成绩，并对结果予以通报。验收不合格的省份，限期整改，于2015年1月底前达到验收标准，并通过商务部复查。如到期仍未完成建设任务的，要向商务部、财政部书面报告情况。

六、工作要求

（一）加强领导确保取得实效

1. 加强组织领导

实施省份要成立工作小组，落实工作责任，建立工作机制，切实推进中药材流通追溯体系建设、管理与运行工作。省级商务主管部门要会同财政部门加强对项目建设和资金使用的监管，做到制度健全，管理规范。商务部将会同财政部对工作进展情况进行抽查，对发生未按要求开展工作，工作进度较慢或资金管理存在问题的地区，将予以通报批评、扣减支持资金、直至取消试点资格。

2. 加强追溯管理队伍建设

要培育一批相对固定、专业化程度较高的软件开发、运行维护技术队伍；建立分级培训机制，针对相关部门工作人员、企业管理人员、追溯体系运行维护人员，开展法律、法规、政策、制度、标准和技术等方面的培训，提升追溯管理的能力和水平。

3. 加大新闻宣传力度

要通过中央和地方媒体，采取多种方式深度报道，充分宣传中药材流通追溯体系建设的意义、目的、措施和效果；通过典型案例剖析，让广大经营者充分认识作为中药材安全第一责任人的责任和义务；积极宣传引导，鼓励消费者主动索要购物凭证，积极维权，实现明白放心消费；通过发布实施追溯企业名单、褒扬实施追溯的企业典型等，提升消费者对可追溯中药材的认知度，扩大品牌效应。

4. 加强信息报送工作

要积极利用简报、手机报等形式，向本地各级人民政府和各部门定时报送信息，通报追溯体系建设情况和效果，争取各级政府和有关部门的大力支持。工作进展情况请于每月10日前报商务部（市场秩序司）。

（二）严格执行政府采购规定

1. 严格设定和审查资格条件

各地要严格按照《政府采购法》第二十二条和项目承办企业资质条件（具体见附件8）的规定，设定投标企业的资格条件，严禁降低标准和要求；接受联合体投标的，必须严格执行《政府采购法》第二十四条第二款规定。要按照《政府采购法》及有关法律、法规要求，严格遵守审查的程序和要求。在审查过程中，要对照招标文件规定，逐项认真审核投标企业营业执照、资质证明、业绩证明等材料，尤其要考察投标企业本地服务能力，筛除不合格企业。

2. 严格审批及招标程序

要严格按照《政府采购法》《政府采购货物和服务招标投标管理办法》及地方规章和规范性文件要求，履行项目立项、采购方式审批、招标文件审核、发布招标公告，以及开标、评标、定标等程序，依法及时处理质疑和投诉。

3. 编制好招标文件

要抓紧确定招标代理机构，加强业务交流，根据《国家中药材流通追溯体系主要设备参数要求》《国家中药材流通追溯体系智能溯源秤接口规范》两个技术规范（具体见附件6、附件7），按照各地方案共同编制好招标文件。同时，要会同有关部门对招标文件进行严格把关，加强审核论证，确保招标文件科学合法，防止出现语义含混不清、指定特定投标人或产品、含有倾向性或者排斥潜在投标人内容等问题。

4. 严格备案手续

各地招标公告发布前，要将招标公告和招标文件送商务部（市场秩序司）备案，并告知开标时间，商务部将视情派人参加；政府采购合同签订后7个工作日内，要将采购合同副本及中标企业资质材料（复印件）报商务部（市场秩序司）备案。

5. 严格禁止转包和分包

禁止追溯项目承办企业将其中标的全部项目转包或将其拆解分包给他人。对于发现的转包和分包行为要予以纠正，参与转包和分包的承办企业将被记入黑名单，禁止其参加以后的中药材流通追溯体系建设项目投标活动。

附件：

1. 国家中药材流通追溯体系建设规范
2. 国家中药材流通追溯体系主体基本要求
3. 国家中药材流通追溯体系统一标识规范
4. 国家中药材流通追溯体系设备及管理要求
5. 国家中药材流通追溯体系技术管理要求
6. 国家中药材流通追溯体系主要设备参数要求
7. 国家中药材流通追溯体系智能溯源秤接口规范
8. 中药材流通追溯体系建设项目承办企业资质条件

商务部办公厅

附件1

国家中药材流通追溯体系建设规范

一、前言

为进一步明确国家中药材流通追溯体系试点工作任务与要求，特制定本规范。本规范规定了国家中药材流通追溯体系的建设目标、基本原则、总体框架、追溯流程、追溯实现方式及信息采集、传输、应用等内容，明确了中药材流通追溯体系建设的基本准则和要求。适用于中药材流通追溯系统的建设和验收。

二、适用范围

中药材流通追溯体系覆盖试点城市所有中药材品种、中药材种植和养殖企业、中药材经营户和经营企业、中药材专业市场、中药饮片生产企业和中成药生产企业、中药饮片经营企业、医疗机构及零售药店。中药材流通追溯体系以追溯信息链条完整性管理为重点。

三、术语和定义

1. 地方追溯服务中心。是指在试点城市建立的为中药材交易双方提供经营主体登记、流通服务卡发放、药材登记、检验服务、交易登记及赋码、电子结算等内容的服务性机构。

2. IC卡。又称集成电路卡，是在聚氯乙烯（PVC，塑料产品之一）材料上嵌置一个或多个集成电路芯片，尺寸按照国际标准（如ISO 7810）规定，用于记录和传递信息的卡片。

3. CPU卡。又称智能卡，是指带有微处理器、具有一定信息处理能力的IC卡。

4. 流通服务卡。是指中药材经营主体所持的身份凭证和记录、传递交易过程信息的载体。按照商务部规定的信息记录格式和加密规则，由试点城市地方追溯服务中心监制并统一配发给中药材经营主体。一般采用IC卡或CPU卡，全国统一标识，统一样式。

5. RFID。又称无线射频识别技术，是一种非接触式的、可通过无线射频信号自动识别特定目标对象并读写相关数据的通信技术。一般由RFID标签、读写器和天线组成。

6. 条码。此处主要指二维码（QR码），是指某种特定的几何图形，按一定规律在二维方向上分布的黑白相间的图形标识符，用于记录数据信息。与条形码相比，二维码具有信息容量大、纠错能力强等特点。

7. 追溯码。是指由各子系统按照系统统一编码规则自动生成，标注于交易凭证或中药材包装物上，用于查询中药材流通追溯信息的代码。由数字组成，在全国具有唯一性。

8. 电子台账。用于详细记录中药材流通全过程信息，并按照规定的数据采集标准建立的电子文档。

9. 认证凭证。是指经商务部或有关部门按照中药材流通追溯标准进行检验、产地认证的依据。

10. 交易凭证。在中药材流通过程中产生的带有追溯码的流通单据，是后续环节分批验货的基本依据。

11. 智能溯源秤。是指集称重、非接触式 IC 卡读写、摊位号管理、多批次管理、限量控制、支持二维码凭证打印等功能，并能通过有线或无线等方式接收、传输相关信息的电子秤。

12. 无线环境传感网络设备。它是指在中药材种植和养殖环节、中药材或饮片运输和仓储环节，通过无线传感网络，传感器能够满足采集土壤温度、土壤湿度和光照强度，空气温度、空气湿度的数据和传输要求，且传感器能以树状和网状进行多跳自组网进行数据传输。

13. 移动（手持机）或固定式（查询机）追溯信息读写设备。是指具备条码识读、RFID 和 IC 卡读写等功能，并能通过 GPRS、WIFI 和蓝牙、Zigbee 等方式传输信息的移动式或固定式设备。适用于企业级的读写设备、企业经营主体进行批量出入库管理。

14. 查询终端。是指消费者通过追溯码查询中药材追溯信息的专用设备。

四、建设目标及原则

（一）建设目标

通过对中药材种植和养殖企业、中药材经营户和经营企业、中药材专业市场、中药饮片生产企业和中成药生产企业、中药饮片经营企业、医疗机构及零售药店等环节的关键信息进行电子化登记、管理和查询，建成中药材来源可追溯、去向可查证、责任可追究的中药材流通追溯链条。

提高生产经营主体安全责任意识，强化流通环节质量安全把关能力，促进中药材流通行业结构调整和流通发展方式转变，引导中药材流通企业开展集约化、规模化经营，提升中药材行业集中度和流通现代化水平。

（二）建设原则

1. 统一规划，逐步实施

根据国家中药材长远发展的需要，立足于当前追溯需求，统筹规划，建立统一标准、规范、管理制度。依据统一规划并根据各个试点地方的具体情况，在国家的统一安排下，逐步扩大试点范围。充分利用物联网、云计算等先进技术搭建技术架构，为追溯体系扩容建设预留空间。

2. 统一标准，数据共享

各试点城市采用统一标准的中药材流通追溯系统软件。通过统一的编码格式、数据采集格式和内容，确定的接口规范，实现地方中药材流通追溯平台（以下简称“地方平台”）与中央中药材流通追溯平台（以下简称“中央平台”）的数据同步，避免中药材流通追溯体系建设出现追溯链的断裂或信息孤岛现象。

3. 技术成熟、适用经济

在流通追溯体系建设初期，首先在地方推行技术成熟、成本易控制的 IC 卡为信息传递载体，通过成本较低的 IC 卡将各流通节点信息相关联。在信息化水平较高，条件许可的地方，可以采用无线射频识别（RFID）、CPU 卡等技术模式。

五、国家中药材追溯体系两级架构说明

按照“统一规划、统一标准、统一建设、分级管理”的原则，按照统一标准建设中央、地方两级追溯平台，形成上下贯通、协调运作、功能互补的全国追溯管理工作体系，作为政府部门开展流通追溯管理和公共信息服务的工作基础。

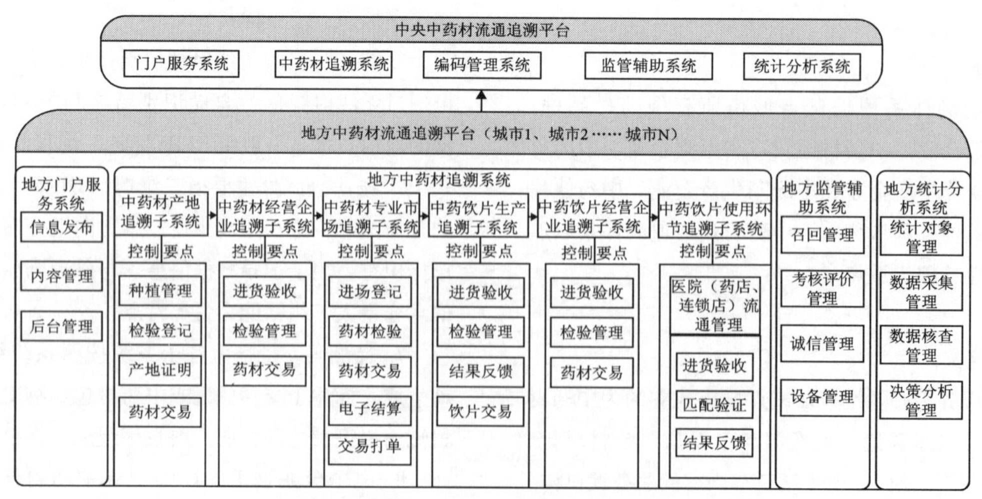

图 1 国家中药材流通追溯体系功能架构图

中央平台主要承担全国中药材流通追溯信息查询和中央有关政府部门监管、统计分析功能，地方平台主要承担地方政府监管、各流通节点管理和地方政府有关部门统计分析功能。

（一）中央中药材流通追溯平台

中央平台，作为全国各试点城市数据的汇集中心、全国追溯信息的集中管理中心以及全国追溯体系日常运行的指挥调度中心，系统具体功能如下：

1. 门户服务系统

门户服务系统提供数据信息统一公布，数据中心的统一访问和管理。

国家中药材流通追溯系统门户（www.zyczs.gov.cn），提供全国统一、唯一的中药材流通追溯信息查询途径。公布问题中药材警示信息，引导消费。通过专业查询终端、网络查询、手机终端、12312、12331 热线、短信等渠道，为交易主体和消费者提供查询和举报投诉服务。

2. 中药材追溯系统

作为全国中药材流通经营主体信息库，并按主体性质、主体类型、所属地区等进行存储和检索。汇集各试点城市流通追溯过程信息。

建立非试点城市的各环节追溯子系统，系统使用对象为非试点城市各流通节点主体单位，功能与地方中药材追溯各子系统系统功能相同。

3. 编码管理系统

依据《国家中药材流通追溯体系编码规则》，中央和地方中药材流通追溯平台采用统一编码、统一发码、统一验码系统。

中药材全产业链试点地方企业或流通主体按照全国统一编码规则、传输格式、接口规范，改造现有内部追溯管理系统，实现对所经营的中药材流通信息的标准化采集。

4. 监管辅助系统

监管辅助系统包含应急管理、考核评价管理、企业诚信管理和资产设备管理四个子系统。

应急管理。根据全国中药材流通追溯信息，第一时间明确应急事件产生的上下游环节，锁定源头、追踪流向，向相关地方城市主管机构、经营主体及消费者发布警示信息，并利用智能化手段，支持有关部门依法开展问题产品下架、退市、召回等应急处置工作。

考核评价管理。建立试点城市追溯工作考核管理制度及动态考核指标，定期对各流通节点追溯工作进行考核和评估，实现按季度或按月对各流通节点信息传输的及时性、规范性、真实性、连续性的横向比较和纵向分析。建立问题发现模型库，形成对问题的筛选、定性与程度评价的统一方法，对各试点城市信息报送进行有效监控，存在问题的及时予以警示。

企业诚信管理。建立全国中药材流通经营主体和经营户信用评价制度，建立信用登记指标体系和分析模型库，按照信息完整度、交易次数、诚信评价、不诚信行为等指标进行信用登记评价，建立企业诚信档案，并在相关网站予以公示。对严重违规、失信者实行行业禁入。

资产设备管理。汇总各试点城市设备运行状态和生命周期全过程的管理，包括设备分类、统一编号、设备领用登记备案、对设备调整、使用、维护、状态监测、故障诊断，以及维修信息的收集、处理等全部管理工作。建立设备固定资产档案、技术档案和运行维护原始记录。提高设备的完好率和利用率，降低维护费用。

5. 统计分析系统

按照全国中药材流通行业管理需要，建立统计分析指标体系和分析模型库，设定具体的统计分析项目，按日、周、月、年等周期，分品种、数量、价格等指标，综合运用同比、环比、走势、排行等方法进行统计分析。

（二）地方中药材流通追溯平台

按照统一的数据传输格式和接口规范，地方平台负责采集各节点数据信息，实现与中央平台和各流通节点追溯子系统互联互通，同时作为地方追溯信息的集中管理中心以及追溯体系日常运行的控制中心。平台具体功能如下：

1. 地方门户服务系统

地方门户服务系统与中央门户服务系统实现互联互通，提供信息发布管理功能，内容管理功能。

地方门户系统经统一部署，统一标准，建立在统一技术构架基础之上，信息可以实现基于特定权限共享呈送的“一群网站”，即中央门户系统对地方门户系统进行集中管理，形成“数据大集中”，有利于资源的整合和统一调配。地方门户服务系统可以在试点城市本地维护各自的网站信息，域名采用统一的二级域名模式。中央门户服务系统和各地方门户服务系统的信息可以互相共享呈送，实现网站群体系内的数据协同维护。

2. 地方中药材追溯系统

对纳入追溯范围的主体单位进行实名注册备案，签订追溯承诺书。建立专门的中药材流通主体信息库，汇总各流通节点主体基本身份信息，按主体性质、主体类别、经营范围、经营地点等进行存储和检索。

建立地方中药材流通追溯信息库，汇总各流通节点追溯子系统上报的追溯信息，按产地、流通节点、经营商户、追溯码等项目进行分级存储和检索，形成地方中药材流通追溯

信息链条。按照商务部规定的具体采集指标及时限要求，将有关信息传送至中央平台。

3. 地方监管辅助系统

监管辅助系统包含应急管理、考核评价管理、企业诚信管理和资产设备管理四个子系统。

应急管理。根据中央平台提供的事件源头，响应应急事件，追踪流向，向相关经营主体及消费者发布警示信息，并利用智能化手段，支持有关部门依法开展问题产品下架、退市、召回等应急处置工作。

考核评价管理。制定追溯工作考核管理制度及动态考核指标，定期对各流通节点追溯工作进行考核和评估，实现按季度或按月对各流通节点信息传输的及时性、规范性、真实性、连续性的横向比较和纵向分析。建立问题发现模型库，形成对问题的筛选、定性与程度评价的统一方法，对各流通节点信息报送进行有效监控，存在问题的及时予以警示。

企业诚信管理。建立中药材流通经营主体和经营户信用登记评价制度，建立信用登记指标体系和分析模型库。按照信息完整度、交易次数、诚信评价、不诚信行为等指标进行信用等级评价的信息汇总，建立企业诚信档案，对严重违规、失信者实行行业禁入。

资产设备管理。对追溯设备寿命周期全过程的管理，包括设备分类、统一编号、设备领用登记备案、对设备调整、使用、维护、状态监测、故障诊断，以及维修信息的收集、处理等全部管理工作。建立设备固定资产档案、技术档案和运行维护原始记录。提高设备的完好率和利用率，降低维护费用。

4. 地方统计分析系统

适应地方中药材流通行业管理需要，建立统计分析指标体系和分析模型库，设定中药材各品种进货量、成交量、成交价等地方性统计分析项目，按日、周、月、年等周期，综合运用同比、环比、走势、排行等方法进行统计分析。

六、流通节点追溯子系统

按照统一的数据传输格式和接口规范，各流通节点子系统与地方平台连接，作为中药材流通追溯的信息采集点，同时发挥规范各个环节交易流程的作用。

（一）中药材产地追溯子系统

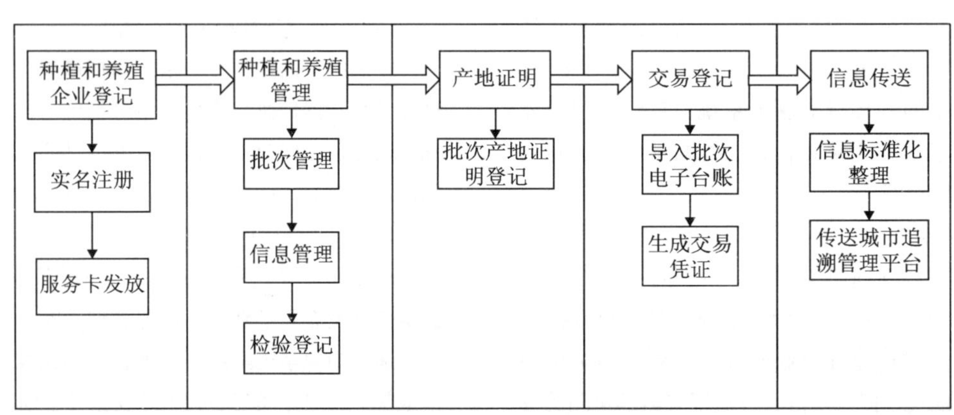

图 2　中药材产地追溯子系统

1. 种植和养殖企业登记

实名注册。对种植和养殖企业进行实名注册备案，签订追溯承诺书。已备案的种植和养殖企业无须再备案，同时企业维护 GAP 认证信息。

服务卡发放。对备案的种植和养殖企业发放中药材流通服务卡，种植和养殖企业须持卡交易。

2. 种植和养殖管理

批次管理。种植和养殖企业登记种植和养殖品种、面积、时间、实际收获重量，并以此为一个批次。

信息管理。种植和养殖企业登记种植和养殖品种、面积、种植和养殖时间、预计产量、农业信息、实际产量、收获时间等信息。有条件的种植和养殖企业可记录施肥、光照、土壤温湿度等信息。

检验登记。种植和养殖企业有条件可以进行相关中药材的检验，与批次绑定，并提交地方平台。

3. 产地证明

中药材种植和养殖企业需要将产地证明上传到系统中，作为交易凭证内容。

4. 交易登记

为买卖双方进行交易登记，建立电子台账，将品种、价格、数量、买主、流向等交易信息进行登记并建立电子交易凭证。

5. 信息传送

追溯子系统按信息采集要求，自动对信息进行标准化处理并传送到地方平台。

（二）中药材经营企业追溯子系统

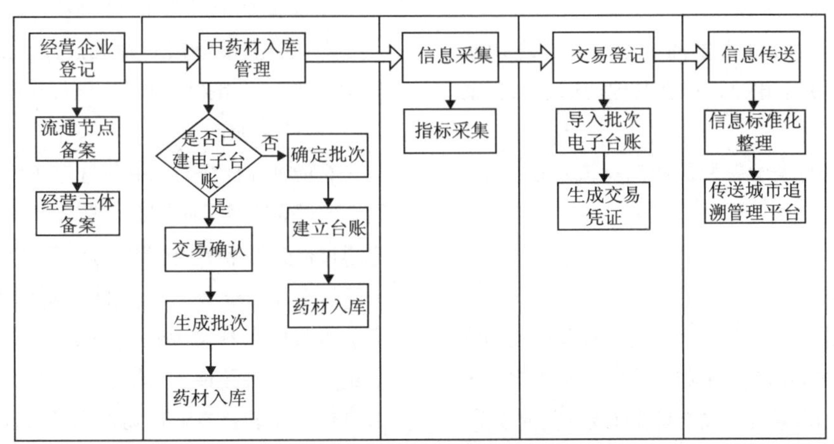

图 3　中药材经营企业追溯子系统

1. 经营企业登记

中药材经营企业备案登记。对经营企业进行实名注册备案，签订追溯承诺书。

服务卡发放。对备案的经营企业发放中药材流通服务卡，经营企业须持卡交易。

2. 中药材入库管理

（1）已建立电子台账

交易确认。中药材经营企业对已建电子台账的中药材进行电子确认，确定进入经营企业电子台账。

生成批次。对已确认的中药材建立企业批次。

（2）未建立电子台账

确定批次。对未进入流通追溯系统的中药材，以产地证明号或认证凭证号为批次管理依据，当次所进中药材为同一批次。

建立电子台账。由中药材经营企业登记品种、数量、产地证明号或认证凭证号、产地、种植和养殖企业等信息，建立以产地证明号或认证凭证号为索引的电子台账。

3. 信息采集

经营企业个性化信息采集，中药材应根据品种的不同性质，需分别贮存于常温库、阴凉库。经营企业可采集仓储温湿度等环境信息。

4. 交易登记

将中药材交易信息自动导入该批次电子台账。

5. 信息传送

追溯子系统按信息采集要求，自动对信息进行标准化处理并传送到地方平台。

（三）中药材专业市场追溯子系统

中药材专业市场追溯子系统采集中药材进场、检测、交易等关键环节信息。主要功能如下：

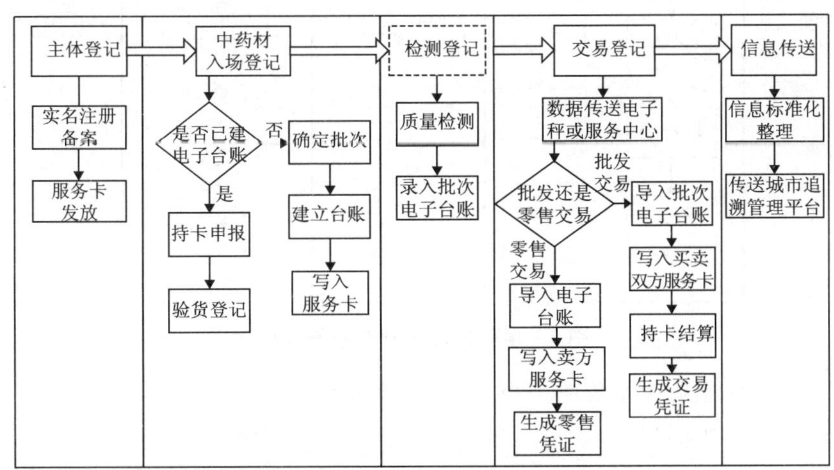

图 4　中药材专业市场追溯子系统

注：虚线框表示的中药材检验登记系统不作硬性要求，各试点城市可视具体情况决定是否建设。

1. 主体登记

实名注册。对进场经营者（批发商、零售商）进行实名注册登记备案，签订追溯承诺书。已在其他流通节点备案的经营者无须再备案。

服务卡发放。对备案的经营者发放中药材流通服务卡，经营者须持卡交易。

2. 中药材入场登记

（1）已建立电子台账

持卡申报。入场中药材信息已经在上一流通环节进入到流通追溯系统中，经营者入场后需向专业批发市场持卡申报，出示上一环节的交易凭证，市场管理员以交易凭证为验货的依据。

验货登记。市场管理员现场验货并登记，系统读取流通服务卡中经营者信息，完成与系统中该批次中药材信息的匹配验证。

（2）尚未建立电子台账

确定批次。入场中药材信息尚未进入到流通追溯系统中，以中药材产地证明或认证凭证为批次管理依据，同一批发商的同一张产地证明或认证凭证的中药材为同一批次。

建立电子台账。由市场管理员登记中药材来源信息，分别建立以产地证明号（认证凭证号）为索引的电子台账。其中，中药材包括批发商、品种、数量（重量）、产地证明号或认证凭证号、产地、种植和养殖企业等信息。

3. 检测登记（有条件的地区可以进行）

专业批发市场按照相关法律、法规规定对中药材进行质量检测，将相关信息录入该批次电子台账。

4. 交易登记

智能溯源秤交易。中药材专业市场有智能溯源秤的经营者，通过局域网即时连接、刷卡读取等方式，将中药材交易信息通过智能溯源秤上传到地方中药材专业市场追溯子系统中。

服务中心交易。中药材专业市场无智能溯源秤的经营者或批量中药材交易的经营者，可通过专业市场服务中心登记交易，将品种、价格、数量、买主、流向等交易信息录入到地方中药材专业市场追溯子系统中。

获取交易凭证。批发交易买方在结算完成后，获取带有追溯码的交易凭证；零售交易卖方通过智能溯源秤或标签电子秤，为消费者打印带追溯码的交易凭证。

5. 信息传送

信息标准化处理。追溯子系统按信息采集要求，自动对信息进行标准化处理。

信息同步。登记备案信息及交易信息传送至地方平台，各试点城市可根据需要增加个性化采集指标，所采集数据也需传送到中央平台。

（四）中药饮片生产追溯子系统

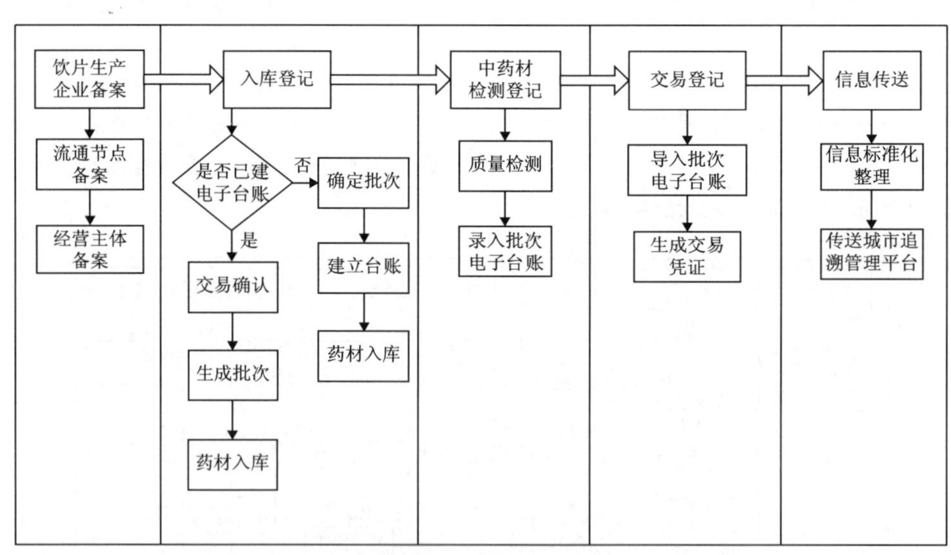

图5　中药饮片环节追溯子系统

中药饮片生产企业建立以进货确认、检验管理、交易登记为核心内容的追溯子系统。主要功能如下：

1. 饮片生产企业备案

中药材饮片生产企业备案登记。对饮片生产企业进行实名注册备案，签订追溯承诺书，同时维护经营企业 GMP 认证信息。

2. 入库登记

（1）已建立电子台账

中药饮片生产企业采购已建立电子台账的中药材。

交易确认。中药饮片生产企业对已建电子台账的中药材

进行电子确认，确定进入饮片生产企业台账。

确定批次。对已确认的中药材建立企业原料批次。

（2）未建立电子台账

确定批次。对未进入流通追溯系统的中药材，以产地证明号或认证凭证号为批次管理依据，当次所进中药材为同一批次。

建立电子台账。由饮片生产企业登记品种、数量、产地证明号或认证凭证号、产地、种植和养殖企业等信息，建立以产地证明号或认证凭证号为索引的电子台账。

3. 检测结果登记

生产企业按要求对中药材进行质量检测，将相关信息录入该批次电子台账。检测不合格的，自动中止交易。

4. 交易登记

将中药饮片交易信息自动导入该批次电子台账。

5. 信息传送

追溯子系统按信息采集要求，自动对信息进行标准化处理并传送到地方平台。

（五）中药饮片经营企业追溯子系统

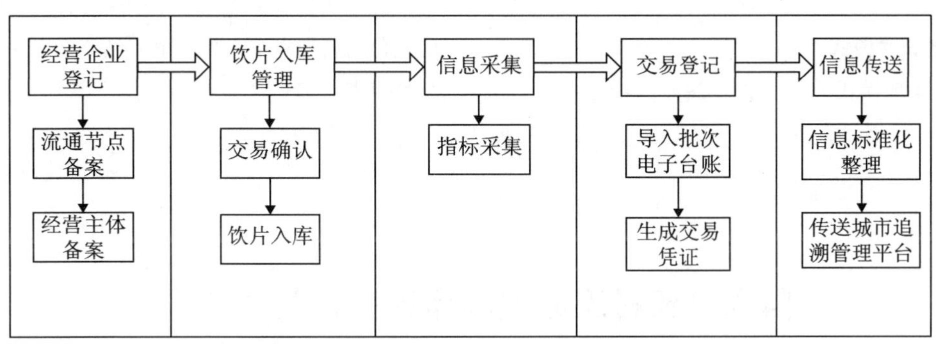

图6　中药饮片经营企业追溯子系统

1. 经营企业登记

流通节点备案。对中药饮片经营企业进行实名注册备案，签订追溯承诺书，同时维护经营企业 GSP 认证信息。

服务卡发放。对备案的经营者发放中药材流通追溯服务卡，经营企业须持卡交易。

2. 饮片入库管理

登记采购的中药饮片品种、产地、重量、生产企业、生产时间、流通节点等信息。

3. 信息采集

经营企业个性化信息采集，中药饮片应根据品种的不同性质，需分别贮存于常温库、阴凉库。经营企业可采集仓储温湿度等环境信息。

4. 交易登记

将中药饮片交易信息自动导入该批次电子台账。

5. 信息传送

追溯子系统按信息采集要求，自动对信息进行标准化处理并传送到地方平台。

（六）中药饮片使用环节追溯子系统

在饮片使用环节建立以医疗机构及零售药店管理和消费者信息查询为主要内容的追溯子系统。主要功能如下：

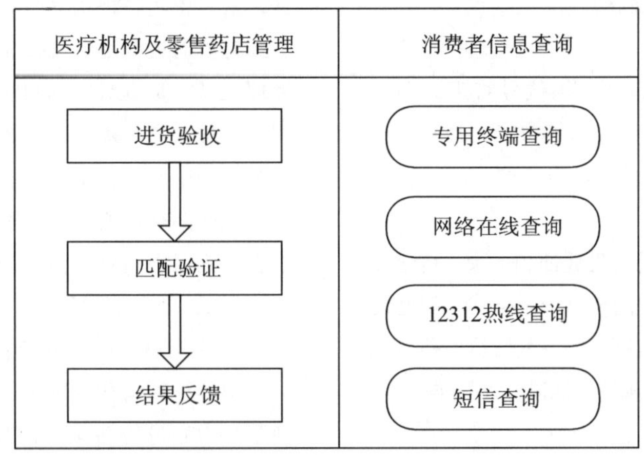

图7　中药饮片使用环节追溯子系统

1. 医疗机构及零售药店管理

进货验收。采购员运回所采购的中药饮片后，由单位管理员通过追溯子系统进行现场验收。

匹配验证。将信息自动导入追溯子系统，完成与系统中所属批次信息的匹配验证，结果自动反馈城市追溯管理平台。

2. 消费者信息查询

试点城市通过在专业市场、医疗机构及零售药店安装专用的查询终端，开通手机短信、互联网、热线电话等查询通道，供消费者查询中药材流通相关信息。

七、推广先进的技术模式

（一）多项技术集成模式

综合运用 RFID 标签、物联网等技术手段，在不同环节对中药材追溯单元进行特定化标识，实现中药材流通服务卡内信息与追溯客体的准确匹配，适用于多环节、包装化、品牌化的中药材追溯。

（二）现代物流服务模式

引导药材流通和物流企业在仓储、运输等物流过程中，制定相应的物流技术保障措施和制度，保证药品的安全性和有效性，配送的及时性。

（三）电子交易结算模式

鼓励药材流通企业运用现代信息技术，逐步实行基于信息化的新型电子支付、电子结算和电子交易等方式，降低交易成本。

附件 2

国家中药材流通追溯体系主体基本要求

本规范规定了国家中药材流通追溯体系中对各个流通环节，包括中药材种植和养殖企业、中药材经营企业、中药材专业市场、中药饮片生产企业、中药饮片经营企业、医疗机构及零售药店等单位的总体要求，以及在基础管理、追溯管理、流程管理、数据采集等方面的基本要求。

一、关键术语及其定义

下列术语和定义适用于本规范。

（一）地方追溯服务中心

是指在试点城市建立的为中药材交易双方提供经营主体登记、流通服务卡发放、药材登记、检验服务、交易登记及赋码、电子结算等内容的服务性机构。

（二）智能溯源秤

是指集称重、非接触式 IC 卡读写、摊位号管理、多批次管理、限量控制、支持二维码凭证打印等功能，并能通过有线或无线等方式接收、传输相关信息的电子秤。

（三）流通服务卡

是指中药材流通经营主体所持的身份凭证和记录，传递交易过程信息的载体。按照商务部规定的信息记录格式和加密规则，由试点城市地方追溯服务中心监制并统一配发给中药材经营者。一般采用 IC 卡或 CPU 卡，全国统一标识，统一样式。

（四）卡单同行

卡单同行是指中药材流通服务卡与中药材交易凭证共同跟随中药材购买方。

二、中药材种植和养殖企业基本要求

（一）总体要求及追溯管理办法

1. 总体要求

通过建立覆盖中药材种植/养殖信息登记、质量检测及交易等关键环节的全程信息管理，达到对中药材种植/养殖的信息追溯要求。以产地证明和检测合格证明为中药材来源依据，以中药材交易凭证、追溯系统流向记录为依据，确保中药材种植/养殖信息与流向信息相关联。

2. 追溯管理

建立企业内部网络，配置与中药材追溯相适应的硬件设备，安装中药材种植/养殖追溯子系统，通过互联网与地方中药材流通追溯平台连接，配置合适的交易终端。落实专职管理人员，负责对中药材种植/养殖追溯子系统进行日常管理。管理人员必须具备计算机基本常识，熟悉业务流程，能熟练应用中药材种植/养殖追溯子系统，确保长效运行。

凭中药材流通服务卡准入，凭产地证明和检测合格证明准出。确保中药材种植/养殖信息对接中药材流通信息。

（二）业务流程管理

1. 中药材种植和养殖企业备案

中药材种植和养殖企业凭营业执照及复印件，到地方追溯服务中心进行备案。由地方追溯服务中心登记其基本信息，并写入中药材流通服务卡，发放给中药材种植和养殖企业，实行持卡交易。

2. 中药材种植/养殖信息登记管理

中药材种植和养殖企业在种植/养殖开始时通过中药材种植/养殖追溯子系统向地方中药材流通追溯平台申请新建可追溯种植/养殖任务，由地方中药材流通追溯平台自动分配种植/养殖批次码，中药材种植和养殖企业将种植/养殖信息录入到中药材种植/养殖追溯子系统。

3. 中药材种植/养殖批次管理

以一个地块同一时间段种植/养殖的中药材为一个批次。不同批次的中药材种植/养殖信息应分开保管，分清每一批次。

4. 中药材采收批次管理

同一批次种植/养殖的药材，分期采收和分药用部位采收的，不同时期采收的，需分清批次。

5. 检测信息登记

中药材收获后，由中药材种植和养殖企业按批次、品种进行质量检测，将检测结果（合格或不合格）录入中药材种植/养殖追溯子系统。

6. 中药材交易管理

中药材种植和养殖企业进行交易信息录入，将中药材种植/养殖信息与流向信息相关联，打印追溯码或交易凭证。

三、中药材经营企业基本要求

（一）总体要求及追溯管理办法

1. 总体要求

通过建立中药材流通登记及交易等关键环节的信息管理，达到对中药材流通的信息追溯要求。以产地证明或检测合格证明为来源依据，以中药材交易凭证、中药材流通服务卡为中药材流向依据（卡单同行），确保中药材来源信息与流向信息相关联。

2. 追溯管理

建立企业内部网络，配置相适应的硬件设备，安装中药材经销环节追溯子系统，通过互联网与地方中药材流通追溯平台连接。配置合适的交易终端，落实专职管理人员，负责对中药材经销环节追溯子系统进行日常管理。

凭产地证明或检测合格证明准入，凭交易凭证、中药材流通服务卡准出，确保中药材来源信息对接中药材流向信息。

（二）业务流程管理

1. 中药材经销商备案

中药材经销商凭营业执照及复印件，到地方追溯服务中心进行备案。由地方追溯服务中心登记经销商基本信息，并写入中药材流通服务卡，发放给经销商，实行持卡交易。

2. 中药材来源管理

对未进入追溯体系的中药材，经销商根据产地证明或检测合格证明，自行录入中药材来源地、品种、数量等信息。

对已进入追溯体系并在电子台账中登记的中药材，由经销商验证（交易凭证）收货，读取流通服务卡或在中药材经销环节追溯子系统上确认收货信息，完成与地方中药材流通追溯平台中该批次中药材信息的匹配验证。

3. 中药材采购批次管理

以产地证明或检测合格证明为批次管理依据，同一张产地证明或检测合格证明的中药材为同一批次。不同批次的中药材应分开保管，分清每一批次。

4. 中药材交易管理

中药材经销商进行交易信息录入，将中药材来源信息与流向信息相关联，打印追溯码或交易凭证。

四、中药材专业市场基本要求

（一）总体要求及追溯管理办法

1. 总体要求

通过建立覆盖中药材进场登记、检测及交易等关键环节的全程信息管理，达到对中药材批发的信息追溯要求。以中药材产地证明或检测合格证明为中药材来源依据，确保来源信息与流向信息相关联。在批发市场内设置场内零售交易摊位的，采用智能溯源秤打印零售凭证。

2. 追溯管理

市场管理方在市场内需建立地方追溯服务中心，负责经营户登记备案、药材进场登记、交易信息登记、设备使用管理。建立企业内部网络，配置与专业市场相适应的硬件设备，安装中药材专业市场追溯子系统，通过互联网与地方中药材流通追溯平台连接。配置合适的交易终端，落实专职管理人员，负责对中药材专业市场追溯子系统进行日常管理。管理人员必须具备计算机基本常识，熟悉业务流程，能熟练应用中药材专业市场追溯子系统，确保长效运行。

凭产地证明或检测合格证明准入，凭交易凭证、中药材流通服务卡准出。确保中药材来源信息对接中药材流向信息、种植/养殖（收购）信息对接批发信息、批发信息对接中药饮片生产信息，实现信息环环相扣的追溯要求。

对于在专业市场内有场外交易的经营户，应按照中药材经营企业的基本要求进行处理。

（二）业务流程管理

1. 进场经营者（批发商、零售商）备案

进场经营者凭有效身份证件、营业执照及复印件，到专业市场追溯服务中心进行备案。由专业市场追溯服务中心登记经营者基本信息，发放中药材流通服务卡，实行持卡交易。

2. 中药材进场管理

对未进入追溯体系的中药材，在专业市场追溯服务中心登记窗口，由市场管理员验证产地证明或检测合格证明，后按要求划分批次，并将信息输入中药材专业市场追溯子系统，生成电子台账。如无产地证明或检测合格证明，货主（批发商）应自行填写中药材来源地、品种、数量等信息，并签字确认，由市场管理员录入相关信息。

对已进入追溯体系并在电子台账中登记的中药材，市场管理人员验证收货，将信息自动导入中药材专业市场追溯子系统，完成与地方中药材流通追溯平台中该批次中药材信息的匹配验证。

3. 中药材批次管理

以产地证明或检测合格证明为批次管理依据，同一张产地证明或检测合格证明的中药材为同一批次。不同批次的中药材应分开保管，分清每一批次。

4. 检测信息登记

中药材进场登记后，有检测条件的市场可按批次、品种进行检测，将检测结果（合格或不合格）录入中药材专业市场追溯子系统。

5. 数据下传

完成中药材进场登记后，通过网络或读取流通服务卡，将中药材品种、批次号等信息在包装、销售前下传智能溯源秤。

6. 数据回传

智能溯源秤称重后，将交易的中药材品种、重量、批次号、交易凭证号等信息上传中药材专业市场追溯子系统。

7. 存储管理

应按中药材供应商、日期、批次分别存储，不得混批存储。

8. 追溯码打印

中药材专业市场有智能溯源秤的经营者，智能溯源秤支持追溯码打印功能，通过智能溯源秤快捷键或代码输入方式，可选择销售品种，设定销售价格，打印追溯码。

中药材专业市场无智能溯源秤的经营者或批量中药材交易的经营者，通过专业市场服务中心，按同一供应商同一批次包装并通过智能溯源秤进行交易，智能溯源秤支持追溯码打印，在包装上粘贴追溯码标签。

9. 交易管理

通过智能溯源秤或专业市场服务中心，将中药材来源信息与流向信息相关联，并打印追溯码或交易凭证。

五、中药饮片生产企业基本要求

（一）总体要求及追溯管理办法

1. 总体要求

通过建立覆盖中药材进货登记、检测及中药饮片生产、交易等关键环节的全程信息管理，达到对中药饮片的原料来源、生产、交易等信息追溯要求。以中药材产地证明和检测合格证明或地方中药材流通追溯平台内中药材电子台账为来源依据，确保来源信息与流向信息相关联。

2. 追溯管理

建立企业内部网络，配置相适应的硬件设备，安装中药饮片生产追溯子系统，通过互联网与地方中药材流通追溯平台连接。配置电脑、标签打印机等设备，落实专职管理人员，负责对中药材饮片生产追溯子系统进行日常管理。管理人员必须具备计算机基本常识，熟悉业务流程，能熟练应用中药饮片生产追溯子系统，确保长效运行。

凭产地证明和检测合格证明或交易凭证准入，凭交易凭证和追溯标签准出。确保中药材来源信息对接中药饮片生产，中药饮片生产信息和经销信息对接医院（药店）使用信息，实现信息环环相扣的追溯要求。

（二）业务流程管理

1. 中药饮片生产企业备案

中药饮片生产企业凭营业执照、药品生产许可证及复印件，到地方追溯服务中心进行备案。由地方追溯服务中心登记基本信息，发放中药材流通服务卡。

2. 中药材来源管理

对未进入追溯体系的中药材，从产地直接采购的中药材由中药饮片企业验证产地证明或检测合格证明后按要求划分批次，并将信息输入中药饮片生产追溯子系统，生成电子台账。如无产地证明或检测合格证明，中药饮片生产企业应自行填写中药材来源地、品种、数量和检测等信息。

对已进入追溯体系并在电子台账中登记的中药材，中药饮片生产企业验证收货，读取流通追溯码或通过中药饮片生产追溯子系统确定订单，完成与地方中药材流通追溯平台中该批次中药材信息的匹配验证。

3. 中药饮片生产批次管理

同一批中药材生产的中药饮片作为一个批次，由企业在中药饮片生产追溯子系统上登记批次号，申请批次码，不同批次的中药饮片应分开保管，分清每一批次。

4. 检测信息登记

中药材入库登记后，企业按批次、品种进行检测，将检测结果录入中药饮片生产追溯子系统，并上传检验报告。

中药饮片生产完成后，企业按批次、品种进行检测，将检验结果录入中药饮片生产追溯子系统，并上传检验报告。

5. 交易管理

中药饮片生产企业将中药饮片交易信息录入，将中药材来源信息与中药饮片流向信息相关联，打印追溯码或交易凭证。

六、中药饮片经营企业基本要求

（一）总体要求及追溯管理办法

1. 总体要求

通过建立覆盖中药饮片进货登记、交易等关键环节的信息管理，达到对中药饮片的来源、交易等信息追溯要求。以中药饮片追溯标签或电子台账为中药材来源依据，确保来源信息与流向信息相关联。

2. 追溯管理

建立企业内部网络，配置与相适应的硬件设备，安装中药饮片经销追溯子系统，通过互联网与地方中药材流通追溯平台连接。配置电脑、手持式交易设备、扫描设备等设备。落实专职管理人员，负责对中药饮片经销追溯子系统进行日常管理。管理人员必须具备计算机基本常识，熟悉业务流程，能熟练应用中药饮片经销追溯子系统，确保长效运行。

凭交易凭证、饮片追溯标签准入，凭交易凭证准出。确保中药饮片来源信息对接中药饮片医院使用信息，实现信息环环相扣的追溯要求。

（二）业务流程管理

1. 中药饮片经营企业备案

饮片经销企业凭营业执照、药品经营许可证、药品经营许可证及复印件，到地方追溯服务中心进行备案。由地方追溯服务中心登记基本信息，发放中药材流通服务卡。

2. 中药饮片入库管理

从中药饮片生产企业采购饮片后，在中药饮片经销追溯子系统上确认来源、品种、数量等信息进行收货，生成电子台账。

3. 交易管理

中药饮片经营企业将中药饮片交易信息录入，将中药材来源信息与中药饮片流向信息相关联，打印交易凭证。

七、医疗机构及零售药店基本要求

（一）总体要求及追溯管理办法

1. 总体要求

通过建立覆盖中药饮片进货登记、销售等关键环节的信息管理，达到对中药饮片的来源、交易等信息追溯要求。以中药饮片追溯标签或电子台账为中药饮片来源依据，确保来源信息与流向信息相关联。

2. 追溯管理

建立企业内部网络，配置与相适应的硬件设备，安装中药饮片使用追溯子系统，通过互联网与地方中药材流通追溯平台连接。配置电脑、手持式交易设备、扫描设备、多媒体查询机等设备。落实专职管理人员，负责对中药饮片使用追溯子系统、多媒体查询机进行日常管理。管理人员必须具备计算机基本常识，熟悉业务流程，能熟练应用中药饮片使用追溯子系统，确保长效运行。

凭交易凭证、饮片追溯标签准入，凭交易凭证准出。确保中药饮片来源信息对接中药饮片使用信息，实现信息环环相扣的追溯要求。

（二）业务流程管理

1. 医疗机构及零售药店备案

医疗机构及零售药店凭营业执照、药品经营许可证及复印件，到地方追溯服务中心进行备案。由地方追溯服务中心登记基本信息，发放中药材流通服务卡。

2. 供应商备案

对中药饮片供应商进行备案，建立基本信息档案。

3. 中药饮片入库管理

从中药饮片生产企业、中药饮片经营企业采购饮片后，在中药饮片使用追溯子系统上确认来源、品种、数量等信息进行收货，生成电子台账。

4. 销售管理

医疗机构及零售药店将中药饮片交易信息录入，将中药饮片来源信息与中药饮片流向信息相关联。

附件3

国家中药材流通追溯体系统一标识规范

本规范规定了国家中药材追溯体系中追溯标识要求，适用于整个中药材流通追溯体系。

一、专用标识限于以下使用范围

（一）设备类。包括中药材流通服务卡，读写机具，智能溯源秤、查询一体机，手持机，环境采集器，追溯标签等；

（二）宣传类。包括出版物、宣传品和纪念品，会议背板、条幅，相关网站、网页等；

（三）标识类。包括各类标识牌，货架标牌，追溯产品外包装，追溯小票等；

（四）其他。包括调查表、统计表，信封、信纸、便笺，名片、工作证、胸卡，公文袋、文件夹等。

二、国家中药材流通追溯体系

国家中药材流通追溯体系专用标识由标准图形组成，设有标准色2色。

三、中药材流通服务卡

（一）中药材流通服务卡（以下简称“服务卡”）是中药材流通经营者所持的身份凭证和记录、传递交易过程信息的载体，一般采用集成电路卡（IC卡）或智能卡（CPU卡）。

（二）服务卡正面由专用标识、“中药追溯信息系统身份识别卡”字样、卡号等组成；背面由使用须知、国家中药材流通追溯体系网址、联系方式等组成。

（三）服务卡长85.5毫米、宽54毫米、厚0.8或1.8毫米，采用聚氯乙烯（PVC）、聚对苯二甲酸乙二醇酯（PET）或0.13铜钱等材料封装。相关质量标准按照ISO 10536执行。

四、标识规范

（一）名称和简称

名称：国家中药材流通追溯体系，简称：中药追溯。

（二）标识

1. 方版标识（见图1）

图1　方版标识

2. 长版标识（长宽比为1∶3）（见图2）

图2　长版标识

可根据实际需要按比例缩小或放大。中文：中药追溯，华文隶书。网址：www. zyczs. gov. cn，Calibri字体。

3. 企业标准字

优先采纳下述第一类中的规定，第一类规定中没有涉及的内容，参照第二类规定。

➢ 第一类：

（1）中央平台名称

国家中药材流通追溯体系：华文中宋，一号字，加粗。

（2）地方平台名称

国家中药材流通追溯体系（××站）：

国家中药材流通追溯体系，华文中宋，一号字，加粗；（××站）：黑体，加粗，五号字。

➢ 第二类：

（1）设备类：黑体。

（2）标识类：黑体。

（3）宣传类：华文中宋。

（4）其他类：华文中宋。

4. 标准色（见图3）

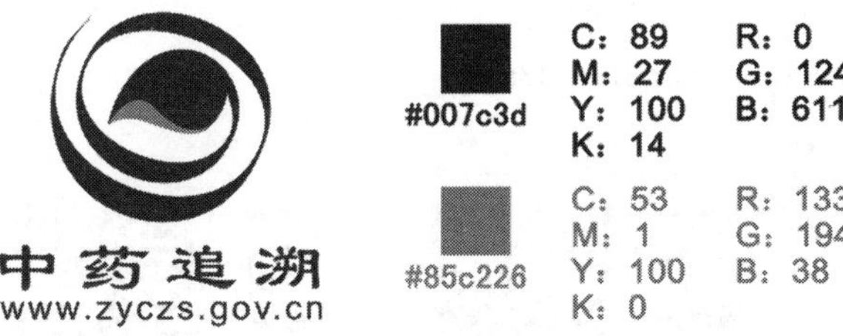

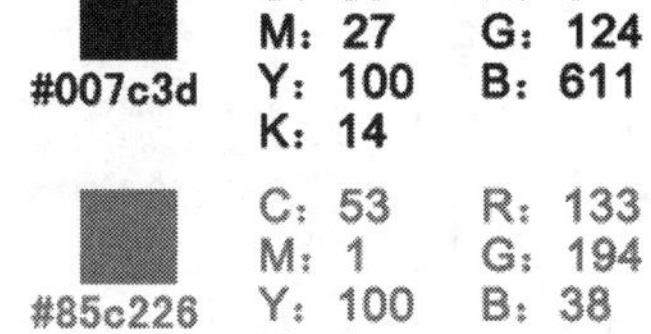

图3　标准色示例

5. 追溯标签

追溯标签正面由专用标识、“中药追溯”字样和国家中药材流通追溯体系及网址 www. zyczs. gov. cn 组成。溯标签分为大号标签和小号标签两种。小号标签的排版间隔均为3mm（见图4），大号标签的排版间隔均为5mm（见图5）。

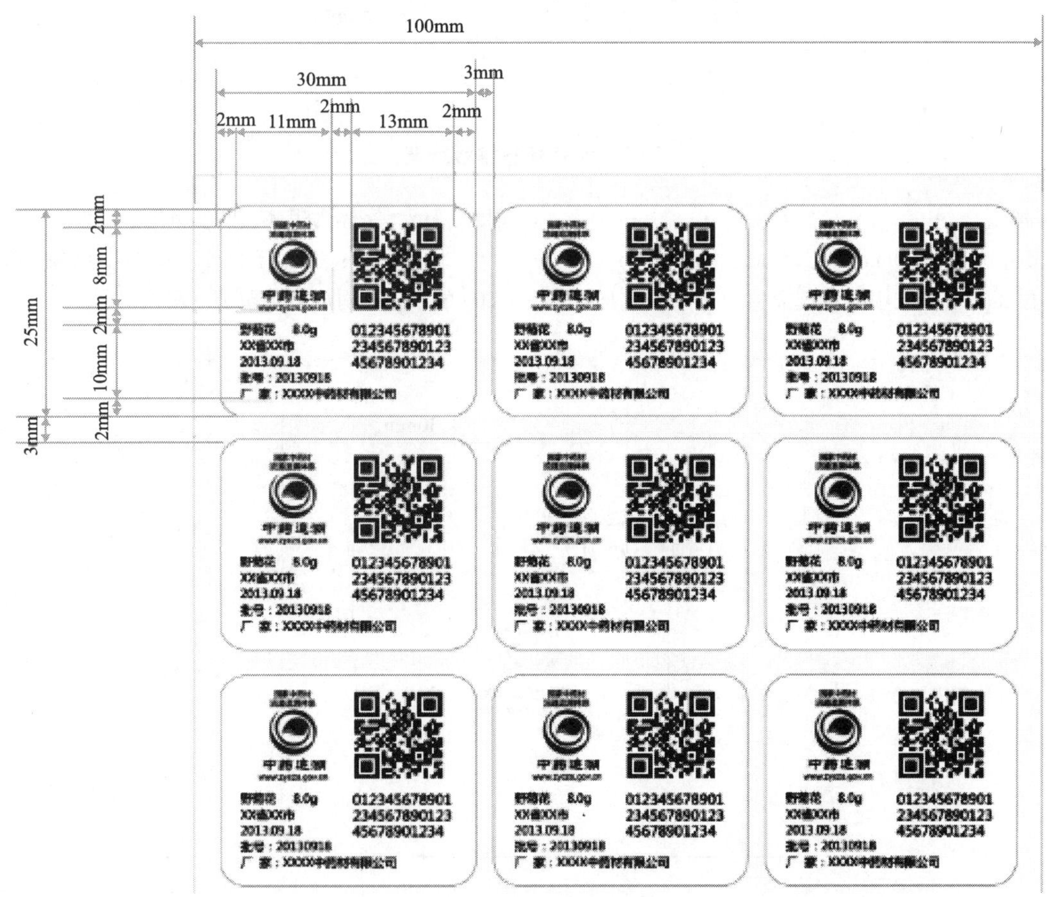

图4　小号标签排版示意

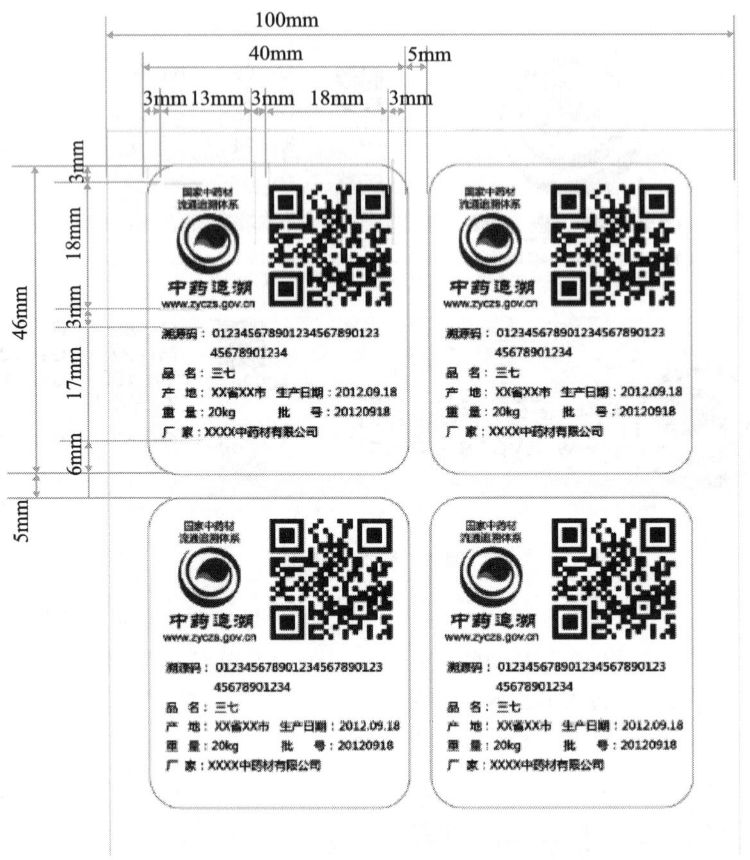

图5　大号标签排版示意

（1）小号标签

小号标签尺寸为：长30mm、宽25mm、厚0.1mm。标识长8mm，宽12mm。“国家中药材流通追溯体系”字样字号为5px，字体为黑体（见图6）。

标签用途：①用于低于20g的小包装；②用于与低于20g的小包装对应的中包装（见图7）。

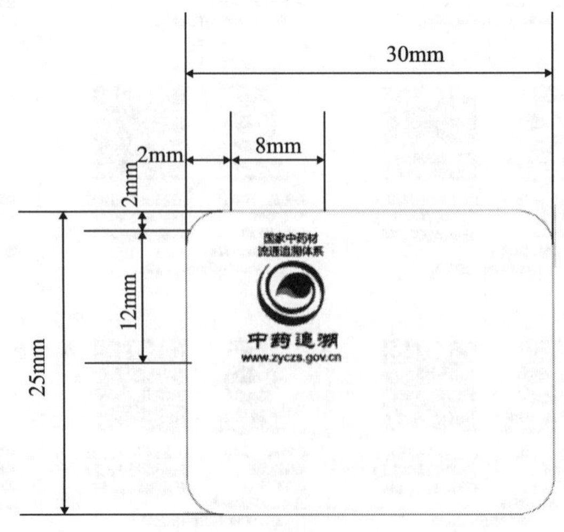

图6　小号标签（喷码前）

小号标签喷码后内容包括：二维码、溯源码、品名。

图 7　低于 20g 的小包装对应的中包装（喷码后）

（2）大号标签

内容：正面由专用标识“中药追溯”字样、国家中药材流通追溯体系及网址 www. zyczs. gov. cn 组成。追溯标签尺寸为：长 46mm、宽 40mm、厚 0. 1mm。标识长 23mm、宽 17mm。“国家中药材流通追溯体系”样字号为 7px，字体为黑体。

适用范围：①用于大于 20g 饮片小包装；②用于饮片大包装；③用于中药材包装袋。（见图 8）

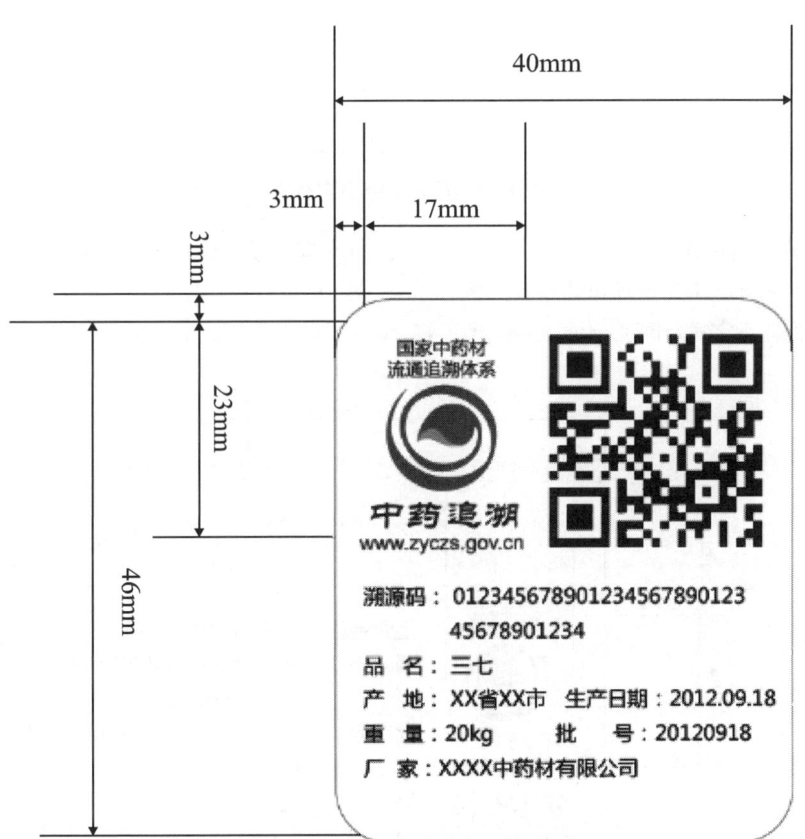

图 8　大于 20g 饮片小包装 \ 饮片大包装 \ 中药材包装袋标签（喷码后）

6. 中药材零售交易凭证

中药材零售交易凭证内容由经营商户、溯源秤号、收据号、销售时间及产品的明细（品名、重量、单价、价格）见图 9、查询方式及技术支持和网址 www. zyczs. gov. cn 组成。

图 9　中药材零售小票标签

7. 中药材智能溯源台秤专用标签

中药材智能溯源台秤专用标签由专用标识“中药追溯”字样、国家中药材流通追溯体系字样及网址 www. zyczs. gov. cn 组成。标签尺寸为：长 65mm、宽 40mm、厚 0. 1mm。（见图 10）

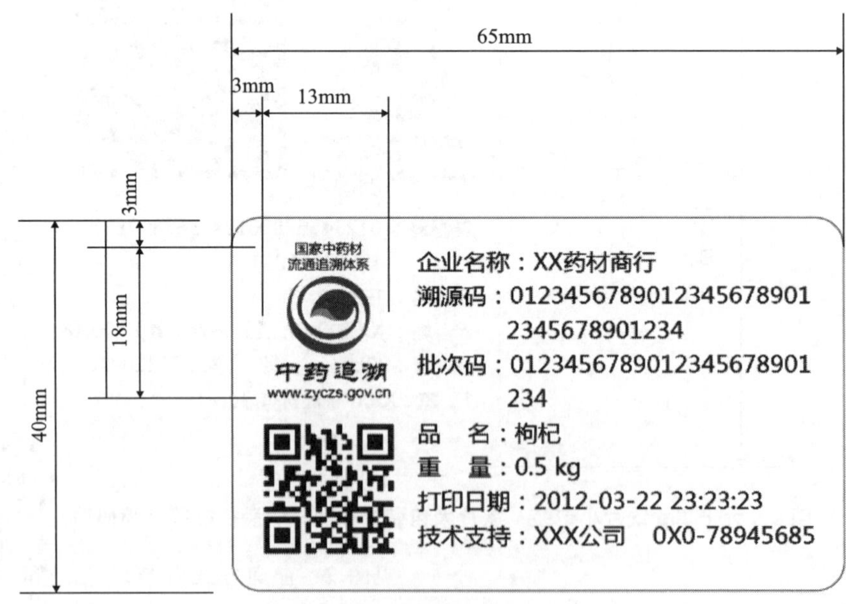

图 10　中药材批发吊牌标签

8. 饮片包装袋/药盒

饮片包装袋正面透明区域尺寸：长≥16mm、宽≥27mm。（见图 11）

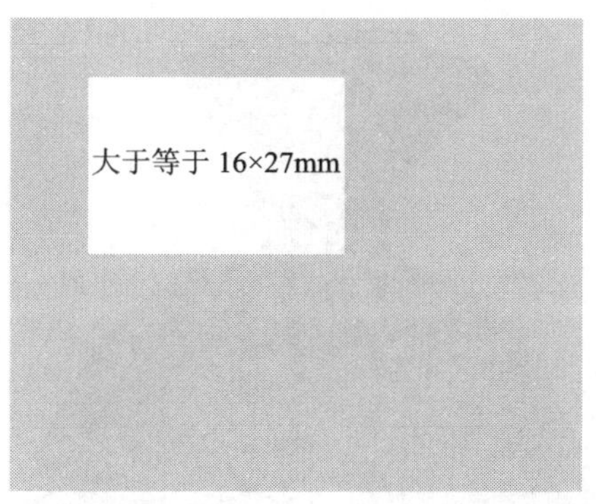

图 11　饮片包装袋正面透明区域

饮片包装袋/药盒背面用于粘贴追溯标签的空白区域尺寸：长≥35mm、宽≥30mm。(见图 12)

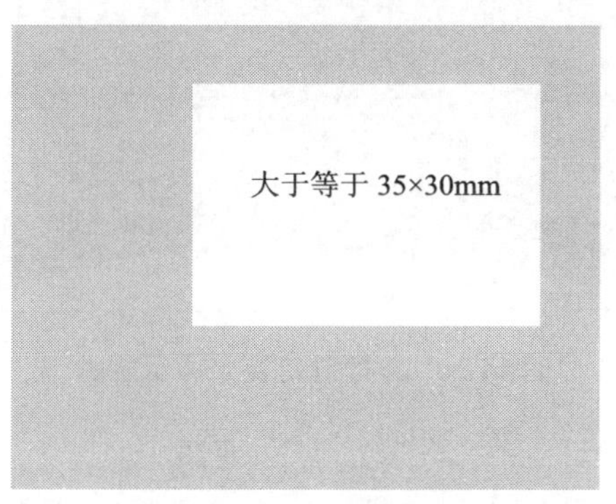

图 12　饮片包装袋/药盒背面空白区域

9. 中药材包装袋

中药材包装袋包含专用标识、国家中药材流通追溯体系及其网址 www. zyczs. gov. cn，专用标识的面积占包装袋平铺面积的 1/3 以上。包装袋正面透明区域尺寸为 150mm × 100mm，包装袋封口处右上角打孔铆口。(见图 13、图 14)

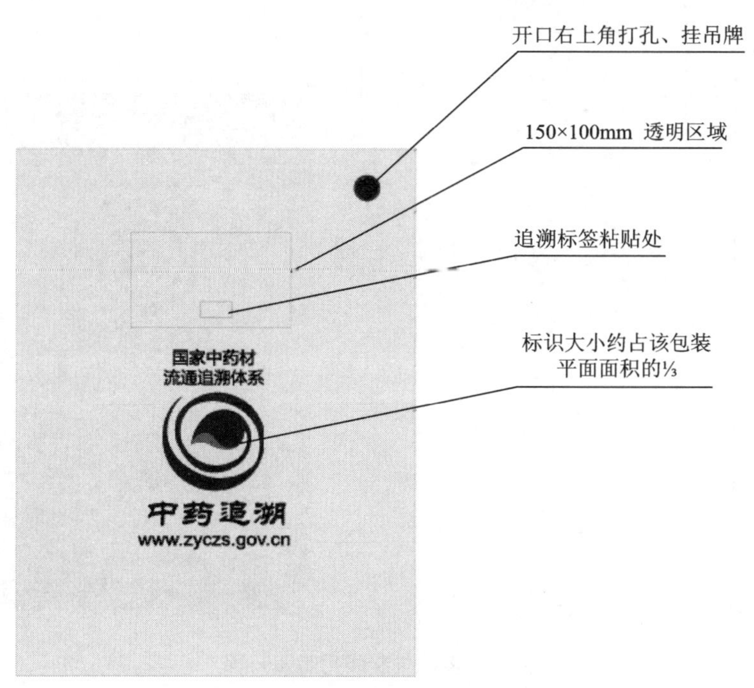

图 13　中药材包装袋

图 14　中药材包装袋立体示意图

10. 药材包装袋/中药材批发—吊牌

药材包装袋吊牌正面由专用标识“中药追溯”字样、“国家中药材流通追溯体系”字样、“网址 www. zyczs. gov. cn” 等字样组成；背面为空白，用于粘贴标签。吊牌顶部需打孔。（见图 15）

吊牌长 80 毫米、宽 45 毫米、厚 0. 8 或 1. 8 毫米，采用聚氯乙烯（PVC）、聚对苯二甲酸乙二醇酯（PET）或 0. 13 铜钱等材料封装。相关质量标准按照 ISO　10536 执行。

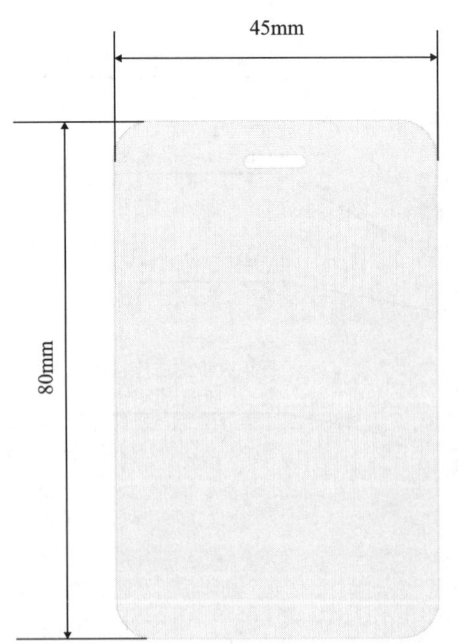

图 15　药材包装袋吊牌正反面

吊绳采用一次性扎带。规格为4mm×150mm，材质为尼龙PA66，防火等级高于94V-2。

11. 身份识别卡

身份识别卡正面由专用标识、“国家中药材流通追溯体系身份识别卡”字样、国家中药材流通追溯体系网址和编号等组成；背面由使用须知和二维码等组成。（见图16）

流通服务卡长85毫米、宽54毫米、厚0.8或1.8毫米，采用聚氯乙烯（PVC）、聚对苯二甲酸乙二醇酯（PET）或0.13铜钱等材料封装。相关质量标准按照ISO　10536执行。

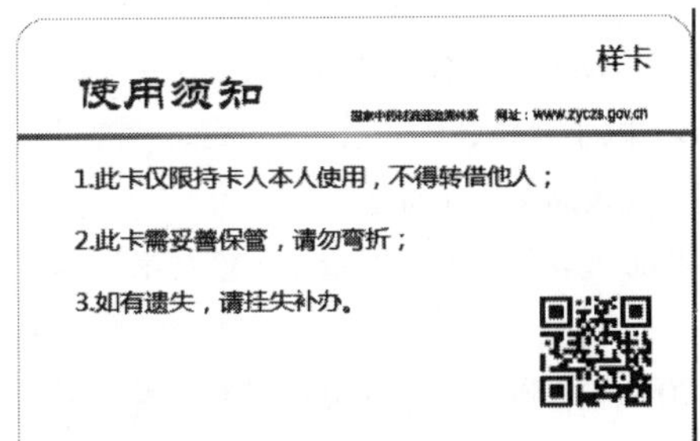

图16　流通服务卡正、反面

附件4

国家中药材流通追溯体系设备及管理要求

一、适用范围

本规范规定了中药材流通追溯体系可能使用的存储介质、感知等设备的技术要求及其相关管理要求，适用于对中药材流通追溯体系内设备的管理和维护；本规范规定的包括信息存储格式、信息读写安全策略等内容适用于中药材流通追溯平台的数据采集和传输。

二、术语和定义

（一）智能溯源秤

是指集称重、非接触式IC卡读写、摊位号管理、多批次管理、限量控制、支持二维码凭证打印等功能，并能通过有线或无线等方式接收、传输相关信息的电子秤。

（二）移动支付溯源终端

是指中药材交易双方支付、交易、定位数据采集的专业设备。

（三）无线环境传感网络设备

是指在中药材种植和养殖环节、中药材或饮片运输和仓储环节，通过无线传感网络，传感器能够满足采集土壤温度、土壤湿度和光照强度，空气温度、空气湿度的数据和传输要求。且传感器能以树状和网状进行多跳自组网进行数据传输。

（四）智能读写终端

是指具备条码识读、RFID和IC卡读写等功能，并能通过无线或有线方式传输信息的移动式或固定式设备。

（五）查询终端

是指消费者通过追溯码查询中药材流通追溯信息的专用设备。

（六）标签打印机

是指中药材流通追溯标签的专用打印设备。

（七）RFID

RFID是Radio Frequency Identification的缩写，即射频识别，俗称电子标签。RFID射频识别是一种非接触式的自动识别技术，它通过射频信号自动识别目标对象并获取相关数据，可识别高速运动物体并可同时识别多个标签，操作快捷方便。

（八）IC卡

又称集成电路卡，是在聚氯乙烯（PVC，塑料产品之一）材料上嵌置一个或多个集成电路芯片，尺寸遵照国际标准（如ISO　7810）规定，用于记录和传递信息的卡片。

三、设备要求

（一）智能溯源秤

1. 规范性引用文件

下列文件对于本文件的应用是必不可少的。凡是注日期的引用文件，仅所注日期的版本适用于本文件。凡是不注日期的引用文件，其最新版本（包括所有的修改单）适用于本文件。

JJG 555-96 《非自动秤通用检定规程》

GB/T 7722-2005 电子台案秤

GB/T 191-2008 包装储运图示标志

GB/T 17626.2-2006 电磁兼容 试验和测量技术 静电放电抗扰度试验

GB/T 17626.3-2006 电磁兼容 试验和测量技术 射频电磁场辐射抗扰度试验

GB/T 17626.4-2008 电磁兼容 试验和测量技术 电快速瞬变脉冲群抗扰度试验

GB/T 17626.11-2008 电磁兼容 试验和测量技术 电压暂降、短时中断和电压变化抗扰度试验

2. 计量要求

电子秤作为称重计量用具，属于国家强制检定设备。必须符合相关国家标准，并具备省级以上质检部门出具的检定证书。

（1）生产制造企业：电子计价秤《制造计量器具许可证》；

（2）电子秤：电子计价秤《计量器具型式批准证书》；

（3）型式评价合格报告：必须包含以下项目。

零点检查、称量测试、除皮、偏载、鉴别力、重复性、与时间有关的测试、倾斜、温度测试、电压变化、影响因子的性能试验、干扰性能测试（静电放电、射频电磁场辐射，电快速瞬变脉冲群，电压暂降、短时中断和电压变化）基本安全性能试验。

3. 环境适应性要求

要求终端（仪表）和秤体及传感器防护等级达到 IP41 防护等级，以满足中药材流通领域恶劣的使用环境。

按食品安全卫生要求，如果秤体与所称重的产品直接接触，则要求秤体采用食品级不锈钢台面。

工作温度：－10℃ ~40℃

相对湿度：≤90%

交流电源电压：220V +/－15V

4. 功能要求

（1）称重满足 GB/T 7722-2005 电子台案秤国标要求；

（2）支持二维码打印；

（3）智能溯源秤应保证能按照《国家中药材流通追溯体系技术管理要求》中数据采集及传输技术的要求实现中药材流通环节信息的获取；

（4）能够通过无线或有线方式（地秤）与节点系统实时交换；

（5）在有效识别范围内可靠读取符合协议标准的标签，保证数据的完整性。

（6）具备良好的功能扩展性。

5. 通信要求

（1）RFID 射频识别。

（2）数据传输支持无线、有线、USB 接口三种方式：

无线数据传输：

溯源秤可使用 Zigbee/Wifi/GPRS/CDMA/WCDMA 等方式传输数据，地秤数据推荐采用 GPRS/CDMA/WCDMA 技术进行无线传输。

有线数据传输：

配置 RJ-45 网络标准接口，采用 TCP/IP 协议，支持以太网通信方式，传输数据准确。

USB 接口：

支持 Host USB2.0 标准接口，支持本地数据下载，传输数据准确。

6. 维护要求

智能溯源秤应定期由承建商进行维护和检查，保证溯源秤与地方中药材流通追溯平台之间数据传输的准确性。

（二）移动支付溯源终端

有条件的试点城市可开展中药材交易的电子结算业务，电子结算可以采用移动支付溯源终端手段。

1. 环境适应性要求

工作温度：－10℃ ~50℃

存储温度：－20℃ ~60℃

相对湿度：5% ~95%，无凝露

2. 功能要求

移动支付溯源终端应满足以下功能要求：

（1）电子结算交易功能，支持中国银联卡支付以及交易记录自动采集；

（2）支持交易凭证打印；

（3）具备良好的功能扩展性。

（三）无线环境传感网络设备

有条件的试点城市可采用无线环境传感器设备对中药材种植/养殖条件、中药材仓储物流条件进行数据采集，实现对中药材种植/养殖和物流仓储环境的管理。

1. 环境适应性要求

为满足中药材在种植/养殖领域的使用环境要求，无线

环境传感器具备如下基本条件：

（1）工作温度：-20°C~60°C。

（2）存储温度：-35°C~65°C。

（3）湿度：35%~100%。

2. 功能要求

（1）多跳自组网功能：传感器能以树状和网状进行多跳自组网进行数据传输。

（2）多种数据采集功能：传感器能够满足空气温度、空气湿度、土壤温度、土壤湿度和光照数据的采集和传输要求。

（3）采集频率可调功能：传感器数据采集频率可调。

（4）实时数据传输功能：按照设定的数据采集频率实时进行数据传输。

（5）断网存储功能：传感器和网关在无网络环境下可以进行采集数据的存储。

（四）智能读写终端

1. 环境适应性要求

为满足中药材流通追溯领域恶劣的使用环境要求，智能读写终端具备如下基本条件：

（1）工作温度：-25℃~85℃。

（2）存储温度：-40℃~85℃。

（3）湿度：5% RH~95% RH，无凝露。

2. 功能要求

（1）必须支持本标准规定的IC卡和CPU卡的读写，可选支持其他一种或多种读取方式，如二维码扫描、RFID标签等。

（2）支持一种或多种通讯传输方式，如GPRS/Zigbee/WiFi/433M/蓝牙/USB/UART/以太网等。

（3）操作方式友好，具备良好的功能扩展性。

（五）查询终端

1. 环境适应性要求

（1）工作温度（℃）：-10~40℃。

（2）工作湿度：5%~85%，无凝露。

2. 功能要求

（1）支持RFID标签的识读，支持二维码的扫描。

（2）将RFID标签紧贴在RFID识别器上，能够在2秒内准确识读；将二维码标签紧贴在二维码识别器上，能够在2秒内准确识读。

（3）网络传输：支持有线和无线的数据传输，实现与中药材流通追溯体系的数据交换。

（六）标签打印机

1. 环境适应性要求

（1）工作温度（℃）：-10~40℃。

（2）工作湿度：5%~85%，无凝露。

（3）存储温度（℃）：-40℃~60℃。

（4）存储湿度：5%~85%，无凝露。

2. 功能要求

（1）支持打印二维码溯源标签。

（2）支持多种字体可选。

（3）支持RS-232串口，Centronics并口，USB接口，PS/2等接口。

四、存储介质要求

（一）IC卡和CPU卡内容要求

IC卡和CPU卡内至少存储如表1所示的经营主体信息：

表1 IC卡和CPU卡存储的经营全体信息

绝对块号	字段	说明	长度
1	预留	预留数据	16
2	卡号	发卡的编号	8
3	经营主体类型	经营主体的类别	8
4	经营主体编码	参照编码规范	14
5	主体名称	经营主体名称	30
6	持卡人	持卡人姓名	20
7	身份证号	持卡人身份证号码	18
8	电话号码	持卡人联系电话	20
9	市场名称	所在市场名称	30
10	市场编号	所在市场编号	14

（二）信息存储要求

1. 空间分配

基本信息存储必须从该类存储介质的有效头开始。

2. 加密方式

卡与读写器之间的通信采用国际通用的保密算法。

五、溯源体系设备管理与维护

由试点城市商务部门负责中药材流通追溯体系内相关追溯设备的监管工作，具体保管及维护工作由承建商完成。设备保养与维护请参考产品使用说明书，不按操作规范使用追溯设备，造成追溯设备损坏的，维修费用由当事人自行解决；设备遗失的，由当事人照价赔偿。

附件 5

国家中药材流通追溯体系技术管理要求

一、适用范围

本规范规定了国家中药材流通追溯体系内中央中药材流通追溯平台、地方中药材流通追溯平台以及流通节点追溯子系统在数据存储、传输标准、平台设计、安全和维护等方面的基本技术要求；规定了中央中药材流通追溯平台和地方中药材流通追溯平台、流通节点追溯子系统与地方中药材流通追溯平台间的数据交换方式和格式要求。本规范适用于中央中药材流通追溯平台和地方中药材流通追溯平台的建设与维护以及中药材流通追溯体系的数据采集和传输。

二、术语和定义

下列术语和定义适用于本规范。

（一）中央中药材流通追溯平台

中央中药材流通追溯平台汇集地方中药材流通追溯平台的流通经营主体信息、流通追溯信息等内容，并支持跨区域追溯信息链条合成、应急事件管理、信息综合利用、试点城市工作考核等工作。

（二）地方中药材流通追溯平台

地方中药材流通追溯平台作为地方追溯信息的集中管理中心以及追溯体系日常运行的控制中心，将按照统一的数据传输格式和接口规范采集各流通节点数据信息，并实现与中央中药材流通追溯平台的数据同步。

（三）信息传输

信息传输是从一端将命令或状态信息经信道传送到另一端，并被对方接收，包括传送和接收。传输介质分有线和无线两种，有线为 RJ45 接口网线或光纤；无线是利用 ZigBee/Wifi/WiMAX/UWB/UMTS/GSM/CDMA/Bluetooth 等技术。

（四）虚拟专用网（Virtual Private Network）

虚拟专用网简称 VPN，是指公用电信网运营者利用公用电信网的资源向客户提供具有专用网特性和功能的网络。

（五）安全套接层（Secure Sockets Layer）

安全套接层简称 SSL，是为网络通信提供安全及数据完整性的一种安全协议。

（六）HTTPS（Hypertext Transfer Protocol over Secure Socket Layer）

HTTPS 是一种信息传输协议，其安全基础是 SSL，是以安全为目标的 HTTP 通道，即在 HTTP 协议下加入 SSL 层，它是一个 URI scheme（抽象标识符体系），其语法类同 HTTP 体系。

（七）可扩展标记语言（Extensible Markup Language）

可扩展标记语言简称 XML，是 Internet 环境中跨平台的，依赖于内容的技术，是处理结构化文档信息的有力工具。XML 是一种简单的数据存储语言，使用一系列简单的标记描述数据，XML 占用的空间比二进制数据更多，但易于掌握和使用。

（八）数据加密标准（Data Encryption Standard）

数据加密标准简称 DES，是一种广泛使用的对称加密算法。

（九）信息关联

信息关联是在中药材流通追溯体系中，记录中药材种植/养殖、流通、中药饮片生产、流通、使用过程的系列信息，通过唯一标识信息进行关联性链接，进而实现流通链条上信息跟踪和追溯。

三、各级平台间的逻辑关系

中央中药材流通追溯平台负责接收地方中药材流通追溯平台的经营主体备案与中药材流通追溯等信息。地方中药材流通追溯平台通过数据采集设备采集并存储地方中药材

追溯信息，通过与中央中药材流通追溯平台的数据同步接口实现地方中药材流通追溯平台与中央中药材流通追溯平台的数据同步。

四、数据传输及同步要求

（一）中央和地方中药材流通追溯平台间数据同步

1. 数据同步总体要求

数据同步接口要求集成度高、交换性能好、安全稳定。要求采用基于 SSL 通道的文件服务，以 XML 的形式同步信息，通过设置信息上传权限，地方中药材流通追溯平台向中央中药材流通追溯平台同步 XML 文件，中央中药材流通追溯平台接收信息，经过筛选验证，将信息存储在中央中药材流通追溯平台数据库中。

数据接口通过 ebxml 通道传输，使用 ssl 证书保障数据不被窃取，通过 pki 证书签名来保证数据完整性、防篡改、防抵赖。同时，地方中药材流通追溯平台通过 CA 方式与中央中药材流通追溯平台进行用户身份认证。

2. 数据同步规则

对于中药材流通追溯体系内的数据，根据数据信息的作用和重要性采取不同的同步规则：

机构和中药材商品的赋码环节产生的信息数据采用实时方式进行数据同步；

中药材批次码、中药材追溯码、中药材销售订单号等赋码和使用环节产生的信息数据在操作后五分钟内与中央中药材流通追溯平台进行数据同步；

其他中药材流通追溯系统内的追溯信息根据设定的同步时间进行数据同步，一天至少与中央中药材流通追溯平台同步一次。

（二）数据采集及传输技术

1. 数据传输方式

地方中药材流通追溯平台中的诸如中药材种植和养殖企业、中药材经营企业、中药材专业市场、中药饮片生产企业、中药饮片经营企业、医疗机构及零售药店等环节产生的信息通过 B/S 方式进行数据的录入和采集，为保证安全，上述信息采用 SSL 进行加密传输。基础信息收集标准详见《中药材流通追溯系统平台数据收集标准》附件。

地方中药材流通追溯平台与信息采集设备间通过网络传输数据，传输数据至少包含溯源秤编号、交易时间、药材代码、重量、单价、总价、经营主体码、追溯码信息。

2. 传输通道带宽要求

中央中药材流通追溯平台鉴于数据传输和追溯查询量较大，推荐初始最低带宽为 20M，具有随着业务数据增加而灵活调整带宽的能力，同时中央中药材流通追溯平台应具备电信、联通双向通道。地方中药材流通追溯平台的推荐初始最低带宽为 10M 并具有灵活调整带宽的能力，满足中药材追溯数据采集和地方中药材数据查询统计的要求。

五、信息存储设计要求

（一）结构化数据存储

1. 字符

对于固定长度的字符型类型，使用 Char 类型；对于长度不固定的可变字符型数据，使用 Varchar2 类型。

序号	字符类型	范围	字段类型
1	字符型	长度固定	Char
2	可变字符型	长度不固定	Varchar2

2. 数字

在存储数字数据时，应该充分考虑数据的长度选择合适的类型进行存储，同时为数据的扩展保留一定的空间。

序号	字符类型	范围	字段类型
1	16 位整型	-32，768 -32，767	Smallint
2	32 位整型	-2，147，483，648 -2，147，483，647	Int
3	精确数值型	pppppppppppppp. ss	Number（p，s）
4	近似数值型	-1.79E+308 -1.79E+308	Float

3. 日期、时间

时间的存储要根据系统需要的精度，采用时间类型对照下表内合适的字段类型。中药流通追溯体系中推荐精度为秒。

序号	字符类型	范围	字段类型
1	日期型	yyyy-mm-dd	Char（10）
2	日期时间型	yyyy-mm-dd hh：mm：ss	Char（19）
3	时间戳	System date and time	TIMESTAMP

4. 布尔类型

在存储布尔类型值时，统一将“false”存储为数字“0”，将“true”存储为数字“1”。

序号	字符类型	范围	字段类型
1	布尔型	0（false）or 1（true）	Smallint

（二）非结构化数据存储

1. 大字段存储方式

对非结构化数据采用大字段的方式存储时，需要对数据库文件的存储空间进行评估，充分考虑数据库的几何增长速度。

序号	字符类型	范围	字段类型
1	大字段类型	文本、图像、声音、视频、超媒体等非结构化数据	CLOB，BLOB

2. 文件索引存储方式

文件索引式存储方式在数据库内存储文件的物理位置索引，同时将文件存放到磁盘的相应位置上。索引的存放方式采用分段存储的方式，文件存储位置的根目录作为一个常量存放，文件的相对路径作为一个变量的形式存放。

在存储时，根目录作为系统的一个常量单独存储，相对路径作为大字段文件的索引存储在一张表中进行维护。

序号	字符类型	范围	字段类型
1	可变字符型	文本索引、图像索引、音频索引、视频索引、超媒体索引等结构化数据	Varchar2

六、软件及界面设计要求

（一）软件程序设计要求

1. 可扩展性

应充分考虑可扩展性，便于升级改造，包括程序和数据库的可扩展性。

2. 可维护性

应充分考虑可维护性要求，包括功能可维护和代码可维护，其中，功能可维护要求有一定的灵活性，如经营主体信息等可添加和调整，提高平台系统的可维护性。

3. 模块化集成设计

应采用模块化结构设计，将相关功能设计模块化，便于系统软件管理和集成。

（二）平台界面设计要求

1. 结构与内容设计要求

（1）首页。如图 1 所示，要求在 A 区的左上角展示统一的系统 LOGO，A 区为平台名称区，如：××市中药材流通追溯系统，B 区为菜单导航区，C 区为用户登录区，E 区为声明区，D 区的内容由试点地方自行决定。各区大小见图 1。

（2）非首页。如图 2 所示，A 区为平台名称区，如：××市中药材流通追溯系统，B 区为菜单导航区，C 区为内容展示区。各区大小见图 2。

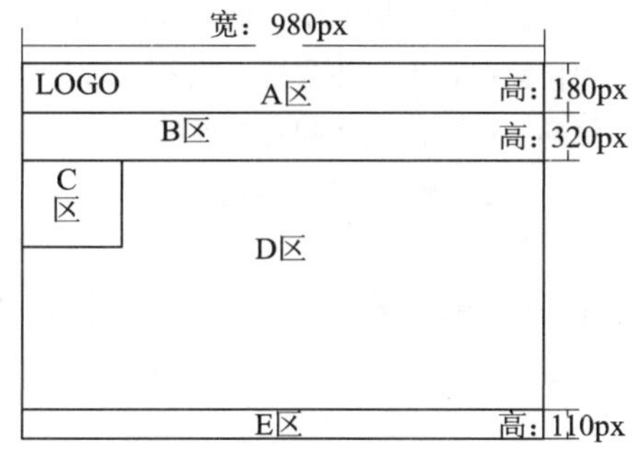

图1　首页

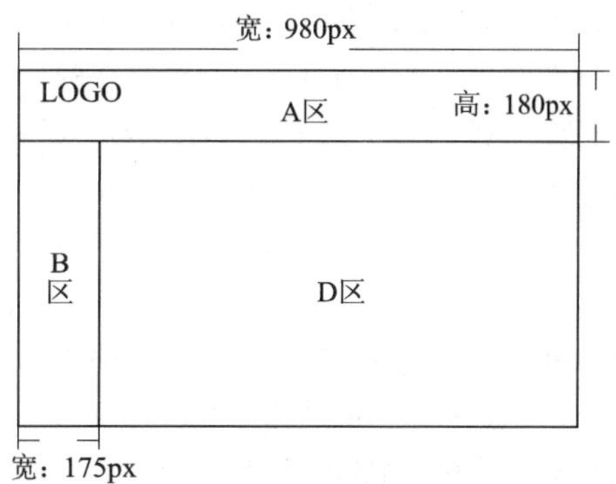

图2　非首页

2. 页面LOGO使用要求

在首页的左上角放置全国统一设计的LOGO。

3. 字体字号使用要求

页面主要内容使用宋体，大小为12px，标题为宋体，大小为14px，加粗。

4. 设计风格要求

遵循简洁、得体大方、注重长期有效，地方平台可融入地方文化等内涵。

（三）硬件设计及选型要求

1. 硬件设计要求

既能满足系统运行的性能和安全要求，又要充分考虑系统升级改造的需求。硬件配置应结合软件性能进行综合评估，要求达到以下指标：中央中药材流通追溯平台设备至少支持并发用户数1000以上，地方中药材流通追溯平台至少支持并发用户数300以上，无论地方还是中央中药材流通追溯平台单个请求响应时间少于5秒，服务器CPU利用率低于70%，服务器内存占用率低于70%。

2. 设备选型要求

应做好系统集成工作，建议采用主流品牌服务器，确保系统稳定高效运行。硬件环境包括应用服务器、数据库服务器、相关网络设备、数据备份设备、安全电源（UPS）等。信息备份设备容量要求能够备份至少2年的全部信息，安全电源要求在断电情况下，能够提供保障平台运行24小时的电量。

七、安全要求

（一）软件安全性要求

1. 程序软件安全要求

（1）用户安全。采用有效的安全措施，对登录用户使用CA证书进行用户身份鉴别，对于交易数据采用RFID卡的多重保护，对用户名和密码进行比较认证，保证登录用户为合法用户。

（2）权限控制。建议采用相对严格的系统访问权限控制措施，确保平台各级用户数据安全。通过开发应用系统访问权限控制模块，一方面确保企业数据的安全，另一方面做好权限管理。

（3）其他要求。软件开发完成后，需要经过攻击性测试和压力测试，确保系统具有一定的抗攻击能力和访问压力，同时建议分级制订系统应急预案。

2. 环境安全要求

（1）操作系统安全。要求使用正版、稳定的服务器版操作系统，每周升级系统补丁，加强对密码的分级管理措施，做到操作系统软件安全。

（2）数据库软件安全。使用的数据库应采用数据分区管理的办法，对数据进行分区存储；数据库系统的密码和权限要求严格管理，同时对数据库性能进行调优。建议使用数据库备份软件，定期对数据库中的数据进行冷、热备份。

（3）应用服务器软件安全。建议使用主流应用服务器软件，要求服务器软件安全性高、稳定性好。

（4）杀毒软件安全。要求安装正版高性能杀毒软件，制定安全措施，每天升级病毒库，防止病毒感染。

（二）数据安全要求

1. 数据库数据备份

制订数据库详细备份制度和方案，每周进行一次冷备份，每天进行一次增量备份，确保数据库数据安全。

2. 应用程序备份

对部署于应用服务器上的程序和用户非数据库数据，建立定期备份制度，每天备份一次数据，保障数据安全。

（三）网络和硬件安全要求

设置通信网络设置审核环节，对入网用户进行安全审计，防止非法设备和用户接入，发现可疑行为及时报警提示。

八、实施要求

为保障平台系统的安全运行，地方中药材流通追溯平台在建设初期，需仔细考虑与中央中药材流通追溯平台的数据同步，并就技术框架、网络环境、同步数据的内容格式及策略等内容与中央中药材流通追溯平台协商，确定相关的技术实施细节，保证各个地方中药材流通追溯平台在建设中的技术统一性。

地方中药材流通追溯平台的建设和维护中应根据中央中药材流通追溯平台的要求，对系统的功能和性能进行调整，必要时应积极与中央中药材流通追溯平台进行协商以解决在系统发展中碰到的业务问题。

九、维护要求

（一）日常维护

为保证平台系统安全和稳定运行，要求做好日常的监控、检查和维护工作，每月进行项目文档的归档、每天监控项目运行日志，并分析可能发生的异常情况。每季度对软硬件环节进行优化和配置文件的备份。

（二）程序代码可维护

代码编写格式要求统一规范，重要代码需注释，提高程序的可读性，便于维护。采用代码版本控制软件（如 SVN、CVS 等）对代码版本进行控制。

（三）运行故障应急处理

对于系统运行故障，需要做好应急处理预案，确保一般故障 6 小时内恢复，灾难性故障 1 天内恢复，并详细排查故障原因，做好完善工作。

附件：中药材流通追溯系统数据收集标准

表 1　流通节点基本信息

具体指标	指标说明	格式要求
企业代码	详见《国家中药材流通追溯体系编码规则》	
区域码	按 GB/T 2260 中华人民共和国行政区划代码标准填写	
企业名称	指在工商行政管理部门注册登记的企业具体名称	
营业执照号	指在工商行政管理部门注册登记时的编号	
组织机构代码证		
法人	企业法人代表	
地址	指企业从事经营活动所在地的通信地址，具体到门牌号	
电话	指企业负责人的固定电话、手机等主要联络方式	
传真	指企业主要负责人日常接收传真的电话	区号＋电话＋分机号或手机号
联系人		
电子邮件	企业联系人电子邮件	
登记时间	指企业在追溯平台备案的日期	yyyy-mm-dd

表 2　中药材专业市场商户基本信息

具体指标	指标说明	格式要求
商户代码	与企业代码规则一致，详见《国家中药材流通追溯体系编码规则》	
市场代码	所在市场的企业代码	
商户号	所在市场的商户编号	
商户名称	指在工商行政管理部门注册登记的企业具体名称	
法人	企业法人代表	
登记时间	加入溯源平台的时间	yyyy-mm-dd

续　表

具体指标	指标说明	格式要求
溯源秤编号	发放的溯源秤序列号	
电话	指企业负责人的固定电话、手机等主要联络方式	
电子邮件		
信息更新日期	数据更新日期	yyyy-mm-dd

表3　市场进场药材信息

具体指标	指标说明	格式要求
市场代码	所在市场的企业代码，详见《国家中药材流通追溯体系编码规则》	
经营商户码	经营商户的代码详见《国家中药材流通追溯体系编码规则》	
商户号	所在市场的商户编号	
批次号	由系统自动生产的批次码，详见《国家中药材流通追溯体系编码规则》	
药材商品码	详见《国家中药材流通追溯体系编码规则》	
药材产地	药材原产地码，详见《国家中药材流通追溯体系编码规则》	
产地证明链接	相关证明文件的链接	
药材重量	药材总重量	
药材采收时间		yyyy-mm-dd
入库时间	药材入库的时间	yyyy-mm-dd
追溯码	由系统生成，详见《国家中药材流通追溯体系编码规则》	

表4　市场进场药材快检信息

具体指标	指标说明	格式要求
市场代码	所在市场的企业代码，详见《国家中药材流通追溯体系编码规则》	
经营商户代码	详见《国家中药材流通追溯体系编码规则》	
商户号	所在市场的商户编号	
批次号	由系统自动生产的批次码，详见《国家中药材流通追溯体系编码规则》	
药材商品码	由系统自动生产的药材商品码，详见《国家中药材流通追溯体系编码规则》	
采收时间	药材的采收月份	yyyy-mm
检验方法	根据药典标准或者企业标准	
检验人员	检验药材的人员	
文件链接	药材检验报告链接	
检验时间	检验药材的时间	yyyy-mm-dd

表 5　市场药材交易信息

具体指标	指标说明	格式要求
市场代码	所在市场的企业代码，详见《国家中药材流通追溯体系编码规则》	
经营商户码	详见《国家中药材流通追溯体系编码规则》	
购买企业	购买企业名称，如在溯源系统内，关联企业代码	
商户号	所在市场的商户编号	
销售订单号	销售订单码，详见《国家中药材流通追溯体系编码规则》	
批次号	详见《国家中药材流通追溯体系编码规则》	
药材商品码	详见《国家中药材流通追溯体系编码规则》	
产地	按 GB/T 2260 中华人民共和国行政区划代码标准填写	
是否检验	Y 为已经检验，N 为未检验	
销售重量	销售药材的重量	
销售单价	销售药材的价格（非必填项）	
总价	销售药材的总价（非必填项）	
销售时间	销售药材的时间	yyyy-mm-dd
溯源秤编码	设备管理系统分配编码	
溯源码	由系统生成，详见《国家中药材流通追溯体系编码规则》	

表 6　中药材种植/养殖企业基本信息

具体指标	指标说明	格式要求
种植/养殖企业代码	详见《国家中药材流通追溯体系编码规则》	
企业名称		
地址	指企业从事经营活动所在地的通信地址，具体到门牌号	
电话	指企业负责人的固定电话、手机等主要联络方式	区号＋电话＋分机号或手机号
营业执照		
组织机构代码证		
企业法人		
联系人		
传真	指企业主要负责人日常接收传真的电话	
GAP 编号	该批种植/养殖任务的 GAP 编号	GAP 种植/养殖企业填写

表 7　中药材种植/养殖任务信息

具体指标	指标说明	格式要求
种植/养殖企业代码	详见《国家中药材流通追溯体系编码规则》	
药材名称		
药材代码	详见《国家中药材流通追溯体系编码规则》	
种植/养殖批次号	由系统分配的代码，详见《国家中药材流通追溯体系编码规则》	

续 表

具体指标	指标说明	格式要求
种植面积	当前种植任务的中药材种植面积	
预计产量	预计当前种植面积将收获的产量	
种植/养殖时间	开始种植/养殖的时间	yyyy-mm-dd
种植/养殖负责人	该批种植/养殖任务的负责人	
施肥信息	该批种植任务的施肥情况	
农药使用信息	该批种植任务的使用农药情况	
采收批次号	由系统分配的代码，详见《国家中药材流通追溯体系编码规则》	
采收时间		

表 8　中药材种植/养殖企业药材检验信息

具体指标	指标说明	格式要求
检验编号	由系统分配的代码	
种植/养殖企业代码	详见《国家中药材流通追溯体系编码规则》	
药材商品码	详见《国家中药材流通追溯体系编码规则》	
种植/养殖批次码	详见《国家中药材流通追溯体系编码规则》	
检验方法	采用是药典标准还是企业标准或者其他标准	
粗加工标准	药材种植/养殖后的粗加工标准	
检验信息	具体的检验内容	
检验人员	具体检验的人员	
文件链接	检验报告的地址	
检验时间	检验的时间	

表 9　中药材种植/养殖企业药材交易信息

具体指标	指标说明	格式要求
企业代码	详见《国家中药材流通追溯体系编码规则》	
销售订单号	销售订单码，详见《国家中药材流通追溯体系编码规则》	
批次号	详见《国家中药材流通追溯体系编码规则》	
药材商品码	详见《国家中药材流通追溯体系编码规则》	
是否检验	Y 为已经检验，N 为未检验	
销售重量	销售药材的重量	
销售单价	销售药材的价格（非必填项）	
总价	销售药材的总价（非必填项）	
销售时间	销售药材的时间	yyyy-mm-dd

续 表

具体指标	指标说明	格式要求
溯源码	由系统生成，详见《国家中药材流通追溯体系编码规则》	
采购方名称	通过流通服务卡获取	
采购方企业代码	采购方的企业代码	
采购负责人	具体的采购负责人	
交易时间	具体的采购日期	yyyy-mm-dd

表 10　中药材经营企业药材入库信息

具体指标	指标说明	格式要求
企业代码	企业代码，详见《国家中药材流通追溯体系编码规则》	
批次号	由系统自动生产的批次码，详见《国家中药材流通追溯体系编码规则》	
药材商品码	详见《国家中药材流通追溯体系编码规则》	
药材类型	区分野生、栽培类、动物药、矿物药	
药材产地	药材原产地码，详见《国家中药材流通追溯体系编码规则》	
产地证明链接	相关证明文件的链接	
药材重量	药材总重量	
药材采收时间		yyyy-mm-dd
检测信息		

表 11　中药材药材经营企业交易信息

具体指标	指标说明	格式要求
销售企业代码	所在市场的企业代码，详见《国家中药材流通追溯体系编码规则》	
购买企业	购买企业名称，如在溯源系统内，关联企业代码	
销售订单号	销售订单码，详见《国家中药材流通追溯体系编码规则》	
批次号	详见《国家中药材流通追溯体系编码规则》	
药材商品码	详见《国家中药材流通追溯体系编码规则》	
产地	按 GB/T 2260 中华人民共和国行政区划代码标准填写	
是否检验	Y 为已经检验，N 为未检验	
销售重量	销售药材的重量	
销售单价	销售药材的价格（非必填项）	
总价	销售药材的总价（非必填项）	
销售时间	销售药材的时间	yyyy-mm-dd
溯源秤编码	设备管理系统分配编码	
溯源码	由系统生成，详见《国家中药材流通追溯体系编码规则》	

表 12　中药饮片生产企业基本信息

具体指标	指标说明	格式要求
生产企业代码	详见《国家中药材流通追溯体系编码规则》	
企业名称	指在工商行政管理部门注册登记的企业具体名称	
地址	指企业从事经营活动所在地的通信地址，具体到门牌号	
电话	指企业负责人的固定电话、手机等主要联络方式	
法人		
联系人		
传真	指企业主要负责人日常接收传真的电话	区号 + 电话 + 分机号或手机号
GMP 编号	企业 GMP 证书编码	

表 13　中药饮片生产原药入库信息

具体指标	指标说明	格式要求
生产企业代码	详见《国家中药材流通追溯体系编码规则》	
药材代码	中药材流通追溯体系编码规则中的药材代码	
批次号	药材入库的企业批次号	
种植/养殖时间	开始种植/养殖的时间	
采收时间	中药材采收的时间	
施肥信息	具体施肥品种，时间	多个采用逗号分割
农药信息	具体农药品种，时间	多个采用逗号分割
入库重量	本批药材的重量	
入库时间	入库的时间	yyyy-mm-dd
药材产地	按 GB/T 2260 中华人民共和国行政区划代码标准填写	
药材类型	药材是种植/养殖还是野生	
检验方法	药材检验标准	
粗加工标准	采收时使用的粗加工标准	
储藏条件	药材的储藏条件	
检验人员	药材检验时的检验人员	
检验时间	具体的检验时间	yyyy-mm-dd
报告链接	相关检验报告文件的地址	

表 14　中药饮片生产任务信息

具体指标	指标说明	格式要求
企业代码	详见《国家中药材流通追溯体系编码规则》	
饮片名称	该批生产任务的产出品种	
生产批号	详见《国家中药材流通追溯体系编码规则》	
生产规格	具体产出饮片的规格名称	

续 表

具体指标	指标说明	格式要求
原药材批次号	原药材的入库编号，详见《国家中药材流通追溯体系编码规则》	
使用重量	原料药材的使用重量	
辅料品名	添加的辅料名称	
辅料编号	辅料的生产编号	
辅料产地	按 GB/T 2260 中华人民共和国行政区划代码标准填写	
辅料重量	添加辅料的重量	
辅料使用比例	原料与辅料的使用比例	
辅料净药比	辅料中的净药比例	
执行标准	生产执行的标准	
工艺员	饮片生产工艺负责人员	
生产经理	饮片生产的管理人员	
检测人员	饮片生产的质检人员	
生产日期	具体的生产日期	yyyy-mm-dd
备注	其他备注说明信息	

表 15　中药饮片检验信息

具体指标	指标说明	格式要求
检验编号	由系统分配的代码	
企业代码	详见《国家中药材流通追溯体系编码规则》	
批次号	生产批次号，详见《国家中药材流通追溯体系编码规则》	
饮片名称		
检验信息	具体的检验依据	
检验人员	实施检验的人员	
检验时间	检验的时间	yyyy-mm-dd
待包装重量	饮片的总重量	
检验报告路径	上传的检验报告文件路径	

表 16　中药饮片交易信息

具体指标	指标说明	格式要求
企业代码	详见《国家中药材流通追溯体系编码规则》	
销售订单号	详见《国家中药材流通追溯体系编码规则》	
批次号	中药饮片生产批次号，详见《国家中药材流通追溯体系编码规则》	
饮片名称	中药饮片名称	

续　表

具体指标	指标说明	格式要求
是否检验	Y 为已经检验，N 为未检验	
检验编号	如果已经检验需提供检验编号	
销售重量	销售饮片的重量	
包装规格	饮片的包装规格	
销售单价	销售饮片的价格（非必填项）	
总价	销售饮片的总价（非必填项）	
销售时间	销售饮片的时间	yyyy-mm-dd
采购方企业码	采购方的企业码	
溯源码	由系统生成，详见《国家中药材流通追溯体系编码规则》	

表 17　中药饮片经营企业饮片入库信息

具体指标	指标说明	格式要求
企业代码	详见《国家中药材流通追溯体系编码规则》	
企业名称	指在工商行政管理部门注册登记的企业具体名称	
饮片名称		
入库时间	饮片采购入库的时间	yyyy-mm-dd
采购重量		
包装规格		
生产企业	饮片生产企业	
批次号	该批次饮片的批次号	
采购订单号		

表 18　中药饮片经营企业交易信息

具体指标	指标说明	格式要求
销售企业代码	详见《国家中药材流通追溯体系编码规则》	
销售订单号	详见《国家中药材流通追溯体系编码规则》	
批次号	中药饮片生产批次号，详见《国家中药材流通追溯体系编码规则》	
饮片名称	中药饮片名称	
是否检验	Y 为已经检验，N 为未检验	
检验编号	如果已经检验需提供检验编号	
销售重量	销售饮片的重量	
包装规格	饮片的包装规格	
销售单格	销售饮片的价格（非必填项）	

续 表

具体指标	指标说明	格式要求
总价	销售饮片的总价（非必填项）	
销售时间	销售饮片的时间	yyyy-mm-dd
采购企业代码	采购方的企业码	
溯源码	由系统生成，详见《国家中药材流通追溯体系编码规则》	

表 19　中药追溯医疗机构及零售药店基本信息

具体指标	指标说明	格式要求
企业代码	医疗机构及零售药店编码，详见《国家中药材流通追溯体系编码规则》	
医疗机构及零售药店名称	指在工商行政管理部门注册登记的企业具体名称	
地址	指医疗机构及零售药店从事经营活动所在地的通信地址	
法人		
联系人		
电话	指医疗机构及零售药店负责人的固定电话、手机等主要联络方式	
传真	指医疗机构及零售药店主要负责人日常接收传真的电话	
GSP 编码	GSP 编码	

表 20　医疗机构及零售药店饮片入库

具体指标	指标说明	格式要求
企业代码	医疗机构及零售药店编码，详见《国家中药材流通追溯体系编码规则》	
企业名称	指在工商行政管理部门注册登记的企业具体名称	
入库时间	饮片采购入库的时间	yyyy-mm-dd
批次号	该批次饮片的批次号	
饮片名称	入库的饮片名称	

表 21　医疗机构及零售药店饮片出库

具体指标	指标说明	格式要求
企业代码	医疗机构及零售药店编码，详见《国家中药材流通追溯体系编码规则》	
企业名称		
批次号	该批次饮片的批次号详见《国家中药材流通追溯体系编码规则》	
饮片名称	出库的饮片名称	
销售订单号	详见《国家中药材流通追溯体系编码规则》	

续　表

具体指标	指标说明	格式要求
出库时间	具体出库时间	yyyy-mm-dd
出库数量		
出库人		

附件 6

国家中药材流通追溯体系主要设备参数要求

一、适用范围

本规范规定了国家中药材流通追溯体系地方流通追溯平台及流通节点需要使用的实现数据采集、存储和查询等功能的主要专用设备和支撑应用系统的主要 IT 通用设备的最低技术参数要求，地方平台所采购设备的参数指标应不低于此规范的要求。

二、专用设备术语和定义

（一）智能溯源秤

是指集称重、非接触式 IC 卡读写、摊位号管理、多批次管理、限量控制、支持二维码凭证打印等功能，并能通过有线或无线等方式接收、传输相关信息的电子秤。

智能溯源秤是智能溯源案秤和智能溯源台秤的统称。智能溯源案秤是指在国家中药材流通追溯体系中，针对交易数量小的零售环节所使用的智能溯源秤；智能溯源台秤是指在国家中药材流通追溯体系中，针对交易数量大的环节所使用的智能溯源秤。

（二）智能读写终端

是指具备条码识读、RFID 和 IC 卡读写等功能，并能通过无线或有线方式传输信息的移动式或固定式设备。

（三）查询终端

是指消费者通过追溯码查询中药材流通追溯信息的专用设备。

（四）标签打印机

是指中药材流通追溯标签的专用打印设备。

（五）IC 卡。

又称集成电路卡，是在聚氯乙烯（PVC，塑料产品之一）材料上嵌置一个或多个集成电路芯片，尺寸遵照国际标准（如 ISO 7810）规定，用于记录和传递信息的卡片。

三、专用设备参数

（一）智能溯源案秤

参数	说　明
计量认证和标准	电子计价秤的计量器具制造许可证 遵循 GB/T7722-2005 国标标准 JJG539-1997《数字指示秤检定规程》
标准电子秤功能	具备置零、去皮、累计等通用电子计价秤功能，支持过载保护
最大秤量/分度值	最大量程 30kg，0 ~ 15kg 范围内分度值为 5g；15 ~ 30kg 范围类分度值 10g
检定分度值	0 ~ 15kg e1 = 5g；15 ~ 30kg e2 = 10g
稳定时间	不超过 5 秒
CPU	采用一个或多个 32 位单核或多核处理器，其主频不低于 200 MHz
内存	根据使用要求选配 ROM、RAM、FLASH ROM 等存储器。存储容量按使用要求配置（其中 ROM、RAM 不低于 64M）

续 表

参数	说 明
操作系统	内置操作系统，支持文件系统和多线程处理
快捷 PLU	不低于 30×3 个（30 个快捷 PLU，每个按键可重复点击选择 3 个 PLU）
PLU 总个数	不低于 8000 个
显示	显示屏支持汉显，支持 GBK 字库
打印形式	支持条码、二维码打印（QR 码）
打印方式	支持热敏打印
打印速度	高速热敏打印，不低于 60mm/s
打印纸尺寸	支持直径 50mm，宽度 56mm 的纸卷
读卡模块	内置至少 1 个 RFID 读写模块
卡类型	支持非接触式 IC 卡
读卡频率	13.56 MHz
读卡距离	小于 10cm
电源	在 220V（－15% ～10%），50Hz ± 3Hz 条件下正常工作，交流供电电源插头应符合 GB2099.1 的规定
电池	6V～36V 电池；待机不低于 24 小时并至少支持 200 笔交易
工作环境温度	－10℃～40℃，低于－10℃的寒冷地区应有低温防护措施，高于 40℃的酷热地区应有散热降温措施，确保系统正常运行
工作环境湿度	15% ～85% RH
防护等级	不低于 IP41
接入方式	RJ45 以太网接入，可选配 Wi-Fi、GPRS 或 3G 模块
通信方式	TCP/IP
接口扩展	支持扩展电子支付功能 至少具有带电 RS232 接口，支持外扩扫描设备、读写设备、打印、收银设备等 支持智能溯源秤升级、数据存储导入导出、参数配置
PLU 更新方式	远程更新 PLU 及快捷 PLU
秤盘	食品级不锈钢秤盘
秤结构	采用无立杆结构或立杆可旋转摆动壳体结构能防止虫进入、内部结构需有防虫设计保证即便虫进入秤体，也能避免线路板被破坏
安全设置	参数设置采用密码方式（6 位以上密码）或通过专用程序和设备进行
数据存储	具备断电后数据本地保存功能，本地保存的交易数据不少于 2000 条；通电并恢复网络后自动实现交易记录上传

（二）智能溯源台秤

参数	说 明
计量认证和标准	电子计价台秤的计量器具制造许可证 遵循 GB/T7722-2005 国标标准 JJG539-1997《数字指示秤检定规程》
标准电子秤功能	具备置零、去皮、累计等通用电子计价秤功能，支持过载保护

续　表

参数	说　明
最大秤量/最小秤量/分度值	150kg/1kg/50g、300kg/2kg/100g 或 600kg/4kg/200g
检定分度值	150kg e1 = 50g；300kg e2 = 100g；600kg e3 = 200g
稳定时间	不超过 5 秒
CPU	采用一个或多个 32 位单核或多核处理器，其主频不低于 400 MHz
内存	根据使用要求选配 ROM、RAM、FLASH ROM 等存储器。存储容量按使用要求配置（其中 ROM、RAM 不低于 64M）
操作系统	内置操作系统，支持文件系统和多线程处理
快捷 PLU	不低于 15 ×3 个（15 个快捷 PLU，每个按键可重复点击选择 3 个 PLU）
PLU 总个数	不低于 8 000 个
显示	显示屏支持汉显，支持 GBK 字库
打印形式	支持条码、二维码 QR
打印方式	不干胶打印机，不低于 60mm/s，打印票据保存期限至少两年
打印纸尺寸	宽度 25 ~ 110mm
读卡模块	内置至少 1 个 RFID 读写模块，支持扩展双卡处理业务
卡类型	支持非接触式 IC 卡
读卡频率	13. 56 MHz
读卡距离	小于 10cm
电源	交流供电的产品，应能在 220V（ - 15% ~ 10%），50Hz ± 3Hz 条件下正常工作直流供电的产品，应能在直流电压标称值的（100 ± 5）% 的条件下正常工作。对于电源有特殊要求的单元应在产品说明书中加以说明交流供电电源插头应符合 GB 2099. 1 的规定；直流供电采用航空插头
工作环境温度	- 10℃ ~ 40℃，低于 - 10℃的寒冷地区应有低温防护措施，高于 40℃的酷热地区应有散热降温措施，确保系统正常运行
工作环境湿度	15% ~ 85% RH
防护等级	秤体防护等级不低于 IP41
	重量传感器防护等级不低于 IP65
接入方式	RJ45 以太网接入，可选配 Wi-Fi、GPRS 或 3G 模块
通信方式	TCP/IP
接口扩展	支持扩展电子支付功能 至少具有带电 RS232 接口，支持外扩扫描设备、读写设备、打印、收银设备等 支持智能溯源秤升级、数据存储导入导出、参数配置
PLU 更新方式	远程更新 PLU 及快捷 PLU
秤台	不锈钢台面，面积不小于 0. 4 平方米
移动性	底盘安装滚轮，支持万向移动和刹车，方便现场移动操作
安全设置	参数设置采用密码方式（6 位以上密码）或通过专用程序和设备进行
数据存储	具备断电后数据本地保存功能，本地保存的交易数据不少于 2000 条；通电并恢复网络后自动实现交易记录上传

（三）查询终端

参数	说　明
机柜	立式现代机柜
显示器	19 英寸液晶显示器（标屏或则宽屏），1024×768，75Hz，对比度 400：1
触摸屏	19 英寸表面声波触摸屏；单点触摸超过 5 千万次（标屏或者宽屏）
语音	带外置语音
主机	1.8GCPU/2GDDR 内存/80G 硬盘以上
RFID 接口	支持 RFID 读写器的集成
二维码读写头接口	支持直接在设备上扫描二维码
7×24 小时不间断运行	保证设备能够不间断无故障运行
操作准确灵敏性	使用手指来在屏幕上移动后，鼠标箭头与手指始终完全重合
操作系统	系统集成 Windows 系统
二维码识别	将二维码标签紧贴在二维码识别器上，能够在 2 秒内准确识读
网络传输	支持有线和无线的接口传输数据

（四）标签打印机

参数	说　明
打印方式	热转印
分辨率（dpi）	不低于 203dpi
打印速度（mm/s）	4ips（101.6mm/s）及以上
接口类型	RS-232 串口，Centronics 并口，USB 接口，PS/2 接口，100/10M-bit 以太网口（选配）
字体	支持多种语言字体
内存（MB）	4MB FLASH ROM，16MB SDRAM
最大打印长度（mm）	8 000
标签宽度（mm）	25～110
标签厚度（mm）	0.08～0.20
碳带长度（mm）	30 000 及以上
电源电压（V）	交流 100～240
电源频率（Hz）	47～63

（五）智能读写终端

参数	说　明
与 PC 通信类型	USB
通信协议	支持 ISO14443 TypeA/B
所遵循的标准	ISO14443、ISO 7816、PC/SC、GSM11.11、FCC、CE
通信速率	不低于 800Kbits/S
状态显示	LED 指示灯，指示电源或通信状态
其他特性	提供通用接口函数库，可支持多种操作系统和语言开发平台

（六）IC 卡

参数	说　明
卡型号	M1 IC 卡（S50，S70）
存储容量	不小于 8Kbit
工作频率	13.56MHZ
通信速率	不低于 106Kboud
读写距离	2.5 ~ 10cm
读写时间	1 ~ 2ms
工作温度	-20℃ ~ 85℃
擦写次数	大于 100 000 次
数据保存	大于 10 年
封装材料	PVC、PET、0.13 铜线
制作标准	ISO10536
支持协议	ISO14443A 协议

四、通用设备参数

（一）数据库服务器

参数	说　明
CPU	两颗四核 2.4GHz 以上 CPU
内存	32GB 以上内存
存储	2 块 300GB 以上硬盘；支持 RAID0.1.5.10
网络/电源接口	双口千兆网卡/DVDRW 光驱/热插拔冗余电源
售后	3 年以上保修，7 × 24 技术服务
操作系统	Linux 操作系统
数量	2 台

（二）应用服务器

参数	说　明
CPU	两颗四核 2.4GHz 以上 CPU
内存	8GB 以上内存
存储	2 块 300GB 以上硬盘；支持 RAID0.1.5.10
网络/电源接口	双口千兆网卡/DVDRW 光驱/热插拔冗余电源
售后	3 年以上保修，7 × 24 技术服务
操作系统	Linux 操作系统
数量	3 台

（三）存储

参数	说明
控制器	双控制器，含 2 个控制器模块互为冗余
电源	热插拔冗余电源及风扇
存储	6×300GB 以上 SAS 3.5 寸热插拔磁盘；12 个槽位以上
售后	3 年以上保修，7×24 技术服务
数量	1 套

（四）数据传输服务器

参数	说明
CPU	两颗四核 2.13GHz 以上 CPU
内存	8GB 以上内存
存储	2 块 300GB 以上硬盘；支持 RAID0.1.5.10
网络/电源接口	双口千兆网卡/DVDRW 光驱/热插拔冗余电源
售后	3 年以上保修，7×24 技术服务
操作系统	Linux 操作系统
数量	1 台

（五）智能溯源秤网关服务器

参数	说明
CPU	两颗四核 2.13GHz 以上 CPU
内存	8GB 以上内存
存储	2 块 300GB 以上硬盘；支持 RAID0.1.5.10
网络/电源接口	双口千兆网卡/DVDRW 光驱/热插拔冗余电源
售后	3 年以上保修，7×24 技术服务
操作系统	Windows 2008 server
数量	根据市场规模确定

（六）备份服务器

参数	说明
CPU	两颗四核 2.13GHz 以上 CPU
内存	8GB 以上内存
存储	6 块 1T 以上硬盘；支持 RAID0.1.5.10
网络/电源接口	双口千兆网卡/DVDRW 光驱/热插拔冗余电源
售后	3 年以上保修，7×24 技术服务
操作系统	Windows 2008 server
数量	1 台

附件 7

国家中药材流通追溯体系智能溯源秤接口规范

一、使用范围

本规范规定了在国家中药材流通追溯体系地方流通追溯平台及流通节点与智能溯源秤之间的数据接口、使用流程、通信协议等内容，规定了智能溯源秤在交易过程中的启动流程标准、称重流程标准、数据交互格式、小票打印格式及相关数据生成规则。用于向智能溯源秤供应商提供接口开发规范。

二、关键术语及定义

（一）智能溯源秤

是指集称重、非接触式 IC 卡读写、摊位号管理、多批次管理、限量控制、支持二维码凭证打印等功能，并能通过有线或无线等方式接收、传输相关信息的电子秤；智能溯源秤是智能溯源案秤和智能溯源台秤的统称。

（二）智能溯源案秤

是指在国家中药材流通追溯体系中，针对交易数量小的零售环节所使用的智能溯源秤。

（三）智能溯源台秤

是指在国家中药材流通追溯体系中，针对交易数量大的环节所使用的智能溯源秤。

（四）IC 卡

又称集成电路卡，是在聚氯乙烯（PVC，塑料产品之一）材料上嵌置一个或多个集成电路芯片，尺寸遵照国际标准（如 ISO 7810）规定，用于记录和传递信息的卡片。

三、智能溯源秤网络拓扑结构

通过有线或无线网络，建立起智能溯源秤与地方平台的网络结构。详细结构图如下：

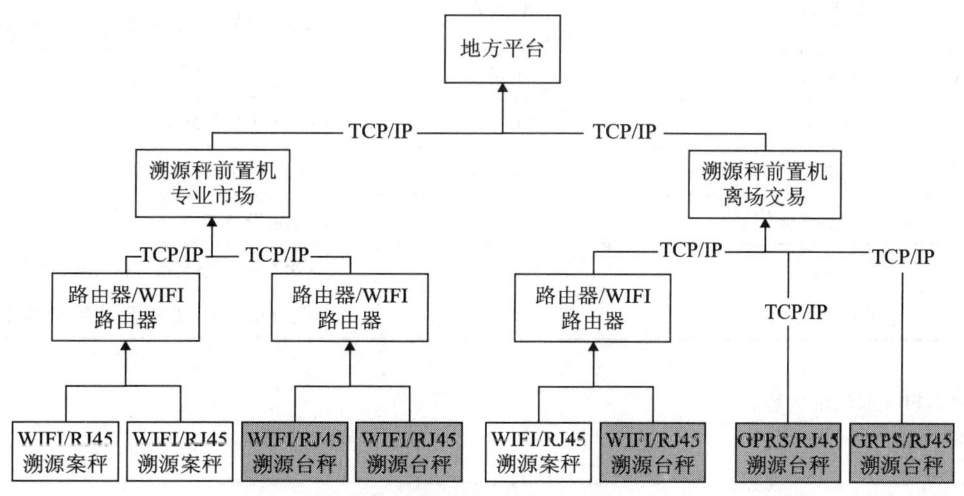

智能溯源秤网络拓扑结构

四、相关设备

设备名称	参数	说明
智能溯源案秤	15kg/30kg	Wi-Fi/RJ45
智能溯源台秤	150kg/300kg/600kg	Wi-Fi/GPRS、3G/RJ45
路由器/Wi-Fi 路由器	RJ45/IEEE802. 11 a/b/g	Wi-Fi/RJ45
智能溯源秤前置机		TCP/IP

（一）智能溯源案秤

1. 使用环境

中药材专业市场，集中布置，直流电源/交流电源。

2. 功能

（1）商户 IC 卡识别。

（2）二维码小票打印（可重复打印）。

（3）交易数据传输。

（4）远程维护 PLU、快捷键。

（5）远程锁定、解锁秤功能：锁定设备后，智能溯源秤不再提供称重功能，并进行提示。解锁设备后，智能溯源秤正常使用。

（6）打印当日销售汇总数据。

（二）智能溯源台秤

1. 使用环境

（1）种植基地，交流电源。

（2）专业市场，交流电源。

（3）中药材经营企业，交流电源。

2. 功能

（1）商户 IC 卡识别。

（2）二维码小票打印（可重复打印）。

（3）交易数据传输。

（4）远程维护 PLU、快捷键。

（5）远程锁定、解锁秤功能：锁定设备后，智能溯源秤不再提供称重功能，并进行提示。解锁设备后，智能溯源秤正常使用。

（6）打印当日销售汇总数据。

五、通信协议

（一）IC 卡数据内容

S50 卡，S70 暂时使用前 1K 数据，从第 1 个扇区的第 0 block 开始。

1. 工作频率

13.56Mhz。

2. 数据格式

数据按扇区依次存储。

序号	数据	数据位数	说明
1	卡类型	8 字节	10000000：种植基地台秤 00001000：市场商铺智能溯源秤
2	企业代码	14 字节	由全国溯源平台下发
3	企业名称	48 字节	GB2312 字符集
4	联系电话	30 字节	企业联系电话
5	智能溯源秤设备代码	32 字节	由地方溯源平台下发
6	市场名称	48 字节	GB2312 字符集，仅市场智能溯源秤有本信息
7	企业内部序号	1 字节	区分同一商铺的不同智能溯源秤

3. 智能溯源秤 RFID 卡验证内容

智能溯源秤验证内容：

预制数据	初始方式	具体验证项
智能溯源秤设备代码	出厂前配置或向市场商户发秤前手工配置	身份卡内与智能溯源秤上设置的智能溯源秤设备代码数据是否一致，如数据一致则验证通过，否则提示错误信息，要求刷卡有再进行操作

初始化企业代码数据：

在用户首次刷卡时，智能溯源秤将 IC 卡中的“企业代码”、“企业名称”、“联系电话”、“企业内部序号”、“市场名称（仅市场智能溯源秤）”数据，读取到智能溯源秤中进行保存，用于组合生成溯源码数据和打印小票。

（二）地方平台与智能溯源秤之间的数据接口

命令码列表：

标识	命令名称	使用场景
INI	初始化	开机后自动执行
AAE	心跳数据	定期执行，用于传输溯源秤开关状态和锁定状态
AAA	交易数据上传	交易数据产生后，使用后台线程或者空隙时间进行数据上传
PLU	PLU 更新	当 PLU 定义有更新时
FKY	快捷键更新	当改溯源秤 PLU 快捷键有更新时
STO	库存更新	当用户刷卡后自动执行

（三）智能溯源秤小票格式

1. 市场商户智能溯源秤小票格式

XXXXXXX市场

经营商户：荣氏药材商行
联系电话：021-5702584
溯源秤号：12345678901234567890123456789012
销售时间：2012-03-22 23:23:23
品　　名：枸杞
重　　量：0.5 kg
单　　价：10.00
总　　价：50.00
溯源码: 32730001341101021001112119000084

查询方式：www.zyczs.gov.cn
技术支持：XXXXX公司　　　020-78945685

数据来源：

数据	来源
×××市场	IC 卡中市场名称
经营商户	IC 卡中企业名称
联系电话	IC 卡中的联系电话
智能溯源秤号	IC 卡中智能溯源秤设备代码

续 表

数据	来源
销售时间	智能溯源秤时钟
品名	PLU
重量	智能溯源秤重量传感器
单价	商户自行输入
价格	智能溯源秤计算
溯源码	由以下部分组成： 类别码：2（案秤） 企业代码（14 位）：IC 卡中数据 年月码（4 位）：智能溯源秤时钟 YYMM 企业内部序号（1 位）：IC 卡数据 顺序码（8 位）：当月累计交易笔数，从 1 开始最大为 99999999
二维码图片	需在溯源码前增加代码标志符号 ＊CPC＊ZYCZS＋溯源码 比如溯源码为 12345678 则图片上的信息为： ＊CPC＊ZYCZS12345678

2. 智能溯源台秤小票格式

国家中药材
流通追溯体系
中药追溯
www.zyczs.gov.cn
企业名称：荣氏药材商行
溯源码：01234567890123456789012345678901234
批次码：01234567890123456789012345
品　名：枸杞
重　量：0.5 kg
打印日期：2012-03-22 23:23:23
技术支持：XXX公司　020-78945685

数据来源：

数据	来源
企业名称	IC 卡中企业名称
溯源码	由以下部分组成： 类别码：3（台秤） 企业代码（14 位）：IC 卡中数据 年月码（4 位）：智能溯源秤时钟 YYMM 企业内部序号（1 位）：IC 卡数据 顺序码（8 位）：当月累计交易笔数，从 1 开始最大为 99999999

续　表

数据	来源
批次码	称重过程中选择的批次
品名	PLU
重量	智能溯源秤重量传感器
打印时间	智能溯源秤时钟
二维码图片	需在溯源码前增加代码标志符号 ＊CPC＊ZYCZS＋溯源码 比如溯源码为12345678 则图片上的信息为： ＊CPC＊ZYCZS12345678

3. 打印汇总数据小票格式

XXXXXXXX

****

商户名称：荣氏药材商行

智能溯源秤号：12345678901234567890123456789012

统计时间：2012-05-18　17：00

总笔数：123 笔

总金额：23 422.00 元

总重量：23 435.32kg

数据来源：

数据	来源
商户名称	IC 卡企业名称
智能溯源秤号	IC 卡中智能溯源秤设备代码
统计时间	智能溯源秤时钟
总笔数	由智能溯源秤统计
总金额	由智能溯源秤统计
总重量	由智能溯源秤统计

（四）相关数据生成规则

收据号：每月第一天零点，从 1 开始按每笔递增 1 进行顺序编号。最大为 99999999。

溯源码：类别码＋企业码＋年月码＋企业内部序号＋顺序码。

数据	说明	长度
类别码	2（案秤）或者 3（台秤）	1 字节
企业码	14 位数字	14 字节
年月码	格式为 YYMM	4 字节
企业内部序号	1 位	1 字节
顺序码	8 位数字，从每月 1 日 0 点开始从 1 开始，每笔交易累加 1	6 字节

范例数据： 3101273000000111211100000013

六、系统测试

为保证智能溯源秤同国家中药材流通追溯系统之间的通信正常，终端采集信息能够及时准确的上传至国家中药材流通追溯体系中，系统所采用的智能溯源秤在系统集成部署前由软件提供商进行系统测试并出具测试报告。

测试报告内容应包括：网络连接测试、字符集测试、溯源模式测试、设备操作流程测试、数据传输测试、PLU 更新成功率、PLU 更新速度、PLU 快捷成功率、PLU 快捷更新速度、库存数量更新速度、交易记录上传速度和成功率。

附件 8

中药材流通追溯体系建设项目承办企业资质条件

中药材流通追溯体系建设项目实施省份要严格按照法定程序，选择有相应资质的企业承担追溯管理子系统建设有关工作。具体条件如下：

（一）具有独立法人资格，无不良信誉记录。

（二）具有省部级高新技术企业认定证书和软件企业认定证书。

（三）具有中华人民共和国工业和信息化部（或原信息产业部）认证的计算机信息网络系统集成二级以上（含二级）资质。

（四）已通过 ISO 9001 质量管理体系认证。

（五）具有计算机软件开发及网络系统信息化建设 5 年以上的实施和维护经验。

商务部办公厅关于做好第一批试点城市中药材流通追溯体系建设工作的通知

保定、亳州、玉林、成都商务主管部门：

为加快第一批中药材流通追溯体系（以下简称“追溯体系”）建设试点工作进度，加强追溯体系建设运行管理，切实发挥追溯体系作用，现将有关事项通知如下。

一、加强项目招标管理，严格执行进度安排

各试点城市要严格按照《商务部办公厅关于做好 2012 年中药材流通追溯体系建设试点项目招标工作的通知》（商办秩函〔2013〕99 号）要求，将项目集成商招标作为当前工作的重中之重，集中力量抓紧抓好。完成招标工作后要抓紧组织实施项目工程建设，如期完成软硬件安装、系统联调联试等工作，确保追溯体系尽快投入运行。具体工作进度要求如下：

（一）2013 年 5 月底前，完成追溯项目集成商招标工作。

（二）2013 年 8 月底，完成城市追溯管理平台建设，各经营节点追溯子系统建设，实现城市平台与中央平台及各节点子系统之间数据连接调试与测试；完成商户备案及流通服务卡发放，开展试点企业管理人员与商户培训，并按要求通过商务部组织的中期评估。

（三）2013 年 10 月底，根据商务部有关文件、标准及考核评估办法，进行自测验收，并将验收材料报省级商务主管部门。

（四）2013 年 11 月底，商务部将组织开展实地验收，综合确定各试点城市验收成绩，并对结果予以通报。验收不合格的城市，限期整改，于 2014 年 1 月底前达到验收标准，并通过商务部复查。如到期仍未完成试点任务的，当地政府要向商务部、财政部书面报告情况，有关处理结果将作为后续政策支持的重要依据。

二、加强运行维护管理，充分发挥追溯体系作用

（一）加强组织领导，完善规章制度

一是要在各地中药材流通追溯体系建设试点领导小组的领导下，按照地方建立的工作机制，进一步明确人员分工，落实工作责任，切实推进中药材流通追溯体系建设、管理和运行工作；二是要会同有关部门，共同研究制定规章或地方性法规，并推动制定配套的追溯体系建设运行管理制度，明确部门、人员职责和试点经营户和企业主体责任，为追溯体系建设提供支撑；三是要抓紧研究制定本市中药材流通追溯体系运行考核管理办法，科学制定统计分析指标和考核管理指标，强化城市平台对各流通节点子系统的运行考核管理。

（二）强化资金使用管理，落实配套经费

要严格执行财政资金使用管理规定，确保资金专款专用，严禁截留、滞留、转移、挪用资金；要严格规范资金使用拨付程序，明确责任主体，保证拨付进度；地方政府应按不低于 1：1 的资金配套，并将运维费用纳入财政预算，确保追溯体系的持续稳定运行；要加强专项资金的追踪问效和追溯问责，并积极引入专业机构参与项目审计管理与绩效评价，确保资金使用效果。

（三）确保城市平台全面对接，各子系统有效运行

要确保追溯体系城市管理平台与中央平台的全面对接，及时上传各节点数据，保证数据质量和真实性，并形成完整追溯链条；要确保交易终端上传全部交易信息，且信息必须完整准确，不得将多品种交易只打一种名称和价格上传；各城市平台要对本地交易价格、流向、流量等数据进行综合分析，发现问题及时上报并采取措施予以完善。

（四）加强设备设施维护管理，保证正常运转

要加强追溯体系的软硬件设备设施管理，加大运行维护力度。定期检查各节点追溯设备，重点是智能溯源秤、移动支付溯源终端、智能读写终端的使用情况和查询终端、标签打印机、流通服务卡刷卡机等设备的完好性和使用效果。对于损坏或出现技术故障的设备要及时维修、更换或封存；对于闲置的设备要督促商家使用，确保设备运转正常，追溯小票信息完整规范，追溯码查询终端能有效使用。

三、加强培训宣传，形成追溯体系建设良好氛围

（一）积极开展培训工作

要对流通节点从业人员、市场管理人员、各级商务主管部门管理人员等分别开展有针对性的业务培训，并组织有关人员认真学习相关政策文件，加强工作指导，努力提高商务管理水平。

（二）做好新闻宣传工作

要与当地媒体进行充分沟通交流，向媒体全面准确介绍追溯体系建设进展情况，加大正面宣传；要认真接待媒体采访，准备好相关资料，安排专人如实介绍情况、解答问题，不得推诿、拖拉，努力做到积极应对、正确引导、快速处置，争取得到对追溯体系建设的舆论支持。

（三）加强信息报送工作

要积极利用简报、手机报等形式，向人民政府和各部门定时报送信息，通报追溯体系建设情况和效果，争取各级政府和有关部门的大力支持。同时，按照《商务部办公厅财政部办公厅关于开展 2012 年中药材流通追溯体建设试点的通知》（商办秩函〔2012〕881 号）要求，认真梳理每周工作，并于每月的 2 号和 16 号上报半个月的工作进展情况。

商务部办公厅

2013 年 4 月 11 日

商务部办公厅　财政部办公厅关于印发《第一批中药材流通追溯体系试点城市建设工作考核办法》的通知

商秩字〔2013〕22 号

为指导和推动中药材流通追溯体系建设，根据《商务部办公厅　财政部办公厅关于开展2012 年中药材流通追溯体系建设试点的通知》（商办秩函〔2012〕881 号）及有关技术规范的要求，现将《第一批中药材流通追溯体系试点城市建设工作考核办法》印发你们，请遵照执行。

商务部办公厅　财政部办公厅

2013 年 8 月 26 日

第一批中药材流通追溯体系试点城市建设工作考核办法

一、考核对象

2012 年商务部、财政部确定的中药材流通追溯体系建设试点城市。

二、考核内容

对地方中药材流通追溯平台、追溯服务中心、流通节点建设及组织实施四个方面工作的进展情况进行考核。

三、考核程序

（一）自测评分

考核验收工作启动后，试点城市商务主管部门组织参与追溯的各流通节点（中药材种植/养殖企业、中药材经营企业、中药材专业市场、中药饮片生产企业、中药饮片经营企业、医疗机构及零售药店）的所有企业（单位）填写流通节点追溯子系统考核评估测评表（以下简称“企业测评表”，见附件 2），并回收统计有关信息，存档备查。同时按 20% 的比例对上述企业（单位）进行实地核查。

试点城市商务主管部门根据企业测评表，会同财政局填写《中药材流通追溯体系试点城市建设工作考核评估测评标准》（见附件 1）。试点城市商务部门将申请验收的请示、工作总结及相关材料装订成册后，报所在省（自治区）商务厅及财政厅。

（二）初步审核

有关省（自治区）商务厅会同财政厅等单位对试点城市报送材料进行初审，必要时进行实地检查，出具初审意见，连同材料在 15 个工作日内分别报商务部、财政部。

（三）综合评估

商务部牵头组成考核评估工作组，对试点城市报送材料进行复审，赴试点城市进行实地检查，并结合日常监督检查情况，最终确定各试点城市考核评估成绩。得分 85 分及以上且必要项目（考核表中带“ * ”项）都完成的，评定为优秀；得分 75 分及以上且必要项目都完成的，评定为合格；得分 75 分以下的，评定为不合格。

四、考核结果应用

考核评估完成后，将对考核结果进行通报。对考核评定优秀的试点城市及所在省（自治区）予以表扬，并在全国推广经验，同时，考核结果还将作为后续政策支持的重要依据。

本考核评估办法自印发之日起实施。

附件：

1. 中药材流通追溯体系试点城市建设工作考核评测标准
2. 流通节点追溯子系统考核评估测评表

附件 1

中药材流通追溯体系试点城市建设工作考核评测标准

一、考核项目及分值

对试点城市中药材流通追溯平台、追溯服务中心、流通节点建设及组织实施等四个方面工作的进展情况进行考核（满分 100 分）。

序号	考核项目	标准分值	自测得分	验收得分	综合得分
1	流通追溯平台建设情况	15			
2	追溯服务中心建设情况	13			
3	流通节点建设情况	40			
4	组织实施情况	32			
合计		100 分			

自测得分由各试点城市商务主管部门评定；验收得分由商务部牵头组成的考核评估工作组评定；综合得分为自测得分和验收得分的平均数。

二、考核项目具体内容及标准

表 1　地方平台建设情况（15 分）

考核内容	考核标准	标准分值	自测得分	验收得分	综合得分
流通追溯平台建设（15 分）	“*”机房基础设施（供电、制冷、消防、安防、监控以及网络等）能保障地方平台系统稳定、持续运行。机房标准详见国标《电子信息系统机房设计规范》GB50174-2008 A 级机房得 3 分 B 级机房得 2.5 分 C 级机房得 0.5 分	3			
	“*”流通追溯平台软硬件数量满足追溯业务要求 数量与招标文件一致，同时满足流通追溯系统运行要求，得 6 分 数量与招标文件不完全一致，但能满足流通追溯系统运行要求，得 4 分	6			
	“*”流通追溯平台硬件参数及性能符合规范要求符合或高于规范要求，得 6 分	6			
合计					

注： 如机房基础设施低于 C 级，或流通追溯平台软硬件数量不能满足追溯业务要求，或流通追溯平台硬件参数及性能不符合规范要求，本次考核为不及格

表 2　追溯服务中心建设情况（13 分）

考核内容	考核标准	标准分值	自测得分	验收得分	综合得分
"*"追溯服务中心（13 分）	"*"设备种类和数量配备满足追溯业务要求 设备种类和数量与招标文件一致，同时满足追溯服务中心业务要求，得 4 分 数量与招标文件不完全一致，但能满足流通追溯系统运行要求，得 2 分	4			
	"*"设备参数及性能符合规范要求 符合或高于规范要求，得 2 分	2			
	房屋面积满足追溯服务中心业务要求 房屋面积大于等于 100 平方米，得 2 分 大于等于 80 小于 100 平方米，得 1 分 大于等于 60 小于 80 平方米，得 0.5 分 小于 60 平方米，得 0 分	2			
	人员配置满足追溯服务中心业务要求。 人员配置不少于 4 人，得 2 分；否则，得 0 分	2			
	服务规范、标准及流程满足追溯业务要求	3			
合计					

表 3　流通节点建设情况（40 分）

考核内容	考核标准	标准分值	自测得分	验收得分	综合得分
中药材种植和养殖企业（5 分）	节点覆盖完成率 覆盖率 100%，得 2.5 分 覆盖率 90% 及以上，得 2 分 覆盖率 80% 及以上，得 1.5 分 覆盖率 80% 以下不得分	2.5			
	"*"设备种类及数量配置满足追溯业务要求，得 1.5 分	1.5			
	"*"设备参数及性能符合规范要求，得 1 分	1			
中药材经营户和经营企业（4 分）	节点覆盖完成率 覆盖率 100%，得 2 分 覆盖率 90% 及以上，得 1.5 分 覆盖率 90% 以下不得分	2			
	"*"设备种类及数量配置满足追溯业务要求，得 1 分	1			
	"*"设备参数及性能符合规范要求，得 1 分	1	1		

续　表

考核内容	考核标准	标准分值	自测得分	验收得分	综合得分
中药材专业市场（16分）	节点覆盖完成率 覆盖率100%，得7分 覆盖率90%及以上，得5分 覆盖率80%及以上，得3分 覆盖率80%以下不得分	7			
	“*”设备种类及数量配置满足追溯业务要求，得6分	6			
	“*”设备参数及性能符合规范要求，得3分；否则得0分	3			
中药饮片生产企业（7分）	节点覆盖完成率 覆盖率100%，得4分 覆盖率90%及以上，得3分 覆盖率80%及以上，得2分 覆盖率80%以下不得分	4			
	“*”设备种类及数量配置满足追溯业务要求，得2分	2			
	“*”设备参数及性能符合规范要求，得1分	1			
中药饮片经营企业（4分）	节点覆盖完成率 覆盖率100%，得2分 覆盖率90%及以上，得1分 覆盖率90%以下不得分	2			
	“*”设备种类及数量配置满足追溯业务要求，得1分	1			
	“*”设备参数及性能符合规范要求，得1分	1			
医疗机构及零售药店（4分）	节点覆盖完成率 覆盖率100%，得2分 覆盖率90%及以上，得1分 覆盖率90%以下不得分	2			
	“*”设备种类及数量配置满足追溯业务要求，得1分	1			
	“*”设备参数及性能符合规范要求，得1分	1			
合计					

说明：1. 节点覆盖完成率＝实际建设节点数量/工作方案节点数量

2.“设备种类及数量配置满足追溯业务要求”是指建设实施种类数量要与招标文件一致，同时满足各经营主体的追溯业务要求。

表4　组织实施（32分）

考核内容	考核标准	标准分值	自测得分	验收得分	综合得分
组织领导（2分）	成立市人民政府领导任组长、相关部门参加的领导小组	1			
	有专门部门负责，一把手亲自抓，确定3名以上的专门（专职）负责人员	1			
资金配套及使用情况（16分）	落实配套建设资金（按配套率×10计算得分）	8			
	将追溯体系运行维护资金纳入年度财政预算	3			
	出台专门的资金管理办法	1			
	资金使用符合相应的财经纪律，做到专款专用	2			
	中央财政资金支出符合相关规定	1			
	中央财政支持资金按工作进度执行完毕	1			
	出台专门的地方政策性文件，建立倒逼机制	5			
政策与制度支持（5分）	出台专门的地方政策性文件，建立倒逼机制	5			
项目实施（6分）	相关方案和招标文件能较好的兼顾统一要求和当地实际情况	1			
	项目建设质量控制与管理措施完善	1			
	承办企业投入15人以上专职负责项目建设	1			
	承办企业独立承担安装调试等主体工作	1			
	承办企业配备系统和设备维护专职人员，有定期巡检制度	1			
	中药材专业市场开办者配备系统和设备维护专职人员，有定期巡检制度	1			
宣传培训（3分）	开展大型宣传活动（当地领导参加、活动人数超过150人）	1			
	在地级以上主要媒体上进行宣传报道	1			
	对追溯体系内管理人员及运行维护人员进行培训	1			
合计					

请各试点城市就上述4表考核标准逐条应答并提供相关证明材料，作为自测得分依据以及验收得分参考。

附件 2

流通结点追溯子系统考核评估测评表

中药材产地追溯子系统考核评估测评表

企业名称：企业地址：
企业联系人及电话：

测评内容	自测	检查
备案登记	是□否□	是□否□
设备配置满足追溯业务需求 填写设备数量：pc 终端 智能溯源台秤 标签打印机 二维码扫描枪	是□否□ 数量（　） 数量（　） 数量（　） 数量（　）	是□否□ 数量（　） 数量（　） 数量（　） 数量（　）
配备专职人员，负责子系统日常管理	是□否□	是□否□
规范包装	是□否□	是□否□
种植批次管理：以一个地块同一时间段种植/养殖的中药材为一个批次	是□否□	是□否□
采收批次管理：同一批次种植/养殖的中药材，分期采收和分药用部位采收的，需分清批次	是□否□	是□否□
质量检测：中药材收获后，按批次、报告上传	是□否□	是□否□
交易管理：将种植/养殖信息与流向信息相关联，打印追溯码	是□否□	是□否□

自测填表员：　　　　　　　　　　　　　填表日期：

中药材经营企业追溯子系统考核评估测评表

企业名称：企业地址：
企业联系人及电话：

测评内容	自测	检查
备案登记	是□否□	是□否□
设备配置满足追溯业务需求 填写设备数量：pc 终端电脑 智能溯源台秤 标签打印机 二维码扫描枪	是□否□ 数量（　） 数量（　） 数量（　） 数量（　）	是□否□ 数量（　） 数量（　） 数量（　） 数量（　）
配备专职人员，负责子系统日常管理	是□否□	是□否□
规范包装	是□否□	是□否□

续　表

测评内容	自测	检查
来源管理：对未进入追溯体系的中药材，录入中药材相关信息；对已进入追溯体系的中药材，完成该批次中药材信息的匹配验证	是□否□	是□否□
采购批次管理：同一张产地证明或检测合格证明的中药材为同一批次	是□否□	是□否□
交易管理：将中药材来源信息与流向信息相关联，打印追溯码或交易凭证	是□否□	是□否□

自测填表员：　　　　　　　　　　　　　　　　填表日期：

中药材专业市场追溯子系统考核评估测评表

企业名称：企业地址：

企业联系人及电话：

测评内容	自测	检查
市场统一包装	是□否□	是□否□
摊位数量	数量（　）	数量（　）
商户数量	数量（　）	数量（　）
设备配置满足追溯业务需求	是□否□	是□否□
填写设备数量：PC 终端	数量（　）	数量（　）
IC 卡读写器具	数量（　）	数量（　）
智能溯源台秤	数量（　）	数量（　）
智能溯源案秤	数量（　）	数量（　）
标签打印机	数量（　）	数量（　）
查询终端	数量（　）	数量（　）
进场经营者备案：在追溯服务中心完成备案，实行持卡交易	是□否□	是□否□
进场管理：对未进入追溯体系的中药材，录入中药材相关信息；对已进入追溯体系的中药材，完成该批次中药材信息的匹配验证	是□否□	是□否□
批次管理：同一张产地证明或检测合格证明的中药材为同一批次	是□否□	是□否□
检测信息登记：按照批次、品种进行检测，并将结果录入系统	是□否□	是□否□
数据下传：将中药材品种、批次号等信息在包装、销售前下传智能溯源秤	是□否□	是□否□
数据回传：智能溯源秤称重后，将交易的中药材品种、重量、批次号、交易凭证号等信息上传至系统	是□否□	是□否□
存储管理：按中药材供应商、日期、批次分别存储，不得混批存储	是□否□	是□否□
追溯码打印：通过智能溯源秤进行交易并打印追溯码	是□否□	是□否□
交易管理：将中药材来源信息与流向信息相关联，并打印追溯码或交易凭证	是□否□	是□否□

自测填表员：　　　　　　　　　　　　　　　　填表日期：

中药饮片生产追溯子系统考核评估测评表

企业名称：企业地址：

企业联系人及电话：

测评内容	自测	检查
备案登记	是□否□	是□否□
设备配置满足追溯业务需求	是□否□	是□否□
填写设备数量：pc 终端	数量（　）	数量（　）
扫描枪	数量（　）	数量（　）
标签打印机	数量（　）	数量（　）
配备专职人员，负责子系统日常管理	是□否□	是□否□
实行电子结算	是□否□	是□否□
规范包装	是□否□	是□否□
来源管理：对未进入追溯体系的中药材，将信息录入系统生成电子台账；对已进入追溯体系的中药材，完成该批中药材信息的匹配验证	是□否□	是□否□
批次管理：同一批中药材生产的中药饮片作为一个批次	是□否□	是□否□
检测信息登记：在中药材入库登记或饮片生产完成后，按批次、品种进行检测并上传检测报告	是□否□	是□否□
交易管理：将中药材来源信息与中药饮片流向信息相关联，并打印追溯码或交易凭证	是□否□	是□否□

自测填表员：　　　　　　　　　　　　　填表日期：

中药饮片经营企业追溯子系统考核评估测评表

企业名称：企业地址：

企业联系人及电话：

测评内容	自测	检查
备案登记	是□否□	是□否□
设备配置满足追溯业务需求	是□否□	是□否□
填写设备数量：pc 终端	数量（　）	数量（　）
扫描枪	数量（　）	数量（　）
配备专职人员，负责子系统日常管理	是□否□	是□否□
实行电子结算	是□否□	是□否□
规范包装	是□否□	是□否□
入库管理：采购饮片后，在系统上确认来源、品种、数量等信息进行收货并生成电子台账	是□否□	是□否□
交易管理：将中药材来源信息与中药饮片流向信息相关联，并打印交易凭证	是□否□	是□否□

自测填表员：　　　　　　　　　　　　　填表日期：

中药饮片使用环节追溯子系统考核评估测评表

企业名称：企业地址：

企业联系人及电话：

测评内容	自测	检查
备案登记	是□否□	是□否□
设备配置满足追溯业务需求 填写设备数量：pc 终端 扫描枪 实行电子结算	是□否□	是□否□
	数量（ ）	数量（ ）
	数量（ ）	数量（ ）
	是□否□	是□否□
规范包装	是□否□	是□否□
是否将销售系统与中药材流通追溯系统进行对接	是□否□	是□否□
供应商备案：进行备案并建立基本信息档案	是□否□	是□否□
入库管理：采购饮片后，在系统上确认来源、品种、数量等信息进行收货并生成电子台账	是□否□	是□否□

自测填表员： 填表日期：

食品药品监管总局等部门关于进一步加强中药材管理的通知

食药监〔2013〕208 号

各省、自治区、直辖市人民政府：

中药材是中医药的重要组成部分。加强中药材管理、保障中药材质量安全，对于维护公众健康、促进中药材产业持续健康发展、推动中医药事业繁荣壮大，具有重要意义。为进一步加强中药材管理，经国务院同意，现就有关工作通知如下。

一、充分认识加强中药材管理的重要性

近年来，我国中药材管理不断加强，形成了以中药材种植养殖、产地初加工和专业市场为主要环节的中药材产业，呈现出持续发展的良好态势。但受多种因素影响，中药材管理领域仍然存在一些突出问题，主要表现是，标准化种植养殖落实不到位，不科学使用农药化肥造成有害物质残留；中药材产地初加工设备简陋，染色增重、掺杂使假现象时有发生；中药材专业市场以次充好，以假充真，制假售假，违法经营中药饮片和其他药品现象屡禁不止。这些问题严重影响中药材质量安全，危害公众健康，阻碍中药材产业和中医药事业健康发展，社会反映强烈。

地方各级人民政府要深刻认识这项工作的重要意义，以对国家和公众高度负责的态度，采取切实有效措施，加大中药材产业链各环节的管理力度，坚决打击违法犯罪活动，确保中药材质量安全。

二、强化中药材管理措施

（一）加强中药材种植养殖管理

各地要高度重视中药材资源的保护、利用和可持续发展，加强中药材野生资源的采集和抚育管理，采集使用国家保护品种，要严格按规定履行审批手续。严禁非法贩卖野生动物和非法采挖野生中药材资源。要在全国中药材资源普查的基础上结合本地中药材资源分布、自然环境条件、传统种植养殖历史和本地药材特性，加强中药材种植养殖的科学管理，按品种逐一制定并严格实施种植养殖和采集技术规范，统一建立种子种苗繁育基地，合理使用农药和化肥，按年

限、季节和药用部位采收中药材，提高中药材种植养殖的科学化、规范化水平。禁止在非适宜区种植养殖中药材，严禁使用高毒、剧毒农药、严禁滥用农药、抗生素、化肥，特别是动物激素类物质、植物生长调节剂和除草剂。加快技术、信息和供应保障服务体系建设，完善中药材质量控制标准以及农药、重金属等有害物质限量控制标准；加强检验检测，防止不合格的中药材流入市场。

（二）加强中药材产地初加工管理

产地初加工是指在中药材产地对地产中药材进行洁净、除去非药用部位、干燥等处理，是防止霉变虫蛀、便于储存运输、保障中药材质量的重要手段。各地要结合本地产中药材的特点，加强对中药材产地初加工的管理，逐步实现初加工集中化、规范化、产业化。要对本地产中药材逐品种制定产地初加工规范，统一质量控制标准，改进加工工艺，提高中药材产地初加工水平，避免粗制滥造导致中药材有效成分流失、质量下降。严禁滥用硫磺熏蒸等方法，二氧化硫等物质残留必须符合国家规定。严厉打击产地初加工过程中掺杂使假、染色增重、污染霉变、非法提取等违法违规行为。

（三）加强中药材专业市场管理

除现有17个中药材专业市场外，各地一律不得开办新的中药材专业市场。中药材专业市场所在地人民政府要按照“谁开办，谁管理”的原则，承担起管理责任，明确市场开办主体及其责任。中药材专业市场要建立健全交易管理部门和质量管理机构，完善市场交易和质量管理的规章制度，逐步建立起公司化的中药材经营模式。要构建中药材电子交易平台和市场信息平台，建设中药材流通追溯系统，配备使用具有药品现代物流水平的仓储设施设备，提高中药材仓储、养护技术水平，切实保障中药材质量。严禁销售假劣中药材，严禁未经批准以任何名义或方式经营中药饮片、中成药和其他药品，严禁销售国家规定的28种毒性药材，严禁非法销售国家规定的42种濒危药材。

（四）加强中药饮片生产经营管理

中药饮片生产经营必须依法取得许可证照，按照法律、法规及有关规定组织开展生产经营活动。严禁未取得合法资质的企业和个人从事中药饮片生产、中药提取。各地要坚决取缔无证生产经营中药饮片的非法窝点，严厉打击私切滥制等非法加工、变相生产中药饮片的行为。要加强对药品生产经营企业的管理，严厉打击药品生产经营企业出租出借许可证照、将中药饮片生产转包给非法窝点或药农、购买非法中药饮片改换包装出售等违法行为。鼓励和引导中药饮片、中成药生产企业逐步使用可追溯的中药材为原料，在传统主产区建立中药材种植养殖和生产加工基地，保证中药材质量稳定。

（五）促进中药材产业健康发展

各地要根据国家中药材产业中长期发展规划，制订切合本地实际的中药材产业发展规划，采取有效措施促进中药材产业健康发展。要建立完善中药材种植养殖、产地初加工和中药材专业市场各项管理制度，开展诚信体系建设，营造促进行业健康发展的政策环境，推动地方特色中药材的集约化、品牌化发展。

三、加强组织保障

（一）明确地方政府责任

各地要切实履行地方政府负总责的要求，加强统一领导和组织协调，落实对中药材种植养殖、产地初加工和专业市场各环节的管理责任。要明确负责中药材管理的机构和人员，保障必要的经费和工作条件；建立中药材管理和服务的专业技术机构，完善中药材产业链中各项技术规范，提高中药材技术服务和质量保障能力；扶持中药材行业协会等社会组织发展，充分发挥其行业管理、行业自律、企业诚信等方面的作用，提高中药材管理的社会化水平。

（二）严惩违法犯罪行为

各地要切实加强对中药材的日常管理，强化中药材产业链各环节的排查，深挖带有行业共性的隐患和问题，坚决清退不符合要求的生产经营者，净化中药材市场环境。要针对社会反映强烈的突出问题，组织开展中药材整治专项行动，严厉打击制假售假等各类违法违规行为，保持打击中药材违法犯罪的高压态势。建立部门、区域联动机制，追根溯源，一查到底，及时查处曝光典型案件，有力震慑违法犯罪分子。

（三）严格监督检查

国务院有关部门要加强协作配合和监督指导，采取抽查、监督检验和明察暗访等方式，对中药材管理情况和中药材质量情况进行监督检查，监督检查结果要及时向社会公布。对问题突出、屡整屡犯、群众反映强烈的中药材专业市场坚决予以关闭；对管理措施不到位、市场秩序混乱、质量问题严重的地方，依纪依法追究相关责任人责任。

国家食品药品监督管理总局
工业和信息化部
农业部
商务部
国家卫生和计划生育委员会
国家工商行政管理总局
国家林业局
国家中医药管理局
2013年10月9日

SB

中华人民共和国国内贸易行业标准

SB/T 11039—2013

中药材追溯通用标识规范

Chinese herbalmedicines traceability universal identification specification

中华人民共和国商务部 发布

2013年12月4日发布　　　　2014年6月1日实施

目　　录

前　言

本标准由商务部提出并归口。

本标准主要起草单位：中国中药协会、中国国际电子商务中心、国富通信息技术发展有限公司

本标准主要起草人：温再兴、王胜利、杨志强、王瑛、王秀、晏宗敏、杨凌、易宇莹、王俊、张清会、张大军、金璐、卢梦园

中药材追溯通用标识规范

1. 范围

本标准规定了中药材追溯通用标识的要素、颜色和规格等。

本标准适用于中华人民共和国境内的中药材流通追溯体系。

2. 术语和定义

2.1　身份识别卡（identification card）

中药材流通节点主体所持的身份凭证和记录、传递交易过程信息的载体。按照商务部规定的信息记录格式和加密规则，由地方追溯服务中心监制并统一配发。一般采用 IC 卡或 CPU 卡，全国统一标识，统一样式。

2.2　智能溯源秤（intelligent traceability scale）

具有称重、非接触式 IC 卡读写、摊位号管理、多批次管理、限量控制、支持二维码凭证打印等功能，并能通过有线或无线等方式接收、传输相关信息的电子秤。

2.3　查询终端（query machine）

可供消费者通过中药材追溯码查询中药材流通追溯信息的专用设备。

2.4　移动支付溯源终端（mobile payment traceable machine）

中药材交易双方支付、交易、定位及数据采集的专业设备。

2.5　无线环境传感网络设备（wireless sensor network device）

在中药材种植和养殖环节、中药材或饮片运输和仓储环节，通过无线传感网络，以树状和网状进行多跳自组网进行数据传输，并且能够满足采集土壤温度、土壤湿度和光照强度、空气温度、空气湿度的数据和传输要求的传感器。

3. 标识类别

3.1　设备类

包括身份识别卡、智能溯源秤、查询终端、移动支付溯源终端、无线环境传感网络设备和溯源标签等。

3.2　宣传类

包括出版物、宣传品和纪念品、会议背板、条幅、相关网站和网页等。

3.3　标识类

包括各类标识牌、货架标牌、追溯产品外包装和交易凭证等。

3.4　其他

包括调查表、统计表、信封、信纸、便笺、名片、工作证、胸卡、公文袋和文件夹等。

4. 标识标准色

（1）标识标准色 A

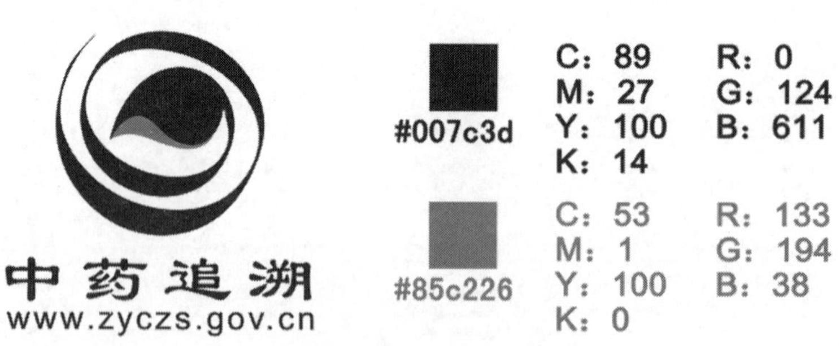

图 1　标识标准色 A

（2）标识标准色 B

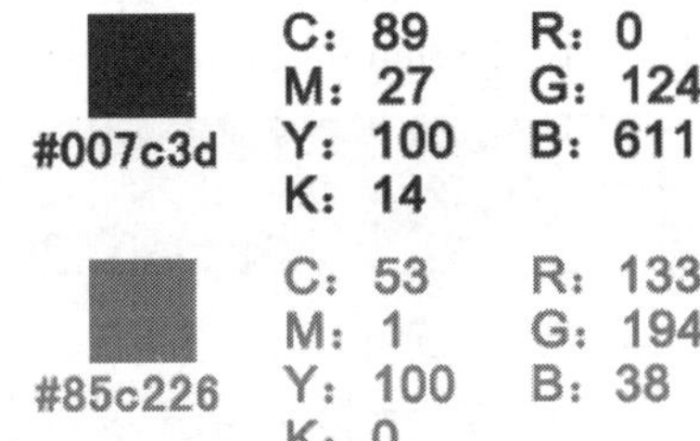

图 2　标识标准色 B

5. 标识规范

5.1　名称

中药材流通追溯体系，简称：中药追溯。

5.2　标识

（1）方版标识

图 3　方版标识

（2）长版标识（长宽比为 3∶1）：

图 4　长版标识

可根据实际需要按比例缩小或放大。中文：中药追溯，华文隶书。网址：www. zyczs. gov. cn，Calibri 字体。

5.3　标准字

5.3.1　中央中药材流通追溯平台名称

国家中药材流通追溯系统：华文中宋，一号字，加粗。

5.3.2　地方中药材流通追溯平台名称

国家中药材流通追溯系统（××站）：

国家中药材流通追溯系统：华文中宋，一号字，加粗；（××站）：黑体，加粗，五号字。

6. 标识应用说明

6.1　身份识别卡

身份识别卡正面由专用标识、“国家中药材流通追溯体系身份识别卡”字样、国家中药材流通追溯体系网址和编号等组成；背面由使用须知和二维码等组成（见图 5）。

流通服务卡长 85 毫米、宽 54 毫米、厚 0.8 或 1.8 毫米，采用聚氯乙烯（PVC）、聚对苯二甲酸乙二醇酯（PET）或 0.13 铜钱等材料封装。相关质量标准按照 ISO 10536 执行。

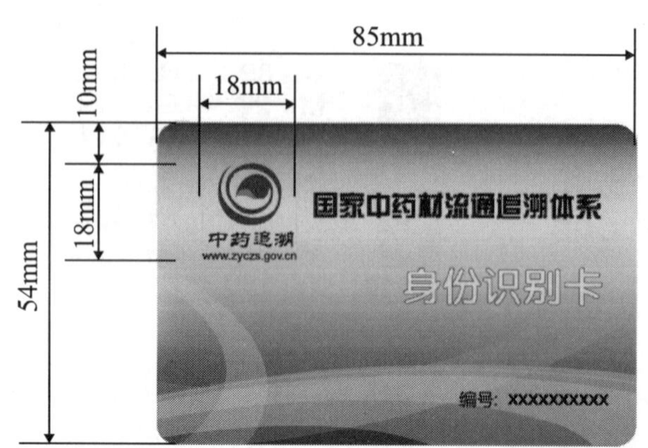

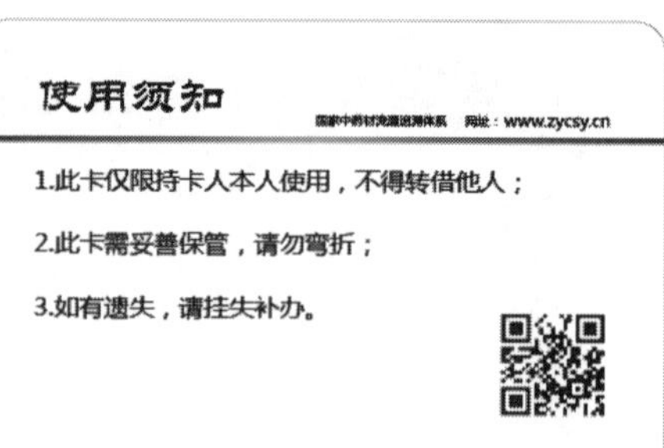

图5　流通服务卡正、反面

6.2　追溯标签

追溯标签正面由专用标识、"中药追溯"字样和国家中药材流通追溯体系及网址 www. zyczs. gov. cn 组成。溯标签分为大号标签和小号标签两种。小号标签的排版间隔均为3mm（见图6），大号标签的排版间隔均为5mm（见图7）。

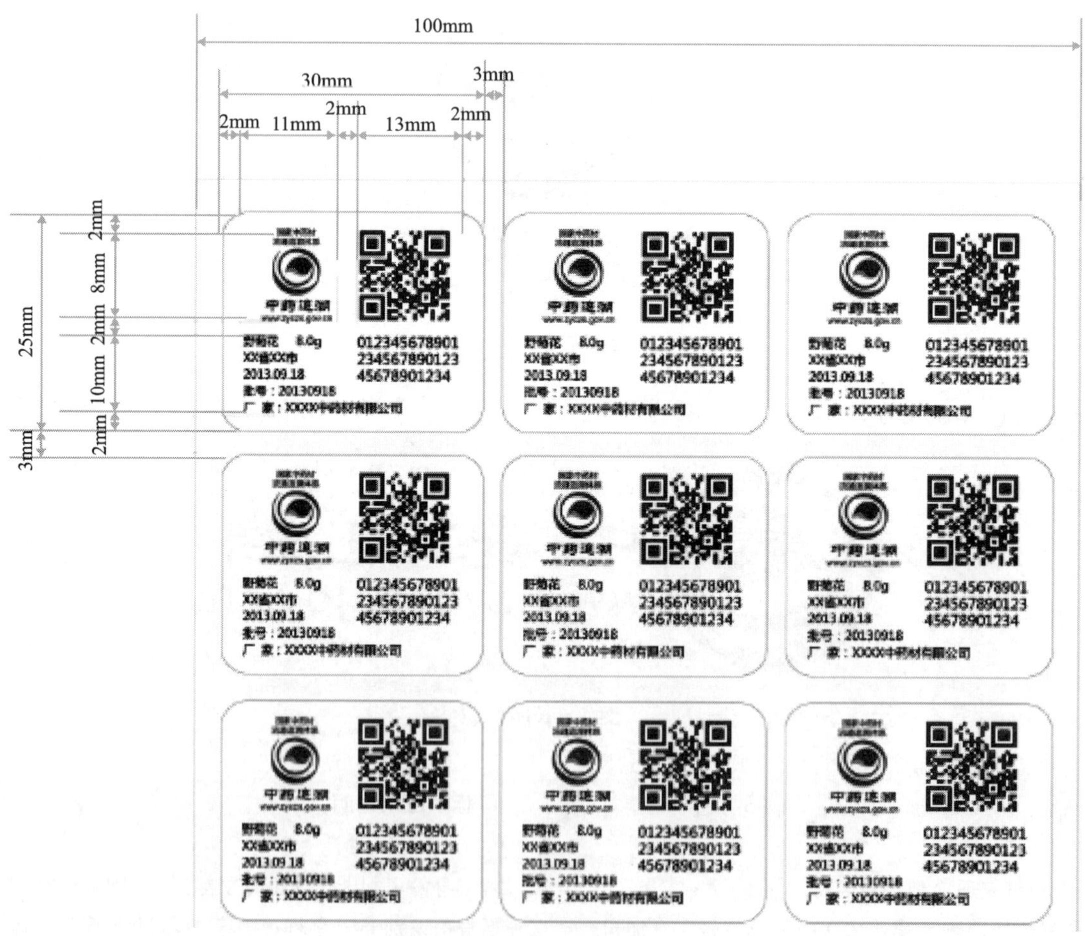

图6　小号标签排版示意

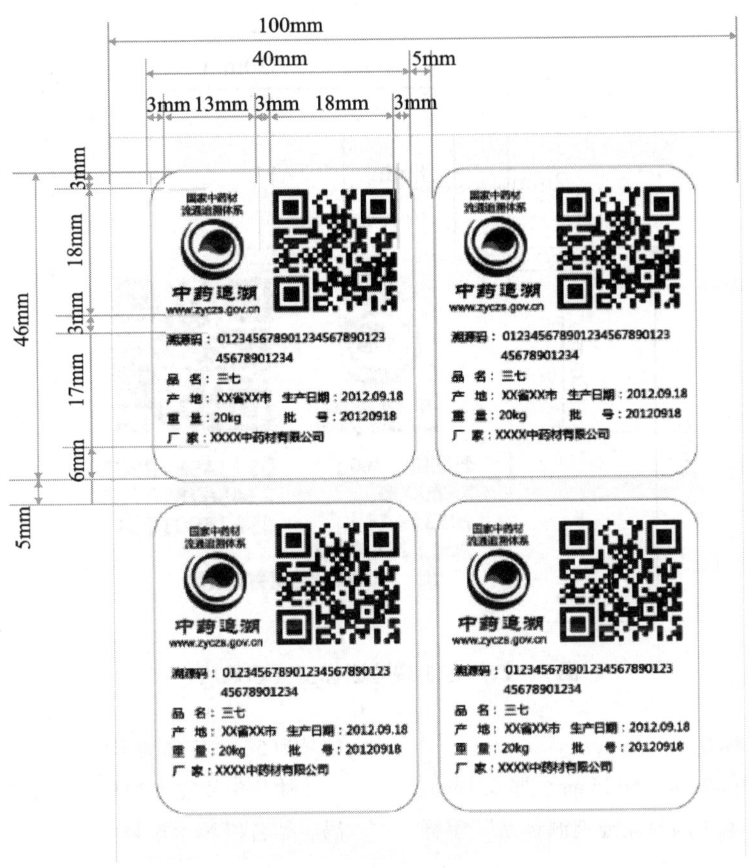

图 7　大号标签排版示意

6.2.1　饮片包装袋追溯标签（小号标签）

饮片包装袋追溯标签尺寸为：长 30mm、宽 25mm、厚 0.1mm。标识长 8mm，宽 12mm。“国家中药材流通追溯体系”字样字号为 5px，字体为黑体（见图 8）。

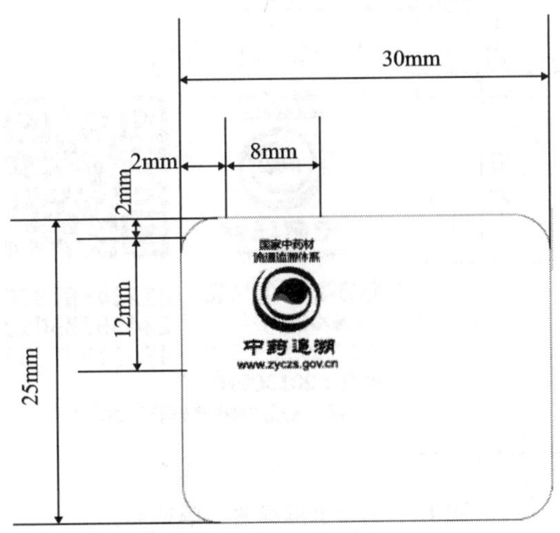

图 8　饮片包装袋追溯标签（喷码前）

饮片包装袋追溯标签喷码后内容包括：二维码、溯源码、品名（见图 9）。

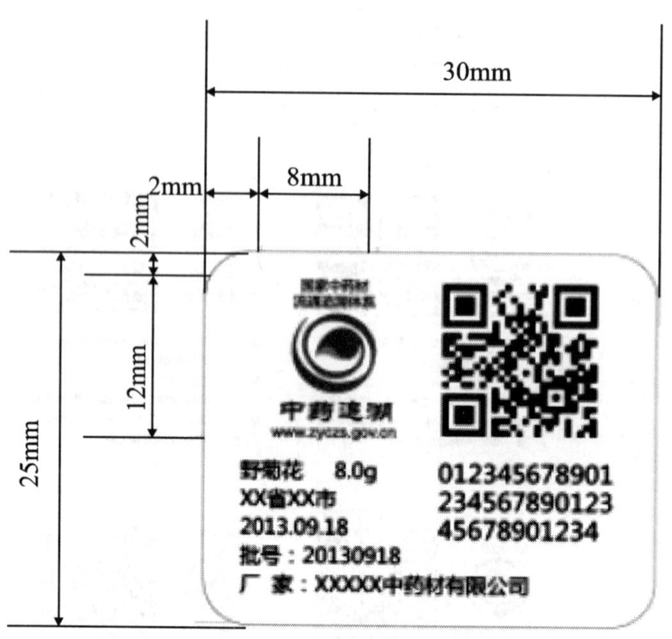

图9　饮片包装袋追溯标签（喷码后）

6.2.2　药盒追溯标签（小号标签）

药盒追溯标签尺寸为：长 30mm、宽 25mm、厚 0.1mm。标识长 8mm、宽 12mm。“国家中药材流通追溯体系”字样字号为 5px，字体为黑体。

饮片包装袋追溯标签喷码后内容包括：二维码、溯源码、品名和 Ng×N 袋（见图 10）。

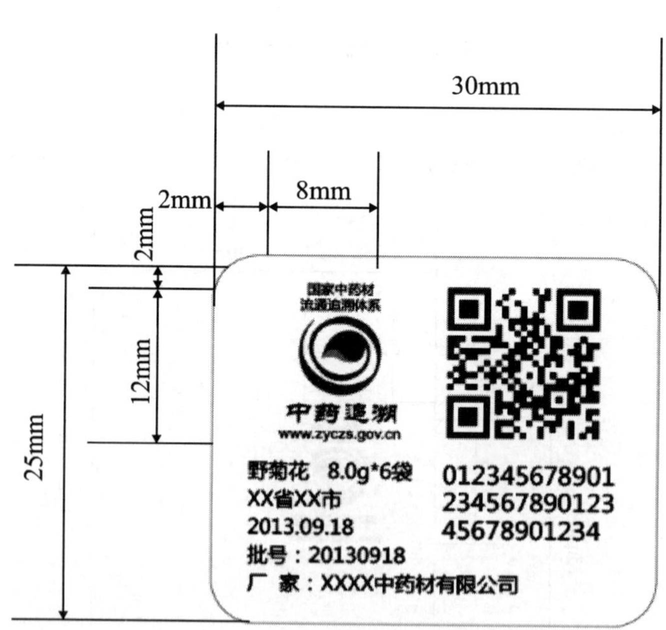

图10　药盒追溯标签（喷码后）

6.2.3　中药材吊牌/包装袋追溯标签（大号标签）

内容：正面由专用标识“中药追溯”字样、国家中药材流通追溯体系及网址 www.zyczs.gov.cn 组成。追溯标签尺寸为：长 46mm、宽 40mm、厚 0.1mm。标识长 23mm、宽 17mm。“国家中药材流通追溯体系”样字号为 7px，字体为黑体（见图 11）。

图 11　吊牌/包装袋追溯标签（喷码后）

6.2.4　中药材零售交易凭证

中药材零售交易凭证内容由经营商户、溯源秤号、收据号、销售时间及产品的明细（品名、重量、单价、价格）见图 12、查询方式及技术支持和网址 www.zyczs.gov.cn 等字样组成。

图 12　中药材零售小票标签

6.2.5　中药材批发吊牌标签

中药材批发吊牌标签由专用标识“中药追溯”字样、国家中药材流通追溯体系字样及网址 www. zyczs. gov. cn 组成。标签尺寸为：长 65mm、宽 40mm、厚 0.1mm（见图 13）。

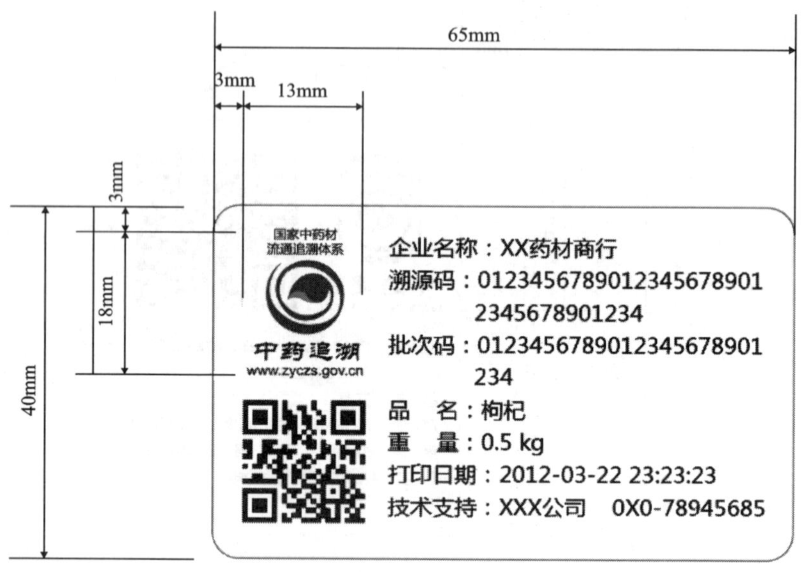

图 13　中药材批发吊牌标签

6.2.6　饮片包装袋/药盒

饮片包装袋正面透明区域尺寸：长≥16mm、宽≥27mm（见图 14）。

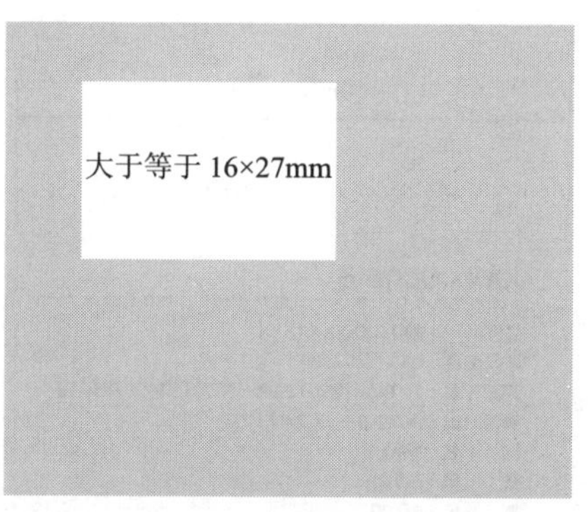

图 14　饮片包装袋正面透明区域

饮片包装袋/药盒背面用于粘贴追溯标签的空白区域尺寸：长≥35mm、宽≥30mm（见图 15）。

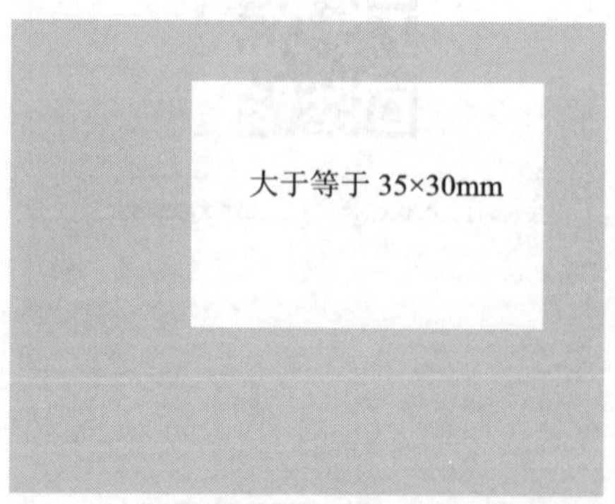

图 15　饮片包装袋/药盒背面空白区域

6.2.7　中药材包装袋

中药材包装袋包含专用标识、国家中药材流通追溯体系及其网址 www. zyczs. gov. cn 字样，专用标识的面积占包装袋平铺面积的 1/3 以上。包装袋正面透明区域尺寸为 150mm × 100mm，包装袋封口处右上角打孔铆口（见图 16、图 17）。

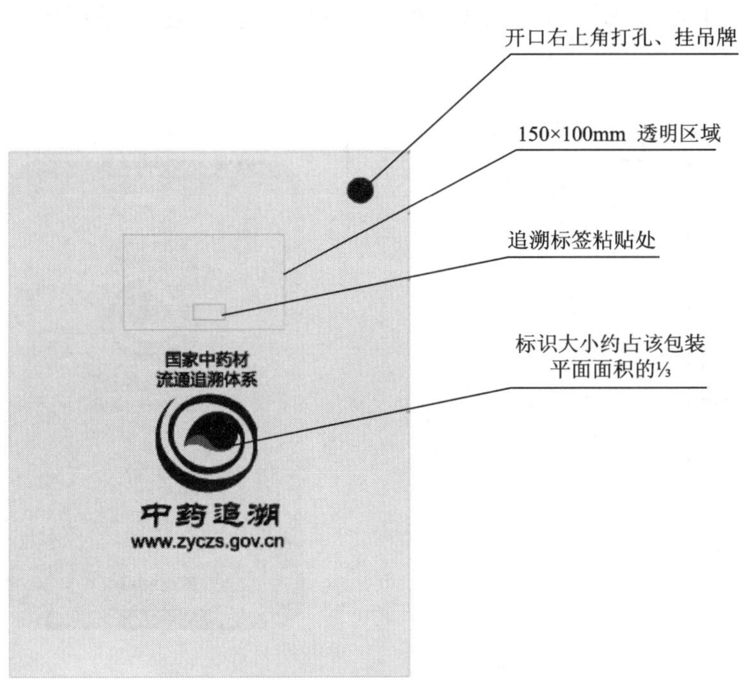

图 16　中药材包装袋

图 17　中药材包装袋立体示意图

6.2.8　药材包装袋/中药材批发—吊牌

药材包装袋吊牌正面由专用标识“中药追溯”字样、“国家中药材流通追溯体系”字样、网址 www. zyczs. gov. cn”等字样组成；背面为空白，用于粘贴标签。吊牌顶部需打孔（见图 18）。

吊牌长 80 毫米、宽 45 毫米、厚 0.8 或 1.8 毫米，采用聚氯乙烯（PVC）、聚对苯二甲酸乙二醇酯（PET）或 0.13 铜钱等材料封装。相关质量标准按照 ISO 10536 执行。

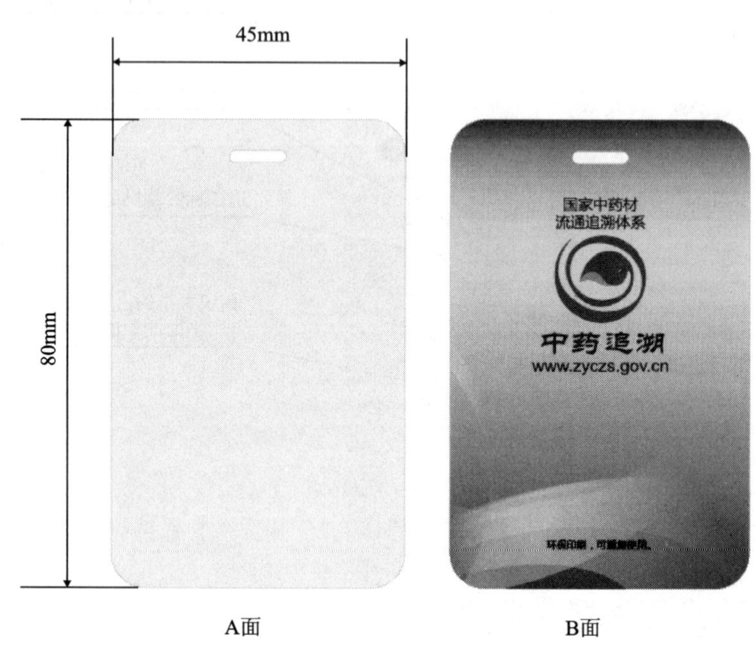

图 18　药材包装袋吊牌正反面

吊绳采用一次性扎带。规格为 4mm × 150mm，材质为尼龙 PA66，防火等级高于 94V-2。

SB

中华人民共和国国内贸易行业标准

SB/T　11038—2013

中药材流通追溯体系专用术语规范

Chinese herbal medicines circulation traceability system terminology specification

中华人民共和国商务部　发布

2013 年 12 月 4 日发布　　　　2014 年 6 月 1 日实施

目　　录

前　　言

本标准由商务部提出并归口。

本标准主要起草单位：中国中药协会、中国国际电子商务中心、国富通信息技术发展有限公司

本标准主要起草人：温再兴、王胜利、杨志强、王瑛、王秀、晏宗敏、杨凌、易宇荦、王俊、张清会、张大军、金璐、卢梦园

中药材流通追溯体系专用术语规范

1. 范围

本标准规定了中药材流通追溯体系中的专用术语。

本标准适用于中华人民共和国境内的中药材流通追溯体系的建设、运维、信息交换及处理以及相关规范的制定工作。

2. 规范性引用文件

下列文件对于本标准的应用是必不可少的。凡是注日期的引用文件，其随后所有的修改单（不包括勘误的内容）或修订版均不适用于本标准，然而，鼓励根据本标准达成协议的各方研究是否可使用这些文件的最新版本。凡是不注日期的引用文件，其最新版本适用于本标准。

GB/T20014. 1-2005 良好农业规范

GB/T7722-2005 电子台案秤

SB/T10530-2009 商务领域射频识别标签数据格式

ISO/IEC14443-2010 识别卡——非接触式集成电路卡——感应卡

3. 缩略语

3. 1　IC 卡 Integrated circuit card

集成电路卡，是镶嵌集成电路芯片的塑料卡片，其外形和尺寸都遵循国际标准（ISO）。

参见 SB/T10530-2009 商务领域射频识别标签数据格式。

参见 ISO/IEC14443-2010 识别卡——非接触式集成电路卡——感应卡。

3. 2　CPU 卡 Central processing unit card

智能卡，卡内的集成电路中带有微处理器 CPU、存储单元（包括随机存储器 RAM、程序存储器 ROM（FLASH）、用户数据存储器 EEPROM）以及芯片操作系统 COS。

参见 SB/T10530-2009 商务领域射频识别标签数据格式。

参见 ISO/IEC14443-2010 识别卡——非接触式集成电路卡——感应卡。

3. 3　GAPGood Agricultural Practice for Chinese Crude Drugs

《中药材生产质量管理规范（试行）》的简称，是中药材生产和质量管理的基本准则，适用于中药材生产企业（以下简称生产企业）生产中药材（含植物、动物药）的全过程。

参见 GB/T20014. 1-2005 良好农业规范。

参见《中药材生产质量管理规范（试行）》原国家药品监督管理局令第 32 号。

3. 4　GMP Good Manufacture Practice

《药品生产质量管理规范》的简称，是药品生产管理和质量控制的基本要求，旨在最大限度地降低药品生产过程中污染、交叉污染以及混淆、差错等风险，确保持续稳定地生产出符合预定用途和注册要求的药品。

参见《药品生产质量管理规范（2010 年修订）》卫生部令第 79 号。

3. 5　GSP　Good Supplying Practice

《药品经营质量管理规范》的简称，是药品经营管理和质量控制的基本准则，要求企业应当在药品采购、储存、销售、运输等环节采取有效的质量控制措施，确保药品质量。

参见《药品经营质量管理规范（2012 年修订）》卫生部令第 90 号。

3. 6　RFID　Radio Frequency Identification

无线射频识别技术，是一种非接触式的、可通过无线射频信号自动识别特定目标对象并读写相关数据的通信技术。一般由 RFID 标签、读写器和天线组成。

3. 7　GPRS　General Packet Radio Service

通用分组无线服务技术，是 GSM 移动电话用户可用的一种移动数据业务。。

3. 8　WIFI　Wireless Fidelity

一种可以将个人电脑、手持设备（如 PDA、手机）等终端以无线方式互相连接的技术。

3. 9　PDA　Personal Digital Assistant

掌上电脑，协助使用者完成在移动中中药材交易及监管等工作。

4. 业务管理术语

4. 1

中药材流通追溯　Chinese Herbal Medicines Traceability System

在中药材流通环节中实行的行为规范与责任追究的机制。

基本特征是：通过对中药材种植/养殖、中药材经营、中药材专业市场、中药饮片生产、中药饮片经营等中药材流通环节的关键信息进行电子化登记、管理和查询，建成中药材来源可追溯、去向可查证、责任可追究的中药材流通追溯链条。

4.2 地方追溯管理服务中心 Local Traceability Service Center

为中药材交易双方提供主体登记、流通服务卡发放、药材登记、检验服务、交易登记及赋码及电子结算等内容的服务性机构。

4.3 流通节点 Node

中药材种植/养殖、中药材经营、中药材专业市场、中药饮片生产、中药饮片经营等中药材流通环节。

4.4 主体 Traceability Main Entity

中药材流通追溯环节中所涉及的自然人、法人和其他经济组织，在本标准中包括种植/养殖主体、经营主体、生产主体。

4.5 种植/养殖主体 Plantation and Cultivation Entity

从事中药材种植/养殖的自然人、法人和其他经济组织，并对所出售的中药材负法律责任。

4.6 经营主体 Business Entity

从事中药材、中药饮片交易的自然人、法人和其他经济组织，包括在各个流通环节从事交易活动的生产企业、商户、医疗机构及零售药店。

4.7 生产主体 Pieces of Chinese Medicine Production Enterprise

特指依法持有《药品生产许可证》和《药品 GMP 证书》的中药饮片生产企业。

5. 技术管理及编码术语

5.1 中央中药材流通追溯平台 The Central Herbal Medicines Traceability Platform

通过统一编码、统一发码、统一查询，汇集地方中药材流通追溯平台的主体信息、流通追溯信息，实现跨区域追溯信息链条合成，具有应急事件管理、信息综合利用、地方工作考核等功能的系统。

5.2 地方中药材流通追溯平台 The Local Herbal Medicines Traceability Platform

在中药材流通追溯体系中，按照统一的数据传输格式和接口规范采集各流通节点数据信息，集中管理地方追溯信息，并实现与中央中药材流通追溯平台的数据同步的系统。

5.3 交易凭证 Transaction Voucher

在中药材流通过程中产生的带有追溯码的流通单据，是后续环节分批验货的基本依据。

5.4 追溯码 Traceability Code

由各子系统按照系统统一编码规则自动生成，标注于交易凭证或中药材包装物上，用于查询中药材流通追溯信息的、具有全国唯一性的数字代码。数据编码格式依据 SB/T 10530-2009《商务领域射频识别标签数据格式》生成。

5.5 批次代码 Batch Code

应用于中药材种植、收获、生产、流通环节以及饮片的生产、流通环节的代码，由类别码数字“1”、14 位企业代码、6 位年代轮换码、3 位顺序码和 1 位验证码组成。

6. 设备术语

6.1 身份识别卡 Identification Card

中药材流通节点主体所持的身份凭证和记录、传递交易过程信息的载体。按照商务部规定的信息记录格式和加密规则，由地方追溯服务中心监制并统一配发。一般采用 IC 卡或 CPU 卡，全国统一标识，统一样式。

6.2 无线环境传感网络设备 Wireless Sensor Network Device

在中药材种植和养殖环节、中药材或饮片运输和仓储环节，通过无线传感网络，以树状和网状进行多跳自组网进行数据传输，并且能够满足采集土壤温度、土壤湿度和光照强度、空气温度、空气湿度的数据和传输要求的传感器。

6.3 智能溯源秤 Intelligent Traceability Scale

具有称重、非接触式 IC 卡读写、摊位号管理、多批次管理、限量控制、支持二维码凭证打印等功能，并能通过有线或无线等方式接收、传输相关信息的电子秤。

参见 GB/T7722-2005 电子台案秤。

6.4 标签打印机 Tag Printer

中药材流通追溯标签的专用打印设备。

6.5 移动支付溯源终端 Mobil Payment Traceable Machine

中药材交易双方支付、交易、定位及数据采集的专业设备。

6.6 查询终端 Query Machine

可供消费者通过中药材追溯码查询中药材流通追溯信息的专用设备。

7. 参考文献

《中药材生产质量管理规范（试行）》原国家药品监督管理局令第 32 号

《药品生产质量管理规范（2010 年修订）》卫生部令第 79 号

《药品经营质量管理规范（2012 年修订）》卫生部令第 90 号

第六篇　医药保健品进出口

● 数据统计

中国医药保健品历年进出口总额

年份	进出口总额（亿美元）
2006	301.09
2007	383.66
2008	389.19
2009	437.41
2010	526.87
2011	732.84
2012	809.58
2013	896.93

2009—2013 年中国医药保健品进出口国别（地区）总值表

2013 年中国医药保健品进出口国别（地区）总值表、主要贸易伙伴统计

国别（地区）		进出口额（亿美元）
全球		896.93
亚洲		293.38
非洲		23.58
欧洲		341.70
拉丁美洲		47.28
北美洲		172.72
大洋洲		18.26
1	美国	165.47
2	德国	88.58
3	日本	71.83
4	印度	51.80
5	韩国	30.57
6	法国	29.56
7	英国	28.84
8	意大利	28.75
9	瑞士	25.70
10	荷兰	25.61

续 表

国别（地区）		进出口额（亿美元）
11	中国香港	24.56
12	爱尔兰	16.29
13	比利时	15.41
14	澳大利亚	15.39
15	西班牙	14.69
16	中国台湾	14.62
17	瑞典	14.51
18	巴西	13.22
19	新加坡	12.74
20	俄罗斯联邦	11.55
21	其他国家	197.25

2012 年中国医药保健品进出口国别（地区）总值表、主要贸易伙伴统计

国别（地区）		进出口额（万美元）
全球		8 095 841.9
亚洲		2 678 330.0
非洲		208 279.0
欧洲		3 041 738.7
拉丁美洲		427 603.2
北美洲		1 558 806.2
大洋洲		181 056.9
1	美国	1 491 022.2
2	印度	468 174.0
3	日本	708 005.9
4	德国	750 619.6
5	韩国	289 619.4
6	中国香港	205 086.8
7	荷兰	229 363.8
8	英国	259 647.9
9	澳大利亚	155 864.1
10	俄罗斯联邦	112 395.4
11	意大利	243 691.9
12	巴西	116 541.7
13	西班牙	136 731.5

续　表

国别（地区）		进出口额（万美元）
14	法国	291 537.9
15	比利时	161 820.7
16	中国台湾	136 088.6
17	印度尼西亚	91 612.7
18	泰国	92 777.8
19	新加坡	113 749.2
20	越南	66 749.3
21	其他国家	1 974 741.5

2011 年中国医药保健品进出口国别（地区）总值表、主要贸易伙伴统计

国别（地区）		进出口额（万美元）
全球		7 328 380.6
亚洲		2 446 822.5
非洲		183 622.1
欧洲		2 710 257.0
拉丁美洲		421 585.1
北美洲		1 410 317.4
大洋洲		155 690.3
1	美国	1 349 490.9
2	德国	687 055.0
3	日本	656 344.1
4	印度	443 104.5
5	韩国	256 701.2
6	法国	244 719.9
7	英国	225 333.4
8	意大利	211 746.2
9	荷兰	205 881.4
10	瑞士	199 283.6
11	中国香港	170 480.0
12	比利时	167 178.6
13	澳大利亚	133 775.7
14	中国台湾	130 553.4
15	西班牙	127 567.0
16	爱尔兰	123 213.1
17	巴西	117 143.7

续 表

国别（地区）		进出口额（万美元）
18	瑞典	108 933.0
19	新加坡	97 145.5
20	俄罗斯联邦	90 257.0
21	其他国家	1 582 473.5

2010 年中国医药保健品进出口国别（地区）总值表、主要贸易伙伴统计

国别（地区）		进出口额（万美元）
全球		5 268 693.4
亚洲		1 826 638.6
非洲		131 043.7
欧洲		1 939 160.3
拉丁美洲		262 577.2
北美洲		1 035 132.6
大洋洲		74 126.3
1	美国	990 866.6
2	德国	505 269.1
3	日本	493 137.4
4	印度	345 307.4
5	法国	194 319.0
6	韩国	188 982.5
7	意大利	160 464.2
8	荷兰	158 291.6
9	英国	136 552.1
10	瑞士	136 520.1
11	比利时	134 942.3
12	中国香港	133 719.1
13	中国台湾	100 195.5
14	西班牙	96 858.3
15	爱尔兰	81 851.5
16	新加坡	75 521.2
17	巴西	71 716.5
18	瑞典	62 783.7
19	俄罗斯联邦	61 522.3
20	澳大利亚	60 161.3
21	其他国家	1 079 711.9

2009 年中国医药保健品进出口国别（地区）总值表、主要贸易伙伴统计

国别（地区）		进出口额（万美元）
全球		4 374 074.0
亚洲		1 513 004.9
非洲		108 600.9
欧洲		1 641 840.1
拉丁美洲		212 528.9
北美洲		840 776.9
大洋洲		57 320.7
1	美国	806 124.3
2	德国	416 451.0
3	日本	410 879.7
4	印度	278 333.3
5	法国	153 887.4
6	韩国	152 063.9
7	荷兰	135 378.0
8	意大利	127 096.5
9	瑞士	124 234.4
10	比利时	119 660.4
11	中国香港	119 382.3
12	英国	115 668.0
13	西班牙	85 129.9
14	爱尔兰	76 705.8
15	中国台湾	76 092.5
16	新加坡	66 753.4
17	巴西	62 687.3
18	瑞典	53 628.6
19	澳大利亚	48 057.0
20	丹麦	47 745.9
21	其他国家	898 114.5

2009—2013 年中国医药保健品进出口品类总值表

2013 年中国医药保健品进出口品类总值表

商品名称	进出口额（亿美元）
总　计	896.93
中药类	42.17
保健品	4.24

续 表

商品名称	进出口额（亿美元）
提取物	18.00
中成药	5.61
中药材及饮片	14.32
西药类	511.65
西药原料	312.72
西成药	136.00
生化药	62.93
医疗器械类	343.11
医用敷料	26.55
一次性耗材	60.28
医院诊断与治疗	191.64
保健康复用品	53.86
口腔设备与材料	10.78

2012 年中国医药保健品进出口品类总值表

商品名称	进出口额（亿美元）
总　计	809.58
中药类	33.72
保健品	3.55
提取物	14.83
中成药	5.33
中药材及饮片	10.01
西药类	475.24
西药原料	299.56
西成药	125.65
生化药	50.02
医疗器械类	300.62
医用敷料	25.11
一次性耗材	50.75
医院诊断与治疗	173.95
保健康复用品	42.44
口腔设备与材料	8.38

2011 年中国医药保健品进出口品类总值表

商品名称	进出口额（亿美元）
总　计	732.84
中药类	30.47
保健品	3.51
提取物	13.50
中成药	4.57
中药材及饮片	8.89
西药类	436.39
西药原料	290.25
西成药	102.70
生化药	43.44
医疗器械类	265.98
医用敷料	26.59
一次性耗材	37.79
医院诊断与治疗	149.79
保健康复用品	44.56
口腔设备与材料	7.25

2010 年中国医药保健品进出口品类总值表

商品名称	进出口额（亿美元）
总　计	526.87
中药类	22.63
保健品	1.85
提取物	9.00
中成药	4.62
中药材及饮片	7.16
西药类	332.01
西药原料	230.49
西成药	65.96
生化药	35.57
医疗器械类	172.23
医用敷料	13.54
一次性耗材	26.05
医院诊断与治疗	102.57
保健康复用品	25.66
口腔设备与材料	4.42

2009 年中国医药保健品进出口品类总值表

商品名称	进出口额（亿美元）
总　计	437.41
中药类	18.62
保健品	1.36
提取物	7.78
中成药	3.94
中药材及饮片	5.54
西药类	282.52
西药原料	197.87
西成药	55.60
生化药	29.04
医疗器械类	136.26
医用敷料	11.21
一次性耗材	21.93
医院诊断与治疗	80.11
保健康复用品	19.28
口腔设备与材料	3.74

2009—2013 年中国医药保健品进出口货源地及目的地统计

2013 年中国医药保健品进出口货源地及目的地统计

进口货源地		进口额（亿美元）	出口目的地		出口额（亿美元）
全球		385.13	全球		511.80
亚洲		84.84	亚洲		208.54
非洲		0.95	非洲		22.63
欧洲		205.80	欧洲		135.90
拉丁美洲		11.45	拉丁美洲		35.83
北美洲		76.99	北美洲		95.72
大洋洲		5.08	大洋洲		13.18
1	美国	74.91	1	美国	90.56
2	德国	61.68	2	印度	43.49
3	日本	36.12	3	日本	35.71
4	瑞士	21.96	4	德国	26.90
5	法国	19.87	5	中国香港	21.31
6	意大利	17.89	6	韩国	20.24

续　表

进口货源地		进口额（亿美元）	出口目的地		出口额（亿美元）
7	英国	15.31	7	荷兰	18.11
8	爱尔兰	14.82	8	英国	13.53
9	瑞典	13.00	9	澳大利亚	11.54
10	韩国	10.33	10	巴西	11.12
11	印度	8.31	11	俄罗斯联邦	10.92
12	丹麦	7.70	12	意大利	10.86
13	荷兰	7.49	13	西班牙	10.17
14	比利时	6.07	14	法国	9.70
15	中国台湾	5.73	15	比利时	9.34
16	新加坡	5.47	16	印度尼西亚	8.94
17	波多黎各	5.19	17	中国台湾	8.89
18	挪威	5.07	18	泰国	8.16
19	西班牙	4.52	19	马来西亚	7.68
20	奥地利	4.41	20	越南	7.48
21	其他国家	39.28	21	其他国家	127.15

2012年中国医药保健品进出口货源地及目的地统计

进口货源地		进口额（亿美元）	出口目的地		出口额（亿美元）
全球		333.54	全球		476.04
亚洲		77.76	亚洲		190.07
非洲		0.53	非洲		20.30
欧洲		174.89	欧洲		129.28
拉丁美洲		9.15	拉丁美洲		33.61
北美洲		66.43	北美洲		89.45
大洋洲		4.77	大洋洲		13.33
1	美国	64.54	1	美国	84.56
2	德国	49.46	2	印度	39.00
3	日本	34.05	3	日本	36.75
4	法国	19.52	4	德国	25.60
5	瑞士	17.42	5	韩国	19.58
6	意大利	13.99	6	中国香港	16.67
7	英国	13.56	7	荷兰	16.61
8	爱尔兰	13.52	8	英国	12.41
9	瑞典	11.34	9	澳大利亚	11.91

续 表

进口货源地		进口额（亿美元）	出口目的地		出口额（亿美元）
10	韩国	9.38	10	俄罗斯联邦	10.56
11	印度	7.81	11	意大利	10.38
12	比利时	7.05	12	巴西	9.90
13	荷兰	6.33	13	西班牙	9.84
14	丹麦	5.71	14	法国	9.63
15	中国台湾	5.25	15	比利时	9.13
16	新加坡	4.43	16	中国台湾	8.36
17	挪威	4.09	17	印度尼西亚	8.06
18	波多黎各	3.92	18	泰国	7.62
19	中国香港	3.84	19	新加坡	6.95
20	西班牙	3.83	20	越南	6.27
21	其他国家	34.5	21	其他国家	116.24

2011 年中国医药保健品进出口货源地及目的地统计

进口货源地		进口额（亿美元）	出口目的地		出口额（亿美元）
全球		287.68	全球		445.16
亚洲		69.10	亚洲		175.58
非洲		0.39	非洲		17.97
欧洲		147.20	欧洲		123.82
拉丁美洲		9.45	拉丁美洲		32.71
北美洲		57.43	北美洲		83.60
大洋洲		4.09	大洋洲		11.48
1	美国	56.13	1	美国	78.82
2	德国	41.15	2	印度	37.44
3	日本	31.38	3	日本	34.26
4	瑞士	16.27	4	德国	27.55
5	法国	15.39	5	韩国	17.92
6	英国	11.47	6	荷兰	14.63
7	爱尔兰	10.73	7	中国香港	13.74
8	意大利	10.66	8	英国	11.07
9	瑞典	9.64	9	意大利	10.51
10	韩国	7.75	10	澳大利亚	10.04
11	比利时	7.64	11	巴西	9.94
12	印度	6.87	12	西班牙	9.63

续　表

进口货源地		进口额（亿美元）	出口目的地		出口额（亿美元）
13	荷兰	5.96	13	比利时	9.08
14	中国台湾	5.29	14	法国	9.08
15	丹麦	4.74	15	俄罗斯联邦	8.55
16	波多黎各	4.18	16	中国台湾	7.76
17	新加坡	3.59	17	印度尼西亚	7.17
18	挪威	3.36	18	泰国	6.87
19	澳大利亚	3.34	19	墨西哥	6.54
20	奥地利	3.31	20	新加坡	6.12
21	其他国家	28.83	21	其他国家	108.43

2010年中国医药保健品进出口货源地及目的地统计

进口货源地		进口额（亿美元）	出口目的地		出口额（亿美元）
全球		196.87	全球		330.00
亚洲		49.96	亚洲		132.70
非洲		0.31	非洲		12.79
欧洲		100.03	欧洲		93.88
拉丁美洲		4.69	拉丁美洲		21.57
北美洲		39.52	北美洲		64.00
大洋洲		2.36	大洋洲		5.05
1	美国	38.58	1	美国	60.51
2	德国	28.82	2	印度	29.64
3	日本	21.72	3	日本	27.60
4	瑞士	10.83	4	德国	21.71
5	法国	10.32	5	韩国	13.80
6	意大利	7.88	6	荷兰	11.53
7	比利时	6.97	7	中国香港	10.21
8	爱尔兰	6.83	8	法国	9.11
9	英国	6.06	9	意大利	8.17
10	瑞典	5.52	10	英国	7.60
11	韩国	5.10	11	西班牙	7.07
12	印度	4.90	12	巴西	6.72
13	荷兰	4.30	13	比利时	6.53
14	中国台湾	4.14	14	中国台湾	5.88
15	中国香港	3.16	15	俄罗斯联邦	5.70

续 表

进口货源地		进口额（亿美元）	出口目的地		出口额（亿美元）
16	挪威	3.16	16	印度尼西亚	4.81
17	新加坡	2.89	17	新加坡	4.66
18	奥地利	2.68	18	泰国	4.49
19	西班牙	2.61	19	越南	4.47
20	中华人民共和国	2.15	20	澳大利亚	4.17
21	其他国家	18.28	21	其他国家	75.61

2009 年中国医药保健品进出口货源地及目的地统计

进口货源地		进口额（亿美元）	出口目的地		出口额（亿美元）
全球		165.50	全球		271.91
亚洲		40.30	亚洲		111.00
非洲		0.37	非洲		10.49
欧洲		87.58	欧洲		76.60
拉丁美洲		3.41	拉丁美洲		17.85
北美洲		31.94	北美洲		52.14
大洋洲		1.91	大洋洲		3.83
1	美国	31.28	1	美国	49.33
2	德国	23.93	2	印度	23.82
3	日本	17.98	3	日本	23.11
4	瑞士	9.74	4	德国	17.71
5	法国	9.30	5	韩国	11.27
6	比利时	6.49	6	荷兰	9.95
7	爱尔兰	6.43	7	中国香港	9.22
8	意大利	5.93	8	意大利	6.78
9	英国	5.31	9	英国	6.25
10	瑞典	4.81	10	西班牙	6.22
11	印度	4.02	11	法国	6.09
12	韩国	3.93	12	巴西	5.60
13	荷兰	3.59	13	比利时	5.47
14	丹麦	3.41	14	中国台湾	4.61
15	中国台湾	3.00	15	新加坡	4.30
16	中国香港	2.72	16	越南	4.16
17	挪威	2.38	17	俄罗斯联邦	4.16
18	新加坡	2.38	18	印度尼西亚	4.01

续 表

进口货源地		进口额（亿美元）	出口目的地		出口额（亿美元）
19	西班牙	2.29	19	泰国	3.58
20	奥地利	2.20	20	墨西哥	3.33
21	其他国家	14.37	21	其他国家	62.94

2009—2013 中国医药保健品进出口贸易方式

2013 年中国医药保健品进出口贸易方式

贸易类型	进出口额（亿美元）
所有贸易	896.93
一般贸易	620.22
加工贸易	128.35
其他	148.36

2012 年中国医药保健品进出口贸易方式

贸易类型	进出口额（亿美元）
所有贸易	809.58
一般贸易	564.45
加工贸易	121.72
其他	123.41

2011 年中国医药保健品进出口贸易方式

贸易类型	进出口额（亿美元）
所有贸易	732.84
一般贸易	522.80
加工贸易	117.78
其他	92.27

2010 年中国医药保健品进出口贸易方式

贸易类型	进出口额（亿美元）
所有贸易	526.87
一般贸易	383.03
加工贸易	87.93
其他	55.91

2009 年中国医药保健品进出口贸易方式

贸易类型	进出口额（亿美元）
所有贸易	437.41
一般贸易	324.72
加工贸易	70.73
其他	41.91

2009—2013 年中国医药保健品进出口企业性质

2013 年中国医药保健品进出口企业性质

企业类型	进出口额（亿美元）
总　计	896.93
国有企业	147.94
三资企业	396.08
民营企业	351.99

2012 年中国医药保健品进出口企业性质

企业类型	进出口额（亿美元）
总　计	809.58
国有企业	139.96
三资企业	356.21
民营企业	311.17

2011 年中国医药保健品进出口企业性质

企业类型	进出口额（亿美元）
总　计	732.84
国有企业	134.11
三资企业	323.22
民营企业	272.41

2010 年中国医药保健品进出口企业性质

企业类型	进出口额（亿美元）
总　计	526.87
国有企业	105.20
三资企业	235.04
民营企业	184.66

2009 年中国医药保健品进出口企业性质

企业类型	进出口额（亿美元）
总　计	437.41
国有企业	92.42
三资企业	200.45
民营企业	143.42

2009—2013 中国主要地区重点省市出口值表

2013 年中国主要地区重点省市出口值表

序号	按地区	出口额（亿美元）
合　计		511.80
1	江苏	86.93
2	浙江	81.89
3	上海	62.14
4	广东	61.79
5	山东	47.06
6	河北	22.65
7	福建	18.54
8	北京	17.30
9	湖北	15.39
10	辽宁	14.35
11	安徽	12.27
12	天津	10.93
13	江西	7.98
14	重庆	6.03
15	河南	5.92
16	四川	5.86
17	吉林	4.08
18	内蒙古	4.01
19	湖南	3.75
20	宁夏	3.69
21	黑龙江	3.53

续 表

序号	按地区	出口额（亿美元）
22	广西	3.49
23	陕西	3.14
24	云南	3.12
25	山西	1.89
26	新疆	1.67
27	甘肃	0.94
28	贵州	0.70
29	海南	0.36
30	青海	0.21
31	西藏	0.17

数据来源：中国医药保健品进出口商会根据海关数据整理。

2012 年中国主要地区重点省市出口值表

序号	按地区	出口额（亿美元）
合 计		479.02
1	江苏	85.48
2	浙江	76.60
3	上海	58.43
4	广东	56.15
5	山东	43.27
6	河北	22.39
7	北京	18.67
8	福建	17.50
9	湖北	13.94
10	辽宁	12.24
11	安徽	11.84
12	天津	11.33
13	江西	6.40
14	河南	5.33
15	四川	5.28
16	宁夏	4.23

续　表

序号	按地区	出口额（亿美元）
17	重庆	4.07
18	吉林	3.91
19	陕西	3.26
20	广西	3.17
21	黑龙江	3.12
22	湖南	3.08
23	内蒙古	2.86
24	云南	2.24
25	山西	1.21
26	新疆	1.02
27	甘肃	0.92
28	贵州	0.46
29	海南	0.27
30	西藏	0.17
31	青海	0.17

2011年中国主要地区重点省市出口值表

序号	按地区	出口额（亿美元）
合　计		445.16
1	江苏	81.45
2	浙江	70.35
3	广东	54.65
4	上海	49.91
5	山东	42.89
6	河北	21.75
7	北京	16.64
8	福建	15.95
9	湖北	12.56
10	天津	11.56
11	辽宁	11.10

续 表

序号	按地区	出口额（亿美元）
12	安徽	10.05
13	江西	5.17
14	河南	5.13
15	四川	4.66
16	重庆	4.40
17	宁夏	3.47
18	广西	3.03
19	湖南	3.00
20	吉林	2.99
21	内蒙古	2.93
22	黑龙江	2.84
23	陕西	2.82
24	云南	2.80
25	甘肃	0.87
26	山西	0.80
27	新疆	0.79
28	海南	0.30
29	贵州	0.18
30	青海	0.11
31	西藏	0.03

2010 年中国主要地区重点省市出口值表

序号	按地区	出口额（亿美元）
合　计		330.00
1	江苏	61.44
2	浙江	50.79
3	广东	40.45
4	上海	38.23
5	山东	34.49

续　表

序号	按地区	出口额（亿美元）
6	河北	16.63
7	北京	11.53
8	辽宁	10.42
9	福建	10.07
10	天津	8.78
11	安徽	7.62
12	湖北	7.08
13	河南	3.62
14	江西	3.11
15	重庆	2.93
16	四川	2.91
17	吉林	2.60
18	广西	2.35
19	黑龙江	2.24
20	湖南	2.20
21	陕西	2.19
22	云南	2.12
23	宁夏	1.93
24	山西	1.14
25	内蒙古	1.09
26	甘肃	0.76
27	新疆	0.53
28	西藏	0.27
29	海南	0.25
30	青海	0.18
31	贵州	0.05

2009 年中国主要地区重点省市出口值表

序号	按地区	出口额（亿美元）
合　计		271.91
1	江苏	50.14
2	浙江	42.69
3	上海	31.99
4	广东	31.82
5	山东	25.62
6	河北	14.72
7	北京	9.60
8	辽宁	9.23
9	福建	8.07
10	天津	8.03
11	湖北	6.39
12	安徽	6.27
13	河南	3.04
14	江西	2.57
15	四川	2.35
16	湖南	2.10
17	陕西	2.08
18	重庆	2.08
19	广西	2.02
20	宁夏	1.93
21	黑龙江	1.89
22	吉林	1.76
23	山西	1.53
24	云南	1.49
25	内蒙古	1.06
26	新疆	0.46
27	甘肃	0.43
28	海南	0.19
29	西藏	0.14
30	青海	0.14
31	贵州	0.09

统计分析

2013 年中国医药外贸形势分析

2013 年，全球医药经济维持“弱增长”格局，发达国家经济复苏势头日显，发展中国家经济增速放缓，国际市场需求依然低迷。国内医药产业进入转型关键期，既有的比较优势正在丧失，而拉动贸易增长的新动力尚未显现。2013 年，我国医药对外贸易在逆境中前行，稳定的基本增长态势得以维持。数据显示，全年我国医药保健品进出口额达 896.93 亿美元，同比增长 10.27%。其中，出口 511.80 亿美元，增长 6.84%；进口 385.13 亿美元，增长 15.17%；对外贸易顺差 126.66 亿美元，同比下降逾 12%。进、出口规模均超过去年水平，但出口增速有所下降。

一、全球医药市场基本态势

2013 年全球医药市场规模（不含医械）约 9000 亿美元，医疗器械市场规模在 3450 亿美元左右。今后五年全球医药销售将保持 3% ~6% 的增长率，医疗器械市场增长率将维持在 8% 左右，其中，新兴市场的增速将显著高于发达市场。

2012 年是专利悬崖大年，9 个“重磅炸弹级”药物专利到期使得专利药市场亏损约 351 亿美元，专利药市场面临严峻挑战。2013 年，FDA 批准的新化学实体共 27 个，与 2012 年批准的 39 个新化学实体相比，下降超 30%。尽管 FDA 推出了能够加速药物开发和审批上市进程的“突破性疗法认定”，但是 2013 年新药申请总数急剧下降是导致 2013 年新药审批数量暴跌的直接原因。专利药市场的萎靡不振，FDA 新药审批数目的大幅下滑反映出全球医药产业陷入低速增长期。医药产业增速变缓促使国际医药巨头加大了对生物医药产业的投资，这一点从 2013 年的医药行业并购数据中也可以看出端倪。

2013 年医药行业并购此起彼伏，主要呈现出两大特点，一是大部分并购交易涉及生物医药企业，医药巨头纷纷涉足生物医药这一领域；二是医药行业并购交易虽然活跃，但“大吃大”的并购行为已难得一遇，医药企业选择并购对象更为慎重。

2013 年国外监管环境将进一步趋严，原料药出口的欧盟 62 号指令、美国 FDA 仿制药费用法案（GDUFA）、美国 FDA 关于医疗器械的唯一识别码监管规则（UDI）等新的法令层出不穷。欧美药品监管制度趋严和贸易保护加剧直接影响到我国医药产品的出口。

二、2013 年我国医药外贸形势的主要特点

我国医药外贸对全国医药产业的贡献率为 16.2%，继续走低；医药产业出口对外依存度 14.7%，进口对外依存度 11.0%；2013 年医药产业国际竞争指数为 0.141，其中，中药类产品国际竞争力指数为 0.488，医疗器械类产品国际竞争力指数为 0.127，西药类产品国际竞争力指数为 0.122。总体来看，2013 年我国医药外贸发生了若干格局性变化，将对未来行业发展产生重大影响。

（一）原料药产品出口分化明显

原料药一直是我国最具特色的医药出口品种，在世界原料药市场中占有绝对份额。2013 年，我国原料药出口 235.98 亿美元，占我国医药保健品出口总额的 46.27%。

1. 大宗原料药出口风光不再

自 2012 年第四季度以来，我国大宗原料药单季度出口额同比连续出现负增长，且幅度不断拉大，2013 年第三季度同比下降 9.52%，为历史最大降幅。企业普遍降低大宗原料药的出口价格，希望通过价格优势提升我大宗原料药的国际竞争力，虽然第四季度大宗原料药出口下滑速度有所减缓，但仍无法逆转持续下行的出口颓势（见图 1）。

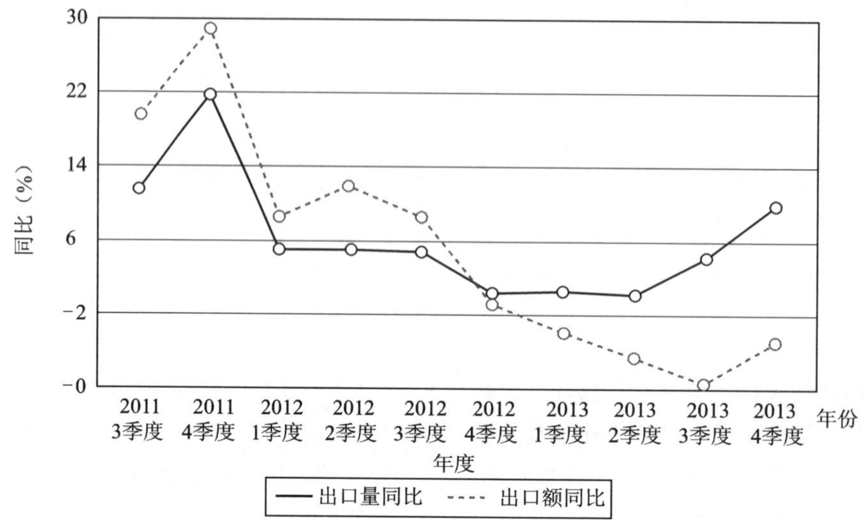

图1　大宗原料药出口呈现负增长

大宗原料药在欧美市场接近饱和，价格低迷，增长乏力，2013 年首次出现负增长，出口额下降 0.26%，并有进一步下降的趋势。大宗原料药企业普遍反映出口仅限维持状态，抗生素、解热镇痛、维生素销售及利润持续下滑。新兴市场成为我国大宗原料药出口增量的唯一出路，2013 年上半年我国大宗原料药对新兴市场保持 9.60% 的高速增长势头，但是下半年我国对新兴市场出口步伐也开始放缓，增长率下降至 2.52%。无论是发达市场还是新兴市场，我国大宗原料药出口明确进入衰退期。

2. 特色原料药出口增势明显

2013 年，与大宗原料药相比，我国特色原料药出口增长势头强劲，排名前十的特色原料药中半数出口额强势增长，且以心血管用药居多。其中，厄贝沙坦以 1.12 亿美元位居榜首，同比增长 79.3%；螺内酯出口 5474 万美元，同比增长 22.47%；美罗培南更是增长迅速，增速超 140%。

3. 原料药企业国际认证积极性明显增强

原料药国际认证方面，2013 年，我国原料药企业国际达标的积极性显著提高，欧洲药品质量管理局（EDQM）批准我医药企业提交的 CEP 申请 172 份，较 2012 年大幅上涨 56%，有效证书总数累计达到 428 份。美国食品药品管理局（FDA）批准我医药企业提交的 DMF 申请 150 份，较 2012 年同比下降 9.6%，获批总数累计达到 1116 份。

（二）制剂国际化步伐加快

2013 年，我国西药制剂和生化药出口额分别为 27.11 亿美元和 23.97 亿美元，同比增长 5.82% 和 6.13%。各药企积极布局制剂生产线，加强生化药品的研发合作。

1. 企业国际注册认证进程加快

我国医药企业积极提升国际竞争力，企业国际注册认证大踏步前进。制剂国际认证方面，目前已达到欧美日和世卫组织 GMP 的国内企业近 50 家，美国 ANDA 申请成功的企业十余家，30 多个产品。2013 年 10 月，国药中生成的乙型脑炎减毒活疫苗通过了 WHO 的疫苗预认证，成为中国通过 WHO 预认证的首个疫苗产品，填补了我国生物制剂 WHO 预认证的空白。

2. 药企对外合作上新台阶

此外，不少国内企业积极与国外药企开展合作。如华海药业于 2013 年 5 月与美国 Oncobiologics 公司成立生物药战略联盟，双方合作开发四个目前市场份额巨大的单抗仿制药；12 月，华海药业的阿达木单抗仿制药同时获得欧盟 EMA 及美国 FDA 允许，开展 I 期临床试验。2013 年 10 月，复星医药以 3.88 亿欧元向 SELLAS Clinicals Holding AG 公司转让两个新药的开发销售权，更是为中国医药国际化迈出一大步。

3. 制剂出口呈现二元结构

我国制剂出口呈现的二元结构应引起关注。二元结构是指，一方面经过多年发展，我国医药产业涌现出一批高水平的国际化先导企业，这些企业在制剂国际化道路上行进步伐较快，大部分制剂产品获得了发达国家认证，出口到国外规范市场；另一方面，国内大多数企业的出口产品结构并非发生实质性调整，很多以低端产品为主，目的地多为非规范市场，且彼此间低价竞销严重。

需指出的是，新版 GMP 的实施对制药企业是机遇和考验，加速了行业洗牌度，促进了产业升级，制剂出口企业由 2012 年的 1 325 家减少到 2013 年的 1 269 家，同比下降

4.2%，西药制剂行业集中度有所提高，医药产品出口正向产业链下游转移。

（三）中药国际化遭遇新困境

2013年，我中药类产品出口额31.38亿美元，同比增长25.54%，创历史新高。其中植物提取物出口额14.12亿美元，同比增长21.30%，中药材及饮片出口额12.11亿美元，同比增长41.24%。近年来，国际市场对植物提取物的需求大幅增加，中药材及饮片出口旺盛。植物提取物和中药材及饮片的出口带动中药类产品出口快速增长。

然而，中药的国际化之路走的并不顺畅。尽管天士力的复方丹参滴丸、上海现代中药的活血化瘀以植物药身份在美国FDA进入二期临床试验，成都地奥的心血康胶囊在荷兰成功注册实现了欧盟传统药注册“零”的突破，但绝大多数中成药依然不能堂堂正正地以药品身份进入欧美市场。2013年，马来西亚提出包括厚朴、麻黄在内的12种中药禁售令，英国药管局也宣告将于2014年4月1日在全英范围内禁售未注册的草药制品，这一系列消息的传出，对我国中药国际化无疑是雪上加霜。中药何时能真正的走出国门，走“进”世界？这是值得我们思考的问题。

（四）医疗器械行业步入稳步成长期

我国医疗器械出口逐渐步入稳步成长期，发展空间广阔。2013年，医疗器械类出口额193.35亿美元，增幅9.92%，进口额149.75亿美元，增幅20.07%，呈现进出两旺的局面，发达市场与新兴市场齐头并进。医院诊断与治疗设备作为医疗器械类产品的主力出口产品，仍保持两位数的增长幅度，如彩色超声波诊断仪2013年出口额4.77亿美元，同比增长11.39%。医院诊断与治疗设备对美国、中东地区、巴西、印度、印度尼西亚有较大幅度的增长，增长幅度分别为13.34%、20.02%、20.22%、18.43%、66.73%。另一方面，受俄罗斯医疗器械产品注册门槛提高的影响，医院诊断与治疗设备出口俄罗斯下降幅度较大，同比下降18.22%。

总体来看，低附加值的医用敷料产品出口平稳，市场趋于饱和；一次性耗材类产品出口增速放慢，高附加值的医院诊断与治疗设备出口依然旺盛，虽然仍以外资企业出口为主，但内资企业份额在逐年上升，2013年出口份额达到43.34%，出口金额同比增长10.39%。

此外，2013年，医疗器械对外并购力度明显加大，传递出强烈的国际化信号。4月，复星医药收购以色列医用激光、光子射频及超声设备生产商Alma Lasers Ltd.；6月，深圳迈瑞并购美国超声诊断设备企业Zonare Medical Systems. Inc；6月，上海微创医疗器械以2.9亿美元收购美国Wright医疗的骨科业务，成为我国医疗器械行业最大的海外并购案；9月，深圳迈瑞收购澳大利亚的分销商Ulco医疗有限公司，根据收购协议，迈瑞将获得Ulco在大洋洲市场成熟的销售以及售后服务渠道。

（五）进口步入温和增长期

医药进口在经历了2011年的井喷式增长之后，近两年增速进入相对平稳增长的轨道。2013年，医药保健品进口额385.13亿美元，同比增长15.17%。其中，原料药进口受外资配套带动，部分特色原料药采购转移到中国，增速继续呈缓慢下降的趋势，增幅为4.44%，比重为19.93%，下降2个百分点。西药制剂进口占比28.27%，同比增长8.86%；生物制剂进口占比10.12%，增长幅度高达41.98%。

随着医改的不断深入，以及国家对医疗用品、原材料进口关税的下调，中国市场对高端医药产品需求持续攀升，医疗器械产品的进口一直保持稳步增长的势头。诊断与治疗设备进口106.82亿美元，占进口总额的27.74%，同比增长10.69%；其他医械产品进口占比虽不高，但增长速度超30%。

中药类进口以植物提取物进口额最高，2013年植物提取物进口3.88亿美元，同比增长21.78%，其中薄荷油的进口额就占据了植物提取物进口总额的1/3，2013年进口额达1.26亿美元，同比增长45.00%。中药材及饮片进口增幅最大，2013年同比增长53.12%，进口额也达到2.20亿美元。我国从中亚地区进口的甘草带动了中药材及饮片的进口。

从进口国家或地区看，我国从发达市场的进口额占比高达79.3%，较2012年变化不大。反映出我国医药产品进口来源地集中度较高，主要来自发达国家的格局保持稳定。

2013年，我医药对外贸易顺差126.66亿美元，同比下降超12%。一直以来不断扩大的贸易顺差在去年骤然缩减。国家“十二五”规划全面实施推动医药行业转型升级，新医改及各项配套政策拉动内需，加之人民币升值，国际药企为避风险纷纷来华投资，促进了外资和国外先进技术的引进，进而减小贸易顺差。

（六）医药领域合同研发进入快速发展期

随着跨国公司大规模的投资、兼并和国际资本市场运作，以跨国公司为核心的医药全球生产与销售网络基本形成，制药产业的国际分工与合作更加细化，从而带动国际外包市场规模的不断扩大。随着医药产品面临专利药不断到期，新药开拓愈发困难，产品降价压力加大等问题，国际医药厂商越来越倾向于选择定制生产厂商进行外包生产。据不完全统计，全球医药领域合同研发市场将以16.3%的速度增长，合同制造市场紧随其后，预计将以大约每年8%的速度增长。目前世界上约 40% 的制药公司都实行外包。仅 2012 年中国 CRO 与 CMO 的市场规模就达到 200 亿元以上，中国 CRO 与 CMO 行业经历十余载发展，逐渐趋于成熟，市场占有稳步扩张。

（七）对外贸易摩擦频仍

2013 年是对外贸易摩擦频仍的一年，其中，涉及知识产权的美国对我国 337 调查尤为突出，包括对我国睡眠呼吸障碍治疗仪和手持式电子注视器知识产权侵权发起的 337 调查。此外，印度对我国阿苯达唑产品、五乙烯六胺产品发起反倾销调查预警；巴西对我国塑料真空采血管发起反倾销调查；印度发布对华扑热息痛反倾销日落复审终裁等；备受关注的 VC 反垄断案也有了新进展，该案直接购买者一审胜诉后，间接购买者拟启动被法庭 2006 年终止的法律程序，与华北制药进行和解沟通。

从总体上看，2013 年我医药领域贸易摩擦案件数量未减，涉案额屡创新高，而且贸易摩擦发起国别已从原来的欧美、印度等传统市场向巴西、南非等新兴医药市场扩展。目前，大多数中国医药企业的知识产权尚处于引进消化吸收再创新阶段，贸易摩擦频发不仅给企业增加了很大的经济和人力负担，也影响了行业整体的健康平稳发展。

二、2014 年我国医药外贸形势展望

2014 年，欧美经济缓慢复苏，国际监管环境进一步趋严，人民币升值压力犹存，印度等主要竞争对手货币贬值严重将进一步削弱我国医药产品竞争力，我国医药外贸发展面临严峻考验。但是随着我国医药企业转型升级步入改革深水区，我国医药外贸机遇大于挑战。

（一）传统大宗原料药出口将进入长期下行通道

我国传统大宗原料药将继续面临严峻考验，出口价格持续走低。传统原料药在欧美市场增长乏力，在新兴市场的出口步伐也逐渐放缓。从目前国内原料药布局来看，如不出现特重大利好消息，大宗原料药出口在未来相当长时间内将继续呈下滑态势。

（二）医药产品转型将进一步加快

2013 年，新版 GMP 升级改造已告一段落，部分制剂厂商新车间于今年开始投产，我制剂出口有望快速增长。2013 年，中国生物医药研发规模在 100 亿元左右，中国以 32.8% 的复合年均增长率位居亚太地区生物医药研发投入增长榜首，加之最近国内多家企业布局抗体研发，预计未来我国生物制剂出口会有较快速的增长。虽然西药制剂和生物制剂是我国医药外贸的增长点之一，但短期内的增长无法弥补原料药的颓势，对整体医药外贸的提升作用不大。

（三）中小型医疗器械与设备出口将稳步增长

中国已成为全球中小型医疗器械的供应地，与欧、美、日等发达国家的高端医疗器械出口形成互补。目前国内相当一些企业在改进应用技术、工艺设计、生产链管理、成本控制等方面具备了一定的能力。2013 年，我国医院诊断与治疗设备出口额 84.82 亿美元，同比增长 9.52%，预计今年中小型医疗器械与设备出口稳步增长的趋势仍将持续下去。

（四）中成药逆差局势将持续

受《欧盟传统药注册程序指令》的影响，2012 年中成药出口现 397 万美元的逆差，2013 年中成药逆差扩大到 2736 万美元。可以预见，2014 年英国中成药禁售令的实施，将对我国本已四面楚歌的中成药出口给予进一步的打击。

（五）企业国际化步伐将明显加快

2013 年，中国企业国际化再上新台阶。中国企业与国外企业通过战略同盟的方式，优势互补，共同发展。随着国内企业创新能力、研发实力的日益提升，未来会有更多的中国医药企业得到世界的认同，中国医药企业将以全新的姿态参与国际竞争，争夺全球市场份额。

总体来看，2014 年我国医药进出口增长率预计维持在 10% 左右，进出口总额向千亿美元大关挺进。

第七篇　地方行业管理

北京市药品流通行业管理工作情况

北京市商务委员会

北京药品流通行业在《全国药品流通行业发展规划纲要（2011—2015年）》的指导下，按照《北京市药品流通行业发展规划纲要（2011—2015年）》总体部署，行业结构调整效果逐步显现，发展方式不断优化，药品流通企业加速扩张，重点企业高速增长，行业集中度有所提升，现代医药物流和互联网技术的创新业务取得新的突破，销售规模与经济效益稳步增长，总体呈现持续向好的发展态势。

一、北京药品经营企业数量及结构

截至2013年年底，北京市有药品经营企业5 797家，比上年同期增加121家，增长2.13%。其中批发企业293家，比上年同期减少4家；零售连锁企业41家，比上年同期增加13家，增长46.43%；零售连锁门店1 099家，比上年同期增加140家，增长14.6%；单体零售门店4 364家，比上年同期减少28家，下降0.64%（见图1）。

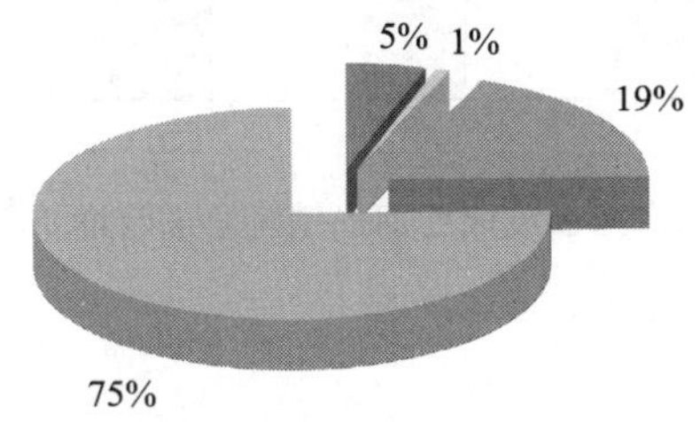

图1　2013年北京各类药品经营企业数量占比情况

从近5年情况看，北京市药品经营企业总体数量基本保持稳定，没有明显变化（见表1、图2）。2013年零售连锁企业数量增加13家，较上年同期增长46.43%。

表1　2009—2013年北京药品经营企业数量

单位：家

项目＼年份		2009	2010	2011	2012	2013
合　计		5 341	5 731	5 702	5 676	5 797
批发企业		314	309	359	297	293
零售连锁	企业数量	18	18	17	28	41
	门店数量	977	979	975	959	1 099
零售单体药店		4 032	4 425	4 351	4 392	4 364

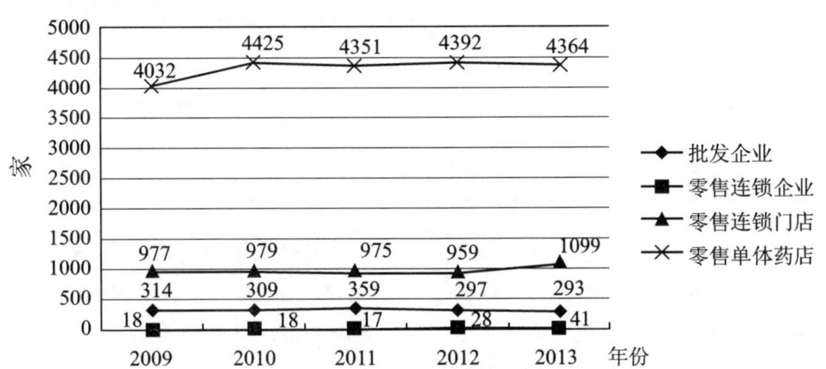

图2　2009—2013年北京药品经营企业数量变化趋势

二、市场规模稳步提高，销售总额跃居全国第一

多年来，北京药品流通行业总体保持平稳快速发展，呈现出销售增势强劲、效益水平良好的发展格局，主要经济指标居全国领先地位。按商务部统计口径，2010 年度，北京药品流通行业商品销售总额实现 689.3 亿元，2012 年突破千亿元，2010—2012 年连续 3 年销售总额位居全国第二；2013 年，北京药品流通业商品销售总额实现 1192.8 亿元，比上年增长 18.4%，增速高于全国药品流通业平均增速 1.7 个百分点，并跃居全国各省市首位（见表 2、图 3）。

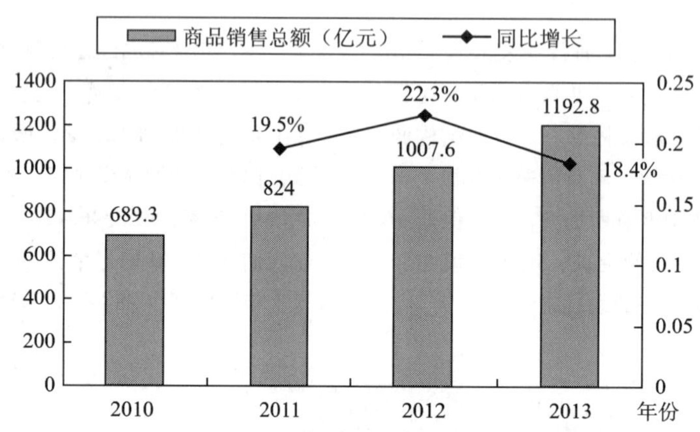

图 3　2010—2013 年北京药品流通业商品销售总额及增长率

数据来源：2013 年度药品流通行业运行统计分析报告（下同）。

表 2　2013 年度全国药品流通行业区域总销售前 10 名省市

序号	地区	商品销售总额（亿元）	药品类销售占比（%）	中成药类销售占比（%）	中药材类销售占比（%）
	全国总计	13 035.8	73.82	15.23	3.61
1	北京市	1 192.8	72.69	13.32	2.60
2	上海市	1 101.2	75.86	10.79	4.97
3	广东省	1 037.7	70.21	19.60	4.45
4	江苏省	1 002.2	81.55	12.73	1.83
5	浙江省	926.7	76.04	15.13	4.02
6	安徽省	918.1	68.14	17.82	6.66
7	山东省	725.1	78.55	16.26	1.58
8	重庆市	571.3	69.77	17.79	8.49
9	天津市	479.6	49.51	29.45	0.55
10	四川省	471.4	72.29	10.52	7.80

在七大类医药商品销售中，2013 年药品类销售仍占主导地位，完成 867 亿元，比上年增长 27.2%，占北京销售总额的 72.69%，在全国排名第一；其次为中成药类，完成 158.9 亿元，比上年增长 17.8%，占销售总额的 13.32%，在全国排名第三；医疗器械类完成 68.1 亿元，增速高达 62.6%，在全国排名第一；中药材类 2012 年商品销售规模近翻一番，但 2013 年仅完成 31 亿元，出现了大幅下滑（见表 3）。

表 3　2013 年北京药品流通行业各子行业商品销售总额

类别	销售总额（亿元）	同比增长（%）	区域销售比重（%）	全国排名
药品类	867.0	27.2%	9.01	1
中成药类	158.9	17.8%	8.01	3
医疗器械类	68.1	62.6%	15.95	1
中药材类	30.99	-66.9%	6.59	7

三、企业巨头加速扩张，重点企业快速增长

近年来，北京药品流通业以国药集团、华润医药等为代表的全国性药品流通企业，通过企业兼并重组和充分市场竞争加速全国布局，迅速扩张，2013 年主营业务收入分别达到 1866 亿元和 735 亿元，名列全国第一、二位，成为我国医药流通业企业巨头。此外，一些区域性公司也加速扩张，向基层延伸，完善销售网络，中国医药健康产业股份有限公司 2013 年主营业务收入已超百亿元。

2013 年，中国医药集团总公司、华润医药商业集团有限公司、中国医药健康产业股份有限公司、中国北京同仁堂（集团）有限责任公司、嘉事堂药业股份有限公司、北京美康永正医药有限公司、康德乐（中国）医药有限公司（原中国永裕新兴）等 7 家北京药品流通企业入选“2013 年全国药品流通批发百强企业”（见表 4）。

表 4　2013 年全国药品流通批发百强企业中的北京企业

在全国排序	北京药品流通批发企业	主营业务收入（亿元）	同比增长（%）
1	中国医药集团总公司	1 866.0	24.7
2	华润医药商业集团有限公司	735.4	15.2
10	中国医药健康产业股份有限公司	125.4	32.3
15	中国北京同仁堂（集团）有限责任公司	76.0	9.7
39	嘉事堂药业股份有限公司	25.5	30.6
49	北京美康永正医药有限公司	20.7	17.4
63	康德乐（中国）医药有限公司	15.8	15.7

四、发展多种营销及服务模式创新，开展医药物流延伸服务

随着国家新医改政策的实施，北京药品流通企业通过业务模式创新、医药物流延伸服务等方式与医疗机构形成合作联盟，减少中间环节，降低物流和仓储成本，探索现代医药物流管理系统与医院结合，推进医药流通体系的变革。例如：国药集团药业股份公司与中国人民解放军空军总医院合作，建立空军总医院供应商库存管理系统项目，共同开发了协同管理平台，采取医药企业与医院共同管理库存的形式，通过信息平台及时调控医院药品库存，降低双方的库存成本。华润医药商业集团在新医改环境下创造性地推进现代医药物流在医院药品流通中的应用，探索开展医药物流延伸服务，通过向医院有效延伸现代药品管理供应链，将现代医药物流管理系统 WMS 与医院 HIS 系统有机结合，使医院药库、药房直至终端患者享受到科技、智能、专业化的现代医药供应服务保障，不仅有效解决了医院药品管理面临的诸多难题，而且有力推进了我国医药流通体系的变革。商务部将华润医药商业集团开展的“天坛医院模式”列为“医药物流服务延伸示范工程”在全国推广。嘉事堂药业股份有限公司分别与北京老年医院、通州老年医院、北京华信医院和北京中医药大学东直门医院合作，开展“北京老年医院药库信息化项目”、“北京华信医院药品质量管理改进项目”，项目分为药房药库信息化、药品质量改进、采购及药库委托三类。九州通医药集团股份有限公司与北京大学人民医院、大兴区旧宫镇中心卫生院和山西医科大学第二医院合作，开发“北京大学人民医院低值耗材统一配送项目”、“旧宫镇中心卫生院中央药库外延项目”、“山西医科大学第二医院住院药房智能化改造项目”。项目取得以下成效：一是耗材统一配送，做到耗材中央零库存；二是药库外延，企业帮助医院药库，完成药品检验收货、在库养护、管理库存、面向医院药房和站点的领用配送工作；三是住院药房智能化改造，有效减轻药师和护士的负担，大大提高医院工作效率。

五、构建电子商务平台，提高药品流通领域电子商务水平

近年来，北京药品流通行业鼓励连锁经营、物流配送与电子商务相结合，构建电子商务平台，通过 B2B 和 B2C 模式建立药品到医疗机构和消费者的直接途径，减少流通环节，降低运营成本，提高交易效率。

2005 年年底，从北京京卫元华医药科技有限公司作为北京市第 1 家具有 B2C 资质的“药房网”开办，到 2013 年末，北京具有互联网药品交易服务资格证书的企业发展到 12 家，其中：具有 B2B 资质的 2 家，具有 B2C 资质的 10 家（见表 5）。

表 5　北京市具有互联网药品交易服务资格证书企业

服务类型	机构名称	网站名称
企业间（B2B）	北京九州通医药有限公司	九州通医药网
企业间（B2B）	国药集团药业股份有限公司	国药商城
消费者（B2C）	北京市利君堂大药房有限责任公司	利君堂大药房
消费者（B2C）	北京福瑞宏达大药房有限公司	福药网
消费者（B2C）	北京德开医药科技有限公司	德开网上大药房
消费者（B2C）	北京金象大药房医药连锁有限责任公司	金象大药房网上商城
消费者（B2C）	北京养生堂药店有限公司	北京养生堂药店
消费者（B2C）	北京德威治医药连锁有限责任公司	京药网
消费者（B2C）	北京京卫元华医药科技有限公司	药房网
消费者（B2C）	北京嘉事堂连锁药店有限责任公司	嘉事堂药店网
消费者（B2C）	北京医保中洋大药房有限公司	北京药品网
消费者（B2C）	北京好药师大药房连锁有限公司	好药师网上药店

六、2014 年医药流通行业销售规模增长将继续趋缓

2014 年是全面贯彻落实党的十八届三中全会精神的第一年，也是我国医药卫生体制改革继续向纵深发展的一年。随着全民医保体系制度框架基本建成以及基本药物制度和基层医疗机构运行机制的完善、城乡基层医疗卫生服务体系进一步健全、基本公共卫生服务均等化水平明显提高和公立医院改革试点有序推进，药品市场需求将继续扩大，药品流通行业仍将保持增长，但受国内经济增长总体放缓的影响，在药品价格继续下降、药品流通企业经营成本快速上涨的压力下，药品流通行业增速放缓。2014 年一季度，全国医药商品销售总额 3 475 亿元，同比增长 13.6%，但增速较同期下降 1.8 个百分点，预计北京药品流通行业 2014 年的销售规模将继续趋缓。

河北省药品流通行业管理工作情况

2013 年，河北省药品流通行业继续保持平稳发展态势，行业规模和效益稳步增长，主要经济指标完成情况良好，运行质量进一步提高。

一、药品流通行业运行发展情况

截至 2013 年，全省共有药品流通综合批发企业 873 家，其中法人单位 582 家，非法人单位 291 家；连锁门店 1 965 个，零售单体药店 11 263 个，零售药店门店达13 228个。

2013 年全省药品流通企业销售总额 449 亿元。按销售品类分类，化学药品类销售 334.4 亿元，同比增长 27.08%，占七大类医药商品销售总额的 74.5%；其次为中成药类 73 亿元，同比增长 14.89%，占 16.3%；中药材类 17.3 亿元，同比增长 6.89%，占 3.8%；医疗器械等其他类 24.3 亿元，占 5.4%。

表 1　2013 年河北省医药流通行业分品类销售情况表

名称	计量单位	2013 年实际	2012 年实际	同比增长（%）
销售总额合计	万元	4 490 798	3 665 928	22.25
化学药品	万元	3 343 524	2 630 931	27.08
中成药	万元	729 668	635 052	14.89
中药材	万元	172 553	161 417	6.89
玻璃仪器	万元	6 788	63 987	-89.39
医疗器材	万元	150 864	164 811	-8.46
化学试剂	万元	13 130	10 940	20.01
其他	万元	74 272	56 378	31.73

按销售对象分类，2013 年批发企业销售额为 202 亿元，占销售总额的 44.99%，纯销（包含对医疗终端、零售终端和对居民的销售）为 247 亿元，占销售总额的 55.01%。

按配送结构分类，2013 年全省药品批发直报企业商品配送货值 276 亿元，其中自有配送中心配送额占 86.7%，非自有配送中心配送额占 13.3%，非自有中心配送额同比上升 1.2 个百分点；物流费用 1 亿元，其中自主配送物流费用占 85.2%，委托配送物流费用占 14.8%，委托配送物流费用同比上升 1.5 个百分点。

药品流通企业在物流建设和信息化建设中的投入继续提升，自有配送中心数量增长幅度为 5%，自有配送中心仓储面积增长幅度为 27%，自有配送车辆增长幅度为 5%，计算机使用数量和信息化投入分别增长 12% 和 21%。

二、药品流通行业发展的主要特点

（一）市场集中度进一步提升

2013 年，11 家药品流通直报企业主营业务收入占同期全省总规模的 57%，比上年提高 7 个百分点。前三位龙头企业主营业务收入占 11 家直报企业的 92.1%，占全省药品市场销售总额的 52.56%，占据全省药品市场的“半壁江山”。其中：国药乐仁堂主营业务收入连续第二年突破百亿元大关，实现 162.72 亿元，同比增长 54.28%；石药河北中诚医药有限公司完成 51.11 亿元，同比增长 27.5%；河北东盛英华医药有限公司完成 22.19 亿元，同比增长 4.76%。三大龙头企业市场占有率的快速提升，成为全省药品流通行业市场集中度提升的主要推动力。

表 2　2013 年河北省药品流通企业直报企业主要指标情况

序号	企业名称	主营业务收入（万元）	同比增长（%）	利润总额（万元）	同比增长（%）	从业人员数	同比增长（%）
	直报企业合计	2 564 989	38.53	35 931	23.18	18 079	89.34
1	国药乐仁堂医药有限公司	1 627 215	54.92	19 168	33.69	2 063	10.85
2	石药集团河北中诚医药有限公司	511 090	25.10	4 357	-16.30	1 402	3.77
3	河北东盛英华医药有限公司	221 874	1.05	3 806	2.06	964	-2.03
4	张家口市华佗药房连锁有限公司	53 000	17.77	1 590	37.18	1 100	46.66
5	石家庄新兴药房连锁有限公司	32 847	23.50	309	164.10	1 282	17.83
6	廊坊市一笑堂医药零售连锁有限公司	33 349	25.83	4 812	30.08	926	8.05
7	石家庄乐仁堂医药连锁有限责任公司	29 084	14.09	433	213.76	488	-10.78
8	河北神威大药房连锁有限公司	22 170	15.09	873	14.86	606	8.02
9	河北智同医药有限公司	14 854	-19.82	36	123.14	150	13.63
10	张家口华佗医药经营有限公司	15 600	75.52	356	64.05	1 000	-23.07
11	河北圣诺新特药连锁有限公司	3 903	36.13	187	450	98	-4.08

（二）药品零售企业竞争进一步加剧

2013 年，全省零售企业减少 2 380 家，其中零售连锁企业 92 家，与上年持平，零售连锁门店减少 307 家，零售单体门店减少 2 073 家。统计数据显示：虽然河北省药品零售企业数量有所减少，但竞争力明显增强。2013 年，全省药品零售企业销售收入 37 亿元，比上年增长 8.84%。其中，张家口华佗药房连锁的销售收入率先突破 5 亿元；石家庄新兴药房连锁和廊坊一笑堂医药连锁的销售收入都超过 3 亿元；石家庄乐仁堂医药连锁的销售收入也接近 3 亿元。

（三）医药物流服务进一步拓展

据统计，2013 年全省药品流通直报企业中，具有第三方医药物流资质的企业有 3 家，开展物流延伸服务的企业有 2 家。如国药乐仁堂积极探索医院增值创新业务，与石家庄市中心医院签订了战略合作协议，在药事管理服务上共同探索新的模式，从而建立新型的医商合作关系。石药河北中诚医药公司以"建立工业和医疗终端的快速通道"为目标，与全国超过 1 500 家上游工业企业进行了深度合作，同时与省内近 3 万家医疗终端开展延伸服务，其中二级以上医院 300 余家，乡镇卫生院和社区服务中心 2 900 家，村诊室 15 000家，药店 8 500 家，私人诊所 4 000 多家，提升了服务质量和水平。

（四）现代流通方式进一步推广

2013 年，全省药品流通行业信息系统建设投入 11.2 亿元，同比增长 8.73%。取得互联网药品交易服务资格证书的企业数上升到 285 家，比 2012 年多出 276 家。2013 年，河北省医药电子商务销售 6 亿多元，其中 B2B 销售 3 亿多元，B2C 销售 2.9 亿多元。由国家食药监总局批准的，国内首家可开展互联网药品交易 B2C 第三方平台试点——河北慧眼医药科技有限公司 95095 医药平台于 2013 年 11 月 12 日正式启用，该平台将开展为期 1 年的药品网上零售试点工作。目前，石家庄新兴药房连锁等数家企业已入驻该平台，这将对现代流通方式在河北省医药零售行业的发展起到明显的促进作用。

（五）中药材流通追溯体系建设进一步加强

2013 年，安国市中药材流通追溯体系建设项目初步完成。体系覆盖了安国市东方药城中药材经营商户、中药材经销企业 74 家、中药材种植基地和产业合作社 19 个、中药饮片生产企业 32 家、制药企业 4 家、医疗机构 2 家、大中型药房 49 家。安国市中药材流通追溯平台已开始与国家中央平台实施对接。追溯体系的运行，将对安国中药材从种植、加工、销售等实施全过程信息管理及追溯，确保中药材流通的各个环节质量都有安全保障。

（六）药品流通企业面临的困难进一步凸显

一是行业利润偏低。2013 年河北省直报企业的主营业务收入利润率普遍偏低，其中：主营业务收入排在前三位的企业的主营业务收入利润率分别在 1.17%、0.85%、1.71%。二是零售连锁率不高。2013 年零售连锁企业和零售连锁门店数仅占全省零售企业数的 37.6%，零售药店连锁率为 23.6%。三是企业现金流问题突出。2013 年药品流

通直报企业的应收账款共计37.67亿元，同比增长38.54%，远远高于全国29.2%的水平。四是中小企业生存压力增大。河北省药品流通行业存在众多中小企业，在目前国家推进医药卫生体制改革为主导的政策环境调整和市场竞争加剧及新版GSP实施、行业整合提速、新型业态不断发展的新形势下，大批以传统经营业态为主、经营实力较弱的中小企业生存压力加大。

三、河北省药品流通行业发展趋势

随着医药卫生体制改革不断推进，以及行业管理新标准、新版GSP认证等一系列政策实施，河北省医药市场环境必将发生一些新的变化，也将对河北省药品流通行业未来发展产生较大影响。综合各方面因素，2014年河北省药品流通行业将呈以下发展态势：

（一）全省药品流通市场仍将平稳增长

2014年，受全省经济社会的持续较快发展和积累增加，人民收入水平的提高，医药体制改革的不断深化和基本医疗保障制度覆盖率的加大，以及人民群众就医消费能力增大和城乡人口老龄化等因素的影响，河北省医药市场将迎来新发展契机，市场需求将出现结构性扩大。但受国内经济增长总体放缓的影响，在药品价格持续下降、药品流通企业经营成本快速上涨的压力下，行业的增长速度将继续趋缓。

（二）结构调整步伐将进一步提速

做强做大是河北省药品流通行业“十二五”发展规划的主要目标，行业重组、结构调整仍将成为企业发展的重要举措，各业态要素资源的整合将加速推进。中小药品流通企业或主动并入大型企业，共享大型企业的品牌资源；或采用联购分销、共同配送等方式结成合作联盟，以应对激烈的市场竞争。

（三）传统盈利模式将受到挑战

随着新医改的深入，医院药品销售实行零利润，“医药分开”的改革步伐已经迈开。在这种新形势下，药品流通行业传统的盈利模式将逐渐被边缘化，取而代之的将是现代供应链管理模式，服务包括药房托管、医事服务、提供公共服务平台、为医事管理机构服务以及上游企业的数据服务等。目前，河北省共有560多家医院和1 960多个卫生院，药品流通企业如果能够积极参与医疗机构药库药房的改造，引进先进的物流和信息化技术，推广供应链管理，将会给药品流通企业创造一个广阔的市场空间。

（四）信息化程度将大幅提升

新版GSP标准对药品的流通环节全产业链进行了规范，从药品生产环节开始所涉及的药品销售、储存和运输活动，实现全程的有效控制。随着国药乐仁堂、石药中诚医药公司、神威药业公司等现代医药物流的发展，省内有几家大型药品流通企业开始走上信息化之路，实现了用信息化手段对药品流通全过程的监管，如电子监管码的实时上传，药品在库、在途温湿度数据的监管，现代医药物流中心众多信息化设施设备的使用等，都有赖于药企信息化内控手段的提升，也必将整体推进全省药品流通行业的信息化水平。

吉林省药品流通行业管理工作情况

2013年以来，按照商务部关于做好药品流通行业管理工作的部署，认真落实国家和吉林省药品流通行业“十二五”发展规划，结合工作实际，创新工作思路，不断完善管理措施，促进了全省药品流通行业的发展。

一、掌握行业现状，增强行业管理工作的针对性

截至2013年，全省药品流通企业13 771家，其中批发企业410家，零售企业13 361家，其中药品零售连锁企业72家，零售门店总数13 289家，零售单体药店11 279家，零售连锁门店2 010家，医保定点门店4 307家。

自医药卫生体制改革以来，吉林省药品流通行业有了较快发展，药品流通领域的监管体制基本建立，各项规章制度、法律法规基本健全，市场供应保障能力明显提高，新型流通方式得到发展，多种经营方式互补，覆盖城乡的药品流通网络基本形成。骨干企业功能不断增强，年销售额在亿元以上的吉林大药房药业、天和医药、友邦药业、华润吉林康乃尔、修正药业、国药控股吉林公司等一批大、中型药品流通企业在全省药品流通行业中发挥了骨干带动作用，对保民生、促稳定、推动经济社会发展做出了重要贡献。

从总体上看，吉林省药品流通行业与发达省份相比存在一定的差距，主要体现在行业集中度低、结构不合理、现代物流等新型经营方式还没有普遍得到应用，小、散、弱的现象没有彻底改观。管理水平、扶持政策、流通效率、标准化、信息化建设等方面有待提高。

二、科学规划布局，开展中药材流通追溯体系建设

按照商务部办公厅《关于开展2013年中药材流通追溯体系建设工作的通知》要求，吉林省被国家确定为第二批中药材流通追溯体系建设省份。为抓好工作落实，在调研论证的基础上，制订了建设工作方案，向商务部作了汇报。吉林省中药材流通追溯体系建设立足长白山人参主产地的区域优势，以抚松万良长白山人参市场为主体，建设吉林省道地人参为主的中药材品种，中药材种植和养殖企业、中药材经营户与经营企业、中药材专业市场、中药饮片和中成药生产经营企业、医疗机构以及零售药店等交易主体充分参与，逐步扩大中药材流通追溯范围。通过溯源身份绑定责任追溯，建立“倒逼”机制，增强药企药商行业自律行为，最终实现“来源可追溯、去向可查证、责任可追究”的中药材流通追溯体系。

吉林省中药材流通追溯体系建设正在按计划实施，中心机房及服务中心建设已经完成，正在稳步推进实施部署工作。项目建成后，能够实现中药材从种植、经销、饮片加工、中药饮片销售、医院（药房）使用六环节跨省、跨区域全链条贯通追溯，为市场提供品质优良、安全方便、质量可控的中药产品。通过中药材流通追溯给企业提供个性化的信息服务，有利于提高企业管理水平，实现网上交易，降低流通成本，增强企业诚信度，树立企业品牌。通过中药材流通分类、编码等各类标准的建立，有利于主导国际标准，提高吉林省中药材的市场竞争力，扩大销售影响面。

同时，给政府监管部门提供全链条贯通追溯监管技术手段，对查出的问题产品能够立即下架、退市和召回，逐步建立市场进、退机制，提高企业的诚信建设水平，促进吉林省中药材产业健康发展。

三、开展工作调研，促进医药物流服务延伸工作

为推动企业医药物流服务向医院延伸，在宣传推广国药控股吉林有限公司、华润吉林康乃尔医药有限公司被商务部评定为第一批医药物流服务延伸示范项目的同时，向市（州）等商务主管部门下发了《关于开展医药物流服务延伸情况调研工作的通知》，通过积极走访药监、卫生等部门和企业，对医药物流服务延伸情况进行了调研。根据华润吉林医药有限公司的“医院药品物流智能一体化”、吉林省欣鑫药业有限公司的“药库现代化物流管理系统”物流服务延伸项目和调研情况，形成了《吉林省商务厅关于第二批医药物流服务延伸调研情况的报告》，报商务部。

四、树立服务思想，推动生产和流通企业合作发展

在省商务厅的推动下，吉林省药品流通行业协会主导，中康资讯主办，秉承“互利共赢”理念，组织举办了第二届东北区域“药品零售渠道增量资源对接会”。全省60家药品流通企业，辽宁、黑龙江30余家药品零售连锁企业，广东、山东等28家药品生产企业，共300余名企业运营管理人员和采购商出席了此次会议。

在举办“工商一对一”医药产品展示洽谈的同时，还举办了推动药品流通行业发展论坛，企业高管及资深专家就“如何打造双赢的增量模式”进行了探讨，并特邀长沙市药品流通行业协会黄修祥秘书长做了“长沙市婴幼儿配方乳粉药店销售推进经验分享”主题报告。为加强交流学习，组织与会的企业管理人员参观了吉林大药房、中东健康万家医药超市，对企业的发展规模、发展方式、管理制度等问题进行了交流。

通过此次活动，为吉林省药品流通企业搭建了工商合作交流平台，为推动生产和流通企业合作，促进全省药品流通行业发展起到了积极的推动作用。

五、推进电子商务建设，培育企业消费增长点

一是指导吉林大药房推动B2C电子商务平台建设。积极与药监部门协商，做好项目申报和立项的准备工作，项目建成后将传统营销手段和网络营销进行整合，方便药品网上销售。积极鼓励有条件的药品流通企业建立电子商务平台，发展网上药店，扩大药品经营业务，培育企业新的消费增长点。

二是推动中药材电子商务平台建设。下发了《关于开展中药材电子商务平台建设情况调研的通知》，通过对企业的调研，了解全省中药材流通企业电子商务平台建设情况，调动了企业电子商务平台建设的积极性。

六、分析工作形势，做好发展规划中期评估工作

为推动《规划》确定的目标任务顺利完成，按照商务部办公厅《关于开展药品流通行业“十二五”发展规划中期评估工作的通知》要求，结合吉林省药品流通行业管理

工作的实际，在全面分析上半期工作形势的基础上，开展了吉林省药品流通行业“十二五”发展规划中期评估工作。组织药品流通行业协会和专家，开展了评估工作调研，对照《规划》提出的发展目标、主要任务、保障措施等方面，进行了认真分析评估，查找了行业发展中的差距、存在的问题和困难，结合下半期行业发展工作形势，调整了两项工作目标，完善了管理工作措施。

七、加强部门协调，落实行业统计上报制度

按照商务部《药品流通统计报表制度》的要求，在全省范围内，选取了28户药品流通典型企业和1家中药材专业市场作为直报企业，确定了343家药品流通企业作为非直报企业。为确保统计数字真实可靠，在企业上报的基础上，积极与药监、卫生、农业、统计、医保等部门沟通协调，认真落实统计上报制度。形成了《吉林省药品流通行业分析报告》，为政府制定出台行业发展政策提供了参考。

黑龙江省药品流通行业管理工作情况

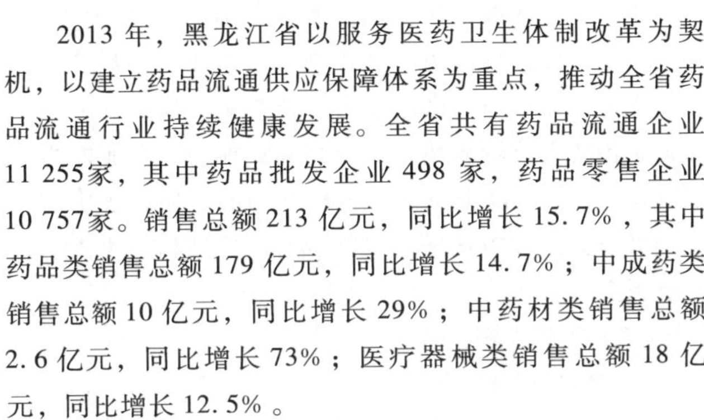

2013年，黑龙江省以服务医药卫生体制改革为契机，以建立药品流通供应保障体系为重点，推动全省药品流通行业持续健康发展。全省共有药品流通企业11 255家，其中药品批发企业498家，药品零售企业10 757家。销售总额213亿元，同比增长15.7%，其中药品类销售总额179亿元，同比增长14.7%；中成药类销售总额10亿元，同比增长29%；中药材类销售总额2.6亿元，同比增长73%；医疗器械类销售总额18亿元，同比增长12.5%。

一、优化行业发展布局

黑龙江省制定出台了《黑龙江省药品流通行业发展规划》，分析研判行业发展形势，研究解决面临困难和问题，确定行业发展目标和主要任务，提出保障措施和强化责任落实，推动建立全省布局合理、运行高效、便民服务、质量安全的药品供应保障体系，为增强规模企业运营效率和市场竞争能力，合理设置药品批发企业；为保障城乡居民用药需求和方便购药，合理设置零售企业网点；为维护药品市场有序发展，清理整顿小、散、乱，无序竞争小药店；为鼓励和支持企业运用现代流通方式、延伸产业链、降低运营成本，推动零售连锁经营业务开展，推动了整个行业发展合理布局。

二、调整行业发展结构

黑龙江省推动大型骨干企业做大做强，发挥市场机制作用，加快兼并重组步伐，壮大企业实力，发展规模效益，提高行业集中度。哈药集团医药公司、国药控股黑龙江有限公司、华润牡丹江天利医药有限公司、华润黑龙江医药有限公司等一批大型企业，通过收购、重组、控股、参股等形式进行兼并重组，整合销售资源，拓展销售渠道，延伸销售网络，提升运营效率，大型企业占主导地位作用。据不完全统计，大中型药品流通企业完成销售额180亿元，占全省销售总额的80%左右。

三、创新企业营销模式

黑龙江省运用现代流通方式，提高物流配送服务效率。哈药集团建成东北地区规模最大的现代化药品物流配送中心，占地面积15万平方米，实现了计算机控制调节、趋势显示、报警管理、运行状态监视为一体的调控系统，并与其他网络连接实现信息自动控制和管理，成为系统标准化、管理信息化、设备自动化的现代化物流配送中心，探索医药物流延伸项目，与黑龙江省肿瘤医院、哈尔滨市第一医院、大庆油田总医院等医疗机构建立合作关系，实现药品管理信息流、物流、资金流一体化服务。

四、配合做好医药卫生体制改革

一是保证便民购药。鼓励零售药店根据自身优势，采取开设社区便利店、平价超市、专业化药店、健康管理中心等模式开展多元化经营；完善县级以下药品流通网络，确保农村地区和边远地区的药品供应。例如，哈药集团人民同泰连锁药店，目前在哈尔滨市区内有350家门店，广泛分布在商业区、社区、医院、学校等附近，能够保证便民购药。

二是保证药品配送。鼓励大型批发连锁药企建立自有配送中心，实行对药品统一的在库管理、周转、分拣和配送。哈药集团人民同泰连锁药店拥有自主物流配送能力的药品物流配送中心，建成占地面积 5 万平方米，自有仓储面积 2.98 万平方米，自有仓储容积 23.2 万立方米，拥有物流计算机信息管理系统，集仓储、拣选和配送功能于一体的大型医药物流中心，实现了药品统一配送，保证药品质量，提高配送效率。

五、规范药品流通市场秩序

黑龙江省发挥打假办统筹协调作用，会同相关部门打击经销假冒伪劣药品违法犯罪行为；规范中药材市场，加强有害物质残留和质量检验。据有关部门统计，全省共受理药品流通领域违法违规案件11 468件，其中重大案件 12 件，涉案金额 210 万元，移送司法机关案件 9 件，涉案金额 45 万元，捣毁违法窝点 3 个，有效维护了药品流通市场秩序稳定。

六、2014 年药品流通行业管理工作思路

（一）总体思路

落实药品流通行业发展规划，以保障民生安全用药为重点，服务于医药卫生体制改革大局，运用现代流通方式，创新运营模式，提升行业发展的整体水平，构建高效、便民、有序的现代药品流通体系，更好地满足人民群众身体健康需求，为兴省利民做出新贡献。

（二）主要任务

1. 加快兼并重组步伐

引导和鼓励大型骨干企业做大做强，发挥市场机制作用，发展有竞争实力的大型企业集团，发挥规模效益，提高行业集中度。支持有实力的企业延伸产业链，探索药品产、销、用一体化发展的新路径，构建药品流通行业整体发展优势。

2. 提高药品流通效率

引导企业运用现代流通方式，加快标准化、信息化建设步伐，发展零售连锁经营企业，引导零售连锁企业发展农村乡镇连锁经营门店，为农村安全有效用药提供保障。鼓励单体药店加盟连锁企业，降低运营成本，提高经营效率，引导发展以医药第三方物流为基础的电子交易中心和物流配送中心，鼓励有条件的企业通过投资、合作、兼并等方式组建具有较强幅射带动作用的物流基地。

3. 创新药品营销方式

推动药品流通企业向医疗机构开展延伸服务，为医院提供标准化、专业化、个性化的综合药事服务，拓展服务功能。推动企业把传统的药品供应提升为供应链服务、药学服务，承接“医药分开”后药房管理等多种方式的组合服务。鼓励大型企业在经济园区建立药品销售中心，发展大型企业基础性、前导性作用，带动药品行业和相关产业发展。

4. 加强药品流通市场监管

会同有关部门研究制定药品批发、零售企业营销人员的资质管理办法和行为规范，实行持证上岗和公示制度，保证依法依规销售药品和推广新药。完善药品购销管理制度，依法索取税票，逐步实施药品流通企业分类分级管理制度，根据不同类别和等级，采取不同的管理措施。

5. 提升行业服务能力

推行行业标准，强化药品批发企业质量管理能力、药品安全风险控制能力、静态物流要素能力、物流信息管理能力。强化药品供应能力和药学服务能力，加强药品企业各类人员资质培训，提高知识能力、专业能力和职业素质，符合从业资质。强化在药品流通过程中质量安全第一责任人的责任，完善法人治理结构，建立现代企业制度。

（三）保障措施

1. 完善配套政策措施

根据国家药品流通行业管理有关法律法规、政策标准规范，结合黑龙江省药品流通行业发展现状，完善药品流通行业管理配套政策措施，结合搞活流通、扩大消费的政策措施，支持药品流通行业结构调整、药品流通体系建设、信息化建设和技术装备改造。

2. 改善药品流通发展环境

清理、废止阻碍药品流通行业发展和妨碍公平竞争的政策规定。推动“以药补医”体制改革，促进医疗机构门诊药房的社会化，鼓励患者凭处方到药店购药。

3. 建立行业管理协作机制

加强部门之间沟通协作，建立与相关部门组成的药品流通行业管理工作联席会议制度，加强对重大问题的研究，形成促进药品流通行业健康发展的合力。发挥行业协会在行业统计、行业培训、行业自律、国际交流合作、维护企业合法权益等方面的作用。

江苏省药品流通行业管理工作情况

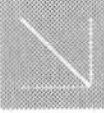

2013 年，江苏省医药卫生体制改革继续向纵深发展，全省医药工业销售 1 161 亿元，实现利税 439 亿元；药品流通行业销售 979.87 亿元，比上年增长 18%，实现利税约 20 亿元。

一、江苏省药品流通行业发展基本情况

（一）基本概况

截至 2013 年年底，全省具有法人资格的药品批发企业共 323 家，药品零售药店 2.4 万多家。其中，药品零售连锁企业 134 家，下属门店 5 700 余家；药品零售单体药店 1.9 万余家。全省平均每 3 300 人左右拥有一家药店。

（二）市场情况

1. 购销稳步增长

2013 年药品流通行业购进总额 938.33 亿元，比上年增长 18%；其中从生产者购进 357.36 亿元，比上年增长 11%；从批发零售贸易业购进 521.17 亿元，比上年增长 15%。

2013 年药品流通行业销售总额 979.87 亿元，比上年增长 18%；其中对医疗机构销售 348.56 亿元，比上年增长 8.07%；对批发企业销售 389.34 亿元，比上年增长 14%；对零售药店销售 80.71 亿元，比上年增长 14%；对居民销售 113.98 亿元，比上年增长 75%。

2. 药品类仍是拉动药品流通行业销售的主力军

2013 年药品流通行业销售 979.87 亿元，其中药品类销售 771.9 亿元，比上年增长 19%；医疗器械类销售 14.56 亿元，比上年下降 18%；化学试剂类销售 5.5 亿元，比上年下降 18%；玻璃仪器类销售 0.11 亿元，比上年下降 71%；中药材类销售 24.79 亿元，比上年增长 32%；中成药类销售 139.4 亿元，比上年增长 33%。

药品类销售额占七大类医药商品销售总额的 78.8%，其次为中成药类，占 14.23%，中药材类占 2.53%，医疗器械类占 1.49%，化学试剂类占 0.56%，玻璃仪器类仅占 0.01%，其他类占 2.41%。

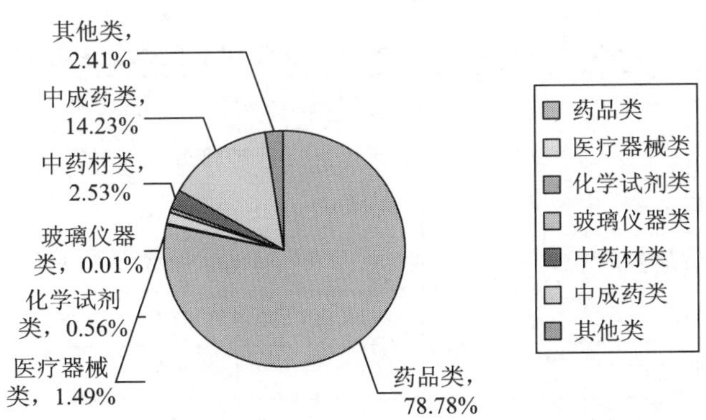

图 1　2013 年江苏省药品流通业各大类销售比重

3. 零售终端仍以对医院销售为主

对零售终端销售 543.24 亿元，其中对医院销售 348.56 亿元，占 64.16%；对社会药店销售 80.70 亿元，占 14.86%；对居民销售 113.98 亿元，占 20.98%。

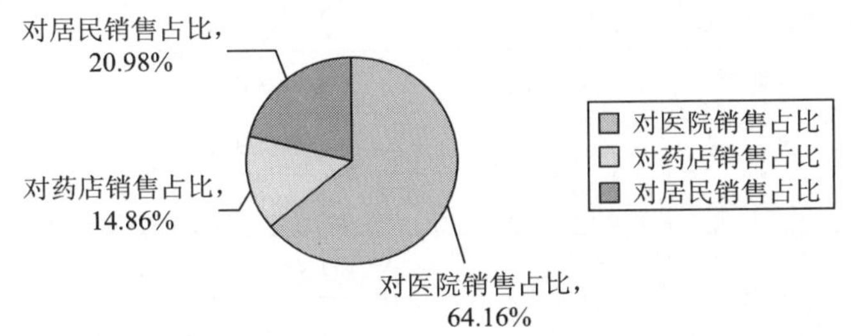

图 2　2013 年江苏省药品流通业各类零售终端所占比重

4. 各市药品流通行业市场发展概况

南京、苏州、无锡的药品流通行业市场规模和人均用药水平领先全省。

表 1　2013 年江苏省各市人均用药水平

各市	销售总额（千元）	人口（人）	人均用药水平
南京	25 259 229	8 004 680	3. 16
苏州	19 178 399	10 465 994	1. 83
无锡	8 869 962	6 372 624	1. 39
徐州	6 048 363	8 580 500	0. 70
盐城	4 895 079	7 260 240	0. 67
常州	4 511 744	4 591 972	0. 98
南通	2 817 043	7 282 835	0. 39
镇江	1 388 733	3 113 384	0. 45
连泰扬淮宿	9 780 960	22 987 674	0. 43
全省合计	82 749 512	78 659 903	1. 05

（三）发展特点

1. 医改政策激发了医药市场活力

江苏省主要药品流通企业（212 家）实现主营业务收入 855. 05 亿元，比上年增长 22. 56%，超出全国水平。

2. 规模以上企业发展平稳

10 亿元以上企业 22 家，合计主营业务收入 586. 13 亿元，占 68. 55%；1 亿元以上企业 80 家，合计主营业务收入 799. 78 亿元，占 93. 5%。

表 2　江苏省药品流通行业主营业务收入 10 亿元以上企业排序表

单位名称	主营业务收入（千元）	
	2013 年	2012 年
南京医药股份有限公司	18 689 306	17 834 729
华润苏州礼安医药有限公司	4 443 508	3 925 971
江苏省医药公司	3 451 417	3 001 233
常州药业股份有限公司	3 149 999	2 602 722
国药控股扬州有限公司	2 903 811	2 562 575
江苏先声药业有限公司	1 837 037	1 971 080
国药控股常州有限公司	1 952 677	1 761 363
礼来贸易有限公司	1 940 225	1 658 311
连云港康缘医药商业有限公司	1 799 152	1 515 309
上药山禾无锡医药股份有限公司	1 786 057	1 551 409
南京华东医药有限责任公司	1 602 928	1 558 487
江苏省润天生化医药有限公司	1 499 353	1 183 796
江苏汇鸿国际集团医保进出口公司	1 463 912	1 682 364
国药控股南通有限公司	1 439 751	1 167 380

续　表

单位名称	主营业务收入（千元）	
	2013 年	2012 年
华润昆山医药有限公司	1 419 348	1 272 748
国药控股无锡有限公司	1 387 138	1 189 868
江苏恩华和润医药有限公司	1 377 167	1 039 371
徐州医药股份有限公司	1 176 515	963 233
苏州恒祥进出口有限公司	1 146 819	1 266 780
常熟市建发医药有限公司	1 142 724	1 059 459
江苏澳洋医药物流有限公司	1 132 169	1 013 653
泰州医药有限公司	1 020 051	589 403

3. 优势企业并购重组活跃

目前，国药控股股份有限公司在江苏省合计投资 5 亿元，直接或间接控股 9 家公司。华润医药商业集团有限公司收购了苏州礼安医药有限公司、昆山双鹤医药公司。上海医药集团股份有限公司收购了常药集团，近期又控股无锡山禾集团。

4. 结构调整和转型升级步伐加快

药品流通企业探索以资产和服务等方式参与医疗机构药房的管理。大型药品批发企业依托信息技术系统和现代物流基础，构建和完善药品供应链集成系统。南京医药股份有限公司、华润苏州礼安医药有限公司、国药控股江苏有限公司、江苏省医药公司等，开展供应链系统增值服务，为医疗机构提供药事服务、SPD（医院内部物流）服务、专科用药及其他医用品的临床解决方案。

药品零售连锁企业探索电子商务。南京上元堂医药有限公司、先声再康江苏药业有限公司在天猫、亚马逊、八百方等网络平台开设了网店，销售保健品、非处方药、医疗器械等商品，经营品类已超过5 000种。网店以其专业性、优质优价、服务快捷受到广大消费者的一致信赖和好评。

二、下一步行业发展方向

（一）鼓励大型药品流通企业探索医药分业经营模式

鼓励药品流通企业研究医药分业后的医疗机构相关业务及其药品供应、专业人才和资源配置等经营管理模式，适时做好相关预案及前期资源储备，为“医药分开”的改革试点创造条件。

（二）优化药品零售门店网络布局，鼓励药品零售连锁企业创新经营模式

结合中心城区人口与消费特点合理做好零售药店规划，支持在新建保障房、经济适用房、廉租房片区、偏远郊区和农村地区加强零售药店布局，鼓励在大型超市和其他商业场所内设置乙类非处方药专柜和品牌专卖店。鼓励中华老字号药店在保持特色优势的基础上创新发展，发挥品牌效应。发展“中医门诊”、“中医坐堂”等服务，形成各具特色、优势互补的药品零售和服务格局，充分保障人民群众用药的可及性。支持药品零售企业开展处方药、非处方药、中成药、中药饮片、保健品、个人护理品、家庭健康用品等与健康服务相关的多元化经营。鼓励药品零售企业开设“品牌专卖店”、“专业药店”、“健康管理中心”、“超市便民店”等新型健康服务网点，依托现有门店，发挥社会公共服务功能。改善和丰富药品经营模式，鼓励社会商业资本进入药品连锁企业，大力发展电子商务，探索网店和实体店的融合发展。

（三）提升行业集中度，逐步实施“走出去”战略

加强政策引导，发挥市场机制基础性作用，鼓励发展混合制经济，整合现有资源，加强政策扶持，推动实力强、经营好的企业跨区域发展，培育和形成以全国性、区域性大中型药品流通企业为主和特色药品流通企业为辅的药品流通企业结构。发挥中小药品流通企业的基层渠道供应配送优势，实现药品供应在基层的有效覆盖，提高社区和农村药品的供应保障能力。支持药品流通企业立足本省，辐射华东，服务全国，鼓励药品流通企业“走出去”，逐步融入国际市场，支持有条件的药品流通企业加强与全球领先的医药商业企业合作，通过新建、收购、合作、境外上市等多种方式，到境外开展业务，参与国际药品采购和营销网络建设，参与国际竞争。鼓励行业协会、企业开展多种形式的国际交流与合作，引进先进的管理经验和新型营销方式。

（四）强化诚信建设，健全药品供应保障体系

加强药品流通市场诚信建设和职业道德教育，开展

“三信三优”、“诚信经营示范创建”等活动，以点带面，促进药品流通企业合法经营、诚实守信、管理规范、服务优质，积极履行社会责任。配合医药卫生体制改革和基本药物制度实施，积极参与全省基本药物集中采购工作，引导和鼓励药品流通企业保障基本药物正常配送。按照国家和省应急和战略储备的统一规划和部署，做好流通环节实物储备。根据各类突发事件的特点，建立相应的应急保障机制。

（五）加快推进药品流通行业人才队伍建设

贯彻落实《江苏省药品流通行业“十二五”发展规划》精神，加快推进药品流通行业人才队伍建设，提高药品流通行业整体素质和企业经营管理水平。提高医药行业员工的技术素质和服务质量，培养造就一支过硬的医药商业职工队伍，提高江苏省医药商业行业员工岗位技能和职业技能水平，大力培养适应经济转型发展需要的高技能人才，激发员工学习热情，营造行业争学技术、比拼技能的良好氛围，促进医药商业行业的健康可持续发展。

浙江省药品流通行业管理工作情况

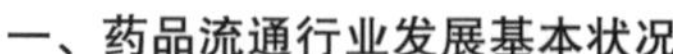

一、药品流通行业发展基本状况

浙江省药品流通直报系统统计数据显示，2013 年全省药品流通直报企业实现销售额 787.98 亿元，比上年增长 9.58%；实现主营业务收入 753.28 亿元，与上年持平；实现利润总额 21.19 亿元，同比增长 16.30%；利润率（税前）2.81%，比上年上升 0.45 个百分点；三项费用合计 55.63 亿元，同比增长 8.63%，三项费用占营业收入的 7.39%。

（一）药品流通行业基本特点

（1）药品类销售占主导地位，非药品销售占比较小。按药品流通行业分类统计，药品类销售占绝对主导地位，占 76.41%，中成药类占 14.39%，中药材类占 4.48%，其他（包括医疗器械类、化学试剂类、玻璃仪器类等）占 4.72%。

（2）药品流通企业销售主要渠道仍是医疗终端。药品流通企业销售对象主要包括批发企业间销售、对医疗终端的销售、对零售企业和消费者销售，统计数据显示，上述三类销售对象中，面向批发企业的销售额占销售总额的 35.07%，面向医疗终端的销售额占 52.36%，其他销售额占 12.57%。

（二）药品流通行业规模继续扩大，但增幅收窄

2013 年浙江省药品流通直报企业实现销售额 787.98 亿元，同比增长 9.58%，增幅同比下降 9.11 个百分点。按照行业分类分析，药品销售增长放缓，其中药品类实现销售 602.08 亿元，同比增长 7.55%，中成药类实现销售 113.41 亿元，同比增长 9.55%。非药品类仍保持一定的增长速度，其中中药材类实现销售 35.37 亿元，同比增长 40.13%；其他（包括医疗器械类、化学试剂类、玻璃仪器类等）实现销售 37.11 亿元，同比增长 20.72%。

从销售对象分析，2013 年直报企业面向批发企业销售 276.32 亿元，同比增长 14.17%；面向医疗终端销售 412.68 亿元，同比增长 7.73%；其他销售 99.04 亿元，同比增长 5.62%。

（三）产业集中度进一步提高

（1）形成了一批有竞争力的规模化经营企业。直报统计数据显示，前 20 强直报企业销售额占全省销售额的 84.79%。批发企业（批零企业）方面，英特药业和华东医药两家企业销售总额继续超百亿，两家企业销售额占直报企业销售总额的 36.13%；宁波医药、国药浙江、浙江医药、国药温州、震元股份、回音必、珍诚医药、来益医药 8 家企业销售额超 20 亿元。零售企业方面，2013 年杭州九洲医药销售额 6.5 亿元。

（2）行业整合重组进一步加快。全省以华东医药和英特药业为代表的批发龙头企业不断加快并购步伐，行业集中度进一步提高。华东医药先后对杭州武林大药房有限公司、浙江先求药业有限公司、浙江国大医药有限公司、浙江惠仁医药有限公司 4 家企业进行并购。英特药业先后并购成立了温州市英特药业有限公司、浙江英特海斯医药有限公司、永康英特药业有限公司、嘉兴英特医药有限公司等 9 家商业企业，英特药业已基本实现在全省各区市设立分支机构的网络布局。国药集团、上海医药也加大了在浙江的兼并重组力度，医药销售总额及在浙市场份额也进一步扩大。

（3）零售药店连锁经营直营化继续推进。2013 年，浙江省加大了连锁药店直营店的推进力度，支持连锁企业开设

直营连锁药店门店，支持连锁药店兼并重组。截至 2013 年年底，全省共有零售企业（含药店）17 000多个，其中药品零售连锁企业 208 家，药品连锁门店7 200多个，连锁率保持在 40% 左右，与 2012 年总体基本持平，但直营连锁有所提高。

二、药品流通行业发展存在的问题及原因

（一）存在问题

2013 年浙江省药品流通行业运行总体平稳，行业规模在平稳中逐步扩大，但制约行业发展的因素仍然存在，有些问题还比较突出：

一是医改对药品流通批发企业的定位与企业实际承担的责任不匹配；

二是农村尤其是偏远地区的药品供应短缺现象仍时有发生；

三是医疗机构拖欠货款现象仍然比较严重；

四是医疗机构药品“零差率”深入推进对药品零售企业尤其是农村药店带来的不利影响进一步加大。

（二）原因分析

（1）药品招标对药品流通企业定位不清。当前医改在药品招标中，把药品流通企业定位为配送企业，却又让药品流通企业承担向药品生产企业支付货款、向医疗机构催讨货款等非配送商承担的义务。这些任务在其他行业中，通常是由中标商承担的，配送商的任务只是将货物按时保质送到客户手中。药品流通企业名为配送商，却承担了销售商的任务。

（2）对农村尤其是偏远地区配送药品缺乏政策支持。农村地区尤其是偏远地区因交通不便、运输成本高、人口少，一次配送药品数量少。药品批发企业出于经济效益角度考虑，不愿向这些地区配送药品。而政府缺乏扶持政策鼓励药品批发企业向这些地区配送药品，药品配送企业积极性不高。

（3）医疗机构拖欠款问题仍未有效解决。一是有的医疗机构不按招标合同及时支付货款，故意占用货款；二是当前的财政补偿机构，是“中央请客，地方买单”。有的地方政府因财政紧张，不能及时将因取消以药补医后的缺口拨付医疗机构，导致医疗机构不能及时将药品款支付给药品流通企业。根本原因是我国长期以来的医药不分，医疗机构强势，故意拖欠。

（4）药品“零差率”深入推进进一步加剧了医院药房与社会药店的不公平竞争。医院药房和零售药店一直以来处于不平等竞争的地位，药品“零差率”向基层甚至农村诊所推进，进一步挤压了农村药店的生存空间。在药店允许销售的药品与医疗机构药品日益同质化的趋势下，药店生存空间越来越小，关门倒闭在所难免，医药分开基础将不复存在。

三、对促进药品流通行业发展的几点建议

药品流通行业是事关人民群众生命健康的重要民生行业。根据国家提出的改革成果惠及最广大人民群众的目标要求，我国各级政府将进一步加大涉及民生领域的投入，人民群众也更加重视健康消费。因此，对药品的需求总体上仍将呈增长趋势，药品市场规模将继续扩大，行业整合不断加快，竞争更加激烈。

（1）加快研究制定出台药品流通行业发展的促进政策。截至目前，国家把药品流通企业仅仅作为配送企业，是医疗卫生链条上的配角，没有真正把药品流通作为一个产业来予以支持。各级地方政府及部门同样认为药品流通企业只要把药品及时保质保量送到医疗机构就行了，不可能出台促进药品流通行业发展支持政策。在这样的思想引导下，已经出台的涉及药品流通行业的政策比较片面，缺乏统筹的行业发展政策。

因此，药品流通要真正成为一个行业并发展，必须从惠民的高度，把药品流通行业纳入整个商贸流通产业发展中进行统筹安排，对商贸流通企业发展的促进政策要适用于药品流通企业。在药品流通企业发展过程中落实有关土地政策、贷款政策、财政政策；在鼓励企业兼并重组、提高行业集中度时给予政策简化，提高重组效率；在药品配送过程中涉及的过路过桥等费用给予实质性的优惠，对向偏远地区、海岛等交通不便地区设立连锁分支机构或者配送药品的药品流通企业予以政策上的支持，保障这些地区人民群众用药公平可及。

（2）明确药品流通企业在医改药品供应链中的定位。在医改深入推进的过程中，要抓紧明确药品流通企业在医改中的地位，根据定位，落实职责，实现职责一致。如果继续把药品流通企业认定为配送商，那么，配送商的职责只是把药按时保质保量送到医疗机构，有关药品款的结算应该由中标生产企业与需求方医疗机构（或需求方的代理机构招标机构）直接结算，药品流通企业按照标准向中标生产商收取配送费。如果把药品流通企业认定为销售商，那么应该允许药品流通企业参与医药招标，由药品流通企业与医疗机构结算药品款项。

（3）多渠道解决医疗机构拖欠药品流通企业药品款项问题。医疗机构拖欠药品流通企业药品款，既有医疗机构自

身的原因，也有财政资金补偿不到位的问题。因此，需要在制度设计上、财政资金支持上多渠道解决。一是要根据当前药品流通企业与医疗机构的地位差异，加快建立药品款第三方支付制度，药品流通企业向医疗机构配送药品后，按照合同确定的时间向第三方机构结算药品款，由第三方支付机构向医疗机构催要药品款。二是要确保财政补偿资金到位。各级财政要千方百计筹措资金，按照预算及时足额向医疗机构拨付补偿资金，保障医疗机构正常运行和医务工作人员收入水平。三是加大财政转移支付力度，防止因财政紧张导致补偿资金不到位的现象发生。

（4）改善零售药店经营环境。在推进零售药店整合重组，加快零售药店连锁化经营的同时，要积极为零售药店创造良好的外部经营环境。一是要简化连锁经营企业连锁门店医保准入程序，降低准入门槛；二是对药品连锁经营企业兼并重组其他药品零售企业（门店），简化 GSP 认证程序，在兼并重组过程中允许被兼并门店继续营业；三是要推动在医院纸质处方上直接打印“本处方可外配”字样，简化纸质处方须到医院办公室盖章才能外流手续，鼓励患者持处方到药店购药；四是推进医院电子处方在一定区域内，与医保、零售药店联网试点；五是要调整医院与零售药店医保报销政策，使药店报销比例与医院药房报销比例一致，促进医院药房与零售药店平等竞争；六是要适当降低零售药店税率，降低零售药店税负负担，给零售药店提供良好的发展环境。

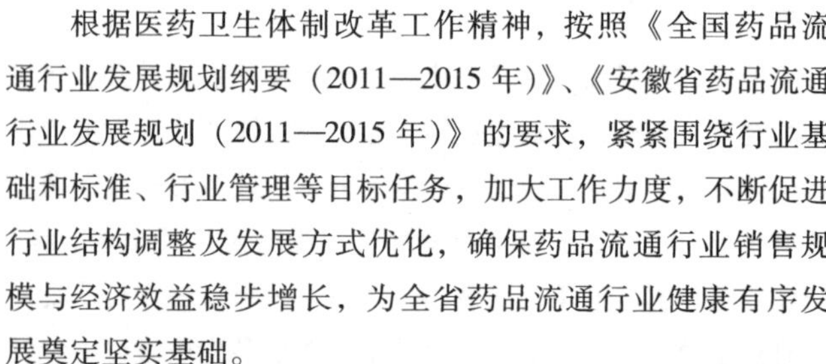

安徽省药品流通行业管理工作情况

根据医药卫生体制改革工作精神，按照《全国药品流通行业发展规划纲要（2011—2015 年）》、《安徽省药品流通行业发展规划（2011—2015 年）》的要求，紧紧围绕行业基础和标准、行业管理等目标任务，加大工作力度，不断促进行业结构调整及发展方式优化，确保药品流通行业销售规模与经济效益稳步增长，为全省药品流通行业健康有序发展奠定坚实基础。

一、基本情况

2013 年，安徽省药品流通行业整体竞争力显著增强，行业集中度和连锁覆盖率有所提升，骨干企业品牌效应进一步扩大，流通效率不断提高，市场秩序有所好转，供应网络基本覆盖城乡，居民购药便利化程度进一步提升。

（一）市场规模增速趋稳

随着安徽省人口持续增长，为药品流通市场规模增长带来了稳定的市场环境，加之安徽省对城镇居民和新农合参保者提高了补助标准，扩大了对这部分经济支付弱势人群的医疗保障程度，成为药品使用“增长点”。同时由于医保对医药卫生支出的控制政策，基层医疗机构用药规模的增幅也逐步趋于稳定，药品终端销售将处于平稳增长的阶段。2013 年药品市场规模总体呈增长态势，同比增长 7.04%。

（二）各项指标任务进展顺利

1. 企业培育指标任务

2013 年全省批发企业销售额超过百亿的有 1 家，销售额超过 10 亿元的有 12 家，销售额过亿元的有 154 家，同比增长 10%；在全国前 100 名药品批发企业中安徽药企有 3 家，比 2012 年增加 1 家，分别是安徽省医药（集团）股份有限公司、合肥康丽药业有限责任公司、合肥迪迈医药有限公司，其年销售额分别为 22.5 亿元、13.5 亿元和 10.05 亿元，排序第 44、76、98 位；2013 年安徽丰原大药房连锁有限公司以年销售额 2.55 亿元，成为安徽省唯一跻身全国前 100 名的零售企业，排名第 63 位。

2. 网点布局目标任务

2013 年全省共有药品批发企业 579 家（其中年销售额 5 000万元以上的 225 家），较上年均减少 30 家（其中年销售额 5 000 万元以上的新增 8 家）；药品零售企业 11 523 家，其中，零售连锁企业 94 家，零售单体药店 11 429 家，零售药店门店总数达 13 029 家。批发企业规模集聚度较好，零售企业连锁率进一步提升。

3. 市场建设目标任务

引导和扶持骨干企业建设，发挥专业市场引领示范效应。加快建设太和华源药品集中交易市场，以电子商务为特色的新型交易模式初步建立，药品交易市场辐射能力增强。加大亳州中药材交易市场建设力度，以中药材流通追溯体系建设为主要特征的市场建设有序推进。同时，进一步规范药品经营秩序。以商务部“五项标准”颁布实施为契机，正面引导企业规范管理、诚信经营；充分发挥行业协会的监督作用，建立起违规惩戒和退出机制，规范市场秩序，促进行业自律。通过开展专项整治、加强检验检测等集中活动，一批药品批发企业无证、挂靠经营现象得到纠正，少数药品零售企业出租、出借柜台行为得到纠正，个别违法违规经营行为受到严厉查处。

二、主要做法

围绕专项规划目标任务，以服务企业、服务群众、服务基层为主线，以定职责、抓基础、立规章、建机制为原则，明确行业管理职能，落实基础性工作，建立健全工作机制，采取有效措施，促进行业管理健康有序发展。

（一）积极履行药品流通行业管理职责

省商务厅作为药品流通行业的主管部门，认真履行职责，稳步实施药品流通行业发展规划，推动现代药品流通方式的发展，促进药品流通行业信用体系建设。联合相关部门制定、完善药品流通行业管理制度和行为规范，配合省食品药品监督管理局打击药品经营违法违规行为；完善投诉举报的受理、处理、移送和反馈机制；利用积极推荐安徽中医学院为安徽药品流通行业人才培训基地，申请政策支持为药品流通行业人才培训基地配发相应办公设备，指导行业协会实行行业自律和开展行业培训工作，今年年初共有6家企业6名工作人员参加了全国药品流通统计培训班。

（二）认真落实药品流通行业统计制度

认真指导全省14家药品流通企业参与全国药品流通行业直报工作；鼓励各市对本辖区内规模以上的药品企业进行企业直报申请，截至2013年共计有16家规模以上药品企业符合要求并由省商务厅统一报送商务部。各药品流通企业安排专人承担网上直报，严格执行国家《统计法》等规定，客观、真实、及时填报药品流通数据。

（三）切实加大信用体系建设

将药品流通行业纳入商务信用建设范围，加大诚信宣传教育力度。开展“诚信经营”示范创建活动，按照遵纪守法、诚实守信、制度健全、诚恳规范服务、履行社会责任、自觉接受监督等六个方面的创建要求，树立一批诚实守信经营示范企业。

（四）有效提升中药材市场流通水平

依托亳州药材交易市场资源，加强对亳州市开展中药材流通追溯试点工作指导，切实发挥试点效应，以试点建设带动中药材流通行业建设和发展。支持亳州市开展亳州现代中药产业发展研讨会，并加大政策扶持力度，根据亳州市实际情况开展对中药材商品交易所筹建工作。

三、取得成效

（一）市场规模不断扩大

2013年，企业销售总额918亿元，同比增长4.3%，占全国销售总额的7.04%，居全国第6位；其中，批发企业销售总额858.18亿元，同比增长3.4%，占全省销售总额的93.4%；零售、居民、医疗终端等销售额59.9亿元，同比增长1.86%，占全省销售总额的6.6%。

（二）电子商务初具雏形

截至2013年年底，全省拥有15家互联网药品交易服务资格，其中，5家企业采用B2B交易，3家企业拥有B2C交易资格。药品交易从传统方式积极向电子商务转变，呈现整体推进、初步发展态势。

（三）骨干企业实力增强

2013年，全省批发企业销售额超过10亿元的有13家，销售额过亿元的有154家，销售前10位的批发企业占全省药品批发销售总额的36.1%。

（四）专业市场独具特色

安徽省太和华源药品集中交易市场和亳州中药材交易市场，2013年销售额分别达到126亿元、220亿元。太和、亳州两地继续做好会展服务，每年一度的中国华药会暨安徽华源医药药品流通峰会、国际（亳州）中医药博览会暨全国（亳州）中药材交易会影响力日益提升。

四、存在的困难和问题

由于受历史遗留的体制、行业规划缺乏约束力等因素制约，全省药品流通行业发展存在的问题比较明显。一是行业集中度仍然不高。流通企业“多、小、散”问题突出，全省药品批发企业数量较多，普遍规模不大，销售额5 000万元以下的企业比重仍高居不下；连锁门店数占零售门店总数的12.28%，较往年略有提升，但零售连锁发展速度较慢，前10家的连锁企业销售额只占全省零售总额的4.1%。二是行业布局不够合理。药品流通企业主要集中在地级以上城市，中小企业产品同质化、定位趋同化、经营传统化问题突出；零售网点布局不完善，农村及偏远地区药品零售网点数量偏低。三是行业物流发展滞后。除少数规模较大的企业建有或正在建设现代药品物流中心，其他药品流通企业长期以来对药品物流仓储等基础设施的投入严重不足，流通效率较低，难以适应电子商务、网上销售、物流配送等现代流通方式的需要。

五、行业发展趋势

一是行业集中化将一往直前。政策叠加效应、市场导向驱动的双重作用，一方面，推动了药品流通企业之间的上下游整合，完善产业链，提高资源配置效率。另一方面，同类企业强强联合、优势企业兼并其他企业，促进资源向优势企业集中，实现规模化、集约化经营，提高行业集中度，形成一批具有国际竞争力和对行业发展有较强带动作用的大型企业集团。

二是行业扁平化将不可阻挡。随着医改不断深入，以压缩流通环节、减少中间商、降低药品价格为主要特征的"安徽模式"医改路线图将逐渐明晰。医改的目标，就是鼓励有资质的药品流通企业参与有序竞争，使药品流通环节更简单、流通成本更低且可控，让制造商、消费者都能从中受惠。最终，药品流通行业实现集中化和扁平化。

三是行业信息化将日新月异。随着国家信息化迅猛发展，药品流通行业通过有效的信息系统管理，实现药品采购、配送、使用等智能化、信息化，将药品物流服务延伸至客户端。此外，药品交易采取渠道虚拟化和电子商务应用，改变传统的医药贸易模式，节省人、财、物力，节约时间，降低药品流通成本，大大提高资金运转效率。

六、有关建议

全国医药卫生体制改革的逐步深入，以及新版 GSP 认证逐入推进，对药品流通行业的发展提出了更高的要求。安徽省作为医改的先行者，必须认清形势，努力把握机遇，积极迎接挑战，加快结构调整，转变发展方式，实现科学发展。

（一）优化行业整体布局

按照网点设置基本规律和便民利民、方便购药、有序发展的原则，指导全省各地优化网点布局，完善药品供应体系。适应城市化进程加快的需求，在新建城区、社区卫生医疗机构、服务中心设置零售药店。保障农村和偏远地区的药品供应。确保药品零售供应保障体系覆盖到每个城市社区、农村乡镇和行政村。

（二）引导行业整合重组

充分发挥市场机制作用，引导骨干企业做大做强。鼓励有实力的批发企业通过自营、并购和联盟等形式延伸产业链，加强对零售终端的整合，发展零售连锁经营业务。推动企业之间合资合作，积极借鉴引进企业的物流技术、管理经验和营销方式，提高全省行业发展水平。

（三）提高行业运营效率

鼓励大型药品连锁企业加大布局力度，进一步拓展网络，树立统一品牌，提升服务水平，提高物流效率，推动连锁经营的规范发展，提高连锁企业的市场占有率。加快现代医药物流进程。鼓励社会物流企业按照医药物流标准，加大投入力度，承担药品物流配送任务。

福建省药品流通行业管理工作情况

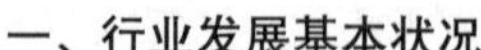

一、行业发展基本状况

（一）行业规模进一步扩大

截至 2013 年年底，福建省药品流通企业 9 271 家。其中药品批发企业 478 家；药品零售企业 8 793 家，其中药品零售连锁企业 72 家，零售药店门店 8 721 家，其中零售单体门店 7 163 家，零售连锁企业下辖门店 1 558 家，医保定点零售门店 3 222 家。

2013 年医药商业购销稳步增长，市场需求活跃。全省七大类医药商品购进总额 2 341 805.301 万元，比上年同期增长 15.629%，增幅比上年回落 3.304 个百分点；销售总值达到 2 477 366.029 万元，比上年同期增长 16.542%，增幅比上年回落 3.711 个百分点。

2013 年全省药品流通直报企业主营业务收入为 2 058 043.6万元，同比增长 18.703%；实现利润总额 48 743.8万元，同比增长 55.349%（2013 年全省新增 3 家直报企业，扣除 3 家数据，全省主营业务收入 1 771 296 万元，同比增长 2.16%；实现利润总额 372 861.00 万元，同比增长 18.80%），平均毛利率 5.469%.

（二）行业结构分析

按销售类别分类：2013 年，药品类销售占主导地位，在七大类医药商品销售中，药品类占销售总额的 84.035%；其次为中成药类，占 8.532%；中药材类占 3.018%，玻璃仪器类占 0.0002%，医疗器械类占 1.770%，化学试剂类占 0.215%，其他类占 2.429%。

按销售对象分类：2013 年，对批发企业销售额为 857 033.1万元，占销售总额的 34.59%；纯销（包含对医疗终端、零售终端和居民的零售）1 620 332.9 万元，占销售总额的 65.41%。

（三）行业贡献度分析

行业整体经营效益有所提高。2013 年全省药品流通行业资产总计 989 751.9 万元，主营业务收入 2 058 043.6 万元，实现主营业务利润 129 661.4 万元，营业利润 44 118.7 万元，利润总额 48 743.8 万元。

二、存在的问题

（1）医疗机构拖欠药品批发企业货款问题仍然突出。药品批发企业对公立医院机构的平均应收账款周转时间在三个月以上，医疗机构挤占了批发企业流动资金，不仅导致依靠银行贷款采购药品的批发企业承担着沉重的财务费用负担，而且影响了整体药品流通行业现金流通状况。同时，生产企业又要求批发企业用现金支出，造成两头被挤，严重制约了流通效率的进一步提高。

（2）行业集中度仍不高，企业经营规模偏小。药品流通企业“多、小、散”的现状仍未改变。

（3）专业人才偏缺，经营管理水平不高。当前，福建省药品流通企业专业人才偏缺，经营管理水平不高，信息化管理水平不高，管理规范化程度不高。

（4）企业总体效益偏低。由于行业竞争激烈，经营成本上升，药品流通企业整体经营效益不高。

（5）行业管理体制有待完善。商务主管部门在药品流通行业管理方面缺乏具体、可操作性的措施和办法，行业管理工作存在一定的困难。

三、行业趋势预测

（一）趋势预测

“十二五”时期是福建省药品流通体制改革、结构调整、行业升级和转变流通方式的攻坚时期。在宏观经济平稳增长的环境下，随着国家医改推进和行业管理各项政策及标准及福建省人民政府《关于加快医药产业发展十二条措施的通知》出台，药品流通行业必将加快转型发展。

（二）主要依据及影响因素分析

在党的十八大提出的加快经济社会综合改革的大形势下，国家将加快推进药品流通领域改革的步伐，与药品流通相关的多环节包括药品价格形成、采购机制、行业准入等都将会进一步改革，从而逐步建立竞争有序、经营规范、价格合理、服务高效的药品流通新秩序。

（1）并购重组仍是医药行业变革与发展的亮点，行业资源将进一步向优势企业集中；

（2）建立统一开放、竞争有序的现代药品流通体系是未来行业发展的新格局；

（3）医改新政进一步拓展医药市场的发展空间；

（4）行业现代化水平将进一步提升；

（5）行业服务模式与服务功能将不断创新升级。

四、促进行业发展的主要对策及政策建议

福建省人民政府 2013 年 3 月出台了《关于加快医药产业发展十二条措施的通知》，主要措施有：

（一）鼓励企业兼并重组

引导医药行业龙头企业、优势企业围绕产业链延伸拓展开展跨地区、跨行业、跨所有制的兼并重组，落实鼓励企业兼并重组的财政、税收、金融和土地等优惠政策，各级政府按照“一事一议”、“一企一策”制定相应扶持措施。

（二）完善医药流通体系建设

加强药品流通行业规划，引导大中型骨干药品流通企业向城市居民社区和农村村镇延伸药品销售与配送网络；支持有条件的药品生产经营企业以现代物流为支撑，向药品经营企业和医疗机构提供专业化的药品仓储与配送，开展第三方医药物流试点；支持医药电子商务平台建设，对网上销售年成交额首次突破 1 亿元的医药企业（通过网上支付工具结算金额），将给予一次性不超过 100 万元的扶持。推进医药电子商务与物流、支付、信用、融资等商务要素的集成和创新，引导医药电子商务企业与物流企业、金融机构等加强合作；鼓励支持药品零售连锁经营发展，支持执业药师远程在线审方模式；试行零售药店分级管理，引导零售药店提档升级，推进零售药店“四证合一”改革。

（三）加大医药企业融资支持力度

推动金融机构提供各种金融产品和金融服务，加大对符合条件的医药企业贷款支持力度。拓宽直接融资渠道，优先支持医药龙头企业上市融资，支持医药龙头企业通过发行企业债券、公司债券、短期融资券、中期票据等形式筹措发展资金。

（四）支持医药企业开拓市场

对本省行业协会组织医药企业参加境内外知名专业展会，促销成效显著的，将给予参展费用的补助。

药品流通行业管理是国务院在新时期赋予商务主管部门的一项重要职能。福建省商务厅在与商务部相关司局建立紧密工作联系的基础上，将积极与省食品药品监管、卫生、物价、社会保障、工商等相关部门建立相互联系、密切配合的工作机制，明确各自的职责分工，力争形成药品流通行业管理的工作合力。

江西省药品流通行业管理工作情况

江西省商务厅副巡视员　何旭明

药品流通行业作为医药发展的重要环节和关键领域，是连接生产企业和终端消费市场不可或缺的重要体系，是关系国计民生的战略性产业。加快发展药品流通行业，对于江西省全面贯彻落实十八大精神，切实保障民生，培育和促进药品流通行业发展具有重要而深远的意义。

一、2013 年开展的主要工作

2013 年，省商务厅紧紧围绕中药材流通追溯体系建设、搞好服务、参与医改工作、提升专业化水平和加强人才培训等方面开展工作。

（一）积极引导，推动医药物流延伸服务

药品流通行业一头连着药品生产企业，一头连着医疗机构和患者，是整个药品供应链体系中的关键环节。发展医药物流专业服务，向上下游拓宽服务范围，建设药品供应链体系，是发展现代医药物流的重要内容。医改实施阶段是药品流通行业面临加快转变发展方式，由传统商业向现代服务业转变，建立并主导医药产业供应链的重大机遇期。省商务厅积极引导企业探索医药分开的各种途径，推动流通企业向医院延伸服务。江西汇仁集团医药科研营销有限公司积极探索新的医药纯销模式，从南昌县人民医院开始，与全省 3 家二级医院签订了集中配送协议，实现销售额 1.7 亿元，同比增长 17% 。

（二）加强协调，推进中药材流通追溯体系建设工作

为加大樟树中药材专业市场流通信息化建设，建立中药材流通可追溯体系，充分发挥樟树块状经济集群效应的作用，重塑樟树中药材品牌，形成规模效益，省商务厅积极与食药监、卫生、财政、工信、林业等部门建立了和谐的沟通协调和合作机制，并与上述部门一起联合加强推进中药材流通追溯体系建设工作。一是建立了中药材流通追溯体系建设推进小组。成立了以商务、食药监、卫生、财政、工信等部门为小组成员的中药材流通追溯体系建设推进小组，明确了小组成员的各自职责和任务分工，并召开了小组成员的会议。二是制定了《江西省中药材流通追溯体系建设试点项目实施管理办法》。联合省财政厅制定印发了《江西省中药材流通追溯体系建设试点项目实施管理办法》，明确了全省中药材流通追溯体系建设的总体思路、具体目标、建设内容、采用的技术模式、项目实施安排、资金安排和预期成效等。实现中药材各环节交易凭证的电子化，整体提升江西省中药材种植、初加工和检测水平，提高经营者、市场开办者的责任意识和中药材安全保障能力，不断规范中药产品秩序，确保中药材市场销售质量，体现中药材追溯为广大人民群众健康服务的理念。

（三）主动配合，做好医药卫生体制改革有关工作

2012 年省商务厅列入省医改领导小组成员单位，根据省深化医药卫生体制改革领导小组的工作要求，结合商务部门的工作职能，商务厅积极参与医改领导小组的各项工作，并提出医改合理化建议，积极配合省直相关部门做好江西省医药卫生体制改革和基本药物招标工作，引导药品流通企业做好配送工作。

（四）夯实基础，建立药品流通人才培训机制

2013 年，江西省商务学校按照商务部的要求，结合江西药品流通企业的人才需求，研究制订了培训计划，今后将有针对性地开展职业经理人、药学技术服务人员、药店经理等相关人员的培训工作，逐步提升全行业整体素质，提高企业经营管理和服务水平。

（五）强化职责，落实药品流通行业统计制度

按照商务部统一部署要求，认真落实行业统计制度，开展药品工业统计工作，组织省内 13 家直报企业和各县区市商务主管部门认真完成行业统计数据报送工作。积极开展重点中药材流通品种摸底调查，了解中药材重点品种流通分布及全省中药材市场交易情况，按照商务部要求积极开展中药材重点品种统计工作。积极组织药品流通企业学习商务部发布的五个行业标准，不断规范行业管理，提升行业整体服务水平和能力。

二、取得的成效和工作中的几点体会

据初步统计，截至 2013 年年底，全省药品批发、零售

企业有8 348家，全年销售总额达230亿元左右，从业人员达3万余人。其中，取得《药品经营质量管理规范》（GSP）证书和批发经营许可证的企业221家，药品零售企业8 127家。

2013年，江西省药品流通行业管理工作通过努力取得了一定成绩，主要体现在三个方面：

（一）农村连锁药店得到发展

从2011年起，江西省在内贸专项资金中安排122万元专项经费，用于引导、鼓励大型药品流通企业拓展业务，发展农村连锁药店，对药品零售连锁企业年度内在农村每开设一家连锁药店给予药品零售连锁企业100 00元补助。目前共扶持药品零售连锁企业20家，发展农村连锁药店共137家，缓解了农村老百姓“买药难”的问题。

（二）“院店合作”模式初步形成

鼓励连锁药店承接基层医疗机构药房服务和其他专业服务的职能。鹰潭市医药公司承接了余江县的所有医院的药房，并吸纳了药房的工作人员；江西汇仁集团医药科研营销有限公司在南昌县、安义县人民医院已经推行了医药物流延伸服务工作，为全省医药分开奠定了基础。

（三）中药材流通追溯体系建设试点工作稳步推进

江西省樟树市是历史悠久的中药材集散地，全国三大药都之一，每年10月举办全国药品药材交易会，每届交易额约30亿元，目前已连续举办44届交易会。为重塑樟树中药材品牌，把药都樟树真正打造成全国一流的中药材批发市场，在商务部的大力支持和指导下，省商务厅会同樟树市政府完善配套政策，提供配套资金，积极开展中药材流通追溯体系建设试点工作。

经过近几年工作实践，商务主管部门深刻体会到药品流通行业管理工作点多面广，要做好此项工作，需做到“三个必须”：

（1）必须加强部门间的协调与沟通。药品流通行业管理工作涉及多个职能部门，省商务厅着力加强与食品药品监管部门、卫生、财政、人保等部门的协调与沟通，建立了部门联系机制，联合召开了全省药品流通行业管理工作会议，形成了相互支持、合力推进的工作局面。

（2）必须树立服务意识，培养高素质的服务队伍。为进一步掌握药品流通行业管理工作要求、明确行业特点、熟悉工作程序，省商务厅定期举办药品流通行业管理培训班、以会代训培训班和药品流通统计培训活动。在培训会上讲解医改和药品流通行业管理的相关政策，药品流通行业管理职能调整情况及商务主管部门在药品流通行业管理中承担的主要职能，切实有效提高干部队伍管理素质和水平。

（3）必须深入实践调查，夯实工作基础。针对药品市场、消费结构和企业发展的情况，省商务厅定期深入企业，有针对性地组织医改对全省药品流通企业影响、药品企业现代化物流建设、零售企业经营现状和对策调研等专题开展调研。2013年商务厅围绕医药分开、医药流通对当地经济发展的作用等专题开展调研，形成了有针对性的调研成果，有效地指导了工作。

三、2014年的工作目标与思路

2014年，江西省的工作目标是：贯彻落实党的“十八大”精神，全面贯彻行业发展“十二五”规划纲要，以新版药品GSP发布为契机，指导和督促各设区市商务主管部门进一步完善医药流通行业工作体系，丰富管理手段，加快构建药品流通新格局，努力开创行业管理新局面。为实现上述目标，2014年全省拟围绕以下三点开展工作。

（一）发展现代物流配送，提高药品流通效率

积极采用先进信息技术和新型管理方法，优化业务流程，提高管理水平。发展基于信息化的新型电子支付和电子结算方式，降低交易成本。构建全省药品数据、电子监管等信息平台，引导产业发展，实现药品从生产、流通到使用全过程的信息共享和反馈追溯体系。引导有实力的企业延伸现代医药物流服务网络，为医疗机构提供各种专业化配送服务。

（二）调整行业结构，增强为民服务能力

鼓励药品流通企业通过收购、合并、托管、参股和控股等多种方式做大做强，推动大型配送企业和连锁经营企业发展，实现跨区域经营。整合现有药品流通资源，引导缺乏竞争力的中小企业通过市场化途径并入大型药品流通企业，采取联购分销、共同配送等方式，降低经营成本，提高组织化、集约化程度，有序推进药品流通企业改革，保障药品供应和质量。

（三）通力合作，做好中药材流通追溯体系建设工作

江西省是中药材流通大省。为进一步做好中药材流通追溯体系及建设工作，省商务厅将加强与有关单位的积极合作，以江西产业链为基础，建立江西省中药材种植、生产、加工和销售等环节的流通追溯体系，真正实现中药流通“来源可知、去向可追、质量可查、责任可究”的工作目标。

山东省药品流通行业管理工作情况

一、2013 年山东省药品流通行业发展概况

（一）发展概述

2013 年，在省级主管部门鼓励兼并重组，大力支持企业转变盈利方式、发展方向的政策推动下，山东省药品流通行业呈现集中度不断提升的发展趋势，行业整体流通效率有所提升。药品流通企业积极探索转型发展，创新业务和服务模式，扩展配送范围，服务的广度和深度有所延伸。山东省药品流通行业整体发展平稳，但是同时行业微利化运行趋势明显，企业生存质量和行业地位有待提升。

（二）整体运行情况

1. 销售规模稳步增长

2013 年全省药品流通行业销售总额 675.2 亿元，同比增长 27.0%，其中中药零售市场 54.6 亿元，同比增长 20.6%。全省药品流通直报企业主管业务收入为 449.6 亿元，同比增长 11.9%，增幅回落 6.7 个百分点；实现利润总额 7.0 亿元，同比增长 33.9%，增幅提高 9.3 个百分点；毛利率 7.1%，同比下降 1.2 个百分点；利润率 1.6%，同比上升 0.3 个百分点。

2. 销售结构仍以药品类为主

按销售品类分析，在七大类医药商品中，药品类（包括化学原料药及其制剂、抗生素、生化药品、放射性药品、血清、疫苗、血液制品和诊断药品等）销售仍占主体地位，占销售总额的 78.55%；其次为中成药类，占 16.26%；中药材类占 1.58%；医疗器械类占 2.21%；化学试剂类占 0.05%；玻璃仪器类占 0.03%；其他类占 1.32%。

按销售对象分类，2013 年批发企业销售额为 264.0 亿元，占销售总额的 39.1%，比上年下降 1.3 个百分点；纯销（包含对医疗终端、零售终端和居民的销售）为 410.2 亿元，占销售总额的 60.7%，比上年上升 1.2 个百分点。

3. 国家基本药物销售略有下降

2013 年山东省参与国家基本药物配送的药品直报企业国家基本药物配送总额为 44.8 亿元，同比下降 4.0%。

4. 农村用药需求进一步增加

2013 年全省七大类医药商品销售中，对农村销售额为 48 亿元，比上年同期增长 7.7%。

5. 配送机构仍以自由配送中心为主，物流费用有所降低

2013 年，山东省药品批发直报企业商业配送总额为 447.2 亿元。其中，自有配送中心配送金额占 87.2%，非自有配送中心配送金额占 12.8%，自有配送中心配送金额占比同比下降 2.3 个百分点。药品批发直报企业物流费用为 3.5 亿元，其中，自主配送物流费用占 90.9%，委托配送物流费用占 9.1%，自主配送物流费用同比下降 0.3 个百分点。

6. 物流建设和信息化建设投入提升

2013 年山东省药品流通企业自有配送中心数量为 80 个，同比增长 9.6%，信息系统建设投入较上年增长 43.8%，增幅上升 0.6 个百分点。

7. 药品零售企业情况

2013 年，山东省销售总额超过 1 亿元的零售连锁企业共 5 家，分别是济南漱玉平民大药房有限公司、山东燕喜堂医药连锁有限公司、山东立健医药城连锁有限公司、山东利民大药房连锁有限公司、济宁新华鲁抗大药房有限公司，5 家企业销售额约占全省零售企业销售总额的 10%。

截至 2013 年年底，全省共有 19 家直报零售企业及批零兼营企业，连锁企业门店总数为 2 407 个，同比增长 20.0%，连锁企业直营店 2 097 个，同比增长 24.2%，其中医保定点门店数 1 423 个，同比增长 12.0%。连锁企业年销售总额达 31.5 亿元，同比增长 36.7%，其中医院处方销售额 3.5 亿元，同比增长 28.9%，非处方药销售额 17.5 亿元，同比增长 47.9%，保健食品销售额 2.5 亿元，同比下降 0.7%。

2013 年山东省医药零售企业进入全国零售企业销售额 100 强的企业有 4 家，他们是第 15 位的济南漱玉平民大药房有限公司、第 30 位的山东燕喜堂医药连锁有限公司、第 39 位的山东立健医药城连锁有限公司、第 56 位的山东利民大药房连锁有限公司。

8. 药品批发企业情况

2013 年，山东省主营业务收入额超过 20 亿元的药品批发企业有 8 家，分别是山东海王银河医药有限公司、山东瑞康医药股份有限公司、国药控股山东有限公司、华润山东医药有限公司、山东九州通医药有限公司、山东瑞中医药有限公司、罗欣医药集团有限公司和山东省医药集团有限公司，8 家企业销售总额占全省同期市场总规模的 50%。

2013 年山东省医药流通企业进入全国药品批发企业主营业务收入前 100 强的有 9 家企业，他们是第 17 位的山东海王银河医药有限公司、第 18 位的山东瑞康医药股份有限公司、第 43 位的山东中瑞医药有限公司、第 46 位的罗欣医药集团有限公司、第 47 位的山东省医药集团有限公司、第 62 位的青岛百洋医药科技有限公司、第 70 位的山东康诺盛世医药有限公司、第 82 位的山东康惠医药有限公司、第 92 位的山东新华医贸有限公司。

二、药品流通行业发展特点

（一）规模稳步提升，但行业集中度仍然较低

山东省现有药品批发企业 800 余家，2013 年全省销售额过 50 亿元的仅 2 家，过 20 亿元的仅 8 家，过 10 亿元的企业仅 13 家，中小型企业数量过多、规模普遍过小，行业集中度十分低下，企业普遍缺乏规模效应，不能有效合理地配置资源，相互之间竞争激烈，很多中小型批发企业已经处于亏损状态。同时，行业集中度过低加剧了市场秩序的不规范性。

（二）现代物流意识有所提高，自动化水平缓慢提升

山东省药品流通企业总体停留在传统配送经营阶段，现代物流和信息化管理水平滞后，自动化水平较低，大部分中小型医药批发企业采用的是仓库、车辆和人员的堆积，实行以人工为主的商品储运。随着新版 GSP 标准的实施以及行业管理的规范，企业发展现代医药物流的意识已有所提升，企业通过改造升级、兼并新建等方式加强物流现代化和信息化建设。2013 年，山东海王银河医药有限公司在原有奥地利 KNAPP 药品分拣设备基础上又投资 1 000 余万元进行升级改造，山东瑞康、山东宏济堂（正与上海医药股份公司合作）等均投入资金用于升级改造仓储物流设施，整体水平有所提升。

（三）行业低盈利能力特点依然持续

受流通体制和行业政策影响，药品流通环节盈利空间紧缩，企业盈利能力普遍偏低。一是企业面临药品降价压力。2013 年国家发改委两次大规模降价，涉及消化类、抗肿瘤类、免疫和血液制品等高毛利品种，平均降价幅度在 17% 左右。二是现有药品招标政策使商业企业利润进一步压缩。商业企业承担中标产品配送，通常需预付货款，甚至交纳保证金，占用流转资金。而且企业为争取配送权，需维护厂商关系，接受厂家制定的额外品种销售任务等苛刻条件，增加额外资金压力。三是随着新一轮基药招标和县级医院常用药品目录招标的实施，药品价格进一步被压缩，企业盈利空间越来越小。

（四）药品流通服务模式取得突破

面对医药分开、公立医院改革、基层医疗崛起、市场营销扁平化等行业新趋势，全省全行业进一步发挥业态创新、技术创新优势，推进供应链管理应用，不断创新服务模式，多元化服务趋势日益展现。山东海王银河医药有限公司与威海市立医院等合作的院内物流系统和自动化药房改造项目，以及华润山东医药有限公司与山东省千佛山医院合作的医院物流智能一体化项目均入选了商务部第一批医药物流服务延伸示范项目名单。

（五）药品零售市场发展缓慢，连锁率较低

山东省药品零售市场呈现缓慢增长趋势，2013 年全省销售过亿元的零售连锁企业仅有 4 家。阻碍发展的主要原因：一是来源于医疗机构的处方限制和医保定点药店少的局面仍未改善；二是医保覆盖面扩大、报销比例提高，更多的人到医院就诊开药，零售药店客流减少；三是一些地方对药店多元化经营限制较大。此外，零售药店还面临房租、人力、物流等经营成本快速上涨的压力。

三、2014 年发展趋势预测

（一）行业结构将得到进一步调整

2014 年，山东省加快推进药品流通领域的改革步伐。随着新修订的《药品经营质量管理规范》于 2013 年 6 月份开始实施，企业信息管理、药品购销流程管理和仓储温湿度管理、票据管理、冷链管理和药品运输环节监管等标准都将得到提升，一系列软硬件要求相应提高，行业准入门槛进一步提高，2014 年行业结构调整将加快，企业兼并重组行为进一步增多，行业集中度进一步得到提升。

（二）药品流通市场保持平稳发展态势

随着全民医保体系制度框架基本建成以及基本药物制度和基层医疗机构运行新机制的完善、城乡基层医疗卫生服务体系进一步健全、基本公共卫生服务均等化水平明显提高和公立医院改革试点有序推进，药品市场需求将继续扩大，药品流通行业仍将保持增长。但是由于国内经济总体放缓，药品价格持续下降，药品流通企业经营成本不断攀升，市场增速将趋缓。

（三）行业服务模式加快向服务型转变

随着新医改配套措施的贯彻落实和市场竞争的加剧，行业毛利率会进一步受到挤压，传统的商业购销模式面临巨大挑战。2014 年，山东省新一轮基本药物招标，以及县级公立医院常用药品招标开始逐步实施，部分地市已经出台措施明确了使用比例。此外，低价药目录政策也将逐步实施。这些政策的实施将进一步降低药品采购价格，是医改进步的体

现。药品批发企业将转变增长方式，创新业务与服务模式，推广信息技术在企业管理上的应用，开展供应链管理，以应对微利化带来的巨大压力。

湖北省药品流通行业管理工作情况

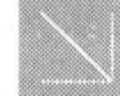

湖北省商务厅副厅长　胡道银

药品流通行业是关系社会民生的重要行业，是社会关注的热点。2013 年，湖北省药品流通行业管理围绕打基础、强服务开展工作，积极探索开展行业管理的有效途径，取得新成效。

一、取得的成效

（一）流通规模增幅趋稳

据统计，截至 2013 年年底，全省药品批发、零售企业有 15 434 家，其中取得《药品经营质量管理规范》（GSP）证书和批发经营许可证的企业 642 家，药品零售企业 14 792 家，药品流通行业管理工作取得了一定成绩。2013 年全年销售总额达 467 亿元，扣除不可比因素，药品流通行业同比增长 13.4%，复合增长率达 21.7%，整体行业的增长趋稳。九州通、同济堂、国药控股湖北、华润新龙药业等一批骨干企业带动了行业整体销售增长。

（二）大型药品流通企业主营收入增长较快

2013 年，在直报企业中主营业务收入 357 亿元，扣除不可比因素，比上年同期增长 14.2%。主营业务收入超 40 亿元的批发企业有 4 家（九州通医药集团、新龙药业集团、同济堂医药、国药控股），主营业务收入 5 亿元以上的有 12 家，前 10 位企业主营业务收入占全省的 77%。在 2013 年全国批发企业主营业务收入前 100 位排序中，湖北有 3 家企业榜上有名。九州通医药集团 2013 年主营业务收入排名第 4 位，同济堂医药 2013 年主营业务收入排名第 20 位，武汉人福 2013 年主营业务收入排名第 35 位，而国药控股湖北、华润新龙由于其集团公司参与了排名，故并未参与排序。2013 年全国零售企业销售总额前 100 名中，湖北同济堂药房有限公司、襄阳天济大药房连锁有限责任公司、武汉东明药房连锁有限公司、湖北中联大药房连锁有限公司、武汉普安医院有限公司都位于其中。

（三）行业集中度进一步提高

企业兼并重组呈现新局面，华润集团完成对新龙药业的并购，南京医药完成对湖北万家医药公司的收购，行业优势资源进一步向大型企业集中。2013 年，全省排名前 10 位的药品批发企业年销售额占全省药品批发销售总额的 56%，全省排名前 10 位的药品零店连锁企业年销售额占全省药品零售总额的 52%。

（四）创新型发展模式呈多样化

近年来，药品流通企业顺应医改新政，积极探索发展多种营销服务模式，创新信息化管理。2013 年全省药品流通直报企业中，具有第三方医药物流资质的企业有 4 家，开展物流延伸服务的企业有 3 家。湖北省九州通公司自创的耗材院内统一配送、智能化药库改造和中心药库外延三大医药物流外延服务模式，国药控股湖北公司的医药纯销模式在全国得到推广，南京医药湖北公司与协和医院、同济医院的药房托管模式正在逐步推进，扁平化、少环节、可追踪、高效率的现代流通模式正引领全省医药物流服务延伸向更高层次发展。

（五）现代医药物流建设投入继续扩大

近年来，药品流通企业不断扩大企业规模，严格按照 GSP 要求，继续加大在物流建设上的投入，加快发展现代物流和第三方物流业务。一些最新物联网技术和高位货架、PTL（Picking to light，电子标签拣货系统）、自动分拣系统、自动立体仓库、电子订货系统、红外线遥感温控系统等高科技产品得到广泛应用。九州通、国控湖北公司等一批高水平的现代化医药物流基地相继落成和投入使用，极大地提升了湖北省医药物流能力和配送服务水平。据统计，湖北省直报企业自有配送中心数量同比增长 7.4%，自有配送中心仓储面积同比增长 8.6%。

（六）电子商务发展迅速

截至 2013 年年底，湖北省具有互联网药品交易服务资格的企业有 4 家，其中 B2C（向个人消费者提供服务）3 家，B2B（向其他企业提供交易）1 家。2013 年电子商务销售 17.5 亿元，其中 B2B 销售 12 亿元，B2C 销售 5.5 亿元。

（七）社会作用不断增强

2013 年，全省药品流通行业从业人员约 13 万人，各类药店提供销售及服务约 35 亿人次，在方便群众购药、平抑药品价格等方面发挥了重要作用。药品流通骨干企业成为药品储备和应急配送主体，确保了“H7N9”等重大疫情的药品供应。药品流通行业对相关产业发展的带动性增强，在国民经济中的地位日益显现，为维护社会稳定和人民群众利益做出了积极贡献。

二、主要工作

（一）扎实做好制度机制建设，夯实管理基础

一是建立药品流通行业管理工作联系机制。省商务厅与省食品药品监督管理局相互支持、数据共享；与省医改办、省卫计委加强沟通，建立了日常联系机制；与省医药行业、医药商业协会建立了工作互动机制，依托协会组织培训近 600 人；与企业建立服务机制，定期听取企业诉求，积极帮助他们寻找解决困难的思路和办法，进一步做好服务工作。

二是建立药品流通行业管理统计制度。统计工作是药品流通行业管理的基础。全省把药品流通统计工作作为一项重点工作来抓，建立了药品流通统计制度和工作协调机制，强化统计职能。省、市商务部门及企业均成立了统计工作专班，指定专人负责信息统计工作。多次召开会议，对工作进行统一部署、统一协调，收到了良好效果。2013 年，湖北省组织了全省药品流通行业统计工作培训班，专门邀请中国医药商业协会专家授课，各管理单位负责人及企业代表 100 余人参加培训。

三是建立绩效考核机制。省商务厅对 2013 年各市州和企业信息统计工作进行总结，对报送率进行了绩效考评，并以省商务厅名义对工作成绩显著的市州和企业给予了通报表扬。

（二）认真开展调查研究，提供决策服务

为了尽快了解行业发展情况，省商务厅积极开展中药材种植企业和流通企业工作调研，认真倾听企业意见和建议，形成了湖北省中药材流通行业情况调研报告。此外还针对药品市场、消费结构和企业发展的情况，开展医改对全省药品经营企业影响、药品企业现代化物流建设、零售企业经营现状和对策、医药流通对当地经济发展的作用等专题调研，形成了专题调研成果，为领导决策提供服务。

（三）积极参与医改，正确引导企业

省商务厅积极参与本省医改和基本药物制度改革，密切关注医改实施对药品流通企业的要求和影响。面对实施医改对药品流通行业的新要求和发展新机遇，省商务厅积极引导企业探索医药分开的各种途径，推动流通企业向医院延伸服务。一方面加强与省卫计委等部门的沟通，了解全省医院“医药分开”和药品流通企业开展“医院托管”的基本情况，同时在药品流通企业中开展调研，了解零售企业承接“医药分开”的方式、条件和相关准备工作。自 2009 年开始，国控湖北公司积极探索新的医药纯销模式，从湖北省航天医院开始，与全省 34 家医疗机构签订了集中配送协议，其中三级医院 9 家，二级医院 22 家，2013 年实现销售额 48 亿元，同比增长 52%。九州通集团在全国拥有二级以上医院客户 2 000 余家，2013 年实现销售额 43 亿元，同比增长 53%。

广东省药品流通行业管理工作情况

2013 年，面对错综复杂的国内外经济形势，广东省医药产业克难奋进，医药制造业运行态势良好；药品流通市场规模稳步提高，药品销售持续增长。在经济下行压力加大的情况下，实现了平稳较快发展。

一、广东医药制造业基本情况

2013 年，广东省规模以上医药制造业生产总值 1 190.19 亿元，医药制造业工业增加值 391.77 亿元，同比增长 9.2%，实现主营业务收入 1 116.05 亿元，同比增长 17.4%，居全国第 3 位。医疗仪器设备制造业增长 9.6%。广东医药制造业资产总计在全国各省市排在第 3 位；完成固定资产投资 121.28 亿元，同比增长 32.2%，保持较高增速。

表 1　2013 年广东省医药制造业主要经济指标

（单位：亿元）

行业	工业总产值	工业增加值（现价）
医药制造业	1 190. 19	391. 77
化学药品原料药制造	81. 98	24. 66
化学药品制剂制造	427. 17	125. 12
中药饮片加工	72. 10	20. 16
中成药生产	370. 94	136. 69
兽用药品制造	50. 56	16. 39
生物药品制造	143. 52	55. 84
卫生材料及医药用品制造	43. 96	12. 91

二、广东药品流通行业发展概况

2013 年，广东药品流通行业结构调整效果逐步显现，发展方式不断优化，行业集中度和流通效率均有所提升，企业基于现代医药物流和互联网技术的创新业务取得新突破，药品储存配送集中度逐年增加，连锁经营发展势头良好。药品流通行业销售规模与经济效益稳步增长，总体呈现持续向好的发展态势。但同时存在产业区域发展不平衡、集中度有待提高的实际情况。

（一）行业规模

2013 年，全省医药产销衔接良好，规模以上医药制造业年销售产值 1 143. 40 亿元，同比增长 17. 5%，高于全省工业 5. 4 个百分点；产销率为 96. 07%。在限额以上批发和零售业商品零售额中，中西药品类增长 11. 1%。全年药品流通行业销售总额 1037. 68 亿元，居北京、上海后在全国排第 3 位。

（二）企业规模

广东药品流通企业规模不断扩大，2013 年，广东已通过 GSP 认证企业 1 071 家。截至 2012 年年底，全省共有药品批发企业 1 715 家；零售连锁企业 185 家，下辖零售连锁企业门店 13 108 家；零售单体药店 38 696 家。8 家开展第三方药品现代物流业务的药品批发企业，药品储存配送数量已占全省药品流通量的 50% 以上。广州医药有限公司实现销售总额 288 亿元，列全省第 1 位。

表 2　广东省开展第三方药品现代物流企业名单

序号	企业名称	《药品经营许可证》证号
1	国药控股广州有限公司	粤 AA0201000
2	广州医药有限公司	粤 AA0200069
3	广东九州通医药有限公司	粤 AA7600692
4	广东美康大光万特医药有限公司	粤 AA0200368
5	广州市清平医药物流有限公司	粤 AA0201664
6	广州中山医医药有限公司	粤 AA0200685
7	汕头市创美药业有限公司	粤 AA7540177
8	广东振东泰捷医药物流有限公司	粤 AA7690039

（三）效益情况

2013 年，广东医药制造业规模以上企业全年实现利润总额 139. 8 亿元，同比增长 9. 3%，实现税金 60. 0 亿元，同比增长 10. 3%。根据行业不完全统计，2013 年，广东省 28 家药品流通直报企业主营业务收入约 620 亿元，实现主营业务利润约 50 亿元，利润总额约 11. 5 亿元。

（四）销售品类

广东包括化学原料及其制剂、抗生素、生化药品、放射性药品、血清、疫苗、血液制品、诊断药品的药品类和中成药类、中药材类、医疗器械类销售总额分别为728.54亿元、203.39亿元、46.17亿元、31.37亿元，分列全国第4、1、4、3位，区域销售比重为7.57%、10.25%、9.81%和7.35%。按销售品类分类，药品类销售居主导地位，销售额占药品类、中成药类、中药材类、医疗器械、化学试剂类、玻璃仪器类、其他类等七大类医药商品销售总额的70.21%，中成药类占19.60%，中药材类占4.45%，医疗器械类及其他占5.74%。

（五）重点产品

2013年，全省化学药品原药和中成药产量78 713.5吨和218 204.7吨，同比增长12.4%和15.9%，分列全国各省市列名的第8位和第6位，占比为2.91%、7.03%。全省医药制造业一批重点产品保持优势，如广药集团超10亿元产品1个，超5亿元产品4个，超亿元产品23个；重点产品主要有白云山和黄中药的板蓝根系列、复方丹参片、口炎清系列，广州中一药业的消渴丸，明兴制药的清开灵系列，星群药业的夏桑菊颗粒系列，奇星药业的华佗再造丸，王老吉药业的王老吉凉茶、小儿七星茶，潘高寿药业的治咳川贝枇杷系列，白云山总厂的阿莫西林胶囊、仙力素、注射用头孢硫脒、世福素头孢克肟、咳特灵系列，百特侨光公司的脂肪乳注射液系列，白云山化学药厂的头孢他啶原料、头孢硫脒原料、白云山光华小柴胡系列等。丽珠医药集团主打产品参芪扶正注射液单品种销售突破10亿元。康美公司的虫草、西洋参、新开河红参、菊皇茶、药膳、各种饮片制成的粉剂等中药材单品系列销售规模都达10亿元以上。中国中药有限公司仙灵骨保销售额突破8亿元，玉屏风颗粒、鼻炎康片单品种的销售额近3亿元，颈舒颗粒销售额近2亿元，冯了性风湿跌打药酒、硝苯地平缓释片等品种的销售额均超过亿元。华润三九年销售过亿产品包括：999感冒灵、参附注射液、中药配方颗粒、新泰林、三九胃泰、小儿感冒颗粒、参麦注射液、强力枇杷露、止天丸、温养胃舒、小儿氨酚黄那敏颗粒、皮炎平气滞胃痛颗粒和华蟾素、舒血宁等产品。

广州市香雪制药股份有限公司生产的抗病毒口服液已成为广东地区具有领先地位、在全国范围内具有较大影响力的感冒中成药，在抗病毒口服液单一药品市场中处于主导地位，感冒中成药全国销量居第3位。

（六）基地建设

2013年，广东省大力建设中药材种植基地，从源头上控制道地药材和中药材市场价格。其中连州市中药材种植面积达5.5万亩，5年内规划建成20万亩种植基地。

广药集团在广西、四川、山东、河南、贵州、内蒙古、安徽、云南、湖南、江苏、海南、吉林、重庆、黑龙江等省（市、自治区），广东韶关、湛江、肇庆、清远、揭西、台山、和平等市（县）和老挝等国家建立中药材GAP基地33个，建设面积9.3万多亩，其中1 000～2 500亩的8个，3 000～5 000亩的11个，6 000亩以上的5个，并在西藏林芝筹建了3个项目。

广州市香雪制药股份有限公司在广东、北京、山西、四川、重庆、安徽、云南和宁夏等地设立18个公司并投资兴建大规模的GMP生产基地和GAP药材种植基地，形成了新型中药饮片、中成药、功能健康食品（饮料）、养生保健等产品群所组成的大中药健康产业。

康美药业股份有限公司在云南、宁夏、吉林等全国各道地药材产地建立了面积超过5万亩的GAP种植基地，种植品种超过150个。先后在广东、北京、上海等地建立了11个中药饮片生产基地，生产规模达百亿。

（七）医药出口

2013年，广东省医药出口额187.4亿元，增幅9.06%，其中全省医药制造业出口交货值77.32亿元，同比增长2.3%，全国排名第4位。广东列全国医疗器械出口省市之首，出口的主要产品有体重计、监护仪、彩超、医用导管和血压计等；其中广东出口彩超排名第1位，占总出口额的42.21%，深圳迈瑞生物医疗电子股份有限公司的出口额超过1亿美元，排名第1位。2013广东中药材及饮片出口居安徽、重庆后列全国第3位，2013年广东中药材出口量同比下降84.8%，主要是由原先通过广东地区代理出口的外省企业改为直接出口所致。

（八）新型药品流通方式发展迅速

广东药品电子商务领域发展迅速，截至2013年，取得《互联网药品信息服务》、《互联网药品交易服务》资格证书的企业数均多于其他药品流通行业较发达地区，药品电子商务发展居于全国首位。

表3　2013年广东药品电子商务流通发展情况

项目	全国（家）	广东（家）	占比（%）
取得《互联网药品信息服务》资格证书	5 175	996	19.25
取得《互联网药品交易服务》资格证书	297	47	15.82

2013 年年底，广州医药公司与省第二人民医院的“现代医药物流延伸服务”合作项目签约，将先进的信息系统管理及现代物流管理自动化整合方案应用到医院的药库、药房和病区，共同打造“智慧药房”，迈出了广药集团与院方创建医改新标杆的重要一步，在现代医药物流延伸服务合作项目领域取得重大突破。

（九）药品安全

2013 年，广东重点开展了以严厉打击药品违法生产、打击药品违法经营、加强药品生产经营规范建设和药品监管机制建设为主要内容的药品“两打两建”专项行动，要求 2013 年药品流通监管工作坚持以“保安全”为出发点和落脚点，以实施 GSP、推行电子监管为抓手，建立健全法规制度，完善全省统一高效的药品流通监管体系，落实药品注册审评审批先行先试改革任务；深入开展医疗器械生产企业质量信用分级管理工作，率先出台《医疗器械检查员管理暂行办法》。2013 年全省药品、医疗器械评价性抽验合格率分别为 99.1%、90.3%，显示全省食品药品安全形势总体稳定有序。

（十）行业管理

2013 年，广东省人民政府下发《关于改革完善市县食品药品监督管理体制的指导意见》，提出以保障人民群众食品药品安全为目标，以转变政府职能为核心，以整合食品药品监管职能和机构为重点，进一步理顺部门职责关系，优化资源配置，充实加强基层监管力量，强化和落实监管责任，加快形成一体化、广覆盖、专业化、高效率的食品药品监管体系，着力构建符合社会主义市场经济改革方向的食品药品监管体制和社会共治格局，全面提升食品药品安全水平。广东省人民政府办公厅下发的《广东省食品药品监督管理局主要职责内设机构和人员编制规定》明确省食品药品监管局对药品、医疗器械生产流通的管理职责。

2013 年 5 月 17 日，广东省卫生厅和广东省医药采购平台发布《关于征求广东省药品交易相关规则》，对非基本药物、基本药物、药品采购与配送、交易结算等内容进行了全面规定，拟通过网上竞价、量价挂钩等措施切实降低药品虚高价格。

2013 年 7 月 3 日，广东省卫生厅发布《关于公布广东省基本药物增补品种目录（2013 年版）的通知》（粤卫〔2013〕49 号），扩容 278 个品种。2010 年版基药增补目录药品品种也继续执行，增补总数近 500 种。加上国家基本药物目录，广东实际执行基药品种数量为 967 种。增补大量独家产品，增补大量中药，有 15 个中药注射液入选，引发社会热议。

四川省药品流通行业管理工作情况

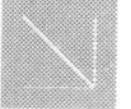

四川省商务厅副厅长　李维民

2013 年以来，四川省商务厅从继续夯实药品流通行业管理基础、支持行业兼并重组、推进医药物流服务延伸等多方面，扎实开展行业管理工作，全省药品流通行业继续保持较快增长态势。

一、行业管理工作情况

（一）加强行业统计工作

行业统计是开展行业管理的基础，商务厅落实商务部全国药品流通行业统计工作要求，在进一步提高现有直报企业报表报送率的基础上，增加直报企业数量，提高直报企业在全省市场总规模中的占比；加强非典型企业数据报送以及分析应用等，大力推进行业统计工作，夯实行业管理基础，及时掌握行业发展动态。

（二）支持行业结构调整

四川省医药集团与中国医药集团总公司进行全面合作，国药集团成为省医药集团的控股股东。四川科伦医药贸易有限公司收购宜宾永康医药公司，完善药品配送网点布局。成都百信药业公司参股石家庄春生堂大药房，将零售网络延伸到了省外。市州的中小企业以多种形式与省级和成都市的强势企业结盟。

（三）推进现代医药物流发展

2014 年，省级财政投入 600 余万元资金支持 6 家药品流通企业改建或扩建物流中心，提升药品配送能力。省内一批有实力的药品批发企业与医疗机构合作，延伸医药物流服务，产生较好示范效应。截至 2013 年年底，全省共有 9 家药品流通企业开展医院院内药品物流及药房托管等延伸服务。其中，四川省医药股份有限公司与四川省人民医院、攀枝花学院附属医院的医药物流合作实现了条码化验收入库和药品直配药房，两个合作项目成为商务部第一批医药物流服务延伸示范项目。2014 年，国药集团西南公司与成都军区总医院、绵阳科伦医药贸易有限公司与绵阳市中心医院两个项目被推荐为商务部第二批全国医药服务延伸示范项目。

（四）推动中药材溯源体系建设

按照商务部、财政部的要求，加快推进成都市中药材流通追溯体系建设。目前，中药材种养殖企业、药材（饮片）经营企业、中药材专业市场商户、中药饮片生产使用企业等中药材流通追溯节点建设稳步推进，智能溯源秤注册数量快速增加，中药材、饮片交易量有所增长。整个中药材溯源体系将形成“来源可追、去向可查、责任可究”链条，促进生产经营主体提高责任意识，规范中药产品流通秩序，提升中药材质量安全水平。

（五）引导药品流通模式创新

报经商务部评审，成都中药材天地网成为全国中药材电子商务平台首批试点单位。截至 2014 年 5 月末，全省具有互联网药品交易服务资格的企业 15 家，占全国获得资格企业数的 6.2%，其中具有网上药店资格的企业有 9 家，占全国获得资格企业数的 5.2%。成都天地网公司成为全国第一批中药材电子商务平台示范企业，其中药材电子商务交易平台“中药材买卖通”覆盖全国近 400 个中药材品种、3500 多个规格，在平台上挂单销售的中药材信息超过 10 万条，2013 年完成 2 万余笔交易，累计交易金额超过 3 亿元，撮合交易额达 140 亿元。

（六）积极营造行业发展良好环境

密切跟踪各项医改政策进展，开展调研，主动与卫生、食药监部门沟通行业情况，协调解决不利于行业发展的问题。支持省医药商业协会的发展，充分发挥行业协会在行业培训、行业自律、市场监督、反映企业诉求、维护企业合法权益和联系政府方面的重要作用。

二、行业发展基本情况

（一）市场规模不断扩大

2013 年，全省药品流通行业实现销售额 819.1 亿元，同比增长 22.7%，增幅高于全国 6 个百分点。其中批发业 729.6 亿元，占行业销售总额的 89.1%，同比增长 19.2%；零售业 89.5 亿元，占行业销售总额的 10.9%，同比增长 61.0%。

截至 2013 年年末，全省共有药品流通企业 7 630 家。其中：批发企业 1 104 家，占企业总数的 14.5%；零售企业 6 526 家，占企业总数的 85.5%。零售企业中，连锁企业 322 家，下辖门店 36 057 个；单体门店 6 204 个；零售门店总数 42 261 个。以 2010 年年末为基期，批发企业数量比基期增加 56 家，增长 5.3%；零售连锁企业数量比基期增加 30 家，增长 10.3%；零售门店总数比基期增加 1461 家，增长 3.6%。

（二）行业结构不断调整

（1）行业集中度逐步提高。2013 年，全省销售额居前 5 位的药品批发直报企业合计实现销售额 256 亿元，占全省药品批发业销售总额的 35.1%；销售额居前 5 位的药品零售直报企业合计实现销售额 30 亿元，占全省药品零售业销售总额的 33.5%。商务部数据显示，2013 年四川省有 4 家企业进入全国药品批发直报企业主营业务收入前 100 位，四川科伦医药贸易有限公司、四川省医药集团有限责任公司、成都市蓉锦医药贸易有限公司、四川本草堂药业有限公司，分别列第 9、第 26、第 88、第 95 位；有 5 家企业进入全国药品零售直报企业销售总额前 100 位，成都百信药业连锁有限责任公司、四川太极大药房连锁有限公司、四川杏林医药连锁有限责任公司、泸州圣杰药业有限公司、四川德仁堂药业连锁有限公司，分别列第 12、第 18、第 68、第 79、第 82 位。

（2）地区分布不均衡。2013 年，全省销售额居前 5 位的药品批发直报企业全部集中在成都市；销售额排 6—20 位的 15 家企业中，9 家分布于成都市，6 家分布于绵阳、南充、达州、泸州。销售额居前 10 位的药品零售直报企业有 5 家分布于成都市，5 家分布于绵阳、乐山、遂宁。

（3）中药材交易活跃。成都荷花池中药材专业市场入驻商家接近 1 800 户，市场人流量日均达 2 万人，2013 年营业额达 300 亿元，位列全国前三。依托市场产生的“中国·成都中药材价格指数”继续发挥全国中药材贸易价格“风向标”作用。据海关统计，2013 年全省中药材出口 7 256 万美元，同比增长 59.5%；中成药出口 686 万美元，同比增长 10.7%。

（三）行业经济和社会效益明显

2013 年，全省 38 户直报企业全年实现销售额 336 亿元，占全省销售额的 41.0%，其中批发企业平均毛利率为 5.3%，零售企业平均毛利率为 16.9%。2013 年，全省社会消费品零售总额为 10 355 亿元，第三产业增加值为 9 256 亿元。全年药品流通行业销售总额占社会消费品零售总额的 7.9%，高于全国 2.3 个百分点；占第三产业增加值的 8.8%，高于全国 3.8 个百分点。全省 810 户药品流通企业成为基本药物配送企业。据四川省医药商业协会调查统计，2013 年全行业从业人数 35 万人左右。药品流通行业为促进就业、保障医疗机构和社会不同用药需求作出了应有贡献。

贵州省药品流通行业管理工作情况

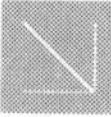

贵州中药品种资源丰富，素有“夜郎无闲草，黔地多良药”的美誉，是我国四大道地中药材产地之一。贵州省委、省政府高度重视发展中医药、民族医药，将医药产业定位为贵州特色优势产业“五张名片”之一，2014 年又提出将医药产业和大数据产业发展作为“姊妹篇”来谋篇布局，努力使医药产业成为构建贵州特色产业体系的战略突破口，积极抢占新一轮发展制高点。贵州省商务厅紧紧围绕省委、省政府的决策部署，积极行动起来，扎实履行职责，努力探索贵州省药品流通行业发展新出路。

一、贵州省药品流通业发展现状

（一）基本情况

截至 2013 年年底，贵州省有药品流通批发企业 186 家（法人企业 177 家、非法人企业 9 家），药品流通零售连锁企业 56 家，药品流通连锁门店 2 725 家，药品流通零售企业 10 128 家。2013 年，纳入统计的 242 户全省药品批发和零售连锁企业中，销售总额超过 10 亿元的企业为 3 家，销售总额超过亿元的企业为 40 家，销售总额 5 000 万元以上的企业为 95 家。2013 年，全省药品批发和零售企业实现主营业务收入 203.4 亿元，主营业务成本为 169.9 亿元，营业利润 38 764.4 万元，实现利润总额 36 655.1 万元。2013 年，零售企业销售总额进入百强的有贵州一树连锁药业有限公司（第 34 位）和贵州芝林大药房零售有限公司（第 74 位）；批发企业主营业务收入进入百强的有贵州康心医药有限公司（第 85 位）和贵州科开医药有限公司（第 96 位）。

（二）面临主要问题

一是药品配送的发展需要与医改、药品招标工作相结合、政策相支持还有差距。贵州企业的药品配送业务受到不合理的体制限制，发售和配送药品的牵制门槛较多；偏远山区乡镇医疗机构配送成本过高，政府部门未制定相应补贴措施，导致药品配给不均等；医改的药品配送环节仍然没有得到改善，特别是药品供应的货款受到医院和兑付环节的严重挤压，药品资金不能及时归回，制约药品供应的良性循环，加大药品流通企业的经营成本。

二是药品流通企业做大做强的整合工作存在难度。贵州药品流通企业以民营经济为主，处于小、散、多的格局，行业处于传统流通营销模式、物流现代化水平低阶段，普遍面临规模小和运输、仓储等物流成本高等问题。行业管理工作还存在体制性、机制性的问题。引导省内药品流通企业整合的工作，面临企业观望、政府政策不明朗、相关部门重视不突出的难点；实现药品流通行业大物流、集约化和现代化还有难度。

三是外来药品流通企业“冲击”本地经营环境。地方政府部门引进外来药品流通企业，在强势进入本地药品市场的同时，通过总部补贴亏损形式竞相“冲击”本地药品经营市场，且没有实现纳税本地化，引发与本土药品流通企业的矛盾。

二、贵州省药品流通业发展趋势

（一）药品流通市场的增长将趋于平稳

2014 年是我国医药卫生体制改革继续向纵深发展的一年。随着全民医保体系制度框架基本建成以及基本药物制度和基层医疗机构运行新机制的完善、城乡基层医疗卫生服务体系进一步健全、基本公共卫生服务均等化水平明显提高和公立医院改革试点有序推进，药品市场需求将继续扩大，药品流通行业仍将保持增长。但受国内经济增长总体放缓的影响，在药品价格持续下降、药品流通企业经营成本快速上涨的压力下，行业的增长速度将继续趋缓。

（二）结构调整仍是行业改革发展的主线

2014 年，国家将加快推进药品流通领域的改革步伐。按照医改“十二五”规划的要求，药品流通行业改革发展政策将陆续出台。2012 年新修订的《药品经营质量管理规范》已于 2013 年 6 月份开始实施，2016 年 1 月将强制执行。这将是对药品流通监管政策的一次较大调整。实施企业计算机管理信息系统，控制药品购销渠道和仓储温湿度，加强票据管理、冷链管理和药品运输环节监管等规定全面提升了药品流通企业的软硬件标准和要求，提高了准入门槛，将对行业发展带来深刻影响。随着《全国药品流通行业发展规划纲要（2011—2015 年）》的深入贯彻实施，按照《国务院关于进一步优化企业兼并重组市场环境的意见》（国发〔2014〕14 号）要求，商务部门将会同医药商业协会在深入搞好调研的基础上，努力搭建促进药品流通企业兼并重组的平台，鼓励企业兼并重组、做大做强，提高行业集中度；支持发展现代医药物流和连锁经营，进一步提升药品流通效率

和现代化水平。

（三）行业服务模式将加快向全产业链服务转变

随着新医改配套措施的贯彻落实和市场竞争的加剧，行业毛利率进一步受到挤压，传统的商业购销模式面临巨大挑战。创新业务与服务模式、推广信息技术在企业管理上的应用、开展供应链管理，已成为药品流通企业增强核心竞争力的关键。一批有实力的企业积极探索向医疗机构和生产企业提供现代医药物流增值服务，已在行业内产生了良好的示范效应。

2014 年，贵州省将根据《商务部办公厅关于开展医药物流服务延伸实施情况调研的通知》（商办秩函〔2013〕154 号）要求，积极推荐遴选第二批（贵州省第一批）医药物流服务延伸示范项目，不断丰富和深化服务内容，建立与上游供应商和下游客户的新型合作关系，有效整合资源，实现互利共赢，从而带动药品流通行业从商业购销模式向全产业链服务模式转变。

三、下一步工作重点

作为全省药品流通行业的主管部门，贵州省商务厅积极履行管理职能，始终把确保人民群众吃上放心药、方便药作为行业管理工作的出发点和落脚点，以配合深化医药卫生体制改革、加快转变行业发展方式、促进行业可持续发展为主线，以企业新版 GSP 认证和基层药品流通网络建设为重点，以规范行业经营秩序为手段，不断提高药品流通体系的特色化、规模化、信息化程度，促进药品流通行业稳定发展、健康发展。

（一）加大招商引资力度，联手促进民族药业的开发与流通

根据贵州省委、省政府“两推一加”的部署和“工业强省”的战略需求，贵州省商务厅将不断加大招商引资工作力度，带动药品流通企业“走出去、伸出手”，结合自己的实际和发展需要，针对性地引进、加盟相关知名药品流通企业和生产企业，联手促进民族药业的开发与流通，促进贵州省药品流通和医药工业不断壮大。同时严把政策关，一方面促进与本地企业的联合；另一方面控制只抢占贵州省医药流通市场、以“总部经济”形式不在当地纳税又不扶持贵州医药工业的“摘桃子”式的企业进入，避免扰乱贵州省医药流通市场秩序，给本地药品流通企业造成不利影响。

（二）加快行业结构调整，大力发展连锁经营，切实提升药品流通服务水平和效率

充分发挥市场机制在配置药品流通资源的基础性作用，打破地方封锁和垄断，鼓励公平竞争，实现优胜劣汰，促进药品流通资源的有效整合；鼓励药品连锁经营企业采用统购分销、统一配送、统一质量管理、统一服务规范、统一联网信息系统管理、统一品牌标识等方式，发展规范化连锁经营；鼓励向城郊结合部、边远乡镇增设网点。

（三）贯彻行业标准，推动企业经营规范、服务高效

通过召开宣贯会议、编印宣传册、组织培训班等多种形式，向企业阐明各项标准的意义和内容，促进标准的贯彻落实。指导医药商业协会根据行业标准开展药品批发企业物流服务能力和零售药店两项分级评定工作的指导，提高行业服务社会的透明度。继续深化医药卫生体制改革，规范药品流通经营行为，开展零售药品经营服务示范店建设，加强药品流通行业诚信、职业道德教育和信用知识培训，支持开展诚信经营示范创建等活动，树立一批遵纪守法、诚实守信、管理规范、社会责任感强、自觉接受监督的示范企业。

新疆维吾尔自治区药品流通行业管理工作情况

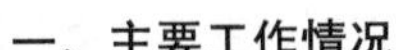

一、主要工作情况

按照商务部的有关部署，新疆商务厅积极贯彻实施《全国药品流通行业发展规划纲要（2011—2015 年）》，重点作了以下几方面工作。

（一）积极建立工作体系

主动向自治区政府和编制部门汇报报告，说明情况争取支持，与国家保持一致，尽快明确商务厅药品流通有关职能，推动工作顺利开展。积极与药监等部门联系，形成友好的协作齐抓共管的关系，实现部门之间政策、措施和信息的沟通，为药品流通业的发展创造良好环境。建立药品流通工作联系制度，确定了各地商务部门主管药品流通行业工作的主管领导和负责人，先后组织 9 个地州市管理人员参加商务部举办的培训班，基本形成了自治区商务系统推动药品流通行业发展的工作网络。2014 年新疆自治区就推进食品药品安全监管体制改革有关工

作，制定印发了《自治区食品药品监督管理局主要职责内设机构和人员编制规定》（新政办发〔2014〕27号），明确了商务厅负责拟订药品流通发展规划和政策职责。

（二）制定完成行业发展规划

根据商务部《全国药品流通行业发展规划纲要(2011—2015年)》等有关文件要求，通过近一年的调查研究，评审论证，印发了《自治区药品流通“十二五”发展规划》。确定了“十二五”时期，形成自治区药品流通网络布局合理，组织化程度显著提升，流通效率不断提高，营销模式不断创新，骨干企业竞争力增强，城乡居民用药安全便利，满足公共卫生需要药品流通体系的发展方向。

（三）组织药品流通企业完成统计直报

按照商务部《药品流通统计报表制度》要求，组织重点企业及时上报统计报表，全区药品直报企业上报报表的统计率、准确率、及时率达到100%。组织开展了药品行业统计调研。药监部门统计显示，2013年全区药品流通企业总数达8 048家，其中：批发企业259家，年销售额5 000万元以上的批发企业63家；零售企业7 789家，零售连锁企业门店2 083家，500万元以下小型零售企业占零售企业总数的近95%。从业人员近7.26万人。统计部门数据显示，全区限额以上药品批发零售业实现药品零售销售总额近80亿元。

（四）推进药品行业发展现代流通方式

会同自治区药监、人力资源和社会保障、国税等部门，制定印发了《关于着力推进全区药品零售连锁经营发展的意见》（新食药监安〔2012〕315号）。积极推动全区物流配送网络建设。着重选择物流配送中心网络建设初具规模的国药集团为重点，通过指导推动，物流配送中心仓储面积已达71 813.7平方米，比2009年增加60.6%，覆盖面达到全区的60%以上，基本形成全疆医药现代化物流体系中转枢纽。目前，重点企业对全疆市级医院、县级医院、乡镇卫生院、市、县乡门诊、零售药店覆盖率达70%以上；对全疆卫生服务站点、农村卫生室终端市场的占有率达到60%以上。

（五）推动药品流通网络延伸农牧区建设

找准工作突破点，立足乌鲁木齐、伊犁、巴州三点一线，选择90%以上连锁网点辐射至乡、镇、村的伊犁康之源、康竑药业连锁和库尔勒采芝灵医药有限公司为工作突破口，形成三足鼎立、辐射全疆的工作态势。上述企业发展直营、加盟连锁药店512个，营销网点9 688个，经营品种达18 000余种。兵团医药公司尝试在地方医院（如乌鲁木齐第四人民医院）推行以药事服务为内容的物流延伸服务。

商务部开展药品流通业管理工作以来，新疆商务厅克服药品流通行业管理职能未赋予商务部门的困难，积极做了一些工作，但还存在一些关键性的问题：一是自治区虽然确定了商务部门药品流通方面的有关职能，但仍然存在监管与市场准入、行业管理分离，管理边界含混不清的问题。二是药品管理基础性的工作逐步开始，人员编制、资金、手段等方面都比较缺乏，区、地、市有药品管理经验的业人才匮乏。三是药品管理网络化体系尚未建立，数据统计平台尚未完全建立，给掌握企业相关信息动态带来困难，不能及时有效反映药品流通行业发展情况。四是行业发展布局不均衡。药品流通网络发展不平衡，发达地区和城市药品流通企业相对集中，农村和“老、少、边、穷、牧”等偏远地区，药品配送网络未能全面有效覆盖，药品可及性有待提高。五是药品流通电子商务发展滞后，全区尚未有涉及药品及具体的中药材的电子商务平台，经向自治区食品药品监督管理局调查了解，也尚未有具有互联网药品交易服务资格证书的企业。

二、今后工作思路

认真贯彻落实《全国药品流通行业发展规划纲要（2011—2015年)》，加强政府政策引导，发挥市场机制基础性作用，以现代科学技术、信息化和新型管理方式应用为支撑，逐步构建以乌鲁木齐大型物流配送中心为主干，自治区主要城市中型物流配送中心为骨干，县级连锁配送为基础的物流配送网络，通过发展连锁经营、电子商务、网络销售等流通方式，建立覆盖城乡的药品流通体系。今后重点做好以下几项工作：

一是积极取得自治区各方面的支持，与相关部门加强紧密协作，组织协调清理阻碍药品流通行业公平竞争的政策规定，构建齐抓共管的工作机制和良好的药品流通环境。二是认真落实商务部有关做好流通行业统计工作的通知精神和要求，建立与本地区重点药品流通企业的密切联系和对话制度，督促上报报表，完成行业分析报告，逐步建立行业统计信息报送制度，为有针对性地加强行业管理和指导药品流通工作奠定基础。三是贯彻落实《全国药品流通行业发展规划纲要（2011—2015年)》等有关文件要求，推动实施《自治区药品流通“十二五”发展规划》。四是加大调研力度。准确掌握全区药品批发企业和零售药店布局、经营状况、行业组织化程度、物流配送能力和水平；启动本地中草药流通调研，积极推动中草药流通追溯体系建设。五是配合自治区有关部门构建新疆市场主体信息公示系统建设，利用信息公示平台，推动药品流通企业信用建设。六是着力培养流通企业，完善营销网络，建设高效物流、便捷零售、覆盖城乡的药品流通体系。七是加强培训提高管理能力和经营水平。进一步加大学习培训力度，做好基础工作；重点加强《中华

人民共和国药品管理法》等一系列相关法律法规和出台的药品流通行业标准等的培训，准确把握医药卫生体制改革的方针和方向，促进全区药品流通行业的健康发展。

新疆生产建设兵团药品流通行业管理工作情况

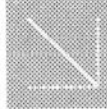

兵团是新疆的重要组成部分，是党政军企合一的特殊社会组织，承担国家赋予的屯垦戍边的使命。在新的历史时期，中央要求兵团发挥好新的“三大作用”：发挥好兵团调节社会结构、推动文化交流、促进区域协调、优化人口资源等特殊作用，使兵团真正成为安边固疆的稳定器、凝聚各族群众的大熔炉、先进生产力和先进文化的示范区。

兵团在新疆的特殊地位和特殊作用决定了兵团药品流通行业的发展必须服务于兵团经济社会的快速发展，必须有利于巩固和提高统一、高效、便捷、安全的药品保障能力建设，必须有利于发挥兵团集团化、规模化优势，保证和促进兵团特殊作用的发挥。

一、兵团药品流通行业的发展现状及近三年的工作情况

改革开放以来，兵团药品流通业从计划分配体制转向市场化经营体制，行业获得了一定的发展，对于满足兵团各族职工群众用药、服务兵团经济社会和谐发展发挥了积极作用。

目前，兵团共有药品批发企业 5 家、零售连锁企业 3 家、零售单体药店 445 家，零售药店中自行采购药品的占 72. 14% 。经过多年发展，已初步形成多种所有制并存，覆盖团场、连队的药品流通市场体系。

2012 年，兵团根据《全国药品流通行业发展规划纲要(2011—2015 年)》和《新疆生产建设兵团药品流通行业发展规划（2011—2015 年）》以及兵团深化医药卫生体制改革的具体意见和药品流通业发展的要求开展全年工作，结合兵团实际，建立兵团药品供应保障体系，保障各族职工群众用药安全合理方便。

一是确定了兵团医药卫生体制改革和兵团医药卫生事业发展的基本方向。为配合兵团医药卫生体制改革工作的进一步深化和稳步推进，全兵团建立了相对统一、竞争有序的医药市场格局。

二是全民社会保障力度不断扩大，医药消费水平呈现不断增高的态势。兵团医药市场规模也保持持续增长，年均增速在 10% 以上，2012 年兵团医药市场消费规模已达到约 20 亿元。

三是根据国家关于实行省级药品集中采购的要求，在兵团医药卫生体制改革领导小组的领导下，兵团药品统一招标采购的工作正在稳步推进，对全兵团的药品采购采取集中统一网上采购方式，减少了中间流通环节，降低药价；集中全兵团医药市场资源，建立兵团医药“大流通”格局，扶持和培育具有一定实力和服务能力，具有社会责任感的兵团医药龙头企业。一些信誉度低、竞争力不强、经营不规范的小企业将逐渐被淘汰出局，标志着兵团药品流通业将进入重大调整期。

四是加快兵团药品流通行业人才队伍建设，提高兵团药品流通行业整体素质和企业经营管理水平。根据《全国药品流通行业发展规划纲要（2011—2015 年)》精神和《全国药品流通行业“十二五”人才培训方案》的通知要求，制定了新疆生产建设兵团药品流通行业人才培训方案(2012—2015 年)，上报商务部。商务部确定了兵团石河子大学药学院为兵团药品流通行业人才培训基地。

五是为配合国家医药协会在兵团的调研，结合兵团中药材基本情况，兵团甘草产业化的优势，兵团甘草科研、生产情况，新疆甘草贸易呈现进口快速增长、出口下降趋势的实际，写出《兵团中药材情况汇报》。根据调研情况，2014 年制定了《新疆兵团中药材追溯体系建设初步方案》，并上报商务部。

六是完成了兵团药品流通行业兼并重组情况的调研，并形成调研报告上报商务部。从 2011 年以来，兵团药品流通行业实施兼并重组的企业有 3 家，分别是新疆兵团医药股份有限公司、新疆金鹿药业科技有限责任公司及农五师好又多药品有限公司，兼并重组投资总额 4 172 万元，销售收入由兼并前的 17 473 万元上升到 23 843 万元，利润由兼并前的 –253. 89 万元上升到 –79. 5 万元。

二、兵团药品流通行业存在的问题

一是药品流通组织化程度低，行业发展严重滞后。流通企业“小、散、弱”现象十分突出，尚未培育出规模大、竞争力强、经营管理优、具有地区影响力的医药流通大企业

和大集团。兵团原来的医药流通企业因长期缺乏统一调控下的市场培育，竞争力不足，经营大多难以为继，或被变卖，或被淘汰，或处于被外来资本全面彻底整合的边缘。

二是兵团辖区内医药市场资源分散，行业集中度低。兵团药品市场资源分散，导致兵团药品流通企业孵化不足，难以与兵团市场存在的不规范的个体经营企业相竞争。目前兵团医药市场规模容量约 20 亿元以上，由于尚未建立兵团统一的药品招标采购平台，目前政府办医疗机构是按照自治区招标结果，确定了 15 家配送企业，由各医院在其中自行选择配送企业进行药品配送。兵团所属医药流通企业所占份额不足 27%，只有约 4 亿多元的规模，其余市场均被其他众多区内外企业瓜分，且没有形成规模。

兵团团场连队“点多、线长、面广”，不少国有企业包括有实力的地方医药企业单纯出于利益考虑，不愿将药品配送服务到各农牧团场，尤其是偏远团场，导致农牧团场用药价格较高。

三是难以形成与兵团自身优势和地位作用相称的完整的医药流通产业体系。面对竞争日益加剧的国内外药品流通市场形势，兵团医药流通业的行业地位、企业数量、发展规模、经营质量和发展前景不容乐观，兵团对事关职工群众健康安全的药品这一特殊商品市场的可控性将面临严峻考验。

三、“十二五”后两年的工作计划

一是加强行业规划布局，完善和提升药品流通网络建设和服务功能。结合兵团经济社会发展水平、医药卫生事业发展需要和体制改革、城镇建设规划、人口增长与密度和年龄结构变化、药品供应能力等实际情况，制定兵团药品批发零售网点、中药材交易市场设置和布局规划。会同和配合相关部门将行业规划列入行业准入的重要依据。加快流通行业规划布局，促进资源整合。配合医药卫生体制改革和基本药物制度的实施，做好药品配送。密切跟踪基本药物制度和药品集中采购政策对药品流通行业的影响，制订相应预案，做好部门协调，落实保障措施。完善药品流通网络，保证药品特别是基本药物和疗效好、价格廉的常用药的安全有效供应。零售药店按照有关规定配备和销售基本药物，其中医保定点零售药店按规定做好基本医疗保险目录药品的配备和销售。完善医疗用毒性药品、麻醉药品、精神药品、放射性药品和疫苗等特殊药品物流技术保障措施，改善储运条件，防范并消除隐患，避免在流通过程中出现药品质量事故和安全事故。支持传统型医药商业企业向现代健康服务型企业转型，在兵团乃至全疆率先开展集健康产业、贸易、特色服务于一体的综合开发园区建设。鼓励和支持兵团企业走出去，到中西亚地区开展医药贸易或技术服务等合作。研究论证在中哈霍尔果斯国际边境合作中心建立面向周边国家的药品零售和批发网点，扩大药品、药械对周边国家出口。

二是培育药品流通龙头企业，提高行业集中度。以国家新的 GSP 标准（药品经营质量管理规范）的认证为契机，与食品药品监督管理等部门通力配合，促进药品流通企业的兼并重组和改造升级，鼓励兵团药品流通骨干企业做大做强，支持兵团药品流通骨干企业以合作或产权重组等多种形式进入师团市场，按照同等优先的原则，增强兵团药品流通骨干企业对兵团医疗卫生机构和辖区零售药品市场的药品保供能力，提高其参与自治区市场竞争和开展对外贸易的实力和能力，扶持兵团流通医药骨干企业在“十二五”期间早日跻身新疆医药流通业的前列。指导兵团医药骨干企业采取分地域形式进行合作，在全兵团范围内建立和完善配送网点，通过兼并重组当地企业、委托配送或租赁医院药库等形式建立分部或分拨中心，实现低成本扩张和对全兵团医疗机构药品的及时、安全、有效配送，确保“一般药品 48 小时、急救药品 8 小时”配送服务时限的达成和兵、师、团三级供应保障体系的有效建立。鼓励和支持两家以上兵团医药骨干企业实施医药物流服务延伸示范工程，引导其向医疗机构和生产企业延伸现代医药物流服务。引导和支持兵团优势企业技术进步和管理升级，尤其是引进和提高信息系统、物流配送、质量追踪溯源、供应链管理、药事服务等服务能力，坚持医药分开，实行医院药房合作或供应链管理延伸，构建核心竞争力，有效提高整合兵团医药市场资源和参与全疆市场竞争的实力与能力。做好兵团承担的中央医药救灾储备承储工作，强化动态储备的管理、跟踪和储备品种计划的适时调整。建立和巩固应急反应机制和能力，增强在灾情疫情等突出事件发生时兵团急救药品应急调运供应能力和效率。

三是推进药品连锁经营，提高药品集约化经营水平。注重发挥兵团行政职能和统一协调作用，加大兵团零售连锁优势企业在零售市场的竞争力和市场占有份额，使流失较多的兵团药品零售市场获得整合，并争取获得兵团医药零售市场 70% 以上的份额。大力推进兵团药品连锁零售网点建设，扶持兵团药品流通骨干企业发展壮大。鼓励其突破地域界限，向师团连队、居民社区、地方城市、乡村发展，采用统一采购、统一配送、统一质量管理、统一服务规范、统一联网信息系统管理、统一品牌标识等方式，在更大的区域范围内，建立跨师团和全疆性连锁经营网络，树立连锁服务品牌，发挥规模效益。要严格按照国家准入标准，大力推进零售连锁药店进入兵团团场，着力解决药品经营企业“小、散、乱”

的状况，实现兵团团场职工群众用药安全、及时、质优、价廉。到“十二五”期末，保证每个团场有 1 ~ 2 家零售药店，鼓励连锁药店实行批零一体化经营，直接向团场药店配送药品。支持连锁经营、物流配送与电子商务的结合，提高药品流通领域的电子商务应用水平。鼓励经营规范的零售连锁企业发展网上药店。鼓励支持连锁企业通过收购、兼并方式，对现有零售药店进行整合，推进服务方式和服务内容的创新。随着医药卫生体制改革深入和医药分开的逐步实施，鼓励连锁药店积极承接医疗机构药房服务和其他专业服务。支持兵团药品零售连锁企业在疆内国家重点一类、二类口岸开设经营连锁药店，扩大对外交流，拓展外贸市场。积极争取国家政策和资金，对偏远、人口稀少、路途较远的团场设零售连锁药店给予政策和建设补贴。

四是加快信息化建设和应用，推动兵团药品集中采购平台和机制建设。依托互联网、物联网技术，搭建覆盖全兵团所有医疗机构的信息管理网络；鼓励有条件的兵团药品流通企业用现代科技手段改造传统的医药物流方式。推广已引进和消化吸收国内流通业优势企业先进模式的兵团医药公司经验，扩大药品统一编码、无线射频（RFID）、全球卫星定位（GPS）、无线通信、温度传感等互联、物联技术应用，促进自动分拣、冷链物流等先进技术设备的应用。鼓励兵团医药公司将国内最先进的药事服务理念和举措无偿引入兵团各医疗机构，包括药品库房储存设施设备改造升级、药品供应链管理延伸，提供安全合理用药、处方点评等系列监测服务软件；实行药品统一编码下的进销存全程电子管理；建立可追溯的药品质量保障系统；从而大幅提高兵团医疗机构药事服务水平，促进药品监管实现电子化、即时化、准确化和经济化，保障兵、师、团三级用药安全，实现“医”和“药”的协同健康发展。根据现有能力和发展，兵团医药骨干企业争取达到可实现基本药物的 100% 供应。在药品配送可及性上，通过企业自建、分区协作、第三方物流及委托配送等方式，实现对兵团所有公立医疗卫生机构和社会药店的及时配送。在部分区域，企业经协商可采取联合配送模式提供竞争性服务。对于兵团医药骨干企业以外的其他经营企业，通过配送中心，作为委托二级配送等方式参与兵团辖区的分配送业务。实施兵团“放心药”服务体系建设工程。引导中小药品流通企业采用联购分销、共同配送等方式，降低经营成本，提高组织化程度。鼓励兵团优势企业参与地方市场的开发与合作。支持兵团医药全行业的快速发展，以商贸流通的进步带动和促进兵团医药产业的协同、快速发展。

五是整顿规范药品流通市场秩序，加强物流服务体系建设。规范企业行为，防止恶性竞争。充分发挥 12312 商务行政执法投诉举报热线的作用，完善投诉举报的受理、处理、移送和反馈机制，发动各方面力量，加强对药品流通行业的社会监督。开展清理和废止阻碍药品流通行业公平竞争的规定和行为，在保证药品质量和合理配送费用的前提下，建立公平、公正、有序的竞争氛围和机制，实现兵团医药流通业的健康、可持续发展，确保兵团职工群众的安全、及时、有效用药。有效利用邮政、仓储等社会物流资源，发展第三方医药物流，不断提高流通效率，降低流通成本。鼓励药品流通企业的物流功能社会化，实施兵团医药物流服务延伸示范工程，引导有实力的企业向医疗机构延伸现代医药物流服务。

六是贯彻落实国家标准体系，建立行业信用评价机制。贯彻落实和执行国家药品流通业态分类分级、药品统一编码及现代流通设施与信息化、中药材商品等级、职业经理人与从业人员资质和岗位规范、企业经营服务、信用建设和社会责任等相关标准体系。探索建立职业经理人、执业药师等人员从业行为信息的采集、记录、公开、共享等制度，对违规失信人员一律实行行业禁入。开展信用专题培训，帮助企业建立和完善信用风险管理制度。指导和加强企业职业道德教育，支持和鼓励口碑好、信誉佳、社会责任感强的企业发展壮大。建立兵团医药流通企业诚信档案，对于诚信记录不合格的企业，将实行退出机制，纳入黑名单，劝其退出兵团医药流通市场。指导、鼓励和充分发挥行业协会作用，尝试建立兵团医药行业信用评价机制，开展行业信用评价，提高行业信用水平。支持和配合兵团药学会等学术组织的作用和开展的各项活动。倡议和推动兵团医药商业协会或药师协会等专业协会的建立，定期与国内其他先进地区的行业协会组织开展学术、研讨、经营等对口交流；维护正常价格秩序，防止垄断行为；促进行业自律、维护合法集体权益和整体竞争力的自发提升。

七是扩大道地药材、民族药贸易规模，促进消费增长。坚持优势资源转换战略，充分发挥新疆特色药材原产地优势，鼓励兵团医药流通企业采取多种方式促进特色药材销售，促进兵团药材统一市场的形成，带动兵团药材种植加工业的规模化、标准化水平和产销对接。尤其是对甘草、雪莲、红花、大芸、红景天、（马）鹿茸等知名药材，积极与新疆有关种植（养殖）基地开展上下游供销合作，与内地企业和外贸企业建立贸易关系，开辟国内国际两个市场。拓宽新疆特色药材和维药的终端消费渠道，促进新疆维药生产，创新销售手段，建立维药与兵团药品流通企业全兵团的总代总销业务关系，促进特色医药产业与兵团流通业的协同、快速发展。

第八篇　行业发展

● 行业信用建设

2013 年中国医药商业行业第五批企业信用等级评价结果

根据商务部和国资委《关于加强行业信用评价试点管理工作的通知》精神，中国医药商业协会作为首批行业信用评价试点单位在总结前四批企业信用评价工作经验基础上，自 2013 年 8 月起开展了第五批即 2013 年中国医药商业行业企业信用等级评价工作。

中国医药商业协会严格执行《企业信用等级评价工作方案》，依据公开的评价方法和程序，以本行业企业信用等级评价标准和评价指标体系为依据，按照“公平、科学、规范、专业”的准则开展企业信用评价工作。第五批自愿参评企业共 15 家医药批发企业，经第三方评价机构客观测评，由协会行业信用评价专家委员会综合评定，并经向社会公示，确定这 15 家企业的信用等级。中国医药商业协会除在 2013 年 12 月于广州举办的“2013 中国药品流通行业年度大会”上发布了 2013 年中国医药商业行业企业信用等级评价结果外，在协会网站上也予以公布（详见表 1）。

表 1　2013 年中国医药商业行业企业信用等级评价结果

序号	参评医药批发企业名称	信用等级
1	华东医药股份有限公司	AAA
2	哈药集团医药有限公司	AAA
3	南京医药合肥天星有限公司	AAA
4	国药控股安徽有限公司	AAA
5	贵州省医药（集团）有限责任公司	AAA
6	国药控股河南股份有限公司	AAA
7	长沙双鹤医药有限责任公司	AAA
8	南京医药湖北有限公司	AAA
9	国药控股湖南有限公司	AAA
10	华润西安医药有限公司	AAA
11	上海市医药股份有限公司安庆公司	AAA
12	台州上药医药有限公司	AAA
13	徐州医药股份有限公司	AAA
14	南京医药股份有限公司	AAA
15	安徽华康医药集团有限公司	AA

注：以上排名不分先后。

● 行业协会建设

北京医药行业协会

2013年，国家医药产业政策密集出台，企业生存压力加大。面对复杂形势，北京医药行业协会（以下简称“医药协会”）紧紧围绕市场需求，努力提高服务能力和水平，取得了新的进步，被北京市民政局命名为首批“北京市社会组织示范基地”。

一、围绕产业政策实施，当好政府与企业的桥梁和纽带

2013年，围绕生物医药产业发展政策、医疗器械生产企业扶持政策、医疗器械产品国家采购政策、科研重点项目推进政策等专题，多次组织政府与企业的政策对话。政府相关部门领导与企业开展面对面的政策解读和答疑，使得产业政策顺利推进。针对产业政策实施中存在的实际问题，先后对中药饮片重复检验、新版GSP农村药店验收标准、互联网销售药品监管政策、北京地区药品物流延伸、北京医药生产、物流企业电子监管码实施情况等多项专题进行调查研究，并写出调研报告，为政府部门决策提供了科学依据。

二、承接政府委托，拓展服务领域

受北京市政府相关部门委托，分别承办医药工业统计、医药商业统计和药监统计，以数据准确、上报及时受到政府部门首肯，年年被评为统计工作先进单位；以统计信息为基础的《年度医药经济运行分析》一书，以信息量大、数据权威、分析透彻广受好评，成为北京市政府宏观决策的重要依据及企业发展的重要参考。受北京市食药监局委托承办的药品医疗器械广告初审，全年药品广告受理2 791卷，通过2 559卷；医疗器械广告受理614卷，通过513卷。整个工作严格按标准、程序和时限运行，从未发生销审、漏审、发回重审，是全国药品广告审批先进典型。受北京市药监局委托，承办了其“百千万药品安全体系”建设中的“千”字工程，即评选千家药品质量管理示范企业。经过近三年时间，严格按标准审核、专家评定、网上公示等程序，于2013年圆满落幕。前后三批981家企业被评为百千万工程质量管理示范企业。北京市药监局称赞医药协会为北京市药品安全体系建设做出了重要贡献。医药协会还受托承办了北京市食药监局全部档案整理、管理工作，严格、规范的档案整理、管理，受到国家食药总局高度评价。

三、围绕市场需求，为企业提供多元服务

医药协会着眼提升行业素质，加强职业培训，从药品流通行业质量管理人员持证上岗、继续教育，到质量受权人培训，全年共开办各类培训95班次，培训各类专业人员16 024人，为员工持证上岗和企业认证提供了及时、有效服务。医药协会建立的“北京26（医药）职业技能鉴定所”是企业职工考评晋级平台，全年共完成44个批次、4 740人次的鉴定工作，其中初级1 354人，中级3 242人，高级144人。鉴定所还接受了北京市民政局专家评估小组的现场评估。评估组长用五句话做出评估意见：规章制度健全，团队精干，硬件设施好；依法从业，珍惜政府授权；诚信办所，不为小利所动；工作卓有成效，对社会有重大意义；管理规范，程序严谨，资料归档细致。鉴定所连续三年被北京市人力社保局、北京市职业技能鉴定管理中心评为优秀技能鉴定所。

以平台建设促产业发展。医药协会已建生物医药创新促进平台、技术成果转移平台和中小企业公共服务平台。其中北京市中小企业公共服务平台，系全市首个在社会组织内建立的平台。这一平台对提升中小企业内在管理，提高中小企业科技进步以及确保药品质量，打造“用北京药放心”品牌发挥了积极作用。该平台已被工信部确认为国家级中小企业平台。

以“用北京药放心”打造京药品牌。自2006年深圳药交会，由协会组团、企业集中参展，利用药交平台共同打造京药品牌至今，已历经8个年头。16次参展，年年主打“用北京药放心”品牌。2013年分别参展了武汉全国第69届、广州全国第70届药交会。还利用药交会开幕之前的时间，分别组织了“创新、合作、发展”、“质量、品牌、市场”主题论坛。这些措施有效地加强了“京药”品牌建设，

扩大了京药在全国的影响力和竞争力。

四、大力推进科技创新，引领医药产业转型升级

医药协会继2009年、2011年分别举办两届北京医药科技创新大会之后，2013年又举办了第三届北京医药科技创新大会。大会以“科技创新引领产业转型升级”为主题，针对医药企业如何坚持国际化发展战略、如何用制剂国际化推动产业转型升级、如何加快新药研发等共性问题，开展专题论坛。协会还通过国内外交流合作，推动科技进步。分别赴印度考察其制剂国际化经验；与美方相关协会探讨产品研发、进出口等合作事项，并建立长期交流合作机制；与台湾相关协会定期开展的经济技术交流也呈现机制化；还先后赴海南、黑龙江考察，建立了开发利用大兴安岭漠河野生资源的合作意向。

医药协会自觉坚持“三大、三建、一促进”理念和“四个服务”宗旨，积极开展社会公益活动，学习型组织建设初步呈现制度化，党的组织建设不断加强，协会上下充满生机和活力。

浙江省医药行业协会

2013年是全国贯彻十八大精神，力推改革的一年，也是全国医药行业继续快速发展的一年。面对新的形势，浙江省医药行业协会（以下简称“协会”）在省经信委、省民政厅、省卫计委、省食药监局等有关政府部门的指导和帮助下，在全体会员的共同努力和各市协会的积极配合下，以服务企业、服务行业、服务政府为宗旨，为行业代言，替企业说话，帮政府办事，在政府和企业之间较好地发挥了桥梁纽带作用。

一、关注政策市场形势，推进行业改革发展

协会十分重视利用会议这个平台，对会员单位进行政府政策和市场形势的解读和宣传，推进行业的改革和发展。1月中旬，协会召开了第三届二次常务理事会议和第三届二次会员大会，组织省经信委、省卫生厅有关部门领导作关于医药行业形势和政策趋势的报告。4月25日，协会召开了第三届三次常务理事会议，听取了全国人大代表胡季强、丁列明对第十二届全国人民代表大会精神的传达和对国务院机构改革和职能转变方案、国家食药监总局三定方案及2012版国家基本药物目录的解读。7月2日，在嘉兴召开了第九次省市医药行业协会会长、秘书长联席会议，对国家关于社会体制改革的部署进行解析、作出响应，明确协会今后发展方向和重点工作，为迎接改革作好准备。

二、重视会员合理诉求，维护企业合法权益

协会密切关注医药行业的市场变化和政策调整，密切联系会员，依法维护企业合法权益。2013年，有企业反映建德市某医院公开索要返点返利，协会及时与建德市政府相关领导进行了沟通，示之以法，晓之以理，经过多方协调，促使医院停止了这一违法行为，企业合法权益得到了维护。对此，协会还召集流通企业进行通报，共商预防之策。

对药品零售企业在执业药师配置上的困难，协会在年初向省药监局打了专题报告，提出对策建议。4月上旬，省药监局两次到协会做专题调研，并于年底在杭州开展执业药师远程审方试点。

对浙江省生物医药企业在执行新的增值税简易税率时碰到的困难，协会积极联系沟通省市国税部门并得到妥善解决。

协会利用会刊、网站等途径努力为企业和政府提供内容涵盖行业、政策、热点、市场、科技等方面的信息服务。2013年共出刊《浙江医药信息快递》52期，约66万字，更新“浙江药业网”信息共4 179条，使会刊和网站成为会员单位了解信息、拓宽视野、获得启示的良好载体。近年来，多家会员单位在获赠会刊之外还额外订购了协会会刊。继续做好全省52家零售会员单位的经营统计工作。

三、服务政府部门，加强沟通交流配合

服务政府部门是协会的宗旨之一。2013年，协会积极配合国家食药监总局做好药品生产质量管理规范中药饮片附录的意见征求工作，召集企业专业人员进行座谈，汇总提出16条修改建议上报国家药监总局；配合国家发改委举办“化学药品价格情况调查”座谈会；协助省经信委医化办和省药品集中采购办4次召开省内外大输液生产经营企业调研座谈会，形成调研报告，提出建议；协助省卫生厅开展本省医药企业产品在外省进入基药增补目录和医保目录的调查；协助省商务厅开展有关批发企业冷链运输情况调查；协助省经信委、省品牌建设促进会举办“品牌浙江大讲堂”第五讲活动；参加省卫生厅主办的省医药工商企业座谈会，讨论对药品招标政策的意见和建议；参加由省经信委、省科技厅、省食药监局组织的关于省中药产业技术创新与发展研讨会；参加省药监局召开的新版 GSP 实施意见座谈会。在政府和企业之间发挥好桥梁作用。

协会还积极配合政府调研活动。2013 年，省政协、省卫生厅、省食药监局、省经信委医化办、省药品集中采购中心领导和省卫生厅、省商务厅、省食药监局有关处室的负责人先后来协会，分别就两会提案、药物政策、扶优扶强、基药增补、招投标制度实施，零售药店执业药师配备短缺的问题，以及技术创新试点、原料药转型升级等进行调研。协会在汇报工作的同时也提出了规范管理、推动医药企业做优做强的意见建议，得到了政府领导的赞同。前来调研的领导表示，协会工作对政府支持很大，要继续加强双方之间的联动与合作。今后政府出台相关政策时，会多听取协会的意见建议，希望协会继续保持与政府部门的密切联系，把企业的意见及时反映上来。

四、加深与外界交流，扩大协会影响力

协会努力扩大与社会各界的交往。2013 年，协会领导分别参加了省经信委召开的全省化学原料药企业现代制造模式转型工作现场会、省工业经济联合会会员大会和座谈会；应邀赴深圳参加全国副省级城市药监局局长会议，讨论药监机构改革问题；应邀与省卫生厅、区国税局有关负责人赴贵阳参加医改新政下中国医药行业发展趋势研讨会；应邀参加中国医药物资协会单体药店（浙江）分会成立大会暨中国零售药店联盟首届高峰论坛，并在高峰论坛上作《单体药店面临的形势及应对》的报告；应邀赴长沙参加沪、浙医院血浆制品规范管理与供应发展趋势研讨会，并作《医与药之间的几个关系》的演讲。在走出去的同时，协会接待了山东省医药行业协会及 16 家山东医药企业来浙考察；吉林省及八个市、县经济技术合作部门、省级驻外商会来协会调研。

安徽省医药商业协会

2013 年是宣传贯彻党的十八届三中全会精神，全面深化改革的开局之年。协会在省食品药品监督管理局、省民政厅民间组织管理局、省商务厅、中国医药商业协会等有关单位的关心和指导下，在各会员单位的积极参与下，认真实践科学发展观，强化自身建设，积极开展交流培训，发挥桥梁和纽带作用，各项工作取得了较好的成效。

一、强化能力建设，积极按章程规定开展各项活动

2013 年，协会在省食品药品监督管理局等有关单位的关心和指导下，认真学习党的方针、政策和国家的有关法律法规，按照协会章程有关规定，扎实做好各项基础性工作。一年来，协会召开了理事大会、会长（扩大）会议、座谈会、秘书处会议，参加各种培训和信息交流会，按规定开展年检等日常事务，基本建全了组织机构，为协会各项工作的顺利开展奠定了基础。

2012 年 12 月 12 日，协会在安徽丰原医药经营有限公司召开了六届三次理事大会，协会正副会长、各副会长单位和常务理事单位负责同志等共 60 余人参加了会议。会议总结了 2012 年主要工作，讨论了 2013 年工作计划和 2012 年财务收支情况，并表决了增补副会长单位和理事单位入会事宜，同时协会邀请了国内资深 GSP 专家温旭民老师做了《新版 GSP 修订情况及关注热点》报告，受到了与会代表的热烈欢迎。

2013 年 5 月份，协会召开了会长扩大会议，协会正副会长、各副会长单位和常务理事单位负责同志等共 50 余人参加了会议。省局刘自林局长，协会名誉会长、省局陈小俊巡视员出席会议并讲话。刘自林局长对省医药商业协会坚持以服务为主线，积极开展新修订 GSP 宣传培训等工作给予了充分肯定，同时要求全省药品经营企业要提高对实施新修订 GSP 重要意义的认识，强化全员质量管理意识，分析医药流通行业所面临的形势，在实施新医改和新修订 GSP 背景下，把握发展的新机遇，鼓励安徽企业在竞争中生存，在生存中壮大。同时要求协会积极主动为企业提供学历教育、在职培训、技术支撑、业务培训等多种多样的服务咨询工作，服务于皖药振兴。协会名誉会长、省局陈小俊巡视员作总结发言时指出，2013 年是实施“十二五”规划的重要一年，也是实施新修订药品 GSP 和新医改县级医院集中招标配送的关键之年，各医药商业企业要充分认识到实施新修订药品 GSP 是推进医药经济发展方式转变的必然要求，增强全员质量管理意识，努力在人员条件、设施设备水平以及信息化管理方面迈上新台阶。同时要准确把握新修订药品 GSP 的新要求，按时实施新修订药品 GSP。与会代表对协会的各项工作给予了充分的肯定，针对新修订的 GSP 的实施，进行了热烈的讨论。与会代表还就企业在药品经营质量管理和仓储温湿度控制、票据管理、药品运输管理以及药品第三方物流建设等具体操作中存在的问题向有关专家进行了咨询。

经过协会认真调研和多方努力，结合安徽省会员单位民间活动特点，为了灵活开展工作，经协会会长扩大会议同意，以国药控股安徽有限公司为依托筹建了现代物流专业委员会，以安徽广济堂大药房连锁有限公司等企业为依托筹建了安徽省 OTC 联盟专业委员会，目前已初步建成，待协会验收同意后向民政厅民间组织管理局登记注册。

协会积极推荐安徽省药品经营企业参加全国医药商业行业第四批企业信用等级评价，目前安徽华源医药股份有限公司、安徽省医药（集团）股份有限公司荣获 AAA 级企业称号。

为了扩大协会在全省医药流通领域的影响，宣传协会会员单位对全省医药经济发展作出的贡献，提高协会在行业发展中的影响力，秘书处按协会有关会议制度的规定，定期召开会议，讨论秘书处工作，解决存在的问题，并及时向会长和有关领导汇报，确保协会工作的顺利开展。一年来，秘书处克服了人手少、事务多等困难，圆满完成协会年初制定的各项任务。

二、强化宣传交流，展示医药流通企业风采

在安徽省医药创新服务平台的支持下，协会秘书处编制了《皖药创新通讯》安徽省医药商业协会专刊，介绍相关政策、行业动态和宣传安徽省药品流通行业发展经验和先进做法。《皖药创新通讯》向全国同行业和相关部门发放 300 余册，起到了很好的宣传和交流作用。

在省局有关处室的帮助下，协会收集了全省医药商业企业有关统计数据，进行分析总结，并和全国有关统计数据进行比较，以《皖药创新通讯》简讯的形式向协会会员单位进行发布，供业界参考。同时安徽省批发企业前 30 强企业、零售连锁企业前 30 强企业入编《2013 年中国药品流通年鉴》和《2012 年中国药品流通行业发展蓝皮书》。在安徽省商务厅的指导下，协会收集了相关材料，编制了《2012 年安徽省商贸流通行业发展报告》，对安徽省药品批发企业前 5 强企业进行了宣传。协会积极协助商务主管部门开展药品流通行业兼并重组情况和延伸服务调查，为促进安徽省药品流通企业做强做大提供了帮助。

为了加强同行业协会之间的交流，协会于 2013 年 11 月份再次组织部分会员单位参加了“华东地区医药商业信息沙龙”座谈交流。南京医药合肥天星有限公司、安徽立方药业有限公司、淮南新欣医药有限公司、安徽省医药工业公司等单位派代表参加了会议。华东地区是我国医药商业最发达的地区之一，占据我国医药流通市场四成份额。同时华东地区医药商业无论是行业的改革和发展，还是医药商业在新医改中的作为，一直处于全国关注的焦点。吴素兰会长在会上汇报交流了安徽省药品流通行业现状和新修订药品 GSP 推进情况。与会代表积极参与交流座谈，展示了安徽省药品企业的良好风采。

近几年，《安徽省医疗机构药品集中招标采购实施方案》在网上公开征求意见后，协会主动联系有关单位，认真调研分析方案中有关内容，积极反映企业心声，先后多次向省药品招标领导小组及其办公室上报有关建议和意见。由安徽国立医药有限公司、安徽九州通医药有限公司提出的《关于安徽基层医疗机构药品使用的分析与几点建议》等有关合理化建议，反映了企业心声，受到了省药招办等有关部门的好评。

协会还将全国医药流通行业信息通报、新修订药品 GSP 及“十二五”规划对安徽医药流通行业的影响等有关报告内容在副会长扩大会议座谈会、各种上门培训班和全省药品经营质量管理研讨班上传达交流，受到各会员单位和药品经营企业的一致好评。通过这一系列的宣传工作，展示了安徽省医药商业企业的风采，推进了行业的健康发展。

三、强化桥梁纽带作用，服务会员单位

为拓展协会的对外联系，协会多次派员参加全国医药商业协会联席会议、中国医药商业年度大会等多种会议，交流协会有关工作，为引领全省医药商业向全国发展起到了积极的推动作用。积极向有关单位反映企业的心声，发挥协会的引领和桥梁作用。协会荣获商务部 2012 年度医药流通行业统计先进组织单位，安徽华源医药股份公司、天长千秋大药房连锁等单位获得统计先进单位称号。

省医药商业协会六届理事会成立以来，协会按照章程赋予的职能，积极加强交流和调研，以科学发展观为统领，服务全省医药商业企业，促进皖药振兴。协助省商务厅做好《2012 年安徽省医药流通行发展报告》的编制工作，参与省食品药品监督管理局开展“第二届安徽省医药质量管理奖”药品经营业企业的评选活动。一年来，协会先后到安徽华源

医药有限公司、安徽省医药工业公司、蒙城县中药材总公司、淮南新欣医药、国药控股淮南公司、国药控股蚌埠公司等会员单位多次走访、调研，并召开座谈会，得到了会员单位热情周到的安排，深受鼓舞。新版 GSP 已经颁布实施，安徽省药品流通企业反响强烈，协会积极向有关会员单位征求合理化建议，并将有关情况报省食品药品监督管理局和中国医药商业协会。

在协会的积极努力和省商务厅的指导下，省医药商业协会、安徽中医药大学获准为安徽省医药流通行业职业经理人培训基地，目前正在紧锣密鼓准备中，争取在 2014 年一季度开始招生。协会联合安徽中医药大学继续教育学院，结合企业经营工作实际需要和新版 GSP 对学历提高的要求，2012 年在国药控股安徽有限公司、巢湖今辰医药有限公司开办两个专升本学历教育班基础上，2013 年又在国安医药有限公司、上药医药股份黄山华氏公司、安徽华宁医药物流有限公司开办了 3 个专升本学历教育班，共有 200 名技术和管理人员参加教育培训，受到了会员单位的好评。另外，为了不影响企业的正常经营，协会 2012 年首次创新开办了上门培训服务，在 2012 年度理事大会上，协会邀请了国内资深 GSP 专家温旭民、魏骅等省内外知名专家教授为各位代表和管理人员进行新版 GSP 知识培训。2012 年年底在安徽华源医药股份有限公司开办了新版 GSP 修订情况及关注热点培训班，2013 年又分别在上海医药股份安徽华氏公司、国药控股蚌埠有限公司、蒙城县药材总公司、安徽芜湖双鹤药业有限公司等单位举办了多期新版 GSP 免费上门培训，参训人数 1000 余名，受到了会员单位的欢迎。

河南省药品流通发展促进会

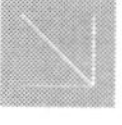

一、促进会概况

2011 年，商务部出台了《全国药品流通行业发展规划纲要（2011—2015 年）》，纲要中指出要“大力支持药品流通行业协会等中介组织的发展”。河南省药品流通发展促进会（以下简称“促进会”）正是在国家深化医改的新形势下，在河南省商务厅的关心指导下，由河南省医药保健品进出口有限公司、河南省博剂光明医药有限公司、郑州福瑞堂制药有限公司三家共同发起，于 2013 年 7 月 19 日经河南省民政厅批准正式成立，目前拥有会员 41 家，主管单位为河南省商务厅。

促进会以加强行业自律，维护行业利益，推动行业规范发展为宗旨。主要任务是宣传国家相关政策，加强与政府有关部门的联系，发挥政府与企业之间的桥梁纽带作用，加强交流与合作，协助政府部门进行行业管理，促进企业诚信自律、公平竞争，维护会员企业合法权益和共同利益。承担政府主管部门委托的行业统计、市场监测等工作，竭诚为政府和会员企业服务。

二、开展的主要工作

（一）做好基础工作和自身建设

促进会筹备期间，认真学习了党的方针政策和国家有关法律法规，按规定制订了人事、财务、秘书处等内部管理的多项规章制度及促进会章程，召开了全体会员大会和理事会，基本健全了组织机构，办理了合法的民政、税务等注册手续，为促进会能顺利开展工作奠定了基础。

（二）配合政府主管部门做好市场调研

为深入了解和做好药品流通行业管理工作，促进会配合省商务厅主管部门深入企业调研，先后走访了多家药品流通企业和生产企业，以座谈、讨论等方式听取企业意见和建议，了解河南药品流通行业发展现状和存在的问题，掌握了行业多种所有制并存、多种经营方式互补的特点和行业快速发展、整合集中的发展趋势。

（三）强化服务职能，促进行业发展

促进会既是政府与企业之间的桥梁纽带，又是行业管理和促进行业发展的公共服务平台。一年来，促进会一直秉承为政府、行业、会员单位服务的理念，以会员企业为中心，围绕服务积极展开各项工作。

1. 加强信息交流，发挥桥梁纽带作用

随着国家医改的持续推进，政府相关政策、法律法规、行业标准相继出台，为配合商务主管部门做好宣传贯彻工作，促进会密切关注国家医改动向，及时搜集和研究国家相关政策，争取将相关文件及有用信息，第一时间传递给会员企业。如及时向会员企业转发了《商务部办公厅关于申报 2013 年流通行业标准项目的通知》、《国家中医药管理局办公室、商务

部办公厅关于印发首批中医药服务贸易重点项目、骨干企业（机构）和重点区域申报指南的通知》、商务部市场秩序司《关于落实2013年中小商贸企业融资性担保和国内贸易信用保险补助工作的函》等，并向会员提出建议，鼓励符合条件的积极申报，起到一定的信息引导作用。

2. 为会员搭建平台，寻找发展商机

（1）组织外省参观考察，学习先进经验

为鼓励企业参与国际竞争，学习借鉴国外先进的营销方式和管理经验，组织会员赴外省参加全国性展会、论坛多次，如广州进出口交易会、中国国际健康与营养保健品展及“中国与世界”医药企业家高峰会暨药品管理法国际论坛等。这些展会和论坛层次高、规模大、商机也大，使企业开阔了眼界，了解和掌握了医药产业的发展趋势。

（2）为企业牵线搭桥，开展国际交流

河南药企在国际化合作方面较为落后，开展国际交往与合作是促进会努力的方向。2013年12月促进会将日本昭和株式会社请进来与会员企业直接对接，日本昭和株式会社的代表介绍了日本排名靠前的药企，参观了河南张仲景大药房股份有限公司和郑州福瑞堂制药有限公司等，对河南中部药业股份有限公司的物流园区深感兴趣，并希望能与河南企业深度合作。

（3）加强省内企业交流合作

2013年8月，促进会协助政府主管部门组织核心会员在省内参观了“郑州台湾科技园”。产业园区的领导介绍了该园区的设计与招商定位，会员企业站在医药行业的发展角度提出了医药物流方面的愿景，希望以第三方物流政策为突破口来探索实现入住园区的路径。同时还积极为推动园区的发展献计献策。

促进会还多次组织会员企业之间开展座谈、参观学习等活动，达到相互交流、启发、共谋发展的目的，并取得了会员对促进会的信赖与支持。

（四）完成好政府交办的工作

1. 认真做好药品流通行业统计工作

受河南省商务厅委托，促进会承担着全省药品流通行业直报和非直报企业的统计工作。从企业报表的催报、审核、分析数据等方面入手，按要求及时、准确地上报统计报表，发布全省年度药品流通行业运行统计分析报告。协助商务主管部门掌握行业现状，据实反映行业心声。针对相关直报企业统计人员频繁变动的状况，适时进行培训。主动联系药品流通企业，促其加入统计直报系统。积极督促企业按时完成商务部中药材重点品种流通分析直报系统的统计年报。就统计工作，促进会已连续两年受到商务部通报表扬。

2. 组织参加全国医药行业大赛

为提高河南省医药流通行业职工的业务水平，根据省商务厅部署，促进会在筹备期间就牵头组织会员单位，代表河南参加全国药品流通行业岗位技能竞赛和全国医药行业特有职业技能竞赛活动。从前期动员、选队、赛前培训、集中报名以及裁判员的推荐等方面做了大量细致的工作。促进会获优秀组织奖，河南代表队获团体全国第三，店长组团体单项第二，药师组团体单项第三，老百姓大药房获店长组一等奖，开封百事康获药师组二等奖。

3. 积极参加人才培训

积极贯彻药品流通行业“十二五”人才培训方案，按省商务厅要求与省内两培训基地一起参加了全国第一期人才培训师资培训班，培训后及时汇报，并积极配合政府部门向前推进。

（五）加强与外省行业协会交流合作

国家食药监总局发布《互联网食品药品经营监督管理办法（征求意见稿）》，公开征求社会各界意见，应湖南省药品流通行业协会邀请，促进会参加了在长沙举办的行业研讨会，加强与外省行业协会交流的同时也扩大了促进会的知名度。

三、会员发展情况

促进会成立一年来，从最初的38家会员发展至41家。会员单位主要包括药品流通企业和生产企业，有药品流通行业直报企业7家，占全省直报企业的49%。会员企业的发展状况良好，大多呈上升态势，不仅能顺应国家医改发展趋势，并能有所创新。如河南省博剂光明医药有限公司在“医药分家”新模式上进行了积极探索，基本药物配送覆盖新乡所有区县及郑州、安阳、焦作、鹤壁等地区和县市，销售网络已形成纵横豫北、辐射周边地区的强势经营格局；河南张仲景大药房股份有限公司在河南18个地市及外省拥有直营门店300余家，中医坐堂医诊所90余家，年销售额近8亿元，是河南本土医药零售行业规模最大的连锁企业。连续5年荣获中国药品零售连锁行业百强企业，2013年排名第24位；开封百事康医药连锁有限公司在社区医疗卫生延伸服务方面进行了有益尝试，出资兴办医疗服务站和卫生站，受到百姓的欢迎和认可。

在省商务主管部门的指导下，河南省药品流通发展促进会将进一步解放思想，真抓实干，全面增强自身建设，努力成为政府与企业、行业与企业之间重要的公共服务平台，在行业管理与发展上发挥重要作用，为实现河南省药品流通行业发展规划纲要做出应有的贡献。

湖南省药品流通行业协会

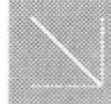

一、湖南省药品流通行业发展现状

2013 年，湖南明确将药品流通产业纳入 6 个千亿产业集群，药品流通行业迎来难得的发展机遇；药品流通企业为应对新修订 GSP 的挑战，不断提升流通效率和管理水平，创新业务和服务模式，行业规模和效益稳步增长。

2013 年，全省医药商业销售总额 720.2 亿元，同比增长 10.8%，规模以上医药商业企业销售总额 584.9 亿元。其中，长沙医药商业销售总额 478.61 亿元，约占全省医药商业销售总额的 66%，批发 438.26 亿元，零售连锁 40.35 亿元。

新修订 GSP 大幅提高了新开办企业的准入门槛，但湖南 2012—2013 年度新开办药品批发企业仍有较大幅度的增长，湖南药品流通市场“多、小、散”的状况并未发生根本性的扭转，行业集中度与医药经济发达省份相距较远。以长沙为例，2013 年长沙 122 家药品经营企业（不包括药品零售连锁）中，年销售总额 1 亿元以下的企业有 62 家，占一半之多。

表 1　湖南省药品经营企业数量

	批发（法人）	批发（非法人）
2011 年 6 月	318	83
2012 年 6 月	317	81
2013 年 6 月	385	79

表 2　长沙药品批发企业经营业绩分布情况

总销售额（亿元）	≥40	30—40	20—30	10—20	5—10	1—5	0.5—1	0.1—0.5	≤0.1
总计（家）	1	1	3	7	7	41	27	28	7

截至 2013 年年底，湖南零售药店连锁率仅有 20.26%。《全国药品流通行业发展规划纲要（2011—2015 年）》提出，到 2015 年年底，“连锁药店占全部零售门店的比重提高到 2/3 以上”，湖南要实现这一目标，任重而道远。

表 3　湖南省零售药店连锁情况

区域	湖南省				长沙市			
	单体药店	连锁药店	药店总数	连锁率	单体药店	连锁药店	药店总数	连锁率（%）
2012	14 603	3 321	17 924	18.50%	2 191	1 653	3 844	43.00
2013	14 909	3 787	18 696	20.26%	2 181	1701	3 882	43.82

2013 年度长沙市区单体药店数量与上一年度比较，出现历史性的负增长。主要的原因是长沙市政府及药监部门从保障药品质量和公众用药安全出发，出台了一系列的政策，扶持连锁发展。

表 4　长沙零售药店连锁情况

区域	连锁	单体	合计	连锁率（%）
长沙市	1 303	683	1 986	66
长沙县	201	374	575	35
望城	95	130	225	42
浏阳	54	640	694	8
宁乡	48	354	402	12
合　计	1 701	2 181	3 882	44

表 5　2012—2013 年长沙市区零售药店数量对比情况

年份	连锁	单体	合计	连锁率（%）
2012	1 251	784	2 035	61
2013	1 303	683	1 986	66

二、2013 年度主要工作

（一）规范行业发展，强化行业自律

一是配合食品药品监管部门在制定全省《药品经营质量管理规范》实施细则以及开展新修订 GSP 认证现场检查时，将“发票”作为关键项目严格实行一票否决制，凡药品批发企业销售药品未如实开具发票，发票、账、货、款不一致的，GSP 认证现场检查一律不得通过；药品零售企业采购药品时，未向供货单位索取发票，发票上的购、销单位名称及金额、品名与付款流向及金额、品名不一致的，GSP 认证现场检查一律评定为不合格。二是组织 27 家连锁会员企业发布《文明经商、诚信经营承诺书》并开展经营承诺自律检查，组织 230 多家规模较大的单体药店严格执行价格自律协定。三是宣传贯彻特许经营企业备案的有关规定和要求，指导拥有 2 家以上直营店、经营时间超过 1 年的特许经营企业依照国务院《商业特许经营管理条例》的规定向商务主管部门备案。

（二）积极为药品流通行业代言、发声

在湖南省“两会”期间，协会会同行业代表、委员提交《关于推动湘药出湘，促进湖南制药行业发展的建议》、《关于突破中药材流通瓶颈，大力开展我省中药材流通追溯体系建设的提案》、《关于保障我省农村人民用药安全便利，实施“放心药下乡”的建议》等 10 多项与药品流通行业密切相关的建议、提案。推动长沙市出台《长沙市药品零售企业设置实施细则》，首次纳入执业药师远程审方的问题，对单体药店和连锁药店的准入条件进行了调整，有利于加快推进零售药店连锁经营。推动湖南省食品药品监管局印发《关于药品零售企业执业药师配备有关工作的通知》，明确药品零售连锁企业通过设置远程审方室审方，缓解现阶段执业药师配备不足的问题。

（三）强化服务，维护企业权益

协会向食品药品监管部门提出出台行政许可新政，将本属于药监监管职能的药品经营许可证、药品经营质量管理规范认证证书、医疗器械经营企业许可证以及即将移交的食品流通许可证等四项许可证书合并发证，为湖南药品流通企业减负减压。目前，长沙市已将其药品经营许可证、药品经营质量管理规范认证证书两项行政许可整合为一项行政许可。通过积极争取，湖南省人民政府将药品流通纳入 6 个千亿产业工程，支持实施“放心药”下乡工程和“湘药出湘”工程，国药、益丰、九芝堂、怀仁等企业纳入 2013 年度全省及商务厅支持项目，获得总计 480 万元资金支持。根据湖南省食品药品监督管理局的要求，协会多次组织召开座谈会，就制定《药品经营质量管理规范》实施细则广泛征求业内企业的意见并及时进行反馈。

广东省医药行业协会

一、产业运行基本概况

（一）医药制造生产稳定增长

2013 年，广东医药制造业规模以上企业生产总值为 1 190.19 亿元，主营业务收入 1 116.05 亿元，同比增长 17.4%。全省化学药品原药和中成药产量同比增长 12.4% 和 15.9%。按主营业务收入排列，广州医药集团有限公司、珠海联邦制药股份有限公司、丽珠医药集团股份有限公司、深圳海王集团股份有限公司、深圳信立泰药业股份有限公司、广东广润集团有限公司等 6 家医药工业企业列入工信部 2013 年度全国医药工业百强榜，其中广州医药集团股份有限公司连续三年位列第一。

（二）医药市场销售持续稳定

2013 年，全省规模以上医药制造业年销售产值为 1 143.40 亿元，产销率 96.07%，同比增长 17.5%，比全省工业高 5.4 个百分点。全省医药制造业出口交货值 77.32 亿元，同比增长 2.3%。

广州医药有限公司、广州中山医医药有限公司、汕头市创美药业有限公司、广东广弘医药有限公司、深圳中联广深医药（集团）股份有限公司成为 2013 年度中国药品批发企业主营业务收入 100 强企业，其中广州医药主营业务收入 246.46 亿元，排名广东第一、全国第五。

大参林医药集团股份有限公司、深圳市海王星辰医药有限公司、深圳中联大药房控股有限公司、深圳市友和医药大药房连锁有限公司、广州采芝林药业连锁店、中山市中智大药房连锁有限公司、广州健民医药连锁有限公司、广东国药医药连锁有限公司进入零售企业销售总额前 100 位，其中大参林医药集团股份有限公司以 34.25 亿元销售总额排名广东第一、全国第五。

华润广东医药有限公司、深圳迈瑞生物医疗电子股份有限公司、深圳市康哲药业有限公司、广州医药有限公司、珠海联邦制药股份有限公司、深圳市海普瑞药业有限公司、西门子（深圳）磁共振有限公司、广东省医药保健品进出口公司、佛山市雅博士医疗设备有限公司等企业进入 2013 年中国医药保健品进出口企业 100 强。

根据中国上市公司市值管理研究中心提供的数据，广州药业股份有限公司是 2013 年度医药行业上市公司总市值增长率排名第一的上市公司。广州市香雪制药股份有限公司主营收入年增长率 57.44%，利润增长率 50.20%。华润三九归属上市公司股东的净利润同比增长 33.35%。

（三）新型流通方式发展迅速

广东药品电子商务发展居于全国首位。截至 2013 年，取得《互联网药品信息服务》、《互联网药品交易服务》资格证书的企业数分别占全国的 19.25% 和 15.82%。“广药健民网”实现销售 6 200 万元，同比增长 250%，为企业转型升级提供了动力。截至 2012 年年底，16 家企业获准向个人消费者提供药品（B2C），6 家企业获准与其他企业进行药品交易（B2B）。广州医药有限公司是全国少数几家同时拥有 B2C 和 B2B 两个资格证书的企业之一。深圳海王星辰医药电子商务网站有效整合线上线下资源，成为国内实力最为雄厚的医药电商网站。

2013 年，广州香雪制药股份有限公司全资子公司广东九极生物科技有限公司、康美药业股份有限公司直销业务申请得到了商务部正式批准，其中广州香雪制药股份有限公司是首家获得直销牌照的广东医药上市公司。

广州阳普医疗科技股份有限公司已形成覆盖全球九十多个国家与地区的产品销售和服务网络，为近 1 万家医疗学院、研究机构、医院以及诊断实验室提供广泛的产品、技术与服务支持。

康美药业股份有限公司搭建了以安徽亳州、广东普宁、甘肃陇西、青海西宁、广西玉林等为纽带并辐射全国的市场网络，管理全国 75% 以上的中药材交易规模。2013 年全球最大的中国·亳州康美中药城盛大开业，投资 30 亿元的中国·东盟康美玉林中药材（香料）交易中心项目正式启动。

二、协会基本情况

广东省医药行业协会是在广东省食品行业协会的基础上，于 2001 年经广东省民政厅批准成立，两协会秘书处合署办公，成为我国第一个准 FDA 省级行业协会。

广东省医药行业协会是由广东省行政区域内的医药行业企业，包括化学原料药及制剂、生物药品、医疗器械、中成药、中药材、中药饮片、卫生材料、制药机械、药用包装材料（容器）等生产及流通企业等单位自愿组成，具有法人资

格的非营利性、地方性社会组织和自律性行业管理组织。协会按行业中分类成立了中医药专业分会、化学制药分会、医药流通分会、医疗器械专业分会等7个分会，并建立了广东省食品医药行业评估中心、南方食品医药网、食品药品产业发展咨询和产业安全预警等多个服务平台。

省医药协与省食协共同成立的广东省食品（医药）行业协会党委已成为全国医药行业拥有基层党组织和党员数量最多的行业党委，是中纪委、中组部、民政部在全国树立的唯一一个省级行业协会标兵，为广东医药产业的健康高速发展提供了坚强的政治保障。省医药协拥有直属会员800多家，系统会员近1万家。

三、2013年协会开展的主要工作

（一）认真开展医药经济运行分析和行业统计

省医药协受省经信委和省商务厅委托，承担广东重点医药工业和流通企业统计。2013年，广东省医药工业企业上报医药工业统计年报上报率达到82%，高于国家平均上报率，错、漏报率较上年明显减少。截至2013年年底，广东省医药流通应报直报企业上报率为95%，省医药协及广州医药有限公司等8家医药流通企业受商务部通报表彰。

省医药协还向行业主管部门提交《广东医药工业发展情况》、《2009年以来广东省医药流通行业发展现状和面临的发展环境》等报告，并协助完成《广东省药品流通行业“十二五”发展规划中期评估报告》、《广东省医药物流延伸服务情况调查报告》。在省医药协的大力推荐下，华润广东医药有限公司与广东省人民医院合作的医院物流智能一体化项目和广州医药有限公司与荔湾区金花街、白鹤洞街、逢源街等社区卫生服务中心合作的药库药房信息化管理项目进入商务部首批医药物流延伸服务示范项目。

（二）成功举办了“2013（西安）广东医药（健康产业）产品巡回展”

为落实中央、省委、省政府有关扩大内需，确保经济持续健康发展的决策部署，进一步加强粤陕两地医药（健康）产业的交流与合作，在粤陕两地政府部门和行业协会的大力支持下，由广东省医药行业协会和广东省食品行业协会联合主办的“广货全国行——2013广东医药（健康产业）产品巡回展”于2013年12月21日至23日在陕西省西安市曲江国际会展中心A馆举行。广药集团、丽珠医药、康美药业、三九医药、珠海联邦、香雪制药、健康元、加多宝、黄振龙、林中宝等125家医药（健康产业）企业参加了巡回展。本次巡回展为广东医药产业的省外市场开拓进行了有益的探讨和提供了宝贵的经验。

（三）组织企业赴境外进行考察交流

为进一步了解国外先进食品、医药包装技术，应意大利对外贸易委员会和意大利自动化包装机械制造商协会等意大利政府部门和有关协会邀请，由省食协会长、省医药协常务副会长兼秘书长张俊修担任团长，团员由加多宝、丽珠集团、珠江啤酒、王老吉、香雪制药等15家食品、医药大型企业高层组成的食品医药包装机械考察团于2013年10月13日至17日赴意大利考察访问。

此次考察收获很大。一是参观了意大利大、中、小各类食品、医药包装技术企业，对意大利企业坚持个性发展和研发创新留下较深刻的印象。二是加深了对意大利的食品、医药包装技术和设备情况的了解。考察团对意大利设备精细程度和优质材料使用方面普遍认可。三是取得一些实实在在的成果。特别是考察团普遍对打码防伪一体化、密封单剂量破开式包装、机械手分拣包装和不同饮料瓶（罐）盖互换技术等感兴趣。其中现场洽谈成功的项目3个，意向34个。

海南省医药行业协会

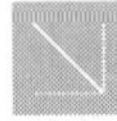

一、真情服务中小企业，为企业提供及时周到的服务

（一）积极向政府部门反映行业问题，维护企业合法权益

海南省的医药产业遭遇了生产成本上涨、药品价格提高、新版GMP改造、新版GSP认证等困难。很多企业都向协会反映在发展过程中遇到关于中药材扶持项目管理、药品进出口、新版GMP认证、新版GSP认证、销售费用票据稽查、非单独定价进口药品限价、婴幼儿奶粉入驻药店和驻店执业药师等方面影响行业发展的问题。协会得到消息后，第一时间召集相关企业就具体问题进行座谈，听取行业发展的共性问题，形成书面材料向省工信厅、省药监局、省税务部门、海口市政府等相关职能部门进行专题汇报。针对影响海南省

医药产业发展的实际问题，协会多次邀请工信、药监等职能厅局召开产业发展座谈会，多方协调，进行行业呼吁、维护企业合法权益。

（二）开展各类培训，提高中小企业人员素质和工作能力

由于海南省医药产业起步较晚，以中小企业为主、规模小，专业人才匮乏，同时又与全国医药企业在同一市场、同一水平线同等竞争，使得海南省的企业在技术、信息、政策上都处于相对劣势。为此，协会通过多种渠道，传递信息，引导市场运作，根据企业需求，还邀请福建省药品检验所研究员宁保明副所长、北京市药品包装材料检验所技术负责人袁春梅主任、中国医药质量管理协会孙新生药学博士、中国医药报社媒体策划中心（医药媒体危机处理中心）吴宝康主任、国际注册管理咨询师（CMC）和会计师王含英老师、海南药检所周毓惠主任等国内外知名专家为企业开展“国家新版 GSP 宣传贯彻大会”、“注射剂药品生产链的质量保障会议”、“医药行业媒体危机应对培训班”、“海南省医药行业成本管理培训”、“海南省中成药生产企业专业技术人员系列培训班”、“医药行业一线员工技能提升培训”、“药物临床试验质量管理规范（GCP）院内培训班”等专业培训和综合培训。培训人员覆盖企业管理人员、质管人员、财务人员、基层技术人员，内容涉及 GMP 认证、GSP 认证、药品外包装、媒体危机、成本管理、中药鉴定等多个方面内容，帮助企业分析形势，提高认识，树立意识，引导企业科学高效有序发展，直接为省内 500 多家生产经营企业解决实际难题。协会不间断地开展活动，深受企业欢迎，企业普遍认为协会开展活动及时，内容丰富实用，时效性和针对性强，对企业的发展具有很好的指导作用。

（三）邀请专家为行业企业提供广泛的交流平台

协会适时根据企业发展需要，利用各种机会为企业提供交流平台。协会借北京医药行业协会来琼考察之机，邀请北京医科大学潘艳春老师对新药项目进行推介，介绍北京医科大学的研究发展现状及突出成果，并与海南医药企业进行充分的交流，得到企业的热烈欢迎。协会还协助省药监局为企业申请重大科技项目，指导相关企业完善项目申报材料，争取项目划拨资金。组织开展 2013 年度中药材生产扶持项目评审会，邀请省内专家对海南海惠投资发展公司砂仁规范化生产基地、琼中华宇生态产业化投资有限公司降香产业化生产基地建设 2 个申报 2013 年国家中药材生产扶持项目进行评审。

（四）开展招商引资，引进优质项目和外来资金落户海南

为了能在紧密海南省企业与外部市场的关系方面提供更加周到细致的服务，协会一直全心全意地创造各种条件，帮助海南省与国内外医药行业间的交流，想方设法地帮助企业开拓外部市场，同时为外来企业落户海南穿针引线。得知江守商事（中国）贸易有限公司准备来琼开拓市场，协会根据江守商事（中国）贸易有限公司的情况，吸引其在海南省设立海南江守置基医药有限公司，为国内医药企业提供西咪替丁原料药。

面对新版 GMP 改造情况，许多企业面临融资难问题，协会向平安银行和南洋银行反映企业需求，并与平安银行达成战略合作意向，授信协会 2 亿额度，1 亿联保贷款，1 亿抵押类贷款。其中 2014 年 1 月份已成功为协会四家会员单位取得 1 200 万元联保贷款。与省银监局搭建银企交流平台，为医药中小企业提供更好的融资环境和更多的融资机会。协助企业融资重组、项目合作，促进银企合作，加强与省内外交流，助力企业解决融资难的问题。

（五）组织企业参加医药展会，加强企业交流，为开拓外部市场提供便利

组建海南医药考察团，积极向先进地区吸取发展经验。海南省的医药产品虽然取得了一定的成绩，但由于基础薄弱，与国内发达地区相比，还是医药小省、弱省，与国际接轨更是困难重重。因此，协会从促进产业发展、吸取先进经验、宣传海南医药、开拓外部市场出发，与省药监局共同策划，组织了海南省医药企业参加第四届中国（泰州）国际医药博览会，深入了解江苏泰州中国医药城，参访了江苏省药监局、江苏先声药业、江苏省润天生化医药有限公司，参观了扬子江药业、济州药业、通用同盟、锦瑞制药等医药企业，参照成功发展经验，明确海南省现阶段药业发展的方向和目标。考察期间，协会在学习经验的同时还积极介绍海南的产业政策，邀请他们回访海南，做好招商引资的相关工作。组织海南省企业参加国际中药与植物药博览会，加强了省内外行业、企业之间的交流，推广海南省企业、产品、人才、技术，促进海南省研发技术的产业化互换。

（六）为企业提供多方面的个性化服务

随着医药产业在政府的引导和扶持下逐渐走向稳健发展之路，海南省的一些企业也逐渐脱颖而出。协会为企业搭建了有益的沟通桥梁，并帮助其进行推广，邀请省内各企业人员参观海南华健现代医药物流交易中心的标准化 GSP 药品储备仓库、LIMS 自动化物流分拣系统和第三方物流和医药交易公共服务平台。协会从活动的策划、资料的准备、现场的布置、流程的进行等方面进行了紧密的跟踪和落实，确保了活动各环节的顺利进行，得到了企业的认可和好评。

同时，协会也积极与相关部门协调，为企业搭建从原料到生产、从包装到销售、从销售到运输的服务平台，服务涵盖整个医药体系的各个环节。

二、积极参与医药产业规划和发展，做大做强医药产业

（一）协助政府部门加快行业政策的出台，为海南省医药产业的发展献计献策

为贯彻“科学发展，绿色崛起”战略，做好政策的落实工作，推动医药产业健康发展，加强与省工信厅、省药监局、省商务厅、省统计局、市政府、市科工信局以及高新区管委会等相关部门联系，为政府出台扶持中小企业的政策措施建言献策。协助省工信厅召开《海南省鼓励和支持战略性新兴产业和高新技术产业的若干政策（暂行）》促进医药产业发展暂行办法修改意见座谈会，多次组织企业进行座谈，听取企业的意见，加快推动政策的出台，为医药企业在新药研发、技术创新、人才引进等方面争取专项扶持。与省政府及主管部门多次召开政企座谈会，及时了解企业存在的实际困难，帮助企业排忧解难。

（二）做好政府的好帮手，积极参与行业发展规划和行业调研

协会参与配合政府部门做好海南省医药产业“十二五”规划工作。受海口市科工信局委托，承担《海口市医药产业发展规划——“十二五”中期回顾和后期发展（2013—2015）》的编制工作，通过调研、走访、座谈、专家评审等方式，顺利完成规划编制工作，得到了政府部门的认可。受省工信厅委托，进行医药行业GMP改造后“十二五”中后期产能提高的情况调研和海南省医药行业中小企业减负调研工作。

（三）开展医药经济运行分析，把握医药运行动态

为了帮助企业及时掌握海南省的医药经济总体势态，在省工信厅、药监局、统计局的指导下，协会于2013年12月份召开统计工作会议，总结2013年全年统计工作，布置2014年年报及定期报表，表彰年度先进统计工作者，并对网上直报软件系统操作流程进行现场培训和答疑，形成了科学规范的填报流程和简明高效的上报体系，连续9年被国家发改委、国家工信部评为“医药经济运行监测暨统计工作先进单位”。

每季度编制一期产业动态，总结情况，分析原因，科学预测，年初编制《医药工业、商业白皮书》，系统分析海南省医药产业的发展特点，以及阻碍产业发展的基本因素，预测产业发展方向，免费为企业提供数据参考，帮助企业调整战略部署，并及时报送省委省政府及有关厅局，作为政府规划医药产业发展科学决策的第一手的数据分析资料。

贵州省医药商业协会

贵州省医药商业协会是1989年经贵州省经济与信息化委员会批准和贵州省民政厅注册登记的全省性社会团体法人组织，是中国医药商业协会理事单位、中国医药流通企业基本情况（贵州省）调查和发布单位、贵州省百强企业医药行业申报单位、贵州省优秀企业及企业家医药行业推荐单位。目前有会员单位近75家（其中含商务部直报企业50家），覆盖全省9个地州市。协会的宗旨是为政府、行业和企业服务，促进医药经济和医药产业健康、稳定、可持续性发展。

近两年来，协会在贵州省经济与信息化委员会、贵州省商务厅、贵州省食品药品监督管理局、中国医药商业协会等业务指导单位的领导和支持下，通过发挥政府与企业的桥梁与纽带作用，积极配合政府实施行业管理，及时向有关职能部门建言献策，为维护医药流通行业整体利益，在促进公平竞争、预防商业贿赂、健全市场秩序、加快医药流通体制改革、助推行业健康发展等方面做了大量工作，受到政府及相关部门和企业界的好评。

一、2013年主要工作

加强了协会对外联络对接工作，为贵州省部分工业和商业企业与省外企业业务合作搭建平台。协助贵州省商务厅相关部门对贵州省医药流通企业进行调研，对全省医药流通行业中存在的意见和建议进行了梳理，及时向有关部门进行了汇报。继续进行行业年度销售额、行业情况、应收账款等统计，并上报有关部门进行权威发布。加强与银行界的交流和合作，连续两年为协会会员单位二十余户次贷款近3亿元，解决了医药流通企业贷款难的问题。推动企业改革重组、做大做强，协助和辅导企业间开展联盟。承办了第十五届全国医药行业协会会长、秘书长工作会议和

2013 中国医药产业发展高峰会。举办新版 GSP 重难点、关键点实战操作指导班。

二、2014 年主要工作安排

继续按协会章程做好协会日常工作，积极为《贵州省药品流通行业发展“十二五”规划》的顺利实施服务。协助和辅导企业间开展联盟，组建一支本土具有竞争力的大型现代化流通企业，协助推动贵州大健康园区建设。推动开展医药执业药师、企业职业经理人培训和相关职业技能培训，统一按商务部和贵州省商务厅的部署安排，做好行业培训。继续对新版 GSP 重难点、关键点实战操作进行指导。继续加强与银行界的交流和合作，解决医药企业贷款难问题。启动贵州医药流通企业基本情况调查和信息发布。完善行业信用体系建设。做好协会换届选举。

云南省药品流通行业协会

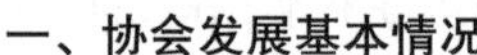

一、协会发展基本情况

（一）云南省药品流通行业协会成立

云南省药品流通行业协会于 2014 年 4 月 29 日在云南昆明成立。协会由云南鸿翔一心堂药业（集团）股份有限公司等 12 家药品批发、零售连锁企业共同发起，云南省各州市药品流通企业积极参加，云南鸿翔一心堂药业（集团）股份有限公司董事长阮鸿献当选会长，云南省商务厅马永福副厅长当选名誉会长。

（二）协会成立之初状况及协会现阶段基本情况

协会成立之初有会员单位 65 家，其中含批发企业 47 家、零售连锁企业 8 家、批零兼营企业 14 家。协会已经建立了完善的人事管理制度及工作制度，能正常有序地做好服务会员、促进行业发展及主管部门布置的每一项工作任务。

（三）协会目前的发展状况及今后的会员发展目标

目前，协会会员单位已发展至 73 家，到 2014 年年底，计划通过直接走访、理事会成员介绍及开展对外交流活动等方式新发展会员单位 20 家。协会现已建立了良好的会员管理体系，制订了会员档案管理办法，不断完善会员服务内容。协会会以更好地为会员服务，促进行业快速发展，做好企业和政府之间的桥梁纽带为宗旨开展工作。

二、协会成立以来所做的行业工作

（一）落实药品流通行业“十二五”发展规划纲要

一是协会对照规划纲要的主要目标任务逐条分析，根据省商务厅药品流通管理处的要求制订了配套措施和办法。二是协会积极宣传贯彻商务部出台的药品流通行业“五项标准”的内容，在社会上产生了较好的影响，通过宣传落实政策，努力推进药品流通行业结构调整，指导药品流通企业改革，切实推动现代药品流通方式的发展。

（二）完善行业管理工作体系

建立与各州市商务局联系途径，加强与云南省食药监局、卫生厅、省统计局、省招标采购局和省医药行业协会、省执业药师协会等省级相关部门的横向联系，形成联动机制。搭建政府与企业之间的纽带桥梁，基本构建了药品流通行业的管理机制。

（三）行业基础建设取得进展

一是完善了统计制度，编写了 2014 年二季度药品流通行业运行分析报告。为保障药品流通统计工作顺利开展，协会受省商务厅药品流通管理处的委托，开展了药品流通行业统计培训工作，各州（市）商务主管部门、相关行业协会以及直报企业代表参加学习。

二是加强了行业人才队伍建设。为加快推进云南省药品流通行业人才队伍建设，提高药品流通行业整体素质和企业经营管理水平，根据《全国药品流通行业“十二五”人才培训方案》关于人才培训的目标及“新版 GSP”的认证要求，在厅领导的指导下，结合云南省的实际，制定了“2014 年云南省药品流通行业‘十二五’人才培训方案”。

三是推动行业组织建设。协会预计 2014 年设置药品流通批发企业专业委员会及药品流通零售企业专业委员会，增强服务政府、服务企业的能力。

（四）努力为行业发展创造良好环境

一是协会对各省市实行的“新版 GSP”及本土药品流通企业进行了深入调研，征求意见，经过对比分析调研信息，向云南省食品药品监督管理局上报了有关报告，反映企业诉求，提出了加快推动新规实施的建议。

二是会同中国医药商业协会、湖南省药品流通行业协会等多家单位共同向国家食品药品监督管理总局和商务部上报了《互联网食品药品经营监督管理办法（征求意见稿）》分析报告，提出建议，反映企业发展需要。

三是通过对福建、广州、江苏、上海等地的远程审方和第三方物流的基本情况调研，向省食品药品监督管理局提供考察走访的参考备选地点，为促进云南省在做好药品远程审方、第三方物流两方面打基石，服务于政府，服务于药品流通行业。

（五）增强行业凝聚力

一是开展行业研讨会及展销活动。2014 年 6 月 6 日至 10 日，云南省商务厅药品流通管理处首次在第 2 届中国南亚博览会暨第 22 届中国昆明进出口商品交易会展区设立“云南药品流通馆”，省药品流通行业协会组织工作人员积极协助完成工作，展会上发放《云南药品流通会刊》1 万多册，展馆里 24 家参展企业共展销商品 1 000 多个品种，扩大该省药品流通企业知名度和影响力。

二是 8 月 3 日云南昭通鲁甸发生 6.5 级地震后，协会接到省商务厅药品流通管理处的工作指示，及时组织省药品流通行业协会在本地区企业中发出倡议书，发动企业发扬中华民族“一方有难、八方支援”的优良传统，积极向灾区群众捐款捐物。

三是召开云南省药品流通行业“工商共赢，行业共荣”主题研讨会。研讨会上来自 10 家医药工业公司的代表和 16 家医药商业企业代表展开激烈的研讨，提出了行业的发展带动着企业的发展，只有全行业拧成一股力量，才会发展得更好更快，提升了全行业的凝聚力。

三、未来协会工作计划

作为行业协会，会积极配合商务主管部门开展行业工作。未来的工作中，协会会加强诚信经营宣传和自律体制建设，制定行业职业道德准则和行规行约并监督会员执行，维护行业市场秩序和行业形象。做好行业统计工作，积极配合“五项标准”的宣贯。开展对外交流活动，整合行业资源，加强行业人才队伍建设。反映企业诉求，促进行业政策的出台，切实做好会员服务工作。

西藏医药流通协会

一、协会基本情况

西藏自治区医药流通协会成立于 2013 年 6 月 29 日，是自治区商务厅批准成立的行业协会，系由从事医药卫生、医药批发、药品零售、医疗保健、医疗器械流通的企业和个体经营户自愿组成的行业性、地方性、非营利性的社会组织。协会的宗旨是：反映会员愿望和要求，维护会员的合法权益；履行行业服务、行业自律、行业代表、行业协调与监督的社会职能；积极为政府管理服务、为企业发展服务、为广大群众身体健康服务，发挥政府与企业之间、企业与企业之间的桥梁、纽带作用，推动西藏医药流通行业发展和改革。目前，协会会员单位 34 家，会长 1 人，常务副会长 5 人，副会长 8 人，常务理事 2 人，理事 18 人。

二、协会职能

（1）宣传国家医药方针、政策，积极贯彻政府有关医药法律、法规和行业规章，协助政府实施行业管理，承办医药流通行业主管部门商务厅委托的工作，促进医药流通行业健康发展。

（2）协助政府有关部门开展医药流通行业发展状况等方面的调查研究，就西藏自治区医药流通行业发展规划、行业标准和有关促进政策等问题向政府有关部门提出意见和建议。

（3）逐步建立行业自律的长效机制，制定并监督执行行业职业道德准则、行规行约，规范行业自我管理行为，营造公平竞争的环境条件。配合政府有关职能部门监管、打击医药流通环节中的各种违法违规行为，促进会员诚信经营，维护医药流通良好秩序。

（4）举办各类专业、专题报告会、研讨会、经验交流会等活动，指导和帮助企业改善经营管理。举办各类适用性职业教育和培训，组织会员学习相关法律、法规和国家政策，引导、教育会员爱国、敬业、守法，提高全行业人员的素质和业务水平。

（5）负责行业统计。建立行业、会员、品种、价格等统计信息制度，搜集、统计、整理并定期反馈行业统计、会员统计、医药品种、医药价格等基础信息资料，进行市场和行业发展趋势分析、预测。

（6）深入开展医药流通行业、地区医药经济发展调查研究，及时向政府部门反映行业实际情况及会员诉求，努力维护行业利益和会员单位合法权益。参与本地医药流通行业法律法规、宏观调控、产业政策、市场竞争规则等行业标准的研究、制定，并组织贯彻落实。

（7）为会员提供法律法规咨询和服务，协助会员维权。开展与医药流通行业相关的（包括法律法规、产业政策、品种市场、管理模式、物流技术等）咨询服务，为会员提供政府政策、国内外医药市场、行业政策、品种结构及价格变动等信息，帮助会员及时掌握国内外行业发展动态，引导会员科学决策，规避风险。

（8）开展国内外交流，积极与国内外同行协会及有关组织建立合作交流关系。

（9）办好协会期刊，建好协会网站，传递、反馈同行业和会员的信息，提高协会和会员的知名度。

（10）开展协会宗旨允许的业务和政府及其主管部门授权或者委托的其他任务。

三、工作开展及下一步安排

西藏自治区医药流通协会成立以来，始终秉承协会宗旨，遵循“与政府同步，与企业同心，有问必答，有求必应，有事必办”的工作原则，为协会会员单位做实事，做好事，尽心尽力为会员单位解决实际困难和问题。在西藏自治区商务厅的指导下，协会会同药品流通企业克服地域辽阔、地势高峻、气候严寒和人口密度小、居住分散等困难，开展了大量工作，保障了藏区多民族人民的药品供应。协会充分发挥政府与企业间的纽带作用，加强行业自律性，维护了市场公平竞争秩序；开展各项培训活动，如法律培训、项目申报培训等；协助会员单位解决民营医院纳入新农村合作医疗准入问题。

2014 年，协会将积极配合西藏自治区商务厅和商务部，积极开展各项工作，一如既往服务于会员单位。反映行业诉求，发挥好桥梁纽带作用；加强行业自律和交流合作，贯彻国家医药政策；优化医药资源，提高服务能力，把协会办成经营者之家。带着“聚医药同仁之心、惠雪域人民之身”的信念，推动西藏医药流通行业可持续发展。

宁夏医药行业协会

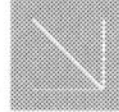

宁夏医药行业协会秘书长　张学斌

协会的工作在于科学运筹，把握机遇，坚定信念，应对挑战。宁夏医药行业协会成立 9 年来，充分发挥党支部的领导作用，坚持正确的政治方向，紧紧围绕为会员服务这个中心，在反映行业诉求，维护企业合法权益，帮助企业转变经营思路，调整经营模式，实行行业自律，促进企业诚信建设，动员企业积极参与社会慈善公益活动，开展行业培训和职称评审，加强协会内部治理，加强与政府的联系与合作，充分发挥桥梁纽带作用等方面，做了一些工作。

宁夏现有药品、医疗器械、中药材加工种植等生产经营企业 3 296 家，生产企业年产值 17 亿元；药品医疗器械经营企业年销售额达 60 亿元，其中，政府主导的药品“三统一”配送 30 多亿元。宁夏医药行业协会目前有会员 161 家，涵盖了全区主要药品生产与经营企业，其生产规模、经营规模分别占全部医药企业的 95%、80% 以上。协会在服务会员的同时，也为非会员提供了同样的信息咨询、权益维护、人才评价和人员培训。多年来，协会的工作得到了政府与企业的充分信任和积极支持，各项工作始终保持平稳发展，充满了生机和活力。

一、发挥党支部的领导作用，把握协会发展方向

宁夏医药行业协会党支部在上级党委和管理部门的指导下，认真贯彻党的十八大精神，抓住党中央国务院关于“创新社会组织，重点支持协会商会类发展”的重要政策机会，调整协会工作思路，把握协会发展方向，坚持为会员和行业服务的宗旨，加强与政府的联系，积极做好承接转移职能的准备。同时，加强内部治理，健全日常工作制度，完善协会民主决策程序，夯实诚实自律基础，拓展信息公开，充分发挥协会的桥梁纽带作用，为企业提供多方面的服务。

二、反映行业诉求，维护企业的权益

宁夏处在我国西部经济不发达地区，医药工业相对脆弱，药品流通企业大部分属于中、小、微企业，数量多、分散且面广。当企业的权益受到不法侵害时，往往选择了“逆来顺受”的方式，私下反映强烈，但不敢用法律武器维

护自身的权利，害怕有关部门“给小鞋穿”。对此，协会根据企业的反映，主动与有关部门沟通协调，使大部分问题得到有效解决。如药监部门强制规定全区所有药品零售店更换由他们统一设计的门头问题，经协会与药监局领导沟通后，药监部门不再强制要求实施；固原市社保局规定药店不得销售保健品，要求保健品下架的问题，经与自治区社保局协调恢复上架销售；固原市国税局在零售药店已经实行了定额税，企业也依法照章纳税，国税局在事前没有告知和企业不知情的情况下，突然要求零售药店和连锁公司补交往年医保刷卡销售的税款问题，经协会和企业代表上上下下协调沟通，税务部门决定不再追缴，避免了一部分药店的破产，企业因此免受近千万元的损失；盐池县医药药材公司因漏税问题已经税务部门处理，补交了税款和接受了行政处罚，在结案的情况下，又被税务部门起诉到法院，被司法部门立案监视居住，影响了公司的经营。在协会法律顾问的参与下，协会直接与该县法院交涉，使问题得到圆满解决。

2010 年协会与全国医药行业协会会长、秘书长在北京开会，就国务院即将出台的《全国医药卫生体制改革方案》进行讨论，并提出修改意见，共同签字上书国务院，得到李克强总理的批示。宁夏医药行业协会还就政府主导的企业药品配送的选择方式向自治区政府提出了意见和建议；协会还参加了民政厅组织的对自治区政府准备出台《关于我区社会组织改革和发展的意见》草案的修改，并提出意见和建议。

三、指导企业转变经营思路，规范企业的经营行为，为企业解决困难

宁夏药品流通行业点多面广，受传统经营思想的束缚。企业数量虽然增加快，但经营方式落后，而且经营秩序比较混乱。协会先后多次召开理事会议，研究药品流通企业集约化经营和零售药店大连锁问题，动员有实力、信誉好的企业带头实施连锁经营，规范药品进货渠道，保证药品质量。发挥国有企业的引领作用，促进企业间的兼并重组。截至 2013 年，全区药品连锁企业已发展到 30 多家，尽管其规模还比较小，但药店经营者已经认识到了药品经营发展的趋势，积极性也空前高涨。

协会还通过召开批发企业经理座谈会，探讨推动企业集约化经营问题，指导企业转变经营思路。灵武市药品经营企业反映，当地的药品零售市场处于无序恶性竞争状态，经营方式和药品价格非常混乱。为此，协会与当地药监部门沟通后，建议灵武市相关药品企业成立灵武市医药协会，并支持组建。在行业协会和药监部门的支持下，灵武市医药协会成立两年来，积极发挥协会自主自律作用，依靠会员的力量，很快就解决了当地无序竞争的状态，使灵武市药品零售经营纳入正常有序的竞争轨道，同时开展了比药品质量，比药店环境，比药学服务的“三比”活动，企业品质得到极大的提升。企业对协会发挥的作用一致表示了肯定和满意。

宁夏医药行业协会为解决企业融资难的问题，先后与工行银川支行、石嘴山银行银川新城支行进行商议并签订了信誉担保贷款协议，使资金困难而且急需发展的企业及时得到了协会信誉担保的资金支持。资金的补充促进了企业质量和效益的快速发展。宁夏百兴医药已从单纯药品零售业转变为一个多种经营的经济实体。银川健康堂医药也由一个单纯的零售企业发展为集批发、零售、医疗于一体的综合性企业。盐池县是全区麻黄草主产地，周边省区农牧民也有种植麻黄草。麻黄草的收购和销售缺少一个有合法资质企业的经营，农牧民种植的麻黄草因无合法渠道收购与销售，为了赚钱就违反国家法律规定，非法进行销售，为贩毒制毒的不法人员提供了原料来源。针对这种情况，协会主动和盐池县医药药材公司商量，决定由该公司提出申请，建立宁夏麻黄草收购基地。宁夏医药行业协会积极与自治区经信委协调，得到了政府部门的支持。经过调研，很快得到审批许可，促成了宁夏和周边地区麻黄草进入合法渠道经营，制止了农牧民的非法销售和偷运行为。

协会还积极组织药品生产和流通企业参加全国药品交易会，宣传宁夏药品信息，参与全国药品市场的竞争；组织会员单位参加宁夏民族药品贸易博览会，展示全区药品生产企业的产品优势和中药材优势，扩大本区药品在外省的影响力和销售量。

四、开展初、中级专业技术人员资格评审和行业培训，不断提高行业从业人员的文化和专业素质

医药行业专业技术人员需求量大，而缺乏一个平台进行专业技术资格评审。宁夏医药行业协会成立之后，第一件事就是向自治区人事厅申请开展全区医药行业初、中级专业技术人员评审工作。人事厅研究后以宁人发〔2007〕66 号文件发布了《关于开展医药行业初、中级专业技术资格评审工作的通知》，对医药行业专业技术资格评审工作做了周密安排，并授权协会协助人事部门进行资格审核、考务活动、教材编写、组织评审以及发证等。8 年来，全区药品生产、流通企业共有 5 327 人通过全区统一考试和评审取得了人事部门颁发的药师（中药师）、主管药师（主管中药师）资格证书。人才的有力支撑，推动了当地药品流通行业的发展。根据统计，2006 年全区的零售药店只有 300 余家，而 2013

年已发展至3 000余家，增长了10倍多；医药批发企业也由2006年的20余家增加到97家。药品流通行业企业数量的增加，不仅方便了老百姓购药，而且通过市场竞争也使药品价格下降了30%左右，广大城乡居民得到了实惠。

协会根据自身特点，充分发挥行业培训的优势，不断提高从业人员的法律意识和专业文化水平，开展了药品流通从业上岗资格培训，有12 120人通过培训考试并取得上岗合格证书。根据自治区人社厅的安排，协会每年对全区药品流通行业的专业技术人员开展继续教育，使药学专业技术人员通过继续教育培训，掌握最新的法规知识和药学科技前沿知识，不断提高药学服务水平。8年来，有10 837人次参加继续教育并取得了自治区规定的继续教育学分。协会结合职称评审工作还对专业技术人员开展考前培训，帮助考生提高考试通过率。

2012年，协会在培训部工作基础上，成立了“宁夏医药行业职业技能培训中心”，开展国家职业资格“中药调剂员”、“医药商品购销员”、“中药购销员”的职业资格培训，并配合鉴定机构，有819名学员取得国家职业资格三、四级证书。2013年，“宁夏医药行业职业技能培训中心”被商务部确定为“药品流通行业人才教育培训基地”。协会先后推荐了2批4人参加中国医药商业协会组织的高级职业经理人的培训，同时，安排本区中级职业经理人、营养健康指导师等主要岗位的培训。

为了提升药品流通行业从业人员的文化和专业水平，协会先后与天津市药科中等专业学校、北京中医药大学远程教育学院签订办学合作协议，报自治区教育厅批准后，已进行了中、高层次的学历教育。首届中药中专班145名同学已于2014年7月毕业，并积极报名参加执业药师的考试。协会还与“中国药店管理学院”浙江分院签订协议，对欲参加执业药师线上考前培训的学员提供平台，组织应试人员积极报名参加网上培训。协会开展的一系列行业培训，得到了医药行业企业和政府部门的支持。经过培训，从业人员的文化和专业素质得到了极大的提高，有力地促进了企业经营管理水平的提升。

五、加强行业自律，推动企业诚信建设，开展慈善公益活动

协会成立后，首先做的工作就是推动企业的诚信建设。协会制定了“宁夏医药行业职业道德公约”，提出了七项道德要求。在协会第二届会员大会上表决通过实行。同时，会员大会全体会员向全区医药行业发出了“医药行业诚信倡议书”，得到了企业的积极响应。协会还联合自治区价格行业协会，制订了“诚信药店”评选标准，开展了“诚信药店”的综合评价，先后为全区9家零售药店颁发了“诚信药店”的匾牌，并通过协会网站和简报大力进行了宣传。在协会的建议下，自治区物价局优选出9家零售药店作为全区商业网点“价格诚实信誉窗口示范单位”，并对协会推荐出的17名医药企业优秀物价员进行了表彰。

2013年协会组织企业参加自治区政府组织的“黄河慈善”公益活动会展，履行社会义务。协会还组织指导会员单位开展慈善公益活动。

六、加强与政府部门的联系与合作，争取政府部门对协会的支持

协会在服务会员工作中，始终保持与政府有关部门的联系，争取承接政府有关职能的转移。如自治区人事厅将全区医药行业初、中级专业资格评审工作交给协会去做，增强了协会的影响力和会员的凝聚力；自治区药监局将从业人员上岗培训工作委托给协会承担；自治区物价局将医药企业物价员资格培训授权给医药行业协会和价格协会共同组织培训考试和发证；自治区商务厅将药品流通行业统计等基础性工作交由协会组织管理。

2011年，在商务厅的指导下，由协会、宁夏大学、宁夏日报、商务厅共同完成了宁夏药品流通行业“十二五”发展规划。协会根据商务厅的安排，对全区中药材种植基地、中药饮片加工企业、医疗机构及零售药店中药材、中药饮片的销售情况进行了调查与统计，为商务部中药材追溯体系建设提供了数据；自治区商务厅还向商务部申报了宁夏医药行业职业技能培训中心为“药品流通行业人才教育培训基地”，得到了商务部的批准。自治区经信委同意协会设立“宁夏医药行业职业技能鉴定所”等。对企业反映的行业发展问题和行业诉求，协会也及时向有关部门反映。如向国家食品药品监督管理局两次书面建议将主管药师转为执业药师，解决药品经营企业执业药师严重短缺的问题；还向商务部建议组织有关专家和企业为《药品法》修改提出意见和建议，争取《药品法》修订后明确商务部门管理药品流通企业的法律地位。

七、办好协会网站，做好政策咨询与信息宣传

宁夏医药行业协会十分重视政策咨询和信息宣传。8年来，通过协会网站刊登的政策法规、药品信息，价格管理、协会动态、企业之窗、人才招聘、资格登记备案等近2 000条信息，点击率超过158万人次，在医药行业发挥了非常重要的作用。

协会编发的“医药简报”及时反映了行业动态，受到企业的欢迎。为了使会员单位能够及时了解掌握医药行业方面的政策规定，协会编印了 3 000 册，“医药政策规定”汇编免费发放给企业学习。2013 年 2 月，协会针对企业急需新修订的《药品经营质量管理规范》及时翻印单行本 4 000册发给企业，并深入市县医药企业进行了宣讲。

从 2007 年以来，协会编印的各类专业资料及法规汇编达 2 万多册，基本满足了企业学习和培训的需要。通过网站信息的发布和资料的发放，及时宣传医药行业有关法律法规和政策信息。指导企业调整经营思路，守法经营，实行行业自律，在社会管理层面发挥了积极作用。

● 行业人才培训

全国药品流通行业人才教育培训工作指南

商务部市场秩序司

第一章　总体目标

根据《国家中长期人才发展规划纲要（2010—2020年）》、《国家药品安全“十二五”规划》、《“十二五”期间深化医药卫生体制改革规划实施方案》和《全国药品流通行业发展规划纲要（2011—2015年）》精神，在全国范围内培养一批高水平、专业化的药品流通行业人才队伍，提高药品流通行业整体素质和企业经营管理水平，不断开创我国药品流通行业发展的新局面。

面向广大药品流通行业管理人员、技术骨干等从业人员，到“十二五”末，累计培训中高级职业经理人、药学技术人员、药店经理、运营管理经理、零售药店健康咨询管理岗位等约52 000多名从业人员，并根据行业发展需要，开展总裁培训、中药材鉴定等有关专业人才培训。

第二章　组织实施

商务部市场秩序司负责：（一）对培训工作进行指导、监督和评估；（二）遴选药品流通行业人才教育培训基地，并对培训基地进行指导、监督和评估；（三）制定和修订《全国药品流通行业“十二五”人才培训方案》；（四）组织编写和修订《全国药品流通行业培训系列教材》。

各地商务主管部门负责指导当地有关协会、培训基地开展招生及培训工作，并对区域内培训实施情况进行监督指导和考核评估。

中国医药商业协会等相关协会负责组织培训师资及印制颁发结业证书，统一组织教材征订与供应，协调解决培训基地在组织实施过程中遇到的问题，支持培训基地师资队伍建设。

培训基地需按照《全国药品流通行业“十二五”人才培训方案》的要求，落实好师资聘任、学员招生、教学管理及考试考核等具体工作，以《全国药品流通行业培训系列教材》为统一教材，对各单位选派参训的行业从业人员进行统一、规范的培训。

高级职业经理人培训由中国医药商业协会和国资委职业经理研究中心组织实施。

中级职业经理人的培训由各培训基地提出计划后，由中国医药商业协会和国资委职业经理人研究中心组织各地协会和培训基地实施。

执业药师考前辅导，由中国医药商业协会和中国执业药师协会牵头，各地协会和培训基地具体组织实施。

药品流通行业其他重点岗位人员培训由各地协会和培训基地负责组织实施。

第三章　培训教材及课程设置

一、培训教材

《药品流通行业通用教程》主要内容包括：医药卫生管理体制改革和新医改方案、医药产业政策、药品管理法律、法规、职业道德准则等。

《药品流通行业中级职业经理人教程》，主要内容包括：药品流通企业经营管理基础理论；职业经理人的职责定位、工作角色、行为角色、素质要求及中级职业经理人通用能力等。

《药品流通行业高级职业经理人教程》，主要内容包括：药品流通企业战略管理、资本运营和发展新型流通方式的国内外新理论、新方法和典型案例分析，高级职业经理人通用能力等。

《药品流通行业标准解读》，详细解读商务部制定的《药品批发企业物流服务能力评估指标》《零售药店经营服务规范》《药品流通企业诚信经营准则》《药品流通行业职业经理人标准》《药品流通企业通用岗位设置规范》等行业标准。

《药品流通行业药学服务指南》，主要内容包括：药物政策简介、药学技术人员职业道德准则、特殊药品质量安全要求与适应症用药规范和禁忌、医药消费心理、与患者沟通艺术等。

《药品流通行业重点岗位人员教程》，主要内容包括：企业管理基础、新型现代流通方式和技术手段，分别针对运营管理经理、采购经理、统计与物价主管、物流服务经理、客户服务经理、供应链管理经理和零售药店店长等重点岗位要求，编写相应培训内容。

《药品流通行业营养健康指导教程》，主要内容包括：经济社会发展与人类健康和营养的关系、我国民众营养状况、职业道德准则和应具备的知识与能力、营养消费需求与消费心理、营养咨询沟通艺术与技巧等。

二、学时与学制（参考）

培训项目	总学时	学　制
高级职业经理人	96	两个月
中级职业经理人	56	两个月
药学技术人员	64	三个月
中药技术人员	64	三个月
药店经理	64	三个月
运营管理经理	64	三个月
采购经理	64	三个月
统计与物价管理主管	64	三个月
物流服务中心经理	64	三个月
客户服务经理	64	三个月
供应链管理经理	64	三个月
执业药师考前培训	72	三个月

第四章　培训管理

一、培训计划

各培训基地应根据培训项目制订相应的培训计划。每年10月组织培训需求调查和综合分析；11月制订下一年度培训计划；12月15日前将下年度培训计划报中国医药商业协会备案。如执行过程中需调整计划，应及时进行沟通。

二、教材征订

各培训基地根据下年度培训计划，于每年12月20日前向中国医药商业协会报送下年度教材征订情况，由中国医药商业协会统一组织教材征订与供应工作。

三、培训建档

培训基地应按照培训计划组织实施培训，详细记录培训过程，建立培训档案。培训工作完成后，应及时将培训档案报中国医药商业协会备案。

培训建档工作主要内容包括：

1. 培训日程安排表；

2. 培训通知单、培训签到表；

3. 培训课程计划及课程记录，包括：培训课程名称、培训时间、培训地点、课时数、讲师资料、学员资料、参加人数、出勤率、培训班照片等；

4. 课程教材、讲义：包括纸质版、电子版、课程相关的其他资料，如案例、讨论、表格等；

5. 培训总结报告。培训结束后要对本次培训课程进行总结，包括出勤情况、学员满意度情况、学员的反馈、培训工作存在的问题以及改进措施等。

四、学员档案和学籍管理

为每位参加培训的学员建立独立的学籍档案，按顺序编号，封存于独立档案袋中。档案内容包括但不限于：

1. 报名表；

2. 2 寸彩色照片 3 张（2 张用于证书，1 张由中国医药商业协会留存）；1 寸照片 4 张（用于申请表、学员证、准考证、学籍档案），照片修剪整齐并在背面标明工作单位及姓名；

3. 身份证、学历、学位、职称证复印件各三份（其中一份由中国医药商业协会留存）；

4. 工作单位出具的工作表现及业绩证明；

5. 各科考试成绩单；

6. 岗位资质（结业）证书复印件一份。

五、教学管理

各培训基地根据本年度培训计划安排教学。开班后选派班主任，成立班委会，建立健全培训管理制度，监督学员出勤情况，确保培训质量。

对培训过程要进行记录，保存过程资料（如电子文挡、PPT 课件，在征求授课教师同意后收集录音、录像资料）。培训结束时，一并存入培训档案。

做好学员对各位教师授课的评价与反馈，课程结束时，学员要认真填写《授课教师评价表》，并将评价表汇总分析，作为对聘任讲师的考核依据。

六、讲师聘任与培训效果评价

各培训基地要在培训工作启动前，做好师资配备与聘任工作。

（一）聘任条件：

1. 在教学岗位工作十年以上；

2. 具有大学本科以上学历；具有副高级以上技术职称。

3. 如教学经验丰富、业绩突出并获得本单位认可的（由单位出具证明），其学历、职称和工作经历年限可适当放宽。

（二）凡申报或受聘讲师须填写《培训基地讲师推荐表》（附后），由所在地的商务主管部门审核。审核同意后，于 2013 年 12 月 31 日前报中国医药商业协会备案。中国医药商业协会将统一组织授课教师岗前培训，建立健全各岗位的培训师资库。

（三）为确保授课质量与教学效果，授课前，培训基地应组织各任课讲师进行试讲，以便对所聘讲师的教材设计、授课风格、语言表达、讲授水平全面了解和掌握。

（四）凡在培训基地任课的讲师，要填写《兼职讲师年度考核表》，基地每年要组织一次评审。同时，基地应结合每个学员填写的《授课教师评价表》（附后）的统计结果，对每个讲师的授课效果进行评估。对连续两次抽查得分低于 80 分的讲师，暂停安排授课。

（五）培训基地的讲师聘期为一年。期满后，经双方认可可续聘；续聘聘期为两年。

七、培训督导

商务主管部门每年组织工作人员或专家对培训基地的培训工作进行督导评价，督导结果记入培训基地年终考核。

第五章　报名条件

除“药品流通企业高级职业经理人”培训工作由中国医药商业协会指导有关单位组织招生外，其他岗位的培训招生工作均由各培训基地负责落实。具体报名条件如下：

【中级职业经理人培训报名条件】

1. 具有较强的敬业精神和事业心，良好的职业操守、职业道德及专业技能，管理才能；

2. 大学专科以上相关专业毕业，具有初、中级专业技术职称；

3. 具有中层副职或主管级（含零售药店店长）一年以上工作经历，或有 5 年以上医药行业工作经历。

4. 如业绩突出并获得本企业认可，招生条件可适当放宽。

重点岗位培训报名条件：

【药店经理岗位培训报名条件】

1. 爱岗敬业，有良好的职业操守、职业道德和个人素质，具有一定的领导能力、组织能力，管理素质突出。

2. 大专以上药学相关专业学历，具有执业药师资格证书或具有初、中级药学专业技术职称。

【运营管理经理岗位培训报名条件】

1. 爱岗敬业，有良好的职业操守和职业道德。熟悉岗位职能的业务运作流程，具有一定的组织、计划、协调、调配等综合能力。

2. 具有大专以上相关专业学历，具有药学专业技术职称。

【采购经理岗位培训报名条件】

1. 爱岗敬业，有良好的职业操守和职业道德。初步掌握专业的采购知识和产品知识，有一定的业务能力和沟通能力。

2. 大专以上药学相关专业学历，具有药学专业技术职称。

【统计与物价管理主管岗位培训报名条件】

1. 爱岗敬业，熟知行业相关政策和法规。思维敏捷，工作严谨，有较强的分析能力和综合能力。有一定的政策水平和专业技能。

2. 大专以上学历，具有初、中级专业技术职称。

【物流服务中心经理岗位培训报名条件】

1. 爱岗敬业，有良好的职业操守和职业道德。熟悉操作业务流程，掌握物流专业知识与技能，有服务意识和管理素质。

2. 具有大专以上药学相关专业学历，具有药学专业技术职称。

【供应链管理经理岗位培训报名条件】

1. 爱岗敬业，有良好的职业操守和职业道德。掌握供应链各环节的关键业务流程，有一定的统计分析能力，学习能力强。

2. 具有药学或者相关专业学历，具有药学专业技术职称。

【零售药店健康咨询管理培训报名条件】

1. 有较丰富的专业知识和熟练的专业技能，有一定的指导能力、沟通能力和职业素养。

2. 具有大专以上药学相关专业学历，具有初、中级药学专业技术职称。

【药学技术人员、中药技术人员培训报名条件】

1. 具有较强的敬业精神和事业心，良好的职业操守与职业道德；具有专业技能的经营骨干。

2. 具有初、中级专业技术职称和执业药师（或从业药师）资格证书的药学技术人员、中药技术人员均应参加培训。

以上岗位人员还需具备：

1. 一年以上岗位工作经历，或有 2 年以上医药行业工作经历。

2. 如业绩突出并获得本企业认可，学历、工作年限和职称条件均可适当放宽。

【执业药师考前培训报名条件】

凡自愿报考执业药师的，均可报名参加培训。

第六章 考试与证书发放

凡参加各岗位培训的人员，在规定时间内修完教学计划中规定课程的，均应参加由培训执行机构组织的考试与评价。

各基地要加强考务管理，制定《试卷保密办法》、《考场规则》、《监考人员职责》，并认真执行。凡经考试且成绩合格者，将获得由商务部市场秩序司监制，相应的培训管理单位颁发的岗位资质（结业）证书。其中：高、中级职业经理人的资质证书由中国医药商业协会和国资委职业经理研究中心共同颁发；其他重点岗位结业证书由中国医药商业协会和执行培训的基地共同颁发。

各培训基地每年要按时上报当年培训计划，经统计核准后，由颁发单位统一印制相关岗位资质（结业）证书。获得各岗位资质（结业）证书的学员，可通过商务部市场秩序网、中国药品流通行业公共服务平台查询。

第七章 奖惩制度

对于工作开展突出的培训基地，商务部市场秩序司将给予表彰。出现以下任何一种行为，将被取消培训基地资格。

（一）无故取消年度计划内的培训活动；

（二）启用没有协会颁发的培训师资证书的人员进行培训；

（三）学员满意度评价两次低于 60 分；

（四）擅自以培训基地名义与企业、专业培训机构等开展营利性培训活动；

（五）培训收费存在弄虚作假行为；

（六）其他违法违纪行为，并造成不良影响的。

附件 1

全国药品流通行业“十二五”人才培训各岗位资质（结业）证书统一编号管理规定

根据《全国药品流通行业“十二五”人才培训方案》，商务部市场秩序司组织协调相关协会开展高级职业经理人、中级职业经理人、执业药师继续教育、药学技术人员（含中药技术人员）、药店经理、运营管理经理、采购经理、统计与物价管理主管（员）、物流服务中心经理、客户服务经理、供应链管理经理、零售药店健康咨询管理员共三大类

13 个岗位的培训，培训合格后颁发相应资质或结业证书。为规范和加强资质（结业）证书的管理，特制定“各岗位资质（结业）证书统一编号管理规定”。

第一条　凡参加培训的人员，在规定时间内修完教学计划规定的课程且考试成绩合格者准予发证。

第二条　各岗位资质（结业）证书由商务部市场秩序司监制，由相应的培训管理单位颁发：

（一）高、中级职业经理人的资质证书由中国医药商业协会和国资委职业经理研究中心共同颁发；

（二）执业药师继续教育结业证书由中国医药商业协会和执业药师协会共同颁发；

（三）其他重点岗位结业证书由中国医药商业协会和执行培训的基地共同颁发。

第三条　各培训基地每年按时上报下年度培训计划，经统计核准后，由颁证单位统一印制相关岗位资质（结业）证书。

第四条　相关岗位资质（结业）证书编号规则（见附件2）。

第五条　各岗位资质（结业）证书可通过商务部中国市场秩序网、中国医药商业协会网站等相关网站查询。

第六条　本规定解释权属商务部市场秩序司。

第七条　本规定自公布之日起执行。

附件 2

各岗位资质（结业）证书编号说明

一、编号构成

证书编号共十位，由五部分组成，即培训岗位代码、培训省份简称、培训年份、培训基地代码以及学员编号。

二、编号规则

（一）培训岗位代码按培训岗位大类分类，各培训岗位代码为：

培训岗位大类	代码
高级职业经理人	GJ
中级职业经理人	ZJ
执业药师继续教育	JJ
药学技术人员	YX
中药技术人员	ZY
药店经理	YD
运营管理经理	YG
采购经理	CG
统计与物价管理主管（员）	TJ
物流服务中心经理	WL
客户服务经理	KF
供应链管理经理	GY
零售药店健康咨询管理员	JK

（二）培训省份简称（略）

（三）培训年份

按公元纪年后两位进行编号。

（四）培训基地代码

培训单位经商务部市场秩序司评估后，授予“全国药品流通企业培训基地”称号。培训证书以省为单位，对本省获准的培训基地进行顺序编号。

北京内蒙古	北京市医药行业协会（培训中心）	01
天津	天津生物工程职业技术学院	01
	老百姓大药房连锁（天津）有限公司	02
	天津天士力医药营销集团有限公司	03
河北	河北化工医药职业技术学院	01
山西	山西药科职业技术学院	01
辽宁	辽宁省医药商业协会培训中心	01
	辽宁成大方圆职业技术培训学校	02
	沈阳药科大学职业技能培训中心	03
吉林	吉林省商务交流中心	01
黑龙江	黑龙江医药行业协会（培训中心）	01
上海	诚之医药商业培训中心	01
	对外经济贸易教育培训中心	02
	国药大学	03
江苏	中国药科大学	01
浙江	浙江世经商务咨询中心	01
	浙江大学药学院	02
	浙江工商大学 MBA 学院	03
安徽	安徽省医药行业协会	01
	安徽中医学院	02
福建	福建省中医药大学	01
江西	江西省药品流通培训服务中心	01
山东	山东省商务厅培训中心（泰安、青岛实训基地）	01
河南	河南国际商务培训中心	01
	河南省医药学校	02
湖北	国药物流湖北培训学校	01
湖南	湖南省商务厅培训中心	01
广东	广东省医药行业协会（培训中心）	01
广西	广西中医药大学药学院	01
四川	成都中医药大学	01
西藏	四川商务职业学院	02
重庆	重庆市医药经贸学校	01

续 表

贵州	贵州阳光西部企业管理有限公司（培训中心）	01
云南	云南兴晨医药职业培训学校	01
陕西宁夏	陕西中医学院	01
海南	海南医药保健品行业协会（培训中心）	01
甘肃	兰州大学药学院	01
青海	青海省新绿洲药业集团有限公司（培训中心）	01
新疆	新疆商业人才培训服务中心	01
新疆兵团	新疆石河子大学药学院	01

（五）学员编号

学员编号三位，由学员学号生成。每个培训基地、每个岗位类别、每年可赋予999个学员编号。

三、编号示例：

以“ZJ（冀）1301001”为例，解析如下：

ZJ——代表中级职业经理人

（冀）——代表河北省

13——代表培训年份是2013年

01——代表河北省的第一个培训基地：河北化工医药职业技术学院

001——是学员编号

此编号显示为：该名学员是河北省培训基地——河北化工医药职业技术学院在2013年培训的第一位中级职业经理人。

附件3

培训基地授课教师推荐表

<table>
<tr><td>推荐单位</td><td colspan="7"></td></tr>
<tr><td>推荐授课名称</td><td colspan="7"></td></tr>
<tr><td>负责人</td><td colspan="2"></td><td>手机号码</td><td colspan="4"></td></tr>
<tr><td colspan="8">教 师 情 况</td></tr>
<tr><td>姓　名</td><td></td><td>性　别</td><td></td><td>年　龄</td><td></td><td>民　族</td><td></td></tr>
<tr><td>文化程度</td><td></td><td>职务</td><td colspan="2"></td><td>职称</td><td colspan="2"></td></tr>
<tr><td>工作单位</td><td colspan="3"></td><td>相关工作年限</td><td colspan="3"></td></tr>
<tr><td>身份证号</td><td colspan="3"></td><td>手机号码</td><td colspan="3"></td></tr>
<tr><td>教育经历</td><td colspan="7"></td></tr>
<tr><td>工作经历</td><td colspan="7"></td></tr>
</table>

续　表

推荐单位意见	年　月　日（章）
审批单位意见	年　月　日（章）

附件 4

授课教师评价表

姓　名（培训师）		授课科目							
		授课地点							
		授课时间							

评分 / 评价项目	10	9	8	7	6	5	4	3	2	1
仪表仪态										
表达能力										
控制能力										
内容充实										
形式新颖										
案例效果										
主题突出										
教材应用										
授课规范										
遵守时间										
综合评分										
总体评价（文字描述）										
意见和建议	评价单位________ 年　月　日									

附件 5

商务部药品流通行业人才教育培训基地名单（2013 年）

序号	省（市）	培训基地
1	河北	河北化工医药职业技术学院
2	山西	山西药科职业技术学院
3	吉林	吉林省商务交流中心
4	上海	诚之医药商业培训中心、对外经济贸易教育培训心、国药大学
5	江苏	中国药科大学
6	浙江	浙江世经商务咨询中心、浙江大学药学院、浙江工商大学 MBA 学院
7	福建	福建省中医药大学
8	湖北	国药物流湖北培训学校
9	湖南	湖南省商务厅培训中心
10	甘肃	兰州大学药学院
11	北京、内蒙古	北京市医药行业协会（培训中心）
12	天津	天津生物工程职业技术学院 老百姓大药房连锁（天津）有限公司 天津天士力医药营销集团有限公司
13	辽宁	辽宁省医药商业协会培训中心 辽宁成大方圆职业技术培训学校 沈阳药科大学职业技能培训中心
14	黑龙江	黑龙江医药行业协会（培训中心）
15	安徽	安徽省医药行业协会 安徽中医学院
16	江西	江西省药品流通培训服务中心
17	山东	山东省商务厅培训中心（泰安、青岛实训基地）
18	河南	河南国际商务培训中心 河南省医药学校
19	广东	广东省医药行业协会（培训中心）
20	广西	广西中医药大学药学院
21	四川、西藏	成都中医药大学、四川商务职业学院
22	重庆	重庆市医药经贸学校
23	贵州	贵州阳光西部企业管理有限公司（培训中心）
24	陕西、宁夏	陕西中医学院
25	云南	云南兴晨医药职业培训学校
26	海南	海南医药保健品行业协会（培训中心）
27	青海	青海省新绿洲药业集团有限公司（培训中心）
28	新疆	新疆商业人才培训服务中心
29	新疆兵团	新疆石河子大学药学院

附件 6

商务部药品流通行业人才教育培训基地联系人名单（2013 年）

序号	省（市）	联系人	部　　门	职务	手机号	座机号
1	北京	夏黎明	北京医药行业协会	部长	13520878709	010/98167895
2	天津	王志义	天士力医药营销集团营销保障部	经理	13920099718	022/26736072
3	辽宁	范玉娇	省医药行业协会秘书处		13898837109	
4	黑龙江	董春悦	省医药行业协会	干事	18645044912	0451/82312262
5	江西	余斌	省医药行业协会			0791/86270334
6	安徽	魏骅	安徽中医学院	副秘书长	13805699576	
7	山东	王小卿	省商务厅市秩处处长	处长	13589105991	
8	河南	康广周	省国际商务培训中心	主任	13503999100	
9	广东	曾初欢	省医药行业协会		15820232963	
10	广西	陈处长	省商务厅市秩处	处长	13978197970	
11	海南	李亚男	省医药保健品协会		13976688056	
12	重庆	唐宗群	重庆市医药经贸学校	校长	13896212980	
13	四川	杨　俊	省商务厅市秩处	处长		028/83236337
14	贵州	刘兰芬	省商务厅市场秩序处	处长		0851/8555657
15	云南	冯炽隆	星辰医药职业学校	校长	13388856506	
16	陕西	麻江江	省商务厅市场秩序处		13572012317	029/87294526
17	青海	王锦刚	新绿洲药业集团质量部		13897485532	
18	新疆	高丽珍	省商务厅培训中心办	主任	13809915660	
19	新疆兵团	杨建平	省商务厅	处长	13609903668	0991/2896413
20	湖南	杨娜玲	省商务厅干部培训学历部	部长	13873179298	
21	福建	潘　馨	福建中医药大学药学院营销教研室	主任	13774567072	
22	山西	胡守帧	山西零售行业协会	会长	13994299033	
23	江苏	蒋　蓉	中国药科大学商学院		13770643566	
24	浙江	张希明	省世经商务咨询中心		13221039303	
25	湖北	石理宏	国控湖北政府事务部	部长	13476855544	027/87672756
26	河北	张雪荣	河北化工医药职业技术学院	基地秘书	13832301130	
27	上海	陈海蓉	上海商委	处长		021/52881281
28	吉林	徐君栋	省药品流通中心药流处	调研员		0431/85637997
29	甘肃	郭维平	省商务厅整规办	主任	13893263625	

附件 7

中国医药商业协会培训部联系人名单（2013 年）

姓名	职务	手机号码	办公电话	传真	电子邮箱
陈颖君	培训部副主任	13426399587	010-87273564	010-68367153	Chenyingjun@ capc. org. cn
陈玉莲		13552380968	010-87273564	010-68367153	2625050954@ qq. com

第九篇　企业介绍

探索创新模式　引领行业发展
——华东医药股份有限公司

2013年，随着一系列医改新政与整顿医药市场措施出台，医药企业面临严峻挑战。华东医药股份有限公司坚持“六条经营理念”不动摇，走有华东特色的医药企业发展之路不动摇，坚持稳健发展不动摇，提出了构筑“华东梦”的基本设想，制定了为实现“华东梦”的分阶段奋斗目标，启动了第四个三年发展规划，公司在经营业绩和商业模式探索方面，均取得较大进展和突破。

一、华东医药发展概况

（一）企业简介

华东医药股份有限公司是杭州华东医药集团有限公司的核心企业。1999年12月22日，公司5 000万A股股票（股票代码：000963，股票简称：华东医药）在深交所成功发行。公司目前注册资本4.34亿元，现有职工4 000余人，其中各类专技人员约1 200人。主要从事抗生素、中成药、化学合成药、基因工程药品的生产，以及西药、中成药、中药材、医疗器械、化学试剂、玻璃仪器医药商品的销售，是一家集医药工业、商业和科研开发于一体的大型、综合性医药企业。

公司分工业和商业两部分，其中：商业是浙江省规模最大、实力最雄厚的综合性大型医药商业企业，下设中西药采购管理部、中西药销售管理部、药材参茸饮片管理部、医疗器械管理部、华东大药房、华东武林大药房等业务部门，销售额、利润连年位居全国医药商业企业前列。自2004年起，公司在浙江省医药商业企业中连续10年排名第一位。2010年在全国医药商业企业中排名第9位，2011年在全国医药商业企业中排名第8位，2012年在全国医药商业企业中排名第8位，2013年在全国医药商业企业中排名第8位。

公司商业是浙江省“守合同重信用”单位，被评为杭州市AAA级信用企业，并多次被省、市级物价部门评为“物价信得过单位”。

（二）2013年度企业经营情况

2013年，华东医药股份有限公司经营业绩保持全面稳步增长，完成销售1 671 798万元，较上年同期增长14.67%；完成利润总额94 229万元，较上年同期增长19.65%，并连续10年名列同行业浙江省第一位。

2013年，公司还获得了“浙江省重点流通企业”、“杭州市现代服务业先进企业”、全国企业信用评价“AAA级信用企业”等荣誉；华东中药饮片公司荣获“浙江省骨干农业龙头企业”、“浙江省模范职工之家”、“杭州市创建和谐劳动关系先进企业”等称号；华东供应链公司荣获“AAA级物流企业”荣誉。

二、2013年度企业主要运营工作

（一）建设完成我省规模最大、最具现代化的中药煎药服务中心。

2013年，公司建设完成了我省规模最大、最具现代化的中药煎药服务中心，这是浙江省内第一家自主开发，实现接方至运输所有煎药环节全条码管理的煎药服务中心。目前中心配备全自动煎药机、灌装机等生产设备170余台；二期项目建成以后，将拥有全自动煎药机250台、灌装机50台。目前，中心日均处理处方量达到2 300张，在未来几年内，日均处理处方量将达到5 000张，可满足杭州市区及周边县市、乃至全省范围医院和中医门诊部及患者的煎药需求。煎药服务中心不但免费为全省各大医院服务，同时还积极与杭州市邮政局、市中医院合作，推行“健康天使”便捷送药服务，免费将中药汤剂邮寄到百姓手中，在社会上取得了良好反响。

（二）深化医院合作项目

把握国家政策引导，深化医院合作项目，创建商业新模式，继续探索医药商业企业新的增长方式。

（1）加快与医院项目合作，以服务为主导，为医院搭建国际化平台，设计、制作“社区药房共建、医院供应链冷链管理、二维条码建设、医院管理优化”等信息、技术管理模块项目，推动医院管理更快向科技化、信息化发展。通过与医院的三年项目合作，药房共建项目取得较大成果，赢得医院、百姓及社会各界的关注和积极评价，其中：浙江医院、市二医院、市三医院、德清人民医院各平台的经营比去年同期有明显的增长，预计全年药房共建项目共实现销售近1个亿（无税）。

（2）拓展新的盈利增长点，培养差异化经营。继西药、中药、医疗器械产业后，公司着力打造第四版块——健康产业，未来华东医药商业版块将由医疗版块（西药、中药、

医疗器械）和健康产业版块两部分组成。将逐步形成“名医馆”、“市民健康馆”、“中药香文化产业”、“医学营养美容”、“器械租赁”、“医院后勤综合服务体”为核心的华东医药健康产业体系。华东医药也是全国医药大商业企业中率先进入健康产业的企业。

（3）扶植稳固华东医药中药材主营业务，发展基地种植，确保中药材质量。目前，公司已获得开展“临安横路於术种植基地、诸暨元胡种植基地”国家药材试点基地，同时在青海设立国家农业标准化示范区——华东医药枸杞种植基地，其他还有“贵州太子参基地、桐庐玫瑰花基地、磐安有机天麻基地、磐安浙贝母基地”等。这些基地的建成，标志着中药材在华东医药主营业务中率先实现了全产业链发展。

（4）大力引进具有专利保护、专利技术的药品及器材，布局全国销售网点，实现进口产品新突破。2013 年 9 月，公司正式成立专注于进口一线品牌产品平台的“高值耗材部”，同时引进美国研发的“靶向性功能食品”，进一步丰富了产品线。

（三）建设销售网络

继续按计划实施全省地市收购工作，完成全省业务布局，组建全省医药商业销售网络，以子公司为各地核心平台，网络纵深县市终端。

作为响应国家药品流通“十二五”规划要求，公司在浙江省内通过收购、股份制等合作形式，建设全省销售网络，构建华东医药商业网络布局新模式，目前已在温州、宁波、湖州、绍兴等地收购和建立子公司。2013 年 10 月，公司与龙泉市政府签署《股权合作项目备忘录》，约定了项目合作的方案。目前，公司已初步形成浙江省内子公司销售网络、两家不同发展定位的零售连锁药店，更贴近市场，服务基层。

（四）重组配送体系

重组中西药统一配送体系，推进以杭州、温州为中心的华东医药商业新物流建设，完成全省物流网，配合全省 10 个地市子公司的供应点，力争各地配送当日完成。

（1）2012 年 4 月 18 日，注册资金 3 573 万元，总投资超 2 亿元的华东医药下沙现代物流项目正式投入运营，该项目为浙江省最大、最先进的物流基地之一，总占地面积为 38 936.08 平方米，建筑面积 81 544.89 平方米，设计库容量 40 万箱，可支持 170 亿销售。华东医药供应链公司独立运作已有一年，目前已顺利取得第三方物流资格，并积极开展第三方物流专业服务，为推进华东医药新物流体系建设奠定了基础。

（2）10 月 30 日，顺利举行华东温州现代物流项目工程结顶仪式，这代表着公司总投资 1.48 亿元的浙南物流中心建设取得了重要的阶段性成果，基本形成杭州、温州南北物流点为中心的华东医药全省物流网络。

（五）加快建设统一信息平台

加快建设华东医药商业总部统一的信息系统平台，发挥各控股子公司的品种优势和股份公司的规模优势，重点建设电子商务在线交易平台，实现下游客户、上游供应商、内部业务员、外部政府等不同类型访问者的多组织应用模式。同步建设零售交易（B2C）平台。

公司通过整合改造，已完成华东医药商务网（B2B）电子交易平台，实现各大管理部、子公司在同一平台上与客户进行在线交易，并向上游供应商提供统一的应用界面（流向查询等）功能，方便了上、下游客户的操作使用，在增加在线交易量的同时提升了华东医药的整体形象。同时，进行业务系统整合，进一步加强公司对业务的集中统一管理。

公司还积极打造电子商务平台，推进从传统交易模式向依托互联网的电子商务与现代物流融合模式的转化。2013 年 9 月，公司旗下华东武林大药房顺利取得了互联网交易资格证，为开设华东武林天猫医药馆（B2C）奠定基础。

医药产业是关系国计民生战略性产业，是国民经济重要组成部分。医药产业的健康稳定发展，对于在保障人民群众身体健康、应对重大公共卫生事件、促进经济发展等方面发挥了重要的作用。华东医药股份有限公司作为浙江省规模最大的医药商业企业，有责任，也有义务发挥行业的龙头作用，积极探索行业的创新模式，引导行业向科学化、规范化方向发展。

立足本土　开拓进取
——鹭燕（福建）药业股份有限公司

鹭燕（福建）药业股份有限公司（以下简称鹭燕集团）是一家以生产和经营人类健康产品为核心产业的医药集团。鹭燕集团总部设在福建省厦门市，企业成立22年来始终专注于发展医药核心业务，2013年主营业务收入超过55亿元，纳税总额超过1.4亿元。根据商务部2013年医药批发企业百强排名，公司位列全国第19位，是目前福建省经营规模最大的医药集团企业。公司已于2012年向中国证监会提交了上市（IPO）申请并被受理，目前正在审核中。

一、主营业务

鹭燕集团的主营业务为药品、中药饮片、医疗器械、疫苗等分销（批发）、医药零售连锁。集团经营的药品包括基本药物、新特药、特管药品（麻醉、精神等）等，经营各类医药产品达3万多种。

（一）医药分销业务

鹭燕集团是福建省各级医疗机构最主要的药品配送商之一，是福建省医改建立健全覆盖城乡居民的药品供应保障体系的重要力量。

1. 鹭燕集团的医药分销网络基本覆盖福建全省各级医疗机构

鹭燕集团自2001年开始在福建省内各地市设立医药分销企业（均为注册在当地的独立法人企业），面向当地各级医疗机构提供专业的医药分销服务。至2009年，鹭燕集团成为福建省唯一一家医药分销网络完全覆盖全省二级以上医疗机构的医药企业。2010年集团响应国家医改“广覆盖”要求，率先将药品分销网络向福建省边远乡镇卫生院等基层医疗机构延伸。鹭燕集团已基本覆盖福建省全部基层医疗机构。

鹭燕集团凭借其优质、专业、规范的服务、品牌以及完善的分销网络布局等获得了生产厂家和医疗机构的高度认同，在2012年福建省第八批药品集中招标采购中，获得生产厂家中标品种委托配送的品规数排名全省第一。在2012年全军药品网上集中采购药材供应军地联合配送企业遴选中，鹭燕集团及各地市子公司成为全军在福建省内全部10家医疗机构的中选配送企业。2014年6月，鹭燕集团入选福建省2014年医疗机构药品集中采购之10家全省公立医疗机构基本药物配送企业，且得分排名第一。鹭燕集团经营规模已连续多年位居福建省第一位，是福建省各级医疗机构最主要的药品配送商之一。目前，鹭燕集团已走出福建省，在江西省南昌市、四川省成都市、安徽省合肥市和香港完成了医药分销网络布点。

2. 集团的药品物流配送基础设施齐全，在福建省内处于领先地位

鹭燕集团目前在福建省内药品仓库面积超过8万平方米，分布在福建省九地市，其中，除宁德、泉州和莆田地区为租赁仓库（莆田自有仓库近期拟开工建设）外，其余均为自有产权仓库。

鹭燕集团投资1.5亿元在福州闽侯建设的现代化鹭燕医药福州仓储中心是目前福建省投资规模最大的、按第三方物流标准建设的现代医药物流中心，现已投入使用。未来拟新建的现代医药物流中心有：投资2.5亿元在莆田建设鹭燕医药莆田仓储物流中心（约70 000平方米，分两期建设，其中一期投资1.1亿元）；投资8 580万元在厦门建设鹭燕医药厦门仓储中心（新增28 000平方米）。配送方面，集团拥有一支专业化、高效的物流管理和运营团队。

完备的物流配送软硬件设施是鹭燕集团能够及时满足福建省各级医疗机构配送服务要求的重要基础，目前在福建省内处于领先地位。

（二）其他业务

除药品分销业务外，鹭燕集团顺应国家医疗体制改革的政策导向和医药流通行业发展趋势，积极推进“横向”和“纵向”双向发展战略，目前在药品、疫苗、医疗器械、诊断试剂、中药饮片、生物制品、保健品等领域积极推进生产、销售一体化的发展布局。

二、发展前景

鹭燕集团作为福建省本土企业，经过22年的艰苦创业，已取得阶段性的成果。面对新的形势，鹭燕集团将抓住新的发展机遇，继续坚定不移地走既定的发展道路，以厦门为企业总部，以福建为企业发展基地，以全中国为目标市场，以全球化为企业发展远景，以人才为依托，以科技为手段，以品牌为优势，以国际资本为资源，以做百年企业为目标，全面实施“横向”和“纵向”发展战略，并坚持依法规范经营，积极做强做大做优企业，力争成为年销售规模超百亿元

的跨区域综合性现代医药流通集团，努力为福建省经济发展和我国医药事业的发展作出积极的贡献，把鹭燕集团建设成为人类健康产业中一流的跨国企业，成为全国医药商业前十强企业。

创新思路　融合发展　做强品牌
——贵州汉方

2013 年，贵州汉方药业有限公司、贵阳德昌祥药业有限公司、贵州汉方制药有限公司顺应市场环境发展趋势，进行资源整合，实行“一套班子，三个实业”的管理模式。目前，公司共有员工千余人，拥有片剂、胶囊剂、颗粒剂、糖浆剂、洗剂、合剂、气雾剂等 20 多个剂型，169 个药品批准文号，其中独家品种 30 个，专利品种 11 个，独家苗药 8 个，含妇科再造胶囊、日舒安洗液、黄芪颗粒等重点产品。其中，独家苗药芪胶升白胶囊被列入国家重大专项。

一直以来，公司始终践行“以德制药，以德治业”的经营理念；始终践行“员工爱戴、客户信赖、股东受益、社会尊重”的价值观；始终践行“弘扬传统，创新中药，肩挑大众健康；扶弱济贫，关注民生，心系社会责任”的宗旨。对客户，牢守诚信，追求双赢；对员工，尊重人性，提倡快乐工作；对股东，恪守职责，着眼长远利益；对社会，努力承担责任，誓做优秀的企业公民。近年来，公司致力于打造企业文化和品牌，从地方品牌逐渐成长为较有影响力的全国品牌。

一、践行“德文化”

文化是企业的灵魂，是企业的基石，是企业成长的生命力。文化，决定企业发展高度，决定企业发展寿命！德昌祥药业经历百年风雨磨砺，历经岁月的洗礼至今巍然屹立于祖国民族医药之林，和德昌祥始终坚持“以德制药，以德治业”的经营理念是密不可分的。企业整合实行“一套班子，三个实业”的管理以来，更是把“德文化”的践行作为企业发展的重中之重，汉方药业、德昌祥、汉方制药三个企业坚定不移地践行“以德制药，以德治业”的经营理念。

二、借力蓄势，做大苗药品牌

“千年苗医，万年苗药”，苗医药文化源远流长，博大精深，自成体系，现已成为民族医药的一枝奇葩，成为贵州医药走向全国、走向世界的一张名片。2012 年，公司联合中国中医科学院中药研究所、北京中医药大学东直门医院、浙江大学、贵阳中医学院等学术单位对公司经典苗药产品芪胶升白胶囊进行生产工艺技术、药材和制剂的内在质量控制、临床有效性和安全性再评价以及实验室药效学及其作用机理等方面的研究。经过近两年的研究，目前，苗药制剂芪胶升白胶囊因其独特的组方、珍稀的原药材血人参及其确切的疗效（在医院肿瘤、抗癌防癌、增生白细胞方面疗效显著）获得国家重大专项。

三、强强联合，做响老字号品牌

2014 年，经公司领导多方对接、协调，联袂国家食品药品监督管理总局（CFDA）南方医药研究所与国内五家精品国医药企业主办“中华国医药文化合作组织精品国药工业理事会”，共商弘扬国医药文化大计，共谋做响国药老字号品牌方略。该组织将以资源共享为原则，在全国各省药店设立“国药老字号精品专柜”，内含以上各企业的精品陈列面，能系统地、集中地展示各精品国医药的品牌形象，能有效地将地方精品老字号推广成全国精品老字号，做响全国品牌。在本组织中，公司罗战彪总经理当选中华国医药文化合作组织精品国药工业理事会秘书长，姚厂发董事长当选中华国医药文化合作组织主席团常务副主席。

四、传承经典名方，做强产品品牌

德昌祥当家产品妇科再造丸系贵州一代名医王聘贤所创，至今已售近百年，内含 42 味地道中药材，蕴涵乌鸡白凤丸、逍遥丸、六味地黄丸、四物合剂四大名方，是治疗妇科疾病的经典用药。“酒好也怕巷子深”，妇科再造丸虽然质量优良，疗效确切，在贵州已家喻户晓，在西南也小有名气，但就全国范围来说，知道的人并不多。为了让好产品能惠及更多的妇女同胞，2013 年，公司果断进行差异化营销，将妇科再造丸定位为治疗妇科寒症的第一品牌用药，开展妇科再造丸线上、线下宣传活动，妇科再造丸在省外市场的销量也较同期成倍增长。

承老字号优良传统　创现代化发展之路
——宁波四明大药房有限责任公司

一、"四明大药房"品牌历史

"中华老字号"——四明大药房始建于1923年，是宁波最早的西药店，在宁波医药界和广大市民中享有较高的声誉。创办人孙义瑞、周静康，当时称为"四明志记药局"，1929年改名为四明药房，取"狮鸣"之谐音，由范文蔚任经理，以品种齐全、货真价实且服务专业闻名，深得百姓信赖，业务日益蓬勃。

解放后，四明大药房于1951年完成私营企业改造，于1956年由私营转变为公私合营，经营规模不断扩大。位于改造前中山东路的原四明大药房总店对甬城百姓来说至今影响深刻，店堂内每天人流络绎不绝，年销售额占到当时全市药店零售总额的1/4多。

公司坚持改革创新，锐意进取。1999年年底，以四明大药房为龙头的8家零售药店从医药股份公司分离出来，成立四明大药房有限责任公司，率先在宁波实行医药零售连锁体制。2001年，通过增资扩股，注册资金由1 000余万元增至2 380万元，成为全国首批、省内首家通过医药零售连锁GSP认证的企业。

1993年四明大药房被国家贸易部授予"中华老字号"荣誉称号，先后被评为"全国医药商品质量管理示范药店"、"全国文明示范药店"，市级文明单位，宁波市十佳连锁商业企业。2009年被浙江省经贸委评为"浙江老字号"，2011年被商务部评为"中华老字号"，2014年被浙江省工商局评为"浙江省知名商号"。

目前，四明大药房有限责任公司拥有门店60余家，从业人员400余名，各类专业技术人员近200名，拥有6 000平方米仓储物流配送中心。专业经营中药材、中成药、化学药品、抗生素制剂、生物制品、化学试剂、医疗器械、医药化工原料、康复保健用品等8 000余种商品，是浙江省大型医药零售连锁经营企业之一。

二、"四明大药房"品牌发展

四明大药房在各级部门的关心支持下，抓住机遇，开拓创新，平稳快速发展，品牌价值得到进一步提升。

（1）大力发展现代连锁经营，扩大销售规模，提高市场份额。四明大药房按照"做大做强"的总体发展目标，以质量规范为基础，以销售为中心，发展连锁网点，提高市场份额，门店从1999年改制前的9家到目前的60余家，销售额2001年为2 300万元（无税），到2010年增长为8 300万元（无税），2013年达到2.5亿元（无税）。

（2）重质量、守法规、讲诚信，赢得人民群众信赖。四明大药房始终以"让老百姓放心购药、安全用药"为企业首要任务，严格把好药品购进、储运和销售环节的质量关，建立完善的质量保证体系。例如，药监部门对抗菌药物销售专项整治，在媒体的暗访中，四明大药房是全市唯一一家严格执行凭处方销售的药店，虽然公司抗生素药物销售损失近1 000万元，但保证了人民群众用药安全，得到了药监部门认可。2014年6月，成为宁波市首家通过新版GSP认证的医药零售连锁企业，同时也赢得了人民群众的信赖，促进企业健康发展。

（3）以市场为导向，加强分类指导，突出经营特色。公司采取"抓大扶中帮小"的药店营销指导原则：大型药店主打医保、参茸、医疗器械经营特色；小型药店以社区为服务半径，积极为社区居民提供健康产品；同时抓好新特药销售，创造医药零售新的增长点。重视员工专业素质培养，定期开展专业知识培训和考核，为顾客提供用药指导，提高人均产出率和门店坪效。

（4）优化商品结构，提高销售毛利，提升品牌优势。公司加大适销商品引进和淘汰滞销品种力度，拓展采购渠道，公司目前储备品种已达8000余种，积极推动与品牌厂家、供应商的"强强合作"，开展销售竞赛，调动员工工作积极性，提高门店营业额。围绕"中华老字号"，定期策划开展营销促销活动，扩大品牌知名度，培养忠诚顾客。

（5）加强品牌保护和企业文化建设。为保护"四明"品牌，公司先后投入20多万元，专门设计公司VI形象，在国家商标局进行了"四明"中英文和图像的商标注册和续展，确保企业知识产权的完整性。2014年，"四明"品牌被浙江省工商局评为"浙江省知名商号"，也标志着公司品牌进入全面保护状态。同时，开展四明会员制、四明"健康进社区"等系列营销公益活动，突出老字号专业服务、健康服务的理念，挖掘和发扬四明药房传统文化，使"诚信无价、四明无暇"的经营理念逐步深入人心。

（6）与时俱进，"四明大药房"进军电子商务领域。公司积极发展互联网销售业务，先后投入近100万元，进军电子商务领域，取得互联网药品信息服务资格证书、互联网药品交易资格证书，是浙江省第二家、宁波市第一家通过认证的网上药店。2013 年起积极与大型电子商务平台合作，先后与淘宝天猫、京东商城等购物网站合作，开设“四明大药房”旗舰店，市场份额逐步扩大。

三、“四明大药房”品牌展望

面对“四明大药房”的百年品牌，这一代四明人既感到荣耀也有压力，既有挑战也有机遇。四明大药房在未来的医药零售连锁发展道路上还要重点抓好以下几点：

（1）信息系统升级完善。零售连锁发展必须以高效优越的信息系统为支撑，设备和技术决定竞争能力。加大信息系统的升级改造，升级公司 ERP 系统和数据库，开发业务分析项目、扩大数据库容量，为企业发展提供技术和信息保障。

（2）物流配送中心改造。在物流配送环节，完成配送中心的自动化改造，降低物流人工成本，提高工作效率。同时，不断提高完善公司自动化冷链系统，确保冷藏药品入库、保管、运输直到销售，做到全天候温度监控和保障。

（3）电子商务业务拓展。进一步加强网上药店与大型购物网站合作，扩大知名度，提升销售，同时积极开发适合网络销售的药品及其他健康相关商品，争取电子商务销售规模再上一个台阶。

四明大药房走过了 92 个春秋，展望未来，在各级部门的关心支持下，“四明大药房”老字号品牌将进一步发扬光大，打造现代医药零售行业中的企业典范，为医药经济的繁荣发展，保障人民群众安全用药，作出应有的贡献。

开拓创新求发展　规范管理上台阶
——开封市百氏康医药连锁有限公司

开封市百氏康医药连锁有限公司是按照现代企业制度成立的股份制医药零售连锁企业。现有连锁门店 46 家，社区卫生站 1 家，门店不仅遍布市区，还辐射杞县、尉氏、兰考等县区，极大地方便了群众康复保健、治病用药的需求。百氏康医药连锁是开封市乃至河南省规模最大、连锁门店最多、质量最优、服务最好、价格最低、品种最全、实力最强、经营最规范、信誉最可靠的医药零售连锁龙头企业。

2003 年由于原医药大棚被关闭，在此经营的数百名老国企员工面临下岗失业，总经理陈峰等 5 位同志临危受命，在时间紧、任务重、前途未卜的情况下，毅然响应上级号召，克服重重困难，通过个人自筹资金组建了开封市百氏康医药有限公司，解除了近 300 名员工的下岗之忧。面对全市越来越激烈的医药零售市场竞争，公司领导班子超前思维、科学决策、规范经营、规模发展，以“用放心药、到百氏康”为经营理念，以“打造具有全国竞争力的医药连锁企业”为战略目标，以“创造客户价值、实现员工梦想”为企业价值观，坚持“用制度管理、按制度办事”管理理念，坚持统一采购、统一质检、统一配送、统一价格管理、统一形象标识、统一核算的六统一模式，实现了企业经济效益和社会效益的同步增长。

公司成立 11 年来销售规模翻了 4 倍，从 1 家单体药店成功发展成为拥有 46 家门店的医药连锁公司，成为开封市医药流通行业的龙头企业。累计为社会提供就业岗位近千个，累计上缴国家税金 1 145 万元。公司技术力量雄厚，现有员工 453 人，其中执业药师、药师、会计师等技术人员近 70 人，退休人员 43 人，中高层管理干部 75 人。百氏康的企业规模、经济效益和社会效益连年增长，员工福利待遇也日趋提高，企业进入了良性发展的快轨道，成为开封市乃至河南省的优秀医药连锁企业。先后荣获河南省重合同守信用企业、开封市优秀民营企业、市商务系统先进企业、市药品质量诚信单位、市诚信纳税 A 级企业、市价格诚信先进单位等荣誉。

公司注重企业文化建设，注重维护员工的合法权益，坚持以企业文化的精神动力推动企业改革创新的跨越式发展。百氏康公司走过了 11 年的发展历程，员工工资和统筹金总额由成立之初的 14 万元/月增长到现在的 100 万元/月。在全市医药商业中率先推行了全员带薪年假，为外地员工设立集体宿舍。公司于 2009 年成立了百氏康员工帮困互助基金（员工每月交 5 元、公司每月交 500 元），成立 5 年以来共积累资金 6 万多元，帮助困难员工 10 人，共计 3.2 万元。为了丰富员工的文化生活，百氏康公司投入资金每年坚持举办春季员工运动会、药学知识竞赛、员工技术比武、销售竞赛、员工沙龙、中秋联谊会、健康社区文化节和新年联欢会等。丰富多彩的文化生活，展示了员工健康向上的精神风貌。百氏康还办有每月一期的内刊《百氏康风采》，记载企业发展足迹，报道企业的发展导向和重大工作动态，宣传门店和员工的好人好事。

公司注重人才培养，在医药专业素质培训的基础上，注重管理干部综合素质的开发和提高，培养了大批优秀的中层管理干部，通过年度的竞聘、轮岗、交流等，120 余人走上了部门经理和店长的岗位。

走过 11 年的风雨历程，百氏康医药连锁有限公司迎来了更加灿烂的春天。百氏康医药连锁在全省乃至全国拥有一定的行业知名度。公司经营处方药、非处方药、中药饮片、医疗器械、保健品、健康食品、日用品、药妆洗化、社区医疗 9 大类近万个商品。在全省医药零售企业中，率先通过国家 GSP 认证。"用放心药、到百氏康"已经成为广大群众的首选。开封市百氏康医药连锁有限公司正以坚定的步伐，向着全国百强医药连锁企业的目标迈进！

服务是本　诚信为魂
——老百姓大药房连锁股份有限公司

老百姓大药房连锁股份有限公司创立于 2001 年 10 月，总部位于湖南省长沙市。老百姓大药房是一家由单一民营药店发展起来的中外合资的全国医药零售行业龙头企业，也是中国平价药店模式的先行者、中国服务业 500 强企业、中国连锁百强企业。

公司主营药品零售业务，兼营药品批发与制造，成功打造了集产、供、销于一体的完整产业链，旗下拥有老百姓、百姓缘、万仁、民康、丰沃达、药圣堂等多个子品牌。其中零售板块拥有 800 多家门店，经营面积 10 万多平方米，总资产 20 亿元，净资产近 10 亿元，年销售额近 40 亿元，员工约 1 万人，全国门店共有 730 万会员，累计客流量 4 亿人次，占全国总人口的 30%。

老百姓大药房始终坚持"心有老百姓，价格自然低；心有老百姓，服务当然好；心有老百姓，质量肯定硬"的经营理念，勇于承担社会责任，以关爱健康、奉献爱心为己任，孜孜不倦开拓生命健康事业。2001 年 10 月，老百姓大药房从"让更多人看得起病、吃得起药"的理念出发，开创了超市化药品经营模式，举起了"比国家核定零售价平均低 45%"的降价大旗，受到了消费者的热烈欢迎，出现了"提着篮子买药，排着长队付款"的现象，震动了整个医药行业，也引起了政府部门高度关注与大力推广。业内纷纷效仿，在全国形成了"老百姓现象"，开架自选与药品大卖场的开创，被公认为是医药零售行业经营方式最深层次的变革。

公司自 2001 年创立以来，已成功开发了湖南、陕西、浙江、江西、广西、山东、河北、广东、天津、上海、湖北、河南、北京、江苏、安徽 15 个省级市场，并在湖南、陕西、浙江、广西、天津、湖北和安徽 7 个省级市场占据领先地位，现已覆盖全国 70 多个城市，所覆盖区域 GDP 占全国总 GDP 的 78%。是中国覆盖省份最多、销售规模最大、经营面积最大、单店平均经营面积最大、单店日均销售额最大的连锁药店之一，也是中国少数拥有全国性直营药品零售网络的企业之一，具备规模大、品种齐、影响深、质量优、服务好、模式新等六大特点。近 10 年来销售额稳居中国药店前三强，连续 5 年荣获行业最高荣誉——中国药品零售企业综合竞争力百强榜冠军，连续 6 年荣获"运营力、品牌力、规模力、管理力"等多项竞争力冠军，并于 2009 年加入联合国全球契约组织，成为全球 6 000 多家顶级企业中的一员，是中国唯一获此资格的药品零售企业。

老百姓大药房多年来按照国家的产业发展政策，积极倡导诚信为魂、规范经营，建立了一整套商业行为准则和严格的内部控制体系，要求全体员工既要遵纪守法，又要在日常商业行为中恪守商业伦理道德，坚持正当竞争，促进市场的有序发展；坚持"双赢才是真赢，多赢才能久赢"的原则，宁失利润不失信用，让客户倍受感动；崇尚廉洁奉公、严格自律的风气，确保企业和谐与健康发展。

老百姓大药房坚信优质的产品和服务是企业打造过硬品牌的基石，也是企业生存与发展之本。老百姓大药房建立健全了严格的质量保证体系。公司高度重视药品经营的特殊性，建立了全国总部、各省公司、门店的三级质量管理体系，制定了质量管理基本工作标准，涵盖供应商选择、商品选择、购进管理、物流管理、终端销售管理全过程，同时通过严格的质量考评体系（质量月报制度、巡店制度、质量月度工作会议、巡查制度、质量考核制度）来控制质量管理的过程与结果，总部每月对各省公司的质量保证体系运行情况进行考核，发现问题及时纠正。公司基于互联网建立了公司的质量信息平台，在质量信息平台上及时转载国家的相关法律、法规，发布公司质量管理要求，并由总部指导各省公司和门店执行，各省公司及门店将执行情况 24 小时内予以反馈。通过质量信息平台的快速反馈机制，实现全国总部、各省公司、门店质量信息共享。自公司成立以来，没有发生过重大质量事故，赢得了广大顾客的信赖与称赞。

老百姓大药房自创建以来，以“一切为了老百姓”为经营宗旨，在寻求全面、协调、可持续发展的同时，积极回报社会、推动社会进步，履行社会责任。今后老百姓将继续努力，为推动行业发展、提高人民群众健康水平做出更大贡献。

严格管理重体验 电商经营敢为先
——京东医药城

得益于国家食品药品监管部门对互联网药品交易的政策支持，2005 年以来，国内医药电子商务和互联网医药健康服务蓬勃发展。2013 年 12 月 27 日，汪洋副总理带领国务院有关部门和北京市领导至京东召开电子商务工作座谈会，重点谈及医药电子商务改革试点事宜。为积极响应国家号召，主动承担社会责任，京东商城依托其电子商务技术和品牌，在京东商城内开辟了提供医疗健康产品和医药健康服务的京东医药城，京东医药城的定位是医药电子商务和医药健康服务提供商平台，致力于造福于广大有购药、用药需求的人民群众。

一、医药电子商务

京东医药城征召各地的龙头连锁药店企业入驻京东医药城平台，通过“线上下单，线下配送或自提”的方式，为所在区域的用户提供本地化医药电商服务。上述模式的优点在于：一是药店了解本地药品选择范围和用户选购习惯，用户更容易订购到需求且符合习惯的医药商品；二是在医药厂商向药店直供货品机制的支持下，各地用户也会获得更多的医药商品选择；三是商家均为通过《药品经营质量管理规范》认证的连锁药店，销售药品的质量可靠、有保障。四是医药电子商务的各环节服务都发生在本地，即用户所购买的医药商品均在当地进行备货、发货、送货，全程可追溯，出现危害性事件、不良事件的概率较低，可控性强。

针对用户的需求特点，京东医药城提供了“送货上门”和“到店自提”两种配送方式，“送货上门”重点强调“快速”，由具备医药专业物流配送资质的药品零售商承担，最大程度保障了医药送达用户过程中的安全性和快捷性，满足用户对药品的急迫需求；“到店自提”符合用户消费习惯，特别是尚未开展网上购药医保支付等试点的地区，用户选择“到店自提”模式，可以实现医保刷卡消费。与此同时，京东正在积极筹备和升级自身的物流配送体系，积极申请通过《药品经营质量管理规范》认证，以便为各地商家提供医药专业物流配送支持。

二、医药健康服务

京东医药城为消费者提供的医药健康服务包括：科学用药指导、科学选药指导、科学问药指导、用药后健康管理服务等。

科学用药指导是在用户购药后为其提供如何正确使用药品的服务，包括建议用量用法、用药时间表、不良反应应对方式、储存方式、下次购药提醒等，目的是为了方便用户了解与自己个体相关的科学用药需注意事项。其内容由各商家的执业药师按京东医药城的管理规范提供，由京东医药城的执业药师进行审核。用户在购药后可以返回京东医药城网站查收或通过手机应用程序收到上述科学用药指导内容，选择送货上门的用户也可以选择在包裹内收到纸质的科学用药指导。

科学选药指导是帮助用户选择药品剂型、选择同通用名可替换药品、选择同功效替换药品等方面的服务，其目的是为了在安全、有效的前提下，为用户提供更为符合个体化生活工作需求、更为经济的购药选择。科学选药指导由各商家的执业药师按京东医药城的管理规范提供，由京东医药城的执业药师进行审核。用户在选择药品的不同剂型时，可以获知哪些剂型分别有哪些特点，分别适用于或不适用于哪些工作与生活场合，在此参考下进自行作出购买选择。用户如遇到所购药品缺货等情况，可以获知与该药品同通用名的其他生产厂家的药品，或获知与该药品功效相似的替换选择药品，并在此参考下自行做出购买选择。

科学问药指导可以帮助用户了解遇到的病症适宜自我药疗还是需要到医院就医。对于日常小病等，即非处方药可处理的情况，将由执业药师、执业医师等为用户提供咨询服务（但不涉及诊断，不超过非处方药范围）；而如果用户的情况已经超过自我药疗的范围，或超过非处方药处理的范围，则执业医师将建议患者到相关正规医院就医，同时提供挂号指南、去医院前须知等告知性服务。

此外，京东医药城还配合监管部门提供购药审核服务。当用户申请购买的药品出现违规或疑似违规的时候，京东医药城将向消费者提出警告，甚至拒绝向用户提供此药品。购药审核主要包括对申请购买的药品的品类审核（如是否含毒麻精放等管制类药品），对申请购买的药品的总量（如超过一定的限量则视为违规），对申请购买药品的频次（如超过一定的限制购买频次亦视为违规）。购药审核的执行由各地商家的执业药师负责，京东医药城的执业药师负责复审。

京东医药城以满足用户不断提升的健康需求为己任，不断努力创新，立志为用户提供“安全、合规、有效、经济”的医药商品和医疗健康服务，奉献社会，贡献国家。

▶ 第十篇　商务部药品流通行业管理大事记（2013年）◀

商务部药品流通行业管理大事记（2013 年）

一、2 月 5 日，商务部印发了《药品流通统计报表制度（2013～2014 年）》，对原制度主要进行了以下三个方面的修订：一是删除了原制度中国家基本药物制度实施情况报表；二是不再设半年报表；三是删除精简了一些缺乏参考价值的统计指标。

二、2 月 27 日，商务部在京举办 2013 年药品流通行业统计第一期培训班，来自北京、河北等 18 个省市的商务主管部门、行业协会与药品流通直报企业参加了培训。

三、3 月 6 日，商务部在湖南长沙举办 2013 年药品流通行业统计第二期培训班，来自浙江、海南等 13 个省市的商务主管部门、行业协会与药品流通直报企业参加了培训。

四、5 月 23 日，商务部发布了《2012 年中药材重点品种流通分析报告》，将纳入统计的 29 种中药材分为根茎类、花类、果实类、菌类和动物类五大类，分别对其 2012 年市场流通情况（包括销售量、销售价格以及市场存量等）、价格波动情况及成因进行了分析。

五、5 月 30 日，商务部发布了《2012 年药品流通行业运行统计分析报告》，对药品流通行业整体规模、药品批发和零售企业销售和经营等情况进行了统计分析，对行业发展的趋势进行了预测。

六、9 月，在商务部指导下，中国药品流通行业第一本年鉴——《2013 中国药品流通年鉴》正式出版，这为我国药品流通行业的决策和研究提供了准确、连续、实用、权威的资料，此后，年鉴将逐年出版，连续记载我国药品流通行业的发展历程。

七、11 月 1 日，商务部在京召开药品流通行业兼并重组经验交流会，各地商务主管部门、有关行业协会和药品流通企业代表及有关政府部门和部分金融机构代表近 150 人参加会议。

八、11 月 2 日，商务部在京举办中药材流通追溯体系建设培训班，各省、自治区、直辖市和新疆生产建设兵团及中药材市场所在地商务主管部门有关负责同志，中药材市场管理负责人等 120 余人参加了培训。

九、11 月 18 日，商务部在京召开了中药材流通管理座谈会，来自河北安国市商务局、中国医药保健品进出口商会、中国中医科学院中药资源中心、中药材经营企业和网上交易平台、金融和信息技术服务机构的代表共 22 人参加了会议。

十、11 月，商务部下发《商务部办公厅关于开展 2013 年中药材流通追溯体系建设工作的通知》，要求建立省级追溯子系统，加强政策引导和制度建设以及大力发展现代流通方式，并对追溯体系建设、统一标识等八个方面作出了详细规范。

十一、12 月 4 日，商务部发布了《药品物流设施与设备技术要求》等 4 项药品流通行业标准，于 2014 年 6 月 1 日起正式实施。

十二、12 月 25 日，商务部在京召开中药材流通追溯体系建设进展汇报会，来自第一批、第二批建设地区商务主管部门、信息技术服务机构的代表参加了会议。

十三、12 月，《中药材现代物流体系建设研究报告》正式发布，《报告》深入调查分析了全国中药材物流现状及存在的问题，研究提出了全国中药材仓储网点布局方案，中药材从采收、初加工到包装、运输、仓储、养护等物流一体化运作方案，以及中药材仓库技术条件与相关作业规范。